Deutsche Literatur von Frauen
Erster Band

DEUTSCHE LITERATUR VON FRAUEN

ERSTER BAND
VOM MITTELALTER BIS ZUM ENDE
DES 18. JAHRHUNDERTS

Herausgegeben von
Gisela Brinker-Gabler

VERLAG C.H. BECK MÜNCHEN

Mit 53 Abbildungen im Text

PT
167
.D48
1988
V 1.
14 8643
May 1990

CIP-Titelaufnahme der Deutschen Bibliothek

Deutsche Literatur von Frauen / hrsg. von Gisela Brinker-
Gabler. – München : Beck.
ISBN 3 406 33118 1
NE: Brinker-Gabler, Gisela [Hrsg.]

Bd. 1. Vom Mittelalter bis zum Ende des 18. Jahrhunderts. – 1988
ISBN 3 406 32814 8

ISBN 3 406 32814 8

© C. H. Beck'sche Verlagsbuchhandlung (Oscar Beck), München 1988
Satz: Fotosatz Otto Gutfreund, Darmstadt
Druck und Bindung: May + Co, Darmstadt
Printed in Germany

Inhalt

Anhang

Vorwort

In dem hier vorgelegten und dem nachfolgenden zweiten Band wird der Versuch unternommen, einen Überblick über Schriftlichkeit und Literatur von Frauen vom Mittelalter bis zur Gegenwart im deutschsprachigen Raum zu geben. In der Einleitung werden die mit einem solchen Unternehmen verbundenen Fragen der Legitimität, Konzeption und der Erklärungsmodelle erörtert.

Angeregt durch aktuelle Diskussionen der gesellschaftlichen Rolle der Frau haben sich seit etwa 1970 frauenspezifische Ansätze in den verschiedenen wissenschaftlichen Disziplinen entwickelt. In der Literaturwissenschaft richtet sich die Aufmerksamkeit auf Frauenbilder und Weiblichkeitskonzeptionen in der Literatur, gefragt wird nach dem Beitrag von Frauen zum literarischen Prozeß, Inhalte und Formen ihres Schreibens werden untersucht und ebenso die Voraussetzungen ihrer literarischen Arbeit wie auch die Formen ihres Ausschlusses aus der Literatur- und Kulturgeschichte thematisiert.

Seit den frühen siebziger Jahren, in die auch meine eigene Beschäftigung mit dem Themengebiet Frauen und Literatur zurückreicht, sind zahlreiche innovative und wichtige Arbeiten auf diesem Gebiet entstanden, vielfältige Fragen und Probleme deutlich geworden, die, so läßt sich ohne Übertreibung sagen, vertraute Vorstellungen von Literatur und das Verständnis der Literatur- und Kulturgeschichte entscheidend verändert haben.

Die literaturwissenschaftliche Frauenforschung ist eine noch sehr junge Disziplin. Die Diskussion über die möglichen Annäherungen an den Gegenstandsbereich wird lebhaft geführt. Angemessener und lohnender erschien es mir daher, in beiden Bänden unterschiedliche Erklärungs- und Deutungsansätze zu berücksichtigen und nicht unter Bevorzugung eines Standorts und methodischen Zugangs eine einheitliche Sichtweise anzustreben. Es bleibt zu hoffen, daß der hier gegebene Überblick zu einer anregenden Begegnung mit der Vielfalt literarischen Schaffens von Frauen und damit verbundener Fragestellungen führt, daß von ihm Impulse zur weiteren Forschungsarbeit ausgehen und daß er den Erkenntnisgewinn verdeutlicht, den die neuen Untersuchungsansätze ermöglichen.

An dieser Stelle möchte ich allen Mitarbeitenden für vielfache Anregungen und hilfreiche Diskussionen danken. Mein Dank gilt auch dem Verlag, der seit 1983 dieses Projekt mit viel Verständnis gefördert hat.

Gisela Brinker-Gabler

Einleitung
Frauen schreiben. Überlegungen zu einer ausgewählten
Exploration literarischer Praxis

Gisela Brinker-Gabler

I

Das Buch «Passage des Panoramas» (1980) der Schriftstellerin Anne Cuneo ist ein Buch der Erinnerung, der Versuch, sich Komplexität und Widersprüche der eigenen Entwicklung zu vergegenwärtigen. In der Pariser Einkaufsgalerie, die dem Buch den Titel gab, findet Anne Cuneo den Ort, um über sich, ihr Leben als Frau, als Schriftstellerin nachzudenken. Sie erinnert sich ihrer Kindheit:
  „Ich gewann bald die Überzeugung – ich war ja erst acht –, alle Männer seien Intellektuelle und man müsse intellektuell sein, um ‚einer von ihnen‘ zu sein. Also ‚intellektualisierte‘ ich mich, um (zu welchem Preis?) mein Frau-Sein, meine Minderwertigkeit, die man mir tagtäglich zu verstehen gab, zu überspie-

Gabriele Münter, Sinnende (1917)

len. Wäre ich ‚einfältig' gewesen, hätte nichts mich unterschieden von den anderen Frauen, denen man in meiner Umgebung gerne nachsagte, wie ‚schwachsinnig' sie doch seien – aber siehe da, ich war ‚intelligent'... gerettet."[1] Bereits als junges Mädchen beschließt sie, Schriftstellerin zu werden. „Beginnen muß man wohl immer, indem man jemanden nachahmt",[2] schreibt sie. Sie erinnert sich ihrer Vorbilder: Ihr erstes Vorbild, ihr erster ‚Vater', war Giuseppe Giusti, ein politischer Lyriker des 19. Jahrhunderts. Bis sie zwanzig ist, schreibt sie wie er. Später – nachdem sie die französische Sprache und Kultur kennengelernt hat, liest sie Mallarmé. Sie schreibt wie Mallarmé. Sie liest Rimbaud, und sie schreibt wie er. Sie lernt die Surrealisten kennen. Sie sucht in diesem Kreis ihre Vorbilder. Mit Hilfe von ‚Vätern' schreibt sie, und sie schreibt für sie.

Erst in den siebziger Jahren, ausgelöst durch die Frauenbewegung, durch die Lektüre von Schriftstellerinnen wie Simone de Beauvoir, Anaïs Nin, Mary McCarthy, beginnt sie zu begreifen:

„Niemals habe ich versucht, ganz einfach das zu schreiben, wonach ich Lust hatte. In jener Form, die mir am besten zugesagt hätte. Aus dem einfachen Grund, weil ich glaubte, Muster der klassischen Literatur und männliche Vorbilder benützen zu müssen, sobald ich auf meine Probleme als Frau zu sprechen kam. ... Wie konnte ich von Frauen eine Antwort erwarten, wo ich doch den einzigen Ausweg aus meiner Lage darin sah, ein Mann zu sein. Oder besser, mich den Männern anzupassen."[3]

Was Anne Cuneo hier einprägsam beschreibt, ihre Isolation als intellektuelle Frau, als Schriftstellerin, ist eine immer wiederkehrende Einsicht von Frauen über die Jahrhunderte hinweg. Sie wirft vielfältige Fragen auf, nach den Konsequenzen für das schriftstellerische Selbstverständnis und die Schreibpraxis von Frauen, aber auch danach, warum sich die Spuren der Frauen in der Geschichte immer wieder verlieren.

Wie die Geschichtsbücher, so haben auch Literaturgeschichten aufgrund bestimmter Vorstellungen und Normen Überlieferungswertes ausgewählt, Nicht-Überlieferungswertes ausgeschieden. Das Nichtaufgenommene wurde vergessen. Eine so entstandene Tradition weckt und aktualisiert auch immer Werterwartungen, Vorstellungen von sogenannter bedeutsamer Literatur und trägt damit zur Verbindlichkeit der Überlieferung und der zugrunde gelegten Normen bei.

II

Eine Untersuchung der Geschichte der Literaturgeschichtsschreibung läßt erkennen, daß jeweils historisch bedingte Erkenntnisinteressen zu einer spezifischen Annäherung an den Gegenstandsbereich Literatur führten.

Für Georg Gottfried Gervinus zum Beispiel, häufig als ‚Vater' der Literaturgeschichtsschreibung bezeichnet, der ab 1835 seine «Geschichte der poetischen

National-Literatur der Deutschen» veröffentlichte, war Literaturgeschichte ein untrennbarer Teil der allgemeinen, das heißt nationalpolitischen Geschichte. In seinem Werk, das den Epochen der deutschen Geschichte folgt, werden literarische Stoffe und Autorenporträts im Hinblick auf ihre sozialgeschichtliche und politische Tendenz und unter Voraussetzung einer fortschreitenden ‚Höherentwicklung' dargestellt, mit dem Ziel, den Nationalgeist zu stärken. Literaturgeschichte erweist sich damit als funktional im Hinblick auf eine Interessenlage. Diese bestimmt das jeweils zugrundegelegte politische, gesellschaftliche, auch konfessionelle oder regionale Ordnungsmodell und damit die Auswahl der Literatur. Darüber hinaus spielt der jeweilige Literaturbegriff, die Literaturkonzeption eine Rolle. Aus der Sicht eines durch neuere theoretische Ansätze *erweiterten* Literaturbegriffs erscheinen *die* Literaturgeschichten perspektivisch, die sich allein auf die sogenannte Höhenkammliteratur konzentrieren. Vor dem Hintergrund der Konzeption eines europäischen, durch lateinische Tradition verbürgten Literaturzusammenhanges (wie sie Ernst Robert Curtius entwickelte) ist jede nationale Literaturgeschichtsschreibung im europäischen Raum perspektivisch, und das erst recht aus der Sicht einer die Weltliteratur umfassenden Intertextualität, einem gegenwärtig viel diskutierten theoretischen Ansatz. Auch das romantische Konzept der Weltliteratur wäre in Erinnerung zu rufen, etwa die Vorstellung Ludwig Tiecks von der „Einen Poesie", zu der nach seiner Auffassung nicht nur alle vergessenen, sondern auch die erst künftig entstehenden Werke gehören. Aus dieser Sicht ist jede „Geschichte der Poesie" ein unerreichbares Ideal, anders als perspektivisch gar nicht denkbar, zugleich aber legitimiert, um „allmählich zu einer klaren, freien Ansicht" zu gelangen.[4]

Zu dieser vielfältigen Funktionalität und Perspektivität der Literaturgeschichtsschreibung tritt nun eine neue aktuelle Interessenlage: der Versuch von Frauen, ‚ihre Geschichte' kennenzulernen, ‚Nicht-Mitgeteiltes' zu erspüren und zu interpretieren. Das hat zur Folge, daß nun Geschlechterrelationen und -rollen in den Blick rücken und für die Untersuchung der Texte und die literaturgeschichtliche Entwicklung Bedeutung gewinnen. Antworten werden zum Beispiel auf die Fragen gesucht, wie sich die Lebenssituation von Frauen und Vorstellungen über ‚Weiblichkeit' auf die literarische Produktivität von Frauen ausgewirkt haben, wie sie in und durch Texte zum Ausdruck kamen. Diese Fragestellung kann dazu anregen, Selbstverständliches zu relativieren und neue Möglichkeiten der gesellschaftlichen und kulturellen Praxis zu erschließen.

Ein solches gegenwarts- und situationsbedingtes Interesse gilt heute in der historischen wissenschaftstheoretischen Reflexion als vernünftig legitimierbar.[5] Denn in historischer Forschung geht es nicht um die Entdeckung einer vorgegebenen Realität, sondern sie besteht darin, mit einer Auswahl von Fragen an einen bestimmten historischen Gegenstandsbereich heranzugehen und ihn, eingedenk des eigenen historischen Zeithorizonts, unter neuen Gesichtspunkten zu deuten, ihn neu zu ‚erschreiben'.

Bei der Konzeption und Ausführung einer ausgewählten Exploration der

Literaturgeschichte, wie sie hier vorgelegt wird, stellen sich zahlreiche Probleme, die durchaus unterschiedlich gelöst werden können.[6] Meine Überlegungen bei der Vorbereitung der in diesem und dem nachfolgenden Band vorgelegten Darstellung konzentrierten sich zunächst auf den zugrundezulegenden Literaturbegriff, die Beziehung Geschlecht und Literatur und die Frage, welchen Beitrag eine solche perspektivische Untersuchung zum besseren Verständnis der literarhistorischen Entwicklung leisten kann.

Was den Begriff ‚Literatur‘ betrifft, so ist es meines Erachtens für die Untersuchung des literarischen Beitrags von Frauen weder sinnvoll, die Perspektive durch eine Vorstellung von ‚Literatur als Kunst‘ noch durch ein Konzept ‚weibliches Schreiben‘ einzugrenzen.

Eine Untersuchung nur unter ästhetischen Gesichtspunkten wäre historisch und ideologisch bedenklich, da dabei die geschichtlichen Voraussetzungen und Veränderungen von literarischen Konventionen und Normen leicht aus dem Blick geraten können, ebenso wie die mit einem ästhetischen Anspruch nicht selten verknüpften weltanschaulichen und politischen Interessen.[7] Ein Konzept ‚weibliches Schreiben‘ würde auf einen Textbereich mit spezifisch ‚weiblicher‘ Thematik und Äußerungsform abzielen. Darüber hat es aber unterschiedliche Vorstellungen gegeben, die bedacht werden müssen. Gegenüber einer heute zu beobachtenden sehr beliebigen Verwendung der Charakterisierung ‚weibliches Schreiben‘ ist zudem Vorsicht geboten, vor allem, da gegenwärtig subjektkritische Texttheorien mit diesem Begriff eine besondere, sowohl geschlechtsspezifische als auch geschlechtsunspezifische Textproduktion bezeichnen (s. Seite 23 f.).

Der hier getroffenen Entscheidung für einen erweiterten Literaturbegriff liegt die Vorstellung von Literatur als Prozeß zugrunde, bestimmt durch wechselnde Kommunikationsräume und Kommunikationsweisen, in die die Texte eingebunden sind. Eine solche Ausgangsposition bietet die Voraussetzung, der Variationsbreite literarischen Niveaus und den verschiedenen Gebrauchssituationen von Literatur gerecht zu werden. Es wird möglich, nicht nur die jeweils als dominant erkannte literarische Praxis zu berücksichtigen, sondern auch andere Formen der Sinnbildung und ihre Schreibweisen hervortreten zu lassen.

Die Frage nach den zeitgeschichtlichen Kommunikationsräumen wird hier nun durch die Berücksichtigung der Geschlechterrelationen und -rollen differenziert: Inwieweit waren Frauen an den historischen Verständigungsprozessen beteiligt, und welche Möglichkeiten bzw. Grenzen waren ihnen zur Verständigung und Selbstverständigung gegeben?

Die Beantwortung dieser Fragen wird davon abhängen, ob eine verhältnismäßig *unveränderte Struktur* von Geschlechterrelation und Kommunikation angenommen wird, und zwar bezogen auf die Marginalität der Frauen in der gesellschaftlichen Entwicklung, die ihr Abhängigkeitsverhältnis von historischen und literarischen Unternehmungen der Männer festschreibt, oder bezogen auf das Symbolsystem Sprache, das mit seiner Dominanz des Einen und Eindeutigen nur ‚eine', die ‚männliche Stimme' zuließ. Oder ob von einer sich *verändernden Struktur* der Geschlechterrelation und Kommunikation ausgegangen wird, bedingt durch unterschiedliche Bestimmungen und Wertungen der Geschlechterrelation, die Frauen auch Möglichkeiten zur relativen Selbständigkeit eröffneten.

Die unterschiedlichen Konsequenzen dieser Positionen lassen sich pointiert etwa so formulieren: „Werke von Frauen sind immer epigonal und folgenlos",[8] so Hannelore Schlaffer in ihren Überlegungen zum „Dilemma weiblicher Geschichtsschreibung". Dagegen: „They had a literature of their own", so der programmatische Anspruch einer Untersuchung der amerikanischen Literaturwissenschaftlerin Elaine Showalter über englische Romanautorinnen von Brontë bis Lessing.

Die Antworten liegen meines Erachtens auf einem breiten Spektrum dazwischen. Gegen eine Verabsolutierung des Abhängigkeitsverhältnisses ist einzuwenden, daß Kommunikationsweisen nicht einfach in vorab erkannten soziokulturellen Entwicklungen aufgehen, bzw. ‚objektiv' erkannte Entwicklungen immer schon Ergebnis einer Rekonstruktion und damit Interpretation sind. Andererseits ist Rekonstruktion unerläßlich; sie hat unter weitestmöglicher Berücksichtigung historischer Komplexität den Verflechtungen der Kommunikationsweisen mit den soziokulturellen Interessen nachzugehen und die Grenzen dessen zu erkunden, was gesagt werden kann. Die in die Untersuchung einzubeziehende Organisation der Geschlechterbeziehungen ist meines Erachtens ebenfalls als ein Prozeß zu verstehen, der sowohl durch unterschiedliche und wechselnde Faktoren bestimmt wurde wie durch die Dominante einer weitgehenden männlichen Kontrolle dieser Organisation.

Eine von diesen Überlegungen ausgehende Untersuchung der Literaturgeschichte bietet nicht nur lediglich ergänzende Informationen, sie beabsichtigt allerdings auch nicht universale Deutungen, noch behauptet sie eine einsinnige Determination von Literatur durch das Geschlecht. Indem die Kommunikation mit und durch Literatur in den historischen Zusammenhang mit Geschlechterrelationen und -rollen gestellt wird, können Formen literarischer Praxis, künstlerische Verfahren und Wertvorstellungen in neuer Weise gesehen bzw. entdeckt und in diesem Zusammenhang neue Untersuchungsmethoden entwickelt werden. Das führt zu einer Differenzierung des literarischen Prozesses bzw. zu einer Horizonterweiterung, vor der die Vielgestaltigkeit des literarischen Lebens und der soziokulturelle Wandel literarischer Praxis neu auslegbar wird. Wie im einzelnen dabei vorgegangen wird, hängt von unterschiedlichen theoretischen Ansätzen und Frageinteressen ab.[9]

III

> Alle Probleme der heutigen Frau als Künstle-
> rin und Arbeiterin sind gesellschaftliche Pro-
> bleme, darum fordern sie allein gesellschaftli-
> che Lösungen – alles andre von ‚Natur‘ und
> ‚Bestimmung‘ usw. ist Wortgeschwätz. Was
> wissen wir davon? Was wissen wir von unse-
> rer Bestimmung oder den Absichten der Na-
> tur?... Wir wissen nur von gesellschaftli-
> chen Bestimmungen und Irrungen; von ge-
> sellschaftlichem Werden und Sein; ihm wur-
> de das, was man von Natur begriff, neben-
> und untergeordnet.
>
> *Lu Märten* (1919)

Die deutsche Literaturwissenschaft stand in den letzten beiden Jahrzehnten im
Zeichen der Übernahme und Erprobung gesellschaftstheoretischer und sozialgeschichtlicher Ansätze auf die Literaturanalyse und Literaturgeschichtsschreibung.[10] Sozialgeschichten der Literatur konzentrieren sich auf Literatur als einen

Silvia Quandt, Pizarros Traum (1979)

Prozeß, an dem soziale Gruppen und kollektive Interessen beteiligt sind. Das literarische Kommunikationssystem wird im Zusammenhang mit Herrschafts- und Vergesellschaftungsformen untersucht. Sozialer Wandel, bedingt durch strukturelle Differenzierung und ein sich entfaltendes Selbstbewußtsein neuer Schichten, bewirkt eine Transformierung des literarischen Kommunikations- systems entsprechend sich neu ausbildender Bedürfnisdispositionen.

Unter der Voraussetzung, daß die Verflechtung der Herrschafts- und Verge- sellschaftungsformen mit der Organisation der Geschlechterbeziehungen be- rücksichtigt wird, können in diesem Bezugsrahmen die Möglichkeiten literari- scher Verständigung und Selbstverständigung von Frauen erkundet werden.

Ausgehend von den gesellschaftlichen Prozessen und den jeweiligen Funktio- nen von Literatur wäre allgemein nach Formen der Ausgrenzung von Frauen aus dem literarischen Leben zu fragen, bzw. nach möglichen Freiräumen und Motivationen ihrer literarischen Praxis, ebenso nach individuellen Vorausssetzun- gen und Bedingungen.

Der Einsicht zufolge, daß sich über ästhetische Normen, literarische Verfah- ren und Formtypen gesellschaftliche Konventionen, Wahrnehmungs- und Deu- tungsweisen vermitteln, wäre dann zu untersuchen, inwieweit die Schreibpraxis von Frauen sich in diesem Spielraum bewegt, ob sich Besonderheiten zeigen bzw. inwieweit sich spezifische Formen und Schreibweisen identifizieren lassen.

In diesem Zusammenhang kommt der Öffnung sozialgeschichtlicher Litera- turgeschichtsschreibung auf die Mentalitätsgeschichte, wie sie von der französi- schen Geschichtsforschung ausging, besondere Bedeutung zu. Mentalitätsge- schichte konzentriert sich auf den „Bestand von Alltagswissen und die mehr oder minder bewußten eingeübten Handlungs- und Reaktionsschemata, die aus der Lebenspraxis bestimmter sozialer Gruppen erwachsen und mit deren Hilfe diese Praxis wahrgenommen, gedeutet, praktisch und emotional bewältigt wird".[11] Mit Berücksichtigung der Lebenspraxis von Frauen und der davon geprägten Mentalität wird es möglich, Literatur nicht nur aus der Perspektive der aner- kannten ‚literarischen Tradition‘, ihren Qualitäts- und Rangvorstellungen zu lesen, sondern mögliche Transformierungen formaler und inhaltlicher Organisa- tion oder die Entwicklung besonderer Verständigungsformen zu erkennen wie auch gegebenenfalls Verhinderungen.

Dazu bedarf es allerdings präziser epochenspezifischer Ausdifferenzierung ‚weiblicher‘ Mentalität mit Rücksicht auf die verschiedenen sozialen Gruppen, Schichten und Stände. Achtsamkeit ist auch wegen der Gefahr des Zirkelschlus- ses geboten, da ‚Mentalität‘ ja immer auch aus literarischen Quellen erschlossen wird, bzw. sich auch durch Literatur Handlungs- und Reaktionsschemata ausbilden können.

Inwieweit die inzwischen sehr differenzierten und kritisch reflektierten Unter- suchungsmethoden sozial- und mentalitätsgeschichtlicher Forschung einer frau- enspezifischen Exploration der Literaturgeschichte genügen können, bedarf noch weiterer Erprobung und theoretischer Besinnung. Es liegen zwar zahlreiche Einzeluntersuchungen vor, aber in den großen Unternehmungen der „Sozialgeschichten der deutschen Literatur" haben diese Fragen und ebenso die vielfältigen Formen der Schreibpraxis von Frauen kaum Beachtung gefunden.[12] Den dort erarbeiteten Bedingungszusammenhängen sozialen Handelns als Möglichkeit literarischer Praxis liegen geschichts- und gesellschaftstheoretische Konzepte zugrunde, die die Verflechtung der gesellschaftlichen Entwicklung mit der spezifischen Organisation der Geschlechterbeziehungen nicht berücksichtigen.[13] Damit wird deutlich, daß in jedem Fall Relevanz und Autorität der zugrundegelegten theoretischen Ansätze daraufhin zu überprüfen sind, ob sie es ermöglichen, Frauen ‚sichtbar' zu machen und die hier angesprochenen Fragen zu lösen.

Darüber hinaus ist zu fragen, ob die Berücksichtigung der Vermittlung gesellschaftlicher und literarischer Praxis ausreicht, um das Spannungsverhältnis Frau und Literatur zu analysieren, ober ob ein noch weiter ausgreifender Bezugsrahmen zu wählen ist.

IV

Dazu kommt, mit dem gleichen Erfolge, noch dies: daß die Formungs- und Ausdrucksweisen – keineswegs nur die sprachlichen –, die unsere Kultur der seelischen Innerlichkeit zur Verfügung stellt, im wesentlichen von Männern geschaffen sind und darum unvermeidlich vor allem der männlichen Wesensart und ihren Bedürfnissen dienen, so daß gerade für das differenziell Frauenhafte unzählige Male gar kein befriedigender und verständlicher Ausdruck vorhanden sein wird.

Georg Simmel (1909)

„Und wenn man eine Frau ist, wird man oft von einer plötzlichen Bewußtseinsspaltung überrascht, zum Beispiel wenn, während sie Whitehall hinabgeht, sie aus einer natürlichen Erbin dieser Zivilisation plötzlich im Gegenteil zur Außenseiterin wird, fremd und kritisch."[14] Mit dem hier von Virginia Woolf beschriebenen unmittelbaren Perspektivenwechsel wird eine Frauen ganz spezifische Position verdeutlicht: Sie sind zugleich in und außerhalb der Geschichte, Kultur, Zivilisation. Diese Einsicht läßt sich vielfältig ausdifferenzieren, und zwar im Hinblick auf die psychische Verfassung, auf weibliche Identität und Kreativität. Ebenso spielt eine Rolle, ob von einem Wechsel der Perspektiven oder ihrer Gleichzeitigkeit ausgegangen wird. Aufgrund dieser besonderen Bewußtseinshaltung bzw. -spaltung lassen sich Frauen als eine von anderen unterschiedene Gruppe beschreiben. Damit wäre ein neuer Bezugsrahmen für die Untersuchung der Literatur von Frauen gewonnen. Unter der Voraussetzung, daß sich in unterschiedlichen historischen Konstellationen und Lebenszusammenhängen dieses Bewußtsein in ganz unterschiedlicher Weise realisieren kann, wären in den Texten von Frauen spezifische Strukturmuster und Schreibweisen zu dechiffrieren.

Auf dieser Grundlage sind eine Reihe von Untersuchungsmodellen in der angloamerikanischen Literaturwissenschaft entstanden. Es lassen sich zwei Positionen unterscheiden: Entweder wird von einem konkreten ‚anderen Ort‘, verstanden als weibliche Subkultur bzw. weibliche Kultur, ausgegangen oder von der kulturellen Marginalität der Frau.

Die amerikanische Literaturwissenschaftlerin Elaine Showalter zum Beispiel hat in ihrem Buch «A Literature of their Own» (1978) die englische Romanliteratur von Frauen des 19. und 20. Jahrhunderts auf der Grundlage eines Entwicklungsmodells literarischer Subkultur untersucht. Daraus ergab sich für die Literatur der ‚female subcultur‘ eine aufsteigende Entwicklungslinie: ‚female‘ – ‚feminist‘ – ‚female‘. Als problematisch erwies sich dabei zunächst die mit diesen Entwicklungsstufen verbundene Wertungspraxis und Kanonbildung: ‚female‘ als höchste Entwicklungsstufe kennzeichnet eine Literatur, die die Sicht der Frau und ihre Erfahrungen ästhetisch bedeutsam zum Ausdruck bringt, im Unterschied zur künstlerisch weniger bedeutenden ‚feministischen‘ Literatur, die gegen Unterdrückung opponiert, und der ‚femininen‘, einer der ‚weiblichen Sphäre‘ verpflichteten Literatur. Gegen das Konzept der Subkultur läßt sich aber einwenden, daß es für eine Majorität, wie sie Frauen darstellen, ungeeignet erscheint.

In ihrem Aufsatz «Feminist Criticism in the Wilderness» (1981) hat dieselbe Autorin ihre Position unter Einbeziehung der frauenzentrierten Geschichtstheorie Gerda Lerners und der Kulturtheorie Shirley und Edwin Ardeners modifiziert. Die amerikanische Historikerin Gerda Lerner hat die These aufgestellt, daß Frauen, und zwar als Folge ihrer durch Unterdrückung unterschiedlichen Geschichte, eine besondere Kultur inmitten der dominanten Kultur, an der sie immer beteiligt waren, haben. Was nun diese besondere Kultur und auch die Art und Weise der Teilnahme an der dominanten Kultur betrifft, so sind jeweils komplizierte, ganz unterschiedlich ausgehandelte Bedingungen zu berücksichtigen. Elaine Showalter bezieht sich aber in ihrem Aufsatz vor allem auf das historisch ‚übergreifende‘ kulturtheoretische Modell der englischen Anthropologen Shirley und Edwin Ardener. Frauen bilden demnach eine ‚muted group‘, deren Lebenspraxis und Erfahrungen sich mit der ‚dominant (male) group‘ überschneiden, ausgenommen ein spezifisch weiblicher Erfahrungsbereich, die ‚wild zone‘, ein wörtlich zu nehmendes ‚No-man's-land‘. Ihr entspricht zwar auch eine spezifisch männliche Erfahrungszone, die aber, im Gegensatz zur ‚wild zone‘, einen durch Mythen, Legenden, Verklärungen beschriebenen bzw. beschreibbaren Raum darstellen.

Die ‚dominant group‘ kontrolliert Wahrnehmungs- und Äußerungsweisen. An ihre Formen ist die ‚muted group‘ gebunden, überschreitbar sind sie im

Ritual, in der Kunst. Demzufolge ist die These Showalters, daß es völlig außerhalb der dominanten Struktur und Sprache keine Kunst, keine Literatur gibt. Literatur von Frauen (als ‚muted group' neben anderen) ist immer ein ‚double-voiced-discourse', ein zweistimmiger Diskurs, zwei Traditionen gleichzeitig zugehörend. Literatur von Frauen wäre also auf die Formen des Zusammenspiels zu untersuchen, auf einen dominanten und einen Subtext bzw. auf zwei gleichzeitig im Blick zu haltende, sich abwechselnde Texte. Diese Untersuchung hat nach Showalter jeweils im historischen Kontext zu erfolgen, also zum Beispiel mit Berücksichtigung der Produktions- und Rezeptionsbedingungen, der Autor- und Leserbeziehung, der Polarisierung hoher und niedriger Literatur, der jeweiligen Genrehierarchie. Für die Wertungspraxis hätte die Ambivalenz der Werke eine Rolle zu spielen, eine durch den zweistimmigen Diskurs konstituierte eigenständige ‚Glaubwürdigkeit und Kohärenz'.

Was die Konkretisierung dieses Modells betrifft, so ist es vor allem in zeitlich begrenzten Zusammenhängen und bei relativ verfestigten und überschaubaren sozialen und ästhetischen Normen realisierbar, schwieriger durchführbar aber zum Beispiel für das 20. Jahrhundert, wo mit unterschiedlichen lebensweltlichen Orientierungen und vielfältigen, nicht normativ festgelegten literarischen Verfahren zu rechnen ist.

Elaine Showalters Überlegungen zielen darauf ab, mit dem ‚double-voiced-discourse' eine zweite ‚weibliche' Tradition neben der dominanten Tradition zu etablieren. Bezugspunkt ist eine bruchlose, Zeit und Raum übergreifende Frauenkultur, die, nach Showalter, auf einer kollektiven Erfahrung beruht, die alle Schriftstellerinnen verbindet. Anfechtbar ist hier einmal die Annahme der ‚Universalität' der Erfahrung, die Kontinuität garantieren soll. Des weiteren ist zu bedenken: Da es die Lesenden sind, die mit ihrer Phantasie und Inspiration die ‚andere Tradition' zu rekonstruieren haben, kann nicht erwartet werden, daß der Dialog, in den Text und Lesende eintreten, von allen gleich geführt wird, daß ‚Glaubwürdigkeit und Kohärenz' für alle gleich herstellbar sind. Und schließlich ist zu bedenken, daß mit der Erarbeitung einer solchen ‚weiblichen Tradition' neben der ‚dominanten Tradition' nicht die Hierarchisierung, die Höherwertung der einen auf Kosten der anderen außer Kraft gesetzt würde.

Während Elaine Showalter ein historisches und anthropologisches Modell der Frauenkultur zugrunde legt, geht die amerikanische Literaturwissenschaftlerin Rachel Blau du Plessis von einer Position der Marginalität der Frau aus und bezieht sich dabei auf die marxistische Theorie kultureller Hegemonie. Ihre theoretischen Überlegungen sind in einem Beitrag enthalten, den sie gemeinschaftlich mit den Mitgliedern eines Workshops auf der Konferenz des Barnard College Women's Center (1979) gestaltet hat. Mit Bezug auf die spezifische Insider/Outsider-Position der Frauen wird dort die Frage einer ‚weiblichen Ästhetik' in komplexer und anregender Weise diskutiert.

Nach der von Rachel Blau du Plessis vorgeschlagenen Definition bilden

Frauen eine ‚(ambiguously) non-hegemonic group'. Das heißt, sie können in ganz unterschiedlicher Weise an der dominanten Kultur teilhaben, in unterschiedlicher Weise deren Normen und Werte verinnerlicht haben – sie sind aber, was ihre Beziehung zur Macht, zur Sprache betrifft, zugleich immer auch ausgeschlossen.

Unter Berufung auf Virginia Woolf, den von ihr beschriebenen Perspektivenwechsel, läßt sich nach Rachel Blau du Plessis mit der Bewegung des ‚clicking in – clicking out' eine besondere ästhetische Position begründen, sie ist aber nach ihrer Auffassung nicht frauenspezifisch, sondern kennzeichnend für jede andere nicht-hegemoniale Gruppe.

Parallelen zur Literatur von Frauen (inhaltlich, stilistisch und formal) werden zum Beispiel deutlich, wenn die russische Literatur des 19. Jahrhunderts mit der westeuropäischen Literatur dieses Zeitraums verglichen wird oder die Literatur der Schwarzen mit der Literatur der ‚weißen westlichen Welt'. Ebenso ist die Literatur von Frauen als einer nicht-hegemonialen Gruppe jenen ästhetischen Konzepten verbunden, die in kulturkritischer Absicht die dominanten Formen des Wissens, die Sprache aufzubrechen suchen, wie Moderne und Postmoderne.

Rachel Blau du Plessis' Argumentation läßt erkennen, daß sie einer Traditionslinie ästhetischer Opposition vertraut, deren kritisches Potential und kulturelle Transformierungspraxis für sie auch zur Richtschnur für die Textproduktion von Frauen wird.

Gegenüber einer solchen ‚Einordnung' und Orientierung wären meines Erachtens zunächst Distanz und Differenzierung geboten. Unter Berücksichtigung der Entstehung der ästhetischen Konzepte der Moderne und Postmoderne wäre zu überprüfen, ob nicht die anderen Voraussetzungen schreibender Frauen spezifische Konsequenzen für ihre ästhetische und sprachliche Praxis haben. Wenn die ‚Erben der Zivilisation' das Projekt der kulturellen Transformierung betreiben, so ist das etwas anderes, als wenn es diejenigen tun, die eingebunden in die Geschichte und zugleich ausgeschlossen waren.[15]

Um den Nachweis einer unterscheidbaren weiblichen Tradition geht es in der Untersuchung der Literaturwissenschaftlerinnen Sandra Gilbert und Susan Gubar mit dem Titel «The Madwomen in the Attic. The Woman Writer and the Nineteenth-Century Literary Imagination» (1979). In ihrem Buch entwickeln sie ein Modell „weiblicher Kreativität", und zwar bezogen auf die das Unterbewußtsein prägende Stellung der Schriftstellerin im Patriarchat. In ihrem theoretischen Ansatz stützen sie sich u. a. auf den amerikanischen Literaturwissenschaftler Harold Bloom und sein Modell der (männlichen) Kreativität, das in Parallelisierung psychoanalytischer und literarischer Entwicklung den Vater-Sohn-Konflikt zentral setzt. Der männliche Autor, herausgefordert durch die Tradition, ringt mit ihr; er ‚tötet' wie Ödipus seinen ‚Vater' (seine Vorgänger), um sich seinen Platz zu schaffen. Dieses Modell auf den weiblichen Autor ‚umschreibend' kommen Gilbert/Gubar u. a. zu dem Ergebnis, daß die Erfahrung des Ausschlusses, der fehlenden Tradition ein tiefgreifendes Gefühl der Minderwertigkeit bewirkt, so daß aus der ‚anxiety of influence‘ beim männlichen Autor eine ‚anxiety of authorship‘ bei der Autorin wird.

Kompliziert wird diese Situation durch die Mythen und Bilder des Weiblichen in der literarischen Tradition, die die Autorin verändern, umschreiben muß, um zu einer Selbstdefinition zu kommen. Im 19. Jahrhundert zum Beispiel sind es vor allem, wie Gilbert/Gubar zeigen, die Visionen der ‚engelhaften Frau‘, hingebungsvoll und opferbereit, und kontrastierend dazu der ‚monströsen Frau‘, aufbegehrend, energisch und eigensüchtig. Die Folge ist eine ‚weibliche Schizophrenie der Autorschaft‘, die an Handlungsmustern und Figurengestaltung ablesbar ist. Hier kommt die titelgebende ‚Madwoman‘ ins Spiel: durch die Projektion von Zorn und Krankheit auf weibliche Schreckgestalten, Doppelgängerinnen ihrer selbst und ihrer Heldinnen, kommen Identifikation und Zurückweisung der Schriftstellerinnen bezüglich der Weiblichkeitsbilder der ‚patriarchalen Kultur‘ zum Ausdruck.

Was es für Frauen bedeutet, das Wagnis des Schreibens zu unternehmen, stellen Gilbert/Gubar im umfassenden und anspielungsreichen ersten Kapitel ihres Buches dar. Ausgehend von dem dort entwickelten Modell ‚weiblicher Kreativität‘ untersuchen sie in den folgenden Abschnitten die ‚weibliche‘ Textstrategie so bedeutender Autorinnen wie Jane Austen, Emily und Charlotte Brontë, George Eliot und Emily Dickinson. Sie entdecken Risse, Brüche, Ausbrüche getarnt als Entsagung, ‚ambivalente‘ Lösungen, eine den Inhalt untergrabende Struktur und Metaphorik. Ihre zentrale These lautet, daß die Literatur von Frauen palimpsestartig ist: mit einer offensichtlichen, die ästhetischen und sozialen Normen bestätigenden Handlung und einer verdeckten, die weibliche Erfahrung zugänglich macht.

Gilbert/Gubar haben eine so komplexe wie im einzeln scharfsinnige und anregende Untersuchung vorgelegt. Mit Interpretationskunst und Inspiration gelingt es ihnen zu zeigen, wie Literatur von Frauen nicht nur aus der Sicht der männlichen Tradition gelesen werden kann. Im Unterschied zu Elaine Showalter, die literarhistorische und -soziologische Ergebnisse mit einbezieht, um eine weibliche Literaturtradition zu erarbeiten, geht es ihnen um eine psychoanalytisch und poetologisch begründete weibliche Tradition.

An Gilbert/Gubars Untersuchung fällt eine geradezu symbiotische Beziehung zwischen Theorie und Text ins Auge, woraus auch ein Gutteil der Faszination ihres Buches erwächst. Theoretische Ansätze entstehen immer – ein- oder uneingestanden – unter Bevorzugung einer Kunstauffassung, einer ästhetischen Praxis. Gilbert und Gubar entwickeln ihr Modell auf der Grundlage einer romantischen Tradition im 19. Jahrhundert, deren kritisches Potential, die krisenhaft erfahrene Spaltung des Ich, die ‚moderne‘ Zerrissenheit, sie nutzen können. Was ihre Ergebnisse betrifft, so muß aber meines Erachtens folgendes immer mitbedacht werden: Jeder theoretische Metatext ist genauso historisch wie die von ihm untersuchten Texte. Die der Theorieentwicklung zugrunde gelegte privilegierte Schreibweise, deren Wertungen mit übernommen werden, setzt eine Norm, die nicht nur andere Deutungsmöglichkeiten zurückweist, sondern auch eine ‚Tradition' schafft, die nicht gleichzusetzen ist mit dem vielfältigen und komplexen Beitrag von Frauen zum literarischen Prozeß.

Diese Relativierung ist notwendig im Hinblick auf den Anspruch, den Gilbert und Gubar in ihrem Vorwort erheben, daß ihnen während ihrer Untersuchungen deutlich wurde, daß sie nicht nur versuchten, eine bedeutende (vernachlässigte) weibliche Literatur wiederzuentdecken, sondern eine *ganze* (vernachlässigte) weibliche Geschichte.[16]

Gemeinsam ist den hier vorgestellten Untersuchungsmodellen, die sich auf die von Virginia Woolf beschriebene besondere Bewußtseinshaltung bzw. -spaltung der Frau beziehen lassen, daß sie spezifische Wahrnehmungs- und Äußerungsformen von Frauen erkunden mit Rücksicht auf die umfassenden Einschränkungen durch Formen und Sprache der dominanten Kultur. Gemeinsam ist ihnen aber auch eine (versöhnliche?), die Insider-Outsider-Situation überwindende Perspektive auf eine mögliche Ganzheit. Sie wird erkennbar in der Vorstellung Elaine Showalters, wozu sie sich auf Virginia Woolf beruft, daß Frauen ein Zugang zur Sprache möglich wäre, derart, daß sie darin ihr Bewußtsein als Frau, ‚mind and body' ausdrücken können,[17] in der Vision Rachel Blau du Plessis' eines ‚total specific, feeling and thinking subject'.[18] Und Gilberts und Gubars Entdeckungen des fragmentierten, unterdrückten weiblichen Ichs münden in den Versuch, mit den vorgefundenen Fragmenten des weiblichen Ichs eine weibliche ‚Ganzheit' in der Geschichte, in der Literatur wieder zu erinnern, zu entwerfen.

V

Kleine Fabel
„Ach", sagte die Maus, „die Welt wird enger mit jedem Tag. Zuerst war sie so breit, daß ich Angst hatte, ich lief weiter und war glücklich, daß ich endlich rechts und links in der Ferne Mauern sah, aber diese langen Mauern eilen so schnell aufeinander zu, daß ich schon im letzten Zimmer bin, und dort im Winkel steht die Falle, in die ich laufe." – „Du mußt nur die Laufrichtung ändern", sagte die Katze und fraß sie.

Franz Kafka

Durch (Post-)Strukturalismus, Psychoanalyse und Sprachwissenschaft wurde in den letzten beiden Jahrzehnten eine neue Herausforderung in die Begegnung mit Texten und die Textproduktion getragen. Sie ermöglichen neue Perspektiven auf die Beziehung von Geschlecht und sprachlicher Struktur. Die Einschränkungen werden noch umfassender (auswegloser?), wenn das Symbolsystem Sprache ins

Spiel kommt. Andererseits ist es gerade die Frage nach der Sprache, die die Suche nach überschreitenden Ausdrucksmöglichkeiten in eine nicht abschließbare Bewegung überführt.

Die Frage nach der Sprache bedeutet zur Zeit die radikalste Infragestellung autonomer Subjektkonzeption – eine „französische Herausforderung", da sie gegenwärtig verknüpft ist mit französischen Ansätzen psychoanalytischer und philosophischer Kritik der westlichen Kultur.

Die symbolische Ordnung, im spezifischen Sinn als Ordnung der Sprache, ist ein Schlüsselbegriff des Strukturalismus und besonders auch der Psychoanalyse Jacques Lacans. Die Sprache ist die symbolische Ordnung in dem Sinn, daß sie alle Systeme der menschlichen Beziehung organisiert. Als ein System abstrakter, funktionaler Beziehungen ist sie immer schon da, vor und unabhängig vom Spracherwerb jedes Menschen. Sie ist Grundlage des Denkens und der Realität, insofern, als sie die Bedingung ihrer Möglichkeit ist. Der Mensch ist nicht länger das selbstbewußte autonome Zentrum des humanistischen Universums, sondern die exzentrische Funktion in einem System von Beziehungen, über die er keine Kontrolle hat.

Der Psychoanalytiker Jacques Lacan hat unter Einbeziehung der strukturalen Linguistik Saussures eine Weiterentwicklung der Freudschen Psychoanalyse unternommen. Er konzentriert sich auf das durch das Geschlecht sprechende Subjekt und interpretiert die Freudsche Ödipustheorie symbolisch.[19]

Nach Lacan ist der Zugang des Kindes zur Sprache an den Wechsel vom Imaginären zum Symbolischen geknüpft. Der Übergang in die symbolische, durch Zeichen vermittelte Ordnung wird, ungeachtet individueller Wünsche und Absichten, durch das Eindringen des Vaters in die dyadische Einheit (imaginäre Einheit) des Kindes mit der Mutter bewirkt. Um ein sprechendes Subjekt zu werden, muß das Kind auf sein ursprüngliches ‚Begehren', Objekt (nach Lacan Phallus) des Begehrens der Mutter zu sein, verzichten; dieses ursprüngliche ‚Begehren' hat seinen Ort in der vorsprachlichen Welt, am Ort des ‚Anderen' (des Unbewußten, der Frau) und bleibt nach dem Eintritt in die symbolische Welt, die Ordnung des ‚Gleichen' (des ‚Einen', Bewußtsein) als Mangel, dessen Symbol der Phallus ist. Die symbolische Ordnung konstituiert sich demnach durch die Trennung des Begehrens von seinem Gegenstand, d. h. durch ‚Abwesenheit' und ‚Differenz', da Zeichen im Sprachsystem nur durch Differenz zu anderen bedeuten. Andererseits verspricht Sprache jetzt die Aufhebung der Trennung. Sie wird, nach Lacan, Begehren, Suche nach Ersatz für die ‚verbotene Mutter': eine nicht abschließbare Bewegung, die im Gleiten des Signifikats (Inhaltsseite des Zeichens) unter dem Signifikanten (Ausdrucksseite des Zeichens) offenkundig wird, d. h., Bedeutung also nie zum Ziel kommt.[20] Spracherwerb ist daher verbunden mit Entfremdung (symbolischer Kastration) und Dezentrierung des Subjekts: „Die symbolische Ordnung war gedacht als Mittel der Wunschbefriedigung. Statt dessen hat sich das Subjekt des Wunsches von sich selbst getrennt..."[21]

Mütter haben, nach Lacan, in der symbolischen Ordnung, der Sprache, die unter dem Primat des Phallus als Hauptsignifikant und Hauptsymbol steht, keinen Ort. Die symbolische Ordnung konstituiert sich auf ihrer Abwesenheit. Daher kann Lacan sagen: „La femme n'existe pas."²² Ist der Mann ‚entfremdet‘, weil ‚nicht ganz‘, so ist es die Frau in doppelter Weise, als ‚nicht ganzes‘ Subjekt und als Frau, weil sie nicht Mann ist. Denn während der Mann seinen Mangel an Ganzheit auf die Frau (ihren Mangel an Phallus) projiziert (hier folgt Lacan der Freudschen Definition allen sexuellen Begehrens als männlichen), kann die Frau in die symbolische Welt nur eintreten, indem sie das männliche Begehren (phallische Libido) internalisiert. Das sprechende und schreibende Subjekt ist daher ein ‚männliches‘, das schweigende Objekt ‚weiblich‘. Für Lacan ist diese ‚Ordnung des Gleichen‘ eine unanfechtbare Realität, die er aber zugleich kritisch beleuchtet, was die Frage nach Ausweichmöglichkeiten provoziert.

Dem Modell Lacans wird verständlicherweise auch mit Zurückhaltung und Skepsis begegnet. Nach Untersuchungen psychosexueller Entwicklung aus der Sicht psychoanalytischer Objektbeziehungstheorie zum Beispiel, wie sie etwa die Amerikanerin Nancy Chodorow in ihrem Buch «The Reproducing of Mothering» vorgelegt hat, ist Freuds Darstellung der Entwicklung, auf die Lacan sich beruft, androzentrisch, das heißt, sein Modell basiert auf der psychosexuellen Entwicklung des männlichen Kindes.²³ Die Auflösung der Mutter-Kind-Dyade ist für das weibliche Kind insofern anders zu interpretieren, als zwar auch die Trennung des Begehrens von seinem Gegenstand erfolgt, aber nicht im Zeichen geschlechtlicher Differenz. Von hier aus wären Konsequenzen für eine mögliche andere Beziehung von Frauen zur symbolischen Ordnung bzw. für ihre schriftstellerische Tätigkeit zu untersuchen.

Während Lacans psycholinguistisches Modell die symbolische Ordnung unter dem Primat des Phallus zeigt, deckt der französische Philosoph Jacques Derrida über die Kritik der abendländischen Metaphysik unter Einbeziehung des Zeichensystems Saussures den Logozentrismus auf, und zwar in einer Weise, daß auch Lacans Zentralstellung des Phallus als Phal(lo)Logozentrismus deutlich wird.²⁴

Nach Derrida gründet sich die Geschichte der Metaphysik und die Geschichte des Abendlandes auf einer Operation, in der sich mit zentralem Bezugspunkt eine Struktur setzt, und zwar indem sie sich auf hierarchisch angeordneten Oppositionen konstituiert, die immer auf die Präsenz eines Wertes Bezug nehmen: Präsenz/Abwesenheit, Selbst/Anderes, Subjekt/Objekt, Gesetz/Chaos, Mann/Frau. Aufgabe der ‚Dekonstruktion‘ (nach Derrida) ist es, die Logik dieser Operation der Konstituierung der Struktur aufzudecken, die Struktur zu dezentrieren.

Dies ist nicht möglich vermittels der Negation, weil sie auf die Struktur bezogen bleibt. Des weiteren ist es nach Derrida nicht möglich, auf die Begriffe der Metaphysik zu verzichten; sondern – und hier kommt die Sprache ins Spiel – es geht gerade darum, an diesen Begriffen zu arbeiten. Schon Saussure hatte in seinem «Cours de linguistique generale» festgestellt, daß Wörter nicht lediglich Benennungen von Ideen oder gar Sachen sind, sondern daß sich ihre Bedeutung erst über die mit der Artikulation gegebenen möglichen Unterscheidungen (Differenzen) von allen anderen Zeichen im sprachlichen System erschließt. Diese Differenzen haben sich nach Saussure unter der Voraussetzung der Geschlossenheit des sprachlichen Systems zu Oppositionen verfestigt.

Derridas Absicht ist es nun, durch Dezentrierung der Struktur die zum Stillstand gekommene Differenzialität erneut in eine Bewegung zu führen und damit die Oppositionen aufzulösen.[25] Dies geschieht durch das Aufzeigen von ‚Differänzen‘ (‚différance‘ ist ein von Derrida geprägter Begriff zur Unterscheidung von der Saussureschen ‚différence‘), die, als produzierte Variation, den Sinn der Zeichen, „den Bezug zur Gegenwart, zu einer gegenwärtigen Realität, zu einem *Seienden*, aufschieben".[26] Während in den Gegensätzen die Bewegung der ‚différance‘ der Präsenz eines Wertes oder Sinnes untergeordnet wird, wird durch das ‚Spiel‘ der Differenzen diese Gegenwart unwesentlich und damit die hierarchischen Oppositionen außer Kraft gesetzt; sie bleiben lediglich als Unterscheidungen bestehen.

Derridas Methodologie der Verschiebung hierarchisierter binärer Oppositionen bietet neue Möglichkeiten, Strukturen, Machtsysteme in Frage zu stellen, deren Serien von Oppositionen das Andere, das ‚Weibliche‘ immer auf die Seite des Negativen und Machtlosen verweisen. Für seine Praxis der Dekonstruktion setzt Derrida auch das ‚Weibliche‘, den weiblichen Körper ein. Unter anderem in «Éperons. Les Styles de Nietzsche» und «La Carte Postale» entwickelt er ein ‚weibliches Verfahren‘, eine ‚hymeneale écriture‘, die aufreißt, verschiebt, dekonstruiert. Dabei geht es ihm ausdrücklich nicht um die reale Frau, ihren Körper; dieses Verfahren ist auch nicht an sie als Träger gebunden. Das Hymen, das aufreißt, aber nicht zerreißt, das ‚Weibliche‘ stehen als Metapher für Unbestimmtheit und Unentscheidbarkeit und gewinnen als solche für die dekonstruktive Produktivität eine privilegierte Position. Aber wer und unter welchen Voraussetzungen privilegiert? Es ist Jacques Derrida, der seine Strategie der Unentscheidbarkeit entwickelt, und zwar unter Rückgriff auf die Begriffe der metaphysischen Tradition (auf sie wird ja ausdrücklich nicht verzichtet), die das ‚Weibliche‘ immer schon in Opposition zu Bestimmtheit und Eindeutigkeit als Unbestimmtheit und Unentscheidbarkeit *bestimmen*. Die je nach Wahl Inanspruchnahme des ‚Weiblichen‘, der weiblichen Körperteile, hat Tradition: Sie zu provozieren, zu erschüttern, mag nicht im Interesse Derridas sein, wohl aber der Frauen. Jede Identifikation einer besonderen Textproduktion mit dem Konzept ‚Weiblichkeit‘ birgt die Gefahr, daß soziokulturelle Interpretationen der Geschlechterbeziehungen wie körperlicher Unterschiede aus dem Blick geraten, die in ihrer Komplexität und Widersprüchlichkeit erst zu analysieren wären.

Derridas Dekonstruktion und Lacans (post)strukturalistische Lektüre Freuds haben in vielfältiger Weise zur produktiven Auseinandersetzung um die Frage nach der Beziehung von Geschlecht und Sprache beigetragen.[27] Eine Reihe darauf aufbauender theoretischer Ansätze und Modelle wurde entwickelt, um Möglichkeiten des Ausdrucks für die Frau, das ‚Weibliche' wiederzugewinnen, zu erfinden, bzw. den phallozentrischen Diskurs zu unterwandern, eine neue Textproduktion in Gang zu bringen.[28] Zu den einflußreichsten Arbeiten gehören die Schriften von Luce Irigaray, Hélène Cixous und Julia Kristeva.

Lacan hat auf ein Begehren jenseits der phallischen Ordnung hingewiesen, ohne, mit gutem Grund, näher darauf einzugehen. Er spricht von ‚jouissance', der Lust der Frau, die an den Körper der Frau gebunden ist und sich nicht definieren läßt.[29] Dies ist ein Ansatzpunkt für die Psychoanalytikerin Luce Irigaray in ihrer Auseinandersetzung mit Lacan, um einen veränderten Sprachgebrauch, ein ‚Frau-Sprechen' zu ermöglichen.

Irigaray warnt aber davor, „allzuschnell zur Lösung der Lust Zuflucht zu nehmen",[30] denn wie hätte die Frau, seit je Tauschwert zwischen den Männern, ein Recht auf Lust beanspruchen können.[31] Die Lust, der Wunsch der Frau ist erst zurückzufordern. Aber damit die Frau dahin gelangt, sich als Frau zu genießen, ist ein langer Umweg über die Analyse der diversen Unterdrückungssysteme, die sich auf sie auswirken, notwendig.[32] „Das Anderswo des Lustempfindens der Frau wird nur wiedergefunden zum Preis einer erneuten Durchquerung des Spiegels, der alle Spekulation aufrechterhält."[33]

Nach Irigaray geht es also nicht darum, eine Antitheorie des ‚Weiblichen' auszuarbeiten, sondern die wissenschaftlichen Theorien, ihre Redeweisen (Diskurse) ‚wieder aufzubrechen', „um ihre Anleihen auf das / bei dem Weiblichen wieder zum Vorschein zu bringen, damit sie ‚zurückgeben', was sie dem Weiblichen schulden".[34] In ihrem Buch «Speculum. Spiegel des anderen Geschlechts» ‚durchquert' sie die philosophischen Diskurse, ebenso Freuds Theorie der Sexualität. Ihr dabei entwickeltes Verfahren – ‚Mimesis', der einzige Weg, der dem Weiblichen historisch zugeschrieben wird[35] – besteht darin, durch eine spielerische Wiederholung von Textpassagen die Voraussetzungen und Widersprüche der Theorien aufzuzeigen. Dabei ‚zeigt' sich ein Denken in Analogien, Symmetrien und Oppositionen, die auf den Gegensatz männlich-weiblich zurückzuführen sind, und zwar in einer Weise, daß das Weibliche sich immer determiniert findet als Fehlen, als Mangel, als ‚verkehrte Wiedergabe' des Einen, des Männlichen.

Anstelle dieser Überführung des Weiblichen in die ‚Ökonomie des Gleichen' ist seine Differenz geltend zu machen bzw. sie zum guten Teil noch zu erfinden. Dazu ist es nötig, sich einen ‚Ort' zu verschaffen. Irigaray findet ihn in der unterschiedlichen Morphologie der Frau, ihrem Körper. „Aber die Frau ist weder geschlossen noch offen, sondern unbestimmt, unfertig, die Form, die nicht abgeschlossen ist. Sie ist nicht unbegrenzt, noch weniger ist sie eine Einheit..."[36] – „Die Frau hat nicht ein Geschlecht, sie hat mindestens zwei. Diese Zweiheit ist nicht jene der Klitoris-Vagina (die sie auf einen männlichen Parameter reduziert), sondern viel eher jene der zwei Lippen, die sich unaufhörlich küssen und die den spezifischen Autoerotismus der Frau konstituiert... Die

immer mindestens doppelte Sexualität der Frau ist überdies mehrzählig, eine
Mehrzahl, die nicht auf eine einzige Einheit zurückführt; für eine Frau könnte
also sich zu finden nur bedeuten, die Möglichkeit nicht ein einziges dieser
Vergnügen gegenüber einem anderen zu opfern, sich nicht mit einem einzigen im
besonderen zu identifizieren, niemals einfach eine sein."[37]

Die sich darauf gründende diskursive Praxis ist vielfältig wie der Wunsch der
Frau; sie ist an die Frau als Trägerin dieser Produktionsweise gebunden. Ein
solches vielfältiges Frau-Sprechen entfaltet sich in anderer Weise als in «Speculum» in der danach entstandenen Prosa Irigarays, zum Beispiel in «Wenn unsere
Lippen sich sprechen». Es ist ein dialogisierter Versuch, die Unzulänglichkeit der
traditionellen Metaphorik für das Weibliche in mimetischer Weise aufzuzeigen
und zugleich ein Versuch, den Körper real einzubeziehen, über ihn vermittels
einer neuen Metaphorik zu schreiben und vermittels dieser Metaphorik eine
andere Produktionsweise, ein Frau-Sprechen als Pluralität und Offenheit zu
entwickeln: „Öffne deine Lippen, aber öffne sie nicht einfach so. Ich öffne sie
nicht einfach so. Du / ich, wir sind weder offen noch verschlossen. Weil wir uns
niemals einfach so trennen: *ein einziges Wort* kann nicht ausgesprochen werden.
Hervorgebracht, ausgeschieden werden von unseren Mündern. Zwischen deinen
/ meinen Lippen gibt es ein unaufhörliches Hin und Her von Gesängen, Reden.
Ohne daß das Eine, die Eine jemals von dem / der anderen zu trennen wäre. Ich /
du: Das sind immer mehrere auf einmal... Daß deine Sprache nicht aus einem
einzigen Faden, einer einzigen Kette, einer einzigen Richtung besteht, ist unsere
Chance. Sie kommt gleichzeitig von überall her. Du berührst mich überall
gleichzeitig. Auf allen Sinnesebenen. Gleichzeitig Gesang, Rede, Text... Küsse
mich. Zwei Lippen küssen zwei Lippen, das Offene wird uns zurückgegeben.
Unsere Welt. Und der Übergang von innen nach außen und von außen nach
innen ist zwischen uns grenzenlos. Endlos."[38]

Irigarays Versuch, eine Schreibweise der Frau zu entwickeln, deren Bezugspunkt der Körper der Frau ist, ist der Vorwurf des Biologismus und Essentialis-
mus gemacht worden. In dem philosophischen und psychoanalytischen
Rahmen, in dem ihre Theorie zu lesen ist, ist es aber meines Erachtens durchaus
legitim, den Körper der Frau, seine Sexualität einzubeziehen, um eine andere
diskursive Praxis zu entwickeln. In Frage zu stellen wäre aber das dabei gewählte
(männliche?) Verfahren, Teile des weiblichen Körpers zu metaphorisieren. Wenn
dieses Vorgehen als Gegenentwurf zu Lacans Zentralstellung des Phallus zu
verstehen ist, so muß dennoch bedacht werden, daß damit eine Tradition
fortgeschrieben wird, nach Wahl Teile des Frauenkörpers aufzuwerten, und das
heißt auch, andere abzuwerten.

Wie Luce Irigaray bezieht sich auch die Literaturwissenschaftlerin und
Schriftstellerin Hélène Cixous in ihrem Entwurf einer ‚écriture féminine' auf den
weiblichen Körper und seine ‚Triebökonomie', um den phallozentrischen Diskurs zu unterminieren, seine binären hierarchisierenden Oppositionen aufzuhe-
ben, die eine Verdrängung, einen Ausschluß und Fernhalten der Frau bewirken.

Ihre Ausgangsfrage ist: „Was ist die weibliche *Lust,* wo spielt sie sich ab, wie stellt sie sich auf der Ebene des Körpers dar, des Unterbewußten? Und wie (be)schreibt sie sich?"[39] Dabei nimmt Cixous aber nicht den ‚langen Umweg‘ über die Analyse der Unterdrückungssysteme. Sie will sich die ‚Arbeit der Negativität‘ sparen, um die ‚Arbeit eines Positiven sich ereignen zu lassen‘.[40] Sie sucht den direkten Weg zur ‚Lösung der Lust‘, im Unterschied zu Irigaray, die davor warnt und sich theoretisch mit dem ‚Wiederfinden der Lust‘ auseinandersetzt. Insofern ist Cixous' Entwurf in seinen Voraussetzungen und seiner Durchführung angreifbarer, andererseits ist ihre Ausgangsposition als Schriftstellerin zu berücksichtigen. Cixous' direkter Weg führt über die Praxis des Schreibens. „Schreiben: Akt, Verwirklichung nicht nur des ent-zensierten Bezugs der Frau zu ihrer Sexualität, zu ihrem Frau-Sein. Schreiben verschafft ihr Zugang zu den eigenen Kräften, gibt ihr ihren Besitz zurück, ihre Lust, ihre Organe, ihren Körper."[41] In ihrem Vertrauen auf die positiven Kräfte der Frau übersieht aber Cixous nicht die kulturelle Determination: „Das Unbewußte ist immer kulturell, und wenn es spricht, so erzählt es euch eure alte Geschichte... Aber es wird immer wieder umgeändert durch die Rückkehr in die Macht einer Libido, die sich das allein nicht so einfach gefallen läßt, und durch das Seltsame, durch das Nicht-Kulturelle, durch eine Sprache, eine wilde Sprache."[42]

Eine ‚weibliche‘ Praxis, zu schreiben, läßt sich nach Cixous nicht definieren; „aber wir können anfangen, davon zu sprechen".[43] In zahlreichen Veröffentlichungen hat Cixous ihre Vorstellung einer solchen Praxis in immer wieder neu ausholender Metaphorik zum Ausdruck gebracht: „Die Geste der Frau: die Sprache bestehlen, sie zum Fliegen bringen. Vom Fliegen / Stehlen [frz. voler bedeutet sowohl fliegen als auch stehlen] haben wir alle die Kunst, die zahllosen Techniken gelernt, seit Jahrhunderten, da wir zu Besitz nur Zugang durch *Stehlen* hatten, da wir in einer Sphäre gelebt haben, die dem Begehren nur enge, geheime Auswege gewährte. Kein Zufall, daß ‚fliegen / stehlen‘ sich zwischen zwei Flügen / Diebstählen abspielt, wechselseitig voneinander profitierend, die Agenten des Sinns in die Irre führen. Kein Zufall, die Frau hat etwas vom Vogel und vom Dieb, so wie der Dieb etwas von der Frau und vom Vogel hat."[44]

Ein ‚weiblicher Text‘ ist, nach Cixous, bestimmt durch ein System der Verausgabung, hört nicht auf, erlaubt Brüche, Ausflüge, Teilungen, Trennungen, verzichtet auf das homogene Subjekt;[45] es ist ein Sprechen in tausend Stimmen.[46] Cixous betont ausdrücklich, daß es nicht darum geht, „eine weibliche Schreibpraxis zu schaffen, sondern in die Schreibweise das einfließen zu lassen, was bisher immer verboten war".[47] Sie trägt aber selbst zu einer Verwirrung darüber bei, da sie selbst von einer „weiblichen Praxis des Schreibens" vom „weiblichen textuellen Körper" spricht.[48]

Die Situation wird noch dadurch kompliziert, daß Cixous' Entwurf einer ‚écriture féminine‘ nicht ausschließlich wie bei Irigaray an die Frau als Trägerin gebunden ist. Denn nach Cixous gibt es Texte männlicher Autoren, die „Weiblichkeit durchdringen lassen".[49] Hier müssen meines Erachtens zwei Ansätze in

Cixous' Entwurf unterschieden werden: einmal der Rückbezug auf den weiblichen Körper und seine Triebökonomie und zum anderen die Orientierung an der frühen Mutter-Kind-Beziehung. Denn Cixous führt aus: „Weiblich schreiben heißt, das hervortreten zu lassen, was vom Symbolischen abgetrennt wurde, nämlich die Stimme der Mutter, heißt Archaisches hervortreten zu lassen."[50]

Unter diesem Gesichtspunkt läßt sich auch eine die symbolische Ordnung aufbrechende ästhetische Praxis männlicher Autoren unter ‚weibliches Schreiben' subsumieren. Aber Cixous hält ausdrücklich daran fest, zwischen einer Schreibpraxis von Männern und Frauen zu unterscheiden, und zwar aufgrund des anderen Körpers, der anderen Triebökonomie, sowie der anderen Stellung der Frau in der symbolischen Ordnung und der ihr eigenen Mutterbeziehung.[51]

Die frühe Mutter-Kind-Beziehung hat in den vergangenen Jahren zunehmend Aufmerksamkeit in der psychoanalytischen Forschung gefunden und ist meines Erachtens inzwischen ein markanter Orientierungspunkt zur Unterscheidung der verschiedenen Entwürfe einer die symbolische Ordnung aufbrechenden Textpraxis. Einer eher idealistischen Inanspruchnahme, wie etwa bei Cixous, die die ‚Stimme der Mutter' mit dem Archaischen identifiziert, steht eine distanzierte Position gegenüber, etwa bei Irigaray, die sich ausdrücklich gegen eine Privilegierung des Mütterlichen ausspricht und sich auf die Mutter nur als Frau bezieht.[52] In sehr differenzierter Weise und in Erweiterung des Lacanschen Ansatzes hat sich die Sprachwissenschaftlerin und Psychoanalytikerin Julia Kristeva mit der frühen Mutter-Kind-Beziehung auseinandergesetzt und sie für ihr Modell einer die symbolische Ordnung unterminierenden Schreibpraxis fruchtbar gemacht.

Kristeva geht von der ‚Spaltung' der Mutter aus. Sie macht auf die in der ‚paternalistischen Gesellschaft' Ordnung stiftende Funktion der Mutterschaft und die Tatsache aufmerksam, daß die Mutter selbst ein symbolisierendes, sprechendes Subjekt ist. So unterliegt sie gleichfalls dem ‚Gesetz des Vaters', überschreitet es aber auch; ihre mütterliche Produktivität bildet ein Zwischenglied von Kultur und Natur, hat Teil am Symbolischen und Semiotischen.[53]

Das Semiotische (le sémiotique), ein Begriff, den Kristeva einführt (im Unterschied zu la sémiotique, der Semiotik, Zeichentheorie), liegt vor der Aneignung der Sprache und ist an die frühe Mutter-Kind-Beziehung gebunden. Es ist als ‚Körpersprache' in den „Rhythmen, in den Intonationen und den kindlichen Echolalien" hörbar.[54] „Die Sozialisierung des Individuums erfordert die Verdrängung oder Sublimierung der ursprünglichen Beziehung zur Mutter."[55] Nach Kristeva geht es darum, das ‚Verdrängte' zurückzuholen, dem Semiotischen im Symbolischen Ausdruck zu verleihen, es zu verstärken. Das geschieht nach ihrer Ansicht bereits in der schöpferischen Tätigkeit: „Das, was man ‚Kunst' nennt, kann diesen Einbruch des Semiotischen in das Symbolische verdeutlichen. ‚Kunst' verwandelt Sprache in Rhythmen und ‚Anomalien' in stilistische Figuren."[56] Kristeva verweist auf Mallarmé, der vom Eintritt der ‚Musik in die Buchstaben' sprach. Dieses Phänomen gibt es vor allem in der Kunst der

Moderne: „Sehen Sie Artaud, sehen Sie Joyce, die Surrealisten, die modernen Texte um Tel Quel."[57]

Im Prozeß des Schreibens (jeder schöpferischen Tätigkeit) geht es nach Kristeva folglich nicht um die „Wiederholung der patriarchalischen Diskurse" noch um die „Regression zur archaischen Mutter", sondern wie für Kristeva die Mutter weder im Symbolischen noch Semiotischen ganz aufgeht, so ist der Prozeß des Schreibens ein Eintauchen in die bestehenden Formen, das Symbolische, und zugleich ein Wiederfinden des Verdrängten, des Semiotischen: „Unmögliche Dialektik der beiden Pole, ständiger Wechsel: Niemals das eine ohne das andere."[58]

Wäre für ein solches – nach Kristeva – ‚Subjekt im Prozeß'[59] die Frage des Geschlechts unerheblich? Kristeva hat auf unterschiedliche Voraussetzungen im ‚Wiederfinden der Mutter', des Semiotischen, für Mann und Frau hingewiesen: „Das Inzest-Tabu, von dem man weiß, daß es zugleich die gesellschaftliche Ordnung wie die Ordnung der Sprache konstituiert, verbietet in der Tat die Mutter dem Sohn wie der Tochter. Aber der Mann findet in einer sexuellen Beziehung einen Ersatz für die Mutter, während die Frau für immer aus diesem archaischen Territorium ausgestoßen sein wird, da ja ihr sexueller Partner der Norm entsprechend ein Mann sein muß. Für die Heterosexuelle ist die Mutter die Rivalin. Dies erklärt gleichzeitig die Liebe und den Haß, die sich alle beide sehr heftig auf die Mutter beziehen. Haß-Liebe, die meistenteils völlig verdrängt ist, kann ein mächtiger Motor für Symbolisierung sein. Sie kann über die psychotischen Wege der Hysterie führen, die sie wiederum in einer sehr vermittelten und sehr produktiven Form von Sublimierung als ästhetische Produktion äußert."[60] Nach Kristeva bietet dies aber keine Grundlage für die Annahme einer ‚anderen' Textproduktion von Frauen, da es nicht möglich ist, eine Gruppe Frauen als Trägerin dieses anderen ästhetischen Diskurses zu identifizieren. Sie räumt ein: „Hier also, in der Analyse der komplizierten Beziehung zu ihrer Mutter und ihres eigenen Wesens, was sie von anderen (männlichen oder weiblichen anderen) unterscheidet, kann eine Frau auf das Rätsel des ‚Weiblichen' stoßen."[61] Der Hinweis auf die „weiblichen anderen" macht deutlich, daß für Kristeva die „Berücksichtigung der Besonderheiten, Unterschiedlichkeit in der Einzigartigkeit, die Zufälle und Notwendigkeiten von Natur, Familie und Gesellschaft" Priorität hat.[62] So kann sie erklären: „Ich bin für eine Konzeption des Weiblichen, für die es so viele ‚Weiblichkeiten' gibt wie Frauen."[63] Diese Entscheidung Kristevas ist plausibel insofern, als sie ihren theoretischen Ansatz auf der Grundlage der Gesellschaft und Kunst der Moderne entwickelt, den vielfältigen Lebensordnungen und der Literatur der Avantgarde seit Ende des 19. Jahrhunderts. Andererseits geht sie meines Erachtens mit der Bestimmtheit ihrer Aussage zu schnell über die eigene Einsicht des ‚Rätsels' des Weiblichen hinweg. Inwieweit sich mit ihrem theoretischen Ansatz und unter Berücksichtigung der komplizierten Mutterbeziehung eine besondere ästhetische Organisation bei Schriftstellerinnen herausarbeiten ließe, wäre vorerst noch zu erproben.

VI

Schreiben als Frau – weibliches Schreiben – Auflösung der ‚phallischen' Position des Subjekts: Das Für und Wider dieser theoretischen Ansätze bestimmt gegenwärtig die Diskussion. „Nun sag, wie hältst du's mit der Subjektkonzeption?", ist zur ‚Gretchenfrage' geworden, und tatsächlich gelegentlich fast eine Frage nach der ‚Religion' – und zwar in den Fällen, in denen Forschende andere Deutungsmöglichkeiten nicht bedenken oder überhaupt nicht mehr zulassen.

Nach dem gegenwärtigen Stand wissenschaftstheoretischer Reflexion gilt es als legitimierbar, daß wissenschaftliche Praxis aus dem Bewußtseins- und Werthorizont des Forschenden heraus erfolgt, aus der Anschauung, die auch die Verarbeitung ihrer gegenwärtigen Erfahrung und Lebenspraxis bestimmt und durch die diese modifiziert wird. Dieser Bewußtseins- und Werthorizont ist sowohl Ausdruck einer besonderen gesellschaftlichen Interessenlage und kulturellen Konstellation als auch persönlichen Befindens.[64] Vor ihm werden immer neue Theorien entworfen. Für die Forschung ist dies durchaus von Vorteil, da neue theoretische Ansätze und Untersuchungsmodelle es ermöglichen, neue Dimensionen des Wissens zu erschließen.[65]

Mit welcher Perspektive an den Gegenstandsbereich heranzugehen ist, läßt sich mit wissenschaftlichen Kriterien allein nicht entscheiden. Diese Situation wird noch dadurch kompliziert, daß mit unterschiedlichen Wissenschaftsbegriffen gerechnet werden muß bzw. mit der Infragestellung des Wissenschaftsbegriffs, wie gegenwärtig seitens poststrukturalistischer Theorien. Aber jeder theoretische Ansatz muß sich am untersuchten Gegenstand bewähren. Ebenso müssen Forschende bereit sein, auf universalistische Ansprüche zu verzichten und anderen Perspektiven das Recht einzuräumen, mit Kompetenz über den Gegenstandsbereich zu sprechen.

Für eine Untersuchung des Beitrages von Frauen zur literarischen Prozeß läßt jeder der vorgestellten theoretischen Ansätze spezifische Probleme erkennen, die bedacht werden müssen. Es ist weiter zu berücksichtigen, daß Theorien immer im Zusammenhang mit einer bestimmten Textpraxis entwickelt werden, deren Potential sie verwenden können. Überspitzt gesagt, bildet jeder theoretische Ansatz einen je eigenen favorisierten Textkorpus, wirkt also als Ausschlußverfahren bezüglich anderer Formen literarischer Praxis.

Mit Rücksicht auf die Komplexität der Fragestellungen und der Heterogenität des zu untersuchenden Materials erscheint mir daher eine Methodenkombination unerläßlich. Dieser Eintritt für eine Vervielfältigung der Blickrichtungen bedeutet allerdings keine ‚billige Lösung', kein Plädoyer für eine beliebige Relativität. Dem ist entgegenzusteuern. Das könnte meines Erachtens geschehen durch eine begleitende Diskussion der mit den methodischen Ansätzen verbundenen Wertungspraxis.

Das hier vorgeschlagene Konzept einer Untersuchung der Literatur von Frauen in ihrem jeweiligen historischen Kontext berücksichtigt die Variationsbreite literarischen Niveaus, der Gebrauchszusammenhänge und Schreibweisen. Daraus folgt als Konsequenz, daß literarischer Wert nicht nur auf eine ästhetische Qualität zu beziehen ist, sondern daß auch ethisch-soziale Wertkonzepte zu berücksichtigen sind.

Der Wertungsvorgang ist weiter noch dadurch kompliziert, daß sich nicht – wie in der klassischen Werttheorie – die Aufmerksamkeit nur auf den Text richtet, sondern daß die Wertenden selbst und auch die jeweilige Wertungssituation, die von ästhetischen oder praktischen Wertmaßstäben gesteuert wird, zu berücksichtigen sind.[66] Wertung erscheint von daher als Prozeß, in dem Text und die jeweiligen Wertenden in Beziehung treten und die Aufmerksamkeit sich zum Beispiel auf die ästhetische Organisation richtet, den Bedingungszusammenhang sozialer und literarischer Praxis, die Autorintention, die Rezeption oder die Schreibweise. Mit Rücksicht auf eine so verstandene Wertungssituation läßt sich die Entscheidung für eine Methodenkombination plausibler machen.

Die verschiedenen methodischen Zugänge konstituieren unterschiedliche Weisen des Lesens und Wertens. Bei einer die zeitbedingten literarischen Konventionen und Normen in herkömmlicher Weise berücksichtigenden Lesart kommt es häufig in bezug auf die Literatur von Frauen lediglich zur Feststellung von Defiziten und zur Konstatierung ästhetischer Unzulänglichkeit. Werden die jeweiligen ästhetischen Normen und Konventionen als Universalkonzepte verstanden und nicht auch als vorstrukturiert durch historisch bedingte männliche Wahrnehmungsschemata und Sinnentwürfe, dann fehlt die Voraussetzung, eine möglicherweise erfolgte Kritik bzw. Unterwanderung oder Transformierung der gegebenen Normen und Konventionen aufgrund besonderer Wahrnehmungsweisen und Bedürfnisdispositionen von Frauen zu erkennen. Andere Formen von Sinnbildung und ihre diskursive Praxis können nicht offengelegt werden. Dies aber wäre Voraussetzung für eine Erweiterung des literarischen Verständnisses und des literarischen Kanons.

Eine Perspektive, die gegenwärtige Frageinteressen nach den Möglichkeiten einer selbständigen intellektuellen und künstlerischen Existenz von Frauen berücksichtigt, erlaubt es, Formen literarischer Praxis neu zu bewerten bzw. bisher nicht beachtete Kommunikationsweisen als ‚Literatur' zu identifizieren. Bei dieser Lesart richtet sich die Aufmerksamkeit vorrangig auf ein Inhalt und Ausdrucksform mitorganisierendes emanzipatorisches Bewußtsein der Autorin, wobei herkömmliche ästhetische Normen zurücktreten können. Die Wertungssituation ist mitbestimmt durch ein Vorverständnis hinsichtlich der Selbstentfaltung von Frauen und der zu verändernden gesellschaftlichen Praxis.

Die Wertung kann durchaus unterschiedlich ausfallen, da Autorbewußtsein und Selbstentfaltung der Frau vieldeutig auslegbar sind. Um einer verkürzten Aktualisierung und einer auf die Gegenwart zulaufenden finalen Darstellungsperspektive zu entgehen, sind sowohl der historische Sinnanspruch und Rezeptionszusammenhang wie auch die historische Bedingtheit der gegenwärtigen Einstellung mitzubedenken.

Untersuchungsmodelle, die sich auf einen Subtext bzw. subversive Strategien im Text konzentrieren, ermöglichen es, den Text als Palimpsest zu lesen mit einer offensichtlichen, literarische Konventionen und Normen bestätigenden Handlung und einer verdeckten, die die unterdrückte ‚weibliche Geschichte' erkennbar macht. Sofern die Untersuchungen für jeweils begrenzte Zeitabschnitte, Lebensräume und Verständigungsprozesse wie auch unter Berücksichtigung der die Textproduktion mitorganisierenden Sinnsysteme erfolgen, können mögliche Einwirkungen besonderer Wahrnehmungsweisen, Bedürfnisdispositionen und Produktionsbedingungen von Frauen auf die Struktur und Inhalte von Texten herausgearbeitet werden.

Dabei muß auch hier die Bereitschaft bestehen bleiben, einzuräumen, daß sich mit dieser Perspektive nicht notwendig alle Aspekte der ästhetischen Organisation und des Wirkungspotentials von Texten erschließen lassen. Des weiteren ist in zweifacher Weise der Gefahr einer Normsetzung vorzubeugen. Die ja stets durch die Untersuchung ausgewählter Werke erzielten Ergebnisse dürfen weder für den untersuchten Zeitabschnitt und erst recht nicht darüber hinaus absolut gesetzt werden in der Weise, daß sie einen allgemein verbindlichen Wertmaßstab begründen. Damit würde der Heterogenität der von Frauen geschriebenen Literatur nicht Rechnung getragen und in bedenklicher Weise eine Festlegung dessen, was ‚weiblich' und ‚weiblich schreiben' ist, erfolgen.

Die subjektkritischen Ansätze gehen davon aus, daß Erfahrung nicht authentisch ausdrückbar ist, daß sie in oder durch eine Sprache konstruiert wird, die phallisch bzw. phallozentrisch ist. Eine andere symbolische begriffliche Konstruktion, ein anderes Wirklichkeitsmodell, das dem Verdrängten, dem ‚Weiblichen' Raum gibt, ist nur durch Unterwanderung normierter Rede- und Äußerungsformen möglich. Die entwickelten Konzepte unterscheiden sich, bedingt auch durch die jeweils geschlechtsspezifische oder geschlechtsunspezifische Ausrichtung, in den vorgeschlagenen Wegen: Rückgewinnung der (weiblichen) Körpersprache oder Frau-Sprechen, das Vieldeutigkeit zum Ausdruck bringt, oder ein sich im ästhetischen Diskurs entfaltendes heterogenes Subjekt. Eine diesen theoretischen Ansätzen folgende kritische Praxis steht vor der Herausforderung, sich in ganz neuer Weise auf Texte einzulassen und sie auch ‚anders' zu beschreiben, in einer Sprache, die sich von der logischen, eindeutigen, funktionalen Sprache unterscheidet.

Die Aufmerksamkeit richtet sich vor allem auf die gegenwärtige und zukünftige Textpraxis. Diese theoretischen Ansätze eröffnen aber auch neue Untersuchungsmöglichkeiten historischen Materials. Dabei muß allerdings bedacht werden, daß sie der herkömmlichen (Literatur)Geschichtsschreibung eine Absage erteilen, deren durch Linearität, narrative Aufbereitung und Autorfixierung begründete phallozentrische Konstruktion es aufzulösen gilt.[67]

Die Geschichte der Literatur wird zu einem Feld möglicher Dekonstruktionen oder gegebenenfalls aufzudeckender Brüche und Formen des Schweigens. Mit Beginn der Moderne können die Ansätze dieser anderen ‚Schreibweise' aufgezeigt und positiv bewertet werden. Die Orientierung auf eine erwünschte, zu entwickelnde Textproduktion, die den Wert eines Werkes daran mißt, ob es die normierten Rede- und Äußerungsformen, die Subjektposition aufbricht, vernachlässigt notwendigerweise die Komplexität des literarischen Prozesses, die unterschiedlichen historischen ästhetischen Konzepte und Gebrauchsfunktionen von Literatur. Die Besonderheit einer Textproduktion von Frauen, die – verwiesen zwar auf die jeweiligen Kommunikationsmodelle und Ausdrucksmöglichkeiten – aus bestimmten lebensweltlichen Bedürfnissen heraus entstanden ist, bleibt dem Verständnis entzogen.

Ein Konsens über die adäquate Lesart dürfte nicht zu erzielen sein. Wäre sie wünschenswert? Nicht um die Entdeckung der einzig richtigen Lesart geht es, sondern darum, herauszufinden, wozu sie jeweils beiträgt, was sie leistet. Zumindest zum gegenwärtigen Zeitpunkt erscheint es mir nicht sinnvoll, die eine Lesart und Wertung auf Kosten einer anderen zu privilegieren, dem Schematismus progressiv/regressiv zu verfallen, aber auch nicht voreilig eine Synthese anzusteuern. Vielmehr wäre ein Dialog zu führen mit der Bereitschaft, Einwände, die ‚Stimme des Anderen‘, wahrzunehmen, sie, sofern sie unabweisbar sind, aufzunehmen als Herausforderung, um mit revidiertem Selbstverständnis das Argumentationsspektrum zu erweitern.

VII

Vor dem Hintergrund dieser Problematisierungen der theoretischen Ansätze und methodischen Zugänge, der Wertperspektiven und der Frage geschichtlicher Rekonstruktion kann das hier zugrundegelegte Konzept verdeutlicht werden. Richtschnur für Auswahl und Akzentsetzung waren die zeitgeschichtlichen Kommunikationsräume mit ihren Wissens-, Sinn- und Wertsystemen unter besonderer Berücksichtigung der Geschlechterrelationen und -rollen sowie der schichtenspezifischen Kommunikationsmodi, die die Wahrnehmungs- und Deutungsweisen organisieren. Vor diesem Hintergrund wird nach den Möglichkeiten und der Besonderheit literarischer Praxis von Frauen gefragt.

Dabei konnten in dem hier gegebenen Rahmen die sich herausbildenden literarischen Praxisformen nicht in allen ‚historischen‘ Stadien berücksichtigt werden. Auch sind die Formen umfassender als in diesem Überblick vergegenwärtigt werden kann. Eine entscheidende Rolle spielte auch der gegenwärtige Stand der frauenspezifischen Forschung in der Literaturwissenschaft. Viele Bereiche der Textproduktion sind noch nicht erforscht oder die Untersuchungen befinden sich erst in einem Anfangsstadium. Zahlreiche Gesichtspunkte bedürfen noch eingehender Analysen, wie zum Beispiel die die jeweiligen Kommunikationsweisen mitbestimmenden Rezeptionshaltungen.

Für die einzelnen Beiträge, die zum Teil sehr große Zeiträume umgreifen, ist zu berücksichtigen, daß die Komplexität des Gegenstandsbereichs nur sehr

verknappt dargestellt werden kann und die Textauswahl häufig nur exemplarischen Charakter hat. Einzelportraits wurden eingeschoben, um in einem
spezifischen Kommunikationsraum eine besondere Form literarischer Praxis und
Sinnbildung zu verdeutlichen.

Mit dem hier zugrundegelegten Konzept wird nicht *eine* Geschichte der
Literatur von Frauen, die sich entwickelt oder gar vollendet, sichtbar, sondern es
werden, eingebunden in den literarhistorischen Zusammenhang, unterschiedliche und widersprüchliche literarische Praxisformen der Anpassung/Ausein-
andersetzung bzw. Unterwanderung oder Überschreitung zeitgenössischer
Normen und Konventionen erkennbar. Da sie unter veränderten Bedingungen
abbrechen, sich modifiziert fortsetzen oder neue entstehen, läßt sich nicht von
einer literarischen Tradition von Frauen sprechen, sondern es zeigen sich
verschiedene ,Traditionen‘, die durch wechselnde Determinanten bestimmt
sind, sich auch überschneiden, verschränken oder gegenseitig ausschließen.

Eine frauenspezifische Untersuchung des literarischen Prozesses läßt aber
auch erkennen, wie die Organisation der Geschlechterbeziehungen für diesen
Prozeß insgesamt, für die literarische Praxis von Frauen *und* Männern mitprä-
gend war und ebenso für die Aneignung und Darstellung der literarischen
Überlieferung.

So läßt sich eine an den Begriffen des 19. Jahrhunderts orientierte Perspektive
und Problemstellung gegenüber literarischen Texten und Zeugnissen erkennen,
die bis in unsere Zeit Gültigkeit hatte, wie folgendes Zitat verdeutlichen mag:
„Die Welt unserer Väter und Großväter, deren Zeit so nahe erscheint, ist uns
historisch geworden, ohne daß wir ein geschichtliches Bild von ihr hätten. Viel
steht dem entgegen, nicht nur die alte Erfahrung, daß es den Söhnen nicht leicht
ist, gerecht zu sein gegen die Väter."[68]

Ebenso haben Geschlechterkonzepte bei der Erarbeitung von Gesetzmäßig-
keiten der literarischen Entwicklung eine Rolle gespielt, etwa für die Unterscheidung in ,weibliche‘ und ,männliche‘ Epochen.[69] Oder sie haben ästhetische
Erwartungen beeinflußt, z. B. wenn vom „weiblichen Zug der Lyrik" oder den
„härteren männlichen Zügen" des „dramatischen Daseins" gesprochen wird.[70]
Ebenso haben sie sich auf die Vorstellungen des Gattungssystems ausgewirkt:
„Die Stufenfolge lyrisch-episch-dramatisch, Silbe-Wort-Satz entspricht den von
Cassirer beschriebenen Stufen der Sprache … Jede Sprache entwickelt sich in der
angezeigten Richtung, nicht anders als *jeder* Mensch sich vom Kind zum
Jüngling, vom Jüngling zum Mann und zum Greis entwickelt."[71]

Mit den hier gewonnenen Einsichten stellt sich eine Herausforderung an jede
zukünftige Auseinandersetzung mit dem vieldimensionalen, dynamischen literarischen Prozeß, und zwar sowohl hinsichtlich der zugrundegelegten Konzepte
und Frageinteressen als auch hinsichtlich des Deutungsrahmens der zu untersuchenden Texte. Sie anzunehmen wäre mit der Bereitschaft zur kulturwissen-
schaftlich ausgerichteten Arbeitsweise verbunden.

ERSTER TEIL
VON DEN ANFÄNGEN BIS 1500

I. Höfische Autorinnen
Von der karolingischen Kulturreform bis zum Humanismus

Ursula Liebertz-Grün

Hofkultur im frühen Mittelalter

Als der Ostgotenkönig Theoderich der Große (493–526) seine Nichte Amalaberga mit dem Thüringerkönig Herminafrid verheiratete (um 510), beglückwünschte er Herminafrid in einem Schreiben, das Cassiodor formuliert und überliefert hat, zu seiner

> in den Wissenschaften gebildeten, in der Sittenlehre wohl unterrichteten, [...] überaus liebenswürdigen Gemahlin, die mit Euch zusammen durch Rechtssatzungen Eure Herrschaft festigen und durch eine bessere Ordnung Euer Volk friedlich vereinigen möge.[1]

Zwei Jahrzehnte später wurde das Thüringerreich von dem Merowingerkönig Chlothar I. und seinen Brüdern zerstört. Radegunde, eine von Amalaberga erzogene thüringische Prinzessin, die Chlothar als Gefangene nach Südfrankreich führte und heiratete, hat den Untergang des Thüringerreiches in einer an ihren Vetter Hamalafred in Byzanz gerichteten lateinischen Elegie mit dem Untergang Trojas verglichen.[2] Die politische Neuordnung und die Einführung der lateinischen Schriftkultur in die analphabetischen deutschsprachigen Gebiete, die Herminafrid nach Theoderichs Plänen unter Amalabergas Leitung hätte in Gang setzen sollen, wurden erst zweieinhalb Jahrhunderte später unter der Herrschaft Karls des Großen (768–814) Wirklichkeit.

Karl versammelte Gelehrte, Dichter und Künstler aus verschiedenen Ländern an seinem Hof. Zu ihnen gehörte eine Zeitlang Paulus Diaconus, der durch seine Schülerin, die langobardische Königstochter und spätere Herzogin Adelperga von Benevent – sie hatte ihn in Benevent zu seinen ersten historiographischen Arbeiten angeregt – zum Geschichtsschreiber der Langobarden wurde. Karls wichtigster Berater in Bildungsfragen war der Angelsachse Alkuin, der Leiter der Hofschule, der eine gleiche und gemeinsame Ausbildung für Priester und Laien forderte. Er unterrichtete Karl, seine Söhne, Töchter und Schwestern. Zwei ehemalige Schülerinnen, die Äbtissin Gisla, eine Schwester Karls, und ihre Nichte Rodtrud, haben Alkuin veranlaßt, einen Kommentar zum Johannesevangelium zu schreiben. Für eine andere Verwandte Karls, die Äbtissin Eulalia, hat er die moralpsychologische Schrift «De ratione animae» (Über die Beschaffenheit der Seele) verfaßt. Auch Karls Frauen nahmen am literarischen Leben teil.

Auf Karls Befehl sollten in allen Klöstern und Bischofssitzen des Frankenreiches Schulen gegründet und Bibliotheken errichtet werden. Theodulf, einer der Hofgelehrten, verfügte in seiner Eigenschaft als Bischof von Orléans, daß in seiner Diözese jeder Pfarrer den Kindern, die zu ihm geschickt wurden, unentgeltlich Unterricht im Lesen und Schreiben zu erteilen habe. Neben der lateinischen Schriftkultur hat Karl auch die Verschriftlichung der Volkssprache gefördert. Er ließ die mündlich tradierten volkssprachigen Heldenlieder aufzeichnen und gab den Anstoß zu einer grammatischen Regelung der deutschen Sprache.[3]

Karls Nachfolger Ludwig der Fromme (814–840) verabscheute die heidnische volkssprachige Dichtung. Er schickte seine unverheirateten Schwestern, deren Liebesbeziehungen sein Vater toleriert hatte, in Klöster und ließ Karls Konkubinen und die Hofprostituierten aus Aachen vertreiben. Als Mäzen hat er zusammen mit seiner ersten Frau Ermengarde keine so bedeutende Rolle gespielt wie seine zweite Gemahlin Judith. Walahfrid Strabo, der Erzieher ihres Sohnes Karl des Kahlen, hat mehrere Preisgedichte auf Judith und ein Gedicht für ihre Schwägerin Adalhaida verfaßt. Hrabanus Maurus dedizierte Judith seine Kommentare zu den alttestamentlichen Büchern «Judith» und «Esther», Bischof Prudentius von Troyes übersandte ihr einen Psalmenauszug, Frechulf von Lisieux widmete ihr den letzten Teil seiner Weltgeschichte. Bei Florus von Lyon gab Judith einen Abriß der Weltgeschichte seit Augustus in Auftrag.[4] Judith, die einflußreichste Mäzenin, und Dhuoda, die bedeutendste Laienschriftstellerin der Karolingerzeit, waren einander vermutlich bekannt. Zumindest anläßlich der Hochzeit Dhuodas in Aachen sind sie sich wohl begegnet.

Dhuoda

Am 30. November 841 begann Dhuoda in Uzès (Südfrankreich) mit der Niederschrift eines lateinischen Traktates.[5] Mit Hilfe ihrer Selbstaussagen lassen sich die Hintergründe und Ereignisketten, die sie zum Schreiben veranlaßt haben, rekonstruieren. Am 29. Juni 824 hat sie in der kaiserlichen Pfalz in Aachen Herzog Bernhard von Septimanien geheiratet, den Sohn des berühmten Wilhelm von Aquitanien, der unter Karl dem Großen die spanische Mark gegen die Sarazenen verteidigt hatte und noch jahrhundertelang im Lied und in der Heldenepik fortlebte, wie zum Beispiel im Willehalm-Roman des Wolfram von Eschenbach. Am 29. November 826 hat sie ihren ersten Sohn Wilhelm geboren. Auf Befehl ihres Gatten residierte sie in Uzès, während der Herzog als Vertrauter der Kaiserin Judith in den Intrigen und Machtkämpfen am karolingischen Hof eine gewichtige Rolle spielte. Nach dem Tod Kaiser Ludwigs des Frommen am 20. Juni 840 war Bernhard noch einmal in Uzès; der 22. März 841 ist der Geburtstag des zweiten Sohnes. Der Zweitgeborene kam dem Herzog gerade recht. In den karolingischen Machtkämpfen setzte er auf Pippin II. von Aquitanien. Nach der Niederlage schickte er seinen Erstgeborenen als Geisel zu dem

Sieger Karl dem Kahlen. Da der Herzog das Leben seines Erstgeborenen aufs
Spiel gesetzt hatte, betrachtete er den Zweitgeborenen als ein kostbares politisches Unterpfand für den Fortbestand seiner Dynastie: zu kostbar, um ihn in
Uzès bei der Mutter zu lassen. Er ließ den Säugling an seinen Aufenthaltsort
nach Aquitanien bringen. In dieser Situation, „von vielen Sorgen gequält"
(S. 86), begann Dhuoda für ihren erstgeborenen Sohn Wilhelm zu schreiben. Am
2. Februar 843 hat sie ihr Buch beendet. Ihre weiteren Lebensdaten sind unbekannt. Ob sie noch lebte, als Karl der Kahle ihren Mann und wenige Jahre später
ihren Sohn Wilhelm wegen Verräterei hinrichten ließ, wissen wir nicht.

„Ad me recurrens, lugeo" (S. 348) – „Wenn ich über mich selbst nachdenke,
bin ich voll Trauer". Während fast alle Mütter das Glück genießen, mit ihren
Kindern zusammenzuleben, lebt sie weit entfernt von ihrem Sohn, ohne zu
wissen, ob sie ihn in diesem Leben noch einmal wiedersehen darf (S. 72).
Sehnsucht, Liebe und Leid machen sie produktiv, treiben sie an, die Frage zu
beantworten, wie ihr Sohn, der aufgrund seiner Geburt zu den Großen des
fränkischen Reiches gehört, in der Welt ein christlich inspiriertes Leben führen
kann. Die Geistlichen, die seit dem fünften Jahrhundert christliche Sittenlehren,
Tugendspiegel und Fürstenspiegel verfaßten, haben ihre eigene Persönlichkeit
hinter allgemein gehaltenen Formulierungen verborgen. Dhuoda dagegen beantwortet ihre Leitfrage, indem sie die Lebensbedingungen ihres Sohnes und ihre
eigene Situation stets mitbedenkt. In ihrem Handbuch für ihren Sohn Wilhelm
ist Dhuoda deshalb immer gegenwärtig, auch wenn sie meist nicht über sich
selbst, sondern über die Sache spricht. Ihr Spiegel der Moralität spiegelt immer
auch ihre eigene Persönlichkeit:

> Was soll ich mehr sagen? Deine Dhuoda ist immer da, um dich zu ermutigen, mein
> Sohn, und wenn ich einmal nicht mehr bin, das wird in der Zukunft der Fall sein, dann
> wirst du das kleine Buch der Moralität hier als ein Angedenken haben. Du wirst mich
> immer noch sehen können, wie in einem Spiegel, indem du mich mit den Augen des
> Körpers und des Geistes liest und zu Gott betest. Du wirst hier auch verzeichnet finden,
> welche Pflichten du mir schuldig bist. Mein Sohn, du wirst Gelehrte haben, die dir
> zahlreichere Lektionen von größerem Nutzen erteilen werden, aber nicht in derselben
> Weise: Keinem von ihnen wird das Herz im Leib brennen wie mir, deiner Mutter, mein
> erstgeborener Sohn. (S. 114 ff.)

Jahrtausendelang – vor und nach Dhuoda – haben die Geistlichen die adeligen
Laien vor der Süßigkeit der Welt gewarnt, die häufig ewige Verdammnis nach
sich ziehe. Dhuoda dagegen erläutert – dreihundert Jahre früher als die höfischen
Dichter, die diese Gedanken später in der Volkssprache vorgetragen haben –, wie
es möglich sei, Gott und der Welt zu gefallen, hier auf Erden glücklich zu sein
und im Himmel zu den Glückseligen zu gehören (S. 146, 116). Wer Gott auf
Erden aufrichtig dient, den wird er schon hier auf Erden belohnen (S. 114). Die
Häuser der Mächtigen könnten Schulen der Tugenden sein, wenn einer sich an
den Vortrefflichkeiten des anderen ein Beispiel nähme (S. 170). Der vornehm
Geborene soll sich diensteifrig um die Gunst der Höherrangigen, der Gleich-

rangigen und der weniger Vornehmen und Geringsten bemühen, so wird er von allen geliebt werden (S. 176). Neben seinen weltlichen Geschäften soll Wilhelm theologische Bücher studieren (S. 114), und er soll, im Gegensatz zu seinem Vater, der dazu keine Zeit findet, für seine Vorfahren beten (S. 320). Dhuoda besteht auf ihrem eigenen Kopf. Sie kritisiert die christliche Aufspaltung des Menschen in Körper und Geist und die Überordnung der Vernunft über die Sinnlichkeit mit Hilfe eines literarisch verfremdeten Ovidzitats. Sie plädiert für ein harmonisches Zusammenspiel, nicht für eine Über- und Unterordnung der beiden Naturen:

> Nach Auskunft der Gelehrten wird der Mensch zweimal geboren, einmal physisch, einmal geistig, aber die geistige Natur sei edler als die körperliche. Im Menschen kann keine der beiden Naturen ohne die andere bestehen. Und damit Körper und Geist harmonischer zusammenwirken, sagt jemand: ‚Mit ihnen und ohne sie können wir nicht leben.‘ Und obgleich dieses Zitat in seinem Kontext eine andere Bedeutung hat und obgleich es gewisse Gründe für diesen Bedeutungsunterschied gibt, wünsche ich, daß du dieses Zitat so verstehst, wie ich es benutzt habe. (S. 298)

Im Widerspruch zu der ihrer Auskunft nach herrschenden Meinung bewertet sie die Loyalität gegenüber dem Vater höher als die Loyalität gegenüber König und Kaiser (S. 140). Der Vater ist der Ranghöhere („senior") und der Herr („dominus", S. 116) seiner Frau und seiner Söhne. Dhuoda stellt ihre Ehebeziehung als Vasallitätsverhältnis dar. Der Ehegatte gewährt Dhuoda militärischen Schutz (S. 350), sie bindet ihn durch Dienstleistungen an sich. Sie macht bei Juden und Christen Schulden, um ihn mit den Geldmitteln versorgen zu können, die seine militärischen Aktionen ermöglichen:

> Um Bernhard, meinen Herrn, der ranghöher ist als ich, zu unterstützen, damit die Hilfe, die ich ihm in der Spanischen Mark und an anderen Orten zu leisten schuldig bin, nicht ausblieb und damit er sich nicht von dir und mir trennte, wie es bekanntlich viele zu tun pflegen, habe ich mich, ich weiß es, schwer verschuldet. Um seine zahlreichen Geldbedürfnisse befriedigen zu können, habe ich oft große Summen geliehen, nicht nur bei Christen, sondern auch bei Juden. (S. 351 ff.)

Die rechtliche Unterordnung unter den Herrn infiziert die Seele nicht. Dhuoda ist keine durch die Dominanz des Männlichen in ihrem Denken unterdrückte und fremdbestimmte Frau. Sie bezeichnet sich gemäß einem altehrwürdigen christlichen Muster der Selbstdarstellung als „schwach im Geiste", als Unwürdige, aber als eine, die „unwürdig lebt unter würdigen Frauen" – „inter dignas uiuens indigne" (S. 80). Die Beziehung zwischen Mutter und Sohn ist einzigartig, sie hat keinen wie ihn (S. 350), und er wird niemals einen Menschen haben, der für ihn so ist wie sie (S. 76). Nach ihrem Tod soll der Sohn eventuell noch ausstehende Schulden aus ihrem Vermögen, notfalls aus seinem eigenen zurückzahlen. Wie die Mutter stets für sein Seelenheil betet, so soll er seinerseits für sie beten (S. 76, 350). Niemals soll der Sohn seinen Vater, wenn er einmal alt und schwach geworden ist, angreifen. Von einer entsprechenden Rücksichtnahme auf die alte Mutter ist nicht die Rede. Das ist keine Bescheidenheit, sondern eher eine matriarchalische List. Während der übermächtige Patriarch im Alter hilflos wird, kann die Mutter, deren Stellung nie auf körperlicher Gewalt beruhte, im Alter mächtiger werden, sofern es ihr gelingt, den starken Sohn an sich zu binden.

In formaler Hinsicht kam Dhuodas Traktat dem Geschmack der Zeitgenossen entgegen. Sie mischt Prosa mit Versen, sie erfindet und erprobt neue Versformen, indem sie lateinische Verse mit germanischen Rhythmen kombiniert. Sie liebt Zahlensymbole, Zahlenspiele und kompliziert strukturierte, präzise Zahlenangaben. Wie ein Zeremonienmeister bei Hofe, der den Fremden auf vielen Umwegen, durch viele Vorzimmer zum König führt, geleitet Dhuoda den Leser durch fünf Eingänge („Hier beginnt der Text", „Hier beginnt das Buch", „Hier beginnt der Prolog", „Vorrede", „Inhaltsverzeichnis") in ihr Buch. Der Zeremonie der Begrüßung entspricht die Zeremonie des Abschieds. Zweimal kündigt sie das Ende an, bevor sie ihr Buch nach einigen Zusätzen und Einschüben tatsächlich abschließt. In den Eingangs- und den Schlußpartien spricht sie neben ihrem Sohn auch den potentiellen Leser an; das Gespräch mit dem Sohn ist Teil des literarischen Diskurses.

Die neue Hofkultur

Ähnlich wie die Kaiserin Judith sind die Frauen des ottonischen Herrscherhauses und viele andere Königinnen und Fürstinnen als Auftraggeberinnen hervorgetreten. Aber Schriftlichkeit und Literatur blieben noch jahrhundertelang eine Domäne der Geistlichen, der Kirchen, der Männerklöster und Frauenklöster, auch wenn diese den Interessen weltlicher Fürsten und Fürstinnen dienten. Das änderte sich erst im 12. Jahrhundert, als die französische Adelsgesellschaft eine neue Hofkultur, neue Gesellschaftsideale und eine neuartige, schriftlich fixierte, aber nun nicht mehr durchgängig lateinische, sondern meist volkssprachige Literatur hervorbrachte.

Die französische Adelsgesellschaft hat in Minnedichtungen und Minnediskussionen jahrzehntelang über Wesen und Wirkung der Liebe nachgedacht, die psychische Befindlichkeit der Liebenden analysiert, die Idee der Liebe in das Zentrum der höfischen Wertordnung gerückt und über das rechte Verhalten in der Liebe räsonniert.[6] Aus der Perspektive der Herren wird die Beliebtheit dieser literarischen Minnegeselligkeit nicht verständlich, denn vor- und außereheliche Sexualbeziehungen adeliger Männer zu sozial niedriger stehenden Frauen galten als selbstverständlich. Es will folglich nicht recht einleuchten, daß die Herren dem literarischen Spiel mit der ‚höfischen Liebe' ein vitales Interesse entgegengebracht hätten. Bleibt die Sicht der Damen.

Adelige Frauen, die häufig gebildeter waren als ihre männlichen Standesgenossen, hatten eine wichtige Funktion im höfischen Literaturbetrieb. Politisch, rechtlich und ökonomisch waren sie in einer inferioren Position, durch frauenfeindliche Äußerungen wurden sie diskriminiert, aber als Gattinnen, Mütter und Schwestern haben sie nicht selten einen beträchtlichen informellen Einfluß ausgeübt. Einige haben darüber hinaus bedeutende politische Rollen gespielt, so z. B. Ermengarde von Narbonne, Eleonore von Poitou und Marie de Champagne, die auch die höfische Minnekultur nachhaltig gefördert haben. In ihrer sexuellen Freiheit wurden die Frauen empfindlich behindert. Die konventionelle Geschlechtsmoral beschränkte die erotischen Aktivitäten der Frau auf die Ehe. Nach Auskunft der mittelalterlichen Theologie war freilich auch der eheliche Sexualverkehr schwerlich ohne läßliche Sünde. Und der leidenschaftliche Ehegatte galt als Ehebrecher an seiner eigenen Frau. Aber die feudale Ehe war ohnehin meist eine lustlose Angelegenheit. Heiraten waren ein probates Mittel dynastischer Machtpolitik, für das Vergnügen des Mannes waren Konkubinen zuständig.

Die adeligen Frauen hatten einigen Grund, ihren von der miserablen Realität geplagten Geist ab und zu durch utopische Träumereien zu erfrischen. Sie konnten zum Beispiel einem Vortrag des Lancelot-Romans lauschen, in dem Chrétien de Troyes gemäß dem Befehl und den Vorstellungen der Marie de Champagne die ehebrecherische Liebe des überaus vortrefflichen Artusritters Lancelot zu Ginover, der Ehegattin seines Lehnsherrn, des Königs Artus, verherrlichte. Die Damen haben nicht im stillen Kämmerlein vor sich hin phantasiert, sie haben vielmehr versucht, den Männern ihre Träumereien schmackhaft zu machen, indem sie die höfische Minnegeselligkeit inszenierten. In diesem Spiel wurde die Grenze zwischen Fiktion und Realität kunstvoll verschleiert. Beim Vortrag der Minnekanzone wurde die Hofgesellschaft durch Anspielungen, Anreden, *Tornaden* (Geleitstrophen) und *senhals* (Verstecknamen) in den Liedvorgang miteinbezogen. Der Troubadour trat in der Rolle des Liebenden auf und gab vor, nur von seinen Erlebnissen zu sprechen und seiner Dame durch seinen Gesang zu dienen. Durch diese Selbststilisierung gewann auch die Minnedame einen Schein von Existenz. Außerdem haben die Troubadours ihre Minnekanzone gelegentlich öffentlich als Huldigungs- und Preislied an einzelne Damen der höfischen Gesellschaft gerichtet (Frauendienst). In minnekasuistischen Fragespielen und Streitgedichten, die leicht wieder in eine Publikumsdiskussion übergehen konnten, wurden Probleme der ,höfischen Liebe' mit freimütiger Gelassenheit erörtert.

Marie de France

Über Marie de France, ihre Persönlichkeit, ihren Lebensweg wissen wir – ähnlich wie über die meisten anderen mittelalterlichen Autoren – nahezu nichts. Sie lebte – so viel ist sicher – in England zur Zeit Heinrichs II., des wichtigsten Mäzens der französischen und lateinischen höfischen Literatur, und veröffentlichte in französischer Sprache drei Werke. Sie hat eine Sammlung äsopischer

Fabeln verfaßt und so die volkssprachige Äsop-Tradition eingeleitet, die in der mittelalterlichen Literatur eine wichtige Rolle gespielt hat. Sie hat, gestützt auf einen – nach Ansicht der Zeitgenossen – dokumentarischen, lateinischen Bericht, eine Erzählung über die Fegefeuer-Expedition des irischen Ritters Owein geschrieben. Und sie hat einen Zyklus von zwölf Verserzählungen gedichtet, den sie einem edlen König, höchstwahrscheinlich Heinrich II., gewidmet hat.

Marie de France hat mit ihren Verserzählungen, den sogenannten Lais, eine neue literarische Form, ein neues Thema und eine neue Sehweise in die französische Literatur eingeführt. Ihre Stimme hat in dem Stimmengewirr der Minnesänger, Minnedichter und Minnetheoretiker einen ganz eigenen, individuellen Klang. In einigen ihrer Lais stellt Marie Liebe dar aus der Sicht einer Frau, die sich über die feudale Heiratspolitik und über die frauenfeindliche Doppelmoral empört. Die Sexualität der adeligen Frau sei, so bemängelt sie, darauf beschränkt, einem Ehegatten, den sie sich nicht selbst ausgewählt hat, legitime Erben zu gebären, während andererseits „jene rüpelhaften Höflinge [...] sich leichtfertig durch die ganze Welt hindurch vergnügen und dann damit prahlen, was sie tun" («Lais», «Guigemar», 488–490)[7]. Marie spricht die sexuelle Unterdrückung der adeligen Frau mit ungewöhnlicher Offenheit aus. Eine ihrer Heldinnen zum Beispiel ist eine schöne, junge Frau, die von ihren Eltern an einen sehr alten Mann verheiratet wurde, der seinen Reichtum zu vererben und legitime Erben zu zeugen wünscht. Von dem eifersüchtigen Alten in einen Turm eingesperrt, von seiner alten Schwester bewacht, von allen Menschen isoliert, vor Kummer krank und entstellt, bejammert die junge Schöne ihr Unglück und verflucht ihre Eltern:

Mein Schicksal ist sehr hart! In diesem Turm bin ich gefangen, nie werde ich da herauskommen, es sei denn durch den Tod. Dieser eifersüchtige Alte, wovor fürchtet er sich, daß er mich in so strenger Haft hält? Er ist so überaus töricht und dumm! [...] Verflucht seien meine Eltern und all die anderen, die mich diesem Eifersüchtigen zur Frau gaben. («Lais», «Yonec», 68–83)

Die Eingekerkerte wird erst wieder gesund und lebensfroh, als ihr sehnsüchtiges Verlangen auf märchenhafte Weise einen Geliebten herbeizaubert, der von nun an immer zur Stelle ist, wann immer sie ihn herbeisehnt. Diese Darstellung einer vorbildlichen Frau, die vor Liebesverlangen, das sich zunächst keineswegs auf einen bestimmten Mann richtet, krank wird, verletzte ein Tabu. Denn in der Erzählliteratur des Hochmittelalters gibt es nur zwei Typen liebesbereiter Frauen: den Typus der edlen Frau, die niemals an Liebe gedacht hatte, sich aber dann vor Liebe verzehrt, wenn sie erst einmal den einzigartigen, strahlenden Helden erblickt hat, auf den sie von nun an lebenslänglich, zwanghaft und häufig leidvoll fixiert ist, und den Typus der geilen, lüsternen Frau als Schreckgespenst.

In ihren Liebeserzählungen hat Marie de France ihren Zorn und ihre Hoffnungen in poetische Bilder eingekleidet, die wie Traumbilder wirken, geheimnisvoll bleiben und zugleich unmittelbar verständlich sind. Die Märcheninnenwelten der Marie de France sind Entwürfe zu einer Welt, die es noch nicht gibt. Sie sind

auch aus einem Harmoniebedürfnis entstanden, dessen Intensität die Schmerz-
haftigkeit der psychischen Verletzungen ahnen läßt, die sie durch eine Art
multiple Schönheit – die des literarischen Ausdrucks, der Erzählung, der Topoi
und Metaphorik – zu kompensieren, vielleicht sogar zu heilen trachtet. In Maries
‚Psychomärchen' werden die gesellschaftlichen Unterdrückungsmechanismen
durch hilfreiche Mächte außer Kraft gesetzt: Selbstfahrende Schiffe zum Beispiel
bringen die Dame übers Meer zu ihrem Geliebten. Hindernisse werden hier
aufgetürmt, um ihre Überwindung darzustellen. Die wenigen grellen Effekte
geben Gelegenheit, die Hörerinnen nach dem Schockerlebnis wieder zu trösten:
Die Nachtigall etwa, der der Ehemann brutal den Kopf abreißt, liegt später wie
eine Reliquie in einem edelsteingeschmückten, goldenen Kästchen.

Das spielerisch Leichte in der Kunst ist bekanntlich das, was schwer zu
machen ist. Metapherngenauigkeit ergibt sich nicht von selbst. Bilder, die
unmittelbar zugänglich sind und zugleich dunkel und vieldeutig, sind das
Ergebnis künstlerischer Präzisionsarbeit und einer Literaturauffassung, die die
spätere Arbeit der Kommentatoren und Interpreten als zum Werk gehörig
betrachtet. Marie de France hat sich denn auch mit dem ihr eigenen Selbstbewußtsein in die Reihe der antiken Dichter gestellt, die

> sich in den Büchern, die sie einst verfaßten, recht dunkel ausdrückten, damit diejenigen,
> die nach ihnen kommen und die Bücher studieren sollten, deren Text auszudeuten und
> vermöge ihres eigenen Verstandes das über den Text Hinausgehende hinzuzufügen ver-
> möchten. Die Philosophen wußten und verstanden es aus sich selbst heraus, daß die
> Menschen, je weiter die Zeit fortschreiten würde, einen um so feinsinnigeren Verstand
> bekämen und sie sich desto mehr davor zu hüten vermöchten, das zu übergehen, was in
> den Büchern stand. («Lais», «Prologue», 11–12)

Menschenkenntnis und Geschichtskenntnis haben Marie de France zu der von
Hoffnung geprägten Einsicht geführt, daß spätere Generationen zu einem Mehr
an Wissen und zu tieferen Einsichten gelangen würden und daß dieser Zuwachs
an Erkenntnis auch dem Verständnis ihres Werkes und ihrer Bildersprache
zugute kommen würde. Heute können wir feststellen, sie hat sich in ihrem
Urteil nicht getäuscht. Eines der Bilder, deren von der Autorin intendierte tiefere
Bedeutung erst in unserem Jahrhundert unmißverständlich geworden ist, ist das
Zentralmotiv in zwei ihrer Erzählungen («Guigemar», «Yonec») und der
Schlüssel zu ihrem gesamten Werk: Es ist das Bild der in einem Turm eingekerkerten Frau, die nach jahrelanger Gefangenschaft die Erfahrung macht, daß sie
frei ist, daß sie den Turm auf wunderbare Weise verlassen kann, in dem
Augenblick, in dem sie ihre eigene Freiheit vorbehaltlos will: Plötzlich eröffnet
ein winziges, hochgelegenes Fenster den Weg ins Freie, oder die Tür steht
plötzlich offen, und der Bewacher ist verschwunden.

Zu ihrer Zeit mußte Marie gegen sie gerichtete, sarkastische und verleumderi-
sche Äußerungen einstecken, von denen sie sich allerdings nicht beirren ließ:

> [...] wenn es in einem Land einen Mann oder eine Frau von hohem Ansehen gibt, dann
> sagen ihnen diejenigen, die auf ihre Vorzüge neidisch sind, oft Gemeinheiten nach: Sie

wollen ihr Ansehen herabsetzen; deshalb beginnen sie das Geschäft des bösartigen, feigen, arglistigen Hundes, der die Leute hinterlistig beißt. Keinesfalls will ich deshalb aufgeben, auch wenn Spötter und Verleumder es mir als Fehler auslegen wollen: Das ist ihr Recht, üble Nachrede zu führen. («Lais», «Guigemar», 7–18)

Ob der eine oder andere Zeitgenosse Marie de France wegen ihrer Minnedichtung als närrisch oder lasterhaft verschrieen hat – wir wissen es nicht. Die uns überlieferten zeitgenössischen Kritiken gehen in eine andere Richtung: Der Romanautor Gautier d'Arras mißbilligte die Märchenhaftigkeit ihrer Erzählungen. Der Benediktinermönch und Hagiograph Denis Piramus kritisierte am Beispiel ihrer Erzählungen die weltliche Dichtung generell. Im übrigen liest sich sein Tadel eher wie ein Lob. Er hebt Maries meisterhafte Beherrschung der Dichtkunst hervor und betont, daß ihre Erzählungen, weil sie Mühsal und Schmerz des Lebens aus dem Bewußtsein verdrängten, beim höfischen Publikum, bei Grafen, Baronen, Rittern und vor allem bei den adeligen Damen, ganz außerordentlich beliebt seien.

Troubadourinnen

Während Marie de France als französischsprachige Epikerin im 12. und 13. Jahrhundert eine einzigartige Erscheinung war, traten damals in Frankreich eine Reihe von Frauen als Troubadourinnen hervor, als Dichterinnen, die ihre Lieder selbst vertonten. Gebildete Frauen, die in der esoterischen lateinischen Gelehrtensprache Dichtungen verfaßten, waren im 12. Jahrhundert in Frankreich nichts Außergewöhnliches. Baudri de Bourgueil preist Adele von Blois-Chartres als versierte Literaturkritikerin und als Dichterin, er rühmt die Dichterin und Äbtissin Emma und beschreibt, wie sie ihre Schülerinnen in der Dichtkunst unterrichtet, er lobt die Dichtungen der Nonne Constance und bittet ein junges, adeliges Mädchen namens Muriel um ein selbstverfaßtes Gedicht. Ähnlich lobt Hildebert von Lavardin in einer Versepistel das poetische Talent einer heute Unbekannten, die er um einige ihrer Verse bittet. Wenn adelige Französinnen im 12. Jahrhundert auf einmal den Mut hatten, nicht nur in den Minnediskussionen bei Hofe mitzureden, sondern wie neuerdings die Männer in der Volkssprache zu dichten und Liebeslieder zu verfassen, dann haben sie sich vielleicht auch durch das Beispiel ihrer spanischen Kolleginnen ermutigen lassen. Denn an den arabisch-spanischen Höfen haben sich seit dem 9. Jahrhundert einige Dichterinnen einen berühmten Namen gemacht. Erinnert sei hier an: Hasana (9. Jh.), Aisha, Fatima (10. Jh.), Gasama, Umm al-'Ala, Al-'Abbadiya, Mariam, Wallada, A'isha, I'timad Ar-Rumaikiya, Hafsa (11. Jh.), Hind, Hafsa und die Schwestern aus Guadix (12. Jh.).[8]

Die Troubadourin Gormonda von Montpellier hat in einem politischen Lied die albigensischen Ketzer angegriffen. Marie de Ventadorn, Guillelma de Rozers, Domna H., Isabella, Lombarda, die Gräfin der Provence, Iseut de Chapieu,

Almois de Castelnou, Alaisina Yselda, Carensa haben Dialoglieder und Streitgedichte verfaßt. Azalais de Porcairagues, Castelloza, Clara d'Anduze haben Minnekanzonen gedichtet, in denen sie die traditionelle Rollenverteilung – liebeskranker Sänger liebt unerreichbar über ihm stehende Dame – umkehrten. Die berühmteste Troubadourin ist – nicht erst seitdem Irmtraud Morgner sie zur Titelheldin eines Romans gemacht hat – die Comtesse de Die, die einige der schönsten Gedichte der altprovenzalischen Lyrik verfaßt hat. Sie hat in ihren Texten eine Art Gleichrangigkeit der Liebenden hergestellt, indem sie nicht nur den Geliebten, sondern auch ihre eigenen herausragenden Qualitäten preist. Ihre Texte zeichnen sich aus durch das unverhüllte Aussprechen erotischer Wünsche und durch Klarheit und kunstvolle Leichtigkeit des Stils. Insgesamt sind rund 20 Gedichte von 17 namentlich bekannten altprovenzalischen Dichterinnen überliefert. Wie viele Texte verloren sind, läßt sich kaum abschätzen. Nicht erhalten sind zum Beispiel die Tanzlieder der Gaudairenca, der Ehefrau des Troubadours Raimon de Miraval, der, gemäß einer in seinen Liedkommentaren überlieferten Anekdote, die Autorinnenschaft seiner Frau als Scheidungsgrund anführte:

> Miraval [...] sagte zu seiner Gattin, er wollte keine Frau haben, die dichten könne; ein Troubadour im Haus sei genug; sie sollte sich darauf vorbereiten, zum Haus ihres Vaters zurückzukehren, denn er betrachte sie nicht länger als seine Ehefrau.[9]

Spielfrauen und Sängerinnen

Die deutschsprachige höfische Dichtung ist in Anlehnung und in Auseinandersetzung mit der französischen Literatur und Adelskultur entstanden. Im französischen Literaturbetrieb haben adelige Frauen als Gönnerinnen und als versierte Literaturkennerinnen eine hervorragende Rolle gespielt. Im Vergleich dazu war der literarische Einfluß der adeligen Frauen an den deutschen Fürstenhöfen gering. Aus diesem Grund wurden diejenigen Merkmale der französischen Minnekultur, die als ein verhüllter Protest gegen die sexuelle Unterdrückung der adeligen Frau hätten interpretiert werden können, in Deutschland nicht rezipiert. Deutschsprachige Tagelieder, die die Trennung zweier Liebenden nach einer Liebesnacht thematisieren, sind eine Rarität. In den deutschen Minnekanzonen ist noch seltener als in den romanischen von erfüllter Liebe die Rede. *Tornaden* und *senhals*, die den Eindruck hätten verstärken können, der Sänger werbe um eine reale Dame, wurden nicht nachgeahmt. Minnekasuistische Publikumsdiskussionen, Streitgedichte und die Praxis des Frauendienstes lassen sich in Deutschland bis zum Ende des 13. Jahrhunderts nicht nachweisen. In diesem ganz anders gearteten geistigen Klima hätte sich die poetische Imagination einer Marie de France schwerlich frei entfalten können. Eine vornehme, adelige Troubadourin, eine berühmte Komponistin, Dichterin, Musikerin und Sängerin, trat an den deutschen Höfen nur in der Dichtung auf: Isolde in dem Tristan-Roman des Gottfried von Straßburg.

Spielfrauen und Berufssängerinnen, die in die etwas anrüchige Berufsgruppe der Gaukler und Mimen, der Märchenerzähler, Feuerfresser, Tänzerinnen und Schwertschlucker gehörten, hat es auch in Deutschland gegeben. Eine von ihnen war zum Beispiel die Favoritin Wenzels II. von Böhmen, deren Name nicht überliefert ist, die als Spielfrau, Hure, Kupplerin, Diplomatin und Spionin am Hof Karriere machte, bis sie, wie man ihr nachsagte, den König auf makabre Weise vergiftete.[10] In der Heidelberger Liederhandschrift A sind unter dem Namen Gedrut dreißig Strophen überliefert, von denen achtundzwanzig in anderen Handschriften männlichen Autoren, vor allem einem gewissen Geltar, zugeordnet werden. Vielleicht sind dies Lieder, die die Spielfrau Gertrud neben eigenen Werken in ihr Repertoire aufgenommen hatte, oder die Kollegen haben Lieder Gertruds übernommen. Es könnte aber auch sein, daß die Abschreiber und Kopisten den Regelverstoß, ‚eine Frau verfaßt in Deutschland Minnelieder‘, mit spezifisch männlichem Ordnungssinn korrigiert haben, indem sie den Phantasienamen Geltar erfunden und Gertruds Lieder auf einige Männer verteilt haben.[11] Daß solche Vermutungen durchaus ihre Berechtigung haben, zeigt das Beispiel der Sangspruchdichterin und Meistersingerin Brigitta, die Konrad Nachtigall in seinem Dichterkatalog aufführt; ein Abschreiber hat Brigitta „Prediger" korrigiert. Wie sagte doch Marie de France: „Mag sein, daß viele Schriftsteller behaupten werden, mein Werk sei das ihre. Aber ich will nicht, daß irgendeiner es ihnen zuschreibt" («Äsop», «Epilogus», 5–7).

—

Christine de Pizan

Christine de Pizan, geboren um 1364 in Venedig, gestorben um 1430 in der Nähe von Paris, hat in vielen ihrer Schriften über sich selbst, ihre Lebensumstände, ihren Erkenntnishunger, ihre wissenschaftlichen Studien und ihren Werdegang als Schriftstellerin Auskunft gegeben.[12] Sie wuchs in Paris im Umkreis des französischen Königs Karl V. auf, der ihren Vater als Hofastrologen und Arzt in seine Dienste genommen hatte. Der Vater unterstützte ihre Neigung, zu lesen und zu studieren, soweit er sich gegen die Mutter durchsetzen konnte, die ihre Tochter lieber mit Handarbeiten beschäftigen wollte. Im Alter von fünfzehn Jahren wurde Christine mit einem französischen Hofbeamten verheiratet. Zehn Jahre später war sie Witwe. Da mittlerweile auch ihr Vater gestorben war, mußte sie von nun an den Lebensunterhalt für sich, ihre drei Kinder, ihre Mutter und eine mittellose Nichte selbst verdienen. Vermutlich kopierte sie zunächst Handschriften, während sie sich in die Literatur und die Wissenschaften ihrer Zeit einarbeitete; dann begann sie zu schreiben: weltliche und religiöse Lyrik, Lehrgedichte, Traktate, Streitschriften, tagespolitische Stellungnahmen, Aufrufe zum Frieden in dem von Bürgerkriegen zerrütteten Frankreich, historiographische Werke.

Sie hatte sich als Autorin von Liebesgedichten bereits einen Namen gemacht,

Christine de Pizan, ›Die Stadt der Frauen‹

als sie 1399 durch ihre «Epistre au Dieu d'Amours» (Sendbrief an den Gott der Liebe) Aufsehen erregte und die erste öffentlich geführte Literaturdebatte in der französischen Geschichte auslöste, den Streit um den «Rosenroman», der die französischen Intellektuellen einige Jahre lang beschäftigte. Pizan hat den «Rosenroman» als Spitze eines Eisbergs einer jahrtausendealten Tradition frauenfeindlicher Argumente attackiert und die Lehre von der geistigen und moralischen Minderwertigkeit der Frau ideologiekritisch zerpflückt. Die Männer, so führte sie aus, hätten die Frauen nur deshalb unwidersprochen diffamieren können, weil sie die Stärkeren gewesen seien und die Frauen zum Schweigen gezwungen hätten.[13]

Der Gedanke, daß die von Männern verfaßte Literatur nur ein Zerrbild der realen Frau vermittle und daß es die Aufgabe der Frauen selbst sei, diese Verfälschung zu korrigieren, hat Pizan nicht wieder losgelassen. In ihrem «Livre de la Cité des Dames»[14] (Buch von der Stadt der Frauen) hat sie einen allegorischen Zufluchtsort für alle diejenigen Frauen errichtet, die sich durch frauenfeindliche Äußerungen sonst vielleicht deprimieren oder entmutigen ließen. Die personifizierten Tugenden *Raison* (Vernunft), *Droiture* (Rechtschaffenheit), *Justice* (Gerechtigkeit) helfen Christine, die Stadt zu erbauen; Baumaterial sind die im Buch geschilderten rühmenswerten Taten und Werke kluger und gelehrter Frauen früherer Zeiten. Pizans allegorische Frauenstadt enthält ein Arsenal theologisch, rechtlich, ethisch und historisch fundierter Argumente für die Menschenrechte der Frau. Gott habe die Frau mit einer unsterblichen Seele begabt, nach seinem Bild wie den Mann als vollkommenes Wesen geschaffen, sie aus der Seite des Mannes als seine Gefährtin, nicht aus seinen Füßen als seine Sklavin gebildet. Was die angebliche ethische Minderwertigkeit der Frau angehe, so sei es unzulässig, daß die Männer

> den Frauen etwas als großes Verbrechen ankreiden, was sie bei sich selbst als geringfügiges Vergehen betrachten! Denn nirgends steht geschrieben, daß es allein ihnen, nicht jedoch den Frauen gestattet wäre, sich zu versündigen und daß die männliche Schwäche verzeihlicher wäre. (S. 195)

Zahlreiche historische Frauengestalten, die Pizan namentlich nennt und kurz porträtiert, seien der Beweis dafür, daß die Frauen nicht, wie die misogynen Schriftsteller immer wieder behauptet hätten, von Natur aus schlecht seien, weder die Eltern noch den Ehemann noch auch einen Geliebten aufrichtig lieben könnten, nur schädliche Ratschläge gäben, kein Geheimnis bewahrten, geizig, haltlos, schwach, unkeusch und über Vergewaltigungen nur erfreut seien. Die Frauen seien zwar körperlich schwächer als die Männer, aber sie verfügten über dieselben intellektuellen und kreativen Fähigkeiten, wie zahlreiche Herrscherinnen, Philosophinnen, Dichterinnen, Malerinnen, Wissenschaftlerinnen, Erfinderinnen und Prophetinnen erkennen ließen. Wenn die Frauen erst einmal dieselbe Ausbildung erhielten wie die Männer, dann würden sie wie die Männer in allen Bereichen der Kunst, Wissenschaft, Philosophie und Politik herausragende Taten vollbringen:

Wenn es üblich wäre, die kleinen Mädchen eine Schule besuchen und sie im Anschluß
daran, genau wie die Söhne, die Wissenschaften erlernen zu lassen, dann würden sie
genauso gut lernen und die letzten Feinheiten aller Künste und Wissenschaften ebenso
mühelos begreifen wie jene [...] Weißt du denn, weshalb Frauen weniger wissen? [...]
Ganz offensichtlich ist dies darauf zurückzuführen, daß Frauen sich nicht mit so vielen
verschiedenen Dingen beschäftigen können, sondern sich in ihren Häusern aufhalten und
sich damit begnügen, ihren Haushalt zu versehen [...] Als wären sie [...] ohne Sinn für
das Gute und die Ehre, verlieren sie den Mut und behaupten, sie taugten zu nichts anderem
als dazu, Männer zu umarmen und Kinder auszutragen und zu erziehen. Und dabei hat sie
Gott mit einem scharfen Urteilsvermögen versehen, um sie, wenn sie es nur wollen, in
allen Bereichen einzusetzen, in denen die ruhmreichen und hervorragenden Männer
wirken. Vorausgesetzt sie sind willens, sich ernsthaft mit diesen Dingen zu beschäftigen,
werden diese ihnen ebenso geläufig wie den Männern, und wenn sie sich ernsthaft ins Zeug
legen, dann können sie ewigen Ruhm erlangen. (S. 94–97)

Pizan hat ihre Kenntnis historischer Frauen der Bibel, Heiligenlegenden,
Geschichtsdichtungen und Boccaccios «De claris mulieribus» (Darstellung berühmter Frauen) entnommen. Wenn man berücksichtigt, daß sich die mittelalterlichen Historiographen auf dergleichen Quellen zu stützen pflegten und daß sie
ebensowenig wie Pizan über das methodische Rüstzeug verfügten, meist auch
gar nicht den Willen hatten, Fiktionen und Fakten säuberlich zu trennen, dann
kann man Pizans allegorisch-historische Darstellung mit Fug und Recht als
historisches Nachschlagewerk bezeichnen. In ihrem Frauenhandbuch hat Pizan
die ihrer Ansicht nach frauenfeindlichen Geschichtsverfälschungen ihrer Ge-
währsmänner auch im Detail zurechtgerückt: Xanthippe etwa, die seit langem als
Ehedrachen des Sokrates durch die Geschichtsbücher geisterte, wird bei ihr zur
vorbildlichen Ehefrau; und die als blutschänderisches Monster, als Gattin des
eigenen Sohnes verschriene Semiramis wird von Pizan – einige Jahrhunderte vor
der Entstehung des Historismus – mit dem Hinweis auf die Zeitgebundenheit
sittlicher Wertvorstellungen rehabilitiert.

Kurz vor ihrem Tod, im Jahre 1429, hat Pizan noch einmal zur Feder
gegriffen, um eine zeitgenössische Heroin emphatisch zu feiern, Jeanne d'Arc,
deren Hinrichtung sie wohl nicht mehr miterlebte:

He! Welche Ehre für das weibliche Geschlecht! Daß Gott es liebt, ist offenbar, da doch
dieses ganze große, hündische Volk, durch welches das ganze Königreich verwüstet ist,
durch eine Frau aufgescheucht und überwältigt wird, was hunderttausend Männer nicht
getan hätten.[15]

Pizan hat sich öffentlich als Vorkämpferin für die Menschenrechte der Frau zu
Wort gemeldet und sie hat ihre wagemutigen Publikationen nicht nur überlebt,
sondern sie hat als bewunderte und gefeierte Autorin vom Erlös ihrer Schriften
sogar leben können. Der erstaunliche Erfolg Pizans hängt wohl auch damit
zusammen, daß ihre unzeitgemäßen theoretischen Einsichten ihren realistischen
Sinn für das praktisch Mögliche nicht getrübt haben. In ihrem Haus- und
Erziehungsbuch für Frauen «Le Trésor de la Cité des Dames» (Schatz der
Damenstadt, auch unter dem Titel «Le Livre des Trois Vertus») gibt sie Fürstin-

nen und adeligen Frauen am Hof, aber auch den Frauen von Kaufleuten, Handwerkern, Landarbeitern, Dienstmädchen und Prostituierten praktische Verhaltensregeln an die Hand. So ermutigt sie die Hofherrin, ihre Machtchancen in den erlaubten Grenzen so weit wie möglich zu nutzen, sich z. B. mit den Ratgebern des Fürsten, mit der hohen Geistlichkeit, reichen Kaufleuten und Vertretern des Volkes zu verbünden. Sie ermahnt die Hofherrin aber andererseits, die Herrschaftsgewalt des Ehemanns bedingungslos zu akzeptieren, auch einem despotischen Ehegatten die Loyalität nicht zu versagen und seine Eskapaden keineswegs mit gleicher Münze heimzuzahlen.[16]

Christine de Pizan hat Abschrift und Illustration ihrer Texte sorgfältig überwacht. Einige ihrer Werke wurden von den berühmtesten und bestbezahlten Künstlern und Künstlerinnen ihrer Zeit illustriert; in der «Stadt der Damen» rühmt sie eine gewisse

> Anastasia, die so geübt ist im Malen [...] zur Verzierung von Büchern [...], daß sie alle Künstler der Stadt Paris (die die besten der Welt beherbergt) übertrifft. Niemand zeichnet [...] so zarte Miniaturen wie sie, und keiner verkauft seine Arbeit so teuer [...]. Das weiß ich aus eigener Erfahrung, denn sie hat für mich selbst einige Arbeiten hergestellt. (S. 116)

Pizan hat sich von ihren Illustratoren oft als Schriftstellerin darstellen lassen, wie sie an ihrem Schreibpult arbeitet oder wie sie einem Gönner ihr neues Buch überreicht. Immer wieder hat sie sich in ihren Texten mit Worten selbst porträtiert. In ihrem «Livre de la Mutacion de Fortune» (Buch von den Wechselfällen des Schicksals), einer allegorisch-philosophischen Darstellung der Universalgeschichte, erläutert sie in einem ersten Teil den Einfluß Fortunas auf ihr eigenes Leben. In ihrem wichtigsten autobiographischen Text «L'Avision Christine» (Christines Vision) behandelt sie Politik und Wissenschaft im zeitgenössischen Frankreich, die Geschichte der griechischen Philosophie in Auseinandersetzung mit Aristoteles' «Metaphysik» und das Leben der Christine de Pizan und ihren Werdegang als Schriftstellerin und Wissenschaftlerin. Hier berichtet sie über ihre Schwierigkeiten, nicht nur den Beifall, sondern auch die materielle Unterstützung fürstlicher Mäzene zu gewinnen:

> Ich sage Euch, trotz all der Hilfsgesuche und Bittschriften, die ich immer wieder an französische Fürsten gerichtet habe [...], wurde mir Hilfe nur zögerlich und nicht sehr großzügig gewährt.[17]

Hartnäckiger als ihre Schriftstellerkollegen hat Pizan sich in ihrem Werk als individuelle Persönlichkeit mit dargestellt, weil sie in der Auseinandersetzung mit der misogynen Literatur und im Streit um den «Rosenroman» die Einsicht gewonnen hatte, daß die Urteile relativ und standortgebunden seien. Außerdem wollte sie der Nachwelt ihr Selbstbildnis übermitteln; sie hat mit Gelassenheit und Selbstbewußtsein vorausgesehen, daß zukünftige Generationen ihre Person und ihr Werk bewundern würden.

Pizan war schon zu Lebzeiten eine Berühmtheit: Die einander bekämpfenden Herzöge von Orléans und Burgund waren ihre wichtigsten Mäzene; ein Graf von Salisbury machte ihren Namen in England bekannt; der Herzog von Mailand wollte sie als Hofautorin gewinnen; König Heinrich IV. lud sie nach England ein. Noch mehr als hundert Jahre nach ihrem Tod war sie eine bekannte und vielgelesene Autorin, wie zahlreiche Handschriften und Frühdrucke bezeugen. Ihr «Schatz der Damenstadt» wurde dreimal in französischer Sprache und einmal in portugiesischer Übersetzung gedruckt. Am beliebtesten war eines ihrer Erziehungsbüchlein für den jungen Ritter, «L'Epistre d'Othea» (Otheas Brief), eine Sammlung von hundert Sentenzen vor allem aus Ovid mit hundert Illustrationen und je einem antik-philosophischen und einem christlich-religiösen Kommentar. Im deutschen Sprachraum wurde ihr Werk nicht rezipiert, während in England viele ihrer Schriften in englischer Übersetzung gedruckt wurden, so z. B.: «Die Stadt der Frauen», «Otheas Brief», «Das Buch vom Staatskörper» («Le Livre du Corps de Policie») und – gemäß dem Befehl König Heinrichs VII. – ihr Handbuch über die Kriegskunst («Le Livre des Fais d'Armes et de Chevalerie»).

Als die französischen Literaten sich um 1550 vom Mittelalter ab- und der Antike zuwandten, geriet auch Pizan in Vergessenheit. Eineinhalb Jahrhunderte war sie nur wenigen Historikern als Verfasserin der Biographie Karls V. bekannt. Im Rahmen der seit etwa 1800 wissenschaftlich organisierten und institutionell etablierten Mittelalter-Forschung wurde – etwas zögernd – auch Pizans Werk gesichtet. Ihre Schriften sind noch längst nicht alle ediert, und Übersetzungen in moderne Sprachen, die auch den Nichtspezialisten den Zugang zu dieser wichtigen Autorin eröffnen könnten, sind noch immer eine Rarität.

Christine de Pizan war eine unzeitgemäße Zeitgenossin. Daß die Italienerin sich in Frankreich zu Wort melden konnte, während sich die Frauen an deutschen Höfen noch nicht äußerten, hing offensichtlich mit der andersartigen kulturellen Entwicklung und den unterschiedlichen Bildungschancen von Frauen in Deutschland einerseits, in Frankreich und Italien andererseits zusammen. Die beiden Romanautorinnen Elisabeth von Nassau-Saarbrücken und Eleonore von Österreich, die der Gattung des Prosaromans im 15. Jahrhundert in der deutschsprachigen Literatur zum Durchbruch verholfen haben, waren bezeichnenderweise Ausländerinnen. Ähnlich wie Hartmann von Aue, Wolfram von Eschenbach, Gottfried von Straßburg haben Elisabeth und Eleonore ihre Romane nach französischen Vorlagen gearbeitet.

Elisabeth von Nassau-Saarbrücken

Elisabeth, geb. nach 1393 und gest. am 17.1. 1456, war durch Herkunft und Heirat ein Mitglied jener Adelsfamilien, die politisch und kulturell zu Frankreich und zum römisch-deutschen Reich gehörten. Sie war die Tochter Margarethes von Vaudémont und Joinville und Herzog Friedrichs V. von Lothringen, der die französischen Besitzungen seines Vaters geerbt hatte, während die ebenfalls französischsprachige Grafschaft Vaudémont deutsches Reichsgebiet war. Seit 1412 war sie mit Philipp I. von Nassau-Saarbrücken verheiratet, der vom französischen König die Herrschaft Commercy zu Lehen hatte. Als Philipp 1429 starb, übernahm Elisabeth, Mutter von drei Töchtern und zwei Söhnen, bis zur Mündigkeit ihres ältesten Sohnes (1438) die Regierung.[18]

Elisabeth hat nach inhaltlich miteinander verwandten Chansons de geste um Karl den Großen vier Prosaromane, «Sibille», «Herpin», «Loher und Maller» und «Huge Scheppel», verfaßt.[19] Literarische Neigungen gehörten zu ihrer Familientradition. Ihr Onkel Karl I. von Lothringen förderte humanistische Studien, ihr Bruder Anton gehörte zum Dichterkreis um Karl von Orléans, ihr Sohn Johann hat ihr angeblich die Vorlage für den «Huge Scheppel» besorgt, ihre Mutter hat im Jahre 1405 die französische «Loher»-Version verfaßt, in Auftrag gegeben oder abschreiben lassen, die Elisabeth 1437 in deutsche Prosa umgearbeitet hat. Elisabeths Romane wurden – mit Ausnahme der «Sibille» – im 16. und 17. Jahrhundert mehrfach gedruckt. Der «Huge Scheppel» erschien zuletzt 1794, wenige Jahre bevor Dorothea Schlegel durch ihre «Loher»-Bearbeitung die Wiederentdeckung Elisabeths einleitete.

Der «Huge Scheppel» hat nicht zufällig die breiteste Resonanz gefunden. Sein Handlungsschema ist konventionell: Der Held rettet die Thronerbin vor dem üblen Usurpator, gewinnt Frau und Herrschaft und bringt die Machenschaften der Bösen zum Scheitern. Aber der junge Mann, der hier nach bewährtem Romanmuster zum König von Frankreich avanciert, setzt sich in diesem Fall gegen den fast geschlossenen Widerstand der französischen Großen mit Hilfe der Pariser Bürger durch und stammt mütterlicherseits aus einem Metzgergeschlecht. Das war um 1450 für viele Höfer eine schockierende Utopie. Es ist deshalb interessant, dies unerhörte Exempel sozialer Mobilität genauer in den Blick zu nehmen.

Die Guten besiegen die Schlechten. Diese plane Schwarzweißmalerei verrät keine Originalität, aber es mangelt ihr nicht an sozialer Brisanz. Denn die Bösewichte gehören dem französischen Hochadel an, während unter ihren Gegenspielern die ‚einfachen Leute‘ und die Pariser Bürger dominieren. Graf Savari von Champagne, einer der berüchtigten Nachkommen Gennelons, die gattungsspezifisch in vielen Karlsepen ihr Unwesen treiben, hat König Ludwig vergiftet und will die Thronerbin mit Gewalt zur Ehe zwingen, um sich selbst als König zu etablieren; Elend und Rechtlosigkeit wären die Folgen. Die Fürsten hassen den Mörder, doch sie wagen nicht, gegen ihn vorzugehen, und lassen sich durch lukrative Geschenke bestechen. Ganz anders verhält sich die Bevölkerung. Sie lehnt Savari ab. Huge und die Pariser Bürger vereiteln seinen Anschlag, indem sie ihn zusammen mit einigen seiner Anhänger ermorden. Nach dem Attentat revoltiert der französische Hochadel, unterstützt von einigen ausländischen Fürsten, gegen die Königin. Sie findet erneut bei Huge und den Parisern Hilfe. Huge Scheppel wird König. Darauf putscht die Savari-Clique ein letztes Mal. Einige Herren mißbilligen den Staatsstreich, aber aus Furcht und Gewinn-

Elisabeth von Nassau-Saarbrücken, ‚Huge Scheppel'

sucht unterstützen sie die Meuterei gegen ihre bessere Einsicht. Wieder sind es die Bürger, die den Aufstand schließlich niederschlagen. Während die Bürger Loyalität und soziales Engagement beweisen, handeln die großen Herren antiköniglich, aufrührerisch und gesellschaftlich verantwortungslos. Allerdings wird nicht der gesamte Hochadel eingeschwärzt. Der König von Venedig, seine Freunde und sechs französische Grafen kämpfen nach Savaris Ermordung auf seiten der Königin gegen die Rebellen. Und der Graf von Dampmartin leitet die Offensive gegen den letzten Staatsstreich.

Die erfundene Konfrontation zwischen königstreuen Bürgern und machtgierigen Fürsten erinnert an antiadelige Bündnisse zwischen Krone und Städten. Die aufständischen Fürsten schimpfen untereinander, die Bürger hätten keinen Respekt vor dem Adel, seien zu reich und brächten durch ihre Kreditgeschäfte und Wucherzinsen adelige Herrschaften, Städte und Schlösser in ihre Gewalt. An dieser und an einigen anderen Stellen diffamieren die Putschisten die gefürchteten bürgerlichen Machtkonkurrenten und den Aufsteiger Huge als Bauern und Bauernkönig. Die Historiker wissen, daß die Grenze zwischen Landadel und städtischem Patriziat im Spätmittelalter fließend war, daß Reichtum und herausragende Leistungen im Fürstendienst den Zugang zur adeligen Sphäre eröffnen konnten, obwohl antibürgerliche und antistädtische Ressentiments wie die Verachtung gegenüber den Bauern zur Selbstinterpretation des europäischen Adels gehörten. Das komplizierte Verhältnis zwischen Adel und Bürgertum manifestiert sich nur in wenigen Dichtungen so deutlich wie im «Huge Scheppel». Die städtische Oberschicht der „freien", „besten", „ehrbaren", „vortrefflichsten", „reichen", „verständigen" Bürger spielt am Königshof eine große Rolle, aber zwischen Rittern und Bürgern wird doch ein deutlicher Unterschied gemacht: Auch in der Figur des Huge Scheppel, dem Sohn eines Ritters und Enkel eines einflußreichen und wohlhabenden Metzgers, werden Rittertum und Bürgertum nicht zwanglos integriert. In zwei Gesprächsszenen zwischen dem Ritter Huge und dem Bürger Symont wird der Gegensatz zwischen bürgerlicher und ritterlicher Tätigkeit und Lebensführung nicht ohne Ironie herausgestrichen.

Huges Karriere wird sanktioniert, indem er als gottgesandter Retter und König von Gottes Gnaden stilisiert wird. Das ist eine kühne Variation traditioneller Herrschaftslegitimationen. Der niedriggeborene Huge kann König werden, weil seine Qualitäten ihn dazu mehr als jeden anderen befähigen. Die alte Frage ‚Tugendadel oder Geburtsadel' wird im Text aber nur zögernd zugunsten der überragenden Leistung entschieden. Hochadelige Schurken wie Savari genießen zwar keine Achtung, und Huge in der Rolle des Bürgers kann sich unwidersprochen auf den Adel seines Herzens berufen, doch Ansehen und soziale Geltung sind weitgehend durch die Geburt determiniert, die auch die Sitzordnung am königlichen Hof festlegt. Ein Mann von niedriger Herkunft, so konstatiert Huge einmal, hat kein Sozialprestige, sondern kann sich höchstens durch eigene Anstrengung Anerkennung erwerben. Deshalb will der ehrgeizige Metzgersenkel im Vertrauen auf sein Glück und Gottes Hilfe ruhmreiche Heldentaten vollbringen, die in aller Munde sind, denn dann kann ihn die Königin mit Besitz und einer einflußreichen Position belohnen. Huges Mut und kriegerische Tüchtigkeit finden denn auch höchstes Lob. Nach Ansicht des einfachen Volkes und der königstreuen Adeligen stellt er selbst die Idealgestalten der Vergangenheit, wie Paris, Hektor und Alexander, in den Schatten. Aber sein Aufstieg wird doch durch den Makel seiner Geburt verlangsamt. Als die Königin ihn nach dem Attentat in ihren Dienst aufnimmt, meint sie zwar, seine Herkunft spiele keine Rolle, da sein Benehmen und seine Taten so vortrefflich seien. Doch später, nachdem er weitere Verdienste erworben hat, bezeichnet sie seine Geburt als Hemmnis und ernennt ihn zunächst nur zum Herzog von Orléans. Huges erster Auftritt in königlicher Rüstung, wenngleich noch nicht als König, proviziert bezeichnenderweise nicht nur Zustimmung. Gott sei doch töricht, murmeln einige, da er dem einen so viel Glück schenke, während Tausende andere qualvolle Arbeit und Mühsal erdulden müßten. Sie plädieren für soziale Immobilität und die Gleichheit nicht etwa aller Menschen, sondern nur der Niedriggeborenen und wollen die hierarchische Ordnung zementieren. Die Gegenstimmen kontern, Leistung und Versagen sollten stets ihren gerechten Lohn finden, und im Interesse des Landes sei zu wünschen, daß der vortreffliche Huge König werde. Auch die Anhänger des Leistungsgedankens wollen das Geburtsprinzip nicht radikal aufheben, sie stellen die Privilegien des Adels nicht in Frage und wollen die Geburtselite nicht durch eine Leistungselite ersetzen, sondern nur ergänzen. Aussagen der Königin und Kommentare der Erzählerin geben den Verfechtern des gemäßigten Leistungsprinzips recht. Ihre Ansicht wird auch durch die Logik der Erzählung bestätigt. Denn Huges Karriere hängt nicht nur von seinen eigenen Fähigkeiten ab, sondern ebenso vom Wohlwollen der Königin, ihrer Räte und der Pairs, während der Beifall des Volkes keine politische Relevanz, sondern nur atmosphärischen Charakter hat.

Betrachtet man den «Huge Scheppel» im literarhistorischen Kontext, dann wirkt Elisabeths Plädoyer für das gemäßigte Leistungsprinzip erstaunlich unkonventionell. Die meisten mittelalterlichen und frühneuzeitlichen Autoren haben soziale Mobilität strikt verdammt. Ähnlich unvoreingenommen wie Elisabeth urteilt am ehesten noch der Wiener Ritterbürger Jans Enikel, der um 1270 in seiner «Weltchronik» von dem Aufsteiger Romulus und dem Eierhändler Takprecht berichtet, die sich beide als kompetente Regenten erweisen. Enikel gibt seine Anekdoten und Histörchen kommentarlos zum besten, während Elisabeth die heiklen Fragen ‚Tugendadel oder Geburtsadel‘, ‚Leistungsprinzip oder Geburtsprinzip‘ offen diskutiert. Der Leistungsgedanke wird dabei noch unkritisch, ohne Rücksicht auf seine möglichen asozialen Folgen formuliert, denn nach dem mitleidlosen Urteil der Menge sollen die Leistungsschwachen immer tiefer im Elend versinken, aber die Relativierung des Geburtsprinzips erscheint doch als eine gedankliche Neuerung von hervorragender gesellschaftlicher Bedeutung.

Elisabeth hat die Geschichte vom Aufsteiger Huge in einem munteren Plauderton erzählt. Publikumswirksam läßt sie Glück und Unglück, Triumphe und Niederlagen schnell aufeinander folgen, mischt sie Kriegerisch-Heldenhaftes und Sentimental-Rührseliges mit Komisch-Burleskem. Huge, ein Schelm und lebenslustiger Don Juan, wird zum Retter jungfräulicher Tugend, weil er einmal eine günstige Gelegenheit nicht ausnutzt. Der scheinheilige König, der sich über Huges Liebesleben empört, wird von seiner Gemahlin an seine eigenen Amouren erinnert. Die alte Königin macht ihrer jungen Tochter Konkurrenz; mit List und Zähigkeit versucht sie, den attraktiven Huge für sich selbst zu gewinnen.

Am Hof stellen sich die zehn Bastarde der Königin als stolze Söhne des Bräutigams vor. Die Freude an komischen Effekten verrät nicht immer ein hohes Maß an Humanität. Da die Störenfriede und Widersacher der Königin verteufelt werden, können die Guten sie zum Vergnügen des Hörers wie Vieh abschlachten. Makabre Brutalitäten werden breit ausgewalzt, um dem Publikum ein gruselig-schaurig-lustvolles Behagen zu verschaffen. Auch die Haudegenstückchen der sauf- und freßlustigen zehn Bastarde sollen schallendes Gelächter provozieren.

Elisabeths übrige Romane sind nicht so spektakulär wie der «Huge Scheppel», aber auch sie enthalten einige skurrile Episoden und Figuren, die sich dem Gedächtnis einprägen. Erinnert sei hier nur an den grobschlächtigen Bauern, der die unschuldig verfolgte Königin Sibille beschützt und das unbezähmbare Wunderpferd Karls des Großen entführt, an den treuen Hund, der den Mörder in einem gerichtlichen Zweikampf besiegt, oder an die Herzogin, die als Mann verkleidet einen Riesen und einen verräterischen Ritter besiegt, bevor sie der in sie verliebten Sultanstochter verraten muß, eine Frau zu sein, um dann vor dem Liebeswerben des Sultans in die Rolle der irrsinnigen Sängerin zu flüchten, die mit den Schweinen auf dem Misthaufen lebt.

Eleonore von Österreich

Eleonore (geb. um 1433), Tochter Jakobs I. von Schottland, der selbst literarisch tätig war, lebte seit 1445 am Hof Karls VII. von Frankreich. 1448 heiratete sie Herzog Siegmund von Tirol, während dessen Abwesenheit sie 1455–1458 und 1467 die Regierungsgeschäfte führte. Sie starb kinderlos am 20.11.1480. Nach dem Vorbild italienischer Renaissance-Fürstinnen und Fürsten zogen Eleonore und Herzog Siegmund Literaten an ihren Hof und in ihre Dienste. Heinrich Stainhöwel widmete Eleonore 1473 seine deutschsprachige Bearbeitung von Boccaccios historiographischem Handbuch berühmter Frauen «De claris mulieribus».[20] Die österreichische Herzogin und der Herzog pflegten Kontakte zu anderen Auftraggeberinnen und Mäzenen der zeitgenössischen Literatur, wie z. B. der Pfalzgräfin Mechthild von Rottenburg und Herzog Albrecht IV. von Bayern. Mechthild (geb. um 1419) ließ die literarische Tradition mit verständnisvoller Wertschätzung aufbewahren, förderte die von Italien inspirierte neue Literatur mit wacher Neugier und machte ihre Residenzstadt Rottenburg drei Jahrzehnte lang bis zu ihrem Tod am 22.8.1482 zu einem der wichtigsten kulturellen Zentren in Deutschland.[21]

Eleonores Prosaroman «Pontus und Sidonia» (nach 1448, vor 1465) ist ein Fürstenspiegel in Romanform, der den jungen Leuten nützliche Einsichten („vil gůter schőner lere vnderweisung", S. 1) vermitteln und Beispiele vorbildlichen Verhaltens („gleichnuß") vor Augen stellen soll. Den Königskindern Pontus und Sidonia sind Schönheit, königlicher Status und sämtliche höfischen und christlichen Tugenden angeboren. Der christliche Fürst betreibt Friedenspolitik, was ihn nicht hindert, die heidnischen Türken als seine Feinde zu betrachten, schützt die Armen und veranstaltet Ritterspiele. Die christliche Fürstin ist tatkräftig, klug und selbstbewußt, aber doch schwach genug, um auf die Hilfe des Helden angewiesen zu sein. Die Frage, die die französisch-deutsche höfische Literaturgesellschaft des 12. und frühen 13. Jahrhunderts erörtert hat, wie Mann und Frau sich verhalten müßten, um den als potentiell persönlichkeitsgefährdend und sozial zerstörerisch geltenden Kräften der Sexualität entgegenzuwirken und sie in die höfische Gesellschaft zu integrieren, beschäftigt Eleonore nicht mehr. Die Lektüre ihres Romans erweckt den Eindruck, daß Sexualität ein Fehlverhalten sei, das gesittete junge Leute leicht vermeiden könnten. Als Pontus in den Verdacht gerät, Sidonia nicht nur zu huldigen, sondern um ihre Liebe zu werben, ist er in seiner Ehre so verletzt, daß er den Hof für sieben Jahre verläßt. Nach der Heirat erklärt er öffentlich, er habe Sidonia noch nie mit ehrloser Begiere geküßt, ebensowenig wie von seiner Mutter habe er von ihr jemals Unzüchtiges verlangt, und die Ehe werde er erst vollziehen, wenn er sein Erbreich zurückerobert habe. Die der adeligen Frau gesellschaftlich aufgezwungene Not sexueller Enthaltsamkeit vor und meist auch in der Ehe erscheint hier als allgemeinmenschliche, christlich-höfische Tugend.

Eleonore hat den Roman ihrem Ehegatten gewidmet: „dem durchleüchtigen hochgepornem fürsten vnd herren/ herren Sigmunden ertzhertzog zů ǒsterreich etc. jrem eelichen gemahel tzů lieb vnd zů geuallen" (S. 1). Der wußte das Werk zu schätzen; nach ihrem Tod hat er die erste Drucklegung veranlaßt. Mit dem Beifall ihres Gemahls hatte Eleonore im Macht- und Intrigenspiel bei Hofe einen taktischen Sieg errungen. Wenn der Tugendroman die von Herzog und Herzogin sanktionierte, offizielle Sprachregelung bei Hof markierte, dann konnte der Hofklatsch über die Amouren des Herzogs die Autorität und das Ansehen der kinderlosen Herzogin nicht untergraben. Die Vitrinenwelt des Romans kam jahrhundertelang verbreiteten Publikumsbedürfnissen entgegen; zwischen 1483 und 1792 wurde der Roman vierundzwanzigmal neu gedruckt. Ob der Text eher eine frauenfreundliche Wirkung hatte, indem er Frauen half, bei aller Entwürdigung einen Schein von Würde zu wahren, oder ob er zur Zementierung der patriarchalischen Ordnung beigetragen hat, indem er dazu anleitete, gesellschaftlich verordnete, persönlichkeitszerstörende und deshalb sozialschädliche Verhaltensweisen einzuüben, muß offenbleiben.

Helene Kottanner

Wie eine wagemutige und tatkräftige Königinwitwe mit Hilfe ihrer Kammerfrau die Anschläge und Machenschaften ihrer Landesherren durchkreuzen und ihren Willen durchsetzen konnte, hat Helene Kottanner in ihren Memoiren erzählt.[22] Helene, Tochter des Kleinadeligen Peter Wolfram, Gattin des ungarischen

Patriziers und langjährigen Ödenburger Bürgermeisters Peter Székeles, heiratete 1432, zwei Jahre nach dem Tod ihres ersten Mannes, auf Empfehlung des Wiener Dompropstes und des Wiener Stadtrates, mit Zustimmung des Ödenburger Stadtrates, mit Einwilligung ihres Vaters und ihrer nächsten Anverwandten Johann Kottanner, den Kammerherrn des Dompropstes. Seit 1436 gehörte sie als Kammerfrau und Erzieherin zum Hof der Herzogin Elisabeth, Tochter des böhmisch-ungarischen und römisch-deutschen Königs Sigmund, Gattin des Herzogs Albrecht V. von Österreich, nach dem Tod seines Schwiegervaters böhmisch-ungarischer, römisch-deutscher König. 1439 begleitete die Kottannerin zusammen mit ihrem Mann und ihren Kindern die königliche Familie auf einer Reise nach Ungarn. Hier setzen ihre um 1450 geschriebenen Memoiren über die Ereignisse der Jahre 1439–1440 ein.

Nach dem Tod des Königs am 27. 10. 1439 wollen die ungarischen Großen die schwangere, 31jährige Königin mit dem 16jährigen König von Polen verheiraten. Um Zeit zu gewinnen, täuscht die Königin ihre Einwilligung vor. Sie hofft, durch die Geburt eines Sohnes die Herrschaft ihrer Familie über Ungarn zu erhalten und trifft Vorbereitungen für die rechtmäßige Krönung des noch nicht Geborenen. Die Kottannerin soll die ungarische Königskrone, die heilige Stefanskrone, aus der schwerbewachten Schatzkammer der Plintenburg entwenden. In der Nacht vom 21. zum 22. Februar 1440 führt Helene, unterstützt von einem ungarischen Adeligen und seinem Diener, den lebensgefährlichen Auftrag aus und bringt die Krone noch am 22. Februar auf einem Schlitten über die gefrorene Donau zur Königin, die eine Stunde nach dem Eintreffen der Krone einen Sohn zur Welt bringt. Zwölf Wochen später wird Ladislaus Postumus als Ladislaus V. in Stuhlweißenburg, der rechtmäßigen Krönungsstadt, vom Graner Erzbischof mit der Stefanskrone zum König von Ungarn gekrönt. Anschließend reist Elisabeth mit ihrer kleinen Tochter und dem Sohn nach Raab. Die Stefanskrone hat sie gemäß Helenes Rat in der Wiege des Säuglings versteckt. In Raab trennt sich die königliche Familie, aus Sicherheitsgründen werden Mutter, Tochter und Sohn an drei verschiedene Orte gebracht. Die Kottannerin bringt Ladislaus mit einigen Getreuen nach Ödenburg. Dort erfährt sie, daß der polnische König den Grafen Ulrich von Cilli, den Graner Erzbischof und den Kronhüter Ladislaus von Gara gefangengenommen habe und entschlossen sei, die Stefanskrone aus der Plintenburg zu holen und sich zum König von Ungarn krönen zu lassen. Hier bricht der Text ab.

Die Kottannerin war eine wache Zeitgenossin, eine kluge Menschenkennerin, die komplexe Situationen und Beziehungsgeflechte durchschaute. Ihre Sprache ist abwechslungsreich und unabgegriffen. Ihr spannender Augenzeugenbericht zeichnet sich aus durch Detailgenauigkeit und eine Fülle aufschlußreicher Beobachtungen. Den an der Ruhr erkrankten König sollen das Hemdchen seiner dreijährigen Tochter und Bildamulette mit Erbsenschoten heilen (S. 10). Die Milch einer Frau, die einen Sohn geboren hat, gilt als besser als die der Mutter eines Mädchens:

das ander was die am, die das kind neren solt mit den prusten, vnd diselb am het ĭr kind
auch mit bracht, das was auch ain Sun, Wann es mainen die weisen, es sei die milch pesser
von der fraŭn, die ainen Sun bringt denn von ainer tochter. (S. 19)

Für die Ereignisse nach dem Tod des Königs ist die Kottannerin die zuverläs-
sigste und am besten unterrichtete Zeitzeugin. Sie schildert ausführlich den Haß
zwischen der Habsburgerpartei und der polnischen Adelspartei, die Furcht des
ungarischen Volkes vor dem Gefolge der Königin und die Angst der Königin und
ihrer Vertrauten vor Überfällen aus dem Hinterhalt (S. 30).

Die «Denkwürdigkeiten der Kottannerin» sind ein einzigartiges Dokument:
Zwei Frauen gehen als Siegerinnen aus einer machtpolitischen Auseinandersetzung hervor, die eine der beiden Frauen aus ihrer Sicht darstellt. Die Königin
kann sich aufgrund ihrer überlegenen Klugheit erfolgreich gegen die ungarischen
Herren behaupten. Die Ungarn setzen ihr so lange zu, bis sie in die Heirat mit
dem Polen einwilligt. Sie halten sich für die Mächtigeren und die Intelligenteren.
Sie unterschätzen die „verpargnew weishait" (S. 13) ihrer Gegenspielerin. Sie
durchschauen nicht, daß die Königin ihre Zusage an drei unannehmbare Bedingungen geknüpft hat, ihre Zusage also in Wahrheit eine als Zusage verkleidete
Absage ist. Noch im Kindbett liegend, ist Elisabeth mit politischen Angelegenheiten beschäftigt:

Die edel kindelpetterinn die het nŷ kain rue, wann die geschéft die waren gros, vnd die
herren wolten an ĭr gnad nichtz ausrichten vnd komen der herren vil dahin. (S. 21)

Immer wieder hebt die Kottannerin hervor, welch wichtige Rolle sie selbst bei
dem Unternehmen gespielt hat. Mehrfach erinnert sie an ihre Anwesenheit und
an ihren Einfluß als Ratgeberin und Helferin:

Do was Ich, Helene Kottannerin auch da (S. 9). Wir rieten lanng hin vnd her. (S. 30) Da
gab mĭr ir gnad vil schoner red vnd guten trost, vnd sprach: ,fart freilich hin vnd lasst euch
meinen tewrleichisten Schacz enpholhen sein, den ich vnder der Sün hab. Vnd hiet ich
nicht mer denn ainen phennig, ich wil in mit euch tailen'. (S. 33)

Alle müssen der Königin und ihrem Sohn Treue schwören, nur die Kottanne-
rin nicht, „wann ir gnad ain vnuerczweiflichs wolgetraun zu mĭr het" (S. 33).
Als die Königin einmal verzagt und aus Angst vor der Reaktion der Adeligen die
Krone am liebsten wieder auf der Plintenburg sähe, staucht die treu ergebene
Dienerin die Herrin mit groben Worten zurecht (S. 23 f.).

Die Kottannerin setzt ihr Leben nicht mutwillig aufs Spiel. Bevor sie sich auf
den Kronenraub einläßt, bedenkt sie die Gefahren für ihr Leben und für ihre
kleinen Kinder. Bei der Tat läßt sie sich von einem Helfer und seinem Diener
unterstützen. Der erste Mann, den sie um Mithilfe bittet, macht sich schreckens-
bleich aus dem Staube. Der zweite erweist sich als ein nützlicher Mitarbeiter, er
trennt z. B. das Kissen auf, verstaut die Krone im Polster und näht das Kissen
wieder zu. Die Zusammenarbeit zwischen Frauen und Männern des Gefolges
wird nicht als etwas Ungewöhnliches dargestellt. Als die Kottannerin den
kleinen König nach Ödenburg bringt, fragt der militärische Leiter des Zuges bei

ihr an, ob es nicht ratsam sei, an dem vorgesehenen Rastplatz vorbeizuziehen und erst an einem sicheren Ort Rast zu machen. Auf ihre Bitte befiehlt er dem plündernden Hofgesinde, das erbeutete Vieh an die Landbevölkerung zurückzugeben. Ohne Gottes Hilfe hätte die Kottannerin ihr Werk nicht vollbringen können. Daß Gott und Teufel direkt in das Zeitgeschehen eingreifen, war für die Menschen im Mittelalter eine Binsenweisheit. Die Berufung auf Gottes Hilfe dient in diesem Fall der Rechtfertigung. Die Kottannerin hat nicht frevelhaft gehandelt, sondern dem König von Gottes Gnaden einen gottwohlgefälligen Dienst erwiesen. Die Kottannerin hat sich an der Mauer des Bestehenden nicht wundgerieben, sondern ihre Möglichkeiten im Rahmen der vorgegebenen hierarchischen Ordnung ungewöhnlich selbstbewußt und souverän genutzt.

Der Stolz auf ihre historisch einflußreiche Heldentat ist am Inhalt, der Erzählhaltung und der Sprachgebung ihrer «Denkwürdigkeiten» ablesbar. Die Kottannerin mußte ihre einflußreiche Stellung bei Hof mit emotionalen Verzichten bezahlen – wie die Königin. Als die königliche Familie sich aus Sicherheitsgründen an drei verschiedene Orte begibt, betont die Königin, daß sie die unentbehrliche Dienerin am liebsten in Drei teilte, dann trennt sich die Königin weinend von ihren Kindern, und die Kottannerin muß sich von ihrer Familie, ihrer Ziehtochter, der kleinen Königin, und ihrer verehrten Herrin verabschieden:

> Da sprach dẏ edel kungin zu mı̆r: ‚wie rat ir liebe Kottannerinn, mocht ich ew in dreẏ tail getailen, das tët ich gern. Ich behielt euch selber gern vnd liesz euch gern bei meinem Sun, vnd hiet euch gern bei meiner tochter.' [. . .] do nam dẏ edel Kunginn v̆rlab von ı̆rem Sun, dem edlen Kung Lassla Vnd auch seiner swester, Junckfraun Elizabeten vnd begund zchern. Vnd ich nam auch v̆rlab mit einem betruebten herczen, Wann ich schied mich hart von der edlen kunginn, wann ich mein Junge frawn auch hertiklich, mit grossen sorgen erczogen het. Vnd must auch meinen man vnd meine tachter, Katherina, hinder mein lassen, bei dem edelen geslë̆cht. Vnd wı̆r zugen nů da hin mit grossen sorgen vnd mue vnd arbalt [. . .]. (S. 32–33)

Margarethe, Statthalterin der Niederlande

Margarethe von Österreich (1480–1530), die Tochter Maximilians I. und Marias von Burgund, war wie ihr Vater eine kluge Politikerin und eine bedeutende Mäzenin.[23] Im Alter von drei Jahren wurde sie an den französischen Hof gebracht und mit dem späteren König Karl VIII. vermählt. Als ihr der mittlerweile Einundzwanzigjährige acht Jahre später mitteilte, daß er die Ehe nicht zu vollziehen wünsche, verfaßte sie ein Klagegedicht, in dem sie ihren Zorn und ihre Empörung darstellte. Später heiratete sie den spanischen Thronfolger, nach seinem Tod den Herzog von Savoyen. Mit 25 Jahren war sie zum zweiten Mal Witwe. Sie weigerte sich, eine vierte Ehe einzugehen und übernahm 1507 im Namen Maximilians als Generalstatthalterin die Regentschaft in den Niederlanden. Hier erzog sie ihren Neffen, den späteren Kaiser Karl V. In ihrer Residenz-

stadt Mecheln entwickelte sie sich zu einer Mäzenin großen Stils und beschäftigte
Architekten, Maler, Bildhauer, Goldschmiede, Teppichwirker, Musiker, Dichter
und Gelehrte. Gedichte, die Margarethe und Mitglieder ihres Hofes im Rahmen
der Hofgeselligkeit verfaßt haben, sind in den sogenannten «Albums poétiques»
tradiert, die auch Kompositionen verzeichnen. Die originellsten in ihrem Umkreis entstandenen Dichtungen sind Jean Lemaires «Epîtres de l'Amant vert»
(Briefe des grünen Liebhabers). Die Briefe, die Margarethes verstorbener Lieb-
lingspapagei aus dem Jenseits schreibt, sind auch eine Parodie auf Dantes
«Göttliche Komödie». Maximilian I. schätzte den gravitätischen Stil der Selbst-
beweihräucherung, seine Tochter dagegen bevorzugte die Eleganz und Leichtigkeit der Ironie.

Margarethe von Österreich wird als Politikerin und als Mäzenin noch immer
unterschätzt. Ihr umfangreiches französischsprachiges Briefwerk sollte einmal
angemessen ediert, kommentiert und interpretiert werden. Margarethe hat dafür
bereits einige Vorarbeiten geleistet. Sie hat ihre Briefwechsel – darunter 149 ihrer
Briefe an Maximilian I. und 520 seiner Briefe[24] – sammeln lassen und die
Abschriften ihrer eigenen Briefe selber korrigiert und mit Randbemerkungen
versehen. Ihre Korrespondenzen geben Einblick in die europäische Politik, in
das Leben am Hof um 1500, in die Denk- und Gefühlsstrukturen der Herrschenden. Schon deshalb sind ihre Briefe eine spannende Lektüre.

II. Geistliche Autorinnen
Vom frühen Mittelalter bis ins 12. Jahrhundert

1. Geistliches Leben und christliche Bildung
Hrotsvit und andere Autorinnen des frühen Mittelalters

Wiebke Freytag

Voraussetzungen der Schriftlichkeit

Vor dem 12. Jahrhundert schrieben Frauen, auch im Vergleich zur Spätantike, ausgesprochen selten[1], ja, überhaupt nicht, soweit sie durch ihre Lebensumstände zu körperlicher Arbeit verpflichtet waren. Indes unterlag der Schriftgebrauch damals ganz allgemein Beschränkungen. Im deutschen Sprachraum wurde Schriftliches erst seit Mitte des 8. Jahrhunderts im Zuge der Christianisierung überliefert,[2] und Schriftlichkeit blieb hier noch jahrhundertelang vor allem an den Wirkungsraum der Kirche gebunden. Schriftsprache war zunächst Latein, und nur zögernd traten die Volkssprachen daneben. Erst ab dem 13. Jahrhundert gab es öfter schriftkundige Laien.[3] Das gesamte Mittelalter wird zu Recht als eine Phase des Übergangs von Mündlichkeit zu Schriftlichkeit beschrieben. Viele lebenspraktische Vorgänge, die heute verschriftlicht werden, bedurften dessen im Mittelalter weniger bzw. anfangs gar nicht.

Kaum anders stand es um die Poesie. Selbst dieser heute literarische Bereich war damals noch zu einem guten Teil mündlich. Er wurde schriftgestützt, wo Schriftkundige, *litterati*, sich seiner annahmen und Dichtung in kritischer Weiterführung der Antike poetologisch wie praktisch mit dem weiten Bereich der Bildung verknüpften. Zunächst blieb dabei die den Vorstellungen der *litterati* auf welche Weise immer Rechnung tragende Dichtung für und durch den mündlichen Vortrag bestimmt.[4]

Wie weit hatten nun Frauen Zugang zum Bildungsbereich, der Domäne des Klerus? Zwar gehörten Bücher als Teile des Hausrats rechtlich zum Erbgut der Frau,[5] und damit konnte sie, wenn sie so wohlhabend war, daß sie die damals kostspieligen Bücher besaß, im früheren Mittelalter wohl eher lesen als der Mann. Doch war diese Lesefähigkeit meist in die praktischen Bedürfnisse des Hauses und der Familie eingebunden, in deren Erfüllung ein weltliches Frauenleben, rechtlich mehr oder weniger männlicher Vormundschaft (*munt*) anheimgestellt,[6] nach der *communis opinio* der Zeit seinen Sinn fand.[7]

Schon in Otfrieds von Weißenburg althochdeutschem Bibelepos (863/71)

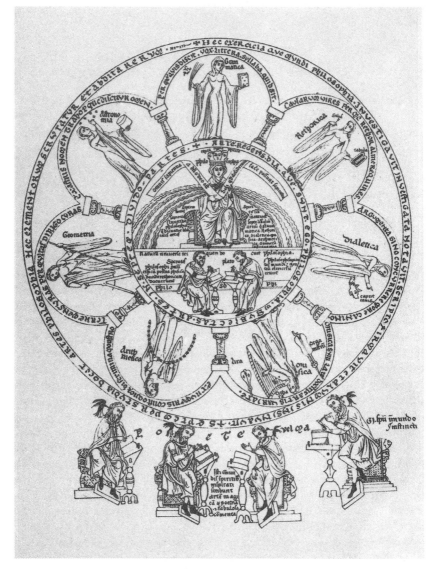

Die „Septem Artes Liberales"
Aus: Herrad von Landsberg, ‚Hortus deliciarum' (12. Jh.)

entspricht die Maria diesem Leitbild, wenn Gabriel sie bei einer für frühmittelalterliche Adelskreise typischen weiblichen Beschäftigung antrifft, bei kostbarer Handarbeit und Lektüre des Psalters.[8] Beides hat Otfried unter dem bei ihm über Lukas (Lc 1,26–38) hinaus betonten ständischen Aspekt als passend empfunden für eine vornehme Frau (*ediles fróuun*) aus der Familie König Davids. Seit dem 10. Jahrhundert besuchten Adelstöchter vermehrt die Frauenklöstern angeschlossenen Schulen, um sich in Handarbeit und dem Psalterlesen auszubilden; nur wenn sie zeitweilig oder für immer eine geistliche Lebensform wählten, konnten sie in den qualifizierteren internen Schulen weitergehende Bildung erwerben.[9]

Mit der *matrona* Judith, die Otfried nennt, mit Mathilde, der späteren Gemahlin Heinrichs des Löwen («Rolandslied», etwa 1170), der Gräfin Agnes von Loon (Heinrich von Veldeke, «Servatius», um 1170) und den drei adligen Frauen Otegebe, Heilka und Gisel (Alber, «Tundalus», um 1170) sind, wenn man nur auf die Volkssprache sieht, in den jeweiligen Texten selbst genannte Mäzeninnen der Zeit bekannt, die Umgang mit Büchern und Autoren hatten, aber, soviel man weiß, nicht selbst schrieben.[10] Umfassender gebildeten Kaiserinnen widmeten bedeutende lateinische Dichter des früheren Mittelalters ihre Werke. Neben ihnen wurden gelegentlich solche Frauen zu eigener literarischer Produktion fähig, die als Klosterfrauen oder Klausnerinnen selbst im geistlichen Milieu lebten und über Kleriker oder Nonnen Zugang zu theologischer Literatur und zum Wissen der propädeutischen *Septem Artes* erhielten, d. h. besonders zu lateinischer Grammatik und der Lektüre lateinischer Schulautoren, Rhetorik und Dialektik, sowie in guten Schulen auch Einblick in Geometrie, Arithmetik, Musik und Astronomie.[11] Die überlieferten Texte aus Frauenhand belegen dies, und sie lassen zugleich erkennen, daß es neben diesen subjektiven Voraussetzungen auch eines äußeren Anreizes zum Dichten bedurfte, eines praktischen Zwecks, den die Dichtung erfüllen sollte.

Anonyme Gebete, Hymnen, Legenden und anderes aus dem Umkreis des Klosters im 12. Jahrhundert

Die Identität der schreibenden Frauen in dieser Zeit bleibt weithin im dunkeln: Manches wird verlorengegangen sein, das Überlieferte ist oft anonym und könnte auch weibliche Urheber haben. Außerdem sind der mögliche Einfluß der Mäzeninnen und Erwartungen eines für manche Texte gewiß weiblichen Publikums zu bedenken.

Allein im Deutschen rechnet die Forschung neben anderem[12] beim «Gebet einer Frau»[13] (nach 1150) und «Arnsteiner Mariengebet»[14] (1150/60) seit langem mit weiblicher Verfasserschaft, weil im «Arnsteiner Mariengebet» eine „elend sündige Frau" („sundigez, armez wif" 122, 219) und im «Gebet einer Frau» eine „arme Sünderin" („arme sundarinne" 17) als Sprecherinnen auftreten und sich an

Maria und andere heilige Frauen wenden. Weibliche Autorschaft erwägt man auch wenigstens für Teile der Straßburger Fassung von Heinrichs Litanei (1160/ 70), die mit „wir unter anderen Jungfrauen" („wir under andren megetinen" 1033) einen „versteckten Autorhinweis" geben könnte.[15] Wahrscheinlich waren diese Texte für den Gebrauch von geistlichen Frauen bestimmt, wie die in einem Doppelkloster überlieferte Mariensequenz aus Seckau (1160/70) oder die «Juliane» (vor 1150) eines Priesters (ewart Arnolt 4f.), die die Schutzheilige des Frauenklosters Schäftlarn verehrt,[16] und gewiß das St. Trudperter Hohe Lied (ca. 1160), das gleich zwei anderen lateinischen Hoheliederklärungen der Zeit, Wolberos von St. Pantaleon (Abt von 1147–um 1165) in Köln und Irimberts von Admont (†1177), deutlich in Beziehung zu benediktinischen Nonnengemeinschaften steht. Der reizvolle Gedanke, das St. Trudperter Hohe Lied könne Herrad von Hohenburg verfaßt haben, läßt sich nicht recht erhärten.[17] Mit Sicherheit sind neben der kaum beachteten Bertha von Vilich[17a] und der bedeutenderen Hildegard von Bingen allein Hugeburc, Hrotsvit, Herrad von Hohenburg sowie die deutsch schreibende Ava im hier interessierenden Raum namentlich als Autorinnen nachweisbar, und zwar als geistliche Autorinnen, so wie die Anonymae vermutlich auch geistlich waren.

Auf eine viel weltlichere Weise jedoch und schon anklingend an die Haltung der Frau im Minnesang verfaßten im späteren 11. Jahrhundert im Umkreis der Regensburger Schule Anonymae kurze Gedichte, die sich in leoninischen Hexametern und schwierigem Latein an einen *magister* und seine Freunde wenden.[18] Sie wünschen sich ihren Adressaten wohlerzogen, kultiviert, nobel, begegnen ihm bald unterwürfig, bald neckend.[19] Hier also beginnt weibliches Dichten sich ein wenig zu lösen von den sonst vorher wie nachher prägenden geistlichen Gebrauchszusammenhängen; doch die subjektive Voraussetzung der durch geistliche Vermittlung erhaltenen Bildung bleibt unverkennbar.

Hugeburc, eine angelsächsische Nonne im Eichstätter Raum, und ihre Viten (8. Jahrhundert)

Hugeburc von Heidenheim entstammte dem Angelsächsischen und war wohl dort erzogen worden. Sie kam bald nach 761 in die Gegend von Eichstätt, wo zwei ihrer Angehörigen missionierten: Willibald, der erste Bischof von Eichstätt, und Wynnebald, Abt des Klosters Heidenheim. Hier lebte sie und schrieb die lokal bedeutenden Viten der beiden Brüder; ihr Name erscheint im Kryptogramm der jetzt Münchener Handschrift (clm 1086,71^V).[20] Die «Vita Willibaldi» entstand nach einem ihr am 23.6. 778 gegebenen mündlichen Bericht des Bischofs und dann die «Vita Wynnebaldi».[21] Zum Zweck der Verehrung beschreiben die Werke Kindheit und spätere Missionstätigkeit, Willibalds siebenjährige Reise ins Heilige Land sowie Wynnebalds verschiedene Fahrten, u.a. nach Rom. Die Reisen dokumentieren das Ideal der asketischen Heimatlosigkeit.

Doch bei aller Beispielhaftigkeit des geweihten Lebenswandels gibt besonders die detaillierter ausgeführte «Vita Willibaldi» in einfühlsamer Schilderung auch anschaulich Nachricht von damaligen Lebensvorstellungen und ihrer Glaubensgebundenheit.

Er [Willibald] wurde zuerst am Anfang seiner Kindheit, liebenswert und entzückend wie er war, unter den zarten Liebkosungen der Ammen und insbesondere der Eltern, die mit großer Hingabe und Zuneigung Tag für Tag in eifriger Umsicht für ihn sorgten, gepflegt und genährt und gelangte so zum dritten Lebensjahr. Nachdem also damals drei Jahre verflossen waren und während er noch klein und anmutig und von einer dem gebrechlichen Kindesalter entsprechend zarten Körperverfassung war, geschah es plötzlich, daß den Dreijährigen eine schwere körperliche Krankheit befiel. Dabei wurde er von einer solchen leiblichen Schwäche heimgesucht, daß die zarten Glieder sich verkrampften und der kaum noch spürbare Atem in bedrohlicher Weise das nahe Ende anzeigte. Und als Vater und Mutter sahen, daß ihr Kind schwer krank und fast schon leblos war, da begannen sie, von Furcht und Erregung und ungewohnter Trübsal des Herzens gelähmt, sich zu ängstigen; denn sie sahen, daß der ihnen geborene Sprößling durch eine heftige Anstekkung geschwächt und der verhängnisvollen Gefahr eines unerwarteten Todes ausgesetzt war. Und von ihm, den sie zuvor von der Wiege der Kindheit an entwöhnt, miteinander gepflegt und bis zum dritten Lebensjahr aufgezogen hatten und den sie als Nachkommen und Erben zu haben wünschten, mußten sie befürchten, daß sie ihn leblos und entseelt und von der Scholle bedeckt, zu betrauern hätten. Aber der allmächtige Gott, der Weltenschöpfer, der Himmel und Erde kunstvoll geordnet, wollte seinen Knecht, der noch ein Kind und noch unentwickelt und schwach in seinem zarten Körperbau und den Menschen noch unbekannt war, aus der Hülle des Leibes noch nicht heimholen, sondern [Gott wollte viel mehr], daß er später vielen Neugetauften an vielen Orten der Erde durch sein Gesetz das Tor zum ewigen Leben aufschließe. Aber kehren wir nun zum frühen Kindesalter des oben genannten Mannes wieder zurück. Als seine Eltern in großer Erregung des Herzens voll Zweifel waren und um das ungewisse Ende ihres Sohnes bangten, nahmen sie ihr Kind und brachten es vor dem heiligen Kreuz des Herrn und Erlösers dar. Es ist nämlich Sitte beim Volke der Sachsen, daß man auf manchen Gehöften vornehmer und frommer Leute nicht eine Kirche, sondern das Zeichen des heiligen Kreuzes, das zur Ehre Gottes feierlich aufgerichtet wird, zur eifrigen Verrichtung der täglichen Gebete hat. Dort legten sie ihn vor dem Kreuze nieder und flehten innig zu Gott dem Herrn, dem Schöpfer des Alls, er möge sie trösten und ihren Sohn, der ihnen in der Geburt geschenkt wurde, durch seine Wundermacht am Leben erhalten. Und so gelobten sie mit ihren heißen Bitten, es dem Herrn zu danken. Sie versprachen nämlich, falls die frühere Gesundheit des Kindes wiederhergestellt werde, ihm sogleich für den Eintritt in den heiligen Dienst die Tonsur erteilen zu lassen und ihn der Zucht des monastischen Lebens und den Weisungen des göttlichen Gesetzes im Kriegsdienste Christi zu unterstellen. Und sogleich, nachdem sie das Gelübde gemacht, die Worte gesprochen und ihren Sohn dem himmlischen Kriegsherrn empfohlen hatten, erlangten sie sofort darnach gnädige Erhörung der Bitten vom Herrn. Und die frühere Gesundheit wurde dem Knaben alsdann wieder zurückgegeben.[22]

Mit nur fünf Jahren wurde Willibald entsprechend dem Gelübde als Oblate (*„puer oblatus"*) dem Kloster dargebracht wie Aldhelm (um 640–709), Beda (672/673–735) und manch anderer.

Mit ihren umfänglichen, topisch gehaltenen Prologen und in der Darstellung der einzelnen Lebensabschnitte sind die beiden Viten der Hugeburc angelsächsischen hagiographischen Mustern verpflichtet, besonders der Vita des Bonifatius.

Ihr Latein zeigt bei beträchtlicher grammatischer Unsicherheit Neigung zu schwierigem Stil, vergleichbar Aldhelm, dem schon genannten, bis ins 10. Jahrhundert im Angelsächsischen einflußreichen und auch auf dem Kontinent bekannten, ausgezeichnet geschulten Bischof von Malmesbury und Sherborne.[23]

Hrotsvit, scholastica am Gandersheimer Kanonissenstift, und ihre Legenden, Dramen und Geschichtswerke (10. Jahrhundert)

Die ungleich bedeutendere Hrotsvit lebte nach eigenen Angaben und weiteren indirekten Quellen zur Regierungszeit Ottos I. im reichsunmittelbaren Kanonissenstift Gandersheim,[24] einer Gründung der sächsischen Kaiserfamilie.[25] Von Beginn bis zu Gerberga II. (940–1001), die Hrotsvit ihre Äbtissin (*abbatissa*) nennt, oblag die Leitung des Stifts Töchtern des Hauses. Otto II., Theophanu und andere Familienmitglieder weilten gern in Gandersheim. In unruhiger Zeit mit Verwüstungen durch Krieg, Unwetter, Hunger und Seuchen bot das Stift ein Refugium höfischer Bildung, soweit dies mit geistlicher Lebensform vereinbar war.[26] Die Stiftsfrauen pflegten besondere Beziehungen zum auch dem Kaiserhaus verwandten Erzbischof Wilhelm von Mainz und dem kulturell bedeutenden Regensburger Kloster St. Emmeran, wo Gerberga II. erzogen worden war.

Hrotsvit wurde etwa 935 geboren und ist nach 973 gestorben,[27] ihre Herkunft wird der Exklusivität des Stifts entsprochen haben. Nach ihrer anspruchsvollen Ausbildung durch Gerberga II. und Rikkardis betreute sie nicht nur die Stiftsschule, sondern schuf – ermuntert durch die ihr freundschaftlich zugetane, etwas jüngere Äbtissin –, nachdem sie zunächst heimlich sich im Dichten versucht hatte, ihr beachtliches Oeuvre.[28]

Die wichtigste, noch dem Ende des 10. oder Anfang des 11. Jahrhunderts angehörende Handschrift ihrer Werke (clm 14 485,1^V–150^V) gliedert sich in drei Teile: Das erste Buch, «liber primus», umfaßt neben Vorrede und Widmung acht Legenden (sie gelten Maria, Christi Auferstehung, Gongolf, Pelagius, Theophilus, Basilius, Dionysius, Agnes) und einen Prosaepilog. Das zweite Buch, «liber secundus», bringt neben Vorrede und Brief sechs Dramen (mit Kurztitel: Gallicanus, Dulcitius, Calimachus, Abraham, Pafnutius, Sapientia, Vision des Johannes).[29] Es folgen mit Vorrede und zwei Widmungen an Otto I. und Otto II. die «Gesta Ottonis», ein Gedicht über die Taten des Kaisers. Die «Primordia coenobii Gandeshemensis», die die Anfänge und weitere Geschichte des Gandersheimer Stifts behandeln, wurden gesondert überliefert.[30]

Die Legenden und die ihnen geistesverwandte Dramenreihe («dramatica series») entsprachen gewiß den didaktisch-erbaulichen Interessen der Stiftsfrauen, sie mögen vorgelesen worden sein, etwa während der gemeinsamen Mahlzeiten, vielleicht auch der Stundengebete.[31] Hrotsvits historische Werke erklären sich aus der Rolle Gandersheims als Hauskloster, das seine Nähe zur Stifterfamilie wie seine Rechte gegenüber der Diözese Hildesheim zu wahren suchte.

Wo Hrotsvit von sich spricht, erscheint sie ebenso selbstgewiß wie fromm, ihr Werk zeigt drastischen Humor neben Gelehrsamkeit, ständisches Denken neben dem geistlichen Frauenideal. Es geht von Maria in der ersten Legende aus und gestaltet die nachfolgenden weiblichen Charaktere im Sinne der Mariennachfolge (imitatio Mariae) als Muster der Jungfräulichkeit. Bisweilen, so im Eingang der Agneslegende, klingt das mystische Thema der Christusbrautschaft an. Ihr weibliches Leitbild setzt sie schließlich entsprechend der verbreiteten Typologie Eva-Maria[32] konsequent an die Stelle der ihr anstößigen Frauengestalten in den Dramen des Terenz, – mochte jemand wie Hieronymus (um 347–420) in diesen ihm zur Abschreckung wichtigen Frauenrollen auch die negativen Züge des geistlichen Frauenbildes der „Evastöchter" wiedererkannt haben.[33]

Hrotsvit reflektierte durchaus ihre Sonderrolle als schreibende Frau. Sie wußte dafür zeitgemäße Topoi, mit denen sie schulmäßig Wohlwollen, Aufmerksamkeit, auch Belehrbarkeit ihres Publikums zu stimulieren suchte, aus ihrer Situation zu nutzen. Wie schon Hugeburc dem im Sinne der christlichen Poetik erforderlichen Bescheidenheitstopos mit dem Hinweis auf ihren schwachen weiblichen Verstand entsprochen hatte,[34] so kam auch Hrotsvit Vorurteilen entgegen und äußerte sich im gleichen Tenor.[35] Doch suchte sie zugleich in aller Demut ihren Hörerinnen Vorbilder weiblicher Stärke zu demonstrieren, als sie den damals gern gelesenen Terenz ersetzte.[36] Indem sie einen Gedanken aus dem Brief des Hieronymus an Laeta aufgriff, der von „der zu Aachen 817 erlassenen Institutio Sanctimonialium allen Äbtissinnen ausdrücklich zum Studium anempfohlen wurde",[37] bekannte sie:

Dies erregte nicht selten Scham in mir und ließ mich tief erröten, weil ich – durch diese Art der Darstellung gezwungen – den verabscheuungswurdigen Wahnwitz derer, die unerlaubter Liebe frönen, und ihre schmeichlerischen Reden, die uns nicht einmal zu Gehör kommen durfen, bei der Darstellung in meinem Geist erwogen und mit dem Griffel niedergeschrieben habe;[38] [sie ist auch vor drastischem Ausdruck nicht zuruckgeschreckt], ... denn je verführerischer die Schmeichelreden der Betörten locken, desto größer ist die Herrlichkeit des himmlischen Helfers, und um so glorreicher erweist sich der Sieg der Triumphierenden, vor allem, wenn weibliche Schwachheit siegt und männliche Kraft schändlich unterliegt.[39]

Mit weitsichtiger Toleranz gegenüber dem Apokryphen reagierte sie, als man ihr eine unglaubwürdige Quelle vorwarf: Was jetzt falsch wäre, möchte sich noch als wahr erweisen.[40] Hrotsvit verschweigt nicht, daß sie ganz auf sich gestellt die «Gesta Ottonis» verfaßte und es ihr als Frau widerstand, die Schlachten des Kaisers zu schildern.[41] Ihren Namen analog zur Praxis der Zeit übersetzend,[42] empfahl sie sich als „ich, die kräftige Stimme aus Gandersheim" („ego, Clamor Validus Gandeshemensis").[43] Sie mag dabei an das Vorbild des Apostels Paulus, „Gefäß der Erwählung und Lehrer der Völker" („vas electionis et magister gentium"), gedacht haben, über den Hieronymus sagte: „Seine lebendige Stimme, die aus unbegreiflicher verborgener Kraft lebt, klingt aus dem Munde des Lehrers hervorströmend noch kräftiger in die Ohren der Schüler" („Habet nescio quid latentis energiae viva vox; et in aures discipuli de auctoris ore transfusa fortius sonat").[44] Mit geziemender Bescheidenheit machte sie neben aller Selbstkritik im Grammatischen deutlich, daß sie ihr poetisches Vermögen der göttlichen Gabe des Wissens um die *Artes* verdanke, widmete sie ihr erstes Buch der Lehrerin Gerberga[45] und erläuterte sie ihre poetische Absicht im zweiten Buch mit dem damals religiös legitimierten Zusammenhang von Poesie und Schulwissen.[46] Auch für Hrotsvit bedurfte die aus dem Wissen gespeiste Poesie der göttlichen Inspiration.[47] So entsprach ihre Poetik dem anspruchsvollen Literaturverständnis ihrer Zeit, und sie war sich ihres Dichtens sicher, als sie den Topos vom Übergehen unqualifizierter Kritik aufgriff:

> Wenn jemandem meine fromme Gabe gefällt, freue ich mich; wenn sie aber wegen meiner Unwürdigkeit oder wegen der ungepflegten und fehlerhaften Sprache niemandem gefällt, so freut mich selber doch, was ich geschaffen.[48]

Sprachlich wie inhaltlich schöpfte sie aus den Schriften der Gandersheimer Bibliothek („ex sententiis scripturarum, quas intra aream nostri Gandeshemensis collegeram coenobii").[49] Gemäß den Verfahren der literarischen Nachahmung (*imitatio*) machte sie – wenn auch nicht immer unmittelbar – Anleihen bei Vergil, Sedulius, Venantius Fortunatus, bei Aldhelm und Alcuin, Boethius, vor allem Prudentius, der im 9. und 10. Jahrhundert vermehrt rezipiert wurde.[50] Natürlich kannte sie Bibel, Liturgie und Legendarien, aus denen sie vor allem ihre Stoffe nahm. Hiervon ist ihr Latein gefärbt, enthält jedoch bisweilen Vokabular der *Artes* und selbst griechische Wörter, die wohl Hieronymus ihr vermittelte.[51] Sie wählt für ihre Poesie oft im jeweiligen Vorwort erörterte metrische Formen, vor allem antikisierende leoninische Hexameter und Distichen, außerdem Reimprosa.

Ihr Umgang mit antikem Gut ist schöpferisch, wie seit der Zeit Augustins vielfach üblich, z. B. auch bei Otfried: Antike Formen werden im Bewußtsein des unerreichbaren sprachlichen Rangs der Vorbilder zum Vehikel christlicher Wahrheit.[52] Wunder über Wunder bezeugen bei Hrotsvit das göttliche Heilswirken in einer Welt, in der Christus und der Teufel um den Gläubigen ringen. Ihre Menschen sind Gefallene, Umkehrende, Erlöste. Ihre Legenden und «dramatica series», ihre «Gesta Ottonis» und «Primordia» sind durchdrungen von verwandten Vorstellungen.[53] Herrscher und Märtyrer tragen bei Hrotsvit ähnliche Züge.[54]

Meist hat die Forschung Hrotsvits Dramen, denen übrigens Regieanweisungen und szenische Einteilung fehlen, wegen des Bezugs auf Terenz als Komödie klassifiziert, einer im Mittelalter raren Gattung.[55] Hrotsvit gebrauchte den Terminus nicht, und man möchte zögern, das Martyrium meist fürstlicher Gestalten als komödienhaft anzusehen. Allein, Hrotsvit verstand das bestandene Martyrium als gutes Ende, als glorreichen Sieg des Glaubens, und sie gab den heidnischen Widersachern komische, ja burleske Züge. Das Komische kommt auch bei Hrotsvit dem für mittelalterliche Literatur weithin maßgeblichen Exemplarischen nahe; es ist der Intention nach didaktisch und unterstützt die

Hrotsvit von Gandersheim überreicht ihr Werk
Holzschnitt von Dürer (1501)

erbauliche Funktion ex negativo.[56] Schon in der antiken Komödie hatte das
Lachen bei aller Verschiedenheit im weiteren Gattungsverständnis einen ähnlichen Zweck.[57] In diesem Gestaltungsprinzip, bisweilen auch im Sprachlichen,[58]
bleibt also doch ein Anklang an Terenz.

Wurde Hrotsvit im Mittelalter sporadisch rezipiert,[59] so war ihre Beurteilung
glänzend, seit Celtis ihre Werke entdeckte und 1501 edierte.[60] Durch Jahrhunderte galt sie als „wahrhaftiges Wunder".[61] Heute findet sie reges Forschungsin-
teresse, keineswegs nur bei einem publizierenden ‚Hrosvitha Club', sondern
auch 1973 bei einer 1000-Jahr-Feier, in Übersetzungen, Bearbeitungen und nicht
wenigen Aufführungen.[62]

Ava, eine inclusa im Donauraum, und ihre volkssprachige Bibeldichtung (11./12. Jahrhundert)

Nicht ins Schulmilieu gehörte wohl Ava, die mit der Klausnerin (*inclusa*) gleichgesetzt wird, deren Tod im Jahr 1127 Annalen bzw. Nekrologe in Melk und anderen österreichischen Klöstern bezeugen. Seit dem 12. Jahrhundert wählten Frauen vermehrt die Einsiedelei (*vita solitaria*) in einer kargen Zelle. Das bis zum Tode dauernde Einschließen oder Einmauern verstand man als mystisches Begräbnis und fortgesetztes Sterben mit Christus; es galt als Gipfel geistlicher Vollkommenheit (*perfectionis culmen*).[63]

Die mehrfach erwähnte Inkluse muß eine in den Klöstern ihrer Gegend wohl beachtete Persönlichkeit gewesen sein. Nach eigenem Zeugnis fand sie nach Ehe und Mutterschaft zu ihrer weltabgeschiedenen Lebensform:

> Dizze buoch dihtote zweier chinde muoter.
> diu sageten ir diesen sin, michel mandunge was under in.
> der muoter waren diu chint liep, der eine von der werlt sciet.
> nu bitte ich iuch gemeine, michel unde chleine,
> swer dize buoch lese, daz er siner sele gnaden wunskende wese.
> umbe den einen, der noch lebet unde er in den arbeiten strebet,
> dem wunsket gnaden und der muoter, daz ist AVA.[64]

(Diese Bücher dichtete eine Mutter zweier Kinder. Sie vermittelten ihr das Verständnis für den Gegenstand. Sie verband große Freude. Die Mutter liebte ihre Kinder. Der eine schied aus dieser Welt. Nun bitte ich Euch alle zusammen, groß und klein, jeden Leser dieser Bücher, daß er Gnade für seine [d.h. des verstorbenen Sohnes] Seele erbitten möge. Und was den angeht, der noch lebt und sich abmüht im irdischen Elend, so wünscht ihm Gnade und auch seiner Mutter AVA.)

Ihr in zwei Handschriften des 12. bzw. 14. Jahrhunderts überliefertes Werk umfaßt ähnlich manch anderer mittelalterlicher Darbietung biblischen Geschehens die Heilsgeschichte, nämlich im «Johannes» das Thema der Heilsverheißung im Alten Bund, das Thema der Heilsverwirklichung in Christus im epischen Bericht des «Lebens Jesu» mit einem lehrhafter gehaltenen anschließenden Teil über die «Sieben Gaben des Hl. Geistes», wie sie nach Is. 11,1–3 der Welt mit Christi Geburt verheißen sind. Es folgt das Thema der zukünftigen Heilsvollendung in «Antichrist» und «Jüngstem Gericht».[65] Dabei bildet das «Leben Jesu» gedanklich und dem Umfang nach den zentralen Hauptteil. Die Einheit der Teile machen auch Prolog und Epilog deutlich, mit denen Ava die Reihe ihrer Werke eingangs des «Johannes» und ausgangs des «Jüngsten Gerichts» umschließt.

Innerhalb der Einzelteile sucht sie immer wieder das Gespräch mit ihren Zuhörern über das Vorgetragene: Sie reiht sich dabei, wie es in der frühmittelhochdeutschen Geistlichendichtung üblich ist, gläubig in die Schar ihrer Zuhörer, spricht analog zum Sprachgebrauch des Predigers von „wir" oder „uns" und greift zu gebethaften Formulierungen. Wie die Sinnstruktur der Werke – nach

neueren Forschungen folgt Ava auswählend meist den Perikopen im Weih-
nachts- und Osterzyklus als den beiden großen Festkreisen des Kirchenjahres[66] –
so weist auch dies auf einen der Liturgie nahen Gebrauchszweck der Dichtungen.

Ava schafft liturgisch vermittelte Bibeldichtung, und sie steht damit in jener
von frühchristlicher Zeit bis in die Moderne reichenden Tradition, die durch den
«Heliand» (ca. 830) und Otfried schon früh in die Volkssprache Eingang fand
und zu Beginn des 12. Jahrhunderts gerade im Südosten des deutschen Sprachge-
biets lebendig war, wie zahlreich überlieferte Texte bezeugen.[67] Für die in
schlichtem Stil manchmal episch ausgestalteten Erzählabschnitte wie für die
katechetischen Passagen greift Ava mit Hilfe ihrer gewiß geistlichen Söhne auf
die Bibel, manchmal auch Apokryphes, auf Benediktinerregel, Predigten, Hymnen und verschiedene frühmittelhochdeutsche Texte zurück.

Avas etwas mystisch getönte Frömmigkeit zeigt sich in der gefühlvollen
Teilnahme, die sie ihren Frauengestalten, besonders den Büßerinnen entgegen-
bringt. Mit Maria Magdalena und der Gottesmutter empfindet sie den tiefen
Schmerz um die Leiden Christi, und in Liebe ist sie sich der Erlösung durch
Christi Tod gewiß.[68] Sie kennt also das im 12. Jahrhundert wichtige Thema
subjektiven Erlebens, das für das Literaturschaffen geistlicher Frauen im Mittelalter besonders charakteristisch bleibt.

Herrad, Äbtissin zu Hohenburg im Elsaß,
und das enzyklopädische Unterrichtswerk
«Hortus Deliciarum» (12. Jahrhundert)

Herrad schließlich, etwa geboren, als Ava starb, selbst am 25. 7. 1195 gestorben,
lebte nach der Augustinusregel im Kanonissenstift Sainte Odile (Hohenburg) im
Elsaß. Sie folgte als Äbtissin des zum staufischen Hausbesitz gehörenden Stifts
ihrer Lehrerin Relindis (†1169), die in Admont ausgebildet und von Friedrich I.
eingesetzt worden war. Beide Frauen haben Anteil am «Hortus Deliciarum»,[69]
einer reich illustrierten Enzyklopädie damaligen Wissens in *Artes* und Theologie,
die mit ihren teils traditioneller Ikonographie verpflichteten, teils selbständigen
zahlreichen Bildern eines der bedeutendsten Miniaturwerke des Mittelalters ist.
Während Relindis zwei formal gewandte Gedichte im Geiste der Admonter
Frauenmystik beisteuerte, ist Herrads Textbeitrag nicht klar auszumachen; mit
Sicherheit verfaßte sie das Widmungsgedicht (S. 2 f.).

Ihre Leistung wird heute eher in der Organisation, der Beschaffung der
vielfältigen Quellen des Werks gesehen. Von den etwa 60 poetischen Texten sind
die meisten anonym, einige von Hildebert von Lavardin (1056–1134), Petrus
Pictor (um 1100), Walter von Chatillon (um 1150). Die Prosatexte sind in der
Regel Exzerpte aus Standardwerken der Kommentarliteratur zur Bibel, der
Liturgie, des Kirchenrechts, der Glaubens- und Naturlehre, der Geschichts-

schreibung. Die von Herrad in die Probstei St. Gorgon berufenen Praemonstratenser mögen Unterstützung geboten haben bei der Zusammenstellung dieses anspruchsvollen Lehrbuchs, das die Äbtissin für den Gebrauch im Kloster gesammelt hat „wie ein Bienchen aus verschiedenen Blüten heiliger und philosophischer Schrift" („ex diversis sacre et philosophice scripture floribus quasi apicula", S. 4). Es wurde mit über 1200 deutschen Glossen versehen. Der Titel wurde wohl des Honorius Augustodunensis Paradiesesallegorese entnommen und meint die Heilserwartung, von der auch in Hohenburg das Streben nach Wissen getragen wurde. Die Wissensgüter sind integriert in den heilsgeschichtlichen Aufbau des Werkes; Allegorie und Typologie prägen Texte wie Bilder.

2. Prophetentum als literarische Existenz: Hildegard von Bingen (1098–1179) Ein Portrait

Christel Meier

Schriftstellerisches Selbstverständnis

In der mittelalterlichen Bildüberlieferung erscheint die Person der Hildegard von Bingen durchweg als die Autorin, die mit Wachstafel und Griffel an der Konzeption ihrer Schriften arbeitet (vgl. Abb.). Selbst in vereinzelten Darstellungen der Heiligen neben anderen Heiligen erscheint sie nicht nur als Klostergründerin und Äbtissin mit einem Modell ihres Klosters, sondern sie hält zugleich das Buch, Zeichen ihres Schriftstellertums, in der Hand.[1] Da derartige Bilder aus dem Mittelalter nicht Individualporträts sind, vielmehr die dargestellte Person in ihrer dominanten gesellschaftlichen Funktion, ihrer spezifischen sozialen Rolle erfassen wollen, bedeutet das für Hildegard, daß sie wesentlich als Autorin gilt, die in Büchern ihr Vermächtnis an ihre Zeit (und die Nachwelt) übergibt. Dieser ‚Beruf' ist für eine Frau des 12. Jahrhunderts ganz exzeptionell. Es verwundert daher nicht, wenn in Hildegards literarischem Oeuvre selbst die Darstellung und Reflexion dieser Autorschaft einen wichtigen Platz einnehmen. Das Wirken der Naturwissenschaftlerin und Ärztin, der Liederdichterin und Komponistin, Äbtissin und Klostergründerin, der Predigerin und Ratgeberin vieler, auch der höchstgestellten Zeitgenossen – erstaunliche Funktionen und Fähigkeiten allesamt – ist nicht von derselben hohen Relevanz wie die Ausübung des Schreibens. Die Autorschaft wurde hier – zum ersten Mal – zum Zentrum der Existenz, und sie verlieh Hildegard auch die Autorität in den anderen Bereichen ihrer Tätigkeit. Verwunderung über diese offenbar ungewöhnliche Rolle klingt noch aus der Darstellung über Hildegard in der Schedelschen Weltchronik, wenn sie hervorhebt, Hildegard habe ihre Einsichten nicht nur mündlich, sondern auch in lateinischen, allgemein die Lehre der Kirche bereichernden Schriften mitgeteilt.

Hildegard von Bingen mit den Helfern und Zeugen der Niederschrift,
Volmar und einer Nonne ihres Konvents. Aus: Luccaer Kodex des
‚Liber divinorum operum‘

Dieses Schriftstellertum hat jedoch seine besonderen personalen und zeitspezifischen Bedingungen. Um ihre bemerkenswerten Erkenntnisse öffentlich mitzuteilen, bedurfte Hildegard des theologischen Lehramtes, das ihr als Frau aber generell versagt war. Wenn sie dennoch schreiben und lehren konnte, so beruhte das für sie selbst und vor ihren Zeitgenossen auf einer außergewöhnlichen ‚Amtslegitimation‘: der Anerkennung ihres Prophetenamtes. Die Wahrheit ihres prophetischen Auftrages, der nach dem Befehl des göttlichen ‚Auftraggebers‘ das Schreiben von Büchern und Lehrschriften implizierte, mußte auf dem Weg durch die irdischen Instanzen geprüft und bestätigt werden; das geschah nach Hildegards autobiographischen Aufzeichnungen durch den Magister und den Abt des eigenen Klosters auf dem Disibodenberg, dann durch die zuständige Kirchenbehörde der Diözese in Mainz und schließlich endgültig durch den Papst, Eugen III., auf der Synode in Trier 1147/8 nach entschiedener Fürsprache auch Bernhards von Clairvaux. Aufgrund der Durchsicht von Teilen ihres Erstwerks «Scivias» erfolgte die Erlaubnis zu einer Fortsetzung der Schrift; denn „alle sagten, daß es aus Gott sei und aus der Prophetie, aufgrund derer einst die Propheten prophezeiten". Der Papst bestätigte die Genehmigung in einem Brief an die Prophetin, der sie zum Schreiben geradezu verpflichtete: „Er befahl, daß ich das, was ich in der Vision sah oder hörte, mit besonderer Sorgfalt aufschriebe..."[2] Fortan konnte Hildegard autorisiert und gleichsam von Amts wegen schreiben.

Das Prophetenamt, das sie als göttlichen Auftrag verstand und dem sie in seiner existentiellen Annahme entsprach, wurde von ihr grundsätzlich reflektiert und durch alle ihre Schriften hindurch mit Erläuterung und Rechtfertigung fundiert. Zusammengenommen sind die zahlreichen Aussagen zum eigenen Prophetentum wie zur Prophetie allgemein zu lesen als eine ausführliche Darstellung ihres schriftstellerischen Selbstverständnisses, wie es in dieser Bewußtheit und Konsequenz erst im 12. Jahrhundert für das Mittelalter möglich wird. Diese die Autorschaft legitimierende Selbstdeutung ist bisher eher faktenhistorisch und biographistisch, d. h. auf die individuelle Persönlichkeit und ihre psychologische oder auch pathologische Verfaßtheit hin ausgewertet und daher mißverstanden worden. Erst innerhalb der Gesamtkonzeption von Schriftstellertum und Werkgestalt werden aber die Intentionen dieser Aussagen ganz plausibel. Denn die Selbstdarstellung, Teil des literarischen Werks, muß in ihrer Literarizität, d. h. in ihrer Stilisierung der eigenen Rolle und deren Funktion, durchschaut werden, der freilich dadurch die existentielle Wahrheit nicht genommen ist.

Hildegards zahlreiche Selbstzeugnisse beschreiben – vordergründig gelesen – eine Frau, die sich als schwach, ungelehrt, häufig von Krankheit heimgesucht darstellt, die zugleich aber ausgestattet ist mit einer visionären Begabung von Kindheit an und deren objektive Lebensleistungen sie als außerordentlich tatkräftigen und von praktischer Lebensklugheit zeugenden Menschen ausweisen. Die genannten Schwächen sind nun nicht zuerst autobiographisch gemeint, sondern bilden einen wichtigen Teilaspekt, die eine Seite gleichsam innerhalb ihres Gesamtentwurfs der Prophetenrolle. Denn wie der Visionär Paulus sich seiner Schwächen (*infirmitates*) rühmt, aufgrund derer die göttliche Kraft (*virtus*) in ihm wirken kann und wie nach Gregor dem Großen der Prophet Ezechiel vor jeder Kette von außerordentlichen Schauungen ‚Menschensohn' genannt wird zur Erinnerung an seine menschliche Gebrechlichkeit, die ihn zur Demutshaltung verpflichtet[3], bildet auch nach Hildegards Auffassung der Schwächebeweis die notwendige Voraussetzung zu echtem Prophetentum. Von dieser Basis kann in Stufen die Vollkommenheit der prophetischen Existenz erreicht werden:

vom Beweis der eigenen Unfähigkeit zur göttlichen Erleuchtung und zur Aufhebung der Schwächen in einer neuen Virtualität. An die Stelle der Ungelehrtheit hinsichtlich menschlicher und schulmäßiger Bildungsgüter und -methoden tritt die plötzliche und umfassende Gelehrtheit durch Geistinspiration, die jene weit übertrifft; das durch Sünde verdorbene Menschsein wird durch die Gnade des Menschensohnes restituiert, die Schwäche der Frau ist überwunden in der Stärke der *virgo*, die in besonderem Maß Paradigma des Heils ist, zumal in der Nachfolge Marias, d. h. in der Verheißung der spirituellen Inkarnation des Wortes Gottes in ihr. Die Krankheit bedeutet Rückzug aus der Körperlichkeit, aus dem äußeren Menschen, Stärkung des Geistigen und seines Aufnahmevermögens für den Empfang der Inspiration. Im Vorgriff auf die vollkommene endzeitliche Erneuerung geschieht eine Neuschöpfung im Geist, die den visionären Propheten zur Schau Gottes und seiner Geheimnisse schon hier befähigt. Er erreicht damit die einst heile und fähige Konstitution des Menschen wieder, und das heißt Adams im Urzustand, wie auch seine ursprüngliche Erkenntnisweise natürlicher, durch die Körperlichkeit nicht gestörter Gotteserkenntnis.[4]

Hildegards Prophetentum und Autorschaft hat über diese grundsätzliche und jederzeitliche Legitimation hinaus auch eine geschichtliche Dimension und einen aktuellen Zeitbezug, durch die ihre Notwendigkeit erst ausgewiesen wird. Prophetie ist nicht eingeschränkt auf die alte Zeit bis zu ihrer Erfüllung in Christus, sondern sie wirkt durch die gesamte Heilsgeschichte als erleuchtende Inspiration mit anagogischer (rückführender) Potenz, insofern sie nach Gottes Plan die Erinnerung an den ursprünglich heilen Zustand des Menschen wieder weckt und so die Rückkehrbewegung zu ihm in Gang setzt. Hildegard sieht sich in der langen Kette der Propheten aller Zeitalter, die in der Nachfolge des Urvisionärs Adam, der die Erkenntniskraft, Sprache und Musik der Engel als natürliche Fähigkeiten besaß, aufgrund der gnadenhaften Erneuerung dieser Gaben die Aufgabe der Rückführung durch prophetische Lehre erfüllen. Hildegard präzisiert ihren Standpunkt dann heilsgeschichtlich und epochenspezifisch: Ihre Prophetie ist nachinkarnatorisch und gleicht in Inhalt und Redemodus der Apostellehre, stellt eine Erneuerung ihrer nicht mehr verdeckten, körperlich-buchstäblichen, sondern offenen spirituellen Redeweise dar;[5] ihre Berufung und Inspiration sind daher auch als pfingstliche beschrieben.[6] Dazu hat Hildegards Prophetie eine wesentliche aktuelle Komponente in ihrer Ausrichtung auf die eigene Epoche. Entsprechend den verbreiteten eschatologischen Erwartungen des 12. Jahrhunderts sieht auch Hildegard in ihrer Gegenwart den Beginn der Endzeiten gekommen, gegenüber den früheren Blütezeiten der Kirche, ihrer Stärke, versteht sie diese nämlich als Anbruch eines rapiden Verfallsprozesses, der direkt in das Auftreten des Antichrists und die Endzeitverfolgungen hineinführt. Wegen ihrer Schwäche nennt sie diese Zeit ,weibisch', *tempus muliebre*.[7] In dieser Epoche hat die Frauen-Prophetin ihren eigentlichen Ort, insofern nun die Heilsfunktion der Frau zeitspezifisch zur Wirkung drängt. Denn – so die geschichtliche Perspektive Hildegards – unter dem Antichrist soll sich der Fall

Evas vollenden; deshalb tritt im heilsgeschichtlichen Gegenzug die visionäre Prophetin auf. In ihr, der *virgo-prophetissa*, erneuert sich das Marienmysterium so, daß aus der prophetischen *incarnatio Verbi Dei* als der sich wiederholenden Gottesgeburt die göttliche Offenbarung wieder bewußt werden kann zur Errettung vieler in den Gefahren der aufziehenden Endzeiten.

Beide Dimensionen der Hildegardschen Prophetologie, die jederzeitliche und die heilsgeschichtliche, sind in bezug auf die Situation der lehrenden und schreibenden Frau hin präzisiert, zu ihrer Legitimation stilisiert. Hildegards Entwurf der Deutung ihrer prophetisch-literarischen Existenz ist eine Neugründung, deren Nachwirkungen noch kaum abzuschätzen sind.

Ein solcher Deutungsentwurf war sowohl für seine Bildung wie auch für seine Durchsetzung angewiesen auf Anregungen aus der Tradition. Als theoretisches Fundament für dieses Verständnis der Prophetenrolle und seine Umsetzung ins prophetische Werk hat vor allem *eine* platonisch-christliche Überlieferung zu gelten, die vom 12. Jahrhundert an neue große Wirkkraft entfaltete: die ins Lateinische übersetzten pseudo-dionysischen Schriften und die ihres Vermittlers, des berühmten irischen Gelehrten des 9. Jahrhunderts, Johannes Scottus Eriugena. Hiernach war der Theologe schlechthin als Interpret der göttlichen Worte und Schriften der visionäre Prophet, eben der geistinspirierte *propheta theologus,* der aus solcher Kompetenz Vermittler von Einsichten aus dem intelligiblen Bereich und Lehrer der durch Erkenntnis zur Vollkommenheit Strebenden sein konnte.[8] Schon Rupert von Deutz, der erste große Neuerer der Schriftexegese und erste Mystiker dieser Zeit, hatte sich zur Legitimierung seines eigenen Ansatzes – des über die Tradition frei verfügenden, ja sie auch übersteigenden Schriftexegeten, des visionären Bibelhermeneuten – auf diese Überlieferung gestützt.[9] Hildegard verdankt Rupert viel, und sie entwickelt vor dem Horizont seines Selbstverständnisses ihre nun freilich ganz eigene Position. Denn wo Rupert mit Priesterweihe und Lehramt zur Schriftexegese selbstverständlich autorisiert war, bedurfte es bei ihr des außerordentlichen, eben göttlichen Amtsauftrages zur Prophetie, den sie glaubhaft mit Schrift und Leben bezeugen mußte, um anerkannt zu werden.

Das Werk

Das aus der beschriebenen Konzeption der exzeptionellen Autorschaft hervorgegangene Werk entspricht in seiner Beschaffenheit jener genau. Es ist ein ausgedehntes Visionswerk, in dessen Zentrum eine große Visionstrilogie steht mit den drei Einzelschriften «Scivias» (1142–1151), «Liber vitae meritorum» (1158–1163) und «Liber divinorum operum» (1163–1173). Die entschiedene Absage an die schulmäßige Kunst des Schreibens – Hildegard formuliert sie gleich im Vorwort ihres Erstwerks «Scivias» – weist die drei Hauptteile der Rhetorik, *inventio, dispositio* und *elocutio,* als für die Gegenstände ihrer Mitteilung unzureichend und unpassend zurück; denn die *mysteria caelestia* aufzuschreiben, bedarf es – so das Vorwort – gleichsam einer ‚himmlischen Poetik‘, nach der die Organisation des Stoffes und die Ausführung bestimmt werden.[10] Da die eigentlich angemessene Sprache der Mitteilung, die die der Engel wäre, auch nicht verfügbar ist, wird die *materia* dann konsequent in der einfachen schmucklosen Redeweise der Ungelehrten, dem *sermo humilis*, vorgetragen, wie er für Offenbarungsschriften durch seine Verwendung bei den Aposteln, den einst einfachen Fischern, seine Dignität erhielt und seine Angemessenheit (hinsichtlich des Sprechers) behauptete.[11]

Im Gegensatz zur programmatischen Ankündigung von Neuem im Eingang des «Scivias» erscheinen die Inhalte dieser Schriften zunächst eher konventionell, da sie nicht etwa Zukunftsprophetien sind, sondern im wesentlichen die bekannten Heilstatsachen umfassen; doch präsentieren sie diese in ungewöhnlichen neuen Bildern und mit Deutungen. Dieser Gegensatz von Traditionellem und Innovatorischem hat die modernen Interpreten des Hildegardschen Werkes immer irritiert. Sie folgt aber darin – aus der Konsequenz ihres prophetischen Gesamtkonzepts – der pseudo-dionysischen und origenistischen Vorstellung von der gleichsam unendlichen Deutbarkeit der heiligen Schriften, der *symbola* der göttlichen Worte (*divina eloquia*), sieht die Prophetie durch alle Zeiten der Weltgeschichte vielfältige verschiedenartige Bedeutungen vorbringen[12] und kann daher die göttliche Stimme auch über die eigene Aufgabe sagen lassen:

... die gewaltigen Bücher, von bewährten Lehrern mit viel Fleiß ausgelegt, sind durch schlimme Trägheit und Überdruß in Verfall geraten, und das Lebensbrot der göttlichen Schriften ist schon schal geworden; deshalb spreche ich nun über die Schriften durch einen Menschen, der nicht spricht noch durch einen indiskreten Lehrmeister unterrichtet ist, viel mehr spreche ich, der ich bin, durch ihn viele neue mystische Geheimnisse, die bisher noch in den Büchern verborgen waren.[13]

Auch die Organisation und Komposition, kurz die eigenartige, zum Teil auch befremdliche Bildkombinatorik der großen Visionswerke wird vor dem Hintergrund der pseudo-dionysischen Tradition ganz verständlich. Hildegards Visionsschriften bestehen aus Reihen von Einzelvisionen, das Werk «Wisse die Wege» aus 26, das «Buch der Lebensverdienste» aus sechs, das «Buch der göttlichen Werke» aus zehn. Die Einzelvisionen wiederum erweisen sich bei näherer Prüfung als komplexe Bildkonfigurationen aus einer größeren Zahl von einzelnen Bildelementen; sie umfassen Personen und Dinge, und zwar solche der natürlichen oder der vom Menschen gestalteten Welt, wie Steine, Pflanzen, Tiere, Landschaftselemente, Gebäude(teile), Musikinstrumente, Gegenstände des praktischen Gebrauchs usf., ja, auch geometrische Figuren und absolute Farben. Der Zusammenhang solcher Dinge ist in der Bildebene der Vision meist unverständlich. Er ist von einer darüberliegenden Bedeutungsebene her organisiert, sinnvoll komponiert, wird also erst von dorther einsehbar. Die Dingbilder haben ihre über sich selbst hinausweisenden Korrespondenzen im intelligiblen Bereich und dienen zur Vermittlung und Illustration der dort angelegten Ent-

sprechungen. Deshalb folgt jedem Visionsbild bzw. seiner Beschreibung ein
deutender Teil, der als Audition, als Erklärung vom göttlichen Inspirator der
Visionärin eröffnet wird, eingeführt mit der jeweils wiederkehrenden Wendung:
„Und ich hörte eine Stimme vom Himmel sagen...“ Wie das Verfahren dem der
Schriftexegese gleicht, erweisen sich auch die Bildelemente und ihre Signifikate
als Zeichen, die aus der sicheren Kenntnis dieser Traditionen gebildet sind; wenn
sich besonders zahlreich verwandte Bilder in den prophetischen Schriften der
Bibel und in frühchristlichen prophetischen Werken finden, so ist das Hildegard
bewußt, ja, der Anschluß an diese prophetische Überlieferung ist von ihr voll
intendiert. Neue aktuelle Offenbarung entsteht demnach durch Wiederaufgrei-
fen der alten Bilder und Zeichen zur Entdeckung und Mitteilung eines neuen,
aktuellen Sinngehalts.

Das theoretische Konzept für solcherart Visionen fand sich für das 12. Jahrhundert neu formuliert etwa zwanzig Jahre vor Hildegards Erstwerk bei Hugo
von St. Viktor, und zwar in seinem Kommentar zur «Himmlischen Hierarchie»
des Pseudo-Dionys (in dem er auch Eriugena verpflichtet ist). Dort sind zwei
Visionsmodi unterschieden[14], und zwar neben der bildlosen Art die auf Bilder
aus der Sinnenwelt angewiesene; diese führt mit ihren Bildzeichen, die auf die
Erkenntnisweise des körperverhafteten Menschen Rücksicht nehmen, über
sinnliche Vorstellungen hinaus zum Intelligiblen und Unsichtbaren. Das Verfahren der Montage solcher sinnlich vorstellbarer Bildelemente heißt hier ‚symbolische Darstellung' (*symbolica demonstratio*), die Zusammenführung sichtbarer
Bildformen zum Verweis auf das Unsichtbare wird mit *symbolum* bezeichnet.
Analog der Dichtungsfiktion mit ihrer ethischen oder naturphilosophischen
tieferen Wahrheit sind prophetische Bilder dann als *prophetica figmenta* mit
verhülltem theologischen *veritas*-Gehalt zu verstehen, also von entsprechender
pädagogischer Valenz.[15] Abgesetzt vom Subjektiven, sind aber prophetische
Bilder Erleuchtungen aus dem objektiv seienden Bestand der Urbilder (Ideen),
die in der aktuellen Prophetie eine Art Verkörperung (Inkarnation) eingehen.
Diese Theorie von den prophetischen Erfindungen legt Hildegard ihren analog
der Hl. Schrift konzipierten Neuschöpfungen zugrunde; ganz ähnlich hat sie
übrigens auch die grundsätzlichen Erläuterungen der prophetischen Rede in
Gregors des Großen Ezechielhomilien als visionspoetologische Anweisungen
genutzt.

Der Aufgabe des prophetischen Werkes entsprechend, das die Rückkehr aus
der Unwissenheit zur wahren Erkenntnis und d. h. zur neuen Vervollkommnung
im Aufstieg zur Ideen- und Trinitätsschau einzuleiten und zu fördern hat,
gestaltet Hildegard ihre großen Visionsschriften. Schon der «Scivias» ist ein
Trinitätswerk. Seine drei Teile sind Gottvater, dem Sohn und dem Heiligen Geist
zugeordnet, stellen das Werk des Schöpfers, des Erlösers und des Erbauers des
Gottesreiches dar.[16] Als Hildegard nach einigen Jahren verschiedener anderer
literarischer Arbeiten, der Klostergründung auf dem Rupertsberg und heftiger
Krankheit wieder zu großen prophetischen Schriften zurückkehrt, ist der Plan

zu einer trinitarischen Trilogie gereift – in Fortführung der einmal gefaßten Konzeption vom Charakter des prophetischen Werks. Es folgen nun eine dem Sohn und eine dem Heiligen Geist gewidmete Schrift, der «Liber vitae meritorum» und der «Liber divinorum operum» (oder «De operatione Dei»). Jedes dieser Werke zeigt als Rahmengestalt, die auch die Inhalte jeweils dominierend prägt, eine Person der Trinität: die des «Scivias» (I 1 und III 1) ist als Gottvater zu verstehen; der Kosmosmann und starke Kämpfer des zweiten Werkes ist der Christusriese, der Anführer der Tugenden (*virtutes*), der für die göttliche *virtus* steht; die *caritas*-Gestalt des letzten Werkes meint den Heiligen Geist (als *caritas* und *benignitas*), wie er Zentrum des göttlichen Schöpfungs- und Erlösungswirkens, der göttlichen *operatio* ist. Sie sind bestimmt nach der bekannten Trinitätsformel *potentia – sapientia – caritas (benignitas)* und nach dem spezifisch pseudo-dionysisch-erigenistischen Ternar *essentia – virtus – operatio*.

Die deutlichste Ausprägung der literarischen und prophetischen Intention Hildegards stellt ihr Spätwerk «Liber divinorum operum» dar, insofern hier ein weiterer entscheidender Gedanke ihrer Konzeption voll in die Werkgestalt eingebracht ist: der Zusammenhang von Kosmologie und Prophetie. Die prophetische Erkenntnis wird hier unmittelbar abgeleitet aus der göttlichen *praescientia*. Damit sind gemeint die planenden Gedanken Gottes, die vor und über allem Wirken (*effectus, operatio*) die Ursachen, die Ideen im Sohn darstellen. Nach dem Vorbild des Visionärs Johannes und seiner Prophetie «In principio erat Verbum» – aus deren Meditation nach Hildegards eigenem Bekunden ihre Schrift hervorgegangen sei[17] – ist der Prophetin die Einsicht in die Urgründe, also Ideenschau, zuteil geworden;[18] diese bedingt die besondere Kompetenz des prophetischen Visionärs im Hinblick auf die Weltdeutung insgesamt. So zeigt das Werk in seinen drei Haupt-*symbola* drei ‚Ideen-Bilder' (die ihrerseits wieder auf die Trinität zurückverweisen): das des *mundus physicus* (I 2–4), das des *mundus ethicus* (II 5) und das des *mundus historicus* (III 6–10) Sie finden am Ende (III 10) ihren Zusammenschluß in der *trinitas* und *unitas* Gottes, in der Einheit von Gott und Welt, in dem Abschluß der großen Bewegung von Hervorgang und Rückkehr (*processus – reditus*): in der Kreisfigur der letzten Vision der Spätschrift und des Werkes insgesamt (III 10: vgl. Abb.). Prophetische Kontemplation, aus diesem Urgrund inspiriert, erreicht in Schau und Deutung diese *unitas* wieder und führt so durch das Medium prophetischer Schriften zur *unio* zurück. So trägt diese letzte Schrift den Titel «Liber divinorum operum» offenbar in Anspielung auf die *scientia divinorum operum*, die in der «Hierarchia caelestis» als intuitive inspirierte Gottesschau (nach Art der angelischen Erkenntnis) der gewöhnlichen menschlichen *scientia analytica* oder *resolutoria*, einer allmählich und diskursiv fortschreitenden Untersuchungsform, entgegengesetzt ist.[19]

Neben diesem originellen und nicht nur theologisch, sondern auch künstlerisch bedeutenden Werkentwurf der Trilogie, an deren Abfassung Hildegard 25 Jahre gearbeitet hat, stehen die übrigen literarischen Werke von kaum geringerer

Qualität und Neuartigkeit: das Singspiel «Ordo Virtutum», die erste mittelalterliche Moralität weit vor der Blütezeit dieser Dramenform,[20] in der zudem
Hildegards neues Konzept von den Tugendkräften, einer eigenen Gattung von
intelligiblen Wesenheiten, bestimmt nach den pseudo-dionysischen Engel-virtu-
tes (δυνάμεις), voll zur Wirkung kommt.[21] Ferner sind 77 geistliche Gesänge
(Antiphonen, Responsorien, Hymnen, Sequenzen) überliefert, ungewöhnlich in

*Das Gottes und Weltenrad in Hervorgang und Rückkehr mit der göttlich-
menschlichen Caritas. Letzte Vision des ‚Liber divinorum operum'. Aus: Luccaer
Kodex des ‚Liber divinorum operum'*

Melodik und Sprachgestaltung, dann eine Evangelienauslegung, kleinere theologische und hagiographische Arbeiten, eine Geheimschrift und Geheimsprache («Litterae ignotae» und «Lingua ignota»), ferner ein umfangreiches naturwissenschaftlich-medizinisches Werk («Physica» und «Causae et curae»), von gleicher erstaunlicher Innovationskraft zeugend,[22] und schließlich rund 300 bisher nachgewiesene echte Briefe Hildegards, die sie im Gespräch zeigen mit einer großen Zahl von Zeitgenossen, Geistlichen und Laien verschiedener Stände (angefangen von Päpsten und Herrschern, z.b. Friedrich Barbarossa) mit einer Ausstrahlung über fast ganz Europa. Als Helfer und Zeuge der Niederschrift dieser Werke stand ihr jahrzehntelang ihr ehemaliger Magister des Disibodenberger Klosters Volmar als Sekretär zur Verfügung, bis sie nach dessen Tod andere Hilfe suchte, etwa im Konvent des Disibodenberges, bei Abt und Mönchen von St. Eucharius in Trier oder bei dem um diese Aufgabe besonders bemühten Wibert von Gembloux.

Ihr prophetisches Amt nahm Hildegard – ungewöhnlich genug – gelegentlich auch in öffentlicher Rede wahr, so auf vier größeren Reisen (ab 1158) nach Bamberg, nach Trier und Lothringen, nach Siegburg und Köln und schließlich in die schwäbischen Klöster, vor allem Zwiefalten, wo sie vor Klerus und Volk prophetische Mahnpredigten hielt.

Nach 73 Jahren klösterlichen Lebens starb Hildegard am 17. September 1179 im 82. Lebensjahr.

Nachwirkungen: Gebeno von Eberbach und Elisabeth von Schönau

Das starke Echo, das Hildegards Wirken im 12. Jahrhundert fand, wurde schon im folgenden Jahrhundert schwächer. Ihre Rezeption wird zum Teil auch einseitig eingeschränkt auf die Endzeiten- und Zukunftsprophetien: so in der sehr verbreiteten Kompilation aus ihren Schriften in Gebenos von Eberbach «Speculum futurorum temporum» oder «Pentachronon» von 1220. Doch hat Hildegard über die jüngere Visionärin Elisabeth von Schönau, deren großes Vorbild sie geworden war, in bisher noch nicht abzuschätzendem Maß auf die Frauenmystik des folgenden Jahrhunderts gewirkt, wenn auch die visionären Schriften Elisabeths sowie die Werke der Mystikerinnen des 13. Jahrhunderts von Hadewijch über Mechthild von Magdeburg bis zu den großen Helftacrinnen Mechthild von Hackeborn und Gertrud der Großen von ganz anderem Charakter zu sein scheinen; denn Hildegards spekulativer, neuplatonisch geprägter Gesamtentwurf, ihre Trinitätstheologie und ihre konsequente heilsgeschichtliche Fundierung der Prophetologie, werden nicht in toto übernommen. Es lassen sich aber signifikante Teiladaptationen namhaft machen, die aus dieser Neugründung weiterwirken. Auch die etwa 30 Jahre jüngere Elisabeth, gleichfalls Benediktinerin und in nur geringer räumlicher Entfernung von Hildegard lebend, ist Prophetin, Visionärin, sieht sich durch dieses Amt als Frau berechtigt zur Lehre, zur Zeit- und Kirchenkritik. Auch sie hält in ihrer Gegenwart die Frau für besonders ausgezeichnet mit solchem außergewöhnlichen göttlichen Auftrag.[23] Den Beginn ihrer Visionen setzt Elisabeth ein Jahr nach Abschluß von Hildegards «Scivias» an, d. h. etwa vier Jahre nach deren kirchlicher Anerkennung. Elemente in Elisabeths visionärer Bilderwelt weisen zurück auf die Prophetin vom Rupertsberg; das Werk «Liber viarum Dei» wird in der Titelformel und in seiner Entstehung direkt auf Hildegard bezogen: präexistent bei Gott vor seiner ‚Inkorporation' (wie auch Hildegard ihre Schriften sah), soll es – so eine vorausschauende Vision – erst nach der persönlichen Begegnung mit Hildegard tatsächlich geschrieben werden:

> Dies ist das ‚Buch der Gotteswege', das durch dich offenbart werden soll, wenn du deine Schwester Hildegard besucht und sie gehört hast. Und so erfüllte es sich auch, sobald ich von jener zurückgekehrt war [1156/57].[24]

Der Pfingsttermin als Inspirationszeit von hervorgehobener Bedeutung wie auch die Weise der Niederschrift durch einen Sekretär (hier den freilich mit größerer Eigenkompetenz gegenüber der ungelehrten Ekstatikerin ausgestatteten Bruder Ekbert, den Elisabeth zum Eintritt in das Doppelkloster Schönau bewogen hatte) zeigen Parallelen, ja Abhängigkeiten.

Dennoch dokumentiert Elisabeths Werk auch den Abstand von der großen Rupertsberger Äbtissin und zugleich die Ausprägung einer neuen Konzeption, die besonders in der Frauenmystik Zukunft haben sollte. Das Hauptgewicht ihrer Visionen liegt – abgesehen von der prophetischen Mahnpredigt – auf einer ekstatisch erlebten Intensivierung des Kultes, auf der durch Erfahrung bereicherten und überhöhten liturgischen Feier.[25] So werden ihre zeitlich an den Festkalender gebundenen und in ihrem Rhythmus und Inhalt von ihm bestimmten Visionen gleichsam zu einem spirituellen Kalendarium. Mit dieser persönlichen Vertiefung und Intensivierung des objektiven Liturgievollzugs hat Elisabeth offenbar einem Bedürfnis ihrer Zeit entsprochen; ihre Schriften fanden noch zu ihren Lebzeiten weite Verbreitung.

Aus dem Briefwechsel zwischen den beiden Visionärinnen seien nun zwei Aussagen zur Charakterisierung beider angeführt. Hildegard, die für sich – gemäß ihrem Prophetenkonzept und ihrem spekulativen theologischen Ansatz – die Ekstase, den Traum und ähnliches ‚Außersichsein' ablehnte, vielmehr ihre Visionen bei wachem Geist und klaren Sinnen erfuhr, schreibt gegen die allzu strenge, zur Krankheit treibende Askese, wie Elisabeth sie übte:

> O Tochter Gottes, die du aus Liebe zu Gott mich armseliges Gebilde ‚Mutter' nennst, lerne Maßhaltung! Sie ist für Himmlisches und Irdisches die Mutter aller Tugenden. Denn durch sie wird die Seele geleitet und ebenso der Leib in rechter Zucht ernährt... Wie durch unangebrachten Sturzregen die Frucht der Erde Schaden leidet..., so wird auch der Mensch, der sich mehr Mühsal auferlegt als sein Körper aushalten kann – da in ihm das Wirken der heiligen Diskretion geschwächt ist –, durch maßlos auferlegte Mühsal und Enthaltsamkeit seiner Seele keinen Nutzen bringen...

Elisabeth, in Bedrängnis wiederholt bei Hildegard Schutz und Stärkung suchend, kennzeichnet deren Stellung gleichsam als die einer ‚Kirchenlehrerin‘:

Meine Herrin Hildegard! Mit Recht wirst du Hildegard genannt. Denn mit wunderbarer Kraftentfaltung wirkt Herrliches in dir der Ansporn Gottes zum Aufbau seiner Kirche. Erstarke durch den Heiligen Geist! Selig bist du, denn der Herr hat dich erwählt... so schreitest du auf dem Wege der Gottesschau und gleichst der Taube in den Felsspalten, im Mauergeklüft (Cant. 2.14).[26]

III. Vita religiosa und spirituelles Erleben
Frauenmystik und frauenmystische Literatur im 13. und 14. Jahrhundert

Ursula Peters

Religiöse Frauenbewegung im 12. und 13. Jahrhundert: die *mulieres sanctae* der Diözese Lüttich

Andere Frauen wurden in so großer Geistestrunkenheit aus sich selbst entrückt, daß sie fast den ganzen Tag in jener heiligen Stille ruhten, da ‚der König bei seinem Gelage war'; und sie hatten keine Stimme und keinen Sinn für irgendwelche äußere Dinge. Der Friede Gottes hatte ihre Sinne so sehr überwältigt und begraben, daß kein Geschrei sie erwecken konnte, ja, daß sie keinerlei Verletzung fühlten, selbst wenn sie heftig gestochen wurden [...] Wieder andere fromme Frauen empfingen von dem Brote, das vom Himmel herabgestiegen ist, nicht nur Erquickung des Herzens, sondern auch fühlbare Beglückung des Mundes, süßer als Honigseim.[1]

Jakob von Vitry, ein Regularkanoniker von Oignies, später Bischof von Accon und Kardinal von Tusculum, gilt als ein aufmerksamer Beobachter der verschiedenen geistigen Strömungen innerhalb der Kirche des 12. und frühen 13. Jahrhunderts. Sehr genau registriert er die Attraktivität neuer Frömmigkeitsformen außerhalb der Orden in Italien und Brabant. Speziell hier erstaunten Frauen jeden Alters ihre Umwelt durch neuartige Lebensformen der absoluten Jungfräulichkeit, Armut, Askese, Ekstasen und Eucharistieverehrung. Ihnen widmet er den Prolog zu seiner berühmten Vita der Marie von Oignies, einen Widmungsbrief an Bischof Fulko von Marseille, der in der Diözese Lüttich um Unterstützung für seinen Kampf gegen die südfranzösischen Ketzer nachgesucht und hier – als emphatisches Gegenbild zu dem verwerflichen Treiben der Ketzer seines Bereichs – das vorbildliche Leben dieser „heiligen" Frauen kennengelernt habe. Dieser Prolog hat in der Forschung zu den religiösen Bewegungen im Mittelalter, speziell zur Geschichte der religiösen Frauenbewegung, der Beginen und Frauenmystik eine große Rolle gespielt. Denn er versammelt geradezu katalogartig alle Facetten einer prononcierten *vita religiosa* (geistliches Leben), die seit der 2. Hälfte des 12. Jahrhunderts vor allem Frauen – zur Verwunderung, Verehrung, aber auch Erbitterung ihrer Zeitgenossen, Verwandten und Freunde – geführt zu haben scheinen: ihre Verachtung von Reichtum und Abkehr von der Familie, ihr Leben der freiwilligen Armut, der Handarbeit und Werke der Barmherzigkeit, ihre verzweifelten Versuche, in kriegerischen Auseinandersetzungen ihre Jungfräulichkeit zu bewahren, das wunderbare Eingreifen des himmlischen Bräutigams, die verschiedenen Formen psychischer und physischer Auffälligkeiten, wie Erregungszustände und Ekstasen, Krankheitsanfälle und periodische Tränen, den Wechsel von Schweigen und Jubel und schließlich vor allem ihr intensives Eucharistie-Erleben, das von den verschiedensten körperlichen Sensationen begleitet ist.

Die in einer Zelle bei der Abtei Oignies in engem Kontakt mit den Kanonikern dieses Stifts wohnende Marie von Oignies sei freilich nur ein – allerdings glänzendes – Beispiel aus der großen Zahl „heiligmäßiger" Frauen. Und tatsächlich kennen wir in der Diözese Lüttich bzw. im Herzogtum Brabant um die Wende des 12. Jahrhunderts eine Reihe vergleichbar lebender begnadeter Frauen: die außerhalb einer Klostergemeinschaft lebenden *mulieres religiosae* Christine von St. Trond und Juliana von Cornillon oder die Zisterzienserinnen Leutgard von Tongeren, Ida von Léau, Ida von Löwen, Adelheid von Scharbecke, Ida von Nivelles und Beatrix von Nazareth. Sie haben wie Marie von Oignies ihre begeisterten Hagiographen gefunden, die – oft sogar in Anlehnung an die Vita Maries von Oignies – ihr wechselvolles Leben der Armut und Askese, der teuflischen Versuchungen und göttlichen Begnadungen aufzeichnen und dabei ein farbiges Bild einer geschlechtsspezifisch ausgeprägten neuen Form von *sanctitas* (Heiligkeit) vermitteln. Denn die ‚Heiligkeit' dieser Frauen verwirklicht sich nicht in erster Linie – wie bei den Männern – etwa in ‚äußeren' Taten der Klostergründung, der Konventsorganisation, der Ketzerbekämpfung oder Marienverehrung, sondern in einem eher kleindimensionierten Leben der *humilitas* (Erniedrigung), der Askese und vor allem der ‚inneren' Welt der Eucharistie-Verehrung, der Visionen und *unio*-Begnadungen. Diese vornehmlich in Zisterzienserinnenkonventen der Diözese Lüttich propagierte Vorstellung einer ‚mystischen' Heiligen, die sich auf ihre Erfahrungswelt der Kommunikation mit dem göttlichen Bräutigam, dem eucharistischen Christus konzentriert, wird in der Forschung – am explizitesten bei Simone Roisin – den Beginen zugeschrieben. Die nicht klausurierten frommen Frauen, die sich der Welt entziehen, aber nicht in einen Orden eintreten, hätten mit ihrem semireligiosen Leben nicht nur eigenständige Lebens- und Frömmigkeitsformen gefunden, sondern auch eine charakteristische, auf das eucharistische Gnadengeschehen ausgerichtete Spiritualität entwickelt, die auch die monastischen Hagiographen beeinflußt habe. Vor allem die Zisterzienser hätten sich jenem forcierten Eucharistie-Kult der Beginen geöffnet und den bernhardinischen Gedanken von der *anima sponsa Verbi* (die Seele als Braut des göttlichen Wortes) in eucharistische Konstellationen eingebunden. Diese „interaction béguinale-cistercienne"[2] habe schließlich zu jenem in den brabantischen Viten des 13. Jahrhunderts vertretenen Heiligentypus der *mulier sancta* geführt, die – als ungebundene *mulier religiosa*, als Reklause, Spitalschwester oder Zisterzienserin – in Eucharistie-Visionen der Herz-Jesu-Betrachtungen, der Kind-Jesu-Erlebnisse, der Begegnung mit dem 12jährigen Christus und der Vereinigung mit dem leidenden Christus die Höhepunkte ihres begnadeten Lebens erfahren.

Die Viten bezeugten demnach auch im monastischen Gewand eine sehr eigenständige Spiritualität religiös bewegter Frauen des 12. und 13. Jahrhunderts. Und nicht nur das. Darüber hinaus gelten sie – spätestens seit Herbert Grundmanns[3] Thesen zur Entstehung einer volkssprachigen geistlichen Literatur in den religiösen Frauenkreisen der Diözese Lüttich – als literarische Dokumente der Vor- bzw. Frühgeschichte frauenmystischer Literatur. Denn die Vitenautoren stützten sich bei ihren hagiographischen Aktivitäten nicht nur auf eigene Erfahrungen bzw. die Berichte von Augenzeugen des Geschehens, sondern auch auf die volkssprachigen Aufzeichnungen der betroffenen bzw. beteiligten Frauen: auf autobiographische bzw. biographische Erfahrungsberichte, in denen etwa Beatrix von Nazareth am eigenen Beispiel oder jene „valde persona religiosa"[4] (sehr geistlich lebende Person) in der Umgebung Julianas von Cornillon den beschwerlichen Weg der begnadeten Schwester von ihrer Kindheit, ihren frühen religiösen Erlebnissen, ihrer Gebets- und Askesepraxis, den vielfältigen Anfeindungen und Versuchungen bis zu den beglückenden Momenten höchster Begnadung festgehalten hätten. Diese religiös bewegten Frauen der Diözese Lüttich hätten sich demnach bereits um die Wende des 12. Jahrhunderts um eine Verschriftlichung ihres Gnadenlebens bemüht und damit jene literarischen Typen an Viten- und Offenbarungsliteratur initiiert, die im 13. und 14. Jahrhundert die frauenmystische Literaturproduktion ganz wesentlich bestimmen sollten: Aufzeichnungen von Gebeten, Betrachtungen und Lehrdialogen, Visionsniederschriften und Lebensberichte. Herbert Grundmann greift sogar noch weiter aus, wenn er in den religiösen Frauenkreisen des 12. Jahrhunderts die entscheidende Gelenkstelle für die Ausbreitung einer geistlichen Literatur in der Volkssprache sieht. Ihre prononcierte Forderung nach geistlicher Unterweisung habe auch die mit der *cura monialium* (Frauenseelsorge) betreuten Seelsorger bewogen, den oft lateinunkundigen Frauen Viten, Legenden und Traktate in die Volkssprache zu übertragen und auf diese Weise den Bestand einer geistlichen Erbauungsliteratur in der Volkssprache deutlich zu erweitern. Deshalb formuliert Grundmann programmatisch: „Wo sich Männer mit theologischer Bildung der religiösen Frauenbewegung annahmen, war der Boden für eine volkssprachliche religiöse Literatur bereitet."[5]

Die vermuteten literarischen Aktivitäten jener *mulieres religiosae* im brabantisch-Lütticher Raum des 12. und frühen 13. Jahrhunderts sind allerdings nicht zweifelsfrei gesichert. Zwar verdeutlichen die lateinischen Viten die ‚literate' Atmosphäre, in der sich einzelne Frauen bewegen: etwa Juliana von Cornillon, die mehr als 20 Hohe-Lied-Sermones Bernhards von Clairvaux im Gedächtnis behalten haben soll, Ida von Nivelles, die begabte Schreiberin und Buchmalerin des Klosters La Ramée, oder Beatrix von Nazareth mit ihrer Augustin-Lektüre. Die von den Vitenautoren erwähnten volkssprachigen autobiographischen bzw. biographischen Aufzeichnungen der Frauen scheinen jedoch – wenn es sie überhaupt je gegeben hat – verloren zu sein. Jedenfalls besitzen wir keine volkssprachigen Texte, in denen diese Frauen selbst zu Wort kommen. Mit einer

Ausnahme: der Traktat «Van seven manieren van heileger minnen», das volkssprachige Pendant zum Kap. III, 14 der lateinischen Beatrix-Vita, der seit den 20er Jahren dieses Jahrhunderts – als der einzig erhaltene Teil des ursprünglich volkssprachigen «Liber vitae» – der Zisterzienserin Beatrix von Nazareth zugeschrieben wird. Diese anspruchsvolle aufstiegsmystische Liebestheorie, in der auf vielfältige Weise – wie die neuere Forschung gezeigt hat – *caritas*- und *anima*-Diskussionen Wilhelms von St. Thierry und der Viktoriner verarbeitet sind, wäre demnach ein frühes Zeugnis für die theologischen und literarischen Ambitionen einer Zisterzienserin, die in der Volkssprache im Rahmen eines ‚Lebensberichts‘ und auf der Basis etablierter Theorien das Thema Gottesliebe erörtert. Gesicherten Boden hinsichtlich der literarischen Aktivitäten religiös bewegter Frauen betreten wir freilich erst mit den Werken Hadewijchs und Mechthilds von Magdeburg.

Mulieres religiosae als Autorinnen: das Problem der Beginenmystik

Ohne deutliche Vorläufer und offenbar auch ohne direkte Verbindungen zueinander treten im zweiten Drittel bzw. um die Mitte des 13. Jahrhunderts in Brabant und in Thüringen zwei selbstbewußte Mystikerinnen mit aufregenden, z. T. irritierenden Texten hervor. Hadewijchs umfangreiches Oeuvre umfaßt Visionen, Gedichte und Briefe, in denen die niederländische Autorin ungewöhnlich literaturkundig und theologisch gebildet das Thema der Gottesliebe umkreist. Von Mechthild von Magdeburg kennen wir hingegen nur den Prosatext «Das Fließende Licht der Gottheit»; und auch ihn nicht im mitteldeutsch-niederdeutschen Original, sondern in einer bereits überarbeiteten alemannischen Übertragung des 14. Jahrhunderts. Ihre Werke lassen zwei unterschiedliche Autorpersönlichkeiten erkennen: Hadewijch figuriert – vor allem in den Briefen, aber auch in den Visionsberichten – prononciert als eine selbstbewußte Lehrmeisterin, die am eigenen Beispiel den beschwerlichen Weg der gottsuchenden Seele zu ihrem Partner vorführt. Mechthild bleibt eher in die Rolle eines Sprachrohrs eingebunden, dem Gott seine brisanten Wahrheiten anvertraut. Auch die Texte selbst sind eigentlich nicht vergleichbar: Während Hadewijch mit ihrer Visionensammlung, ihren Sendbriefen und Gedichten etablierten literarischen Modellen folgt, mit den «Strophischen Gedichten» sogar dem poetischen Programm der höfischen Liebeslyrik, verweigert sich Mechthilds Werk einer festen Traditionslinie. Das «Fließende Licht der Gottheit» steht merkwürdig isoliert in der literarischen Landschaft des 13. Jahrhunderts. Mit seinen in Klein- und Kleinstabschnitte untergliederten sieben Teilen bietet es in einer locker chronologischen Folge Aufzeichnungen der verschiedensten Art: Visionen, Lebensberichte, autobiographische Bemerkungen, Gebete, Hymnen, Litaneien, Marienpreis, Erzählungen, Lehrdialoge, Belehrungen und textexegetische Partien. Entsprechend vielfältig ist die stilistische und thematische Abfolge: Es wechseln nüchterne

Alltagsrede und objektiver Berichtsstil mit jubelndem Hymnenton und ergriffe-
ner Gebetsgebärde, literarisch ambitionierte, allegorisierte *unio mystica*-Darstel-
lungen und spirituelle Erfahrungsberichte mit knappen Belehrungen, scharfer
Polemik und historischen Anspielungen. Es ist zwar immer wieder nach einem
einheitlichen Strukturprinzip dieses heterogen wirkenden Textes gesucht
worden: etwa der Bekenntnis-Charakter dieses grundsätzlich chronologisch
geordneten, weil aus tagebuchartigen Einträgen erwachsenen Textes, der die
emotionalen Schwankungen einer gottsuchenden Seele nachzeichne, oder die
durchgängige „Ursprünglichkeit eines elementaren Äußerungszwanges",[6] die
das Schreiben ungeachtet der literarischen Konventionsformen den archetypi-
schen Sprachgesten des Gebets, Bekenntnisses, Jubels, der Ermahnung und Belehrung annähere. Wie dem auch sei: Das «Fließende Licht der Gottheit»
vermittelt jedenfalls den Eindruck einer irritierenden Vielfalt nur punktuell
verbundener Einzelabschnitte, die bereits in der lateinischen Fassung, der «Lux
Divinitatis» (Licht der Gottheit), systematisch nach thematischen Schwerpunkten zusammengestellt werden.

Und doch wird dieses scheinbar vorliterarische „Bekenntnisbuch", das ursprünglich nicht für die Öffentlichkeit gedacht gewesen sei,[7] in der Forschung
eng an Hadewijchs literarisch strenge, appellative Texte herangerückt. Denn
beide Autorinnen seien Beginen und damit eingebunden in jene für diese
mulieres religiosae charakteristischen Lebens- und Frömmigkeitsformen, die –
trotz aller Unterschiede im einzelnen – in gleicher Weise ihre Texte bestimmten.
Zu ihnen gesellt sich noch die im Jahre 1310 in Paris als rückfällige Ketzerin
verbrannte, *beguina* (Begine) genannte Marguerite Porete, die als Autorin des
altfranzösischen Traktats «Le miroir des simples âmes» (Der Spiegel der einfachen Seelen) gilt. Die Werke dieser drei Frauen bezeugten demnach als profilierte
Beispiele von Beginenmystik im 13. und beginnenden 14. Jahrhundert genau jene
in den lateinischen Viten des brabantisch-Lütticher Raums vermißten literarischen Aktivitäten der Beginen, die – bewundert und angefeindet – gegen alle
Widerstände eigene Vorstellungen einer *vita religiosa* entwickelt und verwirklicht hätten. Und wie sich diese Frauen wegen ihrer regellosen Lebensführung
und ihrer theologischen Spekulationen jederzeit kirchlichen Maßnahmen, im
14. Jahrhundert sogar der Verfolgung und Verurteilung ausgesetzt sahen, so seien
auch die literarischen Werke der Beginen tendenziell häresiegefährdet, ihre
Autorinnen von dem Eingreifen der kirchlichen Behörden bedroht gewesen.
Hadewijch hat sich möglicherweise – so vermutet man – einem drohenden
Prozeß nur durch Flucht aus ihrer Beginengruppe entzogen, für die sie dann zur
Aufmunterung ihre Texte verfaßt habe. Mechthild habe nach jahrelangen Anfeindungen in Magdeburg im Alter den Schutz des Klosters Helfta gesucht und
hier ihr Werk fertiggestellt, und Marguerite Porete habe schließlich – am
Vorabend des Konzils von Vienne mit seinem Beginenverbot – die Verbreitung
ihres Buches mit ihrem Tod auf dem Scheiterhaufen bezahlt.

Beginenmystik scheint demnach eine sehr spezielle, inoffizielle, für die Autorinnen nicht ungefährliche Form geistlicher Literatur gewesen zu sein. Ihre literarischen Konturen werden seit einigen Jahren von Kurt Ruh am Beispiel Hadewijchs, Mechthilds und Marguerite Poretes, der einzigen Vertreterinnen dieser beginenmystischen Tradition, nachgezeichnet. Zentrales Thema sei in allen drei Fällen die Gottesminne bzw. die *unio in unitate amoris*, die Wesenseinheit der liebenden Seele mit der Minne Gottes, die in den verschiedensten Ausprägungen vorgeführt und erörtert werde: Bei Hadewijch erfahre dies die Seele in der *Orewoet* (Wut) als Gewitter, Sturm, Feuerbrand, Mechthild bevorzuge eher brautmystische Bilder des *connubium spirituale*-(geistliche Hochzeit-) Komplexes des Hohen Liedes, Marguerite Porete diskutiere hingegen in ihrem «Lehrbuch der Liebesmystik»[8] in Lehrdialogen den Zustand der in Amour vernichteten und dadurch in der Vollkommenheit freien Seele, die auf ihre Tugenden verzichten könne. Während sich in Hadewijchs und Mechthilds Texten die Wesenseinheit mit der Gottesminne in wenigen Höhepunkten der Entrückung und Ekstase vollziehe und dadurch zeitlich befristet sei, suggeriere Marguerite Porete mit der *ame anientie* (zernichtete Seele) einen bleibenden gnadenhaften Zustand absoluter Vollkommenheit. Mit diesen Spekulationen habe sie allerdings klar die Trennlinie zur Häresie überschritten und – wie auch die Bestimmungen des Konzils von Vienne über die „Errores Beguardorum et Beguinarum de statu perfectionis" (Irrtümer der Begarden und Beginen über den Zustand der Vollkommenheit) zeigten – das Eingreifen der Inquisition heraufbeschworen. Beginenmystik bedeute jedenfalls mit ihren Spekulationen über die Vereinigung der Seele mit der Gottesminne immer eine prekäre Gratwanderung zwischen Orthodoxie und Heterodoxie, die jederzeit in häretischen Positionen enden könne.

Die Beginen-Autorinnen des 13. Jahrhunderts würden demnach mit ihren mystischen Spekulationen über die Gottesliebe jene als beginentypisch angesehene streng orthodoxe, gegen ketzerische Lehren gerichtete Eucharistie-Verehrung der *mulieres sanctae* der lateinischen Viten des 13. Jahrhunderts weit hinter sich lassen und den gefährlichen Boden der Lehre von der Vollkommenheit mystischer Gnadenzustände und damit der Unabhängigkeit von kirchlichen Gnadenmitteln betreten. Eine merkwürdige Diskrepanz in der Einschätzung beginischer Spiritualität, die eine Reihe von Fragen aufwirft. Schon bei den Viten des brabantisch-Lütticher Raums ist es schwierig, wenn nicht unmöglich, spezifische Frömmigkeitsformen der Beginen von vergleichbaren, z. T. sogar identischen spirituellen Bedürfnissen und Ambitionen der Benediktinerinnen und Zisterzienserinnen abzugrenzen. Noch problematischer scheint mir aber die Rekonstruktion einer spezifisch beginenmystischen Tradition in den Werken Hadewijchs, Mechthilds und Marguerite Poretes zu sein. Grundlage dieser Überlegungen sind bestimmte Passagen in den Werken der drei Mystikerinnen: Hadewijchs 17. Brief, Mechthilds vielzitiertes Kapitel I, 44 „Von der minne weg" und Marguerite Poretes 7. Kapitel, die vergleichbare Bestimmungen des Gnadenzustandes bieten, aber nicht unbedingt ein repräsentatives Bild von der thematischen Ausrichtung der Texte wie auch den Intentionen ihrer Autorinnen vermitteln.

Darüber hinaus ist deren Beginenstatus keineswegs so gesichert, wie gemeinhin angenommen wird. Hadewijch gilt als ehemalige Leiterin einer lockeren Beginengruppe, der sie ihre Visionen, Gedichte und Briefe zur Lehre und Aufmunterung habe zukommen lassen; Mechthild sei eine Begine, die den größten Teil ihres Lebens in Magdeburg verbracht, hier unter der geistlichen Führung des Dominikaners Heinrich von Halle ihre spirituellen Erfahrungen aufgeschrieben und sich erst im Alter in das die Zisterzienserregel befolgende Benediktinerinnenkloster Helfta zurückgezogen habe. In beiden Fällen sind diese Lebensdaten zum größten Teil aus den literarischen Texten selbst erschlossen, aus historischen Anspielungen und persönlichen Bemerkungen: Hadewijch spricht in ihren Briefen eine Gruppe von Frauen, z. T. mit Namen bzw. allgemein als *lieve kind* an, die ihr auf ihrem spirituellen Weg folgen sollen. Und Mechthild betont in dem Kapitel IV, 2, in dem sie in groben Zügen ihre *vita religiosa* entwirft, ihren freiwilligen Verzicht auf die Annehmlichkeiten des Elternhauses und ihr einsames Leben in der Fremde. Ihre Vertrautheit mit den Magdeburger Verhältnissen, ihre Anspielungen auf Anfeindungen, auf kritische Reaktionen auf ihr Schreiben und schließlich der Hinweis der «Lux Divinitatis» auf die langjährigen *tribulationes* (Prüfungen) vor ihrer ‚Flucht‘ nach Helfta seien Hinweise darauf, daß Mechthild als eine Magdeburger Begine sich mit den polemischen, dogmatisch bedenklichen und wohl auch erotischen Passagen ihres Textes die unerbittliche Feindschaft der Magdeburger Geistlichkeit zugezogen habe und deshalb in die schützenden Mauern des Klosters Helfta geflüchtet sei. In beiden Fällen eine schmale und ausgesprochen unsichere Basis der Argumentation.

Bei Marguerite Porete informieren uns hingegen die Prozeßakten über die wichtigsten Stationen dieser Autorin, die aus dem Hennegau stammt, hier bereits eine Verurteilung und Verbrennung ihrer Schriften erlebt hat, jedoch weiter geschrieben und – gegen das ausdrückliche Verbot der kirchlichen Behörden – ihr Buch verbreitet hat. Sie legt es dem Bischof von Chalons vor, macht es aber auch – und das ist wohl der entscheidende Punkt – einfachen Personen, „begardis et aliis"[9] (Begarden und anderen), zugänglich. Diese „Margarita dicta Porete"[10] wird ausdrücklich als *beguina*[11] bezeichnet, allerdings erst am Ende der Urteilsbegründung, wenn es um ihre Verurteilung als rückfällige Ketzerin geht. Der Terminus *beguina* scheint hier nicht nur ihren gesellschaftlichen Status zu bezeichnen, sondern zugleich – wie schon vorher „begardis et aliis" – eine inkriminierende ideologische Zuordnung zu suggerieren: jenem für die Inquisition tendenziell häretischen Umkreis der Begarden und Beginen, der ein Jahr später auf dem Konzil von Vienne diskutiert und mit dezidierten Verboten belegt wird.

Aber selbst bei Marguerite Porete, die zunächst als *beguina* historisch bezeugt ist, scheinen die Beginen als Ansprechpartner ihres Textes keine besondere Rolle zu spielen. Sie werden lediglich als potentielle und nicht einmal sehr verständige Rezipienten des «Miroir» neben anderen geistlichen Personen genannt:

Amis, que diront beguines, et gens de religion, / Quant ilz orront l'excellence de vostre divine chançon? / Beguines dient que je erre, prestres, clers, et prescheurs, / Augustins, et carmes, et les freres mineurs... (S. 618,35 ff.)

(Freunde, was werden die Beginen und anderen Religiosen sagen, wenn sie die Vollkommenheit eures göttlichen Liedes vernehmen? Die Beginen werden sagen, daß ich irre, die Priester, Kleriker, Dominikaner, Augustiner, Karmeliter und Franziskaner...)

Über das Umfeld der Entstehung und Verbreitung des «Miroir» wissen wir demnach – trotz der Prozeßakten – kaum etwas. Noch mehr gilt das für die Werke Hadewijchs und Mechthilds, deren ursprüngliche Adressaten völlig im Dunkeln bleiben. Ihre Charakterisierung als Beginenmystik sollte deshalb nicht forciert werden. Sie sagt weniger über den ‚Sitz im Leben' dieser frauenmystischen Texte aus als über eine nicht unproblematische ideologische Einordnung.

Die Werke einer Hadewijch, Mechthild, ja vielleicht sogar der *pseudo-mulier* Marguerite Porete mögen zwar als literarische Dokumente einer spezifisch beginischen Spiritualität ausfallen. Dennoch bezeugen sie in hervorragender Weise jene auch für das Vitenkorpus des brabantisch-Lütticher Raums im 13. Jahrhundert charakteristischen ‚neuen' Formen und Konzepte von Spiritualität, die vornehmlich an *mulieres religiosae* exemplifiziert werden, aber offenbar auch in besonderer Weise religiös bewegte Frauen angesprochen haben: eine auf die ‚innere' Welt der Gottesbegegnung ausgerichtete *vita religiosa* , die sich nicht nur in den traditionellen Ausprägungen der Askese, der geistlichen Betrachtungen, liturgischen Gebete und des Sakramentsempfangs verwirklicht, sondern vor allem in den verschiedensten Formen körperlicher Sensationen, der Entrückung und affektiven Kommunikation mit dem göttlichen Partner. Sie wird schließlich im 14. Jahrhundert zum dominanten Thema der Vitenliteratur süddeutscher Dominikanerinnen, die ihr Leben der göttlichen Gnaden und Wunder aufzeichnen. Und dann scheint auch Mechthild von Magdeburg eine neue Aktualität zu gewinnen, wenn ihr Text in einem Basler Kreis religiöser Laien und seelsorgerlich aktiver geistlicher Gottesfreunde begeistert rezipiert, ins Hochdeutsche übersetzt und an die literarisch aktiven Dominikanerinnen Margarethe Ebner in Maria Medingen und Christine Ebner in Engelthal vermittelt wird.

Frauenmystik und Ordensspiritualität: die Literatur des Klosters Helfta

Mechthild von Magdeburg ist – so erfahren wir aus dem Prolog zur lateinischen Übersetzung ihres Textes – im Alter ins Kloster Helfta eingetreten und hat hier noch zwölf Jahre lang ein vorbildliches geistliches Leben geführt. Dieses von den Grafen von Mansfeld im Jahre 1229 gegründete Kloster für adelige Mädchen der lokalen Umgebung, das im Jahre 1258 in die Nähe von Eisleben, nach Helfta, verlegt wurde, zisterziensisch ausgerichtet war, aber offenbar nie offiziell inkorporiert wurde, erlebte gerade in der zweiten Hälfte des 13. Jahrhunderts bis ins frühe 14. Jahrhundert hinein eine besondere Blüte spiritueller und literarischer Aktivitäten. Jedenfalls scheint der Konvent in besonderer Weise an den Aufzeichnungen des begnadeten Lebens und Sterbens seiner Mitglieder interessiert gewesen zu sein. Denn es sind um die Wende des 13. Jahrhunderts zwei umfangreiche lateinische Werke über das spirituelle Leben berühmter Helftaer Schwestern entstanden: der «Liber specialis gratiae» (Buch der besonderen Gnade) Mechthilds von Hackeborn, der Leiterin der Klosterschule, Vorsängerin und Schwester der langjährigen Äbtissin Gertrud von Hackeborn, und der «Legatus divinae pietatis» (Gesandter der göttlichen Liebe) Gertruds der Großen, die – von unbekannter Herkunft – im Jahre 1739 heiliggesprochen wurde und damit zu den bedeutendsten Figuren des Klosters gehört. Beide Texte gehören eng zusammen, zumal man annimmt, daß Gertrud die Große – neben einer anderen Schwester – auch an der Entstehung des «Liber specialis gratiae» beteiligt gewesen ist.

Der «Liber specialis gratiae» geht – nach verstreuten redaktionellen Bemerkungen im II. und V. Buch – auf die Aufzeichnung zweier Schwestern zurück, die zunächst heimlich, später mit dem Wissen und der korrigierenden Hilfe Mechthilds deren religiöse Erfahrungen niederschreiben: ihre dem Kirchenjahr folgenden Visionen (Buch I), ihre vielfältigen Begegnungen mit Christus (II), ihre konkreten Anweisungen zur Gottesverehrung (III), ihre Fürbitten und Erlösungsversprechen (IV) und schließlich ihre Informationen über das Schicksal – oft namentlich genannter – verstorbener Angehöriger des Konvents bzw. aus dem Umkreis des Klosters (V). Es folgen detaillierte Berichte über das selige Sterben der Äbtissin Gertrud (VI) und ihrer Schwester Mechthild von Hackeborn (VII), die in großen Partien wörtlich mit der Darstellung der letzten Tage der beiden prominenten Schwestern in Gertruds «Legatus» (I, 1;4) übereinstimmen. Überhaupt zeigt der «Legatus divinae pietatis» einen vergleichbaren Aufbau: An einleitende Informationen über Gertruds Klosterleben und die Entstehung ihres Buches (I) schließen sich Partien in der 1. Person an (II), die – nach der Vorbemerkung zu diesem Teil – Gertrud seit dem Gründonnerstag im 9. Jahr ihrer Gnaden auf ein Täfelchen aufgezeichnet habe. Hier informiert die begnadete Schwester in gebetartigen Ansprachen an Gott über ihre ersten Gnadenerlebnisse als 26jährige, über ihre diversen Krankheitsanfälle und die Gottgefälligkeit der ‚Veröffentlichung‘ ihrer Gnaden, d. h. ihres Schreibens. Es folgen wieder Partien in der 3. Person über ihre Krankheiten, geistlichen Übungen und Fürbitten (III), über die dem Kirchenjahr folgenden Exerzitien der Schwester, ihre spirituelle Vorbereitung auf die einzelnen Feste, die Stundengebete, die Beichte und die Kommunion, die von zahlreichen textexegetischen Erläuterungen und göttlichen Belehrungen begleitet sind (IV), und schließlich über den seligen Tod prominenter Schwestern und einiger Kapläne des Konvents, das Wohlergehen ihrer Seelen im Jenseits und den Nutzen von Sterbegebeten und Fürbitten (V).

In beiden Texten nehmen Visionen und Erscheinungen aus dem Umkreis des göttlichen Herzens einen ungewöhnlich breiten Raum ein, die sich zugleich – wie Alois Haas[12] am Beispiel des «Liber specialis gratiae» gezeigt hat – durch eine reiche und produktive Bildlichkeit auszeichnen. Aus diesem Grund haben die Helftaer Werke schon immer das besondere Interesse einer frömmigkeitsgeschichtlichen Forschung gefunden, die die Verbreitung der sogenannten Herz-Jesu-Verehrung im Mittelalter verfolgt und dabei der Spiritualität des Klosters Helfta eine bedeutende Rolle zugewiesen hat. Ebenso dominant sind jedoch – vor allem im «Legatus divinae pietatis» – die oft direkt an Hohe-Lied-Zitate anknüpfenden Bildkomplexe der Umarmung, des Kusses und Ruhens an der Seite des Herrn, aber auch der Wunden und des Leidens Christi und schließlich des Todes als eines zeremoniellen Einzugs in das Brautgemach des Herrn. Auffallend ist dabei die überragende Bedeutung des Konvents, der das thematische Zentrum beider Texte ist. Das spirituelle Leben der Schwestern ist strikt in den Festkreis des Kirchenjahres eingebunden, in die Lesungen und die Liturgie der Gottesdienste. Die in Lehrgesprächen, Ermahnungen und Anweisungen realisierte Didaxe konzentriert sich sehr konkret auf die Verwirklichung monastischer Tugenden und der Klosterdisziplin. Und schließlich vermitteln die ausladenden Sterbeberichte die vorbildliche Präsenz eines Konvents, dessen gemeinsame Fürbitten und Gebete den Sterbenden den Eintritt in das ‚Brautgemach' erleichtern und zugleich zur Erlösung der Verstorbenen beitragen. Es ist nur konsequent, daß etwa im VII. Buch des «Liber specialis gratiae» ein eigenes Kapitel der Verantwortung der sterbenden Schwester für den Konvent gilt, die nun offiziell von Maria übernommen wird.

Diese thematische Dominanz des Konvents in den lateinischen Helftaer Texten unterscheidet diese deutlich von dem volkssprachigen Werk jener *soror* (Schwester) Mechthild, die erst im Alter nach Helfta gekommen sein soll. Zwar bietet auch das «Fließende Licht der Gottheit» Liturgie-Zitate, textexegetische Partien, Lehren monastischer Disziplin und – vor allem in den letzten Teilen – Anspielungen auf den Klostereintritt der Ich-Person. Dieses Konventsthema wird jedoch nur unsystematisch-punktuell entwickelt und in keiner Weise zu einem thematischen Fluchtpunkt des Textes ausgebaut. Und während Mechthild von Hackeborn und Gertrud die Große bei ihrem religiösen Erleben durchweg in die spirituell vorbildliche Konventsgemeinschaft eingebunden sind, der sie das Erfahrene vermitteln, scheint die Autorin des «Fließenden Lichts der Gottheit» als Einzelperson zu agieren, die lediglich Zwiesprache mit Gott hält. Und es fragt sich natürlich, ob diese thematischen Differenzen nicht doch auf signifikante Unterschiede der Entstehung und gesellschaftlichen Situierung der Texte verweisen, auf den Gegensatz zwischen den Offenbarungstexten selbstbewußter Zisterzienserinnen und den ‚Bekenntnissen' einer unklausurierten Begine, die erst spät den Weg in einen Klosterkonvent gefunden hat.

Auf diese Unterschiede zwischen den lateinischen und volkssprachigen Helftaer Texten konzentriert sich auch Caroline W. Bynum[13] in ihrem Bemühen, am

Beispiel der Helftaer Literatur des 13. Jahrhunderts in einer Verbindung von historischer und theologischer Interpretation den ideologischen Kern frauenmystischer Texte zu eruieren. Gemeinsam seien allen drei Visionärinnen die etablierten Rollen der Fürbittenden, der Mittlerin, Ratgeberin und Lehrmeisterin, die als Sprachrohr die ihr vermittelten göttlichen Wahrheiten weitergibt. In den lateinischen Texten übernehmen allerdings die Protagonistinnen, die sich als Königinnen im Kreis der Heiligen sehen, mit der überlegenen Selbstverständlichkeit einer Heiligen in ihrem direkten Kontakt mit Gott auch die klerikalen Rollen des Bindens und Lösens und unterlaufen damit – zumindest im Prestige der religiösen Rolle der Visionärin – die faktische Ausgrenzung der Frauen von der Autorität der Geistlichen. Diese selbstbewußten Zisterzienserinnen vermeiden geschlechtsspezifische Rollenzuweisungen und scheinen jedenfalls in ihren Visionen keine Einschränkung ihres Aktionsradius zu kennen. Ganz anders Mechthild von Magdeburg, die sich prononciert als einsame, angefeindete, lateinunkundige, ungelehrte Frau darstelle. Zwar spreche auch sie – als ‚Kanal‘ für die göttlichen Wahrheiten – mit der Legitimation des göttlichen Wortes und wende sich entsprechend dezidiert und unerschrocken gegen bestimmte kirchliche Gruppen. Gleichzeitig sei sie sich aber jederzeit ihrer unterlegenen Position als Frau bewußt, der eigentlich die Weitergabe und Niederschrift der göttlichen Wahrheit nicht zukomme.

Bynum sieht hinter dieser ambivalenten Selbstdarstellung der Ich-Person im «Fließenden Licht der Gottheit» die in der ‚Welt‘ lebende, gefährdete Magdeburger Begine, die – im Gegensatz zu den seit ihrer Jugend im Klosterkonvent abgeschirmten Zisterzienserinnen – mit der inferioren Stellung der Frau, zumal der prekären Existenz einer unklausurierten *mulier religiosa* konfrontiert gewesen sei und deshalb ihre Rolle des „snoeden wibe" (S. 95) akzeptiere, sich auch als Visionärin keine priesterlichen Funktionen anmaße, sondern geradezu auffallend den Gehorsam gegenüber der kirchlichen Hierarchie akzentuiere. Diese gesellschaftsgeschichtlichen bzw. sozialpsychologischen Argumente für die Unterschiede zwischen den lateinischen Texten der Helftaer Schwestern und dem ‚beginischen‘ «Fließenden Licht der Gottheit» vernachlässigen allerdings die möglichen thematischen und typenspezifischen Auswirkungen der Opposition von Latein und Volkssprache. Denn während Gertrud die Große und Mechthild von Hackeborn bzw. die an diesen Texten beteiligten ungenannten Schwestern die Tradition der Revelationes-Literatur aufgreifen und in Form eines Lebensberichtes weiterführen, bedient sich Mechthild von Magdeburg auch volkssprachiger Formen der geistlichen und weltlichen Literatur, die sie zu einem flexiblen Neben- und Ineinander von Dialog, Gebet, Meditation, Traktat und Visionsbericht zusammenbindet.

Nonnenbuch und Gnaden-Vita: mystische Vitenliteratur süddeutscher Dominikanerinnen im 14. Jahrhundert

Im 14. Jahrhundert erweitert sich die Textbasis frauenmystischer Literatur beträchtlich. Denn nun interessieren sich süddeutsche Dominikanerinnen für asketisch-mystische Literatur. Sie besorgen sich diese Texte, schreiben sie ab, verfassen aber auch selbst spezifische Typen mystischer Vitenliteratur, die nicht

Elsbeth Stagel, am Schreibpult sitzend und liniierend. Aus: Sammelhandschrift (15. Jahrhundert) der Schwesternbücher von Töss, Diesenhofen und Oetenbach aus dem Nürnberger Katharinenkloster

nur wertvolle kulturhistorische Informationen über die spirituellen und literarischen Ambitionen dieser Dominikanerinnen liefern, sondern auch ihre theologische und literarische Eigenständigkeit verdeutlichen.

Diese mystische Vitenliteratur süddeutscher Dominikanerinnen existiert in zwei unterschiedlichen Ausprägungen. Sehr beliebt scheinen die sogenannten Nonnenbücher gewesen zu sein, Kompilationen von Kurzviten einzelner Schwestern eines Konvents, in denen in der Regel ungenannte Autorinnen bzw. Redaktorinnen über die geistlichen Übungen und Begnadungen verstorbener Schwestern informieren und dabei die ehemals vorbildliche Spiritualität ihres Konvents herausstellen. Wir kennen diesen literarischen Typus, der sicher nicht ohne das Vorbild der «Vitae fratrum» (Leben der Brüder) Gerhards von Frachet entstanden ist, aus einem lateinischen Zeugnis, den «Vitae sororum» (Leben der Schwestern) von Unterlinden (bei Kolmar), die eine „soror Katherina in eodem monasterio a puericia enutrita"[14] (Schwester Katharina, die in dem Kloster seit ihrer Kindheit aufgewachsen ist) zusammengestellt hat, und einer Reihe volkssprachiger Texte aus Adelhausen (bei Freiburg), Oetenbach (Zürich), Töss (bei Winterthur), Weiler (bei Esslingen), Kirchberg (bei Sulz), Engelthal (bei Nürnberg), Katharinental (bei Diessenhofen) und einem ungenannten Ulmer Dominikanerinnenkloster.

Diesen ‚Kurzbiographien‘ der Nonnenbücher stehen einzelpersönliche Viten, sog. Gnaden-Viten gegenüber: ausführliche Eigen- oder Fremdberichte über das wechselvolle Leben einer prominenten Schwester, ihre Askese und Krankheit, ihre Gebetsübungen und teuflischen Versuchungen, ihre Visionen und göttlichen Begnadungen. Diesem Typus einer ausladenden spirituellen Lebensdarstellung entsprechen die ‚Offenbarungen‘ Margarethe Ebners in Medingen (bei Dillingen), Christine Ebners und Adelheid Langmanns in Engelthal, die Vita der Schwester Irmgard in Kirchberg, die ‚Offenbarungen‘ Elsbeths von Oye in Oetenbach und wahrscheinlich die fragmentarisch erhaltene Gerdrut-Vita der Engelthaler Kapläne Konrad Friedrich und Heinrich. In den weiteren Umkreis dieser hagiographischen Großformen gehören schließlich auch einige Beispiele ‚männlicher‘ Biographien: die «Vita» Heinrich Seuses, an deren Entstehung die Tösser Nonne Elsbeth Stagel maßgeblich beteiligt gewesen sein soll, und die erst kürzlich von Siegfried Ringler entdeckte Gnaden-Vita des Engelthaler Kaplans Friedrich Sunder. Diese Texte, die eine enge literarische Verbindung zu den Nonnenbüchern haben, in einigen Fällen auch in denselben Konventen – etwa in Kirchberg, Oetenbach und Engelthal – entstanden sind, zeigen jedoch im Vergleich zu den Sammelviten der Dominikanerinnen ein deutlich anders gelagertes Interesse ihrer Autorinnen bzw. Redaktoren. Im Gegensatz zu den Nonnenbüchern, die auf den Konvent als Ganzes, auf das dominikanische Zusammenleben der Schwestern ausgerichtet sind, verweisen die großangelegten Gnaden-Viten eher auf ein monastisches Lebensprogramm: den beschwerlichen Weg der Einzelseele zur Begnadung häufiger Gotteserfahrung, wie wir es auch aus den brabantischen Frauenviten des 13. Jahrhunderts kennen. Während diese

Mechthild von Stans, vor ihr kniet ein Engel, der mit einem ‚himelvarben werkli' die Herzwunde stillt. Aus: Sammelhandschrift (15. Jahrhundert) der Schwesternbücher von Töss, Diesenhofen und Oetenbach aus dem Nürnberger Katharinenkloster

jedoch von einem stringenten thematisch-biographischen Aufbau bestimmt sind, löst sich bei den volkssprachigen Gnaden-Viten des 14. Jahrhunderts das chronologische Vitenschema in eine eher zufällig wirkende Abfolge von Fremd- und Selbstberichten, Briefen, Gesprächen, Gebeten und Meditationen auf, die von thematischen Schwerpunkten wie Krankheit, asketischen Übungen, Teufelserscheinungen, Visionen und den verschiedensten Formen der Gottesbegegnung überlagert werden. Sie tragen – wie Siegfried Ringler[15] gezeigt hat – als grob biographisch-chronologisches Gerüst die mystische Lehre der zunehmenden Vergöttlichung der Seele.

Die Nonnenbücher bieten mit ihrer geradezu seriellen Darstellung der *gnaden* und *wunder* verstorbener Schwestern ein relativ homogenes Bild, bestenfalls weisen sie in Einzelfällen spezielle thematische Akzentuierungen auf: etwa die Gnade des *jubilus* (geistlicher Jubel) in Kirchberg, der forciert literarische Gestus einiger Viten des Tösser Nonnenbuchs oder der Hinweis auf die spirituellen Erfahrungen gegenwärtig lebender Schwestern in Weiler. Demgegenüber präsentieren die einzelpersönlichen Gnaden-Viten ein breites Spektrum sehr unterschiedlicher Texte: jenen Werken über das spirituelle Leben etwa Christine Ebners, Adelheid Langmanns, Margarethe Ebners oder Schwester Irmgards, die von einer deutlicheren Vitenstruktur getragen sind, da sie über die ,weltliche' Vorgeschichte bzw. *conversio* der Schwester informieren, im weiteren Textverlauf zumindest eine lockere chronologische Abfolge wahren und vor allem eine Art von Vollständigkeit des Berichteten anstreben, stehen mit Christine Ebners Visionen der Jahre 1344–1451/52 oder Elsbeths von Oye ,Offenbarungen' Werke gegenüber, die sich entweder nur auf bestimmte chronologische wie thematische Ausschnitte aus dem begnadeten Leben der Schwester beschränken oder kaum belastet von einer chronologischen Gliederung im Ich-Bericht und Dialog ein bestimmtes Thema, das der in Askese erworbenen Gottesnähe, umkreisen.

Gemeinsam ist allerdings allen Texten, den Nonnenbüchern wie den Gnaden-Viten, ihre kollektive Entstehung in mehrfachen Redaktionsprozessen. Grundlage der uns oft in verschiedenen Versionen überlieferten Texte scheinen literarische Aufzeichnungen der Schwestern gewesen zu sein, die von den Betroffenen selbst, von Mitschwestern oder Nachgeborenen zu den Vitenkompilationen der Nonnenbücher zusammengestellt bzw. zu der Großform der Gnaden-Vita erweitert worden sind. Der Entstehungsprozeß der Nonnenbücher bleibt offenbar im 14. Jahrhundert auf den Konvent beschränkt, auf uns namentlich bekannte Schwestern wie Anna von Munzingen und Christine Ebner oder jene anonymen Bearbeiterinnen, die sich nach ihren eigenen Aussagen auf schriftliche Vorlagen, aber auch auf mündliche Berichte der begnadeten Schwestern bzw. auf die Erinnerungen von Augenzeugen des Geschehens stützen. An der Entstehung der Gnaden-Vita scheint hingegen nicht selten ein Geistlicher, der Seelsorger der begnadeten Schwester, beteiligt gewesen zu sein. Diese Beichtväter können – wie Heinrich von Nördlingen bei Margarethe Ebner oder Konrad von Füssen bei Christine Ebner – als Initiatoren der Aufzeichnungen agieren, wenn sie die Schwester zur Niederschrift ihrer spirituellen Erfahrungen ermuntern, als ,Schreiber', wenn sie – wie der anonyme *bruder* bei Christine Ebner – nach Diktat ihre Visionen und Lebensberichte schriftlich festhalten, kommentieren und zusammenstellen, und schließlich auch als selbständige Hagiographen, wenn sie – wie die Engelthaler Kapläne im Falle der ehemaligen Begine Gertrud – als Augenzeugen des begnadeten Lebens ihrer geistlichen Tochter nach deren Tod eine Vita verfassen. Wir kennen diese Beichtvaterthematik bereits aus dem «Fließenden Licht der Gottheit», da auch Mechthild von Magdeburg von ihrem „bihter", (S. 95) der in der Forschung mit dem Dominikaner Heinrich von Halle identifiziert wird, den ,Schreibbefehl' erhalten haben will. Aber erst in einigen Gnaden-Viten des 14. Jahrhunderts wird diese literarisch fruchtbare Kooperation von begnadeter Schwester und ihrem Beichtvater zu einem so dominanten Thema, daß sie zur Programmatik des Textes zu gehören scheint.

Das auffallendste Kennzeichen dieser Offenbarungs- und Vitenliteratur ist allerdings der Eindruck einer durchgehenden Körperlichkeit des religiösen Erle-

Schwester Mechthild von Frowenberg vor Maria, die ihr die Brust gibt. Aus:
Sammelhandschrift (15. Jahrhundert) der Schwesternbücher von Töss, Diesen-
hofen und Oetenbach aus dem Nürnberger Katharinenkloster

bens dieser süddeutschen Dominikanerinnen. Das zeigen die ungewöhnlichen
Askesepraktiken, die bedeutende Rolle der Krankheit als Auszeichnung, Bewäh-
rungsmöglichkeit und Begleiterscheinung von Gottesbegegnungen und vor allem
das Insistieren der Frauen auf der *humanitas Christi* (Menschheit Christi). Diese
humanitas Christi-Vorstellung scheint die gesamte Erlebniswelt der begnadeten
Schwestern zu bestimmen: Sie steht hinter ihren körperlichen Eucharistie-
Erfahrungen der Verwandlung in den Menschen Christus, in wohlschmeckende
Nahrung, hinter ihrer Annäherung an den leidenden Christus im Saugen und
Nachempfinden seiner Wunden, ihren detaillierten Schwangerschafts- und Ge-
burtssensationen, denen Episoden des Säugens und Wickelns folgen, den diversen Kind-Jesu-Begegnungen und ihrem kreatürlichen Umgang mit dem Bräuti-
gam Christus in konkreten Umarmungs-, Kuß- und Vereinigungsbildern. Diese
Körperlichkeit religiöser Erfahrungen ist in den Visionen der Dominikanerinnen
des 14. Jahrhunderts besonders ausgeprägt. Sie bestimmt allerdings auch schon –

in abgeschwächter Form – die Viten jener *mulieres sanctae* im brabantisch-Lütticher Raum des 13. Jahrhunderts, die *unio-mystica*-Vorstellungen einer Mechthild von Magdeburg wie auch das spirituelle Leben der bedeutenden *mulieres religiosae* in Italien. Sie scheint demnach charakteristisch für die religiöse Erfahrungswelt der Frauen zu sein.

Dies haben offenbar schon die Zeitgenossen, vor allem die Seelsorger der Frauen bemerkt. Jakob von Vitry konstatiert noch bewundernd, daß die *mulieres sanctae* der Diözese Lüttich beim Empfang der Kommunion nicht nur eine „Erquickung des Herzens", sondern eine „fühlbare Beglückung des Mundes" hätten. Aber schon der Franziskaner David von Augsburg und die dominikanischen Prediger des 14. Jahrhunderts warnen vor den Irrwegen konkreter Visionsbilder[16]. Noch ablehnender hat aber die Forschung reagiert. Bis in die neuesten Arbeiten hinein hat sie in diesen Texten eher abschreckende Dokumente einer verflachten, weil reduzierten Erlebnismystik gesehen, die sich in absonderlichen Kasteiungen, in Ekstasen, Schwangerschafts- bzw. Geburtserlebnissen und Serien von Visionen erfülle. Die Dominikanerinnen hätten sich offenbar bemüht, die ihnen von ihren Predigern vermittelte mystische Lehre von der Gottesgeburt in der Seele oder der Abgeschiedenheit des Menschen – aus Unverständnis gegenüber dem theologischen Anspruch dieser Konzepte – in lebensweltliche Formen einer körperlichen Gotteserfahrung in Askese, Krankheitsanfällen, Entrückungen und Visionen umzusetzen. Diese Umwandlung der Lehren mystischer Prediger in eine handfeste Erlebnismystik der Schwangerschaftserfahrungen, Kind-Jesu-Begegnungen, Identifikationen mit dem leidenden Christus und Vereinigung mit dem göttlichen Bräutigam zeige in erster Linie den Verfall von Bildungsanspruch, Spiritualität und Klosterdisziplin in diesen Konventen. Sie bezeuge aber zugleich auch die sexuellen und gruppendynamischen Probleme dieser Dominikanerinnen, die sich – eingeschlossen in die Klausur ihres Konvents – in ein ‚inneres' Leben der persönlich-sinnlichen Gottesbegegnung zurückgezogen hätten.

Neuerdings rückt man allerdings von diesen negativen Urteilen ab und stellt – vor allem in feministischen Arbeiten – gerade die Körperlichkeit in der Spiritualität der religiös bewegten Frauen als ihre entscheidende Leistung heraus. Denn die Frauen insistierten selbstbewußt und eigenständig auf eine spezifisch weibliche, nämlich sinnliche Erfahrungsmöglichkeit und damit zugleich – wie Alois Haas[17] betont – auf jenen genuin christlichen, von den mittelalterlichen Theologen jedoch vielfach ausgeblendeten Gedanken eines kreatürlich-konkreten Nachvollzugs der Inkarnation Christi. Begleitet ist diese neue, positive Würdigung der Vitenliteratur süddeutscher Dominikanerinnen von verstärkten literarhistorischen Bemühungen um diese Texte, die in ihrem Einsatz typenspezifischer Stilmerkmale der Legende, ihrem ausgewählten Repertoire von Bildern wie Situationskonstellationen und ihren mehrfachen Redaktionsprozessen untersucht werden. Damit verlagert sich das Interesse der Forschung deutlich von den biographischen bzw. sozialpsychologischen Hintergründen des Dargestellten auf den literarischen Charakter der Texte, auf die literarischen Intentionen ihrer Autorinnen und Bearbeiterinnen, die sich – zumindest in den einzelpersönlichen Gnaden-Viten – nicht nur auf die begnadete Mystikerin konzentrieren, sondern auch – und das ist oft übersehen worden – auf die Figur der diktierenden bzw. schreibenden Schwester, und das bedeutet: auf den Prozeß des Schreibens.

Schreiben als Gnadenprozeß: Margarethe Ebner und Heinrich von Nördlingen

Die ‚Offenbarungen‘ Margarethe Ebners, der auch heute noch verehrten ‚Seligen‘ des ehemaligen Dominikanerinnenklosters Maria Medingen bei Dillingen, nehmen in der Frauenmystik-Forschung eine besondere Stellung ein. Denn zusammen mit den Briefen ihres geistlichen Betreuers Heinrich von Nördlingen scheint Margarethes Ich-Bericht relativ direkt und detailliert jene Informationen über das Zusammenleben im Kloster, die spirituellen Bedürfnisse und körperlichen Reaktionen der klausurierten Frauen, aber auch das Auftreten ihrer Beichtväter und die besonderen Beziehungen einzelner Schwestern zu ihren Seelsorgern zu bieten, die bei anderen Texten als kulturhistorischer bzw. sozialgeschichtlicher Hintergrund des Berichteten erschlossen werden. Ihr Text hat jedenfalls seit seiner Edition durch Philipp Strauch im Jahre 1882 eine besondere Beachtung gefunden und ganz wesentlich die Argumentation der Frauenmystik-Forschung bestimmt. Zugleich provoziert ihre Person die unterschiedlichsten Stellungnahmen: neben spiritualitätsgeschichtlichen, erbaulich-hagiographischen Darstellungen, die das vorbildliche Leben und Leiden der verehrungswürdigen Seligen vorstellen, dominiert in der Forschung eine eher reservierte Haltung gegenüber der Mystikerin, deren ‚Selbstbiographie‘ – als beredtes Beispiel für die sozial- und individualpsychologischen Hintergründe religiöser Erregungszustände – in ungewöhnlich deutlicher Form die psychischen Abgründe der *vita religiosa* einer begnadeten Schwester ahnen lasse: die egozentrische Exzentrik ihrer Ekstasen, die sexuellen Konnotationen ihrer exzessiven Christusverehrung und die Hysterie-Symptomatik ihrer Leidensgeschichte.

Margarethes ‚Offenbarungen‘ vermitteln freilich ein extremes Bild von dem Gnadenleben einer asketischen Dominikanerin. Denn Margarethe verzichtet auf eine ‚Vorgeschichte‘ und beginnt ihren Lebensbericht programmatisch mit dem 6. Februar des Jahres 1312, dem Tag ihrer ersten von Gott bewirkten Krankheit und Schwäche, dem 20 Jahre eines zwar von Gott behüteten, aber doch eher unbewußten Lebens vorausgegangen seien. Und Krankheit ist schließlich auch das zentrale Thema dieses Textes, der in zum Teil ungewöhnlich präziser Chronologie die sich jährlich wiederholende Abfolge von extremen Krankheitszuständen und *süezzen gnaden* präsentiert. Dabei werden zu Beginn noch größere Zeiträume – etwa 3 bzw. 13 Jahre der Krankheit – überblickt und zunächst auch vereinzelte Angaben zum Klosteralltag geboten. Bald konzentriert sich jedoch das Interesse der Verfasserin ganz auf eine diffizile Darstellung der Reaktionen ihres Körpers auf bestimmte Ereignisse, den Tod ihrer Schwester, den Kommunionempfang, ein spezielles Gnadenerlebnis und generell die einzelnen Stationen des Kirchenjahres von Advent bis Pfingsten. Diese breit angelegten, hinsichtlich der Zeitangaben wie der Symptomatik ungewöhnlich exakten Berichte über die verschiedensten Formen körperlichen Leidens lesen sich stellenweise wie das tagebuchartige Protokoll einer langjährigen Krankheit. Margarethes Leben ist offenbar eingespannt in einen den heilsgeschichtlichen Kreislauf des Kirchenjahres abschreitenden turnusmäßigen Wechsel von *gebundener swige* und *rede*, von Heiserkeit und *lauter rüeffe*, von Starrheit und der Gnade des *süezzen smac* im Mund.

In diese abgeschlossene Welt der Leiden und Gnaden dringt nur eine Person ein, der *wahrhaft friund gotz*, der nach Margarethes Darstellung ihren spirituellen Weg kontinuierlich begleitet. Er wird eingeführt als ein Besucher des Konvents, der Margarethe, die seit dem Tod ihrer Schwester in tiefster Traurigkeit und Einsamkeit lebt, mit „sin warhaft ler" (16,7) ungewohnten Trost spendet und bald zu ihrem von Gott geschenkten „crefteclichen lerer" (25,12) wird. In seiner Gegenwart, zumal bei seinen Messen, werden ihre Gnadenerlebnisse deutlich intensiver, nach seiner Abreise fällt sie hingegen um so mehr in die „gefangen bande" (61,2) ihrer belastenden Krankheit zurück. Zugleich ist er in ihrer Isolation ihr besonderer Vertrauter, ihr sehnlichst erwarteter Gesprächspartner, der – als einziger – um ihre spirituellen Erfahrungen weiß und der sie schließlich bittet, ihm alles aufzuschreiben, was sie von Gott empfange.

Wir kennen diesen *friund unsers herren* aus einer Sammlung von Briefen, die der Weltgeistliche Heinrich von Nördlingen an Margarethe Ebner geschrieben hat und die in einer Handschrift des 16. Jahrhunderts im Anschluß an Margarethes Text eingetragen sind. Dieser Heinrich von Nördlingen berichtet hier von seinen wiederholten Besuchen in Medingen, seiner Freundschaft mit mehreren Schwestern, den wechselseitigen Geschenken, dem Austausch von Büchern, seinen intensiven Gesprächen mit Margarethe und von seinen Aktivitäten im Zusammenhang mit der Entstehung ihrer „hailig geschrift" (XLII,39). Er bittet sie mehrfach – auch im Auftrag einer interessierten Gruppe sog. Gottesfreunde – um die Niederschrift ihres spirituellen Lebens, empfiehlt ihr, vergangene Gnadenerlebnisse zu rekonstruieren, in das bereits Geschriebene einzufügen und ihre Aufzeichnungen fortzuführen, solange sie von Gott begnadet sei und über die Unterstützung der Schreiberin Elsbeth Scheppach verfüge. Gleichzeitig bedankt er sich wortreich für bereits erhaltene Partien ihrer „hailig geschrift", bei deren Lektüre er „sunder froud und lust" (XLIII,37f.) empfinde. Er wage „weder in latein noch in tüchtz" (XLI,16) etwas zu ändern, sondern werde warten, bis er mit ihr zusammen den Text durchsehen und von ihr selbst die Deutung erfahren könne.

Heinrich von Nördlingen figuriert hier als Wortführer einer lockeren Gruppe von Basler Geistlichen und Laien, die an geistlicher Erbauungsliteratur interessiert sind und mit Margarethe Ebner, der begnadeten Schwester und Autorin, in Kontakt stehen. Deren Aufzeichnungen haben damit von vornherein ihr Publikum: eine Öffentlichkeit der Gottesfreunde, die an dem spirituellen Leben der Medinger Schwester regen Anteil nehmen. Und auch im Konvent scheinen Margarethes literarische Aktivitäten Beifall zu finden, denn die „geträwe helferin und schriberin" (XL,61 f.), die ihr bei der Niederschrift ihrer Begnadungen beisteht, ist Elsbeth Scheppach, die Schaffnerin, seit 1345 sogar Priorin des Konvents. Margarethes Text ist damit endgültig der Heimlichkeit einer einsamen Niederschrift entzogen; er erweist sich als ein offizielles Dokument, an dessen Entstehung die verschiedensten Gruppen interessiert sind.

Es ist deshalb nicht erstaunlich, daß das Schreiben zu einem bestimmenden Thema in Margarethes Ich-Bericht wird, zumal in der Mittelpartie des Textes (S. 73,17–91,12). Zwar durchzieht das Thema des Schreibens – in zahlreichen Rückverweisen, Unsagbarkeitsformulierungen und Vorverweisen den gesamten Text, aber hier massieren sich die Angaben über den Prozeß seiner Entstehung. Und hier erfahren wir auch, daß die Initiative von dem „warhaften friund gotez" (S. 83,27) ausgegangen ist, daß Margarethe damit – zunächst mit „forht und schrekken" (S. 84,5) – im Advent begonnen hat und sich dabei auf die Hilfe einer vertrauten Schwester stützen konnte, der sie ihre Träume diktiert. Dieser Schreibbeginn im Advent bedeutet einen Einschnitt im spirituellen Leben der Schwester. Denn der Akt des Schreibens wird programmatisch mit einer charakteristischen Steigerung der Gnadenerlebnisse verbunden. Seit dem Beginn ihrer Aufzeichnungen im Advent habe sie eine ganz besondere Sehnsucht nach der „kinthet unsers herren" (S. 87,23) und nach „siner aller süezzesten besnidunge" (S. 87,24) empfunden. Damit erfüllt sich offenbar eine göttliche Verheißung, die zu Beginn des dritten Teils formuliert wird: „Min luteriu warhet Jhesus Cristus hat mir war gelaun allez, daz er mir gelopt, da ich daz büechelin an fieng ze scriben" (S. 91,13–15). Das Schreiben ist demnach in den Prozeß der Begnadung einbezogen, zumindest von besonderen Gnadenerlebnissen begleitet. Diese im Schreiben erfahrene Intensivierung der Gnadenerlebnisse betrifft nicht nur jene mit dem Beginn des *büechelin* verstärkten adventlichen Kind-Jesu-Erfahrungen, sondern auch generell das gesamte spirituelle Leben der Schwester, denn Margarethe betont ausdrücklich, daß sie im Akt des Schreibens noch einmal die vergangenen Gnadenerlebnisse erfahre, und zwar so heftig, daß sie dies alles kaum in der richtigen Reihenfolge habe niederschreiben können. Das Schreiben ist hier Movens der Rekapitulation spiritueller Erfahrungen und zugleich verstärkendes Medium der Begnadung.

Kloster Engelthal: ein Zentrum frauenmystischer Literatur

Heinrich von Nördlingen knüpft in seinen Briefen an die Medinger Nonne Kontakte nicht nur zu Basler und Straßburger Gottesfreunden, dem Abt des

Klosters Kaisheim und Religiosen seines familiären Umkreises, sondern auch zu Christine Ebner in Engelthal, einem dominikanischen Landkloster östlich von Nürnberg, in dem die Töchter und Frauen bedeutender Nürnberger Geschlechter Aufnahme finden. Er berichtet Margarethe von Christines Ärger mit dem städtischen Rat (XXVI,21 ff.), will Mechthilds «Fließendes Licht der Gottheit», das er Margarethe geliehen hat, nach Engelthal weitersenden (XLIII,140) und hält sich schließlich im Herbst des Jahres 1351, nach Margarethes Tod, etwa drei Wochen in Engelthal auf. Dies erfahren wir aus Christine Ebners Visionen der Jahre 1344 bis 1351/52, die in einer Nürnberger Handschrift[18] aus dem Besitz der Familie Ebner überliefert sind. Auch hier tritt der Weltgeistliche Heinrich als ein *sunder frunt* der begnadeten Schwester auf, die – wie Margarethe in Medingen – bei seinen Messen und der täglichen Kommunionsspendung besondere Gnadenerlebnisse hat und von Christus und Maria spezielle Verheißungen für ihn erfährt.

Und doch scheint Christine in einem anderen Umfeld als Margarethe Ebner zu leben. Denn in Engelthal sind – wie Siegfried Ringler[19] eindrucksvoll demonstriert – eine Reihe von Texten entstanden, die das begnadete Leben von Angehörigen des Konvents zum Gegenstand haben: das Christine Ebner-Corpus mit seinen drei, vielleicht sogar vier Texten, die Gnaden-Vita des Engelthaler Kaplans Friedrich Sunder, die ,Offenbarungen' Adelheid Langmanns und die nur fragmentarisch erhaltene Vita der Schwester Gerdrut, die auf die Engelthaler Kapläne Konrad Friedrich und Heinrich zurückgeht. Engelthal ist demnach in der Mitte des 14. Jahrhunderts ein literarisches Zentrum ersten Ranges, in dem einzelne Schwestern und ihre Seelsorger ein besonderes Interesse an mystischer Vitenliteratur haben, selbst entsprechende Texte verfassen und sich – wie der kürzlich gefundene Engelthaler Bibliothekskatalog zeigt – vergleichbare Werke aus anderen Konventen besorgen.

Die interessanteste Figur ist Christine Ebner, die Autorin des Engelthaler Nonnenbuchs «Von der genaden uberlast» und Hauptperson von zwei sehr unterschiedlichen Texten über ihr begnadetes Leben: die bereits erwähnten chronologisch angelegten Visionen der Jahre 1344 bis 1351/52, in denen die *heilige person* als verehrte Visionärin und selbstbewußte Autorin auftritt, die Fürsten und adelige Herren empfängt, den Geißlern das Wort Gottes verkündet, literarische Kenntnisse hat und als ,neue' Heilige die Nachfolge Moses und Paulus antritt. In einer Medinger Handschrift[20] ist hingegen ein zweiter Christine-Text, ein umfangreicher Lebensbericht, überliefert, der mit ihrer Geburt am Karfreitag des Jahres 1277 einsetzt und über ihre Kindheit, Jugend, den Klostereintritt, ihre frühe Askese, das Gebetsleben, ihre Visionen und Entrückungen, den Beginn ihres Schreibens im Advent des Jahres 1317 und den allmählichen Prozeß der Entstehung des Textes informiert.[21] Dies alles in einer um thematische Schwerpunkte zentrierten, nur locker chronologischen Abfolge von Berichten in der 3. Person und Ich-Darstellungen, einer Mischung von annalistisch gereihten und undatierten Eintragungen, von Visionsniederschriften, Briefen, ausladenden Christusdialogen, übergreifenden Lebensberichten und redaktionellen Bemerkungen eines Bearbeiters, eines schreibenden Bruders, der Christines spirituelle Erfahrungen niederschreibt, sie um schriftliche Aufzeichnungen ihres spirituellen Lebens bittet und diese Ich-Berichte in seine Darstellung einfügt. Seine Bemühungen um die Verschriftlichung von Christines spirituellem Leben bewirken zugleich eine Intensivierung ihrer Gnaden, denn die Präsenz ihres Hagiographen provoziert bei Christine ein Hochgefühl, das einer Vereinigung mit Gott entspricht. Auch hier wird demnach das Schreiben in den Prozeß der Begnadung der Schwester eingebunden.

Die beiden Engelthaler Texte über das ‚Leben‘ der Christine Ebner setzen sehr verschiedene Akzente: Die Visionen der Jahre 1344–1351/52 präsentieren eine allseits verehrte heilige Frau, die – vergleichbar den Helftaer Schwestern – als Visionärin und Autorin des Engelthaler Nonnenbuchs auf die Spiritualität und Vorbildlichkeit ihres Konvents ausgerichtet ist. Die Gnaden Vita der Medinger Handschrift hingegen konzentriert sich auf die Einzelperson, auf ihre Askese- und Gebetspraxis, ihre Krankheiten und Visionen, ihre teuflischen Versuchungen und Phasen der Gottesferne, ihre *unio* Erfahrungen und Minnegespräche mit dem göttlichen Partner. Damit sind zwei unterschiedliche Heiligkeitskonzepte bzw. zwei differierende Vorstellungen einer begnadeten Person verwirklicht. Gleichzeitig haben aber die beiden Texte untereinander wie auch zu Christines Nonnenbuch und der Friedrich-Sunder-Vita in zahlreichen Partien wörtlicher Übereinstimmungen oder nur leicht abgewandelter Episoden so enge literarische Verbindungen, daß sie nicht unabhängig voneinander entstanden sein können. In Engelthal scheint demnach das Thema des begnadeten Lebens von Konventsangehörigen in mehrfacher Variation durchgespielt worden zu sein, möglicherweise auf der Grundlage einer Art Materialsammlung an Episoden, Konstellationen, Dialogsequenzen und Phasen eines spirituellen Lebens, die in seriell-montierender Redaktion, in einer jeweils charakteristischen Auswahl und thematischen Ausrichtung zu den verschiedensten Texten verarbeitet werden konnte – ein literarisches Verfahren, das nicht nur für die Engelthaler Texte, sondern für den gesamten Bereich frauenmystischer Vitenliteratur charakteristisch ist.

ZWEITER TEIL
16. UND 17. JAHRHUNDERT

IV. Lateinischer Dialog und gelehrte Partnerschaft
Frauen als humanistische Leitbilder in Deutschland (1500–1550)

Ursula Hess

Die Renaissance – eine Epoche der Frau in Deutschland?

Seit Jacob Burckhardts Versuch zur «Kultur der Renaissance in Italien» von 1860 haben wir uns daran gewöhnt, diese Epoche als eine Zeit der Frau anzusehen, in der sich für sie erstmals die Perspektiven einer geistigen und künstlerischen Gleichstellung abzuzeichnen beginnen. Die ersten bedeutenden Protagonistinnen weiblicher Bildung und gesellschaftlicher Emanzipation aus Adel und Patriziat begegnen uns in Italien schon im Quattrocento, gefolgt von Frankreich, Spanien und England. Sie stammen meist aus Macht- und Kulturzentren wie Florenz, Ferrara, Mantua, Urbino und Rom. Nicht nur Jacob Burckhardt haben Gestalten wie Isabella d'Este mit ihrem illustren Musenhof, erstaunliche Gelehrte wie Cassandra Fedele und Isotta Nogarola, Dichterinnen wie Vittoria Colonna und Veronica Gambara fasziniert.

Im 16. Jahrhundert waren gerade diese Namen auch in Deutschland Topoi für weibliche Gelehrsamkeit und humanistische Bildung (*eruditio*) und neidisch bewunderte Vorbilder der deutschen Humanistengeneration um 1500. Männer wie Conrad Celtis, der erste nach italienischem Vorbild vom Kaiser zum Dichter gekrönte neulateinische Autor deutscher Nation (*poeta laureatus*), zitieren sie in ihren literarischen Werken als Maßstab für eigene nationale Leitfiguren und stellen sie neben antiken Beispielen weiblicher Bildung und Kreativität den gelehrten Männern (*viri docti*) in den humanistischen Sodalitäten zwischen Rhein und Donau als Muster-Frauen zur Nachahmung (*imitatio*) vor Augen. Die kulturelle Verspätung gegenüber Italien, die die Humanisten um Celtis als einen nationalen Makel empfanden, gegen den sie durch ein umfassendes Bildungsprogramm vorgehen wollten, schloß auch die Begründung einer deutschen Nationalliteratur lateinischer Sprache ein, in der nach italienischem Vorbild die Frau nicht fehlen durfte. Um dieses ehrgeizige Kulturprogramm rasch verwirklichen zu können, hätte es aber einer breiteren Schicht gebildeter Frauen bedurft, die schon immer Voraussetzung einer bedeutenden literarischen Kultur war. Noch im ausgehenden 17. Jahrhundert hatten Verfasser von Kompendien über deutsche Poetinnen Mühe, ihre Seiten mit ‚gelehrten Frauenzimmern‘ und Literatinnen zu füllen. Das in der Epoche des Humanismus zur Norm erhobene Ideal des *poeta doctus*, das gebunden war an die Kenntnis der klassischen Sprachen und die Beherrschung antiker Poetik und Rhetorik, machte es vor

allem den Frauen schwer, den von Männern besetzten Dichterparnaß zu erreichen. Denn sie wurden im 16. Jahrhundert noch von allen öffentlichen Bildungs-
institutionen ausgeschlossen und allenfalls in der akademischen Propädeutik
unterrichtet. Die Humanisten erkennen zum ersten Mal in voller Schärfe den
fatalen Zirkel von biologischer Diskriminierung der Frau seit dem Mittelalter,
verweigerter, verpaßter Bildungschance und dem daraus resultierenden Mangel
an gebildeten, ‚literaturfähigen‘ Frauen. Engagiert reagieren sie mit einer öffentlichen Diskussion über die biologisch und theologisch begründbare Gleichrangigkeit der Frau. In theoretischen und poetischen Werken stellen sie erstmals
die Forderung nach lateinischer Sprachemanzipation und Einbeziehung von
Frauen in die gelehrten Zirkel (Sodalitäten) ihrer durch internationale Kontakte
und lateinische Sprachkultur gekennzeichneten humanistischen Gelehrtenrepublik (*respublica litteraria*) und nach einem neuen Partnerkonzept in Ehe und
Familie.

Die Thesen des Agrippa von Nettesheim

Agrippa von Nettesheim, der von 1486 bis 1535 lebte, ist der erste humanistische
Autor gewesen, der für seine Zeitgenossen in Deutschland den in Italien und
Frankreich seit langem ausgefalteten Diskurs über die Frau, ihre Position im
Schöpfungsplan, ihre Fähigkeiten und ihre Rechte 1509 in einem vielbeachteten
Traktat zusammenfaßte. Unter dem programmatischen Titel «De nobilitate et
praecellentia foeminei sexus», der die Würde und Vortrefflichkeit des weiblichen
Geschlechts postuliert, widersprach er in einer kasuistischen Abhandlung der
alten, durch eine lange theologische Tradition gestützten These von der biologischen und geistigen Inferiorität der Frau dem Mann gegenüber, die in der
Universitätstheologie bis zur Frage vorangetrieben wurde, ob die Frau überhaupt als Mensch anzusprechen sei (*mulier homo?*). Mit viel Talent zu ähnlich
überspitzter Polemik kehrte er die alten, meist biblisch begründeten Vorurteile
dem weiblichen Geschlecht gegenüber mit eben derselben Bibel als Autorität um
und versuchte so den ‚Feind‘ mit den eigenen Waffen zu schlagen. Seine
Hauptthese nennt schon der Titel: Die Frau ist dem Mann nicht nur ebenbürtig
in ihrer von Gott verliehenen Würde, sie ist ihm sogar überlegen. Seine Überlegungen, die er unter theoretischen Aspekten, fundiert durch kanonisierte Autoren und Zitate aus antiken und biblischen Texten belegt, waren für die Humanisten und viele Autoren der Folgezeit bis ins 18. Jahrhundert eine der wichtigsten
Quellen in der Frauendiskussion. Noch Kompendien des 18. Jahrhunderts berufen sich ausführlich auf ihn.[1] In seiner Apotheose der ‚Eva‘ und der Entthronung
des ‚alten Adam‘ könnten ihn selbst Feministinnen des 20. Jahrhunderts als
Kronzeugen zitieren. Jenseits aller Überspitzungen, die hier im einzelnen nicht
zu diskutieren sind, formuliert Agrippa zu Beginn des Jahrhunderts das Recht
und die Fähigkeit der Frau zu *eruditio* und *doctrina*, zu humanistischer Bildung
und wissenschaftlicher wie poetischer Produktivität – Prädikate, die für ihre

Integration in die männliche Gelehrtenrepublik unentbehrlich waren. Während Agrippa von Nettesheim und viele Apologeten vor und nach ihm ihre *Defensio mulierum*, die Verteidigung der Frauen, mit einer intellektuellen und moralischen Demontage des Mannes verbanden, entwirft Erasmus von Rotterdam, der wohl bedeutendste Humanist seiner Epoche, in einem literarischen Text, der fast gleichzeitig mit Agrippas Traktat in Druck ging, das poetische Modell einer idealen humanistischen Partnerschaft, die Mann und Frau in intellektueller Emanzipation zusammenführt und als humanistischer Gegenentwurf zu traditionellen Rollenbildern und realen Konstellationen in Kirche und Gesellschaft zu gelten hat. In seiner pointierten literarischen Verdichtung und Stilisierung eignet er sich als Brücke zu drei Fallstudien, die der realen Situation der gebildeten, gelehrten und literarisch ambitionierten Frau zwischen 1500 und 1550 in ihrer allgemein-historischen Dimension und individuellen Nuancierung exemplarisch nachgehen und Perspektiven wie Grenzen der Emanzipation von Frauen in der Epoche des Humanismus in Deutschland skizzieren sollen.

Die Magdalia des Erasmus von Rotterdam als Modell der gelehrten Frau und Partnerin

Kein humanistischer Zeitgenosse des 16. Jahrhunderts hat in einem literarischen Text so präzise den Typus der ,neuen Frau' beschrieben wie Erasmus von Rotterdam in seinen ,Vertrauten Gesprächen', den «Colloquia familiaria». 1524 publizierte er seinen lateinischen Dialog «Abbatis et Eruditae», ein Streitgespräch zwischen einem bildungsfeindlichen, theologisch reaktionären Abt Antronius und Magdalia, einer gelehrten Frau.' Dieses geschliffene Meisterwerk humanistischer Argumentationskunst ist ein Schlüsseltext zur Frauenfrage im 16. Jahrhundert, weil hier die vielen theoretisierend-traktathaften oder literarisch marginalen Beschreibungsversuche einer idealen humanistischen Gefährtin der Epoche in einem szenisch pointierten Aktionsportrait auf den Punkt gebracht sind. Magdalia, die *Erudita*, Gelehrte und Ehefrau eines Humanisten (*uxor docta*) widerlegt im kontroversen Frage- und Antwortspiel mit sophistischem Geschick und in perfektem Latein die Grundthese des misogynen *Abbas indoctus*, daß Bildung, Verstand nicht Sache der Frauen sei („non est muliebre sapere"). Alle Klischees eines traditionellen, von männlichem Chauvinismus gesättigten Frauenbildes werden von Erasmus satirisch entlarvt. Antronius meint, in die Studierstube Magdalias tretend, die vielen Bücher ihrer Bibliothek paßten nicht zu ihr; nicht Bücher, sondern Spinnrocken und Spindel seien die Waffen der Frau („fusus et colus sunt arma muliebria"), ein Sprachtopos, der wie kaum ein anderer im 15. und 16. Jahrhundert zur Metapher weiblicher Lebensbestimmung wurde. Nach Antronius, dem Sprachrohr kirchlicher und gesellschaftlicher Reaktion, ist es ausschließlich Aufgabe der Frau, den Haushalt zu führen und Kinder zu erziehen („matronae est administrare rem domesticam, erudire liberos"). Antronius und mit ihm die Traditionalisten der Epoche wissen genau um die Macht der Sprache. Sie erkennen, daß lateinische Sprachkompetenz der Frau die Exklusivität männlicher Machtpositionen gefährdet und ihr den Zugang in die gelehrte Männerwelt und ihre Institutionen ebnet. Deshalb wendet sich Antronius so dezidiert gegen das Latein als Sprache der Frauen („ea lingua non convenit foeminis"). Durch sie verlören sie ihre Unschuld, ein infam scheinheiliges Argument, das Erasmus zur Entlarvung der borniertenn Moral theologischer Kreise seiner Zeit einführt. Mit dem Hinweis, die Frauen büßten durchs Studium das wenige Hirn, das sie von Gott hätten, ein, krönte Antronius sein misogynes Plädoyer und bringt unter Erasmus' Regie die alte, von der Antike bis ins 17. Jahrhundert noch ernst diskutierte These von der biologischen Minderwertigkeit der Frau ins Spiel.

Gegen diese Flut massiver Vorurteile, die, von Erasmus geschickt gebündelt in Szene gesetzt, einen repräsentativen Überblick über reaktionäre oder zumindest traditionelle Standpunkte der zeitgenössischen Diskussion um die Frau vermitteln, charakterisiert Erasmus mit großer Sympathie für seine Modellfigur Magdalia, die von der Forschung bisweilen als fiktives Portrait der Tochter des Freundes Thomas Morus interpretiert wurde, das Bild der ‚neuen' humanistischen Frau und Ehepartnerin. Magdalia als Figuration besteht auf dem Latein, der Sprache des *vir doctus*. Sie weiß genau, nur mit der Qualifikation in den klassischen Sprachen kann sie sich und alle Frauen ihrer Epoche in der *respublica litteraria* der Männer behaupten. Der direkte, nicht durch Übersetzungen vermittelte Zugang zur Welt der lateingeprägten humanistischen Literatur, zu den Büchern, die nach den Humanisten allein *sapientia* (Weisheit durch Wissen) bringen, ist für die *uxor docta* unverzichtbar. Denn erst eigenes Quellenstudium – in der ‚*Ad-fontes*-Philosophie' der Humanisten ein zentraler Aspekt – ermöglicht einen eigenen Standpunkt. Reale Zeitgenossinnen Magdalias vertraten deshalb immer wieder diese Notwendigkeit eigener Quellenstudien. Auf den Einwurf des Abtes, der die *communis opinio* ausspricht, lateinische Bildung sei unerwünscht, da bei der Mehrzahl der Frauen unüblich, distanziert sich Magdalia ganz im Sinn des elitären Kultur- und Gesellschaftsbewußtseins der Humanisten von der Masse und den durch Gewohnheit legitimierten Normen: Die Masse ist ein schlechter Ratgeber („vulgus auctor pessimus") und die Gewohnheit die Lehrmeisterin aller Übel („consuetudo magistra omnium malarum rerum").

Der hohe, exklusive Bildungsanspruch der Humanisten, ursprünglich vom Mann für den Mann formuliert, wird von einer Frau für Frauen gefordert. Das Beste soll Zielvorstellung sein, das Ungewohnte, nicht das vertraute Mittelmaß. Antronius und mit ihm alle Kritiker emanzipatorischer Bildungsstrategien spüren, daß hier ein gefährliches Potential an geistiger Unabhängigkeit schlummert, das alte Positionen des Manns in Kirche und Gesellschaft gefährden könnte. Magdalias Ziel und Grund, warum sie Latein gelernt hat, ist die Chance, mitsprechen zu können. Das selbstverständlich-vertraute, tägliche *confabulare* mit Büchern und gelehrten Männern, das sie fordert, war für Erasmus und seine gleichgesinnten Zeitgenossen wichtiger Teil ihrer neuen Lebensphilosophie, in die sie die gebildete, gelehrte Frau einbeziehen wollten. Dabei hat die ‚Eroberung' der Bibliothek, vorher ein exklusiver Raum des Manns, in Erasmus' Dialog Symbolwert. Sie ist die ideale Bühne für die emanzipierte humanistische Frau und Gesprächspartnerin, und wir werden im folgenden sehen, daß die Fiktion des Erasmus sich um 1520 schon in realen Figuren zu manifestieren beginnt, wenn glückliche Umstände zusammentreffen. *Eruditio, sapientia* und *fides* bei beiden Partnern gehören allerdings zum imaginierten Idealbild des Erasmus. Den Kernsatz des ganzen Dialogs, in dem Definition und Lebensperspektive der humanistischen Partnerschaft von Mann und Frau, eines *connubium doctum* enthalten ist, spricht Magdalia, die sonst Spöttische, Sophistische (Antronius nennt sie *Sophistria,* ein gängiges Schimpfwort für intellektuelle Frauen) mit großer Emphase. Erasmus formuliert dieses Argument bewußt als emotionales Bekenntnis: Die gemeinsame *eruditio* erst schaffe gegenseitige Verbundenheit, Liebe; durch sie werde einer dem anderen immer lieber („nam et illum mihi et me illi cariorem reddit eruditio"), sie ist der Angelpunkt der humanistischen Partnerschaft. Erasmus scheint hier in der Figur der Magdalia und ihrem *maritus* ein neues Lebenskonzept zu beschreiben, das – wie manches andere in der humanistischen Programmatik – der Realität weit vorgreift. Die folgenden Fallstudien werden zeigen, daß wenigstens einige seiner Zeitgenossen es schon verstanden und gelebt haben. Mit dem Bekenntnis zur *eruditio* als dem Zentrum der Verbundenheit mit dem Mann, hat sich Magdalia dem höchsten Wert in der humanistischen Gesellschaft verpflichtet („in re omnium pretiosissima"), der sie nach der Überzeugung der Humanisten sogar ins andere Leben begleitet („huius fructus nos in alteram quoque vitam comitatur"). Diese theologische Perspektive der Gelehrtheit und gelehrten Partnerschaft war natürlich dem Theologen Erasmus wichtig. Erasmus, der Satiriker, schließt sein ‚Colloquium', den prägnantesten literarischen Beitrag seiner Zeit zur Emanzipation von Mann und Frau, nicht mit geistlichem Pathos, sondern mit einer ironischen Pointe, die auch in unserem Jahrhundert noch nicht Wirklichkeit wurde:

> Wenn ihr [die Theologen] nicht auf der Hut seid, wird es so weit kommen, daß wir [die Frauen] in den theologischen Schulen den Vorsitz führen, in den Kirchen predigen und eure Mitren in Beschlag nehmen.

Erasmus letzte Prognose an die Adresse des geistlichen Würdenträgers wie an den Leser ist beziehungsreich: „Die Bühne der Welt wandelt sich. Entweder man spielt seine Rolle, oder man muß abtreten." Magdalias rigoroses Resümee fängt die Zeitstimmung dieser Generation ein, die wußte, daß in einer Epoche des geistigen und geistlichen Umbruchs auch für Frauen, nicht nur in der Fiktion eines literarischen Textes, neue Maßstäbe gelten sollten. Wie Caritas Pirckheimer als *virgo docta,* Margarete Peutinger als *uxor docta* und Olympia Morata als *poeta docta* ihre Rollen in humanistischen Partnerschaften des Gesprächs und des Lebens mit gelehrten Männern ihrer Epoche gespielt haben, soll im folgenden exemplarisch dargestellt werden.

Caritas Pirckheimer (1467–1532)
Die *virgo docta* als Leitfigur der deutschen Humanisten um 1500

In Spanien und Italien gibt es nicht wenige sehr bedeutende Frauen, die es mit jedem Mann aufzunehmen vermögen. In England gibt es solche im Haus des Morus, in Deutschland in den Familien Pirckheimer und Blarer.[3]

Erasmus verbindet diese Aussage Magdalias zur Situation der Frauenbildung in Europa mit einer liebenswürdigen literarischen Geste gegenüber drei ihm befreundeten Humanisten. Willibald Pirckheimer, dessen berühmtes Dürer-Portrait Erasmus sogar an der Wand seines Schlafgemachs angeheftet hatte, war einer von ihnen. Mit ihm zusammen wollte Erasmus Willibalds Schwestern Caritas und Clara ehren, die im Jahr 1524 bereits wegen ihrer gelehrten Bildung und lateinischen Briefe in der Gelehrtenrepublik berühmt waren. Vor allem

Posthumes Bildnis der Caritas Pirckheimer. Kupferstich

Caritas hatte in dieser Zeit schon das humanistische Adelsprädikat einer *virgo docta*. Sie gehörte zu den ganz wenigen Frauen in Deutschland um 1500, die nicht nur Adressatin humanistischer Elogen wie zahlreiche, meist adelige gebildete Damen ihrer Epoche war, sondern selbst als lateinisch Schreibende im „vertrauten Gespräch" mit bedeutenden Humanisten zwischen 1500 und 1532 stand.

Humanistische Familientradition und geistliche Berufung

Wie fast alle *feminae doctae* ihrer Generation in Deutschland oder anderswo war Caritas Pirckheimer durch ihre Herkunft aus einer reichen, seit vier Generationen an italienischen Hochschulen humanistisch geformten Familie eine Privilegierte. Großvater und Vater waren bedeutende Rechtsgelehrte und Diplomaten, durch ihre Studien in Italien mit führenden Humanisten befreundet und ihr ganzes Leben humanistischen Interessen verpflichtet. Der Vater von Caritas, Johannes Pirckheimer, ein Mann mit glänzender juristischer Karriere an den Höfen des Bischofs von Eichstätt, Albrechts IV. von Bayern in München und Sigismunds von Tirol in Innsbruck, hielt immer Kontakt mit Humanistenzirkeln, sein Haus war häufiger Treffpunkt politischer und gelehrter Prominenz. Den literarisch-humanistischen Ton im Elternhaus und die rhetorisch stilisierte, von klassisch-antiken Mustern geprägte Beziehung der Eltern spiegeln frühe lateinische Epigramme Pirckheimers auf Barbara Löffelholz, eine viel umworbene Nürnberger Patriziertochter und Caritas' Mutter.[1] Schon lang vor Erasmus' Magdalia projizierte der Freundeskreis um Pirckheimer das Modell gelehrter Partnerschaft auf eigene Lebenskonstellationen, wie Gelegenheitsdichtung aus der Feder des Johannes Pirckheimer beweist. Ausdrücklich thematisiert etwa das Hochzeitscarmen auf einen seiner Freunde die glückliche Eroberung einer *puella docta* durch einen *vir doctus* („Duxisti pulchram, pulcher Conrade, puellam / Et nupta est docto docta puella viro").[5]

Vor diesem weltanschaulich und sprachlich humanistisch imprägnierten Hintergrund muß man nicht nur die Entwicklung Willibald Pirckheimers, des bedeutenden Humanisten und Freundes von Dürer, sondern auch seiner Schwester Caritas sehen. Als Älteste der zehn Geschwister in Eichstätt geboren, wuchs sie in München, dann in Nürnberg im Haus ihres Großvaters auf, der als Humanist und Büchersammler großen Stils illustre gelehrte Beziehungen hatte. Von ihm und seiner Schwester Katharina, einer von Willibald und dem Humanisten Christoph Scheurl gerühmten Ausnahmeerscheinung weiblicher *eruditio*, wurde Caritas in die Grundbegriffe humanistischer Bildung eingeführt.[6] Mit zwölf Jahren wechselte sie in die Klosterschule von St. Klara über, damals die einzige und renommierteste Erziehungsinstitution für begüterte Patriziertöchter Nürnbergs, denen die Lateinschulen der Stadt nicht zugänglich waren. Im Gegensatz zu manchem Frauenkonvent der Zeit[7] muß das intellektuelle Niveau in St. Klara hoch gewesen sein. Vor allem das verstärkte Interesse an theologi-

scher und wissenschaftlicher Fundierung der Lebenspraxis und einem damit
verbundenen intensivierten Quellenstudium biblischer wie antiker Texte im
Zuge des sogenannten Klosterhumanismus in Süddeutschland scheint Caritas'
humanistischer Vorprägung entgegengekommen zu sein und ihre Entscheidung
für die geistliche Laufbahn begünstigt zu haben. Um 1483, mit 16 Jahren, tritt sie
endgültig als Nonne ein; von ihren acht Schwestern entschieden sich sieben
ebenfalls für diese Laufbahn, drei davon wurden, wie Caritas, Äbtissinnen ihrer
Klöster. Die erste Erwähnung ihres geistlichen Namens Caritas – ihr Taufname
war Barbara – datiert von 1485. Aufgrund ihrer herausragenden Talente, ihrer
Führungsqualitäten und lateinischen Sprachkompetenz avancierte sie bald zur
Novizenmeisterin, Lehrerin und Leiterin der Schule des Klarissinnenklosters.
Ihre Kontakte zu Familie und Außenwelt in diesen Jahren sind nicht dokumentiert. Wie alle Klarissinnen mußte auch sie sich der strengen Regel äußerer
Isolierung unterwerfen, lediglich Gespräche am vergitterten Redefenster waren
gestattet. Diese Besuche am Sprechfenster wurden mit ihrer zunehmenden
Berühmtheit sogar recht häufig, und durch Briefe wie eine rege Bücherausleihe
aus der reichen Bibliothek des Vaters, später des Bruders konnte sie am humanistischen Diskurs in Nürnberg partizipieren. Bis etwa 1495 scheint sie sich aber
vorrangig auf ihre Ordensgemeinschaft, die damals 60 Mitglieder zählte, konzentriert zu haben.

*Stufen der Emanzipation im pastoralen Dialog – Die Sendbriefe des Sixtus
Tucher*

Um die Zeit der Rückkehr ihres Bruders aus Italien, mit dem sie in ihrer Familie
die intensivste intellektuelle Beziehung verband, wird eine geistlich-humanisti-
sche Gesprächsgemeinschaft erkennbar, die sie mit der Außenwelt verbindet und
zugleich ihr religiöses Leben hinter den Mauern von St. Klara mitbegleitet und
stützt. Es ist der seit 1496 beginnende Dialog mit dem Humanisten und
Theologen Sixtus Tucher, Mitglied der prominenten Nürnberger Patrizierfami-
lie, der als Briefpartner und großzügiger Förderer von humanistischen Künstlern, etwa Celtis, in die Geschichte einging.[8] Seit 1496 war der Professor für
kanonisches Recht und Propst von St. Lorenz in Nürnberg geistlicher Betreuer
der Nonnen von St. Klara. Aus dieser Funktion entwickelte sich eine Freundschaft mit Caritas, die erst mit seinem Tod 1507 endete und für uns im Brief
dokumentiert ist. Tuchers lateinische Botschaften an Caritas sind leider nur in
einer deutschen Übersetzung seines Neffen Christoph Scheurl erhalten, die
dieser 1515 – Caritas war schon prominente Leitfigur eines christlich akzentuierten Humanismus in Deutschland – unter dem Titel «Vierzig sendbriefe»
publizierte.[9] Als Spiegel der Briefe von Caritas, die verloren gingen, sind sie
Psychogramm und Reflex einer mystisch-geistlichen Freundschaft „mer des
geists, dann des fleischs" und unschätzbare Quelle humanistischer Predigtpraxis
um 1500. Die leise Rivalität mit Willibald Pirckheimer und seine Angst vor

Entfremdung durch die engen intellektuellen und emotionalen Bindungen der Schwester an den glänzenden Bruder schwingt trotz aller Sicherheit über ihr „gemeinsames kuenftig leben" im Jenseits mit und beweist sein Engagement und Angewiesensein auf ihre Freundschaft im Diesseits. Obwohl immer wieder der private Geheimnischarakter ihres Briefwechsels betont wird, thematisiert der geistliche Berater der Nonnen von St. Klara von Anfang an die über das Private hinausreichende Funktion seines Dialogs mit einer geistlichen Frau und Gelehrten. Tuchers lateinische Briefe und Caritas' verlorene lateinische Antworten, die dem Propst und Humanisten so wichtig wurden, daß auch er sich als ein Beratener sieht, sind nicht nur ein journal intime, sondern theologische Traktate mit Öffentlichkeitscharakter und ein bedeutendes Zeugnis dafür, daß die Frau als *virgo docta* im geistlichen Gespräch mit dem Mann ernstgenommen wurde. Mit Scheurls Übersetzung und Publikation von Tuchers Briefen 1515, die die theologische Kompetenz einer Frau einem Mann gegenüber und den Wert ihrer Antworten für einen humanistisch gebildeten geistlichen Würdenträger explizit aussprechen, gewinnt Caritas Ansehen in der humanistischen Welt und nähert sich dem um 1500 so ersehnten Leitbild emanzipierter Gesprächspartnerinnen.

Die generöse Anerkennung und intellektuelle Hilfe, die alle humanistischen Männer um Caritas zu leisten bereit waren, hängt zweifellos auch mit ihrem Status als Nonne zusammen, die durch historische Tradition und Lebenskonzept weniger mit den typischen männlichen Vorurteilen dem weiblichen Geschlecht gegenüber befrachtet war. Denn der Jungfrau, der zölibatären Frau wurde auch außerhalb des exklusiven, emanzipatorischen Humanistenzirkel die ursprünglich männliche Tugend der *eruditio* eher konzidiert, als der verheirateten. In der konsequenten körperlichen Entrücktheit der strengen Klausur bot Caritas gute Voraussetzungen einer idealisierten ‚reinen' Gesprächspartnerschaft, die frei von Rollenkonflikten und vitalen Irritationen realisiert werden konnte. Willibald Pirckheimers ‚Doppelstrategie' Frauen gegenüber – hier die auf humanistische Emanzipation gerichtete Beziehung zur Schwester und *virgo*, und da die im traditionellen Schema bleibende Ehe mit Crescentia Rieter vor dem Hintergrund vieler, im Briefwechsel mit Dürer und Behaim zotig kommentierter Abenteuer zwischen Italien und Nürnberg – erklären sich vielleicht mit solch festgeschriebenen Rollentraditionen, die auch von bedeutenden Männern des Humanismus um 1500 noch nicht souverän aufgelöst wurden.

Die konkurrierenden Frauenbilder des Willibald Pirckheimer

Im Jahr 1495 kehrt Willibald Pirckheimer aus Italien zurück und heiratet, offenbar mit wenig Passion, Crescentia Rieter, eine Nürnberger Patrizierstochter. Diese vom Vater geförderte Vernunftehe bleibt ohne emotionale Reflexe in Briefen oder humanistischer Gelegenheitsdichtung, wie sie im Kreis des Vaters nachweisbar ist. Seine riesige illustre Korrespondenz, die nur einen einzigen intimen Frauenbrief seiner italienischen Geliebten überliefert,[10] macht deutlich, daß sich sein schriftlich fixierter Dialog mit Frauen auf das Gespräch mit den Schwestern und Töchtern, den *virgines doctae*, konzentriert. Durch sie realisiert sich für ihn die Idee humanistischer Partnerschaft mit Frauen. Auch die von ihm sehr verehrte *amita magna*, Willibalds Großtante, erste Gelehrte der Familie und frühe Erzieherin von Caritas, war unverheiratet und stand so in der *virgo*-Tradition. Crescentia Rieter dagegen entsprach ganz dem traditionellen Rollenbild der Hausfrau und Mutter. Pirckheimer, der sie in seiner Autobiographie nur lapidar als *honesta* und *locuples*,[11] als ehrenhaft und begütert charakterisiert, hatte offensichtlich keine Ambitionen, seine Ehe auf das in seiner Familie und seinem Freundeskreis durchaus aktuelle emanzipierte Idealbild hin zu stilisieren. Crescentia bleibt inmitten eines Humanistenzirkels, der die *uxor docta*, die lateingewandte, an humanistischen Briefkontakten interessierte Frau propagierte, völlig agraph und als intellektuelle Persönlichkeit nicht faßbar. Wir kennen keinen Brief, keine noch so kleine Botschaft von ihr, weder in Abschriften, noch in ihrer eigenen Handschrift. Nur ihren Tod 1524 ließ Pirckheimer nach einer Vorlage Dürers in einem Gemälde für die Nürnberger Rochuskapelle, das den ikonographischen Typus des Marientods variiert, dokumentieren.[12] Pirckheimers „Elogium funebre" auf seine „mulier et coniunx incomparabilis" ist angesichts der wortreichen humanistischen Rhetorik seiner Briefe und der Hymnen auf seine gelehrte Schwester ein dürres, formales Dokument, das als Haupteigenschaft ihre Verträglichkeit rühmt: „Quem numquam Nisi Morte sua turbavit" – die ihren Mann bis zu ihrem Tod niemals geärgert hat.[13] Nach Aussagen ihrer Zeitgenossen war sie tatsächlich von einer „stummen fürsorglichen Liebe und Rechtschaffenheit". Entfernt von der humanistischen Programmatik der diskutierfreudigen, lateingewandten Partnerin verhielt sie sich stumm und diskret gegenüber den zahlreichen erotischen Eskapaden ihres glänzenden *vir doctus*, der familiäre Geborgenheit bei der Ehefrau suchte und das Vergnügen bei den von Dürer launig verschlüsselten Nürnberger Geliebten, mit denen er „gancz voll hurenfrewd" zu sein pflegte.[14] Das humanistische Gespräch führte er mit der *virgo docta*. Für Pirckheimer, den Facettenreichen, Exzentrischen, war die Frau nicht nur verehrte, gelehrte Partnerin, *socia docta*, sondern eben auch das *iucundum malum*, das vergnügliche Übel, dessen schmückendste Eigenschaft es ist, den Mund zu halten: „mulieri magnus ornatus quae silencium fert", wie er in ein Quartheft mit vielen misogynen Sprüchen eintrug.[15] Im Gegensatz etwa zu Conrad Peutinger gibt es bei ihm erstaunliche Widersprüche in seinem Verhältnis zur Frau und eine deutliche Diskrepanz von humanistischer Programmatik und Lebenspraxis. Conrad Celtis und mancher andere aus diesem Kreis gelehrter Männer, der in seinem literarischen Werk die humanistische Partnerin imaginierte, hat im realen Leben lieber mit Frauen geschlafen und mit Männern geredet. Auch Celtis' Korrespondenz überliefert außer dem Dialog mit Caritas, der *virgo docta*, keinen einzigen Brief, der auf eine reale Verbindung mit einer gebildeten oder gelehrten Frau schließen ließe. Selbst Hasilina, die angeblich vornehme, gebildete Polin aus dem Celtis-Briefwechsel, war wohl eher eine Schwester der

Venus, als eine Muse der Literatur. Celtis hat sie für sich und seine humanistischen Freunde erfunden.[16]

Willibald Pirckheimer und Conrad Celtis, die beide so besorgt um den weiblichen Anteil der neulateinischen Kultur in Deutschland waren, legten all ihre ehrgeizigen Ambitionen auf Caritas, die in der literarischen *virgo*-Tradition schreibender Frauen des Mittelalters den krönenden Schlußstein bilden sollte. Die Beziehung Willibalds zu ihr hat deshalb sowohl eine tiefe, freundschaftlich-private, als auch eine öffentliche, kulturpolitisch-strategische Dimension. Neben seinem Interesse an ihren Lebensproblemen im Kloster fördert er als lateinischer Sprachpraeceptor, stilistischer Berater und Vermittler gelehrter Neuerscheinungen ihr Profil als Humanistin. Seit 1500 wird er zur zentralen Schlüsselfigur in der Anbahnung humanistischer Briefkontakte und ist unermüdlicher Herold ihrer Talente als *mulier docta*. Celtis, Dürer, Reuchlin, Erasmus, Cochläus, Chelidonius, Melanchthon und Emser sind nur einige der Gelehrten, die durch seine Initiative mit ihr in Verbindung treten oder sich literarisch mit ihr auseinandersetzen. An Erasmus etwa schreibt er 1516: „Es grüßen Dich meine beiden Schwestern [...] die beständig Deine Schriften in Händen halten [...] sie sind gelehrter als viele Männer, die sich gelehrt dünken. Sie würden Dir lateinisch schreiben, wenn sie ihre Briefe nicht für unangemessen hielten."[17] Willibalds Charakterisierung der Schwestern als „mulieres multis viris, qui sibi scioli videntur doctiores" ist nicht nur topische Floskel, sondern Ausdruck einer ungewöhnlichen intellektuellen Hochschätzung, vor allem für Caritas. Wie für Tucher hat auch für ihn der Briefwechsel mit ihr zentrale Bedeutung. Immer wieder nennt er sie seine „Herzenshälfte" („mea dimidium animi")[18] und betont, daß ihre lateinischen Briefe ihm „unendlich wohltäten und sich seiner Seele so heilig einprägten".[19] 1513 und 1519 tritt er mit zwei Widmungsvorreden zu Werkausgaben des Plutarch und Fulgentius,[20] die er Caritas offiziell dediziert, an die literarische Öffentlichkeit und stilisiert sie hier programmatisch als humanistische Idealfigur, die *eruditio* mit *probitas* verbinde und auch als Frau den richtigen Blick für die *bonae litterae* besäße. Im Blick auf das den Humanisten so wichtige Ziel von *gloria* und *immortalitas* entwickelt er eine an antiken Vorbildern orientierte Bildungsgenealogie seiner Familie, in der Caritas weiblicher Höhepunkt an *eruditio* und *virtus* ist. Dezidiert fordert er sie auf, auch andere Frauen in ihrem literarischen Studium zu unterstützen, denn die daraus gewonnene virtus allein überlebe, ein Aspekt, den ja auch Erasmus' Magdalia vor Augen hat.

Die neue Hrotsvith – Conrad Celtis und das Programm einer lateinischen Dichtungstradition in Deutschland

Caritas Pirckheimers von den Zeitgenossen und der Nachwelt vielbeachteter lateinischer Briefdialog mit Conrad Celtis, dem ersten *poeta laureatus* in Deutschland, den Willibald Pirckheimer, der Freund und Förderer von Celtis, vermittelte, stand nicht so sehr im Zeichen persönlicher Sympathie. Er war vielmehr Teil einer von beiden geförderten Strategie zur Etablierung einer eigenen lateinischen Literaturtradition, die auch deutsche Protagonistinnen einschloß. Mit der Entdeckung der lateinischen Werke der Hrotsvith im Kloster St. Emmeram in Regensburg um 1494 und ihrer Edition von 1501 hatten Celtis und der Humanistenkreis um Pirckheimer einen wichtigen historischen Beleg dieser lateinischen Tradition deutscher Provenienz gefunden und die Idee der literarischen *translatio imperii* in Konkurrenz zu Italien historisch fundiert. Indem Celtis in der Widmungsvorrede zu seiner Hrotsvith-Ausgabe Caritas als neue *virgo docta* in der direkten Sukzession der gelehrten Nonne von Gandersheim feiert und sie in die römisch-lateinische, wie die biblische Literaturtradition einreiht, hat er für die deutschen Humanisten eine aktuelle Symbolfigur modelliert.[21] Er ordnet sie gelehrten Frauen der Vergangenheit zu, die zum topischen Repertoire in der humanistischen Frauendiskussion des 16. Jahrhunderts gehören – Sappho, Cloelia, Ruth, Judith, Hester, Corinna, Proba – und wird mit dieser ‚weltgeschichtlichen‘ Würdigung zum Initiator weiterer Verehrungsadressen vieler gelehrter Humanisten seiner Epoche. 1502 wiederholt und poetisiert er in einer großen Ode auf Caritas die Aspekte einer gelehrten Genealogie und betont in antiken Analogien („virgo benedocta Romana lingua / virgo Romanis similis puellis / virgo Germanae decus omne terrae") ihre Funktion als Kultfigur eines christlichen Humanismus deutscher Nation.[22] In dieser Rolle, die Celtis als der führende humanistische Dichter um 1500 ausformulierte, wird Caritas in der Folgezeit zu einem Topos der *eruditio*. In einem humanistischen Kompendium „berühmter Frauen" erscheint sie schon zehn Jahre vor Erasmus' Würdigung in seinen «Colloquia» im europäischen Konzert hochgelehrter Frauen als „mulier egregie erudita, natione Germana".[23]

Die weibliche Strategie der humilitas im literarischen Gespräch

Für fast alle humanistisch gebildeten schreibenden Frauen der Epoche war es ein psychologisches Problem, ihre neue ungewöhnliche Position als Gelehrte und Literatinnen sich und der Öffentlichkeit gegenüber zu begründen. Die Eroberung des exklusiv männlichen lateinischen Sprachterrains – in traditionell geprägten Kreisen oft als Verrat an der genuin weiblichen Bestimmung betrachtet – löste nicht selten Aggression, Diffamierung oder sarkastische Denunziation aus. Viele schreibende Frauen suchten dies durch literarische Unterwerfungs- und Beschwichtigungsgesten aufzufangen. Die *humilitas*-Rolle war eine in der weiblichen Literatur verbreitete Strategie, um ins Gespräch zu kommen und akzeptiert zu werden. Sogar in Italien, wo der Prozeß literarischer Emanzipation von Frauen viel früher begann und bei manchen Autorinnen des ausgehenden 15. Jahrhunderts schon in feministisches Selbstbewußtsein umschlug, sind Bescheidenheitstopoi, die die sprachliche und inhaltliche Inferiorität dem männlichen Adressaten oder der Öffentlichkeit gegenüber betonen, die Regel.[24] Sie gehören zum Ritual weiblichen Schreibens im 16. Jahrhundert und auch Caritas Pirckheimer bedient sich ihrer. Sie wie andere Frauen ihrer Epoche kompensieren mit der *humilitas*-Rolle nicht nur reale sprachliche Unsicherheit, sondern spielen, sofern sie in der lateinischen Sprache und Rhetorik souverän zu Hause sind, schon mit dem Topos weiblicher intellektueller und stilistischer Schwäche. Auch Caritas variiert die in der humanistischen Rhetorik besonders verankerte Stilfigur der *humilitas* männlichen Adressaten gegenüber, besonders typisch in ihren stilistisch brillanten Episteln an Conrad Celtis.[25] Programmatisch schreibt sie als *oratrix humilis* und bietet dem Rhetorikprofessor und *poeta doctus* gegenüber alle dialektischen Mittel auf, um einerseits – mit den Topoi männlicher Vorurteile spielend – sich als *idiota* und *ignara ac simplex puella*, als unwissendes und einfältiges Mädchen, psychologisch zu entlasten, andererseits ihre aus dem eleganten lateinischen Brief selbst sich ergebende *eloquentia* und *eruditio* umso wirkungsvoller zu akzentuieren.

Der rhetorische Demutsgestus ist aber nur die ‚Außenansicht‘ der *humilis oratrix*, die zeigt, daß sie die Gesetze der von Männern entwickelten akademischen Sprachkultur beherrscht. Gerade im Briefgespräch mit Celtis wird klar, daß es jenseits der formalen *humilitas* eine geistliche ‚Innenansicht‘ dieser Haltung gibt. Sie leitet aus der theologisch begründeten Demut einen dezidierten Sendungsauftrag ab, der die Grenzen ihrer Bewunderung für die gelehrte Männerwelt, insbesondere Celtis, offenbart. Wenn sie in ihrem Brief an Celtis von 1502 nach ihrer rhetorischen Proskynese zur Sache kommt, fällt alle *parvitas* ab und sie hält dem *doctor philosophiae* ein vehementes Kolleg über die Prioritäten und Perspektiven von Wissenschaft und Dichtung. Mit Prägnanz entwickelt sie ihre kritische Sicht auf profane Wissenschaftsgläubigkeit und Hybris der Gelehrten im Humanismus, deren Gelehrsamkeit ohne christlich fundierte Liebe sie ablehnt („scientia sine charitate magis damnabilis quam laudabilis dinoscitur"). Wissenschaft allein bläht auf, Liebe baut auf („scientia inflat, charitas aedificat").[26] So spricht – trotz aller formalen Anpassung an die Normen der *viri docti* – nur eine emanzipierte Frau mit geistiger und geistlicher Unabhängigkeit. Man glaubt Agrippa von Nettesheim zu hören, wenn sie sich gegen alle Männer und Gelehrten wendet, „die sich fälschlich erheben und Worte, Handlungen und Darstellungen von Frauen so gering schätzen, als hätten nicht beide Geschlechter einen Schöpfer".[27] Caritas war 35 Jahre alt, als sie 1502 ihre humanistisch-christliche Position so souverän formulierte, und es erstaunt nicht, daß gerade die beiden Briefe an Celtis und drei Grundsatzbriefe an Willibald Pirckheimer 1515 durch Druck in der humanistischen Welt bekannt gemacht wurden. Ihr wachsender Ruhm als *virgo doctissima*, die mit ihren geschliffenen lateinischen Botschaften in der *respublica litteraria* reüssierte, muß ihre Ordensoberen, die Franziskaner, verunsichert haben. 1502 versuchen sie durch ein rigoroses Lateinverbot ihre humanistische Gesprächsfähigkeit zu torpedieren. Die durch ihre Abtswahl 1503 vollzogene brisante Kombination von geistlicher Würde, sprachlicher Kompetenz und eigenwilliger Denk- wie Dialogbegabung schien für die

Erhaltung der alten paulinischen Maxime *mulieres in ecclesiis taceant* (1. Kor. 14, 34) zu gefährlich. Dieses bornierte Verhalten der „geistlichen Holzfüßler", wie Willibald die Franziskaner in einem Brief an Celtis spöttisch kommentiert,[28] hat Caritas nie öffentlich erörtert, ihre humanistischen Beziehungen aber weitergepflegt. In einem Nachruf auf einen geistlichen Freund der Äbtissin schreibt der Humanist Scheurl 1513, Caritas sei inzwischen eine gelehrte Institution in Nürnberg, ihr Kloster ein „Wallfahrtsort" für durchreisende *viri docti,* die ihre *eruditio, humanitas, eloquentia, sapientia* und *integritas* erleben und würdigen wollten.[29] Wie sehr sie all diese humanistischen Tugenden in der Turbulenz der kommenden religiösen Auseinandersetzungen noch brauchen würde, ahnten weder sie noch ihre Freunde um diese Zeit.

Denkwürdigkeiten – die Äbtissin als Akteurin und Chronistin der Zeitgeschichte

Die Jahre zwischen 1503 und 1524 waren nicht nur der Lebensabschnitt, in dem Caritas sich zur humanistischen Leitfigur entwickelte, sondern auch eine Blütezeit ihrer Klostergemeinschaft, der sie mit großem organisatorischem und diplomatischem Geschick vorstand. Eine Vielzahl deutscher Briefe, Bitt- und Dankschreiben belegt die Fülle pragmatischer Aufgaben in der Verwaltung des an Grundbesitz und Wirtschaftsbetrieben so reichen Klaraklosters. Bereits nach 1500 beginnt sie eine lateinische Geschichte des Klaraklosters zu bearbeiten und zu übersetzen, um das Geschichtsbewußtsein im Orden zu beleben.[30] Ihre 1524 begonnenen «Denkwürdigkeiten», eine minutiöse Darstellung der reformatorischen Auseinandersetzungen, sind ein zweiter Beleg ihres auch humanistisch mitgeprägten Sinns für Quellensammlung und Dokumentation. Sie führte sie bis 1528 und überlieferte so der Nachwelt einen präzisen stadt- und religionsgeschichtlichen Einblick in Ereignisse, Parteiungen und Positionen der Reformationsgeschichte in Nürnberg. Erst 1521 unter dem Eindruck der zunehmenden Polarisierung und Radikalisierung der Standpunkte und Aktionen wandelte sich ihre humanistisch geformte intellektuelle Toleranz gegenüber den theologischen Thesen der Lutheraner zu einer kämpferischen orthodoxeren Haltung. 1522 greift sie mit einem Brief an den Luther-Gegner Hieronymus Emser öffentlich in die Glaubenskontroversen ein; durch eine Indiskretion wird er, entstellt mit Schmähreden auf Caritas und Emser, von Lutheranern publiziert. Noch ehe dieser publizistische Eklat, der Caritas ins Gerede brachte, aus der Welt war, spitzte sich in St. Klara die Lage zu.

Caritas beschreibt in ihren «Denkwürdigkeiten» die Repressalien und die massive Existenzbedrohung, der sie und ihr Konvent ausgesetzt waren. Erst 1525 kam es durch eine Intervention Melanchthons[31] zu einer Beruhigung der Lage im Konvent, der nun wie eine altkirchliche Insel in der reformierten Stadt Nürnberg ohne Chance auf Fortbestand und personelle Erneuerung seinem nahen Ende entgegenging. Auch die von Caritas und ihrem Bruder gemeinsam konzipierte «Oratio apologetica», eine Schutzschrift für das Klarakloster,[32] konnte den Verfall der Kommunität, die nach dem Beschluß des Rates keine Novizinnen mehr aufnehmen durfte, nicht aufhalten. Den letzten erhaltenen Brief vom 7. März 1530 an den Theologen und Humanisten Kilian Leib unterschreibt Caritas als *abbatissa inutilis*.[33] 1532 stirbt sie – zwei Jahre nach ihrem Bruder – mit 66 Jahren. Im Eintrag des Totenbuchs tritt ihr humanistisches Profil als *virgo docta* und Leitfigur einer ganzen Generation von Gelehrten in Deutschland hinter der geistlichen Physiognomie als Klarissin, wie dies auch ihr idealisiertes Portrait überliefert,[34] zurück. Trotzdem hält auch die einfache deutsche Würdigung ihrer Mitschwestern ihre herausragende Beispielhaftigkeit und emanzipierte Glaubenshaltung fest, die ohne humanistische Prägung so klar und selbstbewußt nicht denkbar ist:

Anno 1532.. verschied die eerwirdig muter abtissin [...] ein spiegel aller geistlichkeit und ein liebhaberin aller tugend, die groß schrekken und betrübnis hat gehabt [...] in der Lutterey uns erhalten [...] in aller mütterlichen trew [...] des wir unser leben lang nit kunen verdancken.[35]

Margarete Peutinger (1481–1552) – Die *uxor docta* und das Exempel einer gelehrten Ehe

Doppelportrait eines Humanistenpaares – die Frau im Schatten der Geschichtswissenschaft

Im Jahre 1543 vollendet der Hofmaler Karls V. Christoph Amberger zwei Portraits des Augsburger Patriziers Conrad Peutinger und seiner Frau Margarete Welser,[36] die zu diesem Zeitpunkt auf eine 44jährige Ehe zurückblicken, ein in dieser Epoche ungewöhnlich glückliches Schicksal. Der gesuchte Maler der feinen Augsburger Gesellschaft portraitierte hier nicht irgendeines der reichen Paare der mächtigen Handelsmetropole, die – inspiriert vom Wunsch nach dynastischer Kontinuität – sich für ihre Privatgalerien und Kunstkabinette verewigen ließen. Vielmehr sehen wir ein humanistisches Muster-Paar vor uns, das durch Abkunft, Talent, Bildung und humanistische Strategie zum weithin bekannten *exemplum* gelehrter Partnerschaft geworden war.

Während Conrad Peutingers Fama als Humanist, Historiker, Sammler und Autor des 16. Jahrhunderts lebendig blieb, scheint Margarete, seine *uxor docta*, wie prominente Vertreter des deutschen Humanismus sie nannten, im Bewußtsein der Allgemeinheit wie der Forschung fast vergessen – oberflächlich betrachtet zu Recht. Denn die kulturgeschichtliche Bedeutung Conrad Peutingers für die Epoche des Humanismus ist ungleich größer, die wissenschaftlich-literarische Produktivität und der Radius seiner gelehrten Kontakte so weitgespannt, daß die Dominanz seines Lebenswerks ihren Anteil an dieser Partnerschaft und ihre Fama schon ab dem 17. Jahrhundert verwischte und durch seinen Schatten

Conrad und Margarete Peutinger. Portraits von Christoph Amberger (1543)

überdeckte. Das Desinteresse der Literaturgeschichtsschreibung an den oft unscharfen, verschütteten Spuren weiblicher Präsenz in der Literatur vergangener Jahrhunderte betrifft nicht nur Margarete Welser. Es ist ein allgemeineres Problem der Forschung, das sich durch einen geschärften Blick auf soziale Phänomene und kulturgeschichtliche Zusammenhänge erst langsam zu lösen beginnt. Die Fixierung auf die Rolle des Manns in der Geschichte und seine ‚großen Werke' hat besonders auf die Interpretation des Anteils von Frauen an der literarischen Kultur hemmend gewirkt und zu einem selektiven Geschichtsbild geführt. Schon Agrippa von Nettesheim macht in seinem Traktat «De nobilitate foeminei sexus» auf ungerechte Verzerrungen männlicher Geschichtsbetrachtung aufmerksam und ruft provokativ zu weiblicher Gegendarstellung auf. Im Kontrast zu Agrippa, der zu Überspitzung neigt, zielt dieser Versuch, die blassen Konturen einer fast vergessenen *femina docta* aufzufrischen, nicht auf eine feministische Heroisierung der Frau zu Ungunsten des Manns, sondern auf eine Analyse der in der Forschung des 16. Jahrhunderts noch kaum interpretierten historischen Kategorien und Akzentuierungen der Frauenfrage in der humanistischen Gelehrtenrepublik. Nach Caritas Pirckheimer, der *virgo docta*, vertritt Margarete Peutinger einen zweiten, von der humanistischen Programmatik propagierten Frauentypus, den der *uxor docta*, deren fiktives Idealbild Erasmus in Magdalia schuf.

Die Ehe als Bildungsprogramm des Humanisten

Im Jahre 1498 heiratet Margarete Welser – ihr Vater Anton Welser ist der Schöpfer eines Wirtschaftsimperiums – den Doktor beider Rechte Conrad Peutinger. Er ist 33 Jahre alt, seit kurzem in verantwortungsvoller Position als Stadtschreiber, außenpolitischer Berater und diplomatischer Vertreter für die Handelsmetropole tätig. Als Initiator und geistiger Mittelpunkt eines humanistischen Zirkels, der berühmten „Sodalitas litteraria Augustana", die nach Conrad Celtis' Plan zusammen mit weiteren gelehrten Gesellschaften in Deutschland eine fundamentale Erneuerung in Wissenschaft, Kultur und Gesellschaft nach antikem und italienischem Muster bewirken soll, verbinden ihn Freundschaften mit vielen prominenten Humanisten seiner Zeit. Seine umfangreiche Korrespondenz mit der kulturellen Elite nördlich der Alpen – Pirckheimer, Celtis, Beatus Rhenanus, Erasmus, Reuchlin, Hutten, Aventin, Brant und vielen anderen – weist ihn als „hochgelehrten Mann und Zierde der Wissenschaft" („homo multae eruditionis, literarum decus") aus, wie Trithemius in seinem «Catalogus illustrium virorum Germaniae» vermerkt.[37] Kaiser Maximilian, dessen vertrauter Rat er sich nennen kann, hört ihn in vielen historischen, politischen und künstlerischen Fragen.[38] Als Antikensammler und Besitzer einer reichen Privatbibliothek Anziehungspunkt von Gelehrten, initiiert er durch seine antiquarisch-historischen Kenntnisse und philologische Akribie die humanistische Quellenkunde ganz wesentlich.

In dieses kulturelle Umfeld kommt die junge, talentierte und gebildete Margarete Welser 1498; ihr Ehemann berichtet in einem Grundsatzbrief an den berühmten Reuchlin: „Ich habe eine Jungfrau zur Ehe genommen, noch nicht achtzehn Jahre, züchtig, maßvoll, schön, ehrbar (pudicam, temperatam, pulchram, honestam) und ziemlich vertraut mit der lateinischen Literatur (latinis literis imbutam)."[39] Hier spricht unverkennbar der Humanist, der die lateinische Bildung seiner Frau in der Reihung der Vorzüge ans Ende setzt, weil er weiß, daß nur die *femina docta* auf dem humanistischen Parkett reüssieren wird. Für Peutinger sind allerdings die Lateinkenntnisse, die Beherrschung von Rhetorik und Poetik bei seiner Frau nicht nur kulinarisches Accessoire einer erotischen Beziehung, wie etwa bei Pietro Bembo, der einmal meinte, „ein junges Mädchen soll Latein lernen, das steigert seinen Reiz aufs Höchste".[40] Peutinger schreibt, er habe sich der Ehe als einer *institutio divina* überantwortet, um endlich in wahrer Liebe (*amore vero*) von der „Ungebundenheit eines ausgelassenen Lebens" (*libertate lasciviendi*) befreit zu sein. In humanistischer Sprachverbundenheit plant er eine gelehrte Partnerschaft, zu der ihm „für sein Studium" Gott „eine Gefährtin und begeisterte Anhängerin, Parteigängerin" in der „vertrautesten Lebensform, die möglich ist, zur Seite gestellt hat" („studio nostro sociam et asseclam familiarissime nobis collocavit").[41] Dieser wichtige Brief an Reuchlin, den großen Humanisten, Gräzisten, Lehrer Melanchthons und Freund Pirckheimers, hat über das Private hinaus Programmcharakter. Seine Publikation 1514 und 1519 in zwei Anthologien mit ,Briefen berühmter Männer' («Clarorum virorum epistolae») belegt die Bedeutung, die Peutinger und sein Humanistenzirkel diesem Bekenntnis zu einer neuen Beziehung zwischen Ehepartnern beimaßen und zeigt, daß sich die aus Italien kommende humanistische Programmatik eines neuen Frauenbildes – die auch einen ,neuen Mann' voraussetzt – bereits in einer realen Lebensgeschichte zu manifestieren beginnt.

Es ist noch nirgends im Zusammenhang interpretiert worden, wie dieses ehrgeizige Modell humanistischer Partnerschaft tatsächlich umgesetzt wird, welche Strategien entwickelt werden und wer in Deutschland an der Inszenierung beteiligt ist. Die grundsätzliche Rollenverteilung von Mann und Frau beim ,Entree' in die *respublica litteraria* ist noch deutlich traditionell, die Dominanz des *vir doctus* bei der Eröffnung des gelehrten Dialogs unübersehbar. Erfahren in der Gelehrten-Hierarchie und in den Spielregeln humanistischer Selbstdarstellung, tritt er als Regisseur und Vermittler der Frau auf der literarischen Bühne auf. Peutingers Einführung seiner Margarete beim prominenten Reuchlin liest sich wie eine Parallelaktion zu Willibald Pirckheimers Initiative, der aus Nürnberg an Reuchlin schreibt: „Ich bitte Dich, wenn Du mich liebst, schreibe doch einmal an Caritas lateinisch, ich werde sie veranlassen, Dir zu antworten."[42]

Folgt man in den überlieferten Quellen den Spuren weiblicher Gelehrsamkeit im Hause Peutinger, so formieren sich die verstreuten Einzelaussagen, vor allem in den Briefen, zu einer sorgfältig und strategisch geplanten literarischen Konstruktion, deren Ziel ein nach außen sichtbares und beispielhaftes Modell einer humanistischen Ehe und Familie ist, das gezielt auch die Töchter einbezieht. Wie im Fall der Nürnbergerin Caritas, die unter der Regie ihrer gelehrten Briefpartner zur Leitfigur wurde, beruht auch Peutingers Inszenierung einer humanistischen Modell-Ehe auf dem Konsens der *respublica litteraria*. Zweifel, an einer bloß eitlen, prestigesüchtigen Privatlegende mitzuwirken, scheint bei keinem der Mitakteure aufgekommen zu sein. Zu sehr war man sich in den Humanistenzirkeln Nürnbergs und Augsburgs der kulturpolitischen Aufgabe bewußt, eine neue Gesellschaft auf der Basis produktiver Antikerezeption und in Konkurrenz zu Italien zu schaffen, und dazu gehörten eben auch die *feminae doctae* deutscher Nation. Daß sich die „einheimischen Aspasien und Corinnen",[43] die gelehrten Literatinnen vom Schlage der Vittoria Colonna und Cassandra Fedele nur zögernd einstellten, liegt an der kulturellen Verspätung der Renaissance in Deutschland und am Mangel kultureller Zentren, in denen sich Gelehrten- und Hofkultur auf so produktive Weise wie in den Stadtstaaten Italiens hätte verbinden und ein entsprechend emanzipatorisches und kultiviertes Klima auch für Frauen entstehen können. Die Entwicklung eigener weiblicher Leitfiguren als Teil der Translatio-Idee vertrat Celtis auch gegenüber der Augsburger Sodalität, mit der er in engem Kontakt stand. Seine Mahnung, daß nicht nur er, sondern alle Deutschen, die ihm an *doctrina* und *ingenium* und an dem „was beides zusammenhält, nämlich das Geld" überlegen seien, angespornt werden sollten, ihren Beitrag zu leisten, war zweifellos an reiche und gelehrte Männer wie

Conrad Peutinger und Sixtus Tucher gerichtet. Dann, meinte er, käme „nicht nur das Römische Reich und seine Heeresmacht nach Deutschland gezogen, sondern auch der Glanz der Literatur".[44] Im Geist dieses ehrgeizigen Kulturprogramms entstanden neben seinen vielfältigen politischen und juristischen Verpflichtungen Peutingers erste Werke, die von einem neuen, an die Antike angebundenen Geschichtsbewußtsein inspiriert sind. Der enge Überlieferungszusammenhang seiner historischen Publikationen mit Texten zur *eruditio* und Literaturfähigkeit seiner Frau beweist die kulturpolitische Brisanz des Themas der Frauenbildung und eines humanistischen Familienmodells in der literarischen Diskussion um 1500. Seit 1499, dem Jahr seiner Verheiratung, verfolgt er die Idee, Frau und Töchter als humanistische *exempla* eines neuen Frauentyps zu präsentieren. Über die Söhne, die bald nach 1500 geboren werden, wird weniger geredet. Ihre humanistische Ausbildung ist in der Gesellschaftsschicht Peutingers bereits selbstverständlich.

Das weibliche Wunderkind als humanistisches Phänomen – Juliana Peutinger

Es muß Conrad Peutinger höchst willkommen gewesen sein, daß Margarete Welser, seine *socia docta*, als erstes Kind eine Tochter zur Welt brachte, die er bereits 1503 Reuchlin als lateinisches Sprachwunder vorstellen konnte.[45] Die Fama von der erstaunlichen Frühbegabung der Juliana, die zum Zeitpunkt des Briefs drei Jahre alt war, breitete sich schnell aus. Typisch humanistisch ist die Betonung ihrer frühen Lateinkenntnisse, die auch bei der ‚Gelehrten en miniature‘ zentrale Bedeutung haben. Juliana ist eines der ersten kleinen weiblichen *miracula saeculi* des 16. Jahrhunderts und Peutinger nutzt das Talent seiner Tochter, die vom *poeta laureatus* Celtis den Ehrentitel *latina filia* bekommt,[46] schon ein Jahr nach seinem Brief über sie an Reuchlin (der 1514 und 1519 gedruckt wurde) zu einem spektakulären öffentlichen Debüt.

1504 hält die kaum vierjährige Juliana eine lateinische Begrüßungsrede für den in Augsburg einziehenden Kaiser Maximilian. Zum Erstaunen aller und zur Genugtuung der humanistischen Gesellschaft hat Augsburg, das ‚schwäbische Florenz‘, sein weibliches Wunderkind. Denn in Italien gehörte die Präsentation weiblicher Frühbegabungen, vor allem ihrer lateinischen Rhetorik, schon lange zum Bildungszeremoniell öffentlicher Feste.[47] Zur Demonstration ihres politischen und kulturellen Machtanspruches, ihrer Eliteposition, traten die Töchter der italienischen Aristokratie oder des Patriziats mit ihrer neuerworbenen, vorher der Männerwelt vorbehaltenen *eloquentia* und *eruditio* ans Licht der Öffentlichkeit. Die Fama von den humanistisch gebildeten Töchtern der Gonzagas, Varanos, Malatestas, Sforzas war natürlich über die Alpen gedrungen und hatte die deutschen Humanisten zu perfekter Nachahmung angeregt. Wenn Juliana Peutinger, von ihrem Vater mit einer geschliffenen lateinischen Rede ausgestattet, vor Maximilian brilliert, so ist das nicht so sehr private Profilierungssucht, als vielmehr eine kulturpolitische Demonstration gegenüber Italien, daß das *imperium Rhomanum,* wie Celtis erklärte, „nach Deutschland" (ad Germanos) gekommen sei.[48] Schon 1505 und noch einmal 1520 erschien Julianas Rede im Druck.[49] Nach einer handschriftlichen Notiz am Rand eines Exemplars aus einer Humanistenbibliothek soll sie auf die Frage Maximilians, was sie sich als Gegengabe für ihre glänzende Rede wünsche, geantwortet haben: „Schencke mir eine hübsche Tocken".[50] Als alterstypische Reaktion eines kleinen Mädchens, das sich kein gelehrtes Buch, sondern eine hübsche Puppe wünscht, fand sie natürlich keinen Eingang in die offizielle gedruckte Textüberlieferung, sie korrigiert aber auf liebenswürdige Weise das humanistisch stilisierte Bild einer frühreifen *puella docta.* Juliana, die von den Eltern zum Muster weiblicher Gelehrtheit herangebildet werden sollte,[51] muß schon ein Jahr nach ihrer Rede „vor Kaiser und Fürsten" gestorben sein.[52] In der Korrespondenz des Vaters mit Blasius Hölzl, dem großen Mentor des Celtis-Kreises und Mitarbeiter Kaiser Maximilians, verstummen 1505 die Kommentare zu „Lulilana unsere kleine poetin".[53] Mit mancher der hoffnungsvollen *puellulae doctae* des 16. und 17. Jahrhunderts, die durch den anrührenden Gegensatz von körperlicher Zartheit und geistigen ‚Herkules-Kräften' einen besonders eindrucksvollen Beweis weiblicher Bildungsfähigkeit erbrachten und deshalb gehätschelte ‚Schaustücke' humanistischer Außendarstellung waren, teilt auch Juliana das Schicksal eines frühen Todes. Die topische, bis ins 18. Jahrhundert variierte Begründung für solch vorzeitig abgebrochene weibliche Karrieren stellt die Unvereinbarkeit von Genie und bürgerlichem Leben heraus. Die pragmatischere Erklärung ist die hohe Kindersterblichkeit dieser Epoche, die auch vor weiblichen Hochbegabungen nicht Halt machte. Conrad und Margarete Peutinger hatten zum Glück neun weitere Kinder, davon fünf Töchter. Vor allem die zweite Tochter Konstanze hat sich nach Juliana einen Namen in der *respublica litteraria* gemacht.

Die Unterweisung und Präsentation gelehrter Töchter als Teil des Bildungsprogramms humanistischer Väter – Konstanze Peutinger

Ulrich von Hutten wurde 1517 vom Kaiser Maximilian in Augsburg zum *poeta laureatus* gekrönt und Konstanze Peutinger, die schöne und lateingewandte Tochter durfte den von ihr geflochtenen Dichterkranz bei der feierlichen Zeremonie überreichen. In einem hochrhetorischen Grundsatzbrief – er ist die Hauptquelle für die Geschichte der Dichterkrönung Huttens – vom Mai 1518 würdigt der gekrönte Autor Peutingers Verdienst an dieser größten Ehre, die einem Literaten des 16. Jahrhunderts widerfahren konnte.[54] Peutinger hatte Hutten nämlich bei Maximilian für diesen Preis vorgeschlagen und zugleich geschickt Ziele seiner Familienpolitik damit verbunden. Durch Konstanzes Mitwirkung an einem solchen, die *respublica litteraria* bewegenden Literaturspektakel und die sich anschließenden humanistischen Briefgespräche wurde ihr Name publik. Peutinger konnte im übrigen damit rechnen, daß nach humanistischer Manier die Quellen dieses Ereignisses samt den Briefen, die von der Dichterkrönung handelten, schnell publiziert würden. Tatsächlich ließ Hutten schon 1518 seinen Brief an Peutinger, in dem Konstanzes Name vom *poeta laureatus* literarisch geadelt wurde, zusammen mit einem anderen Werk, der «Türkenrede» drucken. Die von Hutten als „herausragende Erscheinung ihres Geschlechts" gerühmte Konstanze, der er mehrere, leider verlorene Epigramme gewidmet haben soll,[55] machte ihrem ehrgeizigen Vater in der Folgezeit durch ihre eleganten lateinischen Briefe und eine illustre Verheiratung noch viel Ehre.

Einen dieser beredten Beweise ihrer *eloquentia* und ihres versierten Umgangs mit humanistischer Briefrhetorik überliefert der Humanist Gerhard Geldenhauer, der Freund von Erasmus und erster Rektor der Gelehrtenschule von St. Anna in Augsburg, der in der humanistischen Kulturpolitik eine wichtige Rolle spielt.[56] Der Brief Konstanzes, der der Überlieferungslage nach offenbar in Abschriften bei den *viri docti* als eindrucksvolles Beweisstück des fortgeschrittenen Bildungsstandes von Humanistentöchtern der Augsburger Sodalität kursierte, ging an den Vater, als der sich 1521 im Auftrag der Stadt beim Reichstag in Worms aufhielt, wo unter anderem auch Luthers Sache verhandelt wurde. Konstanze plaudert souverän wie ein männlicher Zeitgenosse, in flüssigem Latein und mit stilistischem Charme über das Leben im Hause Peutingers während dessen Abwesenheit. Der Brief ist sowohl vertrautes Privatgespräch, als auch humanistische Stilübung, die sie zur „Übung des Geistes und der Hand" („exercendi ingenii et manus")[57] verfaßt habe. Geschickt präsentiert sie sich in der Revue der behandelten Themen sowohl als interessierte Hausfrau wie als Intellektuelle und fleißige Besucherin der Bibliothek ihres Vaters; wie Magdalia agiert sie mit sensiblem Gespür für die Seele der vielen Folianten und suggeriert dem fernen „dominus et patronus librorum" ihr vertrautes Gespräch mit den Büchern, deren Jammern über die Abwesenheit ihres gelehrten Besitzers sie hören kann. Das imaginierte *confabulare* mit den Büchern – ein Thema Magdalias – wird hier als reale Situation beschrieben. Indem Konstanze am Ende ihrer eleganten lateinischen Epistel die Töchter des Thomas Morus grüßen läßt, die nicht nur als Vorbild für Magdalia fungierten, sondern in ganz Europa als Muster geglückter väterlicher Bildungsinitiative gerühmt wurden, rückt sie sich für die humanistischen Leser ihres Briefs in die illustre Nähe dieser prominenten Protagonistinnen weiblicher *eruditio*. Im Jahr 1525 heiratet Konstanze Peutinger den Ritter Melchior Soiter von Windach, Kanzler des Pfalzgrafen Friedrich II, einen Edelmann und Humanisten, der bei Ulrich Zasius, einem prominenten Verfechter humanistischer Frauenbildung, studiert hatte. Inspiriert von seinem Lehrer, der in einem seiner Briefe ausführte, es mache ihm großen Spaß mit den an Erasmus' Sprache geschulten gelehrten Kollegenfrauen zu disputieren,[58] entschied sich der Ritter für eine *puella docta* aus bestem humanistischem Haus. Wie manche andere gelehrte Tochter eines gelehrten Vaters in diesem und den folgenden Jahrhunderten brachte Konstanze, der Reuchlin ein griechisches Epigramm dedizierte,[59] nach ihrer Verheiratung ihre *eruditio* ganz ins „vertraute

Gespräch" mit dem humanistischen Mann und den Kindern ein. Auch ohne literarische Produktion würdigen sie die süddeutschen Humanisten aus Maximilians Umkreis als eine der *eruditae feminae aevi,* die es mit den großen Damen der Vergangenheit (*grandiloquae*) aufnehmen könne.[60] 1546 starb sie, ein Jahr vor ihrem Vater, den sie als prägende Leitfigur ihres Lebens („praeceptor, praesidium et decus")[61] beschrieben hat.

Modellierung und Kult der schreibenden und gelehrten Ehefrau – Margarete Peutinger

Parallel zur humanistischen Ausbildung und öffentlichen Präsentation der Peutinger-Töchter läßt sich in den Quellen die gezielte ‚Modellierung' Margarete Welsers zur humanistisch-literarischen Partnerin ihres Mannes verfolgen. Neben Reuchlin, Celtis, Hutten, Blasius Hölzl ist es vor allem Michael Hummelberg (1487–1527), prominenter Humanist, Theologe und Philologe, mit den bedeutendsten Männern seiner Zeit im Briefgespräch, der von Conrad Peutinger als Gutachter und Herold von Margaretes literarischem Talent herangezogen wird. Zusammen mit seiner 1505 gedruckten Inschriftenausgabe, die auch Julianas Rede enthält, schickt Peutinger 1512 den Entwurf eines Werks seiner Frau zur Begutachtung, Korrektur und Würdigung an Hummelberg mit dem ausdrücklichen Hinweis, sie habe diese lateinischen „Collectaneen" mit Sorgfalt („*diligentia*") und mit seiner Hilfe („auxilio nostro") eigenhändig („manu sua") verfaßt.[62] Das Werk trägt den Titel «Epistola Margaritae Velseriae»[63] und ist eine nach humanistischer Manier in Briefform geschriebene, hochgelehrte, numismatisch-epigraphische Abhandlung mit einer programmatischen Einleitung zur Rolle der gelehrten schreibenden Ehefrau. Während die «Dissertatio rerum antiquarum» in dreißig Kapiteln Conrad Peutingers Sammelinteressen und gelehrtes Wissen voraussetzt, spiegelt der Rahmenbrief Margaretes Lebensperspektive und ist so ein humanistischer Leittext zum Konzept gelehrter Partnerschaft in der Ehe, eines *connubium doctum.* Er ist programmatisch „ex Gynaeceo nostro", aus den Frauengemächern, geschrieben.[64] Vom numismatisch-epigraphischen Teil des Traktats existiert ein Fragment des Vorentwurfes aus der Feder Conrad Peutingers. So vertrat Paul Joachimson 1903 in einer kurzen Miszelle die These, die ganze «Epistola» sei eine plumpe Fälschung, Peutinger habe den Text aus krankhafter Ruhmsucht seiner Frau untergeschoben.[65] Diese punktuell handschriftenkundliche Deutung, die, ohne die humanistische Strategie dieses Kreises um Peutinger zu berücksichtigen, den Text als privates Täuschungsmanöver abtut, verkennt nicht nur Struktur und Sinn dieser literarischen Gemeinschaftsarbeit eines einzelnen gelehrten Paares, sie denunziert auch die legitimen, historisch begründbaren Anstrengungen einer ganzen Humanistengeneration, gebildete, literaturfähige Frauen hervorzubringen, als pathologische Hochstapelei.

Ich glaube, man wird einem Text wie der «Epistola» gerechter, wenn man ihn in den literarhistorischen und kulturpolitischen Gesamtzusammenhang der anderen Texte deutscher Humanisten zur Frauenbildung und zum Modell gelehrter Partnerschaft stellt, statt ihn mit misogyner Häme zu denunzieren. Zweifellos bedurfte die Frauengeneration um 1500 in Deutschland der rhetorischen und stilistischen Hilfen ihrer *viri docti*; Peutinger betont dies im Begleitbrief zur «Epistola» an Hummelberg ganz offen, wenn er von *nostro auxilio* spricht. Jenseits der textkritischen Probleme ist in unserem Argumentationszusammenhang bemerkenswert und wichtig, daß in einem lateinischen gelehrten Text dieser Zeit eine Frau als Sprechende und Schreibende auftritt und – unterstützt von ihrem Mann und der sie umgebenden Gelehrtenrepublik – ein Bekenntnis zu einem gemeinsamen intellektuellen und produktiven Leben abgibt. Im Gegensatz zu Hieronymus Emser, der in seinem Werk «Ein deutsche Satyra» von 1505[66] die Mühen einer Gelehrtenfrau beschreibt, die – inhaltlich von den Studien ihres Mannes weit entfernt – ihm bis spät in die Nacht die Kerze halten muß, vertritt Margarete – und mit ihr wohl Conrad Peutinger – nach zwölfjähriger Ehe noch immer die Maxime, daß das Leben einer *socia* und *assecla studiorum* keine Belastung, sondern geistigen Lustgewinn bedeutet. Für sie ist das gemeinsame Studium der richtige Weg zum richtigen Leben („vita recta et sincera"). Allerdings betont Margarete in ausdrücklichem Kontrast zu Emser, dessen Text sie kritisch gelesen hat, daß in einer humanistischen Ehe neuen Stils nicht mehr die Frau dem Mann die Kerze halte, sondern bei „hängender oder stehender Kerze" selber lese und schreibe. Allen gebildeten und charaktervollen Mädchen und Frauen („puellis, mulieribus moratis et eruditis") rät die «Epistola», den unproduktiven Dienst an der Kerze („servicium candelarium") aufzugeben und sich eigener und gemeinsamer Produktion mit dem Mann zuzuwenden.[67] Den Freunden des Peutinger-Paares war es jedenfalls kein Problem, in welchem ‚prozentualen' Verhältnis beide an der Produktion beteiligt waren, wie die humanistischen Würdigungen der Zeit beweisen. Margaretes und Conrads «Epistola» bringt eine positive und doch sehr moderne, kritische Definition der Ehe, die für die Frau nicht „excusatio" sondern „occasio discendi", eine intellektuelle Chance, Herausforderung, nicht eine bequeme Entschuldigung für den Rückzug aus einem eigenen Bildungsweg sein soll. Die Liebe, *amor,* ist dabei der beste Lehrmeister („magister optimus"),[68] und das bedingt im neuen, humanistischen Konzept vor allem auch einen pädagogischen Impetus der privilegierten Männer, ihre Frauen liebevoll zu emanzipieren. Hier liegt der Schlüssel zur Konstruktion dieses Peutinger-Textes, der Ergebnis gemeinsamen Studiums – für Margarete eine Quelle des Vergnügens („voluptas") – und Beitrag zu einer idealistischen Frauen- und Partnerphilosophie ist. Im Konsens mit der sie umgebenden Gelehrtengesellschaft wird hier der Bildungsvorsprung des gelehrten Manns zur wirksamen Außendarstellung des deutschen Humanismus und zur literarischen Emanzipation der Frau genutzt. Hummelbergs große Briefwürdigung der «Epistola» belegt das Zusammenspiel der Humanisten bei der Modellierung weiblicher Protagonistinnen für die eigene nationale Literaturszene. Alle Kriterien, die Humanisten dieser Generation an der Literatur schätzen, sind im Blick auf die *uxor docta* Margarete besprochen, der Gegensatz von traditioneller Frauenrolle und Margaretes literarischer Ambition hervorgehoben:

> Nichts, bei Herkules, ist seltener und erstaunlicher, als daß eine Frau, die geboren ist zum Stricken, Wollespinnen, zur Arbeit mit der Spindel und zur Kunst des Webens, es versucht, sich mit Männern, sogar mit sehr gelehrten, mit *eruditio* und *facundia* im offenen Kampf zu messen...[69]

Endlich sei im Schwabenland („terra Suevia") eine Frau gefunden, die mit den literarisch gebildeten und produktiven Frauen der Italiener, wie Cassandra Fedele, gleichzieht. Der Brief schließt mit einer Definition der humanistischen Partnerschaft, die auf intellektueller Gleichrangigkeit basiert und nicht nur eine *femina docta*, sondern auch einen Mann mit moralischer und hoher geistiger Bildung („nicht ein böotisches Schwein, plump und ungeschliffen") bedingt.[70] Hummelbergs Eloge von 1512 auf Peutingers vorbildliche Humanistenehe bleibt kein isoliertes Dokument. In zehn weiteren Briefen zwischen 1512 und 1524 greift er immer wieder das Thema der gelehrten Frau und ihrer Beziehung zum Mann auf, würdigt diese Lebensform im Kontrast zum eigenen zölibatären Weg und diskutiert sie im theologischen Zusammenhang der Ehe des hl. Paulus – eine Frage, die im Vorfeld der Reformation eine ganze Humanistengeneration heftig bewegte. Hummelberg, wie Rudolf Agricola[71] und andere *viri docti* um 1500, lebt als Priester und Theologe für sich und im Interesse seiner Studien lieber ehelos,[72] propagiert aber trotzdem den hohen gesellschaftlichen und ethischen Wert gebildeter, schreibender Frauen und emanzipierter Partnerschaften von Mann und Frau. Es gibt in Peutingers großem Briefcorpus einen Text, der diese Leitidee produktiver Arbeitsgemeinschaft mit einer humanistisch gebildeten, kritischen und produktiven Ehefrau in einer dichten ‚Alltagsszene', sozusagen mitten aus der realen Lebenspraxis, beschreibt.

Die Bibliothek als idealer Ort der Humanisten-Ehe

Peutinger schrieb 1521 einen großen Brief an Erasmus, der an ein persönliches Treffen mit ihm und Thomas Morus in Brügge im Hoflager Karls V. anknüpft und Erasmus zur Übersiedlung nach Basel gratuliert. Nach einem Kompliment zu dessen imposanter Hieronymus-Ausgabe leitet er geschickt zum eigentlichen Thema über, einer programmatischen Beschreibung seines gelehrten Lebens mit Margarete Welser. Schauplatz ist die Bibliothek des Hauses. Seine Frau arbeitet an einem eigenen Schreibtisch, wie er ausdrücklich betont:

> *Ecce, quid heri actum,* paß auf, was gestern geschah: Es war am zweiten Sonntag im Advent [...] entspannt erfreute ich mich [...] an meinen Münzen und der Lektüre [...] des Tacitus. In meiner Nähe saß meine Frau Margarita an einem eigenen Schreibtisch. Sie hatte Deine lateinischen Erklärungen zum Neuen Testament und die [...] wenig gelungene alte Übersetzung ins Deutsche vor sich. Mit den Worten ‚Ich lese Matthäus im 20. Kapitel und sehe, daß unser Freund Erasmus dem Matthäus etwas hinzugefügt hat', rief sie mich von meiner Arbeit weg. Ich entgegnete: ‚Und was ist es?' Sie wiederum: ‚Er redet von etwas, das im Deutschen nicht enthalten ist.'

Margarete drängt im folgenden nun zu einer ausführlich beschriebenen text-kritischen Analyse mit allen gelehrten Konkordanzen der Bibliothek und man kommt zum Ergebnis, daß Erasmus den ursprünglichen griechischen Text am adäquatesten wiederhergestellt hat. Peutinger schließt: „Ich hoffe, es ist Dir nicht unangenehm, daß Du als weithin berühmter Praeceptor nicht nur mich, sondern auch meine Frau tagtäglich belehrst.“[73] Als Beleg der gelehrten Philolo-gie seiner Frau legt er ihren Kommentar zur erforschten Bibelstelle bei. Urschrift des Briefs und Margaretes Beilage sind übrigens im Original erhalten.[74] Erasmus' Reaktion auf diese eindrucksvolle, als Erasmianisches ‚Colloquium' gestaltete und ganz auf das neue Konzept einer intellektuellen Lebens- und Arbeitsgemein-schaft hin stilisierte Szene ist verloren. 1524 jedenfalls erscheint sein «Collo-quium familiare» mit der gelehrten Magdalia als Hauptfigur, und geht man von dieser gelehrten Szene in der Bibliothek des Hauses Peutinger aus, so holt Erasmus' Fiktion nur noch die Realität von 1521 ein. Ob der große Erasmus allerdings dieser Ansicht war, bleibt offen. Denn er zitiert als reale Schwester Magdalias in Deutschland nicht Margarete Peutinger, sondern Caritas Pirckhei-mer.

Antike Spiegelungen eines humanistischen Paars

Margaretes Fama wurde auch ohne ein literarisches Denkmal aus der Feder des Erasmus weiterverbreitet. Die süddeutschen Humanisten hielten ihr Bild als *mulier doctissima, optima et erudita coniunx* lebendig. Den letzten erhaltenen Beitrag zu ihrer Apotheose liefert Sixtus Birk, der als humanistischer Sodale Xystus Betuleius auch mit Caritas und Olympia Morata Verbindung hatte. Drei Jahre vor Peutingers Tod widmet er ihm seinen 1544 in Basel gedruckten Kommentar zu Ciceros «Cato maior», einer Schrift über das Alter, und spiegelt den Freund in Ciceros Gedanken und Erfahrungen.[75] Als besonderen Glücksfall würdigt er seine Partnerschaft mit Margarete Welser, die für ihn zu den ‚Heroi-den' („mulier inter heroidas numeranda") der Epoche zählt. Gegen die Konven-tion ihrer Zeit habe sie sich den Wissenschaften gewidmet, ihre Kinder sogar in sie eingeführt und sei so ein seltenes Beispiel ihres Geschlechtes in ihrem Jahrhundert („rarum exemplum nostri saeculi"). Das Modell ihrer glücklichen Ehe („felicissimum coniugium") überträfe selbst *exempla* aus der Antike, von deren Zeugnissen das Haus Peutinger voll sei. Conrad Peutinger, dessen Haus auch eine Sammlung römischer Ehe-Epitaphien enthielt, hat seine eigene Ehe doch auf die Antike bezogen und in seinem „ehelichen Gemach" das Epitaph eines C. Julianus, der seine coniunx als „Muster einzigartiger Züchtigkeit" liebevoll rühmt, anbringen lassen.[76] Verglichen mit dieser auch von Birk zitierten Inschrift[77] übertrifft Margarete, die *Patricia Augustana*, sie in der Tat. Denn sie fügte in ihrer Ehe, die sie als *occasio discendi* begriff, dem traditionellen Frauenbild die humanistische Tugend der *eruditio* hinzu. Nicht nur der eigene Mann, viele Gelehrte ihrer Epoche haben ihr dies bestätigt.

Olympia Morata (1526–1555) – Die *poeta docta* als Verwirklichung
eines humanistischen Ideals

Die poeta docta – *ein bezweifeltes Wunder in Deutschland*

Im Dezember 1550 schreibt der in Basel lebende Humanist und Autor Celio
Secondo Curione an Sixtus Birk:

> Du schreibst, es sei Dein Wunsch, etwas Sicheres über unsere Olympia zu erfahren, weil
> sehr viele ihren Namen für eine Fiktion [*nomen fictum*] halten. Ich will Deinem Wunsch
> sehr gern und in wenigen Worten nachkommen...[78]

Die Vita Olympia Moratas, die Curione, ihr wichtigster literarischer Mentor
für Sixtus Birk und seine *Sodalitas Augustana* zusammenstellt, führt die süddeutschen Humanisten an eine Frau heran, die eine so erstaunliche Gelehrte und
Dichterin war, daß nicht wenige Zeitgenossen in Deutschland sie für das
Pseudonym eines *vir doctus* hielten. Curione, bereits ein Freund und Universi-
tätskollege des Vaters, verfolgte ihren Lebensweg von Anfang an. Der Brief
referiert, neben den biographischen Daten, gezielt die in der deutschen humanistischen Diskussion zentralen Aspekte von gebildetem Familienhintergrund,
natürlichem Talent, gezielter humanistischer Ausbildung, der daraus resultierenden *eruditio*, die antiken Vorbildern standhält, und geglückter Partnerschaft mit
einem *vir doctus*. Nach dieser Revue einer auf die klassisch-humanistischen
Werte hinstilisierten Charakterisierung ihrer Person kommt Curione auf das
Werk Olympias zu sprechen, das spontaner Anlaß von Birks Anfrage in Basel
war, ein höchst artistisches griechisches Gedicht nach Psalm 46, das in deutschen
Humanistenkreisen Faszination und Irritation auslöste, weil man es offenbar
keiner Frau zutraute; es ist uns im Original und in einer lateinischen Transkription erhalten, die Birk später für die Ausgabe der Werke Olympias verfaßte,[79]
nachdem ihm Curione die Identität der Autorin glaubhaft versichert hatte.

> Es besteht kein Grund, daß Du Zweifel hegst wegen des in griechischer Sprache
> verfaßten Gedichts [...] es ist ein Werk der wirklichen, wahrhaftigen Olympia [*opus verae
> Olympiae*], was für mich, der ich sie von zarter Jugend an kenne und ihre anderen Werke
> gesehen habe und besitze, kein Wunder scheint. Sie ist nämlich in der griechischen wie
> lateinischen Literatur und Wissenschaft [*literis et disciplinis tum Graecis tum Latinis*] mehr
> als man fassen kann gebildet [*supra quam quis credere possit exculta*] und durch ihr Wissen
> in religiösen Dingen berühmt [*scientia religionis illustrata*].
> Soviel über Olympia [...][80]

Nach Caritas Pirckheimer und Margarete Peutinger ist Olympia Morata die
jüngste und zweifellos als Literatin und Humanistin – nicht nur in den Augen
von Curione – die bedeutendste Frau, die der deutsche Humanismus zwischen
1500 und 1550 aufzuweisen hat. Keine *virgo docta* und auch keine der gelehrten
Ehefrauen gelehrter Männer in Deutschland verdient wie sie den Titel einer *poeta
docta*. Hätte sie nur ein wenig länger gelebt, sie wäre wahrscheinlich die erste

Olympia Fulvia Morata

poeta laureata in Deutschland und die erste Universitätslehrerin für Griechisch an der Universität Heidelberg geworden.[81] Dozentur und Dichterkrönung waren vom Kreis ihrer humanistischen Freunde geplant, als sie mit 29 Jahren 1555 in Heidelberg starb. In Gegensatz zu manchem als Wunderkind stilisierten mittleren Talent des 16. Jahrhunderts war sie ein wirkliches *miraculum seculi,* eine geniale Naturbegabung, die auch in Italien, wo sie als Tochter eines Professors für Poetik und Rhetorik an der Universität Ferrara, sozusagen im Stammland ‚humanistischer Wunderkinder‘ zur Welt kam, Aufsehen machte. Ihre Übersiedlung und ihr literarischer Auftritt in Deutschland, das nach ihrer Vertreibung aus Italien im Zuge der reformatorischen Verfolgungen zur Heimat wurde, löste zuerst Irritation in der *respublica litteraria* aus, wurde aber dann von den süddeutschen Humanisten, die ihre Werke lasen, als kulturpolitischer Glücksfall betrachtet. Denn viele Männer ihrer Generation in Deutschland besaßen nicht einen Bruchteil ihrer sprachlichen und stilistischen Souveränität, die sich in Briefen, Abhandlungen und vor allem ihrer griechischen Lyrik spiegelt.

Vom literarischen Wunderkind zur Dichterin – Stationen der Selbstreflexion

Olympias Lebensweg zwischen 1526 und 1555 ist wie bei keiner der bisher beschriebenen Frauen von Antinomien geprägt. Ihre Vita, in der sich die produktiven und zerstörerischen Kräfte einer großen gesellschaftlichen und religiösen Aufbruchszeit wie in einem Brennpunkt sammeln, war voller innerer und äußerer Dramatik, die in Curiones lateinischer Lebensbeschreibung humanistisch harmonisiert und stilisiert erscheint. Die politischen Irritationen, aber auch die emotionalen Brüche und Einbrüche einer intellektuellen und gesellschaftlichen Karriere der genial begabten, sensiblen und physisch zerbrechlichen jungen Frau sind im topischen Kanon klassisch humanistischer Vitensprache geglättet oder eliminiert. Wie bei Caritas und Margarete war auch Olympias Umfeld für eine gelehrte literarische Karriere günstig. Der Vater, Humanist, seit 1522 als Rhetorik- und Poetikprofessor Lehrer am Hof der Este in Ferrara, einem glänzenden Kulturzentrum, erkennt früh das *summum ingenium* seiner Tochter und fördert es als Privatlehrer gezielt. Bis ins 18. Jahrhundert sind die weiblichen Talente und Wunderkinder Töchter gelehrter Väter oder aus adeligem Haus mit der Chance akademischer Instruktoren. Die Exklusivität des *poeta-doctus*-Ideals, das an lateinische Sprachkompetenz und Kenntnis klassischer Poetik und Rhetorik gebunden war, konnte ihr als Gelehrtentochter nichts anhaben; im Gegenteil, die Bildungsvoraussetzungen ihres Vaters prädestinierten sie zusammen mit ihrem angeborenen Talent zur *puella docta*. Als sie mit vierzehn Jahren als Studiengefährtin der Anna von Este an den Hof kommt, machen sie schon ihre ersten Auftritte zum bestaunten Wunderkind. Gelehrte Kollegen des Vaters widmen ihr bereits in diesem zarten Alter Werke, und sie erscheint in einem Katalog berühmter Gegenwartsautoren. Ihre etwa mit fünfzehn Jahren als humanistische Sensation zelebrierte Vorlesung über Ciceros «Paradoxa Stoicorum» – die Vorreden sind erhalten[82] – offenbaren ein exzeptionelles rhetorisches Talent, das vom Vater in schriftlichen Anweisungen professionell geschult wurde, wie ein Brief aus der Zeit belegt.[83] Der Hof und die gelehrte Gesellschaft Ferraras erleben erstmals ihre eminente Gabe, antike Quellen zu assimilieren und ihre Fähigkeit zu produktiver Analyse und stilistischer Umsetzung literarischer Eindrücke, die Olympias Werk bis zum Ende auszeichnet. Schon eine ihrer ersten literarischen Arbeiten – ein griechischer Traktat über einen altrömischen Helden – erstaunt den Humanisten und ihren Griechisch-Lehrer Kilian Sinapius so, daß er erklärt, sie sei männlicher Stilkorrektur schon entwachsen. In einem lateinischen Grundsatzbrief an ihn, geschrieben um 1540, variiert sie witzig und überlegen das Lehrer-Schüler-Verhältnis und reflektiert ihre besondere, von der Norm abweichende Rolle als Frau in der Wissenschaft und die Verpflichtung, ihr geniales, von Gott geschenktes Talent auszubilden:

> Es war stets meine Überzeugung, daß die Studien das Beste und Vorzüglichste von dauerndem Bestand seien [...] und daß unser Geist [...] durch nichts besser ausgebildet wird, als durch Unterweisung in den Wissenschaften. Wenn also die Wissenschaft [...] einen solchen Vorrang besitzt, wie wird mich dann... Spindel und Nadel kleiner schwacher Frauen [*muliercularum fusa et acus*] vom Umgang mit den gefälligeren Musen abbringen können [...] Spinnrocken und Spindel sollen die Kraft haben, mich zu überreden, wo sie doch keine Sprache besitzen? Oder haben jene ganz wertlosen Aufgaben vielleicht für sich gesehen einen Reiz? Mir ist die Einstellung jener Frauen, die [...] den Wunsch haben, ich möchte mein Haltetau (die Wissenschaft) fahren lassen und ihren Spuren folgen, so sehr zuwider, daß ich beschlossen habe, ihnen unverzüglich den Laufpaß zu geben.[84]

Olympia macht hier deutlich, daß man aus der Welt der Frau als einer Welt der Sprachlosigkeit, der stummen Dinge, nur durch das Studium der Wissenschaften ausbrechen kann, und daß allein Sprachkompetenz und ‚männliche' *eruditio* den Eintritt in die Welt der *respublica litteraria* gewährleisten. Nicht als *muliercula*, als *femina docta* will sie ernstgenommen werden. Ihr literarischer Anspruch und die professionelle Passion, die aus diesem frühen Text spricht, geht weit über den gepflegten Dilettantismus weiblicher Literaturbeschäftigung hinaus, wie er die Regel war. Der als Topos bis ins 18. Jahrhundert fest verankerten Aussage, Literatur sei für Frauen ausschließlich höherer Zeitvertreib in Mußestunden nach getaner Arbeit, setzt Olympia ein Lebenskonzept in und aus der Literatur entgegen. Selbst Margarete Welser vertritt einen eher traditionellen Rollenstandpunkt, wenn sie in der «Epistola» ausführt, sie schreibe in ihrer Freizeit zur Erholung von der häuslichen Arbeit („a cura domestica relaxata").[85] Schon früh erkennt und thematisiert dagegen Olympia ihre elitäre und für die Zeit ungewohnte Außenseiterposition als Frau und Literatin. In einem griechisch und lateinisch überlieferten Gedicht, das ein radikales Bekenntnis zur Literatur als Lebensbestimmung ist, spielt sie mit den Topoi weiblicher Rollendefinition, die sie als Zielvorstellung ablehnt:

> Nie hat das gleiche Vergnügen alle bewegt und geleitet,
>   nicht wird der gleiche Sinn von Jupiter allen verliehn [...]
> Als Frau ward ich geboren, doch verließ ich die Sache der Frauen,
>   Spinnrad und Webkunst und Nadel und Wollkorb.
> Mir gefielen die Blumenwiesen der Musen,
>   der doppelgipflige Parnaß und die freudespendenden Chöre.
> Möge andere Damen hinreißen ihr eigenes Vergnügen:
>   Mein Ruhm ist dies, und meine Freude.[86]

In der Realität muß sie allerdings sehr bald zu „Nadel und Wollkorb" zurückkehren und die „Blumenwiesen der Musen" verlassen. Durch die tödliche Erkrankung ihres Vaters und die Notwendigkeit, im elterlichen Haus Aufgaben übernehmen zu müssen, fällt sie 1548 aus den „luftigen Höhen des Parnasses" – für die ambitionierte Intellektuelle, die am Hof gewohnt war, den Tag mit Wissenschaft und Literatur zu verbringen, ein dramatischer Absturz. Programmatisch hatte sie erklärt, sie wolle die Sache der Frauen verlassen, nun ereilten sie die res muliebres doch. Indem sie allerdings diesem Ereignis zunehmend eine geistliche Perspektive gibt, gewinnt sie nicht nur eine neue Einstellung zu ihrer Rolle als Frau und Dichterin, sie baut auch ihre elitäre, hochfliegende Intellektualität in eine dezidiert reformatorische Glaubenshaltung ein. Ihre Jahre am Hof, die Ausbildung ihres Verstandes an den klassischen Texten wird so zur Vorschule, nicht zur Gegenwelt ihrer späteren religiösen Spiritualität. Die intellektuelle Souveränität, die ihr aus den humanistischen Studien erwachsen ist, und das Selbstbewußtsein, gebildete Protagonistin ihrer Zeit zu sein, bereiten sie für das exponierte, bedrohte Leben einer bekennenden Protestantin und Emigrantin vor. Caritas hat, wenn auch auf der Gegenseite der Fronten, ähnlich humanistisch-christliches Standvermögen bewiesen. Die Entfremdung und Verbannung vom Hof in Ferrara, die einen völligen Perspektivenwechsel im Leben zur Folge hatte, war ausgelöst worden durch einen glaubenspolitischen Umschwung im Umkreis der Herzogin, die – ursprünglich reformatorischen Positionen zugeneigt – unter dem Druck ‚römisch‘ gesinnter Gruppen sich zumindest nach außen distanzieren und nicht nur Olympia Morata ziehen lassen mußte. Die Enttäuschung über das Auseinanderbrechen ihrer glänzenden Verbindungen, die Zerschlagung eines ganzen Humanistenzirkels, dem schon in Ferrara viele deutsche Gelehrte angehörten, und die demütigende Verstoßung eines verhätschelten Wunderkindes thematisiert sie in ihren Briefen aus Deutschland. Andreas Grundler, im Brief Curiones an Sixt Birk als ebenbürtiger latein- und griechischsprechender Humanist und Arzt beschrieben, erscheint in der Interpretation Olympias wie ein rettender Engel, der sie nach seiner Promotion 1549 nach Deutschland mitnimmt.[87] Bereits um diese Zeit beginnen in Italien die Verfolgungen der ‚Ketzer‘, zu denen viele Freunde Olympias und die Grundlers selbst gehören. Die meisten emigrieren ins Ausland oder gehen in den Untergrund.

Es ist erstaunlich zu beobachten, wie Olympia Morata in der äußeren Instabilität ihres ersten Jahres in Deutschland, den ständigen Ortswechseln, ihre Weiterentwicklung als Gelehrte und Literatin im Auge behält. Die Erleichterung, in Deutschland wegen ihres Glaubens, der für sie immer zentralere Bedeutung gewinnt, keinen Repressalien ausgesetzt zu sein, trägt sie über materielle und berufliche Unsicherheiten hinweg, denen sie und ihr Mann bis zu dessen entgültiger Etablierung als Stadtarzt in Schweinfurt ausgesetzt sind. Wo immer sie bei ihren ‚Gastspielen‘ in Augsburg, Schwaz, Kaufbeuren, Würzburg bei humanistischen Freunden Bücher vorfindet, einen ruhigen Platz in der Bibliothek, setzt sie mit unglaublicher, für eine Frau ihrer Zeit atypischer Passion ihre Studien fort. In mehreren Briefen thematisiert sie selbst dieses intellektuelle ‚Getriebensein‘, das sie nur an gelehrten Männern sonst beobachtete. Bibliotheken reicher Freunde sind für sie „paradiesische Orte", an denen sie sich „ganze Tage mit den Musen vergnügen kann" („totum diem me cum Musis delecto").[88] Das tägliche „confabulare cum auctoribus", von Erasmus als Merkmal seiner *uxor docta* Magdalia definiert, ist auch für Olympia eine Zielvorstellung ihres Lebens. Wie in ihrem Werk finden wir im Textumkreis anderer humanistischer Zeugnisse zum neuen Frauenbild das Thema der Bibliothek als neueroberten ‚Lebensraum' der Frauen. Dieses Bild von der Frau als Leserin und Besitzerin von lateinischen gelehrten Büchern und einer wissenschaftlichen Bibliothek wird regelrecht zum emanzipatorischen Topos und erhält einen ähnlichen Symbolwert wie vorher die Formel von „fusus et colus", Spinnrocken und Spindel, als einem genuinen Attribut weiblichen Daseins.

Der erste lateinische Dialog, den Olympia in der Gattungstradition der „Platonischen Gespräche" in Schweinfurt schreibt, variiert in einem fiktiven Gespräch zwischen ihr und Lavinia del Rovere, ihrer Freundin aus den Tagen in Ferrara, das Hauptthema ihrer ersten bedeutenden Briefe und Gedichte: die Position der Frau als Gelehrte und Literatin.[89] Die Situation, in der sie damals lebt, steht in krassem Gegensatz zur konzentrierten, auf intellektuelle Themen gerichteten Atmosphäre dieses literarischen Frauengesprächs. Denn schon in dieser Zeit wird auch Schweinfurt von glaubenspolitischen Turbulenzen erfaßt, die Bürger durch Besatzung, ständige brutale Übergriffe von Soldaten, durch Seuchen und zunehmend auch materielle Not in Atem gehalten. Ihr Mann Andreas Grundler ist als Stadtarzt ständig involviert, während sie sich offensichtlich noch ihrer literarischen Arbeit widmen kann. Ihr fiktiver Dialog, eine von den Humanisten favorisierte Gattung, nuanciert ihr altes und neues Selbstverständnis als christliche Humanistin: Getragen von den Lebenserfahrungen seit 1548, ihrer Lösung von der Perspektive einer glänzenden Hofkarriere und der zunehmenden Vertiefung ihrer theologisch-reformatorischen Einsichten, gerät er zur Abrechnung mit einer für sie nun zu naiven Wissenschaftsgläubigkeit. Zwar teilt sie noch immer die Leidenschaft für die Bücher, ihr Bildungshunger ist Thema der Exposition des Dialogs. Lavinia fragt im Rollengespräch. „Sitzt du denn immer hinter den Büchern, Olympia, und nimmst dir keine Zeit zur Erholung?" „Alle Zeit ist verloren", antwortet Olympia, „die man nicht aufs Studium verwendet. Ich glaube schon zu sündigen, wenn ich die Zeit, die mir Gott schenkt, nicht mit wissenschaftlichen Studien verbringe…"[90] Diese Position hatte sie schon 1540 so rigoros verfochten; hinzugekommen ist allerdings eine neue Komponente: Nach ihr müssen die Studien der *humanae litterae* durch die *studia divina*, die Beschäftigung mit Theologie und Bibel relativiert und korrigiert werden, um nicht einem *summus error* zu erliegen.[91] Nur so befreie sich der Mensch, auch der humanistische Gelehrte, aus seiner *ignorantia*. Man glaubt Caritas Pirckheimer zu hören, die Celtis gegenüber eine *scientia sine pietate* verdammte. In diesem geistlich akzentuierten Humanismus-Verständnis treffen sich die beiden gelehrten Frauen, obwohl sie auf verschiedenen Seiten der religiösen Parteien stehen. Während Caritas durch ihre frühe Entscheidung für ein geistliches Leben von Anfang an Theologie und humanistisches Wissenschaftsinteresse integriert hatte, begann sich Olympia erst ‚als gebranntes Kind' von selbstbezogenem Wissenschaftskult und profaner Ruhmsucht, die zweifellos im humanistischen Kulturbetrieb verbreitet waren, zu distanzieren. Ihre rigorose Hof- und Weltkritik ist Reflex ihrer vertieften Einsichten in gesellschaftliche und religiöse Machtkämpfe in Italien wie Deutschland und Ergebnis wachsender Verinnerlichung in der Beschäftigung mit Bibel und reformatorischer Theologie. Auch der Widerspruch, als Frau gegen die Natur und Konvention ihres Geschlechts von männlichem Bildungshunger und dem Wunsch nach männlicher *eruditio* getrieben zu sein, löst sich erst in dieser Phase ihres Lebens ganz auf, in der sie durch ihre *studia divina* Standfestigkeit und Unabhängigkeit als Frau und Christin gewinnt. Indem sie ihre als männlich beschriebene *cupiditas discendi* – häufig zitierte Triebfeder humanistischen Lebens[92] – nicht als profanen Impuls, sondern als einen ‚Willensakt‘ Gottes definiert, entfällt der aus fixen Rollenvorstellungen kommende Rechtfertigungsdruck gelehrter Frauen. Selbst Olympia Morata hat offensichtlich Jahre gebraucht, bis sie innerlich die Isolierung von der als natürlich postulierten Rollenbeschreibung ihres Geschlechts verarbeitet hatte. Ihre beiden literarischen Dialoge, Briefe und Gedichte handeln offen oder verdeckt von diesem Konflikt, der sich erst in ihrer Theologie auflöst. „Er gab mir mein Talent (*ingenium*) und meine innere Einstellung (*mentem*), daß ich von Wissens- und Erkenntnisdrang (*studio discendi*) so entflammt war, daß mich niemand davon abbringen konnte."[93] Die sehr unmittelbare, nicht durch Institutionen verstellte Gotteserfahrung und die Suche nach einem eigenen religiösen Standpunkt dieser ersten Generation reformatorischer Intellektueller half auch Frauen aus ihrem Umkreis im Prozeß ihrer weiblichen Emanzipation, machte sie unabhängiger von gesellschaftlichen Vorurteilen über ihre angeblich genuinen Talente und Lebensziele. Da Gott „unseren Willen bewegt, wohin er will",[94] fühlt sich Olympia nicht nur religiös, sondern auch in ihrer Außenseiterrolle als Literatin und ‚männlich‘ Gelehrte, als *vir inter mulieres* gerechtfertigt und als *poeta docta* durch Gottes Willen aus weiblicher Rollenfixierung befreit.

Ihr zweiter Dialog, ebenfalls in Schweinfurt entstanden, führt ihre theologischen Überlegungen weiter,[95] in ihm dominieren aber Probleme ihrer Identität als Frau und Dichterin nicht mehr so sehr, vielmehr behrrscht den Dialog eine dezidiert missionarische Tendenz. Olympias religiöser Rigorismus und ihr christlicher Stoizismus wird im Rollengespräch von Philotima und Theophila, Olympias alter Ego, in literarische Argumentation umgesetzt. *Pietas* und *patientia* prägen die Thesen von Theophila, in deren Rolle Olympia den Leser zu reformatorischen Standpunkten bekehren will. Ihre Sprache, die literarischen Formen, die sie wählt, bleiben allerdings nicht nur hier ganz der lateinisch-griechischen Sprachtradition des Humanismus verhaftet. Die Volkssprache, die in der reformatorischen Strategie eine so zentrale Funktion hat und auch gezielt von humanistischen Glaubensbrüdern eingesetzt wird, bleibt ihr als literarisches Ausdrucksmittel fremd; trotzdem ruft sie in Briefen dazu auf, aus der elitären Exklusivität des akademisch-lateinischen Diskurses im Interesse der neuen Botschaft herauszufinden und etwa Luthers Katechismus möglichst schnell ins Italienische zu übersetzen.

Amicitia et amor – *souveränes Briefgespräch und humanistische Partnerschaft*

Olympia Moratas ganzes Leben war von gelehrten Männern begleitet. Gegen die Konvention ihrer Zeit gestaltete sich ihr Verhältnis zu ihnen vom Anfang ihrer eigenen literarischen Karriere an emanzipiert. Ihr Briefwechsel zwischen 1540 und 1555 mit ihrem Vater, ihren Lehrern, ihrem Mann und vielen prominenten Humanisten ihrer Epoche ist ein zumindest in Deutschland singuläres Dokument intellektueller und sprachlicher Gleichrangigkeit einer Frau mit männlichen Zeitgenossen. Olympia beherrscht – souveräner als etwa Caritas Pirckheimer – alle Stillagen, rhetorischen Varianten und sprachlichen Valeurs. Ihre Freude an raffiniert verwendeter Zitatallusion, an brillantem Parlieren in beiden klassischen Sprachen machten sie zur begehrten Dialogpartnerin, die keiner jovialen Vermittlung und stilistischen Korrektur durch gelehrte Männer bedurfte, wie die meisten Frauen um 1500. Im Gegenteil, mancher der *viri docti* wirbt geradezu um ihre Briefe, die „nach dem Diktat der Musen geschrieben" scheinen und die ein „sehnsüchtiges Verlangen" nach weiteren hervorrufen.⁹⁶ Voller Staunen registriert die Gelehrtenzunft, sie habe zur *eruditio* den bei Frauen seltenen sprachlich differenzierten „feinen Humor" und Witz, und man meine, sie habe „aus allen Krügen der Beredsamkeit geschöpft".⁹⁷

Es ist interessant zu verfolgen, wie sich der humanistische Freundschaftskult um Olympia im Verlauf ihrer religiösen Spiritualisierung durch Analogien zur urchristlichen Gemeinschaft neu akzentuiert.⁹⁸ Zur Partnerschaft im Zeichen von *eruditio* kommt die Komponente eines *amor christianus* und aus dem gelehrten Dialog über die *bonae litterae* wird ein konspiratives Glaubensgespräch über die *sacrae litterae* reformatorischer Prägung. Als aktive, intellektuell ernstzunehmende Interpretin der neuen Theologie sind ihre konspirativen Botschaften nach Italien glaubenspolitischer Zündstoff, ihr Name gilt dort als gefährliches Losungswort: „Flüstere ihnen meinen Namen ins Ohr, damit keiner für seine Person Angst bekommt bei dem Namen Olympia", schreibt sie in einem Brief an den Humanisten Valentino Carchesio.⁹⁹

Nicht nur ihre Gesprächspartnerschaft mit vielen Gelehrten nördlich und südlich der Alpen, auch ihre Lebensgemeinschaft mit Andreas Grundler entwickelte sich im Zeichen von *eruditio* und *doctrina* emanzipierter als die meisten Gelehrten-Ehen ihrer Zeit. Trotz Emigration, Krankheit, Kinderlosigkeit und schwierigster wirtschaftlicher Bedingungen wurde sie von beiden und von ihrer Umgebung als Glücksfall beschrieben. Der intellektuelle und musisch talentierte Arzt, der auch Olympias Lyrik vertonte, muß ein Mann gewesen sein, für den die humanistischen Theorien zur Emanzipation der Frauen nicht nur Lippenbekenntnisse waren. Ihre gegenseitigen Briefe und die Zeugnisse ihrer gemeinsamen Freunde, die dieses *pulchrum connubium* über Jahre verfolgten, bestätigen dies. „Nichts ist mir in diesem Leben wichtiger und lieber als meine so beständige Ehe",¹⁰⁰ schreibt sie einmal und sie macht in vielen anderen Aussagen klar, daß ihr Ehekonzept auf *amor, eruditio* und *fides* begründet ist. Nur deshalb konnte Olympia Morata, die emanzipierte Frau, passionierte Literatin und kompromißlose Protestantin, ihre Ehe als eine *aurea libertas,* eine goldene Freiheit, empfinden.

Olympias literarisches Vermächtnis

1554, dreieinhalb Jahre nach ihrer Etablierung in Schweinfurt, bricht das große ‚Stadtverderben' über die Bürger herein. Die 1552 zur Reformation übergetretene Stadt wird von kaiserlichen Truppen gestürmt und angezündet. Grundler, Olympia und ihr Bruder Emilio, den sie mit nach Deutschland gebracht hatte, entkommen nur knapp dem Tod. Olympia hat diese abenteuerliche Flucht in ihren Briefen an die Freunde in Italien und der Schweiz beschrieben. Nach mehreren Wochen voller Ungewißheit und einer schweren Infektion, die sich Olympia auf der Flucht zugezogen hatte, erhält Andreas Grundler durch Vermittlung des Grafen von Erbach eine medizinische Professur an der Universität Heidelberg. In diesem letzten Jahr ihres Lebens versucht sie noch einmal Fuß zu fassen, ihre Freunde schicken Bücher, nehmen Anteil an ihren literarischen Plänen. Sie rekonstruiert aus dem Gedächtnis Gedichte, die beim Brand von Schweinfurt verlorengegangen sind; aufgrund ihrer ungewöhnlichen Griechisch-Kenntnisse plant die Heidelberger Artistenfakultät, sie als Dozentin zu gewinnen. Ihr letzter Brief, wenige Tage vor ihrem Tod, ist an Curione, ihren großen literarischen Mentor gerichtet; er ist zugleich ihr literarisches Vermächtnis:

> Lieber Celio, Du mußt wissen, daß mir jede Hoffnung auf ein längeres Leben genommen ist [...] Von Tag zu Tag, ja fast von Stunde zu Stunde erwarten unsere Freunde nichts anderes, als daß ich sterbe [...] Ich lege Dir die Kirche ans Herz, daß alles, was Du tust, zu ihrem Nutzen sei. Lebwohl, mein lieber Celio, und sei nicht traurig, wenn man Dir von meinem Tod berichtet. Denn ich weiß, daß ich dann erst leben werde, und ich wünsche, aufgelöst zu werden und bei Christus zu sein [...] Heidelberg scheint wie verlassen, Flucht und Tod vieler Menschen sind der Grund [...] Die Gedichte, die ich nach dem Untergang Schweinfurts ins Gedächtnis zurückrufen konnte, lege ich bei, wie Du verlangst. Meine anderen Schriften sind verloren. Ich bitte Dich, sei mein Aristarch und feile sie aus. Nochmals Lebewohl![101]

Am 26. Oktober 1555 stirbt Olympia Morata im Alter von 29 Jahren. Einen Monat später folgen ihr Andreas Grundler, der trotz der Pest als Arzt in der Stadt ausgeharrt hatte, und Emilio, Olympias Bruder, nach. Neben Olympia wurden sie auf dem Friedhof von St. Peter in Heidelberg begraben. Ein Epitaph, heute im Inneren der Kirche, erinnert an sie.[102] Olympia Moratas letzter literarischer Plan, ein großes neulateinisches Epos über den Untergang von Schweinfurt, wurde nicht mehr verwirklicht. Nach dem Plan Curiones und seiner Freunde hätte ihr dies den Titel einer *poeta laureata* bringen sollen. Damit wäre sie die erste Frau gewesen, der diese höchste humanistische Ehre zuteil geworden wäre.

Apotheose der gelehrten Dichterin

Olympia Morata war nicht nur eine tiefgläubige Protestantin, sie blieb bis zuletzt vor allem auch Humanistin. So steht neben ihrem Glauben an ein Leben im Jenseits, für das sie sich „ohne Angst auflösen" möchte,[103] der dezidierte Wunsch, im Diesseits durch ihr Werk zu überleben. Die Schlußsätze ihres Abschiedsbriefes gelten deshalb, gemäß der humanistischen Devise *vivere per scripta* ihren *Opera*, zu deren „Aristarch", kritischem Redaktor und Nachlaßverwalter sie den Freund ausdrücklich einsetzt. Curione, der schon lange begonnen hatte ihr literarisches Oeuvre zu sammeln, konnte mit Hilfe vieler humanistischer Freunde und Adressaten Olympias eine beachtliche Zahl ihrer *Epistolae, Orationes, Dialogi* und *Carmina* zusammentragen, die bereits drei Jahre nach ihrem Tod 1558 in Basel erschienen. 1562 und 1570 folgten zwei erweiterte Werkausgaben, 1580 der letzte unveränderte Nachdruck der Edition von 1570.

Curiones Appell an alle humanistischen Freunde, ihr ein literarisches Denkmal zu setzen, fand so starken Widerhall, daß er seiner Ausgabe einen Anhang poetischer Würdigungen beigeben konnte.[104] Curione eröffnet den ‚Schwanengesang' für Olympia, die *foemina doctissima* und ‚zehnte Muse' mit einer kunstvoll gebauten „Apotheosis" in Elfsilblern, dem Versmaß Dantes und Petrarcas, als einer letzten literarischen Verbeugung vor ihrer metrischen Artistik.[105] Bei ihm und allen anderen Humanisten, die sich symbolisch um ihr Grab sammeln, wird ihr Leben und ihr Tod, ihre Talente und ihre Frömmigkeit in klassische Bilder und Allusionen projiziert und in eine typisch humanistische Distanz zur Realität gerückt. Als eine Wiedergeburt der Sappho, Corinna und Praxilla war sie in einer Gelehrtenrepublik hochwillkommen, in der, wie Philippus de Marnix in seinem Epitaph meinte, das schwache Geschlecht „noch kaum vom göttlichen Wirken des Phöbus angehaucht war".[106] Wie keine andere literarisch begabte Frau in Deutschland kam sie dem *poeta doctus*-Ideal ihrer Epoche nahe. Mehr als Caritas Pirckheimer und Margarete Peutinger hat sie dem topischen Muster weiblicher *eruditio* tatsächlich entsprochen und so die Diskrepanz von humanistischer Panegyrik und realem Talent von allen am ehesten aufgehoben. Von Natur genial begabt, hätte sie wohl in jeder Epoche zu den *clarae mulieres*, den berühmten Frauen gezählt. Goethe, dem bei der Lektüre ihrer Briefe „ein neues Licht über die Epoche" aufging,[107] spürte intuitiv die menschliche und literarische Kraft, die von ihr ausgegangen sein mag und sie zu einer Ausnahmeerscheinung in einer humanistischen Männerkultur machte. Wie sehr sie der humanistischen Idee einer *translatio imperii* als Frau und Literatin entgegenkam, beweisen die Nachrufe ihrer Zeitgenossen, die sie als erstaunliche Wiedergeburt einer scheinbar verlorenen und von den Humanisten gesuchten literarischen Vergangenheit gefeiert haben.

Curione, der Olympia Morata der Nachwelt überlieferte, soll hierzu das letzte

Wort haben. In seinem Brief von 1560 an Kilian Sinapius, den deutschen Humanisten und Griechisch-Lehrer Olympias steht:

> In dem Punkt aber sind die Deutschen glücklicher gewesen als wir in Italien, daß nämlich bei ihnen die gelehrteste aller Frauen sowohl ihre letzten Gedanken als auch ihren unbescholtenen Leib niedergelegt hat...[108]

V. Religiöse Botschaft, Erziehung und Erbauung

1. Frauen in den Glaubenskämpfen
Öffentliche Briefe, Lieder und Gelegenheitsschriften

Barbara Becker-Cantarino

Zur Rolle der Frau in der Reformation

Die Rolle der Frau in den religiösen Bewegungen des 16. und 17. Jahrhunderts ist bislang nur gestreift, nicht aber eingehend untersucht worden.[1] Es scheint, als sei das Paulus-Wort „mulieres in ecclesiis taceant" (die Weiber haben in der Gemeinde zu schweigen) nicht nur während der Reformation allseitig befolgt worden, sondern als habe es sich auch lähmend auf die Nachforschungen nach den in der alten wie den neuen Kirchen tätigen Frauen gelegt. Paulus hatte gemahnt: „Es kann ihnen nicht gestattet werden zu reden, sondern sie sollen untertan sein [...] wollen sie aber etwas lernen, so lasset sie daheim ihre Männer fragen" (1. Kor. 14,34–35). In diesem Sinne hat sich das Interesse zunächst den Ehefrauen der Reformer, etwa Luthers Frau Katharina von Bora, und den im Umkreis der großen Männer tätigen Frauen zugewandt.[2]

Die Reformation berührte jedoch auch das Leben aller Frauen und brachte oft einschneidende soziale Veränderungen und religiöse, persönliche Konflikte. Besonders die Nonnen, deren Klöster von Auflösung bedroht oder Plünderung betroffen waren, mußten selbst – oft jede einzelne für sich – zu der neuen Lehre Stellung nehmen. Von großer Bedeutung war dabei der Einfluß der Geistlichkeit, aber auch der Obrigkeiten und Verwandten der Klosterinsassen. Wenig wissen wir von den Nonnen, ihren Aktionen und Reaktionen, ihren Schriften und Eingaben, wenn es sich nicht gerade um Frauen aus bekannten Patrizierfamilien wie Caritas Pirckheimer in Nürnberg[3] gehandelt hat. Daß aber die Klosterfrauen in der Reformationszeit mit Wort und Schrift regen Anteil an den religiösen Fragen wie besonders an der Diskussion um die Klöster als Institution gehabt haben, zeigen die Lokalgeschichten der einzelnen Klöster, die Ordensgeschichten und die (wenigen erhaltenen) Briefwechsel einzelner Nonnen und die Klageschriften.[4] Sie zeigen auch, daß diese Frauen oft sehr gut unterrichtet waren und sich zumeist selbstbewußt dem Anspruch der rein männlichen Obrigkeiten, die sie zum Austritt aus dem Kloster und zum Übertritt zum neuen Glauben zwingen wollten, den Vögten, die von der Kirchenhierarchie und den

Männerorden für die Nonnenklöster eingesetzt wurden, und den ihnen zugedachten Ehemännern, die alle Gehorsam und Unterwerfung der Frau forderten, widersetzt haben.[5]

So hatte z. B. die Äbtissin Elisabeth Gottgabs von Oberwesel, die gut unterrichtet und – wie so viele Nonnen auch im 16. Jahrhundert – eine belesene und in religiösen Fragen gebildete Frau war, ihren Standpunkt in der anti-reformatorischen Schrift dargelegt: «Ein christlicher Bericht, Christum Jesum im Geist zu erkennen, Allen gläubigen und catholischen Christen zu nutz, Trost und Wolfart verfasset».[6] Elisabeth Gottgabs argumentiert gegen die Vertreter der neuen Lehre, denen sie geistliche Erkenntnis abspricht, und begründet die Veröffentlichung ihrer Schrift – einen ganz ungewöhnlichen Schritt für eine Frau in ihrem Jahrhundert – damit, daß sie als Frau keinen anderen Weg zur Verteidigung ihres Glaubens habe. Leider wissen wir viel zu wenig über diese Elisabeth Gottgabs und über die vielen Frauen in ähnlicher Lage, die sich in einem begrenzten Kreis durch Briefe und Eingaben oder in der breiteren Öffentlichkeit durch Publikation einer Schrift geäußert haben. Eine historische und sozialgeschichtliche Untersuchung zu den Klosterfrauen im Zeitalter der Reformation, unter denen viele gut unterrichtete, schreibende Frauen waren, steht noch aus. Sicher ist nur, daß die anti-klösterliche Propaganda der Reformation das seit dem Mittelalter bestehende Sozialprestige der Frauenklöster, die schon im 15. Jahrhundert mit zumeist moralischen Argumenten angegriffen worden waren, endgültig zerstört hat. Und damit sind auch die darin enthaltenen Lebensformen, die Frauen selbst und ihre Schriften entwertet worden.

Die neue Lehre brachte für die Frauen der protestantischen Kirchen zunächst Hoffnung auf Partizipation am kirchlichen Leben. Die Frauen stützten sich auf eine neue Glaubensgrundlage, die neutestamentliche Erkenntnis der Gleichstellung von Mann und Frau vor Gott. So nahm Marie Dentière, die in Genf lebende, zum Protestantismus übergetretene Äbtissin und eifrige Verfechterin des neuen Glaubens, in einem öffentlichen Brief[7] zur Rolle der Frau in der Kirche Stellung und argumentierte dafür, die Frau als gleichwertigen Mitmenschen zu akzeptieren. Sie forderte, daß die Frauen an der religiösen Diskussion teilnehmen und daß sie frei über die Heilige Schrift sprechen und schreiben sollten. Das waren ganz unerhörte Äußerungen, die zusammen mit Marie Dentières scharfer Kritik an den religiösen Mißständen in Genf sie als Frau und Autorin kompromittierten, denn am allerwenigsten konnten die Gegner ihr verzeihen, daß sie als Frau es gewagt hatte, sich zu religiösen und politischen Streitigkeiten in Publikationen zu äußern. Diese Schrift (und ihre anderen Veröffentlichungen) wurde beschlagnahmt und führte zu strengen Zensurgesetzen in Genf, wo dann im 16. Jahrhundert kein von einer Frau geschriebenes Buch mehr erschienen ist. So wurden Frauen, wie auch am deutschen Beispiel der Argula von Grumbach weiter unten zu zeigen ist, aus der religiösen Diskussion der Reformation ausgeschaltet.

Eine Zulassung der Frau zum Priesteramt war auch bei Lutheranern und

Calvinisten vollkommen indiskutabel, wurde sogar verteufelt, mit dem „bösen Feind" in Verbindung gebracht:

> Was Gott den Männern befohlen hat, nämlich Gottesdienst, Priestertum und Gottes Wort, das befiehlt der böse Feind den Weibern, sie sind seine Priester, und füllen alle Lande mit unzähligem Aberglauben, Segen und Geheimmitteln.

So hatte Luther gemeint.[8] Auch die Beteiligung der Frauen am Predigen und Lehren bei den Täufern war nur vorübergehend in den Anfangsjahren; als die Anhängerschaft wuchs und die Täufergemeinden sich konsolidierten, geriet ihre Lehre vom allgemeinen Priestertum wieder in den Hintergrund und die Männer verdrängten die Frauen aus allen priesterlichen Funktionen. So muß betont werden, daß in der Reformation in der alten wie bei den neuen Kirchen die Frauen weiterhin vom Lehr- und Predigeramt und von Beteiligung an dogmatischen Diskussionen und von theologischem Wissen ausgeschlossen blieben.

Allerdings führten die Reformer eine interessante Neuerung ein: die Priesterehe und damit die soziale Rolle der evangelischen Pfarrersfrau, der Ehefrau als Gehilfin des Pfarrers. Aus der vorher vielfach verspotteten und sozial niedrig stehenden Pfaffenmetze, die dem Priester den Haushalt versah und „seine" Kinder gebar, wofür ein Dispens oft teuer von der Kirchenhierarchie erkauft werden mußte, war nun die legitime Pfarrersfrau geworden, die gerade in der ersten Generation der Reformer wichtige Gemeindearbeit leisten sollte. In dieser Rolle fanden ehemalige Nonnen vielfach ihre Versorgung, die aufgefordert wurden, Priester oder konvertierte Mönche, die dann protestantische Prediger wurden, zu heiraten. Somit war nicht nur das umstrittene Zölibat für die Priester abgeschafft, sondern zugleich der als skandalös betrachtete Anspruch einiger Frauen, an den kirchlichen Kulthandlungen aktiv zu partizipieren, noch einmal (für einige Jahrhunderte lang!) in die christliche Ehe abgeschoben, die die Frau zur Gehilfin des Mannes machte.

Luthers Lehre bewirkte darüber hinaus eine für alle Frauen wichtige soziale Veränderung: die Durchsetzung der Ehe als ranghöchsten Stand für die Frau (gegen das Klosterleben, aber auch gegen die unverheiratete, alleinstehende Frau). Luthers Schriften über die Ehe werteten wohl die Frau als Ehefrau auf, die nun zwar noch immer als Tochter Evas unter Schmerzen Kinder gebären, damit aber „gute Werke" schaffen konnte. Die gefährliche, sündige Sexualität, die besonders der Frau als Erbe der verführerischen Eva angelastet wurde, war damit insofern gebannt, als Luther den Geschlechtsverkehr in der Ehe nicht mehr als Sünde betrachtete; dabei forderte Luther Liebe und Einverständnis von Mann und Frau in der Ehe. Die Familie (aber keineswegs die moderne Intim- oder partnerschaftliche Familie) wurde zur Kernzelle des Protestantismus; diese Familie war eine Lebens-, Wirtschafts- und Religionsgemeinschaft unter der Leitung des Hausvaters.[9] In dieser patriarchalen Familie war der Vater nach biblischem Vorbild das absolute Haupt, die Ehefrau seine Gehilfin; der Mann galt als Hauspriester für Frau, Kinder und Gesinde.

Wenn die Reformation die Rolle der Frau auf die der christlichen Hausmutter in der patriarchalischen Familie, der vom Ehemann geleiteten Haus- und Wirtschaftsgemeinschaft, festlegte, so brachte sie doch eine Neuerung, die langfristig gesehen das Leben der Frauen verändern sollte: die an der Bibel (und Erbauungsschriften) orientierte religiöse Erziehung für alle Gemeindeglieder. Mit der Forderung des intensiven Bibellesens in dem ganz rudimentären Schulunterricht auch für Mädchen und im Hause, wo der Hausvater als „Hauspriester" regelmäßig aus der Bibel vorlas, wurden alle Laien, aber besonders die bislang ausgeschlossenen Frauen an die Heilige Schrift herangeführt. So förderte die Reformation, indem sie religiöse und moralische Erziehung anhand von Texten einführte, den Prozeß der Alphabetisierung, dann die Literarisierung und geistige Bildung – besonders für Frauen. Mit der Bibel und dem Gebetbuch kam (nach dem Zuhören und Auswendiglernen) auch für die Frauen langsam das eigene Lesen, dann das Schreiben. Der „lange Weg zur Mündigkeit"[10], zur Konstitution eines eigenen, autonomen Ich durch Schreiben als Vorform politisch-gesellschaftlicher Emanzipation, hatte begonnen. Mit der Reformation wurden die Weichen dafür gestellt – und wohl völlig unabsichtlich –, daß für Frauen der Prozeß der Individuation beginnen konnte.

Im 16. Jahrhundert war es verpönt und damit sehr ungewöhnlich, wenn Frauen mit einer Publikation an die Öffentlichkeit traten, besonders wenn sie es noch unter ihrem eigenen Namen taten. Daß es dennoch solche Texte von Frauen gibt, verdanken wir dem Umstand, daß einige Frauen sozial unabhängig genug und dazu gebildet waren, um sich über diese Schranken hinwegsetzen zu können. Dazu brachten der neue Glaube und das religiöse Gewissen die Motivation und innere Stärke. Die religiösen Streiterinnen, deren Schriften im folgenden vorzustellen sind, haben sich für ihren Glauben eingesetzt. Es sind die aus Straßburg stammende Patrizierin Katharina Zell, die bayrische Adelige Argula von Grumbach, die braunschweigisch-lüneburgische Herzogin Elisabeth und – fast einhundert Jahre später – die Sektiererin aus Schleswig-Holstein Anna Ovena Hoyers. Ihre Schriften stehen in der religiösen Tradition, nicht in der literarisch-humanistischen. An dieser hatten Frauen, da ihnen der Besuch von Lateinschulen und Universitäten versagt war, keinen Anteil, bzw. nur dann, in Ausnahmefällen, wenn ihnen besondere persönliche Förderung zuteil wurde. Diese Schriften sind an ein bestimmtes Zielpublikum adressiert; immer sind sie von der Absicht getragen, den rechten Glauben zu verteidigen, der protestantischen Sache zu helfen und für Familie, Freunde oder Untertanen Lebensregeln zu geben. Es sind Gebrauchsschriften und Briefe, die einen bestimmten Zweck erfüllen sollen, der Belehrung und Erbaulichkeit dienen. Es sind keine literarischen Werke, die in den etablierten Traditionen stehen oder zweckfrei von eigener Kreativität bestimmt sind.

Katharina Zell (1497/8–1562) und die Reformation in Straßburg

Katharina Zell-Schütz stammte aus einer wohlhabenden Handwerkerfamilie und versah das Amt einer evangelischen Pfarrersfrau in den ersten Jahrzehnten der Reformation in unermüdlichem Einsatz für die reformatorischen Bestrebungen. Mit ihrer beachtenswerten publizistischen Tätigkeit trat sie als religiöse Streiterin für die Reformation hervor. Sie war schon 25 oder 26 Jahre alt, als sie 1523 den 20 Jahre älteren Straßburger Münsterprediger Matthias Zell[11] heiratete, der zusammen mit sechs prominenten Straßburger Priestern wegen Heirat exkommuniziert wurde. Katharina hatte sich selbst für die Heirat entschieden, wohl weil sie aktiv an den reformatorischen Bestrebungen teilnehmen wollte. Als diese verheirateten Priester sich gegenüber dem Straßburger Bischof 1524 mit einem lateinischen Traktat verteidigten, schickte auch Katharina einen Brief an den Bischof und richtete außerdem eine zweite Schrift an den Rat der Stadt Straßburg: «Entschuldigung Katharina Schützinn / für M. Matthes Zellen / jren Ehegemahel der ein Pfarrher und dyener ist im wort Gottes zu Strassburg. Von wegen grosser lügen uff jn erdiecht» (Straßburg?, 1524). Darin verteidigt sie die kontroverse Priesterehe. Der Rat konfiszierte jedoch diese Schrift, zitierte Matthias Zell zu sich und befahl ihm, seiner Frau zu verbieten, Pamphlete zu verfassen und zu veröffentlichen – Katharina tat das dann auch erst wieder nach Matthias' Tod (1548).

Mit ihrer Heirat des Matthias Zell begann für Katharina ein langes, streitbares Leben für die Reformation. Die Ehe blieb kinderlos, so daß sie sich vierzig Jahre lang ganz als Helferin ihres Mannes und nach dessen Tod der Sache der Reformation in Südwestdeutschland widmen konnte. Bemerkenswert war die aktive Mitarbeit der Katharina Zell in der Gemeinde. Als z. B. ein vertriebener Pfarrer mit etwa 150 Anhängern aus dem benachbarten Städtchen Kentzingen in Straßburg Zuflucht suchte, brachte Katharina 80 von ihnen in der Pfarrei unter und besorgte Quartier und Essen für die ganze Gruppe. An die zurückgebliebenen Frauen schickte sie einen Trostbrief: «Den leydenden Christglaubigen weybern der gemain zu Kentzingen meinen mitschwestern in Christo Jesu zu handen» (1524).[12] In all ihrer Qual möchten die Frauen „gedencken des unüberwindtlich wort gottes" und daraus lernen, daß auch schwere Schickungen Gaben Gottes seien. Nur der glaubende Mensch versteht es, daß Gott so unbegreiflich und „also wunderbarlich handelt". Die Frauen sollten laut dieser Ermahnung nicht nur selbst einen „steyffen glauben" haben, sondern auch ihren Männern fröhlich zureden. Denn jeder Glaube muß angefochten sein und muß sich „in dem ungewissen" bewähren.

Auch war Katharina immer wieder die Gastgeberin bekannter Humanisten und Reformer, die auf der Durchreise oder zu Besuchen nach Straßburg kamen, wie etwa Zwingli und der Basler Reformer Oecolampadius, deren „Köchin und Magd" sie zwei Wochen war, wie Katharina es ausdrückte.[13] Sie bewirtete die protestantischen Delegationen, als 1540 im Hagenau in der Nähe von Straßburg Protestanten und Katholiken Religionsgespräche führten. Mit ihrem Mann reiste sie in die Schweiz, nach Schwaben, Nürnberg, in die Pfalz und besuchte 1538 Luther und Melanchthon in Wittenberg. Als Luther 1529 über der Abendmahlsfrage sich geweigert hatte, mit den Reformierten sich zu vereinigen, schrieb Katharina einen leider nicht erhaltenen Brief an Luther, in dem sie ihm, wie sie an anderer Stelle gesagt hat, die Gründe vor Augen hielt, warum eine Einigung mit den Reformierten dringend nötig sei. Luthers Antwortbrief enthält eine religiöse Zurechtweisung, einen Hinweis auf die Autorität Gottes, keinen eigentlichen Gegengrund.[14] Eine Frau war eben keine Diskussionspartnerin in dogmatischen Fragen.

Als Matthias Zell 1548 starb, sprach Katharina Gedenkworte am Grab.[15] Sie verheiratete sich nicht wieder, wurde kränklich, mußte bald das Pfarrhaus für einen katholischen Prediger räumen, der nun wieder am Münster predigte, und widmete sich dann unheilbar Kranken. 1555 trat sie als Pfründnerin (für ein jährliches Kostgeld) in das städtische Spital (Blatternhaus) ein, das ständig etwa 30 bis 40 Kranke für mindestens sechswöchige „Kuren"[16] beherbergte. In zwei erhaltenen Eingaben an den Untersuchungsausschuß des Rates von 1557 schildert Katharina ausführlich die Mißstände des Krankenhauses und das Elend der Kranken, während der Schaffner (Verwalter) und seine Freunde in großem Luxus leben und speisen. Sie beschreibt nicht nur die Mißstände sehr anschaulich und kritisch, sie macht auch eine Reihe von konkreten Verbesserungsvorschlägen zur Wirtschaftsführung und Haushaltung, die dann größtenteils durchgesetzt wurden. Doch wichtigere Vorschläge, die Verwaltungsstruktur zu ändern und die medizinische Betreuung zu verbessern, wurden unbeachtet gelassen, wohl weil in organisatorischen und medizinischen Fragen Frauen immer mehr verdrängt und als unbefähigt abqualifiziert wurden.

Mit ihrer Schrift «Ein Brief an die ganze Bürgerschaft der Stadt Straßburg» hat Katharina Zell ein umfassendes Rechtfertigungsschreiben hinterlassen. Dieser „Brief" von 1557, der immerhin fast 170 Druckseiten umfaßt, ist ihre Verteidigung gegen den protestantischen Prediger Ludwig Rabus, der ihr „unverschämtes Maul" scharf angegriffen und behauptet hatte, der Teufel habe Katharina Zell inspiriert.[17] Katharina antwortet auf Rabus' Vorwürfe selbstbewußt und gelehrt, wie es einem theologischen Disput zukommt. Sie sagt von sich selbst:

> Ich bin seit ich zehen Jahre alt, eine Kirchen-Mutter, eine Ziererin des Predigtstuls und Schulen gewesen, habe alle Gelehrten geliebt, viel besucht, und mit ihnen mein Gespräch, nit vom Danz, Weltfreuden, noch Faßnacht sondern vom Reich Gottes, mit ihnen gehabt. (Brief, S. 196)

Sie habe gewirkt „nit nach der Maß eines Weibes, sondern nach der eingeschenkten Maß, die mir Gott durch seinen Geist gegeben hat". Nicht nur zu Matthias Lebzeiten, auch noch zwei Jahre nach seinem Tode hat sie im Münsterpfarrhause „die Verjagten und Armen aufgenommen" und auf eigene Kosten verpflegt. Katharina berichtet insbesondere von ihrer Arbeit als Pfarrfrau, „wie ich das Evangelium hab helfen bauen" in Straßburg und „in weiten und nahen Städten und Landen", „Bücher gelesen und Briefe geschrieben" (Brief, S. 197). – Das Selbstverständnis der Katharina Zell hielt sich ganz in den Grenzen der „christlichen Ehefrau". Sie bezeichnete sich als einen „Splitter aus der Rippe des gesegneten Mannes Matthias Zell" (Brief, S. 200); er, Matthias Zell, nannte sie „mein Helfer". Diese Ehe war eine Arbeitsgemeinschaft für den Glaubenskampf, eine Streiterehe. Dabei waren alle Ziele, Aufgaben, Beschäftigungen Katharinas denen ihres Mannes selbstverständlich untergeordnet.

Zu ihren Schriften, den öffentlichen Briefen und Traktaten kommen noch eine kleine Liedersammlung und eine Psalmenparaphrase hinzu, die als seelsorgerische Tätigkeit zu verstehen sind. 1534 hatte Katharina Zell für die Gemeinde ein Liederbuch in vier Teilen mit je zwanzig Liedern drucken lassen, die jeweils nur wenige Pfennige kosteten und so auch von weniger bemittelten Gläubigen erworben werden konnten. Sie traf eine Auswahl aus dem Gesangbuch der böhmisch-mährischen Brüder von 1531 (und überarbeitete einige Lieder).[18] Eine Psalmenparaphrase ist ebenfalls enthalten, auf die eine Auslegung des Vaterunsers folgte. Sie hatte diese als Trostschrift für einen in Isolation lebenden, schwerkranken Bekannten verfaßt, aus ihren früheren Aufzeichnungen zusammengestellt und 1558 drucken lassen.[19]

An dem Leben der Katharina Zell wird deutlich, was eine protestantische Pfarrersfrau für ihren Mann (und für die Gemeinde) bedeuten konnte: eine „Helferin" für seine beruflichen, religiösen und familiären Belange. Diese Selbstbescheidung und zugleich aktive Wirksamkeit der Katharina Zell sind charakteristisch für die ganz kleine Schicht von gebildeten Frauen im 16. Jahrhundert, die den Namen „Gelehrte" und „Schriftstellerin" verdient haben. Es sind Frauen aus wohlhabenden Bürger- und Patrizierfamilien und aus dem Adel, die nicht nur lesen und schreiben gelernt haben, sondern auch zumeist eine gewisse Bildung erhalten haben oder sich im Kloster weiterbildeten und die dann selbst zur Feder griffen, wie Katharina oder Caritas Pirckheimer es taten. Sie schrieben meistens Briefe, und wenn es ihnen nicht ausdrücklich verboten wurde, auch Berichte, Traktate, erbauliche Schriften und Lieder.

Argula von Grumbach (ca. 1492–1563) und die Reformation in Bayern

Die Adelige Argula von Grumbach, die 1523 und 1524 eine Reihe von Schriften zu religiösen Streitfragen veröffentlicht hat, gehört zu den Frauen aus politisch einflußreichen Familien, die Anhängerinnen der Reformation wurden und die im Dienst der neuen Lehre geschrieben haben. Sie stammte aus der alten bayrischen Adelsfamilie Stauf, kam 1508 an den Münchner Hof und war dort „Frauenzimmer" (Hofdame) bei der Herzogin Kunigunde von Bayern. Nachdem 1509 ihre beiden Eltern an der Pest gestorben waren, ihr Onkel wegen Hochverrats 1516 öffentlich in Ingolstadt hingerichtet und ihre Familie tief verschuldet war, wurde

Argula mit dem unbedeutenden fränkischen Adeligen Friedrich von Grumbach verheiratet. Als Versorgung für Argula und als persönliche Gunst verlieh Herzog Wilhelm von Bayern Argulas Mann ein Pflegeamt, die Statthalterschaft von Dietfurt, die mit besonderen Vollmachten als Vertreter des Herzogs und guten Einkünften verbunden war.

Die Abgeschiedenheit in dem fränkischen Städtchen mag Argula bewogen haben, sich weiter selbständig mit religiösen Fragen zu beschäftigen. Durch die Beziehungen, die sie am Münchner Hof angeknüpft hatte, führte sie einen regen Briefwechsel und war über die politischen und religiösen Ereignisse wohl so gut unterrichtet, wie es aus der Ferne und über Briefe möglich war. Sie selbst gab ihrer Meinung in Briefen Ausdruck, die bald auch öffentlichen Charakter trugen. Im September 1523 schickte sie Briefe an den Rektor der Universität Ingolstadt, an die Universität und an Herzog Wilhelm von Bayern, um für den jungen Theologen Arsacius Seehofer einzutreten, der als Anhänger Luthers und Melanchthons von der theologischen Fakultät in Ingolstadt zum Widerruf gezwungen und zur Klosterhaft verurteilt worden war.[20]

Argula von Grumbachs Briefe enthalten ein religiöses Bekenntnis und ein politisches Zeugnis zugleich, da sie die Autrotät der Geistlichkeit in Glaubenssachen in Frage stellte und ihr Vorgehen kritisierte. Sie fühlt sich ebenso berufen, ja verpflichtet, wie Männer in Glaubensfragen Stellung zu nehmen, zu bekennen, und den Verstand zu gebrauchen statt Gewalt. Sie wirft den Theologen jedoch vor, daß sie gewalttätig sind:

> Ach Gott, wie werdet Ihr bestehen mit euer Hohen Schuhl, daß ihr so thörecht und gewaltiglich handelt wider das Wort Gottes, und mit Gewalt zwinget das heilig Evangelium in der Hand zuhalten und dasselbige zu verläugnen [Seehofer mußte den Widerruf mit der Bibel in den Händen tun]. Ja, so ichs also betrachte, so erzittert mein Herz, und alle meine Glieder. Was lehrt dich Luther und Melanchthon anders als das Wort Gottes? Ihr verdammet sie unüberwunden [...] Zeigt mir, wo es stehet? Ihr hohen Meister, ich finde es an keinem Ort der Bibel, daß Christus noch seine Aposteln oder Propheten gekerckert, gebrennet noch gemördet haben, oder das Land verboten.[21]

Argula argumentiert weiter, daß die Fürsten von der Geistlichkeit verführt und betrogen würden, weil die Fürsten mit ihren Geschäften so beansprucht wären, daß sie keine Zeit zum gründlichen Bibelstudium hätten; sie weist auf das Edikt vom Nürnberger Reichstag vom März 1523 hin, demzufolge der theologische Streit bis zum nächsten Konzil ruhen und nur das Evangelium gepredigt werden solle. Es gehörte schon ziemlich viel Selbstbewußtsein und Mut dazu, wenn Argula die Ingolstädter Fakultät so herausfordert:

> Ich scheu mich nicht, vor euch zu kommen, euch zuhören, auch mit euch zu reden, dann ich kann auch mit Teutsch fragen [...]. Darum ich mir nicht förchte, so ihr anderst schriftlich und nicht gewaltiglich mit Gefängnis oder dem Feuer unterweisen wollt [...]. Ich kann kein Latein, aber ihr könnt teutsch, seid in dieser Zunge geboren und erzogen. Ich habe Euch kein Weiberzeug geschrieben, sondern das Wort Gottes als ein Glied der Christlichen Kirche. (Lipowski, Beilage 1, a4v)

Am gleichen Tag sandte Argula noch ein zweites Schreiben an Herzog Wilhelm von Bayern,[22] worin sie ihn bittet, nicht den Ingolstädter Theologen zu glauben, sondern als Fürst dafür zu sorgen, daß das Evangelium gepredigt und die Mißstände der Kirche behoben würden. Neben religiösen Fragen wendet sich Argula auch gegen die Herrschaftsbestrebungen der Geistlichen, gegen die wirtschaftlichen Privilegien und die Steuereinnahmen aus geistlichem Besitz. So greift sie auch die Gewohnheit der „Absenz" an, nach der die Inhaber reicher Pfarrpfründe ihre Einkünfte in den Städten verzehrten und dafür ungebildeten, schlecht bezahlten Vikaren die Pfarrstellen auf dem Lande überließen. Hier verbinden sich religiöse Überzeugungen mit politischen und sozialen Fragen, denen Argula als Frau des Stadtpflegers, durch ihr Leben am bayrischen Hof und durch ihren Korrespondentenkreis durchaus aufgeschlossen gegenüberstand und über die sie – für eine Frau ihrer Zeit – ausgezeichnet unterrichtet war.

Die Briefe an die Ingolstädter Universität und an den Herzog waren nicht geheim geblieben, und allerlei Verleumdungen und Drohungen gegen sie waren im Umlauf. Trotzdem sandte sie weitere Briefe, und ein Sendschreiben an „alle christlichen Stände und Obrigkeiten" folgte und erschien im Druck (bei dem Augsburger „Winkeldrucker" Philipp Ulhart), sie wurden in Nürnberg und Straßburg nachgedruckt. Doch sie erreichte nichts, wie denn die Reaktion der Ingolstädter Hochschule typisch war: Sie hatte Argula einen Spinnrocken geschickt. Ein Student hatte sie sogar in einem Spottgedicht 1524 verhöhnt:

> Fraw Argel arg ist ewer nam,
> Vil ärger / daß ji one scham,
> Und alle weyblich zucht vergessen,
> So frevel seyt vnd so vermessen.
> Daß jr ewer Fürsten und Herren,
> Erst wollt aynen newen glawben lernen [...]"

Der Student mahnt Argula dann, daß Frauen in der Kirche zu schweigen und die Männer zu ehren hätten „in Forcht, Gehorsam, Zucht und Scham". Der Ingolstädter Student spricht aus, was das Reformationszeitalter über Frauen dachte:

> Daß ihr nit solt Disputieren,
> Sonder das hauß dahaym Regieren.
> Vnd in der kirchen schweygen still
> Sehet nur mein liebe Sibill
> Wie ain frech vnd wildt thier jr seyt,
> Und wie jr euch dunckt so gescheydt [...] (Lipowski, B 2 v)

Argula antwortete mit Versen, erklärte sich zu einer öffentlichen Disputation bereit; auch „Bauern und Frauen" seien nicht von der göttlichen Lehre ausgeschlossen. Sie beruft sich auf Schriftsteller und muß bekennen, solange Irrlehren verbreitet werden:

> Die weyl jr gottes wort vertruckt
> Schendt got / die seel zum Teuffel zuckt

> Will ich es gar nit vnderlassen
> Zu reden im hauß vnd auff der strassen
> So vil mir Got gnad drin gibt
> Will ichs taylen meym nächsten mit (Lipowski, B 1 v)

Sie nimmt sich ein Beispiel an Judith und Deborah, „daß sie auch von Gott gesandt", und kehrt das „nur-ein-Weib-Argument" gegen ihren männlichen Angreifer: der Student sei es gar nicht wert, daß ein gelehrter Mann mit ihm streite, deshalb habe Gott ihm eben nur ein Weib gesandt. Ein ganzes Jahr habe seine Gegenschrift auf sich warten lassen, wohl um „auf Poëterei" aufgezäumt zu werden, die gar nicht „auf göttliche Weisheit gerichtet" sei. So etwas könne sie auch leicht anfertigen:

> Wan es damit were außgericht
> Köndt machen baldt ayn solch gedicht
> Hab nit vil Poeterey gelesen
> Auff hoch schulen auch nit gwesen
> Doch mich nach ewern sytten gericht
> Gleich yetzt gemacht mein erst gedicht... (Lipowski, B 3 v)

Sie will sich auf Gottes Wort allein verlassen und auf die Autorität eines Luther und Melanchthon, während sie die Lästerer Gottes seinem Gericht überläßt.

Eine Antwort scheint Argula auf diese Schrift nicht mehr erhalten zu haben und diese wohl erst im Herbst 1524 veröffentlichte „Antwort in gedichtweise" war Argulas letzte Streitschrift in Sachen Reformation. Argulas Familie und ihr Mann scheinen sie sehr bedrängt zu haben, sich aus den religiösen Fragen herauszuhalten. Da man gegen eine Frau schlecht einschreiten konnte, wurde ihr Mann zur Rede gestellt. Er verlor dann im Frühjahr 1524 sein Pflegeramt, die Familie mußte Bayern verlassen – Argula hatte vier kleine Kinder – und kam danach in immer größere wirtschaftliche Schwierigkeiten. Diese scheinen sie dann gezwungen zu haben, sich nicht mehr öffentlich in religiöse und politische Angelegenheiten zu mischen.

Argula mußte sich nun ganz den finanziellen Angelegenheiten widmen und, wie der erhaltene wirtschaftliche Briefwechsel bezeugt, die Wirtschaft allein führen, da ihr Mann sich um nichts kümmerte. Sie wirtschaftete genug aus den verschuldeten Gütern heraus, um ihre drei Söhne in Nürnberg und Wittenberg erziehen zu lassen; ihre einzige Tochter schickte sie ebenfalls zur Erziehung nach Nürnberg. Weiterhin korrespondierte Argula mit lutherisch gesinnten Männern, besuchte 1530 Luther, als er während des Augsburger Reichstages auf der Coburg, im südlichsten Zipfel des kursächsischen Gebietes, weilte. Die letzten Jahrzehnte ihres langen Lebens hat Argula wahrscheinlich mittellos bei Verwandten verbracht. 1563 wurde sie in Straubing verhaftet, weil, wie es in der herzöglichen Anklageschrift heißt, sie „die einfältigen und unverständigen Untertanen von Köfering und anderen Orten zum Abfall verursacht und zum Ungehorsam angereizt, unserer alten wahren katholischen Religion widerwärtige und aufrührrerische Bücher vorgelesen, sie vom christlichen Gottesdienst abwendig gemacht und zu sich in ihre sektische Winkelschul" gezogen habe.²⁴ Da sie wegen der gleichen Sache schon einmal im Gefängnis gewesen war, sollte sie bestraft werden. Weil ihre Verwandten Fürsprache eingelegt hatten und die Staufferin nur „ein altes erlebtes Weib" war, ließ man sie laufen. Argula war damals etwa 70 Jahre alt, ein biblisches Alter für ihre Zeit, in der die durchschnittliche Lebenserwartung für Frauen aus der vermögenden Schicht knapp zwanzig Jahre war.

Die sieben veröffentlichten Traktate der Argula von Grumbach sind alle in den wenigen Monaten vom Herbst 1523 bis zum Spätsommer 1524 geschrieben, bis Argula durch den Verlust des Pflegeramtes ihres Mannes und den Druck ihrer Familie gezwungen wurde, nichts weiter an die Öffentlichkeit dringen zu lassen. In ihrem privaten Briefwechsel, bei der Erziehung ihrer Kinder und ihrer privaten Religionsausübung ließ man sie gewähren. Obwohl sie kein Latein konnte, war sie in religiösen Fragen gebildet; sie belegte alles mit Bibelzitaten. Ihre Sendschreiben sind klar und logisch aufgesetzt, wobei sich religiöse und politische Argumente vermischen. Sie zeigen ihren klaren Blick und genaue Kenntnis der politisch-religiösen Verhältnisse wie des realen, täglichen Lebens. Sie vertrat den Standpunkt einer unabhängigen Adeligen, einer bekennenden Frau, deren Selbstbewußtsein und Anspruch auf Selbständigkeit, auf religiöser Freiheit und eigener Entscheidung in Glaubenssachen basierte. Die Reformer unterstützten sie nicht öffentlich – weil sie eine Frau war. Auch die Katholiken ignorierten sie weitgehend, denn die einzige schriftliche Antwort, die Argula von ihnen erhielt, war das Spottgedicht eines Studenten und die Universität Ingolstadt schickte ihr – einen Spinnrocken. Bei dem religiösen Streit hatten Frauen als Autorinnen nichts zu suchen, auch nicht bei den Reformern, für die Frauen nur als Anhänger und Vermittler der neuen Lehre von Interesse waren, und besonders adelige Frauen, die auf regierende Fürsten und ihre Kinder indirekt Einfluß ausüben konnten. Argula wirkte dann auch für den Rest ihres langen Lebens im privaten Kreis, als Bekennerin, als Erzieherin ihrer Kinder und in evangelischen Zirkeln an ihrem Wohnort. Literatur, auch die Gebrauchsliteratur für eine religiös-politische Sache war einer Frau verschlossen. Der Privatbrief blieb ihr als einzige schriftliche Mitteilungsform.

Reformation und Fürstenpolitik: Elisabeth von Braunschweig-Lüneburg (1519–1558)

In den Kämpfen der Fürsten um Macht, Territorien, Erhaltung und Erweiterung der Herrschaft hat Elisabeth von Braunschweig-Lüneburg eine wichtige Rolle gespielt und dabei ihre schriftstellerische Tätigkeit in den Dienst ihrer politischen und religiösen Interessen und Überzeugungen gestellt.²⁵ Sie begann ihre selbständige Tätigkeit erst als Witwe und vormundschaftliche Regentin ihres Sohnes (1540 bis 1545), als sie an der Kirchen-, Kloster- und Hofgerichtsordnung für ihr

Fürstentum mitarbeitete, 1545 einen «Christlichen Sendbrief» für ihre Untertanen verfaßte und veröffentlichte, 1545 ein «Regierungshandbuch» für ihren
Sohn, 1550 ein «Ehestandsbuch» für die Verheiratung ihrer ältesten Tochter
Anna Maria mit Herzog Albrecht von Preußen aufsetzte und eigenhändig als
Prachtband abschrieb, 1556 ein «Witwentrostbuch» in Druck gab und eine
handschriftliche Sammlung von geistlichen Liedern hinterließ. Diese Schriften
und Lieder erhalten im Rahmen der politischen und reformatorischen Bestrebungen der Elisabeth als Regentin und Fürstenmutter ihre Bedeutung, denn sie
sind aus ihrer politischen Tätigkeit erwachsen und eng mit ihrem persönlichen
Leben verbunden.

Elisabeths Vater, Joachim I. von Brandenburg, war ein humanistisch gebildeter Fürst, der am alten Glauben festhielt. So wurde Elisabeth streng katholisch
erzogen und 1525 – sie war gerade fünfzehn Jahre alt – an den vierzig (!) Jahre

Elisabeth von Braunschweig-Lüneburg

älteren Herzog Erich von Braunschweig-Calenberg verheiratet. Die Ehe verlief trotzdem zufriedenstellend. Elisabeth gebar einen Sohn und drei Töchter und als sie sich 1538 zu der neuen Lehre Luthers bekannte, ließ Herzog Erich seine „liebe Ilse" gewähren: „weil unsere Gemahlin uns in unserm Glauben nicht hindert, so wollen wir sie auch in ihrem Glauben ungehindert lassen".[26] Auch politische Erwägungen mögen Elisabeth zum Religionswechsel bewogen haben; 1538 war nämlich ihr Mann geneigt, auf die Werbung seines katholischen Neffen Heinrich von Braunschweig-Wolfenbüttel einzugehen, und dem katholischen Bund von Nürnberg beizutreten. Elisabeth unterstützte dagegen mit ihrem förmlichen Übertritt zum Luthertum ihren südlichen Nachbarn Philipp von Hessen und den Schmalkaldischen Bund, dem sie jedoch nie beitrat. Sie hielt mit ihrem Territorium eine Mittelstellung zwischen den feindlichen Parteien inne, zwischen dem katholischen Heinrich von Braunschweig-Wolfenbüttel und dem protestantischen Philipp von Hessen, die beide am Besitz des Herzogtums Braunschweig-Calenberg interessiert waren und auf den Tod oder Machtverlust Herzog Erichs, der 1538 immerhin schon 68 Jahre alt war, warteten. Als Erich 1540 starb, verstand es Elisabeth, die vormundschaftliche Regierung für ihren einzigen minderjährigen Sohn an sich zu bringen und die Mitvormunder weitgehend auszuschalten.

Elisabeth trat nicht nur formell zur neuen Lehre über, sondern sie widmete ihr Lebenswerk der Einführung und Durchsetzung der Reformation in ihrem Gebiet, den Landen Braunschweig-Calenberg. Sie berief den bekannten Prediger Antonius Corvinus, den sie mit der Abfassung einer neuen evangelischen Kirchenordnung beauftragte, und trat mit Luther in Briefwechsel. In den fünf Jahren ihrer vormundschaftlichen Regentschaft (1540–45) reformierte sie die Klosterordnungen, gab eine Hofgerichtsordnung heraus und verbesserte die Verwaltung durchgreifend. Dabei war sie selbst unermüdlich tätig, entwarf politische Schreiben, Gesandtschaftsinstruktionen, Landtagspropositionen und Briefe, wie sie auch schon vorher die Rechnungen über ihre Leibzucht (das ihr als Witwenversorgung zustehende Gebiet) persönlich geführt hatte.

Von ihrer Reform- und Verwaltungstätigkeit ausgehend verfaßte sie Schriften für ihre Untertanen. Sie war 34 Jahre alt, als sie 1544 die erste, den «Christlichen Sendbrief»,[27] an ihre Untertanen aufsetzte. Darin wendet sie sich an ihre Untertanen, die Prälaten, Räte, die Ritterschaft und die ganze Landschaft, um sie zu einem frommen Leben im Sinne des Reformwerkes aufzurufen und dem Land ein festes Gepräge lutherischer Frömmigkeit und Organisation zu geben. Unter anderem geht sie ganz konkret auf die Pflichten der einzelnen Stände ein: die Pfarrer sollen die Gemeinde mit ernster Bußpredigt anhalten, der Adel soll seine aufwendige Lebensführung, seine epikuräischen Sünden unterlassen, die vier großen Städte ihres Territoriums (Göttingen, Hannover, Northeim, Hameln) sollen ihre wucherischen Geschäfte unterlassen, wie sie aus Luthers Buch «Über den Wucher» lernen möchten. Religiöse Argumente werden mit sozialen und politischen vermischt, das weltliche Leben unter dem Aspekt des moralischen Zusammenlebens nach biblischen Grundsätzen geordnet. Elisabeths «Sendbrief» gewinnt als Dokument ihrer Regierungsabsichten und der Intentionen ihrer Reform eine einmalige Bedeutung. 1545 übergab Elisabeth ihrem Sohn Erich II. die Regierung des Fürstentums und verfaßte für ihn ein «Regierungshandbuch», dessen 195 Blätter in Quartform sie selbst ins Reine schrieb und in einem silbernen Prachtumschlag als Geschenk für seinen Regierungsantritt binden ließ.[28] Elisabeth, die sich im Text mehrfach als die Verfasserin bezeichnet, beginnt mit religiöser Unterweisung über die zehn Gebote, den Glauben, über Taufe, Abendmahl und Absolution. Dann erst folgen die Anweisungen über die „rechtschaffenen gottseligen fürstlichen Werke". Der Fürst soll als Schutz seiner Untertanen auftreten – Elisabeth schließt Witwen und Waisen besonders mit ein –, für Gerechtigkeit sorgen und die christliche Lehre schützen. Dann folgen auch Bemerkungen über den Ehestand, ganz konkrete Angaben über die Behandlung der Stände und über verwaltungstechnische und finanzielle Aufgaben (Münzrecht, Besteuerung, Führung der Kanzlei, fiskalische Fragen usw.), denn das Land war unter dem Vater hoffnungslos verschuldet. Ein eigenhändiges Register und die Chronik ihrer Familie beschließen den Band. Diese Schrift ist der erste evangelische Fürstenspiegel. Im 16. Jahrhundert verfaßten dann verschiedene protestantische Fürsten solche Anleitungen für ihre Söhne, wie Herzog Albrecht von Preußen 1562, seine Frau dann 1563 – die Herzogin Anna Maria war die zweite Tochter der Elisabeth –, und Herzog Julius von Braunschweig 1579. Auch wenn die Schrift natürlich nicht zur Veröffentlichung bestimmt war, so sollte sie doch in der fürstlichen Familie von Generation zu Generation weitergereicht werden, wie Elisabeth ihn am Schluß gebeten hat:

So du aber menliche erben, welchs got nach seinem veterlichen willen schicken wolle, nicht kriegen wurdest, so laß [das Buch] meinen tochteren, deinen lieben schwestern, in der erbschaft zukomen, damit mein vleis, muhe und mutterliche wolmeinung, so ich hirin zu forderung gotlicher ehre und zu wolfart dein lants regiments erzeigt, im gedechtnis bey den nachkomen pleiben und dir und allen jungen hern ein anfang zu christlicher regirung sein moge. (Regierungshandbuch S. 143)

Hier drückt sich deutlich der missionarische Eifer der Elisabeth aus, den sie in der Fürsorge für ihre Kinder – immer sind ihre Töchter mit eingeschlossen – als Mutter und für ihr Land als Fürstin mit der neuen Lehre verbindet. Ihr Reformwerk, das religiöse und das administrative, blieb schließlich doch in Braunschweig-Calenberg bestehen, während ihr Sohn zur Partei des Kaisers übertrat, katholisch wurde, die Reformation rückgängig zu machen versuchte, sie mehrfach betrog, ihre Leibzucht trotz vertraglicher Zusicherung 1554 wegnahm, als Regent weder Interesse am Lande noch politische Fähigkeiten zeigte und dann ohne Erben starb.

Elisabeth war ihr Leben lang bemüht, den geringen Erbanteil ihrer Tochter Anna Maria aufzubessern, und hatte immer deren Wohlergehen im Auge, auch als sie sich zum zweiten Mal 1546 mit dem protestantischen Grafen Poppo von

Henneberg verheiratet hatte. Nach jahrelangem Briefwechsel mit Albrecht von Preußen brachte sie eine Heirat ihrer Anna Maria (1532–1568) mit dem 42 Jahre älteren Herzog – es war dessen zweite Ehe – zustande.[29] Kurz nach der Hochzeit, am 16. Februar 1550 begann Elisabeth damit, ihren «Mütterlichen Unterricht»[30] zu verfassen. Auch hier hatte die Mutter eine eigenhändige Reinschrift (136 Blätter in Oktav) angefertigt. In der Schrift unterrichtet die Mutter ihre Tochter über das Wesen des Ehestandes auf der Grundlage der Bibel und des Verhaltens der biblischen Frauengestalten. Elisabeth handelt in einzelnen Kapiteln von der Liebe, der Keuschheit, dem Gehorsam, den eine christliche Frau ihrem Manne schuldet, von den Tugenden der Ehefrau, aber auch von Dankbarkeit der christlichen Männer, zu der diese ihren Frauen gegenüber verpflichtet sind, von den Pflichten der Eltern gegenüber den Kindern und denen der Kinder gegenüber ihren Eltern. Hier bringt Elisabeth eine selbstbewußte Aufwertung der moralischen und biologischen Rolle der Frau, die sich weit von der mittelalterlichen Theologie entfernt hat, wenn sie schreibt:

Wie durch den man der mensch kompt, also kompt der man durch geberung von dem weibe, und wirdt der man durch das weib also erfreuet, das ehr seines leibes frucht und seines fleisches bilde und gestalt sendt [...]. Es sol jhe ein man seines weibes nit uberdrussig werden; sie in kranckheit und widerwettickeit nit lassen, sonder sie nahren, pflegen und warthen als eines eigen leibs... Dan das weib ist dem Man darumb nit underworfen, das ehrs mit biterkeit handeln solt, sonder das ers liben sol wie seinen eigen leib und wie der herre die gemeine. (Mütterlicher Unterricht S. 51)

Elisabeth wandte sich auch der Form des religiösen Liedes zu.[31] Auf dem Tiefpunkt ihres Lebens schrieb sie eine Reihe von geistlichen Liedern, in die sie ihre Situation mit einbezog, als sie mittellos in Hannover festgehalten wurde und die riesige Schuld nicht zurückzahlen konnte, die sie für ihren Sohn auf sich genommen hatte. Erst als sie durch Hunger, das Verlassen ihrer Begleiter und schwere Krankheit gezwungen wurde, den Verlust ihrer Leibzucht anzuerkennen, wurde sie freigelassen. Elisabeths Kampf ums Überleben, um den Erhalt ihrer Leibzucht, ihr Suchen nach politischen Verbündeten, ihre Schreie nach Hilfe spiegeln sich in diesen religiösen Liedern. Sie geht häufig von Volksliedern oder von bekannten evangelischen Kirchenliedern aus, adaptiert deren Inhalt und Gedanken und bezieht sie auf ihre Situation.

In einem Lied vom 8. Oktober 1554, im Ton von „Innsbruck ich muß dich lassen", beschreibt Elisabeth ihre erhoffte Abreise:

[1] Braunschweig ich laß dich farenn,
Ich fare dahin meine strassenn,
Ist nicht wider meinenn danndk,
Der liebe gott wolle es waltenn,
Der mich thue weiter erhaltenn,
Zu seines Nahmenn ehr. (Lieder, S. 170)

Lediglich die ersten zwei Zeilen klingen an das Volkslied an, dann aber geht Elisabeth eigene Wege. Sie bemüht sich auch nicht um eine genaue Einhaltung des Rhythmus, denn ihr Lied sollte möglichst neu vertont werden, wie sie Herzog Albrecht schrieb. So wurde häufig ein neues Lied auf einem bekannten Lied („im Ton von") aufgebaut, wie denn das spätere Kirchenlied „O Welt ich muß dich lassen" an das Innsbruck-Lied anknüpft. In zwölf Strophen benutzt sie die Abschiedssituation, um dabei über ihre Regentschaft zu reflektieren und diese vor der Welt und vielleicht auch vor sich selbst zu rechtfertigen. Sie sieht ihr Leben und Schicksal als von Gott verordnet, sie hat in seinem Namen gehandelt („er hat durch mich verordnet / Das hab ich aufgerichtet / Zu seinem Lob und Ehrn"). Sie habe den Nutzen des Landes gewollt, es habe nicht an ihrem Fleiße gefehlt. Sie ermahnt die Untertanen, ihrer in ihrem Sinne zu gedenken, was sie sie gelehrt habe, die Witwen und Waisen zu schützen (eine Anspielung auf ihre persönliche Situation) und bei der reinen Lehre zu bleiben. Sie sieht sich wie eine Mutter ihren Kindern gegenüber. Die Analogie der Landesmutter zum Fürsten als Landesvater wird immer wieder von adeligen Frauen gebraucht, die im 17. Jahrhundert Erbauungsliteratur für ihre Landeskinder schreiben. Es ist sowohl eine Bezeichnung, die dem Selbstverständnis ihrer gesellschaftlichen Stellung entspricht, als auch eine Rechtfertigung nach außen hin, daß eine Frau sich mit Schreiben beschäftigen darf. Elisabeths immer wieder ausgesprochenes Vertrauen auf Gott, das keine leere Formel ist, sondern ihr durchaus inneren Halt bedeutet, gibt ihr die Stütze für ihr selbstbewußtes Handeln und Auftreten. Auch wenn dieses Lied als Rechtfertigung gegenüber ihren Untertanen für die Öffentlichkeit gedacht war, so bleibt doch durchgängig der Eindruck ihrer starken Persönlichkeit und bewußten Selbstdarstellung bestehen.

Ebenso persönlich gehalten ist ein Gedicht an ihre Tochter Katharina. Diese jüngste Tochter stand der Mutter besonders nah, sie blieb bei ihr in Hannover, teilte den Hunger und die schwierige Lage der Mutter, die dazu noch befürchtete, man würde ihr Katharina mit Gewalt entführen und verheiraten. Das geschah dann auch später (1557), als Erich seine Schwester an den katholischen Burggrafen von Rosenberg verheiratete. In diesem „Neujahrsgruß", der in der Handschrift vom 1. Advent (dem Beginn des Kirchenjahres) 1554 datiert ist, bedankt sich Elisabeth dafür, daß es ihr vergönnt ist, die Tochter bei sich zu haben („sie hilft mir tragen das Kreuze schwer / läßt die Welt nicht abwenden sich"); sie dankt für Katharinas Treue und bittet Gott, sich ihrer anzunehmen:

> [1] Allein gott in der hohe sie ehr,
> Vnnd dannck für seine gnade,
> Der mir das frewlin Catharina zart,
> Zum tochterlin hat begnadet,
> Inn seiner furcht sie lebet gar,
> Getzieret mit gotseligkeit ist war,
> Zu seinem lob vnnd ehrenn. (Lieder, S. 180)

Elisabeth bittet Gott um den rechten Glauben für ihre Tochter (4. Strophe) und um ein gottseliges Leben (5. Strophe) und wünscht in der letzten Strophe den andauernden Gehorsam der Tochter ihr, der Mutter, und Gott gegenüber. Von der angeredeten Katharina selbst erfahren wir nichts, keine Beschreibung ihres Äußeren oder ihrer Persönlichkeit, nur daß sie „zart und gottselig" ist. Elisabeth gestaltet ihr Lied ganz von ihrem Standpunkt, dem der Mutter aus. Ihre Fürsorge für die Tochter steht im Mittelpunkt, so daß das Lied mehr über die starke Beziehung der Mutter zu ihrer Tochter aussagt, als etwas über die Tochter selbst. Diese Beziehung ist wieder ganz in die zu Gott gestellt, von dessen Einwirken Elisabeth sich die Erhaltung ihrer engen Beziehung zu ihrer Tochter und das Beste für deren Leben erhofft.

Wenige Monate nach ihrer Abreise aus Hannover, als sie in Ilmenau lebte, das ihrem zweiten Manne Poppo von Henneberg unterstand, schrieb sie noch eine letzte Schrift, ein Trostbuch für Witwen.[32] Ihren eigenen Angaben nach verfaßte sie dieses Trostbuch in wenigen Wochen, vom 11. bis 26. Dezember 1555. Diese genaue Zeitangabe wird wohl nicht nur als literarischer Topos zu verstehen sein, wie er seit der Antike die etwaige Unfertigkeit eines Werkes entschuldigen soll, sondern dürfte eine reale Zeitangabe sein, da es zugleich als Geschenk gedacht war. Das 46 Druckseiten umfassende Büchlein, das schon 1556 erstmals im Druck erschien und bis 1609 fünf Auflagen erlebte, hatte Elisabeth zum Weihnachtsfest als Geschenk für verwandte Witwen und Waisen „statt Silber und Gold" – sie hatte in Ilmenau Schulden statt Einkünfte – verfaßt. Sie widmete die Schrift zwei verwandten Gräfinnen von Schwarzburg und „allen ehrbaren und tugendsamen rechten Witwen im Fürstentum Braunschweig zwischen Deister und Leine, sonderlich den gottseligen Witwen zu Hannover" («Der Witwen Handbüchlein», S. 20). Elisabeth stellt hier Sprüche aus der Bibel zusammen und ordnet sie nach sieben Themen, darunter „Exempel wie Gott seinen Schutz beweist" (Kapitel IV), „Was eine rechtschaffene Witwe sei und was ihr Stand, Wandel und Sitten sein sollen" (Kapitel VI). Ausgangspunkt der Schrift ist die geringe Achtung und der fehlende Schutz für Witwen und Waisen im täglichen Leben, „von der Welt Urteil ... also daß nichts verächtlicher sein kann unter der Sonnen, denn Witwen und Waisen" (Kapitel I). Zwar erkennt Elisabeth die Geringschätzung und Schutzlosigkeit der Frauen ohne Mann, der Kinder ohne Eltern, fragt aber nicht nach den tieferen Ursachen dafür, sondern möchte durch ihren Appell an die christliche Nächstenliebe diesen Zustand ändern. Den Witwen und Waisen empfiehlt sie evangelisches Gottvertrauen und das geduldige Tragen ihres Schicksals. Die alternde Frau, die als Witwe und Frau die Schutzlosigkeit immer wieder erfahren hat, tröstet sich in der Gemeinschaft der ebenfalls Schutzlosen. Die neue Lehre mit ihrem Appell an einen reformierten, christlichen Lebenswandel nach dem Evangelium soll für sie die sozialen Ungerechtigkeiten heilen.

Mit ihrem Witwentrostbuch stand Elisabeth in einer langen christlich-literarischen Tradition, die von Paulus' Ausführungen über den Witwenstand bis zu den Humanisten reicht, von denen besonders Erasmus und Luis Vives im dritten Buch seiner Schrift «De institutione feminae christianae» (1523) den Witwenstand beschrieben haben. Hier wurde das Ideal einer christlichen, tugendhaften Frau geschildert, die ihre Tage mit Gebet und guten Werken verbringt und ihre Wiedervereinigung mit dem Gatten erwartet. Was Elisabeth aus dieser Tradition gekannt hat, ist nicht genau auszumachen. Deutlich ist in ihrem Trostbuch eine Akzentverschiebung gegenüber der humanistischen Behandlung des Witwenthemas zu bemerken. Bei aller Betonung des gottergebenen, tugendhaften Lebens der Witwe stellt Elisabeth diese in ihre reale Umwelt und geht von der Schutzlosigkeit und Benachteiligung dieser Frauen aus. Sie erkennt die soziale Misere und ruft die Gesellschaft zu gerechter und mitleidsvoller Behandlung der Witwen auf. Es ist ein Aspekt, der sonst weitgehend fehlt oder zur Bedeutungslosigkeit herabgesunken ist, weil lediglich das moralische Leben der Witwe vom männlichen, scheinbar neutralen Standpunkt, nicht aber aus der Sicht der betroffenen Frau betrachtet wird, während Elisabeth sich – aus eigener Erfahrung und aufgrund der Kenntnis ihrer Umwelt – in die Situation einer Witwe hineinversetzen kann und deren gesellschaftliche Perspektive vertreten kann. Vielleicht lag der Erfolg ihres Witwentrostbüchleins in dieser veränderten Perspektive, die wenigstens einen Anfang dazu bildete, aus der Sicht der betroffenen Frauen heraus ihren Stand zu betrachten.

Die Werke der Elisabeth sind charakteristisch für die Art von Literatur, die im 16. Jahrhundert von Frauen verfaßt wird: Sie sind didaktisch und – im Rahmen des im 16. Jahrhundert Üblichen – dokumentarisch, Lebensbericht und -verteidigung, Lehre der eigenen Erfahrung, Mitteilung des eigenen Erlebens – wobei natürlich das Erleben nicht subjektiv-individuell ist und dargestellt wird, sondern immer im familiären, im gesellschaftlichen oder religiösen Bezugsrahmen erfahren wird. Die Sendbriefe, die Hand- und Trostbüchlein zeigen durchaus eine Beherrschung der jeweiligen literarischen Gattung, ohne jedoch formal irgendwelche Ansprüche zu erheben; Aussage und Erreichen des Adressaten standen im Mittelpunkt bei der Abfassung, nicht die literarische Tradition oder Kreation waren wichtig. Von daher erhalten auch die Lieder der Elisabeth ihre eigene, persönliche Note, weil Elisabeth die volkstümliche, gängige Liedform aufgreift und zur Darstellung ihrer Situation, zur Verteidigung ihrer Haltung und Handlungen benutzt, sich zugleich Trost holt und ihre Umwelt informiert. Doch zeigen die Gebrauchsschriften ihre Vertrautheit mit Literatur, wie denn auch ihre Bibliothek (ein Bücherverzeichnis von 1539 ist vorhanden, das den reichen Bestand schon vor Beginn ihrer schriftstellerischen Tätigkeit aufzeigt) und ihr umfangreicher (eigenhändiger) Briefwechsel von der Belesenheit und Bildung dieser Fürstin zeugen. Diese Bildung war aber nicht humanistisch-gelehrt, sondern moralisch-praktisch an deutschsprachigen, reformatorischen Schriften orientiert.

Bekannt sind die Schriften der Elisabeth von Braunschweig-Lüneburg nicht geworden; sie waren ja auch nur an jeweils begrenzte Personenkreise gerichtet: an ihre Familie, ihre Untertanen, an Witwen. Ihre Lieder wurden trotz ihrer Bemühungen bei Herzog Albrecht von Preußen nicht gedruckt; als verarmte, alte Fürstin hatte sie keine Mittel zum Druck. Doch sind ihre Schriften charakteristisch für den Impuls, den die Reformation einer eigenwilligen Streiterin für Familie, Land und Religion gegeben hat.

Streiterin gegen die orthodoxe Geistlichkeit:
Anna Ovena Hoyers (1584–1655)

Während der offizielle Literaturbetrieb des 17. Jahrhunderts hauptsächlich von akademisch gebildeten und als Beamte – sei es bei Adligen, an Universitäten oder in städtischen Gremien und kirchlichen Positionen – tätigen Autoren geprägt war, die über die Lateinschule und ein Universitätsstudium mit der literarischen Tradition vertraut geworden waren, so kamen Frauen nur über die eigene Ausübung und aktive Partizipation an der religiösen Kultur, durch das Lesen der Bibel und erbaulicher Schriften, nicht über die ihnen verschlossene Dogmatik zum eigenen Lesen und Schreiben. Zu den wenigen Ausnahmen gehören Frauen aus gelehrten Familien wie Sibylle Schwarz, die neben der religiösen Unterweisung im Hause ihres Vaters, der Professor in Greifswald war, auch schon als junges Mädchen mit weltlicher Literatur bekannt gemacht wurde.

So kam auch Anna Ovena Hoyers, die als Sektiererin für ihren Glauben ins schwedische Exil gegangen ist, als religiöse Streiterin zum Schreiben.[33] Sie stammte aus einer reichen gebildeten Bauernfamilie der Landschaft Eiderstedt an der schleswig-holsteinischen Westküste. Früh verwaist, aber als Alleinerbin mit einer ungewöhnlich hohen Mitgift ausgestattet, wurde sie 1599 mit knapp fünfzehn Jahren an den Staller, den obersten Verwaltungsbeamten der Landschaft, Hermann Hoyer verheiratet. Sie gebar mindestens neun Kinder, von denen sechs das Erwachsenenalter erreichten; nach 23jähriger Ehe verstarb ihr Mann 1622 – kurz nach Beginn des Dreißigjährigen Krieges – und Anna war als Witwe die Fürsorge ihrer sechs überlebenden Kinder im Alter von ein bis zwanzig Jahren ebenso überlassen, wie die Verwaltung des durch die Wechselschulden ihres Mannes hoch belasteten Grundbesitzes. Anna begann in diesen 1620er Jahren – sie selbst war immerhin schon fast vierzig Jahre alt – sich den erbaulichen Schriften und religiösen Traktaten der Reformatoren und Wiedertäufer zuzuwenden, ihre Versammlungen zu besuchen und selbst eine „Gemein" der nach dem wahren Christentum suchenden Christen um sich zu versammeln. Wichtiger aber noch war, daß sie selbst nach und durch die Begegnung mit diesen Texten und nunmehr als alleinstehende Frau und Witwe zu schreiben begann, zunächst religiöse Lieder, dann geistliche und weltliche Verse verschiedener Art, besonders auch politisch-satirische, die gegen die orthodoxe lutherische Geistlichkeit gerichtet waren, weil die Pfarrer von der Kanzel herab sie angriffen und sie bei der Obrigkeit wegen ihrer sektiererischen Versammlungen verklagten.

Etwa um 1633 verließ sie unter dem Druck der Gläubiger und der orthodoxen Geistlichkeit Schleswig-Holstein und ging mit ihren fünf fast erwachsenen

Anna Ovena Hoyers (um 1650)

Kindern nach Schweden in die Emigration. Zunächst hielt sie sich in Västerwik auf und zog dann in den 1640er Jahren nach Stockholm, wo sie durch die Protektion der Königinmutter Maria Eleonora (der Witwe Gustav Adolfs und Mutter Christinas) 1649 ein kleines Gut als Geschenk erhielt. Wenige Jahre später, 1655, verstarb sie, wobei sie ein für ihre Zeit ungewöhnlich hohes Lebensalter von 71 Jahren erreicht hatte. Sie hatte auch ein ungewöhnlich bewegtes und ereignisreiches Leben geführt, das sie mit Versen, die sie (nachweislich) seit 1628 veröffentlicht hat, begleitet hat.

Eine Sammelausgabe ihrer repräsentativen Verse erschien noch zu ihren Lebzeiten 1650 bei dem bekannten Drucker Elzevier in Amsterdam, dem Druckzentrum des Nordens, wo politisch oder religiös kontroverse Schriften erscheinen konnten. Diese Ausgabe, die «Geistlichen und Weltlichen Poemata» wurden schon 1651 in ihrem Heimatland Schleswig-Holstein als ketzerisch und schändlich verurteilt, ihr Verkauf und Vertrieb wurde bei Strafe verboten und ihre Exemplare eingezogen. Neben dieser Sammelausgabe haben sich viele geistliche Lieder und Versgebete in einer von Annas ältestem Sohn Caspar Hoyer angefertigten Handschrift erhalten.[34]

Das Werk der Anna Ovena Hoyers wird erst aus ihrer religiösen Betätigung als „Sektiererin" verständlich, durch die sie in die Auseinandersetzung der lutherischen Orthodoxie mit den Wiedertäufern und anderen protestantischen Laientheologen geriet. Als Ehefrau des Stallers Hoyer hatte sie sich nie zu religiösen Fragen geäußert und erst nach dem Tode ihres Mannes 1622 scheint sie sich intensiver mit religiösen Schriften beschäftigt zu haben. 1622 nahm sie den aus Glaubensgründen aus Flensburg ausgewiesenen Laientheologen Nicolaus Teting in ihr Haus auf und wurde damit zur erklärten Feindin der Husumer Geistlichkeit. Ihre antiklerikale Haltung hat sich in ihren Satiren niedergeschlagen.

Am bekanntesten wurde ihre plattdeutsche Satire «De Denische Dörp-Pape» von 1630, worin Anna im Gegensatz zum engstirnigen, kleinlichen Buchstabenwissen der Stadtpfarrer die Sauf- und Rauflust, die Dummheit und Unfähigkeit der Landpfarrer geißelt. Häufig greift sie die Buchstabengelehrtheit der Prediger an, wie in dem „Schreiben an die Herrn Titulträger von Hohen-Schulen" von 1625 (Poemata, S. 67–75).Ihre antiklerikale Haltung und ihre Argumente sind natürlich auch ein Echo auf ähnliche Bemühungen Luthers, wenn sie schreibt:

> Die glärten sind (wie Luther sagt)/
> Die verkehrten/ Gott seys geklagt. (Poemata, S. 50)

Doch sollten die Spottnamen, mit denen sie die Prediger belegt, und ihre derben Angriffe nicht darüber hinwegtäuschen, daß Anna tief religiös empfand und nach dem wahren Glauben suchte. Ihre antiklerikale Satire spiegelt die Enttäuschung über die etablierte Kirche und offizielle Geistlichkeit wider.

Die Hoyers wendet sich besonders gegen die Bevormundung durch die Prediger und dagegen, daß diese allein das Wort haben, alle anderen Gemeindemitglieder stillschweigen müssen:

> ...In der Gemein/
> Da der Pfaff hat das wort allein/
> Als wen es wer sein eigen. (Poemata, S. 52)

Ja, die Pfarrer verspotten sogar diejenigen, die selbst Fragen stellen oder reden wollen, und hetzen die Gemeinde gegen diese auf. Anna verweist dagegen auf Jesus und die Apostel, die der Gemeinde erlaubten, Fragen zu stellen:

> Christus selbst hielte den gebrauch/
> Daß er in seiner Predigt auch
> Gern hört antwort und fragen
> . . . .

Sanct Paulus will auch daß man soll/
Was uns gelehrt wird/ prüfen wol/
Die geister unterscheiden. (Poemata, S. 52)

Anna beruft sich auf ihr eigenes Lesen der Bibel und fordert es als ihr Recht, selbst Fragen stellen zu können, um die Wahrheit zu finden. Hier spricht eine Laienperson, die keineswegs einen Dogmenstreit beginnen, wohl aber ihren eigenen Glauben finden und sich selbst rechtfertigen möchte. So steht auch am Anfang ihrer Gedichtsammlung der Versdialog „Gespräch eines Kindes mit seiner Mutter", keine dogmatische Abhandlung, sondern eine praktische Anleitung zum „wahren Christenthumb" für ihre Kinder.

In ihren Versen benutzt sie eine erstaunliche Vielfalt von literarischen Formen: Satire, didaktischen Dialog, Gelegenheitsgedicht, Bibelparaphrase, Lied – das eindeutig zum Gesang bestimmt war, denn Noten oder Melodienangaben sind beigefügt – und Buchstabenkreuz. Dabei steht die Hoyers den an französischen und niederländischen Vorbildern geschulten neuen Versen, die durch die Opitzische Reform in der deutschen Lyrik des 17. Jahrhunderts heimisch werden, noch ganz fern. Sie geht eigene Wege in der Satire, in ihren Liedern und den Buchstabenkreuzen, und sie tut das in den Formen und einer Sprache, die die Tradition der Erbauungsliteratur, der religiösen Schriften für Laien, der protestantischen Kirchenlieder fortsetzen. Ihre Lieder stehen in der Tradition des evangelischen Kirchenliedes. Im 17. Jahrhundert gab es keine Abgrenzung zwischen dem Kirchenlied und dem geistlichen Lied; von der Kirche als Andachtsort her wurden die Lieder übernommen und zur privaten Andacht nach Hause getragen. Sie ermöglichten dem Liederdichter eine persönliche Beteiligung, einen Ausdruck seines Glaubens, ein Bekenntnis seiner Nöte. So wandelte sich das predigende Kirchenlied der Reformationszeit im 17. Jahrhundert zum Andachtslied frommer Herzen. Diese Wandlung wird an den Liedern der Hoyers besonders deutlich, da sie ihrer individuellen Frömmigkeit, die sie selbst durchaus als lutherisch und im Rahmen der Kirche bleibend verstand, Ausdruck zu geben vermochte. Ihre Lieder waren zum Gesang bestimmt, und für mehrere hat sie eine eigene Melodie hinzugefügt oder die eines bekannten Kirchenliedes oder auch eines weltlichen Liedes angegeben, wonach ihr Lied zu singen war.

Die Hoyers stand aber auch der barocken Lyrik keineswegs fern und trug deren Sprachspielereien und Künstlichkeiten in eigener Weise mit in ihre Poemata hinein. Das wird an den Buchstabenkreuzen und ihrer Vorliebe für Akrosticha, Chronogramme und anagrammatische Spielereien mit ihrem Namen deutlich. Die Buchstabenkreuze stehen in der Art eines Mottos vor und im Anschluß an längere Werke, umrahmen Lieder in der Handschrift, leiten auf bestimmte Themen in einem geistlichen Gedicht hin und geben am Schluß eine auf eine knappe Formel gebrachte Sinngebung der vorausgegangenen Verse.

Auch die auffallend häufige Verwendung ihres eigenen Namens als Akrostichon, im Refrain von Liedstrophen, als Anagramm oder Kryptonym ist bedeutungsvoll und bleibt nicht auf der Ebene dekorativer Spielereien, auf der sie beginnt, stehen. Ihr dreiteiliger Namen Anna Ovena Hoyers (oder nur ein oder zwei Worte dieses Namens) erscheinen wiederholt als Akrostichon in ihren Liedern; einprägsam ist z. B. die in 16 Strophen wiederholte Schlußzeile „Hanns Ovens Tochter Anna" des Liedes „Auff/Auff Zion/";[35] im Druck sind außerdem die Worte „Hanns Ovens Anna" in Antiqua gesetzt und von der Fraktur des übrigen Textes abgehoben.

> Sie musicirt/
> Sie jubilirt/
> Sie sing't das Hosiana
> Den Herrn erhebt/
> So lang sie lebt/
> Hanns Ovens Tochter Anna. (Poemata S. 219)

Diese Spielerei mit ihrem Namen ist nun aber nicht als Hervorkehrung ihrer Person, als Betonung ihres Ichs oder als Hinweis auf ihr dichterisches Schaffen zu verstehen. Hier geht es nicht darum, daß das Werk etwa Ausdruck ihres eigenen Ichs sei, sondern ganz im Gegenteil ist ihre Person, die ihr Name oder ihre Namen benennen, zu einem integralen Teil des göttlichen Weltreiches geworden, sie ist daran teilhaftig, darin eingebaut, darin geborgen und verborgen. Anna liefert damit einen Beweis ihrer Kunstfertigkeit, die aber zugleich ein Dienst, ein Ausdruck des Lobes Gottes ist. Ebenso vereinen die «Geistlichen und Weltlichen Poemata» der Anna Ovena Hoyers nicht zwei gegensätzliche, getrennte Welten, sondern alle Verse sind eine Variation, ein Ausdruck religiösen Bekenntnisses in dichterischer Form, denn die Hoyers *muß* bekennen:

> Ich kan und will
> Nicht schweigen still/

So schreibt sie 1643 im „Posaunenschall" (Poemata, S. 208). Und 1642 mahnt sie aus dem schwedischen Exil die Gemeinde in ihrer Heimat in Holstein.

> Ich werd getrieben/ muß es sagen/
> Habs ehe geschrieben/ wills mehr wagen/
> Sollt es auch kosten kopff und kragen. (Poemata, S. 245)

Diesem bekennenden Christentum verleiht Anna Ausdruck in ihren Versen und Liedern bis ins letzte Jahr ihres langen Lebens.

Anna Ovena Hoyers' vergleichsweise unabhängige Stellung als Stallerswitwe – eine Frau von Stand, die aber nicht direkt einem über sie gebietenden Mann, Vater oder männlichen Verwandten unterstand – erlaubte ihr die Entwicklung über die religiöse Erfahrung zum eigenen, schriftlichen Ausdruck, ermöglichte sogar eine öffentliche schriftliche Äußerung zu religiösen Fragen in der gegen die Geistlichkeit gerichteten Satire. Als Außenseiterin im staatlich-gesellschaftlichen Gefüge, eine selbst ihren Lebensunterhalt bestreitende Witwe ohne Amt und Würden, die geschützt und verteidigt werden müßten, wollte Anna auf Vergeltungsmaßnahmen und Strafen seitens der Obrigkeiten keine Rücksicht nehmen. In diesem Sinne ist sie eine der wenigen unabhängigen Bürger(innen) ihres Jahrhunderts, die ohne Bevormundung vom Stadtpatriziat, einem Fürsten oder der Geistlichkeit, bei denen die Gelehrten und Literaten ihre Anerkennung und ihren Lebensunterhalt finden, zu leben versucht und für dieses Leben ins Exil geht.

2. Biblische Weisheiten für die Jugend
Die Schulmeisterin Magdalena Heymair

Cornelia Niekus Moore

Stand der Forschung

In der zweiten Hälfte des 16. Jahrhunderts erschienen die Werke der Magdalena Heymairin, Schulmeisterin in Cham und Regensburg, später Hofmeisterin in Kaschau (das heutige Kosiçe in der Tschechoslowakei), und populäre Autorin volkssprachiger biblischer Liederbücher für die Jugend. Diese Kombination von berufstätiger Frau und erfolgreicher Schriftstellerin ist für uns heute besonders informativ, weil Heymair in den Werken ein Bild von sich und über ihre erzieherische Tätigkeit aufzeichnet. Autobiographische Aussagen von Frauen sind im 16. Jahrhundert selten; hier jedoch erhalten wir aus erster Hand einen Eindruck von einer Frau, die aus „armut" und „mangel der zeitlicher narung" (Vorwort «Episteln») sich gezwungen sah, einen Brotverdienst zu suchen. Dies wiederum war eine Entscheidung, die zu einer richtigen Karriere als Schulmeisterin und Hofmeisterin führte und die Veröffentlichung mehrerer Werke für die Jugend erlaubte, deren wiederholte Ausgaben von ihrer Popularität zeugen.

Heymairs Erfolg scheint sich in ihrer Zeit auf den süddeutschen Raum beschränkt zu haben, und kurz nach 1600 geraten ihre Werke auch da in Vergessenheit. Heutzutage ist von vielen der Auflagen kein einziges Exemplar mehr auffindbar. Die spätere Sekundärliteratur erwähnt Magdalena Heymair nur beiläufig. Wir finden sie lediglich kurz erwähnt in den Verzeichnissen namhafter Frauen, die im 17. und 18. Jahrhundert entstanden, etwa von Eberti, Lehms, Frawenlob, und Finauer, und in den lokalen Erziehungs- und Literaturgeschichten der Oberpfalz wie bei Hollweck, Winkler u. a.[1] Von den literarischen Nachschlagewerken nennt nur Goedeke sie (S. 170), und in den wenigen Werken über Jugendliteratur bleibt sie ebenso unerwähnt wie in den umfangreicheren Veröffentlichungen über die religiöse Literatur des sechzehnten Jahrhunderts, z. B. bei Reu und Beck. Am ausführlichsten werden ihre Werke von Lotte Traeger beschrieben. Die Dissertation Traegers, noch immer ein Meilenstein in der Forschung des Frauenschrifttums, wurde 1943, zu einer Zeit, in der viele Bibliotheksbestände wegen des Krieges nicht zugänglich waren, fertiggeschrieben. Seitdem erschien nur 1969 ein kurzer Beitrag von Maximiliane Mayr im «Jahrbuch für Liturgie und Hymnologie».[2] Im folgenden wird versucht, das Bild

Wer Jemandt hie der gern welt lernen Dütsch schriben und läsen
uß dem aller kürtzisten grundt den Jeman erdencken kan Do durch
ein Jeder der vor nit ein buchstaben kan der mag kürtzlich und bald
begriffen ein grundt do durch er mag von jm selbs lernen sin schuld
uff schribē und läsen vnd wer es nit gelernen kan so ungeschickt
were Den will ich vmm nut und vergeben glert haben und gantz nüt
von jm zü lon nemmen er sig wer er well burger oder hantwercks ge
sellen frouwen und junckfrouwen wer sin bedarff der kum har jn-der
wirt drüwlich glert vmm ein zimlichen lon · Aber die junge knabē
und meitlin noch den koñualten wie gewonheit ist · | 5 | 6 ·

*Ein Schulmeister und seine Frau beim Unterrichten dreier Knaben und eines
Mädchens im Lesen. Gemälde von Ambrosius Holbein (1516)
Darüber: Aushängeschild eines Schulmeisters*

der Magdalena Heymair biographisch und bibliographisch zu vervollständigen,
mit dem Ziel, zu einem besseren Verständnis der Lage einer schreibenden Frau
im 16. Jahrhundert zu kommen und einen Einblick in die von ihr als Schulmeisterin gebotene Jugendliteratur zu gewinnen.

Leben und Laufbahn der Schulmeisterin Heymair

Über Magdalenas Laufbahn als Schulmeisterin legen die Vorworte ihrer Werke
Rechenschaft ab, und mit einer gewissen Kenntnis der Zeitumstände läßt sich die
dort gegebene Information leicht zu einem klaren Bild ergänzen. Wie sie
berichtet, verdiente ihr Mann nicht genug; aus einem erhaltenen Brief erfahren
wir, daß er Schulmeister war.[3] In den Haushalten der Schulmeister war die
Armut ein ständiger Gast, und Frauen von Schulmeistern sahen sich oft gezwungen, eine Nebenarbeit zu finden.[4] In den Handwerkerzünften hatte sich die Lage
der Frauen im Laufe des 16. Jahrhunderts wegen des begrenzten Arbeitsmarktes

sehr verschlimmert.[5] Für Frauen aber, die selbst lesen konnten, bestand immer die Möglichkeit, Schulmeisterin zu werden, und als Frau eines Schulmeisters lag das für Magdalena Heymair noch mehr auf der Hand. Um Schulmeisterin zu werden, brauchte man nur die Genehmigung der Stadtbehörde, dann konnte man sein Schildchen aushängen und Kinder im Lesen und, wenn gewünscht, auch Schreiben und Rechnen unterrichten. Frauen waren schon seit dem Mittelalter in Schulen tätig, entweder selbständig oder als Gehilfinnen ihrer Ehemänner. Und seitdem die Behörden in zunehmendem Maße auf die Trennung von Jungen und Mädchen im Unterricht drängten, wurden ihnen vornehmlich die Mädchen anvertraut.

So unterrichtete Magdalena Heymair zwei Jahre die Töchter einer Katharina von Degenwerg in Straubing im Lesen und Schreiben; dort jedenfalls ist eine Frau dieses Namens als Gattin des Oberrichters Johann von Degenwerg urkundlich belegt.[6] Der Unterricht der Mädchen von Degenwerg fand – und das war durchaus üblich – im Haus der Eltern statt. Für Mädchen galten zwei Jahre Unterricht schon als lange. Heymair berichtet, wie sie sich mit der Mutter befreundete und wie Katharina von Degenwerg sie finanziell unterstützte (Vorwort «Episteln»). Wie sie schreibt, unterhielten die beiden Frauen sich auch über religiöse Themen. Heymair war katholisch, aber die Gespräche mit der lutherischen Frau von Degenwerg führten sie „ausz dem Bapsttumb und zu der wahren Kirche" (Vorwort «Sirach»).

Die Konversion kam zu einer ungünstigen Zeit. Das erfuhr Magdalena, als das Ehepaar Heymair um 1564 durch Vermittlung des Statthalters Ludwig eine Stellung als „deutsche Schulmeister" in Cham erhielt. Kurfürst Friedrich III. von der Pfalz hatte nämlich nach dem Tode Ott-Heinrichs (1559) diesen Teil der Oberpfalz geerbt und versuchte nun, in das überwiegend lutherische Gebiet die kalvinistische Lehre einzuführen, obwohl Bevölkerung und Stadträte davon wenig wissen wollten.[7] Als ein kalvinistischer Lehrer, ein gewisser Veit Wurzer, nach Cham zog, erhielt auch er eine Genehmigung zum Schulhalten, obwohl, wie Heymair schreibt, „uns die schuel allain versprochen gewest." Die Anstellung des zusätzlichen Lehrers war nicht nur ein Angriff auf ihren Berufsstolz, halbiert wurde dadurch auch das sowieso magere Schulmeistereinkommen des Heymairschen Haushalts.[8] Im Gegensatz zur Lateinschule erhielt die Lehrkraft in einer volkssprachigen Schule meistens keine Besoldung von der Stadt, sondern mußte mit dem kargen Schulgeld auskommen, das oft nur unregelmäßig oder „in natura" bezahlt wurde. Das Ehepaar Heymair beschwerte sich beim Stadtrat. Dieser war den Heymairs wohlgesonnen; der Vertreter des Kurfürsten aber setzte es durch, daß auch Veit Wurzer seine Schule behalten konnte, obwohl „sich zwei schuelmaister alhie nicht kunnen erhalten", wie Magdalena Heymair sich in einem Brief vom 16. 2. 1570 an den Superintendenten Nikolaus Gallus in Regensburg beklagt.[9]

Noch 1570 muß das Ehepaar Cham verlassen haben. Auf dem Titelblatt der ersten Ausgabe von «Jesus Sirach» (1571) wird Magdalena Heymair schon

„Teutsche Schulmeisterin in Regenspurg" genannt. Auch 1578 ist sie noch in Regensburg («Sirach», Ausg. 1578). Dann ist bis 1586 nichts mehr über Magdalena Heymair bekannt. In der Vorrede zur zweiten Ausgabe der «Apostolischen Geschichten» schreibt sie 1585, sie sei in Grafenwerth in Österreich; ein Jahr später im Vorwort der zweiten Ausgabe ihres «Buches Tobiae» nennt sie sich Hofmeisterin im Haushalt der Witwe Judith Reuber geb. von Fridensheim in Kaschau. Da Johann Reuber, Freiherr zu Pixendorff und Judenau[10], in Grafenwerth und Kaschau Besitzungen hatte, muß sie die Stellung schon 1585 gehabt haben. Viellcicht waren ihre wohlhabenden Gönnerinnen für diese Beziehung verantwortlich, vielleicht auch ihr Ruf als Autorin. Auf jeden Fall hatte sie jetzt eine verantwortliche Stellung in einem adeligen Haushalt, beauftragt mit der Erziehung und dem Wohlergehen der Töchter, ein beachtlicher Aufstieg in ihrer Karriere, die sie als Hauslehrerin begonnen hatte.

Schulbücher

Die Schultexte in den deutschsprachigen Schulen waren seit Jahrhunderten die gleichen. Nach dem Alphabet wurde das Lesen an religiösen Texten geübt, wie dem Vaterunser, den Zehn Geboten, dem Credo und einfachen Morgen- und Abendgebeten, im 16. Jahrhundert gab es dafür den Katechismus, der die gleichen Gebete zur Grundlage hatte. Danach folgten kurze Sprüche aus der Bibel. Anhand der gleichen Texte wurde auch das Schreiben gelehrt: die Buchstaben wurden kopiert bis das Kind dies schön und sauber konnte; dann wurden die gleichen Gebete abgeschrieben. Bei längerem Aufenthalt in der Schule wurden auch die Evangelien und Episteln gelesen und andere Stellen aus der Bibel, meistens in sprüchartigen Auszügen; es folgte das Leben der Heiligen. Als Abwechslung wurden vor allem religiöse Lieder gesungen. Die Tatsache, daß die Schulmeisterin Magdalena Heymair sich mit der Mutter ihrer Schülerinnen über religiöse Themen unterhielt, war bei diesem Schulmaterial wohl unvermeidlich. Die Frage, ob, und wenn ja, welcher Katechismus benutzt werden sollte, mag zu solchen Gesprächen Anlaß gegeben haben.

Magdalena Heymairs Werke

Der Wunsch, als Schulmeisterin zu diesem Material beizutragen, lag auf der Hand. Vier Werke wurden von Magdalena Heymair herausgegeben. Alle vier waren Bearbeitungen biblischer Texte in Liedern: «Die Sontegliche Epistel» (1566), «Jesus Sirach» (1571), «Die Apostel Geschicht» (1573) und «Das Buch Tobiae» (1580)

«Die Episteln»

Das erste Werk entstand auf Anregung einer Schrift des populären Erbauungs-
dichters Niklaus Herman (1480–1561). Wie Heymair berichtet (Vorwort «Episteln», Ausg. 1568), fielen ihr während ihres Aufenthaltes in Cham seine «Sontags Evangelia» in die Hand,

> das Gesangsbüchel der Evangelium, ... das ein Schulmaisterin so ihre Maidlein fleissig
> die Evangelia hat außwendig lernen lassen/ ... allda Herrn Nicolaum Herman Cantorem
> im Joachimsthal verursacht/ das er die Evangelia gesangsweiß gemacht hat («Episteln»,
> Ausg. 1568).

„Da ich solches gelesen", schreibt sie, „hat es mich gefreut/ und hab gedacht/
Ach Gott das ich genadt von dir hett/ und kunde zu deinem Lob die Sonntags-
episteln in gesangsweiß machen." Die Handschrift dieser Episteln, 1566 verfaßt
und mit einer Vorrede von Willibald Ramsbeck, dem lutherischen Stadtpredi-
ger in Cham, versehen, ist der Kurfürstin Dorothea von der Pfalz, eine etwas
spätere Abschrift der Elisabeth von der Pfalz gewidmet. Die erste Auflage
erschien 1568 bei Heinrich Knorr in Nürnberg. Neben der Vorrede von
Ramsbeck enthält dieser Druck auch die Widmung von Magdalena Heymair an
Brigitte Weinzierlin, die Frau des ehemaligen Straubinger Ratsmitgliedes, das um
seiner lutherischen Gesinnung willen Straubing hatte verlassen müssen und dann
in Nürnberg wohnte.[11]
  Die Tatsache, daß das Buch überhaupt im Druck erschien, weist darauf hin,
daß Magdalena Heymair ihre Gönner hatte. Vielleicht hatte die Frau Weinzierlin
für die Nürnberger Ausgabe das ihrige getan. Vielleicht war es auch Frau von
Degenwerg, die von Magdalena Heymair für das „christliche wolreden/ welche
sie von mir gethan hat/ gegen Höhern und Nidern standt" hoch gelobt wird.
(«Episteln» Ausg. 1568 u. 1578). Die Schulmeisterin Heymair hätte wohl kaum
selbst die Druckkosten bestreiten können, und für Drucker bedeuteten die
ersten Federfrüchte einer unbekannten Schulmeisterin ein finanzielles Risiko.
Eine Tatsache allerdings sprach für die Herausgabe des Buches: Es wird im
Vorwort ausdrücklich als Schulbuch empfohlen, und für manche Drucker sorgten die Schulbücher mit ihren festen Abnehmern für ein stetes Einkommen, das
die Unkosten mancher Ladenhüter aufhob.
  Die Ausgabe von 1568 fand rasch Abnehmer. Schon ein Jahr später erschien
eine zweite Auflage, ebenfalls bei Heinrich Knorr in Nürnberg. Zehn Jahre nach
seinem Ersterscheinen wurde das Buch 1578 in Augsburg herausgegeben: „von
newen übersehen, corrigiert, gebessert und geendert" von Georg Sunderreuter,
dem Prediger der Sankt Georgs Kirche in Augsburg.
  Als Magdalena Heymair den Plan faßte, nach dem Vorbild der Hermanschen
Evangelien diese gereimte Epistelausgabe zu machen, wählte sie eine dichterische
Form, die ihr ganzes Oeuvre kennzeichnen sollte. Nach dem Vorbild Hermans
wurde jede Epistel in ein mehrstrophiges Lied umgedichtet, etwa 6–17 Strophen

lang und an eine bestehende geistliche oder weltliche Melodie angepaßt; so wurde die Melodie zu „Ein feste Burg ist unser Gott" verschiedentlich benutzt. Die Bearbeitung der einzelnen Episteln ist nicht uniform. Meistens wird der Epistelautor kurz eingeführt: „In diesem Sendbrief schreibet Paul..." Manchmal wird auch gleich mit dem Episteltext begonnen. Die letzte Strophe ist öfter ein Gebet. Auch scheut sich die Autorin nicht vor einer persönlichen Aussage. So wird die Melodie eines Liedes mit Namen „Ich hab's gewagt unverzagt" hier benutzt für „Ich arme Magdt/ hab es gewagt/ Gott wöll lassen gelingen". Manche Episteln werden durch weiteres Material ergänzt. Auf das 12. Kapitel der Offenbarung Johannes z. B. folgt die Geschichte der heiligen Sabine, einer römischen Witwe und Märtyrerin, die sich weigerte, einen heidnischen Mann zu heiraten. Die heldenhaften Taten früherer Märtyrerinnen hatten einen besonderen Reiz für Magdalena Heymair. Der Epistel des 17. Sonntags nach Trinitatis fügt sie hinzu:

> Weyl in dieser Epistel die ainigkeit insonderheit gedacht wirt... habe ich hierher setzen wollen ein gaistlich lied von der heiligen matrona Concordia... Concordia die werd Matron/ unter Decij Kron/ bezeuget ihren Gotte/ Jesu, den Christ/ on allen List/ mit ihrem Blut und todte.

Die schwierigen theologischen Stellungnahmen und Probleme werden umgangen, betont wird dagegen die apostolische Mahnung zum christlichen Leben. So erscheint die Epistel über die guten Werke (dritter Sonntag nach Epiphanie) zuerst in einem siebenstrophigen Lied, worin diese Werke nacheinander erwähnt werden, dann folgt die Epistel selbst in einem längeren Lied. Außer der im Vorwort erwähnten Konversion gibt ihre Betonung einer christlichen Lebensweise keinen Anlaß für katholische oder kalvinistische Leser, Anstoß zu nehmen. Wie bei Herman ist der Knittelvers holprig, obwohl sie in ihrem Streben, die Lieder an Melodien anzupassen, einer natürlichen Betonung nahekommt. Der Reim ist nach heutigen Maßstäben oft unrein, aber auch das war in den Werken ihres Vorbilds und in der Erbauungsliteratur ihrer Zeit überhaupt oft der Fall. Häufig ist die Satzstruktur für Reimzwecke umgestellt und die gleichen Reimwortpaare und Strukturen kehren mehrmals wieder. In ihrer Naivität und Schlichtheit wirken die Lieder sympathisch – und sie lassen sich leicht singen.

«Jesus Sirach»

Mit dem gleichen dichterischen ‚Rezept' wie in den Episteln machte sich Magdalena Heymair nach dem Erfolg ihres Erstlings auch an den «Jesus Sirach» heran, eine alttestamentarische Spruchsammlung mit vornehmlich ethischen Lebensweisheiten. Dieses Werk war das Resultat ihrer Regensburger Tätigkeit. Es ist vier Prinzessinnen von der Pfalz gewidmet, die zwischen elf und achtzehn Jahren alt sind. Eine ist die Tochter des gleichen Ludwigs, der Magdalena die Stellung in Cham besorgt hatte, und drei sind die Töchter des lutherischen Wolfgang von Zweibrücken, der den anderen Teil der Oberpfalz geerbt hatte und

dessen Frau Elisabeth sie eine Handschrift der Episteln gewidmet hatte. Die Vorrede stammt von Josua Opitz (1542–1571), Prediger zu Cham, selbst Verfasser einer Kinderbibel.[12] Heymair war jetzt, fünf Jahre nach dem Erscheinen der «Episteln», die gerade ihre zweite Ausgabe erlebt hatten, eine erfolgreiche Autorin. Das zweite Werk wurde noch erfolgreicher: drei Auflagen in vier Jahren, alle von Hans Burger in Regensburg gedruckt (1571, 1572, 1573, 1574). Auch dieses Werk wurde 1578 von Georg Sunderreuter „corrigiert, gebessert, übersehen, etwas geendert und gemehret" herausgegeben. Die Sunderreutersche Version erschien noch zweimal, 1586 und 1609.

Der Stil ist dem ihres ersten Werkes ähnlich. Die Spruchform des «Jesus Sirach» ähnelt der strophischen Liederform der Heymair, und inhaltlich illustrieren auch hier wieder Lebensweisheiten ihre christliche Ethik. Insgesamt macht dieses Buch aber einen einheitlicheren Eindruck als die «Episteln». Die Tatsache, daß hier nur ein Buch und ein Autor bearbeitet wird, der jeweils in der dritten Person eingeführt wird, trägt dazu natürlich bei. Edierte sie die «Episteln» schon nach persönlichem Geschmack, so macht sie sich jetzt mit dem Selbstvertrauen einer erfahrenen Schriftstellerin an die alttestamentarischen Spruchsammlungen heran, läßt Unzutreffendes weg und fügt Neues hinzu. Sie scheut sich nicht, in das alttestamentarische Buch neutestamentarische Exempla hineinzustreuen, wie die Geschichte vom reichen Mann und Lazarus (J. Sirach, IV, 3), und die Episteln häufig zu erwähnen. Der christliche Glaube an das Jenseits wird hinzugefügt und der Messianismus in christliche Termini übersetzt (J. Sirach, XIX, 1). Auch hebt sie neureformatorische Praktiken hervor: „Wilt du Verstand und Ehre/ so lehrn Gottes Gebot/ Studier die Kinder Lehre/ bitt Gott ohn alle Spott."

Als Dichter überragt der alttestamentarische Sirach die fleißige Liedermacherin aus Regensburg bei weitem. Es kann sein, daß sie als Stadtbewohnerin wenig Verständnis aufbringen konnte für seine naturbezogene Bildsprache. Bäume, Blumen, Berge, Adler und Nachtigall, die ganz von Geschöpfen erfüllte Welt Sirachs verschwindet völlig in der Heymairschen Version. Das ist am deutlichstn in den Kapiteln bemerkbar, in denen Sirach in lyrischen Tönen die Weisheit Gottes und seiner Propheten besingt (z. B. I und XXIV). Heymairs Version wirkt weniger geziert, viel direkter, weniger weltweise und desto naiver, weniger gewandt aber ehrlicher; und das muß ihre Zeitgenossen angezogen haben.

Die «Apostelgeschichten»

Schon zwei Jahre nach dem «Jesus Sirach» wurden die «Apostelgeschichten» veröffentlicht (1573). Auch dieses Werk wurde von Georg Sunderreuter in einer zweiten Auflage herausgegeben (1586). Durch die Betonung heldenhafter Taten gleichen sie den Moritaten späterer Jahrhunderte. Die Heymairschen Stilmerkmale sind die gleichen wie im vorigen Werk. Heymairs Widmungsrede an Dorothea von der Pfalz in der Ausgabe von 1586 betont den Anteil von Frauen am Neuen Testament und den Apostelgeschichten. Am Ende stehen dazu die Lieder über Dorothea und Susanna von Niklaus Herman, die auch Sunderreuters „Verbesserung" nicht entgangen sind.

Die Bücher Tobias und Ruth

Das letzte Buch der Magdalena Heymair erscheint sieben Jahre nach den «Apostelgeschichten»: «Das Buch Tobiae» (1580). Auch dieses Werk wird 1586 von Sunderreuter ediert und neu herausgegeben. Für diese zweite Ausgabe schreibt Magdalena Heymair selber ein Vorwort. Es ist einigen Frauen, offensichtlich Bekannten aus Kaschau, gewidmet, wo Heymair jetzt Hofmeisterin ist. Auch die Frauen der Familie von Degenwerg werden wieder genannt. Eine Bearbeitung des «Buches Ruth» ist mit aufgenommen und außerdem etwa sechzig Lieder, von denen mehrere von der Hand Sunderreuters stammen.

Lebensweisheiten „sonderlich der liben Jugend"

Die genannten vier Werke sind das persönliche Zeugnis Magdalena Heymairs. Auch wenn die biographischen Aussagen zu wünschen übrig lassen, so bestehen über Grund, Absicht, Methode und intendiertes Publikum der Werke keine Zweifel. Magdalena Heymair schrieb ihre Werke zum Unterricht der Jugend und ihr ganzes Oeuvre ist auf dieses Ziel abgestimmt. Auf den Titelblättern wird dies betont: „Sonderlich der liben Jugend" heißt es auf dem Titelblatt der «Episteln», „der lieben Jugendt zu gutem" lautet das Titelblatt von «Jesus Sirach». Im «Buch Tobiae» ist noch spezifischer von „jungfrewlichen Kinderschulen" die Rede. Vorwort und Vorrede sagen das gleiche: „Sonderlich aber ist dise arbayt für die Schulkinder angesehen" schreibt Josua Opitz über «Jesus Sirach», und Magdalena Heymair meinte selbst, sie habe „das Buch Jesus Syrachs für die liebe Schuljugent in gesangsweiß gebracht."

Die getroffene Auswahl eignet sich vorzüglich zum Jugendunterricht. Als Magdalena Heymair zu unterrichten begann, muß sie bemerkt haben, daß die wöchentlich zu lernenden Evangelien zwar in der Ausgabe Hermans für die Schuljugend vorhanden waren, daß aber die Pflicht-Episteln nur in Spruchbüchern existierten. Auch «Jesus Sirach» war ein bevorzugtes Textbuch für den Unterricht, mit seinen Lebensweisheiten ist es das Erziehungsbuch par excellence unter den biblischen Büchern und wurde Jahrhunderte hindurch als solches benutzt. Die Apostelgeschichte war für die Lutheraner das biblische Gegengewicht zu den mittelalterlichen Heiligenlegenden – von Luther auch „Lügenden" genannt – und ersetzte diese im lutherischen Unterricht. Das «Buch Tobiae», voller Abenteuer und guter Lehren, kann als Erziehungsroman unter den biblischen Büchern gelten, und das darin enthaltene «Buch Ruth», dessen Heldin ihrer verwitweten Schwiegermutter in allem Kummer und aller Not beisteht, war ein bevorzugtes Erbauungsbuch für Mädchen.[13] Ihre Ausgabe füllte also eine Lücke im Unterrichts- und Erziehungsmaterial. Die Spruchform hätte sich mehr angeboten, aber auch in der von Herman übernommenen Liedform paßten die Heymairschen Lehrbücher gut in den traditionellen Schulunterricht. Das einzige Schulmaterial, zu dem Magdalena Heymair nichts beisteuerte, war der Katechismus. So ein Beitrag wäre für sie als Frau, Laiin und Konvertitin auch wohl kaum denkbar gewesen. Am Ende des 16. Jahrhunderts wurde die Flut von Katechismen allmählich eingedämmt und der Katechismus Luthers als einzig erwünschter betrachtet; seine Bearbeitung blieb den Theologen vorbehalten.

Obwohl die Schuljugend besonders angesprochen ist, waren die Bücher nicht ausschließlich für den Schulgebrauch bestimmt. Wie erwähnt, zogen es viele Eltern vor, ihre Kinder zu Hause zu unterrichten oder unterrichten zu lassen, und unter solchen Umständen waren die Grenzen zwischen Schulbildung und häuslicher Erziehung natürlich fließend. Auch wenn Kinder die Schule besuchten, war der Schulbesuch in der Regel nur von kurzer Dauer, nämlich bis das Kind die Grundbegriffe gemeistert hatte. Die bücherschreibenden Pädagogen betonten gerne das Triumvirat der christlichen Erziehung: Haus-Kirche-Schule, die Rolle der Eltern als von Gott berufener Erzieher in weltlichen und religiösen Sachen und die Hilfe, die ihre Bücher dabei leisten konnten. Das in der Schule Gelernte sollte zu Hause weiter eingeprägt werden. Während der Woche sollte das am nächsten Sonntag fällige Evangelium und die Epistel zu Hause oder in der Schule auswendig gelernt werden. Auch waren die Grenzen zwischen Lehr- und Lernbuch noch immer fließend. Luthers Katechismus z. B., obwohl in der Sprache kindernah gehalten, war „Hausvätern" und ihren Kindern gewidmet. Auch bei Heymair werden über die Köpfe der Kinder hinweg die Eltern angesprochen, die von Gott erwählten Erzieher, die diese Hilfe dringend brauchen. So heißt es in «Sirach» (XXII, 2) ganz abweichend vom Original: „Ihr Mütern solt sehen voraus. / Daß ihr zucht halt in ewrem Hauß / mit beten und mit wachen. /" Josua Opitz nennt das Büchlein „billich ein Haußspiegel mit haylsamen lehre für sonderlich denen in der Haußhaltung als da seien Manner und Weiber / Eltern und Kinder / Herrn und Knecht / Frawen und Magt /". Das beeinträchtigt nicht die Kindbezogenheit, sondern spiegelt die intensiven Lesegewohnheiten des 16. Jahrhunderts wider: Bücher wurden im Familienkreis gelesen, vorgelesen, wiedergelesen, gemeinsam gelesen und besprochen, und Teile oder das ganze Buch auswendig gelernt. So boten sich die Werke als richtige Gebrauchsliteratur an, zur häufigen Wiederholung, damit der Inhalt sich den Kindern einprägte. Trotz einer Übertragungsweise, die die Hilfe der Erwachsenen mit einschließt, war der Stoff für das Kind bestimmt und in Form und Inhalt dem Kinde angepaßt – wenigstens in den Augen der Autoren. Ein gutes Beispiel dafür ist die Bearbeitung des «Jesus Sirach», einer Sammlung mit Ratschlägen eines Vaters an seinen Sohn. In der Heymairschen Bearbeitung wird das Buch zu einem Kinderbuch. Wo im «Jesus Sirach» „Kind" und „Sohn" im Sinne von Abkömmling benutzt werden, übersetzt Heymair solche Stellen immer mit „Kinder" im Sinne von Jugend. So wird in II, 1 „mein Sohn..." in der Heymairschen Fassung „Er vermanot mit ganzem Fleiß die jugent / Spricht jr Kinder / wolt jr des Herren Diener sein / so gebt euch nur willig darein." „Kinder hört das Wort Ihres Vaters" wird: „Ihr Kindlein hört das Wort ihrcs Vaters" (III, 2). Dabei hat die Verfasserin keine Bedenken im «Jesus Sirach» ihren Rat an Erwachsene zu richten; z. T. modifiziert sie ihn jedoch. Beispiele der Sittenlosigkeit und Unzucht werden im Vergleich zum Original heruntergespielt (IX), die dort formulierte Möglichkeit, daß unverheiratete Mädchen schwanger werden können, bleibt unerwähnt (XVII). Der frauenfeindliche Unterton des Originals wird entweder gar nicht übernommen (z. B. Vers XII) oder mit einem Vierzeiler abgetan (XXV). Das ganze Buch ist darauf ausgerichtet, Kindern die richtige Lebensweise in einer für sie verständlichen Form beizubringen.

Beurteilung ihres Werkes

Obwohl von einer Frau geschrieben, weichen ihre Bibeltexte nur in wenigem von denen männlicher Autoren ab. Das liegt zuerst daran, daß Heymair ihrem Vorbild Nikolaus Herman streng folgte. Ihre Textauswahl und ihre pädagogischen Ziele sind traditionell. Auch Heymairs Empfehlung, die Werke zu Hause zu benutzen, folgt der Tradition. Es entsprach dem lutherischen Lehrziel, daß durch die intensive Beschäftigung mit biblischen Texten die Jugend nicht nur das Lesen lernen, sondern sich gleichzeitig die biblischen Weisheiten als Lebensweisheiten einprägen sollte. Die Textauswahl folgte den Schulordnungen. Damit ihre Lieder mehr Anklang fanden, wählte Magdalena Heymair Melodien weltlicher Lieder, eine Sakralisierungsmethode, die auch von andern Dichtern angewandt wurde, aber nicht immer von der Geistlichkeit gutgeheißen wurde. Obwohl Josua Opitz behauptete, daß die Heymairschen Lieder so die Buhllieder auf der Straße verdrängen würden, ersetzt Georg Sunderreuter in seiner Bearbeitung die meisten weltlichen Melodien wiederum durch geistliche.

Heymairs Werk zeigt auch typische Schulmeisterzüge. Ihre Betonung der Zucht, der Leibeszucht, ist typisch für ihren Beruf. Obwohl die Schulordnungen auf Mäßigung drängten, waren die Lateinschulen wegen ihrer Züchtigungen berüchtigt. In den volkssprachigen Schulen hatten die Eltern mehr Einfluß, weil öfters mehrere Schulmeister in einer Stadt Schule hielten. Eltern konnten ihr Kind zu jeder Zeit aus einer bestimmten Schule herausnehmen und zu einem anderen Schulmeister schicken, was sie nach den damaligen Berichten auch taten, wenn die Züchtigungen zu hart waren. Solche Konkurrenz hielt die Lehrrute im Zaum. Die meisten Erziehungsbücher, deren Autoren vornehmlich Lehrer waren, beschuldigten die Eltern, die strenge Zucht abzulehnen. Conrad Porta (1541–1585) zeigte in seinem Schulspiel «Meidleinschul», was mit den Kindern geschah, die sich der harten Schulzucht nicht unterwarfen. Auch bei Heymair ist die „Zucht" breit ausformuliert. So wird das bekannte „Spar die Rute nicht" ausgedehnt zu:

> Ist dir dein Kind von hertzen lieb / halt es in zucht bey zeite: Schaff das es sich im guten ub / hast du frewd bey den leuten. [...] Wer seinem Kinde ist zu waich / thut seine striemen klagen: Erschrickt wann man jm gibt ainen straich / kan nit gnug davon sagen. Derhalb vernimm / schertzt du mit im / es wird dich sehr gerewen. Volg meiner lehr / so sihest Ehr / ich main dir das in trewen. («Sirach», XXX, 1–2)

Und in XXVI, 3 heißt es: „Will dein Dochter nit zuchtig sein / so will sie frechhait treiben: So halt sie hart and schlag darauf ein, auff das sie frumb thu bleiben." Man wundert sich, was Magdalena Heymair mit ihrer wahrscheinlich kleinen Schülerinnenzahl dazu zwang, so ‚harthändig‘ zu sein. Auch für ihre eigene Zeit entwirft die Passage ein hartes Bild. Wenn auch andere Pädagogen dazu mahnten, die Mädchen nicht zu verzärteln, kamen solche Passagen in bezug auf Mädchen kaum vor.

Wenn sich Heymairs Werke in Auswahl und Methoden auch wenig von denen männlicher Autoren unterscheiden, bleibt doch die Tatsache, daß Heymair eine Rarität unter den Schulbuchautoren ist. Die meisten Bücher für den Schulgebrauch wurden von theologisch Geschulten geschrieben, was bei dem überwiegend religiösen Inhalt auch nicht verwunderlich war. Diese fast ausschließlich theologisch geprägte Autorenschaft wurde noch dadurch gefördert, daß die meisten Pfarrer nach ihrem Studium und vor ihrer Berufung in eine Pfarrei in der Schule tätig waren und später als Pfarrer die Aufsicht über Schule und Katechese hatten. Der zuvor erwähnte Porta z. B. war zuerst Schulmeister und erst später Pfarrer. Zu Beginn der Reformation waren auch Laien mit der Textbuchherstellung beschäftigt, meist Schulmeister, die aus eigener Erfahrung schrieben. Der Nürnberger Lateinschulmeister Leonhard Culmann (1498–1562) z. B. schrieb einen deutschen Dialog über die Paulusepistel an Titus, und der Rothenburger Schulmeister Ickelsamer schrieb einen Dialog über Taufe und Wiedergeburt. Andere produzierten ABC's, Schreibbüchlein und manchmal eine Schulzucht, wie der Regensburger Johannes Kandler. Aber Frauen, obwohl sie unterrichteten, sind unter den Schulbuchautoren außer Heymair nicht vertreten. Gründe dafür könnten sein, daß viele unterrichtende Frauen wohl selbst lesen, aber nicht schreiben konnten; daß sie nicht studiert hatten, minderte ihr Ansehen beim Drucker. Josua Opitz betont daher auch, was für eine Besonderheit das von ihm eingeleitete Buch und seine Autorin seien, allerdings sieht er es als ein Zeichen des nahenden Weltendes an, daß jetzt auch Frauen und Kinder zu Worte kommen.

Wenn sich Heymairs Bücher auch streng in das traditionelle Erziehungsmuster einreihen, so zeigen sie doch spezifisch weibliche Züge, die zu ihrem Erfolg beitrugen: Frauen und Mädchen sind konsequent als Leserinnen angesprochen; alle ihre Werke sind ausschließlich Frauen gewidmet. Das persönliche Zeugnis im Vorwort stellt – ebenso wie die Lebensbeschreibungen weiblicher Heiliger – die Verbindung zu den Leserinnen her. Die Mütter werden konsequent als Erzieherinnen miteinbezogen. An sich ist keines dieser Elemente neu. Andreas Musculus (1514–1581), Johann Jhan, Johann Agricola (1499–1566) u. a. hatten alle für Mädchen geschrieben. Auch Literatur für Frauen war in Fülle vorhanden. Martin Luther und Johann Bugenhagen hatten die Rolle der Mütter in der Erziehung betont und Nikolaus Herman hatte die weiblichen Heiligen und biblischen Heldinnen in seinen Liedern für die Mädchenschulen besungen.[14] Auch männliche Autoren widmeten ihre Schriften adeligen Prinzessinnen und Fürstinnen, wie Josua Opitz seine Kinderbibel. Es ist mehr eine Kombination dieser Faktoren, die Magdalena Heymair nicht nur zu der einzigen Autorin von Schulbüchern macht, sondern ihr Werk auch zu einem weiblichen, oder besser einem Frau-bezogenen Oeuvre. Die Fürstinnen Dorothea und Elisabeth, die Prinzessinnen von der Pfalz, Katharina von Degenwerg, Brigitte Weinzierlin, die ganze Kaschauer Bekanntschaft von Frauen und Jungfrauen formten einen Bekannten-, Freundinnen- und Gönnerinnenkreis, der die Heymairsche Schultätigkeit nicht nur förderte, sondern ihre Bücher auch zum Druck gelangen ließ und die Werke bei der Erziehung der eigenen Töchter benutzte. Dieser Zusammenhang ist um so wichtiger, weil Heymairs Mann auch Schulmeister war und eine Zusammenarbeit unter seinem Namen für die damalige Zeit wahrscheinlicher gewesen wäre. Der Erfolg Heymairs im Degenwergschen Haushalt muß so groß gewesen sein, daß er Heymairs Selbständigkeit als Schulmeisterin bestätigte und ihr das Selbstvertrauen gab, nicht nur Bücher zu schreiben, sondern sie auch unter ihrem eigenen Namen zu drucken.

Andere Autorinnen

Wenn auch Magdalenas Beitrag zur Schulliteratur einmalig ist, so haben doch auch andere, vor allem adelige, Frauen für Kinder geschrieben – meist jedoch ausschließlich für ihre eigenen Kinder. Mütterlicher Rat ist ihre anerkannte Domäne. In den Archiven sind diese selten gedruckten Traktate, die sich inhaltlich und von ihrer Zielsetzung her kaum von denen der pfälzischen Schulmeisterin unterscheiden, in Fülle vorhanden. Auch diese Frauen wollen ihren Kindern eine auf die Bibel sich gründende Lebensweise einprägen. So schreibt z. B. Elisabeth von Braunschweig-Lüneburg (1510–1558) einen Fürstenspiegel für ihren Sohn Erich und ein Ehebuch für ihre Tochter Anna Maria. (Vgl. S. 162f.) Die jungverstorbene Anna Maria (1532–1568) hinterließ ihrem jungen Sohn ebenfalls einen Fürstenspiegel, eine Sammlung realistischer Ratschläge für junge Fürsten, mit biblischen Beispielen durchsetzt. Keines dieser Werke wurde gedruckt. Sie waren das persönliche Geschenk der Mütter an ihre Kinder und nicht für eine weitere Verbreitung bestimmt. Während die Schreibbemühungen der Väter öfter als Beispiel guter Erziehungspraktiken gedruckt wurden, ist das bei den Werken der Mütter nicht der Fall.[15] Wenn ihre Manuskripte überhaupt den Weg zum Druck finden, dann erklärt der männliche Vorredner – Josua Opitz beim «Jesus Sirach» – als Besonderheit dieses Buches, daß es von einer Frau geschrieben wurde. Das gleiche sagt der Vorredner des «Mütterlichen Gesprächs» der Anna Hoyers, der einzigen mir bekannten nicht-adeligen Mutter, deren Schrift gedruckt wurde.[16] Anna Hoyers verfolgte ebenso wie Elisabeth ein spezielles Ziel mit ihrem Schreiben. Weil sie in der Erbauungsliteratur der Orthodoxie nicht das richtige Material für ihre Kinder fand, verfaßte sie selbst ihr «Mütterliches Gespräch», das, legitimiert durch die Bibel, zur Wiedergeburt weisen sollte. Auch sie gründet ihr Recht, gehört und befolgt zu werden, auf ihre Mutterschaft. Von den vielen Mütterbriefen, die die Archive bewahren, erschienen nur die Briefe der Benigna von Solms-Laubach an ihre schon erwachsenen Kinder im Jahre 1717 postum. Sie zeugen von einer tief religiösen, biblisch fundierten Lebensführung und dem Verlangen, diese auf ihre Kinder zu übertragen. Magdalena Heymair und Anna Hoyers waren die einzigen Frauen, deren Beitrag zur Kindererziehung veröffentlicht wurde, und Magdalena Heymair wiederum ist die einzige Autorin in diesem Metier, die gleichzeitig berufstätig war.

VI. Gelehrsamkeit und Wissenschaften

1. Für und wider die Frauengelehrsamkeit
Eine europäische Diskussion im 17. Jahrhundert

Elisabeth Gössmann

Oft hat GOtt einem weiblichen Gemüthe einen männlichen / ja Göttlichen / Sinn gegeben und schöne muntere Geister. Zwar unser Gemüth kan vom Leibe wohl ermüdet / aber nicht ertruckt / noch abgerißen werden. Oft läßt es seine Kräffte spüren / wo man s am wenigsten meint / und verbirgt sie wiederum / wo sie solche solte sehen laßen. Wie die Sonne ihre Strahlen manchmal durch finstere Nebel ausstreut: Also breitet die Königin der Sterblichen / die vernunft / ihre Kraft manchmal durch Weiber aus.

Christian Franz Paullini, Philosophischer Feyerabend (1700)

Querelle des Femmes

Der seit der Renaissance in Europa geführte Streit, den die Romanistische Literaturwissenschaft seit Ende des 19. Jahrhunderts *Querelle des Femmes* nennt, ist entscheidend dafür gewesen, was und wie Frauen schreiben bzw. nicht schreiben oder nur anonym veröffentlichen durften. Neben anderen Themen wurde in dieser Querelle, eng verbunden mit Fragen der Anthropologie der Frau, das Für und Wider der Frauengelehrsamkeit erörtert. Wer in diese Schriften eingelesen ist, kann bei heutigen frauen- und familienpolitischen Diskussionen die Argumente der Diskutierenden ziemlich genau auf die verschiedenen Lager in jenem „alten, wunderlichen Streit" (Joseph von Eichendorff, 1847) zurückführen, selbst wenn einiges aus dem Argumentenschatz inzwischen ad acta gelegt worden ist.

Soweit Frauen an dem Streit beteiligt waren,[1] kämpften sie für die Bildung ihres Geschlechts, teils mit Argumenten, welche die der Frauenbewegung des 19. Jahrhunderts vorwegnehmen, ja manchmal an Schärfe noch überbieten, teils unter Rücksichtnahme auf das Frauenbild einer männlichen Leserschaft, die Konzessionen in dieser Richtung notwendig machte, um überhaupt wirken zu können.

Die Flut dieser Querelle-Schriften – allein aus Frankreich sind bisher rund 300 bekannt – ist noch nicht ausgelotet. Mit Neuentdeckungen ist zu rechnen. Liegt der Beginn im Unmut der Christine de Pizan über die frauenfeindliche Attacke des Matheolus[2] oder schon in der ‚Renaissance' des 12. Jahrhunderts, als Hildegard von Bingen das ambivalente Frauenbild der Frühscholastik vorsichtig

Allegorie der Wissenschaften und Künste: Die Philosophie als Herrscherin über Logik, Rhetorik, Grammatik, Arithmetik, Musik, Geometrie, Astronomie. Holzschnitt von Meister M. W. auf dem Titelblatt der 1503 in Freiburg erschienenen Ausgabe der ‚Margarita philosophica‘ von Gregor Reisch

unterwandert und auch die Privilegien ihres eigenen Geschlechts nicht verschweigt?[3] Trotz solcher Impulse ist jedoch die Schultheologie und -philosophie der nachmittelalterlichen Jahrhunderte der Scholastik noch sehr ähnlich[4] und gibt den Hintergrund ab, den die gegen eine Evolution des weiblichen Geschlechts eingestellten Querelle-Autoren bewußt einbeziehen und den die in der Defensive befindlichen Autorinnen und Autoren bekämpfen.

Dabei zeigt sich jedoch ein wesentlicher Unterschied zwischen männlichen „Frauenfreunden", wie sie im zeitgenössischen Schrifttum heißen, und für ihresgleichen engagierten Schriftstellerinnen: Erstere sind mit wenigen Ausnahmen ursprünglich von Christine de Pizan und damit von der Frauentradition abhängig, intendieren nur eine verbale Besserstellung des weiblichen Geschlechts, und bei einigen von ihnen ist zudem nicht ersichtlich, ob sie ernsthaft schreiben. Letztere dagegen bemühen sich um den Beweis der intellektuellen und moralischen Ebenbürtigkeit der Frau, um daraus Konsequenzen zu ziehen, die gesellschaftsverändernd sind.

Als argumentierender Diskurs lassen sich die Schriften beider Seiten kennzeichnen. Jedoch unterscheiden sie sich in den der Argumentation eingefügten Frauen-Listen: Diejenigen, die gegen eine Erweiterung des Bildungswesens für Frauen sind, sehen die gelehrte Frau als *monstrum naturae*, als männlichen Geist in weiblichem Leib. Sie verfolgen größtenteils eine negative Bibelexegese von Eva als der Zweiterschaffenen, Erstverführten und Verführerin des Mannes, die auch nur beschränkt Anspruch auf die menschliche Gottebenbildlichkeit erheben kann, und halten die Ausbildung in öffentlichen Schulen, Universitäten und Akademien sowie die Ausübung von Ämtern für ein männliches Privileg. Frauengelehrsamkeit als Luxusbeschäftigung für die gehobenen Klassen, als Exoticum im Raritätenkabinett wird geduldet, im Wettstreit unter den europäischen Nationen wohl auch mit Stolz genannt, aber jede Erweiterung über den Ausnahmestatus hinaus wird strikt abgelehnt. Das Hauptargument ist, daß seit der Antike Frauen auch ohne „Frauenzimmer-Akademien" sich hätten bilden können, wenn sie nur genügend Begabung und Willenskraft hätten. Zum Beweis folgen Frauenlisten mit Buchtiteln aus allen Künsten und Wissenschaften, die sich später zu lexikonartigen Werken entwickelten, in denen sich der Diskurs auf einer Schwundstufe befindet.

Dagegen begnügen sich die progressiv eingestellten Autorinnen und die wenigen Autoren, die diesen in der Intention beistimmen, mit einer vagen Nennung gelehrter Frauen aus der Geschichte, denn diese haben für sie Beispielcharakter, um etwas Neues in Bewegung zu setzen, aber nicht Beweischarakter, um eine bestimmte Entwicklung als überflüssig zu erweisen und so zu verhindern. Die eher frauenfeindlich eingestellten Schriften sind also für heutige Frauenforschung ergiebiger als die frauenfreundlichen.

Mit dem Exempelcharakter gelehrter Frauen im progressiven Schrifttum hängt auch die der erstgenannten total entgegengesetzte Lesart der biblischen Schöpfungs- und Sündenfall-Erzählung zusammen: Eva als die zuletzt Erschaffene ist

Gottes Meisterwerk und Glanz der Schöpfung, das vollkommene Abbild der göttlichen Weisheit, die Kluge, Beratende, dann mehr oder weniger unschuldig dämonischer Betörung Anheimfallende, die infolgedessen auch von dem Vorwurf freigesprochen wird, Sünde und Elend in die Welt gebracht zu haben. Auf beiden Seiten also erscheint eine an der Bibel verifizierte Anthropologie als Voraussetzung für die Klärung der Frage der Frauengelehrsamkeit.

Wogegen die Frauen sich absetzen mußten

Die Schulwissenschaften des Mittelalters und der frühen Neuzeit, die durchaus nicht gleichzusetzen sind mit dem frauenfeindlichen Schrifttum, arbeiten mit Autoritäten, die durch *rationes,* also Vernunftgründe, ergänzt und gestützt werden. Diese Autoritäten sind ein Florilegium von Zitaten aus (vorkritisch interpretierter) Bibel sowie aus theologischen, philosophischen, juristischen, literarischen und medizinischen Schriftstellern von der Antike bis zur zeitgenössischen Gegenwart. Methodisch besteht zwischen dem daran anknüpfenden frauenfeindlichen Schrifttum und der Gegenwehr der Frauen kein Unterschied. Beide Parteien suchen, oft unter Verkennung oder Mißachtung des jeweiligen Kontextes, was sie an Autoritäten für den eigenen Standpunkt finden können. Autorität muß durch Gegenautorität aufgehoben werden, was das Fragwürdige an dieser ganzen Diskussion ausmacht; und doch läßt sich erkennen, daß Frauen durch ihre Erfahrungen der Nicht-Identität mit und ihres Leidens an dem herrschenden Gesellschaftssystem, trotz der Begrenztheit ihrer wissenschaftlichen Methode, zu weiterführenden Einsichten gelangen.

Nachdem unsere Begrifflichkeit weitgehend säkularisiert wurde, ist es uns kaum noch vorstellbar, welche Konsequenzen in vergangenen Jahrhunderten die Lehre von der menschlichen Gottebenbildlichkeit *(imago Dei)* für das soziale Leben hatte. Obwohl im Alten Testament von beiden Geschlechtern ausgesagt (Gen. 1,27), erkennen bis ins 18. Jahrhundert Philosophen und Theologen die weibliche Gottebenbildlichkeit nicht uneingeschränkt an und begründen damit auch den Amtsausschluß der Frauen. Dies hat zur Folge, daß Frauen, die um Bildung und Berufsausübung für sich und ihresgleichen streiten, im wahrsten Sinne des Wortes ‚bei Adam und Eva‘ anfangen und die *imago Dei* auch für ihr Geschlecht ‚beweisen‘ müssen, selbst wenn sie nicht in sakralen, sondern profanen Berufen arbeiten wollen. Hatten doch die meisten Theologen bis zu den Naturrechtlern des 17./18. Jahrhunderts das sogenannte Strafwort Gottes an Eva nach dem Sündenfall „Er aber soll dein Herr sein" zurücktransponiert[5] in den Urstand der Menschheit und von einer Subordination der Frau per Naturgesetz durch die Schöpfungsordnung gesprochen.[6]

Ein untergeordnetes Wesen aber muß als solches Gott unähnlich sein. Im 12. Jahrhundert hat u. a. Abaelard auf die besondere Ähnlichkeit des Mannes zu Christus als der vollkommenen *imago Dei* hingewiesen, wenngleich er in einem von Heloise in Auftrag gegebenen Werk auch die alte Frauentradition nicht übergeht, nach der die Erschaffung im Paradies das Privileg des weiblichen Geschlechts ausmacht. Er deutet es als die bessere Eignung der Frau für das „paradiesische" Leben der Jungfräulichkeit.[7]

Besonders seit dem 13. Jahrhundert setzte sich in der Scholastik ein einheitliches Denkmuster fest, in dem die Subordination der Frau, ihre geringere Gottebenbildlichkeit und ihre Symbolik für Sinnlichkeit und ‚Fleisch' (im Gegensatz zur Geist-Symbolik des Mannes) miteinander verwoben sind. Demnach hat die *ratio* die Sinnlichkeit zu regieren wie der Mann die Frau. Dieses psychologisierende Denkschema hat stärker gewirkt als der heute vielfach angeprangerte Ausdruck *mas occasionatus* (verpfuschter Mann) für die Frau bei Thomas von Aquin,[8] denn damit haben Reformation und Humanismus aufgeräumt. Wirkungsgeschichtlich verhängnisvoll war dagegen die Reduktion aller innerweltlichen Aktivität auf ein einziges Prinzip, eben das männliche. Zwar bestreitet die mittelalterliche und frühneuzeitliche Schulwissenschaft mit Augustinus der Frau nicht die in den drei Seelenkräften Gedächtnis, Einsicht und Wille geschene Ähnlichkeit zum dreifaltigen Gott, aber das sogenannte zweite Element der *imago Dei,* die Ähnlichkeit zur Kreativität Gottes, wird der Frau abgesprochen, bei Thomas von Aquin mit der Begründung: „Der Mann ist Prinzip und Ziel der Frau, so wie Gott Prinzip und Ziel des gesamten Universums ist."[9] Ähnlich heißt es noch Ende des 17. Jahrhunderts bei Jacob Thomasius, Johannes Sauerbrei, Jacob Smalcius in «De foeminarum eruditione»[10]: „Der Mann ist Ursprung und Grund, aus dem die Frau hervorgebracht ist, und er ist auch das Ziel, um dessentwillen sie hervorgebracht ist."[11]

Die bei Thomas von Aquin und in der Thomasius-Schule über die Jahrhunderte und Konfessionsgrenzen hinweg festgehaltene These, daß der Mann Ursprung und Ziel der Frau sei, beruht auf einer im Licht aristotelischer Anthropologie vollzogenen Deutung der biblischen Erzählung von der aus dem Mann und zu seiner Hilfe erschaffenen Frau. Das aktiv-passiv-Schema der Geschlechteranthropologie, das seine Grundlage in der Rezeption unzutreffender biologischer Vorstellungen aus der Antike hat, betont die Würde des Mannes als (innerweltlich letztem) aktivem Prinzip und Spiegelung des außerweltlichen Prinzips des einen Schöpfergottes. Hierarchische Spitzen in Staat und Kirche sind damit ebenfalls legitimiert, und konsequenterweise wurden die wenigen Frauen, die bei Ausbleiben männlichen Nachwuchses in erblichen Monarchien regierende Fürstinnen sein durften, auf eine männliche Moral verpflichtet, und ihr Status wurde nicht per naturam, sondern per legem definiert.[12]

Die Defensive der Frauen

Ein italienisches Beispiel: Lucretia Marinella

Den Anlaß, daß Frauen schreiben, bildet in den romanischen Ländern meistens ein unmittelbar vorhergehender Angriff aus männlicher Feder: im Venedig um 1600 das ‚Werk' des Giuseppe Passi «I donneschi diffetti» (Die Fehler der Frauen) und des Abate Tondi »La femina origine d'ogni male» (Die Frau Ursprung allen Übels), beide in den 90er Jahren erschienen. Auch war die lateinische Schrift eines Anonymus, die (nach damaligem Verständnis) das Menschsein der Frau bezweifelte, in Venedig bekannt geworden, und alles dies löste die Entrüstung mehrerer wortgewandter Schriftstellerinnen aus. Eine von ihnen, Lucretia Marinella, lieferte ihre Replik unter dem Titel «Le Nobiltà et Eccellenze delle Donne et i diffetti e Mancamenti degli Huomini» (Adel und Vorzüglichkeiten der Frauen – Fehler und Mängel der Männer).[13] Diese Italienerin der Spätrenaissance arbeitet ohne jede weibliche Bescheidenheitstopik, wie sie in nördlichen Breiten von Hrotsvith von Gandersheim bis zu Anna Maria von Schurmann verfolgt werden kann, und kritisiert systematisch den Mißbrauch philosophischer, biblischer und theologischer Autoritäten durch das frauenfeindliche Schrifttum der Männer. In ihren vom Neuplatonismus inspirierten Gedankengängen stellt sie die Schönheit der Frau als leiblich-seelische Einheit dar, durch deren Kontemplation der Mann zur Gotteserkenntnis gelangen könne. Damit sprengt sie die in der Schultheologie immer noch festgehaltene Auffassung vom alleinigen Daseinssinn der Frau als „Hilfe" für den Mann bei der Kinderzeugung. Mehrfach wendet sie sich gegen das Frauenbild des Aristoteles, den sie herablassend einen „guten Gesellen" nennt, und widerlegt ihn mit seiner eigenen Lehre:

> Es scheint mir, daß Aristoteles gegen alle Vernunft und sogar gegen seine eigene Meinung, die nämlich besagt, daß die Natur immer oder meistens vollkommenere Dinge hervorbringt, behauptet, die Frauen seien unvollkommener als die Männer. Ich würde sagen, da die Natur weniger Männer als Frauen hervorbringt, daß die Männer weniger edel als die Frauen sind.[14]

Wie viele frauenverteidigende Schriften vor ihr, gliedert Lucretia Marinella die Vorzüglichkeiten des weiblichen Geschlechts nach den vier Gesichtspunkten *nomen, materia, locus* und *ordo*. Gegen die männlichen Schriftsteller, die dem *nomen*, der Vokabel für „Frau" in den verschiedenen Sprachen, eine abträgliche Bedeutung unterlegen (bei Passi bedeutet es „Neigung zum Bösen"), erklärt sie den Namen Eva richtig aus dem hebräischen Wort für Leben, als Bezeichnung für jenes Geschlecht, das auch dem anderen das Leben gibt, das ihm so wenig Dank weiß. Gegen die männliche Deutung der Erschaffung Evas aus dem Leib des Mannes – und damit als von ihm Abhängige – behauptet Lucretia Marinella das schon von der Äbtissin Hildegard von Bingen hervorgehobene Privileg der

Frau, aus beseelter Leiblichkeit *(materia)* zu stammen und deshalb an einem vorzüglicheren Ort *(locus)*, dem Paradies, nur zu ihrem Vorteil als letztes und vollkommenstes Geschöpf *(ordo)* ins Dasein getreten zu sein. Obwohl im biblischen Dialog mit der Schlange Eva ihre Kenntnis des Verbotes, von der Frucht des einen Baumes zu essen, deutlich zeigt, wird dieser Kontext ignoriert und, weil nach dem Wortlaut von Gen. 2 Eva noch nicht geschaffen war, als Adam das Gebot von Gott erhielt, der Schluß gezogen, daß sie an der Ursünde keinen Anteil habe. Es gibt also bei Lucretia Marinella keine Sünderin und keine Verführerin Eva: die notwendige Voraussetzung für sie, um das unbelastete Menschsein der Frau mit allen ihren Fähigkeiten, Rechten und Pflichten konstruieren bzw. gegenüber antifeministischer Verkennung rekonstruieren zu können. Ihr umfangreiches Kapitel über die gelehrten und mit vielen Künsten geschmückten Frauen führt sie so ein:

> Einige wenig erfahrene Schriftsteller glauben, es hätte keine kundigen und gelehrten Frauen in den Wissenschaften gegeben, noch gebe es sie heute. Dergleichen scheint ihnen unmöglich, und sie können es nicht wahrnehmen, obwohl sie es jeden Tag sehen und spüren. Sie sind überzeugt, Jupiter habe allein den Männern Ingenium und Intellekt gegeben und die Frauen übergangen.[15]

Lucretia Marinella beklagt wie viele Schriftstellerinnen der *Querelle des Femmes* bereits das Verschweigen weiblicher Namen, Werke und Taten in der Historiographie der Männer und vor allem die Schwierigkeiten der Frauen, überhaupt zu schreiben,

> denn die Männer verbieten ihnen dies nach Art unverschämter Tyrannen, da sie fürchten, die Herrschaft zu verlieren und Sklaven der Frauen zu werden; und so untersagen sie ihnen häufig sogar das Lesen- und Schreiben-Lernen. Sagt doch dieser gute Gesell Aristoteles: sie sollen in allem bei allem den Männern gehorchen und nicht suchen, was außerhalb des Hauses tut. Eine dumme Meinung, ein roher und gottloser Satz eines tyrannischen und furchtsamen Mannes. Aber ich will ihn entschuldigen, denn da er ein Mann war, war es ihm gemäß, sich nach Überlegenheit der Männer und nicht der Frauen zu sehen. Aber Platon, jener große, wahrhaftig sehr gerechte Mann, weit entfernt von erzwungener und gewalttätiger Herrschaft, wollte und befahl, die Frauen sollten sich üben in Kriegskunst, im Reiten, im Kampfspiel, und insgesamt: sie sollten sich der Beratung der öffentlichen Angelegenheiten widmen.[16]

Ein französisches Beispiel: Marie de Jars de Gournay

Während die Schrift der Lucretia Marinella erschien, als die Autorin 29 war, hatte Marie de Jars de Gournay bereits ein enttäuschungsreiches Leben als freie Schriftstellerin hinter sich, als sie 1622 im Alter von 57 Jahren ihre Abhandlung «Egalité des hommes et des femmes»[17] herausgab. Trotz vieler Demütigungen läßt sie sich jedoch nicht dazu herausfordern, das weibliche über das männliche Menschsein zu erheben, sondern betont die Gleichheit. Im Alter von 23 Jahren hatte die autodidaktisch um Wissenschaftserwerb bemühte und an einer Heirat nicht interessierte junge Frau für sich die Schriften Montaignes entdeckt, mit

Marie de Gournay

dem sie dann während dessen letzten Lebensjahren in Kontakt stand, was nicht ohne Einfluß auf sein Frauenbild blieb. Von Montaigne persönlich eingewiesen, kümmerte sich Marie de Gournay nach dessen Tod um die Neuauflagen seines Werkes, und wenn sie in einer Philosophiegeschichte überhaupt Erwähnung findet, dann wegen dieser Tätigkeit. Ihre eigenen Schriften sprach- und literaturtheoretischer, aber auch philosophisch-theologischer Art sowie ihre Übersetzungen wurden bald vergessen.

    Interessant für die Frauengeschichte ist, daß Marie de Gournay in ihrem Vorwort zu Montaignes Essais von 1595 diesen gegen Häresieverdacht verteidigt. Dazu hatte offensichtlich die Tatsache geführt, daß er sich gegen die Hexenverfolgungen gewandt hatte. Unter ihren moralphilosophischen Aufsätzen findet sich einer mit dem Titel «Des vertus vicieuses» (Über die lasterhaften Tugenden), der die Korruption an den fürstlichen Höfen, heuchlerische Formen der Frömmigkeit und insbesondere den Ehrgeiz als zersetzend für die menschliche Gesellschaft kritisiert. Es scheint, daß sie in ihren Reformbestrebungen die von Pascals «Lettres provinciales» um etwa 30 Jahre antizipiert hat.

In ihrem Aufsatz zur Gleichheit der Geschlechter hat Marie de Gournay nur auf den Begriff gebracht, was sie seit ihrer Jugend in verschiedenen Schriften an Rechten für die Frau gefordert und an Diskriminierungen namhaft gemacht hatte. Auch sie liest Platons «Staat» als Bekenntnis zu gleichen Rechten und Pflichten der Geschlechter und stützt sich vornehmlich auf ihn als Autorität. Daß sie dem Aristoteles zuschrieb, die frauenfreundlichen Meinungen von Sokrates und Platon bestätigt zu haben, ist eine höchst verwunderliche Umdeutung, die darauf hinweist, daß eine Aristoteles-Kritik aus weiblicher Feder zu Beginn des „Goldenen Zeitalters" der französischen Kultur wohl nicht geduldet worden wäre und auf diesen Philosophen als Autorität nicht verzichtet werden konnte.

Marie de Gournay, die sich gegen die Fremdbestimmung ihres Geschlechts zum lebenslangen „Arrest am Spinnrocken" wehrt und es als Ungerechtigkeit anprangert, daß das „arme Schwesterlein" daheimbleiben muß, wenn der Bruder die hohen Schulen besucht, konzentriert ihre Forderung auf eine breit angelegte Frauenbildung als Voraussetzung für jegliche Kompetenz. Daß sie darüber hinaus an den politischen Bereich gedacht hat, zeigt ihre Problematisierung der *Lex Salica*, die in Frankreich weibliche Thronfolge verbot und nur vorübergehende Regentschaft von Fürstinnen erlaubte. Wie andere an der *Querelle des Femmes* beteiligte Frauen ihres Landes legt Marie de Gournay großen Wert auf die Spuren matriarchaler Verhältnisse und betrachtet die ungleiche Verteilung der Macht zwischen den Geschlechtern als männliche Usurpation.

Eine durch Bildung und Wissen ermöglichte Teilnahme der Frauen an jeglicher Verantwortung ist aber auch für Marie de Gournay auf eine Befreiung der christlichen Tradition von frauenfeindlicher Bibeldeutung angewiesen. In sarkastischer Form reklamiert sie gegenüber männlichen Disputanten die volle Gottebenbildlichkeit der Frau:

> Gewisse alte Streithähne haben sich zu der albernen Arroganz hinreißen lassen, dem weiblichen Geschlecht im Unterschied zum männlichen die Gottebenbildlichkeit (image de Dieu) abzustreiten. Nach dieser Berechnung mußten sie wohl die Gottebenbildlichkeit an ihrem Bart festbinden [...], so daß, wer dem Mann nicht ähnlich ist, auch dem nicht ähnlich sein kann, dem er ähnlich ist.[18]

Wer sich aufgrund des Bartbesitzes für göttlich hält und zum alleinigen Autoritätsträger stempelt, ist dem Spott der Marie de Gournay ebenso ausgesetzt wie jene, die ihren eitlen Männerstolz darauf begründen, Christus zu ihrem Geschlecht zu rechnen. Daß die alten Völker weibliches Priestertum kennen, im Neuen Testament Frauen als Apostelinnen selbst zu Aposteln gesandt werden, daß das Christentum auch nie die Fähigkeit der Frauen zur Taufspendung bestritten hat, sind für Marie de Gournay Anzeichen dessen, was sein könnte. Daß es nicht so ist, daran ist nach ihrer Meinung das ‚Bartsyndrom' schuld, die Unfähigkeit der Männer, auf angemaßte Privilegien zu verzichten und das weibliche Geschlecht endlich in die Mündigkeit zu entlassen.

Ein deutsch-niederländisches Beispiel: Anna Maria von Schurmann

Die gebürtige Kölnerin, die den größten Teil ihres Lebens in Utrecht verbrachte, wird gern als erste protestantische Theologiestudentin bzw. theologische Gasthörerin angeführt, obwohl sie nur in einem in den Hörsaal eingebauten vergitterten Käfig den Vorlesungen von Gisbert Voetius an der reformierten Akademie zu Utrecht folgen durfte. Anna Maria von Schurmann bildete sich nach dem damaligen Ideal des Polyhistorismus in zehn Sprachen, den philosophisch-theologischen Disziplinen, Mathematik und Naturwissenschaften, aber auch in Malerei, bildender Kunst und Musik aus. Obwohl gerade sie ein Objekt des männlichen Staunens über exotische Frauengelehrsamkeit wurde, bewahrte sie ein kritisches Bewußtsein gegenüber dem ihr zudiktierten Ausnahmestatus und suchte ihn beständig durch Hinweise auf die vielen begabten und nach Bildung strebenden jungen Zeitgenossinnen zu durchbrechen. Aber wie ihr Briefwechsel mit André Rivet zeigt, stieß ihre Forderung nach Erweiterung der Bildungsmöglichkeiten für Frauen und ihre Bekundung weiblicher Solidarität auf harten männlichen Widerstand. Zwar macht auch sie eine Einschränkung, da sie keine Möglichkeiten sieht, Frauen, die weder zum gehobenen Bürgertum noch zum Adel gehören, die wissenschaftliche Welt zu erschließen, aber für diejenigen, die Begabung und materielle Voraussetzungen mitbringen, möchte sie Bildung zu einer Selbstverständlichkeit werden lassen.

Um dieses Ziel durchzusetzen, geht Anna Maria von Schurmann sowohl in ihrem Briefwechsel wie in ihrer ebenfalls in der lateinischen Gelehrtensprache geschriebenen «Dissertatio num foeminae christianae conveniat studium litterarum?» – (Ob der christlichen Frau das Studium der Wissenschaften zukommt?) – (1648)[19] zuweilen opportunistisch vor: Sie stellt zwar die noch immer geltende Autorität des antiken Juristen Ulpian in Frage, nach der Frauen von allen zivilen und öffentlichen Ämtern ausgeschlossen sind, aber sie benutzt diese Benachteiligung geradezu, um daraus für die gegenwärtige Situation Kapital zu schlagen: Die ämterlosen Frauen, die, wie sie weiß, nach der Vorstellung der Männer durch das Laster des Müßiggangs noch zu anderem Fehlverhalten verleitet werden können, verbringen ihre Zeit am besten beim Studium. Anna Maria von Schurmann schreibt in dem Bewußtsein, daß sie nicht Frauen überzeugen muß, sondern Männer. Denn von ihnen hängt es ab, ob Frauen Einlaß in die *Respublica litteraria* erhalten, und deshalb verzichtet sie aus taktischen Gründen des öfteren darauf, männliche Vorurteile über das Wesen der Frau zu widerlegen, ja sie beutet sie sogar aus für ihr Nahziel, Frauen zuerst einmal kompetent zu machen. Die von Lucretia Marinella und Marie de Jars de Gournay praktizierte Art des polemischen bis sarkastischen Schreibens versagt sie sich ganz, obwohl sie beider Schriften anführt.

Diese ihr von ihrer Umgebung auferlegte Schreibweise bringt es mit sich, daß Anna Maria von Schurmann zwischen Hoffnung und Resignation schwankt: Einerseits ist sie davon überzeugt, daß nichts mehr die baldige Hebung des

geistigen Niveaus der weiblichen Bevölkerung hemmen kann, andererseits rechnet sie mit dem schnellen Vergessenwerden des weiblichen Kulturbeitrags, was
ihr den melancholischen Satz entlockt:

> Daher kommt es, daß bei der Lektüre historiographischer Werke über weite Zeitläufe
> hinweg von den Spuren unseres Namens nicht mehr erscheint als von den Spuren eines
> Schiffes im Meer.[20]

Sowohl die geistigen Fähigkeiten, als auch das Recht auf deren Entfaltung
setzen nach Anna Maria von Schurmann die menschliche Gottebenbildlichkeit
voraus, deren Trübung durch die Sünde ihr als Protestantin besonders bewußt
ist. Alle Menschen müssen sich bemühen, „daß in der höchsten Burg unseres
Geistes das Bild dessen, der das Licht und die Wahrheit ist, mehr und mehr
wiederaufzuleuchten beginnt"[21]. Dazu verhilft das Studium der Werke Gottes in
der Natur ebenso wie das Bibelstudium anhand der biblischen Ursprachen, von
dem Frauen nach dieser kuhnen Behauptung der Schurmannin nur durch großes
Unrecht ausgeschlossen werden können. Der für die Frau geforderte Bildungskosmos ist also theologisch begründet und dient wiederum zur Gotteserkenntnis
aus der Natur und aus der Offenbarung sowie zur Erkenntnis menschlicher
Handlungsweisen aus der Geschichte. Frauentypisch ist er nur im Sinne des
Nachholbedürfnisses von etwas bisher zu Unrecht den Frauen Vorenthaltenem.
Im Zeitalter der Blüte der Naturrechtslehre ist Anna Maria von Schurmann
darum bemüht zu zeigen, daß das Allgemeinmenschliche nicht nur als Männliches zu verstehen ist.

Anna Maria von Schurmann hat den Kampf um eine öffentliche Wirkmöglichkeit von Frauen nicht geführt, denn die Voraussetzung dafür, eben die erstrebte
Erweiterung weiblicher Bildungsmöglichkeiten, wollte sie nicht in Frage stellen.
Insofern bleibt sie hinter mancher ihrer Vorgängerinnen zurück. Sie beharrt aber
auf der Notwendigkeit, daß alle Disziplinen von Frauen theoretisch erlernt
werden, auch wenn sie sie konkret nicht nutzen können. Das macht ihre
Antwort auf männliche Einwände wie den folgenden sehr schwer:

> Da es außerhalb jeder Kontroverse ist, daß das weibliche Geschlecht zu politischen und
> kirchlichen Ämtern sich nicht eignet, vor allem nicht zum öffentlichen Lehramt, warum
> sollen sich die Mädchen dann mit dem Erwerb solcher Kenntnisse quälen, von deren
> Anwendung sie ausgeschlossen sind?[22]

Daß „die Theorie dieser Ämter, vor allem [...] der edelsten Disziplin, der
politischen", für Frauen zu kennen dennoch sinnvoll ist, begründet Anna Maria
von Schurmann letztlich mit einer inneren Motivation von Frauen, sich mit
solchen Themen zu beschäftigen, wenn sie der individuellen Anlage entsprechen.
Den männlichen Gegnern der Frauengelehrsamkeit spricht sie geradezu die
Kompetenz ab, über den weiblichen Geist irgendwelche Urteile abzugeben:

> Niemand kann über unsere Neigung zum Studium richtig urteilen, bevor er uns nicht
> mit besten Motiven und Hilfsmitteln angeregt hat, die Studien aufzunehmen, und uns
> einen Geschmack von der Freude am Studium vermittelt hat.[23]

Die Wirkung

Die Frauen, die um die Zulassung des weiblichen Geschlechts zur Gelehrtenrepublik kämpfen, kennen ihre Vorgängerinnen und nennen sie beim Namen, auch über die Landes- und Konfessionsgrenzen hinweg. Aber diese Frauen wissen auch, daß Schriften aus weiblicher Feder von einer männlichen Leserschaft nicht als Autoritäten anerkannt werden und bemühen sich, ihre Thesen mit Hilfe ,echter' Autoritäten zu beweisen, was zu den zuvor bemerkten Umdeutungen den Anlaß gibt. Marie de Gournay hat ihrem Ärger über das Ignoriertwerden von schreibenden Frauen durch die hommes de lettres in ihrer Schrift «Grief des Dames» (1626) freien Lauf gelassen.

Aber dies war nicht der Weg deutscher Schriftstellerinnen. Ähnlich den zahlreichen Bescheidenheitstopoi der Anna Maria von Schurmann schreibt Susanna Elisabeth Prasch in der Widmung ihrer «Reflexions sur les Romans» (1684) an ihren Ehemann, seiner Protektion allein verdanke sie ihr Werk, und als simple Ecoliere trachte sie nicht nach dem geringsten Ruhm, sondern im Bestreben, seine Erwartungen zu erfüllen, wolle sie sich beim Schreiben ihres Werkes nur „ehrenvoll unterhalten". Noch 1742 behauptet die erste an einer Universität promovierte deutsche Ärztin, Dorothea Christiane Leporin, sie habe ihre «Gründliche Untersuchung der Ursachen, die das weibliche Geschlecht vom Studiren abhalten» nur im Gehorsam gegenüber ihrem Vater zu veröffentlichen sich entschlossen.[24]

In solche, der Erwartung der Männer – und eines großen Teils der Frauen – entgegenkommende Formeln eingekleidet und die gelehrten Frauen seit der Antike als Beispiele dafür verwendend, daß Frauen ,trotz' ihrer Gelehrsamkeit als ,wahre' Frauen leben können, erheben viele Schriftstellerinnen ihre Forderung nach Frauenbildung. Daß sich in dem Jahrhundert zwischen der Schurmann und der Leporin in dieser Hinsicht nichts getan hat, ist an den gleichlautenden Forderungen beider ebenso zu erkennen, wie daran, daß sie sich nicht auf die Einrichtung von „Frauenzimmer-Akademien" verlassen wollen, wie sie in England ebenso wie in Deutschland diskutiert wurden, sondern die Erweiterung der Möglichkeiten akademischen Unterrichts für Frauen im privaten Rahmen empfehlen. Nur in einem Punkt geht die Leporin über die Schurmann hinaus: Sie macht sich die Mühe, die zu ihrer Zeit in allen wissenschaftlichen Disziplinen noch grassierenden Vorurteile über die Frau aus ihrer naturwissenschaftlichen Kompetenz zu widerlegen. Aber solange es in den Abhandlungen der Männer über das «Gelehrte Frauenzimmer» noch wie bei Pasch und Planer (1686/1701) hieß: „Durch Naturgesetz und die Statuten der Völker ist überall nur den Männern der öffentliche und ordentliche Bildungsweg offen gehalten",[25] mußten Frauen trotz gewandeltem Zeitkolorit immer die gleichen Wahrheiten über ihr Menschsein wiederholen, ohne endgültig gehört zu werden.

Die in der *Querelle des Femmes* aktiven Schriftstellerinnen stehen also im lebendigen Traditionsverhältnis zueinander, obwohl sie von den Protagonistinnen der Frauenbewegung des 19. Jahrhunderts kaum noch gekannt wurden. Zu untersuchen, wie sie auf ihre Zeitgenossinnen einwirkten, wäre eine Aufgabe der sozialgeschichtlichen Frauenforschung. In den von Männern stammenden Frauenlexika des 18. Jahrhunderts überlebten diese Schriftstellerinnen zwar als Wunder der Gelehrsamkeit im ,schwachen' Geschlecht; die Titel ihrer kämpferischen Schriften werden genannt, aber nicht gekannt, geschweige denn in ihrer gesellschaftsverändernden Tendenz erklärt. Im Falle der Anna Maria von Schurmann, der meistbewunderten gelehrten Frau, wird die Wirkung auch dadurch boykottiert, daß ihr durch ihren späteren Anschluß an die Erweckungsbewegung des Genfer Frühpietisten Jean de Labadie das Odium der Häretikerin anhaftet. (Vgl. S. 223 f.) Johann Caspar Eberti schreibt über sie in «Eröffnetes Cabinet Deß Gelehrten Frauen-Zimmers» (1706):

> Und gewiß hätte diese Krone des Weibl. Geschlechts bey der Nachwelt als ein Ausbund aller gelehrten Jungfrauen unaufhörlich geleuchtet, wenn sie nicht selbsten ihren Glantz und erworbenen Ruhm durch ihre verwerfliche Lehrsatze einiger massen verdunckelt hätte.[26]

2. „Dreyfache Verenderung" und „Wunderbare Verwandelung"
Zu Forschung und Sprache der Naturwissenschaftlerinnen
Maria Cunitz (1610–1664) und Maria Sibylla Merian (1647–1717)

Ingrid Guentherodt

Zum wissenschaftsgeschichtlichen Zusammenhang

Aus der Sicht unserer Zeit haben die Bemühungen um empirische Wissenschaften und um eine Wissenschaft ohne Bevormundung der Kirche vor allem im 17. Jahrhundert entscheidende Unterstützung erfahren. Die Hinwendung zur exakten Naturbeobachtung mit Hilfe technisch verfeinerter Instrumente wie Teleskop und Mikroskop, das stärkere Miteinander von Wissenschaft und städtischen und landesfürstlichen Interessen veränderte auch die Kommunikationsformen unter den Gelehrten. Entsprechend den neuen wissenschaftlichen Kriterien wie Nachprüfbarkeit und Öffentlichkeit wurde in den Wissenschaften die lateinische Sprache mehr und mehr durch die zugänglicheren Landessprachen abgelöst.[1] An diesen Entwicklungen von den kirchlich geprägten Wortwissenschaften hin zu den empirischen Wissenschaften von Maß und Zahl, von der lateinischen Wissenschaftssprache zu u. a. einer deutschen Wissenschaftssprache waren im 17. Jahrhundert Frauen mit hervorragenden wissenschaftlichen Veröffentlichungen beteiligt.

Wenn heute die empirischen Naturwissenschaften im Verbund mit der Technik durch herrschaftsorientierte Domänen wie Großindustrie und Militär ein Zerstörungspotential entwickelt haben, das jedes menschliche Fassungsvermögen übersteigt, müssen wir die Frage stellen, was Frauen trotz rechtlicher und tatsächlicher Behinderungen wie Studien- und Berufsverbote am Anfang dieser Entwicklung zur Wissenschaft beigetragen haben, und ob und wie ihre Arbeiten andere Wege als die zu Beherrschung, Ausbeutung und Zerstörung von Natur und Menschenleben weisen.[2]

In meinem Beitrag möchte ich exemplarisch zwei Naturwissenschaftlerinnen des 17. Jahrhunderts vorstellen, die sowohl durch ihre Forschung wie auch durch ihre sprachliche Arbeit als schreibende Frauen Vorbildliches geleistet haben: Maria Cunitz (1610–1664) als Astronomin zur Erforschung des Makrokosmos und Maria Sibylla Merian (1647–1717) als Insektenforscherin mit Erkenntnissen zum Mikrokosmos.[3]

Wissenschaftliche Arbeiten von Maria Cunitz und Maria Sibylla Merian

Maria Cunitz (1610–1664) aus einer schlesischen Arztfamilie, die ihr durch Privatunterricht eine sorgfältige humanistische Bildung ermöglichte, veröffentlichte 1650, also unmittelbar nach dem Dreißigjährigen Krieg, in lateinischer und deutscher Sprache ein mathematisch-astronomisches Werk mit dem programmatischen Titel «Urania propitia – Newe und Langgewünschete / leichte Astronomische Tabelln» (siehe Abb.). Ziel ihrer Arbeit war, die Astronomie als Wissenschaft einem größeren Kreis zugänglich zu machen („Urania" weist auf die Muse der Astronomie, „propitia" bedeutet ‚entgegenkommend, zugänglich'). Das Werk «Urania propitia» (im Großfolioformat) besteht aus einer wissenschaftlichen Einführung zu astronomischen Grundbegriffen, zu astronomischen Rechenarten und zu ihren astronomischen Tabellen von insgesamt 265 Seiten Text und aus weiteren 286 Seiten mit astronomischen Tabellen, die Maria Cunitz mit von ihr neu bearbeiteten Methoden aus Johannes Keplers Rudolphinischen Tafeln rechnerisch entwickelt und bedeutend erweitert hat. Keplers «Tabulae Rudolphinae» von 1627, die er nach dem habsburgischen Kaiser Rudolph II. benannte, umfassen einen lateinischsprachigen Einführungstext von 120 Seiten und einen Tabellenteil von 115 Seiten, der zurückgeht auf die Beobachtungszahlen des dänischen Astronomen und Hofmathematikers Tycho Brahe, seines Vorgängers am Habsburgischen Kaiserhof in Prag.

Das zweisprachige lateinisch-deutsche Werk der Astronomin Maria Cunitz, von der Autorin selbst in einem Band veröffentlicht, ist als solches wohl einmalig in der deutschen Wissenschaftsgeschichte des 17. Jahrhunderts, ja möglicherweise sogar in der europäischen Wissenschaftsgeschichte ihrer Zeit. Es ist bezeichnend für die heute noch immer einseitig männerorientierte deutsche Wissenschaft, daß Maria Cunitz und ihre großartige lateinisch-deutsche Forschungsarbeit von 1650 in biographischen Nachschlagewerken, in Übersichten und einschlägigen Spezialuntersuchungen zur Wissenschafts- und Sprachgeschichte von deutschen Wissenschaftlern unserer Zeit totgeschwiegen wird.[4]

Maria Sibylla Merian (1647–1717) aus der Frankfurter Künstler- und Verlegerfamilie des Matthäus Merian (1593–1650) veröffentlichte 1679 und 1683 in deutscher Sprache zwei Bände mit dem Titel «Der Raupen wunderbare Verwandelung und sonderbare Blumen=nahrung».[5] Auch hier erschließt schon der Text des Kurztitels das Programm dieser Arbeit: nicht nur von Insekten soll die Rede sein, sondern auch vom Lebenszusammenhang mit ihrer jeweiligen Nahrungspflanze (siehe Abb.). Beide Bände bestehen aus jeweils fünfzig Kapiteln mit den dazugehörigen Abbildungen, die Maria Sibylla Merian selbst in Kupfer gestochen hat. Auf die Eigenständigkeit ihrer Forschungsarbeit weist sie wiederholt und deutlich hin. In diesen beiden Bänden ihres Raupenbuchs beschreibt sie ihre fünf Jahre lang systematisch betriebenen Beobachtungen zu den Entwicklungsstadien von Raupen sowie ihre Beobachtungen zum Aussehen, zum Verhalten der Insekten und zur Nahrungspflanze. Auch Maria Sibylla Merians wissenschaftliche Arbeit ist eine bedeutende Leistung in der Forschungsgeschichte, ein Beitrag zur Entwicklung deutscher Wissenschaftssprache, zur Sprache naturwissenschaftlicher Beobachtung. Diese Forschungsarbeit trug dazu bei, die damals von vielen noch als Teufelsgeschöpfe verachteten Raupen in ihrem Lebenszusammenhang mit ihrer Nahrungspflanze mit neuem Verständnis wahrzunehmen: ihre Herkunft „ex ovo" (aus Eiern und nicht durch Urzeugung aus Kot oder Erde, wie im 17. Jahrhundert von einigen Gelehrten noch angenommen wurde), die Weiterentwicklung der Raupen, ihre Verwandlung zur Schmetterlingspuppe und zu Nacht- und Tagfaltern. Maria Sibylla Merians wohl berühmtestes Werk wurde jedoch ihre Großfolioveröffentlichung «Metamorphosis Insectorum Surinamensium», ein Buch, das 1705 in Amsterdam in holländischer und lateinischer Sprache erschien und über die Forschungsarbeit berichtete, die Maria Sibylla Merian mit ihrer Tochter 1699 bis 1701 in Surinam in den südamerikanischen Tropen durchgeführt hat.[6]

Motivation, Absicht und Ansprechgruppen ihrer Veröffentlichungen

In einer Zeit mit noch weit destruktiveren Vorurteilen gegenüber Frauen als im heutigen Europa[7] müssen die Motivation dieser beiden Naturwissenschaftlerinnen und der für ihr Durchhaltevermögen nötige wissenschaftliche Eros aus Existenzfragen gespeist worden sein, die für sie persönlich von größter Dringlichkeit waren. Es ist auffallend, daß beide Forscherinnen früh an ihren Eltern erfahren haben, wie kurz die Lebenszeit der Menschen bemessen ist. Mit der frühen Erkenntnis der Unerbittlichkeit des Vergänglichen suchten sie um so leidenschaftlicher nach dem Nichtvergänglichen. Es ist sicher kein Zufall, daß in den Werken beider Frauen das biblische Gleichnis von den anvertrauten Talenten erwähnt wird, eine Ermutigung, daß das individuelle Maß wichtiger ist als das absolute, die Rechtfertigung und Verpflichtung auch für Frauen, ihre Begabung als Gottesgabe zu mehren.[8] Beiden Frauen war es vergönnt, in aller Intensität die Freude des Lernens, Forschens, Erkennens und der Weitergabe ihrer Erkenntnisse zu erfahren.

Dank der frühen Förderung durch ihre Eltern konnte Maria Cunitz schon mit fünf Jahren lesen und erhielt, wie sie selbst im Vorwort zu «Urania propitia» berichtet, eine vielseitige geistige Schulung u. a. in Geschichte und Mathematik. Nach zeitgenössischen und späteren Quellen soll sie sieben Sprachen gelernt haben.[9] Bis sie die Astronomie für sich entdeckte, suchte sie jahrelang leidenschaftlich nach einer für sie sinnvollen Forschungsarbeit, nach dem Tod ihres Vaters unterstützt von ihrem Ehemann, dem Arzt Elias von Löwen, der ihr Mathematiktutor gewesen war. Zu ihrer astronomischen Arbeit wurde sie von ihrer Familie ermutigt, doch behinderte die Flucht vor den Soldaten des Dreißigjährigen Krieges ihre zeitaufwendigen astronomischen Berechnungen, so daß ihr Buch erst nach dem Krieg im Jahre 1650 erscheinen konnte.

Maria Sibylla Merian war drei Jahre alt, als ihr Vater, der berühmte Kupferstecher und Verleger Matthäus Merian 1650 in Schwalbach bei Frankfurt starb. Aus ihrem eigenen Bericht erfahren wir, daß sie schon 1660 mit dreizehn Jahren begonnen hatte, sich mit der Metamorphose von Insekten zu befassen.[10] Erst waren es die Seidenraupen, die im 17. Jahrhundert in und um Frankfurt gezüchtet wurden, dann auch andere Raupen, die sie für die Blumen- und Landschaftsmalerei des Ateliers ihres Stiefvaters Jakob Marell (1614–1681) sammelte. Nicht nur Maria Sibylla Merians wissenschaftliches und künstlerisches Können, sondern auch ihr Organisationstalent sind beachtlich, da sie während der letzten fünf Jahre systematischer Raupenforschung als verheiratete Frau zwei kleine Kinder zu versorgen hatte. Als 1679 ihre erste wissenschaftliche Arbeit im Verlag ihres Mannes Johann Andreas Graff (1637–1701) in Nürnberg erschien, wurde ihre älteste Tochter Johanna Helena elf Jahre alt und ihre jüngste Tochter Dorothea Maria war gerade ein Jahr alt.

Welche Fragen, welche Grenzen des Wissens ihrer Zeit haben die beiden Naturwissenschaftlerinnen an ihrer Forschungsarbeit, die sie Jahrzehnte ihres Lebens beschäftigte, so fasziniert? Was war thematisch die Antriebsfeder zu ihrer Arbeit, zu ihren Überlegungen? Einiges ist unmittelbar, anderes nur mittelbar aus ihren Texten zu entnehmen. Die bleibende Faszination für Maria Cunitz scheint die mathematische Berechenbarkeit, die Voraussagbarkeit der immer wiederkehrenden Bewegungen am nächtlichen Himmel gewesen zu sein. Die treibende Frage bei Maria Sibylla Merian betraf die Zusammenhänge und die Vielfalt der jährlich wiederkehrenden Verwandlungen in der Insektenwelt. Beide Forschungsthemen enthalten den Gedanken der Wiederkehr, der zyklischen Prozesse. Sie sind der Vergänglichkeit übergeordnet und verleihen dem Werden und Vergehen, diesem schmerzlichen Dualismus menschlicher Erfahrung, einen weiteren, einen dynamischen Rahmen. Die Erforschung dieser Erscheinungen in der Natur hat ihrem Leben Sinn gegeben. Ihre naturwissenschaftliche Forschung verstanden sie als menschliches Ringen um ein besseres Verständnis der göttlichen Schöpfung, als Dienst an den Mitmenschen mit der Hoffnung auf ein Weiterleben nach dem Tod in der wissenschaftlichen Anerkennung durch die Nachwelt und schließlich vor allem als Gotteslob und als Dank für die „anvertrauten Talente".

Als Ansprechgruppe nennt Maria Cunitz 1650 im lateinischen Titeltext „Artis Cultoribus", diejenigen, die sich um Wissenschaft bemühen. In ihrem deutschen Titeltext heißt es „Den Kunstliebenden Deutscher Nation zu gutt herfürgege-

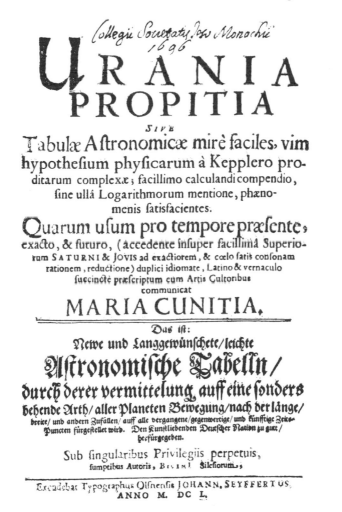

Titelblatt der ‚Urania Propitia' (1650) von Maria Cunitz

ben" („Kunst" hier im Sinne von ‚Wissenschaft'). Entsprechend dem Unterschied ‚pflegen' („Cultoribus") – bei der Ansprache von Gelehrten – und ‚lieben'
– bei der Ansprache auch von Laien – nennt Maria Cunitz im deutschen Textteil
am Anfang nicht gleich die Fülle der ihr bekannten astronomischen Instrumente
mit Namen wie im lateinischsprachigen Text (vgl. S. 1 und 148 unter „Mechanica"). Zu Beginn des Einführungstextes mit der Überschrift „An den Leser
nothwendige Erinnerung" (S. 148) sagt sie, wen sie sich zur Beurteilung ihrer
Arbeit wünscht: „den unpartheyischen in der Astronomia erfahrnen". Später,
wenn sie über die Neuartigkeit einiger ihrer astronomischen Berechnungen
spricht, heißt es: „Dessen sich / vermuthlichen / viel in der Kunst Erfahrne
verwundern werden / weil solches von vielen für ohnmöglich gehalten worden."
(S. 151).

Die Laien, denen sie den Zugang zur Astronomie erleichtern möchte, werden
zu Beginn der Einführung mehrmals deutlich angesprochen u. a. „Anzeigende
wie der jähnige / der sein Gemüthe wiel hienauff heben zu den Cörpern deß
ohnergründlichen raumes /"(S. 148, Zeile 28–30). Sie rechtfertigt eine ausführlichere Erläuterung, indem sie schreibt: „Dieses wird so weitläufftig erkläret /
wegen der anfangenden" (153, 37–38). Schließlich appelliert sie in ihrer Argumentation zugunsten der Zweisprachigkeit ihrer Arbeit an das Gewissen der
Gelehrtenwelt, indem sie darauf verweist, daß sich auch unter denen, die des
Lateins unkundig sind, Begabte und Wissensdurstige befinden, denen sie in der
deutschen Sprache die Astronomie erschließen will:

> denn es ist offenbahr / daß unter den Deutschen zu erlernung dr Astronomia / so begierig
> alß tauglich ingenia sindt / dehrer viel durch ohnkündigkeit der Lateinischen Sprache /
> davon zurück gehalten werden (154, 7–9).

Wie Maria Cunitz über diejenigen schreibt, die sie erreichen will, belegt also
eindeutig, daß sie es ernst meint, „andern Menschen nutzbares zu wircken" (147,
32) und dabei niemanden auszuschließen.

Maria Sibylla Merian spricht im Titeltext zu Band 1 und 2 ihres Raupenbuchs
von 1679 und 1683 zu „Naturkündigern / Kunstmahlern / und Gartenliebhabern". In der Überschrift zu ihren Vorworten schreibt sie „Hoch=werther /
Kunst=liebender Leser" und „Hochgeneigter / Kunstliebender Leser", wobei
das Wort „Kunst" hier zeit- und situationsbedingt sehr wahrscheinlich sowohl
die Bedeutung ‚Wissenschaft' als auch ‚Kunst' umfaßt. In den Texten der fünfzig
Kapitel des ersten Bandes ist die Grenze zwischen direkt Angesprochenen und
genannten Drittpersonen als eher indirekt Angesprochenen zuweilen verwischt.
Unterscheiden lassen sich vier Gruppen: die wissenschaftlich, die künstlerisch
und die eher praktisch an Pflanzen und Blumen Interessierten sowie eine
Gruppe, die alle einbezieht. Einerseits schreibt Maria Sibylla Merian also über
bzw. für: „die Herren Gelehrten" (46,14), „von so vielen Gelährten" (Vorwort,
Band 2), „von gelehrten / und fürnehmen Personen" (1,23), „die Naturkündiger"

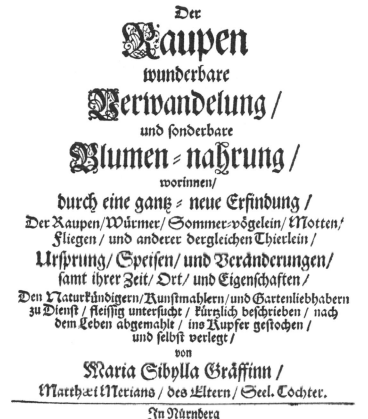

Der

Kaupen
wunderbare
Verwandelung /
und sonderbare
Blumen - nahrung /
worinnen/
durch eine gantz = neue Erfindung /
Der Raupen/Würmer/Sommer-vögelein/Motten/
Fliegen / und anderer dergleichen Thierlein /
Urſprung/ Speiſen/ und Veränderungen/
ſamt ihrer Zeit/ Ort/ und Eigenſchaften /
Den Naturkündigern/Kunſtmahlern/und Gartenliebhabern
zu Dienſt / fleiſſig unterſucht / kürtzlich beſchrieben / nach
dem Leben abgemahlt / ins Kupfer geſtochen /
und ſelbſt verlegt /
von
Maria Sibylla Gräffinn /
Matthæi Merians / des Eltern/ Seel. Tochter.

In Nürnberg
zu finden / bey Johann Andreas Graſſen / Mahlern/
in Frankfurt / und Leipzig / bey David Funken,
Gedruckt bey Andreas Knortzen / 1679,

Titelblatt von Maria Sibylla Merians Raupenbuch, erster Band (1679);
siehe auch Seite 215

(54,29) und „den Artzney erfahrnen" (32,13). Andererseits spricht sie von bzw.
zu künstlerisch Tätigen: „die Landschaft=mahler" im Vorwort, „der Mahlerey
ob gleich gantz Ergebener" (17,6) und „mancher Mahler... seiner Landschaft=
mahlerey" (73,10). Belege zur dritten Gruppe sind: „den Blumen=liebhabern"
(5,5), „den Gartenliebhabern" (96,11), „die Gärtners=leute" (11,17), „alle ar-
beitsamen Gärtnersleute" (58,27), „den fleissigen Gärtnern" (37,25), und mit
einem einzigen Beleg eher ein Außenseiter „dem Land=und Bauersmann" (9,5).
Umfassend scheinen folgende Benennungen zu sein: „der Natur=und kunstlie-
bende Leser" (Vorwort zu Band 1), „der sinnreichen Liebhaber" (82,15), „anderer hochvernünftiger" (92,13), „der allerverständigste Beschauer" (33,9) und

„die Verständigen" (60,20), doch läßt der Kontext bei den drei letzten eher auf wissenschaftlich Sachverständige schließen.

Obwohl wie bei Maria Cunitz auch hier soziale Schranken weitgehend zu fehlen scheinen, müssen wir festhalten, daß weder Maria Cunitz noch Maria Sibylla Merian ihre Geschlechtsgenossinen ausdrücklich anspricht. Überraschend ist jedoch bei Maria Cunitz die vorbildlich nicht-sexistische Sprache im deutschen Vorwort zu ihrer «Urania propitia», wo mit Ausnahme der Überschrift kein generisches Maskulinum auftaucht; sogar der Ehemann wird lediglich mit seinem vollen Eigennamen identifiziert und nicht etwa als Ehegatte oder Beschützer herausgehoben. Im Einführungstext wird dann allerdings mit „Leser" dieser schöne Brauch mehrfach vernachlässigt (vgl. in der Überschrift des Vorwortes S. 147 „des Lesenden"). Sprachliche Gleichbehandlung durch den Gebrauch substantivierter Adjektive und Partizipien findet sich jedoch erstaunlich oft in diesem Wissenschaftstext von 1650, so bei „den gelehrtesten" (148,45), „von den Sternkundigen" und „denen in der Kunst geübten" (150,29), was sicherlich aus dem Einfluß des Lateinischen erklärt werden kann. Es ist auch von sprachgeschichtlichem Interesse, daß im Titeltext bei Maria Cunitz 1650 völlig neutral im Plural von „Den Kunstliebenden Deutscher Nation" die Rede ist und in der Einführung „die Sternkündigen" genannt werden, rund dreißig Jahre später jedoch bei Maria Sibylla Merian im Titeltext nicht von Naturkundigen und Kunstliebenden die Rede ist, sondern konsequent maskulin von „Den Naturkündigern" und den „Gartenliebhabern". Könnte das nachlassende Bewußtsein sprachlicher Gleichbehandlung um 1680 vielleicht zurückzuführen sein auf die zeitliche Ferne von dem um 1650 noch herrschenden frauen- und damit menschenfreundlichen Reformbedürfnis einer Generation nach einem langen menschenmordenden Krieg? Eine offene Frage.

Dualismen und dynamisches Denken in Sprachstil und Systematisierung

Bevor auf den Zentralgedanken von Bewegung bei Maria Cunitz und Verwandlung bei Maria Sibylla Merian eingegangen werden kann, soll demjenigen Denkmuster Beachtung geschenkt werden, das dem dynamischen entgegengesetzt ist: das herrschaftsbezogene und wertende dualistische Denkmuster. Denn dies hat vor allem Frauen unendlich viel geschadet mit seinen starren Dualismen und dem jeweils weniger Wertvollen in zweiter Position wie Gut und Böse, Adam und Eva, Mann und Frau, Form und Materie, Geist und Körper, oben und unten, Kultur und Natur. Es ist ein Denkmuster, das in seiner extremen Form Übergänge und Vielfalt und damit das dynamische Prinzip der Schöpfung ausschließt und heute noch als pauschale Polarisierung in vielen Lebensbereichen Toleranz, gegenseitige Verständigung und Kooperation verhindert. Wie Relikte autoritären Denkens in Gesellschaften, die sich demokratisch nennen, verbleiben, sind dualistische Denkmuster u. a. als zweigliedrige Ausdrücke auch im

Sprachstil von Maria Cunitz und Maria Sibylla Merian zu erwarten, obwohl sich beide vom Thema ihrer empirischen Forschung her weit davon entfernt haben. Auffällig ist beim Vergleich der Sprache ihrer Titeltexte und Vorworte, daß sich Maria Cunitz des zweigliedrigen Ausdrucks seltener bedient als Maria Sibylla Merian eine Generation später. Möglicherweise sind jedoch bei Maria Sibylla Merian eher ästhetische als inhaltliche Motive entscheidend gewesen.

Im lateinischen und im kürzeren deutschen Titeltext von Maria Cunitz herrscht mit Ausnahme der Zweiheit „Saturni & Jovis" (der Planeten Saturn und Jupiter) und dem inhaltlich vorgegebenen „Latino & vernaculo" (Latein und Muttersprache) die Dreiersequenz vor wie „tempore praesente, exacto, & futuro" mit der deutschen Entsprechung „auff alle vergangene / gegenwertige / und künfftige Zeits=Puncten" sowie auch „aller Planeten Bewegung / nach der länge / breite / und andern Zufällen /".

Im Vorwort zu «Urania propitia» finden sich Zweierformen nur in wenigen festen Wendungen mit eher konventionellem Appellcharakter wie „meinem Schöpfer zu danck und preise" (147,27), „ie länger ie embsiger" (147,40), „von noth und billigkeit" (147,48) und „was darinne gut befunden [...] was verfehlet" (147,51–52). Manchmal ist, wie in diesem letzten Beispiel, die Zweiheit sprachlich auseinander gehalten bzw. durch „oder" relativiert, gerade bei so wichtigen Dualismen wie „/ viel /an Gemüth oder Leibe / auch beyden zugleich /" (147,12–13), „der von Gott eingeblasene Geist / oder Seele" und die „Leiblichkeit" (147,36 u. 38).[11]

Wenn dann der Einführungstext von Maria Cunitz mit der Formel „Zweyerley wolle der Leser... anmercken" beginnt, so hat auch hier eher eine formale Konvention, nämlich die Reverenz gegenüber dem Vorbild, den Ausschlag gegeben: Kepler beginnt die Vorrede (Praefatio) zu seinen «Tabulae Rudolphinae» (1627) mit dem Satz: „Duas habet Astrorum scientia partes...". (Aus zwei Teilen besteht die Wissenschaft von den Sternen [...]). Nach wenigen Zeilen spricht Maria Cunitz dagegen von den vier Teilen der „Stern=Kunst": „1. die *observationes,* oder anmerckungen [...] 2. *Mechanica,* die Künstliche Hand=arbeit [...] 3. *Hypotheses* oder Grundsätze [...] 4. *Calculus;* die in Tabeln verfaste Rechnungen [...]" (S. 148, hier etwas gekürzt). Im lateinischen Text, mit philosophisch geschulten Gelehrten als Ansprechgruppe, werden diese vier Bereiche der Astronomie durch deutliche graphische Hervorhebungen in „Ars Constituenda" (die Bereiche 1 bis 3) und „Ars Constituta", nur der 4. Bereich, geteilt. Im deutschen Text wurde auf eine graphische Hervorhebung verzichtet: die ersten drei Bereiche dienen „zu erbawung und besserung der Kunst", während *Calculus,* der vierte Bereich, zu „der allbereit erbawten Kunst" erhoben wird, dem Bereich, dem sich Maria Cunitz verschrieben hat (148,20 u. 23). Für die Ideengeschichte wichtig ist zu Beginn der Einführung der zweigliedrige Ausdruck für Gott, wenn sie davon spricht, daß die astronomische Vorhersage nur durch einen direkten Eingriff Gottes gestört werden könne: „es wolle dann GOTT der einige Schöpffer und Erhalter deß beweglichen Ge-

stirnes... deßselbigen... Läuffe / hämmen / verändern / oder gar auffheben."
(148,32–34).

Dualistische Denkmuster, der Zwang, alles nur in Zweiheiten und nicht als Vielheit wahrzunehmen, spiegeln sich bei Maria Sibylla Merian im Titeltext auffallender als bei Maria Cunitz, so u. a. die inhaltlich bedingte Zweiheit „Verwandelung [...] Blumen=nahrung" und die inhaltlich jeweils zu zweit genannten Insektenkategorien wie „Raupen / Würmer" und „Sommer=vögelein / Motten" (im Sinne von Tag- und Nachtfaltern) sowie „Fliegen / und anderer dergleichen Thierlein". Auch die Handlungsverben im Titeltext lassen sich als Zweiergruppen ordnen: als Wissenschaftlerin hat sie „untersucht" und „kürtzlich beschrieben", als Künstlerin „nach dem Leben abgemahlt" und „ins Kupfer gestochen". Bemerkenswert ist jedoch, daß nur vier Jahre später im Titeltext des zweiten Bandes zum Raupenbuch das Zweiermuster der zoologischen Kategorien aufgebrochen wird, wenn es inhaltlich gruppiert „Raupen / Würmer / Maden" heißt und „Sommervögelein / Motten / Fliegen / Bienen und anderer dergleichen Thierlein". Erst in Band 3, der nach ihrem Tod im Jahre 1717 erschien, wird deutlich, warum es zu einer Veränderung des Titeltextes kam. Maria Sibylla Merian hatte in Band 1 und 2 ihres Raupenbuches in der Zeit um 1680 entgegen dem damals noch vorherrschenden Urzeugungsglauben den Ursprung aller Raupen aus Eiern konsequent nachweisen können, mußte jedoch bei Maden und Fliegen mangels Beweisen die Vorstellung der Urzeugung – obwohl unbefriedigt gegenüber dem Nichterklärbaren – beibehalten. In Band 2 spiegelt sich die Verpflichtung, das Unerklärbare, das sie in Band 1 auch schon beschrieben, aber nicht im Titel genannt hatte, nun auch deutlicher im Titeltext zu zeigen. Rund dreißig Jahre später hatte sie in ihren Forschungen zum dritten Band des Raupenbuchs aus eigener Beobachtung den Lebenszyklus von Insektenparasiten wie Maden und Fliegen erkannt, die ihre Eier in den Raupen anderer Insekten ablegen.[12]

Doch zurück zu Denkmustern des Dualismus, wie sie sich in Maria Sibylla Merians Sprachstil zeigen. Im Gegensatz zur denkerisch streng geschulten Humanistin Maria Cunitz erliegt Maria Sibylla Merian in ihrer ersten wissenschaftlichen Veröffentlichung dem Bedürfnis, auch unterhaltsam zu sein, und verwendet zu stilistischer Verstärkung und Ausmalung vor allem im Vorwort, wo sie ihre Forschungsergebnisse zusammenfaßt und ihr Publikum interessieren muß, eine Fülle von zweigliedrigen Ausdrücken, zum Teil inhaltlich redundant wie „gerühmt / und hoch gepriesen" (Vorwort S. 1). Folgendes formalkonventionelle Zweiermuster ist jedoch aufschlußreich für ihre religiöse Überzeugung: „GOttes sonderbare Allmacht / und wunderbare Aufsicht" (Vorwort S. 1,20–21), Gott also nicht nur als Verursacher der Schöpfung, sondern auch als „Aufsicht" im Sinne von *Providentia* (Fürsorge). Wie Cunitz beweist auch Merian mit einem nichtdualistischen Muster schon im Vorwort ihre Fähigkeit, sprachlich prägnant zu systematisieren, wenn sie von fünf Arten der Verwandlung spricht und das jeweils einführende Wort „Theils" fünfmal optisch im Druck hervortreten läßt.

Bei genauer Überprüfung von Gliederung und wissenschaftlichen Kategorien wird es außer mit den schon genannten Belegen schwerfallen, das dualistische Prinzip als Denkmuster dieser beiden Naturwissenschaftlerinnen nachzuweisen. Der wohl maßgebende Unterschied zwischen polarisierenden, abstrakten Denkmodellen, die, universitär eingeübt, im Disput mit anderen Gelehrten und am Schreibtisch entstehen, und der empirischen Forschung liegt vor allem darin, daß genaue Naturbeobachtung eine Vielheit von Zusammenhängen erbringt, die man nicht mit dualistischen Denkmustern wie Geist und Materie, Leben und Tod erklären kann. Beide Frauen gingen in ihrer wissenschaftlichen Arbeit nicht von Hypothesen aus, sondern von Erscheinungen im Makro- und Mikrokosmos. Es ist bezeichnend für beide Frauen als Pionierinnen der empirischen Naturwissenschaft, daß die Voraussetzung für ihre exakten Berechnungen bzw. Beobachtungen nicht Gespräche in wissenschaftlich interessierten Kreisen waren, sondern zurückgezogenes Arbeiten. So schreibt die Astronomin Maria Cunitz von „meinem einsamkeit liebend= und übendem Stande" (147,31) und Maria Sibylla Merian berichtet rückblickend im Vorwort zu ihrem holländischen Surinambuch über ihre Lebensweise zu Beginn ihrer systematischen Raupenforschung: „waarom ik ook alle gezelschap verliet". Beide Forscherinnen jedoch suchen ausdrücklich Kritik und Ergänzung bei der Gelehrtenwelt. Nun interessiert uns, wie Maria Cunitz und Maria Sibylla Merian über das dynamische Prinzip schreiben, das im Zentrum ihrer Forschung steht.

Wissenschaftliche Spracharbeit und das dynamische Prinzip bei Maria Cunitz: Wiederkehrende Bewegungen im Makrokosmos und ihre Berechenbarkeit (Calculus)

Wenn Maria Cunitz, wie sie im Titeltext ankündigt, „aller Planeten Bewegung" rechnerisch darstellen will und sich im lateinischen Titeltext namentlich auf ihr Vorbild Johannes Kepler bezieht, so liegt wissenschaftsgeschichtlich die Frage nahe, ob und wie Maria Cunitz als Astronomin die jahrzehntelange wissenschaftliche und kirchlich-dogmatische Kontroverse um die Ellipsenbahn von Planeten angeht. Noch 1651, also ein Jahr nach dem Erscheinen des Buchs von Maria Cunitz, wurde das einflußreiche Werk des Jesuiten Giovanni Riccioli veröffentlicht, der – wie sein berühmtes Titelbild darlegt – sowohl die Heliozentrik als auch die Ellipsenbahnen ablehnte, den Kosmos dogmentreu als geozentrisch und die Umlaufbahnen der Planeten als Kreise interpretierte. Hatte Maria Cunitz den Mut, sich zu den Ellipsenbahnen Keplers offen zu bekennen, oder geschieht dies eher indirekt? Die Zeit der Inquisition war noch nicht vorüber und die Hexenverfolgung sollte noch über hundert Jahre andauern. Die begründete Sorge klingt im lateinischsprachigen Vorwort von Elias von Löwen an, wenn er Maria Cunitz als ihr Ehemann und damit rechtlicher Vertreter direkt und indirekt vor *tribunalia, censores, judices* (Gericht, Zensoren bzw. Kritiker,

Richter) schützen will, die von ihm jedoch eher im übertragenen Sinne erwähnt werden.

Wenn von kirchlicher Seite nur die kreisförmige Umlaufbahn als vollkommen erachtet wurde und die Ellipse deshalb nicht Teil der göttlichen Schöpfung sein durfte, ist die Frage nach dem sprachlichen Ausdruck aufschlußreich, hier also die sprachlichen Mittel, die Maria Cunitz verwendet, um Bewegungen von Himmelskörpern zu benennen. Davon sind fünf ohne Attribut unverfänglich: „Bewegung", „Lauff", „umbgang", "umbwendung" und eher indirekt „Wirbel". Hier die Belege zu diesen fünf Benennungen: 1. „aller Planeten Bewegung" (Titeltext), „der Himmlischen Cörper bewegungen" (148,9); 2. „der Planeten Lauff" (150,46), „iedem Planet in seinem lauff" (150,35 vgl. 20), „zu den Cörpern deß ohnergründlichen raumes / dehro Läuffen" (148,29); 3. „unterschiedlicher Planeten umbgänge" (155,7); 4. im Sinne der Bewegung der Gestirne, die durch die tägliche Erdumdrehung bedingt ist: „eine umbwendung des *aeqvatoris* macht einen Tag" (155,9), „Es erscheinet aber die erste dieser Veränderung in der täglichen umbwendung" (149,4) und „die tägliche umbwendung / oder der ersten Bewegung" (151,49–50); 5. für das Zentrum der nächtlichen Kreisbewegung der Sterne, d. h. den Himmelspol: „durch den Mitternachtischen Wirbel" (149,27) und „dehren abstehen vom Mittäg=oder Mitternächtlichen Wirbel" (150,11). Schreibt Maria Cunitz von „Zirckeln", so meint sie jedoch die Kreise der abstrakten Himmelskoordinaten, wenn es heißt: „Vermittelst dieser 2 Zirckel wird dem Verstand entdecket / alles was an dem Sitz und bewegung derer unter dem Himmel schwebenden Cörper in acht genommen werden mag" (149,29–30).

Zwiespältig ist allein ihre Bezeichnung „Creiß" mit der selteneren Schreibvariante „Kreiß". Damit benennt Maria Cunitz einerseits den „Thier=Creiß" (150,3), „des Monden Creiß" (150,14), aber auch die Umlaufbahn von Planeten und dies gerade in Textstellen der Einleitung, bei denen die kirchliche Inquisition besonders hellhörig werden mußte: bei der Erwähnung des Aphel, des sonnenfernen Punktes einer elliptischen Bahn, und bei der Erwähnung des Zentrums von Umlaufbahnen, wo das Thema Heliozentrik anklingt. Außerhalb der Einleitung, d. h. an weniger auffälligen und weniger zugänglichen Stellen, ist die Bezeichnung für Heliozentrik ausdrücklich genannt (u. a. im lateinischen Text Kap. 19, S. 112). Die beiden Stellen der Einleitung seien zitiert in der Hoffnung, eine wissenschaftsgeschichtliche Diskussion darüber anzuregen, warum hier Maria Cunitz das Wort „Creiß" verwendet hat bzw. aus Angst vor der Inquisition verwenden mußte:

Denn die oben stehen / sind Zeichen und Grad deß abstehens eines ieden Planeten / von seinem *Aphelio* (oder dem jenigen punct, in welchem Er in seinem Creiß der Sonnen zum weitesten kommen kan) (152,40–42)
Die bewegung derer Himmlischen Cörper ist eine fortruckung in ihren Creysen / umb ihr eygenes oder natürliches centrum. (155,31–32)

Nach ihrem Bericht hat Maria Cunitz die Rudolphinischen Tafeln von Johannes Kepler durch ihre nächtlichen astronomischen Beobachtungen überprüft und konnte daraus schließen, daß sich astronomische Berechnungen ausnahmslos bestätigen lassen. So schreibt sie von astronomischen Gesetzen *(hypotheses)*, es werde aus ihnen

> ohnfehlbar geschlossen / und erzwungen ... / das daß jenige / was bey den anmerckungen *(observationes)* erschienen / nicht anders hab erscheinen können: und in gewissen künfftigen Zeit=punckten ohn fehlbar wiederumb also wird erscheinen mussen. (148,13–16)

Diese wiederholt genannte Unfehlbarkeit mathematischer Berechnung *(Calculus)* muß sie fasziniert haben. Sie hält Keplers astronomische Tabellen für „die vollkomnesten" „für welche sie von den gelehrtesten in dieser Kunst / neben mir gehalten werden" (148,45–46). Jedoch Keplers Tafeln sind nicht nur „von gründlicherer gewißheit" (147,45) als u. a. die astronomischen Tabellen des Brahe-Schülers Christian Longomontanus, die sie zuvor studiert hatte, sondern auch von „schwererem *Calculo*" (147,46), d. h. schwieriger in der Berechnung. Es ist deshalb das Verdienst von Maria Cunitz, daß sie mit eigenen exakten Rechenverfahren die astronomischen Berechnungen von Kepler neu bearbeitet und erleichtert hat, was sie schon im Titeltext ankündigte. Ausführlicher über die Zielsetzung ihrer Arbeit schreibt sie zu Beginn der Einführung:

> Zu diesem Ende nemlich dem Leser den Kern und Nutz der Stern=Kunst zu weisen / und solches durch einen leichten / kurtzen / schnurgraden richtigen weg / (mit solcher gewißheit / alß zu unserer Zeit / und in solchen Richtsteigen zu hoffen möglich /) hab ich mich einer solchen Arbeit [...] vnterwunden. (148,23–28)

Über die praktische Arbeit astronomischer Berechnung, den *Calculus*, also ihre höchsteigene Tätigkeit, schreibt sie:

> Denn der gantzen Astronomiae verrichtung / ist erkündigen / auff iedwedern punckt der zeit / den orth und gelegenheit der Sterne; auch auff iedwedern raum oder wärung der Zeit / die Mensur der circularischen Fortrückung des Gestirns / und hergegen / auß bekandter mensur der fortrückung / erkennen die durch selbige *motion* / abgemessene wärung der zeit; alß auch / auß gegebenen orthen der Sternen / der zeit zugleich instehendes moment. (155,1–5)

Haben wir uns an die uns fremde Rhythmik der Satzzeichen des 17. Jahrhunderts gewöhnt, d. h. hören wir die Sprache von Maria Cunitz beim Lesen, dann können wir nur staunen, in welch klarer Sprache sie eine so komplizierte Thematik wiedergibt, eine Sprache, die in wissenschaftlichen Schriften damals sehr selten verwendet wurde, da das Latein noch immer die vorherrschende Wissenschaftssprache war. Maria Cunitz erklärt ihren eigenen Beitrag zur astronomischen Forschung im dritten Teil ihres Buches, der sich mit den Erscheinungen von Sonnen- und Mondfinsternis befaßt:

> Auß diesem / der Himmlischen Läuffte dritten unterschiede ist erwachsen dieses Werckes Tabelln Dritter theil; In welchem durch kurtz gefassete / newe / und bißhero ohngebrauchliche Tabelln / auff alle vergangene und künfftige Zeiten / von anfang der Dinge / bis zu ihrem untergang (menschlich zu reden) die Tage eines ietwedern Jahres / in dehnen man sich der Finsternüsse zu versehen hat / entdeckt werden. 2 Bringet dieser dritte Theil (auß Göttlicher verleihung) an tag ein wichtiges / überall gültiges / und ungemeines compendium

paralaxium, in der länge und breite schon unterschieden, [d. h. ein überall gültiger Abriß
von Berechnungen zu den Verschiebungen der Himmelserscheinungen je nach Beobach-
tungsstandort], welches bißhero (so viel auß den publicirten Schrifften wissend) noch nie
bekand gewesen ist. Darmit auch 3. die vor diesem in außrechnung der Sonnen=Finster-
nüssen auff iedwedern benennten orth / langwihrige Arbeit gemindert würde; hab
ich in diesem dritten Theil auff 9 unterschiedliche Polushöhen / nemblich / von
36.39.42.45.48.51.54.57.60. Graden abermahl newe Tabelln computiret (errechnet). Dessen sich / vermutlichen / viel in der Kunst Erfahrne verwundern werden / weil solches von
vielen für ohnmöglich gehalten worden. (151,19–31)

Die Art, wie ein Thema gegliedert wird, erschließt die Denkweisen des
Menschen, der sich darum bemüht hat. Wie hat Maria Cunitz ihre große
astronomische Arbeit gegliedert? Nach dem zweisprachigen Titeltext folgt ohne
das im Barock weitgehend übliche Titelbild die Widmung an Kaiser Ferdinand III. in lateinischer Sprache (2 Seiten) und eine lange Reihe von Versen,
gleichfalls in lateinischer Sprache, zum Lob der Autorin (13 Seiten). Erst dann
beginnt das eigentliche Buch mit dem lateinischen Vorwort von Elias von Löwen
mit der Überschrift „Maritus ad Lectorem" (Der Ehemann an den Leser), ein
aufgeklärter und verständnisvoll-verantwortlicher Text mit biographischen und
methodischen Angaben. Es folgt ein von Maria Cunitz selbst geschriebener
lateinischer Einführungstext mit dem Titel „Ad Lectorem Admonitio Praelimi-
naris", der im wesentlichen mit dem deutschsprachigen Einführungsteil („An
den Leser nothwendige Erinnerung") übereinstimmt (S. 1 bis 17). Der gut
lesbare Druck wechselt angenehm zwischen Antiqua und einer Kursivschrift, die
zur Hervorhebung vor allem von didaktischen Beispielen verwendet wird. Auf
Seite 18 schließt sich das erste Kapitel unmittelbar an. Der lateinische Textteil
endet mit Kapitel 23 und einem abschließendem Lob auf Keplers Werke sowie
einer „Conclusio" (S. 146) mit dem Schlußsatz „Soli Deo Gloria" (Gott allein die
Ehre).

Wie der lateinische Teil endet auch der deutschsprachige Teil mit Kapitel 23.
Nach der Vorrede mit dem Titel „Verantwortung / auff vermuthliche Einwürffe
des Lesenden" (S. 147), in der Maria Cunitz ihre Arbeit mit einem Bericht über
ihren Werdegang rechtfertigt, schreibt sie zu Beginn des Einführungstextes zu
dessen Gliederung:

Zweyerley wolle der Leser bey angehender Lesung dieses Buches zu desto besserem
verstande desselben wol anmercken / wie die nach einander außführlich und ordentlich
folgen. / Erstlich eine Allgemeine Entwerffung deß Werckes / nach deßselben innhalt /
ordnung / und beschaffenheiten. Zum andern waß zu fruchtbarem brauch desselbigen
Anfangs zu wissen nöthig. (148,1–6)

Zur „Entwerffung", dem inhaltlichen Ziel ihrer Arbeit, erklärt sie vorerst die
vier Bereiche der Astronomie, *observationes, mechanica, hypotheses, calculus*
und geht etwas genauer auf den vierten Bereich ein, da dies der von ihr gewählte
Arbeitsbereich der Astronomie ist. Sie erklärt kurz ihre Bearbeitung von Keplers
Rudolphinischen Tafeln, ohne jedoch den Namen des Astronomen zu nennen
(wie schon in der Vorrede S. 147,43). Zur Gliederung ihrer Arbeit schreibt sie:

In Anleg= oder Außlegung dieses Werckes / hab ich die Ordnung erfolget / welche mir die arth der sache selber an die Hand gegeben hat: Dann weil in anmerckung beydes der innhabenden orthe / als der bewegung von orth / zu orth derer Himmlischen Cörper dreyfache verenderung fürlauffet; hab ich mich nothwendig in Eintheilung des Werckes nach denselben richten müssen. (148,48–149,3)

Diese Textstelle über die Gliederungsintention von Maria Cunitz hat auch wissenschaftsgeschichtlich Bedeutung, da es das Gliederungsprinzip ist, das René Descartes (1596–1650) in seinem Werk «Discours de la Méthode» von 1637 propagiert. Bei Maria Cunitz ist „die arth der sache" das Himmelsgeschehen und zwar „derer Himmlischen Cörper dreyfache verenderung", die nun ausführlich mit den damit zusammenhängenden astronomischen Grundbegriffen, u. a. den Namen der Koordinatenkreise erklärt wird, da nach diesen drei Veränderungen auch der Tabellenteil gegliedert ist. Die drei Veränderungen sind (hier gekürzt):

1. [...] die erste dieser Veränderung (erscheinet) in der täglichen umbwendung [...] wird genennet *motus primus* [die erste Bewegung] (149,4,17)
2. [...] von Sternenkundigen genandt *motus secundus* ... Da diese Andere [d. h. zweite Bewegung] mit gar viel langsameren Trieb / die Planeten von Nieder=gegen Auffgang beweget (150,21,26)
3. Der dritte scheinbahre unterschied [...] *Eclipsis*, verfinsterung und überschattung genandt (151,8,11)

Es folgt (S. 151) im angekündigten Teil „beschaffenheiten" die Erklärung der Beschaffenheit von astronomischen Tabellen allgemein.

Bevor Maria Cunitz zur Erklärung der astronomischen Rechenarten und der einzelnen Tabellen übergeht, rechtfertigt sie die Zweisprachigkeit ihres Werkes (S. 154), ein bedeutsames Dokument, das in jede deutsche Sprachgeschichte gehört, die sich mit der Argumentation zu Latein und Deutsch als Wissenschaftssprache befaßt.[1] Die Erklärung der astronomischen Rechenarten ist noch Teil des Einleitungstextes, die astronomischen Tabellen werden dagegen einzeln in den folgenden 23 Kapiteln erläutert, und zwar in drei Teile gruppiert, entsprechend den drei Teilen des Tabellenteils und der oben erklärten „dreyfachen verenderung": Der erste Teil umfaßt zehn Kapitel, der zweite neun und der dritte Teil nur vier Kapitel, da er sich nach einem Kapitel zur Klärung von Grundbegriffen lediglich mit Sonnen- und Mondfinsternis befaßt und das Schlußkapitel des Buchs enthält. Am Ende von Kapitel 23 erfolgt nach einer den Erdglobus umfassenden Beschreibung von Vorgängen einer Sonnenfinsternis als Abschluß der Rückverweis auf Keplers Verdienste: „Soviel hab ich von diesem hier tractiren wollen, wer mehr unterricht begehret / besehe die Tabulas Rudolphi und Ephemerides Keppleri." Die *Conclusio* des lateinischsprachigen Teils findet im deutschen Text keine Entsprechung. Dafür sind hier auf einem Blatt mit Druckfehlerkorrekturen Verse aus zwei Psalmen abgedruckt, die Maria Cunitz offensichtlich viel bedeuteten:

Zum Beschlus
Lobet ihr Himmel den HERREN; Lobet Ihn in der höhe.
Lobet Ihn alle Seine Engel; Lobet Ihn alle sein Heer.
Lobet Ihn Sonn und Mond; Lobet Ihn alle leuchtende Sterne. Ps. 148
Denn
Tag und Nacht ist Sein / ER macht das beyde Sonn und Gestirn
ihren gewissen Lauff halten. Ps. 74

Ebenso wie die bewunderswert klare und für den damaligen Erkenntnisstand
überzeugende Gliederung des Buchs «Urania propitia» von Maria Cunitz nur als
Ergebnis ihrer ausgezeichneten humanistischen Bildung erklärt werden kann, so
die Art ihrer Kategorisierung durch ihre vorzügliche mathematische Schulung,
wobei auch ihre Begabung für logisch aufgebaute Lernprozesse nicht zu übersehen ist. Verständlicherweise stehen die Kategorien von Maß und Zahl im
Vordergund, wobei Maria Cunitz zu Beginn der Tradition folgt und zwischen
Geometria und Arithmetica, der „meß= und zehlkunst" (154,27–31) unterscheidet, was auch in den Titelbildern vieler astronomischer Werke ihrer Zeit allegorisch ausgemalt wird.[14] Ausnahmsweise verwendet die sonst sehr sachliche Maria
Cunitz hier auch sprachlich eine zeitübliche Metapher, wenn sie schreibt:

> Vorzeiten wurden an dem jenigen / der die Region deß Gestirns durchwandern wolte / 2
> Flügel erfodert; nemlich der *Geometriae* und *Arithmeticae* gründliche wissenschafft: und
> zwar auch ietzo noch / sind selbige in grundlegung der Gestirn=Kunst / (alß an deren ohne
> erfahrung der meß=und zehl=Kunst vergebens gearbeytet wird/) von nöthen. (154, 20–31)

Bei den Zahlen unterscheidet sie zwischen logarithmischen Zahlen als „verhül-
let" und nicht-logarithmischen als „außgewickelten Zahlen" (148,39–40). Zur
Erklärung der astronomischen Rechenarten als Kategorien verwendet sie ausschließlich deutsche Bezeichnungen:

> Folget derowegen / wie man nach erheischung dieses Buches / Astronomisch Zehlen /
> zusammen setzen / von einander ziehen / vielfaltigen / und zertheilen soll / gründlicher
> unterricht. (154, 40–42)

Um astronomisch zählen zu können, ist die Kenntnis der Kategorien der
Kreiseinteilung und der Zeiteinteilung wichtig. Die Kreiseinteilung zum himmlischen Koordinatensystem u. a. in Grad und Minuten mit der Zweitbenennung
Scrupel nennt Maria Cunitz „sorten der bewegung" (148,7), da die Kreiseinteilung zur Beschreibung der Sternbewegungen verwendet wird. Die Kategorien
der Zeiteinteilung mit den Einheiten Jahr, Tag bis Minute und Sekunde heißen
bei ihr „sorten der zeit" (155,8,30). Auch hier werden Minuten „erste scrupel",
die Sekunden „andere scrupel" genannt. An unsere Art der Sekundenzählung mit
Hilfe der Wörter „einundzwanzig, zweiundzwanzig" erinnert folgende Erklärung von Maria Cunitz von 1650: „ein ander *Scrupel*... inner dehren man 3
kurtze oder einsilbige Worte außsprechen kan" (155,18–19). In diesen Zusammenhang gehört auch die Zeitdefinition von Maria Cunitz:

> Die Zeit ist eine Währung der dinge / [...] daß unterschiedlicher Planeten umgänge [...]
> alß / der umbgang der Sonnen (155,6,8).

auch unterschiedlich sorten der zeit veruhrsachen; alß / der umbgang der Sonnen in der Ecliptica, macht 1. Jahr; des Monden / einen Monat; [...]. (155,6–9)

Während die Benennungen von Zeitkategorien bei Maria Cunitz die Grenzen der damaligen Erkenntnis nicht unmittelbar deutlich werden lassen, ist die Austauschbarkeit der Bezeichnungen „Gestirn", „Planet" und „Sonne" – z. B. in ihrer Zeitdefinition (155,6–9) – eindeutiges Relikt des geozentrischen Weltbildes. Es dauert mitunter lange, bis Erkenntnisse sich auch in Sprache manifestieren, entweder durch Bezeichnungen oder durch neue Bedeutungsfestlegung. Sehen wir uns zum Abschluß hier die Benennungen zu heutigen Kategorien wie Fixsternen und Planeten an. Maria Cunitz braucht vier Benennungen als nicht-differenzierende Oberbegriffe für Himmelskörper: „Lichter", „Cörper", „Gestirn" und „Stern"; selten: „der Lichter... verdunckelung" (151,8); häufiger: „Den Cörpern deß ohnergründlichen raumes" (148,30) und „unter dem Himmel schwebende Corper" (149,29); mit Attribut: „in der Himmlischen Cörper bewegungen" (148,30), „deß Gestirns erscheinungen" (148,35) vgl. 154,27 und „von gewissen umgängen des Gestirns" (155,6); schließlich noch „der Sternen Lauff" (150,20) und „in den bewegungen der Sterne" (155,24). Unterschieden wird zwischen Sonne, Mond, Planeten und Fixsternen, wenn sie schreibt: „die Sonne / der Mondt / und alle beweg= und unbeweglichen Sterne" (149,5). Wiederholt schreibt sie von den fünf Planeten und schreibt die fünf noch heute üblichen Planetenzeichen zusammen, d. h. ohne das Zeichen von Sonne und Mond. So schreibt sie: „Endlichen in den 5 Planeten oder irrenden Sternen" (151,5–6). Das Wort „Planet" wird, wie wir oben feststellten, jedoch auch noch für Sonne und Mond verwendet. Die sprachliche Unterscheidung ist also nicht so scharf wie heute. Zwei Stellen belegen die damalige sprachlich-wissenschaftliche Situation:

Da diese Andere [d. h. zweite Bewegung] mit gar viel langsameren Trieb / die Planeten von Nieder= gegen Auffgang beweget / dergestalt / das der allerbehendeste Planet / der ☽ in 27 ¼ Tagen kaum ein mahl herumb lauffet; die ☉ inner einem Jahr. (150,26–28)

Die Zeit ist eine Währung der dinge / [...] daß unterschiedlicher Planeten umgänge [...] alß / der umbgang der Sonnen (155,6,8).

Von wissenschaftsgeschichtlicher Bedeutung ist die Frage, wie im einzelnen Maria Cunitz ihre Vorstellungen von der Ausdehnung des Kosmos andeutet. Wenn sie nämlich einerseits sehr konservativ „unter" schreibt: „Sitz und bewegung derer unter dem Himmel schwebenden Cörper" (149,29–30), wo an der entsprechenden Stelle im lateinischen Text einfach von „in coelo" (2,28) die Rede ist, andererseits aber von „den Cörpern deß ohnergründlichen raumes" (148,29–30) spricht, könnte sie wie Giordano Bruno (1548–1600) einen unendlichen Weltraum meinen und sich nur mit Hilfe dieser sprachlichen Bilder gegen Angriffe schützen wollen. Die entsprechende Stelle zu „den Cörpern deß ohnergründlichen raumes" (148,29–30) lautet im lateinischen Text, in Großbuchstaben der Antiquaschrift gesetzt: „UNIVERSI corporibus" (1,24–25).

Was wir schon bei der Benennung „Creiß" erfahren haben, zeigt sich also auch
hier bei „Planet" und „ohnergründlichen raumes"; wissenschaftsgeschichtlich
wird hier das sichtbar, was Thomas S. Kuhn als „Anomalie" im wissenschaftlichen Paradigma bzw. Weltbild oder auch als „Winkel scheinbarer Unordnung"
bezeichnet, Bereiche nämlich, die zur Einführung neuer Denkmodelle motivie-
ren und danach langsam aufgearbeitet werden.[15]

Wissenschaftliche Spracharbeit und das dynamische Prinzip bei Maria Sibylla Merian: Wiederkehrende Verwandlungen im Mikrokosmos und ihre Vielfalt (Metamorphose)

Für Maria Sibylla Merian ist Veränderung, Verwandlung unmittelbar an die
Vorstellung von Leben und Tod geknüpft und an die Frage nach den Zusammen-
hängen von Materie und Leben. Wenn ein Schmetterling, in der Kunst das
berühmte Symbol für Auferstehung und Leben nach dem Tod, aus der Puppe
ausschlüpft, mußte in der reglosen, totähnlichen Schmetterlingspuppe doch
Leben gewesen sein. Hier treffen wir auch auf ein damals kontrovers diskutiertes
Thema, auf den Disput über Geist und Materie, auf die theoretische Frage, ob
Geist inhärent oder extern sei und ob Gott die Welt als uhrwerkähnliche
Schöpfung geschaffen habe und sie dann sich selbst überlassen habe oder ob er
interveniere bzw. Teil seines Universums und schöpfungsimmanent sei. Maria
Sibylla Merian verband mit Gott die Vorstellung von „Allmacht" und „Aufsicht"
(Vorwort von Band 1) und wurde nie müde, seinen Schöpfergeist auch in den
kleinsten, unbeachteten Tieren aufzuzeigen, die Weisheit der Zusammenhänge
von Insekten und ihrer Nahrungspflanze zu erklären. Metamorphose, Veränderung, Verwandlung, Gedankenbereiche mit zurückweisenden Verbindungen zur
Alchemie und vorausweisenden zum Pietismus, sind die intellektuellen An-
triebskräfte zur Forschung von Maria Sibylla Merian.[16] Raupen sollten nach der
Vorstellung vieler Gelehrter noch des 17. Jahrhunderts gemäß dem Urzeugungs-
gedanken aus Erde und Kot stammen. Konnte das stimmen, wenn bei der
Seidenraupe offensichtlich der Ursprung Eier waren? Wie ließ sich das Wunder
der Verpuppung erklären? Wo waren dort die Grenzen zwischen toter Materie
und Leben?
   Die Aufgabe, die sie sich stellte, ist nicht die mathematische Berechnung von
Naturereignissen, sondern Beobachtung, Experiment, Beschreibung und Erklärung der Zusammenhänge in der Natur, der Naturgeheimnisse, der Rätsel des
Mikrokosmos. Es ist bezeichnend, daß sich ihr Experimentieren bei der Raupenzucht immer wieder auf die gleichen Grunderscheinungen bezieht mit der Frage:
Zeigt das, was tot zu sein scheint, Leben und wenn ja, auf welche Weise? Immer
wieder berührt sie die Raupen nach ihrer Verpuppung zum „Dattelkern" und
beschreibt ihre Reaktion u. a. beim Kontakt mit der Wärme ihrer Hand (so

Titelblatt von Maria Sibylle Merians Raupenbuch, erster Band (1679);
siehe auch Seite 203

in den Kapiteln 12, 30, 31 des ersten Bandes). Gleich im zweiten Kapitel von
Band 1 ihres Raupenbuchs weist sie ihr Lesepublikum auf die ihr wohl rätselhaf-
teste Erscheinung: die Raupe

ist zu einem formlichen Dattelkern worden / der ganz todt zu seyn geschienen: Sobald
man ihn aber auf eine warme Hand gelegt / hat er sich stracks bewegt / und kunte man
deutlich sehen / daß in solcher veränderten Raupe / oder vielmehr in seinem Dattelkern / ein
rechtes Leben seyn müste. Nun ist sich nicht wenig zuverwundern / daß in solchen
Dattelkernen / wann man sie nicht lang nach solcher Veränderung aufschnitte / nichts als

gefärbte / wässerichte Materie herauslauffen würde: da im Gegentheil / zur rechten Zeit / ein
so verändertes Ding / nemlich ein neues Vögelein hervor komt / das offtmals aufs
herzlichste geziert / und mit schönst=geschilterter Gestalt versehen. (Kap. 2, S. 5,21–6,8)

Wo sind da die Grenzen zwischen toter Materie und Leben? In völlig
alltäglichen Erscheinungen bei unscheinbaren Insekten hat Maria Sibylla Merian
etwas nachgewiesen, was ähnlich als abstraktes Modell nach vielen philosophischen Disputen in der Vorstellung von der „vital force", der „substance active"
und der „Monade" von der Engländerin Anne Conway und gegen Ende des
17. Jahrhunderts von Gottfried Wilhelm von Leibniz als das verstanden wurde,
was den lebenden Kosmos trägt.[17] Radikale Veränderungen vollzogen sich Tag
für Tag bei Maria Sibylla Merians Raupenzucht, nicht durch Anstoß von außen,
sondern ganz offensichtlich durch ein immanentes Prinzip, das sie nicht Geist
oder Seele nannte, sondern Leben. Die bewegende Kraft und Form, das Leben,
ist also in der Materie und nicht außerhalb. Hier einige Textstellen, in denen auch
deutlich wird, wie Maria Sibylla Merian in den Tieren Fähigkeiten wie Fühlen,
Wollen, Vorhaben wahrnimmt bzw. sie den Tieren nicht abspricht. Über eine
Schmetterlingspuppe heißt es: „Derselben nun bleiben etliche zwölf oder vierzehn Täge / manche auch wol den gantzen Winter über unausgeschloffen / bis sie
keine Kälte mehr spüren / und die Hitze der Sonne fühlen" (Vorwort, Band 1). In
Kapitel 1 schreibt sie: „ein grosser Seidenwurm / der sich in seine Veränderung
begeben will"; in Kapitel 5: „So man sie anrührt / so rollen sie sich ineinander /
wie eine Kugel / und bleiben also ligend / bis sie nichts mehr fühlen: Alsdann
strecken sie sich allgemach wieder aus / und kriechen fort", vgl. „weil er aber zu
spinnen vorhat" (1,16).

Viele Versuche muß sie vor allem auch mit dem Futter der Raupen anstellen,
Experimente also zu Zusammenhängen und Abhängigkeiten in der Natur. Sie
stellt außerdem fest, daß beim Abschneiden des Fadens, mit dem sich eine
Schmetterlingspuppe festgehängt hat, die Weiterentwicklung des Tieres verhindert wird (Vorwort und Kapitel 44). Sie experimentiert, um mehr über das
Bewegungsverhalten der Raupen zu erfahren. Wie reagieren Raupen auf Berührung? Einige „rollen sich ineinander / wie eine Kugel" (4,20), andere „lassen sich
an einem Fädenlein alsobald auf die Erde hinab" (39,20), bei einer anderen
Raupenart beobachtet sie, daß die dann „mit ihrem Kopf etlichmal stark
umherschlagen / als ob sie zornig wäre" (43,15). Einiges aus der Vielfalt ihrer
Erkenntnisse faßt sie in ihrem Vorwort zu Band 1 zusammen, wobei es ihr vor
allem um die Lebenszusammenhänge geht.

Im Vergleich mit dem großen Tierbuch «Historia naturalis» ihres Vaters
Matthäus Merian, dessen Band über Insekten, Schlangen und auch Fabeltiere wie
Drachen erst nach seinem Tod 1653 erschien, ist der Erkenntnisfortschritt der
Tochter deutlich sichtbar. Während die von den Insektenforschern Thomas
Mouffet und Ulisses Aldrovandi übernommenen Tafeln in diesem Buch die
Insekten gleicher Entwicklungsstadien, beispielsweise Raupen, reihenweise als
tote Schauobjekte auf einer Seite nebeneinander liegend darstellen und wie in

dem Raritätenkabinett eines wohlhabenden Herrn als Sammelbesitz vorweisen, beobachtet Maria Sibylla Merian die Entwicklungsstadien jedes einzelnen Insekts, hält sie zeichnerisch fest und verbindet die Darstellung der verschiedenen Verwandlungsstadien eines Tieres mit dem Abbild seiner Nahrungspflanze. Sie bietet also eine Gesamtsicht der Zusammenhänge in der Natur, die den männlichen Gelehrten auch nach Maria Sibylla Merians Zeit völlig oder fast völlig fremd war.[18] Auch aus diesem Grund scheint mir das sich ähnelnde Gottesbild von Maria Cunitz und von Maria Sibylla Merian bedeutungsvoll. Beide sehen in Gott nicht nur den Schöpfer, den Erzeuger, sondern auch eine fürsorgliche Macht, wenn Maria Cunitz 1650 „GOTT der einige Schöpffer und Erhalter" (148,32) schreibt und Maria Sibylla Merian „GOttes sonderbare Allmacht / und wunderbare Aufsicht" (Vorwort).

Angesichts der Fülle der von Maria Sibylla Merian gewonnenen Erkenntnisse stellt sich die Frage, wie sie ihre zahlreichen Beobachtungen und Ergebnisse dargestellt und geordnet hat. Kapitelintern gliedert sie ihre Texte vor allem durch die Größe der Frakturbuchstaben, wobei die größeren bei der Beschreibung des Aussehens von Raupe, Puppe und Schmetterling verwendet werden. Dies geschieht offensichtlich mit der Absicht, für die Kaufinteressierten, die ein Exemplar mit nicht-kolorierten Kupferstichen erwerben, durch diese im Druck hervorgehobenen Angaben im Text die vollständige Beschreibung zu gewährleisten. Mit Ausnahme des Vorwortes und des ersten Kapitels über die Seidenraupe, die beide jeweils vier Seiten umfassen, besteht jedes Kapitel im ersten Band des Raupenbuchs aus einer Abbildung und genau zwei Seiten Text.

Zwei Register bilden den Schluß, ein Sachregister in deutscher Sprache und ein lateinisches Register zu den Pflanzennamen, denn jedes Kapitel weist als Überschrift den deutschen und den lateinischen Namen der Nahrungspflanze der dargestellten Insekten auf. Da im deutschen Sachregister Merkmale wie z. B. Farbe der Schmetterlingspuppe mit Seitenverweis aufgelistet sind, kann das Raupenbuch über dieses Sachregister bis zu einem gewissen Grad auch als Bestimmungsbuch dienen.

Das Kriterium für die Reihenfolge der fünfzig Kapitel hat Maria Sibylla Merian selbst angegeben:

> Es folgen aber in diesem Büchlein sonst alle Raupen aufeinander / als wie sie sich von Monat zu Monaten haben pflegen einzuspinnen; darbey fast allezeit / ihre zu solcher Zeit vorhandene Nahrungsblume / und dergleichen; nur allein das erste Blat des Maulbeerbaums ausgenommen / als welches zum Hauptanfang / um bemeldter Ursachen willen / voran gesetzt worden. (69,14–21)

Auf die Ausnahme zur Reihenfolge ihrer Kapitel geht Maria Sibylla Merian zusammenfassend im ersten Kapitel ihres 2. Raupenbandes ein:

> In meinem ersten Raupen=theil hatte billich die edle Seidenwurms=verwandelung / seiner bekanten grossen Nutzbarkeit wegen / den Anfang gemacht: In diesem / mit GOtt abermal vorgenommenen / zweyten Theil aber soll / um gleichmässiger Ursache willen / die wunderbare Verwandelung / der bekanten Bienen anjetzo den Anfang machen.

Da die meisten Raupen sich während der mittleren Monate des Jahres verpuppen und viele Raupen sich von mehreren Pflanzen ernähren, war Maria Sibylla Merian eine gewisse Wahlfreiheit für die Reihenfolge der Kapitelinhalte und auch der darzustellenden Pflanzen gegeben. Bei einer Wissenschaftlerin mit Familientradition in der Malkunst scheint die Frage berechtigt, ob Maria Sibylla Merian außer den wissenschaftlichen Kriterien auch andere, wie die Symbolik von Zahlen und Pflanzen verwendete, ob z. B. durch größere Verwendungshäufigkeit einer Pflanze zusätzliche Aussagen eher verschlüsselt vorliegen. Auffällig ist, daß einige Pflanzen mehrmals vorkommen, darunter mehr als zweimal Pflaume, Stachelbeere, Johannisbeere, also drei fruchttragende Nutzpflanzen, und vor allem die Rose, neben der Tulpe sicher die kostbarste Gartenblume der damaligen Zeit. Daß die Häufigkeit auch ihrem Publikum auffallen mußte, war ihr wohl bewußt, wenn sie schreibt: „Nun kommt mir / und zwar zum vierdten mal / das Rosen=gewächs vor" (57,1–2).

Es ist nicht ihre Art, auf Symbolik oder Allegorien zu verweisen. Wenn es jedoch die einzige Pflanze ist, die insgesamt viermal in Band 1 dargestellt wird, ist kaum vorstellbar, daß sie dies nur wegen der erwähnten „Gärtnersleute" tut. Daß die Rose in der Geschichte der Malerei die Blume von Maria ist, mußte auch ihr als Protestantin gut bekannt sein, hatte doch auch ihre zweite Tochter wie sie selbst den Vornamen Maria bekommen. In Nürnberg hat Maria Sibylla Merian selbst einen Garten bewirtschaftet und daher sicher eine besondere Vorliebe für Beerensträucher und Obstbäume. Lediglich Stachelbeere, Pflaume und Johannisbeere kommen mit je drei Kupferstichen fast so häufig vor wie die Rose. Setzen wir ruhig das Spiel mit den Vornamen fort! Da ihr Mann mit Vornamen Johann Andreas und ihre älteste Tochter Johanna Helena hieß, mußte der Name „Johannisbeere" für sie besondere Bedeutung haben. In Kapitel 14 ist es die „Kleine / rohte / blüende" mit dem von ihr geliebten Schmetterling, den sie wegen seiner Flügelzeichnung „das C" nennt;[19] in Kapitel 29 die weiße Johannisbeere kombiniert mit einer für sie wichtigen wissenschaftlichen Erkenntnis zur farblichen Ungleichheit der Entwicklungsstadien; in Kapitel 37 schließlich ist es die „grosse / rothe / saure Johannisbeere" mit einem Rückverweis auf die Beobachtung im 29. Kapitel zur Ungleichheit der Farben, der sich, und das ist höchst selten bei Maria Sibylla Merian, die Kritik an einem Gelehrten anschließt. Die Zahl 37 ist zugleich die des Geburtsjahres ihres Ehemannes, ähnlich wie beim dritten Kapitel über den Pflaumenbaum die Zahl 47 die Zahl ihres eigenen Geburtsjahres ist. Ich vermute deshalb, daß Maria Sibylla Merian über Pflanzen- und Zahlensymbolik noch Aussagen macht, die nicht so sehr ihre Wissenschaft, sondern eher ihre persönlichen Freuden und Sorgen betreffen, bzw. daß sie die ihr wichtigen wissenschaftlichen Aussagen dadurch kennzeichnet.

Von der Sprache her ist auffallend, daß nur das erste und das letzte Kapitel des ersten Raupenbuchs einen Pflanzennamen mit dem Zusatz „samt der Frucht" in der Überschrift führen. Ebenfalls für nicht zufällig halte ich es, daß als Pflanzen der letzten Kapitel der zwei Bände des Raupenbuchs Eiche und Distel gewählt wurden; beide sind Symbole des Überlebens und der Ewigkeit.

Die Wiederaufnahme einiger Themen in verschiedenen Kapiteln ist ein deutliches Zeichen dafür, daß sich Maria Sibylla Merian mit bestimmten Themen besonders ernsthaft auseinandergesetzt hat. Dies trifft vor allem auf die ihr nicht durchschaubaren Vorgänge bei den Insektenparasiten zu. Aufklärungsarbeit treibt sie offensichtlich in den Kapiteln 10, 18, 33 und 41, in denen sie versucht, die Raupenplage des Jahres 1679 unter anderem durch günstige Witterungsverhältnisse im Frühjahr zu erklären. Sie beschreibt das Verhalten der Raupen ebenso sorgfältig wie in allen anderen Kapiteln, gibt Ratschläge zur Bekämpfung der Raupenplage an Obstbäumen, die sie mit Hinweisen auf das beobachtete Verhalten der Raupen begründet, und lehnt es ab, diese Erscheinung als böses Omen zu verstehen, da die Witterungsverhältnisse des nächsten Frühjahrs der nächsten Raupengeneration schaden können. Ihr sehr deutliches Gotteslob sollte uns daran erinnern, wie oft Insektenplagen u. ä. als Vorwand zur „Hexenverfolgung" mißbraucht wurden.[20] In mehreren Kapiteln behandelt Maria Sibylla Merian auch das Thema der Gleichheit bzw. der noch häufigeren Ungleichheit von Farbe, Zeichnung und Verhalten zwischen den Entwicklungsstadien. Ihr größtes Interesse gilt jedoch der Farbe. In Kapitel 37 widerspricht sie einem Insektenforscher, dessen Namen sie allerdings nicht nennt:

> Geschieht also gar selten / was jener Gelährter geschrieben / daß / wie die Raupe / also auch das übrige sey; es müste dann die Gleichheit von etwas anders / als von seiner Farb verstanden werden: Weil er aber die Farb darbey gesetzt / also kan ichs nich wol ungeantet lassen. (75,18–23)

Auf die Beobachtung, die sie in Kapitel 2 beschreibt, hatte ich schon hingewiesen: es ist die so rätselhafte Erscheinung, daß sich die scheinbar tote Schmetterlingspuppe bewegt, obwohl zu Anfang in ihr nur Flüssigkeit zu sein scheint. In Kapitel 5 hatte sie daran anschließend berichtet, wie sie den vorgeformten Falter aus einer Puppe herausschält und zeigt, daß Materie aus immanenten Prinzipien Gestalt geworden ist. Als Forscherin, die für ihre Aquarelle und die Kolorierung ihrer Kupferstiche ihre Farben selbst herstellte, beobachtete sie mit besonderer Genauigkeit die Substanz der Farben von Schmetterlingsflügeln und faßt ihre Erkenntnisse dazu in Kapitel 32 zusammen:

> Hierbey nun kan der günstige Leser oder Beschauer (als im vorübergehen) so viel merken / daß die Farbe aller Motten / oder Motten=vögelein... wie eine von der allerreinesten / gehackten / darnach künstlich darauf gestreuten Wolle sey / so die Natur gleichsam darauf gestäubt [...] An den Sommervögelein ist auch zu merken / daß zwar ihre Farb leicht abzuwischen / aber sie gleicht mehr einem allerreinst gemahltem Meel / als einer gedachten Wolle. (66,9–24)

Das Beunruhigendste für Maria Sibylla Merian war und blieb das Unerklärbare. Wenn das Unerklärbare für sie zugleich mit der Vorstellung des Unordentlichen verbunden war, so das Erklärbare mit der Vorstellung der Ordnung, die sich u.a. in Systematisierung und wissenschaftlichen Kategorien widerspiegelt.

Deutlich unterschied Maria Sibylla Merian die Gruppe der Tag- und Nachtfalter, der „Sommer- und Mottenvögelein", nach verschiedenen Merkmalen, die sie im Vorwort zu Band 1 beschreibt. In Kapitel 16 nennt sie die Merkmale, die sie auch zur Beschreibung von Raupen und Schmetterlingspuppen verwendet hat: „die Grösse / die Dicke / die Gestalt / so wol der Farb / als der Zierathen (welche in Linien / Flecken / oder Pünctlein / und dergleichen besteht)" (33,6-8). Bei der Feststellung dieser Merkmale nahm sie, wie sie in den Kapiteln 16 und 42 berichtet, auch das *Microscopio* oder „Vergröß=Glas" zu Hilfe. Aber selbst dieses wissenschaftliche Hilfsinstrument hatte ihr lange Jahre keine Antwort auf die Fragen zu den „unordentlichen Veränderungen" geben können. Schon in Kapitel 7 hatte sie in einem getrennten Abschnitt über das ihr Unerklärbare berichtet: Maden, die aus Raupenkot zu kommen schienen bzw. in späteren Kapiteln Maden oder Fliegen, die aus Raupen kamen, die sich sonst zu Schmetterlingspuppen verwandelten. Hier einige Belege: In Kapitel 22 unterscheidet sie zwischen dem Erklärbaren und den „unordentlichen Veränderungen", der „manglenden Vollkommenheit", deren Erklärung sie hat den „Herren Gelehrten überlassen müssen" (46,14). In Kapitel 26 kommt aus der Schmetterlingspuppe in „unordentlicher Weise" eine häßliche, stinkende Fliege. Dazu schreibt sie: „Woher nun abermal diese Unordnung komme / lasse ich die Naturkündiger allein urtheilen" (54,23). Schließlich beschreibt sie in Kapitel 42, wie aus „Beulen" der Pappel (es sind Galläpfel) kleinste Fliegen kommen, deren Eier sie auch mit Zuhilfenahme des Mikroskops nicht sehen konnte (85,13). Deshalb mußte sie bei der Erklärung der Urzeugung bleiben, beschließt aber dies Kapitel mit der Frage: „Ob nun alle diese Thierlein aus des Baums Feuchtigkeit wachsen / oder wie sie hinein gekommen / solches überlasse ich den jenigen / welche der Natur besser kündig sind" (86,26–30). Es ist nicht erstaunlich, daß Maria Sibylla Merian durch die Offenheit, mit der sie mit dem „Winkel scheinbarer Unordnung" umging, schließlich doch noch das Rätsel lösen konnte, wie sie im 3. Band ihres Raupenbuches berichtet. Ihre Forschungsbegabung und produktive Unruhe zeigte sich besonders deutlich bei den ungelösten Problemen, die sie nie verschwieg, sondern immer sorgfältig beobachtet und beschrieben hat, zwar einige Male falsch interpretierte, immer aber auch anderen Forschenden zur Lösung anbot. Ihre Offenheit auch für zukünftige Erkenntnisse anderer Forschender kommt in Maria Sibylla Merians Raupenbuch wie in ihrem Surinam-Buch wiederholt deutlich zum Ausdruck.

Zu ihrem Selbstverständis als Frau und Forscherin äußert sich Maria Sibylla Merian selten. Im letzten Kapitel ihres Raupenbuchs versichert sie ähnlich wie Maria Cunitz, daß sie nicht aus Ehrsucht, sondern zur Ehre Gottes geforscht habe, „als einer Frauen / (die nur neben ihrer Haussorge diß zusamm tragen müssen)". Vier Jahre später im zweiten Band erklärt sie, warum sie weitergeforscht hat:

Zumalen ich ein sattsames Vergnügen noch täglich darinnen befinde; indem ich wol sehe / daß auch das allergeringste Thierlein / so GOtt geschaffen / und dabey von vielen

Menschen für unnütz gehalten wird / ihnen dannoch GOttes Lob und Weisheit vor Augen stellet. (Vorwort, Band 2)

Gemeinsames in der Bedeutung für unsere Zeit

Suchen wir nun, was beiden Naturwissenschaftlerinnen gemeinsam ist, der Astronomin Maria Cunitz und der Insektenforscherin Maria Sibylla Merian. Fragen wir, was wissenschaftsgeschichtlich an ihrem schöpferischen Frauenschicksal im 17. Jahrhundert von Bedeutung war und in unserer Zeit noch von Bedeutung sein kann: Beide erlebten als Wissenschaftlerinnen Begeisterung, Freude und Befriedigung in ihrer mühevollen und erkenntnisreichen Arbeit. Forschungstätigkeit auch heute noch Frauen vorzuenthalten, weil sie Frauen sind, verstößt gegen die Menschenrechte und ist unverantwortlich. Sie waren fasziniert von dem, was naturbedingte und menschenbedingte Zerstörung überdauerte, der zyklischen Wiederkehr von Naturereignissen: für Maria Cunitz im Makrokosmos „der Himmlischen Corper bewegung", für Maria Sibylla Merian im Mikrokosmos „der Raupen wunderbare Verwandelung und sonderbare Blumen=nahrung". Beide Frauen sahen das Göttliche nicht nur im männlich tradierten Gottesbild als Allmacht, als väterliche Gewalt, sondern auch als fürsorgliche immanente Lebensenergie, als „Erhalter", und als „wunderbare Aufsicht". Sie verstanden ihre Forschungsarbeit als Gotteslob, als Dienst an den Mitmenschen und als Verpflichtung, ihre menschliche Begabung als Gottesgabe und anvertraute Talente zu mehren, auch neben ihren gesellschaftsbedingten Pflichten als Frau.

Beide Naturforscherinnen lebten zu Zeiten wissenschaftlichen Umbruchs und der Verunsicherung männlicher Autoritäten in der Gelehrtenwelt. Ihr Denken wendete sich vom herrschaftsbezogenen Polaritätsdenken hin zum Denken in Pluralitäten: Maria Cunitz verstand den Makrokosmos nicht geozentrisch, sondern heliozentrisch. Der Dualismus Erde-Himmel wurde aufgelöst durch das Verständnis der Erde als eines von vielen Planeten. Maria Sibylla Merian dachte nicht menschenzentriert, sondern schöpfungszentriert. Der herrschaftsbezogene Dualismus von Gott-Mensch, Mensch-Natur wurde geöffnet zur Sicht inhärenter und gegenseitiger Abhängigkeiten von Tier- und Pflanzenwelt und der Vielfalt des Zusammenwirkens von Pflanzen-, Tier- und Menschenleben.

VII. Kunstfertige Kommunikation, inspiriertes Dichterinnenwort

1. Studierstube, Dichterklub, Hofgesellschaft
Kreativität und kultureller Rahmen
weiblicher Erzählkunst im Barock

Ute Brandes

Das sozio-kulturelle Umfeld

Unser Wissen über das, was Frauen im 17. Jahrhundert tatsächlich geschrieben oder publiziert haben, ist äußerst lückenhaft. Wenn sie für den geschlossenen Kreis einer Gruppe schrieben oder private Erbauungsschriften verfertigten, so wurden diese Arbeiten und Briefe vorgelesen und herumgereicht, aber selten gedruckt; sie sind heute meist verschollen. Wenn Autorinnen jedoch innerhalb einer Institution oder einer der namhaften Familien erfaßt werden können, ergibt sich eine ungleich vorteilhaftere Quellenlage. In den Archiven der Sprachgesellschaften, in den Privatsammlungen fürstlicher Häuser oder im Nachlaß religiöser Sekten sind noch Briefschaften, Handschriften und seltene Drucke von heute unbekannten Schriftstellerinnen aufbewahrt. Nur wenige dieser Werke sind in öffentlichen Bibliotheken beliebig verfügbar. In einzelnen Fällen werden sie jetzt nachgedruckt.[1]

Diese Literatur ist nicht nur durch ihre historische Überlieferung, sondern auch schon in ihrer Entstehung und in ihrem Charakter von der spezifischen Struktur des sozio-kulturellen Umkreises, in dem die Autorin wirkte, geprägt. Voraussetzung für literarische Tätigkeit ist Bildung, – und die kam im 17. Jahrhundert nur Gelehrtentöchtern und hohen Adligen zu. Das Weltbild dieser Schriftstellerinnen orientierte sich eng am gesellschaftlichen, religiösen und kulturellen Anspruch ihres Standes und Wirkungskreises. Für alle gehörten Frömmigkeit und Bescheidenheit zum persönlichen Selbstverständnis. Sie traten nur an die Öffentlichkeit, wenn sie durch eine besondere Aufgabe, eine Institution oder einen Förderer dazu ermutigt wurden. So ist z. B. Anna Maria von Schurmanns Autobiographie ausschließlich auf die religiösen Ziele der kleinen, abgeschlossenen Sekte ausgerichtet, der sie im Alter beitrat. Maria Katharina Stockfleths «Macarie» spiegelt das poetisch-gesellige Leben der Nürnberger Pegnitzschäfer und orientiert sich am kulturellen Programm und der gemeinschaftlichen literarischen Arbeitsweise dieser Gruppe. Die Werke der beiden

Herzoginnen von Braunschweig-Lüneburg, Sophie Elisabeth und Sibylle Ursula, sind ganz vom höfischen Ethos und den kulturellen Aufgaben ihres fürstlichen Lebensbereiches geprägt.

Die Rollendefinition der Schriftstellerin, die als Frau, Autorin, Christin und Standesperson von ihrer jeweiligen Gruppe bestätigt und gefördert wird, gestattet ihr zugleich die Idealisierung ihrer Gemeinschaft und die epische Gestaltung von imaginär überhöhten Freiräumen, die die vorgegebene gesellschaftliche Wirklichkeit überschreiten. Die literarische Verklärung frühchristlicher Harmonie, der pastorale Entwurf von Stände- und Geschlechtergleichheit oder die Idealisierung des fürstlich-absoluten Weltbildes erlauben uns heute auch einen Blick auf die faktisch bestehenden Zeitumstände. Das Jahrhundert, von Krieg, Pest, religiösen Unruhen und tiefer sozialer Ungleichheit gezeichnet, erhebt Glaube, Tugend, Kunst und Ehre zu den Leitbegriffen seiner Kultur.

Hier werden im folgenden vier Frauen, die drei schichtenspezifischen Kreisen zugehören – der religiösen Sekte, der Sprachgesellschaft, der fürstlichen Familie – mit ihren Werken, in ihrer ästhetischen Eigenart und im Umkreis ihrer Schaffensbedingungen vorgestellt. Dabei ist die Aufmerksamkeit vor allem auf die Prosawerke gerichtet, doch werden auch andere Gattungen mit einbezogen, wenn sie für den jeweiligen kulturellen Wirkungskreis der Autorin kennzeichnend sind.

Studierstube: Anna Maria von Schurmann (1607–1678)

Ich widerrufe daher hier vor den Augen aller Welt [...] alle diejenigen meiner Schriften, die eine so schändliche Gedankenlosigkeit, oder jenen eitlen Weltsinn athmen, und erkenne sie nicht länger für die meinigen. Auch alle Schriften Anderer, vornehmlich aber die Lobgedichte, die mit jenem Gepräge der eitlen Ehre und Gottlosigkeit gestempelt sind, werden hiedurch als meinem jetzigen Zustande und Beruf zuwider, von mir gänzlich abgewiesen und verworfen [...][2]

Anna Maria von Schurmann: Gelehrtentochter; geboren in Köln, aufgewachsen in Utrecht; enzyklopädisch gebildet in zwölf Sprachen, in allen exakten Wissenschaften, Musik und Künsten; erste theologische Gasthörerin. Als Privatgelehrte und Künstlerin lebte sie im Zentrum europäischer Kultur: im Holland des Goldenen Zeitalters; zur Zeit, als Krieg und Seuchen Deutschland verheerten. Schurmann korrespondierte mit den besten Köpfen ihrer Zeit über Bibelexegese und philologische Streitfragen, war als zehnte Muse und holländische Sappho bekannt und hatte in ihrer „Dissertatio" zur Frauenbildung (1641) für das Recht der Frau auf intellektuelle Gleichberechtigung gestritten. (Vgl. S. 193f.) Als sie 1669 im Alter von zweiundsechzig Jahren dieses berühmte und wohlsituierte Leben aufgab und sich einer asketischen frühpietistischen Wandergemeinde anschloß, brach ein Sturm der Entrüstung aus über die „Ketzerin" und „alte aberwitzige Närrin". Ihr Schritt erschien den Zeitgenossen um so unverständlicher, weil ihrer religiösen Sekte, die unter der Leitung von Jean de Labadie

(1610–1674) zuerst in Amsterdam, dann in Herford, Altona und in Westfriesland in Hausgemeinschaft lebte, solch schlimme Praktiken und Unsittlichkeiten wie Vielweiberei, Irrlehren und Spaltungen nachgesagt wurden. Schurmann war sich der Konsequenzen ihres Bruchs mit der reformierten Kirche und aller traditionellen Bürgerlichkeit voll bewußt. Sie widerrief die Gottesferne und angebliche intellektuelle Eitelkeit ihres früheren Bildungsstrebens und lebte die nächsten neun Jahre unter ständiger Verfolgung und äußerer Unsicherheit im Kreis ihrer religiösen Freunde. In ihrer Autobiographie «Eukleria oder Erwählung des besten Theils» begründet sie ihre Abkehr von den abstrakten Wissenschaften. Mit prophetischer Eindringlichkeit wirbt sie für die apostolische Glaubens- und Lebensgemeinschaft ihrer separatistischen Gemeinde, die in der Außenwelt als „dieser hauffe der boßhafftigen" diffamiert und verachtet wurde.[3]

Auf den ersten Blick erscheinen Schurmanns Lebensgeschichte und ihre Rezeption außerordentlich widersprüchlich. Den Aufklärern war ihre labadistische Phase peinlich, weil sie befürchteten, sie habe damit das Argument der Gegner bestärkt, daß „auch auf hochbegabte Frauen das Studium ernster Wissenschaft verwirrend wirken" müsse.[4] Zwar stritt Gottsched im frühen 18. Jahrhundert in ihrem Namen für die Teilnahme der Frauen am geistigen Leben, verschwieg aber ihre Sektentätigkeit.[5] Dagegen entdeckte das spätere 18. Jahrhundert Schurmann in ihrer verinnerlichten Frömmigkeit. Herder wurde es bei der Lektüre der «Eukleria» freilich „oft warm und enge", aber er war fasziniert von den mystischen Aspekten der Autobiographie.[6] Für Wieland wurde Schurmann dann eindeutig zur Vorläuferin des Frauentyps der Empfindsamen. Ihre Entscheidung gegen die „Eitelkeiten der damaligen Modegelehrsamkeit" und die Hinwendung zu einem „hohen Grad von Gottesgefühl", mache sie zu „einer der vollkommensten und außerordentlichsten Personen, die ihr Geschlecht in irgendeiner Zeit aufzuweisen gehabt hat".[7] Er hielt an der grundlegenden Zäsur in ihrem Leben fest – eine Ansicht, die sich bis in unsere Zeit gehalten hat.[8]

Seit Wieland hat die Literaturgeschichte Schurmanns «Eukleria» vergessen. Ältere kirchenhistorische Studien ziehen die Autobiographie wiederholt als Quelle für religiöse Praktiken in Labadies Sekte heran. Ihre Ausbeute des Buches als Materialsammlung bezieht aber seinen literarischen Charakter nicht mit ein.[9] Neuere kirchenhistorische Studien haben die Bedeutung Schurmanns als Kontaktperson zum lutherischen Pietismus klarer herausgearbeitet.[10] Die folgende Darstellung erläutert «Eukleria» als literarische Autobiographie – nicht als zuverlässige historische Quelle – auf dem Hintergrund der tatsächlichen Alterstätigkeit der Autorin.

«Eukleria» ist eine autobiographische Rechtfertigungsschrift. Im ersten Teil des Werkes (1673) erklärt Schurmann ihre Beweggründe für den Beitritt zur Sekte, indem sie ihre ganze Lebensgeschichte als Argumentationskette heranzieht. Sie gibt spezifische Beispiele für ihre frühe Neigung zur Frömmigkeit; sie verwirft ihr späteres, vorwiegend rationales Wissenschaftsstreben; sie erläutert

Anna Maria von Schurmann

ihr schon lange bestehendes Mißbehagen am moralischen Verfall der reformierten Kirche Hollands. Im Kontrast zu dieser „Weltkirche" beschreibt sie dann die Glaubenslehre und -praxis ihres „evangelischen Bundes". Der zweite Teil, einige Tage vor ihrem Tod beendet (1678), verfolgt das weitere Wachstum und die stete Perfektion der Sekte. Das Buch schließt in der Gewißheit, daß die Gruppe die Urzelle einer künftigen Weltgemeinschaft der Wiedergeborenen ist.

«Eukleria» ist eines der ersten Zeugnisse frühpietistischer Bekenntnisliteratur. Bis ca. 1680 wurde der Pietismus als „Labadismus" bezeichnet. Bedeutende theologische Anregungen gelangten von der labadistischen Sekte zu dem Begründer des deutschen lutherischen Pietismus, Philipp Jacob Spener, seinem Schüler August Hermann Francke und über sie auch zur Herrnhuter Brüdergemeinde, die in der Folge die schriftliche religiöse Konfession zu zweckdienlichen, feststehenden Mustern weiterentwickelten. Schurmanns Rechtfertigungsschrift entwirft freilich noch keine solchen Schemata. Die Autorin greift traditionelle biographische Zweckformen auf und verbindet sie zu einer neuen, literarischen Form der Autobiographie. Das Buch enthält Elemente der konventionellen Gelehrtenbiographie, der Erweckungsgeschichte und der religiös-historischen Chronik.[11] Im Schnittpunkt von bisher konträren Gattungstraditionen verbindet die Autorin die Darstellung ihres früheren Lebens als Gelehrte und den Rückblick auf ihre religiöse Entwicklung mit der ausführlichen theologischen Erläuterung der Glaubenslehre und -praxis ihrer labadistischen Gemeinde. Alle typologischen Einzelstränge, wie z. B. die Wissenschaftsdebatte, die Gelehrtenvita und einzelne theologische Dispute, sind aber durch die eine Erzählintention miteinander verknüpft: der Beweisführung, daß die Autorin, wie Maria, ihr jetziges Leben in Armut und Verachtung dem früheren in äußerem Ruhm und Reichtum vorzieht.

Schurmanns Buch stellt nicht das Leben und Denken einer Sünderin dar, sondern einer Gerechten, die ihre Glaubensgewißheit auf die Vorsehung und Gnade Gottes zurückführt. Im Gegensatz zu anderen religiösen Bekenntnisschriften seit Augustinus steht bei ihr nicht die christliche Wiedergeburt im Mittelpunkt, sondern die tägliche glückselige Lebensgemeinschaft der verfolgten Brüder und Schwestern. Der innere Gestus der Erzählung führt immer zu dem einen geistigen Angelpunkt: dem engen religiösen Zusammenhalt einer kleinen Vereinigung der Gerechten auf dieser Erde, ihrem Anwachsen und ihrem unbeirrbaren Aushalten gegen die Oberflächlichen und Andersgläubigen dieser Welt. Diese Hervorhebung der Gegenweltlichkeit einer heilen und befriedeten Gemeinschaft der Gläubigen ist der Schlüssel für die Literarisierung dieser Autobiographie und verleiht ihr stark utopische Züge.[12]

Schurmann entwickelt weder radikale staatspolitische Konzepte für ihre abgetrennte Gesellschaft, noch irgendwelche technischen oder institutionellen Systeme. Ihre Utopie zielt auf die individuelle Charakterentwicklung der neuen Menschen, die sich jetzt in stiller Erwartung der baldigen Ankunft „von einem glorreichen Königreich Christi auf Erden" als Vorhut der Gläubigen von der Welt absondern und innerlich vorbereiten (I,202). Anstelle einer kirchlichen, institutionellen Reform von oben fordert sie die innere Umkehr des Einzelnen: individuelle, innige Frömmigkeit, die täglich praktische Nächstenliebe übt, den Pomp der Kirche ablehnt und allein Gott verantwortlich ist. Die Gemeinde lebt wie die Urchristen

der ersten und besten hierosolymitanischen Kirche [...] mit welcher er [Gott] in der That sein, von allem Antichristentum entferntes Friedensreich anfängt, und es vielleicht in kurzem, nach Zerstörung der Welt des Antichrist, über die ganze Erde ausdehnen wird. (I,268 f.)

Bei dieser in der Bibel angekündigten Errichtung des tausendjährigen Weltreiches Gottes sind die Gläubigen des „evangelischen Bundes" als aktive Apostel und Missionare entscheidend an der Vorbereitung des Sieges Christi über seine Feinde beteiligt. Sie verstehen sich als der Beginn einer weltweiten, chiliastischen, außerinstitutionellen Massenbewegung.

Für Frauen ist das Leben in der egalitären Hausgemeinde besonders vorteilhaft: Schurmann betont, daß derselbe heilige Geist für alle Bundesgenossen verkündigt sei – für Männer und Frauen, Arme und Reiche, Vorsteher und Gläubige (I,118). Innerhalb der Gemeinde herrscht Gütergemeinschaft; alle materiellen und ständischen Unterschiede sind aufgehoben. An der Spitze steht die Ältestenversammlung von Lehrern und Vorsteherinnen; je ein männliches und ein weibliches Gremium organisieren die täglichen Angelegenheiten. Die Autorin empfindet „mit unbeschreiblicher Wonne", daß nicht bezahlte Mägde, sondern „ein liebenswürdiger Kreis würdiger Schwestern" ihre Gefährten sind, „deren jede bereit ist, für die andere das Leben zu lassen". (I,285)

Je enger sich die Gemeinde aneinanderschließt und damit für Schurmann zum Ideal christlichen Lebens wird, desto schärfer stellt die Autorin den Konflikt mit der Außenwelt heraus. Die räumlich abgetrennte Gesellschaft wird zum Gegenbild der existierenden Weltordnung. Besonders im Herforder Asyl, als der Bürgermeister „protestiert", daß die „zimbliche anzahl frembder ... der gantzen Bürgerschafft Ruin, abbruch und Verderb" bringen würde, spitzte sich die Gegnerschaft zwischen lutherischer Stadtbevölkerung und Labadisten bis zur gerichtlichen Klage und Ausweisung durch das Reichskammergericht zu.[13] Diese Anfeindungen erhärten Schurmanns Überzeugung, daß Gott ihre Hausgemeinde zur legitimen Nachfolgerin der verfolgten Urchristen bestimmt hat. (I,256.)

Das wichtigste Anliegen der Autorin wird jetzt die Vergrößerung der Gemeinde, was nur durch geduldige Lehrtätigkeit und schriftliche Aufklärung erfolgen kann. In episodischer Erzähltechnik und am Beispiel der religiösen Fortschritte einzelner Mitglieder berichtet Schurmann viele Einzelheiten, die religiöse Praktiken, Verlagstätigkeit, Schriftenmission und umfassende Briefwechsel der Vorsteher näher erläutern. Ihre eigene Mitarbeit als Lehrerin, Korrespondentin, Autorin und Übersetzerin hat sie dagegen absichtlich verdunkelt. Sie erwähnt nur, daß sie aufgrund ihres Alters von körperlicher Arbeit befreit sei, sich aber oft mit Handarbeiten beschäftige (I,284). Zeitgenössische Quellen belegen jedoch, daß Schurmann neben Labadie die Führung der Gemeinde innehatte. Als „Papa" und „Mama" wurden beide zärtlich verehrt.[14]

Bisher zerstreute Quellen und neuere Funde beweisen, daß Schurmanns geistige Tätigkeit innerhalb der Sekte äußerst rege war. Ihre Arbeit hatte vier Schwerpunkte: Wichtig war zunächst die maßgebliche Beteiligung an der Organisation und Leitung der Gemeinde. Als berühmtestes Mitglied, das umfangreiche Sprachkenntnisse und ausgezeichnete theologische Bildung mit weitreichenden persönlichen Kontakten verband, vermittelte sie das Refugium der Gemeinde im Herforder Stift und war die Verbindungsperson zur Fürstäbtissin Elisabeth von der Pfalz. Ihre einflußreiche Stellung verteidigte sie auch nach Labadies Tod (1674) in Altona, als der jüngere Yvon zum offiziellen Sektenführer aufrückte. Zum zweiten beweist ihre erst kürzlich entdeckte Korrespondenz mit Johann Jakob Schütz, dem Urheber der ersten separatistischen Bewegung im lutherischen Pietismus, daß sie die Hauptverbindung zum gerade entstehenden Frühpietismus in Deutschland war. Über Schütz übte sie indirekten, aber wichtigen Einfluß auch auf Spener und Francke aus. In diesem Briefwechsel geht es um Reformvorschläge für die Ausbildung der Theologen, um die Errichtung der *collegia pietatis* und um eschatologische Konzepte, die Spener beeinflußt haben. Schurmanns Korrespondenz mit Eleonore von Merlau, der bedeutendsten lutherischen Pietistin, war ebenfalls umfangreich.[15] Ihre absichtliche Anonymität beim Verfassen und Übersetzen von labadistischen Streitschriften und religiösen Hymnen deutet drittens auf eine rege schriftstellerische Missionsarbeit hin, die heute noch nicht völlig rekonstruiert ist.[16] Und schließlich wurde ihr Werk «Eukleria» die wichtigste Werbeschrift für den Labadismus in Holland und in Deutschland. Schurmanns Beispiel veranlaßte bedeutende und wohlhabende Frauen zum Beitritt in die Gemeinde, darunter auch die berühmte Sibylla Merian.[17] Nach Erscheinen der «Eukleria» schwoll die Sekte in Westfriesland bis auf 600 Mitglieder an.

Das in «Eukleria» propagierte Bild der Autorin als „fromme Schwärmerin", die sich ihre Zeit mit Handarbeiten vertrieb, sollte daher modifiziert werden. Auf der Folie ihrer tatsächlichen aktiven Beteiligung an der Leitung und missionarischen Vergrößerung der Gemeinde entpuppt sich Schurmanns Selbstdarstellung als literarische Erzählstrategie. Ihr Buch stellt den Glauben und die Lebensbedingungen einer bescheidenen, tief religiösen und introspektiven Frau dar – alles dies war sie, aber auch noch mehr.

Schurmanns intellektuelle Bescheidenheit ist ihr Schutz vor den Angriffen der Öffentlichkeit. «Eukleria» erschien zu einer Zeit, in der wilde Gerüchte über die „verzückten Weiber" der Sekten umliefen und der Separatismus der Labadisten ernsthafte Interessenten wie z. B. Spener mißtrauisch gemacht hatte. Die Autobiographie erfüllte die wichtige Funktion einer Aufklärungs- und Werbeschrift, die den Leser mit „weiblicher Bescheidenheit" in spezifischen Fachfragen auf offizielle Pamphlete der Gemeinde weiterverwies, ohne die Mitverfasserschaft der Autorin bei vielen dieser Schriften zu erwähnen. Zum Zweck der breitesten Resonanz im gebildeten Europa ist ihr Buch in lateinischer Sprache geschrieben.[18] Gelegentliche Übertreibungen, Lücken und die utopische Harmonisierung der tatsächlichen Lebensbedingungen ergeben sich aus der literarisierten Form der Autobiographie, in der Schurmann unter der Maske der reinen biographischen Wahrheit für ihre religiöse Mission wirbt.[19]

Die bisher als widersprüchlich empfundenen Weiblichkeitsbilder der Schurmann, zuerst als paradigmatische Verkörperung der „Gelehrten" und dann der „Schwärmerin", gründen sich nicht auf ihren tatsächlichen Lebenszusammenhang. Die ältere Theologin hatte eine praktische Synthese zwischen ihrer Gelehrsamkeit und Frömmigkeit gefunden, aber der Inhalt ihres Lebens – nämlich Gott zu erkennen – hatte sich nicht geändert. Anstatt weiterhin neue Sprachen zu lernen, um den Wortlaut der Bibelquellen auch in den feinsten philologischen Punkten zu durchdringen, wandte sie sich dem tätigen Dienst für die Gemeinde zu. Den Erwerb von Bildung lehnte sie nicht kategorisch ab, betonte aber, daß

Taten wichtiger seien als Worte, denn die Wissenschaft dürfe die Verbindung zum Christentum und zur praktischen Volkserziehung nicht verlieren (I,46). An keiner Stelle in «Eukleria» bestreitet sie das Recht der Frau auf gleiche Ausbildung. Es geht nicht darum, ob Frauen studieren sollen oder nicht, sondern um Schurmanns Altersüberzeugung, daß die Anhäufung von bloßem Wissen für Männer und Frauen eitel und verderblich sei.[20] Für sie selbst ist das geistige und emotionale Engagement für ihre Familiengemeinde zur stärkeren Sinnerfüllung geworden, als die kleinen philologischen Freuden ihres früheren, einseitig gelehrten Lebens. In bewegenden Bildern der Freundschaft unter den Schwestern und Brüdern erhebt sie die zukunftsstiftende religiöse Harmonie ihres Kreises von Gleichgesinnten zu einem Vorbild für die Welt. Ihre Entscheidung gegen den abstrakten Wissenschaftsglauben kam an der Schwelle zur Aufklärung. Ihre Mahnungen wirkten provokativ und blieben danach lange verschüttet. Sie gehen uns heute noch genauso an wie damals.

Dichterklub: Maria Katharina Stockfleth (1633?–1692)

Im Frühjahr 1669, als Schurmann sich der labadistischen Gemeinde in Amsterdam anschloß, fand bei der literarischen Vereinigung der Nürnberger Pegnitzschäfer eine wichtige Hochzeit statt. Zu Ehren des Brautpaares schrieb der Vorsitzende Sigmund von Birken ein literarisches Konversationsspiel, mit dem die Dichterfreunde ihren Dorus und ihre Dorilis feierten.[21] Das junge Paar, erst seit einem Jahr Mitglieder in der Sprachgesellschaft, konnte zu dieser Zeit bereits auf einen gemeinsam verfaßten Roman zurückblicken.[22] Der 26jährige Dorus war im bürgerlichen Leben Heinrich Arnold Stockfleth, lutherischer Pastor in Baiersdorf in der Grafschaft Bayreuth. Die ungefähr 36jährige Dorilis war die bereits gekrönte Poetin Maria Katharina Heden, geb. Frisch, die unter dem Namen Isidora schon um 1660 bei den „lustwehlenden Schäferinnen" der Ister=Nymphen dichtete.[23] Ihre gemeinsame Arbeit am Schäferroman «Die Kunst- und Tugend=gezierte Macarie» folgte der Gepflogenheit von Gemeinschaftsarbeiten im Dichterklub und ist stark von seinem kulturellen Programm geprägt. In kaum verhüllter Form spiegelt das Werk Teile der Liebesgeschichte der Autoren, zielt aber nicht auf das Individuelle, sondern gestaltet in einer großangelegten Tugendlehre die gesellige und literarische Gemeinschaft von Männern und Frauen im Pegnitzschäferverband zu einem Wunschbild des idealen Lebens.

Der Pegnesische Blumenorden wurde 1644 von Georg Philipp Harsdörffer und Johann Klaj gegründet. Wie andere große Sprachgesellschaften des Barock wollte er die deutsche Sprache und Kultur von Grobheiten reinigen und bildend auf die Sitten der Zeit einwirken. Auf literarischem Gebiet bedeutete dies, die von Mundarten und Derbheiten geprägte deutsche Volkssprache zu kultivieren und zu einer einheitlichen Literatursprache zu formen. Nicht die deutschen Volksbücher oder die lateinische Gelehrtendichtung, sondern die literarischen

Formen und das verfeinerte kulturelle Ethos der europäischen Renaissance wurden zum Muster für die Ausbildung einer gehobenen deutschen Kunstsprache.

Die Nürnberger Vereinigung bestand beinahe ausschließlich aus Gelehrten, Beamten und Geistlichen der gesellschaftlichen Mittelklasse. Unabhängig von literarischen Aufträgen der Höfe konnte sie sich ihre eigene Form des Kulturbetriebs schaffen. Harsdörffer betrachtete die Mitwirkung von Frauen im Dichterklub als Voraussetzung für die Verfeinerung der geselligen Sitten. In seinen «Frauenzimmer Gesprächsspielen» gab er Anregungen für die Kunst der geistreichen Plauderei, die er aus den Schriften der Preziösen in Frankreich und der italienischen Dialogtechnik übernommen hatte und in Deutschland nun auch weiteren Kreisen vorstellte.[24] Wiederholt betont er die weibliche geistige Befähigung am Beispiel der berühmten „Jungfer Maria Schurmanns", deren Talente er – im Gegensatz zu anderen Zeitgenossen – auf eine natürliche Anlage zurückführt, die auch in anderen Frauen schlummere.[25]

In anderen großen Sprachgesellschaften war weibliche Mitwirkung außerordentlich selten. In der Fruchtbringenden Gesellschaft war Herzogin Sophie Elisabeth von Braunschweig-Wolfenbüttel zwar unter dem Gesellschaftsnamen ihres Mannes als „die Befreiende" bekannt, aber trotz ihrer regen literarischen und musikalischen Arbeit war sie kein eingeschriebenes Mitglied. In der Deutschgesinnten Genossenschaft leiteten Katharina Regina von Greiffenberg und Ursula Hedwig von Veltheim jeweils eine Zunft. Dabei war jedoch ihr adliger Rang bestimmend, nicht ihr literarisches Können oder ihr Geschlecht.[26] Im Elbschwanenorden gab es gar keine weiblichen Mitglieder. Der Pegnesische Blumenorden war die Ausnahme: auch Harsdörffers Nachfolger, Sigmund von Birken, bemühte sich um begabte Dichterinnen, so daß bis 1708 ungefähr 20% des Blumenordens Frauen waren. Da nicht alle Mitglieder in Nürnberg wohnten, schlossen sie sich in regionalen Gruppen nach dem Vorbild der Nürnberger zusammen.

Die Mitgliedschaft im Dichterklub hatte viele Vorteile. Die Satzung des Ordens stipuliert, daß der jeweilige Vorsteher alle Werke, die unter den jeweiligen Gesellschaftsnamen des Pegnesischen Blumenordens erscheinen sollen, zuvor liest und gegebenenfalls ediert.[27] Dies bedeutete einerseits ,Qualitätskontrolle', andererseits auch, daß die Autorinnen ihre bürgerlichen Namen nicht zu kompromittieren brauchten. Ihr Ansehen und damit ihre Publikationsmöglichkeiten stiegen sprunghaft, wenn sie Mitglieder oder gar gekrönte Poetinnen waren. Besonders günstig für Anfänger war auch die gemeinschaftliche Arbeitsweise, die sich in Nürnberg herausgebildet hatte. Poesie galt als erlernbar und folgte festgelegten Regeln und Vorbildern. Die praktische Kritik erfahrener Poeten/innen und die spezifische Diskussion von sprach- und literaturtheoretischen Problemen wirkten deshalb besonders anregend.

Die Hochzeitsekloge für die Stockfleths ist ein Beispiel für die literarische Geselligkeit der Nürnberger, zu der auch interessierte Ehefrauen eingeladen

Maria Katharina Stockfleth. Aus: ‚Die Kunst= und tugend=gezierte Macarie. Der zweyte Theil‘. Nürnberg 1673

wurden. Zu Ehren der gelehrten und dichterisch verdienten Braut geht es um die weibliche Befähigung zu den Wissenschaften und Künsten. In den Rollenhaltungen der einzelnen Sprecher, die erregt für und gegen die Rechte der Frau debattieren, sind die authentischen Auffassungen einzelner Poeten zu erkennen. Alle sind sich über die Bedeutung der Frau als Familienmutter einig. Die galanten Schäfer rühmen auch Schönheit und Tugend. Darauf klagen die Schäferinnen jedoch, daß ihnen trotz männlicher Lobpreisungen oft das Wichtigste – der menschliche Verstand – abgestritten würde. Vor allem Dorilis beschwert sich über die Ungerechtigkeit, Evas Schuld am Sündenfall auch jetzt noch allen Frauen anzulasten und sie bezeugt,

daß die Männer zehnmal mehr sündigen als die Weiber. Wer erfindet Ketzereien? Wer bedrängt, verheert und verderbet Land und Leute? Wer erreget und führet die bluttriefenden Kriege?

Auf den Einwand, daß hinter vielen Kriegen weibliche Ränke stünden, entgegnet sie, daß die Eitelkeit und Verführbarkeit der Frau eine Folge ihrer Bildungsbehinderung sei, denn Mädchen würden meist in Haus und Küche eingesperrt, anstatt etwas zu lernen.[28] Mit dieser Forderung für Frauenbildung verbindet Dorilis jedoch keine Änderung der bestehenden Machtverhältnisse in Familie und Gesellschaft. Im Gegenteil: durch Bildung werde die Ehefrau in ihrer weiblichen Pflicht der Unterordnung unter ihren Mann bestärkt und die Gesellschaft damit tugendhafter gemacht.

Die bewußte Förderung solcher gemeinsamen Gespräche im Dichterklub verdeutlicht Birkens Absicht. Im raschen Für und Wider des Arguments sollten eine Vielzahl von geistigen und kulturellen Themen berührt werden und der Ton sollte nicht allzu theoretisch und gelehrsam sein. Die Kultivierung von Plauderei und spielerischem Scharfsinn, die gegenseitige literarische Anregung und die von allen Mitgliedern bewußt vorgenommene Stilisierung und gegenseitige Bestärkung in der kulturellen Rollenhaltung als poetische Schäfer wurden zu Kennzeichen des Nürnberger Dichterklubs.

Die barocke Schäferhaltung ist fest im Selbstverständnis des Pegnesischen Blumenordens verankert. Im Rückgriff auf die Hirtenkönige der Bibel evoziert die pastorale Dichtung die idyllischen Zustände eines Goldenen Zeitalters, in dem Integrität, Unschuld und Tugend sich voll entfalten können. Das muntergesellige Leben in dieser utopischen Friedenswelt ist von vornherein allegorisch erfaßt. Die Schafe der Dichter-Hirten sind nicht nur reale Tiere, sondern auch Bücher, ihre Wolle sind die Gedichte und ihre Hunde die müßigen Stunden der Schäfer.[29] Auch in der geistlichen Schäferdichtung tritt diese allegorisierende Haltung auf und in den Liederwettstreiten und Unterhaltungen der Schäfer sind somit immer verschiedene Bedeutungsschichten übereinander gelagert. Ein solches poetisches Dasein ist jedoch nur im gesellschaftlichen Abseits der konkreten historischen Zeitumstände des Absolutismus denkbar. Die Schäferdichtung ist daher wesentlich von der Spannung zwischen der höfischen Wirklichkeit und dem Gegenbild eines idealen Arkadien bestimmt.

Im Sinne dieser Nürnberger Schäferhaltung versteht sich der «Macarie»-Roman der Stockfleths nicht als individuelle Liebesgeschichte, sondern als „neue Lehr= und Schreib=Art" von schon bestehenden moralischen und ästhetischen Prinzipien des Dichterklubs. Die Vorrede ist unverblümt didaktisch. Zunächst erläutern die Verfasser den Inhalt jedes Kapitels, komplett mit Lehrsätzen, z. B. über Geduld, Fleiß, Treue. Mit der Erklärung der allegorisierenden Figurennamen betonen die Stockfleths dann die größere Relevanz der Handlung:

Die Macarie ist selbsten die Kunst und Tugend / und also das gleichsam aufgesteckte Ziel / welches zu errennen / wir Menschen allesamt / durch den viel=liebenden Polyphilum gedeutet / uns angelegen seyn lassen. (Vorrede I, o. S.)

Die dann folgenden Begleitgedichte anderer Poeten/innen legitimieren die Tugendlehre im Roman als gemeinschaftliche Überzeugung des Dichterklubs. Auch die Verseinlagen innerhalb des Romantextes – Sonett, Rondeau und Echogedichte – orientieren sich an den Formen, die im Pegnesischen Blumenorden gepflegt wurden.

Im ersten Teil des Romans zieht der Schäfer Polyphilus in die Welt, um ritterliche Ehren zu suchen. In der schönen und gelehrten Macarie findet er sein Ideal von Kunst und Tugend. Seine rasche Leidenschaft verfehlt aber das innere Wesen der Liebe. Er gelangt zu den allegorischen Tempeln der Tugend, des Glücks und der Liebe, die ihm zunächst theoretische Einsicht in die menschliche Natur vermitteln. Am prächtigen Hof der Königin wird er dann mit Gunstbeweisen überschüttet. Doch bald lehren ihn das Karrierestreben der Höflinge und die Wankelmütigkeit der Fürstin, daß Ehre und Macht bei Hofe nicht auf wahrem Verdienst beruhen. Im zweiten Teil des Romans trifft Polyphilus die bewußte Entscheidung gegen ritterliche Ehren und persönliche Macht, um seine Vorstellungen von Gleichheit, Menschlichkeit und Moral zu verwirklichen. Er verläßt den Hof, begibt sich in die gesellige Provinz der Dichter-Schäfer und gewinnt damit auch Macarie. Auch als die Liebenden erfahren, daß sie beide von Geburt dem Ritterstand angehören und damit Anspruch auf hohen gesellschaftlichen Rang haben, ziehen sie das Leben in der ständelosen Schäfergemeinschaft vor.

Der Roman wurde 1934 wiederentdeckt. Arnold Hirsch machte auf die scharfe Polemik der Stockfleths gegen die aristokratischen Lebensformen aufmerksam und wertete dies als ersten Ausdruck emanzipatorisch-bürgerlicher Moralität in der deutschen Literatur.[30] Volker Meid präzisierte dies: Der Roman ziele nicht auf die politische Nivellierung der Standesunterschiede, denn er taste die herrschende Ständeordnung des Absolutismus nicht an. Das moralische Wunschbild einer weitgehenden Gleichheit der Stände und Geschlechter könne sich daher nur als allegorisch zu verstehender Rückzug in einem idealen Raum artikulieren.[31]

Im Widerspruch zwischen dem menschlich und moralisch Wünschenswerten und der Realität entwickelt der Roman einen utopisch-überhöhten Moralbegriff, der bestimmte Vorschläge zur Verbesserung der Gesellschaft macht. Diese Vorschläge können aber vom Leser nicht anhand einer realistischen narrativen Darstellung überprüft werden. Der idyllische Raum der Schäferlandschaft ist lediglich mit den traditionellen Requisiten der lieblichen Wälder, Hügel und Bäche ausstaffiert und stellt weder die Spiegelung einer neuen bürgerlichen sozialen Realität dar, noch ein geschlossenes utopisches Gesellschaftssystem. Die Art und Funktion eines neuen Tugendbegriffs kann jedoch anhand der Frauenthematik im Roman weiter präzisiert werden.

Äußerungen über die Stellung der Frau finden sich sowohl im ersten, von den Stockfleths gemeinsam verfaßten Band, wie auch im zweiten, den Maria Katharina allein geschrieben hat. Der zweite Band weist gleich auf den Standpunkt der Verfasserin hin: In der Widmung an die Markgräfin zu Brandenburg sucht die Stockflethin Sicherheit und Schutz, um

wider die halsstarrige Unterdruckere und hochmütige Verächtere des Weiblichen Geschlechtes zu streiten / und den Befehl unsers Ordens / in Ausfärtigung einer Teutschen Kunst= und Tugend-Schrift / zu verteidigen. (II, Widmung, o. S.)

Innerhalb der Konvention einer Fürstenhuldigung wendet sich hier eine bürgerliche Autorin an eine hohe Adlige. Ihr Anliegen scheint zunächst paradox: zum einen stellt ihr Roman keinen einzigen guten Herrscher dar; darüber hinaus macht er eine Fürstin, die von Lastern und Wollust beherrscht ist, zur Bösewichtin unter den Herrschenden. Nicht eine bürgerliche oder bewußt weibliche Haltung, sondern die gemeinsame moralische Gegnerschaft zu verderblichen Sitten und Frauenverächtern steht hier im Mittelpunkt dieser Anrede von Frau zu Frau. Im Namen des größeren Ziels einer nationalen Tugendlehre entwickelt die bürgerliche Autorin ein neues, eigenständiges Selbstbewußtsein.

Innerhalb der Schäferprovinz werden alle ständischen und persönlichen Machtansprüche freiwillig aufgegeben. In mehreren Gesprächen streitet Polyphilus für die Gleichheit der Frau. Seine Forderungen decken sich mit Dorilis' Ansichten im Hochzeitsgespräch. Er verlangt Bildung für begabte Mädchen und räumt demjenigen Partner in der Ehe, der mehr Tugend und Verstand hat, die führende Stellung ein. Seine Wunschvorstellungen können sich jedoch nur in der egalitären Schäfergemeinschaft verwirklichen. In der äußeren Gesellschaft gesteht er, ebenso wie Dorilis, dem Ehemann die Herrschaft zu (I,242). Die Königin vertritt dagegen den Standpunkt der Ungleichheit und ihre widersprüchlichen Ansichten zeigen, daß sie vornehmlich an oberflächlicher Plauderei interessiert ist. Gegenüber Polyphilus bezweifelt sie, daß Frauen zum Studieren geeignet sind, da „das weibliche Geschlecht / weil es kalter und feuchter Natur ist [...] nicht zu hohem Verstand oder hurtiger Wissenschaft gelangen" könne. (I,381) Ihre Unbeständigkeit und Geltungssucht zeigt sich im Gespräch mit der gelehrten Macarie, wenn sie dann die Pose der Männerschelte einnimmt. Jetzt argumentiert sie nicht nur für weibliche Bildung, sondern verlangt auch, daß Frauen Bücher schreiben sollen, um gegen die Männer zu streiten (II,452). Sie erklärt, daß Frauen höherentwickelte Geschöpfe seien als Männer, da Eva aus Adams Rippe stamme, während Adam lediglich aus Erde geformt worden sei (II,453). Stockfleth ironisiert die misogynen medizinischen und kirchlichen Weiblichkeitsbilder der Zeit, indem sie sie kurzerhand umdreht und im Munde der Königin als lächerlich enthüllt.

Die eigene Auffassung der Autorin wird an dieser Haltung klar: Macarie disputiert ungern über weibliche Tugend, sondern sie lebt selbst die Vorbildrolle. Sie ist zurückhaltend und bescheiden, schreibt und sammelt Gedichte und ist in der zeitgenössischen Literatur und Kunst zu Hause (I,484). Sie regt mit ihrem

Beispiel die Mädchenbildung an (II,170) und verweist Polyphilus ausdrücklich aufs Schreiben als Liebestätigkeit (I,587). Unter ihrem Einfluß gibt er seine ziellosen Abenteuerreisen auf. Bei den Hirten schreibt er ein Buch und gewinnt in einem Liederwettstreit den Poetenkranz. Er wird Vorsteher im schäferlichen Verband, reflektiert über die Mühe und den Segen der Arbeit und prangert die Laster des Müßiggangs an (II,383f.). Seine Ehe mit Macarie fügt sich in das tätige Leben einer kleinen Gemeinschaft Gleichgesinnter ein. Sie gründet sich auf die persönliche Gleichheit von Mann und Frau und reflektiert stetige Liebe und Treue. Die Versuchungen der „Lust-Liebe" sind überwunden oder werden in der galant-poetischen Geselligkeit der Hirten sublimiert. Macaries vernünftiger Tugendbegriff ist die Basis dieser Ehe.

Das in Macaries Verhalten projizierte Idealbild der Tugend verbindet humanistische Bildungsforderungen mit weiblichen Wünschen für die eigenständige Entfaltung der Persönlichkeit, – eine utopische Gegenkonzeption für eine Zeit, die für Frauen des Mittelstandes vor allem die Hingabe an häusliche Aufgaben vorsah. Die lutherischen Überzeugungen der Stockflethin von der gottgewollten und freiwilligen Unterordnung des Weibes stehen im Widerspruch zu ihrem Wunsch nach Gleichheit und geistiger Selbständigkeit. Innerhalb der geselligen Gesprächskultur der Schäferprovinz, die soziale und produktive Funktionen von Mann und Frau weitgehend ausklammert, kann der Tugendbegriff jedoch bruchlos zur Darstellung kommen. Stockfleth hat die in der Schäferdichtung prinzipiell angelegten utopischen Möglichkeiten meisterhaft genutzt. Im Gegenüber von sozialer Realität – Ungleichheit und Ständegesellschaft – und utopischem Wunschbild – Gleichheit der Stände und Geschlechter – leuchtet ein zukunftsweisendes Potential auf, das den Roman zum Vorläufer von Gleichheits- und Bildungsforderungen im 18. Jahrhundert macht.[32]

Auf narrativer Ebene wird die Tugendlehre von einer stärker werdenden Tendenz zur realistischen Darstellung begleitet, die dem Individuum die moralische Verantwortung für Gut und Böse überträgt. Während die Tugendmoral des ersten Teils durch übermenschliche Geheimnisse in den Tempeln veranschaulicht wird und ein Schloß durch Zauberei unter Wasser versinkt und dann wieder erlöst wird, stellt der zweite Teil diese phantastischen Elemente mit realistisch-ironischen Erklärungen in Frage (II,115; 130; 145; 396). Mit ihrer Erzähltechnik der wiederholten, jeweils modifizierten Synopsis der Vorgeschichte aus verschiedenen Perspektiven ironisiert die Stockflethin die Zauberei und den Aberglauben und beteiligt den Leser als Mitwisser von möglichen realistischen Erklärungen (II,163). Am Ende des zweiten Bandes wird der Wunderglaube schließlich vollends zur ironischen Strategie: Polyphilus berät sich mit einem „heiligen Einsiedler", der den Befehl Gottes zur Vernunft und zum gerechten Regieren als Orakel an die Königin weitergibt (II,532). Himmlische Offenbarung wird zur menschlichen List, die nur noch im Machtbereich des Hofes zur Anwendung kommen muß. Mit ihrer vernünftigen Tugend zwingen die Schäfer die Fürstin zur Einsicht.

Dieser fabrizierte Gottesbefehl beruht auf der Vorstellung der Stockflethin vom menschlichen Naturrecht auf Redlichkeit. Ihre selbstbewußte Moralität gründet sich in der schäferlichen Haltung, die den Intellektuellen des Nürnberger Dichterklubs einen gemeinsamen kulturellen und moralischen Freiraum gewährte. Dies ist noch kein weitreichender bürgerlicher Tugendbegriff, sondern die spielerische Projektion von humanistischen und weiblichen Wunschvorstellungen, die sich vorerst nur innerhalb der literarischen Phantasiewelt legitimieren können. Im Gegensatz zum ersten Band, der als höfischer Ritterroman mit schäferlichen Einlagen bezeichnet werden kann, ist der zweite ein Schäferroman mit utopischen Tendenzen.

Der produktive literarische Beitrag der Frauen zum Pegnesischen Blumenorden ist erst in den letzten Jahren ins Blickfeld der Forschung getreten.[33] Wir stehen noch am Anfang: Nachdrucke von Werken der Autorinnen und Quellenstudien über ihre kulturelle und soziale Mitwirkung im Dichterklub sind ein Desiderat. Zumindest für die Stockflethin bahnt sich eine neue Rezeption an. Der zweite Teil der «Macarie» war bis zum Neudruck 1978 äußerst selten und ihr Anteil am Roman wurde oft gar nicht angemerkt. Seitdem bemerkte Klaus Garber zu der Stockflethin: „Ihre Fortsetzung der Kunst- und Tugend-gezierten Macarie (1673), die von ungleich größerer erzählerischer Begabung und gedanklicher Tiefe zeugt als der erste Teil von ihrem Mann (1669), gehört zu der großen Romanliteratur des Zeitalters".[34]

Hofgesellschaft: Sophie Elisabeth (1613–1676) und Sibylle Ursula (1629–1671) von Braunschweig-Lüneburg

Literarisches Leben entfaltete sich im deutschsprachigen Raum des 17. Jahrhunderts in einzelnen Zentren, in Städten und an kunstsinnigen Höfen. In der Mitte des Jahrhunderts galt Wolfenbüttel z. B. als „welfischer Musenhof"; Herzog August d. J. wurde der „Gebildetste unter den Fürsten" genannt und die „Landes-Juno" von Braunschweig-Lüneburg, Herzogin Sophie Elisabeth, war für das eigenständige Musik- und Theaterleben am Hofe berühmt. Die nächste Generation trug dann zum bleibenden literarischen Ruhm des Hauses bei: Anton Ulrich und Sibylle Ursula von Braunschweig-Lüneburg schrieben u. a. den höfisch-historischen Roman «Die durchleuchtige Syrerinn Aramena», der heute zusammen mit Anton Ulrichs «Octavia» als Höhepunkt und idealtypische Verkörperung barocker Romane gilt. Im Vergleich zur Prachtentfaltung an anderen Fürstenhöfen waren die Mittel der kleinen norddeutschen Residenz freilich eher bescheiden. Wolfenbüttel gründete seinen Ruf nicht auf Machtpolitik und höfischen Luxus, sondern auf die Gelehrsamkeit, den Kunstverstand und die musischen Ambitionen der herzoglichen Familie.

Im Mittelpunkt der Hofgesellschaft stand Herzog August d. J. von Braunschweig und Lüneburg (1579–1666), regierender Fürst, Gelehrter, Bibliophile,

SERENISSIMA ET ILLUSTRISSIMA
PRINCIPISSA AC DOMINA, DOMINA
SOPHIA ELISABETHA é STIRPE MEGA„
POLIT· PROGEN· DUCISSA BRUNOVIC:
ET LUNÆBURGENS:*c:
G. Muller Excudit.
C. Buno fecit.

Sophie Elisabeth von Braunschweig-Lüneburg

Schriftsteller und Sammler. Der „Friedensfürst" erwirkte 1642 einen Separatfrieden mit dem Kaiser, baute das verheerte Land planvoll auf und führte die allgemeine Schulpflicht ein. Sein großes Interesse gehörte der Bibliotheca Augusta, die bald als die reichhaltigste der Welt galt. Herzog August war 1635 unerwartet an die Regierung gekommen und seine gelehrten Neigungen, die er zuvor als Privatmann gepflegt hatte, erhielten jetzt die Dimension politisch-kultureller Repräsentanz.

Kurz nach seinem Regierungsantritt hatte der Herzog seine zweite Frau

Dorothea von Anhalt-Zerbst (1607–1634) verloren. Aus dieser Ehe hatte er vier Kinder – Rudolf August, Sibylle Ursula, Clara Augusta, Anton Ulrich. Als rüstiger 56jähriger heiratete er 1635 die noch nicht 22jährige Sophie Elisabeth von Mecklenburg-Güstrow, die schon als junges Mädchen „eine fast unvergleichliche Lust und Fähigkeit zu hohen Fürstlichen Tugenden / auch zu Erkundigung und Erkennung der Wissenschaften und Sprachen" gezeigt hatte.[35] Sophie Elisabeth hatte eine gründliche Ausbildung in Sprachen und Musik. Ihre Brautbriefe zeugen von sorgfältiger Vorbereitung auf ihre kommenden Pflichten als Fürstin, Mutter und kulturelle Repräsentantin des Hofes, – eine Rolle, die sie zunächst als einen Beruf aufgefaßt haben mag.[36]

Die musischen Interessen der Herzogin komplementierten die gelehrten Neigungen des Herzogs und schufen eine rege kulturelle Atmosphäre. Am Hof übernahm sie die Organisation der Kapelle, beriet sich über musikalische Fragen mit Heinrich Schütz in Dresden, über literarische mit Harsdörffer in Nürnberg und beteiligte sich mit dem Herzog am kulturellen Leben der Fruchtbringenden Gesellschaft. Besonders verdient machte sie sich um die Erziehung der Kinder, die sie aktiv ins Hofleben einbezog. Sie vermittelte den bedeutenden Grammatiker und Poetologen Justus Georg Schottelius, der auch die „Frewlein Tochtere [Sibylle Ursula und Clara Augusta] im Schreiben, Lesen und Rechnen" unterrichtete.[37] Schottel weckte die literarischen Interessen der Kinder, wobei er oft seine eigenen Bühnendichtungen, die von Sophie Elisabeth und Schütz vertont waren, als „treffliche übung" benutzte, „dadurch die Sprachen erlernet / die Ausrede wohlklingend gebildet / die Lust zur Beredsamkeit eingetröpfelt..."[38] Der gelehrte Briefpartner des Herzogs, Johann Valentin Andreae, protestantischer Theologe und erster deutscher Utopist, unterhielt auch einen lateinischen Briefwechsel mit Sibylle Ursula und ihren Brüdern, den er später publizierte.[39] Sigmund von Birken war ein Jahr Erzieher in Wolfenbüttel und blieb danach lebenslanger literarischer Berater. Über musikalische Übungen präsidierte die Herzogin selbst.

Sophie Elisabeth war lange Zeit vor allem als Komponistin und Anregerin von Gemeinschaftsdichtungen bekannt. Ihr literarisches Schaffen umfaßt aber auch Erbauungsschriften und Gedichte, die Übersetzung und Neufassung eines Romans, diverse Dramen und Librettos, Spiele und höfische Maskeraden, die als Handschriften überliefert sind und jetzt als Werkausgabe erscheinen.[40] Ihr gesamtes Schaffen ist von ihrer sehr bewußt gelebten höfischen Rolle motiviert. Selbst ihre privaten Andachtsbücher, eine Sammlung von Gedichten und Versmeditationen auf einzelne Bücher der Bibel, schrieb sie nicht nur zu ihrem eigenen „nutzen trost undt frommen", sondern auch „allen dehnen die sie gebrauch(en) wollen".[41] Sie wirkten als Vorbild für die geistlichen Schriften der herzoglichen Kinder.

Mit ihrem Roman «Die histori(e) der Dorinde» (1641–52) wollte Sophie Elisabeth die gesellige Unterhaltung am Hofe befördern. In ihren Bemühungen um einen gepflegten Hofton orientierte sie sich an der französischen Literatur, die direkt auf die Gebildeten einwirkte, für die aber noch keine Übersetzungen vorlagen. Sie nahm einen Handlungsstrang aus dem berühmten französischen Schäferroman «Astrée» und widmete ihr Buch „allen so wohl fürstlichen als adlichen dames so der Francösischen sprache nicht mechtig" sind.[42] D'Urfés Buch galt als die hohe Sittenschule der Galanterie und man sprach ihm großen Einfluß auf die Verfeinerung der gesellschaftlichen Umgangsformen in den französischen Salons zu. Die pastoralen Einlagen im Roman verkörpern freilich keine bürgerliche Tugendlehre wie bei den Pegnitzschäfern, sondern folgen dem aristokratischen Ethos des französischen Hofes.

Aus beinahe vierzig Erzählsträngen der «Astrée» wählte Sophie Elisabeth die Lebensgeschichte der Dorinde, zunächst Geliebte des hedonistischen Hylas, und danach von diversen galanten Rittern begehrt, verlassen und erneut geliebt, bis sie schließlich den Thronfolger von Burgund heiraten will. Der Roman ist eine ethische Schule für den barocken Hofadel: Streitfragen über persönliche Neigung und Standesehre, das Verhältnis zwischen Rittern und Damen, Fragen über die Natur der Liebe und andere moralische und ethische Themen waren besonders gut als Anstoß für höfische Konversation geeignet. Die pädagogischen Bemühungen der Herzogin waren erfolgreich: Harsdörffer widmete dem Herzog den 4. und Sophie Elisabeth den 5. Teil seiner «Frauenzimmer Gesprächsspiele». In den Vorreden zum 6. und 8. Teil begrüßt er, daß jetzt auch an deutschen Fürstenhöfen die literarische Geselligkeit gepflegt werde.

Als regierende Fürstin beteiligte sich Sophie Elisabeth aktiv an der innerhöfischen Diskussion über staatspolitische Fragen. Ihr Drama «Ein Frewdenspiell von dem itzigen betrieglichen Zustande in der Welt» (1656) bringt das Problem politischer Moral auf die Bühne.[43] Das Stück stellt einem tugendhaften Fürsten einen Gegenspieler machiavellistischer Prägung gegenüber und zeigt damit den barocken Absolutismus in seinen extremen Möglichkeiten politischer Praxis. Da die Untertanen genau so gut oder leichtsinnig sind wie ihre Herren, ergibt sich eine beispielgebende moralische Verpflichtung für die Fürsten. Dem verderbten Herrscher dienen Heuchelei, Betrug, vorteilhafte Liebschaften und Gewalt bei seinen Gelüsten zur Expansion. Die tugendhafte Herrschaft des guten Fürsten beruht dagegen auf christlicher Moral und persönlicher Güte. Hans-Gert Roloff hat das Stück auf dem Hintergrund barocker Staatstheorien ausführlich analysiert.[44]

Das lebhafte Interesse Sophie Elisabeths gehörte dem Wolfenbütteler Hoftheater, denn hier konnte sie ihre musikalischen und literarischen Interessen mit der politisch-kulturellen Repräsentation des Hofes effektiv verbinden. Besonders nach 1648, als sie selbst die Gestaltung der höfischen Gesellschaften übernahm, machte sie das Theater zum Mittelpunkt glänzender Feste. Großangelegte allegorische Maskeraden, Umzüge und Geburtstagscouren waren bis ins Detail festgelegt und bezogen die gesamte Hofgesellschaft mit ein. Die Verfasserschaft einzelner Teile der langen Veranstaltungen ist nicht immer bekannt. Einige Werke von Harsdörffer, Birken und Schottel, Theaterdichtungen von Sophie

Elisabeth und Anton Ulrich sind durch Autorenangaben gesichert; bei anderen Stücken und Gedichten hat die Mitarbeit der begabten Kinder sicher eine große Rolle gespielt. Die Mitglieder der herzoglichen Familie und nahe Verwandte übernahmen die Hauptrollen; nur selten wurden besonders schwierige Gesangs- oder Tanzsolos an Berufskünstler vergeben. Das ausgewählte Publikum bestand aus höheren Hofbeamten und adligen Gästen.

Als Beispiel für eine solche barocke Gemeinschaftsproduktion des Wolfenbüt- teler Hofes, die von Sophie Elisabeth konzipiert und geleitet wurde, hier ein Blick auf das allegorische Maskenspiel «Der Minervae Banquet».[45] Die Herzogin tritt als Weisheitsgöttin auf, um den weisen Fürsten August zum Geburtstag zu ehren. In zwei Festzügen befinden sich 38 Personen, darunter Prometheus, Apollo und Orpheus, die sieben freien Künste, usw. Dem feierlichen Umzug folgt ein zeremonielles Festbankett, ein Singspiel, ein Ballett, diverse Festanspra- chen und -gedichte. Das Stück stellt die fürstlichen Akteure in allegorischen Heldenposen dar, die einerseits den absoluten Fürsten zum Vorbild stilisieren, ihn andererseits aber auch als Helden ethisch verpflichten, gut und tugendhaft zu herrschen.

Sophie Elisabeths literarisches und musikalisches Schaffen ist typisch für die barocke Hofkultur, die den souveränen Herrscher als absoluten Machtträger feiert und gleichzeitig auch als christlichen Landesvater von Gottes Gnaden legitimiert. Im Falle des gelehrten und friedliebenden Herzog August waren solche Huldigungen sicher nicht unberechtigt. Ähnliches Fürstenlob wurde auch an anderen europäischen Höfen in Szene gesetzt und bildete eine eigenständige dramatische Gattung der Zeit. Heute sind nur wenige barocke Maskeraden und Huldigungsspiele als festgelegte Texte bekannt. Als intakte Werke von gedankli- cher Tiefe, die gleichzeitig auch über Gemeinschaftsleistungen der Hofgesell- schaft Auskunft geben, stellen Sophie Elisabeths Schriften in unserer Zeit einen „Modellfall für die Literaturwissenschaft" dar.[46]

Vom Vorbild ihrer produktiven Eltern bestärkt, waren alle fürstlichen Kinder in der Folgezeit literarisch tätig. Die Werke der Clara Augusta von Württem- berg-Neustadt (1632–1700) und die ihrer Halbschwester Marie Elisabeth von Sachsen-Coburg (1638–1687) sind bisher noch nicht erforscht. Beide haben neben geistlichen Schriften auch Bühnendichtungen verfaßt; Marie Elisabeth steht am Anfang der lebendigen Hoftheatergeschichte in Coburg.[47] Die begabte- sten unter den Geschwistern – Sibylle Ursula und Anton Ulrich – schrieben neben Theaterwerken auch Gedichte, Übersetzungen und Prosawerke.

Sibylle Ursula bemühte sich schon als junges Mädchen um eine bewußte Vielfalt des stilistischen Ausdrucks. Ein überliefertes Schulheft der 9- bis 16jähri- gen enthält neben Lateinvokabeln, lehrreichen Pflichtbriefen und verspielten Mitteilungen an den Lieblingsbruder Anton Ulrich auch eine heute beinahe ironisch wirkende literarische Studie über die hochstilisierte Konversation zwei- er Standespersonen.[48] Im überreich verzierten Hofton dominieren prächtige Floskeln, so daß der Inhalt – das Wetter, die Kriegsgefahr, eine Reise – dahinter

Sibylle Ursula von Braunschweig-Lüneburg Porträtkupfer von Joachim von Sandrart. Aus: ‚Himmlisches Kleeblatt oder Betrachtungen Der Allerhöchstheiligen DreyEinigen Gottheit'. Nürnberg 1674

zurücktritt. Als letzter Eintrag folgt dann eine zarte und nachdenkliche Liebesgeschichte der 16jährigen. „Die trawrige und klägliche liebe des Polidors und der schonen Acrisen" bricht aber auf der vierten Seite mitten im Satz ab, – eine Erscheinung, die sich auch bei zwei anderen Manuskripten wiederholt und darauf beruhen mag, daß die Autorin andere Pflichten ihrer Schreibtätigkeit voranstellen mußte.

Sibylle Ursula hatte mit den Brüdern zusammen eine gründliche Ausbildung in Literatur, Latein, Französisch und Musik bekommen. Dies betrachtete sie als ihr fürstliches Privileg, aus dem sie die persönliche Verpflichtung zur Tugend ableitete. Sie beschied sich, als sie nicht wie ihre Brüder einer öffentlichen Abschlußprüfung unterzogen wurde. Sie bekam auch keinen eigenen Hofmeister wie jene und unternahm natürlich auch keine Bildungsreise wie Anton Ulrich, der sich besonders in Paris über die neueste Literatur und Kunst informierte. Doch sie profitierte mittelbar von seiner Reise: Anton Ulrich knüpfte einen Briefwechsel zwischen seiner Schwester und der berühmten Madeleine de Scudéry an, der Sibylle Ursulas eigenes Schaffen beeinflußt hat.[49]

Im Gegensatz zu Anton Ulrich verzögerte die Schwester ihre Eheschließung und machte vorerst ihre Bücher und literarischen Arbeiten zum Inhalt ihres Lebens. Das Ungewöhnliche ihres Verhaltens war ihr bewußt. Als 20jährige übersetzte sie die lateinische Schrift des Humanisten Juan Luis de Vives «Einleitung zur wahren Weisheit», ein Lieblingsbuch ihres Vaters. In ihrem Widmungsbrief an August entschuldigt sie ihre Vorliebe für geistige Arbeit, die einer Prinzessin „der algemeinen meinung und dem ietzigen weltgedanken nach, nicht allerdings anstehen und gebühren möchte" mit ihrer „lust zu unserer angeborenen Muttersprache".[50]

Ihr literarisches Schaffen desselben Jahres (1649) dokumentiert eine tiefe persönliche Auseinandersetzung mit dem barocken Dualismus der Beständigkeit und der Weltverfallenheit. Das fünfaktige Prosaschauspiel ist ohne Titel überliefert.[51] Die lasterhafte Lustliebe des reichen Bagistan führt zu Geilheit und Intrigen; die beständige Tugendliebe der jungen Alcione ist in sich selbst gerechtfertigt und wird zum ethischen Vorbild. Die Heldin verkörpert die höchsten Ideale höfischer weiblicher Tugend. Sie zeigt grenzenlose Ehrerbietung gegenüber den Eltern und fügt sich in die von ihnen gewünschte Konvenienzehe wie in ein Mittel der Staatsräson. Aus der Verteidigung ihrer persönlichen Ehre wächst die heroische Tat: Als Bagistan ihre Bedienten besticht und sie zu Unrecht der ehelichen Untreue beschuldigt, rettet sie die Tugend um den Preis ihres Lebens.

Sibylle Ursula kritisiert die Unmoral in den hohen Kreisen, verallgemeinert aber den spezifisch politischen Kontext, denn Bagistan ist kein Fürst, sondern bloß ein reicher Ritter. Ihre implizite Moralforderung ist, daß äußere Macht mit innerer Würde der Gesinnung zusammenkommen muß, damit die Hochgestellten ihre Diener nicht verderben und die Tugendhaften nicht dem Untergang aussetzen. Der heroische Impuls dieses frühen Dramas und seine höfisch-humane Ausrichtung weisen bereits auf den späteren «Aramena»-Roman.

Sibylle Ursulas Tugendbegriff gründet sich auf den Anspruch ihres Standes und ihre tiefe Frömmigkeit. Entsprechend der Auffassung, daß das Leben nur kurze Durchgangszeit sei, mußte sie sowohl dem höfischen Ethos gerecht werden wie auch gleichermaßen für die Vorbereitung ihrer Seele auf das ewige Leben sorgen. Sehr selbstkritisch legt sie ihre Sünden und Schuld bloß und empfindet ihre täglichen Andachten als private Selbstverständigung inmitten ihres vom höfischen Zeremoniell geprägten Lebens. Ihre Frömmigkeit bezog ethische und moralische Pflichten für alle Lebensbereiche mit ein. Merkel hat diese ganzmenschliche, fromme Seelenhaltung im 17. Jahrhundert sehr treffend mit späteren Leitbildern von „Humanität" verglichen.[52]

Sybille Ursulas Prosawerk «Geistliches Kleeblatt» (1655) ist eine Mischform von biblischer Darstellung und persönlicher Meditation.[53] Die Schrift ist ein Selbstbekenntnis über die Grundlagen ihres eigenen Glaubens. In drei Kapiteln referiert sie zunächst die Erschaffung der Welt durch Gott den Vater, die Erlösung durch den Sohn und die Heiligung durch den Geist. Die Autorin geht aber über das biblische Geschehen hinaus und legt sich persönliche Rechenschaft ab über die Konsequenzen, die sich daraus für ihr eigenes Leben ergeben. In eindringlichen, bilderreichen Reflektionen sind ihre Gesprächspartner Gott, außerdem „Du", „meine Seele" – ihr edleres Selbst. Ihr Feind ist der weltliche Satan im Menschen, der „eigene dünkel", die Verlockung zur Eitelkeit, zur Verschwendung und zu allem „zeitlichen Glücks-Gut". Das barocke Thema der Vergänglichkeit und Ehrsucht des menschlichen Strebens klingt besonders in ihren Reflektionen über die unbefleckte Empfängnis Marias an: Wie war der Auserwählten wohl zumute, als sie Jesus trug? Hatte sie alles Weltliche schon hinter sich gelassen? (S. 116f.) Die Besinnung auf das Wesentliche wird immer wieder von Selbstermahnungen („bedenke dies, meine Seele") eingeleitet und als ethisches Gebot verinnerlicht. Wie ergreifend diese Schrift auf die Zeitgenossen wirkte, ist an den Gedichten von Birken, Anton Ulrich und der Greiffenberg zu erkennen, die dem Buch zur Publikation 1674, nach Sibylle Ursulas Tod, beigegeben wurden.

Von noch persönlicherer Art sind ihre «Seuffzer», Meditationen und Gebete aus den Jahren 1647–68.[54] Wenn man die thematische Ordnung der beiden Bände auflöst und anhand der Entstehungsdaten die tagebuchartige Urfassung rekonstruiert, ergibt sich eine einzigartige innere Biographie der Autorin. Als 18jährige orientiert sie ihre Andachten ausschließlich an konkreten Anlässen des Kirchenkalenders. Danach wird sie sich ihrer Individualität stärker bewußt. Am 24. Geburtstag legt sie vor Gott Rechenschaft ab über die Verpflichtungen, die ihre Intelligenz und Bildung ihr auferlegen: „bewahre mich so gnediglich, daß ich meine vernunft nicht auf... betrug lege, den Nechsten zu hintergehen" (II,184). Die 25jährige bittet Gott, er möge ihr „bestendigkeit" in dem guten Vorsatz geben, „Reichtumb, hoffart und fleischeslust" zu vermeiden (II,39). Die barocken Hoffeste klingen im Anrufen Gottes „nach gehabter gesellschaft" an: „ach ich habe leider sehr wenig an dich gedacht, ich habe ziemlich in der welt ergetzlichkeit vertiefet" (I,164). Das innige Verhältnis zum Bruder wird deutlich, als die 27jährige Dank für die gesunde Rückkehr Anton Ulrichs von seiner Bildungsreise erstattet (I,166).

Obwohl sie zunächst „gedachte, im ledigen stande zu sterben" (I,255), heiratete sie 1663 Herzog Christian von Schleswig-Holstein-Sonderburg-Glücksburg, und in den folgenden Jahren bittet sie immer wieder „vor ein krankes Kind" oder „vor ein sterbendes Kind". Als sie 1664 selbst schwer erkrankt, klagt sie in tiefer Verzweiflung: „wie will ich armer sündenwurm es länger ertragen [...] ich bin aller welt ein scheusal, Viele spotten mein und schütteln die Köpfe über mir" (I,236). 1668 bricht ihr Tagebuch ab, nachdem sie ihr drittes Kind beerdigt hat. Ihr Lebenswillen scheint gebrochen: „ich bin mit allem zufrieden, ich wüßte keine irdische freude die mich erquicken könnte" (I,268). Drei Jahre später, am 12. 12. 1671, starb Sibylle Ursula im vierten Kindbett. Außer in ihrem Gebet für die „endige Seligkeit" für „alle meine lieben angehörigen" hat sie ihren Mann in den Andachten niemals erwähnt. Ihre schwere Krankheit hatte sie vom lebenslustigen Herzog bekommen. Es war vermutlich Syphilis.[55]

Sibylle Ursulas wichtigster Beitrag zur deutschen Literatur ist zweifellos die Urfassung der «Aramena».[56] Das undatierte Manuskript von ihrer Hand bricht im zweiten Buch des zweiten Teils mitten im Satz ab. Der heute berühmte Barockroman ist eine von Anton Ulrich bearbeitete und fortgesetzte Fassung in fünf Teilen, die von Birken redigiert wurde. Alle Briefe oder Quellen, die auf die Entstehung der Urfassung hinweisen könnten, sind verschollen. Es finden sich aber verschlüsselte Hinweise im Roman selbst. Die von Birken geschriebene Widmung des dritten Teils an Anton Ulrichs „Bluts-Freundin" – Sibylle Ursula – bezeichnet den Anteil jedes der Geschwister als eigenständigen epischen „Zweig". Noch in diesem dritten Teil, der vom Bruder allein verfaßt ist, ist der Schwesterzweig eng mit der Erzählung verbunden:

> [...] Geh / Aramena / zeug von wahrer Seelen-Treu! Herz-innigst sie sich auf / aus Einem Stamme / schwinget / Zart mit dem Schwester-zweig / der Sie / Sie Ihn / ümschlinget [...][57]

Blake Lee Spahr hat 1966 als erster die mutmaßliche Entstehung und den jeweiligen Anteil der Geschwister als Autoren und die Tätigkeit von Birken als Herausgeber ausführlich dargelegt.[58] Auf seine Materialrecherchen, mit denen er die philologischen Grundlagen für die Anton-Ulrich-Forschung geschaffen hat, sei hier ausdrücklich verwiesen.

Sibylle Ursula begann mit der Niederschrift der Urfassung wohl um 1659, nach einer Periode der intensiven Beschäftigung mit den höfisch-historischen Romanen Frankreichs. 1656 übersetzte sie die «Cassandre» von La Calprenède, 1659 seine «Cléopâtre». In ihrem Briefwechsel mit Madeleine de Scudéry (1656–60 erhalten) bittet sie auch um die gerade erscheinenden Bände der «Clélie». Calprenèdes «Faramond ou l'histoire de France» (1661–70) hat sie jedoch nicht übersetzt, vielleicht, weil sie jetzt einen ähnlichen Plan verfolgte, nämlich den legendären Ursprung der deutschen Nation in einem historischen Roman darzustellen.[59] Da sie ihrem Bruder eng verbunden war, ist anzunehmen, daß Anton Ulrich an der Entstehung des Romankonzepts teilhatte. Nach Sibylle Ursulas Hochzeit und Übersiedlung nach Glücksburg 1663 war sie dann wohl von neuen Pflichten, Schwangerschaft und Krankheit so in Anspruch genommen, daß sie den Roman dem Bruder überließ. Mit Zuspruch von Birken, der eine «Aramena» 1664 erstmals in seinem Tagebuch erwähnt, überarbeitete Anton Ulrich dann den Torso des Werkes von Sibylle Ursula. Er stellte einzelne Erzählstränge und Motive um, behielt aber den schon in der Urfassung des Werkes angelegten Plan und stellte ihn in ein erweitertes Geflecht von Genealogie und biblisch-historischem Hintergrund. Seine fünf Romanteile wurden von Birken stilistisch überarbeitet und teilweise vervollständigt.

Sibylle Ursulas Anteil am Roman kann nur in Verbindung mit der abgeschlossenen Fassung gerecht gewürdigt werden. In ihrem Manuskript finden sich lyrisch ausgemalte Szenen, die kleine sprachliche Kunstwerke sind. Auch setzt ihre Version gleich nach der schäferlichen Eingangsszene mit einem vielschichtigen Handlungsgeflecht ein. Der eigentliche Reiz des Werkes kommt jedoch erst im komplizierten Nebeneinander und in der Resolution der kunstvoll verknüpften Erzählstränge vollständig zum Ausdruck. Der Roman verschachtelt die Lebensgeschichten von 54 Hauptpersonen, ihre galanten Liebesabenteuer, Verfolgungen, Verwechslungen und Intrigen. Bis ins Unübersehbare sind die einzelnen Erzählfäden miteinander verwoben. Sie werden als Vorgeschichten nachgeholt, treffen in Berichten anderer aufeinander, werden durch doppelte Identitäten noch weiter verknotet und münden erst am Ende in eine großangelegte Entwirrung, die den Leser zur Erkenntnis der göttlichen Vorsehung im Leben des Einzelnen führen soll. Die Struktur des Romans reflektiert das Weltbild des 17. Jahrhunderts: dem oft heillos verwickelt scheinenden Weltgeschehen liegt in allen Einzelheiten ein göttlicher Plan zugrunde, den der Mensch zwar nicht begreifen kann, den er aber täglich am eigenen Leib erfährt.

«Aramena» ist auch ein höfischer Liebesroman, aber Liebe ist hier nicht erotische Anziehung, sondern ethische und politische Verpflichtung. Der Roman spielt in Syrien zu einer nicht genau bezeichneten alttestamentarischen Zeit. Alle Personen gehören dem hohen Adel an. Mit ihren Geschicken stehen und fallen Länder, Throne und Staatsreligionen. Nur diejenigen, die durch beständige Treue und Gottesglauben der wankelmütigen Fortuna trotzen, sind es wert, die Krone zu übernehmen. Die standhafte Aramena, durch Verwechslungen, Verfolgungen, Flucht und Gefangenschaft geprüft, verbindet sich am Ende mit dem Fürsten Marsius und begründet mit ihm das keltische Reich im deutschen Trier. Die im 17. Jahrhundert geläufige Verbindung von Kelten und Deutschen beabsichtigt eine patriotisch-legendäre Fundierung des heroischen Ethos und des Machtanspruchs deutscher Fürsten.

Sibylle Ursula hat Anton Ulrichs Veröffentlichungen ihres gemeinsamen Projekts nur bis zum 3. Teil erlebt. Es ist unbestimmt, ob das heroisch-höfische Weltbild des Romans sie zuletzt noch trösten konnte: die bis dahin erschienenen Teile der «Aramena» sind nicht in ihrer Bibliothek verzeichnet.[60]

Die Autorinnen als Repräsentantinnen

An den Werken der hier behandelten vier Autorinnen können wir wichtige literarische und geistesgeschichtliche Tendenzen des Barockzeitalters ablesen. Die Erbauungsschriften als umfassendste Literatur des Zeitalters sind durch Gedichtsammlung, biblisch-meditative Darstellung und religiöses Tagebuch vertreten. Übersetzungen französischer Romane weisen auf den Willen zum kulturellen Neuansatz: Der Verrohung durch den Dreißigjährigen Krieg wird durch die bewußte Verfeinerung der gesellschaftlichen Umgangsformen begegnet und die galanten Romane und Gesprächsspiele bieten den Lehr- und Unterhaltungsstoff. Auf literarischem Gebiet regen sie eine geschliffene deutsche Kunstprosa an, die die eigenständige Entwicklung einer nationalen Literatur am Vorbild der europäischen Renaissance ausrichtet. Der höfisch-historische Roman, geschult am französischen Beispiel, verbindet das religiöse Weltbild der Theodizee mit dem nationalen und absolutistischen Ethos deutscher Fürsten. Im Gegensatz zum Hof steht die selbstbewußte poetische Provinz des bürgerlich-gelehrten Schäferromans. Dort wird das Streben nach höfischen Ehren als weltliche Verblendung dargestellt, die man überwinden muß, um zur wahren Tugend und Glückseligkeit zu gelangen. Gegen die Orthodoxie der Kirche, den weltlichen Luxus und das abstrakte Wissenschaftsstreben wendet sich die religiöse Autobiographie. Sie setzt ihnen das harmonisierte Bild einer kleinen Schar von Rechtgläubigen und Auserwählten entgegen. Alle großen narrativen Formen des Zeitalters sind vertreten, außer dem niederen und satirischen Picaroroman; dies ist mit der Zugehörigkeit der Autorinnen zu gelehrten und adligen Gesellschaftsschichten zu erklären.

Die eher allgemeinen Bemerkungen, die an den Werken von nur vier Autorinnen eine erstaunlich aktive, aber bisher oft verschüttete weibliche Beteiligung am geistigen Leben belegen, können weiter präzisiert werden. Anna Maria Schurmanns frühes Leben zeigt, daß eine außergewöhnlich begabte Frau auch selbständig an die Öffentlichkeit treten konnte. In einem Zeitalter, in dem die gelehrte Frau wie der eingebildete Kranke oder der Pedant ein Sozialtypus war, der in der Komödie verlacht wurde, wurde Schurmann gleichzeitig aber auch zum Weltwunder oder zum „Monstrum ihres Geschlechts".[61] Im 17. Jahrhundert ist weibliche literarische Tätigkeit daher vor allem im Umkreis von frauenfreundlichen Gruppen zu suchen. Die Gruppenkultur wurde nicht nur zum Ort der Kommunikation und des Selbstausdrucks von Frauen, sie bot ihnen auch gesellschaftlichen Schutz und Freiraum für die eigene Phantasie.

Im Fall der vier Autorinnen wirkten ihre drei spezifischen Wirkungskreise darüber hinaus auch als ursächlicher Schreibanlaß und prägender Sinngehalt auf ihre Werke. Jede entwickelte die ästhetischen Möglichkeiten der vorgegebenen Gattungstraditionen selbständig weiter. Ihre Kreativität ist aber immer organisch im religiösen oder kulturellen Ethos der spezifischen Gruppe begründet, die ihr Halt und Bestätigung gab. Der Schlüssel zu Schurmanns «Eukleria» liegt in ihrem sehr ehrlich empfundenen Wunsch, die Sekte zu vergrößern. Unter dem Anschein reiner biographischer Wahrheit verknüpfte die Autorin traditionelle Zweckformen der Autobiographie und überlagerte sie mit der utopischen Harmonisierung ihrer Gemeinde. Für sich selbst – und zum weiteren Gedeihen der Labadisten – propagiert sie gleichzeitig ein Weiblichkeitsbild, das sich den traditionellen Erwartungen des Zeitalters stärker anpaßt. Im Verborgenen gestattet ihr aber die Lehr- und Aufklärungsarbeit für ihre Familiengemeinde die Entfaltung und das Ausleben ihrer religiösen, emotionalen und geistigen Kräfte. Für die Stockflethin ist die gesellige Zusammenarbeit im Dichterklub entscheidende Voraussetzung für öffentliches literarisches Schaffen. Durch die Gruppe ermutigt, entwickelt sie die ästhetisch-moralische Schäferhaltung selbständig weiter: Der «Macarie»-Roman schreitet fort von der allegorisierenden ritterlichen Tugendlehre des ersten Bandes bis zu einer naturrechtlich-humanistischen Auffassung von Tugend, die das Individuum, und nicht mehr die Fortuna, zum Verantwortlichen macht.

Innerhalb des geschlossenen Kreises der höfischen Residenz hat das Schaffen von Sophie Elisabeth neben der literarischen Funktion auch immer die kulturelle Aufgabe von Bildung und Repräsentation im Auge. Ihre Werke sind letzten Endes ideologische Bestätigung von absolutistischer Macht. Ihr Amt als regierende Fürstin gestattet ihr, sich an der innerhöfischen Diskussion über politische Moral und aristokratische Normen des Schicklichen zu beteiligen. – Die Werke der Sibylle Ursula, die als unverheiratete Prinzessin keine offizielle kulturelle Funktion am Hof hat, sind privater und innerlicher. Aber selbst ihre Gebete sind vom höfischen Ethos geprägt. Obwohl ihr die Wirkung nach außen versagt ist, ermöglichen ihr das kulturelle Leben am Hof und ihre literarischen Interessen die geistige Weiterentwicklung. Ihre «Aramena»-Urfassung bezeugt Originalität und großes Talent, aber vor allem auch literarischen und persönlichen Ehrgeiz. Vielleicht hat diese Charaktereigenschaft sie dann auch spät noch zur Ehe geführt, denn nur als regierende Fürstin konnte sie hoffen, einen selbständigen Wirkungskreis zu gründen. Auf literarischem Gebiet verwirklichte sie ihr ehrgeizigstes Projekt zuletzt durch den Bruder. Die deutsche Literatur verdankt beiden viel.

2. Ister-Clio, Teutsche Uranie, Coris die Tapfere Catharina Regina von Greiffenberg (1633–1694) Ein Portrait

Louise Gnädinger

> Zwar ist es nicht gemein / daß Weibes-Bilder schreiben
> Doch / wann der Hôchste selbst die Feder kommt zu treiben /
> wer kan sie halten still? [...]   *Sieges-Seule*, S. 240
>
> Wie / wann unter Haar und Stirn
> wohnt ein gôttlichs Geist-Gehirn?
> ach die selbste Lieb / zu lieben
> so ein Bild / sich fûhlt getrieben.
>
> *Geistliche Sonnette / Lieder und Gedichte*,
> Widmungsgedicht von dem *Erwachsenen*

Deoglory liht

Als in Catharina Regina von Greiffenberg beim Abendmahlsgottesdienst in der Kirche von Pressburg 1651 das *Deoglory liht*, die Berufung zum Lob Gottes, erstmals und für immer „angeglimmet und aufgegangen" war,[1] hatte sie als Freifräulein von Seisenegg (bei Amstetten, Niederösterreich) eine wohlbehütete, aber keineswegs unbelastete Jugendzeit hinter sich. Vor kurzem erst war die einzige, jüngere Schwester überraschend verstorben. Zwei Jahrzehnte später noch erinnert sie sich an das Ereignis:

> Es war Mein Herz und Alle gedanken mit Ihr gen Himmel geflogen, Mein ganzes Leben war ein Todes-Verlangen, und Mein bitterer Tode daß Ich wieder Meinen wihlen Leben müste.[2]

Bereits 1641 hatte sie, erst siebenjährig, das jähe Sterben ihres Vaters erleben müssen: Sie fand ihn, ihm zur Begrüßung in den Schloßhof entgegeneilend, tot in der Karosse vor.

Sorgen um die Erhaltung des einstmals großen, in raschem sozialem Aufstieg erworbenen großväterlichen Vermögens[3] bedrängten nicht erst seit dem Tode des Vaters die Familie. Gut um Gut aus der Erbschaft des reich gewordenen und in den erblichen Adelsstand erhobenen Großvaters mußte schon durch den Vater abgestoßen werden.[4] Das ererbte Kupferbergwerk im Radamer Tal, bei Hieflau in der Steiermark, war kaum rentabel.[5] Währungsschwierigkeiten, Geldabwertung, Teuerung und die allgemeine Krisensituation während des Dreißigjährigen Krieges verschärften das Ungemach der protestantischen Greiffenbergs, die seit 1620 in katholischem Herrschaftsgebiet, also einer unterdrückten Minderheit zugehörig, zunehmend zu leiden hatten.[6] Soweit sich Catharina Regina von Greiffenberg entsinnen mochte, hatte sie von erzwungener Emigration, Entrechtung und Benachteiligung des lutherischen Landadels gehört. Seit 1650 erst recht setzte sich die gegenreformatorische Politik des immer mehr absolutistisch waltenden kaiserlichen Hofes in Wien durch und schaffte damit dem Landadel, ob katholisch oder protestantisch, neue, zusätzliche Schwierigkeiten. Trotz der erlaubten Gottesdienstfahrten in die Freien Reichsstädte Regensburg, Passau, Augsburg und Nürnberg sowie nach dem ungarischen Pressburg,[7] nahmen die Isolation der protestantischen Herrschaften auf ihren verstreuten Landsitzen und die Schikanen durch die sie umgebende Landbevölkerung zu. Fernnachbarlicher Kultur- und Literaturaustausch vermochten die Vereinsamung nur wenig zu mildern.[8]

Dem Onkel Hans Rudolph von Greiffenberg, einem um rund dreißig Jahre jüngeren Bruder des Vaters, der die Vormundschaft für Catharina und deren Mutter zusammen mit der Verwaltung des Erbes übernommen hatte, gelang es nur mit großer Anstrengung, die wirtschaftliche Lage der Hinterbliebenen einigermaßen zu stabilisieren. Zugleich, und dies mit Erfolg, bemühte er sich um die Erziehung und Ausbildung seiner beiden Nichten, von denen nach 1651 nur noch Catharina Regina von Greiffenberg als Vertreterin einer jungen Generation übrig geblieben war. Hans Rudolph vermittelte ihr, da sie wißbegierig und ausgesprochen begabt war – unterstützt durch ihre Mutter – einen hohen ‚Bildungsadel'. Sie lernte Latein, Französisch, Spanisch, Italienisch, Geschichte, Rechts und Staatswissenschaft – sie war einzige Erbin der Schloß- und Gutsherrschaft , Singen, Tanzen, Malen, Reiten und Jagen. Dieses Unterrichtsprogramm erweiterte der Gutsnachbar und Glaubensgenosse Johann Wilhelm von Stubenberg (1619–1663), indem er Catharina Regina von Greiffenberg wie seine gleichzeitige Schülerin Margareta Maria von Buwinghausen und Wallmerode (1629–1665), in die Dichtkunst einführte[9] und das lesehungrige Mädchen mit Büchern versorgte, soweit sie in der bedeutenden Bibliothek auf Seisenegg nicht schon vorhanden waren.[10] Er führte seine Schülerin zudem in die beachtliche literarische Tradition und den aktuellen Kreis der österreichischen protestantischen Literaten ein, zu dem etwa auch Wolfgang Helmhard von Hohberg (1612–1688) gehörte. Stubenberg erwies sich zudem für Catharina Regina von Greiffenberg als Vermittler nach Nürnberg, wo sich im „Löblichen Hirten- und Blumenorden an der Pegnitz" unter der Vorsteherschaft Sigmund von Birkens (1626–1681) ein literarisches Zentrum herauszubilden begann.[11]

Nach dem *Deoglori*-Erlebnis widmete sich Catharina Regina von Greiffenberg, ihren Lehrern nun endgültig entwachsen, mit höchster Intensität selbständigen wissenschaftlichen Studien, zu denen Naturwissenschaften wie Alchemie, Astronomie und Anatomie, vor allem aber Philosophie und Theologie gehörten. In Poetik und Rhetorik ist nun „die Schülerinn über den Meister", wie Stubenberg 1659 an Birken nach Nürnberg schreibt; und „Sie hatt ihre einige [einzige] Lust am Lesen."[12]

„ein Wunder unsrer Zeit"

In der (unpaginierten) Vorrede zur «Sieges-Seule der Buße und des Glaubens» – begonnen im Frühjahr 1663, abgeschlossen im Herbst 1664, im Juli 1675 im Druck erschienen[13] – bittet Catharina Regina von Greiffenberg den Leser um Nachsicht für eventuell ihr unterlaufene Fehler und fügt bei: „Ich hatte zwar damahls die Haus-Sorge nicht / wurde aber zu andern weiblichen Ubungen angehalten: daß ich also / zu dieser [der «Sieges-Seule»] / fast die Stunden stehlen muste."[14] Zudem sieht sie sich genötigt, das „Helden-Gedicht", das sie als noch junge Frau verfaßte, zu rechtfertigen: Der Ausbruch des Türkenkriegs hatte sie zum Schreiben gedrängt. Doch

> Die Früchte / so es mir bißhero trägt / sind Hassen / Spott / Stichlen / Klagen / Qwal / die sich nicht sagen lassen. // Doch bin ich allen taub. Ein fest-entschlossner Sinn noch Aug noch Ohren hat / geht unverruckt dahin / wo ihm sein GOtt hinrufft.[15]

Daneben blieb Catharina Regina von Greiffenberg eine „Künstlerin in Weiber-arbeiten", wie Stubenberg im Brief vom 13. 11. 1659 an Birken meldet.[16] So überreicht sie ihrem „Innig-Freund" Birken das Honorar für seine Bemühungen in ihren Angelegenheiten manchmal in einem Geldtäschchen, zu dem Birken zum Beispiel in seinem Tagebuch unter dem Datum vom 16. April 1664 notiert: „Frau Poppin [Isis unter den Ister-Nymphen], von Uranien [Catharina Regina von Greiffenberg], mir 20 Impp [eriales] in einem schönen von ihr gekünsteten Beutel, verehrung gebracht."[17]

Unter den Ister-Nymphen, dem weiblichen Zweig der nur lose organisierten poetisch-arkadischen Ister-Gesellschaft,[18] hieß Catharina Regina von Greiffen-berg, wohl der historisch-politischen «Sieges-Seule» wegen, Clio,[19] „Teutsche Clio unsers Isterstrandes", wie Stubenberg sie nennt.[20] Stubenberg erwähnt auch in großen Zügen das äußere Erscheinungsbild der Ister-Clio: „Sie ist klein von Persohn, mager, wohlgefärbt, licht von Haaren."[21] Durch Stubenberg wurde sie Birken als Sonett-Dichterin bekannt, in dem Jahr, da Birken sich in Nürnberg niederließ; 1660 lernte Birken sie auch persönlich kennen.[22] Sie muß auf ihn faszinierend gewirkt haben; dies geht noch aus Birkens Empfehlungsschreiben von 1666 an den Generalsuperintendenten von Bayreuth, Caspar von Lilien, deutlich hervor, selbst wenn man von der Empfehlungsabsicht abstrahiert:

> Diese Dame, ist wohl ein Wunder unsrer Zeit: u. ich berede mich leichtlich, daß der Augenschein S. Exc. dieses mein Urtheil werde bestättigen machen. Da sonsten die Gegenwart den Ruhm mindert, so wird solcher durch die ihrige vermehret: indem man sie trefflicher findet, als sie dz Gerüchte gebildet.
> Die Schönheit u. Holdseeligkeit, wiewol sie in diesem Stuck wenig ihres gleichen hat, ist ihr geringster Ruhm: weil solche durch des Geistes Schönheit, wie der ☽ von d[er] ☉ überglänzet wird.
> In ihren sitten ist nichts dann Adel: u. welches dz seltsamste, ohn alle Eitelkeit. Ihr Gedächtnis, von der Vielbelesenheit erfüllet, u. mit dem reifesten Urtheil allemal vergesell-schaftet, machet sie höchst redseelig. Ihr Verstand sehet allen sachen auf den grund u. sezet sein Aug in den Mitteldupf, alle umstände auf einmal zu überschauen.[23]

Noch ihr Altersporträt läßt eine lebhafte, sensible Geistigkeit und Intelligenz durchscheinen.[24]

In der Gesellschaft der Ister-Nymphen, deren Schäferinnen durch Abwanderung aus Glaubensgründen oder durch Sterbefälle an Zahl bald geringer wurden, bildete Clio das Zentrum. Sie schrieb, um 1660 beginnend, ein pastoral-emblematisches Gesprächsspiel, das in sieben Rollen vorgetragen werden konnte, die «Tugend-Übungen Sieben Lustwehlender Schäferinnen», erst 1675 im Anhang zur «Sieges-Seule» publiziert. In allen sieben Schäferinnen, die sich durch einen Gedenkspruch, ein Schildbild mit Beischrift und durch ein Liebesgeschenk mit

‚Mesopotamische Schäferei/Oder Die Durchleuchtige Syrerin Aramena. Der Fünfte und lezte Theil: Der Unbekannten Freundschaft gewidmet‘. Nürnberg 1673. Titelkupfer: Die ‚Teutsche Uranie‘

Sinnspruch und folgendem Sonett vorstellen, ist Catharina Regina von Greiffenberg selbst zu erkennen. Sie plädiert, in der Person der vierten Schäferin gar
humorvoll-antipetrarkistisch, für die Freiheit von amourösen Liebesbindungen.[25] Den leichten Schäferroman «Astrée» des Honoré d'Urfé hatte Catharina
Regina von Greiffenberg bereits beiseite gelegt mit den Versen:

> Astrea schön!
> ich laß dich stehn:
> den Seelen-Hirt zu lieben.
> Er / der rechte Celadon /
> ist beständig blieben.[26]

Nur der kunstvoll verwickelte Roman von der «Syrerin Aramena», ein Werk
Herzog Anton Ulrichs von Braunschweig (1633–1714) und seiner Schwester
Sibylle Ursula (1629–1671), vermochte sie bei der Lektüre im Manuskript 1669
so zu faszinieren, daß sie das Werk begeistert an die Ister-Nymphen weitergab.
Zum Dank widmete Anton Ulrich die «Römische Octavia» bei ihrem Erscheinen
1677 dem weiblichen Lesezirkel, „Der Hochlöblichen Nymfen-Gesellschaft an
der Donau".[27] Catharina Regina von Greiffenberg wurde bereits 1673 im 5. Teil
der «Aramena» eigens ausgezeichnet durch die Einführung ihrer Person in die
„Mesopotamische Schäferei" unter dem Namen Uranie, durch ihre idealisierte
Darstellung im Titelkupfer (siehe Abb.) und deren Erklärung in der „Zeitschrift
an die Unbekante Freundin" – unbekannt, weil nur Herzog Anton Ulrich
schriftlich – durch Birken vermittelt – mit ihr verkehrte.[28]

„Sinnbruten" und „vernebelte Klarheit"

Kaum war Birken durch Stubenberg mit den handschriftlichen Sonetten der
Dichterin bekannt geworden, richtete sich ihr Vormund und Onkel 1660 an ihn
mit der Bitte, eine Ausgabe dieser Dichtungen „ohne meiner geliebten Fräul.
Muhme Vorwissen und Erlaubniß" zu besorgen.[29] Angeblich wußte sie nichts
von dem Plan.[30] Sigmund von Birken verfaßte eine „Voransprache zum edlen
Leser" (unpaginiert), in der er in Huldigungsform eine Rechtfertigung von
Frauendichtung, diesen „Sinnbruten", vorbringt. Durch einen in langer Beweis-
kette bis auf die „Erzmutter" Sara reichenden Rückblick auf schreibende bzw.
dichtende Frauen bestätigt er den weiblichen „Geist-Reichtum" und verhilft
Catharina Regina von Greiffenberg so zu Autorität und Kompetenz. Ihr räumt
Birken ein, „den Namen einer wahren Uranie und himmelgeistigen Kunst
Sångerinn" mit Recht zu tragen; „Der Teutschen URANJE Himmel-abstam-
mend und Himmel-aufflammenden Kunst-Klang und Gesang" hält er für un-
übertrefflich.[31]

Als Mitglied der Fruchtbringenden Gesellschaft steuert Birken, mit dem
Gesellschaftsnamen der „Erwachsene", zur Ausgabe der «Geistlichen Sonnette /
Lieder und Gedichte» 1662 ein hübsch-galantes Gedicht bei, das nach dem

Grundmuster der Porträtdichtung die äußeren und inneren, die leiblichen und geistigen Vorzüge der Dichterin preist. Zum Ernst und zum hohen Anspruch der Sonette, Lieder und Gedichte Catharina Regina von Greiffenbergs will Birkens umwerbende und augenzwinkernde Art nicht recht passen. Da er eingeweiht war in das Verlangen Hans Rudolph von Greiffenbergs, seine Nichte zu ehelichen, mag es scheinen, als habe er mitwirken wollen, ihre vermeintliche Sprödigkeit zu erweichen.

Mehrfach bildet gerade dieser Heiratsantrag Hans Rudolphs den Grund für die in den Sonetten thematisierten Widerwärtigkeiten; denn

Die Dame, nachdem ihr solche Liebe Kundt und ein ehliches Gelübde an Sie gesuchet worden, hat zwar mit dem Amanten, als ihrem Wohltäter ein beyleid, aber von dessen amour, als eines Blutgefixtens, [...]abscheu getragen.[32] [Catharina Regina von Greiffenberg] hat dannenhero diese Liebe, der Zeit zu verzehren überlassen, und Gott, den allmächtigen Herzreger und Regirer, üm vermittelung eifergist angeflehet.[33]

Doch Hans Rudolph gibt vor, seit „der Dame Kindheitjahren, ungemessen, doch in Ehr u. Zucht, entbrennet" gewesen zu sein,[34] längst „eine geheimende affection zu der übriggeblibnen Tochter" empfunden zu haben.[35] Direkter äußert sich Stubenberg am 13. 11. 1663 in einem Brief an Birken, wenn er meint: ihr Oheim „ist sterblich in sie verliebt, darf sie aber wegen naher Sippschaft nicht ehelichen, u. hintert auch anderwärtige heürathen"[36] – was der Umworbenen indes nur angenehm sein konnte, denn, so ruft sie aus: „mein dapfers Herz soll nichts als Ruh und Freyheit spüren."[37] Schließlich, „Diese Liebe vor eine Göttliche Schickung achtend",[38] willigt sie in die Ehe ein, um, wie sie sagt, „Meinen Freünd zuretten / Von einem Doppel-Tod",[39] vor dem Tod des Leibes und der Seele nämlich. Der Vorschlag des Generalsuperintendenten Caspar von Lilien, es „wehre also am rathsambsten, wo immer möglich beyde / verliebte personen zu divertieren, und den un- / genanten führnehmen Cavallier auf andere ge- / dancken zu bereden"[40] – wegen der bestehenden Blutsverwandtschaft – hatte sich so wenig verwirklicht wie Catharina Regina von Greiffenbergs Wunsch, die Zeit möge die Liebe des Onkels verzehren. Außerdem war für sie ja als Protestantin der Rückzug in eine institutionalisierte klösterliche Lebensform ausgeschlossen.[41]

In der 7. Betrachtung von Jesu Darstellung im Tempel, wie öfter in ihrem Andachtswerk, äußert sich Catharina Regina von Greiffenberg über den Ehestand, indem sie folgendermaßen differenziert:

GOtt liebet zwar unwider- und unaussprechlich die Keuschheit / aber diese kan auch auf zweyerlei Weise im heiligen Ehestand seyn: Man kan wol mit reinem Gemüt und keuschem Herzen die zu GOttes Ehre gewidmete Ehe-Früchte erzeugen; man kan auch wol / durch GOttes sonderbare Gnade / wie dessen viel Beispiele zu finden / eine rechte keusche Ehe besitzen; dann Keuschheit und Tugend hat in allem Stand und Zustand Platz. Die Tugend / darunter auch die Keuschheit / ist etwas unsterbliches / unaufhaltliches / und unverhinterliches / durchdringet alle Ort / Zeiten / Stände / Zufäll und Begebenheiten / lässet sich von nichts binden oder zwingen / sondern herrschet über allen Widerstand / und oft da am meisten / wo es am allerunmüglichsten scheint.[42]

Nach Joachim Kröll führte sie mit ihrem Gatten wohl eine „Josephsehe", „eine Ehe der gegenseitigen Achtung, der Nachsichtigkeit."[43] Sie adoptiert in „JEsuleins Wiegen-Lied" in der 4. Betrachtung „von JEsu heiligster Geburt" Gott selbst: „Weil mir der Höchst kein Kind gegeben/ // will ich an Kind-statt nehmen an // den Ursprung-Vatter meines Leben [...]".[44] Birken attestiert Uranie in einem schäferlichen Lobgedicht (1669), daß sie „im Fleisch als Engel" lebe,[45] was Catharina Regina von Greiffenberg selbst von ihrem Gatten aussagt, womit in der Terminologie der mystischen Theologie eben die oben zweite von ihr genannte Eheform bezeichnet werden kann. Sie nennt ihre Eheschließung eine „Sieg-Niederlage", d. h. eine Niederlage nur dem Anschein nach, in Wahrheit ein Sieg, was für sie beinhalten mußte, daß sie sich für den Deoglori-Dienst freizuhalten vermochte. Wahrscheinlich hat sie auch auf die eigene Situation bezogen, was sie über den Ehestand von Maria und Joseph aussagt:

> Es scheinet / als wann sich zu Göttlichen Werken nichts besser schickte / als eine vernebelte Klarheit: daß die höchste Beliebigkeit GOttes mit einer andern überzogen / ein wenig verdeckt würde / um desto herrlicher hervor zu strahlen.[46]

Innig-Freundschaft und Pegnesischer Blumenorden

In den Tagebuchaufzeichnungen Sigmunds von Birken erscheint Catharina Regina von Greiffenberg meist unter dem Namen „Uranie"; „illustra Uranie", „illustrissima Uranie" nennt der Pegnitz-Schäfer Floridan, Silvano in der Ister-Gesellschaft, die Ister-Nymphe Clio – ein schäferliches Verkleidungsspiel mit Namen.

Die Bekanntschaft Birkens mit der Dichterin hat diesen erst recht dazu gebracht, schreibende Frauen und Frauendichtung zu schätzen und entsprechend zu fördern. Seit dem 22. Dezember 1664 korrespondiert er mit Margareta Maria von Buwinghausen, die man unter dem Namen „Teutsche Sappho" – wie die Greiffenberg als „Teutsche Uranie" – der Ister-Gesellschaft zuzählt. Am 31. Januar 1664 notiert Birken den Kauf der „Teutschen Poemata" von Sibylla Schwarz, wie er deren «Deutsche poetische Gedichte» (Danzig 1650) nennt.[47] In den folgenden Jahren öffnet er in seiner Funktion als Vorsteher des Pegnesischen Blumenordens die Nürnberger Sprachgesellschaft, zu deren Aufnahmebedingungen die Übung in der Dichtkunst gehörte, auch Frauen. Zu ihnen zählte auch Maria Catharina Stockfleth, genannt Dorilis, Mitverfasserin des Romans «Die Kunst- und Tugendgezierte Macarie» (vgl. S. 229f. in diesem Band), welcher 1673, allerdings allein unter dem Namen ihres Gatten Dorus, erscheint.[48] Am 31. Mai 1668 liest Birken zusammen mit dem Pegnitzschäfer Dorus „am Busch bey der Grünen Höle die Poesyen der Edlen Sylvien" mit bürgerlichem Namen Catharina Margareta Schweser.[49] Die Aufnahmefestlichkeiten im Blumenorden sind jeweils Anlaß zu Lobgedichten auf die Schäferinnen. So vermerkt Birken beispielsweise im Tagebuch „Das Carmen in honorem Fräulein von Buwinghau-

sen", 96 Verse; unter den Papieren des Blumenordens ist es leider nicht erhalten.[50]

Mit Catharina Regina von Greiffenberg baut Birken, fast ständig mit der
Durchsicht ihrer Andachtsschriften einerseits und der Rechtfertigung ihrer
Verwandtenehe andererseits beschäftigt, eine Innig-Freundschaft auf, die in
ihrem religiösen Ernst neben den Galanterien Birkens mit den Pegnitz-Schäfe-
rinnen ganz eigenständig bleibt. Birken leiht denn auch am 26. November 1664
an die Dichterin den «Frauen-Zimmer Geschichtsspiegel» aus („Geistlicher
Weiber-Spiegel, das ist: Der Erleuchteten, Gottfürchtigen Weiber Alten und
Newen Testaments Bildnüsse in Kupfer gestochen. Mit ihren Historien, und
nützlichen Erinnerungen, auch Gebeten und andern zur Gottseligkeit dienlichen
Andachten", Leipzig 1636). Sie hinwiederum schenkt Birken am 23. November
1665 das Gesangbuch mit dem Titel „Der treue Seelen-Freund Christus Jesus /
mit nachdencklichen Sinn-Gemählden / anmuthigen Lehr-gedichten / und neuen
Geistreichen Gesängen" (Dresden 1658), verfaßt von Anna Sophia, Landgräfin
zu Hessen.[51] Vermutlich unter diesem Einfluß setzt Birken 1669, nach dem Tode
Dilherrs, im Blumenorden neben das Ordenssymbol der Panflöte als eine
„stumme Predigerin des Leidens Jesu" die Passionsblume mit der Aufschrift
„Divini germen honoris" – Alles zur Ehre des Himmels.[52]

Zur Zeit dieser Emblemerneuerung hatte die affektive Temperatur der Innig
Freundschaft einen Höhepunkt erreicht. Bereits am 14. Dezember 1668 lautet
Birkens „AntwortThon auf der Hochgel. Nymphe Urania Klag-Lied: Eine
Göttin nennt mich Freund / Bässer würd ich Knecht genennet".[53] Häufige
Besuche in Nürnberg, Briefe, Kärtchen und Zettelchen festigen den Kontakt
zwischen den Ister-Nymphen Isis (Frau Popp), Dora (Frau von Laßberg),
Uranie und Birken-Silvano. Trotz des hohen Ansehens, das er genießt, und
obwohl der Blumenorden auf großes Interesse stößt, geht es Birken schlecht.
Catharina Regina von Greiffenberg macht sich Sorgen, weil er „zu den leibes-
schmerzen, auch Gemüths Unruhe hat".[54] Die zu beschwichtigen, lädt sie
Birken zu einer Spazierfahrt ein; „Schreiben und invitatio von Uranien, samt
Trost Sonnet", notiert er im Tagebuch.[55]

Birkens häusliche Verhältnisse bilden den düsteren Hintergrund dieser Innig-
Freundschaft. Zwischen ihm und seiner um sechzehn Jahre älteren Gattin,
Margareta Magdalena, geborene Göring (1610–1670) gab es häufig Auseinander-
setzungen. Nur widerwillig war sie ihm von Bayreuth nach Nürnberg gefolgt.
Jetzt, im Schatten der Innig-Freundschaft, verschärfte sich ihre Isolation, wuchs
ihre Eifersucht und Verzweiflung. Hier die Szenen in Stichworten:

[27. Mai 1669] Uxoris rixae [Streit der Frau] über Tisch u. Schmähen auf Uranie u.
Isidem daß ihre Männer ihnen alles müssen nachsehen: als ich [Birken] schutzredte,
respondit abiens: Ich wolte, das sie an einen Ort steckten u. solte sie niemand als ich
herausziehen; [2. Juni] Bey Uranien Zu midtag gegessen, u. sind [...] als dann wir 4
Innigstfreunde, Uranie, Dora, Isis u. Floridan auf der Kutsche zum Kutsche-Teich u.
rückwärts auf einen schönen Tannenplatz gefahren, daselbst abgetreden u. eine Stunde
lang uns godtseelig unterredet; [5. Juni] Von Uran[ien] nochmals Abschied genommen;

[6. Juni.] Uxor ehe ich weggienge, mich Zänkisch angelassen, daß ich Frau Poppin, wie ihr die gewesene Magd referirt, bey der Hand heimgeführet; [10. Juni.] Uxoris rixae u. Drohung, sie wolle mich enterben; [11. Juni.] Als ich meiner Andacht pflegen wollen, kam Uxor in meine Stube, u. klagte, wie die Magd weg wolte, ihren verbrenten Finger fürschützend. [...] mich berichtet, wie die Magd davon; u. diese mich nomine mariti gebedten, Uxorem deswegen, wie ich gedrohet, nit Zu Züchtigen; [15. Juni.] Uxoris verzweifelter Kummer, u. Vorbringen, das sie nach Bayreuth wolle; [17. Juni.] Uxor ihre EinsamkeitKlage wieder angehebet, und solches, mich am Schlaf hindernd, nachtüber continuirt; [24. Juni.] Drausen auf der Insel unter den Linden, das Threnenlied mit vielen Threnen gesungen.[56]

Ein Gespräch mit dem Beichtiger und die Beichte selbst bringen keine Aussöhnung, da Uxor Gott zum Richter bestellt; noch weniger vermögen „verba et verbera" – Schelte und Schläge, zu denen Birken greift. Auch die „Exhortatio ad Uxorem", an der Birken jetzt intensiv arbeitet, bleibt unvollendet. Birkens Schwester und Gatte kommen zu Besuch, vermutlich um zu helfen, da ihnen „Uxor einen unnützen Brief me inscio Zugeschrieben", wie Birken im Tagebuch vermerkt.[57]

Inzwischen war Uranie verreist. Wahrscheinlich ohne von diesem Schatten der Innig-Freundschaft zu wissen, bleibt sie mit der Poppin, Isis und Birken in Briefkontakt. Mit Birkens Hilfe wird ihr „Allerliebster Gemahl", trotz schwerer Sorgen mit den Gutsnachbarn in Seisenegg „wieder lustig und freüdig".[58] Ihre Besorgnis aber um Birken war in jenem Jahr, bereits vor ihrer Ankunft in Nürnberg, groß, wenn nicht übersteigert.[59] Sie hatte der Isis Ratschläge zur Pflege des erkrankten Birken erteilt, alle Apothekerkosten wollte sie auf sich nehmen; Birkens Frau hatte wohl ihre Hausfrauenrolle ausgespielt.[60] Birken hatte Catharina Regina von Greiffenberg schließlich in Nürnberg seine Situation, wohl einseitig aus seiner Sicht, eröffnet. Diese ist stark beeindruckt: „Nächste Wehmütige Endekung Seines Unglükkes hat Mich Dermassen Jnnig gerühret, daß Jch seithero unaufhörlich Darauff gedenke".[61] Die Spazierfahrt der Innig-Freunde sowie die beiden „Eil-fliegend Abends" an Birken übersandten Sonette, „Trost der Hoffnung, in Eüsserster Wiederwärttigkeit!" und „Die Unvergnügte Zufriedenheit!" stilisierten, in je eigener Weise, beider schwieriges Ehegeschick und die damit verbundenen Unannehmlichkeiten. Für Birkens Frau jedenfalls ergab sich daraus keine Erleichterung, sie verstarb bereits im nächsten Winter am 15. Februar 1670. Birkens unruhiges Gewissen ihr gegenüber verrät sich in der Tagebuchaufzeichnung vom 12. Juli 1671: „In somno Meine seel[ige] Liebste gesehen, mir mit 2 Fingern gewinkt, auf die Frage, Warum? Respon[sit] Sechse. Darauf: Warüm ich verursacht, daß sie herüber fahren müßen".[62] Den Nachruf auf sie hat Birken in Form eines Schäfergedichtes geschrieben; mit dem Entwurf des Grabsteins, der Grabplatte und deren Beschriftung beschäftigte er sich fast zwei Jahre.[63]

Catharina Regina von Greiffenberg unterschreibt ab August 1669 ihre Briefe an Birken im Zeichen der Innig-Freundschaft mit dem selbstgewählten Namen „Coris". Er ist abgeleitet von Cor, Herz: „Rein und hertzlich" wollte sie stets

sein, rein in Erfüllung ihres Taufnamens Catharina, die Reine, und herzlich als „Jesu Hertzdienerin".[64]
In den Pegnesischen Blumenorden wurde sie nie aufgenommen.[65] Die Innig-Freundschaft jedoch will sie in der ewigen Verklärung nicht missen, sie vielmehr dort in geläuterter Form aufgehoben wissen. In der 9. Betrachtung „Des Allerheiligsten Lebens JESU Christi" führt sie 1693, längst nach dem Tode Birkens, aus:

Die überirrdische Jnnig-Freundschafft wird da so süß als unschuldig seyn / sie wird zwey wettende Meer von Lieblichkeit und Reinigkeit haben? [? = !] einen Himmel voll Freud-Wolken voll Jnnigkeits-Ubergånge / und unaussprechlicher Süssigkeiten heegen. [...] die feurigsten Begierden werden gantz rein und unschuldig seyn / aber die aller kühleste Keuschheit wird nicht hindern / daß alles voll Flammen und Flügel ist.[66]

Martha und Maria

Nach der Trauung am 12. Oktober 1664 in Frauenaurach bei Erlangen kehrte Hans Rudolph von Greiffenberg nach Seisenegg zurück, seine Gattin blieb vorerst noch in Nürnberg. Doch 1665 zog auch sie auf Schloß Seisenegg, um ein scheinbar durchschnittliches adeliges Landleben zu führen. Hans Rudolph, der bald nach der Trauung wegen Konkubinats im Oktober 1665 angeklagt worden war und ein Jahr im Gefängnis verbringen mußte, kümmerte sich danach vor allem um das Radamer Bergwerk, während Catharina Regina von Greiffenberg den Gutsbetrieb leitete. Wenn er nach Hause zurückkkehrte – er war jetzt in den Sechzigern –, brachte er meist Gäste mit. Laute Unterhaltung, Spiel und anderer Zeitvertreib, dazu Nachbarsvisiten nehmen seiner Frau Ruhe und Andacht zum Schreiben.[67] Öfter klagt sie über solche Störungen, wie zum Beispiel am 28. 2. 1670 in einem Brief an Birken: „Es ist doch Ein Elend, Wann Mann schier nie, Seiner Mächtig ist, und jmmer thun Muß, Was Einem hindert".[68] Besonders sonntags wird sie gestört:

Da geschehen alle Zusammenkünfte / Besuchungen / Ausfahrten und Feste. Da soll man GOtt stehen lassen / und der Welt aufwarten; das Himmel-anklopfen in wind schlagen / und der Eitelkeit aufhupfen; die Bibel wegschieben / und die Karte in die hände nehmen. Thut man es nicht / so wird man vor eine Närrin / oder was noch årger / vor eine Pharisåische Heuchlerin gehalten [...] man wird wider seinen willen / an der Ruhe und Stille in GOtt verstöret / weil man / wie ein einsames Vögelein / überall aufgetrieben wird: geschihet es nicht durch Gesellschaft / so kömt doch sonst irgend ein Geschåfte und Haussache.[69]

Durch nichts jedoch wollte sich Catharina Regina von Greiffenberg von ihrer Andacht abhalten lassen, wie sie in der 9. „Betrachtung von dem verlohrnen Kind JEsu" bekennt:

Es konte mich nichts davon bringen (auch noch nicht) weder bitten / noch drohen / fluchen noch loben / Nutz noch Lust / Gesellschaft noch Freuden / auch keine Schmach /

Verhönung / Gespey und Gelächter der Welt-Menschen / noch ihre Pharisäisch- und Qwackerische Verketzerungen / auch die oft nötiger scheinende Haus-Geschäffte / noch die weniger lieblichen Blicke meiner Allerliebsten nicht / daß ich nicht meiner innigen Andacht oblage / und derselben gewöhnliche (zwar wenige) Stunden hielte.[70]

Selbst der in lutherischem Umfeld scheinbar stichhaltige Einwand, „man sey kein Münch oder Nonne / die immer beten müssen [...] und was dergleichen verfluchte Ausreden mehr sind",[71] hindert sie nicht daran, eine Form des Gebets zu suchen und schließlich zu üben, die Tag und Nacht währt. Doch gerade dieser Gebetswunsch schafft stets neue Schwierigkeiten:

Meine wiederwärttigkeiten seyn so wenig schreibwürdig, Als Sie nicht genug Zube-schreiben seyn? [?=!] Sie seyn Zwar nicht wichtig, doch macht die Mänge Sie so schwer daß Sie fast nicht Zuertragen, Man Bilde Ihm [= sich] Zu gleich das Unruhigste, und langweiligste Leben, V[on] der Welt Ein! in welchem Gottseeligkeit (gleichsam) Eine Sünde, die Tugend eine Schand, die Weysheit verwiesen, die Künste verbahnt, die Bücher Ein Gifft, und die Gottes-gedanken gleich Alß Verbotten seyn, Wo man Sich unaufhörlich bemühen Muß, daß man den jenigen, die Eines Aufs höchste kwählen und betrüben (dem Gesinde) das Leben unterhaltten kann, wovor Sie lauter Gifft und Gallen geben.[72]

Zusammengefaßt ist die Problematik des geistlichen Lebens der Catharina Regina von Greiffenberg im Brief vom 28. 8. 1668 an Birken:

Es ist ja beschwerlich wann die Flügel der Sinnen, mit dem Leym leiblicher Geschäfte und Verrichtungen verkleistert werden... Es ist schwer Wann der Geist Himmlisch gefeinet, und der Beruff Zu Irdischen Dingen Verpflichtet, Wie bey uns!/[73]

Dennoch versucht sie, ihre asketische und kontemplative Lebenshaltung als Verpflichtung und Aufgabe durchzusetzen. Der Konflikt zeigt sich exemplarisch an den neutestamentlichen Frauengestalten Martha und Maria. Auf sie bezieht Catharina Regina von Greiffenberg sich auch, wenn sie etwa am 1. 10. 1671 an Birken schreibt:

Ich wollte [...] Am Allerliebsten Marie seyn, die in Der Ewigkeit, bey Jesu Füßen säße! und weder Streit, noch Gefahr mehr Zubefahren hätte.[74]

Denn:

Freylich Pflegt Einem daß unaufhörliche Marthageschwätze zu wieder zu seÿn, Es ist auch Meine Klage, und darffs noch nicht klagen? [?=!][75]

Eine Briefstelle vom 24. Juli / 3. August 1669 zeigt, daß Catharina Regina von Greiffenberg die mindestens scheinbare Diskrepanz zwischen Maria- und Mar-thadienst auszugleichen, wenn nicht gar zu überwinden sucht. Sie schreibt:

[...] wann Ich nur das noch erhalten könte, daß Ich über die Verhinderungen an Seinem Dihnst und Ehren, nicht so seer bewegt und entrüstet wurde [...] finde aber, daß eben unßer größte Angst und unruh über die Verstöhrung an Seinem Dihnst Ihm der angenehm-ste Dihnst selber ist, und lieber, alß wann Er in Bester ruhe aufs herzlichst v uns Bedihnt und geEhrt wurde? [?=!] [...] Wollan dann Mein Freund, lasset uns Jesum Bedihnen in dem wir Ihm nicht Dihnen können.[76]

Martha- und Mariadienst können durch eine bestimmte Betrachtungs-„Technik" einander angenähert, ja in Übereinstimmung gebracht werden. Catharina Regina von Greiffenberg entscheidet, trotz gelegentlicher Klagen über die *vita activa*, ganz klar:

> Ich an Meinem ohrt muß mir die äusserliche Wihrtschaffts-werke, zu Geistlichen Gedächtnus öhrtern machen, und meine gedanken bald in dieses Bald in jenes Geschöpfe und Geschäffte Losieren [...], Kurz: Es muß mir alles Ein Jesu-Zuführendes-gelegenheits-haar seyn? [?−!][77]

Bei dieser Anstrengung, das alltägliche Tätigsein zum Anlaß für geistliches Betrachten zu nehmen, ist Martha Muster und Vorbild:

> GOttseeligkeit und Haushåltigkeit kan wohl beysammen seyn. Martha / wie ihr Name und ihre Werke weisen / war eine gute Haußhalterin / aber dieses hindert sie nicht an der Liebe und Ehrerbietigkeit zu JEsu. Sie muß einen heroischen wůrkenden lebhafften Geist gehabt haben / der sich bald fassen und finden konnte.[78]

So denkt sie sich ein Kloster und einen Herzensorden aus, in dem sie Maria und Martha in der eigenen Person vereinen kann; sie will „nicht nur eine Chor-sondern auch eine Leyschwester abgeben".[79] Dies schließt nicht aus, daß ihr „einig [einziges] flugziel ist / zu Jesus Christus Füßen!"[80]

Äußerlich bleibt in ihrem Leben als Gutsherrin die Grundkonstellation diese: „ist mein Libster da, so gibts Gesellschaft und Ausreisens, ist Er auß, so Muß Ich Regiren und giebt Viel zu thun".[81] Den Brief an den Innig-Freund Birken verfaßt sie am 7. 8. 1671 denn beispielsweise auch im „Flachsfeld", wo sie zwischen-durch den Flachsziehern Anweisungen zu erteilen hat.[82] Jesus-Gespräche, wie sie sie sich wünscht, sind hier nicht möglich.[83] Es bleibt ihr nur die Übung in der Verwirklichung einer Synthese von Martha und Maria durch die „zufälligen Andachten".

Ein Jesu-Zuführendes-gelegenheits-haar

Um selbst im Martha-Dienst wie Maria stets zu Füßen Jesu zu sein, übt sich Catharina Regina von Greiffenberg also darin, jede Tätigkeit, d. h. vor allem ihre Beschäftigungen als Gutsherrin, im Gedanken an ihre Devise „Nichts als Je-sus"[84] auszuführen. Wie manche Fromme ihres Zeitalters suchte sie solche Jesus-Andacht in den scheinbar banalsten Verrichtungen des Alltags zu verwirklichen. In der 4. Passionsbetrachtung schreibt sie dementsprechend:

> Ich werde mein haar flechtend / mich befleissen / meine sinnen und gedanken in dein lob einzuflechten / und solche in flammender liebe aufzusetzen. Mit diesem begehre ich in der zeit anzufangen / was ich in der Ewigkeit nie enden werde / nähmlich dich unendlich / O JEsu! zu loben / zu ehren / zu preisen / zu lieben / und dir zu danken. Amen / O JEsu! Amen.[85]

Damit nimmt sie einen „Kurzen Tag-seufzer" aus „XII Dutzet Kurze Tag-seufzer" des Andachtsbuchs «Tägliches Christentum» von Sigmund von Birken auf. Unter dem Datum vom 10. Mai 1660 vermerkt Birken seine Durchsicht des noch handschriftlich erhaltenen II. Gesprächs, zu dem die Morgenandacht „beym Haare richten" gehört. Er gibt zur Anregung einige Gedanken:

> Ich richte iezt und ordne das Haupt-Haar: die Gedanken unter dem Haar, mußen auch in Ordnung gerichtet, und zur Andacht aus ihrer Zerstreuung gesamlet werden. Die Andacht ist eine Zier der Sinnen im Haupt, gleichwie d. Hauptes.[86]

Allerdings bezieht Catharina Regina von Greiffenberg ihre alltägliche Haar-Betrachtung und -Andacht in das für sie übergreifende und total sich auswirkende Lobprogramm, in das Lobwerk, ein. Andacht ist für sie nichts als Lob, auslaufend in Danksagung. Im Zusammenhang der Doxologie erscheinen die Haare unvermittelt sogar in der „Eilfften Betrachtung / von der Einreittung in Jerusalem":

> Ach! daß alle Haare Posaunen und Trompeten wären / und deinen Ruhm in die weite Welt ausschalleten.[87]

Bereits in „Des JEsus-Leidens" dritter Betrachtung bittet sie:

> Laß mich ein GOtt-zuführendes sinnbild finden / und alle Creaturen meine gedenk-örter seyn / dir preis zu geben.[88]

Und gleich findet sie eines:

> Jch werde mein haar flechtend / mich befleissen / meine sinnen und gedanken in dein lob einzuflechten / und solche in flammender liebe aufzusetzen.[89]

Wenn in der Barockzeit auch Männer mit ihren Haaren, wohl weniger mit den eigenen denn mit Perückenhaaren, beschäftigt waren, so darf doch der Betrachtungsort der Haare bei Catharina Regina von Greiffenberg als Indiz einer typisch weiblichen Haarvorliebe gewertet werden, von der Tier-, insbesondere Lammfelle nicht ausgeschlossen sind. Die Haare, welche selbst Jesus im Sinne bleiben, sind diejenigen der Liebesjüngerin Maria Magdalena:

> Die sonst hinfällig und flüchtige Haare verharren in seiner Gedåchtnůs / als wann sie goldene Pyramiden / oder Feur- und Flammen-Såulen gewesen wåren. Dieser Gold-Flor umwunde / als ein zartes Spinn-Geweben-Tuch seine Fůsse / wird aber vom Heiligen Geist als ein goldenes Ertz / ja Ertz-goldenes / nemlich beståndiges / Gewůrk aufbewahret.[90]

Geistlich übertragen wird bei Catharina Regina von Greiffenberg auch vom Haarewaschen gehandelt, vgl. „Fůnffte Betrachtung von den Wundern JEsu in Heilung der Kranken". Da heißt es:

> Wasche die Haar meiner Gedanken mit der Lauge deines Blutes / das sie GOtt- und Gold-rein und glånzend werden / und das Gemůt / als der Grund / oder die Haut / worauf sie stehen und wachsen / wie der Schnee / daß kein Ståublein darauf zu spůhren seye. Wann es můglich wåre, daß man bey Leben das Hirn / wie nach dem Tod im Balsamiren / mit Löffeln heraus nehmen könnte / wollt Jch bitten / du sollst es heraus fassen / und mit dem Rosen-Wasser deiner puresten Unschuld auswaschen / und abtrieben / wie man einen Butter / oder Rosen-Salbe auswåschet und abrůhret / daß es ganz rein und sauber wůrde / um wůrdig von Dir und deiner Ehre denken und dichten zu können.[91]

Über Haare, Haut und Hirn geht es bei ihr zum Denken und Dichten, und dies wiederum ist gar nicht zu trennen von Lob und Ehre Gottes. Ort ihrer Lobgedanken sind besonders die mit Blut verklebten Haare des Leidensmannes, gerade hier findet sich das Gelegenheits-Haar („Des JEsus-Leidens", 5. Betrachtung):

Lasse / das mit deinem Blut und an dem verharrungs-haar angehäftete papierlein meiner gedanken / nimmermehr aus dem kreis deiner Liebe und andacht blasen.[92]

„Deoglori, von der Ich fortan Singe"

Die Schwierigkeiten, Widerwärtigkeiten, Unannehmlichkeiten und Rechtsstreitigkeiten, die sich seit der Werbung Hans Rudolphs und seit der Trauung mit ihm für die Dichterin ergaben, waren nicht mehr zu beheben oder gar aus der Welt zu schaffen. Sie verfolgten sie bis weit über den Tod des Gatten (1677) hinaus. Sie trafen sie stets von neuem tief, denn sie stellten an sie stets neu die Frage nach dem rechten Verständnis ihrer eigenen Berufung. Gerade in der unglücklichen Konstellation ihrer Angelegenheiten sucht sie immer wieder nach bestätigenden Zeichen für ihre schreibende Tätigkeit als Dichterin und Schriftstellerin von Andachtsbüchern. Schon bald nach der Trauung (1664), als Hans Rudolph ins Gefängnis abgeführt worden war, schreibt sie an Birken (6./16. 10. 1665): „Überlebe und überstehe Ich diesen harten Strauß so beschieht Es durch Gottes krafft, der mich zu was vorbehält".[93]

Vorbehalten zu sein für ein Werk Gottes, daran glaubte Catharina Regina von Greiffenberg seit ihrer Kindheit, da ihre Mutter sie bereits vor der Geburt Gott geweiht hatte. „Ich in deine Lieb verliebet / bin zu deinem Lob verlobt", dichtet sie in den Passionsandachten;[94] ver-lobt zu einem Dienst des besonderen Lobes, wie sie es zeitlebens interpretierte und mit Hartnäckigkeit schreibend praktizierte. Die von ihr früh akzeptierte Berufung zum Lob befestigte sich im Deoglori-Erlebnis 1651 zu Pressburg und wurde von da an die „Hauptsache" ihres Lebens. Über längere Zeit hin konkretisierte sich ihr Lobwerk im Vorhabens-Zweck, in dem utopisch erscheinenden Ziel, Kaiser Leopold I., das Kaiserhaus und schließlich das ganze Kaiserreich zum Luthertum zu bekehren. Diesen politischen und nicht ungefährlichen Plan eröffnete sie am 11. Oktober 1665 in Gegenwart der Innig-Freundin Susanne Popp (Isis) ihrem Innig-Freund Birken.[95] Über das waghalsige Unternehmen schreibt sie am 13./23. 7. 1666 zur Beruhigung an Birken:

in gefahr gerahten um Gottes Ehre lehr und bekantnus willen, durh unumgängliche schuldigkeit, scheuh Ich keinen Augenblikk, liebe viel Mehr die gefahr die Mich Meiner Seeligkeit versichert, und were Mir Eine Süssigkeit, Meinen himmlischen Bräuttgam meine lieb mit meinem blut zu versiglen [...] Deoglori [...] ist und bleibt Meine geEhrteste Seelen-Göttin, von der Ich fortan Singe,
Deoglori bleibt Mein herz, wenn auch Meines / längst verwesen.[96]

Die dem Kaiser zugedachte Bekehrungsschrift, eine politische Dichtung mit dem Titel «Adler-Grotta», bleibt verloren; ihre Wienreisen für das Bekehrungsunternehmen waren ergebnislos verlaufen.[97] Doch der seit dem Pressburg-Erlebnis 1651 erkannten Aufgabe bleibt sie treu: ihr Engelwerk, „eine Unaufhörlichkeit im Gottesdienst",[98] verwirklicht sie als „wunderpreisungs spiel":[99]

> Daß alle Stäublein / mein / und lauter Zungen wären /
> und iedes meiner Haar' ein helle Weißheit Flamm!
> ich wollt zu GOTTES Lob / sie binden all zusamm.[100]

Das Lobwerk ist ein einziges, unablässiges Werk: „Mein GOtt / ich fah izt an / dich ohne End zu preisen",[101] womit sie in Engelnachahmung das Werk der Ewigkeit in der Zeit zu beginnen vermag. Die dreifache, trinitarische Lobaufforderung durchzieht ihr ganzes Dicht- und Andachtswerk.[102] Alle Kreatur wird aufgefordert, am Lob mitzuwirken, vor allem die eigene Existenz soll nichts denn Lob sein:

> Ach daß mein Athem wär ein lob-durchsüsster Wind /
> und Sternen-werts auffürt die Flammen meiner Liebe![103]

Da für Catharina Regina von Greiffenberg Loben auch Schreiben heißt, spricht sie ihre eigene Hand an:

> Fahr fort / mein' Hand / preiß GOtt auch inniglich; befleiße dich / sein Wunder-Lob zu dichten![104]

Schreibend ruft sie aus: „Jch dien / wozu GOtt will / dem ich mich ganz geschenkt".[105] Obschon das Lobwerk nach Meinung Catharinas die ganze Existenz beansprucht, kommt in ihrem Leben dem Schreiben in ungebundener und gebundener Sprache ein besonderer Stellenwert zu. Das „Englisch Menschenwerk" der „Edlen-Dicht-Kunst"[106] zu verwirklichen, dazu scheint sie sich spätestens ab 1651 berufen gefühlt zu haben. Und da das Andachtslob mit dem Dichtwerk in eins fiel, rechtfertigte es ihren unbedingten Wunsch nach Freiheit insbesondere von Amors Liebesbindungen. Grundsätzlich sind nach ihrer Ansicht Frauen zum Schreiben ebenso begabt wie berechtigt, denn für Gleichberechtigung von Mann und Frau vor Gott sorgte dieser selbst. Nach ihrer Auffassung nämlich ließ die göttliche Weisheit im Paradies

über dem Adam [...] einen harten Schlaff fallen / als sie das Weib aus seiner Ribbe erbauet / damit er nichts an solcher Formirung meistern / noch sich künftig vor einen Mithelffer an ihrer Erbauung rühmen könnte.[107]

Für ihre politische Arbeit an der «Sieges-Seule» und der «Adler-Grotta» rechtfertigt sie sich sozusagen mit einem persönlichen Sonderauftrag von Gott her:[108] weil es Gottes „Spielregel" ist, gerade das Schwache zu erwählen, glaubt sie den „unmöglichen" Auftrag annehmen zu müssen.

Die Arbeit an den Andachtsbüchern, die über Jahrzehnte hin in konstanter Kraft das Lobwerk par excellence darstellt – es nimmt ihre ganze Freiheit, die sie nach dem Tode Hans Rudolphs und dem Verzicht auf Seisenegg hat, in Beschlag

–, sieht Catharina Regina von Greiffenberg in der Perspektive eines die Geschlechterdifferenz übergreifenden totalen Gottesanspruchs. Gott stellt alle Geschöpfe in seinen Dienst:

> Alle lebende Creaturen / machet er zu dienern und werkzeugen seiner Liebe gegen uns. Warum solte er dann nicht / uns armen Weibsbildern / das jenige gönnen / was allen andern Geschöpfen zugelassen / nemlich GOttes Ehre zu vermehren / und werkzeuge der bekehrung zu seyn? [...] Und warum wolte dann nicht auch ich zu dem heiligen Werk der Deoglori dienen können? Hat er ein Weib zum werkzeug seiner Menschheit gebraucht: so wird er uns auch zu werkzeugen seines Geistes würdigen.[109]

Biblische Frauengestalten und Beispielfiguren aus der Kirchengeschichte bestätigen ihr die Wertschätzung der Frau in den Augen Gottes – wenn die menschliche Gesellschaft die Weibsbilder verachtet, ist das eine andere, der allgemeinmenschlichen Defizienz zuzuschreibende Sache:

> Es ward aber Elisabeth voll des Heiligen Geistes / daraus klärlich zu sehen / daß der Heilige Geist / auch die Weibsbilder seiner Erfüllung würdiget / und weder Geschlechte / Stand / noch Alter von seiner Gnad ausschliesset. [...] Er sihet kein Geschlecht an / und ob die schwachen Weibsbilder schon sonsten / sind sie doch von ihm nicht verachtet / er wirket / singet / spielet / jauchzet / und jubiliret so wol in ihrem Herzen / als in den Männern [...].[110]

Ja, der Höchste will sich „der Weibsbilder / als der aller getreuesten hertzdienerinnen / gebrauchen / sie auch von den allerwichtigsten Himmelreichsgeschäfften keines wegs ausschliessen".[111] Um innerweltliche Autonomie der Frau oder um Gleichberechtigung der Frau mit dem Mann in säkularen Belangen konnte es Catharina Regina von Greiffenberg nicht gehen. Dafür war nicht bloß „die Zeit nicht reif", es konnte sie gar nicht interessieren: Sie suchte sich „mit süsser Denke-Lust" schon jetzt „in die Zeit-befreyte Zeit" zu versetzen.[112] Ihre einzige Sorge war, das ihr von Gott aufgetragene Wörterwerk sie verstand es als ihre geistliche Berufung – richtig auszuführen. So bittet sie Gott, oft den Mensch gewordenen Gott Jesus Christus:

> O du himmlischer Wolredner! rede ewig durch mich / und lasse mich immer von dir reden: Ich opfere dir die Rede / die du mir gegeben hast / zu deinen Ehren auf.[113] [...]
> Dein heiliger / reiner / sauberer Geist / der red / und dicht und schreibe aus mir / als seinem ganz gelassenen Werk-Zeuge: Beliebt es Jme / so schreye Er laut zu deinen Preiß und Ehren; wo nicht / so rede Er die heimliche innerliche Sprache / die Niemand verstehet / als der sie empfindet; die so unaussprechlich ist / als lieblich sie Einen ergözen kan.[114]

Diese Sprache ist letztlich unabhängig von ungebundener oder gebundener Sprachform, sie soll vielmehr das sein, was Gott selbst im Innersten des Menschen redet: „Sie kan heissen: Die laute Stillheit / das Geschrey ohne Schall / die Geistliche Posaun im Herzen / das rauschende Wasser im tiefsten Seel-Abgrund".[115]

Dafür, daß Catharina Regina von Greiffenberg ihren Dienst an der Deoglori in unlöslicher Einheit von religiöser und poetischer Erleuchtung und Inspiration, meist unter widrigsten Umständen, in gebundener, ungebundener und wortloser „stiller" Sprache versah, nahm Philipp von Zesen, selbst ein Sophia-Verehrer, sie unter dem Namen „Die Tapfere" 1676 als Obervorsitzerin und Oberzunftmeisterin der Lilienzunft in die Teutschgesinnte Genossenschaft auf.[116]

Während «Geistliche Sonnette / Lieder und Gedichte», eine Lyrik-Sammlung, die in den eben vergangenen Jahren zunehmend Interesse fand, sich bei ihrem Erscheinen 1662 schlecht verkaufte, wartet heute Catharina Regina von Greiffenbergs damals beliebtes Andachtswerk, wohl mit wenig Erfolgsaussicht, auf ausdauernde, beschauliche Leser/innen.

VIII. Herzensgespräche mit Gott
Bekenntnisse deutscher Pietistinnen im 17. und 18. Jahrhundert

Jeannine Blackwell

Der Herr hat große Dinge an mir getan.
Johanna Eleonora Petersen

Die Mütter und Väter des Pietismus

Das religiöse Bekenntnis stellt den Angelpunkt zwischen der mittelalterlichen Mystik und der Romantik, zwischen mündlicher Überlieferung und gehobener Literatur, zwischen individuellem Bekenntnis und den verinnerlichten patriarchalen Strukturen dar. So ist es nicht erstaunlich, daß in der Geschichte schreibender Frauen das Bekenntnis bedeutsam ist, denn es gibt Frauen eine Stimme und erlaubt ihnen die Entfaltung ihrer Subjektivität, andrerseits zwingt es sie jedoch, jenes aktiv untersuchte Leben in die patriarchalisch geprägten Kategorien der Sünde, der Schuld und des Zugangs zum Göttlichen hineinzuzwängen.

Die bekanntesten Dokumente des frühen deutschen Pietismus zeigen, daß Frauen als prominente geistige Führerinnen auftauchten und daß sich die Form ihres geistigen Lebens von der ihrer Mitbrüder grundsätzlich unterschied.[1] Drei der einflußreichsten Sammlungen pietistischer Lebensläufe – Gottfried Arnolds «Unpartheyliche Kirchen und Ketzer-Geschichten» (1699–1700), Johann Heinrich Reitz' «Historie der Wiedergeborenen» (1717) und Erdmann Heinrich von Henckels «Letzte Stunden» (1746) – enthalten überwiegend weibliche Biographien, Bekenntnisse, Prophezeihungen und letzte Worte. Bei Arnold findet man ausführliche Lebensläufe von 27 Frauen und noch 56 weitere aufgezählt; 45 von 99 Lebensläufen bei Reitz und 30 von 58 bei Henckel handeln von Frauen. Die ‚Väter' des Pietismus, Philipp Jakob Spener und August Hermann Francke, schrieben wichtige Werke über ekstatische Gesichte, prophetische Gaben bzw. exemplarische Bekehrungen von Frauen.[2] Daß diese Werke um 1700, nach der Begründung des Pietismus erschienen sind, heißt nicht, daß Frauen erst so spät zur Bewegung gekommen wären. Im Gegenteil, die meisten der von den führenden Pietisten gesammelten Geschichten handeln von Frauen, die während der Entwicklungsjahre des Pietismus hervortraten. In diesen Sammlungen findet man Biographien von Frauen des frühen 17. Jahrhunderts sowohl aus dem Osten – mährische und böhmische Mitglieder der Brüdergemeinden und Jüngerinnen von Jakob Böhme, wie z. B. die drei Frauen in «Dem Göttlichen Wunderbuch» (1629) – als auch aus dem Nordwesten – Anna Maria von Schurmann

(1607–1678), Anna Ovena Hoyers (Holstein und Schweden 1584–1655) – und französisch-belgische Mystikerinnen wie Jeanne Marie de la Motte Guyon (1648–1717) und Antoinette Bourignon (1616–1678).

Obgleich Frauen in den Anfangsjahren des Pietismus während des Dreißigjährigen Kriegs und kurz danach einige Bedeutung erlangten und an der Begründung des Pietistenkreises in Frankfurt teilnahmen, haben spätere Einschränkungen der Geschlechterrollen ihre Namen und Leistungen getilgt. Frauen konnten zwar bei dem *Collegium pietatis* (gegründet 1670, weibliche Teilnehmer nach 1675) zuhören, durften aber nicht sprechen. Immerhin setzte das Collegium eine Wegmarke in der Entwicklung des weiblichen Erziehungswesens in Deutschland. Frauen nahmen auch intensiv an der Singstunde und an den Andachten – Konventikel, Sammlung, *huiskerk* oder Hauskirche genannt – außerhalb der Kirche teil und traten als Verfasserinnen geistlicher Lieder hervor. Nachdem sich jedoch der Pietismus in Halle eingebürgert hatte und die Zeit ekstatischer Weissagung und des Separatismus von der organisierten Lutherkirche Mitte des 18. Jahrhunderts vorüber war, gaben Frauen ihre aktive Rolle in der Religionsgemeinschaft auf und wurden statt dessen lediglich zu Konsumentinnen. Diese Rolle haben sie nicht freiwillig übernommen, sie wurde ihnen aufgezwungen. Als die Gründergeneration der Herrnhuter gestorben war, untersagte die ursprünglich fortschrittliche Sekte 1764 den Frauen, Mitglied des Direktoriums der Synode zu werden. Schon 1743 regelte der Staat Württemberg die pietistischen Konventikel außerhalb der Kirche, indem alle Frauen, Kinder und Dienstboten nur mit der Erlaubnis des Mannes, Vaters bzw. Dienstherrn an den Versammlungen teilnehmen durften; nicht Frauen, sondern nur Schulmeister und Pfarrer durften die Versammlungen leiten; öffentliche Bekenntnisse, die einzige Form öffentlichen Redens, die Frauen bislang möglich gewesen war, wurden verboten.

Heutzutage fällt es selbst der feministischen Forschung schwer, eine einzige Pietistin außer Goethes „schöner Seele", Zinzendorfs Großmutter oder einigen adligen Gönnerinnen zu nennen. Die Introspektion, Kennzeichen pietistischer Lebens- und Glaubensauffassung, die auf individueller Subjektivität bestand und den Frauen eine hervorragende Rolle einräumte, veranschaulicht, wie weibliche Transzendentalerfahrung „ideologisch aufgehoben" und von den Siegern der ideologischen Kämpfe der Nachaufklärung angeeignet wurde.[3] Um die verlorengegangene Tradition zu rekonstruieren, müssen wir zunächst die Platitüden über den Pietismus in Frage stellen: Keineswegs ist der Pietismus ein ausschließlich deutsches, auf Preußen konzentriertes Phänomen; diese Behauptung versucht, ihn von seiner natürlichen Umgebung als Teil einer europäischen Bewegung abzusondern und seinen ‚Nationalcharakter' zu betonen. Zum anderen heißt es in einem ebenso verbreiteten wie falschen Satz, der Pietismus habe sein Gehirn in Halle, sein Herz aber in Herrnhut. Gerade weil Francke die Institutionen der Presse, der Erziehung und in gewisser Hinsicht auch der politischen Macht in Halle durch die Universität, das Waisenhaus, die Knabenschule und den Verlag begründete, konnte Halle den Pietismus definieren – und somit die Definition erfüllen. Die informellen, ja sogar illegalen Konventikel und Kommunen in Berleburg und Quedlinburg, die kleineren Andachtsgruppen, der frühe Frankfurter-Kreis und die belgischen, französischen und holländischen Schwärmer, die die ersten Pietisten beeinflußten, werden in der Forschung kaum thematisiert.[4] Weil Frauen hauptsächlich mit diesen radikalen introspektiven Gruppen verbunden waren, hat dieser Ausschluß auch für die Frauengeschichtsschreibung Folgen.[5] Herrnhut, als gutorganisierte, allgemein bekannte Institution, wurde das ausschließliche Modell der Kommune, vor allem dank seines adligen ›Vaters‹, dem das Verdienst zugeschrieben wird, das Deutsche in eine schöne Gefühlssprache verwandelt zu haben. Aus Halle und Herrnhut ist eine Doppel-Definition des Pietismus erwachsen – auf der einen Seite sind Pietisten sauertöpfische Asketen, die die ›Mitteldinge‹ von Tanz und Theater zurückwiesen, auf der anderen Seite sind sie isolierte Schöpfer der lyrischen Sprache in einer patriarchalisch-ländlichen Utopie.[6]

Bekenntnisstil und Frauenstimme

Weder Halle noch Herrnhut erklären die Fülle der pietistischen Diskursformen: das Ich-Bekenntnis, den Konventikel, das mystische Gesicht, den Nachruf, die Todesszene, das innerliche Gebet, das Jesulied, die Predigt, die Streitschriften und die Sammlungen der Nachrufe, Predigten, Lieder und Bekenntnisse und Gebete. Auch erklärt die herkömmliche wissenschaftliche Weisheit nicht, warum einige Formen geschlechtsspezifisch sind: die Hauskirche, das Gesicht und die Mischung von Lebenslauf und Gesichten – hauptsächlich von Frauen hergestellt; und die Predigt, die Textsammlungen und die dogmatischen Streitschriften – von Männern produziert. Auch wenn die berühmtesten, in Anthologien und der Forschung kanonisierten Bekenntnisse von Männern stammen, spielen die weiblichen Bekenntnisse in den frühen Jahren eine bedeutende Rolle. Sie sind für die Forschung besonders wichtig, weil sie eine gewisse Hebammenarbeit für die Wiedergeborenen geleistet haben, weil sie sehr eng mit der späteren Entwicklung der Frauenliteratur verbunden sind und weil sie die zugänglichsten und meistgelesenen der Pietistengattungen waren. Meine These ist, daß seelische Lebensläufe von Frauen, anders als die von Männern, eine durchgearbeitete Synthese des Mystischen und des Alltäglichen anbieten, und daß die einmaligen Formen der weiblichen Biographien dem Begriff der genialen Inspiration und der modernen Selbstprüfung im Roman zugrunde liegen.[7] Auch zeigen sie, wie unterbewußtes ›irrationales‹ Material in die Symbole des modernen verinnerlichten Ichs eingearbeitet werden kann. Aufgrund der besonderen geschichtlichen Erfahrungen der Frauen in den Klöstern, in den Hexenprozessen und in ihrem erzwungenen Exil vom gelehrten scholastischen Diskurs konnten diese Seherinnen ein solches Muster entwickeln. Bedingt durch die auferlegten Einschränkungen wurden Frauenlebensläufe zu öffentlichen Beispielen der verinnerlichten Schuld bzw.

Unschuld und allmählich zu Illustrationen, die die tatsächlichen Ereignisse der Hexenprozesse, der Frauenkrankheiten und Geburten symbolisch im Text verarbeiteten. Die potentielle Kraft dieser Bekenntnisse wurde aber schließlich dadurch gebrochen, daß sie von der Ermahnung und Erläuterung, von der ‚Predigt‘ des männlichen Herausgebers oder Erzählers umrahmt wurde.

Die berühmtesten männlichen Bekenntnisse – von Spener, Francke, Gerhard Tersteegen, Friedrich Christoph Oetinger und anderen – zeigen, daß diese ‚Gattungshälfte‘ nicht als Muster für den Bildungsroman oder den Geniebegriff gedient haben kann. Zwei Extreme lassen sich hier finden. Zuerst erscheint das Glaubensbekenntnis an sich: entweder eine formelhafte, auf die Augsburger Konfession begründete Fassung oder eine generelle Beschreibung des ‚Durchbruchs‘, wie er von den englischen Sekten der Quäker, Puritaner und Shaker ausgearbeitet worden war. Üblicherweise beginnt so ein Lebenslauf mit einer Skizze des Lebens als sündenhaftes und unbewußtes Dasein; dem Stadium der tiefsten Verzweiflung folgen, nachdem man sich der eigenen Verdammnis bewußt geworden ist, Selbstmordgedanken und Todessehnsucht; schließlich bringt das plötzliche Bewußtwerden der Gnade die Möglichkeit der Rettung.[8] Diese Durchbruch-Beschreibung ist dermaßen schablonenhaft, daß nicht einmal Geschlecht, Alter und Stand der Person ablesbar sind, wie bei den ungenannten Puritanern in Reitz’ erstem Band. Oft finden sich im zweiten Teil des seelischen Lebenslaufs von Männern strenge Analysen der eigenen beruflichen Verwicklungen, der religiösen Erziehung und des sektiererischen Bruderzwists über Dogma, Bibelauslegung oder Beherrschung einer Gemeinde. Diese Züge erscheinen in den Bekenntnissen von Johann Petersen, Johann Kaspar Schade, J.J. Lange, Spener und Francke. Das andere Extrem, das hauptsächlich bei radikalen Schwärmern wie Quirinus Kuhlmann, Pierre Poirot und Nikolaus von Zinzendorf erscheint, ist eine übertriebene Sexualmetaphorik in mißlungener Nachahmung der mittelalterlichen Mystik. Diese beiden Zweige der Bekenntnismaterialien – der streng Lutherische, öffentliche Dogmatiker und der nach dem Unangreifbaren sich sehnende Radikalmystiker – stehen unvermittelt nebeneinander, obwohl beide Formen gelegentlich innerhalb des gleichen Bekenntnisses erscheinen.

Beide Entwicklungslinien finden jedoch einen Verknüpfungspunkt, der auch eine Kontinuität zwischen pietistischem Bekenntnis und Goetheschem Bildungsroman herstellt: In das männliche Bekenntnis ist die Geschichte eines Frauenideals eingeschlossen. Während uns die Figuren der ‚schönen Seele‘ und Heinses Diotima vertraut sind, wissen wir wenig von den Lebensläufen der realen erweckten Frauen in den autobiographischen Schriften Johann Wilhelm Petersens (Rosamunde Juliane von Asseburg), Pierre Poirots (Antoinette Bourignon und Jeanne Marie Guyon), Franckes (Katharina von Halberstadt, Magdalene Elrich von Quedlinburg und Anna Maria Schuchart von Erfurt) und Johann Jakob Schütz’ (Anna Maria von Schurmann). Mit diesen ‚musterhaften‘ Frauen konnten die Führer des frühen Pietismus ein Modell schaffen, das geistlich rigoros und radikal mystisch zugleich war. Aber warum wählten sie Frauen als Muster?

Die Braut Christi und die Sprache der Frauenmystik

Den führenden Pietisten Reitz, Kortholt und Arnold zufolge haben Frauen einen besseren Zugang zum Göttlichen als Männer.[9] Wie Reitz in der Vorrede seiner «Historie der Wiedergeborenen» argumentiert, indem er sich auf Schriften von Jean Filefacus, Gisbert Voet, Johann Matthesius, Heinrich Müller und Theodor Undereyck stützt, bestand nicht nur die Mehrheit der introspektiven Gemeinden aus Frauen; auch seien Frauen aufgrund einer geschlechtsspezifisch ausgeprägten psychischen Konstitution für religiöse Erfahrung empfänglicher. Sie seien an Unterwerfung gewöhnt und könnten sich daher in die Braut-Bräutigam-Metapher um so wirksamer einfügen. Reitz behauptet, die Gründe dieser geistigen Empfänglichkeit kämen

> von der Weibespersonen zärterem Affekt, von ihrer Liebe zu einem Ober-Haupt, von ihrem Gehorsam und Unterwürfigkeit an solches Haupt,

und er findet,

> daß sie dahero leichter zu ziehen und zu bewegen, bevorab durch Reden und Lieder, die von Christo als den Haupt- und Bräutigam handeln. (Reitz, Zuschrift)

Mit anderen Worten, die angelernten Geschlechterrollen der Unterwürfigkeit und weiblicher Heterosexualität helfen den Frauen, die Ich-Du-Beziehung der Mystik und des Hohen Lieds besser nachzuvollziehen. Hinzu kommt sicher die entwickelte Theologie der späteren Mystik: Jakob Böhmes These von Adams Androgynität vor dem Sündenfall, der mit der Teilung in ein männliches und ein weibliches Wesen bestraft worden sei. Dieses Böhmesche ‚Mannweib' wäre bei der Auferstehung wieder vereint und wird durch Analogien dargestellt: die Suche der weiblichen Seele nach dem Bräutigam und des männlichen Sünders nach der göttlichen Sophia.[10]

Nach Reitz ist der Stil dieser Bekenntnisse etwas Neues:

> man höret hierin die Stim der Kinder, der Schaafe, der Turtel-Dauben; die den fremden Kindern eine barbarische und fremde Sprach ist. (Reitz, Paragraph IV)

Ebenso zeigen sie eine neue Dringlichkeit und Anstrengung:

> man höret und siehet hierin, was für Angst und Arbeit, was für Seuffzer und Thränen, was für Hoffnung, Zweiffel und Furcht in und bey der Wiedergeburt, ja was für eine Confusion und Unterordnung in den Reden und Gedancken der Heiligen entstehen. (Reitz, Paragraph V)

Er verknüpft die biblische Sprache der Natur- und Jesusliebe mit der Nachahmung der Geburtswehen; so erstaunt es nicht, daß nach seiner Auffassung vor allem Frauen diese gewaltige neue Sprache ausdrücken können. Zusammenfas-

send charakterisiert Reitz die ganze Sammlung als „kunstlose(n) Einfalt",
„unordentliche Ordnung", und „der Einfältigen Sprach" – Begriffe, die in
männlichen Beschreibungen von Schriften der Pietistinnen immer wieder auftauchen (Paragraph VII). Sowohl die negative Bewertung der Unordnung als
Formlosigkeit, als auch deren Aufwertung als ungekünstelte Natur werden der
Einfalt zugeschrieben. Gerade weil die Einfalt eine religiöse Empfänglichkeit
nach den Sprüchen Christi bedeutet, ist diese Sprache ein Zeichen der Gnade. Es
ist eine infantile, spontane Sprache der Frau als Kind, als Naturmensch oder –
realistischer gesehen – als Autodidaktin. Feministische Kritik wird in diesem
Begriffskomplex die Terminologie wiedererkennen, mit der später die Literatur
von Frauen charakterisiert werden sollte. In dieser einfachen, gefühlsmäßigen,
desorganisierten Sprache zeigt sich unmittelbar das geistige Erwachen.

Als Quelle der natürlichen Desorganisation der Sprache nennt Reitz Träume,
Stimmen und Gesichte als zugehörige Teile des Bekenntnisses und verteidigt sie:
sie seien eine gültige Form der Stimme Gottes. Schließlich betont er, daß diese
Erweckten nur deswegen ihre Geschichten schreiben konnten, weil sie die
Konventikel außerhalb der Kirche besucht haben. Dort konnten sie lesen,
sprechen und beten lernen. In der Tat könnten wir diese hauptsächlich von
Frauen besuchten Versammlungen als die ersten modernen Frauenschulen oder
religiösen ‚Salons' betrachten.

Reitz' Verteidigung der Frauenbekenntnisse ist eine realistische Einschätzung
der vorhandenen Dokumente. Diese benutzen eine einfache Sprache, sie ver-
flechten Traum, Gesicht und Stimmen mit alltäglicher Erfahrung und sie spiegeln
die affektive Seite des Frauenlebens in der Sprache der erotischen Mystik wider,
um die Gottheit anzusprechen.

Quellen des Glaubensbekenntnisses werden üblicherweise von St. Augustinus
hergeleitet, jedoch ist sein Einfluß in der Vermittlung der deutschen Viten
bestenfalls indirekt. Von größerer praktischer Bedeutung waren die Lebensläufe
der Mystikerinnen (vgl. den Beitrag von Ursula Peters in diesem Band). Nicht-
klösterliche Schwärmerinnen, die Zugang zu den Nonnenviten bzw. ihren
Nachahmungen hatten, bewirkten die Säkularisierung und Verbreitung des
religiösen Lebenslaufes unter den Laien. Im Gegensatz zu den Nonnen führten
die Radikal-Separatistinnen ein unruhiges, gefährdetes Leben. Verfolgung, Besuche bei anderen Gemeinden und Exil trieben sie durch ganz Europa; dadurch
trugen sie zur Schaffung pietistischer Diskursformen bei. Schurman, eine gelehrte Theologin und spätere Jüngerin und Sprecherin von Jean de Labadie, schrieb
1673 auf Latein ihre hochgepriesene geistige Autobiographie (vgl. den Beitrag
von Ute Brandes in diesem Band). Gründer des Frankfurter Pietistenkreises
haben sie gelesen. Schurmanns Erläuterung der Labadistischen *huiskerk* wurde
von der Frankfurter Gruppe in das Collegium Pietatis übernommen.[11] Bouri-
gnons Werke wurden von Poiret und Arnold, ihren ersten Jüngern und Publizi-
sten, ins Deutsche übertragen. Guyon, Anführerin der separatistischen Quietisten, veröffentlichte 1709 ihre Autobiographie, die sofort ins Deutsche übersetzt

wurde; ihre Auslegungen der Mystik bildeten den Kern der Berleburger Bibel (1726–1742), einer Gruppenarbeit der Radikalen. Diese drei religiösen Frauen wurden von Separatisten fast aller Richtungen als Muster betrachtet. Mit ihrer Vision einer erotischen Beziehung zum Göttlichen war die deutsche Frauenmystik des Mittelalters immer am Rande der Ketzerei. Obwohl die Ich-Du-Beziehung – die Autoritätsgrundlage in der Mystik wie auch im Pietismus – auf der Heiligen Schrift beruhte, stand sie den durch die Inquisition verfolgten erotischen und chiliastischen Häresien nahe. Wie eng Schwärmerei und Ketzerei verknüpft waren, sieht man in der Verfolgung der Beginen des 14. Jahrhunderts und 1702 im Kult der göttlichen Sophia, der sich in die ‚Buttlarsche Rotte' verwandelte. Diese Sekte der erotischen Verwicklungen wurde von Eva von Buttlar – der selbsternannten Sophia des Fleisches –, Evas Mutter und Schwester und fünf anderen Adligen geführt.

Frauenbekenntnisse: Hexerei, Schwärmerei, Ketzerei

Die haardünne Trennungslinie zwischen ‚heidnischer' Ketzerei und ikonoklasti-scher, origineller Metaphorik der Geisteserfahrung wurde nicht nur innerhalb des Pietismus, sondern auch in anderen Sozialphänomenen übertreten. So sind die Hexenprozesse und die deutsche Mystik in ihrer langen Geschichte vom 14. bis zum 18. Jahrhundert fast Parallelerscheinungen. Selbstverständlich waren die Hexenjagden sporadisch, es ist aber bemerkenswert, daß die Prozesse zu dem Zeitpunkt den Höhepunkt überschritten, als die Introspektiven und Schwärmer aufkamen – um 1650 bis 1700. Die kurzfristige Zunahme der Hexenhinrichtun-gen in den 1690er Jahren entspricht einem ähnlichen Ausbruch unter den ‚ekstatischen Weibern': außer den drei begeisterten Mägden von Francke hatten auch Anna Eva Jacobs (‚die Schinder-Anna'), Anna Margaretha Jahn in Halber-stadt, Adelheid Sybille Schwarz in Lübeck, die Seherinnen Frau Gebhard und Frau Krapp und Christine Regine Bader in Württemberg prophetische Gesichte; Gott befiehlt ihnen zu predigen, die Pfarrer zu rügen oder die Regierung zu kritisieren. Auf die Verbindung Schwärmerei-Ketzerei-Hexerei deutet auch die erhebliche Zahl der Anklagen gegen prominente introspektive Frauen: Jeanne Marie Guyon wurde wegen Zauberei verhört; Anna Margaretha Jahn, Christine Regina Bader und Anna Vetter wurden verhaftet, wegen Hexerei verhört und ins Gefängnis geworfen; Anna Fleischer (Freiburg) wurde auf Grund der Beschaf-fenheit ihres Urins der Hexerei verdächtigt, und sogar die gelehrte Adlige Johanna Petersen, geborene von Merlau, wurde als Ehebrecherin und Teufels-weib öffentlich verleumdet.[12] In der sehr frühen Geschichtensammlung «Das göttliche Wunderbuch» bemüht sich der Hofprediger und Berichterstatter Jo-hann Fabricius darum, sein Lesepublikum davon zu überzeugen, daß die weibli-chen Gesichte im göttlichen Fieber nicht das Werk des Teufels seien. Anklagen auf Hexerei und Zauberei waren eine Gefahr für Frauen, die für die führenden

Hexenverbrennung zu Amsterdam (1571)

Männer der religiösen Bewegungen eigentlich nicht existierte, und Frauenbekenntnisse spiegeln in ihrem Inhalt und ihren Selbstverteidigungsstrategien die
Reaktion der Frauen auf diese Gefahr wider.

Formal und inhaltlich ähneln sich Hexenbekenntnis und Introspektivenbekenntnis im 17. Jahrhundert. Beide beschreiben sprunghafte, ketzerische, chaotische Gesichte oder Halluzinationen, in denen Christus und der Teufel als
menschliche Liebhaber erscheinen, in denen Krankheit und Heilkunde, sexuelle
Gewalttat und Sozialprobleme in einer nichtchronologischen, ursprünglich
mündlichen Form erzählt werden. Erst innerhalb der Institutionen des Gerichts
und der Kirchengemeinde wird das Bekenntnis als schriftliche Gattung fixiert.
Dort wurde es zum Exempel weiblichen Lebens, ob gut oder böse. Im Hexenbekenntnis zeigt sich eine Entwicklung des Textes, in der die Lebensgeschichte der
Frau buchstäblich ‚zurechtgefoltert‘ wird.[13] Die weitschweifige, zeitlich unge-
ordnete Wiedergabe der Sozialzustände im ersten Unschuldsbekenntnis der Frau
wird in eine knappere, chronologisch erzählte Handlungsfolge umgewandelt,
während die Folter der Frau weitergeht und sie ihre ‚Schuld‘ bekennt. Ein
Kausalnexus wird festgelegt zwischen Gefühlen (Wut, Eifersucht, Rache, Hunger, sexueller Lust), Sünde (Mord, Hexenspruch, außerehelichem Geschlechts-

verkehr, Teufelsbuhle) und Schuld; Reue und Zerknirschung werden dann zu dramatischen Höhepunkten der Erzählung. Diese Zerknirschung wird öffentlich bei der Hinrichtung vorgeführt, indem das Bekenntnis der stummen Frau vorgelesen wird. Die öffentlichen Hexenbekenntnisse gelten als negatives Beispiel in der Gemeindegeschichte für die Feststellung verinnerlichter Kausalzusammenhänge zwischen sinnlicher Tat und starken Affekten und der daraus folgenden Sünde und Zerknirschung. Sie stehen als Vorbild für das psychologische Modell des Quietismus, das die begangenen Sünden vor der Zerknirschung einer persönlichen Entscheidung für das Böse zuschreibt, während die Lebensphase nach der Zerknirschung eine passive Hingabe an den ‚Gott in uns‘ darstellt, der unabhängig vom Willen des Einzelnen wirkt. Nicht viel erzählte Zeit ist in den Hexenbekenntnissen der Handlung nach der ‚Bekehrung‘ gewidmet. Im Hexenbekenntnis und im Introspektivenbekenntnis wird außerdem immer aus der Haltung der Reue erzählt. Dadurch wird der weibliche Lebenslauf in eine chronologische Zwangsjacke der Selbstsuche nach den Quellen des Bösen gedrängt, anstatt daß das Leben als ein Netz gesellschaftlicher Beziehungen angesehen wird, in denen Ursache und Wirkung weder individualisiert noch streng chronologisch sind. Da die Frau gezwungen wird, die Schuld öffentlich und ‚freiwillig‘ auf sich zu nehmen, zeigt der Bekenntnis-Hinrichtungs-Komplex der Gemeinde ein Vorbild der verinnerlichten Schuld, in dem die einzelne Frauengeschichte den eigenen Untergang vorbereitet; sie gibt eine öffentliche, auf persönlicher Erfahrung basierende Erklärung dafür ab. Bedeutung der persönlichen Geschichte, Sündenkausalität und dementsprechend Demut und Selbsterniedrigung zeigen sich unter den Hexenbeschuldigten wie auch unter den Pietisten. Tatsächlich haben die Hexenbekenntnisse den europäischen Kirchengemeinden ein neues, bitter aufoktroyiertes Beispiel der Selbstprüfung geliefert.

Auch haben die Hexenbekenntnisse zu einer Neugestaltung des Wahrheitsbegriffs und der Wirklichkeitsbeschreibung geführt. Frauen wurden gefoltert, bis sie bereit waren, Bilder von sinnlichem Übel und willentlicher Zerstörung in die eigene Lebensbeschreibung einzuarbeiten. Sie mußten ihre erste Zusammenkunft mit dem Teufel, Gesichte des Hexensabbaths und die eigenen sexuellen Ausschweifungen mit dem Teufel beschreiben; sie mußten die Schuld dafür annehmen und in Reue allem Bösen abschwören. Die Grenze zwischen Wirklichkeit, Wahrheit und Dichtung wurde verwischt, als diese Angeklagten ‚freiwillig‘ Männerphantasien und Wahnvorstellungen unter Folter der eigenen Lebensgeschichte einfügten.

Ähnlichkeiten zwischen Hexenwahnvorstellungen und den Gesichten im «Göttlichen Wunderbuch» zeigen den Übergang zum neuen Selbstprüfungsmodell. Die drei Mädchen Christina Poniatowski, Margarete Heidewetter und Benigna König erzählen ihre Visionen anderen in der ‚Öffentlichkeit‘ der Hofleute oder der Geistlichen, und diese Visionen werden von den Autoritätsfiguren – Hofpredigern, männlichen Verwandten, dem unsichtbaren Herausgeber – aufgeschrieben. Alle sprechen im Fieber oder während eines Krankheitsan-

Die Stufen der Bekehrung. I. Die Frau als Närrin; II. Die
Zerknirschung; III. Flucht vor dem Bösen (als Hexentiere dar-
gestellt); IV. Bekenntnis; V. Vermittlung durch Christus; VI. Die
Gnade in der Form von Blumen fällt auf die Christin vom
Himmel. Aus: Johann Henrich Reitz, ‚Historie der Wiederge-
bohrnen…‘ (1698–1745), IV. und V. Teil (1716/1717)

falls. Sie sprechen „du-ich" mit den Personen der Dreieinigkeit, die in menschlicher Form erscheinen; das bedeutet, sie müssen die Stimmen ihrer göttlichen Gesprächspartner nachahmen. Gott spricht mit der sechzehnjährigen Christina Poniatowski, einer mährischen Pfarrerstochter; er lehrt sie, das Buch des Lebens zu lesen, sagt ihr sogar, sie müsse es verzehren, um es besser verstehen zu können. Er verleiht ihr Autorität mit der Salbe, mit der er sie ölt. Die Geschichte der Margarete Heidewetter von Cottbus, der zehnjährigen Tochter des Metzgers, wird von einem Ungenannten erzählt. Nach einer romanhaften Einführung über ihr Leben prophezeit sie den Untergang in Niederlausitz, Schlesien und Deutschland überhaupt, bis der gerechte, große Herr ankommt. Die Stimme, die durch sie diktiert – die eines schönen Mannes (Christus), der auf einem Regenbogen sitzt – macht politische Prophezeiungen über den Dreißigjährigen Krieg. Der Hofprediger Jacobus Fabricius berichtet und kommentiert im «Göttlichen Wunderbuch» die Gesichte von Benigna Konig, einer zwanzigjährigen Hofdienerin in Stettin, der Tochter eines verstorbenen lutherischen Pfarrers. Fabricius hält es für nötig zu erklären, daß diese neun Gesichte, Paroxyme genannt, weder Melancholie, noch Enthusiasmus, Fantasien, Träume oder Werk des Teufels seien. Als Hofprediger benutzt er die scholastische Methode, indem er sich auf Atteste von Universitätstheologen, Ärzten und Adligen stützt, wie es in den Hexenprozessen üblich war. König, in der angeblich wortwörtlichen Überlieferung ihrer Aussage, gebraucht die „ich-du" Gesprächshaltung nicht nur mit Gott, sondern auch mit Satan; Christus wird als Bräutigam gekennzeichnet, während der Teufel als Verführer charakterisiert wird, wie in Hexenbekenntnissen. Wie die Angeklagten manchmal in ihren Subtexten Strategien einbauten, um Familienmitglieder vom Verdacht der Hexerei zu befreien, so versucht auch diese junge Waise, ihren jüngeren Bruder und die Schwester zu schützen, indem sie Anweisungen für ihre Versorgung nach ihrem Tod gibt. Diese „starke Handschrift (Gottes) Gnaden" (S. N i) malt gewaltige Bilder: weitgehende Allegorien der Wunden Christi und der Pilgerschaft; Bilder aus dem Alltag, die das Geistige beschreiben: das Waschen, das Putzen, die Kleidung, Kräuter und Heilkunde, der Bach, der Regenbogen; der Bräutigam schneidet ihr das Herz entzwei, sie wollte, die Haare ihres Haupts wären Zungen, damit sie Gott besser preisen könnte. Die meisten dieser Sinnbilder stammen aus der Bibel oder dem Alltag, sie gehören aber auch zur Sprache der Hexenprozesse.

Im Gegensatz zu den überwiegend passiven Opfern der Hexenjagd sprechen diese Mädchen jedoch mit Überzeugung und Stärke von der göttlichen Botschaft. König spricht laut, als ob sie predigte:

sie wußte gar deutlich und verständiglich einen Spruch nach dem andern, mit lauter Stimme, welche sich immer auff Oratorische Art nach Beschaffenheit der Affecten angeschicket, vorzubringen. (S. M iii)

Sie betont ihre Botschaft mit einem Spruch aus der Bibel, der ihr als Leitmotiv dient: „Wie ein Hirsch schreyet nach frischem Wasser, so schreyet meine Seele

Gott zu dir." Auch mitten in ihre biblischen Sprüche fügt sie autobiographische Bemerkungen ein, die aus einem frühen Frauenroman stammen könnten: sie mahnt die Eltern, die Kinder lesen zu lehren, und sie selbst sehnt sich danach, Latein zu können, um mehr Bücher lesen zu können. Sie wollte, sie wäre ein Junge, damit sie sich hinaus in die Welt wagen könnte, um Gottes Wort zu predigen. In diesen ersten ekstatischen Werken der Introspektiven wird also die Grenze zwischen Hexerei und Erweckung, zwischen dem Öffentlichen und dem Privaten, zwischen Gott und Teufel, Halluzination und Wirklichkeit noch nicht absolut gezogen.

Die Fusion der persönlichen Welt mit dem geistigen Reich verstärkt sich in den späteren Bekenntnissen und Gesichten gegen Ende des Jahrhunderts. Wie die Mädchen in dem «Wunderbuch» mußten sich die drei Protagonistinnen der im folgenden besprochenen Lebensläufe zum Selbstschutz und zur Rechtfertigung in einen männlichen Erzählrahmen fügen. Der erste Lebenslauf, Anna Vetters Gesichte, wurde um 1663 geschrieben, aber erst 1700 von Gottfried Arnold in seiner Ketzer-Sammlung für ein breites Publikum veröffentlicht. Der zweite, der Lebenslauf der Johanna Eleonora Petersen, einer Korrespondentin Schurmanns, Franckes, Speners und William Penns, selbst Mitbegründerin des Pietismus, wurde 1688 geschrieben und am Ende eines anonym erschienenen Werkes gedruckt; erst 1719 wurde er beendet und selbständig, aber als ein Addendum zur Lebensbeschreibung ihres Mannes veröffentlicht. Der dritte Lebenslauf ist das Bekenntnis, das Beata Sturm zwischen 1719 und 1732 selbst schrieb und dann verbrannte und das vom Verfasser, dem führenden Pietisten Georg Conrad Rieger, nach ihrem Tod 1732 rekonstruiert wurde. Alle zeigen verschiedene Arten der religiösen Erfahrung, aber alle verkörpern die typischen Züge der Frauenbekenntnisse: unmittelbares Erlebnis von Visionen, Konflikt mit den herrschenden Autoritäten wegen unannehmbarer weiblicher Verhaltensweisen und Kampf gegen Gattungseingrenzungen. Sie zeigen immer passivere Formulierungen der Offenbarungen, Einkapselung ihrer Visionen bzw. Träume in alltägliches Leben, Verschiebung der Kausalität des Bösen auf das verinnerlichte abstrakte Ich und immer stärkere Geschlechterrollenteilung. Die Autorinnen der Bekenntnisse erscheinen in wachsendem Maße wie Heldinnen der schönen Literatur des achtzehnten Jahrhunderts.[14]

Anna Vetter: Die Hebammenarbeit des Geistes

Die Autobiographie der Anna Vetter zeigt die Züge des säkularen Lebens im Übergang. Obwohl sie grob chronologisch verläuft, wird die Erzählung immer wieder durch Vorwürfe und Gegenvorwürfe, Gesichte, christliche Ermahnungen und unwesentliche biographische Bemerkungen unterbrochen. Arnold hat ihre gesamten Schriften in seiner Ketzergeschichte ohne Kommentar drucken lassen, läßt aber den anonymen Herausgeber ihre Schriften mit einer lebhaften Verteidigung der religiösen Rechte der Frauen einführen. Ihre Briefe, die im Stil des Paulus an die Städte Nürnberg und Ansbach geschrieben wurden, und ein handgeschriebener Lebenslauf, der während des Dreißigjährigen Kriegs beginnt, schließen die Sammlung. Die Verteidigung der Frau als geistliche Führerin stützt sich auf geschichtliche und biblische Beispiele; die Vorrede nimmt Partei für Seherinnen, besonders Jungfrauen und Witwen, meint, daß Frauen doch in der Kirche reden dürften, und widerspricht einer Beschränkung der Prophezeiung auf Männer.

In den Briefen an die Städte benutzt Vetter die Bilder des Hohen Lieds, um die Sünderin Stadt zu beschreiben. Sie personifiziert die Stadt als ihre Schwester, klagt über den Sündenkatalog, in dem Ehebruch Vorrang hat. Um dem Verdacht der Hexerei selbst zu entgehen, klagt Vetter die Hebammen an, sie hätten Kinder nach ihrer Geburt verunstaltet; eine soll sogar den Auftrag bekommen haben, Vetter selbst zu verhexen. Sie kritisiert auch Sozialprobleme der Stadt: Kindermord, Hexerei unter den Kindern, skrupellose Juden (hier wird sie bösartig und antisemitisch), die Jagdlust der Adligen, die das Land verarmen läßt, und Formen der autoritären Bürokratien. In den Anmerkungen zu ihren Briefen schließt sie auch Autobiographisches ein: Gott habe ihr befohlen, nach Weissenburg zu gehen, um zu predigen, dort sei sie geprügelt und verhaftet worden.

In ihrem Lebenslauf vermischt sie autobiographische Elemente mit ihren zehn Gesichten. Im einem Gesicht sieht sie zum Beispiel ihren Mann, einen Schloßwart, als er betrunken ist und seine Stellung verliert; auch wenn es eine Geschichte aus dem Leben ist, legt Vetter sie als Zeichen ihrer zukünftigen Verfolgung aus. Andererseits erklärt sie einige Lebenserfahrungen als sozialpolitische Tatsachen: Ihr Sohn wird wegen Wilddieberei angeklagt; er habe aus Hunger getötet, meint sie, und würde bestraft, um sie zum Schweigen zu bringen. Sie beginnt mit der Beschreibung der Armut ihrer Familie während des Dreißigjährigen Krieges, als sie ein Kind war und berichtet sofort danach von ihrem Eheleben: Innerhalb von zehn Ehejahren habe sie sieben Kinder geboren; als sie dreißig wurde, sei sie an einer schweren Krankheit fast gestorben; sie sei während der Krankheit von ihrem Mann vergewaltigt und danach schwanger geworden. Nach Geburt und darauffolgendem Tod dieser Tochter hätten ihre Visionen begonnen. Die Gesichte enthalten viele herkömmliche Bilder der Frauengesichte: Spaziergang durch einen Garten mit Priestern, Engeln oder der Dreieinigkeit in männlicher Form; sie tragen alle lange, weiße Gewänder und goldene Kronen. Andere Visionen thematisieren die Volksphantasie: ein Wirtshaus mit Betrunkenen, die Gott spotten, ein Priester füllt ihr Haus mit süßem Balsam, der Teufel erscheint als Hund, schwarzer Mann, Kuh oder Bock; sie sieht eine Hochzeit, die damit endet, daß sie selbst in Ketten gelegt und vergewaltigt wird. Sie schaut zu, als Christus Wasser zu Wein verwandelt, er bittet sie zum Tanz. Wie bei den drei Mädchen des Wunderbuchs wird aus der Christus-Begegnung die Form eines Gesprächs mit einem heterosexuellen Freund. Die chronologische Reihenfolge wird durch Gesichte unterbrochen, sie werden wiederholt, nochmals zusammengefaßt, mit neuen, bis jetzt unerwähnten Gesichten vermischt. Die Aneinanderreihung der Visionen gibt keine Hinweise auf die Chronologie des Geschehens. Sie endet aber mit einem bestimmten Datum: Bis zum St. Bartholomäus-Tag 1663 sei sie Gottes Rache, danach sei sie lieb und ruhig geworden und die Gesichte hätten aufgehört. Die chaotische Zeitstruktur des Lebenslaufs ist in dieser Epoche üblich; man findet sie zum Beispiel auch in Johann Keplers Glaubensbekenntnis von 1623.

Ihre ergreifendste Vision, die ohne Zweifel Wahnvorstellungen und autobiographische Erlebnisse mit ihrem religiösen Drang zusammenfügt, ist ihre sympathetische Schwangerschaft, die sie ihrer Schwester, der Stadt Nürnberg zuliebe auf sich nimmt.

Endlich sahe ich die Stadt als ein großes schwangeres Weib, deren Zeit herbeykommen, daß sie gebären solt, und ihre Ammenweiber saßen alle um sie herum und sie kunten das Kind nicht gebären; und mußten Mutter und Kind sterben und ewig verderben lassen. Da gedacht ich, ich darff diß Weib nicht so verderben lassen samt dem Kind, und machte mich zu dem Weib und gebar mit ihr ein Knäblein, das brachte ich zu Gott; ich mußte so große Schmerzen leiden, als das Weib in der Geburt mit großem Geschrei; Gott sey gebendeyet und hochgepreiset, der mir hat überwinden helffen, es hat mein Blut gekostet... Dies Knäblein aber sind allen Seeln der Menschen in der ganzen Stadt zusammen verbunden in eines Kindes Gestalt mir vorgestellt, das hat oben aus dem Herzen müssen geboren werden und nicht wie ein leibliches Kind durch unten aus der Mutter brechen; Diß hat eben aus dem Herzen kommen müssen und hat die saure Arbeit mir das Blut aus der rechten Seiten gepreßt. Und ein Engel, so im Gesicht bey mir war, der sprach, als ich darüber erschrak, es mußte also sein, es wurde bald besser werden. Meine Tochter, so ich als verlohrnen Kind mit meinem Mann gezeuget von seinem Samen, und das Knäblein aus dem schwangeren Weib ist eins; da bin ich 27. Wochen für sie in Ketten und Banden gelegen, biß ich sie beyde zu Gott gebracht und damit ich für die andern Seelen der Menschen, so das Knäblein abgebildet, desto eifriger betete, mußte mein eignes Kind in das Buch des Lebens so lange nicht geschrieben sein, biß ich überwunden und versöhnet; da kamen 2 Engel vom Himmel herab, schrieben an meines Kindes Wiegen; und da ich sie fragte, was sie da machten, antworteten sie, sie thäten, was sie wolten; da wurde meine Tochter und das Knäblein wieder in das Buch des Lebens geschrieben. ...da nahm ich ein Messer und schnitt die eisern Ketten entzwei und flohe wahrhafftig dahin gen Wedelsheim 5 Meilen von Anspach; wenn ich nicht aus dem Weib das Kind geboren hätte, so würde jetzt kein Mensch mehr selig. (Arnold, Buch III, 275–276)

Dieses Gesicht ist, wie Freud es hätte nennen können, eine „abgerundete und lückenlose Krankengeschichte". Wir finden nicht nur eine konsequent durchgeführte Metaphorik der Wiedergeburt, wir können auch sehen, wie sie zustande gebracht wird: Die Rolle der Gemeinde in dem Vorgang, und die besondere Hilfe – das Gesicht der Seherin – die nötig ist, ihn zur Reife zu bringen. Vetters wörtliches Bild fungiert als modernes literarisches Symbol: Die Bilder sind selbstverständlich, sie bedürfen weder einer Exegese nach dem Traum (in der die Auslegungen der Symbolik von der Seherin gegeben werden) noch eines Kommentars (im Rahmen des Herausgebers ihres Gesichts oder Lebenslaufes). Die Einheit des Abstrakten und der persönlichen Erfahrung macht die biblische Metapher konkret in der Fabel ihres Lebens. Die Metapher der Geburt, die

Schwesternschaft der Seherin mit einer Gruppe, die autobiographischen Details – der Tod des eigenen Kindes und schmerzhafte Geburtswehen im Traum – sind in Hexenbekenntnissen vorgekommen. Auch im autobiographischen Teil über Anna Vetters Leben finden wir – wie dort – ein Bewußtsein der eigenen dringlichen öffentlichen Aufgabe: Versuche, auf dem Markt zu predigen, Besuche bei Pfarrern und Städten, Angriffe gegen öffentliche Einrichtungen. Solche dringenden Aufgaben versuchten auch einige Hexen in den ersten Verhören durchzuführen, aber sie wurden bis zum endgültigen Bekenntnis getilgt.

In Anna Vetters Lebensbeschreibung gibt es keine Demutsformeln über ihre natürliche, einfache Sprache, ebensowenig wie der Verfasser oder Arnold in seiner Einführung eine Apologie für diese Schrift gibt. Noch bedarf es keiner Entschuldigung für Frauensprache oder Frauengesicht, und für Vetter gibt es noch keine Gattungsteilung nach dem Geschlecht: sie predigt und prophezeit öffentlich. Aber die Geistesarbeitsteilung nach dem Geschlecht wird in den Text eingeschrieben: Die Frau liefert den unmittelbaren, schmerzhaften Kontakt mit dem Göttlichen und schafft das Modell des öffentlichen Leidens, wodurch die Gemeinde wiedergeboren wird und ihren Geist verinnerlicht. Die Aufgabe des unsichtbaren Herausgebers ist lediglich, ihre Taten zu erklären und zu schützen.

Johanna Eleonora Petersen: Die Nachtigall Gottes

Die Lebensläufe begeisterter Frauen der Arnoldschen Sammlung waren mit ausschlaggebend für die Entwicklung des Frühpietismus in Frankfurt. Trotz dieses anti-institutionellen Einflusses gab es aber schon vor dem Ende des 17. Jahrhunderts in dem den Lutheranern näher stehenden, nüchterneren Spener-Francke-Kreis eine geschlechtsspezifische Arbeitsteilung im religiösen Diskurs. Männer predigten und Frauen gestalteten die Hauskirche und die Gebetsversammlung, um dort ihre neuen religiösen Bedürfnisse zu stillen. Denn Frauen brauchten einen Raum, in dem sie quasi-öffentlich vor anderen Gefühle der Reue, Zerknirschung und Gnade durcharbeiten konnten – wie die Männer auch – und eine Methode, die Stimme der göttlichen Verkündigung in die neue bürgerliche Welt einzubringen. Da Frauen weder an der lutherischen Tradition offiziell teilnehmen konnten noch an den Universitäten die scholastische Methode lernen durften, fehlte ihnen ein Erkenntnismodell, das ihrer Erfahrung als Frau entsprach. Sogar die pietistische Innovation, das *Collegium pietatis*, traf sich in einer Kirche, und obwohl nach den ersten Regeln des Collegiums gelernte Exegese verboten war, blieb die Gruppe noch stark der lutherischen Orthodoxie verhaftet und wurde durch wenige Gelehrte beherrscht. Nach Wallmann traten qualitative Änderungen in dem *Collegium* ein, als das radikale Schurmannsche Modell der *huiskerk* um 1672 bis 1675 umgearbeitet wurde. Da Schurmann im Briefwechsel mit Johann Jacob Schütz und Johanna Eleonora von Merlau (die später Johann Wilhelm Petersen heiratete) stand und Schütz ihre Schriften über die *huiskerk* übersetzte, war es nicht überraschend, daß Merlau, die ein Haus mit der älteren Pietistin Marie Juliane Baur von Eyseneck teilte, dort 1678 eine Versammlung in ihrer Wohnung abhielt; sie konkurrierte mit dem Collegium, indem sich ihre Versammlung außerhalb der Kirche, von Frauen geführt, auf Gebet statt auf Predigt und Diskussion unter Gelehrten gründete. Daraufhin änderte das Collegium sein Konzept, das nun die Bibel bevorzugte, die stärker die Emotionen ansprach als die bisher im Collegium benutzten Andachtsbücher.

Johanna Petersens weit wortgewandtere, klar gestaltete Autobiographie führt einige Änderungen des rein ekstatischen Modells der Anna Vetter ein: Die Handlung wird chronologischer und autobiographischer in der Form, ihre ausgedehnte Metaphorik ist konsequenter und Visionen sind anders dargestellt. Die Autobiographie zerfällt in zwei Teile: Der erste wird entsprechend der Zeitenfolge erzählt, mit nur einem Exkurs über einen unrechten Vorwurf der Hurerei gegen sie selbst. Dieser Teil aus dem Jahr 1688 führt das Lesepublikum durch ihre Kindheit, die Jahre am Hof, ihren ‚Durchbruch‘, Eheentscheidungen, ihren Einzug in Frankfurt und zu ihrer Hochzeit mit Petersen. Der zweite, 1718 geschriebene Teil handelt von ihrem ehelichen Leben, der göttlichen Entdeckung ihrer Schwangerschaft und ihren religiösen Offenbarungen. Auch ihr Text ist mit einer Einführung versehen, die den Zweck des Schreibens erläutert und ihr Unternehmen rechtfertigt; sie hat sie aber selbst geschrieben. Petersen behauptet, sie schreibe, um sich gegen die Lügen über sie zu verteidigen, zu zeigen, daß sie nicht vom Teufel besessen und keine Ketzerin ist; sie will veranschaulichen, wie Gott den Christen durch die Gefahren des Lebens führt.

Die ersten Erinnerungen berichten von der Vierjährigen beim Gebet, als sie und ihre Mutter Ende des Dreißigjährigen Kriegs den Soldaten entkommen. Petersen erzählt, wie sie vom Vater mißhandelt worden ist, wie sie mit zwölf Jahren nach dem Tod ihrer Mutter zum Hof geschickt wurde, um als Gesellschafterin bei einer Reihe herzloser und gewalttätiger adliger Frauen zu dienen. Bei Hof hat sie sich allmählich in eine ‚Sternheimsche‘ Einkehr, Unschuld und Privatandacht zurückgezogen, um der Weltliebe, Erotik und Eitelkeit des Hofs zu entgehen.

> Da tanzete ich offt mit Tränen, und wußte mir nicht zu helffen. Ach, dachte ich offt, daß ich doch eines Viehhirten Tochter wäre, so würde mir ja nicht verdacht, in der einfältigen Nachfolge Christi zu wandeln, es wäre kein Aufsehen auf mich. Als ich aber erkennete, daß mich kein Stand entschuldigen wolte, weil ich dem allen absagen müßte, so ich Christi Jünger sein wollte, und mich nichts hindern könnte, so ich die Schmach der Menschen ab die Seite setzete und die gerne erdulden wollte, um Christi teilhafft zu werden.
> Da entschloß ich, durch Gottes Gnade, von nun an es mit Ernst an zugreifen und weder Leben noch Tod mich aufhalten zu lassen. (Petersen, 29–30)

In dieser Aussage finden wir eine bessere Integration des Autobiographischen in den Ursache-Wirkung-Komplex. Verinnerlichte Entschlossenheit wird beschrieben, diese individuelle Stärke wird aber nicht der Christin selbst, sondern Gott zugeschrieben. Ende des 1688er Teils bestätigt Petersen: „(der gütige Gott) tut mir täglich sehr viel gutes an Seel und Leib; also daß ich sagen kann: Der Herr hat große Dinge an mir getan." Sie erreicht das Große, aber der Wille hinter ihrer Produktivität gehört ihr nicht. Diese bewußt angenommene Passivität gegenüber den eigenen Taten, die Günther als typisch für pietistische Psychologie charakterisiert, ist der Kern der Gelassenheit und entspringt dem verinnerlichten Gott, der alle Entscheidungen der Erweckten lenkt.

Johanna Petersens Lebensbeschreibung stellt das quietistische Modell der Gelassenheit bezüglich Lebensstil und Ehe dar. Nach ihrem Durchbruch verläßt Johanna von Merlau den Hof nicht, sondern bleibt dort, bis äußere Umstände sie nach Frankfurt verschlagen. Ihre Willenlosigkeit dem positiven Erlebnis gegenüber, trotz einer sehr entschlossenen Haltung gegen den Hof und frühere Freunde, erscheint widersprüchlich. Bald führt die Willenlosigkeit zum passiven Widerstand gegen zwei Eheanträge, die ihr nicht zusagen, und zur Entscheidung für das Zölibat; bald bewirkt sie die Erlaubnis, den ausgewählten Johann Wilhelm zu sich zu führen. Die eigene Manipulation dieser Scheinwillenlosigkeit ist ihr sicher nicht bewußt. Sie meint nicht nur, ihren unverbesserlichen Vater überzeugt zu haben, sie glaubt auch, den ganzen Hof durch ihr Beispiel frommer gemacht zu haben. Zugegeben, sie hat eine Liebesheirat außerhalb ihres Standes, mit Genehmigung ihres adligen Vaters fertiggebracht: Ihr passiv-aggressiver Quietismus hat ihre feindselige Umgebung gezwungen, ihre Religion, ihre Verhaltensweise und ihre Mesalliance anzunehmen. Die Autonomie, die sie sich als Quietistin bis zu diesem Punkt erworben hat, bildet den dramatischen Schluß ihrer Erzählung. Damit liefert sie eine Grundfabel des Frauenromans des achtzehnten Jahrhunderts: die Unschuldige am Hof, der es endlich gelungen ist, den armen Schwärmer glücklich zu heiraten.

Im zweiten Teil erzählt Petersen von ihren göttlichen Offenbarungen. Petersen fühlt sich nicht gezwungen, verschiedene Phänomene auseinanderzusortieren: Einige sind tatsächlich Träume, andere sind Entdeckungen, die sie beim Durchdenken macht, wieder andere sind ekstatische Trancen, in die sie während der Privatandacht fällt. Autorität gewinnen diese Offenbarungen nicht aus der direkten Verbindung mit Gott, für den sie das passive Gefäß ist, sondern diese entspringt eigenen Erkenntnissen und eigenem Auslegungsvermögen. Petersen übernimmt also eine aktive Rolle in der Gottesoffenbarung, zieht sich aber gleichzeitig in die Passivität ihres ‚zufälligen' Wissens zurück: es käme wohl auch von Gott, wenn auch indirekt. Die Offenbarungen erlauben Petersen ein fast modernes Verständnis der autonomen Verinnerlichung, jedoch verlangt gerade der Gedankenrahmen, der ihr dieses Verständnis ermöglicht – die religiöse Offenbarung –, daß sie die subjektive Aneignung der Ideen aufopfert. Die Idee oder der vermittelte Traum ist nicht selbst das göttliche Wort; die Autorität der Aussage entspringt der aktiven Vermittlung und Exegese des Traums durch seine Empfängerin.

Die Offenbarungen schildern die herkömmlichen Themen der radikalen Pietisten. Die Schlüsse, die Petersen aus ihren Gedankenträumen zieht, sind menschenfreundlich und mitfühlend; sie dämpft den dogmatischen und streitsüchtigen Ton der religiösen Auseinandersetzungen der Epoche. Auch zeigen ihre Bilder den Übergang vom ekstatischen symbolischen Gesicht zur Aufnahmefähigkeit der göttlichen Erleuchtung, weisen damit voraus auf Geniebegriff und künstlerische Eingebung. In der ersten Offenbarung denkt sie sich zum Beispiel eine Lösung aus, durch die die auf ewig verdammten Heidenkinder doch noch gerettet werden könnten. In der zweiten träumt sie den alten Traumtypus und erklärt die Symbole innerhalb des Traums wie die ekstatischen Vorläuferinnen: Sie geht in ein vierseitiges Haus, von den vier Aposteln umgeben, die Musikinstrumente spielen, sie geht jubelnd hinein, steigt auf das Dach, klettert in die Wolken, wo sie fünf Planeten sieht: zwei dunkle und drei strahlende. Die beiden dunklen stellen die Heiden und die Juden dar; sie benötigen nur das Sonnenlicht, um auch zu leuchten. Von den anderen strahlt der eine Licht, aber keine Wärme aus, ein anderer Wärme ohne Licht, und nur der letzte gibt sowohl Licht als auch Wärme von sich; sie stellen die Reformierten, die Katholiken und die (erweckten) Lutheraner dar. Nicht alle ihre Offenbarungen sind also ‚modern‘ aufzufassen, sondern haben auch Züge des Alten.

Die traditionellen Symbole des Christentums – den Kelch, das Firmament, die Apokalypse – verfeinert sie zu neuen Symbolen, die sie dann für ihr Publikum auslegt. Die Sprache, in der sie ihr eigenes Schreiben und Gottes Eingebung beschreibt, verdeutlicht die Spaltung Autonomie/Passivität in ihrer Produktion:

Als ich aber anfing zu lesen, wurde mir zumute, als ob mein Herz mit dem Licht Gottes ganz durchdrungen worden, und verstund alles, was ich las, auch gingen mir so viel Schriftörter auf, so mit der heiligen Offenbarung eins, und als ich solche aufsuchte, bekam ich sie also fort, dadurch ich sehr bewegt und niedrig vor Gott ward, daß er mir, seiner geringen Magd, solche Gnade widerfahren lassen. (Petersen, 56)

Petersen entwickelt hier ein klassisches Beispiel der genialen Erleuchtung, allerdings ist sie bei ihr noch mit Demut verbunden.

Ihre Inspiration wird durch einen neuen Vorgang zugänglich, den Petersen „mit dem Herzen denken" nennt. Weit entfernt vom scholastischen Auslegungsmuster wird dieser Prozeß durch eine gefühlsmäßige Reaktion auf einen religiösen Streit herbeigeführt. Nachdem sie eine dogmatische Auseinandersetzung zwischen einem Reformierten und einem Lutheraner miterlebt hat, erwidert sie in empfindsamen Formen der Besänftigung:

So dachte ich auch in meinem Herzen [...] die beide Religionen zu einem Sinn und in eine Liebesharmonie zu ziehen. Als ich so inniglich geseufzet, wurde mir das Geheimnis der himmlischen Gottmenschheit Jesu Christi recht lebendig in meinem Herzen und ward versichert, daß solche Erkenntnis ein wahres Mittel sein würde, die beide Religionen zu vereinigen [...] (Petersen, 63–64)

Auch wenn Petersen den Begriff «Herzensgespräch mit Gott» als eignen Titel benutzt, so paßt er besser auf die früheren direkten Verbindungen der Ekstatikerinnen mit Gott und dem Teufel als auf Petersens geistreiches kontemplatives Verständnis des religiösen Kampfes. Göttliche Eingebung ist nicht mehr Gottesstimme an die Frau, sondern ihr Verstehen der eigenen Erfahrung durch Gefühlsanalyse. Daher ist ihre Botschaft nicht mehr von öffentlicher Dringlichkeit, sondern eine private Lösung zur eigenen Rettung.

Ihre letzte Offenbarung, ebenfalls aus einem Traum, ist nicht nur ein Bild der Pilgerreise, sondern enthält auch ein aktives Bild Petersens selbst als einer Stimme genialer Inspiration. Sie träumt, daß sie und eine andere Person in einem Haus als Gefangene gehalten werden. Im Haus mit ihnen eingeschlossen seien aber vierundzwanzig Bilder von großer Bedeutung, die ihr den Weg der Befreiung erklären. Sie müsse die Bilder genau überprüfen, lernen und alle Kleinigkeiten bemerken. Die ersten zwölf zeichnen den Aufgang in die Höhen, die nächsten den Abgang in die Tiefen. Sorgfältig lernt sie die Zeichen, bis sie vor dem letzten Bild ankommt, in dem sie eine Nachtigall sieht, deren stimmlicher Kraft sie gleichkommen muß. In diesem Bild steht sie vor einer Tür, hinter der das große Geheimnis ihrer Erlösung liegt. In dem Traum wacht sie plötzlich auf und hat den Inhalt des Traumes vergessen:

> Als ich aber vor der Tür stund, hatte ich vergessen, was ich tun müßte, daß sich die Tür auftäte und ich in dem Gemach (in welchem ein Vater, eine Mutter, und ein Sohn war) das Geheimnis erkennete. Da ich mich nun gar nicht erinnern konnte, was ich im Bilde gesehen, ward ich sehr betrübt und gedachte bei mir, nun wird alle die Mühe umsonst sein, und seufzete gar sehr. Als ich aber so zu Gott seufzete, fiel's mir wieder ins Gedächtnis, daß ich eine Nachtigall im Bilde gesehen und aus dem Bilde erlernet, daß ich meine Stimme erheben müßte wie eine Nachtigall; da ich nun anfing und meine Stimme immer stärker und stärker erhub, da ging die Tür auf, und mir wurde sehr wohl, worauf ich gleich aus dem Schlaf erwachte. (Petersen, 69)

Durch ihre besondere Gabe der Stimme vereinigt sie sich mit der Dreieinigkeit – Vater, Sohn und die Mutter, die weibliche Taube des Heiligen Geistes. Am Ende ihres Lebenslaufs, vermittelt durch Träume, Gesichte, Gedanken, gefühlsmäßige Reaktionen und göttliche Eingebungen, übernimmt sie für sich das herkömmliche Symbol des lyrischen Dichters, die Nachtigall. Das Nachtigallenbild verbindet sie mit einem uralten Motiv aus Legenden und Märchen: Eine Frau steht vor der verschlossenen Tür, hinter der geheimes Wissen liegt. Aber im Gegensatz zu Pandora, dem Marienkind und Blaubarts Braut ist Petersen Wißbegierde nicht verboten, sondern wirkt sich positiv und inspirierend auf das weibliche Subjekt und seine Suche aus. Die Wißbegierde wird zum Schlüssel, um Geheimnisse aufzuschließen, indem sie die eigene Stimme findet.

Petersens Text verliert seine chronologische und äußerlich dramatische Struktur mit dem Abbruch im Jahre 1688; er endet mit ihrer vollen Integration in die Frankfurt-Gemeinde und ihrer Heirat. Die Epoche danach kennt nicht mehr die dramatische Zuspitzung kausal verwandter Ereignisse, die auf einen Höhepunkt zulaufen. Nur im Inhalt der späteren Träume läßt sich eine Progression nach dem Gipfel, der Öffnung der Tür der göttlichen Weisheit, ablesen. Aber was für eine dramatische Triebkraft gäbe es in einem Leben nach der Erlösung, ohne die Gesichte?

Die Einkapselung des Textes: Beata Sturm

Beata Sturms Texte geben eine mögliche Antwort auf diese Frage. Im Gegensatz zu den beiden machtvollen Bildern tätiger Frauen, die als Autorinnen mit Autorität eine Stadt gebären und die Tür zur Weisheit kraft ihrer Stimme öffnen, wird Beata Sturms potentiell revolutionäres Leben passiv aufgehoben. Während Anna Vetter und Johanna Petersen ihre Texte schreiben, und Benigna König in ihrem Gesicht sogar den Text Gottes buchstäblich aufzehrt, wird Beata Sturm selbst vom Text verschlungen. Sie wird zum Text des männlichen Predigers, zerstört dann sich selbst, als Leben, als Text.

Sturm, die Tochter einer frommen vornehmen Familie in Württemberg, verbrachte mehrere Jahre im Kloster in Blaubeuren, bevor sie sich in „ein berufloses Leben" einlebte.[15] Ihre Berufung war aber das öffentliche Beten. Ihre Gebete, die oft eine offene Kritik an der Württemberger Regierung und der französischen Besatzung enthielten, dauerten manchmal vier Stunden und wurden von Hunderten besucht. Mit anderen Worten, sie war eine Predigerin, die sich einer ‚weiblichen' Gattung – des Gebets – bedienen mußte, um die für sie als Frau verbotene Gattung Predigt auszuüben. Georg Conrad Rieger, ihr Herausgeber und Biograph, ein berühmter pietistischer Pfarrer, vergleicht ihr Gebet in der Gebets-Gemeinschaft mit der Predigt:

> Als ich nun nach meinem Beschluß meynte, jetzt würde sie so gleich anfangen, stund sie da, und rang gegen ein Viertel Stund in der Stille mit Gott, ob sie betten solte, oder nicht. Ich stund, und bettete auch, daß es doch dem Herrn gefallen möchte, es ihr zu erlauben... Endlich aber fieng sie laut an, und bat auf das herzlichste, mächtigste und kindlichste eine ganze Stunde, daß dergleichen gehöret zu haben, da ich doch meyne, ich habe viel Kinder Gottes in diesen, und in fremden Landen, gehöret, mich nicht erinnerte... Nebst andern kam sie auf das Predig-Amt und sagte, daß weilen die daran arbeitende mehrers vonnöthen hatten, als sie und ihresgleichen, in dem sie so vielen so vieles mittheilen müsten; so wolle ihnen doch der himmlische Vater auch mehrers als andern Leuten geben. (Rieger, 80–81)

Sturm betet, daß der Pfarrer ein Werkzeug Gottes sein möge; daß andere für sie beten mögen; sie betet für die ganze Gemeinde, das Vaterland, manchmal auch die Pfarrersfrau. Sünder werden gerügt, Gott wird über die zunehmende Armut und Fehler in allen Ständen informiert. Das Gebet schließt sie mit einer Entschuldigung für ihr „armes Lallen". Rieger lobt ihre Bescheidenheit und Zurückhaltung, bestätigt aber, daß sie die Aufgabe als Lebensberuf immer auf sich nahm, wenn sie darum gebeten wurde. Durch die Höflichkeitsformeln, weibliche Sprachstrategien (Verzögerung vor dem Sprechen, Anrufung einer höheren Macht, die ihre Taten befiehlt, Demutsformeln und Selbstverwerfung) und geschlechtsspezifische Rollenteilung (Pfarrer geben Auskunft, während sie für deren gelehrte Tätigkeit betet) verteidigt sie sich gegen Vorwürfe, sie habe gepredigt, obwohl sie es tatsächlich tut. Sie dehnt eine ‚weibliche' Gattung zum Äußersten aus, behält aber ein prekäres Gleichgewicht dank ihrer Listen der Ohnmacht.

166 **Siebender Theil der Hiſtorie**

3. **Chriſtus.**

Ey du frommer Knecht! komm auſ dem Leybe,
Gehe ein zu deineſ HErren Freude:
Da wird man dich vor deine Treu ergötzen,
Und über vieleſ ſetzen.
Dein Werck iſt groſ genug: Ich ſeh den Glauben an.
Drum komm, du haſt genug gethan!

Siebende Hiſtorie.

Die

Würtembergiſche TABEA.

oder

Das Leben der gottſeligen Jungfrau BEATA Sturmin,

auſ einer authentiquen gedruckten Nachricht extrahirt.

Jungfer Beata **Sturmin** iſt gebohren den 17. Dec.
1682. Ihr Herr Vater war weiland der um
das gantze Würtemberger-Land hochverdiente und
in den Wegen GOtteſ ſehr erfahrne Herr, **Joh.
Heinrich Sturm**/ J. U. D. Hoch-Fürſtl. Wür-
tembergiſcher Ober- und Juſtitz-Rath, auch Löbl.
Landſchafft Conſulent. Die Frau Mutter war
Brigitta Beata, eine Tochter weiland Hn. **Joh.
Conrad Zellerſ**/ Hochfürſtl. Würtembergiſchen
Rathſ, Superattendentenſ und Abtſ zu Bebenhau-
ſen, auch einer Löbl. Landſchafft Engern Auſſchuſſeſ
Aſſeſſoris.

In ihrer Jugend iſt ſie durch einen Præceptorem
im Hauſ im Leſen und Schreiben unterrichtet worden, womit man aber nicht lang continuiren können, weil ſie mit einer unvermutheten **Schwachheit**

*Johann Henrich Reitz, ‚Historie der Wiedergebohr-
nen…‘ (1698–1745), VII. Teil (1741)*

Jedoch auch ihre Selbstherabsetzung zeigt Widersprüche. Die eigene Schwäche wird zum Vorwurf an Gott, der als Antwort auf ihre Machtlosigkeit ihr Gebet erhören muß. Dabei spricht sie Gott direkt an, duzt ihn und befiehlt:

Ich bin nur ein schlechtes und liederliches Weibesbild aber wenn ich etwas verspräche, so wolte ichs halten. Du aber bist der große Gott, der nicht lügen kann. Du hast uns versprochen, wenn wir dich anruffen in der Noth, so wollest du uns erhören. Du hast uns sagen lassen, es seye gut, und dir angenehm, wenn wir thun Bitte, Gebete, Fürbitte für alle Menschen etc. So gedencke denn an diese deine Worte, unser Herz hält sie dir für. Wilt du sie nicht als deine Wort erkennen? Seynd sie aber deine Worte, so beweise sie, so errette sie, daß auch andere darauf trauen lernen könen; oder woltest du uns nicht erhören, warum hast du es denn in dein Wort stehen lassen? Wie könten wir in andern Sachen mehr auf dich trauen, wenn du uns in diese Sache mit Schanden davon gehen liessest? Für mich habe ich keinen Nutzen davon, du magst mich erhören oder nicht; aber es ist mir um deinen Nahmen zu thun, daß er auch einmal wieder gerettet würde. (Rieger, 88–89)

Sie zwingt den Herrn zu ihrem Willen; sie verlangt seine Güte, indem sie seinen Ruf und ehemalige Versprechungen in Frage stellt. Den Gesprächston der frühen ekstatischen Gesichte greift sie auf, um den quietistischen Seelenzustand zu simulieren und im gleichen Atemzug Gott mit Verlust seines guten Rufes zu drohen.

Eine zweite Gattungsumgestaltung ist das Auswendiglernen. Rieger berichtet, sie habe die Bibel fast auswendig gekannt und habe sie vor anderen wiederholt; sie habe alle während der Woche gehörten Bemerkungen und Lieder in sich eingeprägt und sie samstags für ihre Gruppe wiedergegeben. Diese Gedächtnisarbeit war aber nicht nur einfache Wiedergabe: Sie habe

die Gewohnheit, daß sie alle Sambstags Abends wiederholte was sie die Woche hindurch gehöret hatte; zugleich aber sich prüfete, wie weit sie noch solchem gehörten zugenommen habe, oder für sich gekommen seye. (Rieger, 116)

Dieses Auswendiglernen führt also nicht zur ‚Ausspeiung‘, sondern zur Wiedergabe plus Kommentar. Was sie den anderen vortrug, „als eine Mutter die Speise denen Jungen zutruge" (Rieger, 115), war also zugleich Aneignung der Predigt, der Kritik und der gelehrten Exegese. In eine angeblich harmlose, abgeleitete ‚weibliche‘ Form schließt sie die Wiedergabe der von den Kompetenten gelernten Lektionen ein. Ihre ‚Nachahmung‘ bekennt sich zum niedrigen Rang in der Geschlechts- und Gattungshierarchie, ermöglicht ihr aber auch, Kritik zu artikulieren.

So radikal Sturms Umarbeitungen von Gebet und Zitat auch sein mögen, sie gelingen nur auf Kosten der genialen Eingebung und des Symbolismus. Sie hat Träume, die aber dürftig, ungeschickt und phantasielos im Vergleich zu den Träumen der Ekstatischen sind, zur bewegenden Erotik des Hohen Lieds. Erst auf ihrem Sterbebett erwähnt sie ein Treffen mit dem Bräutigam und gebraucht mystische Metaphern. Sie bettet ihre Kritik in indirekte Ratschläge, Anekdoten und Zitate aus der Bibel. Sie hat keine Visionen.

Zusammen mit dieser Umformung der ‚weiblichen‘ Genres zeigt sich eine tiefe Spaltung in der Persönlichkeit. Sturm hat sich in das männliche Modell der Reue bis zur pathologischen Depression eingelebt. Sie spielt nicht nur mit Gedanken an Selbstmord; sie ist oft nah daran, ihn zu begehen, und sieht ihn als ihre größte Versuchung an. Sie will sich umbringen, damit sie alle ihre Güter und ihr Erbe den Armen geben kann. Diese Zerknirschung ist nicht nur typisch für den Augenblick vor dem Durchbruch, sondern erscheint als Charakterzug und wird indirekt von Rieger als Kennzeichen der *religiosa* gepriesen.

Zweitens verwandelt sich ihre Gelassenheit, „Gleichwaage" genannt, in eine fast fanatische Entsagung. Sie verweigert das Essen, ihre Eßstörungen bringen sie fast um. Sie sieht die Speisen als Satans Versuchung der Menschheit. Essen steht für sie im Gegensatz zum Abendmahl. Alle weltlichen Güter verwirft sie; sie verschenkt alles und schädigt dadurch ihre Gesundheit und ihr geistiges Vermögen. Rieger stellt dieses Verhalten als das einer Heiligen dar; obwohl es ihm Sorgen macht, bewertet er die selbstzerstörerischen Akte als erhöhte Religiosität der Frau.

Ihre Ablehnung der Ehe wird drittens nicht als ein befreiendes Moment in ihrem Leben gesehen (obwohl sie finanziell unabhängig sein könnte), sondern als großes Opfer der echten weiblichen Berufung. Sturm sagt in den wenigen kurzen, von ihr selbst verfaßten Schriften nichts über ihre Ehelosigkeit; Rieger schildert sie als Entsagung. Jedoch befürwortet er das Zölibat für die *religiosa*, die jede Religion braucht. Dieses Opfer macht er ihr möglich, um ihren wahren Zweck zu erfüllen: ihn, den Autor und Pfarrer zu begeistern und Fürsprache für ihn einzulegen.

Notwendiger Bestandteil ihres besonderen religiösen Status ist, daß sie das sinnliche Leben und die Phantasie für sich aufgeben muß, daß sie aber ihr Leben seiner Phantasie ihres Masochismus unterwirft: Entsagung, Ablehnung des eigenen Körpers, Verzweiflung, Selbstmordgedanken, ein auf ihn konzentriertes Gebet und endlich ein Tod um seinetwillen – indem sie ihre Sterbebettszene für ihn und andere Freunde bewußt inszeniert. Beata Sturm kann als Urbild der beiden Goetheschen Figuren Ottilie und der ‚schönen Seele' betrachtet werden.

Über Beata Sturms ‚wahre' Berufung ist nur indirekt etwas zu erfahren, und zwar in der Erklärung Riegers, warum er autorisiert ist, ihr Leben zu beschreiben. Er schreibt ihre Biographie nicht, weil er sie so gut kannte, weil sie ihm den Auftrag gab oder weil Gott es ihm eingegeben hat. Der Grund ist vielmehr der, daß Beata Sturm ihn bewunderte, für ihn betete und Fürsprache leistete, damit er ein begeisterter Prediger würde. Sie ist die *religiosa*, die den Verklärungsvorgang durchläuft, durch den er inspiriert wird. Und weil sie ihn als Empfänger ihrer Fürbitte auserwählt hat, weil sie ihn anbetet, wird er zur Autorität. Ihr Prozeß des Leidens und der Selbstverleugnung macht tatsächlich ihn, nicht sie, zum ‚Genie'.

Als handgreifliches Zeichen der Verschiebung von der Seherin zur begeisternden schönen Seele zerstört Sturm nicht nur den eigenen Körper, sondern auch den eigenen Text. Obwohl sie ein Bekenntnis des inneren Lebens geschrieben hat, verbrennt sie es. Rieger gibt sowohl ihre als auch seine Erklärungen dieser

Tat. Sturm meinte, daß das Bekenntnis, wie das beschriebene Leben, einmalig sei und nicht exemplarisch für andere Verwendung finden könne. Jeder Christ müsse selbst die subjektive Arbeit der Beschreibung des Innenlebens übernehmen. Rieger bedauert diese Meinung, weil sie damit die Nachgeborenen um ihr schönes Beispiel beraubt habe. Sturms potentiell radikale Vorstellung der absoluten Autonomie und eigentümlichen Beschaffenheit des Individuums hält sie von der Vertextung des eigenen Lebens ab. Rieger dagegen will den Nachkommen Auskunft geben. Aber seine Idee der Beispielhaftigkeit führt unvermeidbar zur Setzung einer Norm, an der andere gemessen werden. Daß er gerade ein sich aufzehrendes Leben als musterhaft ansieht, bringt ihn in Verdacht, ein Weiblichkeitsideal der sklavischen Hingabe einführen zu wollen.

In seiner Vorrede entwirft Rieger eine programmatische Ordnung des weiblichen Bekenntnisses im frühen 18. Jahrhundert. Die Züge der Beata Sturm, die er schildern will, sind „Wahrheit, Weißheit, Zucht, Mäßigkeit und gute(r) Discretion“. (Rieger, 1. Vorrede, 2–3) Das Bekenntnis sollte einen einfachen, ungekünstelten Stil zeigen, nicht „mystische pralende und paustende Worte“ (ebd. 9); es sollte „ohne gesetzlichen Zwang und Nachafferey, ohne Affectation, ohne Schmuck und Anstrich, ohne Exaggeration und Vergrößerung“ geschrieben werden (ebd. 12), weil „eine ungeübte und indiscrete Lesung dergleichen vermischter und unlauterer Lebens-Läufften unreife, ja gefährliche und schädliche Fruchte nach sich ziehen könne“ (ebd. 4–5).

Weibliche Phantasielosigkeit und männliches Genie: das neue Paradigma

Als Demut und erotische Phantasielosigkeit im Verlauf des 18. Jahrhunderts immer enger mit weiblicher Tugend verknüpft wurden, wurde es immer schwieriger für religiöse Frauen, Gesichte zu haben; denn es gehörte schon eine gewisse Hybris dazu, sich als Gottes Posaune oder sogar Gottes Nachtigall auszugeben. Frauengespräche mit Gott wurden fortgesetzt, sie galten aber nicht mehr als normgebendes Modell für andere. Das überwältigende Demutsideal hatte auch zur Folge, daß Frauen das eigene Leben erst dann im dramatischen Format der früheren Bekenntnisse beschreiben konnten, wenn es zu Ende ging und es seinen Zweck als Inspiration des Genies, des Verfassers, Pfarrers oder Predigers erreicht hatte. Wie das Hexenbekenntnis, das nur bei der Hinrichtung veröffentlicht wurde, und die Sterbebettszene, ist die Erzählung eines exemplarischen Lebens dann am erfolgreichsten, wenn dieses Leben eigentlich schon vorbei ist. Eine solche Erzählung sollte besser nach der Zerknirschung erfolgen, am besten sogar erst nach dem Tod, als Autopsie. Nur so kann eine streng chronologische Ordnung aufgezwungen und die Geschichte ‚richtig‘ erzählt werden: mit einem dramatischen Höhepunkt, wenn sie sich dem Auserwählten in Tod, Entsagung oder Heirat aufopfert, und mit Kausalverknüpfungen, in denen ihre Sünden,

Schuld, Leiden und Errettung mit seiner genialen Überlegenheit verflochten werden. Ehe, Kinder und die Verwicklungen des Lebens nach der Zerknirschung wirken dagegen nur desorganisierend. Die Geschichte kann nur durch denjenigen Mann erzählt werden, den sie inspiriert, als Illustration der didaktischen Mitteilung, die er verkünden will. Solch eingeschlossene Lebensbeschreibungen sind in Goethes «Wilhelm Meister», Gellerts «Schwedische Gräfin von G***» und Hermes' «Sophiens Reise von Memel nach Sachsen» zu finden.

Wenn das Frauenleben zur Illustration des männlichen Textes wird, gehen einige frühere Merkmale verloren. Am offensichtlichsten wird die aktive Darstellung des göttlichen Funkens auf einen objektivierten Stoff reduziert. Die Kausalzusammenhänge des Lebens werden vom Seelenheil der Frau auf die Begeisterung des Mannes umgepolt; sie folgen nicht mehr einer internen, auf sich selbst verweisenden Logik. Ist die Einkapselung des weiblichen Lebens in den männlichen Text zum Schutz und zur Rechtfertigung notwendig, wird die Symbolik dieses Lebens auch oft verharmlost, seine Erotik entschärft und zur Abstraktion reduziert. Der Autor oder Herausgeber ermuntert seine Leser, das Leben der Frau und ihre Träume in Hinblick auf sich selbst zu lesen; ihr Gespräch findet nicht mehr mit Gott statt, sondern mit ihm. Das dornige Problem des Bräutigams Christi und der christlichen Braut wird endlich dadurch gelöst, daß die Frauenseele in einen Spiegel verwandelt wird, der in jedem Autor das Gesicht ihres Bräutigams Christi widerspiegelt. Heinses Diotima und Schlegels Lucinde spiegeln ihre ‚Götter' wider.

Viel ging verloren, als die geistigen Autobiographien der Frauen revidiert wurden. Aber viel wurde auch in der Frauenliteratur beibehalten. Reste der vormaligen Ekstase erscheinen in erhöhten Zuständen des Bewußtseins, wie in der Vision: in Träumen, Gebeten, Fieberanfällen, Krankheit und am Sterbebett. Die Enthüllung der Wahrheit in solchen Zuständen wird zum Kern populärer Frauenliteratur, schon in Wobesers «Elisa oder das Weib wie es sein sollte» (³1798) und Johanna Schopenhauers «Gabriele» (1819–20). Die erotische Sprache der Mystik, durch die Introspektiven revidiert, ist noch heute ein Schlüssel für Autonomie und Befreiung der Frauensprache. Der besondere Status der vogelfreien Frau in einer geordneten patriarchalischen Welt – die Unverheiratete, die Waise, das Mädchen, das Eheentscheidungen trifft, die Witwe und die Frau, die ihren Glauben in Frage stellt – ist möglicherweise das am weitesten verbreitete Thema der Frauenliteratur. Seine Wurzeln liegen im religiösen Bekenntnis, als Frauen Geschlechterrollen, Eltern und Familie, Ehemänner und Stand hinter sich ließen, um ihrer Seelen willen.

DRITTER TEIL
DAS 18. JAHRHUNDERT

IX. Von der ,gelehrten' zur ,autonomen Kunst'
Literarische Entwicklung und Wandel der Geschlechterrollen

1. Das Musenchor mit neuer Ehre zieren*
Schriftstellerinnen zur Zeit der Frühaufklärung

Magdalene Heuser

„Das gelahrte Frauen—Zimmer in Teutschland"

Daß die Natur das weibliche Geschlecht von der Tugend und Weißheit Fähigkeit gar nicht ausschliesse / und Gott und die Ewigkeit zwischen ihnen und uns keinen Unterscheid dißfals mache / ist gewiß / und bezeugts die unbetriegliche Erfahrung.[1]

So beginnt Kristian Frantz Paullini seinen Abriß über „Das gelahrte Frauen= Zimmer in Teutschland" von 1695. Er kann sich dabei bereits auf eine Tradition ähnlicher Unternehmungen berufen. Gemeint sind jene Frauenkataloge des 17. und 18. Jahrhunderts, Vorformen einer Kultur- und Literaturgeschichte von Frauen, die nicht unwesentlich dazu beigetragen haben, daß es im literarischen Leben der ersten Hälfte des 18. Jahrhunderts einige zu ihrer Zeit berühmte und beachtete Poetinnen gegeben hat.[2] Solche Listen mit Beispielen von Frauen, die sich durch wissenschaftliche, literarische oder andere künstlerische Verdienste einen Namen gemacht hatten, dienten Männern, die Frauenbildung förderten, und Frauen, die sie für sich in Anspruch nehmen wollten, als Ermutigung und Beweis für die grundsätzliche Bildungsfähigkeit des weiblichen Geschlechts. Denn weder daß „Weiber [...] Menschen sind",[3] noch ein „Frauenzimmer, das nach Weisheit trachtet"[4] gehörte zu den selbstverständlichen oder auch nur unangefochtenen Annahmen über Frauen am Beginn des 18. Jahrhunderts.

Wichtig für die Diskussion, ob Frauen die Fähigkeit besitzen, sich zu bilden und zu dichten, ist die Rolle, die Männer in diesem Zusammenhang gespielt haben, ob sie nun solche Kataloge veröffentlichten oder wie Gottsched durch die «Vernünftigen Tadlerinnen» und auf viele andere Weisen die Gelehrtheit und literarische Produktivität der Frauen vorangetrieben haben.[5] Es bedurfte ihrer Offenheit und Bereitschaft, um diesen Prozeß in Gang zu setzen und zu fördern, dessen Grenzen sie jedoch gleichzeitig auch festlegten. Jene Poetinnen und „gelahrten Frauen=Zimmer" sollten die Ausnahmen sein. Sie dienten als solche der Ehre des Mannes (Gottscheds durch seine berühmte Frau) oder dem Ruhm eines Zirkels („Deutsche Gesellschaft" in Leipzig durch „die Zieglerin") beziehungsweise einer Stadt (Erfurt durch „die Zäunemannin") und nicht zuletzt dem Aufbau einer deutschen Literatur, die sich neben der des Auslands sehen lassen und nun sogar auch noch einige Poetinnen, wie jene Länder, aufweisen konnte. Für die übrigen Frauen aber – und gemeint sind in diesen Auseinandersetzungen um Frauenbildung sowieso nur die Frauen des Adels und des städtischen mittleren und gehobenen Bürgertums – blieb das Ziel jener Forderungen nach besserer Erziehung und Ausweitung der Wissens- und Erkenntnismöglichkeiten für Mädchen und Frauen, daß sie ihrer verantwortungsvollen Aufgabe als Erzieherinnen von Söhnen und Töchtern, als Gesellschafterinnen ihrer Männer und Vorsteherinnen ihres Haushalts entsprechen konnten. Daraus ergeben sich einige wichtige Konsequenzen: Einmal sind es auch in dieser Zeit der „Begeisterung für die Frauen in der Litteratur" die Männer,[6] die über Zugangsmöglichkeiten und -grenzen verfügen und sie bestimmen und das literarische Selbstverständnis auch noch der berühmten Poetinnen prägen.[7] Zum anderen führt jene Beschränkung auf den Ausnahmefall zu einer Spaltung unter den Frauen selbst, die in den literarischen Texten in häufigen Klagen über Neid und Versuche der Sozialkontrolle anderer über die herausragenden Geschlechtsgenossinnen zum Ausdruck kommt. Schließlich aber stiften die apologetischen Auflistungen – „Teutschlands galante Poetinnen" als „unbetriegliche Erfahrung"[8] – auch (und darin liegt nicht ihr geringstes Verdienst) einen Diskussions- und Traditionszusammenhang in den Texten der Autorinnen, die sich aufeinander berufen und sich dadurch ermutigt fühlen zum Lesen und Schreiben und vor allem dazu, die Frage ihrer Bildungs- und Literaturfähigkeit nicht nur den Männern zu überlassen, sondern zum Thema ihrer „Federn" und „Kiele" zu machen.

Im folgenden möchte ich drei der zu ihrer Zeit weit über die Grenzen ihres engeren Lebensumkreises bekannt gewordenen Schriftstellerinnen vorstellen: Christiana Mariana von Ziegler, Luise Adelgunde Victorie Gottsched und Sidonia Hedwig Zäunemann. In der traditionellen Literaturgeschichtsschreibung und -wissenschaft ist nur der Name der Gottschedin im Zusammenhang mit ihrem Mann Gottsched, mit der Komödie der deutschen Aufklärung und der Briefkultur von Frauen präsent geblieben. Dagegen sucht man nach den anderen beiden Autorinnen meist und auch dort vergebens, wo der Literaturbegriff so weit gefaßt werden sollte, daß er mit dem eigenen Anspruch der Aufklärung übereinstimmt.[9] Zum ganzen Horizont der literarischen Äußerungen des 18. Jahrhunderts gehören eben auch diejenigen der Frauen selbst – nicht nur die über sie –, und „gerecht" und „geschichtlich gedacht" ist es sicher nicht, sie auszuklammern, zumal dann nicht, wenn wesentliche Fragen, die sie betreffen, aufgegriffen und behandelt worden sind. Schreib- und lesewütig, mitteilungsfreudig und keinesfalls kontroversenscheu präsentieren sich die hier ausgewählten Autorinnen durch ihre Werke, und sie verdienen es, wieder Gesicht und Geschichte zu erhalten. Für alle drei trifft zu, daß die Schriftstellerei eine Tätigkeit von erheblichem oder sogar – fast – ausschließlichem Gewicht in ihrem Leben ausgemacht hat, auch wenn sie, wie die Gottschedin im Brief an die Freundin schreibt, klagend-resigniert akzeptieren müssen:

Hier muß ich meinen Kopf täglich mit wahren Kleinigkeiten, mit Haus= und Wirth-schaftssorgen füllen, die ich von Kindheit an, für die elendesten Beschäftigungen eines denkenden Wesens gehalten habe; und deren ich gern entübriget seyn möchte. Allein ein wesentliches Theil der vorzüglichen Glückseligkeit des männlichen Geschlechts, sollte in der Ueberhebung dieser nichtsbedeutenden Dinge bestehen; und wir dürfen nicht wider das Schicksal murren, daß uns diese beschwerlichen Kleinigkeiten vorbehalten hat.[10]

In den Ausführungen der einzelnen Teile gehe ich nach der Chronologie der Geburtsdaten und literarischen Berühmtheit vor. Die Ziegler wurde zum Vor-bild, auf das die Gottsched und die Zäunemann sahen, dem sie nacheiferten, von dem sie sich distanzierten und über das sie hinauszureichen versuchten. Im einzelnen möchte ich jeweils folgende Fragestellungen besonders berücksichti-gen: Wie sahen die Lebenszusammenhänge der Autorin aus, besonders im Hinblick auf Bildung und Schriftstellerei? Von welchen literarischen Genres ihrer Zeit hat sie welchen Gebrauch gemacht? Welche Themen ihrer Zeit hat sie in ihren Werken wie aufgegriffen? Hat sie Stellung zu Frauenfragen ihrer Zeit, wie Bildungsfähigkeit, Geschlechtsrollenverteilung und ihre Veränderbarkeit und Literatur von Frauen, bezogen? Welches Selbstverständnis über ihre Tätig-keit als Poetin hat sie geäußert?

> So wird mir doch die Welt vielleicht deswegen verbunden seyn,
> weil ich andern die Bahne gebrochen, und sie dadurch aufgemuntert,
> mir hierinnen nachzuahmen.[11]
> Christiana Mariana von Ziegler geb. Romanus (1695–1760)

Die Bedeutung, die „die Zieglerin", wie sie allgemein genannt wurde, im literarischen Leben ihrer Zeit gehabt hat, muß als sehr hoch eingeschätzt werden und steht in umgekehrtem Verhältnis zu ihrem rasch verblassenden Nachruhm und ihrem Bekanntheitsgrad heute. Wir wissen allenfalls noch, daß sie die Textdichterin einiger berühmt gebliebener Kantaten Bachs gewesen ist.[12] In den 30er Jahren des 18. Jahrhunderts jedoch war sie die Autorin, die es zu Erfolg und öffentlichen Ehrungen gebracht hatte und auf die man deshalb zeigen konnte. Sie diente anderen Frauen als „Muster" und gereichte Deutschland, das sich allge-mein um Verbesserung und Anerkennung seiner Dichtkunst bemühte, zur Ehre: daß nämlich auch hier „Vorzüge ohne Ansehen des Geschlechts erkannt und belohnt werden",[13] und daß die deutsche Literatur nicht länger hinter der Frankreichs oder Italiens mit ihren berühmten gelehrten Frauenzimmern zu-rückstehen müsse.[14]

Christiana Mariana Romanus wurde Ende 1695 in Leipzig in eine Familie geboren, die auf eine lange Juristentradition zurückblicken konnte und zu den angesehensten der Stadt gehörte.[15] Ihr Vater Franz Conrad Romanus war dort Bürgermeister, bis er 1706 wegen Beschuldigung eines Staatsverbrechens, in das er verwickelt gewesen sein sollte, zur Haft auf den Königstein gebracht wurde;

Christiana Mariana von Ziegler. Stich von Bernigroth

dort starb er 1746, ohne daß das gegen ihn eingeleitete gerichtliche Verfahren zu Ende geführt worden wäre. Die Tochter durfte ihn auf ihr Gesuch hin am 13.7. 1720 auf dem Königstein besuchen.[16] Die spärlichen Informationen, die es zum Vorgang dieser Anklage und Haft gibt, lassen vermuten, daß die Familie in zweifacher Hinsicht dadurch geprägt worden ist: Sie verlor den Vater durch die immerhin 40jährige Gefangenschaft, aber weder Franz Conrad Romanus noch seine Familie büßten die Hochschätzung ein, die sie in Leipzig genossen. Es gab also offenbar Gründe, an der Rechtmäßigkeit des Verfahrens zu zweifeln. Lamprecht, ein Zeitgenosse und Mitglied der „Deutschen Gesellschaft" in

Leipzig, hebt in seiner Würdigung der Autorin 1734 ausdrücklich die Verdienste des Vaters als Vorbild für die Tochter hervor:

> Ein fähiger und aufgeweckter Verstand, das Beyspiel und die zärtlichste Liebe eines klugen Vaters, und der Umgang mit Personen von gleicher Art unterstützten die gepriesenen Entschliessungen der Frau von Ziegler.[17]

Christiana Mariana Romanus ging 1711 ihre erste Ehe mit Heinrich Levin von Könitz ein und nach dessen frühem Tod bereits 1715 eine zweite Ehe mit Georg Friedrich von Ziegler, der jedoch, ebenso wie die beiden 1712 und 1716 geborenen Kinder aus den beiden Ehen, ebenfalls bald starb. So kehrte sie 1722, durch den Verlust von Mann und Kindern einsam geworden, aus Eckartsleben im Gothaischen wieder in ihr Elternhaus und nach Leipzig zurück, die Stadt, in die 1724 auch Gottsched zog und von der aus er seine ehrgeizigen literarischen Reformbestrebungen durchführte. Dort lebte Christiana Mariana von Ziegler bis 1741, führte einen literarischen und musikalischen Salon,[18] schrieb und veröffentlichte ihre Werke und empfing die öffentlichen Ehrungen, durch die sie weit über die Grenzen ihrer Stadt und ihres Landes bekannt wurde. Die erste Auszeichnung, die ihr zuteil wurde, war 1730 die Aufnahme in die „Deutsche Gesellschaft" von Leipzig als erstes weibliches Mitglied.[19] Zweimal in den folgenden Jahren, 1732 und 1734, erhielt sie dort den Preis der Poesie für von ihr eingereichte Arbeiten.[20] Am 17. Oktober 1733 wurde ihr, wiederum als erster Frau und dadurch wiederum eine neue Bahn brechend, der Lorbeerkranz als kaiserlich gekrönter Poetin der Universität Wittenberg erteilt. Im Lobgedicht Gottscheds auf diesen Anlaß wird deutlich, in welchen literaturpolitischen Argumentationszusammenhängen von dieser sensationellen Dichterkrönung einer Frau Gebrauch zu machen war:

> Was prahlt, ihr Welschen, doch so viel
> Mit euren stolzen Dichterinnen?
> Kan der von Ziegler Seytenspiel
> Nicht auch in Deutschland Lob gewinnen?
> Man siehts! Sie hat sich mehr errungen
> Als keine noch vor Ihr erlangt;
> Indem ihr Haupt mit Zweigen prangt,
> Die keiner Deutschen noch gelungen:
> So manche sich auch vor der Zeit
> Dem deutschen Helicon geweyht.
> [...]
> Was euer [sc. Celtes, Opitz] Kranz bey Männern that,
> Thut dieser bey dem Frauenzimer;
> wie mancher eure Spur betrat,
> So fehlts auch der von Ziegler nimmer. [...][21]

Die Literatur von Frauen kann sich gegenüber derjenigen von Männern sowie die deutsche gegenüber der des welschen Auslands behaupten und sehen lassen. Der Beweis liegt vor und kann nun zitiert werden. Aus den Texten der Autorin selbst geht deutlich hervor, daß sie sehr wohl durchschaute, welche Funktion ihr zugewiesen werden sollte; sie hat mit nüchterner Selbsteinschätzung, Distanz und Kritik auf solche Ereignisse reagiert. So macht sie schon 1729 im Gedicht „Abschied an die Poesie" ihrem Unmut über den Literaturbetrieb, in dem sie sich eingebunden und gebraucht fühlt, mit unmißverständlicher Deutlichkeit Luft:

> Ich bin, ihr könnt es sicher glauben,
> Des lieben Dichtens müt und satt,
> [...]
> Nur nicht so protzig, lieben Kinder!
> Ihr seyd zu hitzig, wie es scheint.
> [...]
> Ihr könnt bey so gestalten Sachen,
> Wenn ich mich auch beschwatzen ließ,
> Dennoch aus mir kein Bildnüß machen,
> Das einer Sappho ähnlich hieß.[22]

Obwohl sie den „Feyerabend" für ihre Muse nicht umgehend eingehalten hat, erschien doch ihre letzte selbständige Veröffentlichung schon 1739, als sie noch gut zwanzig Jahre zu leben hatte. Sie heiratete am 19. September 1741 Wolf Balthasar Adolf von Steinwehr, Professor der Philosophie, den sie seit 1732 aus gemeinsamer Arbeit in der „Deutschen Gesellschaft" kannte, und folgte ihm an seinen neuen Universitätsort nach Frankfurt an der Oder. Dort ist sie am 1. Mai 1760 gestorben.

Wichtig ist in der Biographie dieser Dichterin, daß die Jahre ihrer schriftstellerischen Tätigkeit ausschließlich in die Zeit ihrer Witwenschaft fallen, in der sie in Leipzig gelebt hat. Die Ehelosigkeit des Witwenstandes – vielfach von ihr als „Freyheit, selber bey sich. Dieser gleichet kein Gold" besungen[23] – und das gesellschaftlich anregende Umfeld einer Stadt, die damals führendes Zentrum des literarischen und musikalischen Lebens im deutschen Sprachgebiet war,[24] sind entscheidende Voraussetzungen dafür, daß die Dichtungen der Ziegler entstehen und daß sie als Schriftstellerin so berühmt werden konnte.

In den knapp zwanzig Jahren ihrer schriftstellerischen Tätigkeit hat Christiana Mariana von Ziegler drei selbständige Buchtitel größeren Umfangs veröffentlicht, die alle bis auf eine Ausnahme, die «Vermischte(n) Schriften in gebundener und ungebundener Rede», die zeitüblichen Widmungen haben und alle von ausführlichen Vorreden begleitet werden, in denen die Autorin die Bedeutung der jeweiligen Publikation im Zusammenhang der eigenen literarischen Entwicklung und der Dichtkunst überhaupt skizziert und reflektiert.

1728 und 1729 erschienen die zwei Bände «Versuch In Gebundener Schreib= Art», die in unterschiedlicher Gewichtung und Anordnung sowohl geistliche als auch weltliche Gedichte in der Tradition der Casuallyrik, der Scherz- und satirischen Dichtung sowie Sendschreiben enthalten. Zur Herausgabe des ersten Teils habe sie sich „von ein und andern guten Freund bereden" lassen,[25] während der zweite Teil offensichtlich einer Aufforderung ihres Widmungsadressaten, des Staatsministers von Manteufel, sein Erscheinen verdankte. In den Vorberichten zu beiden Bänden nimmt sie ausdrücklich dazu Stellung, daß sie als Frau schreibt und publiziert. An den Überlegungen ist verschiedenes bemerkenswert: zunächst der kritisch-selbstbewußt-ironische Ton, den sie gleich zu Beginn anschlägt und in dem sie ihre Ausführungen fortsetzt:

Ich bin gewiß versichert, daß, so lange sich das Frauenzimmer in die Mode, Bücher herauszugeben, gemenget hat / fast keine einige Schrifft von ihnen zum Vorschein gekommen sey, die nicht vorhero durch eine im Schreiben geübte Manns=Person durchsehen worden wäre. [...] Nichts destoweniger hab ich es einmahl darauf ankommen lassen, einige Blätter vor mich heraus zu geben, ohne jemand darum zu Rathe gezogen zu haben [...]²⁶

Damit ist ein zentrales Thema aller ihrer Schriften bis 1739 bereits angesprochen: ob, wie und worüber es Frauen erlaubt und möglich sei zu schreiben und welche Rolle dabei den männlichen Kollegen, deren Literatur und Förderung zukommt. So geht sie auf die Frage der für Frauenzimmer angemessenen Inhalte und literarischen Genres an mehreren Stellen ein. Einmal weist sie einen möglichen Vorwurf zurück, die „galanten und so genannten verliebten Briefe und Cantaten" seien etwa Ausdruck persönlicher Erlebnisse, „worzu mir doch mein jetziger Zustand keine Gelegenheit geben kan":

Es seynd, wie ein jeder leicht ersehen kan, lauter erdichtete Einfälle / deren sich diejenigen so der edlen Poesie nachzuhengen pflegen, am liebsten zu bedienen gewohnt sind, damit sie sich in Ausdrückung allerhand Affecten und Gemüths=Bewegungen zu üben suchen.²⁷

Und schon hier, wie später bei Zäunemann und Unzer,²⁸ muß sich die Autorin, weil sie Frau ist und entsprechenden gesellschaftlichen Erwartungshaltungen des Schicklichen unterworfen, dafür entschuldigen und rechtfertigen, daß sie satirische – etwas „durch das Fern=Glaß der Vernunfft genau betrachten"²⁹ – oder Scherz-Gedichte zu schreiben wagt: das weibliche Geschlecht habe wie das männliche das Recht auf Belustigung „mit einem zuläßigen und artigen Schertz".³⁰ Wenn sie dann den zweiten Teil mit einem „Abschied an die Poesie" schließt,³¹ so begründet sie einen solchen schnell erfolgten Verzicht einmal mit dem Hinweis auf den Literaturbetrieb ihrer Zeit, in der es mehr als genug Druckerzeugnisse gebe, und zum anderen durch ihre persönlichen Neigungen: Sättigungsgrad und Abwechslungsbedürfnis in der Schreibart sowie Arbeitsüberlastung, die sie von der Musik abhalte.³² Wichtig und aufschlußreich für eine Literaturtradition der Frauen ist aber vor allem ihre abschließende Rechtfertigung, die den Blick, von ihrer Person unabhängig, weiter auf das Phänomen einer Dichtung von Frauen lenkt, das Zepter also nicht wieder zurück- und aus der Hand gibt, sondern weiterreicht:

Wer wolte mir es daher vor übel halten, wenn ich allhier der Dicht=Kunst den Scheide=Brief gebe, und in Zukunfft den Damen meines gleichen, die meinem Entschluß vielleicht nachfolgen solten, in aller Stille mit der grösten Aufmerckamkeit zuhören will [...]³³

Als die Zieglerin 1731 mit «Moralische und Vermischte Send=Schreiben» ihre
nächste Veröffentlichung herausbrachte, stellte sie auch auf diesem Gebiet einer
anderen Schreibart, nämlich Briefen in Prosa, den Zusammenhang zu einer
Literaturgeschichte der Frauen her. Es gebe zwar Vorläuferinnen in der französischen Literatur, aber in der deutschen führe sie den Reihen an:

> [...], daß ich eine nicht geringe Furcht und Zagheit bey mir vermercket, als ich
> dergleichen Entschluß erfaßte. Denn eines Theils wuste ich gar wohl, daß noch kein
> eintziges Deutsches Frauenzimmer mit dergleichen Schreib=Art auf den Schauplatz der
> Welt getreten, und bey so gestalten Sachen, wolte ich nicht gerne die erstere seyn, weil man
> insgemein auf den Vorgänger einer Schaar das Auge scharff zu richten, und über selbigen
> sein Urtheil zu fällen pfleget. [...] Doch alle diese beyde Einwürffe, so schwer sie auch
> immer mir selbst zu seyn bedünckten, waren dennoch nicht vermögend, mich von meinem
> Vorsatz abzuhalten.[34]

Auch in diesem Fall hofft sie und geht ganz selbstverständlich davon aus, daß
ihre Nachfolgerinnen „mich sonder allen Zweiffel in dergleichen Schreib=Art
weit übertreffen" werden.[35]

Der Band zeugt von ihrem „starcken Briefwechsel".[36] Die Briefe erscheinen
undatiert und ohne Namensangaben der Adressaten, die als „Herr, Frau, Fräulein" angeredet werden. Sie sind nachträglich überarbeitet und auch nicht
ausnahmslos übernommen worden, vielmehr hat die Autorin ihre Auswahl
danach getroffen, ob die Schreiben „etwas moralisches in sich hielten".[37] So ist
das Spektrum der behandelten Themen sehr weit gespannt und reicht von Fragen
der Tugend und Moral sowie Lebensführung über Probleme der Erziehung, der
Eheschließung und -krisen zu Überlegungen über die Vor- und Nachteile von
Stadt-(Leipzig) und Landleben,[38] Ratschlägen und Einmischungen in bezug auf
Lektüre für Töchter und Frauen,[39] bis zu Ausführungen und Stellungnahmen
zum literarischen und musikalischen Leben ihrer Stadt und Zeit.[40] Im einzelnen
vermitteln die Briefe dabei manches Detail zu ihrer Biographie. So geht sie z. B.
auf das offensichtlich wiederholt an sie herangetragene Ansinnen ein, sich wieder
zu verheiraten.[41] Sie bedauert, daß es ihr als verwitweter Frau verwehrt sei, allein
zu reisen.[42] Und schließlich erfahren wir hier einiges über ihre weiteren Neigungen und Beschäftigungen, den gesellschaftlichen Umgang, das Zeichnen und
insbesondere die Musik.[43] Ihren Stil charakterisiert sie selbst folgendermaßen:

> Was meine darinnen gebrauchte Schreib=Art anbetrifft, so habe ich mich allezeit
> beflissen, eine Sache durch deutliche und ungekünstelte Worte vorzutragen, weil ich
> allezeit von hoch=trabenden, und zu sehr gezwungenen Worten ein Feind gewesen, und
> alles affectirte Wesen meinem Temperament zuwider ist.[44]

In ihren Argumentationen differenziert sie im einzelnen sehr genau je nach
Adressat, Fragestellung und Kontext, so daß durchaus sich widersprechende
Stellungnahmen zustandekommen. Das gilt insbesondere für den Komplex
Eheschließung und das Verhältnis zwischen Männern und Frauen. Für sich
vertritt sie das Prinzip der „Freyheit, selber bey sich", während sie sich in
Kenntnis der gesellschaftlichen Bedingungen und Sanktionen mit solchem Rat

anderen gegenüber eher zurückhält.[45] Ähnliches gilt für ihre Ausführungen zum Stoizismus, den sie männlichem Verhalten zuordnet und durch Hinweise auf Folgen der Gefühlsunterdrückung kritisiert. Sie selbst will Gefühlserschütterungen zulassen, so daß ihr „fast alle Lust vergangen zu der Fahne der Stoicker zu schweren".[46] An anderer Stelle beruft sie sich jedoch wieder auf den Stoizismus als eine Hilfe in Unglücksfällen, wenn sie einem konkret Betroffenen raten soll.[47]

Die «Vermischete Schriften in gebundener und ungebundener Rede» von 1739 greifen die bisher von Christiana Mariana von Ziegler behandelten Themen und Schreibarten noch einmal auf – also auch die gebundene Rede, der sie 1729 den Abschied gegeben hatte –, erweitern sie um neue Formen (Reden, Fabeln) und zeigen insgesamt eine Veränderung in Richtung auf größere Regelhaftigkeit statt „wilde[n] Waldgeschrey[s]".[48] Deutlich macht sich der Einfluß der „Deutschen Gesellschaft" – und nicht nur positiv – bemerkbar: Die Autorin zweifelt an sich, übt Selbstkritik und versucht den Literaturvorstellungen Gottscheds und seines Kreises zu entsprechen. So tragen einige Teile dieser Sammlung erkennbar einen Übungscharakter, wie etwa die Briefe I–VI[49] oder auch die Fabeln, kaum überzeugend gelungene Erprobungen dieser Form.[50]

Auch in der Frauenfrage nimmt die Ziegler, wie mir scheint, in manchen Texten hier eine stärker zwiespältige und weniger entschiedene Haltung als vorher ein. Das gilt vor allem für die zwei Reden, die sie zu dem Thema vor der „Deutschen Gesellschaft" abgelesen hat: die „Antrittsrede"[51] und die „Abhandlung, ob es dem Frauenzimmer erlaubt sey, sich nach Wissenschaften zu bestreben?"[52] Der Bildungsanspruch von Frauen wird mit dem Argument gerechtfertigt, sie könnten ihre Funktionen für Haushaltung und Kinderaufzucht und damit für die Republik so besser wahrnehmen; diese ihre ersten und eigentlichen Aufgaben würden jedoch nicht beeinträchtigt, weil die Frauenzimmer der Weisheit sowieso nur in ihren Nebenstunden nachgehen könnten. Das wichtigste, weil Befürchtungen der Männer beschwichtigende Argument steckt in folgenden Beteuerungen:

> Das Frauenzimmer trachtet ja nicht mit ihrer Feder Aemter und Ehrenstellen zu erhalten: Sie schreiben aus keiner Gewinnsucht: Sie sind nicht von abgeschmacktem Ehrgeize verblendet, gelehrten und berühmten Männern den Vorzug streitig zu machen: Die Unschuld leget den Grund zu ihren Bemühungen; und die edle Absicht, weiser und gesetzter zu werden, ist ihr Endzweck.[53]

Die Appelle an unerschrocknen Mut, die nüchterne Einschätzung der Widerstände, die sowohl von seiten sich bedroht fühlender und neidischer Männer wie Frauen zu gewärtigen sind, wenn sich das weibliche Geschlecht in die ihm verschlossen gehaltenen Gefilde der Wissenschaft und Dichtung vorwagt, finden sich auch in diesen Reden; sie sind hier aber angebunden an adressatenorientierte Argumentationen.[54] Die Männer haben sich als entscheidende Förderer erwiesen; Schriftstellerinnen, die Öffentlichkeit und Anerkennung zu erreichen suchen, bleiben weiter auf sie angewiesen.

Mir scheint, daß das Verstummen der Zieglerin, das zeitlich mit der dritten

Eheschließung zusammenfällt, in dieser jedoch nicht in erster Linie seine Ursachen hat, sondern vielmehr darin, daß die Autorin zu „hitzig" und zu „protzig"
von ihren ehrgeizigen und beweissüchtigen Dichterkollegen auf einen Thron
gehoben und dadurch vereinnahmt worden ist. Zu klug, um die hinter solchen
Aktionen verborgenen Interessen nicht zu durchschauen, reagierte die Ziegler
mit Gefühlen des Ungenügens und mit Anpassung. Sie wurde schließlich noch
zur Schülerin, die sich nun um vernunft-, wissen- und regelgeleitetes Dichten
bemühte und so „die Liebe zur Dichtkunst" allmählich verlor.[55]

Und wenn mich nicht Vernunft, und Pflicht und Wohlstand treiben, /
So schreib ich lieber nichts; so laß ichs lieber bleiben.[56]
Luise Adelgunde Victorie Gottsched geb. Kulmus (1713–1762)

Im Briefwechsel mit seiner Braut hat Gottsched die junge Kulmus schon sehr
bald auf die Ziegler als Vorbild für eine ähnliche Laufbahn und Lebensmöglich-
keit hingewiesen, der er sie gern nachfolgen gesehen hätte. Aber schon ihre erste
Äußerung vom 19. 7. 1732 zu dem Punkt läßt erkennen, daß die junge Frau
bereits erfahren mußte und akzeptiert hatte, daß Gottscheds Interesse und
Bereitschaft, Frauen zu fördern, einhergingen mit Bedingungen ihrer Diszipli-
nierung und Unterordnung unter den Anspruch der Männer auf Überlegenheit.
Sie hatte sich offensichtlich unterfangen, ihren „Meister zu tadeln":

> [...] Wie es [sc. unser Geschlecht] an denjenigen Fehler zu suchen sich bemüht, mit
> deren Erlaubniß wir uns zu einer Stufe erheben, dahin wir ohne ihre Hülfe uns nicht wagen
> dürften. Ich erschrack über meine Kühnheit und verspreche Ihnen mich niemals wieder so
> sehr zu vergessen.[57]

An diesen Vorfall, der ihr gezeigt hatte, wie es in Wirklichkeit zwischen den
beiden Geschlechtern auszusehen, und was sie auch von diesem frauenfreundlichen Mann zu erwarten hatte, schließt sich jener häufig zitierte Abschnitt an, in
dem sie für sich entschieden ablehnt, je Mitglied der „Deutschen Gesellschaft" in
Leipzig werden zu wollen; sie wolle sich vor solchen Grenzüberschreitungen des
für das weibliche Geschlecht Schicklichen hüten. So kam es, daß die Gottschedin
zwar einerseits den ehrgeizigen Erwartungen ihres an Förderung von Frauenbildung und -literatur interessierten Mannes entsprach; sie machte die Schriftstellerei und Gelehrsamkeit zu ihrem lebenfüllenden Beruf und wurde dadurch auch
berühmt.[58] Andererseits entzog sie sich von Anfang an Tendenzen einer Verein-
nahmung durch den Literaturbetrieb ihrer Zeit,[59] zu dessen Vorlieben es gehörte,
Poetinnen zu krönen und geräuschvoll zu feiern und gleichzeitig zu bespötteln;
sie nahm für sich auch nicht die Möglichkeit voll in Anspruch, zu denken, wie
sie wolle und zu sagen, was sie denke: „Nein, ich wage es nicht."[60] Sie ist, wie es
sich bereits in jenem frühen Brief abzeichnete, als folgsame Ehefrau, als „Gehül-
fin", „Secretair", „Hausmuse" ihres Mannes die gelehrte Frau und Poetin und als

solche allerdings ebenfalls eine der berühmten Frauen der ersten Jahrhunderthälfte geworden.[61]

Luise Adelgunde Victorie wurde am 11.4. 1713 als Tochter des königlich
polnischen Leibarztes Johann Georg Kulmus und seiner Frau Katharina Dorothea geb. Schwenk in Danzig geboren. Sie erhielt bereits zu Hause eine gelehrte
Erziehung durch die Eltern und weitere Verwandte.[62] Als Gottsched sie dann
1729 auf einer Durchreise in Danzig kennenlernte und von ihren Eltern die
Erlaubnis zum Briefwechsel mit der Tochter bekam, wurde er ihr Lehrer und
Führer auf den Gebieten von Wissenschaft und Dichtkunst. Das sollte zugleich

Luise Adelgunde Viktorie Gottsched. Stich von Bernigroth

Erweiterung ihres Blickfelds und Einengung durch und auf die Vorstellungen Gottscheds bedeuten. Nach langer Brautzeit auf der Basis eines Briefwechsels konnte 1735 endlich die Hochzeit stattfinden und Gottsched seine Frau, begleitet und gefeiert von der literarischen Öffentlichkeit durch zahlreiche Hochzeitscarmina, nach Leipzig bringen.[63] Hier ergänzte und verbesserte sie ihre vorhandenen Fremdsprachenkenntnisse (Französisch, Englisch) noch dadurch, daß sie Lateinstunden nahm. Den Rhetorikvorlesungen ihres Mannes durfte sie hinter der Stubentür lauschen. Die Ehe der Gottscheds ist kinderlos geblieben und war geprägt durch gemeinsame wissenschaftliche, literarische und Übersetzungsarbeit. Im Unterschied zur Ziegler, der eine solche Möglichkeit als Witwe weitgehend verschlossen bleiben mußte, hat Frau Gottsched mit ihrem Mann mehrere Reisen machen können, 1742 nach Dresden, 1749 nach Wien und 1753 nach Kassel, Göttingen, Braunschweig. Auf diesen Reisen wie auch bei entsprechenden Gelegenheiten in Leipzig hat die als Muster der Gelehrsamkeit und Tugend berühmt gewordene Frau Gottsched viele anerkennende Ehrungen durch Empfänge und Besuche erhalten, deren Höhepunkt die Audienz bei der Kaiserin Maria Theresia in Wien war.[64]

Ein zweiter wichtiger Akzent ihres Lebens wurde neben der Ehe die Freundschaft mit Dorothee Henriette von Runckel, die später die Briefe der Freundin herausgeben sollte. „Mein Herz ist zur Freundschaft mehr, als zu irgend einer andern Leidenschaft geschaffen.“[65] Sie beteuert immer wieder, daß sie nur noch für die Freundin lebe;[66] ihre Todessehnsucht knüpft sie an Vorstellungen eines gemeinsamen Suicids;[67] einem Ausflug mit Gottsched, dem „Freund“, hätte sie einen Besuch bei der Freundin entschieden vorgezogen;[68] Andeutungen über das Noviziat ihrer Freundschaft bleiben dunkel und werden von ihr wieder zurückgenommen.[69] Aber obwohl diese Freundschaft in den letzten zehn Jahren zum emotionalen Zentrum ihres Lebens geworden war, wird sie in biographischen Darstellungen über die Autorin auffällig übergangen. Die Runckel wird nur als Freundin erwähnt, die die Herausgabe der Briefe besorgt und den Brief über die Erziehung eines jungen Fräuleins auf Bitte der Gottschedin verfaßt habe.[70]. Dieses Verschweigen eines wesentlichen Bestandteils der Biographie der Gottschedin ist nicht nur wissenschaftlich anfechtbar, sondern vermutlich auch Ausdruck von Hilflosigkeit und Unbehagen angesichts von Frauenfreundschaft und Eheenttäuschung.[71]

Zwei weitere Momente scheinen mir noch hervorhebenswert in der Biographie der Autorin. Da ist einmal ihr labiler Gesundheitszustand, der durch die Arbeit am Schreibtisch, „das Schreibejoch, welches mir täglich aufliegt“,[72] nur noch weiter negativ unterstützt wurde. Und zum anderen haben Kriegserfahrungen ihr Leben an zwei entscheidenden Stellen empfindlich geprägt: In ihrer Jugend im Elternhaus standen sie im Zusammenhang mit eigener schwerer Krankheit und dem Tod der Mutter,[73] und in Leipzig überschattete die Erfahrung des Siebenjährigen Krieges, den sie scharf kritisierte und ablehnte, ihre letzten Jahre:

O dächten doch die Großen dieser Erde das mannigfaltige Elend, welches den Krieg begleitet, das Elend, welches sich bis auf die Nachkommen erstrecket, und oft für Jahrhunderte eine Quelle des Jammers ist; wo Tugend und Künste und Wissenschaften verweist stehen: sie würden zu ihrem eigenen Vortheile dem blühenden Wohlstande ihrer Staaten den Durst der Ehrsucht willig aufopfern.[74]

Adelgunde Luise Victorie Gottsched fühlte sich am Ende ihres Lebens durch 28 Jahre Arbeitsjoch und 6 Jahre Kriegsgram erschöpft und lebensmüde.[75] Sie starb am 26. 6. 1762 in Leipzig.

Dem Arbeitsjoch und der Arbeitsdisziplin, denen die Gottsched sich unterworfen hat, entspricht auch quantitativ die Fülle der Werke, die sie übersetzt und geschrieben hat und an denen sie, als Mitarbeiterin ihres Mannes, beteiligt gewesen ist. Hier ist nicht der Ort, um diese Schriften einzeln auch nur zu nennen, geschweige denn auf sie einzugehen. Mit allen ihren Publikationen aber hat diese Autorin ihr Versprechen erfüllt: „Von ihnen [sc. Gottsched] unterrichtet, werde ich mich bemühen als ein vernünftiges Geschöpf in der Welt zu leben und zu handeln."[76] Sie hat einen wesentlichen Beitrag zur Verbreitung aufklärerischer Moral und Philosophie in Deutschland geleistet, nicht zuletzt durch ihre Übersetzungsarbeiten; auf den Gebieten zweier literarischer Genres – Komödie und Brief – hat sie entscheidende Bausteine für eine Weiterentwicklung der Gattungen gesetzt.[77] (Vgl. S. 425 f. und S. 395 f. in diesem Band). Die Frauenfrage hat sie allerdings viel seltener und kaum so kämpferisch-kritisch thematisiert wie ihre Vorgängerin, Christiana Mariana von Ziegler. Ihre entsprechenden Äußerungen fallen meist in anderen Zusammenhängen. Wofür sie sich jedoch durchgängig und unerbittlich einsetzt und wozu sie ermutigt, das ist eine möglichst gute Bildung für Mädchen und Frauen; ebenso durchgängig und unangefochten bleibt aber auch ihre Grundannahme, daß die Bestimmung des Weibes in der Ehe liege und daß Begabungen, Neigungen, Fähigkeiten der Frau in der Ehe zu Nebengeschäften werden müssen.[78]

Im folgenden möchte ich am Beispiel ihrer Stücke noch der Frage nachgehen, welche Themen ihrer Zeit sie darin aufgegriffen und ob und inwiefern sie sich auch zur Anwältin der Frauen gemacht hat.

In «Die Pietisterey im Fischbein=Rocke; Oder die Doctormäßige Frau», 1736 anonym erschienen als Bearbeitung einer französischen Vorlage, soll der unheilvolle Einfluß egoistischer Pietisten auf eine Hausgemeinschaft sowie eine Gruppe von Frauen entlarvt werden, die sich gelehrt geben, es aber gar nicht sind.[79] Die Kritik richtet sich dagegen, daß eigenes Wahrnehmungs-, Denk- und Urteilsvermögen außer Kraft gesetzt werden; die Aufgeklärten folgen der Vernunft, während die Pietisten sich auf die Gnade berufen. Das gilt auch für die Pseudogelehrsamkeit der drei Frauen, die nicht „ihren eigenen Augen trauen", sondern Unverstandenes „glauben" und nachplappern und sich kritiklos dem Willen eines Mannes unterwerfen, der als betrügerisch entlarvt wird.[80] Der falsche Gebrauch von Gelehrsamkeit, nicht aber daß Frauen sich ihres eigenen Verstandes bedienen können und sollen, wird also in Frage gestellt. Das läßt sich im einzelnen am Vokabular des Sehens, Denkens, Urteilens aufweisen, dessen sich die Autorin hier wie in den anderen Komödien zur Entlarvung von Torheiten und Lastern und zur Aufklärung bedient. Daß ihre Kritik dabei auch das Konzept des „gelehrten Frauenzimmers", eine Lieblingsidee der Frühaufklärung, der sie doch selbst entsprach, empfindlich traf, muß differenziert beurteilt werden.[81] Einmal sind Fähigkeit und Mut zur Selbstkritik – hier: falscher Gebrauch eines an sich guten Konzepts – als Ausdruck von Selbstbewußtsein und nicht von Schwäche positiv zu werten. Außerdem zeigt ein Blick auf das Nachspiel «Der Witzling», daß die Autorin auch männliche Schein-Gelehrsamkeit lächerlich gemacht hat. Allerdings bleibt im sozial- und wirkungsgeschichtlichen Zusammenhang ein entscheidender Unterschied bestehen: Frauen mußten Anfang des 18. Jahrhunderts immer noch erst einmal unter Beweis stellen, daß sie überhaupt bildungsberechtigt und vernunftbegabt seien; jedes Versagen, jede Kritik wurde (und wird noch?) in ihrem Fall, anders als bei Männern, allzuleicht als Argument gegen das ganze weibliche Geschlecht, seine Ansprüche, Rechte, Bedürfnisse gebraucht. In der «Pietisterey» wird nur ein Zerrbild von weiblicher Gelehrsamkeit, aber keine positive Gegenfigur dieses Konzepts gezeigt. Dem widerspricht auch nicht, daß die Gottschedin in diesem wie in allen anderen Stücken Frauengestalten gewählt und in den Mittelpunkt gestellt hat, die die Tugenden der Aufklärung im besten Sinn repräsentieren: Luischen in «Die Pietisterey», Amalia in «Die ungleiche Heirath», wieder Luischen in «Die Hausfranzösinn», Caroline und ihre Tante in «Das Testament» und Lottchen in «Der Witzling» lassen sich durch nichts und niemanden etwas vormachen; sie verlassen sich mit Recht auf ihre eigenen Wahrnehmungs-, Denk- und Urteilsfähigkeiten, verhalten sich Dummheit und Lastern gegenüber distanziert, ironisch, entlarvend. Es läßt sich im einzelnen durchaus zeigen, daß die in den Lustspielen der Gottschedin bloßgestellten Torheiten und Unsitten, auch wenn Frauen oder Männer im konkreten Fall die Träger solcher Eigenschaften und Verhaltensweisen sind, nicht in erster Linie weibliche oder männliche, sondern menschliche und in der Regel auch korrigierbare sind. Das gilt auch und gerade für solche Stücke, die im Titel auf eine weibliche Hauptfigur verweisen. So ist die Hausfranzösin selbst in nur 10 von 47 Auftritten auf der Bühne, und die Kritik richtet sich nicht so sehr gegen sie als Person, sondern gegen die Unsitte, allem Französischen unter Ausschaltung der eigenen Wahrnehmung und Erfahrung auf Gedeih und Verderb zu folgen. Der Repräsentant solchen Verhaltens ist in der vorliegenden Komödie Franz.

An einem weiteren Detail läßt sich ablesen, wie die Gottschedin eine Thematik ihrer Zeit aufgreift, die in besonderer Weise Frauen betrifft, und sie im Sinne einer Verbesserung der Lebensmöglichkeiten von Frauen diskutieren läßt. Ich denke hier an die verstreuten Ausführungen zu Fragen der Eheschließung, die den Paradigmawechsel von Bestimmung des Partners durch die Eltern zu eigener Partnerwahl, von „sündiger" zu „weltlicher" Eheauffassung,[82] von Heirat um jeden Preis zu weiteren Formen der Selbstbestimmung deutlich erkennen lassen.

In solchen Argumentationszusammenhängen bedient sich die Autorin durch ihre Figuren aufklärerischer Vernunftgründe, die, setzt man die eigene Denkfähigkeit nicht außer Kraft, von und für Frauen in Anspruch genommen werden können und sollen.

So hat Luise Adelgunde Victorie Gottsched weniger als ‚Frauenrechtskämpferin‘, sondern eher als Vertreterin der Aufklärung und in diesem Rahmen ihren Beitrag zur Emanzipation von Frauen geleistet, der allerdings, wenn man genau zu lesen versteht, nicht unterschätzt werden darf.[83]

Soll Trau-Ring, Wiege, Leichenstein / Nur bloß der Lieder würdig seyn?[84]
Sidonia Hedwig Zäunemann (1714–1740)

Von den drei Autorinnen, die hier vorgestellt werden sollten als Beispiele dafür, wie Frauen in der ersten Hälfte des 18. Jahrhunderts Schriftstellerinnen werden konnten und mit welchen Akzenten und Zielen sie die Dichtkunst ausgeübt haben, ist Sidonia Hedwig Zäunemann nicht nur die zuletzt geborene und zuerst gestorbene, sondern wohl auch die eigenwilligste. Sie wurde nur 26 Jahre alt. In dieser kurzen Spanne ihres Lebens ist es ihr gelungen, durch ihre poetischen Werke Anerkennungen und Ehrungen zu erlangen.[85] Sie hat mutig versucht, sich von den vorgegebenen Formen der Dichtung ihrer Zeit zu lösen und sowohl inhaltlich als auch formal neue Wege zu gehen. Bei ihrem Streben nach Unabhängigkeit und Selbständigkeit mögen ihr mehrere Umstände zugute gekommen sein; sie selbst hat sich keiner Ehe unterworfen, die sie doch in ihren zahlreichen Hochzeitscarmina besingen mußte, und sie hat, anders als die Ziegler und die Gottschedin, in größerer räumlicher Entfernung von Gottsched und seinen Einflußmöglichkeiten gelebt.[86]

Sidonia Hedwig Zäunemann hat ihr Leben, abgesehen von kurzen Besuchen in Jena, am Weimarischen Hof und in Ilmenau bei der Familie der Schwester, in Erfurt verbracht.[87] Dort wurde sie am 15. 1. 1714 als Tochter des Advokaten und Notars Paul Nicolaus Zäunemann und seiner Frau Hedwig Dorothea geb. Guldenmund geboren. Die „Hamburgischen Berichte" erwähnen im Nachruf zwei Schwestern namentlich, von denen die eine 1741 ebenfalls noch unverheiratet im Elternhaus lebte.[88] Die Familie war mit einem Jahreseinkommen von 40 Talern „nicht reich".[89] Sie war lutherischen Glaubensbekenntnisses, gehörte also Anfang des 18. Jahrhunderts in Erfurt zur protestantischen Minorität. Sidonia verdankte ihre Bildung, die später immer wieder hervorgehoben wurde, wohl in erster Linie ihrer Wißbegier und ihrem Lesehunger; sie hat sie sich überwiegend autodidaktisch erworben. Es heißt, daß ihre Mutter den Lerntrieb und die Schriftstellerei der Tochter, die sie von der Bestimmung des Weibes entfernen mußten, ungern gesehen habe. Sidonia habe ihr Schreib- und Lesepensum weitgehend nachts leisten müssen, nachdem sie tagsüber den anerkannten Pflich-

Die Dichterkrönung in Erfurt 1738
Graf Reuß überreicht Sidonia Hedwig Zäunemann die Urkunde

ten einer Tochter im Haushalt nachgegangen war.[90] Sie hat, als Unverheiratete, zu ihrer Zeit natürlich im Elternhaus leben müssen. Für ihre Dichtungen hat sie die höchste Auszeichnung jener Zeit erhalten: Sie wurde 1738 mit 24 Jahren kaiserlich gekrönte Poetin der neuen Universität Göttingen, zu deren Gründung 1737 sie ein Lob- und Glückwunschcarmen verfaßt hatte.[91] Sie war damit nach Christiana Mariana von Ziegler die zweite Frau, der in Deutschland eine solche Ehrung zuteil wurde. Daß sie allein weitere Strecken zu allen Tages- und Nachtzeiten und bei Wind und Wetter in Männerkleidung geritten ist, und daß sie, als Frau und natürlich bei der Gelegenheit wieder in Männerkleidung, in ein Bergwerk eingefahren ist –, solche Verhaltensweisen machten sie, über ihre Gelehrtheit hinaus, als Frau ihrer Zeit zu einem Kuriosum, das Neugierige anzog. Immer wieder sollen Durchreisende sie in Erfurt als eine ungewöhnliche Berühmtheit besucht haben. Sie starb durch einen Unglücksfall: Auf einem ihrer Ritte zur Familie ihrer Schwester in Ilmenau ertrank sie am 11. 12. 1740 beim Überqueren der Gera, die – es war Winter – Hochwasser führte.[92]

1738 erschienen, in einem Band zusammengefaßt, die bis dahin geschriebenen und verstreut veröffentlichten Schriften der Zäunemann, von ihr selbst herausgegeben, mit einer „Zuschrifft“ der Kaiserin Anna Joanowna der Großen gewidmet und mit einer Vorrede versehen, in der sie den Titel «Poetische Rosen in

*Rückseite der Gedenkmedaille auf die Dichterkrönung der
Sidonia Hedwig Zäunemann (1738)*

Knospen» von mehreren Seiten beleuchtet: Neben den noch nicht voll erblühten
stünden solche Rosen, die ihre Schönheit schon ziemlich erreicht hätten und der
Kritik standhalten könnten; daß Rosen nicht ohne Stacheln seien dient als
Hinweis auf Satiren, und als Beispiele für Rosen mit ungewöhnlicher Bildung
führt sie das Bergwerks- und das Wald- und Jagdgedicht an.[93] Die Sammlung ist
nach Rubriken und diese in sich nach der Chronologie der Entstehung angeord-
net; sie enthält die Gruppen der Geistlichen, Leichen-, Hochzeits-, der Lob-,
Ehr-, Glückwünsch- und der Vermischten Gedichte. Eine ganze Reihe der Texte
sind „in andern/fremden Namen" offensichtlich als Auftragsarbeiten und gegen
Bezahlung geschrieben worden. So kommt es durchaus vor, daß die Autorin zu
einem Anlaß mehrere Carmina verfaßt hat.[94] Die meisten der Gedichte stehen in
der Tradition der Casuallyrik, folgen ihren Regeln, weisen ihre Merkmale auf,
lassen jedoch gleichzeitig von Anfang an auch Kritik an dieser Dichtungsart
erkennen, von der sich die Autorin zu lösen versuchte:[95]

> Wie bin ich nicht zum Fremdling worden, wenn man
>   die Leichen=Carmen schreibt,
> Da man die Heucheley aufs höchste, zu meinen größten
>   Schmerzen treibt!

> Vereinget sich aus Eitelkeit, und nicht aus rein
> und edlen Triebe
> Ein Paar; so singt man doch darbey: Der Himmel pflanz-
> te eure Liebe.[96]

Im vorliegenden Promotions-Carmen auf den Schwager Kunad findet die Integration der Schreibsituation in den Text in der Verkleidung einer Allegorie – Wahrheit, Zeit, Erfahrung erscheinen vor Apoll – statt und wird zur poetologischen Reflexion und Kritik an der Gelegenheitsdichtung. Ein Jahr später in der Ode auf die am Rhein stehenden Husaren Kaiser Carls VI. formuliert die Zäunemann ihr Unbehagen an der Beschränkung auf Anlässe, die dem häuslichen, privaten Bereich zuzuordnen sind, wie Geburt, Hochzeit und Tod.[97] Mit der Überschreitung dieser Grenzen – sie schreibt in der Folgezeit Soldaten- und Heldenlieder,[98] mehrere Gedichte für und auf den Prinzen Eugen und auf andere Hoheitspersonen[99] oder auf so illustre Anlässe wie den der Gründung der Georgia Augusta in Göttingen[100] – weitet sich auch der Umkreis, in dem die Dichtungen der Erfurter Autorin ihre literarische Öffentlichkeit finden; sie erhöht durch solche Anlässe und Adressaten das Ansehen des eigenen Namens und spricht das auch selbstkritisch aus.[101]

Bekanntestes und spektakulär gewordenes Beispiel für den Versuch der Zäunemann, inhaltlich neue Wege für die ausgetretenen Gegenstandsbereiche der Poesie zu finden, ist „Das Ilmenauische Bergwerk" von 1737,[102] in dem sie Ausdrücke der Bergmannssprache verwendet und das auf eine zweimalige vielstündige Einfahrt ins Bergwerk zurückgeht, zu der die Autorin vermutlich durch die Vermittlung ihres Schwagers Kunad in Ilmenau die Erlaubnis bekommen hatte. Sie beschreibt und preist sowohl die Mühen als auch die Schönheit von Arbeit und Landschaft untertage; sozialkritische Reflexionen darüber, daß die Bergleute ihr Brot wirklich „im Schweiße ihres Angesichts" verdienen müssen, veranlassen sie zu einer Erweiterung ihres Tapferkeitsbegriffs, der nicht mehr nur für Soldaten gelten dürfe. In diesem Gedicht, wie in „Andächtige Feld= und Pfingst=Gedanken", ist die Erlebnissituation der Verfasserin – als Prozeß der Bergwerksbesichtigung und des Ritts von Erfurt nach Ilmenau – als konstitutives Merkmal in die Texte integriert.[103] So erklärt es sich dann auch, daß beide Gedichte ausführlicher darauf eingehen, was für Frauen schicklich – „Kein Weib soll Mannes=Kleider tragen" – und was ihr Beruf sei:

> Spieß, Degen, Blat und Kiel schmückt auch die Wei-
> ber=Hand.
> Weswegen soll denn nicht ein Frauen=Bild auf Erden
> Durch Leder, Licht und Fahrt ein kühner Bergmann
> werden?
> Auch diese That muß rühmlich seyn!
> Glück auf! ich fahre freudig ein.[104]

Im „Pfingstgedicht" dient die Argumentation, daß das zuvor herrschende alte Gesetz in Christus durch ein neues abgelöst worden sei, schließlich dazu, die

Erweiterung von Handlungs- und Verhaltensspielräumen für sich und andere Frauen zu rechtfertigen: „Ich kan zu allen Zeiten / In solcher Tracht durch Blitz und Donner frölich reiten."[105]

Die Äußerungen der Zäunemann zu Fragen, die Lebensmöglichkeiten von Frauen betreffen, lassen in der Regel an Deutlichkeit der Kritik und Entschiedenheit der Forderungen kaum etwas zu wünschen übrig. Zu nennen ist da z. B. das „Sendschreiben an die Herren Verfasser derer gelehrten Hamburgischen Berichte", dessen Anfang mit der besonderen Benachteiligung von Frauen in Deutschland abrechnet:

> Unsere ecklen Deutschen sind noch nicht gewohnt denen Weibes=Personen eine Übung in freyen Künsten zu verstatten [...], in Deutschland sage ich, wo die Weibesbilder ihre natürliche Fähigkeit zu gelehrten Wissenschaften schlechterdings unterdrücken, und gleichsam ihr menschliches Wesen ablegen müssen.[106]

Und ihr Bouts Rimetz-Gedicht, das der geselligen Tradition der vorgegebenen Reime folgt, die durch Verse ausgefüllt werden müssen, gerät ihr zu einer persönlich gefärbten, vehement vorgetragenen Absage an den Ehestand, der für sie „ein herb= und bittrer Kohl" ist:

> Niemand schwatze mir vom Lieben und von Hochzeit-
>   machen = vor;
> Cypripors Gesang und Liedern weyh ich weder Mund
>   noch = Ohr.
> Ich erwehl zu meiner Lust eine Cutt= und Nonnen
>   = Mütze,
> Da ich mich in Einsamkeit wieder manches lästern
>   = schütze.
> Ich will lieber Sauer=Kraut und die ungeschmeltzten
>   = Rüben
> In dem Kloster, vor das Fleisch in dem Ehstands=
>   Hause = lieben.[107]

Und selbst noch in den Hochzeits-Carmina, die entsprechend dem zu besingenden Anlaß die „Ordnung der Natur" im Sinne einer Herr-Gehülfin-Hierarchie zwischen Männern und Frauen zum Ausdruck bringen, werden versteckt auch Widerstände und Kritik artikuliert, z. B. wenn ein Hochzeitscarmen in die Form einer Trauerode gekleidet wird.[108]

Mit der Satire in gebundener Rede „Die von den Faunen gepeitschte Laster" von 1739 wagt sich die Zäunemann schließlich an ein für sie neues Genre, mit dem sie sich einen weiteren Schritt vorwärts bewegt in Gebiete, die als „unweiblich" galten: „Kann ich die Narren nicht durch sanfte Lieder rühren, / Ey! so versuch ichs jetzt durch beissende Satyren!"[109] Deutlich nimmt die Autorin auf den ersten Seiten sowie in der Vorrede Bezug auf Erfahrungen, die sie mit Eifersucht und Mißgunst von Männern und Frauen hat machen müssen. Ihre Absicht mit diesem Werk ist es, eine „vernünftige Satire" zu schreiben, in der sie lasterhafte und strafbare Handlungen auf überzeugende, sinnreiche und beißende Art vorstellen und beschreiben wolle. Dabei verfährt sie überwiegend nach

dem Muster der Opposition: Dem unschuldigen Zustand eines güldenen Zeital-
ters, in dem Kunst, Wissenschaft, Tugenden noch verehrt wurden, stellt sie eine
Schilderung des Verfalls in ihrer Gegenwart gegenüber.[110]
   Interessant ist nun, daß diese Satire bereits 1740 durch eine Gegensatire von
einer anderen Autorin beantwortet worden ist: „Die von der Tugend gezüchtigte
Faunen".[111] Sie erschien nicht unter dem Namen der Verfasserin, hinter dem man
allerdings Christiana Rosina Spitz, geb. Corvinus (1710–1740) vermuten darf.
Der Herausgeber, J. A. Röseler aus Mühlhausen, bezieht sich in seiner Vorrede
auf beide Satiren als anonym erschienene Texte, führt aber als einzige Beispiele
für eine Literatur von Frauen die Namen der Zäunemannin aus Erfurt und der
Spitzelin aus Augsburg an. Außerdem verweist die Gegensatire an einigen Stellen
durch deutliche konkrete Anspielungen darauf, daß die Erfurter Kollegin in dem
Angriff gemeint sei. Die einzelnen Vorwürfe, die ihr gemacht werden, haben
ihren Angelpunkt darin, daß Sidonia die Grenzen der Weiblichkeit nicht respek-
tiere. Erst das Christentum habe die Voraussetzung dafür geschaffen, daß eine
Zeit tugendhaft sein könne.[112] Statt Satiren unter Rekurs auf ein goldenes
Zeitalter der Antike zu schreiben, sei es lobenswert, wenn Frauen sich dem
Herrn weihten und dadurch den Ruhm der Nachwelt zu erwerben suchten.
Besonders zu loben aber sei ein solches Weib, das „nur von ihrem Vieh, von
Wetter, Putz und Ramen / In der Gesellschaft spricht".[113] So haben wir es hier,
wie der Herausgeber mit Genugtuung vermerkt, mit der „erste[n] Streit= oder
vielmehr Straaf – Schrift einer Frauens=Person gegen eine andere" zu tun.[114] Die
Zäunemann konnte sich nicht mehr dagegen wehren. Anzunehmen ist aber, daß
sie sich auch durch solche Anwürfe nicht von ihrem mutigen Lebensentwurf
hätte abhalten lassen:

> Nein! warlich, dieses geht Sidonia nicht ein,
> Und solte Jupiter mit Donnerkeilen dräun!
> Ich schwör: Jemehr der Neid sich denkt an mir zu
>   reiben;
> Jemehr bestreb ich mich zu lesen und zu schreiben![115]

Die Literatur von Frauen hat, wie das Beispiel dieser Autorinnen zeigt, zur Zeit
der Frühaufklärung auch in Deutschland einmal eine Chance gehabt. Diese
Literatur ist im Laufe von gut zweihundert Jahren jedoch allmählich fast völlig
aus dem Blickfeld der Literaturgeschichtsschreibung verschwunden. Mit dem
Verdikt, diese Epoche sei insgesamt eine Übergangszeit von geringem literarischem Niveau, wurden auch die literarischen Gattungen getroffen, von denen
die Dichterinnen Gebrauch gemacht haben. Die Gelegenheitslyrik wurde ahisto-
risch an der Erlebnislyrik, das Drama der Gottschedzeit an der Dramenliteratur
der Folgezeit gemessen.[116] Darüber hinaus hat sich das allgemeine Vergessen und
Verdrängen aller Beispiele von weiblicher Produktivität, die außerhalb des
privaten und häuslichen Bereichs lagen, auch auf diesem Gebiet ausgewirkt. Das
bedeutet aber gleichzeitig, daß infolge neuerer Ansätze und Erkenntnisse in der

literaturwissenschaftlichen und sozialgeschichtlichen Forschung heute wieder eine Chance besteht, diesen und weiteren Schriftstellerinnen ihr Gesicht und ihre Geschichte zurückzugeben. Sie sollten die philologische, hermeneutische und kritische Sorgfalt und Aufmerksamkeit erhalten, die sie durchaus verdienen. Unser Wissen um Literaturgeschichte und Kulturgeschichte jener Übergangs- und Aufbruchszeit würde durch jene Frauen bereichert und differenziert.

2. Naturpoesie im Zeitalter der Aufklärung
Anna Luisa Karsch (1722–1791)
Ein Portrait

Hannelore Schlaffer

Es hat sich hier im Bereiche des Geschmacks eine wunderbare Erscheinung gezeigt: eine Dichterin, die blos die Natur gebildet hat und die, nur von den Musen gelehrt, große Dinge verspricht. [...] Sie besitzt einen ausnehmenden Geist, eine sehr schnelle und sehr glückliche Vorstellungskraft. Sie drückt sich über alles mit der größten Fähigkeit so gut aus, wie irgend ein Mensch tun kann, der sein ganzes Leben mit Nachdenken zugebracht hat, und es kostet sie gar nichts, die feinsten Gedanken bei jedem Gegenstand zu erzeugen und in sehr guten Versen vorzutragen. Ich zweifle sehr, ob jemals ein Mensch die Sprache und den Reim so sehr in seiner Gewalt gehabt hat, als diese Frau. Sie setzt sich in einer großen Gesellschaft unter dem Geschwätz von zwölf oder mehr Personen hin, schreibt Lieder und Oden, deren sich kein Dichter zu schämen hätte [...] darunter viele sind, welche in der griechischen Anthologie eine gute Figur machen würden.[1]

Mit solcher Überschwanglichkeit kündigt Johann Georg Sulzer dem Dichter und Kritiker Bodmer in Zürich die Ankunft einer ungewöhnlichen Erscheinung, der Anna Luisa Karsch, an, die bettelarm aus einer kleinen schlesischen Stadt in die preußische Hauptstadt gelangt war. In den Jahren nach ihrem ersten Auftritt 1761 in Berlin verfolgte sie die Gesellschaft dort mit Neugier und mit Gunstbezeugungen aller Art, denn Anna Luisa Karsch besaß drei Eigenschaften, die so wenig zusammenpaßten, daß sie aufmerken ließen: Sie war eine Frau, sie war häßlich und sprach in Versen. Die Frauen wie die Poesie verbinden sich in der Vorstellung aller Zeiten mit der Schönheit, und so mußte es verblüffen, daß sie plötzlich in so robuster Gestalt daherkamen. Fünfzehn Jahre später waren die Poesie und die Unansehnlichkeit der Karschin so berühmt, daß sie in Lavaters «Physiognomik» einen Platz erhielt, jenem vierbändigen Werk, in dem alle großen Dichter der Vergangenheit und Gegenwart nach ihrem Aussehen auf die poetischen Fähigkeiten taxiert wurden. Unter dem in Kupfer gestochenen Porträt der Karsch, das den Adamsapfel und die fledermausartigen Ohren nicht unterschlägt, stellt Lavater seine Überlegungen über das Verhältnis von körperlicher Erscheinung und dichterischer Begabung an:

‚Lieber keine Verse machen, als so aussehen!‘ – Ich bin mit meinem bißchen Physiogno-mik viel toleranter und gelinder geworden! Nein! ‚lieber so aussehen, und Verse machen‘ – denn wahrlich, das Gesicht ist doch, man mag gegen die Schönheit einwenden, was man will, äußerst geistreich, und zwar nicht nur das ganz außerordentlich helle, funkelnde, teilnehmende Seherauge – auch die, wie man sagt, häßliche Nase! Besonders der Mund – wie auch alle das übrige Muskeln- und Schattenspiel; nicht zu vergessen den ganzen Umriß von der Haarlocke auf der hohen männlichen Stirn an bis zum beinernen Kinne – weiter nicht.[2]

1761 konnte die Berliner gebildete und adelige Gesellschaft noch nicht den sicheren Blick Lavaters haben, der hinter die starken Knochen der Stirn zu sehen vermochte und dort Geist und Poesie walten sah. Den Damen und Herren hatte Anna Luisa Karsch ihre Fähigkeiten noch zu beweisen. Wie einem Jongleur die Bälle, so warf man ihr die Reimworte zu, und sie mußte sie balancieren und zu Versen ordnen: Die Reihe „Ehe, Sehe, Paradies, Ließ, Seide, Freude, Brust, Lust, Lachen, Wachen, Springt, Singt“ verwandelte Anna Luisa Karsch in Blitzesschnelle in ein sinnig-unsinniges Gelegenheitsgedicht:

> Sei mir gesegnet, goldne Ehe,
> Die ich in einem Traum mit Seelenauge sehe!
> Du lächelst und du bist vielleicht das Paradies,
> Das nicht ein Gott verschließen ließ.
> Du knüpfest Herzen nur mit Banden weicher Seide,
> Und ihr Geschäft ist nichts als Freude,
> Aus beiden wird nur Eine Brust! [...][3]

Wären der Nachwelt nur diese Szenen überliefert worden, so könnte sie zu Recht jener Zeit den Vorwurf der Herzlosigkeit machen, die mit einer einfachen Frau aus dem Volke ihr Spiel trieb wie mit einem dressierten Tier. In der Tat sprang die Gesellschaft mit der Dichterin um wie der Adel mit dem Volk überhaupt, erzählt man doch von ihm, daß er Geld oder die Brocken von seinem Tisch unter die Menge geworfen habe, um sich über die drolligen Gesten zu amüsieren, die die Bauern beim Auflesen machten. Wäre also Anna Luisa Karsch nur dem Mutwillen der höheren Gesellschaft ausgeliefert gewesen, sie wäre nicht in die Geschichte der deutschen Literatur eingegangen. Das Kuriosum aber, das sie für das Berliner Publikum war, bildete ein Naturereignis für die Dichter und Gelehrten.

Das böse Spiel, das der Adel mit den Bauern trieb, hatten die Dichter in ihren Poesien zu einem zierlichen Scherz veredelt – und in ihm sollte nun auch die dichtende Frau aus der schlesischen Provinz ihren Platz erhalten. In den anakreontischen Gedichten der fünfziger und sechziger Jahre des 18. Jahrhun-derts, bei Gleim, Uz, Ramler, spielten in der freien Natur Schäfer und Schäferin-nen, die griechische Namen trugen, miteinander und bewiesen durch ihr poeti-sches Leben, daß die Poesie selbst Natur sei. Diese Poesie begleitete eine Kunsttheorie, die den Austritt aus dem Altertum einer poetischen Regelhaftig-keit und die Rückkehr in eine Vorgeschichte der Naturpoesie verkündete. Dem Dichten nach tradierten, einengenden Regeln wird die Beobachtung einer Natur entgegengesetzt, die selbst schon Vollkommenes schaffe und der der Dichter nur nachzuhorchen brauche. Sulzer, der nicht zufällig Anna Luisa Karsch als dichtende Natur in Berlin so emphatisch begrüßt hatte, schreibt in seiner «Theorie der schönen Künste»:

Das Verfahren der Natur ist [...] die eigentliche Schule des Künstlers, wo er jede Regel der Kunst lernen kann. In jedem besondern Werke dieser großen Meisterin findet er die genaueste Beobachtung dessen, was zur Vollkommenheit und zur Schönheit gehöret. [...] Jede Regel des Künstlers, die nicht aus dieser Beobachtung der Natur hergeleitet worden, ist etwas blos Phantastisches, das keinen wahren Grund hat.[4]

Anna Luisa Karsch folgte nicht nur der Natur, sie schien selbst Natur. Ihr Schicksal war der Beleg dafür, daß das poetische Genie von sich aus, ohne jegliche Bildung und Regel, seiner Verwirklichung entgegenstrebe. Die Person und ihre Biographie war für die Künstler und Kunsttheoretiker daher fast wichtiger als ihre Dichtung. Das Leben der Karsch war für sie der Beleg ihrer Thesen. Sulzer veranlaßte daher die Karschin, ihm ihre Geschichte zu erzählen, die er denn auch im Vorwort zu der ersten Anthologie ihrer Gedichte 1762 in Umrissen dem Publikum bekannt machte. Anna Luisa Karsch war gewitzt genug, sogleich ihre Rolle zu begreifen, und lebensklug genug, sie zu nutzen. Die vier langen Briefe an Sulzer gehören nicht ins Jahrhundert der vom Pietismus hervorgebrachten Bekenntnisliteratur, in der die wirklichen äußeren Ereignisse Anlaß sind zur Selbstdarstellung einer empfindenden Seele. Vielmehr setzen sie die Theorie in unterhaltsame poetische Szenen um; sie enthalten alles, was der Theoretiker der idyllischen Naturpoesie sich von einem dichtenden Naturkind nur erwarten konnte: die bäuerliche Herkunft, die Armut der äußeren Umstände und den Reichtum der Phantasie, das Hirtenleben und eine unbezwingliche Leselust. Mit homerischer Schlichtheit und Schönheit hebt die Erzählung an:

Man hat bei meiner Wiege weder von Ahnen, noch von Reichtümern gesungen. Mein Großvater war in einer ländlichen Hütte mit dem Titel eines ehrlichen Mannes vergnügt.[5]

Anna Luisa Karsch wurde am 1.12.1722 im schlesischen Schwiebus als Tochter eines Wirts und Brauereimeisters geboren. Ein Ohcim nahm das sechsjährige Mädchen, das von der inzwischen verwitweten Mutter kaum beachtet wurde, zu sich und brachte dem Kind Lesen und Schreiben bei, ja er begann ihr gerade die Grundkenntnisse des Latein zu lehren, als die neuvermählte Mutter das Kind als Magd und Wärterin ihrer anderen Kinder wieder zu sich zurückholte. Die vier Jahre beim Oheim waren die einzige Zeit, in der die Karsch eine Ausbildung erhielt, und mit Recht verlegt sie in diese Jahre das Erwachen ihrer poetischen Seele. Die Legende, die über sie bis in die zwanziger Jahre des 19. Jahrhunderts fortgesponnen wurde, weiß freilich von einem noch unmittelbareren und viel früheren Aufbrechen der Reimlust zu berichten. Der ausführliche Artikel von Karl Heinrich Jördens im «Lexikon deutscher Dichter und Prosaisten» von 1807 übermittelt die ersten Reimworte des Kindes, das, des Sprechens kaum mächtig, einer Enthauptung beiwohnte und den Vollzug des

Begegnung mit dem Rinderhirten. Stich von W. Arndt (um 1790)

Urteils mit kindlicher Herzlosigkeit kommentierte; da der Kopf fiel: „Schwabb war er ab!"[6]

Für Anna Luisa Karsch spielte sich nach dem Aufenthalt beim Onkel das Leben in einem dauernden Widerstreit zwischen öder Wirklichkeit und blühender Phantasie, zwischen Arbeit und Poesie ab:

> Früh, ehe noch die Sonne den Tau trank, nahm meine alte wirtschaftliche Großmutter dreien Kühen die Milch, und dann trieb ich sie vor mir her, stolz auf die Zufriedenheit, die ich fühlte, wenn über meinem Haupte die Lerche ihren langtönigen Gesang fortsetzte.[7]

Im Zentrum der Legende von dem Mädchen, an das der Ruf zur Poesie durch die Stimme der göttlichen Natur selbst ergangen sei, steht die von der Karsch erfundene und von allen Biographen geglaubte Szene, da die Rinderhirtin den lesenden Rinderhirten findet. Der wahre Kern der Geschichte ist die Armut des Mädchens, das schließlich die selbst für eine bescheidene Kleinstädterin erniedrigende Arbeit des Viehhütens verrichten mußte. Ein gut Stück Dichtung aber ist in die Lebensgeschichte eingeflossen, indem die Karsch das poetische Programm ihrer neuen Berliner Freunde bedachte. Eines Tages nämlich soll die Hirtin, da sie ein flüchtendes Rind über Wiesen und durch Furten verfolgte, auf einen lesenden Knaben gestoßen sein. Dieser erhielt von Jördens, dem Lexikographen, der noch im 19. Jahrhundert an der Fabel der Karsch im theoretischen Horizont Sulzers weiterdichtete, denn auch den Titel eines Aesop:

> Der Knabe war ungefähr zwei Jahre älter als sie, und ein Bewohner desselben Städtchens, wo ihre Eltern lebten. Seine Gestalt konnte, ohne Uebertreibung, das passendste

Muster zu der Abbildung eines Aesop abgeben, sogar die schwere Zunge und die
Heiserkeit der Sprache, welche man dem griechischen Fabeldichter hat zuschreiben
wollen, fehlten ihm nicht. Gleichwohl aber war es in seinem Kopfe heller, als in manchen
andern Köpfen seines Geburtsortes.[8]

Die Beschreibung der Häßlichkeit des Knaben erhellt endlich auch, warum die
Unansehnlichkeit der Anna Luisa Karsch nicht etwa ein unglückliches Hinder-
nis, sondern vielmehr die Bedingung für ihren Erfolg gewesen war: Ihre Unge-
schlachtheit galt als Ausweis ihrer Unverbildetheit, ihre robuste, rustikale
Gestalt war das Indiz einer urtümlichen und bäuerlichen Herkunft und die
Rohheit ihres Benehmens nahm man als Natürlichkeit, kurz: Häßlichkeit mußte
das Attribut einer Allegorie der pastoralen Dichtung sein, welche von der
Einfachheit und Derbheit der Schäfer und antiken Bauern sang.

Die Geschichte der Erweckung ihrer poetischen Fähigkeiten hat Anna Luisa
Karsch selbst in mehreren bukolischen Gedichten besungen:

Im Lande, wo Horaz Gesänge
Umher erschallen ließ, wo unter grüne Gänge
Zu jeder Jahreszeit der Jüngling hoffend geht,
Der mit dem Mädchen sich versteht:
Im Welschland war ein Hirtenknabe,
Der niemals las, und niemals schrieb,
Und von der Kindheit an, bei stillen Schafen blieb,
Ganz unbekannt mit der in ihm verborgnen Gabe.
Einst stand er hingelehnt an seinem Hirtenstabe,
Da kam ein Pächter, las ihm seinen Tasso vor;
Der Schäfer stand, war lauter Ohr,
Und ließ das Heldenlied sich in die Seele dringen,
Und fing den nächsten Tag den Schäfern auf der Flur
Ein neues Lied an vorzusingen.[9]

Neben dem literarischen Motiv des „singenden Hirten" zitiert die gereimte
Erzählung der Karsch noch einen anderen uralten literarischen Topos, den des
Hirten, der vor den Thron seines Königs gerufen wird – auch diese Dichtung in
ihrem Leben Wirklichkeit werden zu lassen, konnte Anna Luisa Karsch sich nun
in Berlin bewußt alle Mühe geben.

Die kurze Audienz bei Friedrich dem Großen ist der Höhepunkt eines
Lebenslaufes durch alle Stände hindurch, die die Karsch mit Gelegenheitsgedich-
ten und Lobeshymnen bedachte. Die bittre Not, in der sie vor ihrer Ankunft in
Berlin lebte, ließ ihr nicht Zeit für das freie poetische Spiel; sie mußte die
Fähigkeit zu reimen, die sie nun einmal besaß, wie jeder andere die seine – Brot
zu backen, zu zimmern oder zu schustern – gebrauchen, um den Lebensunterhalt zu bestreiten. So zog sie landauf, landab und dichtete Verse auf Hochzeit,
Kindbett, Taufe und Tod und erhielt dafür Naturalien, mit denen sie sich, ihre
Kinder und einen trunksüchtigen Mann durchbrachte. Ehe sie in Berlin auf-
tauchte, war sie eine Marketenderin der Poesie und keine Dichterin. Immerhin
betrieb sie ihren Handel mit einer so merkwürdigen Ware, daß bald die Beamten
der kleinen Städte und der Landadel rundum darauf aufmerksam wurden und die

eintönige Leier ihrer Tage durch die Lieder der Karsch unterbrachen. Die «Auserlesenen Gedichte», die Sulzer und Gleim herausgaben, enthalten denn auch fast ausschließlich Widmungsgedichte an die Gönner der Karsch, die sich Gott und der Welt zu danken verpflichtet fühlte: „An den Schöpfer / An Herrn von Humbracht / An einen Freund / An die Königin über eine Lustfahrt auf der Elbe / An die Frau Reichmann / An Herrn Gleim / An Herrn Ramler / An Herrn Professor Sulzer“. Bei den Offiziers- und Adelsfamilien hatte sich Anna Luisa Karsch durch ihre Hymnen auf Friedrich II. eingeführt. Auch in Berlin blieb sie die Jeanne d’Arc, die zwar nicht mit Waffen, wohl aber mit Worten für ihr Vaterland kämpfte und die Siege Friedrichs bei Roßbach und Leuthen besang. Wenn diese Strophen auch wie gesungen, so verklungen sind und nicht in die «Auserlesenen Gedichte» aufgenommen wurden, so waren sie doch der Grund dafür, daß die Poetin endlich ganz ihrem Handwerk leben konnte. Durch die Bekanntschaft mit den preußischen Offizieren nämlich bot sich ihr endlich die Gelegenheit, sich ihres trunksüchtigen zweiten Mannes zu entledigen, den sie mit Hilfe ihrer Bekannten zum Militär brachte. Die robuste Art, in der sie in ihren Briefen mit dem Mann verfährt, der bettelt, wieder nach Hause zurückkehren zu dürfen, zeigt, daß ihr Selbsterhaltungstrieb ihrer Herzensgüte vernünftige Grenzen setzte:

Mein ungeduldiger Füselier.
Es ist wahr, Deine Klagen würden mich rühren, aber sie sind voll von der Sprache eines niederträchtigen Hochmuts. Ich begreife nicht, was es für ein Elend ist, über welches Du so ein Geschrei machst, gleich dem Geschrei derer, die in einem finstern Kerker das Urteil des Todes erwarten. Du gibst nur gar zu schlechte Beweise Deines patriotischen Herzens, mit welchem Du so oft geprahlt hast, doch ich bin es schon gewohnt. Deine Redlichkeit überhaupt besteht in Worten, wer Beweise sucht, tut Dir Gewalt an. Aber sag mir, woher Du Dir schmeicheln kannst, daß ich Dich los machen würde? Ich, ein Weib, das auf die Natur zürnt, daß sie mich nicht zum Manne gemacht hat, um das stolze Vergnügen zu haben, in dem Dienste meines Monarchen mein Blut fließen zu sehen. [...] Wie viele würdige Generals sind verletzt oder gar getötet worden; und Du achtest Dein Leben zu kostbar, um es für das Vaterland wagen zu wollen? [...] Ich begreife die Art nicht, wie ich Dich losbitten sollte. Man würde mich wegen der Ursache fragen und ich könnte mit gutem Gewissen nicht sagen, daß man mir den Versorger für mich und meine Kinder zurückgeben sollte. Und soll ich denn etwa gar sagen, daß es mir unmöglich sei ohne Mann zu leben? Diese Aussage wäre ebenfalls eine Sünde wider die Wahrheit und man würde sie belachen.[10]

Nachdem sie sich also von den Lasten und Anhängseln ihres niederen Standes befreit, nachdem sie endlich in Berlin in die Kreise der Dichter aufgenommen worden war, blieb ihr nur noch, ihren Unterhalt zu sichern. Auch in Berlin lebte sie von Gelegenheitsgedichten, und dies, nachdem das erste Erstaunen über das dichtende Naturwunder verflogen war, kärglich genug. Ohne die Hilfe einiger weniger befreundeter Häuser hätte sie dort kaum überstanden. Ein Leben lang aber setzte sie ihre Hoffnung in den Lohn, den sie von dem König meinte erwarten zu dürfen, den sie so oft besungen und gerühmt hatte. Sie sollte sich bitter enttäuscht sehen, und blieb doch dabei, die Verkünderin seines Ruhmes zu sein. Die wiederholten Bitten der Karsch, ihr in Berlin ein Haus zu schenken, belohnte Friedrich einmal mit zwei, später mit drei Talern. Jedesmal schickte Anna Luisa Karsch das Geschenk zurück, was ihr, nicht aber dem König Ehre machte. Sie wehrte sich mit der Waffe, die sie auch für den König geführt hatte, gegen seine Verachtung mit gereimten Worten:

> Zwei Taler gibt kein großer König,
> Ein solch Geschenk vergrößert nicht mein Glück,
> Nein, es erniedert mich ein wenig,
> Drum geb ich es zurück.[11]

Anna Luisa Karsch nahm es als selbstverständliche Notwendigkeit hin, bitten zu müssen; sie hielt es für vernünftig, ihre Fähigkeiten Zwecken zu unterwerfen; sie machte sich zur Dienerin vieler Herren und verlor doch bei alledem nicht ihr Selbstbewußtsein. In der Tat war ihr Charakter poetischer als ihre Poesie, doch nicht deshalb, weil er Natur war, sondern weil er aus einer anderen Zeit stammte. Mit dem Schriftsteller des sich kapitalisierenden Literaturbetriebs, wie sie ihn in Berlin vorfand, hatte sie nichts gemein. Dieser hatte sich mittlerweile aus der Abhängigkeit hoher Herren befreit und verkaufte seine Kunst gegen bare Münze. Ihre höhere Geltung zu behaupten, bedurfte es deshalb einer Theorie, die der Kunst einen Platz jenseits und über der Wirklichkeit anwies, sei es in der Natur, sei es im inspirierten Genie des Künstlers. Für Anna Luisa Karsch galt die Poesie als eine Ware, und sie war ihr nie mehr wert, als sie ihr einbrachte.

Dabei bewies sie nicht das mindeste Talent für Geldgeschäfte. Selbst in diesem praktischen Bereich blieb sie dem vorkapitalistischen Tauschgeschäft verhaftet, in dem sich Ware gegen Ware, ein Gedicht gegen ein Abendessen oder gegen einen neuen Rock tauschte. Bei der Veröffentlichung der ersten Anthologie ihrer Gedichte bedienten sich die Freunde der damals ganz neuen Methode der Verbreitung und des Verkaufs durch Pränumeration und Subskription. Anna Luisa Karsch schmälerte bei diesem Unternehmen schon dadurch ihren Gewinn, daß sie sich, gegen den Willen ihrer Freunde, vom Verleger dazu bereden ließ, eine kostbare und eine verbilligte Ausgabe gleichzeitig erscheinen zu lassen. Freilich entzog die billigere der teuren Ausgabe die Subskribenten. Gleim betrieb für die Karschin das Geldgeschäft weiter, legte 2000 Taler günstig an, und so hätte sie, bescheiden zwar, aber ohne Sorge, von den Zinsen leben können, hätte sie sich nur als die einsame geniale Künstlerin verstehen wollen, eine Bohème, wie sie die Großstadt hervorbrachte. Statt dessen erlaubte es das traditionale personale Denken, in dem sie befangen blieb, nicht, daß sie sich aus dem Familienverband löse. Sie mußte also allerlei Brüder und Halbbrüder, die ihr Ruhm hinter ihr her nach Berlin zog, miternähren.

Die dichtende Natur also, als die sie ihre Freunde sehen wollten, war Anna Luisa Karsch durchaus nicht; sie war nur altertümlich auf eine Weise, wie es jene Freunde zunächst gar nicht wahrhaben wollten. Man ehrte sie mit dem Beinamen einer Sappho, statt dessen war sie eine Mutter Courage.

Altertümlich wie ihr Lebensstil blieben auch ihre Reimereien, die den Namen

Poesie endlich doch gar nicht verdienten. Schon Sulzer wurde es bang, als er sah, was da für die Anthologie zusammenkam. Die Karschin belieferte ihn täglich mit Dutzenden von Gedichten, unter denen kaum ein mittelmäßiges hervorstach. Wohl selten mündet das Vorwort eines Herausgebers in so zögerliche Sätze wie die Sulzers:

> Die Wahl der Stücke, die in diese Sammlung gekommen, hat zwar ein bekannter Dichter, dessen richtiger Geschmack aus seinen eigenen Werken hinlänglich bekannt ist, getroffen. Indessen fürchtet er sich doch, daß man ihm vorwerfen könnte, es seien Stücke weggelassen worden, die vollkommener sind, als einige andere, denen man hier Platz gegeben.[12]

In den Poesien der Karsch herrscht ganz ausschließlich der hohe Stil, das *genus grande* der Hymne. Da sie ihre Poesie wie ein Handwerk betrieb, um sie gegen Naturalien einzutauschen, gab es für sie eine Trennung zwischen Poesie und Leben nicht. Sie dichtete für Feiertage, und also sprach sie feierlich und zog daraus ihren Nutzen. Sie konnte ihr Geschäft verstehen wie der Priester das seine, der ja auch das Wort Gottes verkündet und davon lebt, ohne dabei die göttliche Botschaft mit der kleinen Wahrheit der Menschen zu verwechseln. Der hohe Ton aber machte die Gedichte der Karsch für das aufgeklärte oder zumindest verspielte 18. Jahrhundert schließlich degoutant. Die Metaphorik von Blitz und Donner, Sturm und Regenguß, brennender Sonne und kühlender Nacht ist die des barocken Gedichts und eines Herrscherlobes, das in den sechziger Jahren seinen Ton und seine Absicht gänzlich geändert hatte.

DER FELDZUG IN SACHSEN,
eröffnet vom Prinzen Heinrich des Königs Bruder

Schnell, wie ein Sturmwind sich erhebt,
Wie aus den Wolken gehn des Donnerschlages Boten,
So flog er hin, und schlug. Das Erzgebürge bebt,
    Der Feind stürzt über seine Toten,

Flieht, wendet nicht die Stirn zurück,
Hat auf der Flucht nicht mehr im Herzen Lust zu siegen:
Scham hat er auf der Stirn, und Furchtsamkeit im Blick,
    Als wär ein Gott herabgestiegen,

Und hätt’ aus seiner Hand den Strahl
Des Zornes unter die gewaltig hingeschossen
Die oft sich zähleten, und, stolz auf ihre Zahl,
    Des kleinen Haufen Tod beschlossen.[13]

Aus dem Schäferspiel der Freunde konnte Anna Luisa Karsch Rollen und Requisiten übernehmen, nicht aber den Ton. Sie legte das leichte Hirtenkleid an und vergaß, die Marschstiefel auszuziehen. Nun entstanden wahre Gedicht-Kentauren aus Pastorale und Panegyrikus. Friedrich der Große muß ein Schäfer werden, aber für einen bedeutenden Herrscher ziemt es sich, zumindest „Oberschäfer“ zu heißen:

Den Oberschäfer Friederich
Mein Thyrsis, hoffen wir!

Zu seinen Füssen krümmet sich
Nun bald das böse Tier.[14]

Unoriginell, wie sie in ihrer Poesie ist, paßt sich ihr pathetischer Stil einer Welle von germanisierenden Siegeshymnen auf den franzosenfreundlichen Friedrich II. an. Auch Gleim, der engste Freund der Karschin, verfaßte im Laufe des Siebenjährigen Krieges eine Reihe von Kriegsliedern auf die Siege des Königs. Der Stolz auf den militärischen Erfolg und das Selbstbewußtsein, das sich in dem durch die Kriege des 17. Jahrhunderts daniederliegenden Deutschland zum ersten Mal wieder regte, war in der Tat kurios angesichts der Verachtung, die Friedrich II. der deutschen Poesie zollte. Nicht nur die Karschin mußte, als sie die erste und einzige Audienz bei Friedrich dem Großen erwirken wollte, ihre Hymnen ins Französische übersetzen lassen; auch Gleims Siegeslieder wurden nur in französischer Sprache dem preußischen König vorgetragen. Die mißliche Lage der deutschen Poesie jener Jahre läßt sich kaum deutlicher zeigen als an der Diskrepanz, die sich zwischen der Verehrung der Dichter und der Verachtung des Königs auftut.

Trotzdem gewann die deutsche Literatur auch über die heute so leer anmutenden patriotischen Gesänge neue Töne hinzu, die sie schließlich nutzen konnte, als durch die Französische Revolution die nationale Einigung das allgemeine politische und intellektuelle Ziel wurde. Nicht nur deshalb, weil Friedrich II. seine Rolle als Förderer der deutschen Poesie nicht wahrgenommen hat, liegt diese Dichtung weit ab von den Lobgesängen eines Hofdichters auf seinen Mäzen. Die Dichter machen schon in den sechziger Jahren des 18. Jahrhunderts aus den Eroberungsfeldzügen Friedrichs demokratische ‚Befreiungskriege'. Die Siege sind Siege des Volkes, die der Fürst als *primus inter pares* verwirklichen hilft. Vor allem Gleims «Kriegs- und Siegeslieder der Preußen von einem preußischen Grenadier» von 1758 zeigen den Krieg aus der Perspektive des kämpfenden und leidenden Heeres. Sie vermitteln bereits einen Anflug vom Heroismus der „grande armée" und sind die Vorläufer der Kriegslyrik Theodor Körners aus den Befreiungskriegen von 1813. Auch wenn sie gewissermaßen noch „Preußen, Preußen über alles" singen, meinen sie damit doch Deutschland.

Anna Luisa Karsch hat mit diesem männlichen Heroismus nichts anfangen können. Im Ton bleiben ihre Hymnen altmodische, geradezu royalistische Loblieder. In allem also, was sie zu Papier brachte, in ihrer Lebensbeschreibung, in den Idyllen und in den Hymnen, war sie beides zugleich: angepaßt und ungewöhnlich, modern und altmodisch, opportunistisch und patriotisch, egoistisch und aufopfernd für ihre Freunde. Sie war eine Figur zwischen den Zeiten und zog daraus ihren Ruhm. Die Verblüffung, die sie hervorrief, entstand aus der Verwirrung der Maßstäbe, die Dichter und Gesellschaft hatten.

Das Phantom zerfiel und das Glück floh, als die Karsch sich festlegte. Das geschah, als sie ihre Gedichte publizierte. Nun war sie eine Dichterin auf dem Markt und hatte den Vergleich mit anderen zu scheuen. Man urteilte über ihre Verse, die schwarz auf weiß zu Papier gebracht waren, anders als über das dichtende Naturwunder, dessen Reimlust eine abendliche Gesellschaft unterhielt. Mit dem Buch auf dem Markt endet die Gelegenheitsdichtung. Diese in einem Buch zu verewigen, widerspricht ihrem Ziel und Zweck. Nun enthielt aber die «Anthologie» fast ausschließlich Lob- und Dankgedichte an Gönner und nur wenige andere Verse von geringer Qualität.

In seinen «Literaturbriefen» widmet ihr Moses Mendelssohn allein sechzig Seiten. Er geht jeden Vers der Karschin durch, entdeckt viele gute Anlagen in ihr, und, was bei der Stilisierung der Dichterin zum Naturgenie überraschen muß, vor allem zu wenig Bildung:

> Mich dünkt mehr als einmal bemerkt zu haben, daß sie sich auf das Hinschreiben etwas zugute tut, und sie sollte es durch reifes Nachdenken dahinbringen, daß sie sich desselben schämen lernt.[15]

Die Schnelligkeit des Arbeitens war gerade für die Freunde der Karsch das Indiz ihrer Natürlichkeit gewesen:

> Wenn die Dichterin in Gesellschaft, oder in einsamen Stunden von irgend einem Gegenstand lebhaft gerührt wird, so wird ihr Geist plötzlich erhitzt; sie besitzt sich nicht mehr, jede Triebfeder der Seele wird rege, sie fühlt einen unwiderstehlichen Trieb zum Dichten, und schreibet das Lied, welches ihr die Muse eingibt, mit bewundrungswürdiger Geschwindigkeit.[16]

Nun rügt man also an der Karsch, da sie ja nun einmal eine deutsche Sappho sein soll, das hohe Maß an Ungebildetheit. Nicht einmal die Aussprache der griechischen Namen, mit denen sie so gern in ihren Gedichten spiele, beherrsche sie, die Metren zeigten, daß die Betonung meist auf der falschen Silbe liegt, so hätte man etwa zu lesen: „Amphitrýon, Períkles, Kybéle, Tírteus", das nach ihrem Vers auf der letzten Silbe einsilbig gesprochen werden mußte.

In einer Kritik «Über die neuere deutsche Literatur»[17] will denn auch Herder nichts von Griechentum an dieser deutschen Sappho entdecken. Es mag verwundern, daß gerade er mit dem Werk der Karsch unzufrieden war, ist er doch für uns der Philosoph, der die Lehre von der Naturhaftigkeit des Genies auf den Begriff gebracht hat. Herder aber hat den schlichten Dualismus der pastoralen Dichter überwunden, für die Natur das Gegenteil von Kultur und Künstlichkeit, Unmittelbarkeit der Poesie das Gegenteil von Bildung und Ver-Bildung war. Der Begriff der Natur verbindet sich für Herder mit dem des Ursprungs und erhält dadurch eine historische Dimension. Im aufgeklärten 18. Jahrhundert hätte er eine unverbildete Poesie nicht mehr gesucht. Der Geist sei so weit von seinem Ursprung abgerückt, daß Poesie ohne Bildung und Begriff nicht mehr möglich sei. Die Artistik der idyllischen Gedichte der Karsch erforderte also ein ebenso intensives Studium der Antike wie der Bau eines barocken Portikus aus korinthischen Säulen und attischen Gesimsen.

Der junge Goethe, Schüler Herders, ist der einzige, der Natur und Unmittelbarkeit in seinem Jahrhundert so wenig vermutet, daß er auch die Karschin an diesen Begriffen nicht mehr mißt. Er erkennt sie als das, was sie wirklich ist: den

Bauern als Bürger, als Schlaukopf unter den Gebildeten, der allemal der Harlekin der feinen Leute ist. Diese Rolle hat er, der als Dichter so vieler Komödien und Possen inzwischen fast vergessen ist, durchaus goutiert. Er erfreute sich an der Unverwüstlichkeit dieser Figur, die ein Stück Komödie im Leben war. 1775 schreibt er an die Karschin:

> Schicken Sie mir doch auch manchmal was aus dem Stegreife, mir ist alles lieb und wert, was treu und stark aus dem Herzen kommt, mag's übrigens aussehn wie ein Igel oder wie ein Amor.[18]

Hatte Goethe die Gedichte der Karsch zwischen Igel und Amor angesiedelt, also der komischen Gattung zugezählt, so versucht ein anderer Kritiker, Gerstenberg, den Rang ihrer Poesie zu behaupten, indem er die gereimten Ungereimtheiten mit den Ungeheuerlichkeiten Shakespeares vergleicht, die damals, am Beginn der Epoche des „Sturm und Drang", das Vorbild der Dichtung geworden waren. Jedenfalls zeigt der lange Streit, der bis zu Achim von Arnim reicht, daß die Karschin im 18. Jahrhundert eine poetologische Funktion hatte, die von der poetischen Qualität ihrer Gedichte unabhängig war. Dabei waren in der Tat ihre Person und ihr Leben ebenso wichtig wie ihre Dichtung, denn gerade das Verhältnis beider zueinander war ja für die Theoretiker das Problem.

Nun hatte das Leben der Karsch in einer ganz anderen Gattung einen angemessenen Ausdruck gefunden als in der Dichtung, nämlich im Brief, obgleich sie dem Trend der Zeit nicht im mindesten folgte, die den Brief als Kunstwerk statuierte. Für die Karschin waren die Briefe nichts weiter als brauchbare Medien der Mitteilung. So sehr sie die oberflächlichen Gesten und Floskeln einer hochartifiziellen Poesie sich aneignen konnte, so wenig wollte sie, deren Leben Überleben und sich-Durchsetzen war, die Innerlichkeit des Subjekts begreifen und diese gar zum Thema und Gegenstand der Kunst machen. Gerade dadurch aber, daß sie ihre Briefe nicht künstlich entwarf, sondern spontan hinwarf, erfüllte sie die Erfordernisse der neuentdeckten Gattung in besonderem Maße. Ihre eigentliche literarische Leistung ist ihr Prosastil, in dem in schnellem Wechsel Ereignis und Erleben aufeinander folgen, Wahrnehmung und subjektives Urteil sich gegenseitig ergänzen.

Der dynamische Rhythmus ihres Stils, der freilich zugleich auch einer des Charakters ist, läßt sich am ehesten in ihren Briefen an Gleim vorführen, die die Liebesbriefe einer Abgewiesenen sind. Der dichtende Kanonikus war der erste, der den Ruhm der Karschin von seinem Amtssitz in Halberstadt aus bei allen seinen Freunden verbreitete. Ihn besuchte die Karschin gleich nach ihrer Ankunft in Berlin, um dort den anakreontischen Ton zu lernen und sich von ihm in einen schäferlich-amourösen Scherz verwickeln zu lassen. Bald mußte der Dichter, der mit Entschiedenheit seine Männerfreundschaften pflog und niemals heiratete, feststellen, daß er nicht bloß das poetische Herz der Sappho gerührt hatte. Die Karschin, die Worte nur allzu schnell begriff, erkannte nicht, daß Liebesworte nicht unbedingt Liebesgefühle ausdrücken, daß Poesie nicht Leben

ist. Gleim hatte sich bald der zur Liebe entschlossenen Vierzigjährigen mit
allerlei antikisierenden Albernheiten zu erwehren:

> Was gäbe ich darum, wenn ich bei meinem Dortsein eine zufriedene Sappho gesehen
> hätte. [...] dem Thyrsis habe ich gesagt, es sei töricht, wenn er glaube, es sei alles seiner
> Sappho ernst: einigemal bezeugte er sich unruhig darüber und wünschte, daß es nicht sein
> möchte. Ich bat ihn deshalb außer Sorge zu sein. Meine Freundin, sagte ich, ist viel zu
> philosophisch, sie verlangt nicht alle und jede Wünsche ihres Herzens erfüllt zu sehen.
> [...] die sinnliche Liebe ist ein allzu vergängliches Gut, und einer achtzehnjährigen Hirtin
> [...] ist es erlaubt, von der Vernunft zu ihr sich hinreißen zu lassen, unsere Sappho ist über
> die Versuchung dieser sinnlichen Liebe allzuweit hinweg.[19]

Gleim sah sich von der Tatsache der Liebe der Dichterin belästigt, wußte aber
sehr wohl ihre poetische Darstellung in ihren Briefen zu schätzen. Er beschloß,
die Briefe durch die Publikation, wie sie damals bei Briefen nicht selten war, zum
literarischen Werk zu erheben. Diesen Kunstgriff nun verstand die Karschin gar
nicht. Sie verbittet sich die Publikation, die Jacobi unternehmen wollte, entschieden.

Als Briefeschreiberin also ist Anna Luisa Karsch nie bekannt geworden. Ihre
Briefe, die bei den Zeitgenossen Aufsehen hätten erregen können, sollten in den
Jahren der ersten Briefedition 1820–1840 keinerlei Beachtung mehr finden. Von
der Emotionalität, die die Freunde der romantischen Briefschreiberinnen an
den Freundinnen, an Caroline Schlegel, Rahel Varnhagen, Bettina Brentano,
entdeckten, war bei Anna Luisa Karsch nichts zu finden. In die Gefühlskultur
des frühen 19. Jahrhunderts paßte sie nicht mehr. Auch sachliche Informationen
über die geradezu vorbürgerlichen Lebensumstände in der Mitte des 18. Jahrhunderts interessierten die Bürger des 19. Jahrhunderts wenig. Das Versäumnis,
als Briefeschreiberin in ihrer Zeit sich keinen Namen gemacht zu haben, ließ sich
nicht wieder gutmachen. Auch wenn die Tochter Caroline Luise von Klenke, die
zu Lebzeiten stets voller Haß gegen die Mutter gewesen war, nach deren Tod
1791 bald eine sentimentale Biographie über sie veröffentlichte, war die Karschin
doch schon am Anfang des 19. Jahrhunderts ein Name nur in der Literaturgeschichte, an den sich einige Erinnerungen an eine belächelnswerte Poesie knüpf-
ten. Ihre Briefe aber blieben zu Unrecht ganz vergessen, ihre literarhistorische
Funktion wurde wenig beachtet und das beglückende Schauspiel aus gesundem
Menschenverstand und unfreiwilliger Komik, das ihr Leben bot, selten goutiert.

3. Die Einsamkeit der Imagination
Geschlechterkonflikt und literarische Produktion um 1770

Ulrike Prokop

Kulturelle Revolution – Produktionsprivileg für Männer

Wenn wir das ausgehende 18. Jahrhundert betrachten, die Zeit, in der die Einzigartigkeit und Unaustauschbarkeit des einzelnen sowie seine Verantwortung, seine Macht über das eigene Leben, zum Wert, zum Maßstab für das Selbstbewußtsein werden, so ist die Frage zu stellen: Welche Gestalt nimmt diese Ausbildung der Subjektivität für die Frauen an?

Die Neuorientierung gegenüber einem religiös-ständischen Weltbild dringt seit Beginn des 18. Jahrhunderts auf vielfältige Weise in das bürgerliche Leben ein. Man geht nun davon aus, daß die menschliche Persönlichkeit sich mit Willen und Bewußtsein selbst bestimmt. Es ist ein Gedanke, der lange vorbereitet war. Er kommt aus der Reformation, aus der Verantwortung des Protestanten vor seinem Gott. Das menschliche Leben erscheint jetzt als ein einziger Zusammenhang. Gott wird abstrakt, synonym mit dem Sittengesetz, vor dem sich die Gläubigen in einer letzten Abrechnung zu rechtfertigen haben. Sich selbst beobachten, das Innere kontrollieren – schließlich wird jener Gott zur ironischen Formel. Was bleibt ist das Ich, die Biographie. Selbstkontrolle, Erziehung und Selbsterziehung werden die ständigen Themen der bürgerlichen Emanzipation. Rousseau schreibt im ersten Abschnitt seiner Autobiographie (1768):

> Mag die Posaune des Jüngsten Gerichts wann immer erschallen, ich werde mit diesem Buch in der Hand mich vor den obersten Richter stellen. Ich werde laut sagen: ‚Sieh, so handelte ich, so dachte ich, so war ich!'[1]

Jene Entwicklung zum selbstbewußten Ich korrespondiert der Herausbildung komplexer gesellschaftlicher Verhältnisse. Der absolutistische Zentralstaat mit stehendem Heer, Verrechtlichungsprozessen und der Herausbildung von Verwaltungsapparaten eröffnet dem Bürgertum Berufsaufgaben, die die Distanz zum Adel verringern, die Kritikfähigkeit entwickeln und – die Herrenrechte um so spürbarer werden lassen. Es sind nicht nur die Erfahrungen des strategisch planerischen Handelns als Beamter oder Kaufmann, sondern ebenso der Einfluß der Naturwissenschaften und der Sozial- und Rechtsphilosophie, die das bürgerliche Selbstbewußtsein schaffen: die Utopien des frühen Bürgertums – Toleranz statt Glaubenskrieg, produktive Arbeit statt Verschwendung, Frieden und Handel statt Krieg und Raub, die Ansehung der Person nach ihrer Leistung statt nach Herkunft und Stand, die Entfaltung der Empfindungsfähigkeit. Was die Entwicklung der Ideen angeht, und insbesondere in Deutschland, haben wir es in

Lesendes Mädchen (um 1760)

der Zeit von 1750 bis 1790 mit einer kulturellen Revolution zu tun. Ihr korrespondiert die Lesewut, die alle modernen emanzipatorischen Bewegungen begleitet. Sie ist ein Anzeichen der Suche nach neuen Orientierungen, nach Experimenten der Phantasie. Das Medium der bürgerlichen Emanzipation in Deutschland ist die Literatur.

Die Frauen stellen von Anfang an (etwa seit 1750) den größten Teil des Lesepublikums im Bereich der nicht-gelehrten Literatur.[2] Welche Frauen? Natürlich zunächst die Töchter und Ehefrauen des wohlhabenden gebildeten Bürgertums, Frauen aus Familien von Gelehrten, Beamten, Rentiers. Es wäre aber falsch, sich dieses Bürgertum als scharf abgegrenzte Gruppe vorzustellen, sowohl nach oben als auch nach unten. Die Höfe beschäftigen bürgerliche Fürstenerzieher und schmücken sich nach französischem Vorbild mit bekannten Intellektuellen. Was uns mehr überrascht ist die Ausstrahlung der Literatur

„nach unten". Jedoch nur auf den ersten Blick, denn soziale Bewegungen setzen in den Menschen Kräfte frei, die sie befähigen, weit über das Maß des Normalen hinaus dieses Neue zu ergreifen. Die Frauen lesen Bücher, für die sie nicht ausgebildet sind[3], und dieses Moment eines neuen Lebens strahlt aus – auch weit über die Klassengrenze hinaus. Wir denken an Autoren aus armen Familien, wie Herder, Jung-Stilling, Moritz, die sich ihr Wissen erkämpfen, oder an Klinger, den Sohn einer Witwe, die die Familie als Wäscherin über die Runden bringt. Klinger, der kein Französisch sprach, las den «Emile» mit dem Wörterbuch. Wir denken an seine Schwester, die schöne Agnes, die sich nichts mehr gewünscht hätte als ein Mann zu sein, um frei zu sein und zu lernen.[4] Es ist gewiß kein Zufall, wenn Goethe in «Dichtung und Wahrheit» von Gretchen, die im Wirtshaus bedient, die arm ist, berichtet:

> Sie beneidete, nach ihrem Ausdruck, alle diejenigen, die von den Sachen dieser Welt unterrichtet seyen und wüßten, wie dieses und jenes zugehe und was es zu bedeuten habe. Sie wünschte sich ein Knabe zu seyn, und wußte mit vieler Freundlichkeit anzuerkennen, daß sie mir schon manche Belehrung schuldig geworden. „Wenn ich ein Knabe wäre", sagte sie, „so wollten wir auf Universitäten zusammen etwas Rechtes lernen". Das Gespräch ward in der Art fortgesetzt; sie setzte sich bestimmt vor Unterricht im Französischen zu nehmen [...][5]

Aus den Dokumenten der Zeit spricht die Unruhe, die Aufbruchstimmung. Wißbegierde und unbestimmte Wünsche bewegen Männer und Frauen. Ihr Bild ist der Wanderer; der Reisende ohne Ziel ist zugleich ein Stück Realität. Der fünfundzwanzigjährige Herder bricht alle Brücken ab. Das «Journal meiner Reise im Jahre 1769» beginnt:

> Den 23. Mai reiste ich aus Riga ab und den 25. 5. ging ich in See, um, ich weiß nicht wohin, zu gehen. [...] Ich gefiel mir nicht als Gesellschafter, weder in dem Kreise da ich war, noch in der Ausschließung, die ich mir gegeben hatte. Ich gefiel mir nicht als Schullehrer; die Sphäre war für mich zu eng, zu fremd, unpassend, und ich für meine Sphäre zu weit, zu fremd, zu beschäftigt. Ich gefiel mir nicht als Bürger, da meine häusliche Lebensart Einschränkungen, wenig wesentliche Nutzbarkeiten und eine faule, oft ekle Ruhe hatte [...][6]

Die unruhige Jugend um 1770 findet sich in Gruppen zusammen, die sich für Literatur begeistern – anders ausgedrückt: Für die einzelnen geht es darum, eine Gruppierung, Freundschaft zu finden, die mehr als privat ist, die auf eine Idee gerichtet ist – in Deutschland vor allem auf das Ideal der entfalteten schöpferischen Person. Selbstdarstellung und Selbstentdeckung des Subjekts bilden den Gegenstand der Gruppenbeziehungen, die von Ideen ihren Glanz erhalten: Liebe, Begeisterung, gegenseitige Bewunderung – und Projekte für die Verbesserung der Verhältnisse. In der ironisch distanzierten Formulierung des ernüchterten Goethe, in «Dichtung und Wahrheit» 1806, als alles das Vergangenheit ist:

> Es verbreitete sich der Humanismus... Gefängnisse wurden gebessert, Verbrechen entschuldigt, Strafen gelindert, die Legitimation erleichtert, Scheidungen und Mißheiraten befördert, und einer unserer vorzüglichen Sachwalter erwarb sich den höchsten Ruhm, als

er einem Scharfrichterssohne den Eingang in das Collegium der Ärzte zu erfechten wußte. Vergebens widersetzten sich Gilden und Körperschaften; ein Damm nach dem andern ward durchbrochen.[7]

Das Zentrum des Interesses bildet jedoch in Deutschland um 1770 die literarische Produktion und die ästhetische Diskussion. Da Schauspiele, Romane, Gedichte als unmittelbare und verpflichtende Lebensanweisung aufgefaßt werden, bilden sie das Forum der Selbstverständigung über das richtige Handeln und Empfinden.[8]

Nur langsam entwickelt sich bis in die sechziger Jahre die deutsche literarische Produktion. Plötzlich entstehen in rascher Folge die großen Entwürfe – Herder, Goethe, Lenz, Klinger, Schiller. Die Werke, die ihren Ruhm begründen, werden zwischen 1772 und 1782 geschrieben und von einem aufnahmebereiten Publikum augenblicklich als bedeutend, als für das eigene Leben der Leserinnen und Leser wesentlich aufgefaßt. Alle diese Autoren sind berühmt bevor sie 25 Jahre alt sind – literarische Arbeiten von Jugendlichen.

Betrachten wir die jungen Frauen in diesem Kreis der Unruhigen des „Sturm und Drang", so finden wir sie wesentlich in zwei Rollen: als Braut und als Schwester. Sie sind Anwesende, Zuhörende, Anteilnehmende. Doch sehen wir diese Generation von Frauen (die etwa um 1750 Geborenen) schweigen – gerade im engeren Umkreis der literarischen Bewegung. Das ist nicht selbstverständlich. Die vergangene Generation hat schöpferische Autorinnen wie die Gottsched und die La Roche oder die unternehmerische Theaterprinzipalin Neuber hervorgebracht.[9] In der kommenden Generation finden wir die Romantikerinnen. Die Schwestern der Genies des „Sturm und Drang" bilden dagegen eine stumme Generation. Selbst wenn die jungen Frauen um 1770 gebildet sind, meist gebildeter als ihre Mütter, gelingt es ihnen nicht, sich zu artikulieren.[10] Einem explosiven Selbstbewußtsein der jungen Männer steht Passivität und Depression der gleichaltrigen jungen Frauen gegenüber – soweit die jungen Frauen am Wissen orientiert sind, die innere Welt mit ihren Brüdern teilen, jedenfalls in der Schicht, aus der die männlichen Genies und Kreativen hervorgehen. Ich bin sicher, daß eine systematische Analyse eine auffallend hohe Zahl depressiver, bis zum frühen Tod depressiver junger Frauen in der sozialen Gruppe der Intelligenz aufweisen würde.[11]

Allein im direkten Umkreis der Frankfurter und Darmstädter Zirkel der jungen Intelligenz fällt das hohe Ausmaß an psychischem Leiden bei den jungen Frauen ins Auge. Cornelia Goethes Schicksal ist keine Ausnahme. Sie starb mit 26 Jahren in schwerer Depression. Die Tochter des Arztes und bekannten Autors Zimmermann – er verfaßte das Werk «Über die Einsamkeit» – starb mit 22 Jahren an Melancholie, die in Apathie und Erschöpfungszustände übergegangen war. Ebenso Klingers Freundin Albertine von der Grün – sie litt an „Auszehrung", in diesem Fall wahrscheinlich an der Magersucht. Das Fräulein von Roussillon, die Freundin der Caroline Flachsland, der späteren Frau Herders, aus dem Kreis der Darmstädter Empfindsamen starb „an Schwäche" mit 26

Jahren. Die ganze Gruppe der Darmstädter jungen Frauen war „phantastisch überspannt", wie es immer wieder beschrieben wird. Caroline Flachslands jüngere Schwester, die die Mätresse des Landgrafen von Hessen-Darmstadt war und Mutter eines Kindes aus dieser Verbindung, irrte mit Verfolgungswahn, als Nichtseßhafte über die Landstraßen. An Verfolgungsphantasien litt die junge Frau Mercks. Als tief unglücklich und gezwungen, ein verfehltes Leben zu führen, betrachteten sich auch die beiden Töchter der Frau von La Roche, die diese in Vernunftehen gezwungen hatte: Maximiliane Brentano, die Mutter Bettinas, und ihre Schwester. Ein dem Schicksal Cornelia Goethes vergleichbares Leid traf Agnes Klinger. Auch sie idealisierte den Bruder und die Zeit, da sie am Freundeskreis um die Herausgeber der Zeitschrift «Frankfurter Gelehrte Anzeigen» teilhatte. Sie fand niemals eine dieser Erfahrung ebenbürtige Lebensform.

Ich glaube nicht, daß das Ausmaß an psychischen und körperlichen Leiden bei den Frauen dieser Gruppe ein Zufall ist. Vielmehr vermute ich, daß sie in eine besonders widersprüchliche Lebenssituation geraten sind. Wenn wir eine Darstellung des Konflikts und Leidens in den Veröffentlichungen von Frauen dieser Zeit suchen, werden wir enttäuscht. Die Versuche, die Wahrheit der traumatisierenden Erfahrungen der Frauen dieser Generation in Romanen oder Erzählungen zu formulieren, scheiterten. Es wurden einige, häufig von Anpassung und Vermeidungsstrategien geprägte Romane zu Beginn der achtziger Jahre verfaßt[12] (vgl. S. 434 f. in diesem Band). Aber auch das Scheitern der Schreib-Versuche von Frauen, die dazu ansetzten, im „Öffnen des Herzens" die Wahrheit zu sagen, verdient Aufmerksamkeit: das Unvermögen, ihre Erfahrungen auszudrücken, schloß sie von vornherein aus den geistigen Bewegungen ihrer Zeit aus. Die Quelle der literarischen Produktion des „Sturm und Drang" bildet die „wahre Erfahrung". Ihr Kern war das autobiographische Schreiben. Warum gibt es keine Parallele zum «Werther» aus der weiblichen Erfahrung? Die Frauen, die zu dieser Zeit versuchten, ihre Wahrheit zu formulieren, wurden eingeholt und überrollt von ihrer realen, unbearbeitbaren Verzweiflung. An die Stelle des Schreibens trat die Depression, so bei Cornelia Goethe, Albertine von der Grün, Charlotte von Kalb. Die innere Stimmung jener Frauen mögen zwei Äußerungen illustrieren. Cornelia Goethe schreibt 1769 an ihre Freundin:

> Was hindert Sie zu schreiben, werden Sie fragen. Der wahre Grund ist, daß ich nichts zu sagen habe. Die Eintönigkeit meines Lebens, die Gleichförmigkeit meines seelischen Daseins, die stumpfe Ruhe meines Herzens. Ich kann Ihnen nicht mehr sagen.[13]

Frau von Kalb schreibt ein Leben lang an ihrem einzigen Roman, einem autobiographischen Text, den sie als Fünfundzwanzigjährige beginnt. Erst ein Jahr vor ihrem Tod betrachtet die Achtzigjährige ihr Werk als beendet. Sie urteilt selbst über sich: „Ich kann eigentlich nicht schreiben. Alles ist zerstückt [...]. Ich kann nichts ausarbeiten. Es geht mir [...] das Ganze zu fassen ab [...]."[14]

Diese Verzweiflung läßt sich nicht auf das Problem der Begabung und des handwerklichen Unvermögens der schreibenden Frauen zurückführen. Zu fabulieren ist diese Generation später durchaus in der Lage – wie etwa die Arbeiten von Karoline von Wolzogen zeigen. Es ist vielmehr das Verstummen dieser Frauen-Generation auffallend da, wo sie über sich sprechen will – und sollte. Ich möchte den Konflikt dieser jungen Frauen 1770 bis 1780 so formulieren: Es besteht der Impuls, sich selbst zu begreifen, das eigene Ich zum Ausdruck zu bringen, und doch liegt darauf offensichtlich ein Tabu. Suchen wir nach den Ursachen dieser Stummheit, dieser Depression, die gerade die Frauen ergreift, die in dieser Zeit des Neuen und des gesellschaftlichen Umbruchs von sich sprechen wollen.

Es fällt eine merkwürdige Widersprüchlichkeit auf: Die jungen Männer um 1770 lehnen sich auf gegen ihre Väter, sie lehnen sich auf gegen die feudale Ordnung – aber da, wo es um die Frauen geht, sind sie nicht nur traditionell wie ihre Väter, sondern sie übertreffen diese. Sie sind aggressiv, abwehrend, wenn es sich um die Selbständigkeitsbestrebungen der Frauen handelt. Auf die Eigenständigkeit der Frau, auf eine Verkehrung des Verhältnisses (die Frau will das Zentrum sein), selbst auf die schlichte Gleichheit (sie will selbst urteilen und argumentiert mit ihm) reagieren diese jungen Männer mit wütender Ablehnung. Dieser Aspekt zeigt sich etwa in dem folgenden Bericht, den Herder – zu jener Zeit Goethes Freund und bewundertes Vorbild – seiner Braut, der dreiundzwanzigjährigen Caroline Flachsland, von seinem Besuch im Schloß von Karlsruhe gibt.

Herder, 26 Jahre alt, ein junger Intellektueller mit unsicherer Zukunft, verdankt seinen Aufstieg ausschließlich seinem Talent. Herder hatte weder Familie noch Vermögen als sicheren Hintergrund. Von der Gunst der Fürsten hing seine soziale Existenz ab. Und wie erlebt er die Markgräfin und den Markgrafen von Baden?

> An Caroline erster September 1770
> Ich ward zu Hofe gerufen, und da mit einer Unterscheidung, mit Komplimenten und Anstauungen empfangen, die ich mir in der Gemüthsfaßung, in der ich dahinging, gewiß nicht träumte. Der Markgraf, mit dem ich die erste Viertheilstunde sprach, ohne ihn zu kennen, sucht mich Mittag und Abend auf eine sehr gute Art recht auf mit seiner Unterhaltung, und da Er der erste Fürst ist, den ich, ganz ohne Fürstenmine, kenne, so fallen unsre langen Gespräche meistens auf Dinge, die zur Einrichtung und Freiheit des Menschlichen Geschlechts gehören, und über die ich mich so frei ausdrücke, als ob ich mit keinem Fürsten spräche.
> Die Markgräfin hat mir bei der ersten Vorstellung frappante Komplimente gemacht, auch mich nachher den ersten Tag sehr unterscheidend begegnet, das Gespräch an mich gerichtet, u. s. w. weil ich aber durchaus mit ihrer Gelehrsamkeit keine Sympathie fühle, und also natürlicher Weise, statt ihr lautpraßelnden Weihrauch zu streuen, immer, wie ganz aus einer andern Welt rede, so hat das Widersprüche und bei einer Dame, wie sie, eine gewiße Kälte geben müssen, die mir recht lieb ist, und die ihr wenigstens zeigen kann, daß die ganze Welt nicht schmeicheln wolle, wie so viele Französische und Deutsche Narren um sie. Ueberhaupt, da ich für keiner Kreatur in der Welt mehr Abscheu habe, als für einem gelehrten Frauenzimmer, und wäre sie der erhabenste Geist, so werden wir uns wohl nie recht begegnen: so sehr ichs gestehe, daß sie ausnehmende Kännntiße, Talente, Fähigkeiten, und rechte Studien habe.[15]

Wie wir sehen, läßt sich Herder auch durch die Gunst einer Markgräfin nicht bestechen. Seine Ambivalenz gegen die Aristokratie – so könnte man sagen – polarisiert sich geschlechtsspezifisch. Seinen Wunsch, dazuzugehören, anerkannt zu werden, verwirklicht er mit dem menschenliebenden Fürstenbruder. Sein plebejischer Impuls zum Aufruhr richtet sich gegen die Markgräfin, die die Dritte in diesem Bunde sein möchte, der er – zumal als „gelehrtem Frauenzimmer" – ablehnend begegnet.

Die Kinder: Szenen des Geschlechterkonfliktes, Leipzig 1767

Ich möchte im folgenden einige Szenen betrachten, die mir in Hinsicht auf die Aggression, die in dieser Generation von Jugendlichen die Beziehung zwischen den Geschlechtern bestimmt, charakteristisch erscheinen. Diese Szenen sind Erinnerungen. Die Appellationsräthin Marie Körner und ihre Schwester Dorothea erinnerten sich im Jahr 1806 in einem Gespräch an ihre Jugend, an das Jahr 1767. Damals arbeitete ihr Vater als Kupferstecher in Leipzig. Einer seiner Lieblingsschüler war der Student Johann Wolfgang Goethe, der eben mit 16 Jahren zum Studium nach Leipzig gekommen war. Jetzt – zur Zeit des Berichts der beiden Frauen – ist Dorothea unverheiratet, eine begabte Kupferstecherin wie ihr Vater. Marie hat den literaturbegeisterten Gottfried Körner geheiratet. Der Herausgeber der Erinnerungen, Max Morris berichtet:

> Den Schwestern blieb jene Studienzeit gar wohl erinnerlich; denn sie waren beinahe erwachsen. Das Gedächtnis der älteren wahrte manche kleine Züge [...].
> Stocks Verhältnisse waren sehr beschränkt. Eine geräumige Bodenkammer in dem großen Breitkopf'schen Haus zum Silbernen Bären diente ihm, seiner Frau und den beiden Töchtern als Arbeits- und Empfangszimmer, in welchem auch der Schüler Platz fand. Während Stock und Goethe je an einem Fenster über ihren Platten schwitzten, saßen die Töchter an dem dritten Fenster mit weiblicher Arbeit beschäftigt oder sie besprachen mit der Mutter die Küche. Das Gespräch ging ohne Unterbrechung fort; denn schon damals zeigte Goethe eine große „Lust am Discuriren". Eines Tages sagte Stock: Goethe, meine Töchter wachsen heran, was meinst du, worin soll ich die Mädchen unterrichten lassen? – In nichts anderem, erwiderte Goethe, als in der Wirthschaft. Laß sie gute Köchinnen werden, das wird für ihre künftigen Männer das beste sein. Der Vater befolgte diesen Rath, und nicht ohne Empfindlichkeit versicherte mich die ältere Schwester, daß sie dies Goethen immer nachgetragen habe, und daß sie infolge dieses Rathes ihre ganze Ausbildung mit der größten Mühe sich selbst habe erwerben müssen.[16]

Die Erinnerung ist deshalb für uns besonders aufschlußreich, weil die Kränkung noch nach 40 Jahren in der Erzählung spürbar ist. Was uns in der Szene sofort auffällt, ist die Polarität Männer – Frauen. Mit einem fremden Sechzehnjährigen macht der Vater gemeinsame Sache und verhandelt über seine Töchter, als seien sie nicht anwesend. Wir sehen Mutter und Töchter in ihrer Raumecke, während die beiden Kupferstecher sich ihrer Großartigkeit versichern – aber mehr als das: Der Vater hält sich an den Rat, so empfindet es jedenfalls die Tochter. Die Kränkung ist wohl, daß der Vater diesem Fremden, der fast noch ein Kind ist, jedenfalls noch kein Erwachsener, das Recht des Urteils einräumt, das er den Töchtern vorenthält. Und der fremde Knabe zögert keinen Augenblick. Er genießt es, von anderer Gattung zu sein als „die Weiber". Der Männer-Bund auf Kosten anderer (Kinder, Frauen) steht den beiden Schwestern deshalb so deutlich in Szenen vor Augen, weil dies nicht ein einmaliger Vorfall ist. Wie die weiteren Erzählungen der Schwestern zeigen, handelt es sich um ein wiederkehrendes Muster. Wir verstehen daher die Wut, die es der Erzählerin Marie Körner unmöglich macht, über jene längst vergangenen Szenen zu lachen. Gerade daß sie komisch sind, enthält die Beschämung, denn sie sind komisch auf Kosten der Hilflosigkeit und Kleinheit der Mädchen.

Es geht hier und in den folgenden Berichten um eine Deckerinnerung und Familien-Mythe. Deckerinnerung, das bedeutet: Erinnerung, die in Szenen gefaßt die Wahrheit einer wichtigen Erfahrung des Subjekts enthält. Jene Ereignisse waren jedenfalls für die erwachsenen Frauen noch so bedeutsam, daß im Erzählen der Affekt von Kränkung und Abwehr, durch die Verwandlung in den anekdotenhaften Witz hindurch, sichtbar bleibt.

Ich habe mich bei der Interpretation der Szenen von den folgenden methodischen Überlegungen leiten lassen: Es ist wesentlich, sich klarzumachen, daß bei einer Deckerinnerung den Betroffenen selbst (in diesem Fall den Erzählerinnen) der volle Sinn der Erinnerungen unkenntlich ist. Es ist den Betroffenen z. B. nicht möglich, zu einem inneren Abschluß, zu einer endgültigen Deutung der eigenen Position in jenem Vorgang, von dem berichtet wird, zu kommen. Es gelingt entweder nicht, zu dem angemessenen Affekt (Zorn, Trauer) zu finden, oder es gelingt nicht, den Vorfall selbst wirklich zu rekonstruieren. Rekonstruieren heißt hier: Die traumatische Szene selbst erinnern. Im vorliegenden Fall ist der Berichtenden der Sinn der Situation verlorengegangen. Nur im Gelächter und in der Intensität des Erzählens deutet sich die Wahrheit an. Auf der Suche nach der dunkel geahnten, aber unerreichbaren Wahrheit können solche Szenen immer wieder „wie neu" erzählt werden. In ihnen ist der Augenblick einer Spaltung oder Traumatisierung festgehalten. Das Erzählte muß entschlüsselt werden. Der Weg dazu verläuft für uns als Interpretinnen über die verstehende Vergegenwärtigung der Szenen. Wesentlich sind dabei Irritationen – Erwartungen, die wir haben und die in den Situationen nicht eingelöst werden. Diese müssen darauf geprüft werden, ob sie durch die historische Differenz oder ob sie durch die psychologische Struktur der Berichtenden bestimmt werden. Ergeben solche Irritationen ein Netz, eine immer wiederkehrende Struktur, so sind wir veranlaßt, diese besonders wichtig zu nehmen.

Vergegenwärtigen wir uns also die Rollen und Situationen, als wollten wir sie auf der Bühne aufführen. Wie sie zu spielen sind – den Zugang zur Situation, um die es geht –, finden wir über unsere Lesereaktionen, über die Analyse unserer eigenen Reaktionen, mit denen wir auf die Beschreibung reagieren. In den vorliegenden Geschichten spüren wir bald das Changieren zwischen Witz und unterdrückter Wut heraus – nicht nur über die Sprachanalyse, sondern vor allem durch die Betrachtung unserer eigenen Lesereaktion.[17] Die Reflexion unseres Empfindens leitet uns zur Aufdeckung der verborgenen Struktur.[18]

Es geht also um Deckerinnerungen und eine Familienmythe; und das heißt: das ‚ursprüngliche Erlebnis' ist aus seinem lebensgeschichtlichen Zusammenhang zwar nicht gänzlich gelöst, aber herausgefiltert und angereichert mit Zutaten späterer Empfindungen. Die Panoramen vermischen sich. Früheres wird mit Späterem verbunden, in spätere Lebenserfahrungen eingefügt. So ist es kein Zufall, daß Max Morris, dieser subtile Kenner der Lebenssituation des jungen Goethe, sich über das Alter der Mädchen täuscht und sie „beinahe erwachsen" nennt, also für fast gleichaltrig mit dem 16jährigen Goethe hält. In Wirklichkeit war Dorothea damals neun Jahre alt und Maria, die sonst immer Minna genannt wird, war damals gerade sieben. Der Irrtum von Morris hat seine guten Gründe: es geht eben nicht um eine isolierte Abbildung eines umschriebenen Ereignisses, sondern um szenische Figuren, hinter denen sich Serien gleichartiger Szenen verbergen, eine Erlebnisstruktur. Als Familienmythen haben solche erzählten Szenen eine große Bedeutung für die Familienmitglieder. Sie bilden konfliktverschleiernde, versöhnliche Traditionen, denn sie geben die Deutung von Ereignissen vor und machen es schwer, abweichende Erfahrungen zum Ausdruck zu bringen. Sie liefern Modelle für Konfliktlösungen wie die Verleugnung im Witz. Sie stiften Kontinuität, denn sie wiederholen und bestätigen die Rollen und sie bekräftigen das Verbot, aus der Rolle auszubrechen. In ihrer lebenslänglichen Wiederholung bilden solche Erzählungen Elemente der Selbstdefinition des Einzelnen wie der Gruppe.

Marie Körner berichtet aus dem Jahr 1767:

Szene 1:

Am meisten verdarb es der lustige Bruder Studio [J. W. Goethe, U. P.] mit uns Kindern dadurch, daß er weit lieber mit dem Windspiele des Vaters, – es war ein niedliches Thierchen und hieß Joli –, als mit uns spielte und ihm allerhand Unarten gestattete und es verzog, während er gegen uns den gestrengen Erzieher spielte. Für Joli brachte er immer etwas zu naschen mit, wenn wir aber mit verdrißlichen Blicken dies bemerkten, wurden wir bedeutet, das Zuckerwerk verderbe die Zähne und gebrannte Mandeln und Nüsse die Stimme. Goethe und der Vater trieben ihren Mutwillen so weit, daß sie an dem Weihnachtsabend ein Christbäumchen für Joli, mit allerhand Süßigkeiten behangen, aufstellten, ihm ein rotwollnes Camisol anzogen und ihn auf zwei Beinen zu dem Tischchen, das für ihn reichlich besetzt war, führten, während wir mit einem Päckchen brauner Pfefferkuchen, welche mein Herr Pathe aus Nürnberg geschickt hatte, uns begnügen mußten. Joli war ein so unverständiges, ja ich darf sagen, so unchristliches Geschöpf, daß er für die von uns unter unserem Tischchen aufgeputzte Krippe nicht den geringsten Respekt hatte, alles beschnoperte und mit einem Haps das zuckerne Christkindchen aus der Krippe riß und aufknabberte, worüber Herr Goethe und der Vater laut auflachten, während wir in Thränen zerflossen. Ein Glück nur, daß Mutter Maria, der heilige Joseph und Ochs und Eselein von Holz waren; so blieben sie verschont.[19]

Szene 2:

Einer tragikomischen Scene muß ich noch gedenken, fuhr die Freundin fort: Unser

Unterricht war auf sehr wenige Gegenstände beschränkt. Um 11 Uhr Vormittags fand sich ein eingetrockneter Leipziger Magister, welcher in der Druckerei von Breitkopf mit Correcturen beschäftigt wurde, bei uns ein, der sich durch seine schwarze Kleidung und weiße Halskrause das Ansehen eines Theologen geben wollte. Er unterrichtete uns im Lesen, Schreiben und Rechnen und erhielt für die Stunde einen guten Groschen. Was seinem Anzuge im eigentlichen Sinne die Krone aufsetzte, war seine von haarfeinem Draht geflochtene, in vielen Locken herabwallende Perrücke. Beim Eintreten rief er uns schon von der Thüre her entgegen: Ihr Kinder, das Gebet! Wir sagten nun *unisono* einen Vers aus einem Gesangbuchliede her, worauf eine Stunde in der Bibel gelesen wurde… Wir waren allesammt auf eine einzige Stube angewiesen, und so geschah es öfter, daß Goethe während unserer Lection eintrat und sich an den Arbeitstisch des Vaters setzte. Einmal traf es sich nun, daß wir eben mitten aus einem, ihm für junge Mädchen unpassend erscheinenden Kapitel des Buches Esther laut vorlesen mußten. Ein Weilchen hatte Goethe ruhig zugehört; mit einem Male sprang er vom Arbeitstische des Vaters auf, riß mir die Bibel aus der Hand und rief dem Herrn Magister mit ganz furioser Stimme zu: Herr, wie können Sie die jungen Mädchen solche H[uren] Geschichten lesen lassen! Unser Magister zitterte und bebte; denn Goethe setzte seine Strafpredigt noch immer heftiger fort, bis die Mutter dazwischentrat und ihn zu besänftigen suchte. Der Magister stotterte etwas von: Alles sei Gottes Wort, heraus, worauf ihn Goethe bedeutete: Prüfet alles, aber nur was gut und sittlich ist, behaltet! Dann schlug er das neue Testament auf, blätterte ein Weilchen darin, bis er, was er suchte, gefunden hatte. Hier Dorchen, sagte er zu meiner Schwester, das lies uns vor: das ist die Bergpredigt, da hören wir alle mit zu. Da Dorchen stotterte und vor Angst nicht lesen konnte, nahm ihr Goethe die Bibel aus der Hand, las uns das ganze Kapitel laut vor und fügte ganz erbauliche Bemerkungen hinzu, wie wir sie von unserm Magister niemals gehört hatten.[20]

Es muß zunächst das Übereinstimmende der Berichte auffallen: Auch in diesen beiden Szenen sehen wir die Geschlechter in Fraktionen geteilt; auffallend das Selbstbewußtsein des sechzehnjährigen Johann Wolfgang; nicht das Alter zählt, sondern wer Mann ist und wer Frau. Sehen wir durch das absurd Komische hindurch, so spielt sich hier ein Kampf ab, bei dem die Mädchen von vornherein die Verliererinnen sind. Sie sind die Gedemütigten (die Männer in der 1. Szene, die einfach alles haben und den Zucker dem Hund Joli füttern, während die Mädchen vom Neid verzehrt werden); aber mehr kommt die Beschämung und Demütigung noch dadurch zustande, daß die Herren der Situation bestimmen, was die Regel ist: streng gegen die Mädchen, auf Ordnung bedacht (Zucker verdirbt die Zähne) und hemmungslos kindisch zugleich. So zeigen sie, daß sie tun, was sie wollen.

Die Szenen mit dem Hund Joli und mit dem Magister stehen für Situationen, die für die Mädchen unkalkulierbar gemacht worden sind, da sie von Willkür bestimmt sind. Wie soll der Widerspruch gelöst werden: Fromm und brav ist gleichbedeutend mit dumm und zurückgeblieben – aber anders zu sein ist den Mädchen verboten. Dafür sorgt in ihrer Erinnerung der pädagogische Wachhund, der Knabe.

Wir können uns den Vater gut vorstellen, der von seinem verwöhnten reichen Schüler an all das erinnert wird, was ihn die Familie an Verzicht auf das ungebundene Leben kostet, die drückenden Pflichten der Verantwortung. Wir können uns sogar vorstellen, daß das Verhalten des Vaters gar nicht den Mädchen gilt, sondern eigentlich eine Botschaft an die Mutter ist, die ja auch im Raum ist. Jedenfalls: Der Knabe scheint es zu genießen, als Mann zu agieren, gleichrangig mit dem erwachsenen Vater, und er lebt die Abgrenzung vom anderen, beschränkten Geschlecht aus.

Der Vater regrediert zum Knaben, zu einem, der den Sechzehnjährigen um Rat fragt, der mit ihm ganz einig wird: Was der Kleine tut, ist wohl getan, er wird ihn (den gezähmten Vater) rächen. Der hat keine Angst vor den Frauen, vor allem nicht vor ihren Tränen. Eine merkwürdige Umkehr: Der Knabe übernimmt den Platz, den der Vater für ihn geräumt hat (Szene 2). Er macht den Erzieher. Er belehrt den Lehrer unter dem Beifallssturm des abgedankten Vaters. Der Knabe sieht sich veranlaßt, auch die Bibel zu reinigen. Es soll keine Modelle und Phantasien geben, die die weibliche Formbarkeit in Frage stellen – wie es das Buch Esther tut.[21] Wir könnten sagen, daß Johann Wolfgang in diesen Szenen Wunsch- und Strafphantasien des Vaters agiert, als brauche dieser Vater einen männlichen Retter, und hoffnungsvoll sagt der domestizierte Ältere vom Jüngeren: „Wird er sein Faßchen in den Keller und sein Schätchen ins Trockene bringen. An frommen Beichtkindern wird's ihm auch nicht fehlen'"[22] Das heißt: Der wird alles haben und er soll es haben, stellvertretend für mich – mein Sohn.

Was bedeutet die Szene aus der Perspektive der Mädchen? Die Mädchen sprechen nicht, es wird über sie gesprochen. Gegen den Dressurakt, den der Sechzehnjährige mit Dorchen vollführt, die auf Kommando die Bergpredigt lesen soll, bleiben ihr nur Tränen, Schluchzen und Verwirrung. Zum Schluß ist sie die Beschamte, über die hinweggegangen werden muß, da sie sich als unfähig und sprachlos erweist: Er schlägt das Buch auf und liest weiter. Schon in der vorangegangenen Szene mit dem Hund Joli wird eine Situation, die den Mädchen gehörte, zerstört: Statt ihrer spielen die Männer Weihnachten, statt mit ihnen mit einem Hund, statt der gläubigen Verehrung, die den Mädchen beigebracht wird, verhöhnen die Männer die Krippe. Anders ausgedrückt: Sie leugnen den symbolischen Charakter des Krippenspiels. Es sind keine heiligen Dinge, sondern alberne Puppen, die ein Hund fressen kann. Nur Idiotinnen verbinden mit Holzpuppen und Zuckerjesulein verehrende Gefühle. Aber hat man nicht eben das von ihnen verlangt? – Wohl auch der Vater, der jetzt unbegreiflich verwandelt erscheint, nicht Vater, sondern frecher Knabe. Sind die Männer erhaben über den frommen und beschränkten Kinderglauben – wenn es ihnen paßt, wird er auf eine Belanglosigkeit reduziert –, so spielt sich doch der Sechzehnjährige als strenger Erzieher auf, wenn die Mädchen „H...geschichten" aus der Bibel lesen. Was bietet er ihnen statt des Buches Esther? Und statt ihrer eigenen Situation mit dem Magister? *Er* liest statt *ihrer*, und anstelle der interessanten Geschichten von weiblicher Macht und Rache müssen sie sich mit dem Thema der Sanftmut befassen.

Wir sehen die Vernarrtheit des Vaters in diesen fremden Jungen, mit dem der Vater die Macht über die Mädchen teilt. Ihn zieht er vor, die Mädchen aber setzt er zurück, also eine narzißtische Kränkung und mehr als das: Es bedeutet

Ausschließung vom wahren Spiel, vom großen Vergnügen, vom Hunde-Spiel und vom Gelächter der Eingeweihten. Nur aus der Perspektive eines Dritten wird sichtbar, was die Mädchen nicht sehen können. Daß ihre Schmerzen den Reiz des Spiels der Männer ausmachen. Sie glauben nur, sie seien ausgeschlossen: Sie gehören dazu, in der Rolle von Opfern und von begehrlichen Abhängigen. Ohne diese macht das alles keinen Spaß. Die Mutter könnte jene Dritte sein. Aber sie ist ambivalent. Marie Körner erzählt:

Szene 3:

[...] Unsrer guten Mutter machte diese Bekanntschaft [mit J. W. Goethe, U. P.] mancherlei Sorge und Verdruß. Wenn der Vater in später Nachmittagsstunde noch fleißig bei der Arbeit saß, trieb ihn der junge Freund an, frühzeitig Feierabend zu machen und beschwichtigte die Einwendungen der Mutter damit, daß die Arbeit mit der feinen Radirnadel im Zwielicht die Augen zu sehr angreife, zumal er dabei durch das Glas sehe. Wenn nun auch die Mutter erwiderte, durch das Glas zu sehen, greife die Augen nicht so sehr an, als in das Glas und manchesmal zu tief zu sehen, so ließ doch der muntere Student nicht los und entführte uns den Vater zu Schönkopf's oder nach Auerbach's Keller...[23]

Szene 4:

Diese Bekanntschaft hat unsrer guten Mutter manche Thränen gekostet. Wenn aber am andern Morgen Mosje Goethe, – denn vornehme junge Herrn wurden „Mosje" titulirt – sich wieder bei uns einfand und ihn die Mutter tüchtig ausschalt, daß er den Vater in solche ausbündige Studentengesellschaft führe, in welche ein verheiratheter Mann, der für Frau und Kinder zu sorgen habe, gar nicht gehöre, dann wußte er durch allerhand Späße sie wieder freundlich zu stimmen, sodaß sie ihn den Frankfurter Strubbelpeter nannte und ihn zwang, sich das Haar auskämmen zu lassen, welches so voller Federn sei, als ob Spatzen darin genistet hätten. Nur auf wiederholtes Gebot der Mutter brachten wir Schwestern unsere Kämme, und es währte lange Zeit, bis die Frisur wieder in Ordnung gebracht war. Goethe hatte das schönste braune Haar; er trug es ungepudert im Nacken gebunden, aber nicht wie der alte Fritz als steifen Zopf, sondern so, daß es in dichtem Gelock frei herabwallte. Wenn ich – erzählte Frau Körner – in späteren Jahren Goethe hieran erinnerte, wollte er es nie zugeben, sondern versicherte, es hätte sich die Mutter ein besonderes Vergnügen daraus gemacht, ihn zu kämmen, sodaß sie sein wohlfrisirtes Haar erst in Unordnung gebracht, um ihn dann recht empfindlich durchzuhecheln.[24]

Die Mutter, wie sie uns in den Berichten der Töchter entgegentritt, spielt eine zwiespältige Rolle. So haben ihre beiden Mädchen sie jedenfalls erlebt: als verwirrend und unverständlich. Die Handlung des Kämmens vereint Lust und Bestrafung und auch die Tränen der Mutter sind zweideutig. Im ersten Teil des Berichts erscheint die Mutter als Verliererin zusammen mit ihren Töchtern. Es wird von Sorge und Verdruß gesprochen. Die Mutter mag einwenden, was sie will, sie wird mit den Kindern zurückgelassen. Wie selbstverständlich findet das Vergnügen der Männer ohne die Mutter statt. In der Erzählung der Töchter formuliert sie keine Bedürfnisse und Wünsche. Das macht die Szene, trotz des Vertrauens, das wir den Erzählerinnen entgegenbringen, irgendwie hohl. Der einleitende Satz „Unserer guten Mutter machte diese Bekanntschaft mancherlei Sorge und Verdruß" und die Wiederholung „hat unserer guten Mutter manche Tränen gekostet" bereiten Unbehagen, wie die ganze Figur der Verzichtenden.

Ehe wir uns versehen, sind wir mit der Anteilnahme bei den munteren Kerlen, die sich von einem ewig auf Pflicht, Familie und Ordnung bestehenden Frauenzimmer nicht hindern lassen. Zwar ist die Mutter durchaus in der Lage, dem jungen Herrn zu parieren. Er provoziert sie: Auerbachs Keller für die Männergesundheit. Aber trotz ihrer auffallenden Schlagfertigkeit setzt sie sich nicht durch. Was will sie wirklich? Die Töchter, die berichten, sprechen von ihren Sorgen um den Erhalt der Familie. Die Mutter erscheint in der Erzählung als die sorgende, wehrende, die traurige Vernunft des Familienbudgets vertretende Figur. Die Verliererinnengruppe der klagenden Frauen scheint auf den ersten Blick eine wenig einladende Orientierung für die Töchter. Aber vielleicht liegt hier das Thema, das sich die Mädchen verbergen – daß auch die Mutter sie gern verlassen würde, um dort zu sein, wo das Leben stattfindet, bei den Männern. Diesem Eindruck entspricht die vierte Szene.

Nur hier finden wir einen aktiven Part der Mädchen – eine Verweigerung. „Nur auf wiederholtes Gebot der Mutter brachten wir Schwestern unsere Kämme." In dieser Szene bezichtigt die Erzählerin die Mutter einer Handlung, die einem Verrat gleichkommt. Der Sinn des Vorgangs ist leicht zu erkennen. Es verrät sich sexuelle Verliebtheit der Mutter. Daß diese verdeckt ist in quasi mütterliche Sorge (dem jungen Goethe das Haar kämmen) kann die Töchter um so weniger beruhigen, als mit ihren Kämmen und an ihrer Stelle ihr Verfolger gekämmt wird: so zärtlich und lustig gekämmt unter dem Vorwand „von Federn im Haar" – daß diese Haare des Kamms nicht bedurften, kann den scharfblikkenden Eifersüchtigen so wenig entgangen sein wie dem Gewinner. Goethe als Erwachsener weiß es noch, „daß sie sein wohlfrisiertes Haar erst in Unordnung gebracht, um ihn dann recht empfindlich durchzuhecheln"; aber *sie* wissen es nicht mehr. Nur der Widerwille, die Kämme zu bringen, wird erinnert. Daß die Mutter dem schönen fremden Jungen so wenig widersteht wie der Vater (daß dieser Junge Vater und Mutter verwandelt, in ein erotisches Fluidum taucht), daß hier die Männlichkeit zum Zentrum, zum Idol und zum Objekt der Begierde wird, das ist das verleugnete Trauma der Mädchen – von Vater und Mutter verlassen.

In den vorliegenden Szenen kann von ödipaler Verliebtheit des Vaters in die Töchter keine Rede sein. Vielmehr sind sie Manövriermasse, mittels derer er um seinen Schüler, den „Bruder", den Mann der Zukunft wirbt. Ihm überläßt er sie. Die Mutter ist undurchsichtig: auf der Oberfläche die weinende Familienmutter, im Hintergrund schemenhaft die sexuelle Frau und die Frau, die eingreifen könnte, wenn sie wollte. Von dieser Macht gibt sie den Mädchen jedoch nichts ab. Es ist ihr Geheimnis, liebkosend zu strafen. Viel deutlicher wird, wie gefährlich ihre Begehrlichkeit für die Töchter ist: Auch für die Mutter ist der Knabe mit der Lust verbunden. Vielleicht könnte sie auf die Töchter verzichten, sie vergessen, vielleicht fortgehen? Ihre halbe Solidarität (die der zurückgelassenen, klagenden Frauen) ist besser als Schutzlosigkeit, als Nichts. Es wundert nicht, daß das Bild der Mutter von den Töchtern entschlossen zur opfernden

Hausfrau desexualisiert wird. Die „sinnliche Mutter“ würde die Töchter verlassen, vergessen – so die Phantasie – und mit dem Knaben davongehen, wohingegen die „Opfermutter“ – also der schlechtere Teil – bei den Töchtern bleibt. So lernen die Mädchen, daß sie Frauen sind, und was Frau-Sein bedeutet: Es gibt den verläßlichen Teil der Mutter, der zugleich der ärmliche Teil ist. In diesem ist die Mutter mit ihren Töchtern eins. Und es gibt den großartigen Teil der Mutter, ihren Witz, ihre Lust, ihren Freiheitsdurst – dieser Teil ist dem Männlichen, hier konkret dem Knaben zugewandt. Dieser repräsentiert für beide Geschlechter das Bild von Glück, Vollkommenheit und narzißtischer Integrität. Die Frauen untereinander können sich hier das nicht geben, was für das Selbstbewußtsein lebensnotwendig ist: Idealisierung. Sie bilden in diesen Erinnerungen den Raum der Verlassenen oder Wartenden. Was als Ergebnis dieser Situation bleibt, ist die Identifizierung mit der Mutter in ihrem zuverlässigen, aber traurigen Teil, als Verzichtende, nicht als Begehrende. Nur so darf die Mutter wahrgenommen werden. Der Vater ist unerreichbar. Um so mehr wird die Mutter gebraucht und muß ihr Bild von widersprechenden Erfahrungen abgetrennt werden. In der Rivalität, wer das bedeutende Phantasieobjekt der Eltern ist – oder einfach gesagt, wer mit Begeisterung geliebt wird – waren sie dem Knaben unterlegen. Das ist der Sinn ihrer Erinnerung.

Die fünf Szenen enthalten das Modell einer systematischen Beeinträchtigung, ja der Subjektzerstörung. Auf der psychischen Ebene korrespondiert den patriarchalischen Strukturen eine narzißtische Traumatisierung der Mädchen.[25] Die Widersprüchlichkeit der weiblichen Subjektbildung, wie sie in diesen Szenen deutlich wird, läßt sich so zusammenfassen: Aktivität wird gewaltsam in Passivität verwandelt: Der Knabe greift nach seinen Launen in Situationen ein. Er bestimmt, was geschieht. Er handelt stellvertretend für die Mädchen oder befiehlt ihnen. Die Eltern helfen ihren Töchtern nicht. Orientierungen, die einen inneren Besitz der Mädchen, ein Stück Identität ausmachen, werden von den Männern wertlos gemacht (der lächerliche Kinder- und Frauenglaube an die Krippe z. B.). Das bedeutet eine Schädigung des Selbstbewußtseins und des Vertrauens in die eigene Sicht der Welt und damit eine Hemmung der aktiven Bewältigung nach dem eigenen Maßstab. Statt „Innenorientierung“ – das Recht auf den eigenen Irrtum eingeschlossen – wird situative Anpassung verlangt und hergestellt. Die Mädchen werden durch systematische Verwirrung, Beschämung und Ausgrenzung aus der Gleichrangigkeit als Objekte männlicher Launen verfügbar gemacht. Kulturelle Traditionen werden vom Wissen um die weibliche Sexualität und Macht gereinigt und der Zugang zu diesen Traditionen wird vom männlichen Vormund kontrolliert. Die symbolische Repräsentanz weiblicher Aktivität auf der Ebene der kulturellen Überlieferung wird unzugänglich und entstellt.

Wir sahen die Dominanz des Knaben, die Macht, die er hatte und an die sich die Schwestern erinnern. Als idealisiertes Objekt von Mutter und Vater hatte er von Anfang an den Vorrang – was für die Mädchen bedeutete, daß es ihnen sehr schwerfallen würde, ein positives Bild vom eigenen Geschlecht zu gewinnen. Es liegt nahe – wenn wir diese Szenen hier einmal exemplarisch nehmen –, daß die Mädchen dazu gedrängt werden, an der Größe des bewunderten anderen Geschlechts durch Identifikation teilzuhaben. Sich in der Phantasie zum Teil des geliebten Bruders, später des Freundes und Ehemannes zu machen, ist der Ausweg aus der Demütigung, welcher ihnen nahegelegt wird. Was sie selbst wollen könnten, erlebt dann das geliebte Objekt stellvertretend für sie. Das Streben nach Autonomie wird verschoben und als eigener Wunsch unkenntlich, aus dem Bewußtsein gedrängt. Wie eine Narbe dieses Vorgangs bleibt die selbstlose Anteilnahme an der Freiheit und dem Glück des Ersatzobjekts – Bruder, Geliebter, Sohn. Der übermäßige Altruismus, die bis zur Selbstverleugnung gehende Bewunderung dieses Objekts verrät uns, daß wir es mit einem Symptom, dem Ergebnis eines Verdrängungsprozesses zu tun haben. Selbstverleugnung und narzißtische Identifikation sind an die Stelle der aktiven Auseinandersetzung getreten.

Bevor wir uns der weiblichen Selbstfindung im 18. Jahrhundert genauer zuwenden, möchte ich noch einige Elemente bezeichnen, die für das Selbstbewußtsein der jungen Männer des Sturm und Drang charakteristisch sind.

Bildung als Bemächtigung

Gewiß ist unser Beispiel eine ganz individuelle, persönliche Erfahrung, eben die Lebensgeschichte von Dorothea Stock und ihrer Schwester Minna, die Geschichte von der Begegnung der beiden Mädchen mit einem sehr besonderen Jugendlichen, dem Studenten Goethe. Doch ist es erlaubt, in doppelter Hinsicht zu verallgemeinern: im Hinblick auf die Struktur des Geschlechterverhältnisses und im Hinblick auf die soziale Gruppe der Intelligenz.

Da ist zunächst die Struktur, die sich über die Jahrhunderte bis zu uns erhalten hat. Die Familie Stock in Leipzig zeigt die Elemente der modernen Verhältnisse. Ihre Lebensführung ist charakteristisch für die Familien der Künstler, der freien Berufe, der Beamten – der Träger der Modernisierung: Die Familie lebt vom Geldeinkommen des Vaters. Es gibt zwar noch den großen gemeinsamen Raum für die Familie, und es kommen noch die Schüler ins Haus, aber die Familie hat schon Züge der abgegrenzten Kleinfamilie. Die Hausarbeit der Frauen spielt sich im Innenraum der Familie ab. Die Bewegungsfreiheit des Mannes ist größer. Die Frauenarbeit ist nicht gleichrangig – anders etwa als in den Bauern- und Handwerkerfamilien. Wir sehen auch Verhaltensmuster, die bis heute zur Kleinfamilie gehören. Im Rahmen der Familie ist den Männern Ungebundenheit, Eigenwille, Rücksichtslosigkeit bis hin zur Regression gestattet.[26]

Als zweites wichtiges Phänomen sehen wir an den Szenen in der Familie aber noch etwas anderes: ein Verhalten, das in dieser Form nur für die Jugend 1760 bis 1780 bestimmt ist. Ich meine jenen pädagogischen Furor, der hier schon den

sechzehnjährigen Goethe auszeichnet. Ein aggressives männliches Selbstbewußtsein sucht sich einen Ausweg in der „Mädchenerziehung", tarnt sich darin,
beschäftigt sich damit, „wie man aus den Frauen etwas machen könnte". Dabei
spielt sich ein anderer Prozeß ab, als wir ihn gewöhnlich mit dem Begriff der
Mädchenbildung verbinden. Um Bildung geht es dabei nur ganz nebenbei,
vielmehr um Jugendliche und junge Männer, die ihre Rolle zum anderen
Geschlecht suchen. Sie wollen Mädchen bilden, aber sie mögen keine gebildeten
Frauen. Wir würden in die Irre gehen, sähen wir hier die Aufklärung am Werk.

Was bei den erwachsenen Männern in etwas verhüllteren und dem Selbstbild
annehmbareren Formen auftritt, erschien unter den Kindern und Jugendlichen
zu Leipzig noch in der ganzen Triebhaftigkeit. Herder hat dagegen in dem
folgenden Brief (1770) an seine Braut Caroline Schwierigkeiten mit seiner

*Caroline Flachsland als Psyche (Psyche hieß Caroline im Kreis
der Darmstädter Empfindsamen). Aquarell eines unbekannten Künstlers (nach 1770)*

Aggression, die offensichtlich die Frauen allgemein herabsetzt; aber er kann einfach nicht anders als wieder mit einer Drohung enden:

Sie haben Recht, daß ich auf das gelehrte Frauenzimmer vielleicht zu sehr erbittert bin; aber ich kann nicht dafür: es ist Abscheu der Natur. Eigentliche Gelehrsamkeit ist dem Charakter eines Menschen, eines Mannes schon so unnatürlich, daß wir ihr nur aus Noth uns unterziehen müßen, und dabei doch schon immer verlieren; in dem Leben, in der Seele, in dem Munde eines Frauenzimmers aber, die noch die Einzigen wahren Menschlichen Geschöpfe, auf dem Politischen und Exercierplatz unsrer Welt sind, ist diese Unnatur so tausendmal fühlbarer, daß ich immer sehr fürs Arabische Sprüchwort bin „eine Henne, die da krähet, und ein Weib, das gelehrt ist, sind üble Vorboten: man schneide beiden den Hals ab!"[27]

In dieser Art dreht sich der Brief immer weiter im Kreis. Herder hat ganz bestimmte Vorstellungen, wie eine „weibliche Frau", statt einer Gelehrten, die Bücher aufzunehmen habe. Er fährt fort:

Aber will ich damit, böse Auslegerin meiner Worte! sagen, daß ein Frauenzimmer sich nicht auch durch die Lecture bilden, Geist und Herz verschönern müße? Will ich sagen, daß ein Klopstock ihre Toilette, und eine Zahre über Klopstock geweint, ein schönes Auge entehre? So wenig, daß ich glaube, das Weibliche Geschlecht sei das einzige richtende Publikum über eine Reihe von Materien des Geschmacks und der Empfindung, und daß jede Mannsperson, die kein Pedant seyn will, im Kreise der Frauenzimmer muß gelernt haben, gewiße Bücher zu lesen. Ich sage gewiße Bücher: denn alle Sachen, alle Materien, alle Wißenschaften sind nie für die Weiber, und über viele können sie in ihrem Leben nicht anders als schiefe Urtheile fällen – allein desto beßer für sie, daß diese nicht für sie sind.[28]

Unverhohlen wird hier nach der Notwendigkeit eines Vormundes für die Frau gerufen. Über Materien müssen sie sich sagen lassen, ob sie „für die Weiber" sind oder nicht. Statt Gelehrsamkeit wünscht sich Herder, selbst Autor, eine ganz bestimmte Weise der Rezeption bei seinem weiblichen Publikum. Die Tränen in den Augen sind Tränen der Anbetung, der Verehrung des Werkes und zugleich des Autors. Er will sich in seiner Vollkommenheit, Symbole zu schaffen, eine ästhetische Welt zu erzeugen, in den bewundernden Blicken der Frauen spiegeln, die zugleich anerkennen, daß sie die Vollkommenheit wohl zu empfinden, niemals aber zu erzeugen vermöchten.[29]

Die Analyse der Szenen im vorangegangenen Abschnitt hat gezeigt, wie das Verhältnis zwischen Knaben und Mädchen durch männliche Dominanz und Aggression zwischen den Heranwachsenden bestimmt war. Zugleich wurde deutlich, wie der Knabe die Mädchen auf ihren Platz verweist: Indem er den Erzieher spielt. Offensichtlich handelt es sich nicht um Bildung, sondern um einen Vorgang der Bemächtigung. Das Bedürfnis nach Kontrolle und In-Besitz-Nehmen ist nur als Bildung getarnt. Von diesem Sich-Einmischen in das innere Leben der Mädchen sprechen alle Briefe des jungen Goethe an die ein Jahr jüngere Schwester Cornelia in Frankfurt. Die Schwester soll ganz sein Geschöpf werden, aber nicht nur sie. Er schreibt aus Leipzig:

Mittlerweile hofmeistre ich hier an meinen Mägden, und mache allerhand Versuche, manchmal geräts, manchmal nicht. Die Mdll. Breitkopf habe ich fast ganz aufgegeben. Sie hat zuviel gelesen, und da ist Hopfen und Malz verloren. Lache nicht über diese närrisch scheinende Philosophie, die Sätze, die so paradox scheinen sind die herrlichsten Wahrheiten, und die Verderbniß der heutigen Welt liegt nur darin, daß man sie nicht achtet. Sie gründen sich auf die verehrungswürdigste Wahrheit: Plus que les mœurs se raffinent, plus les hommes se dépravent. Kannst du, wie ich wohl glaube, diese Dinge nicht ganz einsehen, so nimm sie als Wahrheiten an, die dir einmal aufgeklärt werden sollen, ich werde mich darüber mit dir in keinen Briefwechsel einlassen, es sind Dinge, die sich schwer schreiben. (1766)[30]

An anderer Stelle schließt er nach langen Ermahnungen in komischer Naivität, was die Schwester tun, was sie lesen und insbesondere, was sie nicht lesen soll:

Gerechter Himmel, wie gelehrt bist du geworden! Ich werde es kaum noch wagen, dir in Zukunft weitere Ratschläge für deine Lektüre zu geben, denn du weißt ja mehr als ich. Du nennst mir da einen Boccalini, von dem ich niemals gehört habe, und du fällst Urteile in einem wahrhaft kritischen Ton. Trotzdem muß ich dir sagen: Du behauptest, daß der Pitaval [eine Sammlung von historischen Rechtsfällen, U. P.] über die Wirklichkeit aufklärt. Gut, das gebe ich zu, aber diese Aufklärung ist nicht für dich, sondern für einen Mann, der über diese Gegenstände und diese Vorkommnisse nachdenkt, der etwas davon hat! (1766)[31]

Mir geht es hier um die Verdeutlichung der unbewußten Phantasie des jungen Goethe über das Verhältnis zwischen Mann und Frau. Halten wir die aggressive Inbesitznahme, die sich hier im Brief spiegelt, mit den Leipziger Szenen zusammen. Es geht vor allem um die Frage einer phantasierten Macht. Er, der Knabe, hat in jenen Familien-Szenen eine Situation geschaffen, in der er der unerreichbare Gegenstand der Bewunderung durch die Mädchen ist. Ihre bewundernd folgenden Blicke, die ihm doch nicht zu folgen vermögen – das ist das eine Ziel. Er ist anders, eben das muß immer erneut inszeniert und bewiesen werden. Und dann gibt es das andere Motiv: Die Beziehung zu den Mädchen läßt sich auch charakterisieren als Eifersucht ohne Liebe. Dem Magister mußte er sie auf der Stelle wegnehmen und sich als den Herrn der Situation etablieren. Die demütige Reaktion des beschränkten Theologen – „er zitterte und bebte" – konnte ihn kaum beruhigen. Keine H…Geschichten! Huren, das sind vor allem selbständige Mädchen, Mädchen, die Männer sammeln statt umgekehrt; solche, derer man nicht sicher ist. Darum aber geht es. Er ist erfüllt von der Phantasie, Frauen zu besitzen, dadurch, daß er ihren Geist beherrscht. Sie müssen alles durch ihn haben, durch ihn sein – ganz sein Geschöpf.

Die Mädchen sind in dieser Phantasie ganz bestimmt, formbar zu sein. Nicht nur der Magister ist hier Rivale, auch jedes Buch, das sie nicht lesen, wie er es will, und weil er es will. Die gelehrte Frau wird nicht gehaßt, weil sie Wissen hat, sondern weil sie ein eigenwilliges Wissen hat. Sie ist in dieser Phantasie dann schon besetzt von etwas Fremdem, Anderem. Auch Bücher sind letztlich Rivalen, alle müßte er selbst geschrieben haben. Er müßte selbst allein die Welt sein, die sich in sie eingesenkt hat und die sich spiegelt. So wird sie ein Teil von ihm.

Kurt Eissler interpretiert Goethes Dichten als phantastische Usurpation der weiblichen Macht des Gebärens und verweist auf die zahlreichen Metaphern, in denen dieser den schöpferischen Prozeß als Geburtsvorgang beschreibt.[32] Frauen besitzen wollen durch den Geist, sie zum Teil von sich machen, das Weibliche sich aneignen – so mächtig wie die Mutter sein (hervorbringend).

Um das „Sich-selbst-Gebären" kreisen die Phantasien der Zeit – nicht nur die des jungen Goethe, man kann sie wohl als ein wesentliches Element des inneren Erlebens dieser Jugendlichen auffassen, denen er die mächtigsten Worte und Bilder verleiht. Das geschah vor allem in den Metaphern des Titanischen und der Figur des Prometheus (1772 bis 1776). Über die Entstehung der Hymne «Prometheus» (1774) gibt es einen Bericht in «Dichtung und Wahrheit», der ein Licht auf den Zusammenhang von schöpferischem Impuls und Weiblichkeitsphantasie wirft. Prometheus, die Figur, mit der sich der Autor identifiziert, schafft Menschen, ohne der Frau zu bedürfen:

> Die alte mythologische Figur des Prometheus fiel mir auf, der, abgesondert von den Göttern, von seiner Werkstätte aus eine Welt bevölkerte... Meine Sachen, die so viel Beifall gefunden hatten, waren Kinder der Einsamkeit [...] Die Fabel des Prometheus ward in mir lebendig. Das alte Titanengewand schnitt ich mir nach meinem Wuchse zu, und fing, ohne weiter nachgedacht zu haben, ein Stück zu schreiben an, worin das Mißverhältnis dargestellt ist, in welches Prometheus zu Zeus und den neuen Göttern gerät, indem er auf eigne Hand Menschen bildet, sie durch Gunst der Minerva belebt, und eine dritte Dynastie stiftet.[33]

Es ist an dieser Stelle nur kurz auf das Vorbild Herders und des jungen Goethe hinzuweisen, auf Rousseau. Es wird sichtbar, daß es sich bei unserem Thema – der Phantasie von der Bildung der Frau – und auch bei dem tiefer liegenden Impuls – Herrschaft über den Geist der Frauen – um eine Grundfigur bürgerlich patriarchalischer Subjektivität handelt. Auch der Autor Rousseau beschäftigt sich in Gedanken ausführlich mit seinen Leserinnen und er fand sich in einem vergleichbaren Zwiespalt. Er phantasierte eine ,unschuldige', das heißt in unserem Argumentationsgang: nicht von fremden Gedanken berührte Frau. Diese würde am besten nie lesen. Doch schreibt er seinen Roman – für Frauen.[34]

In seinem ersten Roman, der «Nouvelle Heloïse», schildert Rousseau ein Thema, das sich mit unserer Frage berührt – die Liebe zwischen St. Preux, dem Hauslehrer, und seiner vornehmen Schülerin, der Aristokratin Julie.[35] Die Bemächtigung durch Vorherrschaft des Mannes über den Geist der Frau erhebt Rousseau im «Emile» zum Erziehungsprogramm. Doch sollten wir uns nicht täuschen lassen – auch hier geht es um die Phantasie über das Geschlechterverhältnis, nicht um Schulprogramme. Wer ist abhängig? Wer ist „er selbst"? Wer dominiert, die Frau oder der Mann? Diese Generation der großen Traditionsbildner der bürgerlichen Gesellschaft ist besessen von der Frage nach der Dominanz. Das ist die große Furcht: Der Mann ist das Opfer der Frau. Es handelt sich um eine kollektive Imagination bei diesen Autoren und vermutlich bei ihrem Publikum:

> Die Frauen herrschen nicht, weil die Männer es wollen, sondern weil es die Natur so will: Sie herrschten schon bevor sie zu herrschen scheinen. Derselbe Herkules, der den

fünfzig Töchtern des Thespios Gewalt anzutun glaubte, mußte bei Omphale spinnen; und der starke Samson war nicht so stark wie Dalila.[36]

So heißt es bei Rousseau, auf den sich der junge Goethe bezieht, wenn er, wie wir gesehen haben, an seine Schwester schreibt: „[...] die Mdll. Breitkopf hat zu viel gelesen [...] plus que les mœurs se raffinent, plus les hommes se depravent."

Die Angst vor der Frau wird durch Akte der Dominanz bewältigt. Zu solchen Akten gehört der ,Erziehungsimpuls', der vor allem gegenüber den Schwestern offen die Züge der Dressur trägt, der aber besonders geeignet ist, Aggression als Altruismus erscheinen zu lassen. Es geht dabei darum, Nähe zu den gleichaltrigen Mädchen herzustellen und zugleich die eigene Macht zu sichern.

Die Reaktion auf die Furcht vor der machtvollen Imago der Frau nimmt die Gestalt kaum verhüllter Aggression und eines ausgeprägten Kontrollbedürfnisses an. Die Idealisierung der Frau, die zugleich ausgebildet wird, ist psychologisch gesehen eine Gegenbesetzung zur Aggression. Erst dadurch wird das Ideal zum Vorurteil im Sinn der Hemmung und des Denkverbots. Das Ideal: Die Frauen repräsentieren die Ganzheit, die ungestörte Lebenskraft; die Frauen können lebendig und gut sein, sie können Bedürfnisse erkennen und befriedigen und sie leiden nicht unter der Krankheit, unentwegt alles begründen und rechtfertigen zu müssen; sie sind das Gegenbild zur Krankheit der einsamen Reflexion, die die Triebfedern des Lebens zerstört. Dieses Ideal läßt viele Deutungen zu.[37] Selbst ein Begreifen und Verändern der Geschlechterbeziehungen wäre von hier aus möglich, wie die Utopie der Frühromantik zeigt. Es sind nicht diese Gedanken ,an sich', die eine Emanzipation unmöglich machen. Es ist ihre Funktion im Dienst der Verdrängung. Bei der unbewußten Angstphantasie geht es um die Problematik Nähe – Distanz; um die Thematik der Abgrenzung und der Abhängigkeit. Wir erkennen im Hintergrund auf dem Boden dieser Seele die Verleugnung des einen Traumas: nicht aus sich selbst heraus zu sein, sondern geschaffen, abhängig, abgeleitet – ein Zweites. Genauer? Kind einer Mutter, deren Imago übermächtig ist.

Mutter-Imago – die soziale Dimension: Die Aristokratin

Für die Bedeutung einer machtvollen Mutter-Imago finden wir im äußeren Verhalten und Lebensweg der jungen Autoren einen Anhaltspunkt in der Tatsache, daß sie alle: Rousseau, Herder, Goethe, Schiller für ihre Entwicklung höchst bedeutsame Verbindungen zu Frauen eingehen, die deutlich nach dem Vorbild einer Mutter-Sohn-Beziehung strukturiert sind. Das ist um so auffallender, als alle diese Autoren aus ihrem Ideal der Weiblichkeit jene Züge entfernt haben, die an diese machtvolle und schützende Mutterfigur erinnern.[38]

Skizzieren wir diese Beziehungen: Sie sind verknüpft mit der weiblichen Macht in den Salons und an den Höfen des Rokoko. Hier finden wir die Frauen, die sich den jungen Talenten zuwenden und die für diese ein Zufluchtsort und ein

Weg zum Aufstieg sind. Es sind aber auch die Frauen, die verlassen (und vergessen) werden müssen, damit man vorankommt. Sie sind verheiratet, älter und erfahren, und sie gehören zur Gesellschaft, in die die aufsteigenden Söhne des Bürgertums mit dem Recht der brillanten Begabung eintreten wollen. Rousseau, Herder und Schiller kommen ,von unten'. Alle drei gehen große soziale Risiken ein. Sie sind alle drei Ausreißer, Ausbrecher oder Flüchtlinge ohne Geld.

Der dem Lehrherrn entflohene Rousseau findet die liebenswürdige Mme. de Warens, die den 15jährigen Herumtreiber in ihr Haus nimmt:

,Ach, mein Kind', sagte sie zu mir in einem Ton, der mich erbeben ließ, ,Sie sind noch so jung und streifen schon durch das Land; das ist wirklich schade' [...].[39]
Vom ersten Tag an stellte sich die süßeste Vertraulichkeit ein, wie es zwischen uns bis zum Ende ihres Lebens geblieben ist. Ich hieß ,Kleiner', sie ,Mama'; und stets blieben wir ,Kleiner' und ,Mama', selbst als die Zahl der Jahre den Unterschied zwischen uns fast verwischt hatte... Sie war für mich die zärtlichste der Mütter, die nie ihr Vergnügen, sondern stets mein Wohl suchte und wenn bei meiner Zuneigung für sie Sinne ins Spiel kamen, so veränderten sie nicht die Natur dieses Gefühls, sondern liehen ihm nur einen höheren Reiz und machten mich vor Entzücken trunken, eine so junge und hübsche Mama zu haben...[40]

Auf Mme. de Warens folgen noch andere machtvolle Frauen, die Rousseau schützen und ihn zu ihrem Gefolge zählen oder zählen wollen. Rousseau nennt diese Verhältnisse beim Namen: Es sind Mutter-Übertragungen. Entscheidend ist für diese Namensgebung weniger die Tabuisierung der Sexualität in den Beziehungen als die Thematik der Dominanz. Diese Frauen sind machtvoll. Sie entlasten von Verantwortung und sie beschenken ihren erwählten Freund mit ihren unschätzbaren sozialen Verbindungen, ihren Ratschlägen und auch mit Geld. Wir sehen hier den sozialen Ort des Wechselspiels zwischen lustvoller Abhängigkeit und Flucht und Verleugnung dieser Abhängigkeit.

Der Einfluß der weiblichen Macht in der Zone der Öffentlichkeit ist das historisch Vergehende. In der Aristokratie finden sich gegen Ende des 18. Jahrhunderts Verhaltensweisen, die am besten als distanzierte Erfüllung der Pflichten beschrieben werden können. Die Ehe des Adels ist pflichtgemäß und leidenschaftslos. Dabei entsteht oft ein freundschaftliches Verhältnis der Ehegatten, die zusammen Kinder haben und im übrigen getrennt leben. Die Liebe oder die Leidenschaft suchen die, die dazu fähig sind, bei anderen Verheirateten ihrer Gesellschaftsklasse. Für die Frau ist es eine Freiheit auf Widerruf. Da wird ein eifersüchtiger Ehemann durch das öffentliche Gelächter in Schach gehalten. Also leben die Frauen allein, während ihre Gatten in militärischen und anderen Männer- oder Liebesunternehmungen unterwegs sind. Die Frauen führen ihr Haus. Sie sind das Zentrum des Salons, in dem wohl nie der Ehemann empfangen wird.

In Deutschland spielt sich das alles nach dem französischen Vorbild, aber in kleinerem Rahmen ab. Gillies, der Herausgeber von Herders «Journal Meiner Reise im Jahre 1869» urteilt über den 24jährigen Herder:

In seinem Inneren war tiefe Unruhe, denn er war einer recht vornehmen Dame verbunden, einer Madame Busch, die verheiratet war. Sie war älter als er. Täglich sonnte er sich in ihrer Gesellschaft. Er war – ob nun bewußt oder unbewußt – in sie verliebt. Er wußte nicht wie er aus den komplizierten Verhältnissen herauskommen sollte. Schließlich kam er zu der Überzeugung, daß Riga für ihn nicht der geeignete Ort sei [...][41]

Herder selbst beschreibt das Verhältnis in einer Erklärung an Caroline, der einiges hinterbracht worden ist:

[Es war] eine vortreffliche, aber äußerst übel verheirathete Dame zwischen dreissig und vierzig Jahren, deren Freund und Täglicher Umgang ich nebst einem andern ehrlichen Kerl war, vor dem wir Nichts geheimes im Herzen hatten. Zwei runde Jahre bin ich in ihrem Hause, vor Mittage, Mittag wo ich täglich speisete, nach Mittage, und Abend bis in die Nacht gewesen: Einerlei Uebel unsrer Augen machte uns bekannt, und da ich von Tage zu Tage ihren lebhaften Geist, ihr gutes Herz, und ihren sehr festausgebildeten Charakter immer mehr kennen lernte; so haben wir täglich, als Freunde, gelebt, denn es nicht viele in der Welt und in R[iga] wohl außer uns gar nicht gab. Da waren wir täglich zusammen, um zu plaudern, und zu lesen und uns zu zanken, und uns zu trösten, und zu tändeln, uns zu liebkosen und – nichts mehr! Ein Gedanke weiter hätte unsre Freundschaft beleidigt! [...] Die ganze Stadt wußte unsre Freundschaft, weil ich ihr alle Gesellschaften, die mich so häufig suchten, aufopferte: und selten bin ich zu meiner Predigt gefahren, wo sie mich nicht im Wagen begleitete [...] – Wohl! ich habe ein Band von ihr, das ich ihr noch an meinem Abschiedstage, zum Andenken, von ihrem schönen Fuße raubte und ihr dafür Abbts Buch vom Verdienst gab, was ich von ihm selbst bekommen [...][42]

Die Verbindung des jungen Schiller zu Frau von Kalb zeigt ähnliche Strukturen,[43] ebenso wie das Verhältnis Goethes zu Frau von Stein.[44] Wir sehen in diesen Beispielen die Verstärkung der Mutter-Imago in diesen Frauen, von denen die jungen Männer träumen, die nach oben wollen und vor denen sie doch auch fliehen – weil sie hier in Bann geschlagen werden, zum Kind werden – angesichts einer überlegenen Frau: überlegen durch ihren Rang, ihre Unerreichbarkeit und ihre einflußreiche Stellung.

Es ist charakteristisch, daß alle oder wenigstens fast alle diese Verhältnisse durch die Flucht der Männer, ohne wirkliche Auseinandersetzung, ihr Ende finden. Eine solche „Flucht", die überstürzte Abreise Schillers aus Mannheim (1785) nach dem Bruch mit Charlotte von Kalb, kommentiert Friedrich Burschell:

[...] wenn die Worte von der ›inneren Revolution‹ von der ›unnennbaren Bedrängnis meines Herzens‹, die er nach Leipzig schrieb, überhaupt einen Sinn haben, so können sie nur bedeuten, daß er sich in ein Verhältnis verstrickt sah, daß ihm gefährlich zu werden drohte. Der Mannheimer Horizont sagte er, ... lag drückend auf ihm, wie das Bewußtsein eines Mordes‹.[45]

Ob die Frauen sich sexuell verweigern oder nicht, ist nicht entscheidend. Vor allem der Machtaspekt ist für die Männer wesentlich. Ihnen geht es um die Umkehr der Rollen, nicht um den Ausgleich, die Annäherung. Sie werden Frauen heiraten, die sich selbst ›als Mädchen‹, als Unschuld definieren. Für ihr Leben und als Ideal suchen sie die Kind-Frau. In der deutschen Literatur werden die Heldinnen der Liebe auf der Bühne und im Roman immer töchterlicher. Die ahnungslose Jungfrau wird der einzige Gegenstand der Liebesgeschichte. Und: es wird sichtbar, daß die Mutter-Imago des Weiblichen nicht ausschließlich mit den Erfahrungen der leiblichen Mutter verbunden ist. Im Verhältnis zur Aristokratin wird die Grenze des Selbst durch die reale Abhängigkeit fließend, durch das: „sie hat ihn gemacht" oder „sie macht ihn". (Er ist ihr Pferdchen im Salon, wie es Rousseau bei Mme. Epinay empfand.) Zur gleichen Zeit entsteht eine neue Form der Mutter-Imago – nämlich im gefühlsbetonten Innenraum der bürgerlichen Familie. Die beiden Prozesse gehen zeitlich ineinander über. Beide gehören zu der ‚Affektmodellierung' männlicher Subjektivität in dieser Zeit des Umbruchs um 1770.

Die Einsamkeit der Imagination – Konflikte der bürgerlichen Frau in der Generation der Mütter

Wir haben bei den Damen der aristokratischen Gesellschaft hier nur auf den einen Aspekt der Phantasmagorie der Männer geachtet. Was in den Frauen vorging, was sie von den jungen Begabten erhofften, ob sie überhaupt „mütterliche" Gefühle hatten, der Frage gehen wir im Augenblick nicht nach. In der Überlieferung werden diese Frauen im allgemeinen verachtet. Man schlägt sich ganz auf die Seite der jungen Genies und sieht in den Frauen Kletten oder blutsaugende Vampire, bestenfalls lächerliche Figuren, eben ältere Frauen, die nicht von der Bühne abtreten wollen. Diese Verhältnisse von der Seite der Frauen her genau zu untersuchen, wäre aufschlußreich und eine Sache der Gerechtigkeit. Einzelne Aspekte ihrer inneren Welt werden uns auch bei den bürgerlichen Frauen begegnen. Das gilt vor allem für die Imagination des Dichters als des vollkommenen, idealen Menschen. Vor allem in Deutschland gibt es eine größere Nähe zwischen den Lebenswelten der Frauen beider Klassen. Doch bleibt der gravierende Unterschied: die bürgerliche Frau ist ‚Teil des Hauses'. Ihre Beziehungen zur Öffentlichkeit sind im Vergleich zur Aristokratin immer beschränkt und die Anwesenheit des Hausherrn und die soziale Kontrolle stellen unüberschreitbare Grenzen dar.

Betrachten wir unsere Ergebnisse, so fällt auf, daß wir ein Verhältnis vor uns haben, bei dem die sozialen Definitionen und die inneren Bilder des Weiblichen für beide Geschlechter dieser Jugend um 1770 extrem problematisch sind. Die jungen Frauen mit ihrem Zug zum Leiden und zur Depression, wortlos, aber offensichtlich bereit und willens, die Männer ebenso zu bewundern, wie diese es wollen. Doch kann das deren Aggression nicht besänftigen: Die inneren Bilder der Männer von der Frau werden weniger von der Folgsamkeit der Geliebten und Schwester als von der Imago weiblicher Macht bestimmt.

Doch wie ist die Situation der Frauen der vorausgegangenen Generation? Welches Verhältnis hatte diese Generation der „Mütter" zur weiblichen Macht? Welche Rolle spielte für diese das Männliche? Was haben sie an die heranwachsenden Töchter und Söhne weitergegeben? In welcher Welt lebten sie? Wie sahen ihre Entwürfe und ihre Konflikte aus? Sicher ist, daß sie ihre Kinder mit ihren Träumen erfüllten und formten. Ohne die besondere Situation in der Kindheit und frühen Jugend wäre weder die Produktivität der Söhne noch die Depression der Töchter in der Adoleszenz verständlich. Ohne die Kenntnis der Erlebnisstruktur der einen erschließt sich uns nicht die Erlebnisstruktur der anderen, nächsten Generation.

Ich versuche im folgenden Abschnitt drei weibliche Entwürfe nachzuzeichnen, die mir für die Identität der älteren Generation charakteristisch erscheinen: in der Gestalt der Susanna von Klettenberg (1723–1774) die „Braut Christi"; Catharina Elisabeth Goethe (1731–1808) mit ihrem Selbstverständnis als „Mutter des Genius"; Meta Klopstock (1728–1758) mit ihrer Imagination der „Geliebten des Dichters".

Schon bei ihnen sehen wir die Spuren der Veränderung, die sich gesamtgesellschaftlich abspielt. Das wichtigste Zeichen ist die Suche nach dem Bedeutenden im Leben, gebunden an die Selbstentfaltung der Söhne, der Männer. Auch diese Generation der um 1730 Geborenen steht schon ganz unter den Auswirkungen zweier Prozesse, die die weibliche Selbsterfahrung verändern. Es sind diese: der Zerfall der Frauengemeinschaft jenseits und diesseits der Grenzen des Hauses und das Verschwinden einer weiblichen Kultur im öffentlichen Raum (wie im privaten).[46]

Als Möglichkeit der Selbstentfaltung bleibt den Frauen schon Mitte des 18. Jahrhunderts lediglich die Teilhabe am männlichen Selbstverständnis, an der männlichen Symbolordnung. Aber noch kann diese Generation versuchen, sich zu behaupten und zur Geltung zu bringen in phantasierten Machtträumen. Noch finden sie Methoden, Bedeutungen zu schaffen, sie aus sich heraus zu erzeugen, auch da, wo der Raum für die Taten eng begrenzt ist.

Braut Christi

Susanna Katharina von Klettenberg (1723 bis 1774), protestantische Mystikerin, bewandert in Theologie und Alchimie – man könnte diesen Abschnitt überschreiben: Die Imagination, die einen sozialen Ort hat. Denn das ist das besondere bei Susanna Katharina von Klettenberg, daß sie – weil sie sich im Feld der Religion bewegt – nicht ganz in das Private abgedrängt ist. Sie findet für ihr inneres Leben einen Vermittlungsrahmen, einen gesellschaftlich vorgegebenen Vermittlungsrahmen, über den sie sich definieren kann. (Vgl. den Beitrag von J. Blackwell in diesem Band.) Das ist das besondere an ihrer Lösung. Sie findet eine sozial anerkannte Alternative zur ehelichen Lebensführung. Zugleich sehen wir bei ihr, wie eine Frau dieser Generation das bürgerliche Frauenleben zurückweist. In einem Brief, den sie (1774) an Lavater schreibt, dessen Werk «Aussichten in die Ewigkeit» sie gelesen hat, wird ihr starkes Selbstbewußtsein einerseits und die enge Verquickung ihrer Religiosität und Mystik mit ihrer Weiblichkeit andererseits deutlich. Die Einundfünfzigjährige schreibt anonym. Lavater ist von ihrem Brief so fasziniert, daß er keine Ruhe gibt, bis er sie ausfindig gemacht hat. Er besucht sie in Frankfurt und es entspinnt sich eine intensive Freundschaft. Aber betrachten wir ihren Brief, den sie an den ihr fremden Autor schreibt:

> Theurer Lavater! Ich lege den Dritten Theil Ihrer Aussichten in die Ewigkeit weg; und ergreiffe auff der Stelle die Feder: Um Ihnen die Freude – die nicht zu schildernde Wonne zu bezeugen, welche meine Seele bei Durchleßung des 17., 18. und 19. Brieffs durchdrang. Ich kene, schätze und lese mit Nuzen und Vergnügen ihre Schrifften – Aber ich bete Ihnen nicht an und sage beyleibe nicht zu allem ja und amen – in den Aussichten in die Ewigkeit sind viele Dinge, die ich nicht brauchen kan – die sind nicht Vor mich geschrieben, aber obbenannte Briefe sind für mich geschrieben. Was Sie darinen sagen, habe ich oft und viel in sanfter Einsamkeit und ungestörter Stille mehr gefühlt als gedacht. Ich bin ein Frauenzimmer, die Gabe des Denckens und des richtigen bestimmten Ausdrucks ist ohne Widerspruch dem Mänlichen Geschlecht eigen – wir aber sind desto Empfindsamer. Sie Nennen mir, was ich gefühlt, indem ich Ihnen das bezeuge, so theile ich Ihnen vielleicht etwas von meinen Empfindungen mit, die eben mit dem Gedancke nicht alle Zeit verpaart gehen. Wenn ein gefühlvolles Herz Lavaters Predigten liest, so schmilzt es, ich wette Lavater hat selbst nicht soviel dabei empfunden [...].
> [Ich übergehe einen Teil des Briefes. Sie unterschreibt anonym:] Meinen Namen, den neuen, werden Sie in der Stadt Gottes hören, der, den ich jetzo führe, kann Ihnen sehr gleichgültig sein – ich bin von Herzen dero ergebene Freundin.[47]

An diesem Brief ist für unsere Fragestellung mehreres interessant. Wir sehen, daß Susanna von Klettenberg von Anfang an unter dem Druck steht, sich als Frau besonders zu legitimieren und auszuweisen, weil sie in die männliche Domäne des Wortes eindringt. Gleichzeitig aber sehen wir sie diese Frage des Vorrangs der Männer sehr hintergründig lösen, wenn sie sagt: „Die Gabe des Denkens und des bestimmten Ausdrucks ist ohne Widerspruch dem männlichen Geschlecht eigen. Wir aber sind desto empfindsamer." Wie der Fortgang des Briefes zeigt, ist es eben diese Empfindsamkeit, die die Wahrheit erfaßt. Susanna entwickelt die These, daß Männer die Macht haben, Zeichen zu produzieren, die sie selbst nicht verstehen. „Wirklich begriffen" – das heißt verstanden und empfunden können sie nur von denen sein, die ihre Sinnlichkeit, ihr Erleben mit diesen Zeichen verbinden können – den Gläubigen, den Empfindsamen, den Frauen. Das bildet hier eine Einheit. Es gibt in allen Briefen der Susanna aus ihren letzten Lebensjahren einen Affekt gegen die leere Begrifflichkeit, d. h. gegen die Begrifflichkeit ohne die zugehörige Empfindung. Was wird empfunden? Susanna geht es um die Einheit mit Gott. Diese Einheit stellt sich ihr aber nicht in theologischen Systemen dar, sondern – als Mystikerin – im Erleben, und dieses Erleben ist Erfahrung der Glückseligkeit. (Wir würden heute sagen, das Empfinden des Selbst in einem Zustand, in dem Ich und Ich-Ideal zusammenfallen.)

Damit unterscheidet sie sich stark von den rigiden Strömungen des Protestantismus, die davon ausgehen, daß das Sündenerlebnis, das Schuldgefühl das Entscheidende ist. Es ist deutlich, daß hier die dogmatische Theologie überschritten wird in Richtung auf den großen Zug der Zeit, das triumphierende Ich-

Bewußtsein. Dieses wird hier Gott, Gnade, Kraft genannt. Zugleich ist aber dieser Gott nur wirklich im Erleben, im Subjekt selbst, das sich artikuliert, das dieses Erleben beschreibt. Wir sehen Susanna von Klettenberg in der fortge-schrittensten Position, die im bürgerlichen Zusammenhang Deutschlands mög-lich ist. Sie gehört in die Theologie, die zum Sturm und Drang überleitet. Gegen Ende ihres Lebens überwindet sie jede Orthodoxie. Sie erklärt ihre Haltung als jenseits aller dogmatischen Bekenntnisse. Die Grundstrukturen und Grund-erfahrungen des Göttlichen sind in allen religiösen Bekenntnissen zu finden. Sie schreibt – und nicht zufällig hören wir in ihren Worten schon den Ton der Revolution im Jahr 1777:

> [...] ich habe mich *sehr geändert*. wie, und in was, das wird ein kurzer Umgang bald lehren – schreiben läßt es sich schwer – ich bin ein Christlicher Frey-Geist. alles Formenweßen, alles gemodelte, ist verschwunden – meine Brüderschafft sind alle Men-schen, und das gnaue Band der Freundschafft in dem (den außgenommen an den ich schreibe) wenige oder vieleicht im eigentlichen Sinn gar keine stehen, setze ich als eine wohlthat an die mit dem weßen der religion keine Conection hat und meine beste Freunde sind so gar Un Christen. in einem Pabistischen Lande, hier, oder in Constantinopel, zu leben; wäre mir, in so fern man mir meine Freiheit ließe sehr gleich – Gott im Fleisch geoffenbart würde mir überall gleich nahe seyn – und weiter brauche ich nichts.[48]

Betrachten wir einige Züge ihrer Biographie. Susanna war die Tochter des wohlhabenden Arztes Remigius von Klettenberg und seiner Frau Margarethe, einer geborenen Jordis, auch einer Arzttochter. Sie gehörte zu den vornehmen Familien des Frankfurter Patriziats. Sie verweigerte die Heirat, obwohl sie bereits mit einem angesehenen und von ihr geliebten Mann verlobt war, um ihrer inneren Stimme zu folgen. Kontemplation, Wissenschaft, das vertrug sich weder mit den Pflichten der Braut noch denen der Ehefrau. Hören wir Johann Wolfgang Goethe, ihren Vertrauten in den Jahren 1768 bis zu ihrem Tod 1774, als „Protokollanten" mit den „Bekenntnissen einer schönen Seele", seiner Darstel-lung der Susanna von Klettenberg. Über ihren Verlobten, in der Erzählung Narziß genannt, heißt es da:

> Ich liebte ihn zärtlich, wollte er meine Überzeugung nicht stören so war ich die Seine; ohne diese Bedingung hätte ich ein Königreich mit ihm ausgeschlagen.[49]

Über den entscheidenden Konflikt hören wir:

> Der Vater benahm sich ganz seiner Denkart gemäß. Er sprach weniges, aber öfter mit mir über die Sache [Susannas Entschluß, die Verlobung zu lösen, U. P.] und seine Gründe waren verständig, und als *seine* Gründe unwiderleglich; nur das tiefe Gefühl meines Rechts gab mir die Stärke, gegen ihn zu disputiren. [...] Ich ließ meiner Zunge und meinen Thränen freien Lauf. Ich zeigte ihm, [...] wie gewiß ich sei, daß ich recht handle, [...] daß ich lieber mein Vaterland, Eltern und Freunde verlassen und mein Brot in der Fremde verdienen, als gegen meine Einsichten handeln wolle. Er verbarg seine Rührung, schwieg einige Zeit stille und erklärte sich endlich öffentlich für mich.[50]

An dem Bericht fällt uns verschiedenes auf: Wir haben es hier mit einer heftigen Adoleszenzkrise zu tun und: Die Tochter kämpft und sie gewinnt den Vater. Das ist etwas Besonderes, etwas, was sonst fast nie gelingt, wie wir in unseren weiteren Betrachtungen noch sehen werden. Wir werden aber noch auf etwas aufmerksam gemacht – eben auf jene besondere Beziehung Väter – Töchter. Diese finden wir bei allen Frauen, die ich – im weitesten Sinn – dem Kreis der Abweichlerinnen zurechnen werde. Väter, die ihre Töchter erziehen, am Wissen teilnehmen lassen, Mütter, die das Alltägliche, den Haushalt und eine anders geartete Tradition als die Wissenschaft repräsentieren. Hören wir noch einmal exemplarisch für viele aus der Geschichte Susanna von Klettenbergs:

> Von meiner Mutter hörte ich die biblischen Geschichten gern an; der Vater unterhielt mich mit Gegenständen der Natur. – Er besaß ein artiges Cabinet. Davon brachte er gelegentlich eine Schublade nach der andern herunter, zeigte mir die Dinge und erklärte sie mir nach der Wahrheit. Getrocknete Pflanzen und Insecten und manche Arten von anatomischen Präparaten. Menschenhaut, Knochen, Mumien und dergleichen kamen auf das Krankenbette der Kleinen; Vögel und Thiere, die er auf der Jagd erlegte, wurden mir vorgezeigt, ehe sie nach der Küche gingen; und damit doch auch der Fürst der Welt eine Stimme in dieser Versammlung behielte, erzählte mir die Tante Liebesgeschichten und Feenmährchen.
> Als ich weiter heranwuchs, las ich, der Himmel weiß was, alles durcheinander; aber die römische Octavia behielt vor allen den Preis. Die Verfolgungen der ersten Christen, in einen Roman gekleidet, erregten bei mir das lebhafteste Interesse.
> Nun fing die Mutter an, über das stete Lesen zu schmälen. Der Vater nahm ihr zuliebe mir einen Tag die Bücher aus der Hand und gab sie mir den anderen wieder. Sie war klug genug, zu bemerken, daß hier nichts auszurichten war, und drang nur darauf, daß auch die Bibel ebenso fleißig gelesen wurde. Auch dazu ließ ich mich nicht treiben, und ich las die heiligen Bücher mit vielem Anteil. [...] Hätte ich von Hexen gehört, so hätte ich auch mit der Hexerei bekannt werden müssen.
> Meiner Mutter und dieser Wißbegierde hatte ich es zu danken, daß ich bei dem heftigen Hang zu den Büchern doch kochen lernte; aber dabei war etwas zu sehen. Ein Huhn, ein Ferkel aufzuschneiden, war für mich ein Fest. Dem Vater brachte ich die Eingeweide, und er redete mit mir darüber, wie mit einem jungen Studenten und pflegte mich oft mit inniger Liebe seinen mißratenen Sohn zu nennen.[51]

Wir sehen, wie die Traditionen der beiden Geschlechter konfrontiert werden: die Bibel, die Liebes-, Prinzen- und Feenmärchen auf der einen Seite und auf der anderen das Wissen, die Gelehrsamkeit, das Klassifizieren der Natur, die aber nur als tote erforscht werden kann. Diesen beiden Welten gegenüber steht das Mädchen mit seiner Lust, zu erkennen, zu schauen, mit seiner Begierde, in die Dinge einzudringen – „sein mißratener Sohn". In der Welt der Mutter kann diese Heranwachsende nicht bleiben – jedenfalls nicht in dem Sinn, daß sie deren Leben zu führen vermöchte. Es wird von einer Mutter berichtet, die die Verweigerungen ihrer Tochter nur zu gut versteht: „Meine Mutter hatte von Jugend auf ähnliche Gesinnungen, nur waren sie bei ihr nicht zur Reife gediehen... sie freute sich, durch mich ihre stillen Wünsche erfüllt zu sehen",[52] heißt es in den Bekenntnissen.

Betrachten wir das Leben, das Susanna von Klettenberg geführt hat, ihre Briefe, ihre Aktivitäten, ihre Forschungen und Experimente, so sehen wir sie die Vorrechte der Männer in Anspruch nehmen. Der Begriff, den sie sich selbst davon macht, trägt notwendig Züge der Entfremdung. Ihre eigene Kraft erlebt sie als göttliche Mitteilung. Ihre Verweigerung der weiblichen Unterordnung erscheint in der Anbetung des imaginierten Gottes.[53]

Die Spaltung, die Susanna von Klettenberg vollzieht, ist eine andere als die der Frauen, die einen Menschen zu Gott machen. Diese Imagination von Jesus als Geliebtem ist sowohl eine sehr subjektive Erfahrung als auch Teil eines kollektiven Zusammenhangs. Sie ist auf ein Symbolgefüge bezogen, auf den Glauben und seine Regeln, in dessen mythischer Vieldeutigkeit die gesellschaftlichen Konflikte zugleich ihre Darstellung und ihre Deutung erfahren, jedenfalls zu jener Zeit, am Ausgang des 18. Jahrhunderts in Deutschland.

In Deutschland leistet die Theologie, was im aufgeklärten Frankreich von Rousseau formuliert wird: die Beschreibung des Stroms der menschlichen Empfindung, des Lebens der Seele.[54] Außerdem stellt der Pietismus, und dieser Richtung wendet sich Susanna sehr rasch zu, bei aller Frömmigkeit eine Organisation sozialer Unruhe dar.[55] In kleinen Zirkeln versammeln sich die Gläubigen. Die Laien, auch die Frauen sprechen in den Versammlungen und beschreiben ihre Erfahrungen mit Gottes Wort, ihren Sündenkampf und ihr Jesuserleben. Eine radikale Theologie wird formuliert, in der das Weibliche in das Bild Gottes aufgenommen wird. Die «Kirchengeschichte Hessens» vermerkt mißbilligend über den mystischen Flügel des Pietismus, zu dem Susanna gehört: „Ihre Lehre entstellte die Aussage des Glaubensbekenntnisses. Gott Vater, das Männliche und der Heilige Geist, das Weibliche, hätten in ewiger Zeugung dem Sohn das Leben geschenkt."[56] Trotz der Züge in Richtung auf eine Emanzipation der Frauen in diesen religiösen Gemeinschaften ist festzuhalten, daß es nicht zu einer Radikalisierung dieser Tendenzen bis hin zur offenen Formulierung von Gleichheitsvorstellungen im irdischen Leben der Geschlechter kommt. Die Frauen gewinnen durch die religiösen Gemeinschaften an Macht. Das Bild Gottes trägt weibliche Züge – und doch bleibt die Anerkennung des weiblichen Gegen-Bildes ein nicht eindeutiges, letztlich ist es in dieser Kultur ein nicht bewußtseinsfähiges Moment.

So bleibt die Doppeldeutigkeit. Susanna hat sich in diesen Gott entfremdet, obgleich es nicht der religiöse Masochismus ist, wie er für das 19. Jahrhundert und seine Frömmigkeiten so charakteristisch wird.

Susanna von Klettenberg zeichnet den Weg einer weiblichen Tradition und eines weiblichen Entwurfs, der eigenartig zwischen der Vergangenheit und einer nicht eingelösten Zukunft steht. Sie stellt sich in einem Gemälde von ihrer Hand als Nonne dar. Warum dieses katholische Gewand? Es ist eine Phantasiegestalt des eigenen Selbst als Braut Gottes und als Teil einer Gemeinschaft, die (wie immer sie historisch wirklich gewesen ist) Frauen von Pflichten und vom Gehorsam in der Familie freimachte.

Das Bild und die Kontroverse, die es auslöste,[57] verrät etwas vom Wesen der Susanna. Eine Protestantin, die sich als Nonne darstellt – ein Gegensatz. Aber auch gegen die Aufklärung wendet sich das Nonnenbild – gegen das Modell, das die heraufkommende bürgerliche Gesellschaft als einzig legitime Daseinsweise für die Menschen vorsah: die Welt der Familie und der Geld-heckenden Realitätstüchtigkeit.

Das Bild der Nonne ist nur eine Hülle, nur eine Form, die Susanna von Klettenberg dem Wunsch verleiht, anders zu leben. Für dieses „anders" gibt es im ausgehenden 18.Jahrhundert weder Tradition noch Handlungsspielraum in der Wirklichkeit. Die Größe der Susanna von Klettenberg kommt vor allem in ihrer Ratlosigkeit zum Ausdruck. Sie findet keine Ruhe bei den Wortspielen der theologischen Systeme. Ich verstehe sie als eine Frau, die versucht, weibliche Erfahrung zu formulieren, ein Versuch, der ihr als solcher nie bewußt wird, da hierfür alle Begriffe fehlen. Die Kraft, nein zu sagen und sich zu verteidigen, nennt Susanna von Klettenberg „Jesus" – nicht ich, die Frau, Susanna... Ihrer Ratlosigkeit verleiht sie deutlichen Ausdruck in der Antwort, die sie als 45jährige auf den wohl letzten der zahlreichen Vorschläge gibt, sich doch zu verheiraten, „damit sie nicht allein sei". Sie erklärt:

– daß ich auch nach Grönland gehen wolte, wenn Er (Jesus) mich hinhaben wolte und so ist es mir noch, was sind die Eiß Meere, was ist der beschneite Pol bei Jesu, Er, der nicht nur ein Gott der Berge sondern auch ein Gott der Gründe ist, Er würde mich auch da zu schützen wissen, wenn *Er mich hinhaben will.* Aber dieses *Wort* recht zu erkennen und zu wissen, was Er w i l l, das ist die question.[58]

Es ist deutlich, daß Susanna von Klettenberg in Jesus das Medium ihrer Bedürfnisse sucht und zugleich, sowohl in der Phantasie der Frauengemeinschaft des Klosters als auch im Bild des androgynen Gottes, auf der Suche nach dem weiblichen Selbst, nach einem weiblichen Lebensentwurf ist.

Betrachten wir zwei andere Entwürfe des imaginären Paares: die Idealisierung des dichterischen Genies durch die Mutter und die Geliebte des Dichters. Auch hier geht es um die Teilhabe an der männlichen Welt.

Die Mutter des Dichters
Zu dem Kreis um Susanna von Klettenberg gehörte Catharina Elisabeth Goethe. Von ihr stammt der Bericht über die Sterbestunde der Susanna an Lavater. Sie wachte die Nacht am Bett der Freundin. Wie Susanna zählte sie zu jener Zeit zum radikaleren Flügel der Pietisten, ganz im Gegensatz zu ihrem Ehegatten, der orthodoxer Lutheraner war.

Es wird vielleicht überraschen, Catharina Elisabeth im Kreis der Unruhigen, im Kreis jener Frauen zu finden, die in den Rang der besonderen Produzentinnen des Imaginären gehören. Die schriftlichen Zeugnisse der Catharina Elisabeth sind ihre Briefe. Sie haben einen Umfang von 600 Druckseiten, obwohl große Teile ihrer Briefe fehlen. Der erhaltene Briefwechsel setzt im Jahr 1774 ein. Damals ist sie bereits über 40 Jahre alt. (Johann Wolfgang Goethe hat alles verbrannt, was vor 1792 von ihr an ihn geschrieben wurde.) So liegen ganze Felder ihres Lebens im Dunkeln. Jedoch können wir feststellen: Wir haben eine Frau vor uns, die sehr viel schreibt und die eine begabte Schreiberin ist. Die Briefe Catharina Elisabeths an die Herzogin Anna Amalia, an die Enkel, die

Schwiegertochter, den Schauspieler Unzelmann und natürlich die Briefe an den Sohn zeigen: Es sind perfekte Rollen, die Catharina als Schreibende einnimmt.

Die Beziehung, die sie zu ihren ganz unterschiedlichen Briefpartnern herstellt, hat immer eins, das sich durchhält: Catharina Elisabeth scheint nie bedürftig zu sein. Sie ist immer die Gebende und immer unangreifbar in ihrer vollendeten Darstellung der Rolle. Es gibt keine vollkommenere Großmutter, Schwiegermutter, Mäzenin, Untertanin und Mutter. Die Briefe sind Inszenierungen –

Die Familie Goethe – Catharina Elisabeth Goethe, Johann Caspar Goethe, die Kinder Johann Wolfgang und Cornelia; die Genien im Hintergrund stellen die verstorbenen Kinder dar (Johann Conrad Seekatz)

kunstvolle Darstellungen der Natürlichkeit. Ein Spiel mit Rollen auf der inneren Bühne.

Ich möchte diesen Hang zur Inszenierung an einem Beispiel zeigen, an einem Brief, den Catharina Elisabeth an Bettina Brentano schrieb – im August 1808. Catharina Elisabeth ist – und das ist unsere Quelle neben ihren Briefen – im Alter ein ganzes Jahr lang von der zweiundzwanzigjährigen Bettina Brentano besucht worden. Bettina ließ sich von der über Siebzigjährigen ihr Leben erzählen und hat es aufgeschrieben. Sie hat später Goethe auf seinen Wunsch die Erzählungen der Mutter berichtet, weil er sie nach dem Tod der Mutter für «Dichtung und Wahrheit» haben wollte – als Quellenmaterial. Darüber hinaus hat Bettina selbst ein Buch geschrieben, welches das Wesentliche ihrer Beziehung zu Catharina Elisabeth enthält: «Goethes Briefwechsel mit einem Kinde». Catharina Elisabeth nannte Bettina ihre „liebe, liebe Tochter" und „liebstes Vermächtnis meiner Seele". Im Sommer 1806 sah man Bettina fast täglich im Hause am Roßmarkt.

Die Beziehung zwischen den beiden Frauen Catharina und Bettina ist von besonderer Art. Sie teilen die Phantasie von der Erscheinung des Göttlichen im Dichter. Der Brief an die 23jährige Bettina war der letzte, den Catharina schrieb, kurz vor ihrem Tod. Der Bettina vermachte Catharina ihre Haarlocken. Daß sie eine imaginative Natur war, verrät ihre Art zu schreiben unmittelbar:

Liebstes Vermächtnüß meiner Seele
Das ist einmal ein gar erfreulicher Tag für Uns, denn es ist unseres lieben meines liebsten Sohnes, und deines Bruders Geburtstag. [...] Ich vorab hab gewonnen Spiel denn in diesem Jahr zähl ich 76 Jahr und hab also den Becher der Mutterfreude bis auf den letzten Tropfen gelehrt; mir kann nicht unglücks Schicksal aufgeladen mehr werden. Doch ich muß dir zutrinken, denn mein Lieschen hat mir alleweil den besten Wein heraufgebracht und eine Bouteille Wasser, denn du weißt daß ich ein Wassernymph bin; und zwey Pfyrsich sind daneben, der ein für dich, der ander für mich, ich werd sie beid verzehren in deinen Nahmen, – und jetzt stoß ich mit dir an, Er soll Leben! Dann wollen wir weiter sprechen. Du wirst doch auch wohl heunt an irgend einem plaisirlichen Ort seine Gesundheit Trinken. – Jetzt sag ich dirs, es hat geschmeckt – ja es ist recht einsam in deiner und meiner Vatterstadt! – das hab ich mir heunt überlegt beim Aufwachen; die Sonn hat geschienen aus allen Kräften, und hat mir bald zu heiß eingefeuert, aber sonst auch nichts hat geschienen; Heunt Morgen kommen ein paar – keiner denkt daran daß ich Mutter bin Heunt. – Nun! – dacht ich, was ist das vor ein ärgerlich geschicht daß meine Bettine nicht da ist – denn die hätt mir gewiß den schönsten Strauß heunt gebracht, – so ein recht herrlicher Strauß wie im vorigen Jahr da warst du noch nicht 3 Wochen mein Täglich Brod, und warst doch schon meine beste Bekanntschaft von allen die ich aufzählen kann. – Den Federkiel in die Hand nehmen und mühsam zackern, das ist nicht meine Sach da ich lieber im vollen Waitzen schneiden mag und lieber erzehl als schreib; aber für den heutigen Tag und diese Empfindung in meiner Brust ist Kraut gewachsen dem muß einmal mit einem verdienstlichen Schweiß sein Recht gethan werden. Die Plapper Elstern die Stadtmadamen was verstehen die von unsern goldnen Stunden die wir mit einander verplaudern, die sollen daran kein Theil haben, aber du sollst und mußt dein Theil genießen sonst könnt mirs Herz bersten. Jetzt hab ich schon in der Früh wie meine Stube ganz vom Morgenroth durchschienen war an dich gedacht und da ist die Lieschen an mein Bett gekommen die hat gesagt wie Schad es ist daß du in der Ferne bist an so einem schönem Tag; ich hab ihr aber Bescheid gesagt daß einerlei ist wo du bist wirst du deiner Freundin deiner Mutter die dich

gern zu ihrem Sohn zehlt und schon daran gewohnt ist schriftlich wie mündlich es dir zu repetiren an die wirst du denken heut und mit ihr Gott danken daß der sie so gnädig bis ans End in ihrem Antheil an den Himmlischen Freuden einer Mutter geschützt hat. – Was kann ich dir noch hinzufügen? – daß ich Gott auch für dich danck als meine Beste Freud hier auf Erden in der mir alles genossene aufs neue lebendig geworden ist; das ist, Erstens – und dann zweitens hab ich dich in mein Herz geschlossen; apart, weil du nicht zum Narrenhaufen gehörst und hast dich zu mir retirirt als weil du allein einen rechten Verstand von dir hab denn du gehörst zu der Art die mir Seel und Blutsverwandt ist; – die wird aber nicht so leicht gefunden und auch nicht gekannt. So nehme doch meinen Dank daß du deinem Wegweißer der Gott ist gehorsam warst und hast dich nicht gewehrt bei einer alten Frau, so jung wie du auch bist dein Lager aufzuschlagen; – und erkenne in diesen schwachen Zeilen mein zu volles Herz, das mit Sehnsucht deiner baldigen Ankunft entgegen schlägt. Ich kann nichts mehr hervorbringen und verspare alles auf eine baldige köstliche mündliche Unterhaltung. Behalt Lieb deine dich ewig liebende Mutter

Goethe

Frankfurt am acht und zwanzigsten August 1808[59]

Wir spüren beim Lesen die Einsamkeit und die Bedeutung, die Catharina Elisabeth dem Umstand zumißt, Mutter des Genies zu sein. Wir fragen uns, welche Bedeutung für sie ihre anderen Kinder hatten – bis auf den Sohn waren alle gestorben, Cornelia mit 26 Jahren. Sie gehören offenkundig nicht in diese Imagination der Mutterschaft. Und noch etwas: Die Eigenart und Schönheit des Briefes kontrastiert auffallend mit der nicht nur hier wiederholten Bemerkung: „Das Schreiben ist meine Sache nicht.“ Jener so vielfach wiederholte Satz einer Frau, die doch zugleich so viel schreibt, verweist uns darauf, daß sie nicht das schreibt, was sie eigentlich schreiben will oder was sie als Schreiben bezeichnen würde. Aus vielen zeitgenössischen Berichten wissen wir, daß sie eine begabte, eine große Erzählerin war. Sie bannte Kinder und Erwachsene fest, heißt es, wenn sie ihre Märchen erzählte. Märchen, das heißt damals Literatur, Fabel; Geschichten wie «Die neue Melusine». Klinger schreibt 1776 an seinen Freund Kaiser über Goethes Mutter: „Du glaubst nicht, was das für ein Weib ist und was ich an ihr hab. Wie manche Stunde habe ich vertraut bei ihr auf dem Stuhl genagelt zugebracht und Märchen gehört.“[60] Catharina Elisabeth überschritt die Grenze nicht vom Erzählen zum Aufschreiben. Es blieb ein Tabu auf dem Schreiben.

Zahlreich sind ihre Beschwerden darüber, daß man sie in ihrer Kindheit und Jugend vom Wissen ausgeschlossen hat. Der Vater, Schultheiß, leitender politischer Beamter der Freien Reichsstadt Frankfurt, kümmerte sich nicht um die Erziehung seiner Töchter. Die 17jährige ist ohne formale Bildung, als sie im Gehorsam gegenüber ihrem Vater den ihr kaum bekannten 22 Jahre älteren Johann Caspar Goethe heiratete. Ihr erstes Kind bekommt sie mit 18 Jahren, Johann Wolfgang. Wir finden bei ihr keine Krise der Adoleszenz, keinen Aufruhr gegen den Vater, keinen Kampf mit dem Vater – aber doch: eine sehr besondere Vaterbindung. Der Bettina erzählt Catharina später von ihrem Vater und von ihrem Sohn. Sie erzählt nicht von ihrer Mutter und von ihrer Tochter. Bettina Brentano berichtet an Goethe am 14. November 1810, was ihr Catharina

Elisabeth in den Sommermonaten 1807 erzählt hatte. Da heißt es über die Vaterbeziehung:

Dein Großvater war ein Träumer und Traumdeuter, es ward ihm vieles über seine Familie durch Träume offenbar; er sagte einmal einen großen Brand, dann die unvermuthete Ankunft des Kaisers voraus. Daß er Stadtsyndicus werde, hat ihm ein ganzes Jahr vorher geträumt. Es wurde aber nicht beachtet; er selbst hatte es wieder vergessen, bis der Tag der Wahl herankam. nur Deine Mutter hatte einen festen Glauben dran, jedoch im Stillschweigen. an demselben Tag nun, da der Vater aufs Rathauß gegangen war, steckte sie sich nach ihrer eignen Aussage in einen unmenschlichen Staat und frisierte sich bis an den Himmel; in dieser Pracht setzte sie sich mit einem Buch in der Hand in einen Lehnsessel. die Schwestern und Mutter glaubten, die Schwester Prinzeß (so wurde sie wegen ihrem Abscheu vor häußlicher Arbeit, und Liebe zur Kleiderpracht und Lesen, genent) sey närrisch, sie aber versicherte Ihnen, sie würden bald hinter die Bettvorhänge kriegen, wenn alle Rathsherrn kämen, Ihnen wegen dem Vater, der heute zum Syndicus gewählt würde, zu gratulieren; da nun die Schwestern sie noch mit einer ziemlichen Anzahl Schimpfnahmen, die damals wohl Mode seyn mogten, wegen ihrer dummen Leichtgläubigkeit beehrten, kam der Vater zum höchsten Erstaunen im Gefolge aller Rathsherren zurück, als Syndicus.[61]

Betrachten wir vor allem das Moment der Einzigartigkeit, mit dem sich Catharina Elisabeth von allen anderen Frauen der Familie absetzt – in ihrem innigen Einverständnis mit dem Vater. Niemand denkt daran, niemand glaubt daran, daß er der Gewählte sein wird – nur sie. Sie ist nicht Weissagende, sondern Gläubige oder – anders ausgedrückt – eine idealisierend Liebende. Jener stumme innere Bund des großen Auserwählten mit ihr wiederholt sich bei Catharina Elisabeth in einer zweiten Phantasie, nämlich in der Phantasie vom Kaiser. Bettina im gleichen Brief an Johann Wolfgang über Catharina Elisabeth:

Ihr Gedächtniß war nicht allein merkwürdig, sondern sehr herrlich, nie hat sich das Gefühl eines Eindrucks bei Ihr verlohren: so sagte sie mir, in dem sich ein Posthorn auf der Straße hören ließ, daß ihr dieser Ton immer mehr oder weniger eine schneidende Emfindung errege, die sie in ihrem 15ten Jahr ganz durchdrungen habe. Damals war Carl der 7te, mit dem Zunahmen der Unglückliche, in Frankfurth; an einem Charfreitag begegnete sie ihm, wie er mit der Kaiserinn Hand in Hand in langem schwarzem Mantel die Kirchen besuchte; beide hatten Lichter in der Hand, die sie gesenkt trugen, die Schleppen der Mäntel wurden von schwarzgekleideten Pagen nachgetragen. „Himmel, was hatte der Mann für Augen! sehr melancholisch, etwas gesenkte Augenwimpern; ich verließ ihn nicht, folgte ihm in alle Kirchen: über all kniete er auf der letzten Bank unter den Bettlern und legte sein Haupt eine Weile in die Hände; wenn er wieder empor sah, war mirs allemal wie ein Donnerschlag in der Brust. da ich nach Hauß kam, war meine alte Lebensweiße weg: ich dachte nicht so wohl an die Begebenheit, aber es war mir, als sey etwas großes vorgegangen; wenn man von ihm sprach, ward ich blaß und zitterte wie ein Espenlaub; ich legte mich am Abend auf die Knie und hielt meinen Kopf in den Händen wie er, ohne etwas dabei zu emfinden als nur: wie wenn ein großes Thor in meiner Brust geöfnet wäre. – da er einmal offne Tafel hielt, drängte ich mich durch die Wachen und kam in den Saal, anstatt auf die Gallerie; es wurde in die Trompeten gestoßen, bei dem 3ten Stoß erschien er, in einem rothen Mantel, den ihm zwei Kammerherrn abnahmen – er ging langsam, mit gebeugtem Haupt. ich war ihm ganz nah, und dachte an nichts, daß ich auf dem unrechten Plaz wäre; seine Gesundheit wurde von allen anwesenden großen Herrn getrunken und die Trompeten schmetterten dazu: da jauchzte ich laut mit, der Kaiser sah mich an und nickte mir. am andern Tag reißte er ab; ich lag früh morgens um 4

Uhr in meinem Bett, da hörte ich 5 Posthörner blasen: das war er! und so höre ich jezt nie das Posthorn, ohne mich daran zu erinnern.“ Sie sagte mir, daß sie's zum erstenmal in ihrem Leben erzähle; das war ihre erste rechte Leidenschaft und auch ihre lezte: sie hatte später noch Neigungen, aber nie eine, die sich ihr so mächtig angekündigt hätte und gleich wie diese bei dem ersten Schritt ihr so ganz verschiedne Himmelsgegenden gezeigt hätte. Viel hatte sie einer Tante zu verdanken, die ihr über das bornierte Wesen ihres Häuslichen Lebens hinweg half, in dem sie sonst gewiß erstickt wäre, sagte sie. Dein Vater war ein schöner Mann: sie heurathete ihn, ohne viel nachzudenken; sie wußte ihn auf mancherlei Art zum Vortheil der Kinder zu lenken.[62]

Jenes heimliche Band, das Catharina Elisabeth zur Auserwählten in einem phantastischen, grandiosen Geschehen macht, durchläuft verschiedene Kristallisationen: Vater – Kaiser – Gott – der Sohn. Immer geht es zugleich um Verehrung und Teilhabe, um Erhöhung des eigenen Selbst in einer idealisierten Beziehung. Sie drückt das selbst auch ganz klar aus.

Sie sagte mir, daß sie sich in ihrem ganzen Leben nicht mit der ordinären Tagsweise habe begnügen können, daß ihre starke Natur auch wichtige und tüchtige Begebenheiten habe verdauhen wollen und daß ihr dieß auch in vollem Maaße begegnet sey; sie sey nicht allein um ihres Sohns willen da, sondern auch ihr Sohn um ihrentwillen, und wenn sie daß so gegeneinander halte, so wisse sie wohl, was sie zu denken habe, wenn sie die Ereigniße in den Zeitungen lese.[63] –

Wir können auch sagen: Catharina verleiht allem magisch-mystische Bedeutung. Die Welt ist voller Hinweise, sie ist erfüllt von geheimnisvollen Beziehungen, die letztlich auf eines verweisen, auf *ihre* Bedeutung – so ihre Phantasie – als derjenigen, die bestimmt war, ein schöpferisches Genie, den gottähnlichen Menschen hervorzubringen. Diese Marienphantasie ist keine Übertragung Bettinas. Wann die Marienphantasie in Catharina Elisabeth entstanden ist – gewiß gefestigt durch den triumphalen Sieg des Sohnes – wissen wir nicht. Es deuten alle Szenen, die Bettina berichtet, ebenso wie verschiedene Passagen in «Dichtung und Wahrheit» darauf hin, daß diese Phantasie schon die Schwangerschaft bestimmte und in den Umständen der Geburt bestätigt wurde: Sie liegt drei Tage in den Wehen, gebärt ein Kind, das tot erscheint und dann zum Leben erweckt wird, und sie gebärt dieses Kind bei einer für bedeutungsvoll gehaltenen Konstellation der Sterne Schlag zwölf Uhr. Diese mystische Sicht der Welt fand sich schon bei Susanna von Klettenberg: Die Welt ist ein ganzes System von Verweisen auf das geheimnisvolle, bedeutende Geschehen, auf Gott, auf den Kosmos, dessen Teil dieses eigene Schicksal ist.

So eindeutig wie die Tatsache, daß der Sohn Teil von Catharinas Größenselbst ist, ist die Tatsache, daß der Ehegatte und die Tochter nicht in die Linie der grandiosen, göttlichen Figuren gehören.[64] Der objekthafte Vollzug der Frauenrolle, der in einer Heirat ohne Neigung bestand, führt möglicherweise in dieser Generation nicht zum Aufruhr, sondern zur Spaltung in ein imaginäres Leben, in ein Leben voller geheimer Bedeutungen; dagegen ist das Tagesleben ein profanes Leben, das nichts als die Hülle jener Innenwelt ist, selbst nur von Bedeutung insofern, als es die Form abgibt, in der sich das innere Leben abspielt. Johann Caspar ereilt in der Beziehung zu seiner Frau nur das Schicksal, in das er blind, aber nicht ohne Schuld geriet, als er sich eine Frau zur Vervollständigung seiner Behaglichkeit und seiner Aufstiegswünsche aus den Händen ihres Vaters erwarb. Den Makel des Objektseins erledigt Catharina Elisabeth in ihrer Phantasie vom Sohn, der den Vater überwindet. Der Satz ist durchaus ernst zu nehmen, den Catharina Elisabeth der Bettina sagt: „Ich bin nicht nur um meines Sohnes willen da, sondern mein Sohn ist ebenso um meinetwillen da."

Dieser Sohn einer magisch-mystischen Phantasie (Kaiser, Gott) ist der einzige. Er ist von vornherein der einzige. Weil er einzigartig ist, ist sie die Ausgezeichnete, die Auserwählte, die ihn geboren hat. Der Sohn realisiert die schöpferischen Phantasien der Mutter. Was aber soll Catharina Elisabeth mit einer Tochter? Was soll sie eigentlich mit weiteren Kindern? Außer Johann Wolfgang überlebt nur Cornelia das Kindesalter. Das Verhältnis zwischen Mutter und Tochter ist nur als Nichtverhältnis zu charakterisieren. Ein Nichtverhältnis, das aber aus der Perspektive der Tochter ohne Zweifel traumatisierenden Charakter trägt. Cornelia wurde nach ihrem Tod von der Mutter nicht mehr erwähnt. Während der Sohn Teil des mütterlichen Größenselbst ist, ist die Tochter das Kind Johann Caspars, Ausdruck des Objektcharakters der Catharina Elisabeth. Die Tochter ist ihr aus vielen Gründen unangenehm. Sie spiegelt in ihrem Heranwachsen die Realitäten der Weiblichkeit, und ganz im Gegensatz zur Imagination der Großartigkeit macht diese Tochter in ihrem Nichtgelingen – und sie kann ja nicht gelingen – in ihrem Unglück und Ungeschick der Mutter ein schlechtes Gewissen. Sie ist ein wandelnder Vorwurf und stört auch die Größenphantasien. Sie ist wie ein negatives Spiegelbild. Zugleich ist sie auch Rivalin. Diese Tochter wird vollgepfropft mit Wissen, das Catharina Elisabeth ja vorenthalten wurde, ohne daß man dem Mädchen die Selbständigkeit ließe, die der Sohn erhält. Und diese Tochter? Sie wendet sich bald von der Mutter ab und idealisiert ihrerseits den Bruder, mit anderen Worten: das männlich Schöpferische idealisieren, das weiblich-mütterlich Versagende verachten.

Die Geliebte des Dichters
Meta Klopstock könnte man unter den Titel stellen: die Idealisierung des Geliebten als des Gottgleichen, als des Genies. In ihr begegnet uns eine weitere berühmte Briefschreiberin der älteren Generation. (Vgl. S. 397f. in diesem Band.) Wer Metas Briefwechsel mit Klopstock und ihre Briefe an Freunde und die Schwester liest, kann sich eines freudigen Gefühls nicht erwehren. Meta ist eine Siegerin. Meta: begabt, gebildet, selbständig, lebt Literatur. Sie erobert sich den Dichter Klopstock, ohne daß der so recht weiß, wie ihm geschieht. Meta trifft ihre Wahl. Auch bei ihr finden wir jene Anklänge an das schicksalhaft Vorgezeichnete. Das Spiel mit den Vorbedeutungen ist hier in ein heiteres, in ein Rokokospiel transportiert. Wer an Minna von Barnhelm denkt, findet in ihr ein Stück Meta. Für Meta ist es – und das teilt sie mit den beiden anderen Frauen – von großer Bedeutung, das was sie erlebt, immer wieder in Worte zu fassen. Ja – wir fühlen beim Lesen auch diesen Überhang der Worte, das Ausmaß der

Formgebung. Ihre Briefe erfassen ein Leben, das viel diffuser gewesen sein muß, und geben ihm eine Bedeutung. Mehr als das, es wird durch die Briefe strukturiert und in gelebte Literatur verwandelt. Das Thema ist Gott, der Dichter, Amphitryon sozusagen und das verliebte Mädchen, das in der Erhöhung ihres Idols aufgeht und sich dabei selbst erhöht.

Meta, die Tochter eines reichen Hamburgischen Kaufmannes, will keinen Kaufmann, sondern ein Ideal, das heroische, den Spiegel ihres eigenen grandiosen Selbst. Auch hier also eine Entfremdung in ein Idol, das in Sehnsucht angebetet wird. Meta ist unabhängig. Sie verfügt über ihr eigenes Vermögen, das ihr der Vater hinterlassen hat. Die Mutter hat sich wieder verheiratet und hat keine Macht über die Tochter. Das Verhältnis Metas zu ihrer Mutter ist schlecht. Es ist formell, und Meta verachtet ihre Mutter, ohne sich das einzugestehen. Ihre Mutter will, daß sie sich reich verheiratet; an einem nicht wohlhabenden Dichter ist der Mutter nicht gelegen. Meta jedoch bewegt auch diese Mutter, die schließlich ihre Zustimmung nicht verweigern kann. Sie erobert Klopstock. Sie besiegt alle äußeren Widerstände, und 1754 heiraten die beiden.

Wir finden also bei Meta die Idealisierung des Bräutigams, aber diese Idealisierung hat einen Preis. Und der besteht in der Abstraktion vom Profanen, vom Passiven, vom Körper, vom Weiblichen. Ich möchte dazu ein kurzes Zitat aus Metas Briefen anführen. Meta schreibt an eine Freundin, die gerade geheiratet hat. In ihrem Glückwunschbrief scheint zugleich die panische Angst auf, die Meta vor der Ehe – und das heißt hier vor der Realität der Körperlichkeit – hat und die sie durch Idealisierung und Verleugnung überwindet.

Sie sind doch nun eine kleine Frau, mein liebes Hannchen? – Ich *meyne* nur, ob die Trauung etwa aufgeschoben wäre. Aber sagen Sie mir doch, ob es denn wirklich so süß ist, eine Frau zu seyn. Ich weis nicht – ich habe aber so einige kleine Anecdoten von den jungen Frauen, meinen Freundinnen erfahren. Unteruns gesagt, ich halte es mit dem heiligen, verehrungswürdigen, u in aller Welt so hochgeachteten Jungfernstande. Ich will gar nicht einmal anfangen, Ihnen *alle* seine Vorzüge darzuthun u auszuführen. Ich will Sie nur an einige erinnern. Sie wissen, welche Schönheit eine gute Taille ist. Und das ist nun unstreitig der Vorzug des Jungfernstandes. Zweitens wissen Sie, wie süß blühende Wangen sind. (Sehen Sie geschwinde in den Spiegel, *vielleicht* können sie das noch itzt sehen) Aber mein liebes Hannchen, ach, [mir ist angst um Ihre Wan]gen, diese rothe Wang[e könnte in kurzer Zeit] in eine blasse verwandelt w[erden. Vielleicht wird] sie verblühen, noch eher, als die [Blume] ihre [Schön]heit verlieren wird! Aber ich will aufhören von Dingen, die für Sie nothwendig so traurig seyn müssen, zu reden. Was würden Ihnen auch Thränen der Reue helfen, itzt, da es nicht mehr in Ihrer Macht steht, itzt, da nun ei[n]mal – doch ich will aufhören, ich möchte mich sonst Ihrentwegen mitbetrüben, u meine Vorzüge darüber vergessen u gar auch nicht daran denken, daß ich mich an Ihrem Exempel spiegeln kann, u die Zeit, die ich noch habe recht zu Ueberlegungen anwenden, die mich von solcher Thorheit abhalten können. – Nun, nun Madame Hannchen, lachen Sie doch nicht so sehr über mich! Ich sollte das aus Neid sagen meynen Sie? O wissen Sie denn nicht, daß Kl mich auch seine Frau nennt? Ist denn so ein grosser Unterschied zwischen uns beyden. – Nein, wenn Sie sich über mich *moquiren* wollen; so sage ich nichts mehr. Ich bin – Jungfer Marg: Moller (leider!) Küssen Sie Ihren Mann meinetwegen, daß er meine gestrige Freude noch durch einen so unvermutheten Brif vermehrt hat. Grüssen Sie alles, so wie Sie alles grüst.[65]

Wiewohl das Unbehagen Metas in diese ironische Form gefaßt ist, glaube ich, daß wir den Unterton nicht überhören sollten, den Ton von Schrecken. Diesem Schrecken entspricht auch etwas biographisch Reales. Nach der Eheschließung zwischen Klopstock und Meta werden beide sofort krank. Es kann, wenn man die Briefe der Braut liest, nicht recht verwundern. Die wirkliche Begegnung ist schwierig. Beide werden von schwerem Fieber befallen und liegen zunächst vierzehn Tage schwerkrank danieder.

Die Panik und Abwehr, die in Metas Brief an Hannchen schon durchschimmert, realisiert sich – so scheint es – auf schreckliche Weise. Meta hat zwei Fehlgeburten. Bei der dritten Geburt stirbt sie. Das Kind ist ebenfalls tot. Sie ist erst 30 Jahre alt. Ihre Briefe aus der Zeit zuvor sind voller Todesahnungen. Es ist etwas in ihr, das sie durch die Idealisierung des Bräutigams und ihrer selbst in einem Paar nach dem Bild göttlicher Liebe zwar beiseite gebogen hatte, das aber letztlich nicht überwindbar war. Der Versuch, einen Mangel mit Hilfe eines imaginären Paares, mit Hilfe der Idealisierung des anderen, sei er nun Gott, der Sohn, der Bräutigam, auszugleichen, scheitert.

Fassen wir zusammen, so müssen wir feststellen, daß die Generation der um 1730 geborenen Frauen nicht mehr so strikt in die Tradition eingebunden ist, die der Frau ausschließlich einen Objektcharakter zuerkannte. In der Tradition ist sie Medium des Tauschs zwischen Familien, abhängig, gehorsam, passiv, auch in der Wahl des Partners. Dagegen wird nun ein starker Impuls in Richtung auf das weibliche Selbstbewußtsein wirksam, der über das meist durch die Väter vermittelte Wissen, vor allem aber durch das Lesen gefördert wird. Die Frauen bilden den größten Teil des Lesepublikums der neuen nichtreligiösen Dichtung: der Romane und der Stücke. Nicht zufällig kreisen die Phantasien der jungen Meta Moller und später der Catharina Elisabeth um den Dichter. Charakteristisch für diese Generation der um 1730 Geborenen ist jedoch die Spaltung zwischen lebenspraktischer Unterordnung und dem Ausweichen in die Ausgestaltung des Imaginären. Für die Frauen beginnt die Suche nach dem Bedeutungsvollen, nach dem Idealbild des eigenen Selbst, das, ähnlich wie bei den Männern, nicht mehr durch ständisch-religiöse Zuordnung einfach gegeben ist. Diese Versuche, sich Bedeutung zu geben, verlaufen aber über die Themen Gott, der Vater, das dichterische, schöpferische Genie als die gottähnlichste Figur. Wir können sagen, daß diese Frauen Bedeutungen suchen, indem sie anbeten wollen. Die Suche nach heroischen Gefühlen, nicht einfach nach Privatem, Passivem ist zugleich Aufheben des Objektcharakters in der Phantasie. Das bedeutet, daß diese Anbetung immer zugleich Selbstidealisierung und Selbstauslegung ist. Aber nur die Grandiosität der Liebe und des Geliebten versichert die eigene Existenz. Sie erhebt sie zugleich ins Außerordentliche.[66]

Die Realität, der Alltag, das nichtliterarische Sprechen, das einfache Sein ist tabu. Es wird verleugnet. Letztlich sind diese Frauen mit ihrer Einschätzung auf einem männlichen Standpunkt oder – anders ausgedrückt – bei einer Idealisierung des Männlichen angelangt. Der Geist und der schöpferische Werke schaffende machtvolle Einzelne, das ist das Bedeutende. Das Weibliche, identifiziert mit dem Mütterlichen oder mit dem Bild der eigenen Mutter, wird assoziiert mit dem Passiven; von ihm grenzt man sich ab, während alle phantasmagorische Großartigkeit in der Domäne der Männlichkeit, nämlich im Geistigen, Schöpferischen liegt. Deshalb sind alle Träume von Grandiosität, dieses Geheimnis der Selbstidealisierung und der Selbstentdeckung, mit der Verehrung des Männlichen verbunden.

Im Alltag bedeutet das, daß es für diese Frauen durchaus praktisch-realistisch anerkennende Verhältnisse mit anderen Frauen geben kann. Jedoch sind diese Verhältnisse „alltäglich“; auf eine eigenartige Weise ist ihnen die Bedeutung entzogen. Die Frauen verlassen sich aufeinander; sie bedürfen einander – aber sie sind unfähig, einander in einer utopischen, idealen Dimension wahrzunehmen.

Das Prekäre der latenten Idealisierung des Mannes in dieser Generation wirkt sich meiner Ansicht nach entscheidend erst im Verhältnis zu den Töchtern aus. Für ihre Töchter sind diese Frauen, die dem Imaginären, das heißt dem eigenen Selbst durch Identifikation mit dem männlichen Sein nachjagen, wahre Rabenmütter.

Betrachten wir die Generation der Frauen, deren Kinder die Jugendlichen des Sturm und Drang sind, also die um 1750 Geborenen – ihre Söhne und Töchter: Männer also, die wir später mit den bedeutenden Namen der deutschen Klassik und ihren Vorläufern verbinden; Töchter, die sich nicht artikulieren, wenn sie nicht gar in Depression und inneren Rückzug verfallen. Die Mütter sind auffallend starke Frauen.[68] Es muß auffallen, daß das Frauenbild der Dichtung des Sturm und Drang ganz vom Gegenteil eines solchen Frauenbildes bestimmt ist. Hier regrediert das Frauenbild schlagartig auf Töchter – der Begriff des Mädchens für die Geliebte kommt auf. Vorher haben wir die Dame, orientiert am Bild der großen Aristokratin, eine Frau, eine sexuelle Frau und eine mächtige Frau. Nun plötzlich das Mädchen, ein Halbkind. Friederike in «Dichtung und Wahrheit» verkörpert diesen neuen Typus:

> Beide Töchter trugen sich noch deutsch, wie man es zu nennen pflegte, und diese fast verdrängte Nationaltracht kleidete Friederiken besonders gut. Ein kurzes weißes rundes Röckchen mit einer Falbel, nicht länger als daß die nettsten Füßchen bis an die Knöchel sichtbar blieben; ein knappes weißes Mieder und eine schwarze Taffetschürze – so stand sie auf der Gränze zwischen Bäuerin und Städterin. Schlank und leicht, als wenn sie nichts an sich zu tragen hätte, schritt sie und beinahe schien für die gewaltigen blonden Zöpfe des niedlichen Köpfchens der Hals zu zart.[69]

Die Orientierung an diesem mädchenhaften Bild der Frau ist nicht auf die Literatur beschränkt. Zahllose Äußerungen der Zeit zeigen uns, daß die jungen Männer gegenüber den gleichaltrigen Frauen Züge eines männlich-aggressiven und überaus narzißtischen Selbstbewußtseins zeigen. Abweichungen der Frauen vom männlichen Wunsch-Modell werden als unerträglich erlebt.[70]
Warum sind diese jungen Männer so versessen auf dieses Frauenbild? Von der

Seite der Persönlichkeitsstruktur her sind es zwei Momente: Liebe und Leidenschaft werden zum Ideal und werden allmählich als Voraussetzung der Heirat anerkannt. Damit wird auch die männliche Identität an die Intimität des Paares gebunden. Die Liebe ruft die Assoziation an das erste Liebesobjekt, an die Mutter hervor. Das Verbot, das Inzesttabu ist von Anfang an unauflöslich mit dem Thema der Liebe verknüpft. Die ungelösten Konflikte der männlichen Identitätsbildung, die gewaltsame Abgrenzung vom Rezeptiv-Passiven lassen den Mann in jeder Frau, die er liebt, zugleich die vergangene Abhängigkeit der Kindheit fürchten und bekämpfen.

Letztlich erleben diese Männer in der liebenden Nähe zur Frau zugleich die Angst, verschlungen und beherrscht zu werden. Nähe ist ihnen Abhängigkeit. Ihre Liebe ist Haß-Liebe. In zahlreichen Bildern artikulieren sie ihre Angst vor der Frau. Zum Teil werden alte Vorurteile weiterentwickelt und in das neubürgerliche Denkmuster eingefügt: die sexuell gefährliche Mätresse, das manipulative Machtweib, die häßliche Gelehrte, die in Wirklichkeit nichts versteht. Beruhigend wirkt nur die Kind-Frau. Wenn wir die unbewußte Mutter-Bindung der Männer in Betracht ziehen, wird verständlich, daß sich das Alter der idealen Geliebten unaufhaltsam zum Kind hin verschiebt. Erwachsene, begehrende und selbständige Frauen machen ihnen Angst und werden entweder zu selbstlosen Müttern stilisiert oder sie werden abgelehnt. Sowohl Sophie von LaRoche als Catharina Elisabeth Goethe nannten sich im Umgang mit den jungen Autoren von Anfang an „Mama LaRoche" und „Mutter Aja". Es sind Selbstdefinitionen, mit denen die beiden lebhaften, jugendlichen Frauen ihre Anpassung an die Verhaltensmuster der jungen Männer vollzogen.

Verschiedene historische Faktoren leiten um 1770 zu einem regressiven Entwurf von Weiblichkeit.[71] Für die Entwürfe der Literaturproduktion des Sturm und Drang sind vor allem die Familienkonstellation in der Herkunftsfamilie, der Männer-Bund an den Universitäten und die kulturelle Überlieferung maßgebend. Ich habe die Aufmerksamkeit hier vor allem auf die Familie, speziell auf die Veränderung der Mutter-Imago gelegt. Mutter-Bilder liegen den Entwürfen der Liebe zugrunde. Ein wesentlicher Teil der Pathologie wurzelt in den Beziehungen, die sich im Übergang zur Intimität der Kleinfamilie herausbilden. Die Mutter wird am Ausgang des 18. Jahrhunderts zur emotional dominierenden Figur in den Familien. Aber ihre ökonomische Abhängigkeit nimmt zu. Die Vielfalt ihrer Tätigkeiten und Außenbeziehungen jenseits der Familiengrenzen nimmt ab. Liebende Anerkennung soll sie in der Ehe finden. Aber die ehelichen Beziehungen leiden an der zunehmenden Entfremdung der Geschlechter, die aus der Aufspaltung der Arbeits-, Bildungs- und Lebensbereiche folgt. Der Machtverlust der Frauen hängt direkt mit dem Fortschreiten der Marktökonomie zusammen. Die Hausökonomie und die damit verbundenen Kulturformen werden sekundär. Der öffentliche Raum organisiert sich als Männer-Bund, in der Kultur, in der Verwaltung, in der Arbeit.

Für die Familien der bedeutenden Kulturproduzenten ist in Deutschland durchgehend ein inzestuöses Familienklima, vor allem die enge Bindung zwischen Mutter und Sohn, zu vermuten. Hier fehlen systematische Untersuchungen – jedoch läßt sich die folgende Tatsache als Indikator für meine These nehmen: bekanntlich ist der Umkreis des protestantischen Pfarrhauses eine Ressource der bürgerlichen Kultur-Produktion. Unverhältnismäßig viele Kreative des 18. und beginnenden 19. Jahrhunderts stammen aus frommen protestantischen Familien. Das wundert nicht. Hier verschärfen sich nämlich beide Dimensionen: die männlich-asketische Leistungs-Kultur (repräsentiert durch den Vater und die Schule), aber ebenso die weibliche Komponente: die empfindsame, fromme und lesende Mutter, deren stille Größenphantasien im phantastischen Bündnis mit dem genialen Sohn gelebt werden, eine Reaktion auf die kulturelle Situation, die die Spaltung erzwungen hat – in irreale weibliche Grandiosität und Handlungshemmung in der Realität. Die kulturelle Schranke zwingt die Frauen zu Ersatzlösungen, die nach dem Mechanismus der narzißtischen Identifikation verlaufen. Sie wählen Stellvertreter in der Männer-Kultur.

Betrachten wir diese Linie für die Mädchen. Sie werden von der Mutter zurückgesetzt, nicht ausgestattet mit diesem Überschuß, der den Bruder trägt. In sie werden keine Erwartungen gesetzt, um so mehr wenden sie sich von der Mutter ab und entwickeln eine starke Identifikation mit den Werten, die die Mutter selbst idealisiert, also mit den männlichen Werten; sie wenden sich sehr häufig ihren Brüdern zu, da der Vater meist die ferne und gebietende Autorität darstellt. Sie identifizieren sich mit ihren Brüdern, mit Männern. Sie entwickeln eine hohe Idealisierung von Subjektivität, Selbständigkeit und schöpferischer Leistung.

Die Adoleszenz bildet hier aber einen radikalen Einschnitt. Den 14-, 15 jährigen Mädchen wird die Differenz zum Bruder so deutlich gemacht, daß es keinerlei Verleugnung mehr geben kann. Er verläßt das Haus und treibt sich um. Sie hingegen kann keine anderen sozialen Beziehungen eingehen, als die zu ihrem zukünftigen Ehemann. Ihre Ausbildung bleibt im Autodidaktischen stecken.

Man könnte sagen, den Töchtern geschieht eine doppelte Traumatisierung. Sie werden erst emotional durch die Mütter zurückgesetzt und dann mit dem, was sie haben retten können, einem Stück ,männlicher' Aktivität, sozial abgelehnt. Von ihren gleichaltrigen Brüdern oder Männern können sie keine Solidarität erwarten. Diese erwarten von ihnen genau das: Mädchen, d. h. ,unschuldig', Halbkind zu sein. So steht in der Generation des Sturm und Drang das Bündnis der Geschlechter in der Liebe und in der gemeinsamen Selbstfindung über die Literatur (die Leserin) nur als Programm da. Die Wirklichkeit sieht anders aus. Die jungen Frauen dieser Generation geraten in die Gefahr einer starken Diffusität auf allen Ebenen: In ihr Selbstbild ist ein Teil Selbstverachtung als Frau eingebaut. Ihrer männlichen Identifizierung entspricht kein Praxisfeld. Sie sind zur Einsamkeit verdammt.

Das erklärt meiner Ansicht nach den starken Hang zur Depression, den wir in der Generation der Frauen des Sturm und Drang finden. Wir können an dieser Stelle auch eine Vermutung über die Schwierigkeiten des Schreibens dieser Frauen (der Schwestern der männlichen Genies) formulieren. Offensichtlich ist, daß sie ihr Leiden, vor allem aber ihre Aggression nicht zum Ausdruck bringen können. Um es pointiert zu sagen: Das weibliche Gegenstück zum Werther (1770–1780) fehlt. Die Frauen schreiben konventionell oder moralisierend, und eins vor allem ist ihrem Schreiben gemeinsam: die Distanzierung vom Affekt. Das war es, was die Männer konnten: die Gewalt, und sei es im eigenen Leiden, zum Ausdruck bringen. Die Themen Kampf, Aggression, Empörung – hier liegt im Schreiben der Frauen ein Problem. Darum dreht sich die Vermeidungsstrategie ihres Schreibens: Die idealisierte Hauptfigur (in Wahrheit sie selbst) als Hassende, als Abhängige oder als Gedemütigte zu sehen und dennoch dazu zu stehen. Die Verletzung war so tief, daß diese Erfahrung nicht mehr zugelassen werden konnte. Ihr Konflikt, das Thema von Passivität, Abhängigkeit und Beschämung wird verleugnet, und deshalb gelingt auch bei großer Begabung und Lust an der Darstellung keine Erzählperspektive, die über das Konventionelle hinausginge. Vielmehr zerfällt alles in Einzelteile, in Szenen und Redeweisen. Zu Unrecht glaubte Christine Touaillon nur eine Unfähigkeit und Mangel an Handwerk vor sich zu haben, wenn sie über Charlotte von Kalbs Scheitern schrieb:

> [Ihr Roman] ist ein wirres Gemenge von ineinandergeschachtelten Ich-Erzählungen, von denen sich keine durch stärkere Betonung über die anderen emporhebt; ein Aufgreifen und Fallenlassen der verschiedensten Gestalten, deren Zusammenhang sehr lose und verdunkelt ist, ist für den Roman bezeichnend. Briefe, Beschreibungen, erzählende Bruchstücke, Anekdoten und Naturschilderungen sind unvermittelt nebeneinander gestellt. [...] Wäre das, was sie dunkel empfand und ahnte, von geringerer Tiefe und Wucht gewesen, so hätte sie wahrscheinlich eher dichterische Wirkungen zu erzeugen vermocht; aber den großen Impulsen, den tiefen Empfindungen, welche sie ausdrücken wollte, entsprach ihr Können [!] nicht im Geringsten.[72]

Zahlreiche Äußerungen der Autorinnen des 18. Jahrhunderts verweisen uns auf die Problematik der Aggression. Als Ausdruck der tiefgehenden und überwältigenden Aggression können wir ja auch die Melancholie und Depression mit ansehen, die hier bis zum tödlichen Ausgang so häufig ist.[73] Nicht, als müßten alle Texte autobiographisch sein, nicht, als müßten alle Texte die traurigen Geschichten erzählen – und doch: Wer die Schmerzen nicht ertragen kann in den schlafwandlerischen Bildern, wer sich also fürchtet, daß diese – und damit die gefährlichen mörderischen Affekte – aufsteigen, dem wird Kenntnis und Handwerkskunst nicht helfen, die Symbole zu bilden, deren Nahrung die tieferen Bilder sind. In der Aggression liegt das größte Tabu. Die Aggressionen hat diese Generation nach innen gewandt – so wie Frau von Kalb über ihren Roman und ihr Leben gleichermaßen sagte: „Es ist alles zerstückt."

4. „Die mittlere Sphäre"
Sophie Mereau – Schriftstellerin im klassischen Weimar

Christa Bürger

Die mittlere Sphäre

Daß die Geschichte allemal die der Sieger ist, trifft vielleicht in einem viel unwiderruflicheren Maß zu, als wir zuzugeben bereit sind. Natürlich hat es immer Kanonrevisionen gegeben, meist mit negativem Ausgang, denn die Geschichte ist mit dem Vergessen nie zimperlich gewesen. Wer kennt noch die Namen der „Lieblingsschriftsteller" der Goethezeit, die doch die wirklich gelesenen Autoren waren, während die Klassiker, in Goldschnitt und Ledereinband, hinter Spiegelglas standen.[1] Nachträgliche Kanonisierung ist seltener, aber es gibt auch dafür berühmte Beispiele: Kleist, Hölderlin. Wem aber die Kanonisierung versagt geblieben ist, weil die objektiven historischen Bedingungen ihn an der Realisierung seiner Möglichkeiten gehindert haben, für den gibt es keine Rehabilitierung. Die Literaturwissenschaft muß, in der einen oder anderen Weise, die Ungerechtigkeit der Geschichte wiederholen, ob sie, aus Unkenntnis des vergessenen Werks, deren Urteil nur immer wieder bestätigt, oder ob sie im Bemühen um Wiedergutmachung einem Werk eine Bedeutung zuspricht, die es nie gehabt hat.[2] Die verspätete Anerkennung bleibt angewiesen auf die historische Konstellation, in der sie erfolgt, und verblaßt mit dieser. Die – wenn auch verständliche – Gewaltsamkeit, mit der die Wiedergutmachung an den Opfern des Kanonisierungsprozesses nicht selten betrieben wird, schlägt dann auf diese zurück, wenn das Fehlen eines Werks dazu zwingt, das Leben der Vergessenen ins Zentrum des Interesses zu rücken. Versuche, das literarische Werk von Schriftstellerinnen vor dem Vergessen zu retten, haben daher immer wieder ihre Grenze gefunden an diesem Werk selbst. Der einzig mögliche Versuch einer Wiedergutmachung historischen Unrechts scheint mir daher darin zu bestehen, daß man sich auf die Texte einläßt, ohne sie zu Meisterwerken zu stilisieren, aber statt dessen der Frage nachgeht, wie die Produktionsbedingungen beschaffen waren, die den Rang der literarischen Leistung von Frauen bestimmten. Nur wenn wir die historischen Bedingungen ihrer Arbeit kennen, sind wir in der Lage, die konkrete Leistung von Schriftstellerinnen der Vergangenheit noch in ihrem Scheitern anzuerkennen.

Unter den Schriftstellerinnen der Klassik scheint Sophie Mereau für einen entschiedenen Rehabilitierungsversuch geeignet. Sie hat in ihrem kurzen Leben viel gearbeitet. Neben Romanen und Erzählungen hat sie Gedichte geschrieben, Essays, Landschaftsskizzen. Sie hat viel und verschiedenes übersetzt: Boccaccio, Montesquieu, Corneilles «Cid». Sie ist zwei Jahrzehnte lang eine bekannte

Schriftstellerin und begehrte Mitarbeiterin von Zeitschriften und Almanachen gewesen, wohl auch, weil das Fach der Erzählung in der Epoche der Weimarer Klassik nicht stark vertreten gewesen ist. Manche ihrer Gedichte sind – vertont – populär gewesen. Aber im Verlauf des 19. Jahrhunderts, im gleichen Maße wie die romantische Bewegung an Boden gewinnt, gerät sie in Vergessenheit, so gründlich, daß die Literaturgeschichten sie allenfalls als Teil der Biographie Clemens Brentanos erwähnen. Im folgenden will ich – im Sinn der einleitenden Bemerkungen – zunächst die Frage zu beantworten versuchen, wie ein solcher Rezeptionsverlauf sich aus der Geschichte der Institution Literatur erklären läßt.

In der Vorrede zu dem von ihm herausgegebenen Roman seiner Freundin (und vormaligen Verlobten) Sophie von La Roche schreibt Wieland 1771:

> Die Kunstrichter haben es, in Absicht alles dessen, was an der *Form* des Werkes und an der *Schreibart* zu tadeln sein kann, lediglich mit mir zu tun. Sie, meine Freundin, dachten nie daran, für die Welt zu schreiben oder ein Werk der Kunst hervorzubringen. Bei aller Ihrer Belesenheit [...] war es immer Ihre Gewohnheit, weniger auf die Schönheit der Form als auf den Wert des Inhalts aufmerksam zu sein.[1]

Sophie von La Roche ist ein Einzelfall gewesen; eine Generation später gibt es in Weimar eine ganze Gruppe schriftstellerisch tätiger Frauen. Schiller äußert sich zu diesem Phänomen 1797 in einem Brief an Goethe:

> Ich muß mich doch wirklich darüber wundern, wie unsere Weiber jetzt, auf bloß dilettantischem Wege, eine gewisse Schreibgeschicklichkeit sich zu verschaffen wissen, die der Kunst nahe kommt.[4]

Während der fünfundzwanzig Jahre, welche die beiden Äußerungen trennen, hat sich der Literaturbegriff entscheidend verändert; bei der Interpretation muß man berücksichtigen, daß sie sich auf verschiedene Institutionalisierungen der Kunst beziehen. Um so aufschlußreicher ist es festzustellen, daß der Aufklärer Wieland und der Autonomieästhetiker Schiller doch in einem Punkt überein-stimmen, der Ausgrenzung der literarischen Produktion von Frauen aus der Domäne der hohen Kunst. Sophie von La Roche, die erst der Machtspruch des mit allem *pouvoir culturel* (Bourdieu) ausgestatteten Freundes überhaupt zur Schriftstellerin macht, erhebt – will man Wielands Argumentation folgen – gar keinen Anspruch darauf, ein Kunstwerk hervorzubringen, sie verfolgt aus-schließlich moralische Zwecke und wird daher dispensiert von den ästhetischen Normen der Institution, von der Verfügung über das historisch erreichte Niveau der Kunstmittel. Wiederholt rät Wieland in seinen Briefen der Freundin, sich ihrem „glücklichen Naturell" zu überlassen. Als „einzige Kompositionsregel" empfiehlt er ihr, „nur in den Momenten [zu schreiben], wo Sie fühlen, daß entweder das Herz bewegt oder die Phantasie erhitzt ist." Für Wieland beruht die Kunst auf Regeln und bedarf der Übung. Dies schränkt die Möglichkeiten schreibender Frauen ein, die an häusliche Pflichten gebunden sind. Ihnen ist es daher verwehrt, vom „natürlichen Ton" aufzusteigen zum „Sublimen der Kunst".[5] Wielands Einstellung gegenüber den Produkten des „weiblichen Genies" ist daher ambivalent: aufgewertet als Natur, werden sie zugleich ausgegrenzt aus der Sphäre der Kunst.

Auch Schillers briefliches Urteil ist ambivalent, weist aber aufgrund der veränderten institutionellen Rahmenbedingungen in eine andere Richtung. Es ist hinlänglich bekannt, daß Schiller sowohl in der «Thalia» wie in den «Horen» entschieden gefördert hat, was er „weibliche Muse" nennt.[6] Mit Sophie Mereau ist er auch über seine Herausgebertätigkeit hinaus befreundet, sie macht ihn zum Vertrauten ihrer Ehemisere,[7] und er berät sie in Fragen des ästhetischen Geschmacks,[8] der Publikationsformen und der Wahl der Genres. So schlägt er, ganz ähnlich wie es zuvor Wieland in seinen Briefen an La Roche getan hatte, [9] Mereau vor, sich von französischen Märchen und Erzählungen anregen zu lassen, einem „der lieblichsten Fächer in der Dichtkunst" und einer „Sphäre", worin es ihr nicht schwerfallen müßte, „mit innerer Güte auch Fruchtbarkeit zu verbinden".[10] Hier wird der an Schiller so häufig zu beobachtende Hang zur Klassifizierung und zur Eingrenzung sichtbar. In diesem konkreten Fall ist man fast versucht, dahinter eine geheime Angst zu vermuten, die „Weiber" könnten die ihnen zugewiesene Sphäre der kleinen Genres verlassen und die Grenze zur Kunst überschreiten, wo sie dann unversehens als Konkurrenten auftreten würden. Der Begriff Kunst meint hier selbstverständlich etwas anderes als ein System von Regeln, wie noch weitgehend Wieland ihn versteht. Schillers «Horen», im letzten Jahrzehnt des 18. Jahrhunderts erscheinend, sind durchaus geplant als Instrument einer am Konzept der Kunstautonomie orientierten Literaturpolitik. In diesem Zusammenhang wird man auch Schillers Äußerungen über Mereau und andere schreibende Frauen verstehen müssen.

Wenn man die Entwicklung von der Seite der Rezeption her beschreiben will, so wird man ein auffälliges Auseinandertreten des Lektüreverhaltens feststellen: Eine den Kennern vorbehaltene, auf das Werkganze gerichtete Rezeption von Kunst beginnt sich abzuheben von der lebenspraktisch interessierten und – bei zunehmender Bedeutung des literarischen Marktes – auch wechselnden Moden folgenden Mehrheit der Leser, die am Literaturbegriff der Aufklärung festhalten in einer Epoche, wo bereits die romantische Literaturkritik sich herauszubilden beginnt.[11] Den Zeitgenossen geht es mehrheitlich nicht um das Kunstwerkhafte an der Literatur, sondern um die lebenspraktische Brauchbarkeit des Gehalts. Die Rezensenten heben noch immer, wie in der Aufklärung, aus den Werken einzelne Stellen heraus, die sie zitieren um ihres philosophischen, lebenspraktischen oder anschaulichen Gehalts willen. Bis hin zu Wilhelm von Humboldt läßt diese Leseweise sich feststellen. Die Zeitgenossen schätzen an Mereau den Reichtum an „Stellen, die sich auch abgerissen genießen lassen".[12] Allerdings zielt Humboldts Lob bereits auf den ästhetischen Genuß solcher Stellen, während Mereau ihrerseits, obwohl Mitarbeiterin der «Horen», noch ganz in den Begriffen einer bürgerlich-aufklärerischen Institution Literatur denkt. Sie zitiert in ihrer «Meister»-Kritik, die zu den wenigen frühen positiven Reaktionen gehört, die „schönen Stellen", und nimmt Goethe gegen den Vorwurf in Schutz,

„man höre in seinen Bemerkungen den Verfasser, aber nicht den Helden".[13] Es ist demnach ganz nach ihrem Sinn, wenn die «Zeitung für die elegante Welt» aus ihrem Roman «Amanda und Eduard» (dessen Anfang Schiller in den «Horen» vorabgedruckt hatte) einzelne Maximen heraushebt, um sie auf ihre lebenspraktische „Richtigkeit" hin zu prüfen.[14]

Die genannte Rezension ist jedoch noch in anderer Hinsicht interessant. Wir stoßen nämlich hier auf das Problem der Dichotomie von hoher und niederer Literatur. Gegen Ende des 18. Jahrhunderts kann der Verweis auf die philosophische Wahrheit, moralische Richtigkeit, lebenspraktische Brauchbarkeit, aber auch die poetische Schönheit einzelner Stellen in einem Werk bedeuten, daß man dieses eben nicht als Kunstwerk, sondern als ein Produkt der Unterhaltungsliteratur zu beurteilen hat. Es wird nicht überraschen, wenn man in den zeitgenössischen Rezensionsjournalen die Meinung vertreten findet, daß die gebildete Unterhaltungsliteratur die angemessene Domäne der Frauen ist. «Amanda und Eduard», befindet die «Zeitung für die elegante Welt», „schließt sich an die besten Schriften deutscher Frauen".[15]

Selbst Herder, der durchaus zu ungewöhnlichen Urteilen fähig ist – er trennt die Ehe der Mereaus und ermöglicht Sophie auf diese Weise eine neue Eheschließung, eine für die Zeit bemerkenswerte Entscheidung – hebt lobend an Mereaus Gedichten hervor, daß die Verfasserin „nie über die Grenzen ihres Geschlechts hinaus[trete]", daß sie – und hier erinnern wir uns an Wieland – alles „aus dem Herzen, mithin weiblich" sage.[16] Auch die Rezensionspraxis von August Wilhelm Schlegel ist in diesem Zusammenhang aufschlußreich. Im allgemeinen äußerst streng mit Unterhaltungsliteratur – man lese nur seine polemischen Verrisse der Romane August Lafontaines –, verfährt er eher nachsichtig mit den Produkten von Schriftstellerinnen, wenn er ihnen nachrühmen kann, daß sie „die Abhängigkeit von einem edlen Zwecke der Belehrung und Warnung mit unabhängiger Kunst" zu vereinbaren wissen,[17] anders ausgedrückt, wenn sie zwischen Aufklärung und Kunstautonomie einen Mittelweg finden.[18]

Man wird gleichwohl den Wandel, der sich seit der Epoche des «Fräulein von Sternheim» vollzogen hat, nicht unterschätzen dürfen. In ihrer «Pomona für Teutschlands Töchter», worin sie ihre vielgelesenen «Briefe an Lina» veröffentlicht, hatte Sophie von La Roche noch 1783 entschieden jedem Anspruch auf eine selbständige intellektuelle Existenz, wenn man sich den Begriff der „gelehrten" Frau so übersetzen will, entsagt. Und auch ihre Lina soll die Grenzen ihres Geschlechts nicht überschreiten:

> Ich werde sie vor der unseligen Krankheit bewahren, welche seit mehreren Jahren Europa durchschleicht, daß man so gern für etwas anders angesehen seyn will, als für dieß, wozu die Natur und das Schicksal uns machte. Meine Lina soll den Muth haben, der einfachen gesunden Vernunft zu folgen.[19]

Aus diesem Programm spricht ein klarer Konservatismus, der bei einer Frau, die selbst Schriftstellerin ist, überraschen mag. La Roche macht sich zur Sprecherin eines Konformismus, der die Frauen auf Passivität und Rezeptivität einschwören will. (Vgl. den Beitrag von H. Brandes in diesem Band.) Es geschieht nicht ohne eine Nuance von Überlegenheit, wenn Mereau als „kluge Hausfrau" der Frau Geheimen Staatsrätin Sophie von La Roche zu Beginn des 19. Jahrhunderts ihre «Bunte Reihe kleiner Schriften» widmet. Inzwischen war die „weibliche Muse" zur Unterhaltungsliteratur zugelassen.

Die Domäne der Frauen sind die lyrischen Kleinformen, wie sie für die an der Wende zum 19. Jahrhundert beliebten Musenalmanache taugten, und die Erzählung, d. h. ein weiteres Genre, das keine selbständige Publikationsform darstellt, sondern angewiesen ist auf die Aufnahme in Kalender und Almanache. Solche Musenalmanache, deren Qualität nicht unbedingt dem literarischen Rang der Herausgeber entsprechen muß und die alljährlich zur Messezeit auf den Markt gebracht werden, sind kalkuliert nach den Bedürfnissen bestimmter Adressatenschichten und erscheinen in unterschiedlicher Aufmachung.[20] Das zierliche «Taschenbuch für das Jahr 1806. Der Liebe und Freundschaft gewidmet» z. B. ist kostbar ausgestattet mit Goldschnitt und eleganten Kupferstichen zu den wichtigsten darin enthaltenen Erzählungen (also auch zu Mereaus «Die Flucht nach der Hauptstadt»), neben den Kupferstichen jeweils eine freie Seite für die monatliche Buchführung der Leserinnen. Die Dominanz des Tauschwerts, die an dieser Distributionsform selbst sich ablesen läßt, bedeutet jedoch vor allem die Abhängigkeit der Beiträge von den Bedürfnissen des Publikums. Mereau ist sich dieser Situation durchaus bewußt, wenn sie in ihren «Betrachtungen» notiert:

Der feine Herr suchte durch eine geschwinde Wendung mir mit vieler Kennerheit etwas Schönes über meine Naturliebe zu sagen. Ich schwieg und lästerte im geheimen. O daß man sich von solchen Menschen alles sagen lassen muß! Und doch besteht aus diesen Menschen das Publikum! Und das Publikum bestimmt den Gehalt der Bücher – den merkantilischen – und dieser die Lage des Schriftstellers![21]

Wir haben bisher die allgemeinen Rahmenbedingungen der Produktion und Rezeption weiblicher Autoren beleuchtet, das Wirkungsschicksal Mereaus muß aber wohl auch im Zusammenhang mit der Weimarer Kulturpolitik gesehen werden.

Folgt man der systematisch-historischen Deutung der «Unterhaltungen deutscher Ausgewanderten» durch Bernd Witte, so reflektiert Goethe darin die Entwicklung der bürgerlichen Literatur. Er behandelt die einzelnen Erzählungen als „Zitate historischer Literaturformen, um an ihnen das Scheitern der bisherigen Kunst als Mittel ästhetischer Erziehung erfahrbar zu machen".[22] Die Gespenstergeschichten des ersten Abends, nach Form und Inhalt an Erzählformen der Frühaufklärung erinnernd („In der Konjunktion von Wunderbarem und Neuem zitiert Goethe die Dichtungsauffassung der Schweizer Bodmer und Breitinger")[23] und die moralischen Erzählungen des zweiten Abends, worin „die Funktion von Literatur auf dem Höhepunkt der Aufklärung beispielhaft vorgeführt werden soll",[24] erfreuen sich vor allem beim weiblichen Publikum auch am Ende des 18. Jahrhunderts noch einer großen Beliebtheit; das zitierte Gespräch über die französischen Autorinnen von Dorothea Schlegel bestätigt diese Behauptung. Die Aufklärungsliteratur ist nach Ansicht Goethes gleichwohl keine adäquate Antwort auf die politische und moralische Krise der Epoche. In den «Unterhaltungen» wird dies an dem Umstand verdeutlicht, daß die um die Baronin versammelte kleine Gesellschaft sich immer wieder stärker an den neuesten Nachrichten von den Kriegsschauplätzen interessiert zeigt als an den erzählten Geschichten. Das «Märchen» wäre danach zu lesen als Allegorie der Entstehung eines neuen – autonomen – Kunstbegriffs, für den die Trennung von Kunst und Politik konstitutiv ist. In den mythischen Bildern des «Märchens» „[hat Goethe] die Krise der bisherigen Ordnungen in der Französischen Revolution als das Ende eines Zeitalters begriffen und ihr das neue als Epoche der Kunst gegenübergestellt".²⁵ Das in den «Unterhaltungen» erkennbare ästhetische Programm ist unzweifelhaft dichotomisch angelegt: Goethe gibt den Literaturkonsumenten populären Lesestoff und benutzt diesen zugleich als Medium reflektierender Auseinandersetzung für eine literarische Elite. Die Klassiker wenden sich deutlich an verschiedene Empfängergruppen – und der Prozeß der Kanonisierung im 19. Jahrhundert zeigt, daß sie auch tatsächlich auf verschiedenen Ebenen weitergelebt haben: mit den Balladen und «Hermann und Dorothea» im Schulbuch und mit dem «Wilhelm Meister», dem «Divan» oder dem «Faust» bei einer Bildungselite.²⁶ Das heißt aber, sie produzieren die Bedingungen ihrer Rezeption mit.

Wenn Schiller Mereau rät, sich französische Erzählungen und Märchen zum Vorbild zu nehmen, so kann man dies im Kontext des Skizzierten als einen literaturpolitisch motivierten Versuch verstehen, sie – wie auch die anderen Schriftstellerinnen Weimars – festzuhalten bei einem historisch vergangenen Kunstbegriff, so ihnen eine mittlere Sphäre anweisend zwischen der populären oder Trivialliteratur und der hohen Literatur, jene mittlere Sphäre, deren ästhetischen Gehalt Schiller selbst als Herausgeber eines Musenalmanachs bestimmt. Die klassische Literatur ruht auf einem soliden Fundament gebildeter Unterhaltungskunst, aus der sie immer wieder ihre anspruchsvollen Leser rekrutieren muß. Kein Zweifel kann daran bestehen, daß die Frauen, Mereau, Karoline von Wolzogen oder Johanna Schopenhauer, diese Zuweisung, die zugleich ihren Ausschluß aus dem Reich der höheren Kunst bedeutet, akzeptiert und sogar verinnerlicht haben, indem sie einen kompensatorischen Kunstbegriff entwikkeln, wie wir ihn im 19. Jahrhundert in den Populärästhetiken finden werden. So wird etwa in den Romanen Johanna Schopenhauers oder Karoline von Wolzogens eine gebildete Gesellschaft dargestellt, die in der Kleidung und den Einrichtungsgegenständen, in ihren Gesprächen, Reflexionen und normativen Entscheidungen geprägt scheint von der klassischen Literatur und auch über diese sich identifiziert. Die Iphigeniengestalten dieser Autorinnen, etwa Wolzogens Julie («Aus einer kleinen Stadt») oder Schopenhauers Gabriele aus dem gleichnamigen Roman, sind zur Entsagung fähig, weil die Kunst ihnen Halt verleiht und Trost gewährt.²⁷ Aufschlußreich in dieser Hinsicht ist der Schluß von «Gabriele»: Die Heldin, der Last des Opfers, das sie sich abverlangt hat, erliegend, findet im

Augenblick des Todes eine Sprache zu sagen, was sie leidet. Sterbend wird sie erhoben zur Höhe der Kunst, die sie im Leben nur verehrend hatte anschauen dürfen. Freilich ist ihr Lied auch jetzt noch „regellos“, und die Autorin gibt sich große Mühe, der Rezitation der Heldin mehr die Aura des Todes als des Kunstwerks zu verleihen.[28] Selbst Mereau, deren Leitbegriff Selbständigkeit ist, schmiegt sich in «Amanda und Eduard» (1803) dem Schema an, indem sie die Selbstinszenierung der Protagonistin, die zwischen der wiedergefundenen ersten

Sophie Mereau, ‚Amanda und Eduard‘, Bd. 1, Frankfurt 1803. Titelkupfer

Liebe und der gegenwärtigen neuen sich entscheiden muß, im Zeichen Iphigenies vorführt.[29]

Nun besteht freilich ein Unterschied darin, ob man Bildungszitate in ein Werk aufnimmt (und in «Amanda und Eduard» gibt es dafür eine Reihe von Beispielen, etwa wenn Eduard im einsam gelegenen Haus eines Amtmanns beim Anblick von dessen hübscher Tochter sogleich an «Werther» denkt, oder wenn Amandas neue Liebe, der junge Künstler Antonio, im «Meister»-Stil vorgestellt

Sophie Mereau, ,Amanda und Eduard', Bd. 2, Frankfurt 1803. Titelkupfer

wird[30]), oder ob man für das eigene schriftstellerische Selbstverständnis eine von außen vorgenommene Zuweisung akzeptiert. Dies letztere scheint mir aber für Mereau gegeben; sie hat kein Bedürfnis, gegen die herrschenden Literaturverhältnisse zu rebellieren, zumal sie von ihrer schriftstellerischen Tätigkeit leben kann und sogar erfolgreich ist, allerdings innerhalb eines klar abgesteckten Bezirks.

Wenn demnach das Mittlere die den Frauen zugewiesene Sphäre ist, so betrifft dies nicht nur den institutionellen Status ihrer Produktion, sondern gleichermaßen den Gehalt der einzelnen Werke. Mereaus Werk scheint mir geprägt von einem tiefen Widerspruch zwischen Unabhängigkeit und Gebundenheit, zwischen subjektiver Freiheit und Selbständigkeit gegenüber gesellschaftlichen Normen und ästhetischem Konservatismus.

„Ihre Phantasie liebt zu symbolisieren…“

Das im folgenden zitierte Gedicht aus dem zweiten Teil von Mereaus romantischer Form angenähertem Roman «Amanda und Eduard» scheint, vergleicht man es mit ihrer frühen Naturlyrik, geradezu einen Bruch in ihrer Entwicklung zu markieren:

Es seufzen bedeutend
die Winde und stumm,
die Wolken ziehn leidend,
am Himmel herum.
　Sie quellen, sie fliehen
　die Thäler entlang,
　und Träume durchziehen
　den Busen so bang.
　Der Tag ist verschwunden,
　tief schweiget die Nacht,
　im Dunkel dort unten
　der Hammer nur wacht.
　Da klagt eine Flöte
　ihr Leid durch die Nacht,
　das stets mit der Röthe
　des Abends erwacht.

Es stürzet der Reuter
den Waldsturz hinab,
und weiter und weiter
erreicht ihn sein Grab.
O! Mutter nun weine
Die Thrän’ über ihn,
dann glänzet im Scheine
dir froher das Grün.
　Wenn Frühling besäumet
　den Hügel mit Flor,
　in Blumen dann keimet
　dein Geist dir empor.
　Sie blicken wie Augen
　sie suchen dich doch;
　sie winken und hauchen
　und lieben dich noch.[31]

Das kleine Lied ist eigenartig unstimmig. Evozieren die ersten vier Strophen das Stimmungshafte einer romantischen Landschaft, so entwickeln – unvermittelt – die folgenden Strophen (es sind noch einmal vier) ein balladenhaftes Motiv, das aber unausgeführt bleibt. Die Erzählung vom todessüchtigen Reiter geht über in die Apostrophe der Mutter; nächtliche Trauer und frühlingshafte Hoffnung verfließen ineinander, ohne daß im Text, ähnlich wie in vielen der «Wunderhorn»-Lieder, ein einheitliches lyrisches Ich auszumachen wäre.[32] Interessant

ist in unserem Zusammenhang nun die Tatsache, daß Mereau selbst die Unein-
heitlichkeit des Liedes als Mangel empfindet. Durch den Kommentar der
Briefschreiberin, die das Lied mitteilt, sucht sie den störenden Eindruck, den es
auf den Leser machen könnte, aufzulösen.

> Was mich bei diesen Strophen am meisten rührte, war die Stimmung, die ich darinnen
> durchschimmern sah. Ich fand eine Schwermuth, die ich ungern in diesem jungen
> Gemüthe bemerkte. Aber auf der andern Seite mußte ich auch das Talent anerkennen, das
> ohngeachtet der Verworrenheit und den Mängeln, die in dem Liede herrschen, doch
> unleugbar sich zeigt, und deutlich das Bestreben wahrnehmen läßt, die Eindrücke, die
> Bilder, die um ihn sind zu einem Ganzen zu gestalten und einen Sinn in sie zu legen.[33]

Nur indem sie verdrängt, was an dem Gedicht doch so auffällig ist: nämlich
der Verzicht darauf, die abgerissenen Bilder und Stimmungen zur Harmonie zu
bringen, kann Mereau den Widerspruch zwischen ihrer klassizistischen Kunstauffassung und dem Lied mildern. Ihn nicht sich zum Bewußtsein kommen zu
lassen, hat sie jedoch allen Grund, insofern sie als Verfasserin klassischer
Naturlyrik sich einen Namen gemacht hat. Als solche entspricht sie der Vorstellung, die Schiller von diesem Genre hat; er schreibt ihr:

> Mit vielem Vergnügen las ich Ihre Gedichte. Ich entdeckte darin denselben Geist der
> Kontemplation, der allem aufgedrückt ist, was Sie dichten. Ihre Phantasie liebt zu
> symbolisieren und alles, was sich ihr darstellt, als einen Ausdruck von Ideen zu behan-
> deln.[34]

Wir erkennen hier Mereaus Forderung wieder, das poetische Talent müsse
alle Eindrücke und Bilder als ein Ganzes zur Darstellung bringen und eine
Bedeutung aus ihnen herauslesen.

In seiner Rezension von Matthissons Gedichten, wo Schiller eine ganze
Theorie des Landschaftsgedichts entwirft, läßt er dieses nur dann zu, wenn es
gelingt, die unbeseelte Natur als Symbol der menschlichen erscheinen zu lassen.[35] Das geschieht dort, wo man die landschaftliche Natur zum Ausdruck von
Ideen macht. Der „symbolisierenden Einbildungskraft", wie Schiller bei Mereau
sie am Werke sieht, werden die Naturerscheinungen

> ein Sinnbild ihrer eigenen Handlungen, der tote Buchstabe der Natur wird zu einer
> lebendigen Geistersprache, und das äußere und innre Auge lesen dieselbe Schrift der
> Erscheinungen auf ganz verschiedene Weise. Jene liebliche Harmonie der Gestalten, der
> Töne und des Lichts, die den ästhetischen Sinn entzückt, befriedigt jetzt zugleich den
> moralischen.[36]

Mereaus Landschaftsgedichte erfüllen rein diesen Kunstbegriff; das Harmoniebedürfnis, das die bestimmende Kraft ihrer Existenz zu sein scheint, hält sie
fest im harmonischen Kunstraum des Weimarer Klassizismus. Das Bedürfnis
nach Harmonie – ein Leitmotiv ihrer Tagebücher – hat bei ihr eine existentielle
Dimension. Selbst dort, wo sie ihre eigene innere Zerrissenheit, in der sie
während der Ehe mit Mereau lebt, zum Ausdruck bringen will, unterwirft sie
sich dem Gebot des Symbolisierens, das sie zwingt, den Erscheinungen „Sinn"
zu unterlegen.

An einen Baum am Spalier

Armer Baum! – an deiner kalten Mauer
Fest gebunden, stehst du traurig da,
Fühlest kaum den Zephyr, der mit süßem Schauer
In den Blättern freier Bäume weilt
Und bei deinen leicht vorübereilt.
O! dein Anblick geht mir nah!
Und die bilderreiche Phantasie
Stellt mit ihrer flüchtigen Magie
Eine menschliche Gestalt schnell vor mich hin,
Die, auf ewig von dem freien Sinn
Der Natur entfernt, ein fremder Drang
Auch, wie dich, in steife Formen zwang.[37]

Mereau bleibt hier ganz nahe an Schillers Bestimmung des Landschaftsgedichts. Das Bild des Baumes deutet auf menschliche Verhältnisse: Die freie
Entfaltung der Individualität bricht sich – um Mereau noch einmal selbst zu
Wort kommen zu lassen: – an den „Ringmauern des Gebrauchs“.[38] Mereau
bleibt bei der diskretesten Allgemeinheit, denn „in einem Gedicht darf nichts
wirkliche [historische] *Natur* sein“.[39] Zugleich reflektiert das Gedicht sein
poetisches Verfahren: die Verwandlung von Natur in Form mittels der Analogie.
„Die Analogie, welche zwischen diesen Gemütsbewegungen und gewissen äußern Erscheinungen stattfindet“, macht den „Bildner gemeiner Natur zum
wahrhaften Seelenmaler.“[40] Als Bild angeschaut, löst die Zerrissenheit der Wirklichkeit sich auf in allgemeine Harmonie.

Mereaus Rezension des «Wilhelm Meister» enthält ihr poetisches Credo. In
der modernen Gesellschaft, die im Zeichen der Entzweiung steht, hat die Kunst
die Aufgabe der Vermittlung. Von der Erfahrungswelt sich frei machend, muß
der Künstler den Widerspruch und den Zufall aus dem Werk tilgen.

> Der Dichter ist ein zweites Schicksal. Er fügt die Gaukeleien der Umstände harmonisch
> zusammen, und zwingt den verworrenen Stoff in eine bestimmte Form, drückt ihm Spuren
> eines denkenden Wesens ein, und die ewigen Zwecke, die sich im Spiel des Lebens bergen,
> offenbaren sich ihm in Stunden der Begeisterung.[41]

Die Autonomieästhetik erhält hier eine kompensatorische Wendung, welche
die Populärästhetiken des 19. Jahrhunderts vorwegnimmt.[42] Das Tragische einer
Gestalt wie Mereau beruht darin, daß sie, gerade weil sie bis zur Selbstaufgabe in
diesem Kunstbegriff aufgeht, sich als Schriftstellerin auslöscht, in ihrer Wirkung
beiträgt zur Überführung der Weimarer Klassik in eine affirmative Kultur. Ihr
Hommage an Goethe steht in einer schwer zu übersehenden Korrespondenz zur
Auratisierung Goethes, wie sie gleichzeitig in der von der Jenaischen Studenten-
schaft veranstalteten Zeitschrift «Memnon» betrieben wird. Die zweite Strophe
von Mereaus Huldigungsgedicht «An Goethe» endet in einer Auslöschungs-
phantasie:

> So steht an eines großen See’s Gestade,
> Des Herrlichen, die Blume bebend da;

Sie ist so ferne ihm, und doch so nah.
In seine Fluth neigt sich zum Wellenbade
Der gold'ne Phöbus; mit bewegter Brust
Schaut Phöbe, zögernd, sich, und alle Sterne
Sehn in dem reinen Spiegel, voller Lust,
Ihr treues Bild aus ungemeßner Ferne.
Es neigt die Blume sich, in ihm ihr Bild zu sehn,
Auf einen Augenblick – um froher zu vergehn.[43]

Das «Blütenalter der Empfindung»: Liebe und Zufall

In der Wirkungsgeschichte des Mereauschen Werks zeigt sich ein eigenartiger Selektionsmechanismus. Ihre Zeitgenossen haben die Schriftstellerin fast ausschließlich als Lyrikerin wahrgenommen. Dieses Vorurteil war offenbar so verfestigt, daß der zum Horenkreis gehörende Rezensent des «Blütenalters der Empfindung», Woltmann, vorschlägt, das Buch nicht als Roman zu beurteilen, sondern als „eine Reihe von Gemälden" und diese wiederum als Idyllen zu genießen.[44] Mereau übrigens scheint diesem Vorschlag gefolgt zu sein. Jedenfalls fügt sie in jeden der beiden Teile des späteren Romans «Amanda und Eduard» idyllenhafte Szenen ein, die sie nachdrücklich als solche ankündigt.[45] Auch erhält ihre Zeitschrift «Kalathiskos» eine Abteilung von Prosatexten, wo sie unter dem Titel «Einige kleine Gemälde» vier impressionistische Skizzen zusammenstellt, die nur lose durch eine Liebeshandlung verbunden sind.

Die Beurteilungskriterien der Zeitgenossen sind leicht zu durchschauen. Noch in den zwanziger Jahren des 19. Jahrhunderts rechtfertigt der Verfasser eines Nachschlagewerkes über die «Deutschen Schriftstellerinnen des neunzehnten Jahrhunderts» ausführlich seine Entscheidung, die Namen der Autorinnen mit zuteilen, d. h. den weiblichen Grundsatz der Anonymität zu durchbrechen.[46] Und er übernimmt fast wörtlich die Bewertung Mereaus aus einem Nachruf im «Journal des Luxus und der Moden» (1807): gebildete Weiblichkeit, Ideal weiblicher Bescheidenheit, „ohne daß diese häuslichen Tugenden unter den Arbeiten ihrer Feder litten" – dies sind die Stichworte,[47] und gemeint ist die „Dichterin" Mereau, die „poetische Natur", nicht die Romanautorin und Erzählerin. Wenn es daher stimmt, was oben behauptet wurde, daß Mereau zu den klassischen Erzählern der Kunstperiode gehört, so muß das Schweigen der Zeitgenossen über diesen Teil ihrer Produktion in deren Gehalt seinen Grund haben. Man darf vermuten, daß Mereaus Prosaerzählungen sich den Normvorstellungen der Epoche nicht fügen, und zwar weder den ästhetischen noch den moralischen.

Das gegenwärtige Interesse gilt dagegen vor allem der Erzählerin Mereau und konzentriert sich auf thematische Aspekte ihres Prosawerks (Moral, Politik, weibliches Selbstverständnis etc.) oder fragt nach dessen autobiographischer Authentizität.[48] Wenn gegenwärtige Leser Mereaus 1794 erschienenen kleinen

Roman «Das Blütenalter der Empfindung» als störend eklektizistisch aufnehmen
– nämlich schwankend zwischen Aufklärung und Empfindsamkeit, Klassizismus
und Romantik – so scheint mir das Urteil so richtig wie ratlos. Es vermag einem
Text nicht gerecht zu werden, in dem sich die ästhetische und normative
Unsicherheit einer Generation zum Ausdruck bringt, die an der Schwelle zur
Romantik noch keine eigene Sprache für ihre Zerrissenheit gefunden hat.
Der erstaunlich schmale Roman verzichtet auf jede Einleitung oder Vor-
geschichte. Der Ich-Erzähler beginnt mit einer Analyse seines jugendlichen
Gefühlsenthusiasmus:

> Im Vollgenuß der Gesundheit, in keine Verhältnisse verwickelt, von keinen Vorurteilen
> gefesselt, stand ich da – ein freier Mensch! – Gleich einem rein gestimmten Instrument, das
> nur auf den Künstler wartet, welche Harmonien er darauf hervorrufen will, war mein Herz
> für jeden Eindruck empfänglich, von süßen Ahndungen beflügelt, und mit heitern Bildern
> erfüllt.[49]

In Genua, der ersten Station der Bildungsreise des jungen Schweizers, findet
das frei schweifende Gefühl sein alter ego: Nanette. Zweimal verliert er die
Geliebte, die ihm der Zufall zugeführt hatte, zweimal findet er sie unverhofft
wieder, im revolutionären Paris und in einem idyllischen Zufluchtsort in den
Schweizer Bergen. Dort erfährt er ihre Geschichte: Sie sucht sich der Gewalt
eines älteren Bruders zu entziehen, der sie mit einem Kardinal, in dessen
Diensten er steht, verkuppeln will, um sich ihren Erbteil anzueignen. Nachdem
der Erzähler das Schicksal von Nanettes jüngerem Bruder aufgeklärt hat, der sich
zum Eintritt in einen Orden hatte überreden lassen, dann geflohen und schließlich als Künstler gescheitert war und Selbstmord verübt hatte, entschließen sich
die Liebenden, nach Amerika auszuwandern, weil die „gesetzlichen Formen"
des alten Europa Nanettes Freiheit bedrohen.

> Geliebte, rief ich mit dem vollen Tone der Liebe, wir sind uns Vaterland und Welt [...]
> In *Amerika* leuchtet eine ebenso freundliche Sonne, strahlt ein ebenso reiner Himmel.
> Dort wohnt ein freies Volk, dort freut der Genius der Menschheit sich wieder seiner
> Rechte, dort lassen die neuen glücklichen Verhältnisse eines jugendlichen Staates noch
> lange keine widrige Reform befürchten. (BE, 100)

Bereits die Abbreviatur der Fabel verleiht dem Roman Mereaus einen Anstrich
des Modernen, der um so deutlicher hervortritt, wenn man den Umfang
zeitgenössischer Familienromane dagegenhält. Was hat ihm also die Aufnahme in
den literarischen Kanon verwehrt? Eine Antwort läßt sich vielleicht finden,
wenn man über die Korrektur nachdenkt, die Goethe in distanzierter Liberalität
dem herablassenden Urteil Schillers über den Dilettantismus der Weimarer
Schriftstellerinnen zuteil werden läßt:

> Unsere Frauen sollen gelobt werden, wenn sie so fortfahren, durch Betrachtung und
> Übung, sich auszubilden. Am Ende haben die neuern Künstler sämtlich keinen andern
> Weg. Keine Theorie gibts, wenigstens keine allgemein verständliche, keine entschiedne
> Muster sind da, welche ganze Genres repräsentierten, und so muß denn jeder durch
> Teilnahme und Anähnlichung und viele Übung sein armes Subjekt ausbilden.[50]

Mereau, und dies scheint mir das Bedeutsame an ihrer schriftstellerischen Tätigkeit, unternimmt keinen Versuch, um die Armut ihrer Subjektivität und die Vorläufigkeit oder Unbestimmtheit ihrer ästhetischen Mittel zu beschönigen; so unterläuft sie das Idealisierungsgebot der klassischen Ästhetik. Sie beläßt die Liebe in ihrer bloßen Privatheit, in ihrer „subjektiven Partikularität".[51] In dem Augenblick, wo der Ich-Erzähler das Bedürfnis empfindet, aus der reinen Übereinstimmung mit sich selbst herauszutreten und sich in einem andern wiederzufinden, führt ihm der Zufall ein weibliches Wesen entgegen, das mit seinem inneren Bild übereinstimmt.

Einem elektrischen Funken ähnlich, hatte jedoch diese neue Erfahrung alle jene zärtliche Gefühle, die die Natur gleich einem gefährlichen Zunder für das Blütenalter unsres Lebens bereitet, in mir angezündet. (BF., 20)

Die Beziehung der beiden Liebenden hat keinen bestimmten Inhalt, wie auch die Konturen des Lebensentwurfs, den der Ich-Erzähler verfolgt, unbestimmt bleiben.

Die Forderungen der engsten übrigen Verhältnisse verhallen in diesem allgewaltigen Gesange der Empfindungen [...] Näher und mit jedem Tage näher und inniger vereinigte diese glückliche Zusammenstimmung unsre Empfindungen und unsre Grundsätze. (BE, 98)

Hegels Kritik der romantischen Liebe ließe an Mereaus «Blütenalter der Empfindung» sich exemplifizieren, daß diese nur die

persönliche Empfindung des einzelnen Subjekts [sei], die sich nicht mit den ewigen Interessen und dem objektiven Gehalt des menschlichen Daseins, mit Familie, politischen Zwecken, Vaterland, Pflichten des Berufs, des Standes, der Freiheit, der Religiosität, sondern nur mit dem eigenen Selbst erfüllt zeigt, das die Empfindung, widergespiegelt von einem andern Selbst, zurückempfangen will.[52]

Wie sie die Beziehungen der Figuren in der abstrakten Unbestimmtheit des Empfindens hält, so verzichtet Mereau darauf, der Handlungsabfolge eine sinnhaft zu identifizierende Struktur zu geben. Vielmehr läßt sie überall das Gesetz des Zufalls offen durchscheinen.

Die Abenteuerlichkeit, die Hegel als Grundprinzip romantischen Erzählens kritisiert, beherrscht noch stärker Mereaus kleine Erzählungen. Deren einzelne Episoden nur locker reihende Struktur erinnert an den pikaresken Roman. «Die Flucht nach der Hauptstadt» oder «Der Mann von vier Weibern» lassen die Protagonisten (im ersten Fall eine junge Schauspielerin) nach einer Reihe von Liebesgeschichten mit zufällig in ihr Leben eintretenden Partnern am Schluß zum ersten zurückkehren.[53] Hegel spricht von der Entgötterung des handelnden Charakters, der „mit seinen selber zufälligen Zwecken in eine zufällige Welt hinaustritt, mit welcher er sich nicht zu einem in sich kongruenten Ganzen in eins setzt".[54] Mereaus Erzählungen haben mit dem klassischen Bildungsroman nichts gemein, weil es in ihnen im Grunde keinen Konflikt gibt zwischen der „Prosa der Wirklichkeit" und der „Poesie des Herzens".[55]

Im «Blütenalter der Empfindung» bleiben die gesellschaftliche Ordnung und die Hindernisse, die sich dem Glück der Liebenden entgegenstellen, in der reinen Äußerlichkeit. So brauchen sie sich mit der Wirklichkeit und ihren Normen auch nicht auseinanderzusetzen. Ihr Interesse richtet sich nur darauf, wie sie sich dem Geltungsbereich der herrschenden Ordnung entziehen können, denn die Macht, die der ältere Bruder repräsentiert, ist keine substantielle.

Die Gefahr war dringend [gemeint ist die Entdeckung durch den älteren Bruder, unter dessen vormundschaftlicher Gewalt Nanette steht]; das Ungewitter schwebte über unsern Häuptern – noch ein Windstoß – und es verschlang uns. Ein unwiderstehliches Mißbehagen an meiner bürgerlichen Lage übermannte mich. Mir graute vor den gesetzlichen Formen, die so vieler Ungerechtigkeit den Weg offen lassen – ich dürstete nach einem freiern lebendigern Genuß meiner Existenz. Auf einmal durchblitzte ein Gedanke meinen Kopf [gemeint ist die Emigration]. (BE, 99)[56]

Mereau ist sich der Konfliktlosigkeit ihrer Protagonisten durchaus bewußt. Von dem «Mann von vier Weibern» heißt es:

[...] denn die Natur hatte sein Gemüth so gebildet, daß es in sich selbst keinen Widerspruch, keinen Keim des Unglücks trug. Nur äußere Umstände rissen ihn aus seiner ihm natürlichen, heitern Gleichmüthigkeit, und waren diese aus dem Wege geräumt, so kehrte er leicht und schnell zu ihr zurück.[57]

„Bey Ninon war alles wahr, alles frei und fröhlich.“
Zum Hedonismus der mittleren Sphäre

Leif Ludwig Albertsen hat einmal darauf aufmerksam gemacht, daß „alle zwischen 1760 und 1765 geborenen deutschen Dichter als Zwischengeneration den Anschluß an die Parteien verpaßten und entsprechend in allen künftigen Literaturgeschichten aus lauter Außenseitern und Trivialen zu bestehen hatten".[58]

Neben Jean Paul und Seume nennt er u. a. Matthisson und Kotzebue. Sophie Mereau, obwohl 1770 geboren, kann zu dieser Zwischengeneration gerechnet werden. Zugelassen zu den «Horen», sieht sie sich zugleich verwiesen auf literarische Gattungen, wie das Lied und die kleine Erzählung, die als leichte Formen mit dem Brief und dem Tagebuch seit 1800 eine zunehmende Abwertung erfahren. Ihre Aufnahme in den Kreis der Romantiker scheitert wohl vor allem an der unglaublichen Begrenztheit Clemens Brentanos, der sie als Schriftstellerin nie anerkannt hat; wie denn die Einstellung der Romantiker gegenüber weiblichen Autoren durchaus ambivalent gewesen ist.[59] Für Brentano muß Sophie der Inbegriff des unglücklichen Bewußtseins gewesen sein: ein „kaltes Wesen", „welches die Häuslichkeit verachtet, ohne zu einem andern Dasein Talent zu haben".[60] Jener im 19. Jahrhundert einsetzenden Trivialisierung arbeitet er vor, wenn er Mereaus Erfolg als den von Eintagsliteratur erklärt: „Sie glänzte unter den Studenten und war eine Mythe des jenaischen glänzenden Enthusiasmus, mit dem sie unterging."[61]

Nun hat freilich Mereau, anders als Kotzebue, mit dem unter den von Albertsen aufgeführten Namen sie am ehesten zu vergleichen ist, sich nicht bewußt um die Zustimmung möglichst breiter Publikumsschichten bemüht oder sich wie er geweigert, für ihre Literatur „eine Grenze nach unten zu ziehen",[62] was sie mit ihm gemeinsam hat, ist jene „epikureische Bequemlichkeit",[63] die sich um die Moralvorstellungen der Gesellschaft wenig kümmert. Das irritierende Gemisch von Zynismus oder moralischem Relativismus und Sentimentalität, das die Stücke Kotzebues beherrscht, findet sich   wenn auch gemildert – ebenso in den Erzählungen Mereaus, nur daß freilich dieser der spektakuläre Erfolg des Theaterautors versagt blieb.

In Mereaus erstem größeren Prosatext, dem «Blütenalter der Empfindung», herrscht noch das Naturrechtspathos der Aufklärung. Die Liebenden behaupten ihr Recht auf eine freie Vereinigung, mag diese auch nur in der geträumten Freiheit Amerikas realisierbar sein; die Seite der Konvention wird, defensiv, von Nanettes verständnisvoller Tante vertreten. Auch diese will „nur auf die *Wirklichkeit* Rücksicht nehmen und die *gegenwärtige* Verfassung der Welt mit keiner idealischen verwechseln" (BE, 74). Der Bund, den die Liebenden schließen, „zwei freie Wesen", besteht aus eigenem Recht: „*Wir selbst* sind uns Bürge für *uns selbst* [...] Was hat der Staat, was haben die Gesetze mit unseren Empfindungen gemein? [...] Niemand kann hier rechten als sie und ich [...] War unser Vertrag auf Wahrhaftigkeit gegründet, so ist seine Dauer ewig, und war er es nicht, so ist er nie gewesen" (BE, 72 ff.). Bereits in diesem Roman wird jedoch deutlich, daß es Mereau nicht darum geht, die Lehrjahre des Gefühls darzustellen, deren Sinn bekanntlich Hegel darin sieht, „daß sich das Subjekt die Hörner abläuft, mit seinem Wünschen und Meinen sich in die bestehenden Verhältnisse und die Vernünftigkeit derselben hineinbildet, in die Verkettung der Welt eintritt und in ihr sich einen angemessenen Standpunkt erwirbt".[64] Mereau folgt nicht dem klassischen Schema des Bildungsromans; vielmehr eignet den Lebensgeschichten, die sie erzählt, etwas eigentümlich Statisches; sie zielen alle auf eine klassizistischer Antikevorstellung angenäherte Form des reinen Selbstgenusses: „Sehnsucht ohne Qual" (BE, 57). Der ruhige Genuß der eigenen Existenz birgt aber die Gefahr des Wirklichkeitsverlusts in sich. Wie sehr Mereau dieser Gefahr sich bewußt ist, zeigt die grammatische Form der Selbstanalyse des Ich-Erzählers: „Wir waren *nicht* gleichgültig gegen die Erscheinungen, die nicht unmittelbar auf unsre Eigentümlichkeit Bezug hatten" (BE, 57; Hervorhebung von mir). „Aber wir *müssen wünschen*. Es ist die Feder, die das ganze Kunstwerk unsrer Tätigkeit in Bewegung erhält, unsre Kräfte entwickelt, und am Baume des Zieles unaufhörlich Blüten des Vergnügens für uns hervorsprossen läßt" (BE, 61). Unablässig beschwört Mereau den Einklang dessen, was in der Romantik dann heillos auseinanderfällt: „Natur und Vernunft" (BE, 57). „In diesen reinen Akkorden des Gefühls, diesem schönen, erquickenden Zusammenklange aller Forderungen der Vernunft und des Herzens, ist, ich fühlte es, allein das einzige wahre Glück des Lebens erhalten" (BE, 59).

Daher liest Mereau auch Goethes «Meister» nicht so sehr als Bildungsroman, sondern eher als Konkretisierung einer Maxime:

> Jeder Mensch soll sich selbst verstehn lernen, und darnach handeln. Er soll seiner Natur folgen, und seine Neigungen und Ansprüche an das Leben mit Vernunft und Zusammenhang zu befriedigen suchen.[65]

Aus dieser Maxime entwickelt sie selbst in ihrem erstaunlichen Essay das Leben der Ninon de Lenclos, die das Ideal einer geistreichen, kultivierten Geselligkeit mit dem der freien Liebe (auch mit wechselnden Partnern) verbindet. Aus den Briefen der schönen Lenclos, in deren Salon Libertins wie Molière und Saint-Evremond verkehrten, entziffert Mereau eine ideale Lebensform, ein Leben als Kunstwerk, wie ihr Ich-Erzähler im «Blütenalter» es wachend träumt. Was ihr in ihrem eigenen Leben nicht gelungen ist, sieht sie bei Ninon verwirklicht; sie „glaubte, weil sie sich den Männern gleich rechnete, auch in alle ihre Rechte getreten zu seyn“.[66]

Mereaus philinenhafte Figuren folgen dem „Lieblingsgrundsatz“ Ninons, „daß man die Freuden nicht wie die Lebensmittel aufheben dürfe, sondern sie mit jedem Tag aufzehren solle, als würde es der letzte seyn“.[67] Wenn ihr diese Figuren am besten gelingen, Ninon, die Nanette in «Amanda und Eduard», die Ich-Erzählerin in der «Flucht nach der Hauptstadt» oder, in männlicher Verkleidung: Philipp («Der Mann von vier Weibern»), so vielleicht, weil sie in ihnen ihrem Wunsch-Ich zum Ausdruck verhilft, mit dem sie im Leben gescheitert ist. In dem Briefroman, wie wir ihren Briefwechsel mit Brentano lesen dürfen, stehen unversöhnt zwei Lebensentwürfe einander gegenüber, die dunkle, ruhelose Sehnsucht und die dem Augenblick zugewandte Klarheit.

> Ein schöner Morgen! mir ist ganz heiter zu Mut. Überall leichtes Gewölk, das mit dem Licht-Glanz kämpft. – Und er siegt! – möchte mein Leben sein wie dies Bild! romantisches Gewölk das in voller Klarheit auffliegt! –

Clemens erträgt soviel Helligkeit nicht: „Du hängst noch schrecklich am Augenblick, und mit Jammer sehe ich Deine Zukunft sterben!“[68]

Zumindest nach den Moralvorstellungen der Zeit sind einige der Erzählungen Mereaus unsittlich, und dies aus Überzeugung. Schiller erhebt denn auch gegen eine davon Einwendungen; diese beziehen sich nach seinem eigenen Geständnis auf die Maximen, die „sich nicht ganz billigen lassen [wollen]“,[69] für die «Horen» scheint sie ihm nicht geeignet. – Es zeigt sich, daß die Dichotomisierung der Literatur in einer spezifischen Weise auch die Ebene der Moral betrifft: In der Sphäre der hohen Kultur gibt es auch eine „höhere Moral“, in der Unterhaltungsliteratur am unteren Ende der Skala lebt der moralerzieherische Anspruch der Aufklärungsliteratur weiter. Die mittlere Sphäre dagegen, zu der Mereau und Kotzebue gehören, läßt für einen Hedonismus Raum, der einem Bedürfnis bürgerlicher Leser in der Phase des Frühliberalismus entsprochen haben muß. Dieser Hedonismus scheint das Komplement des klassischen Bildungshumanismus.

Mereau geht in diesem Hedonismus sehr weit; und eine Erzählung wie die «Flucht nach der Hauptstadt» gibt dessen soziologischen Ort ziemlich exakt an.

Ich bin in einer Mittelstadt Teutschlands geboren. Mein Vater war der erste von seiner Familie, der den Stamm verachtete, der sie alle auf grünen Zweig gebracht hatte; das heißt, seit Noa's Zeiten waren sie alle Weinbauer und Weinverkäufer gewesen, er allein vertauschte seine lebendige Rebenpflanzungen gegen das todte Pergament eines Adelbriefs [...] [meine Mutter] gab sich so viel Mühe, den Ruf einer Gelehrten zu erwerben, daß sie gern alles andre darüber zu Grunde gehen ließ.[70]

Der Vater unterhält ein kleines Liebhabertheater, auf dem die Ich-Erzählerin als jugendliche Liebhaberin spielt. Der Ehe mit einem unkultivierten Landedelmann entzieht sie sich durch die Flucht mit ihrem Theaterpartner, der auch ihr Liebhaber geworden war. Beide empfinden keinerlei Skrupel, zur Finanzierung ihrer Flucht dem Vater des Liebhabers eine größere Summe zu entwenden, die ihm (als Anwalt) ein Klient anvertraut hatte. Die Liebenden schließen sich einer Theatertruppe an und leben in den Tag hinein, bis sie durch die Verräterei eines falschen Freundes, Schauspieler wie sie, getrennt werden. Die Ich-Erzählerin setzt mit diesem ihr ungebundenes, vergnügtes Leben fort, wechselt ein paarmal die Truppe, die Stadt und die Liebhaber. Selbst der Tod eines ihrer Liebhaber läßt sie nicht lange trauern, wie denn in dieser kurzen Erzählung alles sehr schnell geht. Der Zufall führt ihr endlich den ersten Geliebten wieder zu, und ihr Glück ist um so vollkommener, als dieser durch Spielen reich geworden ist und über ihre Untreue sich nicht beklagt, sondern ihr eigenes Bekenntnis zum Genuß der Gegenwart teilt. „Wie sehr mußte er mich lieben, da er ganz mit der Gegenwart zufrieden, die Vergangenheit gänzlich vergangen seyn ließ." Mit „Wechseln versehen",[71] treten die Liebenden die Heimkehr an, in der berechtigten Hoffnung, durch ihren Reichtum die beleidigten Eltern wieder versöhnen zu können. Unterwegs hält ein Zwischenfall sie auf: Sie treffen in einem Gasthof den falschen Freund wieder, und es gibt ein Duell, in dessen Verlauf dieser für tot auf dem Platz bleibt. Die Liebenden fliehen über die nächste Grenze, ohne mit dem Gedanken an den möglicherweise Getöteten ihr Gewissen zu beschweren. Zu Hause findet die Versöhnung mit den beiderseitigen Eltern wirklich statt; die Ich-Erzählerin schließt mit der Schilderung des Festes, das zu ihrer Hochzeit veranstaltet wird, und mit einer Reflexion, die noch einmal ihre hedonistische Lebensweise zur Weltanschauung verfestigt. Die Kette der Abenteuer hat zum Zielpunkt den bürgerlichen Alltag, die Ataraxie der in jedem Augenblick genossenen Gegenwart. In den Erzählungen Mereaus waltet eine eigentümliche Positivität, die spießbürgerlicher Idyllik und der Frivolität, nicht aber Bewegung der Gegensätze:

Wir langten in unserer Heimath an. Alle sogenannten Abenteur, die uns sonst öfters seltsam und wünschenwerth geschienen hatten, kamen uns jetzt gewöhnlich und unschmackhaft vor, und nur die glückliche Ruhe eines stillen Lebens schien uns das Seltsamste und Seltenste, so wie das Begehrungswürdigste zu seyn [...] Nichts schien uns lustiger, als wenn wir uns erinnerten, wie wir ehemals so pathetisch als Helden ausgewandert waren, und nun ganz unvermerkt in eheliche Bürger verwandelt, zurückkehrten; doch vertauschten wir den leichten Bretterboden gern mit dem sichern des heimischen Lebens. Frohsinn und Liebe waren uns geblieben, wir lebten mit mehr Glück als Verdienst, mehr Zärtlichkeit als Vernunft, mehr Leichtsinn als Klugheit, und wenn uns noch etwas zu wünschen übrig blieb, so war es, zehnfach zu leben, um uns zehnfach lieben zu können.[72]

Wir finden in der zeitgenössischen Literatur nur bei Kotzebue so unverhüllt eine Moral, deren Grundprinzip der Genuß ist. Seine berühmteste Figur, das Naturkind aus Indien, Gurli, betritt die Bühne mit dem Geständnis, daß ein unbestimmtes Verlangen sie unruhig macht. In einen Heiratsvorschlag ihres Vaters willigt sie ein, weil sie keinen Begriff von der Sache hat. Ihr Instinkt und der Zufall retten sie vor einer konventionellen Heirat: Als der Bruder ihres Bewerbers die Unterzeichnung des Ehekontrakts unterbricht, erhält ihr unbestimmtes Verlangen einen konkreten Gegenstand. Um ihren spontanen Sinneswandel zu legitimieren, beruft sie sich auf ihren „freien Willen". Die „Wilde", aufgewachsen in Unkenntnis der geltenden Normen und ohne moralisches Bewußtsein, reagiert richtig im Sinn ihres Autors, indem sie nämlich Freiheit gleichsetzt mit ungehemmter Lustbefriedigung. Der Augenblick, in dem ihr zielloses Glücksverlangen ein Objekt findet, an das es sich heften kann, bringt sie zum Bewußtsein ihrer selbst. Das neu gewonnene Selbstbewußtsein besteht darin zu wählen, was ihr gefällt, ohne auf die herrschenden Moralvorstellungen Rücksicht zu nehmen.[73] „Ja, ich bin Egoist. Ich lebe, und will mein Leben genießen", lautet das Credo einer der Figuren Kotzebues.[74] (Ein ausgeführter Vergleich mit Kotzebue würde freilich zugunsten Mereaus ausfallen. Denn Gurli repräsentiert, auch für die Zeitgenossen schon erkennbar, eine ,Natur', die allenfalls eine sentimentale Erinnerung an einen historisch vergangenen Zustand, besser: die Illusion eines Naturzustandes, wachrufen kann, ist also wesenhaft unwahr. Mereaus Figuren haben dagegen einen durchaus „modernen" Umriß.)

Aber auch mit ihrer Auffassung von Weiblichkeit fügt Mereau sich den Normvorstellungen ihrer Epoche nicht. Sie unterläuft, am konsequentesten im «Ninon»-Essay, die klassische Unterscheidung von Stoff und Form, wie z. B. Humboldt sie vornimmt, wobei er der Männlichkeit die Form, der Weiblichkeit den Stoff zuordnet. Die „Züge beider Gestalten" „wechselweis" aufeinander beziehend, entwickelt er den Gegensatz weiter als den von Gefühl und Vernunft, Sinnlichkeit und Geist, Natur und Kunst etc.[75] Bei Mereau sind aber durchgängig die weiblichen Figuren die Handelnden, und sie sind auch selbständiger in ihrem Urteil über die Geltung herrschender Konventionen. Im «Blütenalter der Empfindung» gesteht der Ich-Erzähler: „[Nanette] hatte in ihrer Selbstbildung viele Schritte vor mir voraus getan" (BE, 97). Die Ich-Erzählerin in der «Flucht nach der Hauptstadt» verläßt einen Liebhaber, sobald sie merkt, daß er sich zum „Tirannen" zu entwickeln droht, denn „Vergnügen und Freiheit" sind für sie „die einzige Bedingung des Lebens".[76] Dagegen gewinnt die komische Erzählung vom «Mann von vier Weibern» ihre Unbeschwertheit aus dem passiven Charakter des Helden, der „auf der Fahrt im Lebensstrom gern das Ruder aus der Hand legte und den Nachen unbekümmert dahin treiben ließ".[77]

Man mag sich verdeutlichen, welcher Mut zum eigenen Ich hat aufgebracht werden müssen, um eine solche „Philosophie" des Lebensgenusses durchhalten zu können in einer Zeit, wo die offizielle Philosophie im Zeichen der protestantischen Ethik stand, und nicht der Augenblick, die Gegenwart, sondern die Zukunft das Leitbild war. „Mut zu mir selbst", „Selbstgefühl", Selbständigkeit sind die Leitbegriffe, die in Mereaus Tagebüchern am häufigsten wiederkehren; oder Freiheit, die sie durch die Beziehung zu Brentano bedroht sieht:

> Es ist wahr, ein Gefühl ist in mir, ein einziges, welches nicht Dein gehört. Es ist das Gefühl der Freiheit. Was es ist, weiß ich nicht; es ist mir angeboren, und Du verletzest es zuweilen. Verteidigen kann ich es nicht, denn wer sich verteidigen muß, ist nicht frei; betrügen kann ich nicht, denn Betrug ist Zwang, kannst Du es also mehr schonen, wie bisher, so bin ich zufriedener.[78]

Ninons „System": Aufrichtigkeit, Freiheit, Fröhlichkeit und Lebensgenuß[79] ist auch das Mereaus, die, wie die Vorgängerin, weiß, daß sie es gegenüber einer Gesellschaft zu verteidigen hat, der es als unsittlich gilt, Sinnenfreude nicht nur zu leben, sondern sich auch noch dazu zu bekennen. Mereau hat eine eher schwierigere Stellung als Ninon im Zeitalter des höfischen Absolutismus, ist doch mit der Französischen Revolution auch der libertäre Geist des Ancien Regime verschwunden. Sie versucht daher, ihre Maximen mit dem Persönlichkeitsideal der Klassik zu versöhnen. Sie rechtfertigt Ninons System aus deren Bemühen, das eigene Leben zur Einheit zu bringen:

> Nur die Selbständigkeit und Treue, mit der sie ihr ganzes Leben durch verfuhr, und ihr Leben dadurch zu einem harmonischen Ganzen erhob, stellt das an den rechten Ort, was sonst vereinzelt und herausgerissen, verwerflich wäre.[80]

Den Verzicht auf Harmonie, die klassische Grundforderung, gestattet sie nur der philinenhaften Freundin Amandas in ihrem Briefroman. An dieser erscheint die Zerrissenheit der romantischen Figuren, das Leiden an der Leere des Inneren,[81] an der Gespaltenheit des Ichs, als problemlose Anerkennung der Nichtübereinstimmung von subjektiver Stimmung und objektiver Situation, eines in wechselnde Zustände sich auflösenden Ichs:

> Was das für phantastische Grillen sind! rief sie aus. Wie, ich sollte die gute, freundliche Stimmung, die mir stets ungerufen und unerwartet vom Himmel kommt, grämlich von mir weisen, weil sie sich nicht zu allen meinen innern und äussern Verhältnissen schickt! – Ich bitte, verschonen Sie mich mit ihrer Uebereinstimmung, und lassen Sie mir meine Fragmente, die mir auch das Fremde, Unharmonische ertragen lehren.[82]

Mit dieser Ich-Auffassung steht Mereau wieder zwischen Klassik und Romantik, von jener trennt sie der Verzicht auf die Einheit des Ichs, von dieser die Problemlosigkeit des fragmentierten Ichs. Was von heute aus die Modernität ihrer Texte ausmacht, muß zumindest die literarisch gebildeten unter ihren Zeitgenossen zutiefst erschreckt haben: die resolute Oberflächlichkeit ihrer Gestalten. Der «Mann von vier Weibern» oder die Ich-Erzählerin aus der «Flucht nach der Hauptstadt» gehen durch eine Reihe von Liebesbeziehungen hindurch, ohne im Innern berührt, gar verwandelt zu werden, immun gegenüber jeglicher Erfahrung.

Die Institution der Ehe oder der Familie ist bei Mereau insgesamt mit einer staunenswerten Gleichgültigkeit behandelt. Dem Kind kommt in ihrem Werk keine Stelle zu.[83] Das Happy-End der «Flucht nach der Hauptstadt» mit der Heirat der heimgekehrten Kinder hat einen eindeutig parodistischen Anstrich. Dieser Unernst gegenüber institutionellen Formen, wie er auch Kotzebues Dramen charakterisiert, muß um so mutiger erscheinen, als Mereaus letzte Lebensjahre überschattet sind von dem Kampf, den sie zu führen hat, um sich gegen Brentanos wahnhafte Ordnungsvorstellungen zu wehren. Ihre „Oberflächlichkeit“, die eigenartige Konfliktlosigkeit ihres Wesens, mag sie geschützt haben vor dem Phantasma der Ehe und Familie, in dem Brentano vor der Zerrissenheit seines Innern Zuflucht sucht. Die Idyllisierung der bürgerlichen Ehe scheint überhaupt eine Tendenz romantischer Schriftsteller, die als die Kehrseite der romantischen Philisterkritik betrachtet werden kann. Man erinnere sich nur an die entsprechenden Stellen in Schlegels «Lucinde», wo vom „schönen Eigentum“ und vom „Heiligtum der Ehe“ die Rede ist und die Tugenden der Frau und Mutter entwickelt werden. Hier wird das Kind zum Symbol eines neuen Lebens der Liebenden, die mit ihm eintreten in das Stadium des Ernsts:

> So laß uns denn unsre Stelle in dieser schönen Welt verdienen, laß uns auch die unsterblichen Früchte tragen, die der Geist und die Willkür bildet, und laß uns eintreten in den Reigen der Menschheit. Ich will mich anbauen auf der Erde [...] Leichtsinnig lebte ich über die Erde weg und war nicht einheimisch auf ihr. Nun hat das Heiligtum der Ehe mir das Bürgerrecht im Stande der Natur gegeben. Ich schwebe nicht mehr im leeren Raum einer allgemeinen Begeisterung, ich gefalle mir in der freundlichen Beschränkung.[84]

Wenn wenig später allerdings der Briefschreiber seiner Geliebten empfiehlt, sie müsse sich „allmählich zur Ökonomie bilden, versteht sich im allegorischen Sinn“,[85] so ist dahinter der geistreiche junge Autor erkennbar, der jede Aussage sofort ironisiert.

Form und Erfahrungsmangel

Ihrem normativen Gehalt nach, dies wird deutlich geworden sein, sind die Erzählungen Mereaus überraschend „modern“. Was sie gleichwohl in der Epoche ihres Entstehens festhält, ist vielleicht, daß sie allzu leicht aufgehen in ihrem Gehalt, daß in ihnen keine bestimmte Subjektivität sichtbar wird, welche die Widersprüche der Epoche in sich einläßt und sich an ihnen reibt. Man würde es sich zu leicht machen, wenn man die eigenartige Subjektlosigkeit der Erzählungen Mereaus aus dem Erfahrungsmangel weiblicher Autoren des 18. Jahrhunderts erklären wollte, wie dies Schiller übrigens tut, wenn er bemerkt, daß

„unsre Freundin" „sich bloß in einer einsamen Existenz und in einem Widerspruch mit der Welt gebildet" habe.[86] Ihren Produktionen ist vielmehr anzuspüren, daß sie diesen Erfahrungsmangel auch nicht mit einer konsequenten Arbeit an der Form auszugleichen gesucht hat. Ihre Briefe jedenfalls lassen nicht erkennen, ob sie über ihre schriftstellerische Tätigkeit reflektiert hat. Arbeit ist in ihren Tagebüchern ein außerordentlich häufig verwendeter Begriff, aber sie notiert sich nur, daß sie gearbeitet und dabei Spaß gehabt hat und daß ihr die Arbeit „wohlgelungen" ist, nicht *wie* sie gearbeitet hat und welche Probleme etwa dabei aufgetreten sein könnten. Überhaupt scheint sie ihre Arbeit nicht in Frage zu stellen; Schreiben ist ihr eine Selbstverständlichkeit.

Sie gehört in der Tat zu jener Zwischengeneration, welche die einfachen Erzählgenera der Aufklärung weiter benutzt, während für Goethe diese bereits als historische erkennbar geworden sind und die Romantiker mit der Novelle eine Kunst des Erzählens entwickelt haben. Aber natürlich läßt die Kunstlosigkeit von Mereaus Prosa sich auch dadurch erklären, daß sie die oben erörterte Statuszuweisung für sich akzeptiert; in der mittleren Sphäre sind Formprobleme von untergeordneter Natur. Es bedeutet kein Werturteil, wenn man Mereau mit dem Bekenntnis der zehn Jahre jüngeren Günderrode konfrontiert:

[...] denn immer rein u lebendig ist die Sehnsucht in mir mein Leben in einer bleibenden Form auszusprechen, in einer Gestalt die würdig sei zu den vortreflichsten hinzutretten sie zu grüßen u Gemeinschaft mit ihnen zu haben. Ja nach dieser Gemeinschaft hat mir stets gelüstet, dies ist die Kirche nach der mein Geist stets walfartet auf Erden.[87]

Für Brentano, dem die zitierte Briefstelle gilt, besteht übrigens zwischen Mereau und Günderrode weder ein qualitativer, noch ein Unterschied der Kunstanschauung. Es sind schreibende Frauen, die, wenn sie schon produzieren müssen, so wenigstens nicht publizieren sollten. Günderrodes Brief ist die Antwort auf eine entsprechend entsetzte Anfrage von Clemens, als sie – unter Pseudonym! – ihren ersten Gedichtband veröffentlicht. Der Unterschied ist gleichwohl riesengroß: Mereau schreibt, übersetzt, gibt heraus, sie verdient mit ihrer schriftstellerischen Arbeit ihren Lebensunterhalt. Günderrode imaginiert sich als Mitglied einer Kunstreligion. In diesem Reich der Kunst hat die Form metaphysische Bedeutung. Bei Mereau bleibt sie eine zufällige Wahl.

Für ihren ersten Roman «Das Blütenalter der Empfindung» hat Mereau die Ich-Form gewählt, zugleich aber hat sie, durch den Kunstgriff der Geschlechtsveränderung, einer direkten Zuordnung der Romanhandlung zu ihrer eigenen Lebensgeschichte vorgebaut. Daß diese Vorsichtsmaßnahme sie keineswegs vor anzüglichen Kommentaren geschützt hat, geht aus einer frechen Bemerkung Friedrich Schlegels hervor, der seinem Bruder den Romaneingang beschreibt:

Anfangs tritt ein junges Wesen auf, in dem alle möglichen Gefühle Purpurisch durcheinanderfluthen. Es sitzt dabey ganz gelassen im Grase. Ich sage es, weil ich gewiß glaubte, es sey ein Mädchen; es sollte aber ein Junge seyn.[88]

Ich halte es für wenig sinnvoll, darüber zu rätseln, warum Mereau sich hinter
einem männlichen Ich-Erzähler versteckt hat. Wichtiger scheint mir die Tatsache, daß sie trotz dieser Verkleidung offenbar kein Bedürfnis verspürt hat, von
sich selbst zu erzählen; es ist ihr, wie ihr erster Rezensent beobachtet, wirklich
„fast unmöglich, den Kreis allgemeiner Empfindungen zu verlassen".[89] Mereau
übersetzt die „wahre Geschichte", d. h. die Grundlage aufklärerischen Erzählens, in klassizistische Abstraktheit, statt sich einzulassen auf die seit Rousseau
eröffneten Möglichkeiten der Autobiographie. Wenn in seinem «Brief über den
Roman» Friedrich Schlegel eine epochale Entwicklung trifft, dann geht diese an
Mereau vorbei:

> Sie werden sich, wenn Sie darüber reflektieren wollen, leicht erinnern und überzeugen,
> daß das beste in den besten Romanen nichts anders ist als ein mehr oder minder verhülltes
> Selbstbekenntnis des Verfassers, der Ertrag seiner Erfahrung, die Quintessenz seiner
> Eigentümlichkeit.[90]

Nur in einem Prosagenre hat Mereau eine Form gefunden, in der es wenig
Vergleichbares geben dürfte, aber es ist eine Form, die mit der Zeit, in der sie
entstand, auch untergegangen ist: die Idylle. Das zeitgenössische Urteil über
ihren ersten Roman, das in diesem eine Folge von Idyllen sehen will, scheint mir
daher mehr als ein pedantischer Rettungsversuch zugunsten einer jungen Schriftstellerin. Die impressionistischen Skizzen aus dem «Kalathiskos» sind in ihrer
Art kleine Kunstwerke, die an Goethes Beschreibung von Tischbeins Idyllen
erinnern. Sie haben jenes Flüchtige, Momenthafte, das Goethe an Tischbein
bewundert, doch ohne dessen mythologischen Apparat. Es sind Prosagedichte,
die Stimmung, Ereignis und Landschaft in einem Augenblick vollkommener
Einheit festhalten.[91]

X. Kommunikationsmodelle

1. Briefkultur: Entwicklung und sozialgeschichtliche Bedeutung des Frauenbriefs im 18. Jahrhundert

Reinhard M. G. Nickisch

Gesellige statt gelehrter Bildung[1]

Das zu Beginn des 18. Jahrhunderts aufgestellte Ideal der gelehrten, also der sich wissenschaftlich betätigenden Frau geriet im Verlauf des Jahrhunderts sehr rasch in Verruf und wurde durch das Ideal einer geselligen, nur im privaten Raum wirksamen Bildung ersetzt.[2] Befürworter weiblicher Bildung glaubten, den Erfordernissen einer aktiven Persönlichkeitsbildung am ehesten dadurch Rechnung tragen zu können, daß sie die produktiven Geisteskräfte der Frauen auf den Bereich des Briefschreibens hinlenkten bzw. ablenkten. Denn so konnten sie zugleich die Gefahr einer den Männern durch gelehrte Bücherschreiberinnen erwachsenden Konkurrenz vermeiden.[3] Ohne Zweifel bot der Brief die natürlichste Möglichkeit, sich ergiebig über aktuelle oder sonst interessante – literarische, moralische, philosophische, lebenspraktische usw. – Themen und Fragen schreibend auszutauschen. Zudem blieb dies Medium ein eindeutig privates, personbezogenes Vehikel schriftlicher Äußerungsweise. So kann es kaum verwundern, daß die zahlreichen Brieflehrer der Aufklärungsepoche kein Gebiet schriftlicher Betätigung der Frauen als so wichtig erachteten wie das Schreibenlernen guter deutscher Briefe. Und ihre Bemühungen fielen auf fruchtbarsten Boden.[4]

An Zahl und Bedeutung übertreffen die uns aus dem 18. Jahrhundert überkommenen Frauenbriefe die aller früheren Jahrhunderte. Zwar haben sich die Frauen keineswegs auf das Verfassen von Briefen beschränken lassen; denn viele von ihnen avancierten im Laufe des Jahrhunderts zu veritablen Schriftstellerinnen und Publizistinnen, die in einzelnen Fällen sogar versuchten, von den Früchten ihres schriftstellerischen Fleißes zu leben; aber es dürfte unstreitig zu erweisen sein, daß sie auf dem Felde der Briefkunst am meisten exzellierten und ihre männlichen Briefpartner sehr oft übertrafen.

*L'écriture. Kupferstich von
D. N. Chodowiecki*

Ermunterung der bürgerlichen ‚Frauenzimmer' zum Briefschreiben

Wer die soziokulturelle Leistung der briefschreibenden deutschen Frauen des
18. Jahrhunderts untersucht und würdigen will, muß sich damit begnügen, daß
es sich dabei lediglich um die Sache einer sehr schmalen Schicht handelt – der der
gebildeten bürgerlichen (und natürlich zum Teil der adligen) Frauen. Man kann
diese Schicht quantitativ annäherungsweise bestimmen, wenn man sich vergegenwärtigt, daß zur Zeit der Französischen Revolution im ‚Heiligen Römischen
Reich Deutscher Nation' etwa 23 Millionen Menschen lebten; davon waren zu
Beginn des letzten Jahrzehnts des 18. Jahrhunderts noch nicht einmal fünf
Millionen alphabetisiert. Lesefähige und sich schriftlich artikulierende Frauen
dürfte es damals nicht einmal zwei Millionen gegeben haben.' Völlig ausgeschlossen von den im Laufe des Jahrhunderts zunehmenden Bildungsmöglichkeiten waren die weiblichen Angehörigen der unteren Stände. Die Bemühungen

der Moralischen Wochenschriften und solch progressiver Autoren wie Gottsched und Gellert um die Hebung der Bildung der Frauen galten darum auch keinesfalls der Unterschicht, von der man sich als Mitglied der allein als bildungsfähig angesehenen bürgerlichen Klasse vielmehr abzugrenzen trachtete. Und so zielten denn auch Anweisungen und Muster der überaus zahlreichen zeitgenössischen Briefsteller seit den Tagen der galanten Brieftheorie eines A. Bohse, eines Ch. F. Hunold, eines B. Neukirch auf das gesellschaftlich allein interessante ‚Frauenzimmer‘ adligen und gehoben-bürgerlichen Standes.[6] Dabei blieb es bis zum Ende des 18. Jahrhunderts.

Die auf eine Reform und Höherentwicklung der deutschen Literatur und der Briefschreibefähigkeiten hinarbeitenden Autoren der Aufklärung empfahlen den bildungsbereiten deutschen Frauen als beispielhaft besonders die Briefe der großen französischen Epistolographinnen des 17. Jahrhunderts: der Marie de Sévigné (1626–96), der sog. Babet (1638–1701) und der Ninon de Lenclos (1620–1705). Um die Mitte des Jahrhunderts verlagerte sich dann der Einfluß, der von der ausländischen Briefschreibekunst ausging, auf englische Muster – durch das Bekanntwerden nämlich der Briefromane S. Richardsons. Man darf bündig vorwegnehmen: Von den deutschen Aufklärern und Brieflehrern ermuntert, von großen ausländischen Beispielen herausgefordert, wurden viele Frauen hierzulande in kürzester Zeit zu Meisterinnen des Briefschreibens – der Brief wurde gleichsam zur weiblichen Paradegattung.

Entstehung und Entwicklung einer ‚privaten‘ Literaturgattung

Der Versuch, die Entwicklung des deutschen Frauenbriefs im 18. Jahrhundert nachzuzeichnen, stößt auf zwei prinzipielle Schwierigkeiten: Zum einen sind nicht alle erhaltenen Frauenbriefe jener Zeit erschlossen und zugänglich.[7] Zum anderen sind die bislang erschlossenen virtuell insofern einseitig, als sie fast durchweg von Frauen stammen, die im näheren oder weiteren Lebens- und Wirkungsbereich einer für bedeutend gehaltenen männlichen Persönlichkeit existierten; denn die Überlieferungsgeschichte der Frauenbriefe im 19. und 20. Jahrhundert stand nahezu ununterbrochen im Zeichen einer Gesellschaft, in der männlich bestimmte Leitvorstellungen und Wertsetzungen Priorität besaßen. Die soziale Lage der Frauen war so beschaffen, daß sie sich nur dort bildungsmäßig und geistig aktiv entfalten konnten, wo ihnen die gesellschaftlich privilegierten Männer entsprechende Freiräume eröffneten. Eine Frau, der diese Chance nicht geboten wurde, war aufgrund der sie existentiell einschnürenden patriarchalischen Verhältnisse zum geistigen Erstickungstod verurteilt; ihr fehlte die fundamentale Bedingung der Möglichkeit, als Briefschreiberin zu reüssieren oder auch nur ‚bemerkt‘ zu werden.

Wenn von ‚Entwicklung der Gattung‘ die Rede ist, dann versteht es sich, daß dabei die post festum beobachtenden, beschreibenden und interpretierenden

Literarhistoriker/innen eine Fülle von Vorgängen und Prozessen der geistigen, sprachlichen und gesellschaftlichen Realität abstrahierend zusammenfassen müssen. Dafür ist unerheblich, ob diejenigen, die, historisch gesehen, an diesen Vorgängen und Prozessen beteiligt waren bzw. sie auslösten, sich bewußt waren, an einer im nachhinein so genannten ‚Entwicklung‘ mitzuwirken. Zudem war es den Briefschreiberinnen des 18. Jahrhunderts nur in Ausnahmefällen vergönnt, auf die Ausbildung der ihnen von den Männern eingeräumten Gattung direkt und wirkungsvoll Einfluß zu nehmen – also etwa durch eine rasche Publikation und Verbreitung ihrer epistolaren Produkte. Zwar hätten manche Männer es gern gesehen, wenn die von ihnen bewunderten Briefe ihrer Freundinnen alsbald veröffentlicht worden wären, aber häufig widersetzten sich Frauen mit Erfolg dem Wunsch ihrer Umgebung, die Briefe drucken zu lassen. Die ihnen von der Tradition ihres weiblichen Standes nahegelegte Scheu vor der Öffentlichkeit hinderte sie daran, die sehr persönlichen Produkte ihrer Feder alsbald publizieren zu lassen. In der Tat sind die wenigsten Frauenbriefe des 18. Jahrhunderts noch zu Lebzeiten ihrer Verfasserinnen gedruckt worden. Bekannt und damit potentiell wirksam wurden die Briefe zumeist nur im kleinen Kreise von Verwandten und Freunden. Ja, vielfach nahm eine größere Leserschaft erst Kenntnis von den Frauenbriefen, als diese, um einem neu erwachenden literar- oder kulturhistorischen Interesse Genüge zu tun, im 19. und 20. Jahrhundert ‚ausgegraben‘ und ediert wurden. Und erst im Lichte der Kenntnis all dieser meist sehr spät zugänglich gewordenen Dokumente der weiblichen Epistolographie des 18. Jahrhunderts ist es möglich geworden, eine überaus bemerkenswerte ‚Entwicklung‘ zu konstatieren und zu beschreiben.

Ununterdrückbare Briefschreibelust: Liselotte von der Pfalz

Am Anfang dieser Entwicklung steht das Briefwerk der Liselotte von der Pfalz (eigentlich Elisabeth Charlotte von Orléans) (1652–1722), dessen deutsch geschriebener Teil (knapp die Hälfte) schon dem beginnenden 18. Jahrhundert angehört. Mit ihrer Entscheidung, entgegen den feststehenden Gepflogenheiten ihres Standes einen Großteil ihrer Korrespondenz in deutscher Sprache zu bestreiten, nahm Liselotte erstaunlicherweise etwas vorweg, wozu sich z. B. die junge Louise Kulmus und die junge Sophie Gutermann erst unter dem Einfluß ihrer schriftstellernden Freunde Gottsched und Wieland in der Aufklärungsepoche entscheiden werden.

Die kurpfälzische Fürstentochter lebte seit ihrer Verheiratung mit dem Bruder des Sonnenkönigs (1671) am Hofe von Versailles und litt sehr darunter, nicht in die geliebte Heimat zurückkehren zu können – noch mehr aber darunter, daß Ludwig XIV. in ihrem Namen den sogenannten Pfälzischen Erbfolgekrieg (1688–97) vom Zaune brach und ihre Heimat durch seine Heerführer brandschatzen und verheeren ließ. Da der natürlich-spontanen Liselotte die Teilnahme am zeremoniös-galanten Versailler Hofleben nie zusagte, füllte die ungemein schreibfreudige Herzogin ihre Tage lieber damit, eine ausgebreitete Korrespondenz mit vielen Fürstlichkeiten und anderen bedeutenden Persönlichkeiten der Zeit – z. B. mit Leibniz – zu unterhalten. Ihren Briefen, von denen sie täglich bis zu einem Dutzend schrieb und von denen etwa 5000 erhalten sind, entnehmen wir überaus direkte, konkrete Schilderungen der Zustände, Vorgänge und Personen am französischen Hof.

An Karoline von Wales schreibt Liselotte von der Pfalz unter dem 10. 11. 1716 z. B. über Ludwigs XIV. spanische Gemahlin:

> Unsere Königin war bluteinfältig, aber die beste und tugendsamste Frau von der Welt, die aber doch *Grandeur* hatte, und den Hof wohl zu halten wuste. Sie glaubte alles was ihr der König sagte, gutes und böses. Sie hatte häßliche, zerbrochene, schwarze Zähne; fraß oft viel Knoblauch. Den 10ten Nvbr. 1716.[8]

In einem Brief aus St. Cloud, wo sie ihre letzten Lebensjahre verbrachte, beschwert sie sich bei ihrer Briefpartnerin, der Raugräfin Louise, zornig über den französischen Oberpostmeister.

> St Clou, den 2 November 1719
> Hertzallerliebe Louise, ich habe Eüch schon vergangenen sontag, wo mir recht ist, bericht, wie daß ich Ewer liebes schreiben vom 17 October, no 82, zu recht entpfangen habe, worauff ich in dießem augenblick andtworten werde. Man kan nicht übeller gehen, alß die frantzoschen posten gehen; sie seindt aber auch unter einem gar curieussen oberpostmeister, dem herrn von Torcy, der hatt mir all sein leben alle meine brieff auffgemacht undt geleßen. Daß, wiewoll sehr impertinent, were noch woll hingangen; den ich frag nichts darnach, wen man meine brieffe lest; aber daß er nach der alten zott [Frau von Maintenon] willen commantaire drauff gemacht, umb mich von unßern könig haßen [zu] machen, daß war zu grob. Er mag aber nun so viel commantaire machen, alß er will, es ist mir nicht bang, daß er mich mitt meinem sohn brouilliren wirdt, solte sich auch gleich daß boße pfaffgen, der abbé Dubois, sich gleich dazu schlagen. Das kan nicht geschehen; den sie seindt ertzfeindt, haben abscheüliche querellen gehabt, wo sie ihre wahrheiten einander dichte gesagt. Man konte ihnen sagen, wie I. G. s. [Ihro Gnaden selig] der churfürst, unßer herr vatter, alß pflegt zu sagen in gleichen fällen: „Accordes vous, cannaille [Accordez vous, canailles]!" Aber genung hirvon! Man muß zufrieden sein, liebe Louisse, wen die briefe nur nicht gantz verlohren gehen undt sie doch endtlich überkommen.[. . .][9]

Erkennbar ist, wie deutlich, ja unverblümt und derb die herzogliche Schreiberin ihre Beobachtungen, Erfahrungen und Ansichten zum Ausdruck bringt. Sie hat sich von der peniblen höfischen Etikette nicht vereinnahmen lassen, sondern gibt sich auch noch im Alter frisch, offen, ungezwungen, lebensnah.

Nicht unwesentlich dürfte der hauptsächlich private Stoff ihrer Briefe – Intrigen, Klatschereien, Intimitäten – dazu beigetragen haben, daß Liselotte von der Pfalz sich gedrängt fühlte, detailfreudig, anschaulich und ganz subjektiv zu schreiben. Ihre umfangreiche Korrespondenz ist daher nicht allein eine reichhaltige real-, kultur- und sittengeschichtliche Quelle, sondern sie ist überdies hochbedeutsam für die Geschichte des deutschsprachigen Briefes und Briefstils insgesamt. Noch mehr Beachtung aber verdient, daß es eine Frau war, die, unbekümmert um die Briefmode der Zeit – derzufolge es verpönt war, Briefe in einem unhöfischen, persönlichen Deutsch zu schreiben –, resolut demonstrierte, daß derlei mit Erfolg zu praktizieren möglich war. Gewiß finden sich in ihren Briefen zahlreiche französische Wörter und deutsch-französische Mischformen. Aber das war der Mindesttribut, den sie der Zeit, ihrem Stand und ihrer französischen Lebensumgebung entrichten mußte.

Eine besorgte Hamburger Witwe: Anna Maria von Hagedorn

Die so lebensvollen Briefe der Herzogin von Orléans hatten jedoch keine Chance, so wie die ihrer großen französischen briefschreibenden ‚Kolleginnen' des 17. Jahrhunderts, stilbildend bei ihren briefbeflissenen Geschlechtsgenossinnen zu wirken. Erste deutsche Briefstücke der urwüchsigen heimatverbundenen Pfälzerin wurden erst 1789 gedruckt. Die deutschen bürgerlichen Frauen der Frühaufklärung, wofern sie es schon dahin brachten, einen Brief aufzusetzen, konnten sich allenfalls an den Lehren und Exempeln zeitgenössischer Briefsteller, etwa an denen von Ch. Juncker (1709 u. ö.) und B. Neukirch (ebenfalls 1709 u. ö.), orientieren. Der erste indes huldigte noch dem schwerfälligen Kurialstil, während der zweite immerhin schon zugunsten eines gewandten ‚galanten' Stils das Rhetorisch-Kanzlistische stärker beiseite drängte.[10] Den Anweisungen der Briefsteller mit Erfolg nachzukommen dürfte aber den meisten Frauen noch der zwanziger und dreißiger Jahre des 18. Jahrhunderts kaum möglich gewesen sein. Das mühsam gelernte Schreiben in sprachfertige Briefe umzusetzen – dazu fehlte es den Frauen – wie den meisten männlichen Bürgern – noch ganz und gar an der erforderlichen schriftsprachlichen Geschicklichkeit und Praxis. Noch war der solche Praxis enorm begünstigende freundschaftliche Austausch von Briefen nicht Mode geworden. Den Stand weiblicher briefschreiberischer Leistungsfähigkeit dürfte daher ein Text wie der folgende ziemlich getreu widerspiegeln:

Mein hertzlieber Sohn
Dein Schreiben von 6 dieses habe richtig erhalten, alle einschlüse bestellen laßen, außgenommen M. Schmid welcher verreißet, wohin hat man nicht gewust, inzwischen erfreuet mich von hertzen, daß du wol und vergnügt lebest, auch gelegenheit hast, mit den H. Professores contans zu seyn, es ist freilich obl[i]geant, daß dir von solchen extra rare schrifften gezeiget worden, du erweist mir zu viel ehre wen du die ursache anführest, weßwegen du mir solches schreibest. deine rechnung wil abbezahlen, ob ich gleich gehofft hatte, du würdest von die 5 thaler das reisegelt bis nach Altorf reichlich bezahlen können; [...] sey nicht zu liberal trincgeld zu geben, den dazu werden die 5 thaler meistens wol mit weggegangen seyn? Du hingegen bist capable es deinen mundt zu entziehen, welches ich nicht zu geben kan, auch nach meinem erachten nicht nöhtig ist, wenn du nur eine ordentliche einrichtung und überschlag [...] machest, den mehr zu accordiren wird klein jüngsten mir nicht anmuthen, als welcher wol weiß, daß die Liebe Mama auch die nothurfft haben muß, daher du Hertzens Ludewig ja auf die gedancken nicht kommen must, an eines Professores tisch zu speißen, und hette ich noch so viel Gelt, dennoch wolte es nicht noch einmal zu[ge]stehen; waß gelegenheit die Tischgesellschafft zu depensiren und die Zeit zu verdendeln giebt, habe ich bei Friederich erfahren, den es ist unmöglich

allemahl mit guter manir sich zu excusiren, wenn die Burse einem nöhtigen oder die Zeit auf der Kammer zu passiren lust haben, Gott behüdte dich dafür, der Nutzen und schaden ist bey weiten nicht so groß als der nachteil der daraus nebst die Kosten zu befahren gewis ist [...]. Der liebe Gott erhalte dich in seiner Gnade gesundt und bewahre dich für falsche und listige Freunde [...]. Doct. von Holtze ist endlich Duhmherr geworden, durch absterben des Sehl. Herrn Doct. Dobeler. Friederich sein expectance ist nicht beser geworden, nun lieber Ludewig lebe wol, vergnüge dich so viel du kanst an den deinen schlechten Ohrt, nimb alles so gut auf als du versichert bist, das es auß ein liebreichen hertzen flieset welche ist deine dich hertzlich liebende Mutter

Hambourg, d. 27. April 1731."   M. Witwe Von Hagedorn.

Es handelt sich hier um ein Schreiben Anna Marias von Hagedorn, der Mutter des Hamburger Anakreontikers und Fabeldichters Friedrich von Hagedorn, an ihren jüngeren Sohn Christian Ludwig, der in Jena studiert. Es geht in dem Brief der Hamburger Witwe um handfeste Dinge: um Geldfragen, um den Umgang und das Studium des Sohnes, um Gesundheit und Essen, um Bekannte und Besuche, um lokale Neuigkeiten. Die Schreiberin ist aufs höchste besorgt, ob der in der fernen fremden Stadt studierende Sohn auch einen soliden Lebenswandel führt. Einesteils möchte sie, daß er mit dem übersandten Gelde haushälterisch umgeht, und andernteils wünscht sie doch, daß er bei seinem Auftreten in der Gesellschaft der Universitätsstadt seiner Herkunft und seinem Stande nichts vergibt. Im Sprachlichen behindert durch noch sehr ungelenke Redeformen und Satzfügungen (die Verfasserin durchsetzt allerdings ihr Deutsch auch mit vielerlei fremdwörtlichen Einsprengseln in der Manier der Galanten und der gehobenen bürgerlichen Gesellschaft), kann die herzliche, menschlich anrührende Sorge der Hamburgerin, die mit ihren Mitteilungen und Gedanken ganz in dem engen Rahmen ihrer persönlichen Lebensgegebenheiten bleibt, nur mühsam zum Ausdruck gelangen.

Der Mut der Jungfer Kulmus – die Resignation der Frau Gottsched

Zur gleichen Zeit, da die mütterlich besorgte Hagedornin in Hamburg ihre Kümmernisse, Lehren und Nachrichten in Briefen an ihren jüngeren Sohn mühevoll zu Papier bringt, macht eine 17jährige Danzigerin, Louise Adelgunde Victorie Kulmus (1713–62), ihre ersten Schritte als Schreiberin deutschsprachiger Briefe. Sie hat in ihrer Heimatstadt gerade erst den jungen ehrgeizigen Gelehrten J. Ch. Gottsched kennengelernt. Dieser ist dann nach Leipzig abgereist, und nun entwickelt sich eine freundschaftliche Korrespondenz zwischen den beiden, die schließlich zu Verlobung und Heirat führt. Louises erster Brief an den neuen Freund lautet folgendermaßen:

Hochzuehrender Herr,   Danzig den 12. Jul. 1730
   Sie sind also glücklich nach Leipzig gekommen! Sehn Sie was unsere Wünsche für gute Wirkung gehabt haben. Von diesen sind Sie aber auch zu Wasser und zu Lande begleitet worden. Und gewiß wäre es auch das erstemal, daß die Wünsche treuer Freunde und die Bitten einer Freundin unerhört vom Himmel zurücke gekommen wären. Eine, und gewiß

nicht die kleinste meiner Hoffnungen wäre also erfüllt. [...] Wer weis, ob nicht das Zeichen ihres Schiffs* von glücklicher Vorbedeutung gewesen ist? Lassen Sie uns der Vorsicht trauen, die unsre Bekanntschaft selbst gefüget hat; ist es ihr Wille, so wird die reinste und zärtlichste Freundschaft durch sie beglücket werden. Ihr Segen ruhet auf den Tugendhaften. Lassen Sie uns tugendhaft seyn: so haben wir einen Anspruch auf ihre Hülfe. Erzeiget sie uns dieselbe später als wir wünschen: so ist es Prüfung, die wir verehren wollen. Leben Sie wohl, schreiben Sie mir oft, und beruhigen dadurch Ihre treuste Freundin   Kulmus.

* Das Schiff, auf welchen [!] der Hr. Professor Gottsched von Danzig abreisete, führte das Bild der Hoffnung.[12]

Mit welcher Selbstsicherheit, ja Reife schreibt die junge Danzigerin, und was für ein fertiges, klares, schnörkelloses Deutsch! Dieser erste kurze Brief ist beileibe keine Ausnahme, sondern der Beginn einer langen Reihe von Briefen, die sich samt und sonders durch die gleichen Qualitäten auszeichnen. Man muß sich hier vor Augen halten, daß die Jugendbriefe der Kulmus gut zwei Jahrzehnte vor der Zeit verfaßt worden sind, da Ch. F. Gellert und seine Mitstreiter die große Briefreform im Zeichen von Natürlichkeit und Lebhaftigkeit des Schreibstils proklamierten. Die spätere Braut und Gattin Gottscheds erfüllt bereits in ihren ersten überlieferten Briefen an den Leipziger Freund auf eine staunenswert selbstverständliche und zugleich sehr persönliche Weise die Schreibideale der späteren männlichen Reformer.

Louise Kulmus, die sich vor ihrer Bekanntschaft mit dem Magister Gottsched nur im Schreiben französischer – und dann auch englischer – Briefe geübt hatte, wird von ihrem sprachreformerisch ambitionierten Freund gedrängt, nurmehr deutsch zu schreiben. Sie akzeptiert diese Mahnung und vertraut sich, überaus lerneifrig, auch sonst der pädagogischen Führung des Freundes an. Es mag diesen überrascht haben, wie bald gleichwohl in den Briefen der Freundin Regungen geistiger Selbständigkeit und Unbestechlichkeit des Urteils begegnen. Ihr fällt es nicht ein, sich an die Schreibregeln und -muster in den zeitgenössischen Brieflehren zu halten. Gottsched hatte ihr den von ihm neu herausgegebenen Junckerschen «Wohlunterwiesenen Briefsteller» geschickt und empfohlen. Schönstes Zeugnis ihrer Souveränität als Briefschreiberin und ihres kritischen Talents ist die Art und Weise, wie sie dieses Werk in ihrem Brief vom 30. 5. 1732 beurteilt und abfertigt.

Junckers Briefsteller mag gründlich genug in seiner Anweisung seyn, wenn die Exempel besser wären. Es macht mehr Eindruck, wenn nicht allein die Muster nach allen Regeln richtig sind, sondern sich auch durch den Witz, der darinnen herrscht, und durch eine gute Wahl der Ausdrücke empfehlen.

Und mit Blick auf den Anhang des Junckerschen Briefstellers, der B. Neukirchs «galante Briefe» von 1695 enthielt, fügt sie gleich noch unmißverständlich an: „*Neukirchs* Briefe sind nicht das Muster, nach welchem ich mich bilden möchte."[13] Wieviel Selbstbewußtsein bei einer 19jährigen, die wie alle Frauen der Zeit in einer streng patriarchalischen Umgebung groß geworden war! Ihre ungewöhnliche Briefkunst beeindruckt Gottsched schon vor ihrer Heirat so sehr, daß er ihr vorschlägt, ihre Briefe alsbald – 1734 – gedruckt herauszubringen. Louise lehnt das aber ab, da diese Briefe nur für ihn bestimmt seien; sie dürften erst nach ihrem Ableben publiziert werden.[14] Tatsächlich sind sie erst knapp ein Jahrzehnt nach ihrem Tode herausgegeben worden.

Trotz eigener bewundernswerter Leistungen und fortschrittlicher Vorstellungen über die Geistesbildung der Frauen hat die Gottschedin nicht gewagt, daraus Forderungen für deren gesellschaftsrechtliche Stellung abzuleiten. Zwar bäumt sie sich als ‚denkendes Wesen‘ gelegentlich gegen die Rolle auf, welche die zeitgenössische bürgerliche Gesellschaft ihr als Frau zuweist:

> Hier [in ihrem Leipziger Ehedasein] muß ich meinen Kopf täglich mit wahren Kleinigkeiten, mit Haus- und Wirthschaftssorgen füllen, die ich von Kindheit an, für die elendesten Beschäftigungen eines denkenden Wesens gehalten habe; und deren ich gern entübriget seyn möchte.

Aber schon im nächsten Satz beugt sie sich wieder:

> Allein ein wesentliches Theil der vorzüglichen Glückseligkeit des männlichen Geschlechts, sollte in der Ueberhebung dieser nichtsbedeutenden Dinge bestehen; und wir dürfen nicht wider das Schicksal murren, daß [!] uns diese beschwerlichen Kleinigkeiten vorbehalten hat.[15]

Der 42jährigen entringt sich einmal der Stoßseufzer: „O wie glücklich wäre der Mensch, wenn er bloß den Empfindungen seines Herzens nachgehen könnte!“ Sie sieht dafür indes in dieser Welt keine Möglichkeit, und so versucht sie sich fromm zu trösten: „Allein dieses ist für eine bessere Welt aufgehoben: in der jetzigen muß er zuweilen das, was ihm am liebsten wäre, demjenigen aufopfern, was die Pflichten der bürgerlichen Gesellschaft und die Umstände der Zeit ihm vorschreiben.“[16]

Kein männlicher Briefschreiber in Deutschland, den eigenen dezidiert sprachreformerisch tätigen Freund nicht ausgenommen, schrieb um 1730 eine so gelenke, natürlich-klare und umschweifelose Briefprosa wie die junge Danzigerin Louise Kulmus. Für das sozialgeschichtliche Verständnis der Frau in der ersten Phase der Aufklärung ist die Gottschedin als Briefschreiberin womöglich aufschlußreicher denn als Übersetzerin, Gelehrte und Schriftstellerin (vgl. S. 302 f. in diesem Band). Denn gerade aus den vertrauten Briefen erfahren wir, wie ihr zu einer stolzen Entwicklung bestimmter Geist sich beugte und fromm, aber doch seufzend das Los der Zweitrangigkeit annahm und trug – nicht weil dies von der Natur unausweichlich verfügt war, sondern weil die gesellschaftliche Ideologie der Zeit es so wollte.

Meta Klopstocks ‚Buch des Glücks‘

1751, in demselben Jahr, in dem Gellerts, J. Ch. Stockhausens und J. W. Schauberts entscheidende briefreformerische Werke erschienen,[17] tritt eine Briefschreiberin in Erscheinung, deren Produkte von Anfang an die geniale Sicherheit einer

Naturbegabung verraten: die gleichfalls noch sehr junge Hamburger Bürger-
tochter Meta (eigentlich Margarethe) Moller (1728–58). Sie braucht für das
Schreiben ihrer Briefe an den Freund und Geliebten F. G. Klopstock weder einen
persönlichen Lehrer noch eine papierne Anleitung. Und dabei sind diese Briefe
von einer bis dahin im Deutschen beispiellosen Lebendigkeit, Gefühlsstärke und
Unmittelbarkeit des Ausdrucks – es sind Briefe, die mit ihrer „Sprache des
Herzens" schon hinüberweisen „zu dem jungen Goethe, zu seinen aufgewühl-
ten, lebensvollen Leipziger Briefen von 1769", wie E. Trunz zu Recht festgestellt
hat.[18] Man darf vielleicht noch einen Schritt weitergehen und sagen, daß es in
Meta Klopstocks Briefen Stellen gibt, die einer Vorwegnahme von Goethes
epochemachender «Werther»-Prosa gleichkommen. Sie schreibt an den ihr besonders werten Freund N. D. Giseke am 23. 12. 1752, nachdem sie und Klopstock sich ihrer Liebe zueinander gewiß geworden waren:

> Ich schreibe Ihnen jauchzende Briefe? Ja, wenn *ich* nicht jauchzen wollte, wer sollte
> dann jauchzen? Aber ach, wie wenig ist alle das Jauchzen gegen meine Empfindung! Wenn
> ich Sie nur einmal spräche – aber auch das wäre nicht zureichend. Gott, welche Empfin-
> dung ist ein so volles Herz! Voll von den Empfindungen der höchsten Glückseeligkeiten!
> Gesund, geliebt – von Kl gegliebt! Ach wie liebt Kl, wie liebt Kl! Ach (ich kann die
> Wiederholung unmöglich unterdrücken) wie glücklich bin ich! Niemals hätte ich geglaubt,
> daß ein Sterblicher *so* lieben *könnte*! Ich traute mir sehr viel zu, aber so hätte ich nicht
> gedacht, daß ich selbst lieben könnte – u doch liebe ich itzt so. Wie sehr ähnlich sind wir
> uns, wie sehr ähnlich lieben wir, mein Kl u ich (*mein* Kl! Welche Musik!). Wie *weiblich*
> liebt er auch! Nicht den allerleisesten, feinsten Zug (der, in so einem geringen Grade, vielen
> zu vergeben wäre) von männlicher Härte, Gleichgültigkeit, Unachtsamkeit. Wie sorgt er
> für alles! Er wird umständlich (da er doch sonst sehr die Kürze liebt) so bald es auf die
> geringste Kleinigkeit für meine Gesundheit, oder auch nur für meine Bequemlichkeit, für
> mein Vergnügen ankommt. – Aber ich sollte von Kl-s Liebe nur nichts sagen. Sie verliert
> immer dadurch. Wie unzureichend ist alles was ich geschrieben habe – u alles was ich
> schreiben kann! Es ist noch lange kein Schatten davon. Man muß sie ganz sehen, auf allen
> ihren Seiten, in ihrem ganzen Umfange. Aber das kann niemand als ich! Und ich wollte
> gern, daß meine Freunde sich ganz freuen sollte[n], daher fange ich an zu *beschreiben*, u
> das ist thöricht! Ich ich kanns doch nicht lassen. – – Nun, ich will aufhören, ich will
> aufhören. [...].[19]

Hier ist wahrlich ‚Fülle des Herzens'! Ihren Rang als Briefschreiberin erkennt
niemand rascher als der, an den ihre innigsten Briefe gerichtet sind. Als Klopstock von Kopenhagen aus dem Schweizer J. J. Bodmer seine neue Geliebte zu
beschreiben versucht, rühmt er insbesondere ihren Briefstil:

> Nun so parteiisch ich auch *scheinen* mag; so kann ich doch von ihren Briefen sagen, u ich
> wollte dieß vor den größten Richtern sagen, daß Sevigné so nicht würde geschrieben
> haben, [...].[20]

Schon viel früher, gleich nachdem er ihre ersten Briefe hatte lesen können,
hatte er in einem Brief an J. W. L. Gleim bewundernd geäußert: „Sie schreibt so
natürlich, wie Babet."[21] Bezeichnenderweise nennt er dann Meta auch öfter
direkt ‚Babet'. Indem Klopstock seine Freundin mit der Babet gleichsetzt und
gar über die Sévigné stellt, macht er deutlich, was die deutsche Briefgeschichte

Meta Moller. Portrait von D. v. d. Smissen

bestätigen wird: Metas erhaltene Briefe an die ihr verwandtschaftlich und freundschaftlich Nahestehenden zeigen sie uns als eine Meisterin des lebendigen Briefstils, als „ein ganz einzigartiges Genie der Briefkunst" überhaupt.[22] In einem Brief ihrer älteren Schwester Elisabeth, verh. Schmidt, der sog. ‚Schmidtin', die selbst eine vorzügliche Briefschreiberin war und neidlos die große Begabung der Schwester anerkannte, lesen wir:

> Du warst doch wahrlich von der Natur bestimmt, eine Autorin zu werden, u da du es nicht seyn *wolltest*, so mustest du den doch eines Autors (dies Wort im besten Verstande) Frau werden. Ja zur *Dichterin* bistu gebohren.[23]

Sie wollte daher auch zu gern, daß Metas Briefe gedruckt würden, wogegen sich diese freilich mit Erfolg sträubte, da sie ihre Briefe für zu persönlich und intim hielt.

Fragt man nun, wie diese Frau, die briefgeschichtlich von so hervorragender Bedeutung ist und die in ihrer geistigen, sprachlichen und literarischen Bildung der Gottschedin nicht nachstand, mit ihrer Rolle als Frau in der bürgerlichen

Gesellschaft ihrer Zeit zurechtkam, wie sie in dieser Hinsicht dachte und fühlte, so geben ihre und ihrer Schwestern Briefe auch hierüber bemerkenswerte Auskunft. Wir entnehmen ihnen zunächst, daß Meta Klopstock gegen ihre Rolle als Tochter einer angesehenen Hamburger Bürgerfamilie nicht etwa aufbegehrt hat. Zumal ihre an Eltern und Schwiegereltern gerichteten, fast förmlichen Briefe zeigen sie uns als ehrsam-wohlerzogene, ergebene Bürgerstochter. Als aber die Mutter und insbesondere der Vormund, entsprechend dem zeitüblichen Recht der Eltern, der Tochter den Gatten zu bestimmen, ihrer Verbindung mit dem Mann ohne bürgerlichen Beruf (für die damalige Zeit eine schlechterdings unerhörte Sache) Hindernisse in den Weg legen wollen, gelingt es ihr dank ihrer Willenskraft und Charakterstärke, die Liebesheirat durchzusetzen.

Meta Klopstock hat selbst klar erkannt, was es für ihre menschliche Persönlichkeit bedeutet hätte, wenn sie gezwungen worden wäre, in eine der zeitgemäßen bürgerlichen Vernunftheiraten zu willigen. In ihrem Brief vom 4. 4. 1756 an die Schwester heißt es:

Wie sehr fühle ichs jede Stunde, daß Niemand als Kl. mir hätte Mann seyn können. Wie zittre ich manchmal wenn ich denke, daß es doch hätte eine *Möglichkeit* seyn können, einen andern Mann zu kriegen. Aber mein Herz fühlte sich doch immer sehr, wenn es die Leute nicht wollte, die so viel *ander* Vortheilhaftes hatten – Himmel! was hätte ich mit einer Creatur anfangen sollen, die ich übersähe! Oder noch schlimmer, mit einer, deren Herz unter meins wäre? Entschuldigen, entschuldigen, die ewige Zuflucht so vieler Frauen, die selbst dadurch schwächer werden [...]. Was würde ich mit einem Kaufmann oder einem Gelehrten, der in Einer Wissenschaft eingeschränkt ist, haben sprechen können? Vom Wetter u Schauspielen? Welch eine Unterredung zwischen *Mann* u *Frau*! Mit Kl kann ich von allem reden worin sich meine kleine Frauenzimmerlichkeiten gewagt haben, u von dem Colorit der Wissenschaften, dem Geschmack, u von dem, was über alles geht, *Empfindungen*! – Und ich könnte beynahe bey ihm eine Bibliotek entbehren, weil er mir beynahe täglich, durch seine Verse am Mess. ein neues Buch schaft. – Aber ich muß *abreissen*, nicht *abbrechen*. Gute Nacht.[24]

Erfülltes Leben, geistige Entfaltung hat Meta Klopstock nicht in der Entwicklung zur „Dichterin" gesucht, sondern in der Liebe zum Dichter, der Teilhabe an seinem Werk. In der Beziehung zum Genie mochte sie Selbstverkleinerung erfahren („meine kleine Frauenzimmerlichkeiten"), andererseits war es gerade die Beziehung zum Genie, die Selbstüberhöhung garantierte. (Vgl. S. 359 f. in diesem Band.)

Meta Klopstock ist die erste, die den Brief „als eine Kunst des Spontanen, Persönlichen und Lebensnahen"[25] in Deutschland zu höchstem Range geführt hat. Sie entwickelt eine „Sprache des Gefühls", die sich in prononcierten Gegensatz setzt zur „Sprache der Leute von Stande. Der Adel wollte Form, Repräsentation, Abgrenzung. Die Sprache des Gefühls dagegen reißt alle Schranken nieder und kennt keine Distanz."[26] Mit ihren Briefen erschließt die Hamburger Bürgerstochter in Deutschland – viel überzeugender noch als der zeitgleich auftretende Briefreformer Gellert – die Möglichkeiten einer Geschlechts- und Klassengrenzen transzendierenden Briefprosa.

Zwei Brieffreundinnen Gellerts: Erdmuth von Schönfeld und Demoiselle Lucius

Es ist nur zu verständlich, wenn das große Ansehen, das der schon mehrfach erwähnte Leipziger Professor und Brieflehrer Gellert genoß, zur Folge hatte, daß viele bildungsfreudige Frauen brieflichen Kontakt mit ihm suchten. Gellert vertrat von früh an die Auffassung, daß die Frauen besonders begabt für das Briefschreiben seien, und er fand sich in dieser Meinung aufs beste bestätigt durch die Briefe zweier Korrespondentinnen, die sich entschlossen und zuversichtlich um einen brieflichen Austausch mit ihm bemüht hatten: das Fräulein Erdmuth von Schönfeld (1741–79) und die Demoiselle Christiane Karoline Lucius (1739–1833). Man kann sie beide nachgerade als Musterschülerinnen des großen Epistolographen bezeichnen. Beide haben ihren Briefwechsel mit Gellert etwa ein Jahrzehnt lang – bis 1768 bzw. 1769 – unterhalten; erst Krankheit und Tod des fleißigen Briefpartners in Leipzig machten der Korrespondenz ein Ende.

Wir sind jedoch nur im Falle der Lucius in der Lage, das Lob, das Gellert den beiden Damen in seinen eigenen Briefen an sie in reichem Maße gespendet hat, auf seine Stichhaltigkeit hin zu prüfen; die Antwortbriefe der Schönfeld sind nicht erhalten. Demgegenüber können wir die erstaunlichen epistolaren Fertigkeiten der Lucius in den etwa neunzig Briefstücken von ihr bewundern, die die Ausgabe des «Briefwechsels C. F. Gellert's mit Demoiselle Lucius» von F. A. Ebert aus dem Jahre 1823 enthält. Gleich wenn man den ersten Brief der 21jährigen an den von ihr hochverehrten Autor liest, begreift man sehr gut, daß dieser über die Zeilen der ihm bis dahin unbekannten Dresdnerin entzückt war – wiesen sie doch alle Qualitäten auf, die der Brieflehrer Gellert selbst am höchsten stellte: Natürlichkeit, Lebendigkeit, Gesprächsnähe, dezente persönliche Färbung, sprachliche Richtigkeit und Klarheit. Kein Wunder daher, daß er den Brief seinen Studenten im Kolleg vorlas und zur Nachahmung empfahl.

Hochzuehrender Herr Professor!   Dresden, den 21. Oct. 1760.
Ich bitte Sie nicht, daß Sie mirs erlauben, an Sie zu schreiben; denn ich bin so entschlossen, es nicht zu unterlassen, Sie möchten mir es nun erlauben, oder nicht. Die Freyheit zwar, deren ich mich bediene, ist sehr neu; allein, eben weil sie neu ist und mir gefällt, bin ich nicht davon abzubringen. Sie sollen sehr gütig seyn, das hat man mir gesagt; und da, denke ich, will ich schon dafür sorgen, daß Sie mich nicht für unbescheiden halten. Denn fürs erste bin ichs nicht, das getraue ich mir zu beweisen, wenn ich dazu aufgefordert werden sollte; und dann hoffe ich, Sie auch schon dadurch, daß ich Ihnen alles sage, was ich von Ihnen denke – und ich denke unbeschreiblich gut von Ihnen – auf meine Seite zu bringen, daß Sie mir meine Unbescheidenheit, wenn Sie ja so wollen, und meine andern Fehler, die sich etwa verrathen könnten, gütigst übersehen werden. – „Es gilt Ihnen gleich, was ich von Ihnen denke?" – O verzeihen Sie mir! Ich bedeute zwar nicht sonderlich viel in der Welt; aber daß ich Sie so sehr liebe, ist doch wohl ein großer Beweis, daß mein Urtheil nicht zu verachten ist, und daß ich Verstand habe. [...].[27]

Auch bei den Brieffreundinnen Gellerts frappiert, wie man an dem Briefbeispiel der Lucius sieht, die Sicherheit, die selbstverständliche Gewandtheit, mit der sich die scheinbar noch so lehrbedürftigen jungen Frauen auf dem Feld des Briefschreibens bewegen – als wäre es ein langentbehrtes Element, in dem sie sich endlich tummeln dürfen.

In der zweiten Hälfte des 18.Jahrhunderts ist das Briefeschreiben für Frauen zu einer verbreiteten Möglichkeit schriftlicher Äußerung geworden. Die bisher ausführlicher dargestellen Epistolographinnen können, mit Ausnahme des Sonderfalles der Liselotte von der Pfalz, wohl als prototypisch für die Möglichkeiten der weiblichen Briefgestaltung im ganzen Jahrhundert angesehen werden. Die Menge der bürgerlichen Frauen, die nur eine sehr begrenzte Bildung empfingen, wird sich wohl in ähnlicher Weise mitgeteilt haben wie die bieder-herzliche Hagedornin in ihren Briefen an ihr „jüngschen" Christian Ludwig; die Verfasserinnen, Empfänger, Freunde und Nachfahren hielten es in aller Regel nicht für überliefernswert. Bei den Frauen aber, die dank ihrer gesteigerten schriftlichen Ausdrucksfähigkeit an der literarischen Kultur der Epoche bewußt und aktiv teilnehmen konnten, finden wir den Brieftypus wieder, wie er sich tendenziell bei Frau Gottsched, Meta Klopstock oder den Brieffreundinnen Gellerts ausgeprägt hat: Als Vehikel vor allem für intellektuellen Austausch und zur Pflege geistiger Bildung – unter weitgehender Zurückstellung persönlicher intimer Gefühlsregungen –, oder vorrangig als Mittel leidenschaftlichen Ausdrucks eben dieser Regungen oder zumindest empfindsam-freundschaftlicher Emotionen.

Elise Reimarus: „gönnen Sie doch der Dummheit nicht... den Sieg"

Was Temperament und geistige Grundorientierung anbelangt, so ist die Linie des Frauenbriefes, wie er zuerst bei der Gottschedin sichtbar wurde, am bemerkenswertesten von der Hamburgerin Elise Reimarus (1735–1805) fortgeführt worden. Zwar war sie wie Gottscheds ‚Gehilfin' eine „ganz und gar unschwärmerische Frau",[28] aber im Gegensatz zu der Leipzigerin, die sich resignierend mit ihrer zweitrangigen Stellung unter ihrem Mann abfand und kein wirkliches Selbstvertrauen entwickelte, litt Elise anscheinend nie unter solcher Zurückstellung. Sie blieb auch, offenkundig „aus freiem Entschluß", ledig.[29] Da sie zeitlebens das Glück hatte, in einer liberal und großzügig denkenden Umgebung leben zu können, entging sie dem ‚normalen' Schicksal ihrer Geschlechtsgenossinnen, in einer Konvenienzehe verkümmern zu müssen.

In dem gelehrt-geselligen Reimarus-Kreis in ihrer Vaterstadt nahm die vielleicht bedeutendste Frauenpersönlichkeit der deutschen Aufklärung zeitweilig eine führende Position ein. Sie pflegte eine denkbar ausgedehnte Korrespondenz, „in der so gut wie alle wichtigen Persönlichkeiten der Aufklärung in der zweiten Hälfte des 18.Jahrhunderts zu Wort kommen".[30] Zu ihnen gehörten allen voran Lessing, M.Mendelssohn und F.H.Jacobi. Brieflich ist die Reimarus, die auch übersetzte und schriftstellerte, an den großen philosophisch-theologisch-literarischen Auseinandersetzungen der Hoch- und Spätaufklärung

Elise Reimarus

beteiligt gewesen. Sie nutzt dabei den Brief als Mittel für ein kontinuierliches intensives und lebendiges Gespräch auf höchstem Niveau – ein Briefgespräch, dessen Grundlage kritische Wahrheitsliebe und freundschaftliches Fühlen für den Briefpartner sind. Das Briefgespräch mit Lessing, Mendelssohn, Jacobi und vielen anderen war für Elise Reimarus im Grunde nichts anderes als eine Ausweitung und Fortsetzung der gesellig-freundschaftlichen Unterhaltungen im häuslichen Reimarus-Kreis, der, noch aufklärerisch geprägt, die großen Salons der romantischen Ära vorwegnahm.

Qualität und Eigenart ihrer Briefkunst bezeugt aufs eindrücklichste ihre Korrespondenz mit Lessing in den Jahren 1778 bis 1781. Da sie sich selbst als Vorkämpferin und Verteidigerin der Aufklärung empfand, erblickte sie in Lessing natürlicherweise ihren Bundesgenossen. Ihre Briefe sind durchgängig geprägt von diesem Gefühl der geistigen Verbundenheit mit dem Partner; sie sind völlig frei von Tändelei oder Redseligkeit. Ihr Ton ist aufs Herb-Muntere gestimmt, das zusammen mit der Klarheit und Lebendigkeit der Gedankenführung ungemein erfrischend wirkt. Dazu sind die Briefe erfüllt von großer Zuversicht und Freundlichkeit – wie das z. B. gleich ihr erster Brief an Lessing vom 29. 7. 1778 zeigt, mit dem sie dem von der herzoglichen Zensur schwer Getroffenen Mut zusprechen will:

Hamburg, den 29. Jul. 1778.
So gleichgültig und ekelhaft mir die mehrsten Gerüchte zu sein pflegen, so unruhig macht mich eine seit gestern sich hier verbreitende Sage, daß Sie Wolfenbüttel verlassen. Und warum verlassen? Ich kann den Gedanken nicht denken ohne ein Gefühl, gleich Todtschlag vorrückend, damit zu verbinden.

Lieber Herr Lessing, wenn es wahr ist, daß ihre *Anti-Goezen* verboten, Ihre *Fragmente* confiscirt sind, wenn Alles wahr ist, o, so gönnen Sie doch der Dummheit nicht auch den Sieg, daß Sie fliehen. Confiscationen sind von je her stillschweigende Zeugnisse für die Wahrheit gewesen, und je mehr sie gewaltthätig unterdrückt wird, je mehr gewinnt sie Anhänger; aber das Reich der Lügen wächst nur in der Abwesenheit des ehrlichen Mannes.

Um Alles daher, was Ihnen lieb ist, nein, um Ihres ärgsten Feindes willen verlassen Sie Wolfenbüttel itzt nicht.

Vielleicht haben Sie nie daran gedacht, vielleicht ist es Unsinn, mir einzubilden, daß meine Bitten etwas über die Entschließungen eines Mannes vermögen sollten; aber wie dem auch sei, so hab' ich es meiner Unruhe nicht versagen können, mich ohne Jemandes Wissen an Sie selbst zu wenden, und wenigstens vergeben Sie den Versuch Ihrer Freundin

Elis. Reimarus.

Nicht bloß um meiner Bitte ein größeres Gewicht zu geben, sondern der Wahrheit zu Gefallen muß ich Ihnen sagen, daß viele Ihrer hiesigen Freunde, durch jenes Gerücht beunruhigt, einerlei mit mir wünschen. Wenn doch diese Sie einmal hier sehen könnten![31]

Man weiß, daß Elise Reimarus mehrere Heiratsanträge abgelehnt hat. Vielleicht zog sie damit die Konsequenzen aus der Einsicht, daß sie durch eine zeitgemäße bürgerliche Heirat in der Entfaltung ihrer Selbständigkeit und in ihrer geistigen Wirksamkeit allzusehr behindert worden wäre.

Caroline Flachslands empfindsames Seelen- und Herzensglück

Den Brief vorab in den Dienst des Ausdrucks leidenschaftlicher Gefühle und Stimmungen zu stellen – wie das zuerst die glückserfüllte Meta Moller getan hatte –: dies setzte in gesteigerter Form eine junge Frau fort, der die glückliche Liebe der Meta zu ihrem Klopstock bewußt und gegenwärtig war, als sie zum ersten Mal an den just gewonnenen Freund und Geliebten schrieb – die Rede ist von Caroline Flachsland (1750–1809) und J. G. Herder, den jene bei dessen Besuch in Darmstadt im August 1770 kennen und – sehr rasch – lieben gelernt hatte. Dort gehörte die verwaiste Elsässerin, die bei Verwandten lebte, einem freundschaftsselig schwärmenden Kreis an, der einer der Zentren der Empfindsamkeit war. Caroline Flachslands erster uns überlieferter Brief an den noch stellungslosen Herder ist ein Zeugnis überaus empfindsamer Frauenbriefliteratur; aus seinen Zeilen klingt die ganze Seligkeit der Verfasserin darüber hervor, daß der Adressat ihr nach so kurzer Zeit des Kennenlernens einen ersten Liebesantrag gemacht hat:

[Darmstadt den 25. und 26. August 1770]
Nachts um 11 uhr
Nein! ich will nicht länger mein Herz dem redlichsten besten Freund verhelen, eben so stark, und wann es möglich ist noch stärcker, liebe ich Sie, wie Sie mich lieben, wie freue

ich mich daß Sie mein ehrliches gutes Herz kennen, o wie ganz in einer Minute haben sich unsere Seelen gekannt, was ich an dem glücklichen Sonntag empfunden, und von Tage zu Tage mehr empfunden, kan ich nicht sagen, es ist mir alles neu, dies, dies ist allein die wahre himmlische Freundschaft; vergeßen Sie mein wunderliches Mistrauen? guter liebenswürdiger Freund, es muß Ihr rechtschaffnes Herz beleidigt haben, aber dencken Sie auch, wie viel sich ein armes Kind zutrauen darf, das seine Schwäche so gut kennt, loben Sie mich nicht, mein lieber, ich bin froh, ich bin glücklich daß unsre Herzen sich kennen. Könnten Sie doch diesen Augenblick bey mir seyn, und das gerührte Herz das nur vor Sie gemacht ist sehen, ganz, ganz haben Sie meine Erwartung übertrofen; darf ich jemals an eine ewige himmlische Freundschaft und Zärtlichkeit unter uns gedencken, ist das nicht zu viel vor ein armes kind, o ich darf diese göttliche Scene nicht denken, werden Sie dann mein SchutzEngel seyn?, allerliebster, Sie haben es mir den vermeinten fürchterlichen Abschieds Abend versprochen, dann kan ich nichts niedres, nichts unedles thun, Ihr Geist ist bey mir. Schreiben Sie mir oft süßer, feuriger Freund, so oft Sie an Herrn Merck schreiben, daß ich nur Ihre Abweßenheit ertragen kan, ich werde niemand Ihre Brief zeigen. – eben fällt mir Klopstock und seine Meta ein, glauben Sie daß ich wie eine Meta Sie liebe? Freylich fehlt mir zu einer Klopstockin noch viel, aber hierinn nichts mehr. o göttliche, Sympathische Freundschaft, wie glücklich machst du! machen Sie sich recht glucklich und ruhig, bester liebenswurdiger, die Gute Ihres redlichen Herzens, die Sie jedermann gleich mittheilen, wird Ihnen viel Freunde geben. – wann nur der morgende Tag bald vorüber geht! o schrecklicher Tag der mir meinen Freund wieder nimmt, und vielleicht auf ewig, Gott! Du mußt dich starck machen. und sehen wir uns hier nicht mehr, so sehen wir einander gewis im Himmel, und dann –
    dann trennt kein Schicksal mehr die Seelen,
    die du Natur einander bestimmtest.
ich muß aufhören, ich zerfließ in Thränen, ewig bin ich
       Ihre treueste
       Flachsland

Guten Morgen bester H[erder]. Sie kommen doch heute, ja Sie kommen und lesen im Klopstock; wann nur der heutige Tag ganz unser wäre! o wie kostbar sind mir jede Augenblicke, wir gehn in den Wald wann uns jemand stören will. Die ganze Nacht war das feurige Bild meines süßen Freunds bey mir, immer war es bey mir, und ewig wirds bey mir bleiben, wie tief und mit welchen Zügen ist es in mein Herz gegraben! niemand wirds mir nehmen können. kommen Sie empfindsame Seele, noch heute, heute – ach leben Sie ewig wohl![32]

Die zielstrebige Unbeirrbarkeit, mit der die 20jährige Caroline Flachsland von Anfang an um Herder warb – der freilich von ihr nicht weniger angetan war als sie von ihm –, kann man vor dem Hintergrund der damaligen gesellschaftlichen Situation einer jungen, mittellosen Frau nicht anders deuten denn als den Versuch, sich aus den Abhängigkeiten freizukämpfen, denen sie in bedrückender Weise ausgesetzt war. Gelang es ihr, sich mit dem bewunderten, geistig und menschlich so vielversprechenden Herder zu verbinden, bedeutete dies für sie zum einen das Ende der materiellen Abhängigkeit, in die sie sich als vermögensloses, verwaistes und unverehelichtes Frauenzimmer im Haushalt ihres wenig angenehmen Schwagers befand. Sie erhielt zum anderen die schwerlich wiederkehrende Chance, in einer Liebesehe dem zu entkommen, was der durchschnittlichen bürgerlichen Ehefrau unausweichlich beschieden war: die immerwährende Fadheit häuslichen Eingeschlossenseins und eine geistige (und womöglich auch erotische) Kümmerexistenz.

Zu Recht erinnerte Caroline Flachsland an das sie ermutigende Beispiel der „Klopstockin": Beiden ist gemeinsam, daß sie zielstrebig und willensstark eine Liebesheirat durchsetzen und die Erhöhung des eigenen Selbst in einer idealisierten Beziehung fanden. Dies war eine der wenigen und im 18. Jahrhundert selten genug verwirklichten Möglichkeiten für Frauen, der so beschwerlichen und eng umschränkten Existenz der allermeisten ihrer Geschlechtsgenossinnen zu entgehen. Ihre sozialgeschichtliche Bedeutung lag darin, daß sie Beispiele gaben, die ansteckend wirken mußten. Ein überaus wichtiges Mittel aber, das die ansteckenden Beispiele verbreiten half, war das brieflich artikulierte und dokumentierte Erleben und Fühlen dieser Frauen; beide waren so sprachmächtig, daß sie solchem Erleben und Fühlen wirkungsvoll Ausdruck geben konnten.

Die Krönung weiblicher Briefkunst bei Caroline Schlegel-Schelling

Die Persönlichkeit, deren reife Briefe eine in souveräner Manier realisierte Synthese fast aller im 18. Jahrhundert entwickelten stilistischen und inhaltlichen Möglichkeiten des Frauenbriefes darstellen, ist die Frühromantikerin Caroline Schlegel-Schelling (1763–1809). Ihre außerordentliche literaturgeschichtliche Bedeutung als integrierendes gesellig-geistiges Zentrum der Jenenser Frühromantik ist schon zu ihren Lebzeiten unbestritten gewesen.

Caroline Schlegel-Schellings Begabung lag, wie bei vielen Frauen der klassischen und romantischen Ära, im produktiven geselligen Gespräch, im persönlichen perspektivenreichen Gedankenaustausch. Als schriftliche Gespräche sind ihre Briefe notwendigerweise der treueste Spiegel dieser ihrer spezifischen Begabung.

Im Jahre 1795, als sie an der Schwelle zu ihrer Lebensphase als Anregerin des jungromantischen Kreises stand, schreibt sie aus Braunschweig (wohin sie ausgewichen war, weil der ‚Revolutionsgefährlichen' die Behörden den Aufenthalt in ihrer Heimatstadt Göttingen verwehrten) an die vertraute Gothaer Freundin Luise Gotter:

Braunschweig d. 28. Jun. [17]95.
[...] Unsere Kinder plappern hoffentlich mehr mit dem Mäulchen von einander als mit der Feder. Dies ist auch nicht die Lebenszeit zum sizen, sondern zum hüpfen und springen. Ich kan Deine lieben Mädchen versichern, daß ihr Andenken um nichts bey Mutter und Tochter geschwächt ist. Gustel hat noch keinen Ersaz für sie gefunden, niemand der so verständig wie Cäcilie, so wisbegierig wie Julie und so angenehm vorwizig wie Paulinchen wäre. Die kleine Eschenburg ist ein schönes Mädchen, aber weder sehr wohlgezogen, noch sehr geistreich, so viel ich bis jezt an ihr wahrnahm. Gustel ist jezt sehr regelmäßig beschäftigt, von 9–10 Clavier, welches sehr gut geht, vorzüglich was das Notenlernen betrift – ihr Kopf ist gelenkiger wie ihre Finger. von 10–11 Französisch. von 11–12 Zeichnen. Nach Tisch Schreiben. Gegen Abend unterrichtende Lecktur. Es wird eine ruhmwürdige Edukation werden [...].
[...] Zu einem vertraulichen Umgang fand sich sonst noch niemand. Ich begnüge mich auch gern, wenn die Mutter nur einen findet, den sie ein bischen häufiger haben kan. Die

Stadt ist zu groß, als daß sich dies sehr bald machte; jeder hat einmal seine angewiesenen Cirkel. Alle vorräthige Gastfreundlichkeit und Gefälligkeit gegen Fremde wird an Ausländern erschöpft; das ist deutsche Art und Sitte. Wirklich, es ist wunderbar: man schimpft auf diese Menschen, weil sie zur Theurung beytragen, aber man unterstüzt, man nimt sie in Gesellschaft auf, läßt alte Bekante durch sie verdrängen, und selten ist es Mitleid oder entschiednes Wohlgefallen, um des willen man so viel für sie thut; die Blödigkeit unsrer Nation unterwirft uns nur so leicht einem fremden Einfluß – wir laßen uns fortreißen durch die dreistere Selbstschäzung einer jeden andern; man braucht uns nicht einmal zu bezaubern und zu überreden, um den Herrn über uns zu spielen. Es hat mir immer hart und engherzig geschienen, diese armen Flüchtlinge allenthalben zu verjagen, und doch deucht mich, wenn ich das Wesen hier so mit ansehe, ich würde als Fürst die Parthie ergriffen haben, welche Euch vor ihrem Besuch schüzt. Das sag ich keineswegs als Gegnerin ihrer Meinungen, sondern als Deutsche. [...]³³

Der Brief liefert ein vortreffliches Beispiel für die Mannigfaltigkeit von Thematik und Ton, über die Caroline Schlegel-Schelling gebietet. Das Spektrum reicht vom Persönlich-Privaten, Alltäglichen, Lebenspraktischen bis zu grundsätzlichen nationalpsychologisch-gesellschaftskritischen Bemerkungen, vom Informierenden über das (launig-selbstironisch-spielerisch) Wertende bis zum Bekenntnismäßigen – und das Ganze kommt daher in leichter, behender, fließender, transparenter Sprache, deren Syntax den Stichwort-Satz ebenso kennt wie das großangelegte Satzgefüge und die lexisch gekennzeichnet ist von einer natürlichen, aber doch gepflegt-umgangssprachlichen Ausdrucksweise, wobei die Schreiberin stets in größerer Nähe zu den Redeformen der Unterhaltung als etwa zu denen eines Aufsatzes bleibt.

Selbstredend verfügte sie auch über den empfindsam-leidenschaftlichen Ausdruck, wenn ihr die Lebensumstände ihn abforderten. Und die haben der mutigen und auf ihre Selbständigkeit so bedachten Frau fast nichts erspart: nicht den Tod des ersten Gatten und aller Kinder, nicht Verfolgung und Gefangenschaft, nicht gesellschaftliche Demütigungen und tödliche Verzweiflung – so wie sie ihr hinwiederum auch großes Glück beschert haben: Freundschaft, erfüllte Liebe, Anerkennung und volle geistige Ich-Entfaltung. Caroline Schlegel-Schellings Briefwerk zeigt, daß sie mit naturhaft anmutender Sicherheit alle Register brieflicher Darstellungsweise beherrscht – reicht doch ihre epistolare Spannweite von der heiteren Plauderei und der ironischen Schilderung bis zur Selbstanalyse, zum leidenschaftlichen Bekenntnis und zum Kritisch-Essayhaften. Scharfsichtig erkennt und bewundernd anerkennt der Freund F. Schlegel in seinem Brief vom November (?) 1797 an Caroline: „bedenken Sie, daß *Briefe* und *Recensionen* Formen sind, die Sie ganz in der Gewalt haben".³⁴ W. Scherer sah in Carolines Briefen, zumal wegen der „discreten Reize der Sprache und heimlich innewohnende[n] Poesie", „wahre(n) Kunstwerke(n)".³⁵ Auch Ricarda Huch war überzeugt, daß Caroline Schlegel-Schellings Briefe unter den „vielen bemerkenswerten Damenbriefen der Weltliteratur" „immer einzig und unvergleichlich" sein würden.³⁶ Und noch in jüngster Zeit rühmte Sigrid Damm an ihr, daß sie sich zu einem Briefstil durchgearbeitet habe, „der völlig ungekünstelt ist. Darin bestand ihre Kunst."³⁷

Der Brief als Mittel der ‚literarischen Emanzipation' der Frauen

Vergegenwärtigen wir uns noch einmal, unter welchen gesellschafts- und bildungsgeschichtlichen Bedingungen die bürgerlichen Frauen des 18. Jahrhunderts sich als Briefschreiberinnen betätigten. Das Briefschreiben war praktisch die einzige schriftliche Sprachaktivität, welche die ‚aufgeklärte' Gesellschaft der Frau zubilligte. Dementsprechend waren Erziehung und Bildung des Frauenzimmers angelegt. Sie sollten die Frau als Gattin und Gesprächspartnerin ‚interessanter' und eben auch als Briefpartnerin geistig anregender und anziehender machen. Gellert sprach es in einem Brief 1756 ganz deutlich aus:

> Sie wird schreiben, ohne ihre andere Pflichten zu vergessen, und dadurch, daß sie gut zu denken weis, wird sie ihren übrigen Verrichtungen, auch den geringern, noch einen gewissen Reiz, und ihren Tugenden eine größere Anmuth geben.[38]

Unter dem massiven Eindruck dieser Erziehungsideologie und eingeengt durch die von Männern gemachten Gesetze und Konventionen, die für die Fortdauer einer unterprivilegierten Stellung der Frauen sorgten, verfügten diese auch als Briefschreiberinnen bis zum Ende des 18. Jahrhunderts (und bekanntlich darüber hinaus) über wesentlich geringere Entfaltungsmöglichkeiten als die Männer der gleichen Gesellschaftsklasse. Was sie daraus gemacht haben, ist um so bewundernswerter. Denn nicht nur, daß sie dort, wo Freunde, Förderer und Mentoren sich besonders um sie bemühten, deren Hoffnungen und Ideale erfüllten – und die Begabtesten unter ihnen übertrafen auf exzellente Weise die in sie gesetzten Erwartungen. Diejenigen Frauen, die später als Briefschreiberinnen hervortraten und Epoche machten, bedurften schon gar nicht mehr der männlichen ‚Förderung'.

Wenn der Brief als Genre in der deutschen Literatur des 18. Jahrhunderts einen hervorragenden Platz eroberte, dann ist das nicht zuletzt den vielen Briefschreiberinnen zu danken, die die Möglichkeiten der Gattung so produktiv wie nie vorher in der deutschen Briefgeschichte nutzten. Und diese literarisch-gattungshistorische Leistung ist zugleich sozialgeschichtlich bedeutsam geworden. Direkt oder gar politisch haben die Frauen in Deutschland nicht gegen die geschlechtsspezifischen Beschränkungen aufbegehrt, die ihnen auch innerhalb ihrer eigenen sozialen Klasse auferlegt waren – selbst unter dem Eindruck der zentralen Postulate der Französischen Revolution nicht. Sie haben diese Beschränkungen fast ausnahmslos noch als schicksalsgegeben hingenommen. Doch als Briefschreiberinnen haben sie es fertiggebracht, sich ideell, emotional und moralisch über Zurücksetzungen und Einengungen zu erheben.[39] Sie, die erst nur die „literarische Emanzipation"[40] vollzogen, haben damit der emanzipationsgeschichtlichen Entwicklung ihres Geschlechts fortwirkende Impulse erteilt.

Der Brief als neue persönliche literarische Ausdrucksform

Abschließend ist noch auf einen wichtigen sozial- und literaturgeschichtlichen Aspekt der Epistolographie von Frauen des 18. Jahrhunderts einzugehen: Für nicht wenige Frauen wurden Brief und Briefwechsel die Brücke zur Schriftstellerei. Das Briefschreiben wurde für die Frau „zum Vorfeld einer literarischen Tätigkeit, auf dem sie sich die ersten schriftstellerischen Techniken aneignete".[41] Dem kam entgegen, daß in der Literatur des 18. Jahrhunderts die briefliche Form eine ungewöhnlich starke Rolle zu spielen begann. Ihren Höhepunkt erreichte diese Entwicklung im Briefroman, der zur dominierenden Form der Romanproduktion der 2. Jahrhunderthälfte wurde. Nicht von ungefähr gelang es einer die Epistolographie der Zeit mühelos beherrschenden Persönlichkeit – Sophie La Roche (1731–1807) –, aus ihrer persönlichen Briefkunst mit dem Briefroman «Geschichte des Fräuleins von Sternheim» (1771/72) glänzendes literarisches Kapital zu schlagen. Sie errang mit diesem Werk europaweiten Ruhm, und dies kann man wohl als einen Triumph der Briefkunst der Frau im 18. Jahrhundert werten. Aber es dürfte zu einer Fehleinschätzung der tatsächlichen literarisch-kulturellen Leistung der Epistolographie des „Jahrhundert[s] der Frau" (Ernst Beutler)[42] führen, wenn man Triumphe allein dort wahrhaben möchte, wo der Brief nur als Formmittel im Rahmen tradierter belletristischer Möglichkeiten eingesetzt wurde. Man darf nicht übersehen, daß selbst Frauen wie etwa Elise Reimarus und Caroline Schlegel-Schelling sich praktisch auf den Brief als schriftliche Ausdrucksform beschränkten. Selbstsicher empfanden sie, daß der Brief das Medium war, in welchem sie sich so adäquat und produktiv wie in keinem anderen zum Ausdruck bringen konnten. Sie ignorierten damit stillschweigend, aber konsequent die von der Männergesellschaft etablierte Bewertungsoptik, derzufolge in der Literatur geistige Größe allein der die Formentradition respektierende belletristische Autor erlangen kann.[43] Da die führenden Briefschreiberinnen des 18. Jahrhunderts jedoch auf ihrem Felde ihre männlichen Zeitgenossen nicht nur erreichten, sondern übertrafen und damit dem Brief eine völlig neue, vorher unbekannte Bedeutung für die Kultur der Epoche verschafften, ist es wohl hinreichend gerechtfertigt, den privaten Brief, wie übrigens auch das Tagebuch, als eine ,neue', ganz persönliche literarische Ausdrucksform des 18. Jahrhunderts anzuerkennen.[44] Indem die bürgerlichen Frauen dieses Zeitalters aus der ihnen anfangs gönnerhaft zugestandenen ,harmlosen' schriftlichen Kommunikationsform ihre Parade-Gattung machten und so Kultur und Literatur ihrer Epoche nicht nur exzeptionell bereicherten, sondern mit prägten,[45] trugen sie zu einer historisch irreversiblen Steigerung ihres Selbstwertgefühls bei; das aber mußte sich früher oder später auch in materiellen und rechtlichen Veränderungen zugunsten der sozialen Situation der Frauen niederschlagen.

2. Geselligkeit:
Salons und literarische Zirkel
im späten 18. und frühen 19. Jahrhundert

Konrad Feilchenfeldt

Frauen im hauptstädtischen Salon

Die Geschichte der Berliner Salons um 1800 ist die auffälligste Phase deutscher Geselligkeitsgeschichte, in der jüdische Frauen die herausragenden Persönlichkeiten waren. In Berlin waren es zunächst Henriette Herz geborene Lemos und die dreizehn Jahre jüngere Rahel Levin, spätere Robert, seit 1814 mit Karl August Varnhagen von Ense verheiratet. Sie waren durch ihre Familien in der jüdischen Gemeinde Berlins schon persönlich miteinander bekannt, ehe sie infolge ihrer gesellschaftlichen Ambitionen immer stärker zu Konkurrentinnen wurden. Die Salons der Henriette Herz und Rahel Robert waren Zentren einer Geselligkeitskultur, an der sich ihre jeweiligen Anhänger bald in Parteien und Gruppen zu entzweien begannen.[1] Noch in den zwanziger Jahren des 19. Jahrhunderts ist der Gegensatz zwischen dem Kreis um Henriette Herz und Rahel Varnhagen nach wie vor im Berliner Gesellschaftsleben bekannt.[2]

Der Jüdische Salon hatte seine Blütezeit nicht nur in den Jahren um 1800 im engeren Sinn. Seine Geschichte reicht bis weit ins 19. Jahrhundert hinein, und seine Nachfolge und Verbreitung beschränkt sich nicht ausschließlich auf die preußische Hauptstadt. Henriette Mendelssohn, Dorothea Schlegels Schwester, residierte mit ihrem Kreis in Paris,[3] diese selbst bald ebenda, bald in Berlin, Wien und Frankfurt.[4] Die Spitzen der Wiener Salongesellschaft waren die Schwestern Fanny von Arnstein und Cäcilie von Eskeles, beide geborene Itzig aus Berlin.[5] Dabei waren für die Ausstrahlung der jüdischen Salons einerseits familiäre Verbindungen ausschlaggebend, die die Wiener Salons mit den Berliner verbanden; andererseits ging aber von der Persönlichkeit einer einzelnen Frau wie Rahel Varnhagen die Initiative zu einer geselligen Lebensführung aus, die sich in ihrem Fall sogar unter Beibehaltung des ursprünglichen Salonmobiliars noch über Jahrzehnte hinaus nach ihrem Tod bemerkbar machte.[6]

Das Auftreten Rahel Varnhagens um die Jahrhundertwende 1800 fiel in eine Zeit, in der Frauen sich ihrer sozialen und künstlerischen Möglichkeiten als Autorinnen grundsätzlich bewußt geworden und bereits in bemerkenswerter Zahl als Schriftstellerinnen hervorgetreten waren. Auch literarische Kreisbildungen gab es im Zeichen einzelner Frauen wie Sophie La Roche schon, ehe die hauptstädtische Geselligkeitskultur der Jüdischen Salons Mittelpunkte literarischen Lebens in Berlin, Wien und Paris ausbildete. In den Jüdischen Salons, insbesondere in Berlin und Wien, war die kulturelle Geselligkeit Ausdruck eines

Mäzenatentums, das zugleich deren kaufmännische Seite beleuchtet. Die jüdischen Bank- und Handelshäuser waren infolge ihrer Geschäftsverbindungen Zentren eines weltläufigen Kulturaustauschs zwischen den europäischen Nachbarnationen,[7] und dieses Kennzeichen deutscher Gesellschaftspflege galt natürlich auch für den Kreis um Henriette Mendelssohn in Paris; allein die Tatsache, daß sie aus Deutschland ihre geselligen Aktivitäten im Rahmen eines Mädchenpensionats, das sie leitete, nach Frankreich verlegt hatte, bot bereits eine ausreichende Gewähr für einen interkulturellen Austausch zwischen den Nationen.[8]

Als Nachfolgerin in der Berliner Salon-Tradition trat nach Rahel Varnhagens Tod 1833 zunächst Henriette Solmar an ihre Stelle und fand für die ihr zuteil gewordene soziale Aufgabe auch die uneingeschränkte Unterstützung Varnhagens.[9] Später übernahm Rahel Varnhagens Nichte Ludmilla Assing in den Räumen der Varnhagenschen Wohnung selbst die Funktionen ihrer Tante, zunächst für die Gesellschaft Berlins. Aber auch außerhalb Deutschlands, in Florenz, wo Ludmilla Assing seit 1863 lebte, setzte sie ihr Bemühen um ein geselliges Leben im Mittelpunkt ihrer italienischen Bekannten kontinuierlich fort.[10] Sie ist wie ihr Onkel Varnhagen als Biographin an die literarische Öffentlichkeit getreten[11], und sie folgte mit ihrer Übersiedlung nach Italien einem geographischen Richtungssinn, für den in der Tradition des Jüdischen

Berliner Zimmer. Aquarell von Johann Erdmann Hummel (1820/25)

Salons auch der Aufenthalt Fanny Lewalds in Rom 1845/46 ein weiteres zeitge-
nössisches Indiz darstellt.[12]

Frauen als Briefschreiberinnen

Bestimmend für den jüdischen Einfluß in der deutschen Gesellikeitskultur nach
1800 war einmal seine familiengeschichtliche Tradition, zum andern eine litera-
risch-publizistische Aktivität im jüdischen Familienkreis. Der Brief entwickelte
sich zu einer literarischen Gattung, die nicht nur Frauen zum Schreiben motivierte,[13] sondern auch bis spätestens zu Gabriel Riessers «Jüdischen Briefen» in
den vierziger Jahren das gebildete deutsche Judentum in einem regen, sogar
regelrechten Korrespondenzverkehr anzusprechen versuchte.[14]

Der Brief als Familienbrief ist aus der Geschichte der Familie Mendelssohn
schon im Briefwechsel Moses Mendelssohns sowie unter seinen Nachkommen
bekannt;[15] der bedeutendste Briefschreiber in der Familie, dessen Reisebriefe in
Buchveröffentlichungen die weiteste Verbreitung gefunden haben, war der Kom-
ponist Felix Mendelssohn Bartholdy.[16] Unter den jüdischen Frauen ist nach 1800
die bedeutendste Briefschreiberin sicherlich Rahel Varnhagen gewesen, und ihre
Briefe, soweit sie von ihrem Mann und ihrer Nichte Ludmilla Assing postum in
Buchform veröffentlicht worden sind,[17] hatten für die Ausbildung weiterer
geselliger Kreise die ausgedehnteste Wirkung, wie zum Beispiel im Kreis um
Jenny von Gustedt in Weimar.[17a] Dabei sind von Rahel Varnhagens Briefen ihre
Familienkorrespondenzen zum größten Teil bis heute unveröffentlicht, und
insofern ist auch das Bild ihrer Persönlichkeit als Autorin und Jüdin immer noch
verzerrt.[18] Rahel Varnhagens Bedeutung als Briefschreiberin ist sowohl Folge
ihrer Zugehörigkeit zur jüdisch-berlinischen Gesellikeitskultur wie auch ihres
schriftstellerischen Selbstbewußtseins als Frau.

Das Interesse, das Rahel Varnhagen als Briefschreiberin gerade bei anderen
Frauen hervorrief, galt vor allem ihrer Emanzipation als Autorin, und insofern
unterschied sich die Rahel-Verehrung der Jungdeutschen von der gleichzeitigen
Rahel-Lektüre im Kreis ihrer literarisch aufgeschlossenen Verehrerinnen. Während Rahel Varnhagen im Jungen Deutschland als Prophetin eines neuen,
fortschrittlichen Lebens galt,[19] verdankte sie ihr Ansehen bei den Frauen, die
ihre Briefe lasen, stärker dem erlebnishaften und gemeinschaftsbildenden Anspruch ihres sozialen Wirkens als einem ideologisch-politischen Denken. Rahel
Varnhagens Briefe vermittelten in der ersten, von ihrem Mann zusammengestell-
ten Buchausgabe von 1833/34 das literarische Bild einer Frau, über deren
Bedeutung die verschiedensten zeitgenössischen Urteile anderer Frauen vorliegen.

Für Dorothea Schlegel waren Rahel Varnhagens Briefe ein Stück Selbstoffen-
barung einer Frau, die sie darin mit der visionären Augustinernonne Anna
Katharina Emmerick verglich und dazu auf Clemens Brentanos literarische

Auswertung hindeutete.[20] Für Bettina von Arnim war die Veröffentlichung der Briefe Rahel Varnhagens der Beginn eines eigenen literarisch-künstlerischen Bewußtwerdungsprozesses, in dessen Verlauf sie sich über ihre Zukunft als dokumentierend gestaltende Briefautorin Klarheit zu schaffen vermochte.[21]

Als Herausgeberin der von ihr bearbeiteten Dokumentation «Goethes Briefwechsel mit einem Kinde» im Jahr 1835 stellt sie sich, wie schon die zeitgenössische Kritik bemerkte, in die unmittelbare Nachbarschaft der von Varnhagen postum herausgegebenen Briefsammlung seiner Frau, «Rahel. Ein Buch des Andenkens für ihre Freunde»[22].

Der Salon in der Residenzstadt

Als im Jahre 1806 der Salon Rahel Roberts in Berlin infolge der preußischen Niederlage gegen Napoleon seine wirtschaftliche Lebensfähigkeit verlor und seine Mitglieder durch die Zeitereignisse auseinandergetrieben wurden,[23] fand sich in Weimar ein Kreis zusammen, der sich als Gemeinschaft gerade wegen der französischen Invasion in Deutschland erst seiner Bedeutung als geistiges Zentrum bewußt zu werden begann. In Weimar war Johanna Schopenhauer der Mittelpunkt eines Salons, der im Unterschied zu den Jüdischen Salons in Berlin oder Wien nicht die Hauptstadt einer damaligen Großmacht, sondern nur die Atmosphäre einer Residenz widerspiegelt. Der Hof von Weimar und die für das dortige öffentliche Leben natürlich bestimmende Persönlichkeit Goethes waren dabei auch für die Salongeselligkeit im Kreis um Johanna Schopenhauer prägend, und mit Goethe verfügte dieser Kreis über die Nähe eines Garanten deutscher Geselligkeit, der sowohl im Salon Rahel Varnhagens als auch im Leben und Werk Bettine von Arnims zwar heftig umworben wurde, der aber trotz aller Bemühungen persönlich entrückt blieb. Rahel Varnhagen machte aus ihrem weitgehend durch Lektüre gewonnenen Goethe-Bild – sie hat ihn nur siebenmal flüchtig persönlich gesehen – eine Goethe-Verehrung, die während der zwanziger Jahre ihrem Salon in Berlin das entscheidende Gepräge verlieh.[24] Und Bettine von Arnims Goethe-Erlebnis bezeichnete im «Briefwechsel mit einem Kinde» den Beginn ihrer publizistischen Laufbahn.

Gemeinsam war den Jüdischen Salons und dem Salon Johanna Schopenhauers aber auch, daß sie nur unter wirtschaftlich geordneten Verhältnissen existieren konnten; eine wirtschaftliche Krise bedeutete das Ende dieser Gesellschaftszirkel. Was nämlich für die Familie Rahel Roberts Preußens Niederlage 1806 gegen die Franzosen gewesen war, wurde für Johanna Schopenhauer im Jahr 1819 der Bankrott des Danziger Bankhauses L. A. Muhl, bei dem das Schopenhauersche Familienvermögen angelegt war.[25] Im Unterschied zu Rahel Robert hatte sich Johanna Schopenhauer aber im Lauf eines mehr als zehnjährigen Bestehens ihres Salons eine berufliche Stellung erarbeitet, in der sie nicht nur gesellschaftlich die Mittelsperson eines in „Kunstform" zusammengefügten Kreises spielte,[26] sondern als öffentliche Autorin wußte sie auch über journalistische und verlegerische Kontakte Bescheid. Johanna Schopenhauer vermischte die ästhetische Gestaltung ihres Salons mit einem literarischen „Werk" im herkömmlichen Sinn, wie es weder Rahel Varnhagen noch Henriette Herz verwirklicht haben, während dagegen Dorothea Schlegel, obwohl sie wie Johanna Schopenhauer als Buchautorin öffentlich hervorgetreten ist, keine typische Vertreterin jüdischer Salonkultur war.[27] Dorothea Schlegel gehört als Lebensgefährtin Friedrich Schlegels zusammen mit Johanna Schopenhauer, aber auch mit ihrer Wiener Freundin Karoline Pichler zu einem Kreis schreibender Frauen, für die sich ihr künstlerisches Bemühen nicht zentral in der Führung eines literarischen Salons erschöpfte. Karoline Pichler ist im übrigen das markante Beispiel einer Frau, die, ohne jüdischer Abstammung gewesen zu sein, in Wien einen hauptstädtischen Salon ins Leben gerufen hat.[28]

Geselligkeit und Autorschaft

Literarische Geselligkeit war für Frauen eine soziale Voraussetzung ihrer Literaturentfaltung, die, solange sie noch nicht als Autorinnen zu öffentlichem Ansehen gelangt waren, wenigstens den Ersatz gesellschaftlicher Anerkennung gewährte. Als Kunstform ersetzte literarische Geselligkeit die literarische Autorschaft aber schon deswegen nur unvollkommen, weil von geselligem Verhalten ein Werkcharakter weder künstlerisch, noch in literarischer Überlieferung oder Dokumentation vermittelt werden kann. Daß der Brief seiner literarischen Bestimmung nach im Zusammenhang mit einem Korrespondenzaustausch die gesellige Dialogsituation aus der Salonwirklichkeit widerspiegelt, macht die Bedeutung der Briefgattung als Quelle und Kunstform in diesem Sachverhalt aus.[29] Die romantische Poesietheorie, insoweit sie aus der Salonkultur hervorgegangen ist, reflektiert diesen Sachverhalt ebenfalls in der Gesprächsform ihrer Erörterungen selbst.[30] Das Ungenügen an der Brief- und Gesprächsform als literarischem Genre zeigt aber gerade aus der Sicht der Frauen, die sich als Autorinnen an die Öffentlichkeit begaben, die Hinwendung zu Lebenserinnerungen.

Die Gattung der ‚Memoiren' oder ‚Denkwürdigkeiten' aus dem eigenen Leben eröffnete die Aussicht auf ein literarisches Wirken, bei dem sich die gesellige Wirklichkeit und literarische Gestaltung zu einem historischen Dokument mit nachweisbarem Werkcharakter vereinigten, und trotzdem haben nur wenige Frauen aus der Zeit um 1800 das Erscheinen ihrer Memoiren oder Erinnerungen erlebt. Johanna Schopenhauers Lebenserinnerungen erschienen erstmals 1839, ein Jahr nach ihrem Tod,[31] diejenigen Karoline Pichlers ebenfalls ein Jahr nach dem Tod der Verfasserin 1844.[32] Dorothea Schlegel hat keine Lebenserinnerungen hinterlassen, und von den anderen Frauen aus dem Umkreis jüdischer Geselligkeit erschienen ebenfalls postum nur die Erinnerungen

von Henriette Herz 1850.[33] Die Problematik auch dieser Gattung, die sich den
schreibenden Frauen als Ausweg anbot, beleuchtet ein ebenfalls erst postum
erschienenes weiteres Beispiel aus dem Jahr 1846, Elisabeth von Staegemanns vor
allem aus einer Briefsammlung bestehende «Erinnerungen für edle Frauen».
Diesem Umstand entspricht die verbreitete Auffassung, daß damals Briefveröf-
fentlichungen wie Lebenserinnerungen gelesen wurden, und als Briefschreiberin
gehört Elisabeth von Staegemann in die Tradition hauptstädtischer Salongeselligkeit; sie lebte seit 1809 in Berlin und blieb dort bis zu ihrem Tod der gesellige
Mittelpunkt eines bedeutenden literarischen Freundeskreises.[34]

Geselligkeit in den Universitätsstädten

Das hauptstädtische Leben war eine soziale Voraussetzung der deutschen Geselligkeitskultur, die nur um 1800 das Aufkommen und die Blütezeit der Jüdischen
Salons begünstigte. Bis zur Jahrhundertmitte war der Gegensatz zwischen der
jüdischen und nichtjüdischen Geselligkeit aber weitgehend ohne Folgen, sofern
sich damit nur die Frauen befaßten. Wo der Gegensatz in offenen Konflikten
ausgetragen wurde, kamen soziale Spannungen zum Ausbruch, wie sie sich aus
den unterschiedlichen Voraussetzungen hauptstädtischer und universitär-akade-
mischer Gesellschaftsformen erklären. Während sich in der Hauptstadt Aufklärung und kaufmännisches Denken durchzusetzen begannen, verschrieben sich in
den Universitätsstädten Professoren und akademische Jugend der Romantik. Die
Konfrontation zwischen Hauptstadt und Universität dauerte jedoch nur bis zum
wirtschaftlichen Zusammenbruch Deutschlands infolge der Eroberung durch die
Franzosen. Spätestens nach 1806 begann sich ein Ausgleich abzuzeichnen, wie
auch die gleichzeitige Ausbildung der Salons von Johanna Schopenhauer in
Weimar, von Elisabeth von Staegemann in Berlin und von Karoline Pichler in
Wien veranschaulicht. Der Gegensatz zwischen aufgeklärtem Judentum und
antijüdischer Romantik trat im gesellschaftlichen Zusammenleben gerade der
Frauen zurückzog, wogegen männerbündische gesellige Zirkel, wie die Christ-
lich-Deutsche Tischgesellschaft, 1811 noch die aus den studentischen Verbindungen überlieferten strengen Vorschriften über das Mitgliedschaftswesen auf-
rechterhielten; Juden und Frauen waren gleichermaßen von der Tischgesellschaft ausgeschlossen.[35]

Das ‚universitäre‘ Leben schränkte die geselligen Entfaltungsmöglichkeiten
der Frauen aber auch außerhalb des Geltungsbereichs des studentischen Verbin-
dungswesens weitgehend ein. Die akademische Gesetzgebung bedrohte beispielsweise in Jena jeden Studenten im Fall einer Eheschließung mit der Exmatri-
kulation,[36] und unter einer solchen Voraussetzung ist das Verhalten Sophie
Mereaus dem Studenten Clemens Brentano gegenüber, der sie umwarb, nicht
nur als individueller Seelenkampf zu verstehen, sondern es stand im Zusammenhang mit dem Vorsatz ihres Verehrers, der damals noch Student bleiben wollte.[37]

Dabei ist leicht einzusehen, daß eine Frau, die in einer Universitätsstadt ein geselliges Leben entfaltete, rascher üblen Nachreden ausgesetzt war, als wenn sie in der Hauptstadt einen Salon unterhielt. In der Geselligkeit Jenas dominierten denn auch die moralisch umstrittensten Frauen der Romantik, die junge Dorothea Schlegel, Caroline Schlegel, spätere Schelling, Sophie Mereau, und sie erreichte allerdings mit ihnen ein allgemein anerkanntes literarisches und literaturkritisches Niveau. Daß eine Frau schon damals im Universitätsmilieu an der akademischen Geselligkeit teil hatte, belegt allenfalls die Lebensgeschichte Dorothea Schlözers, der Tochter des Historikers Schlözer, die am 17. September 1787 in Göttingen zum Doctor der Philosophie promoviert wurde.[38]

Frauen in ländlicher Geselligkeit

Was bis in die Zeit des Wiener Kongresses der Gegensatz zwischen Universitäts- und Hauptstadt im geselligen Leben der Frauen bedeutet hatte, entwickelte sich im Laufe der folgenden Jahre zum Gegensatz zwischen Stadt und Land. Natürlich war für einzelne Frauen die ländliche Umgebung auch schon im 18. Jahrhundert der äußere Rahmen ihres geselligen Wirkens gewesen. Im Garten des von den Familien Sieveking und Voght bewirtschafteten gemeinsamen Anwesens in Neumühlen bei Altona wirkte Johanna Margaretha Sieveking auch nach dem Tod ihres Mannes im Jahr 1799 als Gesellschafterin und Mittelpunkt eines Kreises, der durch die Geburtstagsfeiern für Klopstock literarische Bedeutung erlangte.[39] Schon damals bildete das Land einen kulturellen Gegensatz zur Stadt, für dessen Auswirkungen der Aufschwung des gesellschaftlichen Lebens in den zahlreichen deutschen Kur- und Badeorten ein Symptom darstellt.[40]

Das Beispiel eines Salons, der im böhmischen Kurbad Teplitz die Sommersaison 1811 aufheiterte, schildert Varnhagen von Ense in seinen «Denkwürdigkeiten», und er rühmt dabei der Familie der Fürstin Clary, die diesen Salon organisierte, eine gesellschaftliche Ausstrahlung nach, die er damals der ebenfalls in Teplitz anwesenden Frau von Crayen abspricht. Teplitz war 1811 der Treffpunkt Berliner Gesellschaftskreise, die bereits in der preußischen Hauptstadt durch persönliche Spannungen untereinander von sich reden gemacht hatten; so erwähnt Varnhagen die noch von der gemeinsamen Berliner Zeit her datierende Verstimmung zwischen Henriette von Crayen und Rahel Robert. Auch diese befand sich aber 1811 in Teplitz, und hatte trotz der bestehenden Meinungsverschiedenheiten mit ihrer ‚Rivalin‘ die Bequemlichkeit nicht verschmäht, zusammen mit ihr die Reise von Berlin nach Böhmen im gemeinsamen Wagen zu machen.[41] Das soziale Spiel persönlicher Vorlieben und Abneigungen, das schon die Berliner Gesellschaftsszene um 1800 prägte, dabei aber ständische und ideologische Grenzüberschreitungen nicht ausschloß, wiederholte sich 1811 in Böhmen unverändert.

Die jahreszeitliche Bindung der deutschen Bäderkultur an die Saison ließ eine längerfristige Ausbildung geselliger Kreise in Kur- und Badeorten aber nicht zu. Für eine dauerhafte Ausbildung ländlicher Geselligkeitsformen waren daher andere Voraussetzungen erforderlich als in den Kur- und Badeorten. Dabei gab es außerdem genügend Bäder, die – wie Baden bei Wien – in unmittelbarer Stadtnähe Anziehungspunkte gesellschaftlichen Lebens waren, und Rahel zog gleich nach dem Wiener Kongreß den Aufenthalt hier der Anwesenheit in der Konferenzstadt längere Zeit vor.[42] Eine dauerhafte Einrichtung geselligen Wirkens stellten in der Umgebung der Städte aber die Landhäuser dar, in denen sich, wenn auch nicht immer ganzjährig, das gesellige Leben einzelner Familien erneuerte. Nur waren sie nicht immer auch Orte literarischer Geselligkeit im Zeichen der Frau.

Wiepersdorf, das Arnimsche Landgut in der Mark Brandenburg, war überwiegend der Aufenthaltsort Achim von Arnims und nicht Bettines, die sich erst nach dem Tod ihres Mannes 1831 stärker um den Betrieb kümmern mußte.[43] Sie residierte vorwiegend in der Berliner Wohnung, die sie während des Sommers aber ebenfalls hin und wieder mit Wiepersdorf vertauschen sollte. Ihr geselliger Kreis konzentrierte sich allerdings noch in den zwanziger Jahren nicht um ihre eigene Berliner Stadtwohnung, sondern sie selbst bewegte sich in geselligen Kreisen anderer, unter denen sich derjenige der Dichterin Amalie von Helvig auszeichnete, eine weitere Frau mit vielfältigsten Verbindungen.[44] Bettine von Arnim entwickelte erst in ihrer außerhalb des engeren Stadtkerns beim Tiergarten gelegenen Wohnung ,In den Zelten' die für ihre spätere Bedeutung als Autorin wie als Gesellschafterin charakteristische soziale Wirksamkeit. Der Kreis, den sie nach dem Tod ihres Mannes um sich versammelte, beteiligte außerdem ihre Töchter Maximiliane, Armgart und Gisela an einer literarischen Werkgemeinschaft, die in der «Kaffeterzeitung» ihr eigenes Journal zuerst nur handschriftlich, später aber unter dem Titel «Nach der Arbeit» auch kurzfristig im Druck hatte.[45]

Im satirischen Dialog, im Märchen und in zahlreichen, teils karikaturistischen Zeichnungen erneuerte sich innerhalb der Kaffetergesellschaft ein romantisches Künstlertum, das in der schöpferischen Beteiligung ihrer Mitglieder auch die Vorstellung vom Kunstwerk als einem „Kunstwerke der Geselligkeit" wiederholte.[46] Die Familie förderte dabei einen Gemeinschaftssinn, von dem nicht nur das einzelne gemeinschaftliche Werk profitierte, sondern auch die Geselligkeit als soziale Kunstform, und die Künste begannen vor allem unter Bettine von Arnims Töchtern den klassischen Wettstreit der Disziplinen als wechselseitige Durchdringung zu wiederholen: Maximiliane, Armgart und Gisela von Arnim waren bildnerisch ebenso produktiv wie literarisch,[47] und sie waren darin ebenso vielseitig begabt wie die jüngeren Frauen im Umkreis von Johanna Schopenhauer, unter denen ihre eigene Tochter Adele sowohl literarisch, als auch bildnerisch durch ihre kunstvollen Scherenschnittarbeiten zur ästhetischen Steigerung der Geselligkeit beitrug.[48]

Im Fall Bettine von Arnims und ihrer Töchter setzte die Familie einen

Salon in der Wohnung der Bettine von Arnim und ihrer Töchter. Vermutlich von Maximiliane von Arnim. Bleistift (um 1840)

geselligen Rahmen für ihr künstlerisches Wirken, dessen Vielfältigkeit nur noch von den Mitgliedern der Familie Mendelssohn übertroffen wurde. Jedoch stand bei den Mendelssohns – spätestens nachdem Friedrich und Dorothea Schlegel gestorben waren – nicht mehr die Literatur, sondern die Musik im Mittelpunkt der Geselligkeit, die in der Komponistin und Dirigentin Fanny Hensel geborene Mendelssohn auch in dieser Disziplin erstmals eine Frau an die Spitze des gesellschaftlichen Lebens führte.[49] Ohne einen literarischen Salon, aber als Dichterin war bei den Mendelssohns im weiteren Umkreis der Familie seit 1829, infolge der Vermählung Fanny Mendelssohn Bartholdys mit dem Maler Wilhelm Hensel, dessen Schwester Luise die hervorragendste Frauenpersönlichkeit. Luise Hensels literarische Anfänge datieren zwar noch aus der Zeit vor ihrer Verschwägerung mit den Mendelssohns. Damals gehörte sie noch zum engeren Kreis um Elisabeth von Staegemann; und ähnlich wie zwanzig Jahre später bei Bettine von Arnim die Töchter Maximiliane, Armgart und Gisela, war auch hier die Tochter der Hausherrin, Hedwig, später verheiratete von Olfers, am geselligen Leben beteiligt. Luise Hensel war eine der zahlreichen Freundinnen Hedwig von Staegemanns, und während einer der Donnerstagsgesellschaften des Staegemannschen Hauses hatte sie das für ihre literarische Entwicklung entscheidende Erlebnis mit Clemens Brentano.[50]

In dieser Konstellation des Jahres 1816 erfolgte zwischen der Geschichte der Familien Mendelssohn und Brentano aus der Retrospektive eine nachhaltigere Berührung in literarischer Hinsicht als zwischen Clemens Brentano und Dorothea Schlegel sowie deren Sohn Philipp Veit.[51] Luise Hensels Beitrag zum Jubiläumsalmanach für das Jahr 1818 «Die Sängerfahrt» bezeichnet mit dem programmatischen Titel «Will auch mit» den Beginn einer literarischen Karriere, die immer wieder neue gesellige Kreise und Ansprache erschloß.[52] Dabei war Luise Hensel als Autorin die Repräsentantin einer provinziellen Geselligkeitspflege und stand im Gegensatz zur geselligen Hauptstadtkultur in Berlin, wo sie ihren literarischen Lebensweg begann. In Westfalen, im Umkreis des Grafen Friedrich Leopold zu Stolberg und der Fürstin Salm-Reifferscheidt, als Erzieherin, in Koblenz zeitweilig als Krankenschwester des dortigen Bürgerspitals und auf zahlreichen anderen Stationen, gestaltete Luise Hensel ihr Leben im Dienste gesellschaftlicher Verpflichtungen, die ihrem Wirken ein weniger ästhetisches als vielmehr soziales, wenn nicht caritatives Moment verliehen.

Luise Hensel war mit ihrem sozialen Interesse aber nicht der Einzelfall einer Frau, die dieses Engagement auch als Autorin artikulierte. Bettine von Arnim ist als Verfasserin des «Armenbuchs» und mit ihren Bemühungen um die sozialen Verhältnisse in den Berliner Armenvierteln dafür das bekannteste Beispiel geworden.[53] Schon Rahel Robert hatte aber während der Befreiungskriege neben anderen Frauen in Lazaretten bei der Krankenpflege mitgewirkt[54], und noch während des Deutschen Kriegs 1866 beteiligte sich Bettine von Arnims Tochter Maximiliane an einer privaten Initiative zur Versorgung preußischer Kriegsverwundeter.[55] Geselligkeitsgeschichtlich erhellt Luise Hensel vielmehr einen allgemeinen Wandel in der Rolle der Frau für das literarische Leben der Epoche. Bezeichnend sind dafür die Abkehr von der Stadt als Kulturmetropole und die Hinwendung zum Land, aber auch die Verstärkung des gesellschaftlichen Engagements im Rahmen erzieherischer Aufgaben oder im Gesundheitswesen in Kranken- und Irrenhäusern, in Landschulen und Pensionaten. Henriette Mendelssohn war insofern ebenfalls eine Vorläuferin.[56] Das Beispiel eines späteren Erziehungsinstituts, dem in den zwanziger Jahren Luise Hensel persönlich nahestand, war der Marienberg bei Boppard[57], und aus dem Kreis der Mitarbeiterinnen dieses Instituts, dem die Geschwister Sophie und Therese Doll als Leiterinnen vorstanden, stammte auch Clemens Brentanos Schwägerin Emilie Genger, die Frau seines Bruders Christian und spätere Mitherausgeberin seiner «Gesammelten Werke».[58]

Frauen am geselligen Rhein

Der Kreis auf dem Marienberg bei Boppard war nur der Teil einer verbreiteten ländlichen Geselligkeitskultur, für die der Rhein die geographische Lage bezeichnete. Von Stift Neuburg bei Heidelberg, dem Landsitz Friedrich Schlossers und seiner Frau Sophie geborene du Fay bis an den Mittelrhein erstreckte sich eine gesellige Zone literarischen Lebens, in der seit 1829 auch Johanna Schopenhauer in Bonn – während des Sommers zeitweilig in ihrem Landhaus in Unkel – lebte. Zusammen mit ihrer Tochter Adele fand sie in Unkel freundschaftlichen Zugang zum Kreis der kölnischen Bankiers- und Kaufmannstochter Sibylle Mertens-Schaaffhausen, die sich in der folgenden Zeit vor allem mit Adele Schopenhauer anfreundete und ihre spätere Nachlaßverwalterin wurde.[59] Im Mittelpunkt der rheinischen Geselligkeit, soweit Frauen sie bestimmten, befand sich aber ein literarisch initiativer Kreis in Schierstein bei Wiesbaden im Hause der verwitweten Gisberta von Hertling und ihrer beiden Töchter Katharina und Anna. Der Schiersteiner Kreis unterhielt ebenso wie Stift Neuburg einen regen literarischen Austausch mit der gebildeten Umwelt, und beide standen ebenso wie der Marienberg auch mit Luise Hensel in Verbindung.[60]

Die Bedeutung der Frauen sowohl im Schiersteiner Kreis als auch in Stift Neuburg lag aber nicht nur in ihrem geselligen Auftreten als Gastgeberinnen innerhalb ihrer Landsitze oder als Briefschreiberinnen. Anna und Katharina von Hertling sowie Sophie Schlosser waren vielmehr selbst literarisch in ein publizistisches Unternehmen eingespannt, dessen Zielsetzung es war, im Dienste der katholischen Kirche gute Literatur zu verbreiten. Die literarische Leistung insbesondere von Katharina von Hertling und von Sophie Schlosser war ihre Mitwirkung bei der Herstellung deutscher Übersetzungen aus französischer Erbauungsliteratur.[61] Anna von Hertling beteiligte sich an einer Bearbeitung des «Goldnen Tugendbuchs» Friedrich von Spees, für die Clemens Brentano, einer der Initiatoren der „Bücherverbreitungsgesellschaft", die lyrischen Einlagen redigierte.[62] In der Zusammenarbeit zwischen Anna von Hertling und Clemens Brentano wiederholte sich im übrigen das kollektive Autorverhalten einer Frau mit einem Mitautor, mit dem auch Luise Hensel bei der Veröffentlichungen ihrer Gedichte zusammengearbeitet hatte.[63]

Das Rheinland umfaßt eine geographische Zone ländlicher Geselligkeit, die im Zeichen der Frau nach 1815 die Tradition der preußischen Hauptstadtgeselligkeit in der Provinz fortsetzte. Der preußische Territorialgewinn am Rhein könnte dafür eine politische Voraussetzung gewesen sein und der Wiener Kongreß, der diese Gebietserweiterung bewirkte, erwies sich dabei als historisches Ereignis in der Zeitenwende deutscher Geselligkeitsgeschichte. Die geselligen Kreise am Rhein hatten aber zusätzlich ihre Ausstrahlung auch nach Norden und Süden, nach Westfalen zum Kreis um Annette von Droste-Hülshoff und nach Italien, wo sich deutsche Kolonien in Florenz, Genua und Rom der deutschen Salontradition bewußt waren.[64]

3. Frauen und Theater:
Vom Stegreifspiel zum bürgerlichen Rührstück

Ruth P. Dawson

Frauen auf und hinter der Bühne

Wenn der Geschmack des hiesigen Publikums geläutert genug ist, wenn seine Stimme die Stimme der Wahrheit ist, so hat Madame Abt die Rolle des Hamlets göttlich gespielt, denn ein so starkes Applaudissement hab' ich von keinem Parterre in meinem Leben gehört.

So ein anonymer Beschreiber des Theaters in Gotha im Jahre 1779.[1] Catharina Felicitas Abt spielte damals die Hauptrolle in dem auf deutschen Bühnen neuentdeckten Shakespeare-Drama. Sie war in dieser Männerrolle nicht ohne Vorgängerinnen. Frauen hatten schon lange Knabenrollen gespielt, und noch 1792 debütierte Karoline Jagemann als Oberon und erlebte einen großen Erfolg, den sie dann 1797 bei ihrem ersten Auftritt auf der Bühne in Weimar unter Goethes Regie wiederholte. Schauspielerinnen spielten im 18. Jahrhundert die verschiedensten Rollen, man sah sie als „erste Liebhaberin", als Soubrette, als tragische Heldin. Sie fingen manchmal bereits mit vier Jahren an zu schauspielern (Dorothea Ackermann als Arabella in «Miss Sara Sampson», 1756) und beendeten ihre Laufbahn spät, Sophie Charlotte Ackermann z. B. mit sechsundsechzig Jahren. Sie kamen häufig aus Schauspielerfamilien, wie Maria Anna Adamberger, Ludovika Müller, Johanna Franul von Weißenthurn, Caroline Döbbelin, Karoline Schulze-Kummerfeld, Charlotte und Dorothea Ackermann; das war aber nicht der Fall bei Abt, Jagemann, Neuberin, Sophie Albrecht und Marianne Ehrmann.

Und sie litten unter den Erwartungen ihrer Zeit:

Des tugendhaften und rechtschaffenen Weibs größte Würde ist, verborgen zu bleiben; ihr Ruhm besteht in der Hochachtung ihres Manns: und ihr Vergnügen ist das Glück der Familie.

So eine ehemalige Schauspielerin im Jahre 1784.[2] Es war die gängige Beschreibung der Frau, wie sie sein sollte. Diese geschlechtsspezifischen Festlegungen schränkten die Möglichkeit einer Theaterlaufbahn für Frauen stark ein. Trotzdem gab es im 18. Jahrhundert berühmte Schauspielerinnen, denn das Theater erlaubte Frauen eine sonst unerhörte Unabhängigkeit. Sie konnten Geld verdienen – in vielen Fällen genau so viel wie der Mann, der neben ihnen auf der Bühne stand –, reisen, schwierigen Eltern oder einer unerwünschten Heirat ausweichen. Und sie konnten öffentliche Anerkennung finden, die Frauen sonst nicht erhielten.

Mit wenigen Ausnahmen traten Frauen in deutschen Truppen erst seit dem letzten Viertel des siebzehnten Jahrhunderts auf.[3] Am Anfang des 18. Jahrhunderts spielten diese Truppen aus dem Stegreif; die Rollen – besonders der Harlekin oder Hanswurst und seine geliebte Columbine – standen fest, aber die Reden und der genaue Gang des Spiels wurden improvisiert und mit Zoten kräftig gewürzt. Hinzu kam, daß die Truppen nicht seßhaft waren; es waren Wanderbühnen, eine Art des Theaters, die von den Schauspielern und Schauspielerinnen bestimmte Fertigkeiten, aber wenig Bildung im herkömmlichen Sinne verlangte. In erster Linie als Schauspieler und in zweiter als Wandernde standen sie außerhalb der bürgerlichen Gesellschaft. Das traf die Frauen in der Truppe besonders schwer, denn in der Bewertung von Schauspielern und Schauspielerinnen galt unübersehbar eine doppelte Moral.[4]

Einer besonders begabten Schauspielerin ist das große Verdienst zuzuschreiben, die schlechte gesellschaftliche und zweifelhafte künstlerische Lage des Theaters erheblich verbessert zu haben: Friederike Caroline Neuber, der Tochter eines Advokats. Sie war schon seit zwanzig Jahren Schauspielerin und seit zehn Jahren Leiterin, Prinzipalin ihrer eigenen Truppe, als sie 1737 aufgrund der Reformen, die der Leipziger Professor Gottsched in Anlehnung an die Theaterpraxis in Frankreich vertrat, den Harlekin feierlich von ihrer Bühne verbannte. So wurde der Grundstein für ein gehobeneres, auch regelmäßigeres, nach einem schriftlichen Text auswendiggelerntes Spielen gelegt. Dazu benötigte die Neuberin neue Stücke. Sie appellierte damit aber auch an das Publikum einer höheren Bildungsschicht. Um sich diesem Publikum auch auf andere Art annehmbar zu machen, ermutigte sie gleichzeitig ihre Schauspieler, und besonders ihre Schauspielerinnen, zu einem den bürgerlichen Normen besser angepaßten Lebenswandel.

Neuberins Leistungen waren erst der Anfang einer sich über das ganze Jahrhundert hinziehenden Entwicklung. Trotz ihrer großen Verdienste durfte man ihr dennoch als Schauspielerin, als sie 1760 verarmt und verlassen starb, kein kirchliches Begräbnis geben. Zwölf Jahre später jedoch, als es schon mehrere feste Bühnen gab, konnte die geachtete Eva König ihrem Bräutigam Lessing stolz schreiben, daß eine berühmte Schauspielerin sie besuchte.[5] Die Schriftstellerin Marianne Ehrmann, die eine kurze Laufbahn auf der Bühne erlebt hatte, notierte 1792:

> Es ist zwar lange entschieden, daß der Schauspielerstand die Achtung aller Vernünftigen verdient, und so auch jene Personen, die sich seiner würdig aufführen.

Ehrmann fuhr allerdings fort: „Oft ist dies aber, besonders unter reisenden Schauspielern nicht der Fall, und der Edle muß dann für den Unedlen unter mancherlei Kränkungen büssen"[6], und warnte vor der moralischen Gefährdung der Schauspielerin.

Trotz der allmählichen Besserung ihres Standes mußten Schauspielerinnen sich, ihre Darstellungen und ihren Lebenswandel immer wieder verteidigen. Manchmal haben sie eine solche Verteidigung schriftlich oder auf der Bühne

*Neubersche Wanderbühne im Hof des Fechthauses zu Nürnberg. Kolorierter
Kupferstich (um 1730)*

vorgebracht, wie z. B. 1734 die Neuberin in ihrem «Deutschen Vorspiel». Und
auch andere Frauen, die einer Theatertruppe vorstanden, mußten sich gegen
Vorurteile zur Wehr setzen. So wählte Karoline Schuch die Formen der Theater-
rede und des Flugblatts zu ihrer Selbstverteidigung. Eine Henriette Wallenstein
setzte sich in einem Flugblatt mit dem Vorwurf auseinander, daß sie eine
Kabalemacherin sei: „So rächen sich Männer an einem Weibe!" schrieb sie
unverblümt.[7] Noch 1801 glaubte Elise Bürger „von den Ursachen sprechen zu
müssen, welche mich bestimmten, das Theater im Jahre 1796 zu betreten".[8] Aus
diesen Schriften wird deutlich, daß die professionelle Schauspielerin „ein viel
ungesicherteres, sozial isolierteres, allerdings auch viel selbständigeres, offeneres
und an persönlichen Herausforderungen reicheres Leben führte als die Bürgerin".[9]

Neben dem professionellen, öffentlichen Theater gab es auch ein reges privates
Theaterleben in Deutschland. Manchmal wurde ein Stück im engen Kreis nur
vorgelesen, manchmal wurden regelrechte Aufführungen veranstaltet. An den
Höfen hatte die Theaterpflege Tradition. In Wien spielten Maria Theresiens
Kinder Theater, Hof-Offiziere und ihre Frauen gaben dort „Bedientenkomö-
dien", und die jungen Adeligen der Stadt französische „Cavalierskomödien".[10]
Die Frauen des Hofes und seines erweiterten Kreises traten also selber auf der
Bühne auf.

Gefördert wurde an den Höfen aber vor allem die Opernproduktion. Wilhelmine, Markgräfin von Bayern, die Lieblingsschwester Friedrichs des Großen, sorgte für Aufführungen von italienischen Opern an ihrem Hof. Schon 1743 wirkte sie als Komponistin; 1754 wurde anläßlich eines Besuchs ihres Bruders eine der Opern, «L' Huomo», aufgeführt, für die sie das Libretto verfaßt hatte. Ihre französischen Fassungen wurden von anderer Hand ins Italienische übertragen.[11] Opernvorstellungen am Hof wurden teilweise von Laien und Berufssängern gemeinsam gespielt. In Dresden zum Beispiel sang die Kurfürstin von Sachsen, Marie Antonia, die Hauptrollen in ihren eigenen Opern. Zusätzlich zu ihren Leistungen als Künstlerin wurde sie die wichtigste aristokratische Theatermäzenin des Jahrhunderts.

Die Dramatikerinnen

In ihrem Drama «Der Dichterling oder Solche Insekten giebts die Menge» (1781) läßt Juliana Hayn zwei Charaktere, die beide Dramen entwerfen, miteinander reden:

L. (gravitätisch.) Meine Meinung ist, daß du dich lieber mit Schuhputzen, als mit Komödienschreiben, abgeben sollst.
W. Warum das?
L. Weil du etwas unternimmst, was über deine Kräfte ist...
W. Ja aber wenn mir's Komödienschreiben mehr einträgt, als das Schuhputzen, warum soll ich denn nicht schreiben?
L. Es wird dir aber niemalen etwas eintragen: denn du wirst niemalen etwas zu Stande bringen ... Zum Komödienschreiben gehört gar viel, da muß man dazu gebohren seyn.
W. Wie Sie?
L. Da muß man gelesen haben, studirt, Menschenkenntniß ... sonst lachen die Gelehrten über einen [...][12]

Dies war ein Gedankengang, mit dem wohl manche Dramen schreibende Frau im 18. Jahrhundert vertraut war. Studieren konnte keine ihres Geschlechts, weil sie „dazu nicht geboren" waren, Geld verdienen mußten aber viele, und wieder andere wollten sich aus den verschiedensten Gründen künstlerisch betätigen. Trotz allgemeiner misogyner Entmutigungen und Verhinderungen[13] hat es doch eine beachtliche Anzahl von Frauen gewagt, Schauspiele aller Art zu verfassen. Während Hayns Bedienter Wilhelm dem Rat seines Herrn Ludwig folgt und seine Arbeit ins Feuer wirft, hat seine Verfasserin ihr Stück im Jahre 1781 kühn dem Drucker übergeben.

Das erste im 18. Jahrhundert veröffentlichte Werk einer Frau, das dann auch tatsächlich aufgeführt wurde, war wahrscheinlich «Polyeuctes» von Catharine Salome Linkin, 1727 in Straßburg erschienen. Es war bezeichnenderweise eine Übersetzung aus dem Französischen, ein Beitrag also zur Literarisierung des Theaters, wie sie Gottsched anstrebte. In den Jahren bis 1760 haben nur wenige Frauen sich schriftstellerisch mit dem Theater beschäftigt, darunter waren aber zwei sehr produktiv: die Neuberin, die eine Fülle von Vorspielen schrieb und mindestens zwei ganze Dramen, und Luise Adelgunde Gottsched, die neun Werke mehr oder weniger frei aus anderen Sprachen übertrug und daneben fünf Originalschauspiele verfaßte. Zwischen 1760, dem Jahr, in dem die sächsische Kurfürstin Maria Antonia ihr letztes Opernlibretto entwarf, und 1770, dem Jahr, in dem die schon berühmte Schauspielerin Sophie Friederike Huber, spätere Seyler, die oft gespielte «Familie auf dem Lande» schrieb, ist uns kein Theaterstück von einer Autorin bekannt. Dann aber kam der Durchbruch. In den acht Jahren nach 1770 meldeten sich neun neue Dramatikerinnen, und bis zum Ende des Jahrhunderts schrieben mindestens zwanzig weitere Frauen Theaterstücke.

Nicht alle Werke von Frauen wurden gedruckt. Die Schauspielerin und Prinzipalin Sophie Charlotte Schröder, spätere Ackermann, schrieb für ihre Truppe Vorspiele und Stücke, die niemals im Druck erschienen.[14] Bürgerinnen wie Anne Margarethe Hofmann, aber besonders Aristokratinnen wie Karoline Markgräfin von Bentheim-Steinfurt, Luise von Krockow und Sabine von Baßerin haben sich nach zeitgenössischen Berichten[15] in Trauerspielen, Übersetzungen und Schäferspielen versucht, ohne ihre Werke zu veröffentlichen. Aber auch die Frauen, die ihre Dramen drucken ließen, sind in der Literaturgeschichte unbeachtet geblieben, oft fehlen sogar die einfachsten Lebensdaten, um sie charakterisieren zu können. Die Bühnendichterinnen lebten über den ganzen deutschsprachigen Raum verteilt: Christine Johanne von Harboe in Jütland, Katharina Stolberg und Karoline Baudissin in Holstein, Prinzessin Ulrike Sophie und Herzogin Louise in Mecklenburg-Schwerin, Sophie Prinzessin von Hohenlohe in Öhringen, Victoria Rupp in Prag, Hedwig Louise Pernet in Wien. In Wien scheinen die Autorinnen am besten rezipiert worden zu sein: Stücke von Marie Antonie Teutscher, Victoria Rupp, Juliana Hayn, Freiin Auguste Friederike Goldstein und Marianne Weikard kamen dort auf die Bühne.

Die Dramen

Die Schauspielerin Juliana Hayn nannte ihr lebhaftes, bissiges Stück über den Dichterling ein «Original-Lustspiel». Das Werk hatte aber einen leicht erkennbaren Vorgänger. «Herr Witzling, ein deutsches Nachspiel» von Luise Gottsched, ein für die Autorin typisches Werk. (Vgl. den Beitrag von M. Heuser in diesem Band.) In der Tradition Molières, dessen «Misanthrope» sie übersetzt hatte, geht es hier um die Bloßstellung eines Charakterfehlers. Jungfer Lottchen bemerkt über den jungen Herrn:

> Ich glaube gewiß, wenn er minder von sich hielte, so würde man ihn für einen geschickten jungen Menschen halten können: nun er aber sein Bißchen Vollkommenheiten durch ein Vergrößerungsglas ansieht, so wird er zu einem Gecken.[16]

Am Ende des Stücks hat Herr Witzling die Chance, sich von seiner übertriebenen Selbsteinbildung zu befreien; noch wichtiger aber für die verwaiste Jungfer

Lottchen ist, daß die Torheit Witzlings ihren Vormund von seinem Plan ab-
bringt, sie mit dem jungen Herrn zu verheiraten.

In den Werken der Gottschedin erscheinen immer wieder junge Frauen mit
selbständigen Ideen, deren Wirkungskreis aber durch das bürgerliche Frauenideal stark eingeengt ist. Um diesem Ideal zu entsprechen, muß sich z. B.
Luischen in der «Pietisterey im Fischbeinrock» weigern, ihrer Mutter ungehorsam zu sein, obwohl sie die Torheit der Mutter einsieht und obwohl sie Gefahr
läuft, einen ungeliebten Mann heiraten zu müssen. Ruth Sanders beschreibt das
Problem:

> Auflehnung galt im Tugendkatalog der Aufklärung als unzulässig. Wie aber konnte sich
> in einer Welt, in der das patriarchalische Familienideal unanfechtbar war, die intelligente,
> gebildete, vernünftige Frau durchsetzen, ohne zu rebellieren? Bewußt oder unbewußt stellt
> Luise in ihren Komödien Frauen dar, die versuchen, diesen Konflikt zu lösen.[17]

Die jungen Frauen der Gottschedin dürfen frei denken, aber nicht frei reden
oder handeln; da sind sie anderen unterworfen. Nur einer Heldin der Gottschedin, Fräulein Caroline im «Testament», gelingt es, „inmitten der realistisch
gezeichneten Gesellschaft des 18. Jahrhunderts ein einigermaßen unabhängiges
Eigenleben zu führen", so Sanders.[18] Das wird möglich durch die Aufwertung
der persönlichen Freiheit gegenüber materieller Bequemlichkeit – die sich die
bürgerliche Frau praktisch ja nur durch eine standesgemäße Heirat bzw. Einhei-
raten in eine höhere Klasse erkaufen konnte. Fräulein Caroline vertritt die neuen
Werte, indem sie sich nicht um Heiratspläne kümmert, sondern behauptet: „Ich
wünsche mir in der Welt Wasser und Brodt, und die edle Freyheit, daß ich einem
jeden meine Meynung unverholen sagen darf."[19] Die Sprecherin weiß, daß dieser
Anspruch auf Freiheit sich mit den meisten Heiratsanträgen nicht verträgt; diese
persönliche Freiheit beschäftigte viele Dramatikerinnen des 18. Jahrhunderts.

Ganz anders die Heldin in «Talestri, regina delle Amazoni» (1760) von Maria
Antonia von Sachsen in italienischer Sprache verfaßt. Dieses Werk, von Johann
Christoph Gottsched selbst als «Thalestris, Königin der Amazonen. Ein Trauerspiel» ins Deutsche übertragen, ist ein eindrucksvolles Drama, worin Liebe und
Staatsrecht, persönliche und patriotische Treue in echt dramatischen Konflikt
gebracht werden. Kurz vor ihrer Thronbesteigung entdeckt Thalestris, daß sie
sich in den als Mädchen verkleideten Prinzen der Scythen, Orontes, verliebt hat.
Nun soll sie als Königin der Amazonen „des Männervolks Verderben" schwören.[20] Es kommt zwischen der jungen Königin und der strengen älteren Oberpriesterin zu einer Machtprobe über das Schicksal von Orontes, der sich in seiner
wahren Gestalt, als Mann, freiwillig hat gefangennehmen lassen. Nach mehreren
geschickten Wendungen in der unkonventionellen Handlung kommt es zu einem
herkömmlichen Ende. Die alte Feindschaft zwischen Amazonen und Scythen
wird beendet, Thalestris heiratet Orontes, und Tomyris, die Oberpriesterin,
entdeckt in ihm ihren Sohn. Die Handlung dieses bemerkenswerten Dramas
wird hauptsächlich von starken Frauen getragen.

Maria Antonia blieb nicht ohne Nachfolgerinnen. Die erste war Sophie

Eleonore Kortzfleisch mit «Lausus und Lydia» (1776). Das Kernmotiv des Stücks war im 18. Jahrhundert beliebt: Eine gefangene Prinzessin soll ihren Besieger heiraten, sie aber liebt einen andern. Was die Behandlung dieses Motivs in «Lausus und Lydia» auszeichnet, ist die durchgestaltete Charakterisierung der Personen und die politische Dimension ihrer Gedanken. König Mezencius ist ein Tyrann und Meister der Verstellung, der Lydia in den Tönen der empfindsamen Liebe alles verspricht, wenn sie seine „Liebe durch Gegenliebe", zu ihrem eigenen Wohl, erwidern will. Lydia ist eine standhafte und intelligente Heldin ohne mätressenhaftes Kalkül, auf das der König rechnet. Sie antwortet ihm direkt und unverblümt: „So gieb mir meine Freiheit, und meinem Vater seine Länder wieder."[21] Freiheit ist hier ein so wichtiges Thema, daß die Heldin ihren eigenen Anspruch sogar vor den ihres Vaters stellt. Dieses ungewöhnlich starke Selbstgefühl der Heldin ist das wichtigste Merkmal der Stücke, die in die Nachfolge Maria Antonias gehören.

Die Spannung wird in «Lausus und Lydia» häufig durch politische Betrachtungen und Betätigungen gesteigert. Lydia zum Beispiel zeigt sich – wie Maria Antonias Talestri – politisch interessiert und fragt Lausus nach seinem Rechtsverständnis als König.

> Woher jezt die Gewalt, die du über mich zu haben glaubst? ...hast du untersucht, ob du zu ihr ein Recht hast? Wenn Stärke und Uebermacht, und nicht Gerechtigkeit und Menschlichkeit, das Recht zu herrschen geben, so hat's auch der Strassenräuber, der den wehrlosen Wandrer mit gewaffneter Hand anfällt.[22]

Es tauchen also nicht nur politische Gedanken in den Dramen von Frauen auf, sondern sie werden auch den weiblichen Personen in den Mund gelegt. Das kann aber nur geschehen, wenn eine Frau sich einer bedrohlichen Lage gewachsen fühlt, wie Lydia: „O meine Zunge kann auch Flüche aussprechen, meine Hand kann auch einen Dolch fassen, wenns darauf ankömt". Aber sie glaubt, noch wirksamere Mittel als die Gewalt zu besitzen, um ihre persönliche und politische Freiheit zurückzugewinnen. Diese Mittel zeigen allerdings den Zwiespalt der Autorin zwischen Aufklärung und Empfindsamkeit. Einmal sagt Lydia aufklärerisch:

> Wahrheit will ich ihm vorhalten, reine, ungeschminkte Wahrheit, daß seine schwarze Seele vor sich selbst erschrecke, und ihre sclavische Niedrigkeit kennen lerne.

Im nächsten Atemzug droht sie dann mit Tränen, der Waffe der Empfindsamen: „Nicht oft widerstand man einer weiblichen Thräne".[23] Wichtiger aber als die Wahl der Mittel ist das Selbstvertrauen Lydias. Sie ist die aktive, starke und gute Heldin. Leider gibt die Handlung des Stücks ihr in den letzten Aufzügen nicht genug Spielraum, denn Kortzfleisch kehrt zu ihrer zimperlichen Vorlage zurück, einer moralischen Erzählung von Marmontel. Lydia tritt in den Hintergrund, und der König wird ohne ihr Zutun plötzlich zum Guten bekehrt.

Die ungeschminkte Sprache, Tyrannenkritik und Handlungsfülle in «Lausus und Lydia» erinnern an die Sturm- und Drang-Dramen der Zeit. Aber Kortz-

fleischs Heldin unterscheidet sich von den Frauengestalten in Dramen wie
«Götz»; sie ist weder engelhaft, passiv und hilflos wie Marie, noch korrumpiert/
korrumpierend und aktiv wie Adelheid. Ebenso wie Maria Antonia siedelt auch
Kortzfleisch ihre starken Frauengestalten in der Vergangenheit an.[24] Damit greift
sie auf die Tradition der barocken historisch-politischen Schauspiele zurück.

Caroline Hempel, spätere von Klenke, die Tochter der Dichterin Anna
Louisa Karsch, versucht in ihrem Stück «Der ehrliche Schweizer» (1776) eine
selbständige, handlungsfähige junge Frau in der Gegenwart zu gestalten – wobei
das Stück allerdings in Frankreich spielt.

Louise, Klenkes Heldin, muß sich mit dem bürgerlich-patriarchalischen
Tugendkodex auseinandersetzen, denn sie entspricht nicht den Erwartungen
ihrer Gesellschaftsklasse. Es ist die Ausnahmesituation ihres eingekerkerten

Lausus und Lydie,

ein Drama

in drey Aufzügen,

nach den moralischen Erzählungen
des Herrn Marmontel,

verfasset

von einem Adlichen Frauenzimmer
in Schlesien.

Breslau,
bey Christian Friedrich Gutsch,
1776.

Geliebten – sie sagt, er sei so „hülflos, wie ein weinend Kind in Windeln" –, mit der sie ihre eigene Abweichung von den „Fesseln des jungfräulichen Wohlstandes" erklärt.[25] Klenke versucht also einen Kompromiß zu finden zwischen den passiven, guten Heldinnen des neuen bürgerlichen Dramas und dem aktiven Heldentum selbstbestimmender Frauen, wie Kortzfleisch und Maria Antonia sie darstellen. Klenkes Heldin will tätig in die Angelegenheit ihres Geliebten eingreifen, um ihrer Liebe Ausdruck zu geben. Der Held aber drängt sie gewaltsam in die Passivität zurück, damit ihre Ehre bewahrt werde. Diese konventionelle Unterdrückung der tätigen Frau ist zwar nicht Hauptthema des Dramas, aber ein wiederkehrendes Motiv. Es zeigt sich daran, wie schwer es der Verfasserin eines Gegenwartsdramas fiel, eine Handlung zu entwerfen, in der eine gute Heldin nicht nur leidende Dulderin ist.[26]

Die leidende Frau war in den Theaterstücken an der Tagesordnung, zum Beispiel in Victoria Rupps rührendem Lustspiel «Marianne oder der Sieg der Tugend» (1777). Diese Komödienform unterlief die Ständeklausel, indem hier *bürgerliche* Personen in einem Drama mit ernstem Hintergrund auftraten, was nach der Klausel nur Personen von adligem Stand zukam. Man kann nur Vermutungen darüber anstellen, warum es zwanzig Jahre dauerte, bis eine Frau ein solches, in der den Frauen wohlbekannten Intimsphäre situiertes Stück schrieb. Es ist zwar möglich, daß Frauen solche Stücke anonym verfaßten, denn es gibt eine große Anzahl anonymer Dramen; beweisen läßt sich die weibliche Autorschaft aber meistens nicht. Fest steht nur, daß Frauen sich ab 1773 häufiger dieser Gattung bedienten. Marie Antonie Teutscher schrieb das erste bekannte, aber unbeholfene und undramatische Beispiel, «Fanny, oder die glückliche Wiedervereinigung» (1773).

Die Schwierigkeit eines solchen Stückes liegt in der Erfindung einer bühnengerechten Handlung, trotz erzwungener Passivität, Unschuld und Hilflosigkeit der Heldin. Rupps engelhafte Marianne sagt zum Beispiel zu Frau Worthi: „Ach, gnädige Frau, lassen Sie nur nicht zu, daß ich, mir selbst überlassen, ein Raub meiner Verfolger werde!"[27] Im Gegensatz zu den planenden, vorausschauenden Heldinnen der anderen Tradition können diese Frauen sich ihr Leben nur unter der Fürsorge eines Beschützers vorstellen. Sich selbst überlassen, sind sie ihren Verfolgern hilflos ausgesetzt. So bittet Marianne:

> Ach, mein Herr, wenn Sie die Tugend nicht hassen, erbarmen Sie sich einer Unglücklichen! Retten Sie mich von den Nachstellungen eines Verführers, sonst ist Selbstmord meine einzige Rettung, die ich noch übrig habe.

Die Absicht des Stückes ist die Rührung des Publikums durch „das geliebte Bild der leidenden Tugend".[28] Da es nur sekundär um die Erregung von Spannung (etwa durch die Nachstellungen des Verführers)[29] geht und da die Heldin selbst nichts unternehmen darf, passiert auf der Bühne nur wenig. In Teutschers «Fanny» zum Beispiel besteht die „Scheinhandlung" aus Reden der anderen männlichen Figuren, die Titelheldin tritt nur zu Anfang und am Ende auf.

Rupps «Marianne» ist dagegen dramatisch gekonnter, zum Teil auch deswegen, weil das Stück Züge des neuen Tugenddramas mit denen der älteren
Verbesserungslustspiele nach dem Muster der Gottschedin verbindet. Der Fehler
der verbesserungsbedürftigen Figur, hier wieder der Mutter, ist Eifersucht. Das
bringt etwas Verwicklung in die Geschichte, denn es ist ihr Mann, Herr Worthi,
der die verfolgte Marianne entdeckt und sie mitten in der Nacht nach Hause
bringt. An der Handlung beteiligt sind auch eine (ihrem Familiennamen getreue)
würdige Tochter, Henriette, und eine nichtswürdige Bediente, Sally, die die
Eifersucht ihrer Herrin schürt. Die Niederträchtigkeiten Sallys, die Torheiten
der Mutter und die Leidenschaft des gewalttätigen, aber schlauen Verführers
beleben das Stück. Besonders Sally, die interessanteste Figur in Rupps drei
Dramen, durchbricht die gehobene Sprache und das unablässig tugendhafte
Handeln der Frauen mit ihren dreisten Reden und listigen Handlungen. Sie
gehört zum wohlbekannten Typ des schlagfertigen und volkstümlichen Be-
diensteten, genau wie Gottschedins Kathrine in der «Pietisterei» oder einige
Figuren in den russisch geschriebenen Lustspielen der Zarin Katharina II. In
Friederike Helene Ungers «Mondkaiser» (1790) ist der Bedienstete sogar der
komische Held des Stückes. Peter, der pfiffige Diener eines Luftschiffers, landet
mit seinem Herrn auf dem Mond und wird dort zum nächsten Kaiser erklärt.
Das Stück, „eine Posse in drei Aufzügen, aus dem Französischen frei übersetzt",
ist eine geschickte humoristische Satire.

Das Happy-End in Victoria Rupps Lustspiel wird durch die endgültige
Aufhebung der Unabhängigkeit Mariannes erreicht: Sie wird – eine patriarchalische Lösung – buchstäblich in Besitz genommen: Der Vater schlägt seinem Sohn
vor, er solle sein Glück „in dem Besitze einer so tugendhaften Gattin finden".[30]
Die Wechselbeziehung zwischen Liebe und Besitz taucht in Dramen – wie heute
in Filmen – immer wieder auf. In Christiane Karoline Schlegels «Düval und
Charmille» (1778) wendet sich dieses Motiv ins Pathologische, wenn der Hof
den Kammerjunker Düval und seine Geliebte Charmille zu zwingen versucht,
ihre außereheliche Beziehung abzubrechen. Es geht dann um die zunehmende
Verzweiflung und Vereinsamung Düvals, als er sich gegen diesen Eingriff in sein
Leben wehrt. Die zwei wichtigen Frauengestalten, Düvals Frau, Marianne, und
ihre Rivalin, Charmille, sind unablässig edel: Sie sind Düval ergeben, sie sind
beide tugendhaft (Charmille wird als virgo intacta dargestellt) und sie sind sogar,
wenn auch wehmütig, miteinander befreundet. Marianne beschreibt Charmille
als „ganz Liebe, ganz sich hingebende Zärtlichkeit [...] und sich selbst verges-
sende Güte".[31] Als Kontrast hat Charmille eine intrigante böse Stiefmutter, die
sich in den Augen des Hofes zugunsten ihrer eigenen Tochter profilieren will.
Schlegel setzt voraus, daß weibliche Güte Selbstvergessenheit und Selbstaufopfe-
rung verlangt. Im Subtext ihres Stückes wird diese Lehre jedoch in Frage gestellt,
denn am Ende will die gute Charmille nicht mit ihrem Geliebten sterben. Weil er
sie aber auch im Tode besitzen will, erdolcht er sie dennoch.

Düval wird als Kraftmensch dargestellt, eine egozentrische Mischung von Gut und Böse. Er ist auch sprachlich gewandter als die passiven, nur tugendhaften Frauengestalten. Mit seinem schnellen Stimmungswechsel, seiner Erkenntnis der Intrigen, die ihn umkreisen, seinen eigenen listigen Plänen und seinen Augenblicken der Ohnmacht wirkt Düval glaubwürdig und vielschichtig. Schlegel, die ihren Stoff nach einer in Dresden geschehenen Mordtat gestaltete, läßt das Stück realistisch und ohne Verklärung im Unglück enden.[32]

«Düval und Charmille» ist eindeutig besser als das ähnliche, spätere Drama «Sidney und Eduard oder Was vermag die Liebe?» (1792) von Susanne von Bandemer. Wiederum beweist die Heldin ihre Güte, Liebe und Tugendhaftigkeit durch die Bereitschaft, sich von ihrem plötzlich eifersüchtigen Gatten vergiften zu lassen. Die psychologischen Aspekte dieser Entwicklungen werden hier aber dem Streben nach einer spannenden Handlung geopfert. Ganz anders Charlotte von Steins Trauerspiel «Dido». Stein folgt in ihrem Stück nicht der Tradition, wonach Dido aus Verzweiflung über die Abfahrt ihres geliebten Äneas Selbstmord begeht, eine Fassung, die auf der Vorstellung beruht, daß die Frau ohne ihren Mann nicht bestehen kann. Statt dessen geht die Verfasserin von einer anderen Deutung der Geschichte aus, nach der Dido aus politischen und persönlichen Überlegungen zugleich handelt, um den unerwünschten Anträgen des eindringenden Barbarenkönigs zu entkommen und um ihrem eigenen verstorbenen Mann treu zu bleiben. Ihr Selbstmord ist eine wohlüberlegte, zum Teil politisch motivierte Tat, nicht ein rascher Akt der Leidenschaft.

Auffallend ist, daß die starken Heldinnen in den Stücken von Frauen meistens einsam bzw. die einzigen Frauen sind. In Klenckes Stück hat Louise die einzige Frauenrolle, Lydia die einzige in dem der Kurtzfleisch. In den rührenden Lustspielen dagegen ist es anders. Denn vielleicht ging es darum: Die Heldinnen dort sind passiv und also auch mit Verbündeten nicht bedrohlich. Maria Antonia hatte es noch gewagt, drei starke Frauen zusammen auf die Bühne zu bringen (die Königin, ihre treue Freundin und die Hohepriesterin als starke aber nicht böse Widersacherin). Ihr Stück spielte jedoch in grauer Vorzeit, das Amazonenmotiv diente als Vorwand, der Geschlechterkampf endet versöhnlich. Außerdem wurde das Werk ursprünglich als Oper entworfen, als ein Genre also, in dem dem Bedrohlichen als Unglaubhaftem der Stachel genommen werden konnte. Schließlich gehörte die Verfasserin als Aristokratin selbst zur herrschenden Gesellschaftsklasse. Bis zum Ende des Jahrhunderts hat keine Dramatikerin wieder versucht, eine starke Heldin mit anderen positiven starken Frauen auftreten zu lassen.

Erst Frau von Stein gibt 1794 ihrer Dido eine treue Freundin, und Elise Müller läßt 1797 mehrere handlungstüchtige Frauen, von sympathisierenden Männern auch noch unterstützt, als Freundinnen und Verbündete in «Die Kostgängerin im Nonnenkloster» erscheinen. Elise, die Titelfigur – Heldinnen werden oft nach ihren Schöpferinnen genannt –, ist von ihrer herrschsüchtigen Mutter ins Kloster geschickt worden, damit sie ihren Geliebten vergißt. Dort wird sie von der übereifrigen Jungfer Margaretha tyrannisiert. Sie findet jedoch Verbündete in ihrer Schwägerin und einer jungen Nonne. Als Margaretha der Heldin auch noch verbieten will, Briefe zu schreiben, antwortet Elise:

> Glauben Sie, ich lasse mir das Schreiben auch noch wehren? Nein, meine Gedanken und meine Feder leiden keine Fesseln! Der Dummkopf nur duldet das gänzliche Beherrschen eines mit Vorurtheil und Thorheiten angefüllten Geschöpfes, aber ich nicht.[33]

Durch ihr direktes Sprechen verschafft sich Elise den geistigen Freiraum, der für sie wie für die anderen Heldinnen notwendig ist. Das Stück vereint also Elemente aus der Tradition der Verbesserungskomödien der Gottschedin – die Figur der Mutter ähnelt der Frau Glaubeleichtin in der «Pietisterey» – mit den selbständigen, tätigen Heldinnen aus den Stücken der Maria Antonia. Am Ende rettet Elise sich selbst, und die Mutter sieht ihre Torheit ein.

Mehr als vierzig deutsche Bühnenautorinnen lassen sich im 18. Jahrhundert mit gedruckten oder ungedruckten Dramen feststellen. Ihre Arbeiten tragen stofflich und sprachlich alle Hauptmerkmale ihres Jahrhunderts, denn die Verfasserinnen wollten ja innerhalb der schon vorgegebenen dramatischen Gattungen und der Institution Theater erfolgreich sein. Ihre wichtigste Abweichung zeigt sich im gelegentlichen Versuch, eine kritische weibliche Perspektive positiv einzubringen. Nur selten aber haben die Verfasserinnen das Dramen-Schreiben, das, wie oben schon bemerkt, für Frauen mit vielfältigen Mühen verknüpft war, länger als zwei, drei Jahre ausgehalten.[34] Von einer bis dahin unbekannten Marianne Weikard zum Beispiel erscheinen 1791 vier Schauspiele auf einmal, 1792 und 1793 je wieder eins, und dann ist Schluß, Schweigen. Dabei hat Weikard mit ihrem Lustspiel in einem Aufzug, «Die Kriegslist» (1792), eines der besten von Frauen verfaßten Dramen des 18. Jahrhunderts geschrieben.

Thema ist erneut der Geschlechterkampf, hier aber ganz anders behandelt als in Maria Antonias «Talestri» mehr als dreißig Jahre zuvor. Der brummende, ausgesprochen misogyne General von Dallhof wendet eine Kriegslist an, um seine Nichte Antonie, die sein Mündel ist, zur Heirat mit dem sympathischen Hauptmann Wimberg zu bringen. Das Stück zeichnet sich durch eine gute Differenzierung der Personen aus, durch den anschaulich vermittelten Kontrast zwischen den lebhaften, unbekümmerten Mädchen und den militärisch-korrekten Männern, durch eine straffe Darstellung der Begebenheiten und endlich die witzigen, der Alltagsrede abgelauschten Dialoge. Ganz anders als die scharfsichtige Heldin mit ihrem flinken Mundwerk sprechen die jungen Männer in den Tönen der Empfindsamkeit. Wenn der Hauptmann Antonie bittet, daß sie „dem zärtlichsten Liebhaber Gerechtigkeit widerfahren lassen" soll, wendet Antonie sich an einen Zuhörenden und fragt: „Baron, sagen Sie mir doch, was der Mann schwatzt?"[35] Auf eigene Art verhandelt sie mit dem Hauptmann über die Heirat:

> Antonie: Nun Hauptmann, ich will Ihnen meine Hand geben, – mit Bedingnissen.
> Hauptmann: Welche?
> Antonie: Daß Sie immer die Ursache vor Augen behalten, warum ich Ihre Frau wurde.
> Hauptmann: Und diese ist?

Antonie: Mein Onkel will mich an den Rittmeister verheurathen, er verbot mir, Sie zu lieben, – an Sie zu denken, – ich heurathe Sie aus Rache, – hier ist meine Hand.[36]

Nun muß Antonie zu ihrer Überraschung hören, daß der Hauptmann sie unter diesen demütigenden Bedingungen nicht heiraten will. Darauf nennt sie ihn einen unerträglichen Menschen, und der Baron, der ohne Antonies Wissen auf der Seite des Generals und des Hauptmanns steht, bietet ihr Trost an:

Baron: Lassen Sie den Grillenfänger, und suchen Sie sich einen andern.
Antonie: Ich will aber keinen andern.
Baron: Bravo! Bravo! Jetzt Hauptmann, werden Sie keinen Anstand mehr haben.
Hauptmann: (küßt Antonien entzückt die Hand) Meine Antonie!
Antonie: Himmel! Was hab ich gesagt! – Baron, was hab ich gesagt?
Baron: Daß Sie den Hauptmann lieben.
Antonie: Hab ich das? – Ich widerrufe.[37]

Antonie ist schlagfertig, antiempfindsam, sie ist das Gegenstück einer Heldin. Als der Baron ihr zu ihrer Heirat Glück wünscht, entgegnet sie: „Aus Rache wünsche ich Ihnen auch bald ein solches Glück."

Aber das Stück endet nicht mit diesem Sieg der List, die Antonie zu einem Geständnis ihrer Liebe zwingt. Der General und seine Tochter treten auf, und Antonie erfährt, daß auch die anderen mit zum Komplott gehörten. Diese Entdeckung führt den in jedem guten Lustspiel notwendigen ernsten Augenblick herbei; die immer offen argumentierende Heldin hat das Gefühl, daß man sie schändlich hintergangen hat. Weikard benutzt diesen Augenblick, um den Zuschauern vor Augen zu führen, daß der Hauptmann tatsächlich eine edle, Antonie ebenbürtige Gestalt ist. Er gibt ihr den unterschriebenen Verlobungsvertrag zurück und stellt ihr frei, damit nach ihrem Belieben zu verfahren. Sie „nimmt den Kontrakt, sieht ihn eine Weile an, darauf die Umstehenden, dann wirft sie ihn dem Hauptmann zu" und meint wenig empfindsam, aber dennoch – oder vielleicht gerade deshalb – liebevoll: „Da Wimberg, das erste Geschenk von Ihrer Braut. – Die Kriegslist hatte ihn verfertigt, die Liebe genehmigt ihn."[38] Bei Weikard schmückt „Liebe" nicht eine weiche, nur nach ihren Gefühlen agierende und deshalb leicht lenkbare Heldin. Für Antonie bedeutet Liebe eine Entscheidung, die sie bewußt und selbständig trifft. Es sollte noch lange dauern, bis Verfasserinnen Heldinnen schufen, die selbst nach der Heirat eine gewisse geistige Selbständigkeit wahrten oder gar einen sympathischen Freier abwiesen.

Weikard bringt das Stück charmant zu Ende. Der General nimmt seine Frauenkritik zurück, und Antonie redet selbstsicher, leicht ironisch und doch zärtlich mit ihm:

Antonie: Ich konnte Ihnen doch den Spaß nicht verderben, lieber Onkel: – die Kriegslist wäre nun abgethan. Sie werden doch auch Ihre Handlanger belohnen?
General: Du erinnerst mich. (Er giebt Emiliens Hand dem Baron.) Sind Sie so belohnt?
Baron: So könnte der mächtigste Monarch nicht lohnen.
Antonie: Baron, meinen Glückwunsch! – Aus Rache versteht sich.
General: Nun Hauptmann, hab ichs nicht gesagt, der Sieg ist unser? Wir rufen Viktoria![39]

Trotz der geistreichen Heldin: es sind die Männer, die am Ende ihren Sieg verkünden, denn es war doch auf und außerhalb der Bühne eine patriarchalische Welt, und vor allem das Lustspiel mit seiner Neigung, den Status quo zu bewahren, war eine patriarchalische Form. Der General hat das letzte Wort, und das Schweigen seiner gerade erst 24 Jahre alten Schöpferin beginnt. Wir wissen, daß aus Marianne Weikard eine Frau Kriegsrätin von Reitzenstein wurde. Möglicherweise hat bei ihr – wie bei so vielen schreibenden Frauen – die Heirat einer weiteren literarischen Entfaltung ein Ende gesetzt.

4. Der Frauenroman:
Erprobungen der ‚Weiblichkeit‘

Helga Meise

> Wenn der große Nachdrucker von Pomona die Gewalt hat, mir eine Anzahl meiner edlen menschenfreundlichen Subskribenten zu nehmen, so wird der Kummer über diesen Verlust meine Arbeit unterbrechen.
> (*Sophie von La Roche*, Bild meiner Arbeit und Sorgen. Pomona 6/1783)

Die leere Seite

In einer Erzählung Karen Blixens «Die leere Seite»[1] wird von einem Frauenkloster in Portugal berichtet, das Flachs anbaut und wegen dessen besonderer Qualität zwei Privilegien besitzt: Es darf allen jungen Prinzessinen der königlichen Familie die Brautlaken liefern, und in Anerkennung der vorzüglichen Qualität gelangt das Mittelstück des schneeweißen Lakens, welches von der Ehre einer königlichen Braut Zeugnis ablegte, wieder in das Kloster zurück. Wenn sich zu diesem Kloster in alten Tagen immer wieder Prinzessinnen von Portugal, nun Königinnen oder Königinwitwen fremder Länder, Erzherzoginnen oder Kurfürstinnen begeben, dann vor allem, um die Galerie des Klosters aufzusuchen, in der alle diese zurückerhaltenen Leinwandstücke, gerahmt und mit Krone und Namen der jeweiligen Prinzessin versehen, in langer Reihe nebeneinander hängen. Das Kloster ist der einzige Ort, an dem ein Stück Geschichte aufbewahrt wird, das verschwunden ist: Nur durch ihre Heirat in die Galerie aufgenommen, gehen die portugiesischen Prinzessinnen damit zugleich in die Geschichte anderer Länder ein. Das besondere Interesse der Pilgerinnen erregt aber nicht die ‚volle‘ Geschichte Portugals, die dynastischen Verzweigungen mit den adeligen Häusern anderer Staaten, in der die lange Reihe der Namen von Donna Christina bis Donna Maria immer neue Wendepunkte bezeichnet, sondern ein Bild, das sich von allen unterscheidet. Sein Rahmen ist ebenso kunstvoll gearbeitet und so schwer wie nur irgendeiner und trägt das goldene Schild mit der Königskrone mit demselben Stolz zur Schau. In dieses Schild ist jedoch kein Name graviert, und die Leinwand im Rahmen ist von einem Rand zum anderen schneeweiß – eine leere Seite. Diese Seite zeichnet das auf, was vom Leben dieser Prinzessin im dunkeln bleibt, was nicht dokumentierbar ist und doch in der offiziellen, der Geschichte Portugals treu verpflichteten Linie der Prinzessinnen einen Bruch anzeigt, etwas Einzigartiges, vor dem lebenskluge, pflichtbewußte, leidensgewohnte Königinnen, Ehefrauen und Mütter... ihre Gespielinnen, Brautjungfern... alte und junge Nonnen einschließlich der Mutter Äbtissin selbst stehen bleiben wie vor einem Ereignis.

Diese kleine Geschichte, von einer professionellen Geschichtenerzählerin erzählt, soll gutes Erzählen demonstrieren, sie muß also gut sein: Wie die Präsentation der Geschichte in der Galerie des Klosters von den ausgestellten Frauen in dem Moment am meisten verrät, wo sie nichts zeigt, nichts zu zeigen hat, so muß auch das Erzählen auf die *leere Seite* setzen – nur „Wenn die Geschichtenerzähler stets und unbeirrbar ihrer Geschichte treu bleiben, wird am Ende die Stille sprechen. Wo die Geschichte aber verraten wird, ist Stille nichts weiter als Leere". In diesem Sinn ist die *leere Seite* Material und Argument in einem, sie wird zur Chiffre, nicht nur für die Techniken des Erzählens und für die des Schreibens („Und wo liest man eine tiefsinnigere Geschichte als auf der meisterlich gedruckten Seite des kostbarsten Buchs?"), sondern auch für die doppelte Stellung der Geschichte als Fiktion und als Aufzeichnung von Vergangenem. Die *leere* Seite dieser Erzählung stellt diese Konstellation unter eine besondere Bedeutung, wenn die verschiedenen Momente – Autor, Handlung, Personal, der Text als Erzählung wie als Geschichte – um ein Thema sich gruppieren, die Weiblichkeit.

Die «Geschichte des Fräuleins von Sternheim»

Als im Jahre 1771 in Deutschland der erste Roman von einer Frau erscheint, der dann als erster deutscher Frauenroman gelten sollte,[2] bleiben alle diese Momente verdeckt. Die «Geschichte des Fräuleins von Sternheim» erscheint anonym, unter der Herausgeberschaft Wielands, der zudem den zwei im Abstand von einigen Monaten[3] erscheinenden Bänden ein umfangreiches Vorwort mit auf den Weg gibt und sich auch im Roman selbst immer wieder kommentierend in das Geschehen einschaltet. Es handelt sich nicht um ein „Original-Werk", sondern um „Original-Papiere und andere Quellen", von der Freundin der Sternheim ausgewählt und zusammengestellt. Der Roman greift damit auf die verbreitete und beliebte Form des Briefromans zurück – er will weniger Fiktion sein als eine beglaubigte Darstellung von Ereignissen. Mit seinen Vorgängern teilt der Roman auch das Motiv. Richardson, nach ihm Gellert und Rousseau, hatten die „Verführte Unschuld",[4] also eine Frau, zur Heldin des Briefromans gemacht und

damit der Form „Roman" unerwartet den Durchbruch beim vorwiegend bürgerlichen Publikum verschafft. Wenn sich gleichzeitig um die Mitte des 18. Jahrhunderts die literarische Öffentlichkeit auch auf die mittleren Stände ausdehnt, geht
dies zum wesentlichen auf das Konto des Romans. Der Umstand, daß es
hauptsächlich Leserinnen waren, die sich der Lektüre von Romanen hingaben (je
mehr sich diese „Lesewuth" ausbreitete, um so mehr Kopfzerbrechen bereitete
sie den Zeitgenossen!), stattete den Roman damit gleich zu Anfang seiner
Karriere als bürgerliche Kunstform mit Insignien des Weiblichen aus. Überein-
stimmend und korrespondierend dazu hatten der Engländer Richardson, der
Deutsche Gellert und der Franzose Rousseau ihre Romane nach den Namen
oder dem Geschlecht ihrer Heldinnen benannt: «Pamela or Virtue rewarded»
(1741) und «Clarissa» (1748; 1753 folgt der umfangreiche «Sir Charles Grandi-
son» als Variation desselben Stoffes), «Leben der schwedischen Gräfin von G.»
(1747/48) und «La Nouvelle Héloise» (1761).

Die «Geschichte des Fräuleins von Sternheim» knüpft an die damit vorliegenden Handlungsmuster an: Sophie von Sternheim gelangt nach dem Tod ihrer
Eltern unter die Obhut von Verwandten, sie vertauscht ein aufgeklärt-bürgerli-
ches Elternhaus mit einer fürstlichen Residenzstadt, das Leben auf dem Lande
mit „einer ganz neuen Welt", der Stadt.⁵ Doch den Verlockungen des höfischen
Lebens zum Trotz hält sie an den von ihr für richtig befundenen Prinzipien ihrer
Erziehung fest. Aus einer Mischung von Naivität und dem Bestehen auf den
erworbenen Werten weiß sich die Heldin gegen höfische Intrigen zu schützen;
daneben und von der höfischen Gesellschaft beinahe unbemerkt, unterstützt sie
Arme und Kranke. Nur ihre Verteidigung gegen die zweifelhaften Nachstellungen einiger Liebhaber wird zum Problem: Um nicht für die Geliebte des Fürsten
gehalten zu werden, sieht sie sich zur Ehe mit dem ihr vertrauenswürdig und
sympathisch scheinenden Lord Derby, einem Engländer, gezwungen. Nach der
Flucht mit ihm muß sie erkennen, daß sie Opfer seiner Pläne geworden ist, daß
er sie nicht liebt. Entwurzelt, in die „schottische Bleygebürge" verschleppt, hält
sie sich mit Erziehungsprogrammen für die Mädchen und das Gesinde eines
armen Dorfes aufrecht:

> Ich kannte den ganzen Wert alles dessen, was ich verloren hatte; aber meine Krankheit
> und Betrachtungen zeigten mir, daß ich noch in dem wahren Besitz der wahren Güter
> unsers Lebens geblieben sei. Mein Herz ist unschuldig und rein. Die Kenntnisse meines
> Geistes sind unvermindert. Die Kräfte meiner Seele und meine guten Neigungen haben ihr
> Maß behalten; und ich habe noch das Vermögen, Gutes zu tun. Meine Erziehung hat mich
> gelehrt, daß Tugend und Geschicklichkeiten das einzige wahre Glück, und Gutes tun, die
> einzige wahre Freude eines edlen Herzens sei; das Schicksal aber hat mir den Beweis davon
> in der Erfahrung gegeben.⁶

Die Handlung aus der je wechselnden Perspektive der Beteiligten montierend
(Polyperspektive), inszeniert der Roman den „fatalen Zeitpunkt" in Sophies
Geschichte,

> worin Sie diese liebenswürdige junge Dame in Schwierigkeiten und Umstände verwik-

kelt sehen werden, die den schönen Plan eines glücklichen Lebens [...] auf einmal zerstörten,[7]

aus dem Blickwinkel einer Adligen, die nach bürgerlichen Verhaltensmustern lebt, bürgerliche Parolen im Munde führt. Zeigt sich daran zum einen die Durchsetzungskraft bürgerlicher Prinzipien[8], so benutzt der Roman diesen Blick ‚nach rückwärts' auf gewissermaßen schon überholte Formen der Vergesellschaftung, wie sie die höfische Lebensweise gesetzt hatte, um die Differenz, den Unterschied zwischen der Heldin und dem übrigen Personal des Romans kenntlich zu machen; diese Differenzierung ermöglicht allein die „völlige Individualisierung des Charakters unsrer Heldin".[9] Sophie tritt damit aus der gesellschaftlichen Vermitteltheit ihrer Position heraus. Im Gegensatz zu ihren Vorgängerinnen – Pamela ist Dienstmädchen, die schwedische Gräfin und die Nouvelle Héloise sind Ehefrau, Hausfrau oder Mutter – ist das Fräulein von Sternheim selbständig: sowohl wirtschaftlich wie privat unabhängig. Gesellschaftliche Konflikte zwischen Bürgertum und Adel erscheinen aus ihrer Perspektive in der Apotheose des „guten und schönen" Lebens[10] aufgelöst, in dessen moralisch abgesicherten Prinzipien reale gesellschaftliche Unterschiede aufgehoben sind. Der Bezug auf die höfische Gesellschaft wie der auf die Lebensbedingungen einer armen Dorfbevölkerung wird zur bloßen Folie für die „ganz neue Gattung von Charakter"[11], die der Heldin ja gerade von ihrem ärgsten Widersacher, Lord Derby, bestätigt wird, an dem Ort also, der von dem ihren am weitesten entfernt ist. In diesem Begriff faßt der Roman die seelischen, inneren Vorgänge zusammen, die die Heldin beschäftigen: vor die Einbindung in die Gegensätze zwischen Adel und Bürgertum, schlechter und guter Lebensführung und deren moralischer Begründung schiebt sich der Gegensatz zwischen den Geschlechtern, denn der „Charakter" der Heldin offenbart sich erst den Männern gegenüber. Gerade darin sollte sich die Verwandtschaft der Sternheim mit dem Werther erweisen, denn auch für ihn drängt die Beziehung zum „anderen Geschlecht" alles andere zurück, bis ihn die Leidenschaft zerreißt – zwischen der Welt in ihm und den bürgerlichen Widerständen dagegen. Für die weiblichen Heldinnen aber verläuft die Linie anders: Was zwischen Pamela und Mr. B., dem Kammermädchen und dem Lord, die soziale Herkunft regelt (ihre Tugend wird durch sozialen Aufstieg gelohnt – durch die Heirat mit ihm) und bei der «Nouvelle Héloise» der Verzicht auf den Geliebten, hatte im Fall der schwedischen Gräfin noch der Tod organisiert, gleichsam als letzte Verkörperung einer „barocken Haupt- und Staatsaktion", wenn er die seltsame Situation der Heldin legitimiert, mit zwei Männern gleichzeitig verheiratet zu sein (weil sie den einen tot glaubt, erklärt sie dem andern ihre Liebe!). Sophies Selbständigkeit hingegen erscheint durch die „Anweisung" der Natur legitimiert[12], die die weibliche Tugend, den weiblichen Charakter dem Mann unterordnet und für die Frau die Ehe vorsieht als Form für die „natürliche weibliche Bestimmung", Mutter zu sein und den Mann zu ergänzen („du weißt, daß ein Mädchen nicht ungebeten lieben darf").[13]

Seit Rousseaus pädagogischer Schrift «Emile» (1762) ist dieser Begriff der weiblichen Tugend in den philosophisch-pädagogischen Diskursen des 18. Jahrhunderts explizit auch in seiner gesellschaftlichen Bedeutung formuliert, die Philanthropen sprechen vom „dem Weibe angemessenen Gemüthscharakter"[14], von der „dreifachen Bestimmung des Weibes zur Hausfrau, Gattin und Mutter".

„Fehlerlos gut und tugendhaft sind die bürgerlichen Helden eigentlich immer schon ‚au nom d'une thèse sociale' ",[15] für die Frauen bekommt diese Qualifizierung eine besondere Bedeutung. Sind Handlungsraum und Phantasie des Fräuleins gleichermaßen auf die Schemata festgeschrieben, die sie in moralischen und sozialen Distanzierungen erproben konnte[16], dann erscheint den Männern gegenüber in Sophies Verhalten ein blinder Fleck. Vor das Auftauchen der Liebe/ eines Geliebten setzt der Roman ganz im Sinn der pädagogischen Bemühungen um die Frau das Räsonnement auf die besondere Natur der Frauen. Erst am Ende des Romans kommt die Rede auf die Liebe der Heldin, sie erscheint als „unauflöslich rätselhafter Eigensinn eines einmal gefaßten Vorzuges", nämlich für den englischen Lord Seymour, der die „Schwierigkeiten und Umstände" der Heldin zwar verfolgt, aber nicht verstanden hatte[17] – zu diesem Zeitpunkt ist Sophie gerade seine Frau geworden, man legt bereits den Namen des zweiten (!) Kindes fest.

Die «Geschichte des Fräuleins von Sternheim» begründet zwar Charakter und Gang der Handlung, aber der Roman kann diesen blinden Fleck nur schwer zudecken, ja, er bezieht aus diesem Umstand seine eigentliche Dynamik, und damit gelingt ihm der Erfolg. Der Roman löste, vor allem bei Leserinnen, Begeisterung aus und gipfelte, als nach kurzer Zeit die Autorschaft enthüllt war, in der Identifizierung der Autorin mit der Heldin. Indem die «Geschichte des Fräuleins von Sternheim» auf diese Weise die Momente des „Familien- und Frauenromans"[18] neu strukturierte, schafft er einen eigenen Literaturtypus: Seine normative Kraft entfaltet er in der Darstellung weiblicher Identität. Sophie von Sternheim erscheint genuin weiblich: durch die Spezifik ihrer Ausbildung, durch ihre erworbenen Fertigkeiten, ihre Charaktereigenschaften:

> und weil das Fräulein eine große Anlage von Verstand zeigte, beschäftigte er [der Vater] diesen mit der Philosophie nach allen ihren Teilen, mit der Geschichte und den Sprachen, von denen sie die englische zur Vollkommenheit lernte. In der Musik brachte sie es, auf der Laute und im Singen, zur Vollkommenheit. Das Tanzen, soviel eine Dame davon wissen soll, war eine Kunst, welche eher von ihr eine Vollkommenheit erhielt, als daß sie dem Fräulein welche hätte geben sollen... Neben diesen täglichen Übungen, erlernte sie mit ungemeiner Leichtigkeit alle Frauenzimmerarbeiten, und von ihrem sechzehnten Jahre an bekam sie auch die Führung des ganzen Hauses, wobei ihr die Tag- und Rechnungsbücher ihrer Frau Mutter zum Muster gegeben wurden. Angebohrne Liebe zur Ordnung und zum tätigen Leben... brachten sie auch in diesem Stücke zu der äußersten Vollkommenheit. Wenn man ihr von ihrem Fleiß und von ihren Kenntnissen sprach, war ihre bescheidene Antwort: willige Fähigkeiten, gute Beispiele und liebreiche Anführungen haben mich so gut gemacht [...].[19]

Ihr Schicksal findet ein glückliches Ende und zeigt die Heldin im Zentrum gesellschaftlicher Anerkennung:

Der reizende Enthusiasmus von Wohltätigkeit, die lebendige Empfindung des Edlen und Guten beseelt jeden Atemzug [...]. Sie begnügt sich nicht, gut zu denken; alle ihre Gesinnungen müssen Handlungen werden.[20]

Sophie von La Roche

Für die Autorin dieses Romans, Sophie von La Roche (1730–1807), war sein Erfolg zugleich der Beginn einer literarischen Karriere, der sie bis zu ihrem Tod die Treue hielt. Ihre eigene Begierde, die Lust daran, veröffentlicht zu werden – von den Zeitgenossen verspottet – muß heute als Glücksfall gelten, ermöglicht sie doch, Spuren von Biographie und Werk gleichermaßen nachzugehen und damit zumindest an diesem Beispiel die Produktionsbedingungen einer Schriftstellerin im 18. Jahrhundert zu rekonstruieren. Sophie von La Roche schreibt seit der «Geschichte des Fräuleins von Sternheim» ohne Unterbrechung, u. a. auch, um nach 1780, als ihr Mann in Ungnaden aus dem Kanzleramt in Trier entlassen worden war, zum Unterhalt der Familie beizutragen. Sie schreibt alles: Briefromane, Reiseberichte, moralische Erzählungen, Briefe,[21] gibt eine Zeitschrift heraus («Pomona für Teutschlands Töchter» 1783/84), wird übersetzt. Lediglich die Vorarbeiten zur «Sternheim» lassen sich nicht umfassend belegen. Überliefert sind eine „engländische Erzählung" («Der Eigensinn der Liebe und Freundschaft, nebst einer kleinen deutschen Liebesgeschichte, aus dem Französischen», Zürich 1772). Die französische Übersetzung der «Sternheim» enthält im Anhang des 2. Bandes die «Anecdote Allemande». Im Vorwort der Übersetzerin, Mme. de La Fite, wird der Bezug zur «Sternheim» editorisch und inhaltlich festgestellt. Wie die moralischen Eigenschaften der Sternheim an der Heldin des «Eigensinns», so zeigt die «Anecdote Allemande» deren ökonomische Kompetenzen:

Ohne Zweifel wird man in Fräulein von Blenheim die Prinzipien Sophies im Umgang mit Reichtum wiedererkennen, den Wert von Anlagen und Tugenden und die Richtung, die man oft den guten Tagen geben muß, um sie wirklich zu nutzen.[22]

Auch hier wird die Identität der Heldin zum Problem: wenn sie – eine reiche Erbin – unter falschem Namen als Kammerzofe unbekannte Verwandte besucht, dann nur, um zu zeigen, daß ihr Charakter von Standesunterschieden unberührt ist:

Wie unglücklich machen Sie den, der Ihnen gegenüber tritt und den Wert aller Ihrer Tugenden und Liebenswürdigkeiten sieht und empfindet [...]. Es ist nicht Ihre Schönheit und nicht die Fertigkeit Ihrer schönen Hände, die ich bewundere: es ist die Vortrefflichkeit Ihres Charakters und Ihrer Prinzipien, die sich mir enthüllt haben [...].[23]

Dieser Frauentyp bleibt im ganzen Werk La Roches bestimmend, selbst wenn dessen Spektrum einige irritierende Momente enthält, vor allem in den «Moralischen Erzählungen», die teils im «Teutschen Merkur»[24], teils in der «Pomona», teils in Einzelausgaben gedruckt werden. In ihnen werden pädagogische Konzepte für das männliche Geschlecht genauso erprobt wie andererseits die Unter-

ordnung der Frau unter den Mann umgestoßen wird. Für die merkwürdige
Ambivalenz der weiblichen Heldinnen bei La Roche sei hier der Fall der Elise
Baumthal zitiert, die wenige Tage vor ihrer Hochzeit ihrem geliebten Wießbach
„die Freyheit wiedergibt".[25] Zusammen mit einer Freundin, Julie Laben, baut
die Heldin dann eine in kurzer Zeit gutgehende „Englische Kostschule" auf. Die
Freundinnen wollen den „Beweis" erbringen, daß „wir ohne Männer, und ohne
ihre Liebe glücklich seyn" können und daß „der Werth unsrer Verdienste und
unseres Lebens nicht von ihnen abhängt".[26] Als die Schule gut geht, heißt es:

> Elise war glücklicher, als sie nie gehofft hatte. Sie hatte Gegenstände der reinsten Liebe
> gefunden, genoß und vermehrte ihre Talente [...] von aller Bosheit und niedrigen
> Leidenschaften entfernt [...] von Julie Laben als Schatz betrachtet, von den Mädchen
> angebetet und von den Eltern gesegnet – was wollte sie mehr?[27]

Sophie von La Roche (1787)

Dieses „Glück" frappiert: nicht nur, weil es aus eigenem Entschluß entstanden ist und damit den für eine Frau ungeheuren Mut beweist, sich über festgefügte Bilder von der Frau als Hausfrau, Gattin und Mutter hinwegzusetzen, sondern auch, weil es sich der Gründe für diesen Entschluß bewußt ist, sie in der Erinnerung aufhebt. Als Elise nämlich 8 Jahre später Wießbach wiedertrifft – er bringt zwei seiner Nichten in die Schule –, spricht sie über die Vergangenheit: „Meine Gestalt und der Geschmack Ihres Herzens änderten sich gleichzeitig."[28] Weibliche Schönheit und männliches Empfinden – in der Liebe aufeinander bezogen – erscheinen ihr inkommensurabel: war er doch in dem Moment „gleichgültig" geworden, als eine Krankheit sie verunstaltet hatte.[29] Dieser ‚äußeren' Begründung fügt Elise eine weitere hinzu: die ungleiche ‚innere' Disposition beider Geschlechter für die Liebe. Gleich zu Beginn der Erzählung heißt es von Elise, daß sie studieren, eine „teutsche Laura Bassi" (eine der ersten Frauen, die 1732 in Bologna zum Dr. phil. promovierte; anschließend erhielt sie einen Lehrstuhl an der dortigen Universität) werden wollte und eine „für ihre Geisteskräfte unvollkommene Erziehung" erhalten hatte. Weiblicher Anspruch auf Gelehrsamkeit und gesellschaftliche Bestimmung der Frau stehen gegeneinander: Das Gemisch von „natürlichem Geist und halben Kenntnissen" hemmt nicht „das Übermaß von Elisens Gefühl".[30] Der Appell Wießbachs an ihre Klugheit weckt Zweifel an seiner Liebe, die für Elise nur vollkommen sein kann: „Wir kamen aus dem Zauberkreis der Liebe und Seligkeit heraus."[31] Genau dieser Moment hatte Elise bewogen, ihre „Hochachtung" zu retten und vor ihm zu erhalten: „Ich kann sagen, daß ich sie ... verdient habe."[32] Produziert hier also die weibliche Lesart der Verhältnisse auch die Selbständigkeit der Heldin, so ist die Erzählung doch durch einige widersprüchliche Merkmale gekennzeichnet. Das Erziehungsprogramm z. B., das die Schule befolgt, ist bewußt auf den weiblichen Charakter der Schülerinnen zugeschnitten, gewissermaßen im nachhinein will es die Fehler in Elises Erziehung wettmachen: „Weil man weder das eigene noch das fremde Glück befördert, wenn man zu weit von der Bahn abgeht".[33] Ist die Alternative zwischen der Gelehrten und einem „Frauenzimmer" der Verzicht auf jede Beziehung zum andern Geschlecht? Die Freundschaft die Alternative zur Liebe? Verdammt ein „Abweichen von der Bahn" zur Ehelosigkeit? Und welche Gefahren birgt das Tanzen? Warum kommt es gerade beim Tanzen zum Wiedersehen zwischen Elise und Wießbach? Auch das die Trennung endgültig auslösende „Mißverständnis"[34] und damit der Entschluß, auf ein Glück mit jedem anderen Mann zu verzichten, wird nie aufgeklärt.

Susanne Barbara Knab, Susanne von Bandemer, Sophie Tresenreuter, Wilhelmine Karoline Wobeser

12 Jahre nach der Veröffentlichung der «Sternheim» stellt allein das Oeuvre der La Roche – nach «Rosaliens Briefe an ihre Freundin Mariane von St. Altenburg»

(1779–1781; schon 1775 in J. G. Jacobis Damenzeitschrift «Iris» publiziert) und den «Moralischen Erzählungen» (1782/86) – einen ersten Querschnitt durch die Thematisierung der weiblichen Identität im Medium der Literatur dar. Parallel zu der sich durchsetzenden „Dissoziierung" der Kernfamilie in Produktions- und Reproduktionssphäre und den dazugehörigen Rollen von Mann und Frau[35] erkundet diese Literatur die Möglichkeiten für Frauen in einer Öffentlichkeit, die sich in den beruflichen Bereich des Mannes und den privat-häuslichen der Frau zu spalten beginnt. Daß sie sich dabei auf die Diskurse stützen kann, die in den verschiedenen Gebieten des Wissens – Pädagogik, Philosophie, Sozialmedizin und -fürsorge – über den Sozialcharakter der Frau geführt werden, festigt und verstärkt die kommunikativen Verhaltensweisen dieser Öffentlichkeit: Lektüre und Literatur sind wesentliche Instrumente ihrer Verständigung, sowohl für Frauen untereinander (vgl. das Weiterführen traditioneller „Frauenzimmer-Bibliotheken" und „Frauenzimmer-Akademien" in «Rosaliens Briefen» und «Briefe an Lina» 1785/87, zuerst in «Pomona»; ebenso die ausgedehnten Briefwechsel unter Frauen) wie auch für den Dialog unter den Geschlechtern (so gewinnt z. B. zwischen Herder und seiner Verlobten, Caroline Flachsland, die «Sternheim» den Charakter eines ‚Brautspiegels‘). Hier wie dort funktioniert die Literatur als unmittelbare Anleitung für die Realität. Daß die „Frauenromane" dabei im Fahrwasser der Empfindsamkeit die am Guten orientierte tätige Tugend der Frauen jenseits sozialer Grenzen mit der Darstellung seelischer Reaktionen und innerer, „gerührter Teilnahme" an der Welt ‚vor‘ aller Leidenschaft verbinden können, findet seine Erklärung im Rekurs auf die „Natur", die die Weiblichkeit zwischen dem „guten Herzen" und den Trieben der Geschlechtlichkeit ihren Weg nehmen läßt.

Brüche wie die in der Gestalt Elise Baumthals weisen unabhängig von dieser Orientierung auf ein Problem hin, mit dem der Frauenroman nicht nur bei Sophie von La Roche leben muß: die Diskrepanz zwischen den „papiernen" Mädchen und dem Schreiben. La Roche verstand ihr Schreiben als Produktion von „papiernen" Mädchen, als stellvertretende Betätigung in einer Situation, in der man ihr die eigenen Töchter (!) zur Erziehung ins Kloster geschickt hatte.[36] Gerade diese Arbeit aber scheint über das Ziel hinauszuschießen – sei es, daß das vorgeprägte „ideale Frauenzimmer" (so Caroline Flachsland über die «Sternheim») sich unter der Hand verwandelt (Elise Baumthal), sei es, daß sich im Schreiben selbst Momente einstellen, die über die auf nur einen Zweck gerichtete Konzeption hinausreichen.

Der Gratwanderung zwischen Pädagogik und Literatur, der sich viele Frauenromane aussetzen, entgeht noch am ehesten ein Text, der sich wie Friderica Baldingers «Lebensbeschreibung»[37] selbst in die Tradition des frühaufklärerischen Seelenspiegels stellt. Sie schreibt die «Geschichte meines Verstandes» als Lebensrückblick, unterstellt sie der Verantwortung ihres Ehemannes und Gottes. Als ergebene Ehefrau läßt sich die unmögliche Liebe zur Gelehrsamkeit noch einmal evozieren: „Ich glaube, ich wäre gelehrt geworden, wenn mich die

Vorsehung nicht zum Kochtopf bestimmt hätte."[38] Die Alternative zwischen der „Gelehrten" und dem bürgerlichen Frauenzimmer stellt sich nur als „Geschichte", von der Lebensgeschichte ist sie längst widerlegt worden.

Der *double standard*[39], der in der frühaufklärerischen Theorie von der Gleichheit der Geschlechter die Frau doch von der Gelehrsamkeit ausschloß, um sie nicht als Hausfrau zu verlieren, erscheint in der ‚zeitgemäßen Fiktion' der Frauenromane nur noch in historischer Ferne. Sie beginnen, wenn die Erziehung der Heldin abgeschlossen ist – die Ehe als Prüfstein des Frauenzimmers hat die Wissenschaften abgelöst.

Während Sophie Tresenreuters (1755–?) «Lotte Wahlstein» („oder glückliche Anwendung der Zufälle und Fähigkeiten" 1791/92) durch die beständige, geduldige Vorwegnahme ihrer Ehe mit Brenkendorff – sie wartet – sich in die Tugenden einer Ehefrau einüben kann, reißt der Tod des Ehemannes in Susanne von Bandemers «Klara von Bourg» („eine wahre Geschichte aus dem letzten Drittel des abscheidenden Jahrhunderts" 1798; 1751–1828) die Titelheldin aus einer glücklichen Ehe, die sie zu früh eingegangen war: Mit drei kleinen Kindern muß sie nun erst die Männer kennenlernen – sie entscheidet sich, eine der wenigen, für die Liebe und hat zugleich die Vernunft gewählt.

In dem Maße nämlich, wie die Bildung den Begriff vom «Frauenzimmer» wesentlich prägt, nimmt in den Romanen die Ehe doppelte Züge an: Die Liebesehe steht gegen die Konvenienzehe. Damit ist die Schnittstelle markiert, die die historisch neue Situation und den Ort der Frau wiedergibt: Was unter der Konvenienzehe den Bestand der Familien sicherte und entsprechend nur von den Familienhäuptern vereinbart werden mußte, ohne Rücksicht auf persönliche Neigungen von Söhnen oder Töchtern, muß in der Konzeption einer „Gattung Weiblichkeit" zum Problem werden. Als „Individualität" hat auch die Frau Neigungen, zugleich aber ist ihr als sozialer Ort die Ehe bestimmt.

Susanne Knab (1741–1792) und Wilhelmine Karoline Wobeser (1769–1807?) zeigen die Heldinnen im Stand der Ehe. Anders als für Mariane im «Tagebuch einer jungen Ehefrau» (1780) ist die Ehe für Elisa («Elisa oder das Weib wie es seyn soll», 1795) gegen ihre Liebe zu einem anderen Mann, Hermann, zustande gekommen. Um so schöner natürlich ist ihr Erfolg, als sie durch ihr duldendes, still leidendes Verhalten ihren Mann seiner galanten Lebensweise – Spiel, Geliebte, gesellige Vergnügen – entwöhnt, die ihn die Liebe, wie sie Elisa verkörpert, mit dem „Allianzdispositiv"[40] verwechseln läßt. Er entsagt seinen unbürgerlichen Gewohnheiten – jetzt erst ist Elisa glücklich, selbst wenn ihr Leben zu Ende ist und sie die Liebe zu Hermann nie vergessen hat – das traditionelle Motiv des hohen Romans, die Prüfung des Helden, die schon Richardson an Pamela durchgespielt hatte, taucht hier abgelöst von der „verführten Unschuld" nur noch als Verinnerlichung des bürgerlichen Verhaltenskodexes für Frauen auf.

Der Roman löste eine wahre Welle von Veröffentlichungen mit dem Untertitel „wie es seyn soll" aus, „so daß die Fügung... zu einer stehenden Redensart wurde".[41] «Elisa oder das Weib wie es seyn soll», 1811 zum 6. Male wiederaufgelegt, ist der Höhepunkt der empfindsamen Linie in dem mittlerweile großen Spektrum des Frauenromans. Sein Plädoyer für die „bedingungslose Unterwerfung der Frau"[42] beraubt den Roman nicht nur jeder Ambivalenz, sondern macht ihn auch langweilig, weit über das Maß hinaus, mit dem eine heutige Lektüre der Frauenromane überdies zu kämpfen hat. «Elisas» Erfolg macht aber wie kein anderer Roman deutlich, worin der so ‚geprüften' weiblichen Tugend allemal Sinn zukommt: in der Zivilisierung des Männlichen, die sich nicht nur auf die Erziehung der Kinder beschränkt (auch Elisa wird zum guten Schluß der älteste Sohn entzogen, um ihn öffentlich erziehen zu lassen!), sondern vor allem auf die des Ehemannes, muß er doch seine Funktionen als Ehemann und Vater erst lernen.

Friederike Helene Unger

Den sich aufopfernden Heldinnen stehen die gegenüber, die ledig bleiben, an denen sich die „weibliche Bestimmung" bricht. «Julchen Grünthal» (1784/98) von Friederike Helene Unger (1741–1813) ist die literarische Gestalt, an der das am meisten ins Auge fallen mußte, gibt sich doch der Roman mit der begrifflichen Vorstellung eines gelungenen „Frauenzimmers" nicht mehr zufrieden und stellt stattdessen den gesamten Entwurf vom zentralen Moment der Erziehung aus in Frage. Indem er Julchen, Amtmannstochter, zwischen verschiedenen, gegeneinander stehenden Erziehungskonzepten für Mädchen – dem galant-höfischen und dem bürgerlich-häuslichen – zeigt, erscheint die Weiblichkeit entweder nach ihrer glänzenden „Außenseite"[43] oder in ihrer ‚inneren' Verfassung. Die alternativen Modelle und ihre Begründungen setzt der Roman literarisch um: Ist Julchen im Zugriff der Pädagogik immer nur bloßes Objekt, so kann der Roman aus den katastrophalen Folgen der (galanten) Erziehung die Heldin mit eigenen Zügen ausstatten: Sie erlebt etwas, wird an verschiedene Orte verschlagen (Berlin, Sibirien), eigene Glücksansprüche kollidieren mit schlechten Erfahrungen. Wenn die Heldin dann als geläuterte Seele zu ihrem Vater zurückkehrt, ist das Bild von der weiblichen Tugend zwar wieder präsent, aber durch die Wirklichkeit außer Kraft gesetzt. In der Geschichte des Frauenromans ist dies eine erste Freisetzung der Protagonistin vom Ideal der Tugend – als literarischer Effekt ist dies unabhängig von der de facto erfolgreichen Einbindung der Tochter in die patriarchalische Ordnung, sei es durch deren religiöse Motivierung als Heimkehr der verlorenen Tochter[44], sei es durch deren Gewalt als symbolischer Ordnung:

> Die Vorsehung selbst hat mich in diese Gegend geführt, wo ich ...den über alles, alles theuren Vater so unverhofft angetroffen habe! Will er... mich neben sich leben lassen, so soll jeder Augenblick meines Lebens seiner Pflege und Erheiterung geweiht seyn![45]

Die Frau muß sich in jedem Fall durch den Bezug auf den Mann definieren, die literarische Fiktion aber kann diesen Umstand kommentieren, ihn als Realität von sich wegrücken.

Eleonore Thon, Sophie Dorothea Liebeskind

Steht am Anfang des Frauenromans der exemplarische Charakter der Heldin im
Mittelpunkt, organisiert er den Roman um ihr Schicksal, so büßt er in dem
Moment seine exponierte Stellung ein, in dem die weibliche Hauptfigur nicht
mehr eindeutig und ausschließlich in sich selber ruht. Parallel dazu gewinnen die
anderen weiblichen Figuren Konturen; war ihre Bedeutung aus der Perspektive
der Heldin immer präsenter als die der Männer, so wird nun die Distanz
zwischen Freundinnen und Ehefrauen, unglücklich Liebenden und „Coquet-
ten", Adeligen und Bürgerlichen kleiner, sie treten näher an die Heldin heran,
während sich andererseits ihr Leben anreichert. Die Handlung kann nicht mehr
auf ihre genaue und umfassende Motivierung, ihr Verhältnis zur Heldin verzichten. Das Einbrechen weiblicher Realität, weiblicher Lebensbedingungen, schon
für Sophie von La Roche als „Detailrealismus" vermerkt,[46] hält fest, daß sich die
Probleme der weiblichen Identität unter den verschiedensten Bedingungen in
gleicher Weise stellen. Der Nutzen, den die Formel von der „dreifachen Bestimmung des Weibes" als weibliche Tugend und als unmittelbar gesellschaftlich
umsetzbar zugleich über den Topos von der „verführten Unschuld" gelegt hatte,
tritt zurück zugunsten der Konzentration auf das, was Kleidung, Aussehen,
Verhalten der weiblichen Romanfiguren, der praktische Einsatz erworbener
weiblicher Techniken vom weiblichen Körper als ‚äußerem' Ensemble gerade
verdecken. In den Raum zwischen dem „Nutzen" und dem „Vergnügen", dem
„prodesse" und „delectare" als den beiden Polen, zwischen denen sich der
Roman der Aufklärung auf der Suche nach einer Daseinsberechtigung bewegt,
tritt die Innenschau der weiblichen Tugend, sei es durch die Heldin selbst, sei es
durch die anderen weiblichen Gestalten.

Eleonore Thons (1753–1807) «Julie von Hirtenthal» (1780) und Sophie Liebes-
kinds (1765–1853) «Maria» (1784) sind krank, leiden an Melancholie, Depression, der „hitzigen Krankheit"[47] und stehen damit nicht allein. Den Anfang ihrer
Krankheit bildet enttäuschte Liebe; trotzdem müssen sie sich am weiblichen
Ideal messen und verfügen über keine Mittel mehr, diesem Ideal nachzukommen:

> Ich wurde der Spott aller Boshaften, wurd' ein Raub des bittersten Grams [...] kämpft'
> in meiner Sinnlosigkeit [...] mit dem Tode [...] blieb noch beinahe ein ganzes Jahr
> schwermüthig.[48]

In Ermangelung einer äußeren Realität wendet sich die gesellschaftliche Ortlo-
sigkeit der Frau nach innen:

> Ihr Leiden scheint ihre Gesundheit ganz zu Grunde gerichtet zu haben [...] O! hätte sie
> etwas mehr Gewalt über ihr Herz und weniger Empfindsamkeit: so wäre sie ein unverbes-
> serliches Muster für unser Geschlecht.[49]

Die Auseinandersetzung mit dem eigenen Innern, der Welt der Gefühle und
deren Realisierungschancen, stellt die Empfindung selbst in Frage. Ist den
„empfindsamen" Heldinnen die direkte Teilnahme an der Welt noch möglich – so
kann z. B. Frau Guden ihre enttäuschte Liebe zu Pindorf „durch Wohltun an
seinen Kindern zerstreuen"[50] –, schlägt hier die Überbordung durch das eigene
Gefühl um. Der Blick der Frau auf sich selbst, auf die Unmöglichkeit, der Trauer
über verlorene Wünsche Raum in der Einrichtung des Lebens zu verschaffen,
führt zur Verstrickung in die Individualität. Julie Hirtenthal kann nur ,gerettet'
werden, weil sich der (männliche) Blick eines neuen Verehrers dazwischen-
schiebt, Maria aber verfängt sich in sich: Ihre Empfindsamkeit, von den Freundinnen als „Empfindelei" ganz im Tonfall zeitgenössischer Kritik diagnosti-
ziert[51], führt zum Tod. Parallel zu ihrem körperlichen Verfall aber gestaltet der
Roman ihre „Vollkommenheit" – weibliche Individualität à la lettre, ihr Wört-
lichnehmen führt in die Katastrophe, das Überhandnehmen von Gefühlen wie
das Freisetzen von Einbildungskraft muß die Geschlechtsrollenidentität der Frau
bedrohen.

Die Überdeterminierung weiblicher Vollkommenheit – „die Personifikation
der Tugend hat oft einen barock allegorischen Zug"[52] – ist zum andern aber ein
weiteres Moment, durch das die Legitimation des Frauenromans als „Nutzen"
aufgekündigt wird. Jedoch selbst wenn die ,innere' Verfassung der weiblichen
Heldin und die Konstellation gesellschaftlicher Möglichkeiten für Frauen so
kraß auseinanderfallen, wird der weiblichen Heldin nicht die ästhetische Beglaubigung zugestanden, die, ausgehend vom «Werther»[53], die Individualität des
Romanhelden in der Autonomie der Fiktion begründet. Die Diskussion um
einen weiblichen Bildungsroman[54] verkennt dessen Konstitution als ästhetisch
eigenständige Gattung und die damit gesetzte Subjektivität des Helden.

Die Bildung dieses Helden, gattungsstiftender Vorwurf seit Goethes «Wilhelm
Meisters Lehrjahre» (1795/96), ist aber strittig, geht sie doch schon im Falle
Wilhelms nur auf Kosten des Lebens der Vollendung entgegen:

> Er entwickelt sich – gewiß; aber auf eine geheimnisvolle Weise wird er auch immer
> weniger: er verliert an Farbe und Kontur, an Bestimmtheit in jeder Hinsicht, an Wärme
> und Überzeugungskraft [...] Aus einem lebendigen und in seiner Lebendigkeit unver-
> wechselbaren Menschen wird beinahe ein Begriff, ein ,Ideal'.[55]

Einer Theorie des Bildungsromans, die das Hauptgewicht auf die Vollendung
der Bildung als „letzte Absicht"[56] des Romans legt, müssen die Personen
geopfert werden, deren Existenz nur in ihrer „ästhetischen Präsenz"[57] liegt – ein
Umstand, der gerade für die Frauenfiguren im «Wilhelm Meister» zutrifft. Was
in diesem Sinne das glückliche Ende des Bildungsromans bezeichnen soll,
nämlich das Ankommen eines Individuums beim Begriff einer vollendeten
Individualität, stellt den literarischen Typus Frauenroman vom Kopf auf die
Füße: Als Anfang aller Literarisierung scheint ihm doch umgekehrt der Begriff
vorher zu laufen und den Umgang mit Personal, Ideen und Handlung festzule-
gen. Die Wege der Heldinnen wie auch die Entwicklung der literarischen

Möglichkeiten stellen sich eher als Abirren dar, als daß sie sich dem Begriff einer Bildung verpflichteten, als Erproben und Überschreiten des festgefügten Konzepts Weiblichkeit, das – wie die Frauen zeigen, an denen Wilhelm vorüberzieht – für sie gerade nicht zutreffen konnte. Der Einspruch von seiten der Frauen gegen die gesellschaftliche wie ästhetische Tragweite dieses Entwurfs von Individualität sollte erst 100 Jahre später laut werden, in einer Sprache, die sich in den Frauenromanen des 18. Jahrhunderts bereits vernehmen läßt: die Körpersprache der Hysterica. Dazwischen aber liegt der Siegeszug des Romans, der sein Ohr dem Helden leiht, die Frauen aber entweder in der Erfüllung ihrer Rolle als Hausfrau, Gattin und Mutter vergißt oder sie in den Abirrungen von dieser weiblichen Bestimmung dem Bilderreichtum der Romanliteratur zuschlägt.

Maria Anna Sagar, Marianne Ehrmann, Judith Rave

Während die Veröffentlichung von Frauenromanen weiter zunimmt, mehren sich die kritischen Stimmen: Seit dem Übergang von der intensiven zur extensiven Lektüre (Bibel versus „Verschlingen" von Romanen aller Art) war das Lesen im Verdacht, die „Lesewüthigen", also vor allem die Frauen, von der Besorgung ihrer alltäglichen Geschäfte abzuhalten – dieselbe Kritik traf die „Autorseuche"[58], und dies um so eher, als die Texte, die unter dem Zeichen „Frauenroman" kursierten, neue Züge annahmen. Irritiert durch Krankheit, Tod, Hinsiechen der weiblichen Gestalten, war der Wechsel von der „verführten Unschuld" zur anbetungswürdigen Heldin, zur Erhöhung der Frau («Elisa») schwierig; ein wirklicher Ideologiewechsel aber war solange unmöglich, wie die den Heldinnen zugestandene soziale Topographie auf einen einzigen Ort beschränkt zu sein hatte: das Haus.

Noch einmal bedeutet das Buchstäblichnehmen der sozialen Definition Mehrdeutigkeit in der Literatur: einerseits idealer Ort weiblicher Bestimmung, ist das Haus doch andererseits der Ort, an dem Frauen schreiben. Maria Anna Sagar (1727–1805) verkehrt dessen Selbstverständlichkeit: Karoline, eine der Hauptfiguren in «Karolinens Tagebuch ohne außerordentliche Handlungen oder gerade so viel als gar keine» (1774), bleibt zu Hause und schreibt. Und um sich im Schreiben zu üben, schreibt sie Briefe, ein Tagebuch, einen Roman. Sie erfindet außerhalb des Hauses Orte und schreibt zugleich über das Schreiben, darüber, wie sie es ihrer zukünftigen Rolle als Ehefrau Karl R.s opfern wird. Bis in den Wortlaut hinein findet sich die gleiche Situation bei Goethes Schwester Cornelia[59], fast zeitgleich auch der Wille, die angefangene Geschichte zu Ende zu bringen – als „Literatur".[60]

Dem Willen zur literarischen Produktion begegnet man erst wieder bei «Antonie Warnstein» (1798) von Marianne Ehrmann (1755–1795). (Vgl. zu M. Ehrmann den Beitrag von H. Brandes in diesem Band.) Antonie, frühzeitig auf eigene Füße gestellt, schreibt sich mit ihrer Freundin Betty. Wichtiger aber als der Austausch mit der Freundin, deren Züge undeutlich bleiben, oder die Darstellung einer Handlung, die sich notgedrungen der Briefform bediente, ist das Schreiben als einzige Möglichkeit, den Bedingungen für das eigene Schicksal nachzuspüren: „Kann etwas Unbemerkteres auf der Welt sein, als ein Weibergeschöpf, und gibt es was Elenderes, wenn sie zu stark bemerkt wird?"[61] Zum erstenmal spricht ein Frauenroman den Überdruß der Frau am „anderen Geschlecht" (Beauvoir) aus und wünscht sich das eine, eigentliche Geschlecht: Auch Molly, Titelfigur Judith Raves, möchte wie Antonie lieber „ein Junge sein"[62].

Therese Huber

Mitte der 90er Jahre, nach der Ausweitung der Romanproduktion insgesamt und nach der Ausbildung „großer" Kategorien wie „Erbauungs- und Abenteuerroman"[63], wird mit «Die Familie Seldorf» (1795/96) der erste Roman von Therese Huber (1764–1829) unter dem Namen ihres zweiten Mannes, L. F. Huber, veröffentlicht. Er gehört zum Typus Frauenroman auf eine völlig neue Weise: Zum einen verabschiedet er sich von der Form des Briefromans – an die Stelle vergegenwärtigter Dialoge mit dem abwesenden Partner[64] oder der die Handlung erzeugenden Polyperspektive verschiedener Briefwechsel[65] tritt endgültig die „Geschichte", wie der Untertitel lautet. Sara, auf dem Lande bei Vater und Bruder erzogen, schwankt zwischen ‚natürlicher' Hinwendung zu Roger Berthier, dem Nachbarssohn, und der Liebe zu dem Landadeligen L. Durch L. wird sie aus der Bahn weiblicher Bestimmung geworfen, denn durch ihn gerät sie in die Wirren der Französischen Revolution: sie folgt ihm nach Paris, bekommt ein Kind, entdeckt ihn auf seiten der Royalisten; daß er ihnen auch nach seiner Gesinnung zugehörig ist, zeigt seine verworfene Moral, war er doch, als er ihr die Ehe versprach, längst mit einer Adeligen verheiratet. Als er bei einem Aufstand sein eigenes Kind erschießt[66], schließt Sara sich der Revolution an, kämpft und „rast" in ihrem Namen, bis sie, „unglüklich und von Geistern umringt", inmitten der Kämpfe Roger Berthier wiedertrifft. Aber die Heldin ist sich der gestörten „Gleichheit" zwischen ihnen bewußt: „sein Herz in milder Sonnenwärme... ihres ein ausbrennender Vulkan".[67]

Damit benennt der Roman selbst sein großes, anderes Thema: die Revolution. Indem er das dem Topos von der verführten Unschuld immanente politische Moment aufgreift, das die Entehrung einer Frau durch den Souverän mit Aufstand und Sturz des Souveräns durch die Untertanen beantwortet, erscheinen weibliche Unschuld und revolutionäre Parteinahme in einer Perspektive, die Unschuld selbst versteht sich als Moment der revolutionären Politik: „Wer die Sache der Freiheit verräth, wird sich nicht scheuen, die hülflose Unschuld zu opfern!"[68] Die Politisierung der Unschuld[69] führt den Roman aus der Sackgasse der „Verständigungstexte"[70] heraus. An die Stelle idealer Weiblichkeit tritt eine Sinngebung, für die allein der Text die Verantwortung übernimmt. Er bindet die

moralische Bestimmung der Weiblichkeit im Sinne des Frauenromans als Aussagen an einzelne Personen, entwickelt daraus den Fortgang des Geschehens. Graf
L. zum Beispiel, Figur des dämonischen Verführers, schlägt sich zugleich Sara
gegenüber auf die Seite der „Bestimmung des Weibes":

> Der stellte ihr mit den reizendsten Farben der Liebe... das Glück vor, sich bei ihr
> auszuruhen [...] an ihrer Seite Mensch zu sein, wenn er allenthalben nur das Gespenst der
> Politik vor Augen gehabt hätte.[71]

Der Roman vermerkt das als „einseitiges" Raisonnement – der Mann verweigert der Frau die Teilnahme an der Öffentlichkeit, gerade weil die Revolution sie
zu „leidenschaftlichen Meinungen" verleiten könne.[72] Der Leserin, dem Leser
gegenüber votiert der Roman nicht für eine abstrakte, weil ideale Weiblichkeit,
sondern weist statt dessen auf die ‚Funktion' des Ideals für L. hin, was
schließlich die Entwicklung der Heldin, ihre „Rache an der beleidigten Weiblich-

keit" erklärt. So führt der Roman in der Beglaubigung von Figuren und Handlung zum einen und der Form, der „Geschichte" zum andern zwei Momente zusammen, die der Frauenroman nur getrennt gedacht hatte: einerseits die Formulierung eines Ideals der Weiblichkeit, das sich auch in der Diskrepanz zwischen der Heldin, die ihm nicht mehr zu genügen weiß, und der Umwelt, die über das Wissen von diesem Ideal verfügt, durchsetzt und im Untergang der Heldin noch sein Recht behauptet, und andererseits den Versuch zu schreiben, Fiktionen zu schaffen, gegen die Wirklichkeit, die auf die Frau zukommt. Die ästhetische Beglaubigung der «Familie Seldorf» fällt genau mit dem historischen Augenblick zusammen, in dem im Zuge der Französischen Revolution Frauen die „Rechte der Frau" als Menschenrecht fordern: 1791 Olympe de Gouges und 1792 Mary Wollstonecraft; beide sind über die politische Arbeit hinaus Schriftstellerinnen von Romanen.[73]

Christiane Benedikte Naubert

Kann die Geschichtsschreibung der Französischen Revolution den Topos von der verführten Unschuld wegen seiner historisch-politischen Konnotation als „literarische Anschauungsform" übernehmen[74], so greift Christiane Benedikte Naubert (1756–1819) die Geschichte als Thema der Literatur auf. Ihr Werk – das umfassendste Werk einer Autorin des 18. Jahrhunderts, die «Allgemeine Deutsche Biographie» spricht von „mehr als 80 Bänden" – setzt ein mit empfindsamen Romanen wie «Heerfort und Klärchen. Etwas für empfindsame Seelen» (1779) und wendet sich dann dem historischen Roman zu.[75] Gilt die Autorin als Erfinderin des Zweischichtenromans (im Vordergrund die Romanhandlung, im Hintergrund die historischen Zusammenhänge[76]), als Vorgängerin Sir Walter Scotts[77], so zeigt ein genauerer Blick auf ihre Romane, daß weniger die Geschichte als die Zeit eine neue und auffällige Rolle übernimmt. So dehnt sich die erzählte Zeit schon in «Heerfort und Klärchen» aus, die Figuren bewegen sich außerhalb einer realen Zeit, wie sie der Briefroman bis in die Position des Schreibenden hinein genau angibt (vgl. La Roche, «Sternheim»: „Nachts um neun Uhr" S. 275). Die Illusion der Gegenwärtigkeit setzt zugleich auf das Wissen: die Heldinnen und Helden wissen nicht nur, wo sie sich befinden, auch die Zeit, ihre Lebensgeschichte ist ihnen als Ablauf bewußt (La Roche, «Sternheim»: „Dritter Monat meines Elends", S. 261), sie führen darüber Buch (La Roche, «Sternheim»; Elisa: „12 Jahre... traulichen Umgangs... 12 Jahre durch Ein Interesse verbunden... 12 Jahre er und die Beförderung seines Glücks... Gegenstand meiner Bemühungen... ich liebe ihn jetzt...", S. 243) und projizieren sie in die Zukunft – so die Rezeption der «Sternheim» bei Caroline Flachsland: „Ach, wie weit bin ich noch von meinem Ideal, von mir selbst weg!"[78] Heerfort und Klärchen aber haben unendlich viel Zeit, das glückliche Bewußtsein, in dem sie agieren, ist unbewußt: Als Opfer von Intrigen und

Ränken sind sie immer in eine ‚aktuelle' Zeit verwickelt, während als Ziel aller schnell aufeinander folgenden Abenteuer (Befreiung aus dem Kloster, Flucht, Verkleidung als Mann, Verrat) die Vereinigung der Liebenden wartet.

An «Hermann von Unna. Eine Geschichte aus der Zeit der Vehmgerichte» (1788) zeigt sich dieselbe Struktur. Hier sind Held und Heldin, Hermann von Unna und Ida Münsterinn, in so viele „Nebenhandlungen" verwickelt, die Prüfung der Tugend verlangt von beiden so viele Proben, daß sich Hermann des öfteren mit Gewalt an Ida erinnern muß, der er als „Ritter von der treuen Minne" schon am Anfang verbunden ist. Der historische Roman Nauberts benutzt die Geschichte als äußeren Rahmen für einen nicht endenden Erzählfluß, der auch die Lektüre als unendliche Zeit denkt, über das einzelne Werk hinaus. Die Ferne der historischen Zeiten – beinahe jedes Jahrhundert wird Gegenstand eines Romans – wird auch zum Merkmal der Zukunft: „Es ist schwer, über diese Dinge zu sprechen – die Zukunft wird alles aufklären."[79] Die Schwierigkeiten der Heldinnen und Helden ‚entwickeln' sich nicht, weil das bloße Faktum des Verwickelt-Seins zählt. In dieser Konstellation steht die Unschuld Idas und Hermanns immer schon fest, ragt ihrerseits in mystische Zeit zurück, sie aber müssen sie vor einem abstrakten Gericht, dem „Vehmgericht", verteidigen, dessen rechtmäßige Gerichtsbarkeit zwar historisch belegt, aber vom Roman, im Roman bestritten wird.

Die Versetzung der am Ende des 18. Jahrhunderts ‚hochpolitischen' Unschuld in historisch vergangene Zeiten bedeutet literarische Freiheit: Zum einen können sich Ida und Hermann verändern, gezwungenermaßen müssen sie sich gemäß Hermanns Wahlspruch „Die Unschuld fliehet nicht!"[80] an die moralisch Bösen anpassen – an Intriganten wie die Hofmeisterin Ratibor oder an die ‚Hexe/Hure' Barbara von Thierau, ja an das „Vehmgericht" selbst; zum andern aber begünstigt die historische Absicherung ein Spiel mit Romantypen: Historische Daten, die der Text selbst nennt, sind falsch; die historische Einordnung erfolgt in Anmerkungen; zugleich wird der Roman als „Quelle", als „Urtext" ausgegeben; die historische Zeit der „Vehmgerichte" erscheint im immergleichen Rhythmus des Kirchenjahres und seiner Feste und reicht im Roman von „Allerheiligen bis zur Kreuzerhöhung" (so ein Strang im 1. Teil); außerdem lösen Anreden an den Leser die historische Situierung beständig auf und ironisieren einzelne Szenen als in der Romanliteratur vorgeprägt: „Bey der Trennung, die man sich so thränenvoll gedacht hatte, (wurde) kein Auge naß gemacht."[81] Wie auch «Die Familie Seldorf» enthält das Werk Nauberts Momente des Schauerromans, dort wie im historischen Roman ist der Topos von der verführten Unschuld als Motiv isoliert.[82]

Die leere Seite

Die Romane, die hier in ihrem inneren Zusammenhang vorgestellt wurden, zeichnen die Entwicklung des Frauenromans als eigenständiger literarischer

Typus auf. Entspricht dies Rezeptionsstrukturen und Verständigungsbedürfnis von Leserinnen und Lesern sowie den überall formulierten Anstrengungen am Ende des 18. Jahrhunderts zur „bürgerlichen Verbesserung der Weiber" (Hippel), so weist allein die Tatsache, daß viele Frauen, wie auch zunächst Sophie La Roche, anonym publizierten, auf das Ausmaß der Schwierigkeiten hin, unter denen Frauen nur schreiben konnten. So produktive Schriftstellerinnen wie Christiane Benedikte Naubert und Therese Huber zum Beispiel veröffentlichen erst 38 bzw. 24 Jahre nach dem Erscheinen ihrer ersten Arbeit unter ihrem Namen. Und das beliebteste Pseudonym der Schriftstellerinnen damals war bezeichnenderweise: Sternheim. Schon bevor die Frauen am postulierten Gleichheitsideal der Aufklärung scheiterten[83], ist für sie die Möglichkeit des Schreibens mit dem Opfer, dem „freiwilligen Auslöschen ... im Leben des Schriftstellers"[84] auf eine besondere Weise verknüpft: es wiederholt sich in ihrer literarischen Produktion. Selbst die völlige Inventarisierung des Lebens, des weiblichen Lebenszusammenhangs, die das Schreiben im Namen des Nutzens betreibt[85], kann das Leben nicht festhalten – immer ragt die vorgegebene Rolle der Frau als Hausfrau, Gattin und Mutter als Beschränkung in das Leben hinein. Die Frauenromane beziehen zu dieser Rolle Stellung – als Ausbildung des Ideals, als Anpassung daran, als Überschreitung. Als „pragmatischer Roman einer praktischen, auf das mikrosoziale Gefüge der bürgerlichen Familie und des Hauses zugeschnittenen Moral"[86] nimmt der Frauenroman immer stärker verzerrte Züge an, die die literarische Formulierung des Ideals, an dem sich das Schreiben und die Romane gleichermaßen messen lassen müssen, zur Übertretung reizen. Nicht länger läßt sich das Schreiben auf die Tugend als Vorwurf festlegen. Dem Augenblick, der in einer weiblichen Biographie als symbolisches Urteil über Sein oder Nicht-Sein der Heldin installiert werden soll, weichen die Romane aus durch das Erzählen von Geschichten – deren „leere Seite" hält die Bedingungen für das Vergessen dieser Texte fest und führt zugleich zu diesem Vergessen zurück. Die Frauenromane fügen sich ein in die Galerie, in der die Geschichte der Weiblichkeit ausgestellt wird.

5. Das Frauenzimmer-Journal:
Zur Herausbildung einer journalistischen Gattung im 18. Jahrhundert

Helga Brandes

Im letzten Drittel des 18. Jahrhunderts entstanden die ersten Journale von Frauen für Frauen: «Für Hamburgs Töchter» (1779) von Ernestine Hofmann, «Wochenblatt für's Schöne Geschlecht» (1779) von Charlotte Henriette von Hezel, «Papiere einiger Freunde» (1780–83) von Dorothea Lilien. Die erfolgreichsten waren Sophie La Roches «Pomona für Teutschlands Töchter» (1783/84) und Marianne Ehrmanns «Amaliens Erholungsstunden» (1790–1792). Hinsichtlich ihres publizistischen Selbstverständnisses und ihrer kommunikativen Bemühungen sind gerade die beiden zuletzt genannten Zeitschriften ergiebig, auf die ich im weiteren Verlauf besonders eingehen werde.[1]

Mit der Herausgabe eigener Journale gelang Frauen im 18. Jahrhundert ein wichtiger Schritt auf dem Wege zu mehr Autonomie, Selbstbestätigung und gesellschaftlicher Anerkennung. Spielte die Frau als Schriftstellerin bereits eine nicht zu unterschätzende Rolle in der literarischen Öffentlichkeit, so konnte sie als Redakteurin und Zeitschriftenherausgeberin ihren gesellschaftlichen Einfluß vergrößern: Sie befand sich in einer intensiveren Kommunikation mit ihren Leserinnen und Lesern als je zuvor. Die Öffentlichkeit, in der sie wirkte, war größer. Sie konnte neue Fähigkeiten entwickeln und unter Beweis stellen: als Managerin und Organisatorin, als Geschäftsfrau, die sich mit den finanziellen Problemen und verlegerischen Interessen auseinanderzusetzen hatte, als Publizistin, die um Mitarbeiter/innen warb und die Abonnentenzahl immer im Auge behielt.

Frauen als anonyme Zeitschriftenmitarbeiterinnen hatten bereits Tradition. So war z. B. Luise Gottsched als ,geschickte Freundin' ihres Mannes an dessen «Vernünftigen Tadlerinnen» nicht unwesentlich beteiligt. Doch es war noch ein weiter Weg von der anonymen Zeitschriftenmitarbeiterin zu Beginn des 18. Jahrhunderts bis zur verantwortlichen Herausgeberin eines eigenen Journals gegen Ende des Jahrhunderts. Wegbereiter der weiblichen Professionalisierung waren die Moralischen Wochenschriften. Ebenso spielten sie für die Herausbildung der Frauenzeitschrift als neue Gattung eine wichtige Rolle.

Die Moralischen Wochenschriften und die Entstehung eines weiblichen Lesepublikums

Zu Beginn des 18. Jahrhunderts entstanden die ersten Moralischen Wochenschriften in England (,moral weeklies'). Der «Spectator» (1711/12, 1714) von Richard Steele (1671–1729) und Joseph Addison (1672–1719) gehörte zu den erfolgreichsten; er fand im europäischen Ausland viele Nachahmer. Die ersten Zeitschriften dieses Typs in Deutschland waren «Der Vernünftler» (1713/14) und die «Discourse der Mahlern» (1721–1723). Das wichtigste Ziel der Zeitschriften bestand darin, auf der Grundlage von Vernunft und Religion die Tugend, Moral und damit die Glückseligkeit des Menschen befördern zu helfen.[2]

Sie wandten sich an Männer und Frauen der bürgerlichen Schicht. Bald wurden sie die beliebteste Lektüre des gebildeten Bürgertums in der ersten Hälfte des 18. Jahrhunderts. Frauen waren zum ersten Mal als Leserinnen nicht von vornherein ausgeschlossen, sondern vielmehr die bevorzugten Adressatinnen der neuen Journale. Nicht selten wurden sie um Beiträge gebeten und zur

Mitarbeit angeregt. Es war das Verdienst der Moralischen Wochenschriften, Frauen in den Prozeß der Entstehung einer literarischen Öffentlichkeit im 18. Jahrhundert integriert zu haben.

Zu Beginn des 18. Jahrhunderts war der Anteil der Analphabeten sehr hoch. Nur 5–10% der Kinder und Jugendlichen konnten lesen und schreiben[3], und es waren vor allem die Mädchen und Frauen, die des Lesens unkundig waren. Gegen Ende des Jahrhunderts sah es anders aus. Zeitgenössische Kritiker glaubten sogar, die Frauen vor der Gefahr des Viellesens, der ‚Lesewut', warnen zu müssen. Und in Wielands «Neuem Teutschen Merkur» von 1791 wird diese Entwicklung vom Analphabetentum zur weiblichen ‚Lesesucht' kritisch beurteilt.

> Wo ehemals kaum in den höchsten Classen hier und da einige Damen waren, die etwas Gedrucktes außer ihrem Gebetbuch und dem Hauskalender kannten, da ist jetzt das Lesen auch unter der Mittelclasse und bis nahe an diejenigen, die gar nichts gelesen haben, allgemeines Bedürfniß geworden; und gegen ein Frauenzimmer, welches vor fünfzig Jahren ein zu ihrer Zeit geschriebenes Buch las, sind jetzt, um nicht zuviel zu sagen, hundert [...], die alles lesen, was ihnen vor die Hände kömmt und einige Unterhaltung ohne große Bemühung des Geistes verspricht.[4]

Eine wichtige Funktion sahen die Herausgeber dieser ‚Familienzeitschriften' darin, der Frau zu einer größeren Bildung zu verhelfen. Ausgehend von der These der Ebenbürtigkeit der Geschlechter erkannten vor allem die Frühaufklärer Gottsched, Bodmer, Breitinger, Brockes, Weichmann, Richey u. a. die gesellschaftlich bedingten Bildungsdefizite der Frauen und strebten kompensatorische Lösungen an. Die vernünftige, selbstdenkende, gebildete Frau war das Ziel. Ihre Zeitschriften übernahmen daher die Aufgabe, Frauen auf dem Wege zur Emanzipation zu unterstützen. Unter dem Einfluß Lockes («Some Thoughts concerning Education», 1693) betonten sie in ihren Zeitschriften die große Bedeutung der frühkindlichen Erziehung. So z. B. Breitinger in den «Discoursen der Mahlern» (1721–1723):

> Man behauptet gemeiniglich, daß die erzehlten Passionen sämtlich mit dem Kind gebohren werden. Aber ich bitte, man wolle nachsinnen, daß ein Kind, das allererst auf die Welt kömmt, seine Imagination und seine Verstand gantz leer und öde hat nicht anderst, als wie unbeschriebenes Papier.[5] Dasjenige verfahren, mit welchem die Eltern ihren Kindern in den ersten Monaten und Wochen begegnen, führet einen Einfluß auf das gantze Leben derselben. Was die Menschen sämtlich sind, das sind sie, durch die Erziehung geworden, die sie gehabt haben.[6]

Die „Aufferziehung ist das Model, welches den jungen Kindern eine gewisse Form giebet, welche sie hernachmals ihre gantze Lebens-Zeit behalten."[7]

Für die späteren geistig-psychischen Unterschiede der Menschen wurde die „Aufferziehung" und die „Societet" verantwortlich gemacht. Aus diesem Grunde plädierten die Herausgeber der Wochenschriften für eine Reform des Erziehungswesens. Breitinger, der durch die Entwicklung eines Bildungsplanes für die Schweiz auch bildungspolitisch aktiv war und sich für sozialpädagogische Neuerungen einsetzte, sprach sich in den «Discoursen» sogar für eine Art ‚Gesamtschule' aus, wenn er „gemeine Schulen" für „alle Kinder des Staats" forderte, gleich welchen Geschlechts und welchen Standes.[8]

Mit ihren Zeitschriften verfolgten sie daher auch didaktische Ziele: sie wollten vor allem auf dem schöngeistigen und populärwissenschaftlichen Gebiet zu einer Verbesserung der Bildung beitragen, wobei ihnen aufgrund der erkannten Mißstände die weibliche Erziehung besonders am Herzen lag. Die Leserinnen der Wochenschriften fühlten sich ernst genommen, der Kreis der Abonnentinnen wurde immer größer, ein weibliches Lesepublikum bildete sich heraus. Auf Teegesellschaften, in den Lesekabinetten und in den Lesegesellschaften kursierten die Journale. Die (bürgerliche) Frau als Leserin wurde in der Gesellschaft allmählich ein vertrauter Anblick.

Aber auch in weiterreichender Hinsicht ebneten die Wochenschriften der Frau den Weg. Da sie von den grundsätzlich gleichen (intellektuellen) Anlagen und Fähigkeiten der Geschlechter ausgingen, zeichneten sie in ihren Zeitschriften Weiblichkeitsentwürfe, die zum Teil der sozialen Realität vorauseilten. Neben dem uns bereits bekannten Bild der Frau als Schriftstellerin erschienen in ihren Blättern erstmalig Frauen als Journalistinnen bzw. als (fiktive) Herausgeberinnen von Wochenschriften («Die Vernünftigen Tadlerinnen», 1724/25; «Die Patriotinn», 1724; «Die Hofmeisterin», 1755; «Die Frau», 1756–1760), lange bevor es solche Frauen in der Wirklichkeit gab.

Der weibliche Rollenwandel im 18. Jahrhundert von der Leserin über die Literatin zur Journalistin ist ohne die Vorarbeit der Moralischen Wochenschriften nur schwer vorstellbar; ihr Verdienst ist es, gesellschaftliche Vorurteile gegenüber literarisch und publizistisch tätigen Frauen abgebaut und diese auf ihrem Weg in eine größere Öffentlichkeit unterstützt zu haben. Da die Wochenschriften die ‚Schule der zukünftigen Journalistinnen' waren, erstaunt es nicht, daß sich die ersten Frauenzeitschriften inhaltlich und strukturell noch stark an die Moralischen Wochenschriften anlehnten.[9]

«Pomona für Teutschlands Töchter» von Sophie La Roche (1731–1807)

Sophie La Roches «Pomona», von Januar 1783 bis Dezember 1784 erschienen, steht noch sehr unter dem Einfluß der Moralischen Wochenschriften. Dennoch zeigt sie bereits innovatorische Tendenzen, die für die Gattung des „Frauenzimmer-Journals" konstitutiv waren. Sie verdient auch wegen ihrer großen Resonanz Beachtung.[10] Die «Pomona» ist die erste von einer Frau herausgegebene Frauenzeitschrift mit großer Publikumswirksamkeit; darin kann sie sich mit der vielgelesenen «Iris» (1774–1776 [1778])[10a] von Johann Georg Jacobi und Wilhelm Heinse messen, für die neben Goethe und anderen auch Sophie La Roche Beiträge geliefert hatte.[11] Jacobi lieferte umgekehrt Beiträge für die «Pomona».[12]

An meine Leserinnen.

Das Magazin für Frauenzimmer und das Jahrbuch der Denkwürdigkeiten für das schöne Geschlecht — zeigen meinen Leserinnen, was teutsche Männer uns nützlich und gefällig achten. Pomona -- wird Ihnen sagen, was ich als Frau dafür halte -- Aber ich werde Ihnen auch Auszüge und Nachrichten von Schriften geben, die in Engelland, Italien und Frankreich für uns geschrieben werden, und was mein Briefwechsel mit verschiedenen Personen, die sich in diesen Landen aufhalten, mir Neues liefern wird,

A 2

wird, so daß ein Heft immer, wie dieses erste — von teutschen Gedanken und Sachen spricht — dann Eines von angenehmen französischen Nachrichten — ein anderes von Englischen und auch Italienischen Neuigkeiten, die meinem Geschlecht einiges Vergnügen geben können. Es sollte mich aber freuen, wenn mir, nach dem Lesen dieses ersten Hefts gesagt würde, was meine Leserinnen von Pomona wünschen —

Sophie von la Roche.

Ver-

Pomona für Teutschlands Töchter, Januar 1783

Aus ihrem Erfolg machte Sophie La Roche kein Hehl; sie läßt ihre Leserinnen an ihrer Freude darüber teilhaben:

Eilf Monate lang [habe ich] von den vielen theuren Leserinnen der Pomona Beweise von Achtung und Güte erhalten, die mein drey und fünfzigstes Jahr zu einem der merkwürdigsten und angenehmsten meines ganzen Lebens machten. Denn ich werde durch die Hefte der Pomona in so viele hundert Familien aufgenommen, immer mit Vertrauen und Freundschaft angeblickt.[13]

Im Vorwort „An meine Leserinnen" stellt sie ihre Zeitschrift vor; die explizite Abgrenzung gegenüber den von Männern herausgegebenen Frauenjournalen zeugt von großem Selbstbewußtsein:

Das Magazin für Frauenzimmer und das Jahrbuch der Denkwürdigkeiten für das schöne Geschlecht – zeigen meinen Leserinnen, was teutsche Männer uns nützlich und gefällig achten. Pomona – wird Ihnen sagen, was ich als Frau dafür halte.[14]

Anders als später Marianne Ehrmann hat sie es noch nicht nötig, ihre Herausgeberinnentätigkeit zu legitimieren.

Wie die Moralischen Wochenschriften möchte auch sie „belehren und unterhalten" und damit das „Angenehme und Nützliche" verbinden.[15] Bodmer hatte seiner 1756/57 erschienenen Zeitschrift den programmatischen Titel gegeben:

«Das Angenehme mit dem Nützlichen. Eine moralische Wochenschrift». Das Postulat des ‚prodesse et delectare' führt dazu, daß die «Pomona» sich weder als gelehrtes ‚Fachorgan' noch als triviales Unterhaltungsblättchen verstanden wissen will. Sie will auf ansprechende und gesellige Weise ihren Leserinnen zu einer größeren Bildung verhelfen. Die zwanglose, unterhaltsame Art der Vermittlung war bereits ein Merkmal der Wochenschriften.[16]

Als Konsequenz ergibt sich als Strukturmerkmal der «Pomona» – wie bei ihren Vorbildern – die Mannigfaltigkeit des Inhalts und die Varietät der Form. Zwar reicht die «Pomona» durch ihre monatliche Erscheinungsweise nicht ganz an die Themenvielfalt der Moralischen Wochenschriften heran, doch ist das Bemühen um eine bunte Themenabfolge spürbar. Während die Wochenschriften ihre Leser/innen jede Woche mit einem anderen Thema aus verschiedenen Bereichen (‚Weltweisheit', Gesellschaft, Religion, Literatur) überraschten und in einem gut zu rezipierenden Umfang einer Nummer (ca. acht Seiten) darboten, gelingt es der «Pomona» als Monatsschrift nicht immer, schon allein durch den starkeren Umfang der Hefte (ca. 100 Seiten) und die entsprechend längeren Aufsätze, Abhandlungen etc., die Vorzüge des Mediums ‚Zeitschrift' voll zu nutzen. Texte von 30 Seiten Umfang sind keine Seltenheit. So weist die «Pomona» im Verhältnis zur Möglichkeit des Genres doch noch stark epische Züge auf. Journalistisches Gespür beweist Sophie La Roche jedoch bereits in ihrer Fähigkeit, verschiedene Formen (Brief, Dialog, Gedicht, Traum, moralische Beispielerzählung etc.) – entsprechend dem Vorbild der Moralischen Wochenschriften – in einem Heft zu integrieren. Auf diese Weise wirkt sie der Gefahr einer größeren Monotonie der Zeitschrift entgegen. Das 11. Heft vom November 1784 enthält z. B. folgende Formen: Reisebeschreibung, Brief, moralische Erzählung und Gedichte.

Während die Wochenschriften eine in den meisten Fällen nur fiktive Kommunikation mit den Lesern und Leserinnen unterhielten (fingierte Leserbriefe u. ä.), gewinnt in der «Pomona» die Kommunikation mit dem Lesepublikum eine reale Dimension. Eine Rubrik „Briefe und Antworten" richtet Sophie La Roche ein, die sie immer mehr entfaltet. Hier entsteht bereits, was später zu einem Charakteristikum der Frauenzeitschriften werden soll: die „Briefkastenecke". Die kommunikative Struktur der Periodika wird hier intensiviert, das Verhältnis zur Leserin enger.

An Realienwissen werden Beschreibungen aus anderen Ländern gegeben (jedes Heft bezieht sich auf eine bestimmte Nation), um aus den Leserinnen „Weltbürgerinnen" zu machen.[17] Ferner wird in regelmäßigen Abständen die Leserin mit einer ausgewählten literarischen Gattung vertraut gemacht (Roman, Tragödie, Komödie, Allegorie, Fabel etc.) bzw. ihr gelegentlich eine Lektüre empfohlen. Die literaturpädagogische Tradition der Moralischen Wochenschriften („Frauenzimmer-Bibliotheken" u. ä.) wird in der «Pomona» – wenn auch in etwas abgeschwächter Form – fortgesetzt.[18]

Darüber hinaus läßt sich aber eine neue Tendenz erkennen: Ging es den

Moralischen Wochenschriften um die Verbesserung des (bürgerlichen) Menschen (Entwurf eines wünschenswerten ‚Sozialcharakters‘), so verfolgt Sophie La Roche eine geschlechtsspezifische Didaktik: die moralische Erziehung der „Frau" (Entwurf des weiblichen ‚Geschlechtscharakters‘). In den „Briefen an Lina", die sämtliche Hefte durchziehen, unterweist Pomona ihre jüngere Kusine in Fragen der ‚weiblichen Bestimmung‘. Themen wie die richtige Gattenwahl, Brautzeit, Heirat, Kindererziehung, Hauswirtschaft werden in ihrer mädchen- und frauenspezifischen Ausrichtung bevorzugt behandelt.

Zeigten die Wochenschriften eine Vorliebe für generalisierende Darstellungen (‚moralische Charaktere‘ wie ‚der‘ Vernünftige, ‚die‘ Sparsame), so setzt sich in der «Pomona» ein subjektiver Stil durch, der so weit geht, daß biographische Details und persönliche Erlebnisse der Herausgeberin „Sophie La Roche" mit einbezogen werden. Die Zeitschrift verrät durch die Spezialisierung auf Frauen- themen und die Individualisierung der Inhaltsvermittlung eine beachtliche Wir- kungsabsicht. Mit ihren ‚konkreten Heldinnen‘ (Sophie, Lina, Pomona) liefert sie den Leserinnen ‚Identifikationsangebote‘ weiblicher Bestimmung. Insgesamt geht das auf Kosten der enzyklopädischen Wissensvermittlung, wie sie zumin- dest ansatzweise die Moralischen Wochenschriften versuchten. Die stärkere Fixierung auf den weiblichen ‚Geschlechtscharakter‘ geht einher mit einem spürbaren Verlust an ‚Welt‘-Vermittlung.

Wie sah das Frauenbild in der «Pomona» aus, verglichen mit dem der frühaufklärerischen Wochenschriften? Es ist – der realen historischen Situation der Frau entsprechend – durch Widersprüche gekennzeichnet. Einerseits will die «Pomona» – wie ihre aufklärerischen Vorbilder – die Frauen „von Puppen zu denkenden Wesen" erziehen.[19] Dann wieder verteidigt die Herausgeberin – ganz im Zeichen der Empfindsamkeit – das Recht der Frau auf Vernunft und Gefühl bei Gelegenheit einer Leserkritik. (Der Leser kritisierte die „Empfindeley" als „Seelenkrankheit".)[20] In den „Briefen an Lina" schließlich dominiert das Bild der empfindsamen, emotionalen Frau.

Sophie La Roches «Pomona» spiegelt die Übergänge zwischen aufkläreri- schem Fortschrittsdenken und naturphilosophischer Regression Rousseau'scher Prägung. Besonders prägnant belegt den ‚Paradigmawechsel‘ vom ‚Human- charakter‘ der Frau zum weiblichen ‚Geschlechtscharakter‘ folgender Entwurf des Verhältnisses der Geschlechter:

> Schön, moralisch schön ist es von uns, daß wir, ohngeachtet der großen Beweise, welche unser Geschlecht schon oft von seinen Fähigkeiten zu den höchsten Wissenschaften gab, daß wir freiwillig [!] der ersten Bestimmung der Natur getreu, nur als Gehülfinnen und Gesellschafterinnen der Männer in dem zweyten Rang der Verdienste stehen bleiben, in den Häusern, die sie bauen, ihr Leben ihnen versüssen.[21]

Zum Vergleich eine Äußerung Bodmers zur restriktiven Situation der Frau (1721):

> Es ist in Wahrheit der gröste Affront für das weibliche Geschlecht/daß man es in die Circkel der Kamer/der Kuchen/der Stuben/und der Kunckel einschrancket; Ich sehe keine

klärere Consequentz als diejenige/welche man daraus machen kan/daß die weiblichen Seelen unedler als die männlichen/ich sehe aber auch nichts absurders und falschers als dieses.[22]

Der von Sophie La Roche gut 60 Jahre später proklamierte „freiwillige" Rückzug der Frau in die Sphäre des Hauses – als Wesen „zweyten Ranges" – ist Ausdruck des weiblichen Rollenwandels in der 2. Hälfte des 18. Jahrhunderts. Die in der «Pomona» festzustellende Tendenz zur Stabilisierung hierarchisch-patriarchalischer Familienstrukturen dokumentiert den Verlust an emanzipatorischem Gehalt des Journals im Vergleich zu den Wochenschriften der Frühaufklärung.[23]

In welcher Weise entwickeln sich die Frauenzeitschriften im ausgehenden 18. Jahrhundert? Verändert sich das Profil, enthält das gezeichnete Frauenbild neue Züge? Die Analyse einer nach der Französischen Revolution erschienenen Zeitschrift soll darüber Auskunft geben, die – wie die «Pomona» – sehr erfolgreich war: «Amaliens Erholungsstunden» von Marianne Ehrmann.

Die Zeitschriftenherausgeberin Marianne Ehrmann (1753–1795)

Marianne Ehrmann war die erste Frau, die es nicht bei einem publizistischen Versuch bewenden ließ und sich in die bis dahin von Männern beherrschte Domäne besonders weit vorwagte. Außer «Amaliens Erholungsstunden» gab sie noch das nicht minder erfolgreiche Journal «Die Einsiedlerin aus den Alpen» (1793/94) heraus. Beide Zeitschriften hatten eine Auflage von je ca. 1000 Exemplaren. Zu einem nicht unwesentlichen Teil finanzierte sie durch ihre journalistische Tätigkeit ihren und ihres Mannes Lebensunterhalt und kann dadurch mit zu den ersten Berufsjournalistinnen gezahlt werden.

Marianne Ehrmann, geborene Brentano, wurde 1753 in Rapperswyl/Schweiz geboren. Sie verlor früh ihre Eltern und wuchs bei verschiedenen Verwandten auf. Mit 22 Jahren heiratete sie – wie sich bald herausstellte – einen Taugenichts, der sie kurze Zeit später verließ, nachdem er ihr kleines Vermögen durchgebracht hatte. Sie ließ sich scheiden, arbeitete vier Jahre als Schauspielerin in Wien und spielte an verschiedenen Bühnen unter dem Pseudonym Sternheim. Dann zog sie nach Straßburg, gab den Schauspielerinnenberuf auf und heiratete den Geographen Theophil Friedrich Ehrmann. 1787 ging das Paar nach Oberschwaben; die dort versuchten geschäftlichen Unternehmungen (Eigenverlag) scheiterten jedoch. Daraufhin entschlossen sie sich 1788, nach Stuttgart umzusiedeln.

Notorischer Geldmangel veranlaßte Marianne Ehrmann früh, literarisch und publizistisch tätig zu sein. Neben Gedichten veröffentlichte sie Briefromane, Schauspiele und Erzählungen. (Vgl. den Beitrag von H. Meise in diesem Band.) Am bekanntesten wurde sie durch ihre beiden 1784 erschienenen Schriften «Müßige Stunden eines Frauenzimmers» und «Philosophie eines Weibes». (Die 2. Auflage der «Philosophie» erschien bereits 1785. Im selben Jahr kam auch eine französische Übersetzung heraus.) Ihre ersten publizistischen Erfahrungen erwarb sie durch die Mitarbeit an den Zeitschriften ihres Mannes: «Frauenzimmerzeitung» (2 Bde., 1787 im Eigenverlag in Kempen erschienen) und «Der Beobachter» (3 Bde., 1788–1789). Mit 36 Jahren gab sie ihre erste Zeitschrift heraus: «Amaliens Erholungsstunden. Teutschlands Töchtern geweiht».[24] 1793–1794 erschien ihr zweites Journal «Die Einsiedlerin aus den Alpen» bei Orell in Zürich, das jedoch – bedingt durch die einsetzende ‚Nervenkrankheit‘ der Herausgeberin – zum Schluß nur noch sehr unregelmäßig herauskam. Im August 1795 starb Marianne Ehrmann 41jährig.

Als zeittypisch sind einige Stationen ihres Lebens anzusehen. Sie teilte mit anderen schreibenden Frauen den Schauspielerinnenberuf (Sophie Albrecht, Karoline Luise Klenke, Wilhelmine von Gersdorf, Ernestine Krüger, Elisa von der Recke u. a.). Es waren Frauen, die es bereits gewohnt waren, in der Öffentlichkeit zu stehen. Ihr Vorbild war die Neuberin. Seltener jedoch war um diese Zeit die Existenzsicherung der Frau von eigener schriftstellerischer und publizistischer Tätigkeit (A. L. Karsch) abhängig. Wie Marianne Ehrmann sammelten einige Frauen ihre ersten journalistischen Erfahrungen im Verborgenen, als Mitarbeiterinnen der Zeitschriften ihrer Ehemänner. Wie die Gottschedin kamen sie über diese Rolle jedoch meist nicht hinaus. Und schließlich ist ein zeittypisches Phänomen – das im übrigen auch auf die Journalisten des 18. Jahrhunderts zutrifft – darin zu sehen, daß die publizierenden Frauen meist über schriftstellerische Erfahrungen verfügten. Der Beruf der Literatin-Journalistin beginnt sich im 18. Jahrhundert zu konstituieren, analog zum Beruf des Literaten-Journalisten.[25] War Sophie La Roche noch mehr Schriftstellerin als Journalistin, ist es bei Marianne Ehrmann bereits umgekehrt.

Rezeptionsgeschichtlich interessant ist die Tatsache, daß Marianne Ehrmann bereits zu Lebzeiten eine anerkannte Schriftstellerin und Publizistin und bis in die Mitte des 19. Jahrhunderts relativ bekannt war[26] – sogar im Ausland, wie ein einschlägiger Artikel in der «Nouvelle Biographie Générale depuis les Temps les plus reculés jusqu'à nos jours» belegt.[27] Dann geriet sie in Vergessenheit. Erst im 20. Jahrhundert wurde die Publizistin Marianne Ehrmann wiederentdeckt: 1939 analysierte Edith Krull ausführlich ihr publizistisches Werk.[28] Und in jüngster Zeit trugen Publikationen vor allem der feministisch orientierten Literaturwissenschaft zu einer Neueinschätzung ihres Oeuvres bei.[29]

«Amaliens Erholungsstunden» (1790–1792)

Auch Marianne Ehrmanns Zeitschrift steht noch in der Tradition der Moralischen Wochenschriften. Und wie bei «Pomona» lassen sich auch bei «Amalie» auf den ersten Blick regressive Tendenzen im Vergleich zu den Moralischen Wochenschriften feststellen. Allerdings, das sei vorausgeschickt, ist nicht immer klar zu unterscheiden, inwieweit sie dem Selbstverständnis der Herausgeberin

Amaliens
Erholungsstunden.

Teutschlands Töchtern
geweiht
von
Marianne Ehrmann.

Erstes Bändchen.

Tübingen 1792.

in der J. G. Cottaischen Buchhandlung.

entsprechen oder eher als Teil ihrer ‚Kommunikationsstrategien' (s. u.) anzusehen sind. Andrerseits deuten solche Tendenzen (z. B. das widersprüchliche
Frauenbild) auch auf die Schwierigkeiten, mit denen damals schreibende Frauen
angesichts ihrer sozialen Realität zu kämpfen hatten, wenn sie versuchten, die
eindeutig emanzipatorischen, jedoch auch utopischen Entwürfe der Frühaufklärer zu verwirklichen.

«Amalie» polemisiert wie die Wochenschriften gegen Unvernunft und Aberglaube und übt Kritik am Erziehungswesen („Etwas über weibliche Erziehungs-
anstalten in Deutschland"[30], „Ueber einige Modethorheiten unsers Zeitalters"[31],
„Aberglaube in Schwaben"[32]). Auch diese Monatsschrift bemüht sich um Themenvielfalt. Die Zunahme der frauenspezifischen Themen bedeutet andrerseits
auch hier wieder „Welt"-Verlust.

Die Gestaltung ist abwechslungsreich. Titelkupfer schmücken die Zeitschrift,

Musikbeilagen lockern das Journal auf, Gedichte, Briefe, Dialoge, moralische Beispielgeschichten wechseln in bunter Folge ab. Ein bevorzugtes Gestaltungsmittel der Herausgeberin stellen Dialogisierungen und Dramatisierungen dar, möglicherweise eine Folge ihrer früheren Arbeit am Theater. Verglichen mit der «Pomona» fällt hier bereits ein gezielterer Einsatz publizistischer Mittel auf: Die Artikel sind prägnanter, kürzer, polemischer, aktueller. Das Profil der Zeitschrift ist ‚journalistischer‘. Die Rhetorik wirksamer, expressiver. Eine „feurige und muntere Schreibart“ ist ihr Ziel, um die Leserschaft zu „interessieren“.[33] Der Ansatz eines ‚Journalstils‘ ist erkennbar. So fällt die ausgeprägte Kommunikationsstruktur des Blattes auf (Dialoge mit den Leserinnen, Aufforderung zur Mitarbeit, Korrespondenzmitteilungen, Resonanz aus dem Lesepublikum etc.).[34]

Die Funktion der Zeitschrift als diskursintegratives Medium wird von M. Ehrmann geschickt genutzt. Das Journal wird zum Forum weiblichen Meinungs- und Erfahrungsaustauschs. Die «Amalie» gewinnt im Vergleich zu den Wochenschriften an journalistischem Profil auch durch die stärkere Berücksichtigung und Darstellung ‚realer‘ Situationen und Begebenheiten. So z. B. wenn die Herausgeberin – wie bereits Sophie La Roche – Details ihrer eigenen Biographie mit einbezieht oder persönliche Erlebnisse und Erfahrungen mitteilt. Sie erzählt ihren Leserinnen beispielsweise offenherzig von ihrer inzwischen überstandenen Krankheit.[35] Das ‚fiktive Spiel‘ der Wochenschriften (fiktiver Herausgeber, fingierte Leserbriefe etc.) tritt noch stärker als in der «Pomona» zurück. Die literarisierende Tendenz der Wochenschriften wird zugunsten eines direkten Realitätsbezuges abgebaut. Eine neue Form entwickelt sich, die bereits in die Nähe des ‚Kommentars‘ rückt, wenn die Herausgeberin unverblümt und unmittelbar ihre persönliche Meinung zu bestimmten Vorfällen und Ereignissen äußert. Symptomatisch für den historischen Übergang von der ästhetisch-fiktionalen zur publizistischen Struktur der Frauenzeitschrift ist die gelegentliche Unterzeichnung einzelner Artikel mit „Amalie Ehrmann“.

Verzichteten die Moralischen Wochenschriften auf jeden Aktualitätsbezug, so gibt es bei «Amalie» bereits Anspielungen auf Zeitfragen und Kommentare zu politischen Ereignissen. Von einer Politisierung der Zeitschrift kann jedoch noch nicht gesprochen werden. Die Französische Revolution wird pauschal abgelehnt, der politisch konservative Grundzug der Wochenschriften bleibt erhalten. Religion, Obrigkeit, Ständegesellschaft werden nicht in Frage gestellt.

Gegenüber der «Pomona» findet in der «Amalie» eher noch eine größere Annäherung an Rousseaus Geschlechterentwurf statt. Eine Diversifizierung ‚geschlechtsspezifischer‘ Eigenschaften mit der Tendenz zur ‚Polarisierung‘ der ‚Geschlechtscharaktere‘ prägt das Männer- und Frauenbild. Mußten sich die Menschen in den Moralischen Wochenschriften um allgemeine Tugenden bemühen und speziell die Frauen ihrer geschichtlich und gesellschaftlich bedingten Benachteiligung wegen gefördert werden, so sind jetzt aus den Tugenden geschlechtspezifische Charaktereigenschaften geworden. Sie werden isoliert be-

trachtet, aus dem gesellschaftlichen Kontext ausgegliedert und als ‚naturgegeben'
und ‚gottgewollt' akzeptiert. Für diesen Prozeß der Enthistorisierung, wie er in
der «Amalie» deutlich wird, war die Dissoziation von Erwerbs- und Familienleben entscheidend[36], desgleichen Rousseaus Theorie, auf die sich die Herausgeberin gelegentlich beruft. Sein Polarisierungsmodell war von nicht zu unterschät-
zender Bedeutung. Die Frau erscheint demnach als passiv, demütig, nachgiebig,
emotional; der Mann als aktiv, überlegen, stark, rational. So heißt es im
«Emile»:

> Der eine muß aktiv und stark sein, der andere passiv und schwach: notwendigerweise
> muß der eine wollen und können; es genügt, wenn der andere wenig Widerstand leistet. –
> Steht dieser Grundsatz fest, so folgt daraus, daß die Frau eigens geschaffen ist, um dem
> Mann zu gefallen. Es ist weniger zwingend notwendig, daß ihr der Mann auch seinerseits
> gefällt; sein Vorzug liegt in der Kraft; er gefällt allein dadurch, daß er stark ist. [...] Wenn
> die Frau dazu geschaffen ist, zu gefallen und sich zu unterwerfen, dann muß sie sich dem
> Mann liebenswert zeigen, statt ihn herauszufordern.[37]

Da die weiblichen Eigenschaften als ‚naturbedingt' und damit als unveränder-
lich galten, erstaunt es nicht, daß in dieser Zeitschrift – verglichen mit der
«Pomona» – Elemente der Unterrichtung und Belehrung der Frau noch stärker
zurücktreten. Abhandlungen haben eher essayistischen Charakter, sie sind oft-
mals unsystematisch und assoziativ. Auch fehlt z. B. weitgehend der Bereich der
literarästhetischen Erziehung. Die Ausrichtung auf die Rolle der Gattin, Mutter,
Hausfrau und Gesellschafterin dominiert. Der Funktionswandel der Frauenzeitschrift gegenüber der Moralischen Wochenschrift ist unverkennbar: Aus dem
Medium der Erziehung und Bildung ist nun auch ein Instrument der Ideologisie-
rung geworden. Die Betonung der moralischen und häuslichen Pflichten der
Frau, ihre Tugend und Sittsamkeit, bilden immer wieder den Hintergrund für die
Beispiel- und Abschreckungsgeschichten (beliebter Topos: die ‚verführte Un-
schuld', das ‚gefallene Mädchen'). In Form einer Rezeptologie werden der
Leserin Verhaltensregeln und Handlungsanweisungen gegeben: „Ueber die
Haushaltungskunst"[38]; „Ueber weibliche Beschäftigungen" (Spinnen, Lesen,
Briefe schreiben).[39] Ziel ist zwar die gebildete Frau (als angenehme Gesellschaf-
terin des Mannes), die gelehrte Frau wird aus Gründen der ‚Bestimmung'
abgelehnt:

> Da die beiden Geschlechter eine ganz verschiedene Bestimmung haben, so muß natür-
> lich auch ihre Erziehung ganz verschieden seyn. Glüklich für uns selbst, und mitwirkend
> an dem Glükke Anderer sollen wir ohne Unterschied des Geschlechts und der Fähigkeiten
> alle werden, aber jedes nach seinem Maße, nach seiner innern Kraft, nach seiner Bestim-
> mung; und die einzige und wichtigste Bestimmung der Mädchen ist, vernünftige Gattin-
> nen, edle Mütter, gute Gesellschafterinnen, und ehrwürdige Matronen zu werden. Zu
> dieser schönen Bestimmung sind sie von der Vorsehung auserkohren, und würden ohne sie
> bloß verächtliche Werkzeuge sinnlicher Lüste, und müßige Puppen bleiben![40]

Der „Einfluß des schönen Geschlechts auf Staatsgeschäfte und Staatsbegeben-
heiten" – so der Titel eines Beitrags – bleibt, gemäß der ‚Bestimmung' der Frau,

auf die Familie als die kleinste ‚Zelle des Staates' beschränkt.[41] Die Frauen
sollen für „das Wohl der einzelnen Familien" sorgen, denn „dieses ist die
Grundlage des Staats".[42] Sie mögen es getrost den Männern überlassen, „für
Deutschlands Freiheit und Wohl zu wachen!"[43]
    Frau und Öffentlichkeit sind in stärkerem Maße unvereinbar geworden. War
für Sophie La Roche ihre Rolle als Zeitschriftenherausgeberin noch eine Selbst-
verständlichkeit, die der Öffentlichkeit, dem Lesepublikum gegenüber keiner
Rechtfertigung bedurfte, empfindet M. Ehrmann ihr öffentliches Auftreten als
Normüberschreitung. Es sieht so aus, als hätten die Vorurteile schreibenden
Frauen gegenüber im ausgehenden 18. Jahrhundert zugenommen, so daß eine
fraglose Selbstverwirklichung der Frau auf dem Gebiet der Publizistik ohne
Anwendung besonderer Strategien nicht mehr möglich ist. M. Ehrmann schafft
sich durch die Entwicklung solcher Kommunikationsstrategien eine Möglichkeit
zu ‚sanfter' Kritik an der Gesellschaft. Die „List beim Schreiben der Wahrheit"
(Ingrid Heinrich-Jost) prägt das Journal. Die Unbekümmertheit und Direktheit
der «Pomona» weist «Amalie» nicht mehr auf. Wo sie innovativ sein will, kann
sie auf diplomatische, subversive Mittel nicht verzichten.

Selbstschutzstrategie

Die Subskriptionslisten der «Amalie» geben Aufschluß über die Leser/innen,
Auflage und Reichweite der Zeitschrift. Hauptsächlich sind Männer als Abonnenten verzeichnet, was jedoch nicht besagt, daß sie auch die Leser waren. Meist
liefen die Abonnements-Verträge über die Ehemänner der Leserinnen. Der Preis
von 4 Gulden rheinisch pro Jahr war nicht gerade niedrig. Die Auflage lag bei
1000 Stück; der Gewinn für den Verleger betrug – das läßt sich aus der
Geschäftskorrespondenz mit Cotta in Tübingen ermitteln – ca. 1000 Gulden
jährlich. Die Zeitschrift war – vor allem im ersten Jahr – so erfolgreich, daß für
die Hefte des ersten Halbjahres eine Neuauflage erforderlich war, um der großen
Nachfrage zu entsprechen. Hauptabsatzgebiet war Süddeutschland. Doch gab es
auch Subskribenten in Leipzig, Berlin, Hamburg und Kopenhagen. Marianne
Ehrmann warb für ihr Blatt mit gezielten Aktionen. So schickte sie beispielsweise ein Paket „Ankündigungen" ihrer Monatsschrift im September 1789 an
Gottfried August Bürger nach Göttingen mit der Bitte, für ihr Journal zu
werben. Ihm gelang es, sechs Abnehmer in Göttingen zu finden.[44] Die Subskrip-
tionsliste von 1790, Heft III, führt die Namen von zehn Frauen und elf Männern
auf. Folgende Titel bzw. Berufe sind vertreten: Kabinettssekretär, Hofkavalier,
Hofrat, Leibmedikus, Bürgermeister, Stadtapotheker, Kammerfrau, Freifrau
u. a. – Die Liste von 1791, Heft I, führt 20 Abonnenten und acht Abonnentinnen
auf. Viele davon stammen aus adligen Kreisen (Fürst von Oettingen-Wallerstein,
Reichsgräfin zu Solms-Hohen-Solms, Barone etc.).
    Angesichts dieser Leserschaft sah sich M. Ehrmann gezwungen, ihre Rolle als
Zeitschriften-Herausgeberin im Vorwort („Meine Antrittsrede") zu legitimieren:

[...] viel Köpfe, viel Sinn! Dies ist der fürchterliche Wahlspruch, der mir zentnerschwer aufs Herz fällt, wenn ich mich dem Schreibpult nähere, um da aus einem besondern, nicht sehr erfreulichen Verhängnis, die Nähnadel mit der Feder zu vertauschen! – Ich gestehe es recht gerne selbst ein, wenn alle Frauenzimmer thun wollten, was ich izt thue, so gäbe dies in unserer guten Welt eine Unordnung, die nicht zu ertragen wäre! Indessen giebt es ja doch keine Regel ohne Ausnahme. – Ich theile meine Stunden ein, gehe nur selten in Gesellschaften, besorge hurtig meine kleine Hausgeschäfte, habe keine Kinder, und es bleibt mir zu dieser Arbeit immer noch Zeit übrig.[45]

Um Kritik zuvorzukommen, spielt sie die tatsächliche Bedeutung ihrer publizistischen Arbeit herunter, verharmlost sie zu einer Beschäftigung in ‚Nebenstunden'. Sie wird nicht müde, immer wieder zu betonen, daß sie dabei ihre ‚eigentlichen' Pflichten als Frau keinesfalls vernachlässige. Die „Haushaltskunst" ist und bleibt „die erste, und wichtigste Beschäftigung des weiblichen Geschlechts". „Ich freue mich weit lebhafter, wenn man mich in dem Zirkel, worinnen ich lebe, für eine gute Hauswirthinn erkennt, als für eine erträgliche Schriftstellerin." Die ‚Schriftstellerei' komme nur dann in Betracht, „wenn die Haushaltungskunst nicht darüber versäumt wird". Kritisch fügt sie hinzu: „Verschiedene Damen machten Schriftstellerei zur Hauptbeschäftigung, und vergaßen über derselben ihre weit nöthigeren häuslichen Geschäfte."[46]

Sie betont, daß auch Männer ihre Zeitschrift lesen und billigen. Möglichen Verdächtigungen, ein ‚männerfeindliches' Blatt herauszugeben, kann sie auf diese Weise begegnen. Außerdem bedient sie sich der männlichen Autorität ihrer Zeitschriften-Mitarbeiter, um das Ansehen des Blattes zu heben. „Auch meine Mitarbeiter, Männer von ausgebreiteten Kenntnissen, helfen diese Schrift durch ihre schonen Beiträge" zu „befördern". Sie sind, so versichert sie ihren Leserinnen und Lesern, maßgeblich an der „Auswahl der Aufsätze" beteiligt und arbeiten sogar „ihre (sc. M. Ehrmanns) eigenen Beiträge um"[47] So stammen z. B. die „wissenschaftlichen" Beiträge, vor allem geographische Abhandlungen, von ihrem Mann; die Artikel sind jeweils mit seinen Initialen gekennzeichnet.[48] Mißtrauische Leser beschwichtigt Marianne Ehrmann darüber hinaus durch die Wahl des harmlosen Titels der Zeitschrift, deren Untertitel «Teutschlands Töchtern geweiht» einen Bezug zur unverfänglichen «Pomona für Teutschlands Töchter» herstellt. Kritik an der weiblichen Bildungsmisere legt sie auf diplomatische Weise Männern in den Mund.

Anpassungsstrategie

Neben der Verharmlosung ist die Verhüllung bzw. Täuschung ein wichtiges Mittel, den ‚Schmuggel' mit emanzipatorischen Ideen zu versuchen. Auf den ersten Blick entspricht ihr propagiertes Frauenbild der Konvention. Die Anpassung an bestehende Normen erspart ihr Zensurkonflikte und schafft bei den Lesern die Bereitschaft, Ratschläge und Kritik der Herausgeberin zu akzeptieren. Der bewährte Trick „neuer Wein in alten Schläuchen" war auch Marianne Ehrmann nicht unbekannt. Nach der Bestätigung des herrschenden

Frauenbildes erscheint die Kritik am Verhalten der Männer weniger bissig und verletzend:

> [...] die einzige und wichtigste Bestimmung der Mädchen ist, vernünftige Gattinnen, edle Mütter, gute Gesellschafterinnen, und ehrwürdige Matronen zu werden. Zu dieser schönen Bestimmung sind sie von der Vorsehung auserkohren, und würden ohne sie bloß verächtliche Werkzeuge sinnlicher Lüste, und müßige Puppen bleiben! Wenn sie gewöhnlich diesen Pfad, der ihnen von Ewigkeit her angewiesen wurde, nicht so rühmlich durchwandeln, als sie ihn durchwandeln könnten, so lag die Schuld bloß an der verfehlten Erziehung und an der oft so sclavischen, oft wieder so kriechenden Behandlungsart der Männer. Sclaverei macht listig und heimtükkisch; Schmeichelei übermüthig und eitel, und dies waren doch wohl von jeher die Haupt-Untugenden, die man den Weibern mit so vielem Recht vorwarf; ohne aber dabei auf die Veranlassung zu blikken, welche sie gebahr.[49]

Die Forderung nach mehr Bildung der Frau weiß sie schließlich mit einem treffsicheren Argument ‚an den Mann‘ zu bringen: Von der größeren Bildung der Frau profitiert nicht zuletzt der Mann selbst. Denn „es sollen keine gelehrte Weiber gebildet werden", sondern „Denkerinnen"[50], die so viel „Weltklugheit" und „Menschenkenntnis" besitzen[51], um eine anregende Gattin, gute Erzieherin der Kinder und umsichtige Wirtschafterin zu sein. Nur „Denkerinnen" können ihre Aufgabe erfüllen, „gute Mütter, brave Hauswirthinnen, treue Gattinnen und liebenswürdige Gesellschafterinnen" zu sein.[52] Eine solche Frau – keine „Puppen-Maschine" – „ist es, die seine Thatkraft stählt, seinen Eifer beseelt, seine Grundsätze reinigt, sein Herz veredelt".[53] Ihr gelingt es, „sich in seine Gemüthsstimmung und Grundsäzze zu schikken" und „für seine häuslichen Bedürfnisse zu sorgen".[54] Wird ihre Bildung vernachlässigt, so hat das fatale Folgen für die Erziehung der Kinder: „Sie bringen ihnen keine Ordnung bei und regieren ihr Hauswesen nicht klug und sorgfältig".[55] Ohne vernünftige Erziehung bleiben wir „ewig unbestimmte Geschöpfe, in allem was Geist und Kultur betrift zurük. [...] Wir bleiben kurz gesagt, Maschinen und Puppen, die man mit dem Drat regiert, um damit zu spielen! Nichts Eigenes, nichts selbst Erzeugtes an uns, wenn wir es nicht durch fleißiges Nachdenken erwerben". Nur so sind wir fähig, „Gatte, Kinder und Dienstboten zu behandeln, wie sie behandelt sein müssen!"[56] „Vernachlässigen die Männer unsere Bildung, so mögen sie auch die Folgen tragen."[57] Die Zustimmung der Männer zur Verbesserung der Frauenbildung erhofft M. Ehrmann eher über pragmatische Begründungen (zum Wohl des Mannes, der Kinder, des Hauses) als über eine prinzipielle Argumentation (Gleichheit der Menschen) zu erlangen.

Umgehungsstrategie

Mit den Mitteln der Individualisierung und Distanzierung versucht M. Ehrmann, Konfrontationen und Konflikte zu vermeiden. In einem fingierten Briefwechsel mit einem anonymen Leser kann sie ‚männliche‘ Untugenden geißeln (Eitelkeit, Herrschsucht, Dummheit, Ungeduld etc.), ohne allgemein Kritik an männlichem Verhalten üben zu müssen. Die Individualisierung und Reduzierung auf einen einzigen (unrühmlichen) Fall nimmt ihrer Kritik die Schärfe und Grundsätzlichkeit; offener Protest seitens der Leser bleibt ihr erspart. Durch verschiedene Formen mildert sie ihre Aussage und beugt möglicher Opposition vor. Eine Distanzierung erreicht sie z. B. durch die Verwendung von Zitaten. Als sie von dem in Japan üblichen Brauch berichtet, Frauen bei ertapptem Ehebruch mit dem Tode zu bestrafen, heißt es: „O der Ungerechtigkeit – aber les plus forts on(t) fait la loi!"[58] Besonders harte Kritik an männlichem Verhalten bzw. Lob der weiblichen Fähigkeiten erscheint z. B. in Form einer Übersetzung, für deren Inhalt M. Ehrmann ja nicht verantwortlich ist. Aus Madame de la Fites «Gedanken über die Grossen» druckt sie eine brisante Stelle ab:

[...] Warum sollten auch die Frauenzimmer nicht fähig seyn, alle Zweige des menschlichen Wissens zu bearbeiten? das Vorurtheil, welches sie von den ernsthaften Studien zurükdrängt, ist einer von jenen hunderttausend Irrthümern, deren ewiges Spielwerk das menschliche Geschlecht ist; es ist die Frucht der Ignoranz und des barbarischen Stolzes unserer Vorfahren, die mit einer sehr plumpen und oft nicht wenig brutalen Achtung gegen das schöne Geschlecht die Weiber für Puppen ansahen, welche die Natur der Herrschaft ihrer wilden Männer unterworfen, und sie zu ihrem Gebrauche bestimmt hat.[59] – Mit dem Scharfsinn der Männer verbinden sie die nämliche Einsicht und noch mehr Feinheit des Verstandes.[60] – Nicht allein wegen der Geschiklichkeit und glüklichen Anordnung der Organe haben die Weiber die Oberhand über die Männer bei dem Studium der Gelehrsamkeit und der schönen Wissenschaften, oder wetteifern wenigstens mit ihren gebietrischen Präzeptoren, sondern hauptsächlich wegen der vernünftigen Beurtheilung und des moralischen Sinnes.[61] – Die Männer spotten über das schöne Geschlecht, verläumden das Frauenzimmer und seine Werke unbarmherzig. Dieses aber begnügt sich blos, jene nach ihrem Werth zu schätzen, und ihren Produkten Gerechtigkeit widerfahren zu lassen.[61]

Eine doppelte Distanzierung von diesen Äußerungen wird dadurch erreicht, daß der fingierte Einsender der Übersetzung, „Friedrich", die Abhandlung als „übertrieben" ansieht und sie allenfalls nur als „Satire" gelten läßt.

Um Kritik an der mangelnden bürgerlichen Freiheit der Frau zu üben, beruft sich M. Ehrmann bezeichnenderweise auf einen Vorfall im Ausland. Belgische Frauen, die sich als „Wachen" anboten, wurden weggejagt. Dazu M. Ehrmann:

Man lasse doch dem weiblichen Geschlecht auch einmal Freiheit zu denken, zu handeln, und sich über patriotische Tugenden zu freuen, und warne es erst dann, wenn es darüber die weiblichen Hauptpflichten vergißt, oder sich übereilt von aller Weiblichkeit loswinden, und überall Männerrollen spielen will! Soll denn dies tirannisirte Geschlecht ewig von dem Genuß der Freiheit ausgeschlossen bleiben, und nur von dem männlichen Geschlechte geachtet werden, wenn es ihm Liebe erbetteln will? Ist das nicht eigennüzzig, nicht despotisch, nicht niedrig, nicht weit unter der Würde des Mannes?[63]

Ferner versucht M. Ehrmann durch die Wahl der Erzählperspektive offene Kritik am männlichen Geschlecht zu vermeiden. Durch einfältiges Geschwätz über das Thema „Was ist ein Mann?" dekuvrieren sich die Männer selbst:

Ich [sc. M. Ehrmann] fühlte für dieses Wort immer so große Ehrfurcht, dachte mir darunter so unbegreifliche Vollkommenheiten, und mußt izt nach dem eigenen Männergeständniß hören, daß weiter nichts darunter stekke als ... gebrechliche Menschen![64]

Nicht zuletzt dem Einsatz dieser Strategien hatte M. Ehrmann es zu verdanken, daß sie immerhin zwei Jahre ‚ungehindert‘ schreiben durfte. Im dritten Jahr ihrer Tätigkeit nahmen die Probleme mit Cotta zu. Man entzog ihr immer mehr die redaktionelle Verantwortung, wofür vor allem das intrigante Verhalten eines Cotta-Associés namens Zahn die Ursache war. Die Zahl der männlichen Mitarbeiter nahm ständig zu (Forster, Iffland, Pfeffel u. a.). Ende 1792 trennte sie sich vom Verlag. Es gab noch unschöne öffentliche Auseinandersetzungen um finanzielle Fragen; hier allerdings wandte sich der Verleger immer nur an den Ehemann Théophil Friedrich; die Frau war in juristischen Angelegenheiten nicht ‚geschäftsfähig‘. Der Verlag profitierte vom guten Renommee der Ehrmannschen Zeitschrift und ließ 1793 eine Fortsetzung erscheinen, «Flora, Teutschlands Töchtern geweiht», die sich bis 1803 hielt.[65]

Die Zeitschriften spiegeln den Prozeß der allmählichen Auflösung des (früh-) aufklärerischen emanzipatorischen Frauenbildes im ausgehenden 18. Jahrhundert. Ambivalenz und Widersprüchlichkeit kennzeichnen die Weiblichkeitsentwürfe in dieser Phase des Übergangs zu einer komplementär gedachten „weiblichen Bestimmung“. Die Journale veranschaulichen – neben der allmählichen Entwicklung und Entfaltung publizistischer Mittel – die Suche der Frau nach einem neuen Rollenverständnis. Als Literatinnen-Journalistinnen bereiteten Sophie La Roche und Marianne Ehrmann den Publizistinnen des 19. Jahrhunderts den Weg.

ANHANG

Bibliographien

Einleitung

Becker-Cantarino, Barbara: Die Frau von der Reformation bis zur Romantik. Die Situation der Frau vor dem Hintergrund der Literatur- und Sozialgeschichte. Bonn 1980.

Brinker-Gabler, Gisela: Feminismus und Moderne: Brennpunkt 1900. In: Akten des VII. Internationalen Germanisten-Kongresses. Göttingen 1985, Band 8: Traditionalismus und Modernismus: Kontroversen des Avantgardismus, S. 118–234.

Cixous, Hélène: Du kannst reden oder schweigen, ohne jemals irgend etwas gesagt zu haben; aber wenn du schreibst... In: Die unendliche Zirkulation des Begehrens. Berlin 1977, S. 46–59.

–: Geschlecht oder Kopf? In: Die unendliche Zirkulation des Begehrens. Berlin 1977, S. 15–45.

–· The Laugh of the Medusa. In: New French Feminisms. An Anthology. Ed. with introduction by Elaine Marks and Isabella de Courtivron. Brighton 1981 (The Harvester Press), S. 245–62.

–: Schreiben, Feminität, Veränderung. In: Alternative 108/109, Juni/August 1976 (Berlin).

–: Wenn ich nicht schreibe, ist es, als wäre ich tot. In: Die unendliche Zirkulation des Begehrens. Berlin 1977, S. 7–14.

Cuneo, Anne: Passage des Panoramas. Eine Reise zum eigenen Ich. Aus dem Französischen von Erich Liebi. Zürich und Frankfurt 1980 (Originalausgabe: Vevey 1978).

De Saussure, Ferdinand: Cours de linguistique générale, Paris 1972.

Derrida, Jacques: Semiologie und Grammatologie. Gespräch mit Julia Kristeva. In: Positionen. Hrsg. von Peter Engelmann. Graz, Wien 1986, S. 52–82.

–: Die Struktur, das Zeichen und das Spiel im Diskurs der Wissenschaften vom Menschen. In: Die Schrift und die Differenz. Frankfurt 1976, S. 422–442.

–: Randgänge der Philosophie. Frankfurt, Berlin, Wien 1976.

–: Éperons. Les Styles de Nietzsche / Sproni. Gli stili di Nietzsche / Spurs. Nietzsche's styles / Sporen. Die Stile Nietzsches. Venedig 1976.

–: Die Postkarte. Von Sokrates bis an Freud und jenseits. 2 Lfgn. Berlin 1982–87 (frz. La carte postale).

Deutsche Literatur. Eine Sozialgeschichte. Hrsg. von Horst Albert Glaser. Reinbek b. Hamburg 1980f.

Du Plessis, Rachel Blau and Members of Workshop 9: For the Etruscans: Sexual Difference and Artistic Production – The Debate Over a Female Aesthetic. In: The Future of Difference. Ed. by Hester Eisenstein and Alice Jardine, Boston, Mass. 1980 (G. K. Hall & Co.), S. 128–156.

Foucault, Michel: Archäologie des Wissens. Frankfurt 1973.

Frank, Manfred: Was ist Neo-Strukturalismus? Frankfurt 1983.

Gervinus, Georg Gottfried: Geschichte der poetischen National-Literatur der Deutschen. 5 Teile, Leipzig 1835–42.

Geschichte der deutschen Literatur vom 18. Jahrhundert bis zur Gegenwart. Hrsg. von Viktor Žmegač. Königstein/Ts., 1978–1980.

Gilbert, Sandra M. and Susan Gubar: The Madwoman in the Attic. The Woman Writer and the Nineteenth-Century Literary Imagination. New Haven and London 1979 (Yale University Press).

Gnüg, Hiltrud, und Renate Möhrmann: Frauen Literatur Geschichte. Schreibende Frauen vom Mittelalter bis zur Gegenwart. Stuttgart 1985.

Hansers Sozialgeschichte der deutschen Literatur vom 16. Jahrhundert bis zur Gegenwart. Hrsg. von Rolf Grimminger. München 1980f.

Heydebrand, Renate von: Wertung, literarisch. In: Reallexikon der deutschen Literaturgeschichte. 2. Aufl., Bd. 4, hrsg. von Klaus Kanzog und Achim Masser. Berlin, New York 1984, S. 828–871.

–: Literatur in der Provinz Westfalen 1815–1945. Ein literarhistorischer Modell-Entwurf. Münster 1983.

Irigaray, Luce: Das Geschlecht, das nicht eins ist. In: Das Geschlecht, das nicht eins ist. Berlin 1979, S. 22–32.

–: Ein anderer geschlechtlicher Körper, ein anderes Imaginäres. In: Waren, Körper, Sprache. Der ver-rückte Diskurs der Frauen. Berlin 1976, S. 17–24.

–: Macht des Diskurses / Unterordnung des Weiblichen. In: Das Geschlecht, das nicht eins ist. Berlin 1979, S. 70–88.

–: Speculum. Spiegel des anderen Geschlechts. Frankfurt 1980.

–: Wenn unsere Lippen sich sprechen. In: Das Geschlecht, das nicht eins ist. Berlin 1979, S. 211–224.

–: Eine bewegt sich nicht ohne die andere. In: Freibeuter 2 (1979), S. 72–78.

Kafka, Franz: Sämtliche Erzählungen. Hrsg. von Paul Raabe. Frankfurt 1975.

Killy, Walter (Hrsg.): Die deutsche Literatur. Texte und Zeugnisse. Bd. VII: 20. Jahrhundert. München 1967.

Kosselleck, Reinhart, Wolfgang J. Mommsen, Jörn Rüsen (Hrsg.): Objektivität und Parteilichkeit in der Geschichtswissenschaft. München 1977.

Kristeva, Julia: Die Chinesin. Frankfurt, Berlin, Wien 1982.

–: Kein weibliches Schreiben? Fragen an Julia Kristeva. In: Freibeuter 2 (1979), S. 79–84.

–: Motherhood According to Giovanni Bellini. In: Desire in Language. A Semiotic Approach to Literature and Art. Oxford o. J. (Basil Blackwell) (frz: Polylogue), S. 237–270.

–: From One Identity to an Other. In: Ebd., S. 124–147.

–: Produktivität der Frau. In: Alternative 108/109, Juni/August 1976 (Berlin), S. 166–172.

–: Une(s) femme(s). In: Le Grif, Essen vom Baum der Erkenntnis. Weibliche Praxis gegen Kultur. Berlin 1977, S. 37–48.

Lacan, Jacques: Das Drängen des Buchstabens im Unbewußten. In: Lacan. Schriften II. Hrsg. von Norbert Haas, Olten 1975, S. 15–55.

–: Die Bedeutung des Phallus. In: Lacan. Schriften II. Hrsg. von Norbert Haas. Olten 1975, S. 119–32.

–: Die Familie. In: Lacan. Schriften III. Hrsg. von Norbert Haas. Olten 1980, S. 45–78.

–: Subversion des Subjekts und Dialektik des Begehrens im Freudschen Unterbewußten. In: Lacan. Schriften II. Hrsg. von Norbert Haas. Olten 1975, S. 165–204.

–: La femme n'existe pas. In: Alternative 108/109, Juni/August 1976, S. 160–163.

Märten, Lu: Die Künstlerin. München 1919 (S. 106).

Mommsen, Wolfgang J.: Der perspektivische Charakter historischer Aussagen und das Problem von Parteilichkeit und Objektivität historischer Erkenntnis. In: Objektivität und Parteilichkeit in der Geschichtswissenschaft. Hrsg. von Reinhart Kosselleck, Wolfgang J. Mommsen, Jörn Rüsen, München 1977, S. 441–468.

Müller, Jan-Dirk: Aporien und Perspektiven einer Sozialgeschichte mittelalterlicher Literatur. In einigen neuen Forschungsansätzen. In: Akten des VII. Internationalen Germanisten-Kongresses. Göttingen 1985. Bd. 11: Historische und aktuelle Konzepte der

Literaturgeschichtsschreibung. Hrsg. von Wilhelm Vosskamp und Eberhard Lämmert. Tübingen 1986, S. 56–66.

–: Literaturgeschichte / Literaturgeschichtsschreibung. In: Erkenntnis der Literatur. Theorien, Konzepte, Methoden der Literaturwissenschaft. Hrsg. von Dietrich Harth und Peter Gebhardt. Stuttgart 1982, S. 195–227.

Plumpe, Gerhard, Karl Otto Conrady: Probleme der Literaturgeschichtsschreibung. In: Literaturwissenschaft. Grundkurs 2. Hrsg. von Helmut Brackert und Jörn Stückrath in Verbindung mit Eberhard Lämmert. Reinbek b. Hamburg 1981, S. 373–392.

Scherer, Wilhelm: Geschichte der deutschen Literatur. Berlin 1883.

Schlaffer, Hannelore: Weibliche Geschichtsschreibung – ein Dilemma. In: Merkur. Deutsche Zeitschrift für europäisches Denken, Nr. 445/März 1986, S. 256–60.

Schönert, Jörg: Neuere theoretische Konzepte in der Literaturgeschichtsschreibung. Positionen, Verfahren und Probleme in der Bundesrepublik und DDR. In: Literatur und Sprache im historischen Prozeß. Vorträge des Deutschen Germanistentages. Aachen 1982. Hrsg. von Thomas Cramer. Band 1: Literatur. Tübingen 1983, S. 91–120.

Showalter, Elaine: A Literature of Their Own. British Women Novelists from Brontë to Lessing. Princeton, N. J. 1977.

–: Feminist Criticism in the Wilderness. In: Critical Inquiry, Winter 1981, Vol 8, Number 2, S. 179–205.

Simmel, Georg: Schriften zur Philosophie und Soziologie der Geschlechter. Hrsg. von Heinz Jürgen Dahme und Klaus Christian Köhnke. Frankfurt 1985 (S. 195).

Staiger, Emil: Grundbegriffe der Poetik. Zürich und Freiburg i. Br. 1966.

[Tieck, Ludwig:] Minnelieder aus dem schwäbischen Zeitalter, neu bearbeitet und herausgegeben von Ludewig (!) Tieck. Berlin 1803. Repr. Nachdruck: Hildesheim 1966.

Woolf, Virginia: Ein Zimmer für sich allein. Frankfurt a.M. 1981, S. 112f.

Erster Teil
I. Höfische Autorinnen

Baum, Richard: Recherches sur les oeuvres attribuées à Marie de France. Heidelberg 1968 (= Annales Universitatis Saraviensis. Reihe: Philosophische Fakultät 9).

Bezzola, Reto R.: Les origines et la formation de la littérature courtoise en occident (500–1200). 3 Bde. Paris 1966–1968 (= Bibliothèque de l'école des hautes études 286. 313. 319–320).

Boutière, J. et A. H. Schutz: Biographies des Troubadours. Textes provençaux des XIIIe et XIVe siècles. 2e édition, refondue, augmentée d'un appendice, d'un lexique, d'un glossaire et d'un index des termes concernant le ,trobar‘ par Jean Boutière avec la collaboration de I.-M. Cluzel. Traductions françaises des textes provençaux par Irénée-Marcel Cluzel avec la collaboration de M. Woronoff. Paris 1973 (= Les classiques d'Oc 1).

Brunhölzl, Franz: Geschichte der lateinischen Literatur des Mittelalters. Bd. 1. München 1975.

Brunner, Horst: Brigitta. In: Verfasserlexikon^2. Bd. 1, Sp. 1036.

Bumke, Joachim: Höfische Kultur. Literatur und Gesellschaft im hohen Mittelalter. 2 Bde. München 1986.

Cassiodori Senatoris Variae recensuit Theodor Mommsen. Berlin 1894 (= MGH Auct. antiquiss. 12).

Christine de Pizan: Oeuvres poétiques. 3 Bde. Hrsg. von Maurice Roy. Paris 1886–1896 (= Société des Anciens textes français).

–: The ‚Livre de la cité des dames‘ of Christine de Pisan. Critical edition by M. C. Curnow. 2 Bde. Diss. masch. Vanderbilt University 1975.

–: The Book of the City of Ladies. Translated by Earl Jeffrey Richards. Foreword by M. Warner, London 1983.

–: Das Buch von der Stadt der Frauen. Aus dem Mittelfranzösischen übersetzt, mit einem Kommentar und einer Einleitung versehen von Margarete Zimmermann. Berlin 1986.

–: Ditié de Jehanne d'Arc. Ed. by Angus I. Kennedy and Kenneth Varty. Oxford 1977 (= Medium Aevum Monographs N.S. 9).

–: L'Avision Christine. Hrsg. von Sister Mary L. Towner. Reprint New York 1969.

–: The Treasure of the City of Ladies or The Book of the Three Virtues. Translated with an Introduction by Sarah Lawson. Harmondsworth 1985 (= Penguin Classics).

Dhuoda: Manuel pour mon fils. Introduction, texte critique, notes par Pierre Riché. Traduction par Bernard de Vregille et Claude Mondésert. Paris 1975 (= Sources chrétiennes 225).

Donke, Peter: Women Writers of the Middle Ages. A Critical Study of Texts from Perpetua (†203)to Marguerite Porete (†1310). Cambridge, London, New York 1984.

Eleonore von Österreich: Pontus und Sidonia. Augsburg (Hans Schönsperger) 1483.

Elisabeth von Nassau-Saarbrücken: Herpin. Straßburg (Johannes Grüninger) 1514.

–: Loher und Maller. Straßburg (Johannes Grüninger) 1514.

–: Der Huge Scheppel der Gräfin Elisabeth von Nassau-Saarbrücken nach der Handschrift der Hamburger Stadtbibliothek. Mit einer Einleitung von Hermann Urtel. Leipzig 1905 (= Veröffentlichungen der Hamburger Stadtbibliothek 1).

–: Der Roman von der Königin Sibille in drei Prosafassungen des 14. und 15. Jahrhunderts. Hrsg. von Hermann Tiemann. Hamburg 1977 (=Veröffentlichungen aus der Staats- und Universitätsbibliothek Hamburg 10).

Ennen, Edith: Frauen im Mittelalter. München² 1985.

Kelso, Ruth: Doctrine for the Lady of the Renaissance. Urbana, Chicago, London² 1978.

Kennedy, Angus I.: Christine de Pizan. A bibliographical guide. London 1984 (= Research Bibliographies and Checklists 42).

Kottanner, Helene: Die Denkwürdigkeiten der Helene Kottannerin (1439–1440). Hrsg. von Karl Mollay. Wien 1971 (= Wiener Neudrucke 2).

Kreiten, Hubert: Untersuchungen über den Briefwechsel Kaiser Maximilians I. mit seiner Tochter Margareta. Diss. Bonn 1907.

Liebertz-Grün, Ursula: Zur Soziologie des ‚amour courtois‘. Umrisse der Forschung. Heidelberg 1977 (=Beihefte zum Euphorion 10).

Deutsche Liederdichter des 13. Jahrhunderts. Hrsg. von Carl von Kraus. Bd. 1 Text. Bd. 2 Kommentar. Besorgt von Hugo Kuhn. 2. Aufl., durchges. von Gisela Kornrumpf. Tübingen 1978, [Gedrut, Geltar] Bd. 1, S. 77–79, Bd. 2, S. 76–83.

Liepe, Wolfgang: Elisabeth von Nassau-Saarbrücken. Entstehung und Anfänge des Prosaromans in Deutschland. Halle a. S. 1920.

Marie de France: Äsop. Eingeleitet, kommentiert und übersetzt von Hans Ulrich Gumbrecht. München 1973 (= Klassische Texte des Romanischen Mittelalters 12).

–: Die Lais. Übersetzt, mit einer Einleitung, einer Bibliographie sowie Anmerkungen versehen von Dietmar Rieger. München 1980 (= Klassische Texte des Romanischen Mittelalters 19).

Mertens, Volker: Gedrut, Geltar. In: Verfasserlexikon². Bd. 2, Sp. 1135, 1187–1189.

Mickel, Emanuel J.: Marie de France. New York 1974 (= Twayne's world authors series 306).

Neumeister, Sebastian: Das Spiel mit der höfischen Liebe. Das altprovenzalische Partimen. München 1969 (=Beihefte zu Poetica 5).

Ottokars Österreichische Reimchronik. Nach den Abschriften Franz Lichtensteins. Hrsg. von Josef Seemüller. Hannover 1890/93 (= MGH DC 5, 1–2).

Pinet, Marie-Josèphe: Christine de Pisan (1364–1430). Étude biographique et littéraire. Paris 1927 (= Bibliothèque du quinzième siècle 35).

Rieger, Dietmar: Die französische Dichterin im Mittelalter. Marie de France – die ,trobairitz' – Christine de Pizan. In: Die französischen Autorinnen vom Mittelalter bis zur Gegenwart. Hrsg. von Renate Baader u. Dietmar Fricke. Wiesbaden 1979, S. 29–48.

Ringger, Kurt: Die ,Lais'. Zur Struktur der dichterischen Einbildungskraft der Marie de France. Tübingen 1973 (= Beihefte zur Zeitschrift für Romanische Philologie 137).

Schnell, Rüdiger: Causa Amoris. Liebeskonzeption und Liebesdarstellung in der mittelalterlichen Literatur. Bern, München 1985 (= Bibliotheca Germanica 27).

Schultz-Gora, Oscar: Die provenzalischen Dichterinnen. In: Einundachtzigste Nachricht von dem Friedrichs-Gymnasium zu Altenburg über das Schuljahr Ostern 1887 bis Ostern 1888. Altenburg 1888, S. 1–36.

Steinhoff, Hans-Hugo: Eleonore von Österreich. In: Verfasserlexikon² Bd. 2, Sp. 470–473.

–: Elisabeth von Nassau-Saarbrücken. In: Verfasserlexikon² Bd. 2, Sp. 482–488.

Strauch, Philipp: Pfalzgräfin Mechthild in ihren literarischen Beziehungen. Ein Bild aus der schwabischen Literaturgeschichte des 15. Jahrhunderts. Tübingen 1883.

Strelka, Josef: Der burgundische Renaissancehof Margarethes von Österreich und seine literaturhistorische Bedeutung. Wien 1957.

Willard, Charity C.: Christine de Pizan. Her Life and Works. A biography. New York 1984.

II.1. Geistliches Leben

Arnold, Klaus: Die Frau als Autorin – und die Autorin als Frau. Transgressionen der Frauenrolle und weibliche Freiräume im europäischen Mittelalter. In: Aufgaben, Rollen und Räume von Frau und Mann. Hrsg. von Jochen Martin, Renate Zoepffel. Freiburg i. Br. 1988 (im Druck).

–: Mentalität und Erziehung – Geschlechtsspezifische Arbeitsteilung und Geschlechtersphären als Gegenstand der Sozialisation im Mittelalter. In: Mentalitäten im Mittelalter. Methodische und inhaltliche Probleme. Hrsg. von Frantisek Graus. Sigmaringen 1987. S. 257–288.

Bauch, Andreas: Quellen zur Geschichte der Diözese Eichstätt. Bd. 1: Biographien der Gründungszeit. Eichstätt 1962.

Bischoff, Bernhard: Wer ist die Nonne von Heidenheim? In: Studien und Mitteilungen aus dem Benediktiner- und Zisterzienserorden 49 (1931), S. 387f.

Boor, Helmut de: Geschichte der deutschen Literatur. Bd. 1. München ⁵1962.

Bumke, Joachim: Mäzene im Mittelalter. München 1979.

–: Höfische Kultur. 2 Bde. München 1986.

Cole, Douglas: Hrotsvitha's Most ,Comic' Play: ,Dulcitius'. In: Studies in Philology 57 (1960), S. 597–605.

Curtius, Ernst Robert: Europäische Literatur und lateinisches Mittelalter. Bern, München ³1961.

Doerr, Otmar: Das Institut der Inclusen in Süddeutschland. Münster 1934.

Dronke, Peter: Women Writers of the Middle Ages. Cambridge, London 1984.

Ehrismann, Gustav: Geschichte der deutschen Literatur bis zum Ausgang des Mittelalters. Teil 2, Bd. 1. München 1922, ²1954.

Ennen, Edith: Frauen im Mittelalter. München 1984.

Ernst, Ulrich: Der liber evangeliorum Otfrids von Weißenburg. Köln, Wien 1975.

Fuhrmann, Manfred: Lizenzen und Tabus des Lachens – Zur sozialen Grammatik der hellenistisch-römischen Komödie. In: Das Komische. Poetik und Hermeneutik 7. Hrsg. von Wolfgang Preisendanz, Rainer Warning. München 1976. S. 65–101.

Glauche, Günter: Schullektüre im Mittelalter. München 1970.

Gottschaller, Eva: Hugeburc von Heidenheim. München 1973.

Green, Rosalie u. a.: Herrad of Hohenbourg. Hortus Deliciarum. 2 Bde. Leiden 1979.

Greinemann, Eoliba: Die Gedichte der Frau Ava. Diss. Freiburg i. Br. 1968.

Grimm, Heinrich: Des Conradus Celtis editio princeps der ‚Opera Hrosvite‘ von 1501 und Albrecht Dürers Anteil daran. In: „Philobiblon“ 18 (1974), S. 3–25.

Grundmann, Herbert: Die Frauen und die Literatur im Mittelalter. In: Archiv für Kulturgeschichte 26 (1936), S. 129–161.

–: Litteratus – illitteratus. In: Archiv für Kulturgeschichte 40 (1958), S. 1–65.

Guldan, Ernst: Eva und Maria. Graz, Köln 1966.

Hagendahl, Harald: Latin Fathers and the Classics. Göteborg 1958.

Heineken, Johanna: Die Anfänge der sächsischen Frauenklöster. Diss. Göttingen 1909.

Homeyer, Helene: ‚Imitatio‘ und ‚aemulatio‘ im Werk der Hrotsvitha von Gandersheim. In: Studi Medievali 9 (1968), S. 966–976.

–: Hrotsvithae opera. München, Paderborn 1970.

–: Hrotsvitha von Gandersheim. Werke in deutscher Übertragung. München, Paderborn 1973.

Kartschoke, Dieter: Bibeldichtung. Studien zur Geschichte der epischen Bibelparaphrase von Juvencus bis Otfrid von Weißenburg. München 1975.

Ketsch, Peter: Frauen im Mittelalter. 2 Bde. Düsseldorf 1983, 1984.

Klopsch, Paul: Einführung in die Dichtungslehren des lateinischen Mittelalters. Darmstadt 1980.

Kratz, Dennis M.: The Nun's Epic: Hroswitha on Christian Heroism. In: Wege der Worte. FS Wolfgang Fleischhauer. Hrsg. von Donald C. Riechel. Köln, Wien 1978, S. 132–142.

Kuhn, Hugo: Hrotsviths von Gandersheim dichterisches Programm. In: Deutsche Vierteljahrsschrift für Literatur und Geistesgeschichte 24 (1950), S. 181–196.

Lexikon für Theologie und Kirche. Hrsg. von Josef Höfer u. Karl Rahner, Freiburg ²1957–1965.

Manitius, Max: Geschichte der lateinischen Literatur des Mittelalters. Bd. 1–3. München 1911, ²1965.

Masser, Achim: Bibel, Apokryphen und Legenden. Berlin 1969.

Nagel, Bert: Hrotsvit von Gandersheim. Stuttgart 1965.

Ohly, Friedrich: Geist und Formen der Hoheliedauslegung im 12. Jahrhundert. In: Zeitschrift für deutsches Altertum 85 (1954), S. 181–197.

Patrologiae cursus completus omnium patrum, doctorum scriptorumque ecclesiasticorum, Series Latina. Ed. Jacques-Paul Migne, Paris 1844–55.

Riché, Pierre: Recherches sur l'instruction des laïcs du IXe au XIIe siècle. In: Cahiers de Civilisation Médiévale 5 (1962), S. 175–182.

Schaller, Dieter: Hrotsvit von Gandersheim nach tausend Jahren. Zeitschrift für deutsche Philologie 96 (1977), S. 105–114.

Schütze-Pflugk, Marianne: Herrscher- und Märtyrerauffassung bei Hrotsvit von Gandersheim. Wiesbaden 1972.

Schwietering, Julius: Die deutsche Dichtung des Mittelalters. Potsdam o. J. 1932–1941, Darmstadt ²1957.

Specht, Franz Anton: Geschichte des Unterrichtswesens in Deutschland von den ältesten Zeiten bis zur Mitte des dreizehnten Jahrhunderts. Leipzig 1885, Wiesbaden ²1967.

Stein, Peter K.: Stil, Struktur, historischer Ort und Funktion. Literarhistorische Beobachtungen und methodologische Überlegungen zu den Dichtungen der Frau Ava. In: FS Adalbert Schmidt. Hrsg. von Gerlinde Weiss. Stuttgart 1976, S. 5–85.

Suchomski, Joachim: ‚Delectatio‘ und ‚Utilitas‘. Bern, München 1975.

–: Lateinische Comediae des 12. Jahrhunderts. Darmstadt 1979.

[Verfasserlexikon] Die deutsche Literatur des Mittelalters. Verfasserlexikon. Hrsg. von Kurt Ruh u. a. Berlin, New York ²1978 ff.

Vollmann-Profe, Gisela: Wiederbeginn volkssprachiger Schriftlichkeit im hohen Mittelalter. Königstein/Ts. 1986.

Wagner, Fritz: Johann Christoph Gottsched und Hrotsvit von Gandersheim. In: Mittellat. Jahrbuch 13 (1978), S. 253–266.

Wehrli, Max: Sacra Poesis: Bibelepik als europäische Tradition. In: Ders.: Formen mittelalterlicher Erzählung. Zürich, Freiburg i. Br. 1969, S. 51–71.

Wilson, Katharina M. (Hrsg.): Medieval Women Writers. Manchester 1984.

–: The Saxon Canoness Hrotsvit of Gandersheim. Ebd. S. 30–63.

Zeydel, Edwin H.: Ekkehard's Influence upon Hrotsvitha's Works. In: Modern Language Quarterly 6 (1945), S. 333–339.

–: The Reception of Hrotsvitha by the German Humanists after 1493. In: The Journal of English and German Philology 44 (1945), S. 239–249.

–: Zu Hrotsvits Ego Clamor Validus Gandesheimensis. In: Zeitschrift für deutsches Altertum und deutsche Literatur 101 (1972), S. 187 f.

Zumthor, Paul: La poésie et la voix dans la civilisation médiévale. Paris 1984.

II.2. Prophetentum als literarische Existenz

Dronke, Peter: Poetic Individuality in the Middle Ages. New Departures in Poetry 1000–1150. London ²1986, S. 150–192 (mit Edition des ‚Ordo Virtutum‘).

–: Problemata Hildegardiana. In: Mittellateinisches Jahrbuch 16 (1981), S. 97–131

–: Women Writers in the Middle Ages. A Critical Study of Texts from Perpetua († 203) to Marguerite Porete († 1310). Cambridge 1984, S. 144–201, 306–315.

Elisabeth von Schönau: Die Visionen und Briefe der hl. Elisabeth sowie die Schriften der Aebte Ekbert und Emecho von Schönau. Hrsg. von F. W. E. Roth, Brünn ²1886.

Führkötter, Adelgundis: Hildegard von Bingen. Salzburg ³1979.

Gössmann, Elisabeth: ‚Ipsa enim quasi domus sapientiae‘. Die Frau ist gleichsam das Haus der Weisheit. Zur frauenbezogenen Spiritualität Hildegards von Bingen. In: ‚Eine Höhe über die nichts geht‘. Hrsg. von Margot Schmidt und Dieter R. Bauer. Stuttgart-Bad Cannstatt 1986, S. 1–18.

Hildegard von Bingen: Opera omnia Hildegardis. Hrsg. von J.-P. Migne. Patrologia Latina. Bd. 197. Paris 1855 und 1882 (Nachdruck: Turnhout 1952).

–: Opera. Hrsg. von J. B. Pitra. Analecta sacra. Bd. 8. Montecassino 1882 (Nachdruck: 1966).

–: Causae et curae. Hrsg. von Paul Kaiser. Leipzig 1903 (Nachdruck: Basel 1980).

–: Scivias. Hrsg. von Adelgundis Führkötter, in Zusammenarbeit mit Angela Carlevaris. Corpus Christianorum. Cont. Med. Bd. 43/43A. Turnhout 1978.

–: Briefwechsel. Nach den ältesten Hss. übers. und nach den Quellen erläutert von Adelgundis Führkötter. Salzburg 1965.

–: Heilkunde. Das Buch von dem Grund und Wesen und der Heilung der Krankheiten, nach den Quellen übersetzt und erläutert von Heinrich Schipperges. Salzburg 1957.

–: Lieder. Hrsg. von Pudentiana Barth, Immaculata Ritscher, Joseph Schmidt-Görg, mit Übers. von Adelgundis Führkötter. Salzburg 1969.

–: Der Mensch in der Verantwortung. Das Buch der Lebensverdienste (Liber vitae meritorum). Nach den Quellen übers. und erläutert von Heinrich Schipperges. Salzburg 1972.

–: Welt und Mensch. Das Buch ‚De operatione dei'. Aus dem Genfer Kodex übers. und erläutert von Heinrich Schipperges. Salzburg 1965.

–: Wisse die Wege. Scivias. Übersetzt von Maura Böckeler. Mit Anhang: Der ‚einfältige Mensch' – Hildegard von Bingen. Salzburg ⁶1975.

Hildegard von Bingen 1179–1979. Festschrift zum 800. Todestag der Heiligen. Hrsg. von Anton Ph. Brück. Mainz 1979 (mit einer größeren Zahl guter Einzelbeiträge).

Köster, Kurt: Elisabeth von Schönau. In: Die deutsche Literatur des Mittelalters. Verfasserlexikon. ²1980. Bd. 2, Sp. 488–494.

–: Elisabeth von Schönau. Leben, Persönlichkeit und visionäres Werk. In: Schönauer Elisabeth-Jubiläum 1965. Kloster Schönau 1965, S. 17–46.

Lauter, Werner: Hildegard-Bibliographie. Wegweiser zur Hildegard-Literatur. Bd. 1. Alzey 1970; Bd. 2. Alzey 1984.

Liebeschütz, Hans: Das allegorische Weltbild der heiligen Hildegard von Bingen. Leipzig, Berlin 1930 (Nachdruck: Darmstadt 1964).

Maurmann, Barbara: Die Himmelsrichtungen im Weltbild des Mittelalters. Hildegard von Bingen, Honorius Augustodunensis und andere Autoren. München 1976.

Meier, Christel: Die Bedeutung der Farben im Werk Hildegards von Bingen. In: Frühmittelalterliche Studien 6 (1972), S. 245–355.

–: Eriugena im Nonnenkloster? Überlegungen zum Verhältnis von Prophetentum und Werkgestalt in den ‚figmenta prophetica' Hildegards von Bingen. In: Frühmittelalterliche Studien 19 (1985) S. 466–497, Abb. 74–83.

–: Hildegard von Bingen. In: Die deutsche Literatur des Mittelalters. Verfasserlexikon, ²1981, Bd. 3, Sp. 1257–1280.

–: ‚Scientia divinorum operum'. Hildegards von Bingen visionär-künstlerische Rezeption Eriugenas. In: Eriugena redivivus. Hrsg. von Werner Beierwaltes. 1987, S. 89–141 (hier auch Nachweise zu Quellen und Lit. für die pseudo-dionysische Tradition: Eriugena, Hugo von St. Viktor, Honorius Augustodunensis).

–: Vergessen, Erinnern, Gedächtnis im Gott–Mensch-Bezug. In: Verbum et Signum. Festschrift F. Ohly. 2 Bde. München 1975, Bd. 1, S. 143–194.

–: ‚Virtus' und ‚operatio' als Kernbegriffe einer Konzeption der Mystik bei Hildegard von Bingen. In: Grundfragen christlicher Mystik. Hrsg. von Margot Schmidt und Dieter R. Bauer. Stuttgart 1987, S. 73–101.

–: Zwei Modelle von Allegorie im 12. Jahrhundert: Das allegorische Verfahren Hildegards von Bingen und Alans von Lille. In: Formen und Funktionen der Allegorie. Hrsg. von Walter Haug. Stuttgart 1979, S. 70–89.

Müller, Irmgard: Die pflanzlichen Heilmittel bei Hildegard von Bingen. Salzburg 1982.

Rozumek, Angela: Die sittliche Weltanschauung der heiligen Hildegard von Bingen (1098–1179). Eine Darstellung der Ethik des Liber vitae meritorum. Diss. Bonn 1934.

Schipperges, Heinrich: Das Bild des Menschen bei Hildegard von Bingen. Diss. Bonn 1952 (Masch.).

–: Das Schöne in der Welt Hildegards von Bingen. In: Jahrbuch für Ästhetik 4 (1958), S. 83–139.

–: Die Welt der Engel bei Hildegard von Bingen. Salzburg 1963.

Schmidt, Margot: Hildegards Lichtschau als Einheit von ‚Rationalitas' und Mystik. In: Forum Katholische Theologie 2 (1986), S. 24–42.

Schrader, Marianna u. Adelgundis Führkötter: Die Echtheit des Schrifttums der heiligen Hildegard von Bingen. Quellenkritische Untersuchungen. Köln, Graz 1956.

Widmer, Bertha: Heilsordnung und Zeitgeschehen in der Mystik Hildegards von Bingen. Basel, Stuttgart 1955.

III. Vita religiosa

Zu: Religiöse Frauenbewegung. Quellen:

Die Viten der brabantischen *mulieres sanctae* sind in den Acta Sanctorum ediert; Angaben bei Simone Roisin: Hagiographie cistercienne.

Beatrix-Vita: Vita Beatricis. De Autobiografie van de Z.Beatrijs van Tienen O.Cist. 1200–1268. In de Latijnse bewerking van de anonieme biechtvader der abdij van Nazareth te Lier voor het eerst volledig en kritisch uitg.door L. Reypens S.J. Antwerpen 1964.

Van seven manieren van heileger minnen: Beatrijs van Nazareth: Van seuen manieren van heileger minnen uitg. naar het Brusselse handschrift, ingeleid en van aantekeningen voorzien door H. W.J. Vekeman en J. Th. M. Tersteeg. J. Zutphen o.J. (1971).

Literatur:

Bolton, Brenda M.: Mulieres sanctae. In: Sanctity and Secularity: The Church and the World. Ed. by Derek Baker. Oxford 1973, S. 77–95.

–: Vitae matrum: A Further Aspect of the Frauenfrage. In: Medieval Women. Dedicated and Presented to Professor Rosalind M. Hill. Ed. by Derek Baker. Oxford 1978, S. 253–273.

Bynum, Caroline W.: Women mystics and eucharistic devotion in the thirteenth century. In: Women's Studies 11 (1984), S. 179–214.

Grundmann, Herbert: Religiöse Bewegungen im Mittelalter. Untersuchungen über die geschichtlichen Zusammenhänge zwischen der Ketzerei und der religiösen Frauenbewegung im 12. und 13.Jahrhundert und über die geschichtlichen Grundlagen der deutschen Mystik (1935). Anhang. Neue Beiträge zur Geschichte der religiösen Bewegungen im Mittelalter. Darmstadt 1977.

Roisin, Simone: L'efflorescence cistercienne et le courant féminin de piété au XIII° siècle. In: Revue d'histoire ecclésiastique 39 (1943), S. 342–378.

: L'hagiographie cistercienne dans le diocèse de Liège au XIII° siècle. Louvain, Bruxelles 1947.

Zu: Beginenmystik. Quellen:

Hadewijch: De Visioenen van Hadewijch. 2 Bde. Leuven 1925; Strofische Gedichten. 2 Bde. Antwerpen, Brüssel, Gent, Leuven 1942; Brieven. 2 Bde. Antwerpen, Brussel, Gent, Leuven 1947.

Mechthild von Magdeburg: Offenbarungen der Schwester Mechthild von Magdeburg oder Das Fließende Licht der Gottheit. Aus der einzigen Handschrift des Stiftes Einsiedeln hrsg. von P. Gall Morel (1869). Darmstadt 1976.

Lux Divinitatis: Revelationes Gertrudianae ac Mechtildianae. Bd. 2: Sanctae Mechtildis virginis ordinis sancti Benedicti Liber specialis gratiae, accedit sororis Mechtildis ejusdem ordinis Lux Divinitatis. Pictavii, Parisiis 1877, S. 423–643.

Marguerite Porete: Romana Guarnieri: Il movimento del Libero Spirito. II. Il ,miroir des simples âmes' di Margherita Porete. In: Archivio italiano per la storia della pietà 4 (1965), S. 513–635.

Literatur:

Heinzle, Joachim: Vom hohen zum späten Mittelalter. Teil 2: Wandlungen und Neuansätze im 13.Jahrhundert (1220/30–1280/90). Königstein 1984 (Geschichte der deutschen Literatur von den Anfängen bis zum Beginn der Neuzeit. Hrsg. von J.H. Bd. 2).

Lea, Henry Charles: Geschichte der Inquisition im Mittelalter. Übersetzung in 3 Bden.

Bd. 2: Die Inquisition der verschiedenen christlichen Länder (1909). Neudruck Aalen 1980.

Ruh, Kurt: Beginenmystik. Hadewijch, Mechthild von Magdeburg, Marguerite Porete. In: Zeitschrift für deutsches Altertum und deutsche Literatur 106 (1977), S. 265–277.

–: Gottesliebe bei Hadewijch, Mechthild von Magdeburg und Marguerite Porete. In: Romanische Literaturbeziehungen im 19. und 20. Jahrhundert. Festschrift für Franz Rauhut. Hrsg. von Angel San Miguel, Richard Schwaderer und Manfred Tietz. Tübingen 1985, S. 243–254.

Zu: Frauenmystik. Quellen:

Gertrud die Große: Revelationes Gertrudianae ac Mechtildianae. Bd. 1: Sanctae Gertrudis Magnae virginis ordinis sancti Benedicti Legatus divinae pietatis. Opus ad codicum fidem nunc primum integre editum Solesmensium O.S.B. monachorum cura et opera. Pictavii, Parisiis 1875.

Mechthild von Hackeborn: Revelationes Gertrudianae ac Mechtildianae. Bd. 2: Sanctae Mechtildis virginis ordinis sancti Benedicti Liber specialis gratiae, accedit sororis Mechtildis ejusdem ordinis Lux Divinitatis. Pictavii, Parisiis 1877, S. 1–421.

Literatur:

Bynum, Caroline W.: Women Mystics in the Thirteenth Century: The Case of the Nuns of Helfta. In: Dies.: Jesus as Mother. Studies in the Spirituality of the High Middle Ages. Berkeley, Los Angeles, London 1982, S. 170–262.

Haas, Alois Maria: Mechthild von Hackeborn. Eine Form zisterziensischer Frauenfrömmigkeit (1982). Wieder in: Ders.: Geistliches Mittelalter. Freiburg/Schweiz 1984, S. [373]–[391].

Zu: Nonnenbuch und Gnadenvita. Quellen:

Die Angaben zu den oft in abgelegenen Druckorten erschienenen Nonnenbüchern und Gnaden-Viten sind am besten zugänglich bei *Siegfried Ringler:* Viten- und Offenbarungsliteratur, S. 453–461. Bei den Gnaden-Viten sind einige bedeutende Texte noch nicht ediert: die Kirchberger *Irmgard-Vita,* die ,Offenbarungen' *Elsbeths von Oye,* deren Edition Peter Ochsenbein (St. Gallen) besorgt, und die ,Lebensberichte' *Christine Ebners,* deren Edition ich vorbereite.

Unterlinden:

Ancelet-Hustache, Jeanne: Les ,vitae sororum' d'Unterlinden. Édition critique du manuscrit 508 de la Bibliothèque de Colmar. In: Archives d'Histoire Doctrinaire et Littéraire du Moyen Age 56 (1930/31), S. 317–513.

Literatur:

Blank, Walter: Die Nonnenviten des 14. Jahrhunderts. Eine Studie zur hagiographischen Literatur des Mittelalters unter besonderer Berücksichtigung der Visionen und ihrer Lichtphänomene. Diss. Freiburg 1962.

–: Umsetzung der Mystik in den Frauenklöstern. In: Augustinermuseum Freiburg im Breisgau. Mystik am Oberrhein und in benachbarten Gebieten. Freiburg 1978, S. 25–36.

Haas, Alois M.: Traum und Traumvision in der Deutschen Mystik. In: Spätmittelalterliche geistliche Literatur in der Nationalsprache. Bd. 1. Salzburg 1983, S. 22–55.

Langer, Otto: Enteignete Existenz und mystische Erfahrung. Zu Meister Eckharts Auseinandersetzung mit der Frauenmystik seiner Zeit. In: Sô predigent eteliche. Beiträge zur deutschen und niederländischen Predigt im Mittelalter. Hrsg. von Kurt Otto Seidel. Göppingen 1982, S. 49–96.

–: Zur dominikanischen Frauenmystik im spätmittelalterlichen Deutschland. In: Frauenmystik im Mittelalter. Hrsg. von Peter Dinzelbacher und Dieter R. Bauer. Ostfildern 1985, S. 341–346.

Muschg, Walter: Die Mystik in der Schweiz. 1200–1500. Frauenfeld, Leipzig 1935.

Ringler, Siegfried: Viten- und Offenbarungsliteratur in Frauenklöstern des Mittelalters. Quellen und Studien. Zürich, München 1980.

Zu den beiden letzten Abschnitten. Quellen:

Strauch, Philipp: Margaretha Ebner und Heinrich von Nördlingen. Ein Beitrag zur Geschichte der Deutschen Mystik (1882). Nachdruck: Amsterdam 1966.

Literatur:

Peters, Ursula: Frauenmystik im 14. Jahrhundert. Die ,Offenbarungen‘ der Christine Ebner. In: Weiblichkeit oder Feminismus? Beiträge zur interdisziplinären Frauentagung Konstanz 1983. Hrsg. von Claudia Opitz. Weingarten 1984, S. 213–227.

Pfister, Oskar: Hysterie und Mystik bei Margaretha Ebner (1291–1351). In: Zentralblatt für Psychoanalyse 1 (1910), S. 468–485.

Ringler, Siegfried: Ebner, Christine. In: Die deutsche Literatur des Mittelalters. Verfasserlexikon. Hrsg. von Kurt Ruh u. a. Bd. 2. Berlin, New York 1980, Sp. 297–302.

–. Die Rezeption mittelalterlicher Frauenmystik als wissenschaftliches Problem, dargestellt am Werk der Christine Ebner. In: Frauenmystik im Mittelalter. Hrsg. von Peter Dinzelbacher und Dieter R. Bauer. Ostfildern 1985, S. 178–200.

Schneider, Roswitha O. P.: Die selige Margaretha Ebner. Dominikanerin des Klosters Maria Medingen. Mystikerin des 14. Jahrhunderts. St. Ottilien 1985.

Weitlauff, Manfred: Margareta Ebner (um 1291–20. Juni 1351). In: Bavaria Sancta. Zeugen christlichen Glaubens in Bayern. Hrsg. von Georg Schwaiger. Bd. 3. Regensburg 1973, S. 231–267.

Zoepf, Ludwig: Die Mystikerin Margaretha Ebner (c. 1291–1351) (1914). Neudruck: Hildesheim 1974.

Zweiter Teil
IV. Lateinischer Dialog und gelehrte Partnerschaft

[Agrippa von Nettesheim]: Henrici Cornelii Agrippae Declamatio de nobilitate & praecellentia Foeminei sexus. s.l. 1532. Exemplar: UB München. Sammlung Döllinger, Nr. 209.

Anzelewsky, Fedja: Albrecht Dürer. Das malerische Werk. Berlin 1971.

Bainton, Roland: Women of the Reformation in Germany and Italy. Minneapolis 1971.

Brinker-Gabler, Gisela (Hrsg.): Deutsche Dichterinnen vom 16. Jahrhundert bis zur Gegenwart. Gedichte und Lebensläufe. Frankfurt 1978.

Burckhardt, Jacob: Die Kultur der Renaissance in Italien. Ein Versuch. In der Textfassung der Erstausgabe. Köln 1956.

Butzbach, Johannes: De praeclaris mulieribus. Exemplar UB Bonn, Ms. Nr. 356.

Conradus Celtis Protucius: Quattuor Libri Amorum. Ed. F. Pindter. Lipsiae 1934.

–: Der Briefwechsel des Konrad Celtis. Gesammelt, hrsg. und erläutert von Hans Rupprich. München 1934 (zit. Celtis: Briefwechsel).

Emser, Hieronymus: Eyn deutsche Satyra. Hrsg. von R. T. Clark jr. Berlin 1956 (zit. Emser: Satyra).

Erasmus von Rotterdam: Colloquia familiaria. Vertraute Gespräche. Übersetzt, eingeleitet und mit Anmerkungen versehen von Werner Welzig. Ausgewählte Schriften. Band 6. Darmstadt 1967 (zit. Erasmus von Rotterdam: Colloquia familiaria).

Havemann, Elisabeth: Die Frau der Renaissance. Berlin 1927 (Quellenhefte zum Frauenleben in der Geschichte 10).

Hess, Ursula: Typen des Humanistenbriefs. In: Befund und Deutung. Zum Verhältnis von Empirie und Interpretation in Sprach- und Literaturwissenschaft. Hrsg. von Klaus Grubmüller, Ernst Hellgardt, Heinrich Jelissen u. Marga Reis. Tübingen 1979. S. 470–497.

–: Oratrix humilis. Die Frau als Briefpartnerin von Humanisten, am Beispiel der Caritas Pirckheimer. In: Der Brief im Zeitalter der Renaissance. Hrsg. von Franz Josef Worstbrock. Weinheim 1983, S. 173–203.

–: Erfundene Wahrheit. Autobiographie und literarische Rolle bei Conrad Celtis. In: Kontroversen, alte und neue. Akten des VII. Internationalen Germanisten-Kongresses Göttingen 1985. Bd. 7. Hrsg. von Klaus Grubmüller u. Günter Hess. Tübingen 1986. S. 136–147.

Holzberg, Niklas: Olympia Morata (1526–1555). In: Fränkische Lebensbilder. Bd. 10. Würzburg 1982, S. 141–156.

Hutten, Ulrich von: Schriften. Hrsg. von Eduard Böcking. Bd. 2: Briefe. Leipzig 1859 (zit. Hutten: Schriften).

Joachimsen, Paul: Gefälschter Ruhm. Margaretha Peutinger und ihre lateinische Dissertation (1903). In: P. J., Gesammelte Aufsätze. Beiträge zu Renaissance, Humanismus und Reformation; zur Historiographie und zum deutschen Staatsgedanken. Ausgewählt und eingeleitet von Notker Hammerstein. Bd. 2. Aalen 1983, S. 571–575.

Kist, Johannes: Das Klarissenkloster in Nürnberg bis zum Beginn des 16. Jahrhunderts. Nürnberg 1928.

–: Charitas Pirckheimer. Ein Frauenleben im Zeitalter des Humanismus und der Reformation. Bamberg 1948.

König, Erich: Peutingerstudien. Freiburg 1914.

Lehms, Georg Christian: Teutschlands Galante Poetinnen. Mit Ihren sinnreichen und netten Proben; Nebst einem Anhang Ausländischer Dames/ So sich gleichfalls durch Schöne Poesien Bey der curieusen Welt bekannt gemacht/ und einer Vorrede. Daß das Weibliche Geschlecht so geschickt zum Studiren/ als das Männliche. Franckfurt am Mayn/1745 (zit. Lehms: Teutschlands Poetinnen).

Loewenich, Walther von: Charitas Pirckheimer. In: Jahrbuch für Fränkische Landesforschung 31 (1971) S. 35–51.

Marx, Barbara: Zwischen Frauenideal und Autorenstatus. Zur Präsentation der Frauenliteratur in der Renaissance. In: Frauen-Literatur-Geschichte. Schreibende Frauen vom Mittelalter bis zur Gegenwart. Hrsg. von Hiltrud Gnüg u. Renate Möhrmann. Stuttgart 1985, S. 35–57.

Mehlhorn, Paul: Die Frauen unserer Reformatoren. Tübingen 1917.

[Morata, Olympia]: Olympiae Fulviae Moratae foeminae doctissimae ac plane divinae Orationes, Dialogi, Epistolae, Carmina, tam Latina quam Graeca: cum eruditorum de ea testimonijs & laudibus (...) Basileae apud Petrum Pernam 1562 (zit. Olympia Morata: Opera).

Neumüller-Klauser, Renate (Hrsg.): Die Inschriften der Stadt und des Landkreises Heidelberg. Gesammelt und bearbeitet von R. N.-K. Stuttgart 1970.

[Peutinger, Conrad]: Conrad Peutingers Briefwechsel. Gesammelt, hrsg. und erläutert von Erich König. München 1923 (zit. Peutinger: Briefwechsel).

–: Historia vitae atque meritorum Conradi Peutingeri [...]. Post Io. Ge. Lotterum [...] edidit Franc. Ant. Veith. Augustae Vindelicorum 1783 (zit. Lotter-Veith).

[Peutinger, Margarete]: Margaritae Velseriae Conradí Peutingeri coniugis ad Christophorum fratrem epistola multa rerum antiquarum cognitione insignis. Quam primus typis

exscribendam curavit Hieronymus Andreas Mertens. Augustae Vindelicorum 1778 (zit. Mertens: Epistola).

Pfanner, Josef: Caritas Pirckheimer. In: Fränkische Lebensbilder. Bd. 2. Hrsg. von Gerhard Pfeiffer. Würzburg 1968, S. 193-216.

Pfeiffer, Rudolf: Conrad Peutinger und die humanistische Welt. In: Ders., Ausgewählte Schriften. Aufsätze und Vorträge zur griechischen Dichtung und zum Humanismus. Hrsg. von Winfried Bühler. München 1960, S. 222-234.

[Pirckheimer, Caritas]: Briefe von, an und über Caritas Pirckheimer (aus den Jahren 1498-1530). Textkritisch hrsg. von Josef Pfanner. Landshut 1966 (zit. C. Pirckheimer: Briefe).

–: Die „Denkwürdigkeiten" der Caritas Pirckheimer (aus den Jahren 1524-1528). Textkritisch hrsg. von Josef Pfanner. Landshut 1962.

–: Caritas Pirckheimer 1467-1532. (Ausstellungs-Katalog) München 1982.

Pirckheimer, Willibald: Opera politica, historica, philologica et epistolica. Hrsg. von Melchior Goldast. Nachdruck der Ausgabe Frankfurt 1610. Hildesheim, New York 1969 (zit. Pirckheimer: Opera).

–: Willibald Pirckheimers Briefwechsel. Bd. 1. Gesammelt, hrsg. und erläutert von Emil Reicke. München 1940 (zit. W. Pirckheimer: Briefwechsel)

Reimann, Arnold: Die aelteren Pirckheimer. Geschichte eines Nürnberger Patriziergeschlechtes im Zeitalter des Frühhumanismus. Aus dem Nachlaß hrsg. von Hans Rupprich. Leipzig 1944.

Sachs, Hannelore: Die Frau in der Renaissance. Leipzig 1971.

Silbernagl, Isidor: Johannes Trithemius. Eine Monographie. Landshut 1868. 2. Aufl. Regensburg 1885.

[Tucher, Sixtus]: Viertzig sendbriefe aus dem Latein/ in das Teusch gezogen/ durch etlich gelert/ gotsforchtig vnd gaistlich personen/ zueinander geschriben/ vnd mit vil hailsamen Christenlichen leren vermengt (...). Nürnberg, Friedrich Peypus 1515. Exemplar: UB München Theol. 2115.

Vorländer, Dorothea: Olympia Fulvia Morata – eine evangelische Humanistin in Schweinfurt. In: Zeitschrift für bayerische Kirchengeschichte 39 (1970) S. 95-113.

Weiß-Stählin, Gertrud: Olympia Fulvia Morata und Schweinfurt. In: Zeitschrift für bayerische Kirchengeschichte 30 (1961) S. 175-183.

Welt im Umbruch. Augsburg zwischen Renaissance und Barock. (Ausstellungskatalog), 3 Bde. Augsburg 1980.

V.1. Frauen in den Glaubenskämpfen

Bainton, Roland: Women of the Reformation in Germany and Italy. Minneapolis 1971.

Becker-Cantarino, Barbara: Die Stockholmer Liederhandschrift der Anna Ovena Hoyers. In: Barocker Lustspiegel. FS. für Blake Lee Spahr. Hrsg. von M. Bircher. Amsterdam 1984, S. 329-344.

–: Die schriftstellerische Tätigkeit der Elisabeth von Braunschweig-Lüneburg (1510-1558). In: Virtus et Fortuna. FS. für Hans-Gert Roloff. Bern 1983, S. 237-258.

–: Der lange Weg zur Mündigkeit: Frau und Literatur in Deutschland 1500-1800. Stuttgart 1987.

Brennecke, Adolf: Vor- und nachreformatorische Klosterherrschaft und die Geschichte der Kirchenreformation im Fürstentum Calenberg-Göttingen. 2 Bde. Hannover 1928.

Elisabeth von Braunschweig-Lüneburg: Ein christlicher Sendbrief... om alle jrer (...) Vndertanen geschrieben (...) Hannover 1545.

−: Der Widwen Handbüchlein Durch eine Hocherleuchte Fürstliche Widwe... selbst beschrieben und verfasset. 1556.

−: Unterricht für Herzog Erich den Jüngeren 1545. Abdruck in: Paul Tschackert: Herzogin Elisabeth von Münden (gest. 1558) S. 22–44 (Beilage).

−: Mütterlicher Unterricht für Anna Maria, Herzogin von Preußen, 1550. Abdruck in: Paul Tschackert: Herzogin Elisabeth von Münden (gest. 1558) ..., S. 44–55 (Beilage).

−: Lieder der Herzogin Elisabeth von Braunschweig-Lüneburg. Hrsg. von v. d. Goltz. In: Zeitschrift für Niedersächsische Kirchengeschichte, 19 (1914), S. 147–208.

−: Elisabeth von Braunschweig-Lüneburg und Albrecht von Preussen. Ein Fürstenbriefwechsel der Reformationszeit. Hrsg. von Ingeborg Mengel. Göttingen 1954.

Erichson, A.: Matthäus Zell, der erste elsässische Reformator und evangelische Pfarrer in Straßburg. Straßburg 1878.

Franz, Iwan: Elisabeth von Calenberg-Göttingen als Liederdichterin. Ein Beitrag zur Charakteristik der Fürstin. In: Zeitschrift des historischen Vereins für Niedersachsen, Hannover 1872.

Grumbach, Argula von: Wie ain Christliche Fraw... die Hohenschül zu Ingolstadt (...) straffet. Augsburg: Ulhart, 1523.

−: Ain Christenliche schrifft ainer Erbarn frawen, vom Adel darinn sy alle Christenliche stendt vnd obrikayten ermant... Augsburg: Ulhart, 1523.

−: Eyn Antwort in gedicht weiß ainem auß d'hohen Schul zu Ingolstat (...) 1524.

Heinsius, Maria: Das unüberwindliche Wort. Frauen in der Reformationszeit. München 1951.

Hoyers, Anna Ovena: Geistliche und Weltliche Poemata. 1650. Hrsg. von Barbara Becker-Cantarino. Tübingen 1986.

Klaustermeyer, William: The Role of Matthew and Catherine Zell in the Strassburg Reformation. Diss. Stanford University 1965.

Kolde, Theodor: Arsacius Seehofer und Argula von Grumbach. In: Beiträge zur bayerischen Kirchengeschichte, 11 (1905), S. 49–77, S. 97–124, S. 148–188.

Lipowski, Felix: Argula von Grumbach. München 1801.

Luther, Martin: Werke. Bd. 6: Briefwechsel. (Weimarer Ausgabe).

Schöndorf, Kurt Erich: Argula von Grumbach, eine Verfasserin von Flugschriften in der Reformationszeit. In: Frauen und Frauenbilder. Dokumentiert durch 2000 Jahre. Osloer Beiträge zur Germanistik, 8. Oslo 1983.

Stupperich, Robert: Die Frau in der Publizistik der Reformation. Archiv für Kulturgeschichte, 37 (1955) S. 204–233.

Tschackert, Paul: Herzogin Elisabeth von München (gest. 1558), geborene Markgräfin von Brandenburg, die erste Schriftstellerin aus dem Hause Brandenburg und aus dem braunschweigischen Hause, ihr Lebensgang und ihre Werke. In: Hohenzollern-Jahrbuch. Forschungen und Abbildungen zur Geschichte der Hohenzollern in Brandenburg-Preußen. Hrsg. von Paul Seidel. 3. Jg. Berlin, Leipzig 1899, S. 49–65.

Wiesner, Merry: Working Women in Renaissance Germany. Rutgers Univ. Press 1986.

Winckelmann, Otto: Das Fürsorgewesen der Stadt Straßburg vor und nach der Reformation bis zum Ausgang des 16. Jahrhunderts. In: Quellen und Forschungen zur Reformationsgeschichte 5., Leipzig 1922.

Zell, Katharina: Ein Brief an die ganze Bürgerschaft der Stadt Straßburg betreffend Herrn Ludwig Rabus. (1557) In: J. C. Füsslin, Beyträge zur Erläuterung der Kirchen-Reformationsgeschichte des Schweitzerlandes 1753. Bd. 5.

−: Klagrede und Ermahnung Katharina Zellin zum Volk bei dem Grab M. Matheus Zellen. In: Beiträge zur Kirchengeschichte des Elsasses 7 (1887) S. 49–79; S. 113–121.

−: Den Psalmen Misere/ mit dem Khünig David bedacht/ gebettet/ und paraphrasiert (...) 1558.

Zimmerli-Witschi, Alice: Frauen in der Reformationszeit. Diss. Zürich 1981.

V.2. Biblische Weisheiten

Magdalena Heymair: Werke

I. Die Episteln

1566: Die Sontegliche// Epistel/ vber das gan=// tze Jahr in gesangweis gestelt./// durch Magdalenam Hey// mairin/ Teütsche Schul-// maisterin zue Chamb.// Mit einer Vorrede Magis-// tri Bilibaldi Ramsbecken// Stadt predigers zu Chamb.// 1566. [2 Handschriften: Univ. Bibl. Heidelberg, Sign. Palm germ 421+426] (Traeger Anhang, 5) (Goedeke 2, 170) (Wilken, 471–473) (Mayr, 134 gibt 1561)

1568: Die Sonteglichen Episteln... Nürnberg bey Heinrich Knorren, 1568. 8. [München, Sign. Res. Liturg. 573 b, Es fehlen A 1–6.] (Traeger Anhang, 5) (Lehms, 74) (Winkler, 183)

1569: Die Sonteglichen Episteln... Nürnberg/ 1569. 8. [Göttingen: 80 Poet. Germ II, 2973] (Traeger Anhang, 5) (Goedeke 2, 170) (Cless 2, 87) (Lehms, 74)

1578: Die Sonteg// lichen Episteln/ vber// das gantze Jar/ in gesang// weyß gestellt/ erstlich/ Anno 1568.// Durch die Gotselige vnd Christliche Matron vnd// Frawen/// Magdalenam Heymairin/ damal zu// Chamb/// jetzt aber zu Regensburg Teütsche Schul=// maisterin/ Nun aber durch einen guthertzigen Chris=// ten/ heyliger Schrifft/ vnd der lieblichen Muzice// vnd singkunst erfarnen vnd liebhaber/ Got vnd al// len Christen zu ehren/ sonderlich der lieben Jugend/// von newem vbersehen/ corrigiert/ gebessert/ geendert//mit etlichen Geistlichen Melodeyen/ vnd gemehret// mit den Episteln und Lectionibus/ fast auff alle Fest// deß gantzen Jars/ vnd etlich wenig an gleg=// enen orten/ hie zu dienlichen/ einge=// hengten Historien vnnd Texten.// mit einer Vorred Magistri// Wilibaldi Rambßbeck Statt=// predigers zu Chamb.// Die Melodey bey einem jeden// Gesang angezeigt.// Gedruckt zu Laugingen/ durch Leonhart Reinmichel, 1578. [Augsburg: Sign. Th Lt Sunderreuter.] (Traeger Anhang, 5) (Goedeke 2, 170) (Winkler, 183) (Wackernagel, 956) (Mayr, 134)

II. Jesu Syrach

1571: Das Büchlein Jesu Syrach in Gesange verfasset vnd der lieben Jugendt zu gutem in Truck gegeben durch Magdalena Heymairin, Teutsche Schulmeisterin zu Regenspurg. Mit einer schönen Vorred... Gedruckt zu Regenspurg/ Durch Hans Burger/ 1571. (Traeger Anhang, 5) (Lehms, 74)

1572: Identische Ausgabe. [Harvard: 686 Sch. 8 T822kl 1571.] [Berlin Staatsbibl: Eh 2796] (NUC 55, 283) (Goedeke 2, 170) (Wackernagel, 928)

1573: Identische Ausgabe? (Winkler, 183)

1574: Identische Ausgabe. (Traeger Anhang, 5)

1578: Das Büchlein// Jesus Syrach// inn Gesange verfasset/// und der lieben Jugend zu gutem// in Truck gegeben/ Durch Mag=// dalena Heymairin/ Teutsch// Schulmeisterin zu Re=// genspurg// 1578.// [Wolfenbüttel: 1222. 18 Th (3)]

1578: Das Büch=// lein Jesu Syrachs in// Gesangweiß verfast durch// die Christliche und Gotselige Frawen// Magdalenam Heymairin/ Teutsche Schulmaisterin// zu Regenspurg/ Mit Weltlichen vnnd Gaistlichen// Kirchen und andern Melodeyen/ unnd erstlich vor// fünff Jaren der lieben Jugend zu gutem inn truck// gegeben: jetzt aber von newem Corrigiert/ gebessert/// vbersehen/ etwas wenigs geendert vnd gemeh=// ret vnd vast in lauter Gaistliche Melo=// deyen der Kirchen Psalmen/ Lob=// gesäng vnd geistliche Lie=/ / der verfasset.// Durch// Gregorium Sunderreütter. Pre=// diger deß hailigen Euangelii Jesu Chri=//sti/ zu Augspurg bey// S. Geörgen.// 1578. [Augsburg, Sign. Th Lt E Sunderreuter] (Traeger Anhang, 5) (Mayr, 134)

1586: Das Büchlein Jesu Syrachs... jetzt vbersehen, und etwas wenigs geendert vnnd gemehret... Durch Georgium Sunderreuter, Prediger zu Augspurg bey S. Geörgen. Augspurg, 1586. (Traeger Anhang, 5) (Goedcke 2, 170) (Winkler, 183)
1609: Das Büchlein Jesu Syrachs... Nürnberg 1609. (Traeger Anhang, 5)

III. Die Apostelgeschichte

1573: Die Apostel Geschicht// Nach der Historien// Gesangs weiß gestelt// Durch Magtalena/ /Heymairin,diser//ZeyttTeutsche//Schuelhalterin//zuRegenspurg//1573.[2Handschriften Univ. Bibl. Heidelberg, Sign. Palm. germ 381+413] (Traeger Anhang, 5) (Goedeke 2, 170) (Wilken, 456+470) (Mayr, 134)
1586: Das Buch der// Apostolischen Geschichten// gesangweiß gestelt von der Gött=// seligen Ehren und Tugentreichen Ma=// tronen/ Magdalena Heymairin/// und durch// Gregorium Sunderreütter Hy=// dropyrgium... corrigieret/ gemehret/ unnd im Truck// verfertiget// Getruckt zu Straßburg durch Antonium Bertram/ 1586. [Wolfenbüttel, 2 Ex.: 1041.6 Theol (1) und 784 Th. (2)] (Traeger Anhang, 5) (Goedecke 2, 170) (Cless 2, 87)

IV. Das Buch Tobiae

1580: Das Buch Tobiae samt etlichen vnd 50 geistlichen Liedern vnd Kindergesprächen, wozu noch viele Weynacht=Oster=vnd Pfingstgesänge zu rechnen... 1580. (Traeger Anhang, 5)
1586: Das Buch Tobiae/// Jnn Christli=// che Reimen/ Vnnd Gesang=// weiße gefast und gestellet/ GOTt/// dem lieben Ehestand/ allen from=// men Christliebenden Eheleuten// und Jungfrewlichen Kinderschu=//len/ zu ehren/ erinnerung//vnd Trost// Durch// Frauen Magdalenen Hey=// mairin/ Jetz aber durch einen gut// Hertzigen Christen gebessert vnnd// gemehret/ vnd von newem mit an=// deren ein verleibten Gesäng=// len in Truck verfer=// tiget.// Anno, 1586.... Volget das Büch// lein Ruth/ auch Gesangs=// weiß als ein zugab/ Durch ob// gemelten Auctorem vnd correctorem.// M.D. LXXXVI. München Staatsbibliothek (Traeger Anhang, 5) (Goedeke 2, 170) (Wackernagel, 994) (Lehms, 74) (Mayr, 135)

Literatur:

Agricola, Johann: Hundert unde dörtig gemene Frage vor de Jungen Kinder in der düdeschen Megede Schole tho Isleve. Wittenberch: Johann Wytt, 1528.
Anna Maria von Preußen: Fürstenspiegel... Hrsg. von Alfred Nicolovius. Königsberg 1835.
Benigna von Solms-Laubach: Immer grünendes Kleeblatt mütterlicher Vermahnungen. Frankfurt a.M. 1717.
Brinker-Gabler, Gisela (Hrsg.): Deutsche Dichterinnen vom 16. Jahrhundert bis zur Gegenwart. Gedichte und Lebensläufe. Frankfurt a.M. 1978. 1986.
Brunner, J.: Geschichte der Stadt Cham. Cham 1919, S. 250f.
Cless, Johann: Univs seculi... Francofurti, Iohannis Savrii, 1602. Bd. 2: Catalogi librorum germanicorum alphabetici.
Culmann, Leonhart: Der Knaben und Maydlein so deutsch leren/ frag vnd antwort über die Epistel S. Paulus zu Tito. Nürnberg: Jobst Gutknecht, 1533.
Eberti, Johann Caspar: Eröffnetes Cabinet deß Gelehrten Frauenzimmers/ ... Franckfurt und Leipzig/ Bey Michael Rohrlachs sel. Wittib und Erben Anno 1706. S. 178.
Elisabeth von Braunschweig-Lüneburg: Unterrichtung und Ordnung so wir aus ganz mutterlicher wolmeinung und getreuem hertzen dem hochgebornen fürsten hern Erich... unserm freuntlichen, hertzlieben son... gestalt haben. Und: Ein freuntlicher und mütterlicher underricht... so wir aus gantz mutterlicher liebe... zu ihrem

angefangenen ehestande zu ehren und besten gestalt haben. Hrsg. von K. Tschackert. Berlin und Leipzig 1899.

Finauer, Peter Paul: Allgemeines Historisches Verzeichniss gelehrter Frauenzimmer. München, Johann Christoph Mayr, 1761, S. 114.

Fischer, Konrad: Geschichte des deutschen Volksschullehrerstandes. Hannover [1892].

Frawenlob, Johann: Die lobwürdige Gesellschaft der Gelehrten Weiber. 1633, S. 22.

Geyer, F. W.: Evangelische Gesangbücher, Liederdichter und Sänger in der Oberpfalz. Nürnberg 1937, S. 77 f.

Goedeke, Karl: Grundriß zur Geschichte der deutschen Dichtung aus den Quellen. Dresden 1886. II, S. 170.

Hollweck, Joh. Nep.: Geschichte des Volksschulwesens in der Oberpfalz. Regensburg 1895, S. 58

Hoyers, Anna: Gespräch eines Kindes mit seiner Mutter von dem Wege zur wahren Gottseligkeit (1628). In: Geistliche und Weltliche Poemata. Amsterdam: Elzevier, 1650.

Ickelsamer, Valentin: Ein Christlich Gesprech zweyer kinder. Marburg 1531.

Jhan, Johan: Jungfraw Schul=ordnung zu Torgaw... Gedruckt zu Leipzig/ Durch Jacobum Berwaldt, 1565.

Kandler, Johann: Schulzucht Von Christlichem Wandel und guten Sitten für die Knaben, Wie sie sich in ihrem Leben gegen Gott unnd sonst jederman, Gottselig und züchtig verhalten sollen.

Lehms, Georg Christian: Deutschlands Galante Poetinnen... Franckfurt am Mayn/ In Verlegung des Autoris, Und zu bekommen bey Anton Heinscheidt/ Buchdr. Anno 1715, S. 74.

Lukas, J.: Geschichte der Stadt und Pfarrei Cham. Landshut 1862, S. 239–241.

Mayr, Maximiliane: Magdalena Heymair. Eine Kirchenlied-Dichterin aus dem Jahrhundert der Reformation. In: Jahrbuch für Liturgik und Hymnologie 14 (1969), S. 134–140.

Mettenleitner, D.: Musikgeschichte der Oberpfalz. Amberg 1867, S. 134–139.

Musculus, Andreas: Jungfraw Schule Gestellet und geordnet/ auff die newlichste Auffgerichten Christlichen Schulen in gehaltener Visitation der Marck Brandenburgk... Gedruckt zu Franckfurdt an der Oder/ durch Johan Eichorn Anno 1573.

Opitz, Josua: Kinder Bibel/ Der kleine Catechismus D. Martini Lutheri/ mit schönen Sprüchlein/ Heiliger Schrifft erkleret/ gegründet und bekrefftiget/ Zugericht für die Kirche und Jugend zu Büdingen... Ursel 1583.

Porta, Conrad: Meidleinschul. Ein schön nutzlich Spiel, darinnen vormeldet, was für nutz aus den Schulen kome, vnd das gleichwol die Diener vnd Dienerinnen in denselbigen wenig Danck bey Gottlosen groben Leuten verdienen, entlich auch was jenen vnd den jren vber solcher undanckbarkeit pflege zu begegnen... 1573.

Reinhartsstöttner, K.: Forschungen zur Kultur- und Literaturgeschichte Bayerns. Bd. 2. 1894, S. 57.

Robinson, Therese A. L. (Pseud. Talvj): Deutschlands Schriftstellerinnen bis vor hundert Jahren. In: Historisches Taschenbuch. Leipzig 1861, S. 1–141, bes. S. 66 f.

Traeger, Lotte: Das Frauenschrifttum in Deutschland von 1500–1650. Diss. Prag 1943. S. 45–51 und Anhang S. 5–6.

Wackernagel, Philipp: Bibliographie zur Geschichte des deutschen Kirchenliedes im XVI. Jahrhundert. Frankfurt a. M. 1855. S. 413 Nr. 994, S. 373 Nr. 928, S. 395 Nr. 956.

Wallner, Bertha Antonia: Musikalische Denkmäler der Steinätzkunst des 16. und 17. Jahrhunderts. München 1912, S. 271.

Wetzel, Johann Caspar: Analectica Hymnica, das ist Merckwürdige nachlese der liederhistorie... Gotha: C. Mevius, 1751–56. St. 6, S. 63–65.

Wilken, Friedrich: Geschichte der Bildung, Beraubung, und Vernichtung der alten Heidelbergischen Büchersammlungen... Heidelberg: O. Oswald, 1817.

Winkler, Karl: Literaturgeschichte des oberpfälzisch-egerländischen Stammes. Kallmünz 1940. Bd. 1, S. 182–183.

VI.1. Für und wider die Frauengelehrsamkeit

Abensour, Léon: La Femme et le Féminisme avant la Révolution. Paris 1923.

d'Alverny, Marie-Thérèse: Comment les Théologiens et les Philosophes voient la Femme. In: La Femme dans les Civilisations des Xe–XIIIe Siècles. Hrsg. vom Centre d'Etudes Supérieures de Civilisation Médiévale. Poitiers 1977, S. 5–39.

Angenot, Marc: Les Champions des Femmes. Examen du discours sur la supériorité des femmes 1400–1800. Québec, Montréal 1977.

Ascoli, Georges: Essai sur les Idées féministes en France du 16e Siècle à la Révolution. In: Revue de Synthèse Historique 13 (1907) 3 Folgen.

Baumal, Francis: Le Féminisme au Temps de Molière. Paris 1923.

Becker-Cantarino, Barbara: Die Frau von der Reformation zur Romantik. Bonn 1980.

Blochmann, Elisabeth: Das Frauenzimmer und die Gelehrsamkeit. Heidelberg 1966.

Büff, Renate: Ruelle und Realität. Heidelberg 1979.

Gössmann, Elisabeth, (Hrsg.): Archiv für philosophie- und theologiegeschichtliche Frauenforschung. Bd. 1: Das Wohlgelahrte Frauenzimmer. München 1984. Bd. 2: Eva, Gottes Meisterwerk. München 1985. Bd. 3: Reprint von Johann Caspar Eberti: Eröffnetes Cabinet Deß Gelehrten Frauen=Zimmers, Frankfurt, Leipzig 1706. Mit einer Einleitung und Register. München 1985.

–: Das Menschenbild der Hildegard von Bingen und Elisabeth von Schönau vor dem Hintergrund der frühscholastischen Anthropologie. In: Frauenmystik im Mittelalter. Hrsg. von Peter Dinzelbacher, Dieter Bauer. Ostfildern 1985, S. 24–47.

–: Anthropologie und soziale Stellung der Frau nach Summen und Sentenzenkommentaren des 13. Jahrhunderts. Miscellanea Mediaevalia 12 (1979) S. 281–297.

–: Die Diskussion um Frau und Wissenschaft im 17./18. Jahrhundert. In: Studium Feminale. Hrsg. von der Arbeitsgemeinschaft Frauenforschung der Universität Bonn. Bonn 1986. S. 51–69.

Kelso, Ruth: Doctrine for the Lady of the Renaissance. Urbana 1956.

Crüsemann, Frank: . . . er aber soll dein Herr sein. Die Frau in der patriarchalischen Welt des Alten Testaments. In: Als Mann und Frau geschaffen. Hrsg. von Frank Crüsemann, Hartwig Thyen. Gelnhausen, Berlin. Stein 1975.

Lougee, Carolyn C.: Le Paradis des Femmes. Women, salons, and social stratification in 17th-century France. Princeton 1976.

MacLean, Ian: The Renaissance Notion of Woman. Cambridge 1980.

–: Woman Triumphant. Feminism in French literature 1610–1652. Oxford 1977.

McDowell Richardson, Lula: The Forerunners of Feminism in the French Literature of the Renaissance. Baltimore 1929.

O'Faolain, Julia, Martines, Lauro (Hrsg): Not in God's Image. New York 1973.

Reynier, Gustave: La Femme au XVIIe Siècle. Ses ennemies et ses défenseurs. Paris 1929.

Stricker, Käthe: Deutsche Frauenbildung vom 16. bis zur Mitte des 19. Jahrhunderts. Berlin 1927.

VI.2. „Dreyfache Verenderung"

Becker, Gabriele u. a.: Aus der Zeit der Verzweiflung. Zur Genese und Aktualität des Hexenbildes. Frankfurt 1977.

Beer, Wolf-Dietrich (Hrsg.): Kommentarband. Maria Sibylla Merian: Schmetterlinge, Käfer und andere Insekten. Leningrader Studienbuch. Leipzig 1976.

Cunitz, Maria: Urania propitia... Newe und langgewünschete/ leichte Astronomische Tabelln. Oels 1650.

Descartes, René: Discours de la méthode. Amsterdam 1637.

Eberti, Johann Caspar: Eröffnetes Cabinet deß gelehrten Frauen=Zimmers. Unveränd. Nachdr. d. Ausg. Frankfurt 1706. München 1986.

Gössmann, Elisabeth (Hrsg.): Das wohlgelahrte Frauenzimmer. München 1984.

– (Hrsg.): Eva – Gottes Meisterwerk. München 1985.

Guentherodt, Ingrid: Maria Cunitz und Maria Sibylla Merian: Pionierinnen der deutschen Wissenschaftssprache im 17. Jahrhundert. In: Zeitschrift für germanistische Linguistik 14 (1986) S. 23–49.

–: URANIA PROPITIA (1650) – in zweyerley Sprachen: lateinisch- und deutschsprachiges Compendium der Mathematikerin und Astronomin Maria Cunitz. In: Res Publica Litteraria. Wolfenbüttel 1987, S. 619–640.

Harms, Wolfgang: Programmatisches auf Titelblättern naturkundlicher Werke der Barockzeit. In: Frühmittelalterl. Studien 12 (1978) S. 326–355.

Heidelberger, Michael und Sigrun Thiessen: Natur und Erfahrung. Von der mittelalterlichen zur neuzeitlichen Naturwissenschaft. Reinbek 1981.

Kepler, Johannes: Tabulae Rudolphinae. Ulm 1627.

Köppel, Anna-Pia: Eröffnetes Cabinet deß gelehrten Frauen=Zimmers. In: Feministische Studien 4 (1985) S. 107–129.

Krafft, Fritz: Die Keplerschen Gesetze im Urteil des 17. Jahrhunderts. In: Kepler Symposion. Bericht. Linz 1982, S. 75–98.

Kuhn, Thomas S.: Die Struktur wissenschaftlicher Revolutionen. Frankfurt 1976.

Longomontanus, Christian: Astronomia Danica. Amsterdam 1622.

Maurer, Margarete: Die Verdrängung von Frauen aus Naturwissenschaft und Technik. In: Anne Schlüter und Annette Kuhn (Hrsg.): Lila Schwarzbuch. Düsseldorf 1986, S. 234–256.

Merchant, Carolyn: The Death of Nature. Women, Ecology and the Scientific Revolution. San Francisco 1983. [deutsch: Der Tod der Natur. München 1987]

Merian, Maria Sibylla: Der Raupen wunderbare Verwandelung und sonderbare Blumen=nahrung. Nürnberg und Frankfurt: Graff, 1679, 1683 (2 Bde) Holl. und latein. Ausgabe mit Bd. 3 Amsterdam 1717.

–: Metamorphosis Insectorum Surinamensium. Amsterdam: Valck, 1705. Faksimile mit einem Kommentarband, hrsg. von Elisabeth Rücker und William T. Stearn. London 1982.

Merian, Matthäus (Hrsg.): Historiae naturalis de Insectis libri, de Serpentibus et Draconibus libri. Frankfurt 1653.

Neue Deutsche Biographie. Berlin 1953 ff.

Pfister-Burkhalter, Margarete: Maria Sibylla Merian. Basel 1980.

Pörksen, Uwe: Deutsche Sprachgeschichte und die Entwicklung der Naturwissenschaften. In: Besch, Werner u. a. (Hrsg.): Sprachgeschichte. Berlin 1984, S. 85–101.

Polenz, Peter von: Geschichte der deutschen Sprache. Berlin 1978.

Rosenhof, August Johann Rösel von: Insecten-Belustigung. Hrsg. von Wolfgang Dierl. 2. Aufl. Dortmund 1979 (die erste Aufl. erschien zwischen 1746 und 1761).

Rücker, Elisabeth: Maria Sibylla Merian. In: Fränkische Lebensbilder. Würzburg 1967, S. 221–254.

–: Maria Sibylla Merian als Wissenschaftlerin und Verlegerin. In: Aus dem Antiquariat 4.1985, A 121–160 (Beilage zum Börsenblatt für den Deutschen Buchhandel, Frankfurter Ausgabe, Nr. 34, vom 30.4.1985).

Schmidt-Biggemann, Wilhelm: Topica Universalis. Eine Modellgeschichte humanistischer und barocker Wissenschaft. Hamburg 1983.

Solbrig, Ingeborg H.: Patiencya ist ein gut kreutlein: Maria Sibylla Merian. In: Barbara

Becker-Cantarino (Hrsg.): Die Frau von der Reformation zur Romantik. 2. Aufl. Bonn 1985, S. 58–85.

Teichmann, Jürgen: Wandel des Weltbildes. Darmstadt 1983.

Woods, Jean und Maria Fürstenwald: Schriftstellerinnen, Künstlerinnen und gelehrte Frauen des deutschen Barock. Stuttgart 1984.

VII.1. Studierstube, Dichterklub

Acta der Secte der Labadisten und die Streitigkeiten die hieraus zwischen der Stadt und der Äbtissin Elisabeth von der Pfalz entstanden betreffen. Stadtarchiv Herford.

Anton Ulrich Herzog von Braunschweig-Lüneburg: Die deuchleuchtige Syrerinn Aramena. Theil 1–5. Faksimiledruck der Ausgaben 1669–1673. Hrsg. von Blake Lee Spahr. Frankfurt 1975–1983.

August, Herzog zu Braunschweig und Lüneburg: Sammler – Fürst – Gelehrter: Herzog August zu Braunschweig und Lüneburg 1579–1666. Ausstellungskatalog der Herzog August Bibliothek. Braunschweig 1979 [zit. „Sammler Fürst"].

Arnold, Gottfried: Unparteyische Kirchen- und Ketzer-Historie von Anfang des Neuen Testaments biss auff das Jahr Christi 1688. Bd. 2 Frankfurt 1699.

Berns, Jörg Jochen: Trionfo-Theater am Hof von Braunschweig-Wolfenbüttel. In: Daphnis 10 (1981) 4, S. 663–709.

Birch, Una (Pope-Hennesey): Anna van Schurman, Artist, Scholar, Saint. London 1909.

Birken, Sigmund von: Fürtrefflichkeit des lieblöblichen Frauenzimmers: bey Beglückwünschung der Hochzeitlichen EhrenFreude des Ehr- und Preißwürdigen PegnitzSchäfers DORUS und der Tugend- und Kunst-be-Ehrten Pegnitz-Schäferin DORILIS/in einem FrülingsGespräche vorgestellet von der Pegnitz-Gesellschaft. o. O. 1669 (Germanisches Nationalmuseum Nürnberg).

–: Tagebücher. Bearbeitet von Jochim Kröll. Teil 1: Würzburg 1971, Teil 2: Würzburg 1974.

Bovenschen, Silvia: Die imaginierte Weiblichkeit. Frankfurt 1979.

Brinker-Gabler, Gisela: Deutsche Dichterinnen vom 16. Jahrhundert bis zur Gegenwart. Gedichte und Lebensläufe. Frankfurt 1978.

Daetrius, Brandanus: Leichenpredigt für Sophie Elisabeth. Königes Davids Hertzens Lust... usw. Wolfenbüttel 1677. In: Stolberg-Stolberg'sche Leichenpredigten Sammlung, Nr. 6921. HAB Wolfenbüttel.

Douma, Anna Margaretha: Anna Maria van Schurmann en de Studie der Vrouw. Amsterdam 1924.

Frank, Horst-Joachim: Catharina Regina von Greiffenberg. Welt und Leben der barocken Dichterin. Göttingen 1967.

Garber, Klaus: Arkadien und Gesellschaft. Skizze zur Sozialgeschichte der Schäferdichtung als utopischer Literaturform Europas. In: Utopieforschung. Bd. 2. Hrsg. von Wilhelm Voßkamp. Stuttgart 1982, S. 37–81.

–: Sigmund von Birken. Städtischer Ordenspräsident und höfischer Dichter. In: Sprachgesellschaften, Sozietäten, Dichtergruppen. Wolfenbütteler Arbeiten zur Barockforschung. Bd. 7. Hamburg 1978, S. 223–254.

Goebel, Max: Geschichte des christlichen Lebens in der rheinisch-westphälischen evangelischen Kirche. Coblenz 1852.

Gottsched, Johann Christoph: Die vernünftigen Tadlerinnen, 2 (1726) Leipzig 1727.

Greiffenberg, Catharina Regina von: Sämtliche Werke. Hrsg. von Martin Bircher und Friedhelm Kemp. Bd. 2. Millwood, NY 1983, S. 329–348.

Hanstein, Adalbert von: Die Frauen in der Geschichte des deutschen Geisteslebens des 18. und 19. Jahrhunderts. Bd. 1/2. Leipzig 1899.

Harsdörffer, Georg Philipp: Frauenzimmer Gesprächsspiele. Bd. 1–6 (1644–1649) Hrsg. von Irmgard Böttcher. Deutsche Neudrucke, Reihe Barock, 15. Tübingen 1968–1969.

–: Siegmund von Birken, Johannes Klaj: Pegnesisches Schäfergedicht (1644–45). Hrsg. von Klaus Garber. Deutsche Neudrucke, Reihe Barock. 8. Tübingen 1966.

Heppe, Heinrich: Geschichte des Pietismus und der Mystik in der reformierten Kirche, namentlich der Niederlande. Leiden 1879.

Herdegen, Johannes: Historische Nachricht von deß löblichen Hirten= und Blumen=Ordens an der Pegnitz Anfang und Fortgang. München 1744.

Herder, Johann Gottfried: 48. Brief. In: Sämtliche Werke. Hrsg. von Bernhard Suphan. Bd. 11. Berlin 1879, S. 86–88.

Hirsch, Arnold: Die Polemik gegen die höfischen Tugenden in Stockfleths Macarie. In: ders.: Bürgertum und Barock im deutschen Roman. Frankfurt 1934, S. 161–175.

Irwin, Joyce L.: Anna Maria van Schurman. The Star of Utrecht. In: Female Scholars. Hrsg. von J. R. Brink. Montreal 1980, S. 68–85.

Kindermann, Heinz: Das Theater der Barockzeit. Theatergeschichte Europas Bd. 3. Salzburg 1967.

Kröll, Joachim: Die Ehre des Gebirges und der hohen Wälder. Catharina Margaretha Dobenecker, geborene Schweser. In: Daphnis 7 (1978) 1–2, S. 287–340.

Mazingue, Etienne: Anton Ulrich, Duc de Braunschweig-Wolfenbüttel (1633–1714) un prince romancier au XVIIeme siecle. Bd. 1/2. Frankfurt 1978.

Meid, Volker: Absolutismus und Barockroman. In: Der deutsche Roman und seine historischen und politischen Bedingungen. Hrsg. von Wolfgang Paulsen. Bern, München 1977, S. 57–72.

–: Ungleichheit gleich Ordnung. Zur Macarie (1669–1673) von Heinrich Arnold und Maria Katharina Stockfleth. In: Schäferdichtung Hrsg. von Wilhelm Voßkamp. Hamburg 1977, S. 59–66.

Morkel, Gottfried. Deutsche Erbauungsliteratur. In: Jahrbuch für Internationale Germanistik 3 (1971), S. 30–41.

Meyer, Heinrich: Der deutsche Schäferroman des 17. Jahrhunderts. Dorpat 1928.

Mühlhaupt, Erwin: Anna Maria von Schurmann, eine Rheinländerin zwischen zwei Frauenleitbildern. In: Monatshefte für Evangelische Kirchengeschichte des Rheinlandes 19 (1970), S. 149–161.

Müller, Jörg Jochen: Fürstenerziehung im 17. Jahrhundert. Am Beispiel Herzog Anton Ulrichs von Braunschweig und Lüneburg. In: Stadt – Schule – Universität – Buchwesen und die deutsche Literatur des 17. Jahrhunderts. Hrsg. von Albrecht Schöne. München 1976, S. 243–260.

Niggl, Günter: Der Weg zur Selbstdarstellung im Wechselspiel der Gattungstypen. In: ders.: Geschichte der Autobiographie im 18. Jahrhundert. Stuttgart 1977, S. 6–26.

Otto, Karl F.: Die Frauen der Sprachgesellschaften. In: Europäische Hofkultur im 16. und 17. Jahrhundert. Bd. 3. Hamburg 1981, S. 497–503.

–: Soziologisches zu den Sprachgesellschaften. In: Sprachgesellschaften, Sozietäten, Dichtergruppen. Hamburg 1978, S. 151–161.

Pape, Rainer: Die Labadisten in Herford. In: Sancta Herfordia. Herford 1979, S. 224–227.

Ritschl, Albrecht: Geschichte des Pietismus in der reformierten Kirche Bd. 1–3 (1880). Neudruck Berlin 1966.

Roloff, Hans-Gert: Absolutismus und Hoftheater. Das ‚Freudenspiel' der Herzogin Sophie Elisabeth zu Braunschweig und Lüneburg. In: Daphnis 10 (1981) 4, S. 735–753.

–: Die höfischen Maskeraden der Sophie Elisabeth, Herzogin zu Braunschweig und Lüneburg. In: Europäische Hofkultur im 16. und 17. Jahrhundert. Bd. 3 Hamburg 1981, S. 489–496.

Schurmann, Anna Maria: Eucleria; seu melioris partis electio. Bd. 1 Altona 1673. Bd. 2 Amsterdam 1685. Deutsche Fassung: Eukleria oder die Erwählung des besten Theils. Bde. 1 und 2. Dessau 1783. Holländische Fassung: Eucleria, of uitkiczing van Het Beste Deel. Bde. 1 und 2. Amsterdam 1684. Faksimiledruck: Leeuwarden 1978.

Seibt, Ferdinand: Utopica, Modelle totaler Sozialplanung, Düsseldorf 1972.

[Sibylla Ursula]: Himmlisches Kleeblatt oder Betrachtungen Der Allerhöchstheiligen Drey Einigen Gottheit: Von einer nunmehr HochSeeligsten Hochfürstlichsten Person hinterlassen. Nürnberg 1674.

Solbrig, Ingeborg H.: Patiencya ist ein gut kreutlein: Maria Sibylla Merian (1647–1717), Naturforscherin, Malerin, Amerikareisende. In: Die Frau von der Reformation zur Romantik. Hrsg. von Barbara Becker-Cantarino. Bonn 1985, S. 58–85.

Sophie Elisabeth, Herzogin zu Braunschweig und Lüneburg: Dichtungen. Hrsg. von Hans-Gert Roloff. Bd. 1: Spiele. Frankfurt 1980.

Spahr, Blake Lee: Anton Ulrich and Aramena. The Genesis and Development of a Baroque Novel. Berkeley 1966.

–: The Archives of the Pegnesischer Blumenorden. A Survey and Reference Guide. Berkeley 1960.

–: Madeleine de Scudéry and Sibylla Ursula, Herzogin von Braunschweig-Lüneburg: The Correspondence of Two Femmes Savantes. In: Theatrum Europaeum. FS. für Elida Maria Szarota. München 1982, S. 343–362.

–: Sibylla Ursula and Her Books. The Library of Sibylla Ursula. In: ders.: Problems and Perspectives. Frankfurt 1981, S. 85–110.

Stockfleth, Heinrich Arnold: Die Kunst= und Tugend=gezierte Macarie. Der erste Theil. Nürnberg 1669. Faksimiledruck. Hrsg. und eingeleitet von Volker Meid. Bern 1978.

Stockfleth, Maria Katharina: Die Kunst- und Tugendgezierte Macarie. Der zweyte Theil. Nürnberg 1673. Faksimiledruck. Bern 1978.

Stolberg-Stolberg'sche Leichenpredigten Sammlung (HAB Wolfenbüttel)

Wallmann, Johannes: Labadismus und Pietismus. In: Pietismus und Reveil. Hrsg. von J. van den Berg und J. P van Dooren. Leiden 1978, S. 141–168.

–: Philipp Jakob Spener und die Anfänge des Pietismus. Tübingen 1970.

Wieland, Christoph Martin: Zum Bildnis der A. M. von Schurman. In: Der Teutsche Merkur. Weimar 1777, S. 84–88, 165–181.

Zeller, Rosmarie: Die Bewegung der Preziösen und die Frauenbildung im 17. Jahrhundert. In: Europäische Hofkultur im 16. und 17. Jahrhundert. Bd. 3 Hamburg 1981, S. 457–465.

VII.2. Ister-Clio, Teutsche Uranie

Bircher, Martin: Johann Wilhelm von Stubenberg (1619–1663) und sein Freundeskreis. Studien zur österreichischen Barockliteratur protestantischer Edelleute. Berlin 1968.

Birken, Sigmund von: Die Tagebücher des Sigmund von Birken. Hrsg. von Joachim Kröll. 2 Teile. Würzburg 1971 und 1974.

–: Sigmund von Birken dargestellt aus seinen Tagebüchern. In: Jahrbuch für fränkische Landesforschung 32 (1972) S. 111–150.

Black, Ingrid und Peter Maurice Daly: Gelegenheit und Geständnis. Unveröffentlichte Gelegenheitsgedichte als verschleierte Spiegel des Lebens und Wirkens der Catharina Regina von Greiffenberg. Bern 1971.

Bovenschen, Silvia: Die imaginierte Weiblichkeit. Exemplarische Untersuchungen zu kulturgeschichtlichen und literarischen Präsentationsformen des Weiblichen. Frankfurt 1979.

Brinker-Gabler, Gisela (Hrsg.): Deutsche Dichterinnen vom 16. Jh. bis zur Gegenwart. Frankfurt 1978.

Cerny, Heimo: Catharina Regina von Greiffenberg, geb. Freiherrin von Seisenegg (1633–1694). Herkunft, Leben und Werk der größten deutschen Barockdichterin. Amstetten 1983.

Daly, Peter Maurice: Dichtung und Emblematik bei Catharina Regina von Greiffenberg. Bonn 1976.

Frank, Horst-Joachim: Catharina Regina von Greiffenberg. Leben und Welt der barocken Dichterin. Göttingen 1967.

Greiffenberg, Catharina Regina: Sämtliche Werke in zehn Bänden. Hrsg. von Martin Bircher und Friedhelm Kemp. Millwood, N. Y. 1983.

Bd. 1   Geistliche Sonnette, Lieder und Gedichte; Nachwort und kritischer Anhang zu den Bänden 1–10; Orig. 1662.

Bd. 2   Sieges-Seule der Buße und Glaubens... mit des von Herrn von Bartas geteuschtem Glaubens-Triumf; Orig. 1675.

Bde. 3/4   Der Allerheiligsten Menschwerdung, Geburt und Jugend JEsu Christi Zwölf Andächtige Betrachtungen; Orig. 1678, ²1693.

Bde. 5/6   Des Allerheiligsten Lebens JEsu Christi Sechs Andächtige Betrachtungen; Orig. 1693.

Bde. 7/8   Des Allerheiligsten Lebens JEsu Christi Ubrige Sechs Betrachtungen; Orig. 1693.

Bde. 9/10   Des Allerheiligst- und Allerheilsamsten Leidens und Sterbens Jesu Christi, Zwölf andächtige Betrachtungen; Orig. 1672, ²1683.

Haas, Alois M.: Die Beurteilung der Vita contemplativa und activa in der Dominikanermystik des 14. Jahrhunderts. In: Arbeit und Muse. Hrsg. von Brian Vickers. Zürich 1985, S. 109–131.

Herzog, Urs: Literatur in Isolation und Einsamkeit. Catharina Regina von Greiffenberg und ihr literarischer Freundeskreis, Deutsche Vierteljahrsschrift für Literaturwissenschaft und Geistesgeschichte XLV (1971) S. 515–546.

Ingen, Ferdinand van: Poetik und ‚Deoglori‘. Auf die unverhinderliche Art der Edlen Dicht-Kunst von Catharina Regina von Greiffenberg. In: Gedichte und Interpretationen, Bd. 1: Renaissance und Barock, Hrsg. von Volker Meid, Stuttgart 1982, S. 319–330.

Kröll, Joachim: Bayreuther Barock und frühe Aufklärung. II. Teil: Die Briefe des Bayreuther Generalsuperintendenten Caspar von Lilien an den Nürnberger Dichter Sigmund von Birken. In: Archiv für Geschichte von Oberfranken 56 (1976) S. 121–234.

–: Catharina Regina von Greiffenberg (1633–1694). In: Fränkische Lebensbilder 10 (1982) S. 193–212.

–: Der Bayreuther Hof zwischen 1660–1670. Eine Bestandsaufnahme. In: Sprachgesellschaften, Sozietäten, Dichtergruppen. Vorträge und Berichte hrsg. von Martin Bircher und Ferdinand van Ingen. Hamburg 1978, S. 181–208 (= Wolfenbütteler Arbeiten zur Barockforschung, Bd. 7).

Liwerski, Ruth: Das Wörterwerk der Catharina Regina von Greiffenberg (zit. Das Wörterwerk II), Bern, Frankfurt a. M. 1978 (= Teil II, Bd. 1 und Bd. 2).

–: Ein Beitrag zur Sonett-Ästhetik des Barock. Das Sonett der Catharina Regina von Greiffenberg. In: Deutsche Vierteljahrsschrift für Literaturwissenschaft und Geistesgeschichte XLIX (1975) S. 215–264.

Möller, Hilke: Thränen-Samen und Steckdosenschnauze. Linguistische Beschreibung von Neubildungen Catharina Reginas von Greiffenberg und Wolfdietrich Schnurres. Diss. Zürich 1975.

Rusam, Hermann: Der Irrhain des Pegnesischen Blumenordens zu Nürnberg. Des löbli-

chen Hirten- und Blumen-Ordens an der Pegnitz Irr-Wald bei Kraftshof. Nürnberg
1983 (= Schriftenreihe „Altnürnberger Landschaft", Band XXXIII).
Scheitler, Irmgard: Das geistliche Lied im deutschen Barock. Berlin 1982.
Wehrli-Johns, Martina: Aktion und Kontemplation in der Mystik. Über Maria und
Martha. In: Lerne leiden. Leidensbewältigung in der Mystik. Hrsg. von Wolfgang
Böhme. Karlsruhe 1985. S. 9–20.

VIII. Herzensgespräche

Quellen:

Arnold, Gottfried: Unparteyische Kirchen- und Ketzer-Historie. Vom Anfang des Neuen
Testaments biß auf das Jahr Christi 1688. Frankfurt 1700. Darin folgende Biographien,
autobiographische Schriften bzw. Auszüge:
Buch I. XVII 21. 30–34: Anna Maria van Schurman.
Buch II. XVII 21. 679–692: Von denen Labadisten.
Buch III. X 14. 102–104: Anna Owena Hoyer; XVI 1–50. 150–172: Antoinette
Bourignon; XXI 6–13. 207–210: Anna Fleischer, aus Freyberg; XXII 15–23. 216–219:
Christina Poniatowisch aus Böhmen; XXII 26–27. 220–224: Benigna König aus
Joachimsthal; XXII 28–29. 224–226: Margaretha Heidewetter; XXII 31. 225–226:
Sophia Lotterin; XXIII 2,4. 226: Anna Maria von Braunschweig, zu Wasserleben;
XXIII 5–6. 226–227: Susanne Rügerin; XXIII 23. 232–233: Anna von Meden; XXIII
24–25. 233: Magd zu Königsberg; XXIII 26–27. 233–234: Magd zu Spremberg;
XXVII 259–284: Gesichte der Anna Vetterin.
Buch IV. XVII 737–760: Antoinette Bourignon; XIIX 1–17. 778–779: Liste verschiede-
ner Frauenpersonen; Additamenta: Frau Johanna Petersen.
Bourignon, Antoinette: Die Beruffung Gottes und die Weigerung der Menschen. Amster-
dam 1684.
Ebner, Christine: Büchlein von der Genaden Uberlast. Hrsg. von Karl Schröder. Tübingen
1871.
Ebner, Margaretha: Die Offenbarungen der Margaretha Ebner und der Adelheid Lang-
mann. In das Neuhochdeutsche übertragen von Josef Prestel. Weimar 1939.
Engelthal, Gerdrut von: Die Vita der Schwester Gertrut von Engelthal. In: Viten- und
Offenbarungsliteratur in Frauenklöstern des Mittelalters. Quellen und Studien von
Siegfried Ringler. Zürich 1980.
Göttliches Wunder-Buch: Darinnen auffgezeichnet und geschrieben stehen I. Himlische
Offenbarungen und Geschichte einer gottfürchtigen jungfrawen auss Böhmen (Christi-
na Ponitowssken)... II. Propheceyungen, Klagreden, und ernstliche Bussvermahnun-
gen eines frommen christlichen Mägdleins zu Cottbus in Niederlausitz (Margareta
Heidewetter) III. Christliche Sprüche, und schrifftmässige, geistreiche Reden einer
gottseliger Jungfrawen, im fürstlichen Frauenzimmer zu Stettin in Pommern (Benigna
König von Jacobus Fabricius verfaßt); o. O. 1629.
Klettenberg, Susanna Catharina von: Reliquien der Fräulein Susanna Catharina von
Klettenberg nebst Erläuterungen zu den Bekenntnissen einer schönen Seele. Hrsg. von
Johann Martin Lappenberg. Hamburg 1849.
Petersen, Johanna Eleonora, geb. von Merlau: Leben Frauen Joh. Eleonora Petersen,
gebohrnen von und zu Merlau, Herrn D. Joh. Wilh. Petersens Eheliebsten. Von ihr
selbst mit eigener Hand aufgesetzt und vieler erbaulichen Merkwürdigkeiten wegen zum
Druck übergeben, daher es als ein Zweyter Theil zu ihres Ehe-Herrn Lebens-Beschrei-
bung beygefüget werden kan. O. O. 1719.
Reitz, Johann Henrich: Historie der Wiedergebohrnen. Oder Exempel gottseliger so

bekannt- und benannt- als unbekannt- und unbenannter Christen Männlichen und Weiblichen Geschlechts in Allerley Ständen. Wie dieselben erst von GOTT erzogen und bekehret und nach vielen Kämpffen und Aengsten durch GOttes Geist und Wort zum Glauben und Ruh ihres Gewissens gebracht seynd. Itzstein ⁴1717. Darin sind folgende Biographien und autobiographische Schriften zu finden: I. Von J. B. S. 1–15; Von E. C. S. 43–47; Von A. J. S. 6–9; Von D. M. S. 47–52; Von N. N. S. 9–14; Von E. O. S. 55–60; Von H. W. S. 14–18; Von J. F. S. 75–76; Von M. N. S. 18–23; Von Ae. L. S. 85–89; Von L. P. S. 28–30; Von P. P. S. 100–101; Von H. A. S. 34–36; Von M. K. S. 107–121; Von P. St. S. 126–129. Und 18 weitere, die durch die Bekenntnisse nicht als Frauen identifiziert werden können. II. Johanna Ratcliff, eines Bürgers Frau. S. 90–98; Von Anna Skelton, einer edlen Frauen. S. 128–133; Von Elisabeth Wilkinson, einer edlen Frauen. S. 149–157; Von Margareta Corbet, einer edlen Frauen. S. 164–171; Von Elisabeth Moore, einer armen Frau. S. 171–180; Traum einer Weibs-Person und eines verstossenen frommen Predigers Tochter zu Ottweiler. S. 188–191. III. Von Johanna Drakin, einer vornehmen Dame. S. 14–27; Von Elisabeth Charlotta, Gräfin und Fräulein zu Sayn, Wittgenstein und Hohnstein. S. 43–50; M. J. Bauerin von Eiseneck, geb. v. H. S. 97–106; Von Elisabetha Kißnerin, einer Jungfer. S. 136–146. IV. Von Catharina Borns, einer Bürgers-Tochter aus Wesel. S. 58–69; Von Madame du Lignon, einer Predigers-Frau. S. 70–80; Von Frau Magdalena Henry, gebürtig von Metz. S. 110–120; Von einem 9-jährigen Töchterlein aus Dortmund. S. 218–221; Von Barbara Cordula von Lauter. Einer gebohrnen Adelichen Predigers-Frau. S. 231–242; Von Anna Gertrud von Dalwig, einer Adelichen Fräulein. S. 278–288. V. Von ... Margreta Henrichs, einer 91-jährigen alten Frau und Bürgerin zu Amsterdam. S. 252–276; Von Sibylla Eleonora Brummerin, einer adelichen Fräulein. S. 293–306.

Rieger, Georg Conrad: Die Würtembergische TABEA, Oder das Merkwürdige äussere und innere Leben und selige Sterben der Weyland Gottseligen Jungfrauen BEATA STURMIN. Stuttgart ²1732.

Rieger, Magdalene Sibylle: Frauen Magdalenen Sibyllen Riegerin gebohrner Weissenstein eigene Lebens-Lauf, auf Bittliches Ersuchen vertrauter Freunde von ihr selbst Poetisch entworffen. In: Rieger: Versuch einiger geistlicher und moralischer Gedichte. Frankfurt 1743, S. 161–198.

[S. R. G.:] Eines andächtigen Frauenzimmers S.R.G. Ihrem Jesu im Glauben dargebrachte LIEBESOPFER, d. i. Poetische Applicationes derer Sonn- und Fest-täglichen Evangelien zu Ihrer eigenen Erbauung und Vergnügung Ihrer Seelen abgefasset und Ohne Dero Wissen zum Druck beförder von N. N. Leipzig 1715.

Literatur:

Beyreuther, Erich: Geschichte des Pietismus. Stuttgart 1978.

Blackwell, Jeannine: ,Die Zunge, der Geistliche und das Weib'. Überlegungen zur strukturellen Bedeutung der Hexenbekenntnisse von 1500 bis 1700. In: Der Widerspenstigen Zähmung. Studien zur bezwungenen Weiblichkeit in der Literatur vom Mittelalter bis zur Gegenwart. Innsbruck 1986, S. 95–115.

– *and Susanne Zantop* (Hrsg.): Bitter Healing. German Women Writers from Pietism to Romanticism. In Vorb.

Critchfield, Richard: Prophetin, Führerin, Organisatorin. Zur Rolle der Frau im Pietismus. In: Die Frau von der Reformation zur Romantik. Hrsg. von Barbara Becker-Cantarino. Bonn 1980, S. 112–137.

Günther, Hans R. G.: Psychologie des deutschen Pietismus. Deutsche Vierteljahrsschrift 4 (1926) S. 144–176.

Kieckhefer, Richard: Unquiet Souls. Fourteenth Century Saints and Their Religious Milieu. Chicago 1984.

Marholz, Werner: Der deutsche Pietismus. Eine Auswahl von Zeugnissen. Berlin 1921.

Preger, Wilhelm: Geschichte der deutschen Mystik im Mittelalter. Nach Quellen untersucht und dargestellt. Leipzig 1881.

Ringler, Siegfried: Viten und Offenbarungsliteratur in Frauenklöstern des Mittelalters. Quellen und Studien. Zürich und München 1980.

Ritschl, Albrecht Benjamin: Geschichte des deutschen Pietismus. 3 Bde. Bonn 1881.

Sachsse, Eugen: Ursprung und Wesen des Pietismus. Wiesbaden 1884.

Scheitler, Irmgard: Geistliches Lied und persönliche Erbauung im 17. Jahrhundert. In: Frömmigkeit in der frühen Neuzeit. Studien zur religiösen Literatur des 17. Jahrhunderts in Deutschland. Hrsg. von Dieter Breuer. Amsterdam 1984.

Schmidt, Martin: Pietismus. Stuttgart 1972.

Schormann, Gerhard: Hexenprozesse in Nordwestdeutschland. Hildesheim 1977.

Stoeffler, F. Ernest: The Rise of Evangelical Pietism. Leiden 1965.

Wallmann, Johannes: Das Collegium Pietatis. In: Zur neueren Pietismusforschung. Hrsg. von Martin Greschat. Darmstadt 1977.

Wendland, Walter: Die pietistische Bekehrung. In: Zeitschrift für Kirchengeschichte 38 (1920), S. 193–238.

Wieser, Max: Der sentimentale Mensch. Gesehen aus der Welt holländischer und deutscher Mystiker im 18. Jahrhundert. Gotha und Stuttgart 1924.

Zantop, Susanne: Eignes Selbst und fremde Formen. Goethes ‚Bekenntnisse einer schönen Seele‘. Goethe Yearbook 3 (1986), S. 73–92.

–: A History of their Own? German Women Writers from the Middle ages to Early Modern Times. In: Jeannine Blackwell and Susanne Zantop (Hrsg.): Bitter Healing. In Vorb.

Dritter Teil
IX.1. Das Musenchor

Allgemeine Deutsche Biographie: 56 Bde. Leipzig 1875–1912 (Ndr. Berlin 1967–1971).

Becker-Cantarino, Barbara: (Sozial)Geschichte der Frau in Deutschland 1500–1800. In: Die Frau von der Reformation zur Romantik. Hrsg. von B. Becker-Cantarino. Bonn 1980, S. 243–281.

–: Leben als Text. Briefe als Ausdrucks- und Verständigungsmittel in der Briefkultur und Literatur des 18. Jahrhunderts. In: Frauen Literatur Geschichte. Hrsg. von Hiltrud Gnüg und Renate Möhrmann. Stuttgart 1985, S. 83–103.

–: Der lange Weg zur Mündigkeit. Frau und Literatur (1500–1800) Stuttgart 1987, S. 259–278. (Erschienen nach Fertigstellung des vorl. Beitrags)

Bibliotheque Germanique, ou Histoire litteraire de l'Allemagne. Amsterdam 1720–1741.

Bibliotheca Societatis Teutonicae Saeculi 16.–18. Katalog der Büchersammlung der Deutschen Gesellschaft in Leipzig. Hrsg. von Kroker. 2 Bde. Leipzig 1971.

Boor, Helmut de und Richard Newald: Geschichte der deutschen Literatur von den Anfängen bis zur Gegenwart. Bd. 5: Richard Newald, Die deutsche Literatur vom Späthumanismus zur Empfindsamkeit. München 1951.

Bovenschen, Silvia: Die imaginierte Weiblichkeit. Exemplarische Untersuchungen zu kulturgeschichtlichen und literarischen Präsentationsformen des Weiblichen. Frankfurt 1979.

Brinker-Gabler, Gisela: Deutsche Dichterinnen vom 16. Jahrhundert bis zur Gegenwart. Gedichte und Lebensläufe. Hrsg. von G. Brinker-Gabler. Frankfurt 1978.

–: Das weibliche Ich. Überlegungen zur Analyse von Werken weiblicher Autoren mit einem Beispiel aus dem 18. Jahrhundert: Sidonia Hedwig Zäunemann. In: Die Frau als

Heldin und Autorin. (X. Amherster Kolloquium, 1977) Hrsg. von W. Paulsen, Bern, München 1979, S. 55–65.

Brüggemann, Fritz: Gottscheds Lebens- und Kunstreform in den zwanziger und dreißiger Jahren. Gottsched, Breitinger, die Gottschedin, die Neuberin. Leipzig 1935, S. 5–16.

Bryan, George B. und Veronica C. Richel: The Plays of Luise Gottsched. A Footnote to German Dramatic History. In: Neuphilol. Mitteilungen 78 (1977), S. 193–201.

Buchwald, Reinhard: Frau Gottsched. In: Deutsche Rundschau 148 (1911), S. 434–440.

Cassel, Paulus: Erfurt und die Zäunemannin. Eine literarhistorische Skizze. Hannover 1857.

Critchfield, Richard: Beyond Luise Gottsched's „Die Pietisterey im Fischbein-Rocke oder die Doctormäßige Frau". In: Jahrb. f. Internat. Germanistik 17 (1985), H. 2, S. 112–120.

De Berdt, August Josef Julien: Sidonia Hedwig Zäunemann: Poet Laureate and Emancipated Woman 1714–1740. The Univ. of Tennessee, Ph. D. 1977.

Distel, Theodor: Zur Biographie der Dichterin Marianne von Ziegler. In: Archiv f. Literaturgeschichte 14 (1886), S. 103–105.

Einert, E.: Eine vergessene Dichterin. In: Ders., Aus den Papieren eines Rathauses. Beiträge zur deutschen Sittengeschichte. Arnstadt 1892, S. 183–196.

Feyl, Renate: Idylle mit Professor. Roman. Berlin (Verlag Neues Leben) 1986.

Finauer, Peter Paul: Allgemeines Historisches Verzeichniß gelehrter Frauenzimmer. München 1761.

Friederici, Hans: Das deutsche bürgerliche Lustspiel der Frühaufklärung (1736–1750) unter besonderer Berücksichtigung seiner Anschauungen von der Gesellschaft. Halle 1957.

Friedrichs, Elisabeth: Die deutschsprachigen Schriftstellerinnen des 18. und 19. Jahrhunderts. Ein Lexikon. Stuttgart 1981.

Gnüg, Hiltrud und Renate Möhrmann (Hrsg.): Frauen Literatur Geschichte. Schreibende Frauen vom Mittelalter bis zur Gegenwart. Stuttgart 1985.

Goedeke, Karl: Grundriß zur Geschichte der deutschen Dichtung. Bd. 3 (§ 196). Dresden ³1887 (Ndr. 1975), S. 317–331, 361 f.

Gottsched, Johann Christoph (Hrsg.): Die Deutsche Schaubühne. T. 1–6. Faksimiledruck nach der Ausg. von 1741–1745. Mit einem Nachwort von H. Steinmetz. Stuttgart 1972.

–: Versuch einer Critischen Dichtkunst. Faksimiledruck der 4. Aufl. 1751. Darmstadt ⁵1962.

Gottsched, Luise Adelgunde Victorie: Die Lustspiele der Gottschedin. Hrsg. von Reinhard Buchwald und Albert Köster. Bde. 1–3. Leipzig 1908–9.

–: Die Pietisterey im Fischbein-Rocke. Komödie. Hrsg. von Wolfgang Martens. Stuttgart 1979.

–: Der Witzling. Ein deutsches Nachspiel in einem Aufzuge./Johann Elias Schlegel: Die stumme Schönheit. Texte und Materialien zur Interpretation besorgt von Wolfgang Hecht. Berlin 1962, S. 7–37 und S. 71–80.

–: Sämmtliche kleinere Gedichte, nebst dem, von vielen vornehmen Standespersonen, Gönnern und Freunden beyderley Geschlechtes, Ihr gestifteten Ehrenmaale, und Ihrem Leben, hrsg. von Ihrem hinterbliebenen Ehegatten. Leipzig 1763.

–: Briefe der Frau Louise Adelgunde Victorie Gottsched gebohrne Kulmus. The 1–3. Hrsg. von D. H. von Runckel. Dresden 1771–72.

Göttingsche Zeitungen von gelehrten Sachen 1739–1752.

Gresky, Wolfgang: Eine Göttinger Dichterkrönung von 1738: Sidonia Hedwig Zäunemann (1714–1740). In: Göttinger Jahrbuch 32 (1984), S. 207–226, 12 Abb.

Gross, Heinrich: Deutschlands Dichterinnen und Schriftstellerinnen. Eine literar-historische Skizze. Wien 1882.

Haberland, H. und W. Pehnt (Hrsg.): Frauen der Goethezeit. Von der Gottschedin bis Bettina von Arnim. Stuttgart 1960.

Hamburgische Berichte von neuen gelehrten Sachen 1733–1758.

Hanstein, Adalbert von: Die Frauen in der Geschichte des deutschen Geisteslebens des 18. und 19. Jahrhunderts. Bde. 1.2. Leipzig 1900.

Hinck, Walter: Das deutsche Lustspiel des 17. und 18. Jahrhunderts und die italienische Komödie. Stuttgart 1965.

Killy, Walther (Hrsg.): 18. Jahrhundert. Texte und Zeugnisse. In Verbindung mit Christoph Perels hrsg. Bde. 1.2. München 1983.

Klemm, Gustav Friedrich: Die Frauen: Culturgeschichtliche Schilderungen des Zustandes und Einflusses der Frauen in den verschiedenen Zonen und Zeitaltern. Bde. 1–6. Dresden 1859.

Krull, Edith: Das Wirken der Frau im frühen deutschen Zeitschriftenwesen. Charlottenburg 1939.

Lamprecht, Jacob Friedrich (Hrsg.): Sammlung der Schriften und Gedichte welche auf die Poetische Krönung Der Hochwohlgebohrnen Frauen, Frauen Christianen Marianen von Ziegler geb. Romanus, verfertiget worden. Mit einer Vorrede zum Druck befördert von J. F. L., Mitgliede der Deutschen Gesellschaft in Leipzig. Leipzig 1734.

Lehms, Georg Christian: Teutschlands galante Poetinnen. Frankfurt a. M. 1715. Faksimiledruck Darmstadt 1966.

Neue Deutsche Biographie.

Neue Zeitungen von gelehrten Sachen, Leipzig 1715–1784.

Nickisch, Reinhard M. G.: Die Stilprinzipien in den deutschen Briefstellern des 17. und 18. Jahrhunderts. Mit einer Bibl. zur Briefschreiblehre (1474–1800). Göttingen 1969.

–: Gottsched und die deutsche Epistolographie des 18. Jahrhunderts. In: Euphorion 66 (1972), S. 365–382.

–: Die Frau als Briefschreiberin im Zeitalter der Aufklärung. In: Wolfenbütteler Studien zur Aufklärung 3(1976), S. 29–65.

Paullini, Kristian Frantz: Zeit-kürtzender Erbaulicher Lust/oder/Allerhand ausserlesener/ rar=und curioser/ so nütz= als ergetzlicher/Geist= und Weltlicher/Merckwürdigkeiten Zweyter Theil. Frankfurt a. M. 1695.

Pütz, Peter (Hrsg.): Erforschung der deutschen Aufklärung. Königstein/Ts. 1980.

Richel, Veronica C.: Luise Gottsched: A Reconsideration. Bern 1973.

–: Luise Gottsched's Der Lockenraub and Alexander Pope's The Rape of the Lock. A Comparative Analysis. In: Neuphilol. Mitteilungen 76(1975), S. 473–487.

Robinson, Therese Albertine Luise: Deutschlands Schriftstellerinnen bis vor hundert Jahren. Historisches Taschenbuch. 4. Folge, 2. Jg. Leipzig 1861.

Röseler, J. A. (Hrsg.): Die von der Tugend gezüchtigte Faunen. Nürnberg o. J. Angebunden an: S. H. Zäunemann, Die von denen Faunen gepeitschte Laster. Leipzig 1739.

Sanders, Ruth H.: „Ein kleiner Umweg": Das literarische Schaffen der Luise Gottsched. In: Die Frau von der Reformation zur Romantik. Hrsg. von B. Becker-Cantarino. Bonn 1980, S. 170–194.

Schindel, Carl Wilhelm Otto August von: Die deutschen Schriftstellerinnen des 19. Jahrhunderts. 3 Teile in 1 Bd. Ndr. Hildesheim 1978.

Schlenther, Paul: Frau Gottsched und die bürgerliche Komödie. Ein Kulturbild aus der Zopfzeit. Berlin 1886.

Schuchardt, Hans: Sidonia Hedwig Zäunemann, Erfurts „gekrönte Poetin". In: Erfurter Heimatbrief Nr. 8, 5. Juni 1964, S. 68–74.

Schultz, Alwin: Alltagsleben einer deutschen Frau zu Anfang des 18. Jahrhunderts. Leipzig 1890.

Scott, Alison: Frau Gottsched and the Jews. In: Modern Language Notes 91(1976), S. 512–514.

Segebrecht, Wulf: Das Gelegenheitsgedicht. Ein Beitrag zur Geschichte und Poetik der deutschen Lyrik. Stuttgart 1977.

Spitta, Philipp: Über die Beziehungen Sebastian Bachs zu Christian Friedrich Hunold und Mariane von Ziegler. In: Histor. u. philol. Aufsätze. Ernst Curtius zu seinem 70. Geb. gewidmet. Berlin 1884, S. 4405–434.

Steinmetz, Horst: Nachwort zu «Die Deutsche Schaubühne». Hrsg. von J. Chr. Gottsched. Faksimiledruck Stuttgart 1972, T. 6, S. 1*–31*

–: Die Komödie der Aufklärung. 3., bearb. Aufl. Stuttgart 1978.

Unzer, Johanne Charlotte: Versuch in Scherzgedichten. Halle 1751.

Waniek, Gustav: Gottsched und die deutsche Litteratur seiner Zeit. Leipzig 1897.

Waters, Michael: Frau Gottsched's Die Pietisterey im Fischbein=Rocke. Original, adaption or translation? In: Forum for Modern Language Studies 11 (1975), S. 252–267.

Wieland, Christoph Martin: Deutschlands Dichterinnen. In: Der neue teutsche Merkur (1803), S. 258–274.

Woods, Jean Muir und Maria Anna Fürstenwald: Schriftstellerinnen, Künstlerinnen und gelehrte Frauen des deutschen Barock. Ein Lexikon. Stuttgart 1984.

Wolff, Eugen: Gottscheds Stellung im deutschen Bildungsleben. Bd. 2. Kiel, Leipzig 1897.

Zander, Ferdinand: Die Dichter der Kantatentexte Johann Sebastian Bachs. Untersuchungen zu ihrer Bestimmung. In: Bach-Jahrb. 54 (1968), S. 9–64.

Zäunemann, Sidonia Hedwig: Poetische Rosen in Knospen. Mit einem Anhang. Erfurt 1739.

–: Die von denen Faunen gepeitschte Laster. Aufgeführt von S. H. Zäunemannin, Kayserlich gekrönter Poetin. Frankfurt, Leipzig 1739. Angebunden: Die von der Tugend gezüchtigte Faunen. Nürnberg o. J. (1740).

Ziegler, Christiana Mariana von: Versuch In Gebundener Schreib=Art. Leipzig 1728.

–: In Gebundener Schreib=Art Anderer und letzter Theil. Leipzig 1729.

–: Moralische und Vermischte Send=Schreiben, An einige Ihrer vertrauten und guten Freunde gestellet. Leipzig 1731.

–: Der Mad. Scudery Scharfsinnige Unterredungen, von Dingen, die zu einer wohlanständigen Aufführung gehören. Übers. von M. Chr. von Ziegler. Leipzig 1735.

–: Vermischete Schriften in gebundener und ungebundener Rede. Göttingen 1739.

IX.2. Naturpoesie

Gerstenberg, Heinrich Wilhelm von: Briefe über Merkwürdigkeiten der Literatur. 12. Brief. 1. u. 2. Slg. Schleswig, Leipzig 1766.

Goethe, Johann Wolfgang von: Werke. Gedenkausgabe der Werke, Briefe und Gespräche. Hrsg. von Ernst Beutler. Bd. 18. Zürich und Stuttgart 1965.

Herder, Johann Gottfried: Ueber die neuere deutsche Litteratur. Eine Beilage zu den Briefen die Neueste Litteratur betreffend. In: Herder: Sämtliche Werke. Hrsg. v. B. Suphan. Bd. 1, S. 350–352.

Jördens, Karl Heinrich: Lexikon deutscher Dichter und Prosaisten. Bd. 2. Leipzig 1807, S. 607–640.

Karsch, Anna Luisa: Auserlesene Gedichte. Hrsg. von J. W. L. Gleim. Berlin 1764 (= AG).

–: Neue Gedichte. Leipzig 1772 (= NG).

–: Gedichte, nach der Dichterin Tode nebst ihrem Lebenslauf hrsg. von Caroline Louise v. Klenke. Berlin 1792 (= Klenke).

–: Ungedruckte Briefe und Gedichte der Karschin. Hrsg. von A. v. Arnim. Der Gesellschafter 1819. Nr. 46–49.

–: Das Lied der Karschin. Die Gedichte (...) mit einem Bericht ihres Lebens. Hrsg. von Herybert Menzel. Hamburg 1938.

–: Die Karschin. Friedrichs des Großen Volksdichterin. Ein Leben in Briefen. Hrsg. von Elisabeth Hausmann. Frankfurt a. M. 1938 (= Hausmann).

–: Herzgedanken. Das Leben der „deutschen Sappho" von ihr selbst erzählt. Hrsg. von Barbara Beuys. Frankfurt a. M. 1981.

Lavater, Johann Caspar: Physiognomische Fragmente, zur Beförderung der Menschenkenntnis und Menschenliebe. 4 Bände. Winterthur 1775–1778.

Mendelssohn, Moses: Briefe, die Neueste Litteratur betreffend. Berlin 1761 und 1764. 143. und 272.–276. Brief.

Nicolai, Friedrich: Rezension zu Poetische Einfälle von A. L. Karschin. Erste Sammlung. Berlin 1764. In: *Allgemeine deutsche Bibliothek,* Berlin 1765. 1. Bd. 1. St., S. 292–293.

–: A. L. Karsch, einige Oden über versch. hohe Gegenstände. Berlin 1764. In: *Allgemeine deutsche Bibliothek.* Berlin 1767. 1. Bd. 1. St., S. 270–271.

Sulzer, Johann Georg: Allgemeine Theorie der schönen Künste, 3. T. Leipzig 1793.

IX.3. Die Einsamkeit der Imagination

Arnim, Bettina von: Bettinas Briefwechsel mit Goethe. Hrsg. von Reinhold Steig. Leipzig 1922.

Beutler, Ernst: Essays um Goethe. Leipzig 1941.

Blochmann, Elisabeth: Das „Frauenzimmer" und „die Gelehrsamkeit". Eine Studie über die Anfänge des Mädchenschulwesens in Deutschland. Heidelberg 1966.

Bock, Gisela: Historische Frauenforschung: Fragestellungen und Perspektiven. In: Frauen suchen ihre Geschichte. Hrsg. von Karin Hausen. München 1983.

Bovenschen, Silvia: Die imaginierte Weiblichkeit. Exemplarische Untersuchungen zu kulturgeschichtlichen und literarischen Präsentationsformen des Weiblichen. Frankfurt 1979.

Bräuning-Oktavio, Hermann: Herausgeber und Mitarbeiter der Frankfurter Gelehrten Anzeigen 1772. Tübingen 1966.

Brückner, Margret: Die Liebe der Frauen. Frankfurt 1984.

Burschell, Friedrich: Schiller. Reinbek 1958.

Chodorow, Nancy: Das Erbe der Mütter. München 1985.

Dechent, Hermann: Goethes Schöne Seele. Ein Lebensbild. Gotha 1986.

–: Kirchengeschichte von Frankfurt a. Main seit der Reformation, 2 Bde. Leipzig 1913.

Feministische Literaturwissenschaft. Sonderheft Argument. Hrsg. von Inge Stephan u. Sigrid Weigel. Berlin 1984.

Fischer-Homberger, Esther: Krankheit Frau. Neuwied 1984.

Gambaroff, Marina: Utopie der Treue. Reinbeck 1984.

Goethe, Johann Wolfgang von: Werke (Jubiläumsausgabe). Stuttgart und Berlin, 1902–1907; Bd. 22–25 Dichtung und Wahrheit.

–: Ebd. Bd. 18: Wilhelm Meisters Lehrjahre. 6. Buch.

–: Goethes Briefe. In: Hermann Böhlau: Goethes Werke. IV. Abtl. 1. Band. Weimar 1887.

Goethe, Catharina Elisabeth: Briefe. In: Briefe aus dem Elternhaus. Hrsg. von Ernst Beutler u. Wolfgang Pfeiffer-Belli. Zürich, Stuttgart 1960.

–: Briefe an ihren Sohn, an Christiane und August von Goethe. Hrsg. von Jürgen Fackert. Stuttgart 1971.

Goncourt, E. und J. de: Die Frau im 18. Jahrhundert. Bern 1963.

Gruenter, Rainer: Leser und Lesen im 18. Jahrhundert. Heidelberg 1977.

Habermas, Jürgen: Strukturwandel der Öffentlichkeit. Neuwied 1978.

Hausen, Karin: Die Polarisierung der „Geschlechtscharaktere" – eine Spiegelung der Dissoziation von Erwerbs- und Familienleben. In: Sozialgeschichte der Familie in der Neuzeit Europas. Hrsg. v. W. Conze. Stuttgart 1977.

Heinemann, Karl: Goethes Mutter. Leipzig 1891.

Herder, Johann Gottfried: Journal meiner Reise im Jahr 1769. In: Werke in 5 Bänden. Berlin, Weimar 1964, Bd. 1.

–: Herders Briefwechsel mit Caroline Flachsland. Hrsg. von Hans Schauer. 2 Bde. Weimar 1926.

Karthaus, Ulrich: Sturm und Drang und Empfindsamkeit. Stuttgart 1976.

Klettenberg, Susanna von: Die Schöne Seele. Schriften und Briefe. Hrsg. von Heinrich Funck. Leipzig 1912.

Klopstock, Meta: Es sind wunderliche Dinger, meine Briefe – Meta Klopstocks Briefwechsel mit Friedrich Gottlieb Klopstock und mit ihren Freunden 1751–1758. Hrsg. von F. und H. Tiemann. München 1980.

Kreuzer, Helmut: Gefährliche Lesesucht? In: Leser und Lesen im 18. Jahrhundert. Hrsg. von Rainer Gruenter. Heidelberg 1977.

Lenk, Elisabeth: Pariabewußtsein und Gesellschaftskritik bei schreibenden Frauen seit der Romantik. In: Courage, Jg. 1980.

Lepenies, Wolf. Melancholie und Gesellschaft. Frankfurt 1969.

Lorenzer, Alfred: Kultur als Symbolsystem. In: Das Konzil der Buchhalter. Die Zerstörung der Sinnlichkeit. Eine Religionskritik. Frankfurt 1981.

–: Der Gegenstand psychoanalytischer Textinterpretation. In: Perspektiven psychoanalytischer Literaturkritik. Hrsg. von Sebastian Goeppert. Freiburg 1978.

–: Die Funktion von Literatur und Literaturkritik – aus der Perspektive einer psychoanalytisch-tiefenhermeneutischen Interpretation. In: Jenseits der Couch. Psychoanalyse und Sozialkritik. Hrsg. von: Institutsgruppe Psychologie der Universität Salzburg. Frankfurt 1984.

–: Tiefenhermeneutische Kultur-Analyse. In: Kultur-Analysen. Hrsg. von Alfred Lorenzer. Frankfurt 1986.

Luhmann, Niklas: Liebe als Passion. Zur Codierung von Intimität. Frankfurt 1984.

Martens, Wolfgang: Leserezepte fürs Frauenzimmer. Die Frauenzimmerbibliotheken der deutschen Moralischen Wochenschriften. In: Archiv für die Geschichte des Buchwesens, Bd. XV. 1975.

Mattenklott, Gert: Melancholie in der Dramatik des Sturm und Drang. Stuttgart 1968.

– *und Klaus Scherpe:* Literatur der bürgerlichen Emanzipation im 18. Jahrhundert. Kronberg 1973.

Mauser, Wolfram: Melancholieforschung des 18. Jahrhunderts zwischen Ikonographie und Ideologiekritik. In: Lessing-Jahrbuch 1981, Vol. XIII.

Meding, Dorothee von: Romantische Subjektivität. Frankfurt 1981.

Meise, Helga: Die Unschuld und die Schrift. Deutsche Frauenromane im 18. Jahrhundert. Berlin 1983.

Menninger, Karl: Psychoanalyse des Selbstmords. Frankfurt 1974.

Milch, Werner: Sophie La Roche. Die Großmutter der Brentanos. Frankfurt 1935.

Mitscherlich-Nielsen, Margarete: Zur Psychoanalyse der Weiblichkeit. In: Psyche 8/1978.

–: Die friedfertige Frau. Frankfurt 1985.

Morris, Max: Der junge Goethe (6 Bde.). Frankfurt 1910.

Nadig, Maya: „Weiblichkeit" als Kulturbarriere. In: Frau – Realität und Utopie. Hrsg. von Christa Köppel, Ruth Sommerauer. Zürich 1984.

–: Zur ethnopsychoanalytischen Erarbeitung des kulturellen Raums der Frau. In: Psyche 3/1986.

Prokop, Ulrike: Weiblicher Lebenszusammenhang. Von der Beschränktheit der Strategien und der Unangemessenheit der Wünsche. Frankfurt 1976.

–: Die Melancholie der Cornelia Goethe. In: Feministische Studien 2 (1983).

–: Die Zerstörung des Wunsches. Zu Lessings Emilia Galotti. In: Kultur-Analysen. Hrsg. von A. Lorenzer. Frankfurt 1986.

–: Die Illusion vom „Großen Paar". Frankfurt 1987.

Reich, Annie: Narzißtische Objektwahl bei Frauen. In: Psyche 10 (1973).

Rieger, Max: Klinger in der Sturm- und Drangperiode. Darmstadt 1880.

Rosenbaum, Heidi (Hrsg.): Seminar: Familie und Gesellschaftsstruktur. Frankfurt 1984.

Rousseau, Jean Jacques: Bekenntnisse. Frankfurt a.M. 1955.

–: Emile oder Über die Erziehung. Stuttgart 1970.

–: Julie oder die Neue Heloise. München (Winkler) o.J., S. 6.

Sauder, Gerhard: Gefahren empfindsamer Vollkommenheit für Leserinnen und die Furcht vor Romanen in einer Damenbibliothek. In: Leser und Lesen im 18. Jahrhundert. Hrsg. von Rainer Gruenter. Heidelberg 1977.

–: Empfindsamkeit. Bd. 1: Voraussetzungen und Elemente. Stuttgart 1974.

Schenda, Rudolf: Volk ohne Buch. Studien zur Sozialgeschichte der populären Lesestoffe 1770–1910. Frankfurt 1970.

–: Der Bürger als Leser. Stuttgart 1974.

Steitz, Heinrich: Geschichte der evangelischen Kirche in Hessen und Nassau. Marburg 1962.

Stephan, Inge: So ist die Tugend ein Gespenst. Frauenbild und Tugendbegriff im bürgerlichen Trauerspiel bei Lessing und Schiller. In: Lessing Yearbook 1985.

–: Amazonen und Amazonenmythen bei Schiller und Kleist. In: Feministische Literaturwissenschaft. Hrsg. von Inge Stephan und Sigrid Weigel. Berlin 1984.

Touaillon, Christine: Der deutsche Frauenroman des 18. Jahrhunderts. Bern, Frankfurt (1919) 1976.

Walter, Eva: Schrieb oft von Mägde Arbeit müde. Lebenszusammenhänge deutscher Schriftstellerinnen. Düsseldorf 1985.

Weigel, Sigrid: Frau und „Weiblichkeit". Theoretische Überlegungen zur feministischen Literaturkritik. In: Feministische Literaturwissenschaft. Hrsg. von Inge Stephan und Sigrid Weigel. Berlin 1984.

Witkowski, Georg: Cornelia. Die Schwester Goethes. Frankfurt 1907.

Wolff, Reinhold: Rousseaus „Neue Heloise". In: Rousseau, Julie oder Die neue Heloise. München (Winkler) o.J., S. 799ff.

Zimmermann, Rolf Christian: Die Mystisch-Pietistischen Vervollkommnungsvorstellungen beim Jungen Goethe. Diss. masch. Heidelberg 1958.

–: Das Weltbild des jungen Goethe. München 1969.

IX.4. „Die mittlere Sphäre"

Albertsen, Leif Ludwig: Stichworte zu einer neuen Strukturierung der angeblichen Dichotomie von hoher und niederer Literatur zur Zeit der deutschen Klassik. In: Ch. Bürger u.a. (Hrsg.): Zur Dichotomisierung von hoher und niederer Literatur. Frankfurt 1982, S. 232–40.

–: Internationaler Zeitfaktor Kotzebue [...]. In: Sprachkunst 9 (1978), S. 220–240.

Allgemeine Literatur Zeitung. 1798, Bd. I; 1795, Bd. III.

Benzmann, Heinz: Zur Erinnerung an Sophie Mereau. In: Zeitschrift für Bücherfreunde 10 (1906/07) Heft 11, S. 457–61.

Brentano, Clemens: Briefe. Hrsg. von F. Seebaß. Nürnberg 1951.

–: Lebe der Liebe und liebe das Leben. Der Briefwechsel von Clemens Brentano und Sophie Mereau. Hrsg. von D. Gersdorff. Frankfurt 1981.

Brinker-Gabler, Gisela: Deutsche Dichterinnen vom 16. Jahrhundert bis zur Gegenwart. Gedichte und Lebensläufe. Frankfurt 1978, S. 148–51.

Bürger, Christa, u.a. (Hrsg.): Zur Dichotomie von hoher und niederer Literatur. Frankfurt 1982.

– (Hrsg.): Aufklärung und literarische Öffentlichkeit. Frankfurt 1980.

Bürger, Christa: Philosophische Ästhetik und Popularästhetik [...]. In: Zum Funktionswandel der Literatur. Hrsg. von P. Bürger. Frankfurt 1983, S. 107–26.

Gersdorff, Dagmar von: Dich zu lieben, kann ich nicht verlernen. Das Leben der Sophie Brentano-Mereau. Frankfurt 1984.

Günderode, Karoline von: Gesammelte Werke. Reprint der Ausgabe von 1920–22. 3 Bde. Bern 1970.

Harmann, M.: Sophie Mereau. Das Blütenalter der Empfindung. Neu hrsg. von H. Moens. Stuttgart 1982. Rezension. In: German Studies Review. 6 Oct. 1983, S. 596–98.

Hegel, Georg Wilhelm Friedrich: Ästhetik. Hrsg. von F. Bassenge. Berlin, Weimar ²1965.

Humboldt, Wilhelm von: Über die männliche und weibliche Form. In: Die Horen. 1795. Bd. II, S. 80 ff.

Klingemann, A.: Briefe über Schillers Wallenstein. In: Memnon. 1800. Reprint Nendeln/ Liechtenstein 1971. S. 77–122.

Köpke, Wulf: Die emanzipierte Frau in der Goethezeit und ihre Darstellung in der Literatur. In: Die Frau als Heldin und Autorin [ ] Hrsg von W. Paulsen. Bern, München 1979, S. 96–110.

Kotzebue, August von: Schauspiele. Hrsg. von J. Mathes. Frankfurt 1972.

La Roche, Sophie von: Geschichte des Fräuleins von Sternheim. Hrsg. von C.M. Wieland. München 1976.

: Ich bin mehr Herz als Kopf. Sophie von La Roche. Ein Lebensbild in Briefen. Hrsg. von M. Maurer. München ¹1985.

– (Hrsg.): Pomona. Für Teutschlands Töchter. 10. Heft. Oktober 1783.

Mereau, Sophie: Amanda und Eduard. Ein Roman in Briefen. 2 Bde. Frankfurt 1803.

–. Das Blütenalter der Empfindung. Hrsg. von W. v. Hollander. München 1920. Neu hrsg. von H. Moens. Stuttgart 1982. Die Abkürzung BE im Text bezieht sich auf die Ausgabe von Hollander.

–: Bunte Reihe kleiner Schriften. Frankfurt 1805.

–: Die Flucht nach der Hauptstadt. In: Taschenbuch für das Jahr 1806. Der Liebe und Freundschaft gewidmet. Frankfurt 1805, S. 137–84.

– (Hrsg.): Kalathiskos. 2 Bde. Berlin 1801–1802. Reprint Heidelberg 1968.

Schiller, Friedrich von: Der Briefwechsel zwischen Schiller und Goethe. Hrsg. von H.G. Gräf u. A. Leitzmann. 3 Bde. Leipzig 1955.

–: Schillers Briefwechsel mit der Dichterin Sophie Mereau. Hrsg. von R. Boxberger. In: Die Frau im gemeinnützigen Leben. Hrsg. von A. Sohr u. M. Loeper. Gera 1889.

–: Der Briefwechsel zwischen Friedrich Schiller und Wilhelm von Humboldt. Hrsg. von S. Seidel. 2 Bde. Berlin 1962.

–: Sämtliche Werke. Hrsg. von G. Fricke u. H.G. Göpfert. 5 Bde. München ⁴1967.

Schindel, Carl Wilhelm Otto August von: Die deutschen Schriftstellerinnen des neunzehnten Jahrhunderts. Leipzig 1823–25. Reprint Hildesheim, New York 1978.

Schlaffer, Hannelore: Weibliche Geschichtschreibung – ein Dilemma. In: Merkur. Nr. 445/März 1986, S. 256–60.

Schlegel, August Wilhelm: Sämtliche Werke. Hrsg. von E. Böcking. Leipzig 1946/47.

Schlegel, Dorothea: Gespräch über die neuesten Romane der Französinnen. In: Europa I, 2 [1803]. Reprint Stuttgart 1963.

Schlegel, Friedrich: Lucinde. Hrsg. von U. Naumann. München 1985.

–: Gespräch über die Poesie [1800]. In: Kritische Schriften. Hrsg. von W. Rasch. München ²1964.

Schopenhauer, Johanna: Gabriele [1819]. Hrsg. von S. Koranyi. München 1985.

Schulte-Sasse, Jochen: Der Begriff der Literaturkritik in der Romantik. In: P.U.

Hohendahl (Hrsg.): Geschichte der deutschen Literaturkritik (1730–1980). Stuttgart 1985.
Das Volk braucht Licht. Frauen zur Zeit des Aufbruchs 1790–1848 in ihren Briefen. Hrsg. von G. Jäckel u. M. Schlosser. Darmstadt 1970.
Weigel, Sigrid: Sophie Mereau. In: Frauen. Porträts aus zwei Jahrhunderten. Hrsg. von H. J. Schultz. Stuttgart 1981. S. 20–32.
–: Wider die Romantische Mode. Zur ästhetischen Funktion des Weiblichen in Friedrich Schlegels „Lucinde". In: Die verborgene Frau. Hrsg. von I. Stephan u. S. Weigel. Berlin 1983, S. 67–82.
Witte, Bernd: Das Opfer der Schlange [...]. In: Unser Commercium. Goethes und Schillers Literaturpolitik. Hrsg. von W. Barner u. a. Stuttgart 1984, S. 461–84.
–: Genie. Revolution. Totalität. Mythische Tendenzen der Kunstepoche. In: „Zerstörung, Rettung des Mythos durch Licht". Hrsg. von Chr. Bürger. Frankfurt 1985, S. 19–42.
Zeitung für die elegante Welt. 1803. Nr. 50.

X.1. Briefkultur

Becker-Cantarino, Barbara: (Sozial)Geschichte der Frauen in Deutschland, 1500–1800. Ein Forschungsbericht. In: Die Frau von der Reformation zur Romantik. Die Situation der Frau vor dem Hintergrund der Literatur- und Sozialgeschichte. Hrsg. von Barbara Becker-Cantarino. Bonn 1980, S. 243–81.
–: Leben als Text. Briefe als Ausdrucks- und Verständigungsmittel in der Briefkultur und Literatur des 18. Jahrhunderts. In: Frauen – Literatur – Geschichte. Schreibende Frauen vom Mittelalter bis zur Gegenwart. Hrsg. von Hiltrud Gnüg u. Renate Möhrmann. Stuttgart 1985, S. 83–103.
Blochmann, Elisabeth: Das ‚Frauenzimmer‘ und die ‚Gelehrsamkeit‘. Eine Studie über die Anfänge des Mädchenschulwesens in Deutschland. Heidelberg 1966.
Brinker-Gabler, Gisela (Hrsg.): Deutsche Dichterinnen vom 16. Jahrhundert bis zur Gegenwart. Hrsg. von Gisela Brinker-Gabler. Frankfurt a. M. ²1979.
Briefe der Herzogin *Charlotte von Orléans* aus dem Jahre 1719. Hrsg. von Wilhelm Ludwig Holland. 4. Bd. Tübingen 1877.
Damm, Sigrid (Hrsg.): Caroline Schlegel: Briefe. „Lieber Freund, ich komme weit her schon an diesem frühen Morgen". Caroline Schlegel-Schelling in ihren Briefen. Hrsg. u. mit einem Essay eingel. von Sigrid Damm. Darmstadt u. Neuwied 1980.
Elisabeth Charlottens Briefe an Karoline von Wales und Anton Ulrich von Braunschweig-Wolfenbüttel. Getreuer Neudr. der 1789... veröff. Bruchstücke, bes. u. erl. v. Hans F. Helmolt. Annaberg i. S. 1909.
Engelsing, Rolf: Die Bildung der Frau. In: Rolf Engelsing: Der Bürger als Leser. Leserge-schichte in Deutschland 1500–1800. Stuttgart 1974. S. 296–338.
Gellert, Christian Fürchtegott: Briefe. Hrsg. von Johann Adolf Schlegel u. Gottlieb Leberecht Heyer. Leipzig 1774.
Gottsched, geb. Kulmus, Louise Adelgunde Victorie: Briefe. Hrsg. von Dorothee Henriette v. Runckel. 1. und 2. Th. Dresden 1771; 3. Th. Dresden 1772.
Haberland, Helga u. Wolfgang Pehnt: Frauen der Goethezeit. Handschriften-Ausstellung. Freies Deutsches Hochstift. Frankfurter Goethemuseum. (Vorwort von Ernst Beutler, S. 3–5) o. O. 1958.
Hagedorn, Anna Maria von: Briefe von Anna Maria von Hagedorn an ihren jüngeren Sohn Christian Ludwig, 1731–32. Hrsg. von Berthold Litzmann. In: Aus Hamburgs Vergan-genheit. Kulturhistor. Bilder aus verschiedenen Jahrhunderten. Hrsg. von Karl Kopp-mann. Hamburg, Leipzig 1885, S. 79–178.

Herder, Johann Gottfried [u.] Caroline Flachsland: Briefwechsel. Nach d. Handschriften des Goethe- u. Schiller-Archivs hrsg. von Hans Schauer. 1. Bd. Weimar 1926.

Horvath, Eva: Die Frau im gesellschaftlichen Leben Hamburgs. Meta Klopstock, Eva König, Elise Reimarus. In: Wolfenbütteler Studien zur Aufklärung III (1976), S. 175–194.

Huch, Ricarda: Einleitung zu: Carolinens Leben in ihren Briefen. (... in Auswahl hrsg. von Reinhard Buchwald.) Leipzig 1914.

Jäckel, Günter (Hrsg.): Das Volk braucht Licht. Frauen zur Zeit des Aufbruchs 1790–1848 in ihren Briefen. Ausgew. u. eingel. von Günter Jäckel. Komment. u. mit e. Nachwort versehen von Manfred Schlösser. Darmstadt, Zürich 1970.

[Klopstock, Meta]: Geschichte der Meta Klopstock in Briefen. Hrsg. von Franziska u. Hermann Tiemann. Bremen 1962.

Krull, Edith: Das Wirken der Frau im frühen deutschen Zeitschriftenwesen. Berlin, Phil. Diss. 1939.

Lessing, Gotthold Ephraim: Sämtliche Schriften. Hrsg von Karl Lachmann, bes. durch Franz Muncker. 21. Bd. Leipzig ³1907.

[Lucius]: Briefwechsel Christian Fürchtegott Gellert's mit Demoiselle Lucius. Nebst einem Anhange, ... Sämmtlich aus den bisher meist noch ungedr. Originalen, hrsg. von Friedrich Adolf Ebert. Leipzig 1823.

Maurer, Michael (Hrsg.): Ich bin mehr Herz als Kopf. Sophie von La Roche. Ein Lebensbild in Briefen. Hrsg. von Michael Maurer. München 1983.

Möhrmann, Renate: Die andere Frau. Emanzipationsansätze deutscher Schriftstellerinnen im Vorfeld der Achtundvierziger Revolution. Stuttgart 1977.

Nickisch, Reinhard M. G.: Die Frau als Briefschreiberin im Zeitalter der deutschen Aufklärung. In: Wolfenbütteler Studien zur Aufklärung III (1976), S. 29–65.

–: Die Stilprinzipien in den deutschen Briefstellern des 17. und 18. Jahrhunderts. Mit einer Bibliographie zur Briefschreiblehre (14/4–1800). Göttingen 1969.

Pikulik, Lothar: Leistungsethik contra Gefühlskult. Über das Verhältnis von Bürgerlichkeit und Empfindsamkeit in Deutschland. Göttingen 1984.

Sanders, Ruth: „Ein kleiner Umweg": Das literarische Schaffen der Luise Gottsched. In: Die Frau von der Reformation zur Romantik. Die Situation der Frau vor dem Hintergrund der Literatur und Sozialgeschichte. Hrsg. von Barbara Becker-Cantarino. Bonn 1980. S. 179–94.

Scherer, Wilhelm: Geschichte der Deutschen Litteratur. Bes. von Edward Schröder. Berlin ⁵1889.

[Schlegel] Caroline: Briefe aus der Frühromantik. Nach Georg Waitz vermehrt hrsg. von Erich Schmidt. 2 Bde. Leipzig 1913.

Schlösser, Manfred: Nachwort zu: Günter Jäckel (Hrsg.): Das Volk braucht Licht. Frauen zur Zeit des Aufbruchs 1790–1848 in ihren Briefen. Darmstadt, Zürich 1970, S. 625–30.

Schumann, Sabine: Das „lesende Frauenzimmer". Frauenzeitschriften im 18. Jahrhundert. In: Die Frau von der Reformation zur Romantik. Die Situation der Frau vor dem Hintergrund der Literatur- und Sozialgeschichte. Hrsg. von Barbara Becker-Cantarino. Bonn 1980, S. 138–69.

Trunz, Erich: Meta Moller und das 18. Jahrhundert. In: Meta Klopstock geborene Moller. Briefwechsel mit Klopstock, ihren Verwandten und Freunden. Hrsg. u. mit Erläuterungen versehen von Hermann Tiemann. Bd. III: Erläuterungen. Mit einem Beitrag von Erich Trunz. Hamburg 1956, S. 955–974.

Wittmann, Reinhard (Hrsg.): „Die Post will fort, ich muß schließen..." Briefe aus dem 18. Jahrhundert. Ausgew. u. mit einf. Texten versehen von Reinhard Wittmann. München 1985.

X.2. Geselligkeit

Abeken, Hedwig: Hedwig v. Olfers geb. v. Staegemann. 2. Bde. Berlin 1908–1914.
Achim und Bettina in ihren Briefen. Briefwechsel zwischen Achim von Arnim und Bettina Brentano. Hrsg. von Werner Vordtriede. 2 Bde. Frankfurt a.. M. 1961.
Anstett, Jean-Jacques: Henriette Mendelssohn. In: Travaux XII. Aspects de la Civilisation Germanique. Saint Etienne 1975, S. 73–122.
Assing, Ludmilla: Gräfin Elisa von Ahlefeldt, die Gattin Adolphs von Lützow, die Freundin Karl Immermann's. Berlin 1857.
–: Sophie von La Roche, die Freundin Wieland's. Berlin 1859.
Bebler, Emil: Gottfried Keller und Ludmilla Assing. Zürich 1952.
Bettina von Arnims Armenbuch. Hrsg. von Werner Vordtriede. Frankfurt am Main 1969.
Binder, Franz: Sämtliche Schriften. Hrsg. von Inge und Peter Rippmann. 5 Bde. Darmstadt 1964–1968.
Branig, Hans: Fürst Wittgenstein. Ein preußischer Staatsmann der Restaurationszeit. Köln und Wien 1981.
Braun, Lily: Im Schatten der Titanen. Erinnerungen an Baronin Jenny von Gustedt. Stuttgart 1913
Brentano, Clemens: Gesammelte Schriften. 9 Bde. Frankfurt a. M. 1852–1855.
–: Clemens Brentano an Andreas Räß. Die wiedergefundene Druckvorlage der von Wilhelm Kreiten 1878 publizierten Briefe und unbekannte Erstdrucke aus der Zeitschrift ,Der Katholik'. Nach Vorarbeiten von Rosa Pregler hrsg. von Konrad Feilchenfeldt. In: Literaturwissenschaftliches Jahrbuch NF 14 (1973), S. 237–336.
–: Das unsterbliche Leben. Unbekannte Briefe von Clemens Brentano. Hrsg. von Wilhelm Schellberg und Friedrich Fuchs. Jena 1939.
–: Die Aschaffenburger Brentanos. Beiträge zur Geschichte der Familie aus unbekanntem Nachlaß–Material. Hrsg. von Brigitte Schad. Aschaffenburg 1984.
Deutsche Literatur. Reihe Romantik. 7. Bd. Hrsg. von Paul Kluckhohn. Leipzig 1933.
Feilchenfeldt, Konrad: Zur Bibliographie der Zeitschrift „Nach der Arbeit" von 1872. In: Philobiblon 16 (1972), 1, S. 34–43.
–: Brentano Chronik. Daten zu Leben und Werk. München, Wien 1978.
–: Karl August Varnhagen von Ense: Sieben Briefe an Rebecka Dirichlet. In: Mendelssohn-Studien, 3 (1979), S. 51–79.
–: „Berliner Salons" und Briefkultur um 1800. In: Der Deutschunterricht 36 (1984) 4, S. 77–99.
–: Brentano-Forschung aus der Sicht der Auslandsgermanistik. In: Göttingische Gelehrte Anzeigen 236 (1984) 1/2, S. 95–113.
–: Bettine, Rahel und Varnhagen: In: Herzhaft in die Dornen der Zeit greifen... Bettine von Arnim 1785–1859. Hrsg. von Christoph Perels. Frankfurt am Main 1985, S. 233–243.
Gajek, Bernhard: Homo poeta. Zur Kontinuität der Problematik bei Clemens Brentano. Frankfurt a. M. 1971.
Haase, Klaus: Rahel Varnhagens Brieftheorie. Eine Untersuchung zum literarischen Charakter des Privatbriefes in der Romantik. Magisterhausarbeit. München 1977.
Hensel, Luise: Aufzeichnungen und Briefe. Hrsg. von Hermann Cardauns. Hamm 1916.
–: Lieder. Aufgrund des handschriftl. Nachlasses hrsg. von Hermann Cardauns, 1923.
Hensel, Sebastian: Die Familie Mendelssohn 1729 bis 1847. 2 Bde. Berlin ¹⁶1918.
Hertling, Ludwig: Bischof Sailer und der Schiersteiner Kreis (mit bisher unveröffentlichten Briefen Sailers). In: Stimmen der Zeit, 124 (1933), S. 310–319.

Herz, Henriette: Henriette Herz in Erinnerungen, Briefen und Zeugnissen. Hrsg. von Rainer Schmitz. Frankfurt a. M. 1984.

Houben, Heinrich Hubert: Die Rheingräfin. Das Leben der Kölnerin Sibylle Mertens-Schaaffhausen. Essen 1935.

Lewald, Fanny: Meine Lebensgeschichte. 3 Bde. Berlin 1871

–: Römisches Tagebuch 1945/46. Hrsg. von Heinrich Spiero. Leipzig 1927.

Mendelssohn: Bankiers, Künstler und Gelehrte. Unveröffentlichte Briefe der Familie Mendelssohn aus dem 19. Jahrhundert. Hrsg. von Felix Gilbert. Tübingen 1975.

Mendelssohn Bartholdy, Felix: Briefe aus den Jahren 1830 bis 1847. Hrsg. von Paul Mendelssohn Bartholdy und Carl Mendelssohn Bartholdy. Leipzig 1878.

Moering, Renate: Bettine, Arnim und die Kinder 1811–1831. In: Herzhaft in die Dornen der Zeit greifen... Bettine von Arnim 1875–1859. Hrsg. von Christoph Perels. Frankfurt a. M. 1985, S. 61–69.

Nickisch, Reinhard M. G.: Gottsched und die deutsche Epistolographie des 18. Jahrhunderts. In: Euphorion 66 (1972), S. 365–382.

Olfers, Margarete v.: Elisabeth v. Staegemann. Lebensbild einer deutschen Frau 1761–1835. Leipzig 1937.

Pichler, Karoline geb. von Greiner: Denkwürdigkeiten aus meinem Leben. Hrsg. von Emil Karl Blümml. 2 Bde. Munchen 1914.

Rahel-Bibliothek. Rahel Varnhagen: Gesammelte Werke. Hrsg. von Konrad Feilchenfeldt, Uwe Schweikert und Rahel E. Steiner. 10 Bde. München 1983.

Riesser, Gabriel: Gesammelte Schriften. Hrsg. von M. Isler. 4 Bde. Frankfurt a. M., Leipzig 1867–1868

Die Sängerfahrt. Eine Neujahrsausgabe für Freunde der Dichtkunst und Mahlerey. Gesammelt von F. Förster. Hrsg. von Siegfried Sudhof. Heidelberg 1970.

[Schlegel]: Briefe von und an Friedrich und Dorothea Schlegel. Hrsg. von Josef Körner. Berlin 1926.

Schlegel, Friedrich: Kritische Schriften. Hrsg. von Wolfdietrich Rasch. München 1956.

Schlözer, Leopold von: Dorothea von Schlözer der Philosophie Doctor. Ein deutsches Frauenleben um die Jahrhundertwende 1770–1825. Berlin und Leipzig 1923.

Schopenhauer, Adele: Gedichte und Scherenschnitte. Hrsg. von Heinrich Hubert Houben und Hans Wahl. 2 Bde. Leipzig 1920

Schopenhauer, Johanna: Gabriele. Ein Roman. Hrsg. von Stephan Koranyi. München 1985.

Schulze, Friedrich u. Paul Ssymank: Das deutsche Studententum von den ältesten Zeiten bis zur Gegenwart. Munchen ⁴1932.

Schumann, Detlev W.: Klopstocks Geburtstage. Dichtungen aus seinem Freundeskreis. In: Formenwandel. Festschrift zum 65. Geburtstag von Paul Böckmann. Hrsg. von Walter Müller-Seidel und Wolfgang Preisendanz. Hamburg 1964, S. 172–193.

Sieveking, Heinrich: Georg Heinrich Sieveking. Lebensbild eines Hamburgischen Kaufmanns aus dem Zeitalter der französischen Revolution. Berlin 1913.

Spiel, Hilde: Fanny von Arnstein oder die Emanzipation. Ein Frauenleben an der Zeitenwende 1758–1818. Frankfurt a. M. 1962.

Steig, Reinhold: Heinrich von Kleist's Berliner Kämpfe. Berlin, Stuttgart 1901.

Varnhagen von Ense, Karl August: Werke in fünf Bänden. Hrsg. von Konrad Feilchenfeldt. 1.–3. Bd. Frankfurt a. M. 1987.

Werner, Johannes: Maxe von Arnim. Tochter Bettinas/Gräfin von Oriola 1818–1894. Ein Lebens- und Zeitbild. Leipzig 1937.

X.3. Frauen und Theater

Albrecht, Sophie: Gedichte und Schauspiele. Erfurt 1781.

Artner, Therese von: Das Fest der Tugend. Ein Schäferspiel mit Chören in 1 Aufzug. Oldenburg 1798.

Bandemer, Susanne von: Sidney und Eduard oder Was vermag die Liebe? Ein Schauspiel in drey Aufzügen. o. O. 1792.

Becker-Cantarino, Barbara (Hrsg.): Die Frauen von der Reformation zur Romantik. Bonn 1980.

Brinker-Gabler, Gisela (Hrsg.): Deutsche Dichterinnen vom 16. Jahrhundert bis zur Gegenwart. Gedichte und Lebensläufe. Frankfurt 1978.

Bürger, Elise: Über meinen Aufenthalt in Hannover. o. O. 1801.

–: Adelheid Gräfin von Teck. Ritter-Schauspiel in fünf Aufzügen. Hamburg 1799.

Devrient, Eduard: Geschichte der deutschen Schauspielkunst. Bd. I–III. Leipzig 1848.

D[örrien], Catharina Helena: Besuch. Ein kleines Schauspiel für junges (!) Frauenzimmer. Aufs neue übersehen, verbessert und mit allerhand nützlichen Anmerkungen aus den besten Englischen und Französischen Schriftstellern begleitet. Frankfurt ²1762.

Ehrmann, Marianne: Philosophie eines Weibs, von einer Beobachterin. Kempten 1784.

–: Leichtsinn und Gutes Herz oder die Folgen der Erziehung. Ein Original-Schauspiel in fünf Aufzügen. Straßburg 1785.

– (Hrsg.): Amaliens Erholungsstunden 3(1792) 4. Bd. 10. Heft.

Eichhorn, Herbert: Konrad Ernst Ackermann. Ein deutscher Theaterprinzipal. Ein Beitrag zur Theatergeschichte im deutschen Sprachraum. Emsdetten 1965.

Friedrich, Elisabeth: Die deutschsprachigen Schriftstellerinnen des 18. und 19. Jahrhunderts. Ein Lexikon. Stuttgart 1981.

[Gersdorf, Wilhelmine von]: Graf von Raschwitz, oder schlechte Gesellschaft verdirbt Herz und Sitten. Ein dialogisiertes Familiengemälde – vielleicht für die Bühne. In: Mnemosyne, oder meine Erinnerungen. Oschatz und Leipzig, 1797.

Gnüg, Hiltrud u. Renate Möhrmann (Hrsg.): Frauen Literatur Geschichte. Schreibende Frauen vom Mittelalter bis zur Gegenwart. Stuttgart 1985.

Gottsched, Johann Christoph: Ausgewählte Werke. 3. Bd.: Sämtliche Dramenübertragungen. Berlin 1979.

Gottsched, Luise Adelgunde: Herr Witzling, ein deutsches Nachspiel in einem Aufzuge. In: Die deutsche Schaubühne [...] sechster [...] Theil. Hrsg. von Johann Christoph Gottsched. Stuttgart 1972.

–: Das Testament, ein deutsches Lustspiel in fünf Aufzügen. In: Deutsche Schaubühne [...] sechster [...]Theil. Hrsg. von Johann Christoph Gottsched. Stuttgart 1972.

Harris, Edward P.: From Outcast to Ideal: The Image of the Actress in Eighteenth-Century Germany. In: German Quarterly 54 (1981), S. 177–87.

[Hayn, Juliane]: Der Dichterling, oder: Solche Insekten giebts die Menge. Ein Original-Lustspiel in einem Aufzuge. Aufgeführt auf dem kaiserlichen königlichen Nationalhoftheater. Wien 1781.

Kindermann, Heinz: Theatergeschichte Europas. Bd. IV–V. Von der Aufklärung bis zur Romantik. Salzburg ²1972, ³1976.

[Klencke, Caroline von]: Der ehrliche Schweizer, ein Schauspiel in zwei Handlungen. Berlin und Leipzig 1776.

Klopstock, Meta: Der Tod Abels. Ein Trauerspiel. In: Hinterlaßne Schriften. Hrsg. von Klopstock. Hamburg 1759.

[Kortzfleisch, Sophie Eleonore]: Lausus und Lydia. Ein Schauspiel in vier Aufzügen mit Chören. Breslau 1776.

[–]: Lausus und Lydie, ein Drama in drey Aufzügen, nach den moralischen Erzählungen des Herrn Marmontel, verfasset von einem Adlichen Frauenzimmer in Schlesien. Breslau, 1776.

La Roche, Sophie von: Geschichte des Fräuleins von Sternheim. Stuttgart 1983.

Lessing, Gotthold Ephraim: Briefwechsel mit Eva König. 1770–1776. Hrsg. von Günter und Ursula Schulz. München 1979.

[Lohmann, Friederike]: Der blinde Harfner. Ein Schauspiel in vier Aufzügen. Nach Veit Webers Sagen der Vorzeit für Theaters bearbeitet. Augsburg 1791.

Meyer, Reinhart: Von der Wanderbühne zum Hof- und Nationaltheater. In: Hansers Sozialgeschichte der deutschen Literatur. 3. Bd. Hrsg. von Rolf Grimminger. München 1980.

Müller, Elise: Die Kostgängerin im Nonnenkloster. Ein Schauspiel in vier Aufzügen Gotha 1797.

Neuberin, Friederica Caroline: Ein Deutsches Vorspiel (1734). Hrsg. von Arthur Richter. In: Deutsche Litteraturdenkmale des 18. und 19. Jahrhunderts. Hrsg. von August Sauer. Leipzig 1897.

Pernet, Hedwig Luise de: Versuch in Fabeln und Erzählungen, nebst einem komischen Trauerspiel in Versen. Graz, 1770.

Recke, Elisa von der: Familien-Scenen oder Entwickelungen auf dem Masquenballe. Schauspiel in vier Aufzügen. Leipzig 1826.

Reden-Esbeck, Johann (Hrsg.): Deutsches Bühnen-Lexikon. Eichstätt 1879.

[Rupp, Victoria]: Marianne oder der Sieg der Tugend. Ein rührendes Lustspiel in drey Aufzügen. Frankfurt und Leipzig 1777.

Sanders, Ruth: „Ein kleiner Umweg." Das literarische Schaffen der Luise Gottsched. In: Barbara Becker-Cantarino (Hrsg.): Die Frau von der Reformation zur Romantik. Bonn 1980.

[Schlegel, geb. Lucius, Christiane Karoline]. Duval und Charmille, ein bürgerlich Trauerspiel in fünf Aufzügen, von einem Frauenzimmer. Leipzig 1778.

Stein Kochberg, Charlotte von. Dido. Ein Trauerspiel in fünf Aufzügen. Hrsg. von Heinrich Düntzer. Frankfurt 1867.

Stephan, Inge: „So ist die Tugend ein Gespenst." Frauenbild und Tugendbegriff im bürgerlichen Trauerspiel bei Lessing und Schiller. In: Lessing Yearbook XVII (1985) S. 1–20.

Teutscher, Marie Antonie: Fanny oder die glückliche Wiedervereinigung, ein Drama in einem Aufzug. Aufgeführt in den kaiserlichen königlichen priviligierten Theatern. Wien 1773.

[Thon, Eleonore]: Adelheid von Rastenberg, ein Trauerspiel. Augsburg 1788.

[Unger, Friederike Helene]: Der Mondkaiser. Eine Posse in drei Aufzügen. Aus dem Französischen frei übersetzt. Auf dem Schloßtheater in Hannover den 21. Febr. 1790 zum Erstenmal aufgeführt. Berlin 1790.

Verzeichniß einiger jetztlebenden Deutschen Schriftstellerinnen und ihrer Schriften. In: Journal von und für Deutschland. 1789, 1790, 1791.

Wallenstein, Henriette: Antwort auf die sogenannte Berichtigung des Wallensteinschen Impressums. München 1784.

Walter, Eva: Schrieb oft, von Mägde Arbeit müde. Lebenszusammenhänge deutscher Schriftstellerinnen um 1800. Schritte zur bürgerlichen Weiblichkeit. Hrsg. von Annette Kuhn. Düsseldorf 1985.

Weikard, Mariane Sophie: Die Kriegslist, ein Lustspiel in einem Aufzuge. Für das Kaiser. Königl. National-Hoftheater. Wien 1792.

Wetzels, Walter D.: Schauspielerinnen im 18. Jahrhundert – zwei Perspektiven: Wilhelm Meister und die Memoiren der Schulze-Kummerfeld. In: Barbara Becker-Cantarino (Hrsg.): Die Frau von der Reformation zur Romantik. Bonn 1980.

Wolzogen, Karoline von: Der Leukadische Fels. Ein Schauspiel. In: Schillers Neue Thalia. Bern 1969.

X.4. Der Frauenroman

Baldinger, Friderica: Lebensbeschreibung der Friderica Baldinger von ihr selbst verfaßt u. m. einer Vorrede begleitet von Sophie, Witwe von La Roche. Offenbach 1791.

Bandemer, Susanne von: Klara von Bourg, eine wahre Geschichte aus den letzten Zehntel des abscheidenden Jahrhunderts. Frankfurt a. M. 1798.

Beaujean, Marion: Frauen-, Familien-, Abenteuer- und Schauerromane. In: Deutsche Literatur. Eine Sozialgeschichte. Hrsg. von Horst Albert Glaser. Bd. 5. Zwischen Revolution und Restauration: Klassik, Romantik. Reinbek b. Hamburg 1980, S. 216–229.

Blackwell, Jeannine: Die nervöse Kunst des Frauenromans im 19. Jahrhundert oder Der Geistige Tod durch kränkende Handlung. In: Frauen – Weiblichkeit – Schrift. Hrsg. von Renate Berger, Monika Hengsbach, Maria Kublitz, Inge Stephan u. Sigrid Weigel. Berlin 1985 (AS 134), S. 145–159.

–: Sophie von La Roche. In: German Literary Figures of the Age of Goethe. Ed. by James Hardin and Christoph Schweitzer [Series: Dictionary of Literary Biography. Bruccoli, Clark and Gale, 1988]

–: Therese Huber. In: Ebd.

Campe, Johann Heinrich: Vätherlicher Rath für meine Tochter. Braunschweig 1789.

Cocalis, Susan L.: Der Vormund will Vormund sein: Zur Problematik der weiblichen Unmündigkeit im 18. Jahrhundert. In: Gestaltet und Gestaltend. Frauen in der deutschen Literatur. Hrsg. von Marianne Burkhard. Amsterdam 1980, S. 33–56.

Ehrmann, Marianne: Antonie von Warnstein. Eine Geschichte aus unserem Zeitalter. Hamburg 1798.

Foucault, Michel: Sexualität und Wahrheit. Der Wille zum Wissen. Frankfurt a. M. 1977.

–: Was ist ein Autor? In: ders., Schriften zur Literatur. Frankfurt a. M., Berlin, Wien 1979, S. 7–32.

Gouges, Olympe de: Schriften. Frankfurt a. M. 1980.

Grimminger, Rolf: Roman. In: Hansers Sozialgeschichte der deutschen Literatur. Bd. 3: Deutsche Aufklärung bis zur Französischen Revolution. 2 Bde. München 1980, 2. Bd., S. 635–716.

Hausen, Karin: Die Polarisierung der ‚Geschlechtscharaktere‘ – Eine Spiegelung der Dissoziation von Erwerbs- und Familienleben. In: Sozialgeschichte der Familie in der Neuzeit Europas. Hrsg. von Werner Conze. Stuttgart 1977, S. 363–384.

Heuser, Magdalene: „Spuren trauriger Selbstvergessenheit". Möglichkeiten eines weiblichen Bildungsromans um 1800: Friederike Helene Unger. In: Kontroversen, alte und neue. Akten des VII. Internationalen Germanisten-Kongresses Göttingen 1985. Bd. 6. Tübingen 1986, S. 30–43.

Huber, Therese: Die Familie Seldorf: Eine Geschichte. Tübingen 1795–1796.

Iser, Wolfgang: Möglichkeiten der Illusion im historischen Roman. (Sir Walter Scott Waverley). In: Poetik und Hermeneutik I. Nachahmung und Illusion. Hrsg. von Hans Robert Jauss. München 1964, S. 135–156.

Jäger, Georg: Wertherwirkung. Ein rezeptionsästhetischer Modellfall. In: Historizität in Sprach- und Literaturwissenschaft. Hrsg. von Walter Müller-Seidel. München 1974. S. 389–409.

Kahr, Johanna: Literarische Darstellungsschemata als Kompensation in der Geschichtsschreibung der Französischen Revolution. In: Erzählforschung. Ein Symposium. Hrsg. von Eberhard Lämmert. Stuttgart 1982, S. 591–620.

Knab, Susanne Barbara: Tagebuch einer jungen Ehefrau. Stuttgart 1780.

La Roche, Sophie von: Anecdote Allemande. In: Mémoires de Mlle de Sternheim publiés par M. Wieland. La Haye 1773/74, vol. 2, p. 3–57.

–: Briefe an Lina. Ein Buch für junge Frauenzimmer, die ihr Herz und ihren Verstand bilden wollen. Leipzig 1785–1787.

–: Rosaliens Briefe an ihre Freundin Mariane von St. Altenburg. Altenburg 1779–1781.

–: Der Eigensinn der Liebe und Freundschaft, nebst einer kleinen deutschen Liebesgeschichte, aus dem Französischen. Zürich 1772.

–: Moralische Erzählungen. Speier 1783.

–: Neuere Moralische Erzählungen. Altenburg 1786.

–: Geschichte des Fräulein von Sternheim. Von einer Freundin derselben aus Original-Papieren und anderen zuverlässigen Quellen gezogen. Hrsg. von Christoph Martin Wieland. Mit einem Nachwort, einer Zeittafel und einer Bibliographie hrsg. von Günter Häntzschel. München 1976.

–: Ich bin mehr Herz als Kopf. Ein Lebensbild in Briefen. Hrsg. von Michael Maurer. München 1983.

–: Liebe, Freundschaft und Mißverständnis. Eine moralische Erzählung. In: Pomona für Teutschlands Töchter 3. 1783, S. 254–287.

–: Pomona für Teutschlands Töchter. Speier 1783–1784.

–: Melusinens Sommer-Abende. Hrsg. von Christoph Martin Wieland. Halle 1806.

Liebeskind, Dorothea Margarete: Maria. Eine Geschichte in Briefen. Leipzig 1784.

Mandelkow, Karl Robert: Der deutsche Briefroman. Zum Problem der Polyperspektive im Epischen. In: Neophilologus 44 (1960), S. 200–208.

Mattenklott, Gert: Briefroman. In: Deutsche Literatur. Eine Sozialgeschichte. Hrsg. von Horst Albert Glaser, Bd. 4. Zwischen Absolutismus und Aufklärung: Rationalismus, Empfindsamkeit, Sturm und Drang. Reinbek b. Hamburg 1980, S. 185–204.

Maurer, Michael. Das Gute und das Schöne. Sophie von La Roche (1730–1807) wiederentdecken? In: Euphorion 79 (1985), S. 111–138.

Meise, Helga. Die Unschuld und die Schrift. Deutsche Frauenromane im 18. Jahrhundert. Berlin, Marburg 1983.

–: „Papierne" Mädchen. Ansichten von der Unschuld im Frauenroman des 18. Jahrhunderts. In: Kontroversen, alte und neue. Akten des VII. Internationalen Germanisten-Kongresses Göttingen 1985. Bd. 6. Tübingen 1986, S. 18–24.

Naubert, Christiane Benedikte: Heerfort und Klärchen. Etwas für empfindsame Seelen. Frankfurt, Leipzig 1779.

–: Hermann von Unna. Eine Geschichte aus der Zeit der Vehmgerichte. Leipzig 1789.

Peitsch, Helmut: Die Revolution im Familienroman. Aktuelles politisches Thema und konventionelle Romanstruktur in Therese Hubers „Die Familie Seldorf". In: Jahrbuch d. deutschen Schillergesellschaft 19 (1984), S. 248–269.

Petriconi, Hellmuth: Die verführte Unschuld. Bemerkungen über ein literarisches Thema. Hamburg 1953.

Porrmann, Maria: Angst – Flucht – Hoffnung. Von der Gothic Novel zum utopischen Roman. In: Frauen Literatur Geschichte. Schreibende Frauen vom Mittelalter bis zur Gegenwart. Hrsg. von Hiltrud Gnüg u. Renate Möhrmann. Stuttgart 1985, S. 166–189.

Prokop, Ulrike: Die Melancholie der Cornelia Goethe. In: Feministische Studien 2 (1983), S. 46–78.

Rave, Judith: Mollys Bekenntnisse oder so führt Unbefangenheit ins Verderben; eine wahre Geschichte zur Warnung für alle Wildfänge unter den heiratslustigen Mädchen. Leipzig 1804.

Sagar, Maria Anna: Karolinens Tagebuch ohne außerordentliche Handlungen oder gerade so viel als gar keine. Prag 1774.

Sauder, Gerhard: Empfindsamkeit. Bd. 1. Voraussetzungen und Elemente. Stuttgart 1974.

–: Gefahren empfindsamer Vollkommenheit für Leserinnen und die Furcht vor Romanen in einer Damenbibliothek. Erläuterungen zu Johann Georg Heinzmann: Vom Lesen der Romane und Einleitung und Entwurf einer Damenbibliothek. In: Leser und Lesen im 18. Jahrhundert. Heidelberg 1977, S. 83–92.

Schlaffer, Heinz: Einleitung zu Karl Schlechtas „Goethes Wilhelm Meister". Frankfurt a. M. 1985, S. 7–23.

Schlechta, Karl: Goethes Wilhelm Meister. Frankfurt a. M. 1985.

Sennett, Richard: Verfall und Ende des öffentlichen Lebens. Die Tyrannei der Intimität. Frankfurt a. M. 1983.

Suhr, Heidrun: Englische Romanautorinnen im 18. Jahrhundert. Ein Beitrag zur Entwicklung des bürgerlichen Romans. Heidelberg 1983 (Anglist. Forschungen, H. 168).

Thon, Eleonore: Julie von Hirtenthal. Eine Geschichte in Briefen. Eisenach 1780–1863.

Touaillon, Christine: Der deutsche Frauenroman des 18. Jahrhunderts. Wien 1919.

Tresenreuter: Lotte Wahlstein oder glückliche Anwendung der Zufälle und Fähigkeiten. Kopenhagen, Leipzig 1791–1792.

Unger, Friederike Helene: Julchen Grünthal. Berlin ³1798 (¹1784).

Voßkamp, Wilhelm: Dialogische Vergegenwärtigung beim Schreiben und Lesen. Zur Poetik des Briefromans. In: DVjS 45 (1971), S. 80–116.

Weber, Ernst u. Christine Mithal: Deutsche Originalromane zwischen 1680 und 1780. Eine Bibliographie mit Besitznachweisen. Berlin 1983.

Wobeser, Wilhelmine Karoline: Elisa oder das Weib wie es sey sollte. Leipzig ³1798 (¹1795).

Wollstonecraft, Mary: Verteidigung der Rechte der Frauen. Übers. von C. G. Salzmann. Schnepfenthal 1793. Reprint 1975, Zürich.

Zantop, Susanne: Friederike Helene Unger. In: German Literary Figures of the Age of Goethe. Ed. by James Hardin and Christoph Schweitzer. [Series: Dictionary of Literary Biography. Bruccoli, Clark and Gale, 1988]

X.5. Das Frauenzimmer-Journal

Bodmer, Johann Jakob und Breitinger, Johann Jakob (Hrsg.): Die Discourse der Mahlern. Vier Teile in einem Band. Zürich 1721–1723. (Reprografischer Nachdruck) Hildesheim 1969.

Brandes, Helga: Vorbilder der Mädchenliteratur: Die Moralischen Wochenschriften. In: Mädchenbücher aus drei Jahrhunderten. Ausstellungskatalog (BIS/Universität Oldenburg) Oldenburg 1983, S. 18–21.

[Bürger, Gottfried August]: Briefe von Gottfried August Bürger. Hrsg. von Theophil Friedrich Ehrmann. Weimar 1802.

Colloquium der Arbeitsstelle 18. Jahrhundert: Leser und Lesen im 18. Jahrhundert. Heidelberg 1977.

Ehrmann, Marianne (Hrsg.): Amaliens Erholungsstunden. Teutschlands Töchtern geweiht. 6 Bde. Tübingen 1790–1792.

Engelsing, Rolf: Analphabetentum und Lektüre. Stuttgart 1973.

–: Der Bürger als Leser. Stuttgart 1974.

Geiger, Ruth-Esther und Sigrid Weigel (Hrsg.): Sind das noch Damen? Vom gelehrten Frauenzimmer-Journal zum feministischen Journalismus. München 1981.

Goethe, Johann Wolfgang von: Werke (Hamburger Ausgabe, ⁴1960), Bd. 14.

Hausen, Karin: Die Polarisierung der „Geschlechtscharaktere" – Eine Spiegelung der Dissoziation von Erwerbs- und Familienleben. In: Heidi Rosenbaum (Hrsg.): Seminar: Familie und Gesellschaftsstruktur. Materialien zu den sozioökonomischen Bedingungen von Familienformen. Frankfurt 1978, S. 161–191.

Ising, Francis: Entwicklung und Wandlung des Typs der Frauenzeitschrift. Von den Anfängen bis heute. Diss. (Masch.) Münster 1943.

Krull, Edith: Das Wirken der Frau im frühen deutschen Zeitschriftenwesen. Diss. o. O., o. J. (Berlin 1939).

Lachmanski, Hugo: Die deutschen Frauenzeitschriften des 18. Jahrhunderts. Diss. Berlin 1900.

La Roche, Sophie (Hrsg.): Pomona für Teutschlands Töchter. 1783 und 1784 (zu je 12 Heften). Speier 1783 und 1784.

Martens, Wolfgang: Die Botschaft der Tugend. Die Aufklärung im Spiegel der deutschen Moralischen Wochenschriften. Stuttgart 1968/1971.

–: Die Geburt des Journalisten in der Aufklärung. In: Wolfenbütteler Studien zur Aufklärung. Bd. I. Wolfenbüttel 1974, S. 84–98.

Rousseau, Jean Jacques: Emile oder Über die Erziehung. Paderborn u. a. [7]1985.

Schumann, Sabine: Das ‚lesende Frauenzimmer‘: Frauenzeitschriften im 18. Jahrhundert. In: Barbara Becker-Cantarino (Hrsg.): Die Frau von der Reformation zur Romantik. Die Situation der Frau vor dem Hintergrund der Literatur- und Sozialgeschichte. Bonn 1980, S. 138–169.

Stützel-Prüsener, Marlies: Die deutschen Lesegesellschaften im Zeitalter der Aufklärung. In: Otto Dann (Hrsg.): Lesegesellschaften und bürgerliche Emanzipation. München 1981, S. 71–86.

Wilke, Jürgen: Literarische Zeitschriften des 18. Jahrhunderts. (1688–1789). Teil I: Grundlegung. Teil II: Repertorium. Stuttgart 1978.

Anmerkungen

Einleitung

[1] Passage des Panoramas, S. 64.

[2] Ebd., S. 95.

[3] Ebd., S. 103.

[4] Minnelieder aus dem schwäbischen Zeitalter, Vorrede, S. II. Grundlage der Überlegungen Tiecks ist die Überzeugung, daß Poesie nichts anderes ist, „als das menschliche Gemüth in allen seinen Tiefen". Ebd.

[5] Vgl. z. B. den Sammelband von *Kosselleck* u. a. (1977).

[6] Für einen ersten Überblick über die Frauenliteratur verschiedener Nationalliteraturen vgl. *Gnüg/Möhrmann.*

[7] *Gerhard Plumpe, Karl Otto Conrady,* S. 376.

[8] *Hannelore Schlaffer,* S. 257: „Die Mittelmäßigkeit der historischen Leistungen der Frauen – die wenigen Ausnahmen dürfen bei allgemeinen Überlegungen außer acht bleiben – unterbindet jedenfalls eine Werk- oder Gattungsgeschichte. Ohnehin wäre diese geschlechtsunspezifisch, und in ihrem Zusammenhang hätten Frauen kaum eine Funktion. Werke von Frauen sind immer epigonal und folgenlos."

[9] Einen Überblick über neuere Entwicklungen im deutschsprachigen Raum gibt *Barbara Lersch* in ihrem Beitrag im zweiten Band „Deutsche Literatur von Frauen".

[10] Vgl. dazu *Müller*, Literaturgeschichte / Literaturgeschichtsschreibung; Schönert.

[11] *Müller*, Aporien und Perspektiven, S. 62.

[12] Geschichte der deutschen Literatur vom 18. Jahrhundert bis zur Gegenwart. Königstein/Ts., (3 Bände). Hansers Sozialgeschichte der deutschen Literatur vom 16. Jahrhundert bis zur Gegenwart. München 1980f. (bisher 3 Bände). Deutsche Literatur. Eine Sozialgeschichte. Reinbek b. Hamburg 1980f. (bisher 7 Bände). Dagegen ist hervorzuheben: *Barbara Becker-Cantarino:* Die Frau von der Reformation bis zur Romantik. Die Situation der Frau vor dem Hintergrund der Literatur- und Sozialgeschichte. Bonn 1980.

[13] *Rolf Grimminger* geht in der umfassenden Einleitung zu dem von ihm herausgegebenen Band der Hanser Sozialgeschichte der deutschen Literatur „Deutsche Aufklärung bis zur Französischen Revolution 1680–1789" auf den Wandel der bürgerlichen Familie und die Dialektik in den Geschlechterrollen des 18. Jahrhunderts ein. Seine Überlegungen haben aber nicht zu einer Differenzierung der Fragestellung im Gesamtkonzept geführt, wie die einzelnen Beiträge des Bandes zeigen.

[14] *Woolf*, S. 112 f.

[15] Vgl. *Brinker-Gabler.*

[16] *Gilbert/Gubar*, S. XII (Übersetzung und Hervorhebung von mir).

[17] *Showalter*, Feminist Criticism, S. 193.

[18] *Du Plessis*, S. 152.

[19] *Lacan*, Die Familie, S. 45–78.

[20] *Lacan*, Das Drängen des Buchstabens, S. 27.

[21] *Frank*, S. 386.

[22] *Lacan*, La femme n'existe pas, S. 160–167.

[23] Vgl. dazu auch *Luce Irigarays* Ausführungen zur Theorie Freuds in ‚Speculum', S. 29 f.

[24] Vgl. besonders: Die Struktur, das Zeichen und das Spiel.

[25] *Derrida*, Randgänge der Philosophie, S. 16 f.

[26] *Derrida*, Positionen, S. 70.

[27] Zu weiteren theoretischen Ansätzen, die in diesen Zusammenhang gehören, auf die hier aber nicht eingegangen werden kann, vgl. die Arbeiten von *Michel Foucault, Jean-François Lyotard, Gilles Deleu-*

ze; hierher gehören auch die späteren Arbeiten von *Roland Barthes.*

[28] *Lacan,* La femme n'existe pas, S. 162.

[29] Damit stellt sich – auch für meine Darstellung hier – das Problem der Metasprache. Vgl. *Lacan:* „Es gibt keine Metasprache, die man sprechen könnte... Es gibt kein Anderes des Anderen." *Lacan,* Subversion des Subjekts, S. 188.

[30] *Irigaray,* Das Geschlecht, das nicht eins ist, S. 31

[31] Ebd.

[32] Ebd..

[33] *Irigaray,* Macht des Diskurses, S. 79.

[34] Ebd., S. 76.

[35] Ebd., S. 78.

[36] *Irigaray,* Speculum, S. 284 f.

[37] *Irigaray,* Ein anderer geschlechtlicher Körper, S. 21 f.

[38] *Irigaray,* Wenn unsere Lippen sich sprechen, S. 215 f.

[39] *Cixous,* Schreiben, Feminität, Veränderung, S. 141.

[40] *Cixous,* Geschlecht oder Kopf?, S. 34.

[41] *Cixous,* Schreiben, Feminität, Veränderung, S. 147.

[42] *Cixous,* Geschlecht oder Kopf?, S. 40.

[43] *Cixous,* Schreiben, Feminität, Veränderung, S. 143

[44] Ebd., S. 146.

[45] *Cixous,* Geschlecht oder Kopf?, S. 41 f.

[46] *Cixous,* The Laugh of the Medusa, S. 260.

[47] *Cixous,* Wenn ich nicht schreibe, S. 8.

[48] *Cixous,* Geschlecht oder Kopf?, S. 40.

[49] *Cixous,* Wenn ich nicht schreibe, S. 10.

[50] *Cixous,* Geschlecht oder Kopf?, S. 42 f.

[51] *Cixous,* „Du kannst reden oder schweigen", S. 57 f.

[52] Vgl. *Irigaray,* Wenn unsere Lippen sich sprechen, S. 215; Das Geschlecht, das nicht eins ist, S. 30. Siehe auch ihre eine traumatische Mutter-Tochter-Beziehung dialogisierende Prosa: Eine bewegt sich nicht ohne die andere.

[53] *Kristeva,* Motherhood according to Bellini, S. 283 f.

[54] *Kristeva,* Produktivität der Frau, S. 167.

[55] Ebd., S. 171.

[56] Ebd.

[57] Ebd.

[58] *Kristeva,* Die Chinesin, S. 268.

[59] *Kristeva,* From One Identity to An Other, S. 135.

[60] *Kristeva,* Produktivität der Frau, S. 171.

[61] *Kristeva,* Kein weibliches Schreiben?, S. 82.

[62] *Kristeva,* Une(s) Femme(s), S. 47.

[63] *Kristeva,* Kein weibliches Schreiben?, S. 82.

[64] *Mommsen,* Der perspektivische Charakter historischer Aussagen, S. 450.

[65] Ebd., S. 459. Vgl. dazu auch *Heydebrands* Überlegungen in ihrem literarhistorischen Modell-Entwurf „Literatur in der Provinz Westfalen", S. 247 ff.

[66] Vgl. *Heydebrand,* Wertung, literarisch.

[67] Vgl. *Foucaults* Kritik ‚globaler Geschichte', in: Archäologie des Wissens. Frankfurt 1973, S. 19. Dazu: *Plumpe/Conrady,* S. 382 f.

[68] *Killy,* S. V.

[69] *Scherer,* Geschichte der deutschen Literatur.

[70] *Staiger,* S. 40, 208.

[71] Ebd., S. 208 (Hervorhebung von mir).

Erster Teil
I. Höfische Autorinnen

[1] „[...] litteris doctam, moribus eruditam [...] dulcedinem suavissimam coniugalem: quae et dominatum vobiscum iure compleat et nationem vestram meliore institutione componat." *Cassiodor*: Variae, IV, 1, S. 114. Vgl. *Bezzola*: Les origines, Bd. 1, S. 15.

[2] *Bezzola*: Les origines, Bd. 1, S. 57–76; *Dronke*: Women Writers, S. 86.

[3] *Bezzola*: Les origines, Bd. 1, S. 27, 30, 128 (Anm. 2), 131 f.; *Brunhölzl*: Lateinische Literatur, Bd. 1, S. 257 ff., 276, 280, 304 f.

[4] *Bezzola*: Les origines, Bd. 1, S. 162 ff.; *Brunhölzl*: Lateinische Literatur, S. 356, 397.

[5] *Dhuoda*: Manuel. Die Seitenzahlen meiner deutschen Übersetzung beziehen sich auf den lateinischen Text. Die wichtigste Interpretation stammt von *Dronke*: Women Writers, S. 36–54.

[6] *Bumke*: Höfische Literatur; *Ennen*: Frauen; *Liebertz-Grün*: Zur Soziologie; *Schnell*: Causa Amoris.

[7] *Marie de France*: Die Lais; *dies.*: Äsop. Ich übernehme mit einigen Modifikationen die Übersetzungen von *Gumbrecht* und *Rieger*.

[8] *Bezzola*: Les origines, Bd. 2, S. 371, 382 f., 159, 168, 176 ff., 180.

[9] Biographies des Troubadours, provenzalisches Zitat S. 394, vgl. auch S. 380; *Schultz-Gora*: Provenzalische Dichterinnen; *Rieger*: Französische Dichterin, S. 36 ff.

[10] *Ottokar*: Reimchronik, vv. 86329 ff.

[11] Vgl. *Deutsche Liederdichter*, Bd. 1, S. 77–79; Bd. 2, S. 76–83. *Mertens*: Gedrut, Geltar; *Brunner*: Brigitta.

[12] Zur Biographie vgl. *Willard*, Christine. Die Literatur von und über Pizan erschließt Kennedy: A bibliographical guide.

[13] *Pizan*: Oeuvres Poétiques, Bd. 2, S. 14.

[14] *Pizan*: Stadt der Frauen; Zitate nach dieser Übersetzung.

[15] *Pizan*: Jehanne d'Arc, Zitat S. 34.

[16] *Pizan*: Treasure, S. 62 ff., 71 ff.

[17] *Pizan*: Avision, S. 168.

[18] *Liepe*: Elisabeth von Nassau-Saarbrücken.

[19] *Elisabeth von Nassau-Saarbrücken*: Huge Scheppel; dies.: Königin Sibille. Den «Herpin» und den «Loher und Maller» habe ich in den 1514 bei *Johannes Grüninger* in Straßburg erschienenen Erstdrucken gelesen.

[20] Ich zitiere *Eleonores* «Pontus und Sidonia» nach dem 1483 in Augsburg bei Hans Schönsperger erschienenen Erstdruck.

[21] *Strauch*: Pfalzgräfin Mechthild.

[22] *Helene Kottanner*: Denkwürdigkeiten. Alle Zitate beziehen sich auf diese Ausgabe.

[23] *Strelka*: Renaissancehof Margarethes.

[24] *Kreiten*: Briefwechsel.

II.1. Geistliches Leben

[1] Die lateinische Überlieferung überblickt *Dronke*. Auswählend *Wilson* (Hrsg.); aus der Sicht des Historikers *Arnold*: Frau. Ich danke Herrn Kollegen Arnold herzlich, daß er mir sein Manuskript zur Einsicht gab.

[2] Platzgründe zwingen zur Auswahl: Ich behandle die lateinischen und volkssprachigen Autorinnen im deutschen Sprachraum bis gegen 1200 – mit Ausnahme Hildegards von Bingen, der hier *Christel Meiers* Beitrag gilt. Meine Forschungsangaben be-

schränken sich öfter auf Arbeiten mit weiteren Literaturhinweisen.

[3] Vgl. *Grundmann*: Litteratus; *Specht*; *Riché*; *Bumke*: Höfische Kultur, Bd. 2, S. 596–637.

[4] Zum Hineinwachsen der mündlichen Poesie in die Schriftlichkeit s. *Zumthor*, bes. S. 49–66, 100–115.

[5] Vgl. *Grundmann*: Frauen, bes. S. 133 f.

[6] Zur geschichtlichen und rechtlichen Stellung der Frau bis zum Hochmittelalter vgl. *Ennen*, S. 44–133; *Ketsch*, Bd. 2, S. 433 (‚Vormundschaft‘) und S. 406–410 (Bibliographie).

[7] Vgl. *Arnold*: Mentalität; s. weiter die Titel in Anm. 6.

[8] Vgl. *Otfried*. Ed. Erdmann, I 5, 5–12.

[9] Vgl. *Specht*, S. 276–281, 285.

[10] Vgl. *Otfried*: Ad Liutbertum 8 f.; Rolandslied 9024 f.; dazu *Bumke*: Mäzene, S. 85–91; *Ennen*, S. 128 f. *Heinrich von Veldeke*: Servatius 6178 f.; dazu *Bumke*, ebd., S. 116 f., 122 f. u. ö. *Alber*, Visio Tundali 69 f.; dazu *Bumke*, ebd., S. 136, 231.

[11] Zu verschiedenen Aspekten der Frauenbildung vgl. *Ketsch*, Bd. 2, S. 427 f. (‚Bildung‘) und S. 410–414 (Bibliographie).

[12] Weitere Frauengebete nennt *Ehrismann*, S. 169 f.

[13] Ebd. S. 169; *Papp*: Verfasserlexikon 2, Sp. 1109 f.

[14] Vgl. *Ehrismann*, S. 212 f.; *Kunze*: Verfasserlexikon 1, Sp. 498–500; *Vollmann-Profe*, S. 143.

[15] *Vollmann-Profe*, S. 150.

[16] Vgl. *Ganz*: Verfasserlexikon 1, Sp. 490.

[17] Vgl. *Ohly*, S. 193 f.

[17a] Bertha verfaßte im 11. Jh. die lateinische Vita der ersten Äbtissin ihres Klosters Vilich am Rhein; s. *Worstbrock*: Verfasserlexikon 1, Sp. 800 f. Erwähnt sei außerdem noch die Kalligraphin Diemut, 1080–1130, Incluse von Wessobrunn, die ca. 50 prachtvoll geschriebene Handschriften schuf; s. *Bauerreiss*: Lexikon für Theologie und Kirche 3, Sp. 376.

[18] Editionen verzeichnet *Dronke*, S. 298 f., Anm. 29.

[19] Ebd. S. 91 f. *Dronke* sieht Parallelen zum Ruodlieb.

[20] Vgl. *Bischoff*, S. 387 f.; *Bauch*, S. 13 bis 15; das Kryptogramm ebd. S. 22.

[21] Text, Übersetzung und Erläuterung der Viten bietet *Bauch*.

[22] Übersetzt von *Bauch*, S. 31 und 33.

[23] Vgl. *Gottschaller* (S. 16–21) über Hugeburc und die angelsächsische Hagiographie; S. 75–81 zur *imitatio* (der Bonifaz-Vita); S. 30–100 über Grammatik, Wortschatz und Stil. Zu Aldhelm vgl. *Manitius*, Bd. 1, S. 134–141.

[24] *Hrotsvit* nennt sich in den Opera (ed. v. *Winterfeld*): Maria 18; Ascensio 148; Gongolfus 12; Pelagius 3; Epistola ad quosdam sapientes 1.

[25] Zur besitzrechtlichen Situation des wohlhabenden Stifts auch gegenüber den zwölf sächsischen Frauenkonventen der Zeit, dem Verhältnis zur weltlichen wie geistlichen Macht s. *Heineken*; vgl. auch *Nagel*: S. 45–49; *Roswitha von Gandersheim*. Werke. Ed. *Homeyer*, Einführung, S. 23–31.

[26] Kanonissen sollten entsprechend der 816 verfaßten Aachener Kanonissenregel leben, sie legten keine Gelübde ab und unterschieden sich damit von Nonnen. Sie durften eigenes Vermögen und eigene Kurien in der Stiftsimmunität besitzen, mit Wissen der Äbtissin Besuche und Reisen machen und nach Entlassung heiraten. Stiftsfrauen nahmen die Ämter der Äbtissin, Pröbstin, Dechantin, Cameraria, Kustodin, Scholastica u. a. wahr; vgl. *Schmidt* Lexikon für Theologie und Kirche 5, Sp. 1288 f.

[27] Genauere Nachweise zur Erschließung der Vita bei *Nagel*, S. 38–44; *Rädle*: Verfasserlexikon 4, Sp. 196–198.

[28] Vgl. *Hrotsvit*: Opera, 1. praefatio 6 f.

[29] Für *Kuhn* ergibt sich aufgrund thematischer Entsprechungen zwischen Buch 1 und 2 ein „wohlgefügter doppelter Kreislauf" (S. 190); *Dronke* (S. 60–64) stimmt dem weitgehend zu.

[30] Genaueres zur nicht allzu reichen Überlieferung *Nagel*, S. 32, und *Rädle*: Verfasserlexikon 4, Sp. 198–200.

[31] Diese gängige Vermutung läßt sich aus den von *Homeyer* (Opera, S. 13–15; Werke, S. 325–330) nachgewiesenen liturgischen Wendungen mehr erahnen als bestätigen. Der Schluß des Theophilus (452 f.) enthält ein Tischgebet.

³² Hrotsvit selbst führt diese Typologie in ihrer Marienlegende (13–16) aus; *Guldan* (S. 17f.) erwägt eine Verbindung zur Bernward-Tür und einer Hildesheimer Miniatur; s. seine weiten patristischen und besonders ikonographischen Quellen.

³³ Für *Hieronymus*, den Schüler des Grammatikers und Terenzkommentators Aelius Donatus, ist Terenz ein „Comicus, cujus finis est humanos mores nosse atque describere" (Epistola 54 ad Furiam 9, Patrologia Latina 22, 554). Hieronymus zitiert Terenz in wenig frauenfreundlichem Kontext im Kapitel „Omnia mala ex mulieribus" (Adv. Jovinianum Lib. 1, 48, Patrologia Latina 23, 292 B); diese und weitere Stellen bei *Hagendahl*, S. 146, 155 u. ö.

³⁴ „Zwar kann gerade ich bei meiner geringen Kraft als schwache und gebrechliche Frau mich nicht auf ein Vorrecht weiser Einsicht stützen, noch mich durch den Einsatz großer Kräfte hervortun. Aber dennoch möchte ich ... wie eine kleine Törin von der geringen Klugheit meines Herzens einiges abpflücken" (Willibald-Leben, *Bauch*, 86, 32–35).

³⁵ *Arnold* (Frau, s. Lit.Verz.) sammelt entsprechende Stellen: „Sie bezeichnet sich selbst als *fragilis mulier*, spricht von der *mollities muliebris* und dem *defectus mentis solitus muliebris*, belegt sich und ihr Werk mit den Epitheta *opusculum vilis mulierculae*, *mei muliebre ingenium* oder *vilitas meae inscientiae*."

³⁶ Die schon in karolingischer Zeit regional zu beobachtende und später allgemeine Beliebtheit des Terenz als Schulautor ergibt sich aus *Curtius* (S. 587, ‚Terenz') und *Glauche* (S. 147, ‚Terenz'). Nach *Dronke* (S. 57f.) wurde Terenz am ottonischen Hof vom kaiserlichen Bruder Bruno ebenso geschätzt wie von Rather von Verona und Liutbrand von Cremona. Brunos Biograph Ruotger bezeugt sein stilistisches Interesse an Terenz und seine Verbindung mit Gandersheim. Vor diesem Hintergrund wird Hrotsvit (2. praefatio 1f.) verständlich.

³⁷ *Specht* (S. 259–261), der einen Teil des Briefes übersetzt. Hrotsvits Ausführungen ähneln, wie mir scheint, des Hieronymus Epistola 107 ad Laetam 4, Patrologia Latina

22, 871. Zur Kanonissenregel von 817 vgl. Anm. 26.

³⁸ 2. praefatio 4 nach der Übersetzung *Homeyers*.

³⁹ 2. praefatio 5.

⁴⁰ 1. praefatio 3 f. Die Abmilderung des Gegensatzes kanonisch – apokryph begegnet auch sonst in der Zeit; vgl. *Masser*, S. 22–31.

⁴¹ Gesta Ottonis, prologus 1, 28 f.; Gesta Ottonis, 1487 f.

⁴² S. die Belege bei *Schaller*, S. 112 f.

⁴³ 2. praefatio 3. *Homeyer* übersetzt ebenfalls: „ich, die kraftvolle Stimme von G." *Wilson* (S. 31) und *Dronke* (S. 69 f.), der hier Selbstironie sieht, schließen sich dem Verständnis „the strong voice" bewußt an entgegen der Deutung ‚ruhmstark' vor allem bei *Zeydel* (Ego, S. 187 f.). Mir scheinen Hrotsvits Demutsbezeugungen und der bei geistlichen Autoren der Zeit belegte Topos, ohne Anspruch auf eigenen Ruhm allein zum Lob Gottes zu dichten, Zeydels Interpretation ‚einen guten Ruf genießen', ‚ruhmreich sein' (Ego, S. 188) zu relativieren; vgl. z. B. Otfried I 2, 17: „Thaz ih ni scríbu thuruh rúam, súntar bi thin lób du an."

⁴⁴ *Hieronymus*: Epistola 53 ad Paulinum 2, Patrologia Latina 22, 541.

⁴⁵ 1. Dedicatio, bes. 11 f.

⁴⁶ Epistola (Hrotsvithae) ad quosdam sapientes 6–9.

⁴⁷ Vgl. die Invocationes Mariae 17–19; Gongolf 11 f.; Pelagius 6–9. „Die Form der Invocatio und die Theorie der divinen Inspiration des Dichtens" behandelt ausführlich *Ernst*, S. 46–61.

⁴⁸ 2. praefatio 9 nach *Homeyers* Übersetzung. Ähnlich Konrad von Würzburg: Partonopier 135–145.

⁴⁹ 1. praefatio 6.

⁵⁰ Vgl. *Homeyer* (Imitatio), ebd. ältere Forschung; *Zeydel* (Influence) betont Hrotsvits Selbständigkeit.

⁵¹ Vgl. *Dronke*, S. 74; *Homeyer* (Ed.): Opera, S. 10–15. Die *prima usya* im «Calimachus» (ed. v. *Winterfeld*, S. 136,6) dürfte Hrotsvit aus Ps.–Augustins «Categoriae decem» (ed. *Minio Paluello*, Aristoteles Latinus I 3, S. 145, 25.28 u. ö.) gekannt haben; denn unter den damals gängigen Ein-

führungen in die Dialektik gebraucht allein diese ständig den griechischen Terminus.

[52] Vgl. *Klopsch* (S. 17–19), der Hrotsvits 2. praefatio 2, 1–3 einbezieht.

[53] Auf den legendenhaften Grundzug des gesamten Werks, wie er Hrotsvits frühchristlichen Vorbildern und besonders des Prudentius «Peristephanon» entspricht, macht *Schwietering* (S. 22–25) nachdrücklich aufmerksam.

[54] So das Ergebnis von *Schütze-Pflugk*. Otto I. entspricht dem Exempel König Davids; vgl. *Kratz*.

[55] Vgl. Hrotsvit (ed. *Suchomski*): Comediae, S. 1–26; Delectatio, S. 89–99; ebd. S. 82–89 über Terenzrezeption und den mittelalterlichen Comedia-Begriff.

[56] Vgl. ebd. S. 66–202; *Cole*, S. 597–605.

[57] S. *Fuhrmann*.

[58] Hrotsvits sprachliche Anklänge an Terenz verzeichnet *Homeyer*: Imitatio, S. 975 f.; *Dronke* (S. 72) sieht auch in der dramatischen Gestaltung der Ereignisse Hrotsvits Nähe zu Terenz.

[59] Die Forschung referiert *Nagel*, S. 3 f.

[60] Vgl. *Grimm*; *Zeydel*: Reception.

[61] Vgl. *Wagner*; Zitat Gottscheds ebd. S. 257.

[62] Vgl. *Nagel*, S. 18–26; Verzeichnis der Aufführungen ebd. S. 75–78.

[63] Vgl. *Doerr*, S. 37–70; *Wulf*, Lexikon für Theologie und Kirche 5, Sp. 679 f.

[64] Jüngstes Gericht, ed. *Maurer*, S. 393 bis 406.

[65] *Greinemann*, S. 8.

[66] *Greinemann*, S. 11–24; die im folgenden für Avas Werke je gesondert der Frage nach dem liturgischen „Sitz im Leben" nachgeht; *Masser*, S. 32–46; *Papp*, Verfasserlexikon 1, Sp. 561 f.; *Stein*.

[67] Vgl. *Wehrli*; *Kartschoke*; *de Boor*, S. 159–176.

[68] *Schwietering*, S. 78–80.

[69] Neuere fundierte Forschungsbeiträge zur Handschrift, ihrer Geschichte mit Verlust und Rekonstruktion, den Miniaturen, deutschen Glossen und Neumen sowie einen Katalog der Miniaturen und der Texte mit reichem Kommentar enthält Bd. 2 von *Green* u. a. Vgl. auch *Curschmann*: Verfasserlexikon 3, Sp. 1138–1144.

II.2. Prophetentum als literarische Existenz

[1] So etwa auf dem Rupertsberger Antependium von ca. 1230 und im Titelbild des Erstdrucks von Hildegards «Scivias», Paris 1513, von Faber Stapulensis.

[2] Zur Darstellung des Prophetenamtes s. bes. den Prolog des «Scivias» sowie die weiteren Werkprologe. Zum Weg der Durchsetzung: PL Sp. 103 C–104 B. Zum kirchenrechtlichen Hintergrund: *Raming*.

[3] 2. Cor. 12; Gregor d. Gr.: Homiliae in Hiezech. Proph. Hrsg. von *M. Adriaen*, Turnhout 1971, Corpus Christianorum, Bd. 142, S. 196, 422 ff.

[4] Dazu z. B. PL Sp. 220 AB. Hildegards Visionen sind nicht auf Ekstase, Träume u. dergl. angewiesen, sie erfährt sie bei wachem Geist durch die Sinne nicht gestört, wie sie immer wieder betont.

[5] Das meint die neue allegorische Schriftexegese seit der Apostelzeit.

[6] Mit Inspirationsfeuer und plötzlichem

[7] Dazu bes. PL Sp. 254 CD, 256 BD, 258 A; *Pitra*, S. 355.

[8] *Eriugena* entwickelt dies besonders in seinem Kommentar zur «Hierarchia caelestis» des Ps.-Dionys (hrsg. von *J. Barbet*, Turnhout 1975, Corpus Christianorum, Cont. Med. Bd. 31).

[9] Eine entsprechende Untersuchung von mir zu Rupert von Deutz' literarischem Selbstverständnis (formuliert vor allem im 12. Buch seines Matthäus-Kommentars) ist in Druckvorbereitung.

[10] *Hildegard*, Sc, Protestif., S. 3, 12 ff.

[11] Zum Komplex *sermo humilis*, der besonders in der Legende programmatisch Geltung gewann, sind seit *Erich Auerbach* zahlreiche Beobachtungen gemacht worden; Lit. zuletzt zusammengestellt bei

Lutz, S. 372 ff. und Reg. s. v. *sermo humilis*.

[12] *Hildegard*, PL Sp. 962 D.

[13] *Hildegard*, Sc S. 586, 382 ff.

[14] *Hugo von St. Viktor*: Commentariorum in Hierarch. coel. S. Dionysii Areopagitae libri X, Migne PL 175, Sp. 923 ff., hier 941.

[15] So bes. *Johannes Scottus Eriugena*: Expositio Cap. II (wie Anm. 8).

[16] So zuerst erklärt bei *Meier*: Hildegard von Bingen, Sp. 1263 f.

[17] Dazu PL Sp. 116 BCD.

[18] Vgl. bes. PL Sp. 746 (zur *praescientia*), 979–981 (zum Hervorgang der Urbilder in die sinnenfällige Welt wie zum Hervorgang prophetischer Bilder aus ebenjenem Bereich); für Hildegards Prophetie: „De umbra autem hac scriptura «Scivias» processit per formam mulieris [...]"

[19] *Eriugena:* Expositio VII 566 ff. (wie

Anm. 8); *Hugo*, PL 175, Sp. 1056 C bis 1057 A.

[20] *Bruce W. Hozeski:* Hildegard of Bingen's ‚Ordo Virtutum‘: The Earliest Discovered Liturgical Morality Play. In: American Benedictine Review 26 (1975) 3, S. 251–259.

[21] *Meier:* ‚Virtus‘ und ‚operatio‘, S. 87–91.

[22] Hierzu bes. die Übersetzungen und Darstellungen von *Heinrich Schipperges;* neuerdings *Irmgard Müller:* Die pflanzlichen Heilmittel bei Hildegard v. B., Salzburg 1982, S. 9 ff.

[23] *Elisabeth*, S. 40: „Hos illos scandalizat, quod in his diebus plurimum in sexu fragili misericordiam suam dominus magnificare dignatur ..."

[24] Ebd., S. 91.

[25] Dazu *Küsters*, S. 259 f.

[26] *Hildegard*, Briefwechsel, S. 190–200, hier 199 und 197 f.

III. Vita religiosa

[1] *Jakob von Vitry*: Prolog zur Vita Maries von Oignies (Acta Sanctorum, 23. Juni, Bd. 4 [1969], S. 636 f.). Deutsche Übersetzung von *Wilhelm Oehl*: Deutsche Mystikerbriefe des Mittelalters 1100–1550. München 1931, hier S. 192 f.

[2] *Roisin*: L'efflorescence cistercienne, S. 376.

[3] *Grundmann*, S. 439 ff.

[4] *Juliana von Cornillon*: Acta Sanctorum, 5. April, Bd. 1 (1968), S. 444.

[5] *Grundmann*, S. 457.

[6] *Heinzle*, S. 107.

[7] *Ruh*: Beginenmystik, S. 271.

[8] *Ruh*: Gottesliebe, S. 250.

[9] Vgl. das Gutachten der Kanoniker bei *Lea*, S. 657.

[10] Ebd. S. 657.

[11] Ebd. S. 657.

[12] *Haas*, S. 376 ff.

[13] *Bynum*, S. 247 ff.

[14] *Ancelet-Hustache*, S. 480, 26 f.

[15] *Ringler*, S. 334 ff.

[16] *Haas*, S. 47 ff.

[17] Ebd. S. 51 f.

[18] Stadtbibliothek Nürnberg, cod. Cent. V, App. 99 (N 1).

[19] *Ringler*: Viten- und Offenbarungsliteratur (vgl. Kap. 4), S. 370 ff.

[20] Maria Medingen, Klosterbibliothek (Md. 1); diese bis vor kurzem verschollene Handschrift befindet sich nun wieder im Kloster Maria Medingen.

[21] Die datierten Episoden dieses Textes sind schließlich zu einer strikt chronologisch geordneten Vita verarbeitet, die – allerdings nur fragmentarisch – in eine Christine Ebner-Sammelhandschrift der Württembergischen Landesbibliothek Stuttgart, cod. theol. et phil. 2° 282, eingetragen ist (fol. 156^r–158^v).

Zweiter Teil
IV. Lateinischer Dialog

[1] Vgl. etwa *Lehms*: Teutschlands Galante Poetinnen, fol. b 4[r].

[2] Alle folgenden lateinischen und deutschen Textzitate des Dialogs «Abbatis et Eruditae» vgl. *Erasmus von Rotterdam*: Colloquia familiaria, S. 252–265.

[3] *Erasmus von Rotterdam*: Colloquia familiaria, S. 263.

[4] *Reimann*, S. 242.

[5] Ebd. S. 242.

[6] *C. Pirckheimer*: Briefe, S. 138; über Katharina Pirckheimer, die „amita magna": „nescio quid doctius, cultius absolutiusve urbs nostra viderit".

[7] *Celtis* äußert sich in seinen „Amores" abfällig über den Bildungsstand in deutschen Nonnenklöstern; die Nonnen verstünden kein Latein und psallierten ihre Texte ohne sprachliche und theologische Kenntnisse. Celtis: Quattuor Libri Amorum, p. 64.

[8] Zu Sixtus Tuchers zentraler Bedeutung für Conrad Celtis vgl. *Hess*: Typen des Humanistenbriefs (Briefe Celtis an Tucher/Tucher an Celtis), S. 470–497.

[9] Zum Abdruck der Briefe Tuchers an Caritas vgl. *C. Pirckheimer*: Briefe, Nr. 1 bis 31, S. 31–69. – Wichtige Aspekte der Korrespondenz mit Sixtus Tucher, Willibald Pirckheimer und Conrad Celtis wurden auch behandelt von *Hess*: Oratrix humilis, S. 173–203. Hier ist auch die wichtigste Forschungsliteratur zu Caritas Pirckheimer nachgewiesen und diskutiert.

[10] *W. Pirckheimer*: Briefwechsel, S. 25 bis 28.

[11] Ebd. S. 310.

[12] *Anzelewsky*, S. 182–184 (mit Abbildung der Zeichnung und des Gemäldes Nr. 54 u. 55).

[13] *W. Pirckheimer*: Opera, p. 16.

[14] *W. Pirckheimer*: Briefwechsel, S. 439.

[15] Ebd. S. 55.

[16] Vgl. dazu *Hess*: Erfundene Wahrheit, S. 146.

[17] *C. Pirckheimer*: Briefe, S. 259.

[18] Ebd. S. 83, 85.

[19] Ebd. S. 85.

[20] Ebd. S. 86 f., S. 94 f.

[21] *Celtis*: Briefwechsel, S. 461–467.

[22] *C. Pirckheimer*: Briefe, S. 103 f.

[23] *J. Butzbach*: De praeclaris mulieribus, fol. 129; vgl. *Kist:* Charitas Pirckheimer S. 46, 110.

[24] Vgl. dazu *Marx*, S. 35–57.

[25] *C. Pirckheimer*: Briefe, Nr. 45, S. 100 f. u. Nr. 47, S. 105 f.

[26] Ebd. S. 106.

[27] Ebd. S. 102.

[28] Ebd. S. 258.

[29] *W. Pirckheimer*: Opera, p. 350–355.

[30] Vgl. Abb. S. 118; Katalog Caritas Pirckheimer, Nr. 88, S. 98.

[31] *C. Pirckheimer*: Denkwürdigkeiten, S. 269 f..

[32] Ebd. S. 286–303.

[33] Ebd. S. 135 f.

[34] Katalog Caritas Pirckheimer, Nr. 169, S. 157 (Abb. S. 16).

[35] *Pfanner*, S. 214.

[36] Vgl. Abb. S. 128; entnommen dem Ausstellungskatalog: Welt im Umbruch. Bd. 2, S. 108 f., Nr. 458, 459.

[37] *Silbernagl*, S. 258.

[38] *Peutinger*: Briefwechsel, S. VI.

[39] *Peutinger*: Briefwechsel, S. 20.

[40] *Brinker-Gabler*, S. 25.

[41] *Peutinger*: Briefwechsel, S. 20.

[42] *C. Pirckheimer*: Briefe, S. 258.

[43] *Joachimsen*, S. 571.

[44] *Celtis*: Briefwechsel, S. 29.

[45] *Peutinger*: Briefwechsel, Nr. 11, 24. *Lehms*, S. 272, 273 f.

[46] *Peutinger*: Briefwechsel, Nr. 12, S. 26.

[47] Zu Parallelen in Italien vgl. *Marx*, S. 35.

[48] *Celtis*: Briefwechsel, S. 29.

[49] Der Druck bei Radolt (Augsburg) 1505 ist erhalten in einem Exemplar aus dem Besitz Hartmann Schedels: SB München Sign. Rar 584; der Druck von Schöffer (Mainz) 1520 in einem Exemplar aus dem

Besitz Michael Hummelbergs mit Besitzer-
eintrag fol. 26ᵛ: SB München Sign. Clm
4018. Der Druck überliefert Julianas Rede
zusammen mit einem literarischen Epitaph
auf Kaiser Maximilian von Michael Hummelberg.
    [50] _Lotter-Veith_: Historia vitae atque me-
ritorum Conradi Peutingeri (...). Post Io.
Ge. Lotterum (...) edidit Franc. Ant.
Veith. Augustae Vindelicorum 1783, p. 25.
    [51] _Mertens_: Epistola, p. 21.
    [52] Ebd.
    [53] _Peutinger_: Briefwechsel, S. 55.
    [54] _Peutinger_: Briefwechsel, S. 301–303.
    [55] _Lotter-Veith_, p. 25.
    [56] Vgl. den lateinischen Text in: _Peutin-
ger_: Briefwechsel, S. 339–341, mit Angaben
zur Überlieferungsgeschichte.
    [57] Ebd. S. 340.
    [58] _Havemann_, S. 72 f.
    [59] _Hutten_: Schriften. Bd. 2, p. 488.
    [60] _Lotter–Veith_, p. 26.
    [61] _Peutinger_: Briefwechsel, S. 341.
    [62] Ebd. S. 153 f.
    [63] Zu den Handschriften vgl. _König_,
S. 26 f.
    [64] _Mertens_: Epistola, p. 88.
    [65] _Joachimsen_, S. 574.
    [66] _Emser_: Satyra, S. 25.
    [67] _Mertens_: Epistola, p. 13 f.
    [68] Ebd. S. 17.
    [69] Vgl. den lateinischen Text in: _Peutin-
ger_: Briefwechsel, S. 154 f.
    [70] Ebd. S. 155.
    [71] _Havemann_, S. 70; _Johannes von Ple-
ningen_ schreibt in seinen „Denkwürdigkeiten" über Rudolf Agricola: „Er liebte ein
Privatleben in Abgeschiedenheit, wie es denen, die sich wissenschaftlicher Beschäftigung hingeben, am angenehmsten zu sein
pflegt. Keinen Verlockungen der menschlichen Sinne unterworfen... hatte er doch
bewundernswerterweise Freude am freundschaftlichen Verkehr mit angesehenen Frau-
en, besonders mit solchen, die zu schreiben
verstanden."
    [72] Vgl. im _Peutinger_-Briefwechsel den
Brief Nr. 138.
    [73] Vgl. den lateinischen Text des Briefs
in: _Peutinger_: Briefwechsel, S. 358–360, die
beiden Zitate S. 359.
    [74] Ebd. S. 360.

[75] Ebd. S. 498 f.
[76] _Pfeiffer_, S. 227.
[77] _Peutinger_: Briefwechsel, S. 498.
[78] _Olympia Morata_: Opera, p. 108.
[79] Griechisch-lateinische Synopse des
Textes: _Olympia Morata_: Opera,
p. 236–241.
[80] Vgl. den lateinischen Text: _Olympia
Morata_: Opera, p. 108–110.
[81] Vgl. _Holzberg_, S. 154.
[82] _Olympia Morata_: Opera, p. 1–9.
[83] Ebd. p. 74–82.
[84] Ebd. p. 73 f.
[85] _Mertens_: Epistola, p. 23.
[86] _Olympia Morata_: Opera, p. 248.
[87] Ebd. p. 106.
[88] Ebd. p. 104 f.
[89] Dialogus. Lavinia Ruverensis Ursina
et Olympia Morata colloquuntur. _Olympia
Morata_: Opera, p. 47–58.
[90] Ebd. p. 47.
[91] Ebd. p. 48.
[92] _Conrad Peutinger_ läßt diese Formel
als Movens seines Lebens auf sein Portrait
Christoph Ambergers setzen (vgl. Anm.
36).
[93] _Olympia Morata_: Opera, p. 50.
[94] Ebd.
[95] Secundus Dialogus. Theophila & Philotima colloquuntur. _Olympia Morata_:
Opera, p. 58–72.
[96] Ebd. p. 89 f.: „At postquam tuam il-
lam epistolam quam te puto dictantibus
Musis excepisse ad me dedisti: ingenue fa-
teor me nunc demum tuarum literarum de-
siderio laborare."
[97] Ebd. p. 92: „...ut omnes oratorias
lecythos propemodum releuisse videaris."
[98] Vgl. besonders den Brief an Curione
aus Schweinfurt: _Olympia Morata_: Opera,
p. 114–118, hier vor allem p. 114.
[99] Ebd. p. 130.
[100] Ebd. p. 132.
[101] Vgl. den lateinischen Text: _Olympia
Morata_: Opera, p. 208–210.
[102] Ebd. p. 271. Vgl. die Epitaphien der
Peterskirche in: _Neumüller-Klauser_,
Nr. 276, 277, 278.
[103] In einem Epigramm hat sie diese Gedanken literarisch formuliert unter der
Überschrift _Olympiae votum_:
„Dissolui cupio, tanta est fiducia menti,

Esseque cum Christo, quo mea uita uiget."
Olympia Morata: Opera, p. 249.
[104] Ebd. p. 250–270.
[105] Ebd. p. 255–256.
[106] Ebd. p. 253.
[107] Tagebucheinträge vom 30./31. 1. 1828 und 11. 2. 1829; vgl. *Weiß-Stählin*, S. 182.

[108] *Olympia Morata*: Opera, p. 222: „In eo autem Italis feliciores fuere Germani, quod apud eos tum postremas suas cogitationes, tum etiam corpus castissimum foemina omnium eruditissima, deposuerit [...]."

V.1. Frauen in den Glaubenskämpfen

[1] Vgl. hierzu *Becker-Cantarino*: Nonne, Streiterin, Organisatorin, Gläubige: Frauen und die Kirche. In: Dies.: Der lange Weg zur Mündigkeit, S. 67–147.

[2] Vgl. etwa noch die neueren Arbeiten von *Bainton*: Women of the Reformation in Germany and Italy. Ders.: Women of the Reformation, From Spain to Scandinavia (1977); nützlich sind die vielen bibliographischen Hinweise, die Texte von Frauen in entlegenen Publikationen berücksichtigen.

[3] Vgl. den Beitrag von *Ursula Heß* in diesem Band.

[4] Hier hat die historische Züricher Dissertation von *Alice Zimmerli-Witschi* interessantes Material zusammengetragen (vgl. bes. S. 3–43), die die „Auswirkungen der Reformation auf Leben und Stellung der Frauen, hauptsächlich anhand des Frauenschrifttums der Zeit" (S. 1) analysiert.

[5] In diesem Zusammenhang ist die Untersuchung zu Straßburg interessant, in der die Herrschaftsansprüche der Männer auf Person und materiellen Besitz der Frauenklöster zum Ausdruck kommen; *Miriam U. Chrisman*: Women and the Reformation in Strasbourg 1490–1530. In: Archiv für Reformationsgeschichte, 53 (1972), 143–67.

[6] Gedruckt 1550 von Frantz Behem zu S. Victor bei Mainz; gekürzt wiederabgedruckt bei *Franz Falk*: Literarische Gegnerinnen Luthers, in: Historisch-politische Blätter für das katholische Deutschland, München 1907.

[7] „Epistre très utile faicte et composé par une femme Chrestienne de Tournay, Envoyé à la Royne de Navarre seur du Roy de France" (1539). Vgl. *Zimmerli-Witschi*, S. 57–73.

[8] Zitiert nach *Zimmerli-Witschi*, S. 9.

[9] Vgl. hierzu *Becker-Cantarino*: Vom ‚ganzen Haus' zur Familienidylle: Haushalt als Mikrokosmos in der Literatur der Frühen Neuzeit und seine spätere Sentimentalisierung. In: Literatur und Kosmos, hrsg. von G. Scholz-Williams und L. Tatlock (Amsterdam: Rodopi, 1987).

[10] Vgl. die These meiner Studie, Stuttgart 1987, bes. S. 1–18.

[11] Informativ die histor. Diss. (mit Bibliographie) von *Klaustermeyer*.

[12] Zitate nach *Stupperich*.

[13] Zell: Ein Brief an die ganze Bürgerschaft der Stadt Straßburg, S. 310 (zitiert als „Brief").

[14] Weimarer Ausgabe, Briefwechsel, Bd. 6, Nr. 1777. Brief vom 24. 1. 1535.

[15] Zell: Klagrede und Ermahnung.

[16] Blattern, die „Französische Krankheit", bezeichnete die Syphilis (und was dafür gehalten wurde), die ab etwa 1495 im Elsaß auftrat und sich schnell und seuchenartig in Deutschland verbreitete. Vgl. *Winckelmann*, Bd. 2 S. 75 ff.

[17] Ludwig Rabus, der Nachfolger Zells, war ein orthodoxer Lutheraner, der, wie die zweite Generation der Reformation, intolerant gegen jegliche protestantische Anschauungen, die er für falsch hielt, polemisierte. In der Weihnachtspredigt 1556 in Straßburg hatte er Schwenckfeld scharf angegriffen und viele Straßburger Protestanten befürchteten schwerwiegende Folgen für die junge protestantische Kirche bei dieser Polemik. Rabus verließ Straßburg bald darauf, nachdem er sich mit dem Rat überworfen hatte, und trat eine Superintendentenstelle in Ulm an. Katharina sprach für die tolerante, ältere Generation

der erfahrenen Reformer. Rabus ignorierte ihr erstes Schreiben, das er ungeöffnet zurücksandte; auf ihr zweites Schreiben hin begann er seine Antwort mit „Dein heidnisch, unchristlich, erstunken und erlogen Schreiben [...]" und endete mit den Worten „Dunkt dich dieser Brief zu hart, so gedenk, man muesse einem Narren antworten, wie es sich gebührt." (*Füsslin*, S. 254, 278).

[18] Vgl. *Erichson*, S. 241 ff.

[19] Zell: Den Psalmen Misere.

[20] Historisch grundlegend *Kolde*.

[21] Zitiert nach *Lipowski*, Beilage 1, a1r. – Der vom 20. September 1523 datierte Sendbrief, der sicher auch in Abschriften zirkulierte, wurde bei Philipp Ulhart in Augsburg gedruckt: Wie ain Christliche Fraw des / Adels, in Bayern durch jren, in Götli= / cher Schrift, wolgegründten Sendt / brife, die Hohenschül zu Ingolstadt / vmb das sy aynen Ewangelischen / Jüngling, zu widersprechung / des wort Gottes, be= / trangt haben, / straffet.

[22] Bei Ulhart 1523 gedruckt: Ain Christenliche schrifft / ainer Erbarn frawen, vom Adel / darinn sy alle Christenliche stendt / vnd obrikayten ermant, Bey der warhait, vn dem wort / Gottes zu belyben, vnd /solchs auß Christlicher / pflicht zu zum ernst= / lichsten zu handtt= / haben. Argula Staufferin. / M. D. xxiii. / Actuum 4. / Richtent ir selb, obs vor gott recht sey, das / wir euch mer gehorsam sein sollen denn gott.

[23] Eyn Antwort in gedicht weiß / ainem auß d'hohen Schul zu Ingolstat / auff ainen spruck / newlich von jm auß gangen / welcher hynde dabey getruckt steet. Zitat auf D2r.

[24] *Heinsius*, S. 148.

[25] Vgl. hierzu *Becker-Cantarino*: Die literarische Tätigkeit der Elisabeth von Braunschweig-Lüneburg.

[26] Zitiert nach *Tschackert*, S. 7.

[27] Ein christlicher Sendbrief / der Durch=leuchtigen Hochgebornen Fürstinnen vnd Frawen F. Elizabeth geborne Marggrafinnen zu Branden=burg [...] om alle jrer [...] Vn=dertanen geschrieben [...] (1545).

[28] Abdruck bei *Tschackert*, S. 22–44. Die Originalhandschrift – sie befand sich in der (ehemaligen) Universitätsbibliothek Königsberg – ist nicht mehr zugänglich. – Zu den komplizierten politischen Machtverhältnissen vgl. *Brennecke*, Bd. 2, S. 278–403.

[29] Über die sich mehrere Jahre hinziehenden Verhandlungen unterrichtet der informative Briefwechsel: Elisabeth von Braunschweig-Lüneburg und Albrecht von Preußen.

[30] Abdruck bei *Tschackert*, S. 44–55. Original ehem. Universitätsbibl. Königsberg, nicht zugänglich.

[31] Die Lieder wurden erst veröffentlicht durch *v. d. Goltz* (1914). Zitate danach. Auszüge erschienen bereits bei *Franz* (1872). Neudruck des „Neujahrsgrußes" an die Tochter Katharina und eines „Lebensberichtes" in G. *Brinker-Gablers* Anthologie (1978), S. 70–73.

[32] Mir lag nur eine Ausgabe von 1606 vor: Der Widwen Handbüchlein Durch eine Hocherleuchte Fürstliche Widwe, vor vielen jahren selbst beschrieben und verfasset. Exemplar der Herzog August Bibliothek, Wolfenbüttel.

[33] Vgl. *Becker-Cantarino*, Nachwort in: Hoyers, Anna Ovena: Poemata, S. *1–*200: Zitate nach dieser Ausgabe. Dort auch ausführliche Literaturangaben.

[34] Vgl. *Becker-Cantarino*: Die Stockholmer Liederhandschrift.

[35] Neudruck des „Auff/Auff Zion/" auch in: *Brinker-Gabler*, S. 76–77.

V.2. Biblische Weisheiten

[1] *Eberti*, S. 178; *Lehms*; *Frawenlob*, S. 22; *Finauer*, S. 114; *Hollweck*, S. 58; *Winkler*.

[2] *Mayr*, S. 134–40; siehe auch *Brinker-Gabler*, S. 29.

[3] *Mayr*, S. 139–40.

4 *Fischer.*
5 *Möbius,* 69–71.
6 *Mayr,* S. 134.
7 *Winkler,* Bd. 1, S. 83.
8 Siehe *Hollweck,* S. 58.
9 *Mayr,* S. 139–40.
10 Ebd. S. 136.
11 Ebd. S. 134.
12 Eine Art Bibelkatechismus, in dem jeder Punkt des Kleinen Katechismus Luthers mit wenigen zutreffenden Bibelzitaten belegt wurde. Diese Kinderbibel war auch adeligen Mädchen gewidmet, den jungen Gräfinnen von Büdingen.
13 Es wurde auch Witwen als Trostbuch empfohlen; z. Z. der Ausgabe war M. Heymair Hofmeisterin für die jüngst verwitwete Judith Reuber.
14 *Martin Luther* in seiner Predigt, daß man die Kinder zur Schule schicken soll. W. A. 30; 2, 517–88. *Johann Bugenhagen* (1458–1558) in der Schulordnung von Braunschweig (1528). Niklaus Hermans (1480–1561) Lieder wurden veröffentlicht in den Sontags Euangelia, Leipzig, durch Jaconum Berwaldt, 1560, und andere Drucke.
15 Von Vätern geschriebene und veröffentlichte Jugendliteratur: *Veit Dietrich* (1506–49): Summaria Christlicher Lehr. Nürnberg durch Johann vom Berg / vnd Vlrich Newber, 1548; *Hans Michael Moscherosch* (1601–1669): Insomnis Cura Parentum. Straßburg, Bey Johann Philipp Mülben, 1643.
16 Siehe auch meinen Beitrag „Mein Kindt nimm diß in acht…" In: Pietismus und Neuzeit 6 (1980) S. 164–185.

VI.1. Für und wider die Frauengelehrsamkeit

1 Nach meinen bisherigen vorläufigen Schätzungen waren etwa 20 % der an dem Streit Beteiligten Frauen.
2 Vgl. *Kelso,* S. 5 ff.
3 Vgl. *Gössmann:* Das Menschenbild der Hildegard von Bingen.
4 Vgl. *MacLean.*
5 Zum heutigen bibeltheologischen Verständnis dieser Stelle vgl. *Crüsemann.*
6 Vgl. *Gössmann:* Anthropologie.
7 Vgl. *d'Alverny,* S. 27.
8 Vgl. z. B. *Thomas von Aquin:* Summa Theologiae I q. 92 a. 1 ad 1; q. 99 a. 2 ad 1.
9 *Thomas von Aquin:* Summa Theologiae I q. 93 a. 4.
10 Die Schrift ist vorgestellt und größtenteils ins Deutsche übersetzt von *Gössmann:* Archiv, Bd. 1, Kap. 7.
11 Originaltext in *Gössmann:* Archiv Bd. 1, S. 189 Anm. 43.
12 Vgl. *McLean,* S. 47–81.
13 Das Werk, erschienen 1600, nachgedruckt 1608 und 1621, ist vorgestellt und teilweise übersetzt (von Hanna-Barbara Gerl) in *Gössmann:* Archiv, Bd. 2, Kap. 1.
14 *Gössmann:* Archiv, Bd. 2, S. 30.
15 *Gössmann:* Archiv, Bd. 2, S. 33.
16 *Gössmann:* Archiv, Bd. 2, S. 31.
17 Das Werk ist vorgestellt in *Gössmann:* Archiv, Bd. 1, Kap. 1.
18 Originaltext in *Gössmann:* Archiv, Bd. 1, S. 171 Anm. 39.
19 Briefwechsel und Dissertatio sind vorgestellt und größtenteils übersetzt von *Gössmann* in: Archiv, Bd. 1, Kap. 3.
20 *Gössmann:* Archiv, Bd. 1, S. 44.
21 *Gössmann:* Archiv, Bd. 1, S. 44.
22 *Gössmann:* Archiv, Bd. 1, S. 45.
23 *Gössmann:* Archiv, Bd. 1, S. 51.
24 Diese Schrift ist vorgestellt und kommentiert von *Gössmann* in: Archiv, Bd. 2, Kap. 10.
25 Diese Schrift ist vorgestellt und größtenteils übersetzt von *Gössmann* in: Archiv, Bd. 2, Kap. 4. Zitat S. 130.
26 Ebertis Werk ist als Faksimile abgedruckt in *Gössmann:* Archiv, Bd. 3. Zitat S. 319f.

VI.2. „Dreyfache Verenderung"

[1] Übersichten zur Wissenschaftsgeschichte u. a. in *Heidelberger und Thiessen, Kuhn, Merchant, Schmidt-Biggemann*. Zur Sprachgeschichte vgl. u. a. *Pörksen, Polenz*.

[2] Vgl. Diskussionen in *Merchant*, z. B. Kap. 11, Women on Nature.

[3] Bio-bibliographisches zu Maria Cunitz und Maria Sibylla Merian in *Woods und Fürstenwald*; vgl. *Guentherodt*, S. 26–28.

[4] Siehe u. a. Neue Deutsche Biographie; *Pörksen, Polenz, Teichmann*.

[5] In meiner vorliegenden Untersuchung werde ich auf Band 1 des Raupenbuchs näher eingehen. Die Seiten- und Zeilenangaben beziehen sich deshalb auf Band 1 des Raupenbuchs. Bei Verweisen auf Band 2 und den nicht-deutschsprachigen Band 3 des Raupenbuchs wird dies besonders vermerkt. Die beiden ersten Bände des Raupenbuchs sind seit 1982 auszugsweise mit Abbildungen und Texten in der Reihe „Die bibliophilen Taschenbücher" zugänglich; die wissenschaftsgeschichtlich bedeutendsten Texte wie Vorworte und das 1. Kapitel wurden von *Armin Geus* (Hrsg.) leider nicht einbezogen.

[6] Das Surinam-Buch wird hier nicht untersucht. Seit 1982 liegt eine Faksimile-Ausgabe mit einem Kommentarband von *Elisabeth Rücker* und *William Stearn* vor, der den letzten Forschungsstand bietet.

[7] Siehe *Becker* u. a. Vgl. auch *Gössmann* in diesem Band.

[8] Matth. 25; *Cunitz*, 147; zu Merian vgl. das Lobgedicht auf Maria Sibylla Merian in lateinischer Sprache von Salomon de Perez, Doktor der Philosophie und der Medizin, mit folgenden Schlußzeilen: „Haec ancilla bona et fida est, quae quinque recepit, Mille talenta suo reddidit illa Deo..." Übersetzt: Diese Magd ist gut und treu: Fünf Talente hat sie empfangen, tausend Talente hat sie ihrem Gott zurückgegeben (aus der lateinischen Ausgabe der drei Bände des Raupenbuchs, die unmittelbar nach ihrem Tod von ihrer Tochter Dorothea Maria herausgegeben wurde).

[9] Vgl. u. a. *Eberti*, S. 116–118.

[10] *Beer*: Kommentarband, S. 140.

[11] Vgl. *Merchant*, u. a. S. 258.

[12] In der holländischen Ausgabe des Raupenbuchs Band 3 „Vorreden" bzw. in der lateinischen Ausgabe in ihrer „Praefatio", S. 2.

[13] Vgl. Textkopie und Diskussion in *Guentherodt*, S. 35–36.

[14] Siehe u. a. Tafel XXI in *Harms*.

[15] *Kuhn*, S. 55, 65–66.

[16] Zur Immanenz von Geist in Materie vgl. u. a. *Merchant*, Kap. 12. Mitglieder von Maria Sibylla Merians Familie gehörten dem Frühpietismus an; sie selbst lebte einige Jahre in der frühpietistischen Labadistengemeinde in Holland, zu der ihr Bruder Caspar Merian gehörte; vgl. *Rücker*: M. S. Merian, S. 234–237.

[17] *Merchant*, Kap. 11, bes. S. 258–268.

[18] Vgl. u. a. *Rösel von Rosenhof*; ähnlich heutige Insektenmaler wie Max Heuberger und Bernard Durin.

[19] Danach „C-Falter" bei *Rösel von Rosenhof*, S. 11.

[20] Siehe in *Becker* u. a., S. 228.

VII.1. Studierstube, Dichterklub

[1] Die Quellenforschung für diesen Beitrag wurde durch einen Miner D. Crary Faculty Grant vom Amherst College ermöglicht. Dr. Maria Munding, Wolfenbüttel, hat in anregenden Gesprächen viele wertvolle Hinweise gegeben. Dank auch an Dr. Rainer Pape, Herford, und Professor Hans-Gert Roloff, Berlin, für ihre freundliche Beratung.

[2] *Anna Maria von Schurmann*: Eukleria

oder Erwählung des besten Theils. Bd. 1,
S. 16. (Alle Zitate aus der deutschen Fassung)

[3] *Arnold*, S. 724.

[4] *Hanstein*, Bd. 1, S. 31.

[5] *Gottsched*, S. 289–296.

[6] *Herder*, S. 88.

[7] *Wieland*, S. 84.

[8] *Bovenschen; Mühlhaupt; Una Birch* (Pope-Hennesey).

[9] *Goebel; Heppe; Ritschl.*

[10] *Wallmann*: Labadismus und Pietismus; ders.: Spener.

[11] *Niggl*, S. 6–26.

[12] Vgl. *Seibt*, S. 134–193. – Über den Einfluß der Wiedertäufer auf das labadistische Gedankengut, vgl. *Ritschl*, Bd. 1, S. 24 f.

[13] Brief vom 18. Juni 1671 an Elisabeth von der Pfalz. In: Acta der Secte der Labadisten. Akte X, 58.

[14] *Goebel*, S. 238; *Heppe*, S. 346; *Ritschl*, Bd. 1, S. 232.

[15] Johannes Wallmann entdeckte den bisher unbekannten Briefwechsel zwischen Schurmann und Schütz, der um so bedeutender ist, weil der labadistische Einfluß auf Schütz und seinen Freund Spener von diesem bewußt heruntergespielt wurde. Als bestallter Theologe befürchtete Spener, mit dem holländischen Schisma in der Kirche in Verbindung gebracht zu werden. Spener übernahm aber entscheidende Ideen der Labadisten in seine Frömmigkeitsbewegung, die sich um 1670–1675 formierte. Zu dieser Zeit war der Labadismus schon völlig ausgebildet. Vgl. *Wallmann*: Spener, S. 140–274. Schurmanns Briefwechsel mit Eleonore von Merlau und Pierre Poiret: *Heppe*, S. 387. *Una Birch* berichtet, daß Schurmann ihre weitreichenden Briefwechsel kurz vor ihrem Tod zerstörte, da sie einem postumen „weltlichen Ruhm" vorbeugen wollte (S. 188). Eine zukünftige Rekonstruktion wird wohl immer lückenhaft bleiben, nach Wallmanns Entdeckungen in einer süddeutschen Schloßbibliothek sind jedoch noch weitere Funde zu erwarten.

[16] In Eukleria verweist Schurmann ihre Leser auf verschiedene Bücher und Briefwechsel von „unseren Vorstehern" und „unseren Lehrern". (Bd. 1, S. 255; Bd. 2,

S. 103) Sie verschweigt aber, daß sie selbst auch als Autorin, Korrespondentin oder Übersetzerin beteiligt ist. Autorin: 1. Veritas sui vindex. Herford 1672. 2. Manuel de piete: Kennzeichen der Wiedergeburt. Amsterdam 1669. (Schurmanns Neufassung einer Schrift von Labadie; vgl. *Ritschl*, Bd. 1, S. 380); 3. Declarationi fidei. Herford 1671. (Enthält einen eigenen Aufsatz; *Arnold*, S. 715). – Korrespondentin: vgl. Anm. 15. – Übersetzerin, vor allem ins Holländische: Labadie: Kenteekenen der wedergeboote (1670); vgl. *Goebel*, S. 214; *Schütz*: Karte Onderichte Rokende. Amsterdam 1675; vgl. *Wallmann*: Spener, S. 297. – Hymnen: vgl. *Una Birch*, S. 170.

[17] Auch Sibylla Merian gab keineswegs ihre wissenschaftliche Arbeit auf. Sie setzte ihre Naturstudien fort, ging dann auf eine Forschungsreise nach Surinam, wo die Labadisten eine Mission gegründet hatten. Vgl. *Solbrig.*

[18] Andere Alterswerke der Schurmann sind in holländischer Sprache geschrieben, vgl. *Douma* S. 69.

[19] Schurmann übertreibt, wenn sie behauptet, daß mehrere Fürsten ihre Hilfe angeboten hätten, als die Labadisten Amsterdam verlassen mußten. In Wahrheit war es nur Elisabeth von der Pfalz, die gelehrte Jugendfreundin Schurmanns. – Sie übergeht mitunter besonders kontroverse Ereignisse innerhalb der Gemeinde, z. B. Labadies und Yvons Eheschließungen mit Sektenmitgliedern. Die Kommune war ursprünglich als eine klosterartige Gemeinschaft konzipiert; Ehen wurden erst nachträglich gerechtfertigt. – *Ritschl* und *Heppe* dokumentieren das ständige Anwachsen von übertrieben strenger Befehlsgewalt der Oberen gegenüber einfachen Anwärtern und noch nicht wiedergeborenen Gemeindemitgliedern, ihre Verordnungen der Selbstzensur, der rücksichtslosen Selbsterniedrigung und der scharfen Züchtigung der Kinder innerhalb der Gemeinde. *Ritschl*, Bd. 1, S. 241–243; *Heppe* S. 366 f.

[20] Ein detaillierter Vergleich zwischen den einzelnen Punkten der Dissertatio und der Wissenschaftsdebatte in Eukleria bei *Irwin.*

[21] *Sigmund von Birken*: Fürtrefflichkeit

des lieblöblichen Frauenzimmers... Teilweiser Abdruck bei *Hanstein*, Bd. 1, S. 52–56.

²² *Volker Meid* hat nachgewiesen, daß Maria Katharina Stockfleth die Coautorin des ersten Bandes ist. Heinrich Arnold Stockfleth: Die Kunst= und Tugend= gezierte Macarie, S. 20–22.

²³ Innerhalb des Dichterklubs der Ister-Gesellschaft hatten sich acht Frauen zu den „Ister-Nymphen" zusammengeschlossen. Vgl. *Greiffenberg*: Tugend-übung, Sieben Lustwehlender Schäferinnen. (1662). In: Werke, Bd. 2, S. 329–348. *Frank*: Greiffenberg, S. 30, 102, 166. *Spahr*: Archives, S. 48. Vgl. bes. folgenden Beitrag von *Louise Gnädinger*.

²⁴ Vgl. *Harsdörffer; Zeller.*

²⁵ *Harsdörffer*, Bd. 1, S. 18, 390.

²⁶ *Otto*: Die Frauen der Sprachgesellschaften, S. 498.

²⁷ *Herdegen*, S. 58.

²⁸ Zitiert nach *Hanstein*, Bd. 1, S. 52–56.

²⁹ *Harsdörffer, Birken, Klaj*, S. 4; vgl. auch *Herdegen*, 18 f.

³⁰ *Hirsch*, S. 174.

³¹ *Meid*: Ungleichheit, S. 65.

³² Über utopisches Potential der Schäferdichtung vgl. *Garber*: Arkadien.

³³ Vgl. *Kröll; Brinker-Gabler*, 31 f., *Otto*: Die Frauen der Sprachgesellschaften.

³⁴ *Garber*: Arkadien, S. 229.

³⁵ Brandanus Daetrius: Leichenpredigt für Sophie Elisabeth. In: Stolberg-Stolberg'sche Leichenpredigten Sammlung, Nr. 6921.

³⁶ Sammler Fürst, Nr. 501, S. 247.

³⁷ *Müller*, S. 257.

³⁸ Zitat bei *Mazinque*, Bd. 1, S. 44.

³⁹ In seiner Widmung an Sibylle Ursula vergleicht Andreae die gelehrte Prinzessin mit Königin Christine von Schweden. *Andreae*: Seleniana Augustalia (1649); ders.: Sereniss. Domus (1654). In: Sammler Fürst, Nr. 521, S. 253.

⁴⁰ *Sophie Elisabeth, Herzogin zu Braunschweig und Lüneburg*: Dichtungen. Bereits erschienen Bd. 1. Ankündigung vorgesehener Bände im Nachwort, S. 255–58.

⁴¹ *Sophie Elisabeth*: Allerhandt geistliche gebetlein. Bd. 1–3. Handschriften in

Herzog August Bibliothek Wolfenbüttel (HAB) 53.2 Novisse. 8°.

⁴² Handschrift in HAB 12 Noviss. 2°C.

⁴³ *Sophie Elisabeth*: Dichtungen Bd. I, S. 113–236.

⁴⁴ *Roloff*: Absolutismus.

⁴⁵ *Sophie Elisabeth*, Bd. I, S. 43–66.

⁴⁶ *Roloff*, Absolutismus, S. 741.

⁴⁷ Diesen Hinweis verdanke ich Maria Munding, Wolfenbüttel.

⁴⁸ *Sibylle Ursula*: Exercitien aus den Jahren 1636–45. Handschrift in HAB Cod. Guelf. 302 Extr. 8°. Nachdruck des Dialogs bei *Spahr* (1966), S. 178–80.

⁴⁹ vgl. *Spahr*: M.de Scudéry.

⁵⁰ Handschriftliches Manuskript mit Widmungsbrief an August d. J., datiert „Im Jahr 1649". HAB Cod. Guelf. 56.7 Aug. 4°.

⁵¹ Urfassung und Titel sind verschollen. Abschrift von eigener Hand. Das unvollendete Drama bricht in Akt V, Szene 5 ab. Einschrift im Vorsatzblatt: „Anno 1650, im mertz und April eingeschrieben, Anno 1649 im Augusto und September gemachet". HAB Cod. Guelf. 262 Extr.

⁵² *Merkel*, S. 40.

⁵³ Geistliches Kleeblatt, (1655). Handschrift der HAB Cod. Guelf. 240 Extrav. – Nach dem Tode Sibylle Ursulas hat Birken (1674) die Druckfassung besorgt.

⁵⁴ *Sibylle Ursula*: Seuffzer Umb Göttliche heilige einfälle. 2 Bde. Handschrift in HAB Cod. Guelf. 248, 249 Extrav.

⁵⁵ Mazingue bezeichnete dies als „le mal des Francais", *Mazingue* Bd. 1, S. 495; Spahr als „suffering from a syphilis contracted from her husband"; *Spahr*: Sibylla Ursula, S. 85.

⁵⁶ *Sibylle Ursula*: Aramena. 2 Bde. Handschriften in HAB Cod. Guelf. 258 und 259 Extrav.

⁵⁷ *Anton Ulrich Herzog von Braunschweig-Lüneburg*: Die deuchleuchtige Syrerinn Aramena. Faksimiledruck. Bd. 3, S. xij.

⁵⁸ *Spahr*: Anton Ulrich.

⁵⁹ Sammler Fürst, S. 263 f.

⁶⁰ *Spahr*: Sibylla Ursula, Register, S. 95–110.

⁶¹ Croese (1691) zitiert von *Goebel*, S. 183.

VII.2. Ister-Clio, Teutsche Uranie

[1] Einen rückblickenden Bericht über das Pressburger Erlebnis gibt Catharina Regina von Greiffenberg im Brief an Sigmund von Birken unter dem Datum vom 23.1.1671. Dazu vgl. *Frank*, S.19ff., und *Liwerski*: Das Wörterwerk II [2.Band] S.575: Das Jahr 1651 erscheint Catharina Regina von Greiffenberg als „Schnittpunkt eines göttlich sich ausweisenden Achsensystems in den ‚Zufällen' ihres Lebens (...)“.

[2] Brief an Birken vom 23.1.1671, vgl. die Referenz in Anm.1.

[3] Zu Herkunft und Aufstieg der Familie Greiffenberg vgl. *Cerny*, S.9ff., bes. auch S.18f.: Der soziale Aufstieg des Großvaters läßt sich an der Abstammung von dessen drei Ehefrauen ablesen. Die erste Gattin war bürgerlich, die zweite entstammte jungem Adel, die dritte dem Uradel.

[4] Vgl. *Cerny*, S.21ff.

[5] Ebd. bes. S.25 und S.47 Anm.6

[6] Ebd. S.25.

[7] Zu den Andachtsfahrten bzw. Abendmahlsreisen der Catharina Regina von Greiffenberg vgl. vor allem *Liwerski*. Das Wörterwerk II, 1.Bd., S.157 und 2.Bd., S.575f.

[8] *Herzog*; zu Catharina Regina von Greiffenberg bes. S.543ff.

[9] Vgl. dazu vor allem *Bircher*, S.87ff.; auch *Frank*, S.23ff.

[10] Zur Bibliothek auf Schloß Seisenegg, deren Bestand und Schicksal vgl. *Cerny*, S.37ff. Anm.15. Zum Bücheraustausch unter den landadligen Gutsnachbarn vgl. *Bircher*, S.197ff., und *Frank*, S.22ff.

[11] Dazu vor allem *Kröll*: Catharina Regina von Greiffenberg, S.198, auch ders.: Sigmund von Birken, S.134ff., und *Rusam*, S.15ff.

[12] Brief Stubenbergs an Birken vom 13.11.1659, vgl. Frank, S.26 und Anm.90 sowie S.30 und Anm.110. Ob Catharina Regina von Greiffenberg auch Dichterinnen las, etwa die «Rime spirituali» der Vittoria Colonna oder die Werke Margaritas von Navarra, ist nicht mit Sicherheit auszumachen. Doch mindestens die schreibenden Frauen im Umkreis von Nürnberg sowie am Bayreuther und Braunschweiger Hof konnten ihr nicht unbekannt geblieben sein.

[13] Vgl. *Frank*, S.50ff., und Lebenstafel im Anhang zur Gesamtausgabe (Reprint) 1983, S.539 und 543. Zu der gleichzeitig anderswo entstandenen Türken-Literatur, darunter auch ein Werk Sigmund von Birkens, vgl. Die Tagebücher des Sigmund von Birken, 1971, Teil 1, S.85 Anm.2, S.105 Anm.87 u.ö.; auch *Frank*, S.50ff., und *Liwerski*: Das Wörterwerk II, 2.Bd., S.595ff.

[14] Vorrede zur «Sieges-Seule» (unpaginiert), Gesamtausgabe 1983, Bd.2.

[15] «Sieges-Seule», Gesamtausgabe 1983, Bd.2, S.243.

[16] *Liwerski*: Das Wörterwerk II, 2.Bd., S.596 und Anm.12. Ein Niederschlag des weiblichen Handarbeitens findet sich bei Catharina Regina von Greiffenberg etwa in der 2. Betrachtung „von der Empfängnis Christi“, Gesamtausgabe 1983, Bd.3, S.107, wo sie vom „Gestick-Werk und Kunst-Tuch dieser heiligen Menschheit [Christi]“ schreibt, und in der 4. Betrachtung „von Jesu heiligster Geburt“, Gesamtausgabe 1983, Bd.3, S.311, in der metaphorisch „Spitz-Gewebe“, wohl Klöppel- oder Nadelspitz, genannt wird.

[17] Die Tagebücher des Sigmund von Birken. 1971, Teil 1, S.121; ebd. S.201, 15. Sept. 1665: „in pulcra crum[ina]“, und S.462, 10. Mai 1669: „in einem Überbänderten Beutel“.

[18] Zur Ister-Gesellschaft und den dazugehörigen Ister-Nymphen siehe *Bircher*, S.75ff. und 212ff., auch *Kröll*, Catharina Regina von Greiffenberg, S.203.

[19] Vgl. Nachwort der Gesamtausgabe 1983, Bd.1, S.498.

[20] *Frank*, S.30 und Anm.115.

[21] Brief Stubenbergs an Birken vom 13.10.1659, zitiert bei *Liwerski*: Das Wörterwerk II: 2.Bd., S.660.

[22] Dazu vor allem *Kröll*, Catharina Regina von Greiffenberg, S.193f.

[23] Briefentwurf Birkens vom Januar 1666 an Caspar von Lilien, abgedruckt bei *Liwerski*, Das Wörterwerk II, 2. Bd., S. 660, und im Nachwort zur Gesamtausgabe 1983, Bd. 1, S. 469. Birken übernahm den Brieftext im „Hirten-Gespräch" über die Nymphe Uranie in „Fürtrefflichkeit des Lieblöblichen Frauenzimmers", 1673, abgedruckt im Anhang zur Gesamtausgabe 1983, Bd. 1, S. 466.

[24] *Cerny*, S. 60 und Anm. 4, verweist insbes. auf das 1694 dem Nekrolog auf Catharina Regina von Greiffenberg beigegebene Porträt.

[25] Zur Entstehung und Interpretation der emblematischen „Tugend-Übung" vgl. hauptsächlich *Daly*, S. 76 ff. – An Textstellen zum Thema der Freiheit in der „Tugend-Übung" vgl. vor allem die Gesamtausgabe 1983, Bd. 2, S. 337 ff.; kommentierend *van Ingen*, bes. S. 329; auch *Brinker-Gabler*, S. 92.

[26] Dazu *Frank*, S. 26 f.; Zitat der Verse S. 27. Sehr wahrscheinlich kannte Catharina Regina von Greiffenberg die geistliche Dichtung „Trutznachtigall" Friedrichs von Spee, in der Jesus Christus schäferlich-parodistisch mit dem Hirten Celadon gleichgesetzt erscheint.

[27] Zur Widmung der „Römischen Octavia" vgl. die Angaben bei *Frank*, S. 139 f., und *Kröll*: Catharina Regina von Greiffenberg, S. 206 f.: „In der Vorrede wurde die Donau mit dem Tiber verglichen und berichtet, daß die Römerin, da es keine edleren Frauen gäbe, die Gesellschaft der Ister-Nymphen aufsuchen wolle."

[28] Zur Widmung des 5. Teils der «Aramena» an die „Unbekannte Freundin" vgl. *Frank*, S. 138, *Kröll*: Catharina Regina von Greiffenberg, S. 205 f., *Liwerski*: Das Wörterwerk II, 2. Bd., S. 671 f., sowie das Nachwort zur Gesamtausgabe 1983, Bd. 1, S. 470 ff. – Zur möglichen Porträtähnlichkeit der „unbekannten Freundin" mit dem Fernglas – Catharina Regina von Greiffenberg bediente sich seiner öfter metaphorisch – auf dem Titelkupfer der «Aramena» vgl. das Nachwort zur Gesamtausgabe 1983, Bd. 1, S. 499.

[29] Zur Bemühung Hans Rudolph von Greiffenbergs um den Druck von Catharina Regina von Greiffenbergs Sonette, vgl. *Frank*, S. 42 f., und *Kröll*: Catharina Regina von Greiffenberg, S. 195 f.; auch das Nachwort zur Gesamtausgabe 1983, Bd. 1, S. 506.

[30] Die Berufung auf ein wirkliches oder angebliches Nichtwissen der Autorin um die Herausgabe der Sonette kann möglicherweise im Sinne einer Demutsformel und -bezeugung gemeint gewesen sein. Ein vergleichbarer Fall wäre vielleicht Wieland als Herausgeber der Mme. de la Roche, ehemals Fräulein von Sternheim; dazu *Bovenschen*, S. 196.

[31] Zum Verhalten und zur Einstellung Birkens dem Auftrag Hans Rudolphs gegenüber vgl. *Kröll*: Catharina Regina von Greiffenberg, S. 196. – Zur Aufgabe der zehnten Muse „Uranie", wie Catharina Regina von Greiffenberg sie auf sich selbst bezieht, vgl. *Liwerski*: Das Wörterwerk II, 2. Bd., S. 591.

[32] *Frank*, S. 41, und *Cerny*, S. 43 ff., sowie *Liwerski*: Das Wörterwerk II, 1. Bd., S. 585 ff.

[33] Birken an den Generalsuperintendenten Caspar von Lilien, Oktober 1663; vgl. dazu *Frank*, S. 42.

[34] Birken an Lilien im Oktober 1663; vgl. *Frank*, S. 40.

[35] „Abgeforderter Dienstl. Bericht Hannß Rudolphen Von Greiffenberg", wahrscheinlich Anfang August 1665, vgl. dazu *Frank*, S. 40.

[36] Zitiert bei *Frank*, S. 40.

[37] «Tugend-Übung», Gesamtausgabe 1983, Bd. 2, S. 348.

[38] Vgl. *Kröll*: Catharina Regina von Greiffenberg, S. 197 f.: „Sie [Catharina Regina von Greiffenberg] durchschaute die „Krankheiten" des Mannes nicht, nahm sie als wirkliche Leiden, und als überzeugte Christin, als ein Mensch, der in jedem Leiden die Gegenwart Christi erahnt und sich für alle Gebrechen mitverantwortlich fühlt, willigte sie endlich, wie es in den Briefen heißt, nach sehr schweren inneren Kämpfen in die Eheschließung mit ihrem Onkel ein als Zeichen einer Prüfung, als Ausdruck einer „Sieg-Niederlage" (so spricht sie in manchen Briefen) und damit war für sie die Verpflichtung verbunden, was die Briefe

nach der Heirat immer wieder eindeutig verraten: ihren Mann zu lieben."; vgl. auch *Frank*, S. 43 f.

[39] Aus dem Lied „Die Betrübte unschuld!" vgl. *Black/Daly*, S. 36.

[40] *Kröll* (Hrsg.): Die Briefe des Bayreuther Generalsuperintendenten Caspar von Lilien, S. 125.

[41] Vgl. *Cerny*, S. 43 ff., bes. S. 43, wo auf Catharina Regina von Greiffenbergs asketische Haltung hingewiesen wird, aus der heraus sie unvermählt bleiben wollte, was indes eine wirtschaftlich-finanzielle Sicherung voraussetzte, an die sie selbst nicht zu denken schien.

[42] Gesamtausgabe 1983, Bd. 4, S. 681 f.; vgl. auch ebd. S. 683 f., wo Catharina Regina von Greiffenberg am Beispiel der „gottseeligen Hanna" die Rolle der Hausfrau – Hanna war sieben Jahre verheiratet – in ihrem Sinne ideal darstellt: „Wie wird sie diese sieben Jahr über/ alle sieben Tage jeglicher Woche/ und alle Tage wenigst siebenmal/ ihren HErrn und GOtt gelobet und gepreiset haben? [?=!] die übrigen Stunden werden unter die Tugenden seyn ausgetheilt worden/ als unter die Liebe/ und fleißige Pfleg und Wartung/ ihres geliebten Ehemanns/ unter den Fleiß und Sorgfältigkeit des Hauswesens/ unter den Dienst und Handreichung der Armen und Kranken; zum Theil auch zur Betrachtung der Geschöpfe Gottes/ daran sie ohne Zweifel sich freudig wird ergetzt und den Himmel gepreißet haben."

[43] *Kröll*: Catharina Regina von Greiffenberg, S. 201 f.

[44] Gesamtausgabe 1983, Bd. 3, S. 329; in der 2. Betrachtung „Von Christi Umgehen mit seinen Jüngern", Gesamtausgabe 1983, Bd. 5, S. 423, bemerkt Catharina Regina von Greiffenberg zum neutestamentlichen Passus vom Verlassen der Kinder „um Meines Namens willen: Wer die Kinder deßwegen verlässet/ der krieget das Kind davor/ das uns zu Kindern der ewigen Seeligkeit gebieret/ und das Kinds-Erbe deß Himmels erworben. Das Kind/ das/ vor uns/ aus einem Göttlichen Helden/ zum Kind worden/ damit es uns zu Englischen Helden der ewigen Seeligkeit mache."

[45] Gesamtausgabe 1983, Bd. 1, S. 468:

„Bist du nicht Uranie? // Die du in gestirnter Höh/ // schon auf Erd im Himmel schwebest.// Deinem JEsu/ den du liebst/ // Du Hand/ Mund und Herze gibst/ // und im Fleisch als Engel lebest. // Deoglori ist das Bild/ // das dir Himmelspfeile kielt: // Deines Herzenbogens Kerze // zielt und trifft in GOttes Herze." Die Thematik der *vita angelica* – sie geht bis auf die frühen Kirchenväter zurück – im Werk der Dichterin zu verfolgen, wäre ein dankbares Unternehmen. – Zu dem auf sie übertragenen Namen „Uranie", „Teutsche Uranie" vgl. die Angaben im Nachwort zur Gesamtausgabe 1983, Bd. 1, S. 498, wo an das Gedicht von Guillaume Saluste Du Bartas, „L'Uranie" (1623), von Tobias Hübner ins Deutsche übersetzt – auch Catharina Regina von Greiffenberg übersetzte schon in jungen Jahren Du Bartas – und an Baldes „Urania Victrix" (1643) erinnert wird, die das Namensvorbild für Catharina Regina von Greiffenberg als „Uranie" hätten abgeben können. Das Titelkupfer zu «Geistliche Sonnette, Lieder und Gedichte» (1662) bringt die der gesamten lyrischen Dichtung vorangestellte Überschrift: „Der Teutschen Uranie Himmel-abstammend- und Himmel-aufflammender Kunst-klang."

[46] Gesamtausgabe 1983, Bd. 3, S. 74.

[47] Die Tagebücher des Sigmund von Birken, 1971, Teil 1, S. 98.

[48] Ebd. S. 454 Anm. 151.

[49] Ebd. S. 373 und Anm. 128, wonach die Gedichte Silvias – Silvia als Schäfernamen im Blumenorden – nie im Zusammenhang gedruckt wurden, sich lediglich teilweise in den gedruckten Werken Birkens als Widmungsgedichte verstreut finden. – Zu Catharina Margareta Schweser, alias Silvia, die, übrigens wie Catharina Regina von Greiffenberg außer in Dichtwerken ihre Kunst auch in „Weiberarbeiten" zeigte, vgl. auch *Kröll*: Der Bayreuther Hof, S. 189 ff.: „Die wenigen Hinweise im Lebenslauf der Leichpredigt zeigen vor allem ihre Fähigkeiten als Hausfrau und für den Ehemann sorgende Gattin, der seinerseits großzügig genug war, alle Kosten für Malerei, Kupferstecherei und Stickerei zu übernehmen" (ebd., S. 193).

[50] Die Tagebücher des Sigmund von Bir-

ken, 1971, Teil 1, S. 375; Birkens Tagebücher enthalten genaue Angaben über die
Korrespondenz mit der Buwinghausen
(siehe das Register in Teil 2). Sie schickt
Birken auch einen ihrer Texte zur Zensur,
vgl. ebd., Teil 2, S. 69. Die Briefe der
Buwinghausen an Birken sind nicht
erhalten. Zur Beziehung der Buwinghausen zur Ister-Gesellschaft vgl. *Cerny*, S.
34 ff.

[51] Die Tagebücher des Sigmund von Bir-
ken, 1971, Teil 1, S. 144; Anm. 217 zum
«Frauen-Zimmer Geschichtspiegel»; ebd.
S. 209 und Anm. 246 zu «Der treue Seelen-
Freund».

[52] *Rusam*, S. 15 und Abb. S. 19. – Catharina Regina von Greiffenberg beschreibt
die Passionsblume, auch Granadilla oder
Passiflora genannt, in ihrer 10. Passionsbetrachtung ausführlich, siehe Gesamtausgabe 1983, Bd. 10, S. 675 ff.; dazu die Interpretation von *Liwerski*: Das Wörterwerk
II, Bd. 1, S. 197 ff.

[53] Die Tagebücher des Sigmund von Birken, 1971, Teil 1, S. 404 und Anm. 225.

[54] *Black/Daly*, S. 20, Zitat aus einem
Brief der Dichterin vom 21. März 1669 an
Frau Poppin, die Innig-Freundin Isis.

[55] Die Tagebücher des Sigmund von Birken, 1971, Teil 1, S. 465 und Anm. 175, wo
zu lesen ist: „Der entsprechende Brief der
Regina Catharina von Greiffenberg enthält
auf einem Beiblatt zwei Gedichte: „Trost
oder Hoffnung, in Finsterster Wiederwär-
tigkeit! Sey Still, Sey Still Mein Herz der
Himmel wurds wohl machen/ um Gottes
Pflichten Ruh', hab nur ein kleins Geduld..." Und: „Die Un'vergnügte Zufriedenheit! Ist mein Schifflein schon gelanget
in den Port der Sicherheit/ kan Ich doch
EntrinnungsLust-Herz-erfreulichst nicht
genießen..." Zu diesen beiden Sonetten
vgl. die Transkription und Interpretation
von *Black/Daly*, S. 16 ff., vor allem das
Faksimile des Sonetts „Trost der Hoffnung,
in Eüsserster [nicht Finsterster...] Wiederwärttigkeit!", S. 16 f.

[56] Die Tagebücher des Sigmund von Birken, 1971, Teil 1, S. 469 ff.

[57] Die Tagebücher des Sigmund von Birken, 1971, Teil 1, S. 483. Zu den häuslichen
Verhältnissen Birkens, insbesondere den

Eheschwierigkeiten, vgl. *J. Kröll*: Sigmund
von Birken, S. 118 ff.

[58] *Black/Daly*, S. 27: „Zwar Gott lob jez
weiß Ich von keinen [= Unsternen] hie.
seither der liebe H. Von Bürken beÿ Meinem Allerliebsten Gemahl gewesen, ist Er
ganz wieder lustig und freüdig [...]."

[59] *Black/Daly*, S. 20 ff., bes. S. 20: „[...]
mit unsäglichen Schmerzen [hab ich] un-
ßers lieben Freündes gefährliches krank-
seÿn [...] vernohmen. Ich kann nicht
schreiben wie leid mir Vor Ihm ist! der
Himmel weiß Es!", heißt es im Brief Catharina Regina von Greiffenbergs vom 21.
März 1669 an Frau Poppin.

[60] Vgl. die diesbezüglichen Briefstellen
bei *Black/Daly*, S. 21 f.

[61] *Black/Daly*, S. 21.

[62] Die Tagebücher des Sigmund von Birken, 1974, Teil 2, S. 50.

[63] *Kröll*: Sigmund von Birken, S. 120 f.

[64] Gesamtausgabe 1983, Bd. 1, Nachwort S. 499.

[65] Daß die Dichterin nicht in den Pegnesischen Blumenorden aufgenommen wurde, wie manch andere Frau – vgl. die Mit-
gliederliste in: Die Tagebücher des Sigmund von Birken, 1971, Teil 2, S. 554 f. –,
hängt wahrscheinlich mit Birkens Plan zusammen, eine Zweigstelle des Blumenordens in Bayreuth zu errichten. Da sich die
Greiffenbergs bei der Erlangung der Ehe-
dispens eigentlich verpflichtet hatten, sich
nach der Trauung in Bayreuth-Schnabel-
waid niederzulassen, hatte Birken Anlaß
genug, mit der Gegenwart Catharina Regina von Greiffenbergs am Bayreuther Hof,
wo die Markgräfin Erdmuth Sophie bereits
1666 als Autorin hervorgetreten war, zu
rechnen. Vgl. dazu *Kröll*: Catharina Regina
von Greiffenberg, S. 199 ff. und ders.: Der
Bayreuther Hof, S. 189 ff. Vermutlich hätte
es Catharina Regina von Greiffenberg sowieso abgelehnt, den Pegnitzschäfern beizutreten, da im Blumenorden, trotz seines
religiösen Einschlags, viel gesellschaftliche
Repräsentation zum Zuge kam; vgl. *Frank*,
S. 50.

[66] Gesamtausg. 1983, Bd. 7, S. 401–402.

[67] Vgl. dazu *Frank*, S. 61 f., auch *Kröll*:
Catharina Regina von Greiffenberg, S. 195,
wo aber von Hans Rudolph von Greiffen-

berg, sicher mit Recht, gesagt wird: „[…]
im Grunde wohl ein simpler Landedelmann, der seine Vergnügungen bei der
Jagd, beim Fischen, Schlittenfahren und
Kartenspiel suchte. Von der Poesie verstand er, den vorhandenen Quellen nach,
nichts." Er hatte auch kein Interesse daran,
in eine Sprachgesellschaft, etwa in die
Fruchtbringende Gesellschaft, aufgenommen zu werden.
[68] *Frank*, S. 63.
[69] 12. Betrachtung „Des JEsus-Leidens", Gesamtausgabe 1983, Bd. 10,
S. 904.
[70] Gesamtausgabe 1983, Bd. 4, S. 846
[71] Ebd. Bd. 10, S. 905.
[72] Brief an Birken vom 1. 10. 1671, zitiert nach *Frank*, S. 64 f.
[73] Brief an Birken vom 1. 10. 1671, zitiert nach *Frank*, S. 96; ausführlicher bei
Liwerski: Das Wörterwerk II, 2. Bd.,
S. 591.
[74] Zitiert nach *Frank*, S. 98.
[75] Brief an Birken vom 28. 2. 1670, zitiert nach *Liwerski*: Das Wörterwerk II,
2. Bd., S. 589.
[76] Brief an Birken vom 24. Juli/3. August
1669, zitiert nach *Liwerski*: Das Wörterwerk II, 2. Bd., S. 593. Ähnlich äußert sich
Catharina Regina von Greiffenberg in der
5. Betrachtung „Des JEsus-Leidens", Gesamtausgabe 1983, Bd. 9, S. 263 f..: „Die
Klage über die verhinterung an meinem
liebes-dienst/ ist mir ein herz-einfliessende
Liebes-prob/ und weit lieber/ als alle dien-
ste/ so ihr mir immermehr leisten könnet/
wird auch so viel grössern lohn empfangen/
so viel grössere beliebung sie bey mir findet" – die Worte sind hier dem Erlöser
selbst in den Mund gelegt!
[77] Brief an Birken vom 18./28. August
1668, zitiert nach *Liwerski*: Das Wörterwerk II, 2. Bd., S. 591.
[78] 6. Betrachtung „von JEsu Auferwek-
kung der Todten", Gesamtausgabe 1983,
Bd. 6, S. 1246 f. – Zu dem bereits in der
mittelalterlichen Spiritualität unternomme-
nen Versuch, die scheinbar gegensätzlichen
Beispielfiguren Maria und Martha „auszu
söhnen" vgl. vor allem *Haas*, bes. S. 113 ff.;
auch *Wehrli-Johns*, S. 13 ff.
[79] Gesamtausgabe 1983, Bd. 10, S. 846,

vgl. dazu *Liwerski*: Das Wörterwerk II,
Bd. 2, S. 603.
[80] «Geistliche Sonnette/ Lieder und Gedichte», 5; vgl. dazu *Liwerski*: Das Wörterwerk II, Bd. 1, S. 399 ff. und 409. Die Füße
Jesu werden von ihr als Andachtsort bevorzugt.
[81] Vgl. *Frank*, S. 64.
[82] Dazu *Frank*, S. 64 und S. 156,
Anm. 279.
[83] *Frank*, S. 111.
[84] Diese Devise erscheint im Frontispiz
zu den 1683 publizierten «Passionsandachten», dem ersten Andachtswerk der Dichterin; sie durchzieht refrainartig alle Be
trachtungen.
[85] „Des JEsus-Leidens" 3. Betrachtung,
Gesamtausgabe 1983, Bd. 9, S. 119 f., dazu
Liwerski: Das Wörterwerk II, 1. Bd.,
S. 437.
[86] Die Tagebücher des Sigmund von Birken, 1971, Teil 1, S. 7, Anm. 23; auch *Liwerski*: Das Wörterwerk II, 1. Bd., S. 458,
Anm. 59.
[87] Gesamtausgabe 1983, Bd. 8, S. 775.
[88] Ebd. Bd. 9, S. 119.
[89] Ebd. Bd. 9, S. 119 f.
[90] 6. Betrachtung „von JEsu Auferwek-
kung der Todten", Gesamtausgabe 1983,
Bd. 6, S. 1214. Zur Stellung der biblischen
Maria Magdalena in der Andacht Catharina
Regina von Greiffenbergs vgl. *Liwerski*:
Das Wörterwerk II, 1. Bd., S. 401 ff.
[91] Gesamtausgabe 1983, Bd. 6, S. 1024 f.
[92] Ebd. Bd. 9, S. 189. Catharina Regina
von Greiffenberg bezieht sich hier, wie sie
selbst in einer Fußnote anmerkt, „auf ein
gewisses kunst-spiel", vermutlich auf eine
Art Frauenzimmer- oder Gesprächspiel
(genaueres konnte ich bis jetzt nicht her-
ausfinden). – Daß alle Werke und Betätigungen eines „Frommen" Gottesdienst sein
können, spricht sie öfter aus, vgl. etwa die
10. Betrachtung „vom Zeugnis Johannis
von JEsu", Gesamtausgabe 1983, Bd. 4,
S. 887 f.
[93] Zitiert nach *Liwerski*: Das Wörterwerk II, 1. Bd., S. 359.
[94] 3. Betrachtung „Des JEsus-Leidens",
Gesamtausgabe 1983, Bd. 9, S. 121. In der
4. Betrachtung, ebd. S. 163 ff. berichtet sie
in einem der autobiographischen Einschü-

be im Andachtswerk über ihre religiöse Erziehung, und wie ihr Jesus seit der Kindheit zum Freund wurde. Vgl. dazu *Liwerski*: Das Wörterwerk II, 2. Bd., S. 526.

[95] Die Tagebücher des Sigmund von Birken, 1971, Teil 1, S. 204; vgl. dazu auch *Kröll*: Catharina Regina von Greiffenberg, S. 203 ff.

[96] Zitiert nach *Liwerski*: Das Wörterwerk II, 1. Bd., S. 360.

[97] Die Innig-Freunde in Nürnberg leben mit Catharina Regina von Greiffenberg mit, besonders Birken versucht, dem „Vorhabens-Zweck" Catharinas durch gebetsweisen Beistand zu einem guten Ende zu verhelfen; vgl. die Tagebücher des Sigmund von Birken, 1974, Teil 2, S. 365, Eintrag vom 11. Januar 1667.

[98] 7. Betrachtung „von JEsu Darstellung im Tempel", Gesamtausgabe 1983, Bd. 4, S. 687. Zum Postulat der Engelähnlichkeit des Menschen, ein noch nicht erschöpftes Thema der Mystik Catharina Regina von Greiffenbergs, vgl. *Liwerski*: Das Wörterwerk II, 2. Bd., S. 562 ff.

[99] «Geistliche Sonnette/ Lieder und Gedichte», 6: „Eiferige Lobes vermahnung"; Gesamtausgabe 1983, Bd. 1, S. 6. Zum Typus der Wortzusammensetzung „wunderpreisungs spiel" vgl. die für manche Komposita der Catharina Regina von Greiffenberg allerdings unzulänglichen Ausführungen von *Möller*, S. 77.

[100] «Geistliche Sonnette/ Lieder und Gedichte», 2: „Heiliges Lobverlangen"; Gesamtausgabe 1983, Bd. 1, S. 2.

[101] «Geistliche Sonnette/ Lieder und Gedichte», 7: „Göttlicher Anfangs-Hülffe Erbittung"; Gesamtausgabe 1983, Bd. 1, S. 7; vgl. ebd. die Sonette auf den Seiten 1, 2, 3, 6, 9. – Zu Catharina Regina von Greiffenberg als Sonettdichterin vgl. die kompetente und geistvolle Studie von *Liwerski*: Sonett-Aesthetik S. 215–64.

[102] Das „Ach lobe/ lobe/ lob", «Geistliche Sonnette/ Lieder und Gedichte» 6 (Gesamtausgabe 1983, Bd. 1, S. 6), findet sich beispielsweise wieder in einem der in die 5. Betrachtung „von JEsu allerheiligstem Namen" (Gesamtausgabe 1983, Bd. 3,

S. 466) eingefügten Sonette: „Ach lobe! lobe! lob den Höchsten auf das Neu!"

[103] «Geistliche Sonnette/ Lieder und Gedichte», 25; Gesamtausgabe 1983, Bd. 1, S. 25.

[104] Ebd. 25; Gesamtausgabe 1983, Bd. 1, S. 25.

[105] Ebd. 49; Gesamtausgabe 1983, Bd. 1, S. 49.

[106] Ebd. 88; Gesamtausgabe 1983, Bd. 1, S. 88. Vgl. auch die erhellende Interpretation von Sonett 88 durch *van Ingen*, S. 319 ff.

[107] 9. Betrachtung „von JEsu herrlichen Verklärung am Berg Tabor", Gesamtausgabe 1983, Bd. 7, S. 453.

[108] Zu ihrer Überzeugung der Werkzeuglichkeit im Dienste der Deoglori, speziell für den konkreten „Vorhabens-Zweck" vgl. *Frank*, S. 73 ff., bes. S. 77 f. Daß Frauen für den Dienst an der Deoglori erwählt sind, gerade weil sie angeblich oder wirklich schwach und verachtet sind, begründet sie an manchen Stellen ihres Andachtswerks biblisch. Hier kann nur sehr selektiv darauf eingegangen werden.

[109] „Des JEsus-Leidens" 5. Betrachtung, Gesamtausgabe 1983, Bd. 9, S. 193.

[110] 3. Betrachtung „von Marien Schwanger-gehen", Gesamtausgabe 1983, Bd. 3, S. 148, vgl. den ganzen Passus S. 148–154.

[111] „Des JEsus-Leidens" 1. Betrachtung, Gesamtausgabe 1983, Bd. 9, S. 24.

[112] «Geistliche Sonnette/ Lieder und Gedichte», 248; Gesamtausgabe 1983, Bd. 1, S. 248. Vgl. dazu vor allem *Liwerski*: Das Wörterwerk II, 2. Bd., S. 615 ff.

[113] 7. Betrachtung „von JEsu Darstellung im Tempel", Gesamtausgabe 1983, Bd. 4, S. 733. Zur ganzen Thematik vgl. *Liwerski*: Das Wörterwerk II, 2. Bd., S. 531 ff.

[114] 5. Betrachtung „von den Wundern JEsu", Gesamtausgabe 1983, Bd. 6, S. 1026.

[115] Ebd. Bd. 6, S. 1026.

[116] Das Lob Philipp von Zesens, 1678, findet sich abgedruckt in Gesamtausgabe 1983, Bd. 1, S. 476 ff.

VIII. Herzensgespräche

[1] Siehe *Critchfield*, S. 112–116. Ich danke Professor Susanne Zantop (Dartmouth College) und Reinhart Sonnenburg (Universität Kentucky, USA) für die Durchsicht des Textes.

[2] [Gabriel Christoph Marquardt]: Nachricht von drei begeisterten Mägden [...] zusammengetragen von A. H. Francke. Leipzig 1692; *August Hermann Francke*: Entdeckung der Bosheit, so mit einigen jüngst unter seinem Namen publicirten Briefen begangen. Halle 1692. Siehe auch *Ritschl*, Bd. 2, 183–190. *Sachsse* kritisiert Spener und Francke sehr, daß sie die ekstatischen Weiber geduldet haben, S. 214–220.

[3] Unter dem Begriff Introspektion verstehe ich die verinnerlichten Offenbarungsglauben in Europa nach dem Dreißigjährigen Krieg. Sie schließt alle Erweckten und Wiedergeborenen ein: erweckte Reformierte so wie Lutheraner, Puritaner, Quäker, Quietisten, Shaker, Philadelphisten, Pietisten, Dunker, Herrnhuter, Labadisten und andere radikale Separatisten, die Berleburger, sogar auch die Jansenisten und Methodisten. Die Beschreibung von „ideological containment" des Lebens der schönen Seele bei Goethe findet man bei *Susanne Zantop* ausgearbeitet. Sie stützt sich auf einen Vortrag von *Margaret Ferguson*, «Milton and Feminism», gehalten am 10. November 1984 an Dartmouth College, USA. Über die radikalen Pietisten siehe *Beyreuther*, S. 289–330.

[4] *Ritschl*, Bd. 1, S. 411–427. *Max Wieser* gibt zu, daß die enthusiastischen Frauen als Begeisterungsobjekte von den sentimentalen jungen Männern benutzt wurden, sieht es aber als die negative Wirkung von „Hysterikerinnen" an. S. 55f.

[5] *Critchfield* unterstreicht die führende Rolle der Dorothea Erdmuthe von Zinzendorf in der Herrnhutschen Ökonomie. S. 124–125.

[6] Das gleiche gilt für das Lied und das Gebet. Über die erotische Andeutung im Lied siehe *Scheitler*, S. 132. *Ritschl*, Bd. 3,

S. 100–102, bespricht das Beten als Virtuosität bei den Frauen, was von einigen Pfarrern getadelt wurde.

[7] Auch *Wieser* gibt gegen seinen Willen einen Übergang zum Sentimentalen vermittels der Mystikerinnen zu. S. 126.

[8] *Wendland* beschreibt die Depression als ein Phänomen des Menschenalters um 20–30 und als Reaktion des Überdrusses auf den oberflächlichen Scholastizismus, der keinen tiefen Grund der Weisheit anbieten konnte, S. 205, 236–237.

[9] *Ritschl*, Bd. 1, S. 405; Bd. 2, S. 183 bis 190, 215, 228–229.

[10] *Ritschl*, Bd. 3, S. 301ff. *Critchfield*, S. 129. Siehe auch *Gottfried Arnolds* Werk: Das Geheimnis der göttlichen Sophia. 1700.

[11] Siehe *Wallman* für eine ausführlichere Erklärung des Collegiums. Nach *Schoeffler* haben der Pfarrer Theodor Untereyck und seine (ungenannte) Frau den Konventikel in Deutschland ca. 1665 eingeführt, auch wenn die Einrichtung nicht weiter vermittelt worden ist.

[12] *Ritschl*, Bd. 2, S. 183–190. Eigene Aussagen in den Lebensläufen von Vetter, Fleischer und Petersen. Siehe *Ritschl* über Guyon (mehrere Stellen), *Jahn* (Bd. 2, S. 187–188) und Bader (Bd. 3, S. 10–11).

[13] Siehe *Schormann*, S. 116–118 und *Blackwell*, S. 106–112.

[14] Siehe *S.R.G.* Eines andächtigen Frauenzimmers S.R.G.... Liebesopfer aus dem Jahre 1719. *Ritschl* (Bd. 2, S. 514–530) lobt das passive Gelassenheitsideal, besonders unter den adligen Gönnerinnen des Pietismus. Siehe seine Besprechung des 1728 geschriebenen Lebenslaufs der Sophie Charlotte zu Wernigerode (geb. zu Leiningen-Westerburg, 1691–1762): Das gottselige Leben und Ende der Gräfin S. Ch. zu W. Halle 1764, der Ähnlichkeiten mit Sophie von LaRoches «Geschichte des Fräuleins von Sternheim» hat. *Ritschl* (Bd. 3, S. 177–181) tadelt das unhöfliche Verhalten der radikalen Pietisten Württembergs wie Maria Gottliebin Kummer (geb. 1756);

auch rügt er Anna Schlater wegen ihrer „Ungeneigtheit, an dem Beruf der Mutter und Hausfrau die Treue im Kleinen zu lernen" (Bd. 1, S. 541–564).

[15] *Ritschl* Bd. 3, S. 19–28; dieses Zitat S. 21.

Dritter Teil
IX. 1. Das Musenchor

* *L. A. V. Gottsched* (1763), Sämmtliche kleinere Gedichte, S. 106, Schreiben der Kulmus an Chr. M. von Ziegler: „Die Hand, die deinen Kiel trotz allen Männern führet, / und die das Musenchor mit neuer Ehre zieret".

[1] *Paullini*, S. 1097.
[2] Vgl. *Woods/Fürstenwald*, S. XII–XIV. – *Hanstein* geht am Schluß seiner Einleitung auf Paullini u. a. als „Leidenschaftlicher Vorkämpfer für Frauenbildung" ein, S. 59 ff.
[3] *S. H. Zäunemann*: Poetische Rosen, S. 621.
[4] Ebd. S. 618.
[5] Vgl. hierzu die Sammlungen von Texten über die Autorinnen, z. B. *Lamprecht* zur Ziegler und *Gottsched* (in: *L. A. V. Gottsched*: Kleinere Gedichte) über seine Frau, sowie die zeitgenössischen Mitteilungen und Rezensionen in den Göttinger, Hamburgischen und Leipziger „Nachrichten über neue gelehrte Sachen".
[6] *Hanstein*, S. 90.
[7] Hierzu gehören die Bescheidenheitstopoi der Autorinnen, die beteuern, daß sie den Männern den ersten Platz auf der Rangliste des Ruhms und der Verdienste sowieso nicht streitig machen wollen; oder ihre selbstkritischen Fragen, ob sie ihren literarischen Ruhm nicht in erster Linie jenen durchschaubaren ehrgeizigen Plänen ihrer Dichterkollegen verdanken. Die Texte der Autorinnen wären sicher noch mit Gewinn auf den Gebrauch von Ironie hin durchzulesen. – Zum Problem der „Sprecherlaubnis" in dieser Epoche vgl. auch *Bovenschen*, S. 121–129.
[8] Vgl. Anm. 1 und *Lehms*.
[9] *Killy*, S. XII und passim.
[10] *L. A. V. Gottsched*: Briefe, 1771/2 Th. 2, S. 151 f.

[11] *Chr. M. von Ziegler*: Moralische und Vermischte Send=Schreiben, S. 7.
[12] Vgl. *Spitta*.
[13] *Lamprecht*, Vorrede.
[14] Ebd.
[15] Vgl. *Spitta*, S. 415 ff. – *Waniek*, S. 235–260, und die weiteren Informationsquellen, vgl. Literaturverzeichnis.
[16] *Distel*, S. 104 f.
[17] *Lamprecht*, Vorrede.
[18] Hierzu vor allem *Spitta* und *Waniek*.
[19] Vgl. ‚Neue Zeitungen von gelehrten Sachen', Leipzig, 16 (1730), S. 816, die dieses Datum und „in Ansehung ihrer in gebundener und ungebundener Schreib=Art, zeither ans Licht gestellten Schriften" angeben, während *Spitta*, S. 420, sich hier im Datum und im Bezug auf die „Send-Schreiben" (1731) irrt.
[20] *Chr. M. von Ziegler*: Vermischte Schriften, S. 28 ff. und S. 227 ff.
[21] Zitiert nach *Lamprecht*, S. 25–28. Vgl. die übrigen Dokumente etc. zu dem Vorgang, ebd.
[22] *Chr. M. von Ziegler*: In Gebundener Schreib=Art Anderer und letzter Theil, S. 438 ff.
[23] Dies.: Moralische und Vermischte Send=Schreiben, S. 172.
[24] Außer Gottsched lebte seit 1723 auch Johann Sebastian Bach als Thomaskantor in Leipzig; mit beiden hat die Ziegler zusammengearbeitet.
[25] *Chr. M. von Ziegler*: Geb. Schreib=Art II, Vorbericht, S. 3.
[26] Dies.: Geb. Schreib=Art I, Vorbericht, S. 1.
[27] Ebd. S. 17 f.
[28] Vgl. *J. A. Röseler* in seiner Vorrede zur Gegensatire auf „Die von den Faunen gepeitschten Laster", S. 12 u. 14. – *J. Ch. Unzer*: Versuch in Scherzgedichten, 1751,

beginnt ihre Vorrede mit einer Apologie ihrer Genrewahl: „Ich würde wegen dieser Gedichte gar nichts zu erinnern haben, wenn ich nicht ein Frauenzimmer wäre. Eine Mannsperson hat die Freyheit, von Liebe und Weine zu scherzen, ohne befürchten zu dürfen, daß man es ihr übel auslegen werde. Unser Geschlecht ist hierinnen weit mehr eingeschränkt: und ich sehe es für ganz nothwendig an, mir hier eine Vertheidigung im Voraus zu machen." S. 1.

[29] *Chr. M. von Ziegler*: Geb. Schreib=Art II, Vorbericht, S. 9.

[30] Dies.: Geb. Schreib=Art I, Vorbericht, S. 21 f.

[31] Dies.: Geb. Schreib=Art II, S. 438 bis 443

[32] Ebd. Vorbericht, S. 13.

[33] Ebd. S. 14. Die bei der Ziegler wie bei anderen Autorinnen der Zeit zahlreichen Hinweise darauf, daß sie noch lernen müßten, sind bei Frauen nicht nur im Sinne üblicher Bescheidenheitstopoi zu werten. Vgl. Mädchen- und Frauenbildung der Zeit.

[34] *Chr. M. von Ziegler*: Moralische und Vermischte Send=Schreiben, Vorbericht, S. 6 f.

[35] Ebd. S. 8. Zur Bedeutung des Briefeschreibens als Instrument der Mädchen- und Frauenbildung, S. 414 ff.

[36] Ebd. Vorbericht, S. 3.

[37] Ebd. S. 4.

[38] Ebd. S. 52 ff., 114 ff., 197 ff., 217 ff. und passim.

[39] Ebd. S. 201 ff., daß eine Tochter auch Romane lesen dürfe, und S. 272 ff., daß es einer Ehefrau weiter gestattet werden möge, sich durch die Lektüre von Zeitungen zu informieren.

[40] Ebd. S. 134 ff. zur Aufhebung der Opern, S. 315 ff. zu Übersetzungen als Verstandesschulung vor eigenen Schreibversuchen, S. 340 ff. an Brockes zur neuen Aufl. des „Irdischen Vergnügens", S. 357 ff. über Poesie und Poesieverfall ihrer Zeit, S. 391 ff. u. S. 405 ff. über Musik.

[41] Ebd. S. 170 ff. u. S. 410 ff.

[42] Ebd. S. 234 ff.

[43] Ebd. Vorbericht, S. 8 und S. 217 ff., 254 ff., 405 ff.

[44] Ebd. Vorbericht, S. 10.

[45] Ebd. S. 40 ff. u. S. 170 ff. – Vgl. *Bovenschen*, S. 129–134, die eher Einzelaussagen bewertet.

[46] *Chr. M. von Ziegler*: Moralische und Vermischte Send-Schreiben, S. 352. Vgl. auch *S. H. Zäunemann*: Poetische Rosen, S. 418 ff. das Sendschreiben an die Verfasser der ‚Gelehrten Hamburgischen Berichte‘ zur Frage, daß ein Philosoph nicht immer Stoiker sein dürfe. Weiter S. 591.

[47] *Chr. M. von Ziegler*: Moralische und Vermischete Sendschreiben, S. 375 ff.

[48] Dies.: Vermischte Schriften, S. 217 f.

[49] Ebd. S. 177 ff.

[50] Ebd. S. 590 ff.

[51] Ebd. S. 381–389.

[52] Ebd. S. 394–399.

[53] Ebd. S. 397.

[54] Auch dieser Band enthält solche Texte, die an kämpferischer Deutlichkeit (z. B. S. 67 ff.) und Engagement (S. 122 ff.): sie setzt ihren „Griffel" als Führer auf der Spurensuche nach weiblichen Vorbildern ein) nichts zu wünschen übrig lassen.

[55] Ebd. Vorbericht, S. 3. – Die Jahre der Pause zwischen den Veröffentlichungen von 1731 und 1739 hatte die Autorin durch eine umfangreiche Übersetzungsarbeit aus gefüllt: „Der Mad. Scudery Scharfsinnige Unterredungen, von Dingen, die zu einer wohlanständigen Aufführung gehören." 1735. Vgl. außerdem die ‚Göttingische Zeitungen von gelehrten Sachen‘ 6 (1744), S. 352, die unter dem neuen Namen „von Steinwehr, geb. Romanus" eine weitere Übersetzungsarbeit aus dem Französischen von 1744 erwähnen, „des Abtes Trublet Gedanken über verschiedene Sachen, welche zur Gelehrsamkeit und Sittenlehre gehören". Diese Arbeit ist mir nicht zugänglich gewesen.

[56] *L. A. V. Gottsched*: Kleinere Gedichte, S. 110.

[57] Dies.: Briefe, Th. I, S. 25 ff. Der Zusammenhang zwischen früher Zurechtweisung und Dichtungsauffassung müßte noch genauer untersucht werden. Vgl. *Sanders*, S. 174 f.

[58] *L. A. V. Gottsched*: Briefe, Th. I, S. 259: „In dieser Absicht [sc. etwas zum allgemeinen Besten beyzutragen], verwen-

de ich den größten Theil meines Lebens auf Arbeiten, die vielen meines Geschlechts ganz fremd sind".

[59] Zur Kritik an den poetischen Krönungen. vgl. *L. A. V. Gottsched*: Kleinere Gedichte, S. 112 ff. – Gegen das sehr früh geäußerte Ansinnen Gottscheds, ihre Briefe für die Veröffentlichung zu bestimmen, hat sie sich mit Entschiedenheit gewehrt. Vgl. Dies.: Briefe, Th. I, S. 100 u. 126.

[60] Ebd. Th. III, S. 154.

[61] Ebd. Th. I, S. 282; Th. II, S. 287 und passim. – Zum Verhältnis der Gottschedin zur „Deutschen Gesellschaft" und zur Ziegler vgl. *Waniek*, S. 235–260 und passim, sowie *Wolff*, S. 173 f.

[62] Vgl. *J. Chr. Gottsched*: Leben der [...] L. A. V. Gottschedinn. In: *L. A. V. Gottsched*, Sämmtliche Kleinere Gedichte, S. 1 ff.

[63] U. a. A. H. Volckmann und S. H. Zäunemann haben Hochzeitscarmen zu diesem Anlaß verfaßt.

[64] Vgl. hierzu die Schilderungen der Gottschedin: Briefe, Th. II, S. 16 ff. und Gottscheds: Leben der L. A. V. Gottschedinn, S. 42 ff. In: *L. A. V. Gottsched*, Sämmtliche kleinere Gedichte.

[65] *L. A. V. Gottsched*: Briefe, Th. II, S. 44 ff. Zitat S. 66.

[66] Ebd. S. 267.

[67] Ebd. S. 276 f.

[68] Ebd. Th. III, S. 18 f.

[69] Ebd. Th. II, S. 216 ff.

[70] Vgl. *J. Chr. Gottsched, Schlenther, Waniek, Buchwald* u. a.

[71] Zum Runckel-Brief vgl. *L. A. V. Gottsched*: Briefe, Th. III, S. 62–91 und *Killy*, Bd. 2, S. 1017 ff.

[72] *L. A. V. Gottsched*: Briefe, Th. II, S. 82.

[73] Ebd. Th. I, S. 92 ff.

[74] Ebd. Th. III, S. 123.

[75] Ebd. S. 149 ff., S. 165 ff. und passim.

[76] Ebd. Th. I, S. 77.

[77] Vgl. hierzu u. a. *Friederici, Hinck, Steinmetz, Martens* zur Komödie der Frühaufklärung, sowie *Nickisch*: Die Frau als Briefschreiberin und *Nickisch* S. 395 f. in diesem Band.

[78] *L. A. V. Gottsched*: Briefe, Th. III, S. 21 ff.

[79] Eine leicht zugängliche Ausgabe, auf die ich mich deswegen hier beziehe, liegt bei Reclam vor, hrsg. und mit Nachw. vers. von *W. Martens*.

[80] Ebd. S. 116 ff. (IV. Handlung, 8. Auftritt), S. 128 (V, 5) und passim.

[81] Vgl. hierzu Martens, S. 164 f. *Critchfield*, der für die Gottschedin im Vergleich zu den Leistungen der Pietistinnen eher kritisch beurteilt.

[82] *L. A. V. Gottsched*: Pietisterey, S. 42 ff. (II, 2) und S. 54 ff. (II, 5). „So bald sich in der Liebe zweyer Eheleute ein wenig natürliche Liebe mischet; so ists Sünde?" S. 46. ‚Natur' ist hier aus pietistischer Sicht verderbt, sündig, aus aufklärerischer Sicht dagegen natürlich=vernünftig.

[83] Vgl. hierzu neuere Arbeiten, die im einzelnen jedoch noch entschieden differenziert werden müßten: *Richel, Sanders, Bovenschen, Critchfield*.

[84] *S. H. Zäunemann*: Poetische Rosen, S. 371.

[85] Vgl. hierzu bes. die regelmäßigen Mitteilungen und Teil- bzw. Vorabdrucke in ‚Hamburgische Berichte von neuen gelehrten Sachen' ab 1734 ff.

[86] Kontakte brieflicher Art und durch Gedichte hat es zwischen Gottscheds und der Zäunemann gegeben. Vgl. auch ihren Hinweis auf die Lektüre der ‚Critischen Dichtkunst', vermutlich 1736 nach der Datierung der Kontexte des „Madrigals" in *Zäunemann*: Poetische Rosen, S. 547 f.

[87] *De Berdt* kommt zu einer Einschätzung des literarischen und gelehrten Lebens in Erfurt Anfang des 18. Jahrhunderts, die derjenigen Cassels widerspricht: „The literary atmosphere of Erfurt was definitely not conducive to great literary accomplishments." Vgl. S. 92–98.

[88] Hamburgische Berichte von neuen gelehrten Sachen (1741), S. 131–137.

[89] Vgl. *De Berdt*, S. 13.

[90] Vgl. u. a. Hamburgische Berichte von neuen gelehrten Sachen (1741), S. 132 f. und *De Berdt*, S. 15.

[91] *S. H. Zäunemann*, Poetische Rosen, S. 453 und S. 633. – Zur Abbildung: „Hippokrene" ist ein Brunnen unterhalb des Helikon über dem Musentale, durch Hufschlag des Pegasus entstanden; er wurde als Quelle dichterischer Begeisterung gefeiert.

Der Schwan wurde als Sinnbild des Dichters mit Apollo in Verbindung gebracht. „Der thüringische Schwan" war, neben „die thüringische Nachtigall", eine Bezeichnung für die Zäunemann. Vgl. *W. Gresky* (1984), Eine Göttinger Dichterkrönung von 1738, S. 219 ff.

[92] *Einert*, S. 196 gibt den 10. 12. als Datum an.

[93] *S. H. Zäunemann*: Poetische Rosen, S. 458 ff. und S. 562 ff.

[94] Ebd. S. 188–199 vier Leichencarmen, alle auf einen Anlaß und alle „in fremden Namen"; vgl. auch S. 245–254.

[95] Ebd. S. 266 als Beispiel für Zitate der Regeln. – Zur Bedeutung der Gelegenheitsdichtung in Erfurt vgl. *Cassel*, S. 10 ff. Eine gründliche Untersuchung und Auseinandersetzung mit Bedingungen, Erscheinungsformen und Wirkung der Casuallyrik im 17./18. Jahrhundert bringt *Segebrecht*.

[96] *S. H. Zäunemann*: Poetische Rosen, S. 340.

[97] Ebd. S. 370 ff.

[98] Ebd. S. 479 ff. und S. 519 ff.

[99] Ebd. S. 165 ff., S. 370 ff., S. 375 ff. Eugen-Gedichte.

[100] Ebd. S. 453 ff. das Gründungscarmen, S. 617 ff. Sendschreiben an den König von England und S. 633 ff. die Danksagungsode. – Vgl. auch *W. Gresky*, S. 213 ff.

[101] Ebd. S. 376 und S. 596 f.

[102] Ebd. S. 562 ff. – Hierzu auch *W. Gresky*, S. 222 f. und S. 226.

[103] Ebd. S. 117 ff. Vgl. *Brinker-Gabler*: Das weibliche Ich, S. 62.

[104] *S. H. Zäunemann*: Poetische Rosen, S. 570 f.

[105] Ebd. S. 126.

[106] Ebd. S. 418 ff.

[107] Ebd. S. 497 f. und S. 629.

[108] Ebd. S. 270 ff. Vgl. auch das Hochzeitsgedicht S. 245 ff., das den Widerspruch zwischen Anlaß – die Hochzeit – und Folge – die Trennung eines Freundinnenpaars – zu bewältigen versucht. Dazu *De Berdt*, S. 191 ff. – Allg. zu den Darstellungsmitteln und Redeformen der Hochzeitscarmen: *Segebrecht*, S. 152 ff.

[109] *S. H. Zäunemann*: Die von den Faunen gepeitschte Laster, S. 9. – *Woods/Fürstenwald* geben 1736 als Erscheinungsdatum der ersten und 1739 als das einer 2. Aufl. an. Die zeitlichen Anspielungen in der Vorrede von 1739, u. a. auf den Tod der Mutter, lassen an dieser Angabe zweifeln.

[110] Vgl. *Gottsched*: Critische Dichtkunst, S. 548 ff. zu Satiren und Strafgedichten.

[111] Die von der Tugend gezüchtigte Faunen. Hrsg. von *J. A. Röseler* (1740), angebunden an das Marburger Exemplar der Zäunemannschen Satire.

[112] Vgl. auch *S. H. Zäunemann*: Poetische Rosen, S. 596 f. und passim die Auseinandersetzung mit dem Vorwurf, daß sie den Rahmen der geistlichen Dichtung, den Faunen am ehesten zugestandenen Bereich, verlassen habe.

[113] Die von der Tugend gezüchtigte Faunen, S. 18.

[114] Ebd. Vorrede des Herausgebers, S. 2.

[115] *S. H. Zäunemann*: Poetische Rosen, S. 626.

[116] Vgl. auch den Beitrag von *W. Gresky*, S. 210 f. und passim, der in den literarischen Einschätzungen noch Tendenzen ahistorischer Wertungen verhaftet bleibt.

IX. 2. Naturpoesie

[1] *J. G. Sulzer* an Bodmer, März 1761. *Hausmann*, S. 74.

[2] *J. C. Lavater*, Bd. 3, S. 315

[3] *Klenke*, S. 314.

[4] *J. G. Sulzer*, S. 507 f.

[5] *A. L. Karsch* an J. G. Sulzer, 1. 9. 1762. *Hausmann*, S. 21.

[6] *Jördens*, S. 607.

[7] *A. L. Karsch* an J. G. Sulzer, 1. 9. 1762. *Hausmann*, S. 24.

[8] *Jördens*, S. 610.

[9] Der Sänger bei der Herde, in Welschland. In: AG (= Auserlesene Gedichte), S. 311 f.

[10] *A. L. Karsch* an ihren Mann (ohne Datum). *Hausmann*, S. 56 ff.

[11] *A. L. Karsch* an J. W. L. Gleim, 4.9.
1773. *Hausmann*, S. 267.
[12] *J. G. Sulzer*: Vorwort zu AG,
S. XXV f.
[13] AG, S. 80 f.
[14] AG, S. 49.
[15] *Moses Mendelssohn*, 17. Teil, 276.
Brief.

[16] *J. G. Sulzer*: Vorwort in AG, S. IX f.
[17] *J. G. Herder*: Sämtliche Werke. Bd. 1,
S. 350 ff.
[18] *J. W. Goethe* an A. L. Karsch, 28. 8.
1775. Gedenkausgabe. Bd. 18, S. 283.
[19] *J. W. L. Gleim* an A. L. Karsch, Februar 1762. *Hausmann*, S. 133.

IX.3. Die Einsamkeit der Imagination

[1] *Rousseau*: Bekenntnisse, S. 9.
[2] Nach Schätzungen *Rudolf Schendas*
gelten im Jahre 1770 etwa 10–15 % der
Erwachsenen als Leser, nach der Jahrhundertwende etwa 25 %. Vgl. *Engelsing*,
S. 163 ff., S. 296 ff.; *Schenda*, S. 50 ff.;
Blochman, S. 28 ff. Zur Diskussion über die
„Lesesucht" vgl. *Kreuzer*, S. 62 und *Sauder*, S. 83 f.
[3] Vgl. *Martens*.
[4] *Rieger*, S. 10 ff.
[5] *Goethe*: Dichtung und Wahrheit,
5. Buch, S. 220.
[6] *Herder*: Journal Meiner Reise, S. 1.
[7] *Goethe*: Dichtung und Wahrheit,
13. Buch, S. 143.
[8] Vgl. *Karthaus*, S. 10 ff.
[9] Zu den Lebensbedingungen von
schreibenden Frauen im 18. Jahrhundert
vgl. die Studie von *Walter*.
[10] Vgl. *Touaillon*, S. 206 ff. Vgl. auch
Meise. Sie urteilt: „Die Indienstnahme des
Schreibens bei den Frauen, seine Anpassung an seine Funktion als Repräsentation
der Weiblichkeit (d. h. in diesem Zusammenhang: festgelegter, angepaßter Weiblichkeitskonventionen) legitimiert ihre Produktion als gängige weibliche Praxis (des
erlaubten Schreibens von Frauen, U. P.),
die sich sogar als Lust apostrophieren
läßt." S. 138.
[11] Vgl. hierzu die Briefwechsel, die autobiographische Literatur sowie die Literatur zu Einzelbiographien für den Kreis der
Darmstädter Empfindsamen und des Sturm
und Drang. Einen guten Einblick gibt der
Briefwechsel zwischen Herder und Caroline Flachsland in den Jahren 1771–1773
(Schriften der Goethe-Gesellschaft Bd. 39,

Weimar 1926). Literaturhinweise zu weiteren biographischen Informationen finden
sich vor allem in den Arbeiten von *Hermann Bräuning-Oktavio* zum Kreis der
Darmstädter Empfindsamkeit und des
Sturm und Drang, insbesondere in: Herausgeber und Mitarbeiter der Frankfurter
Gelehrten Anzeigen 1772, Tübingen 1966;
vgl. auch: *Karl Schwartz*: Albertine von
der Grün und ihre Freunde, Leipzig (1872);
sowie *S. A. Tissot*: J. G. Zimmermanns
Lebensgeschichte. Zürich 1797 – die kurzen Hinweise auf die Tochter S. 100 f.; vgl.
auch die Beschreibung dieses Mädchens in:
Goethe: Dichtung und Wahrheit, 15. Buch;
und *Karl Schwartz*: Landgraf Friedrich von
Hessen Homburg. Homburg 1888, darin:
S. 60–191 zu Louise von Ziegler und Henriette von Roussillon; zu Sophie von La
Roche und ihren Töchtern: vgl. *Werner
Milch*, S. 119 ff.; zu Sophiens Töchtern siehe auch den Kommentar der *Katharina
Elisabeth Goethe* in ihren Briefen vom 11.
und 30. April 1779; in: *Wolfgang Pfeiffer-
Belli* (Hrsg.): Johann Caspar Goethe, Cornelia Goethe, Catharina Elisabeth Goethe,
Briefe aus dem Elternhaus. Zürich/Stuttgart
1960; aufschlußreich sind auch die Biographien zu Johann Heinrich Merck von *Hermann Bräuning-Oktavio* und *Helmut
Prang* sowie *Max Rieger* zu Klinger; zu
Cornelia Goethe vgl. *Witkowski* und *Prokop*: Die Melancholie der Cornelia Goethe
sowie *dies.*: Die Illusion vom „Großen
Paar".
[12] Vgl. *Touaillon*, S. 160.
[13] *Cornelia Goethe*: Tagebuch für Katharina Fabricius, 16. Oktober 1768 bis
16. August 1769. In: *Wolfgang Pfeiffer-*

Belli (Hrsg.), S. 379 ff.; zur Persönlichkeitsentwicklung Cornelia Goethes vgl. *Prokop*: Die Melancholie der Cornelia Goethe.

[14] Der Roman der Frau von Kalb mit dem Titel Cornelia wurde von ihr als 25 jährige, im Jahr 1785, begonnen. Sie beendete diese Arbeit 1843. Von ihrer inneren Haltung her ist Charlotte von Kalb noch dem „Sturm und Drang" einzureihen. Über sie heißt es bei *Touaillon*, S. 516: Charlotte von Kalb kommt vom Sturm und Drang her (...). Das beständige Hin- und Herwogen in ihrem Herzen, die übergroße Wertschätzung der Empfindung, die Hingabe an die Leidenschaften der Liebe und des Hasses, das ganze, wild idealistische Wesen Charlottens und das Elementare ihres Fühlens weist nach dieser Richtung. Diese Herkunft ist auch an dem Gestammel ihrer Dialoge und ihres Romans zu erkennen (...).

[15] Herders Briefwechsel mit Caroline Flachsland, Bd. 1, S. 17.

[16] *Morris*, S. 290.

[17] Zur Methode: *Lorenzer*: Die Funktion von Literatur und Literaturkritik; ders.: Tiefenhermeneutische Kultur-Analysen, ders.. Der Gegenstand psychoanalytischer Textinterpretation, in: S. *Goeppert* (Hrsg.): Perspektiven psychoanalytischer Literaturkritik, Freiburg 1978.

[18] Vgl. *Maya Nadig*, Zur ethnopsychoanalytischen Erarbeitung des kulturellen Raums der Frau.

[19] *Morris*, S. 295.

[20] Ebd. S. 297.

[21] Das Buch Esther, 1. Aus dem Buch Esther: Und am siebenten Tage, als der König guter Dinge war vom Wein, befahl er ... den sieben Kämmerern, daß sie die Königin Vasthi mit ihrer königlichen Krone holen sollten vor den König, um dem Volk und den Fürsten ihre Schönheit zu zeigen; denn sie war schön. Aber die Königin Vasthi wollte nicht kommen (...). Da wurde der König sehr zornig und sein Grimm erbrannte in ihm. Und der König sprach zu den Weisen, die sich auf die Gesetze verstanden (...): Was soll man nach dem Gesetz mit der Königin Vasthi tun? Da sprach Memuchan vor dem König und den Fürsten: Die Königin Vasthi hat sich nicht allein an dem König verfehlt, sondern auch an allen Fürsten und an allen Völkern (...). Denn es wird diese Tat der Königin allen Frauen bekannt werden, so daß sie ihre Männer verachten und sagen: Der König Ahasveros gebot der Königin Vasthi vor ihn zu kommen; aber sie wollte nicht (...). Dann werden die Fürstinnen in Persien und Medien auch so sagen zu allen Fürsten des Königs, wenn sie von dieser Tat der Königin hören; und es wird Verachtung und Zorn genug geben.

[22] *Morris*, S. 295.

[23] Ebd. S. 291.

[24] Ebd. S. 291.

[25] Es ist auffallend, wie sehr die von M. Mitscherlich-Nielsen für die Gegenwart als charakteristisch beschriebenen Identifikationsstörungen und Schwierigkeiten, ein autonomes Selbstbild aufzubauen, mit den hier beschriebenen Szenen übereinstimmen. Regression der idealisierten, machtvollen Männer in der Familie, Zweideutigkeit der mütterlichen Reaktion, die Verwirrung im Prozeß der Internalisierung bei den Mädchen. Vgl. *Mitscherlich Nielsen*: Zur Psychoanalyse der Weiblichkeit.

[26] Ebd. S. 683.

[27] Herders Briefwechsel mit Caroline Flachsland, Bd. 1, S. 46.

[28] Ebd. S. 46.

[29] Es muß einer weiteren Untersuchung vorbehalten bleiben, die Ambivalenz zu charakterisieren, die diese Generation dem Bücher-Wissen gegenüber zum Ausdruck bringt. Vom Werther bis zum Faust, von den Briefen und Schriften Herders tönt es ähnlich wie in „Die Räuber" (1782): Schiller, damals 22 Jahre, läßt den Helden Karl Moor rufen: „Mir ekelt vor diesem tintenklecksenden Säkulum, wenn ich in meinem Plutarch lese von großen Menschen". (I,2) Herder schreibt im gleichen Sinn an Caroline, 10 Jahre früher, 1770: „... und nur dem eigentlichen Gelehrten bleibts übrig, sich nichts gleichgültig sein zu lassen, was Wissen, was Känntniß ist – wer wird gern diese Last, diesen Höcker der menschlichen Natur unnöthig mit ihm teilen wollen? denn unter nichts erliegt die wahre Empfindung, und Ausbildung und Geschmack und le-

bendige Menschliche Wirksamkeit so sehr, als eben unter Gelehrsamkeit." Doch lassen wir uns nicht täuschen: alle diese Männer nehmen für sich in Anspruch, was sie den Frauen verweigern, alles zu wissen –, und alles abzulehnen. Nie würden sie es ertragen, nicht selbst zu urteilen. Beim Wissen fängt ihre Selbstfindung an. Sie soll nur nicht darin aufgehen. Ihr Angebot an die Frauen, sie seien schon, was der Mann erst werden müsse, ist nur ein Zuckerbrot und die Peitsche ist ja auch nicht weit." Vgl. hierzu die Interpretation dieser Herder-Stelle bei *Silvia Bovenschen*, S. 181 ff.

[30] *Goethes Briefe*, 1. Band, S. 84.

[31] Ebd. S. 70.

[32] Vgl. hierzu die Darstellung bei *K. R. Eissler*, S. 117 und 125 f.

[33] *Goethe*: Dichtung und Wahrheit, 15. Buch.

[34] Vgl. die Widmung zu Julie oder die neue Heloïse, in welcher Rousseau das Autoren-Paradox formuliert: Niemals hat ein keusches Mädchen Romane gelesen... Diejenige, die trotz des Titels (gemeint ist der Untertitel „Briefe zweier Liebender...") eine einzige Seite zu lesen wagen wird, ist ein verlorenes Mädchen: Allein, dem Buche schreibe sie ihr Verderben nicht zu; das Übel war schon vorher geschehen. Weil sie aber einmal angefangen hat, so lese sie immer zu; sie hat nichts mehr zu verlieren.

[35] Zu den vielfältigen Aspekten der Handlungsführung vgl. *Reinhold Wolff*, Rousseaus „Neue Héloïse".

[36] *Jean Jacques Rousseau*: Emile oder Über die Erziehung. 5. Buch, 1762.

[37] Vgl. die Darstellung des Polaritätsdenkens in der Frühromantik bei Dorothee von Meding. Die Polarität soll im Spiel der Rollen überwunden werden. Die kulturelle Struktur kann nicht übersprungen werden – zu „abstrakter Gleichheit"; vielmehr wird sie Gegenstand der Reflexion und reflektierten Praxis beider Geschlechter. So sind sie gleich und ungleich. Die Alternative heiße nicht Männer/Frauen oder Neutren – „geschlechtslose Amphibien" wie Schlegel sich ausdrückte; vielmehr gelte es statt solcher trauriger Alternativen das Spiel mit den Rollen zur Kunst zu steigern und uner-

laubte Vermischung von Männlich/Weiblich zu erfinden. Launische und erschreckende Spiele werden gefordert und in Friedrich Schlegels Bürgerkritik Lucinde als Gedankenexperiment vorgeführt.

[38] Aus diesem Grund kann *Fauchery* in seiner umfassenden Darstellung La Destinée Féminine Dans Le Roman Du Dix-Huitième Siècle feststellen: „Vor allem (...) geht es um die jungen Mädchen. Wenn die Heldin aufhört, es zu sein, hat sich die Botschaft enthüllt, für die sie einsteht (...)", das heißt nicht unbedingt, daß das ganze weibliche Schicksal aus dem Blick gerät, aber wie Richardson zeigt, geht es vor allem um das Thema der Bildung zur Person und der Liebeswahlen (S. 118 ff.). Andere Dimensionen treten im Lauf des 18. Jahrhunderts deutlich zurück. – Die jungfräuliche Unschuld hatte im 17. und bis in die Mitte des 18. Jahrhunderts nur am Rande interessiert.

[39] *Jean Jacques Rousseau*: Bekenntnisse, S. 108.

[40] Ebd. S. 52 f.; vgl. auch *E. und J. de Goncourt*, S. 60–211, und *Luhmann*, S. 57.

[41] *Gillies* (Hrsg.): Einleitung zu: *Johann Gottfried Herder*: Journal Meiner Reise im Jahre 1769. Oxford 1947.

[42] Herders Briefwechsel mit Caroline Flachsland, Bd. 1, S. 86 ff.

[43] *Touaillon*, S. 508 f.

[44] Vgl. die Darstellung bei *Eissler*, der die Beziehung zwischen Goethe und Frau von Stein als ein für Goethe lebensnotwendiges Bündnis versteht, in: Eissler, S. 224 ff.

[45] *Burschell*, S. 61.

[46] Ich verweise hier exemplarisch auf einige zentrale Untersuchungen zu diesem Thema. Die Gliederung ist natürlich nur eine Bezeichnung der Schwerpunkte. – Ökonomischer Aspekt: *Heidi Rosenbaum*: Formen der Familie, Frankfurt 1982; *Annette Kuhn*: Das Geschlecht – eine historische Kategorie. In Brehmer u. a. (Hrsg.): Frauen in der Geschichte, Bd. 4. Düsseldorf 1983; *Karin Hausen*: Die Polarisierung der „Geschlechtscharaktere" – Eine Spiegelung der Dissoziation von Erwerbs- und Familienleben. In: Heidi Rosenbaum (Hrsg.): Familie und Gesellschaftsstruktur. Frankfurt 1978; *Ivan Illich*: Genus, Rein-

bek 1983; hier findet sich eine ausführliche Literaturübersicht über schwer zugängliche Arbeiten aus dem Bereich der Anthropologie und Ethnologie sowie eine aufschlußreiche Skizze über die Herausbildung des Paares als Institution seit dem 12. Jahrhundert in Westeuropa. – Kultureller Aspekt: Hier sind insbesondere die Arbeiten von *Maya Nadig* aufschlußreich: Die verborgene Macht der Frau. Frankfurt, 1986. Dies.: Zur Ethnopsychoanalyse der Frau. In Psyche 3 (1986), sowie *Hans Medick, David Sabean*: Emotion und materielle Interessen in Familie und Verwandtschaft (Einleitung) Göttingen 1984; zu der Frage, wie die kulturelle Umstrukturierung in den Unterschichten verlief – hier setzte sich die Idee des Paares, die Identität über Liebe ohne materielle Interessen nicht ungebrochen durch. Vgl. die Darstellung der „moralischen Ökonomie" im Lebenskampf der Hausfrauen und Arbeiterinnen in Armen-, Arbeiter- und Kleinbürgerzusammenhängen bei: *Olwen Hufton*: Weiblicher Alltag. Die Schattenseite der Französischen Revolution, und *Michelle Perrot*: Rebellische Weiber. Die Frau in der französischen Stadt des 19. Jahrhunderts. Beide in: Claudia Honegger, Bettina Heintz, Listen der Ohnmacht. Frankfurt 1981. Zum selben Thema die ausgezeichneten Monographien von *Regina Schulte*: Kindsmörderinnen auf dem Lande. In: Medick, Sabean: Emotionen und materielle Interessen in Familie und Verwandtschaft. Göttingen 1984, S. 113 ff. und *Regina Schulte*: Bauernmägde in Bayern. In: Karin Hausen (Hrsg.): Frauen suchen ihre Geschichte. München 1983. – Psychischer Aspekt: *Maya Nadig* stellt den Zusammenhang zwischen Kultur und den Mechanismen der weiblichen Persönlichkeitsbildung heraus: Frauen in der Kultur. In: Kursbuch 12, Tübingen (1984); In die gleiche Richtung geht *Margret Brückner*: Die Liebe der Frauen. Frankfurt 1983; einen Überblick über die aktuelle Diskussion gibt *Karin Flaake* in ihrer Rezension zum Thema „Neue Literatur zum Arrangement der Geschlechter" in: Feministische Studien 2/85; *Nancy Chodorow*, Das Erbe der Mütter. München 1985. Grundlegende Beiträge in: *Janine Chassequet-Smirgel*:

Psychoanalyse der weiblichen Sexualität. Frankfurt 1974; *Margarete Mitscherlich-Nielsen*: Die friedfertige Frau. Frankfurt 1985; *Marina M. Gambaroff*: Utopie der Treue. Reinbek 1984 (insbesondere die Aspekte kulturell erzwungener weiblicher Regression).

[47] S. v. Klettenberg, S. 250 f.

[48] Ebd. S. 155.

[49] *Goethe*: Wilhelm Meisters Lehrjahre, 6. Buch (1795/96).

[50] Ebd. S. 121.

[51] Ebd. S. 93 f.

[52] Ebd. S. 120.

[53] Vgl. hierzu *Zimmermann*: Die Mystisch-Pietistischen Vervollkommnungsvorstellungen.

[54] Ebd.

[55] Vgl. hierzu: *Zimmermann*: Die Mystisch-Pietistischen Vervollkommnungsvorstellungen; *Dechent*, Kirchengeschichte; *Steitz*, insb. die Darstellungen von Spener und Zinzendorf.

[56] *Steitz*, S. 235.

[57] Vgl. die Darstellung von *Heinrich Funck* in: S. v. Klettenberg: Die Schöne Seele, S. 60 f. Weil er die „Freigeisterei" der Susanna nicht ertragen kann (so wenig wie ihr „weibliches" Thema), behauptet etwa Funck, das Bild stelle nicht Susanna dar obwohl alles dafür spricht –, während *Dechent* (Goethes Schöne Seele) zu der folgenden Phantasie greift: „Sie hat nämlich das Aquarell für eine Freundin gemalt (1767) und zwar beabsichtigte sie dabei den Scherz, zu beobachten, ob die Freundin sie auch in dieser Tracht ähnlich finden werde."

[58] S. v. Klettenberg, S. 242.

[59] Catharina Elisabeth Goethe: Briefe aus dem Elternhaus, S. 886 f.

[60] *M. Rieger*. (Brief Klingers an Kayser vom 26. 5. 1776). S. 15.

[61] Bettinas Briefwechsel mit Goethe, S. 319.

[62] Ebd. S. 323.

[63] Ebd. S. 322.

[64] Bei aller Idealisierung der Familie Goethe bestand in der biographischen Goethe-Forschung niemals ein Zweifel daran, daß die Beziehung zwischen Catharina Elisabeth und ihrer Tochter Cornelia –

auch wenn die historische Differenz berücksichtigt wird – auffallend kühl war. Vgl. hierzu etwa: *Witkowski*: Cornelia und *Beutler* in: C. E. Goethe: Briefe aus dem Elternhaus.

[65] Meta Klopstocks Briefwechsel, S. 251.

[66] Zur Problematik geliehener Größe vgl. den Begriff des „Paria-Bewußtseins" bei *Lenk*.

[67] Daß Meta mit F. G. Klopstock ein ideales Paar vorführte bis hin zur Selbstinszenierung, fiel schon den Zeitgenossen auf. Vgl. den Briefwechsel Karoline Flachsland/Herder, Brief vom 26. August 1771 ff.

[68] Vgl. hierzu neben ihren Briefen die Lebensgeschichte der Catharina Elisabeth Goethe, dargestellt bei *Heinemann*, Kap. 3.

[69] *Goethe*: Dichtung und Wahrheit, 10. Buch.

[70] Eine ausgezeichnete Darstellung der Mechanismen narzißtischer Paarbildung aus psychoanalytischer Sicht gibt *Annie Reich*.

[71] Ich kann an dieser Stelle nicht ausführen, wie sich diese Wendung zur stillen weiblichen Unschuld seit dem ersten Drittel des 18. Jahrhunderts vollzieht. Die Arbeiten von Silvia Bovenschen und Inge Stephan zeigen im Detail, wie rasch die Umformulierung des weiblichen Ideals von den Mustern des aufgeklärten „weiblichen Witzes", von Munterkeit und Gesprächigkeit als idealen Tugenden umschlägt in die Betonung derjenigen Eigenschaften, die zur neuen Innerlichkeit der Familienintimität passen: Sanftmut, stilles Verstehen, Mütterlichkeit. Vgl. hierzu insbesondere *Bovenschen*, S. 65 ff. und *Stephan*, So ist die Tugend, sowie die Beiträge von *Stephan*, *Weigel* und *Prokop* zur inneren Widersprüchlichkeit des bürgerlichen Entwurfs der weiblichen Unschuld in: Feministische Literaturwissenschaft.

[72] *Touaillon*, S. 511.

[73] Vgl. *Menninger*.

IX.4. „Die mittlere Sphäre"

[1] Die Kritik bürgerlicher Kulturheuchelei findet sich bereits bei *Johanna Schopenhauer*: Gabriele, S. 44 f.

[2] So nimmt *Hannelore Schlaffer* den seit kurzem eingeleiteten Versuch einer Rettung des Werks von Sophie Mereau zum Anlaß, um das Projekt einer „weiblichen Geschichtsschreibung" überhaupt der Lächerlichkeit zu überführen. Sie hält dagegen die Einsicht, daß die kulturellen Leistungen von Frauen prinzipiell keine Kontinuität haben: „Die Mittelmäßigkeit der historischen Leistungen der Frauen [...] unterbindet jedenfalls eine Werk- oder Gattungsgeschichte [...] Werke von Frauen sind immer epigonal und folgenlos" (S. 257). Man wird in der Tat zugeben müssen, daß die literarischen Entdeckungen, welche die feministische Literaturwissenschaft hat vorlegen können, nicht eben zahlreich sind und auch, daß eine voreilige Aufwertung vergessener Lebenswerke oft nur einem gegenwärtigen Bedürfnis nach Idolbildung entspricht. In dieser Verallgemeinerung wird sich gleichwohl die Behauptung nicht halten lassen. Unbefriedigend bleibt vor allem die literaturwissenschaftliche Folgerung aus der Einsicht in die kulturelle Marginalität von Frauen. Wenn es denn stimmt, daß das Werk von Schriftstellerinnen nur als abhängiges denkbar ist, so wäre gerade nach den Mechanismen dieser Abhängigkeit zu fragen.

[3] *Sophie von La Roche*: Geschichte des Fräuleins von Sternheim, S. 8 f.

[4] Vgl. z. B. *Wielands* Brief an La Roche vom 29. 7. 1770. In: Ich bin mehr Herz als Kopf. Sophie von La Roche, S. 114 f.

[5] *Schiller* an Goethe, 30. 6. 1797. In: Der Briefwechsel zwischen Schiller und Goethe, Bd. 1, S. 354.

[6] Vgl. dazu *Schillers* Brief an Mereau, 11. 7. 1795. In: Schillers Briefwechsel mit der Dichterin Sophie Mereau, S. 126.

[7] Vgl. dazu seinen Brief an Goethe, zit. in: *Gersdorff*, S. 120 f.

⁸ *Schiller* an Mereau, 18.1. (oder? 6.)
1795. In: Schillers Briefwechsel mit der
Dichterin Sophie Mereau, S.124f. und ihre
Antwort in: Das Volk braucht Licht,
S.442f.
⁹ *Wieland* an La Roche, 13.12. 1780. In:
Ich bin mehr Herz als Kopf. Sophie von La
Roche, S.228.
¹⁰ *Schiller* an Mereau, 23.12. 1795. In:
Schillers Briefwechsel mit der Dichterin
Sophie Mereau, S.127.
¹¹ Vgl. zu diesem Zusammenhang die
einschlägigen Beiträge in: *Ch. Bürger u. a.*:
Aufklärung und literarische Öffentlichkeit;
Ch. Bürger u. a.: Zur Dichotomie von hoher und niederer Literatur. Zur romantischen Literaturkritik vgl. neuerdings *J.
Schulte-Sasse*: Der Begriff der Literaturkritik, S.76–128.
¹² So die Rezension von «Amanda und
Eduard» in: Zeitung für die elegante Welt.
1803, Nr.50, S.398. Vgl. auch die Briefe
Humboldts an Schiller vom 17.7., 28.9.
und 30.10. 1795. In: Der Briefwechsel
zwischen Friedrich Schiller und Wilhelm
von Humboldt, Bd. 1, S.70, 161 und 204.
¹³ *S. Mereau*: Fragment eines Briefes
über Wilhelm Meisters Lehrjahre (1799),
in: dies. (Hrsg.): Kalathiskos, Bd.1, S.232,
227.
¹⁴ Die Zeitung für die elegante Welt
(1803, Nr.50, S.398) hält Mereau vor, sich
zu irren hinsichtlich der Sentenz, „wo gesagt wird, Karakter bilde sich in der Einsamkeit, Talent in der Gesellschaft – was
sich umgekehrt verhält". In anderen Worten: Mereau hat Goethe falsch zitiert.
¹⁵ Zeitung für die elegante Welt, 1803,
Nr.50, S.397.
¹⁶ Zit. nach *Benzmann*, S.459.
¹⁷ Vgl. seine Rezension des Romans
«Julchen Grünthal» von Friederike Helene
Unger in der Allgemeinen Literatur-Zeitung, 1798, Bd.1, S.253; auch in: *A. W.
Schlegel*, Sämtliche Werke, Bd.11, S.239.
¹⁸ In einem andern Sinn als dem hier
gemeinten spricht *S. Weigel* von einem Mittelweg Mereaus zwischen privatem Tagebuch und autonomer Kunst, wobei zu fragen bleibt, ob sie nicht ihrerseits den ästhetischen Normen, die sie in Frage stellen
will, aufsitzt. *Weigel*: Sophie Mereau, S.26.

¹⁹ *Sophie von La Roche* (Hrsg.): Pomona für Teutschlands Töchter, 10. Heft (Oktober 1783), S.925f.
²⁰ In ihrem Gespräch über die neuesten
Romane der Französinnen (in: Europa I, 2,
S.89) beschreibt *Dorothea Schlegel* den
Marktmechanismus: „Wer kann immer den
niedlichen kleinen Bänden widerstehen, die
zu Hunderten auf allen Wegen ausgekramt
liegen und uns durch die aufgeschlagnen
Vignetten anlocken? – Sehr wahr, sagte
Constanze, ich mag zehnmal den Namen
eines Buchs oder seines Verfassers hören,
ohne sonderlich davon angezogen zu werden, sehe ich aber im Vorübergehen auf
diesen kleinen Kupferblättern ein niedliches Figürchen, so bin ich gleich neugierig
[...] Die Kaufleute stehen sich gut bei dieser weiblichen Neugierde, sie mögen manches schlechte Buch dadurch verkauft haben."
²¹ Zit. nach *Gersdorff*, S.248f.
²² *Witte*: Das Opfer der Schlange,
S.473.
²³ Ebd. S.465.
²⁴ Ebd. S.469.
²⁵ *Witte*: Genie. Revolution. Totalität,
S.35.
²⁶ *Albertsen*: Stichworte zu einer neuen
Strukturierung, S.232–40.
²⁷ „Aber im stillen Gebiete der freien
Natur, im noch stilleren der Kunst, da
finde ich Vertraute, und von der stummen
Leinwand, von der verblichenen, durch
Kerzendampf geschwärzten Wand, blickt
es oft tröstend mich an. Dann dünkt es
mich, als umwehe mich mit lindem Fittich
der stille Geist in seinem Heiligtume, der
einst hier schaffend waltete und darüber
eine Welt voll Unruhe und Entbehrung
gern vergaß, als hauche er mir Ergebung
und höheres Hoffen in die wild bewegte
Brust." (*J. Schopenhauer*: Gabriele, S.337).
²⁸ Vgl. dazu ebd. S.390f.
²⁹ „Was ich so tief empfand und als richtig erkannte: daß Wahrheit jedes Verhältniß
rein erhält, und auch das Verworrenste
leicht und natürlich löset, das will ich nun
auch über und durch die That beweisen."
(*S. Mereau*: Amanda und Eduard. Bd.2,
S.134).
³⁰ Ebd. Bd.2, S.31 und 64f.

[31] Ebd. S. 101 ff.

[32] Es mag offenbleiben, ob Mereau sich Brentanos Liebesgedichte, worin sie ihm mit der Gestalt seiner früh verlorenen Mutter verschmilzt, angeschmiegt hat. Der Handlungskontext, in den das Lied hineinkomponiert ist, legt eine solche Interpretation nahe: Der Dichter des Liedes im Roman ist Amandas junger Stiefsohn, der sie liebt.

[33] S. *Mereau*: Amanda und Eduard, Bd. 2, S. 103.

[34] *Schiller* an S. Mereau am 18. 1. (oder? 6.) 1795. In: Schillers Briefwechsel mit der Dichterin Sophie Mereau, S. 124.

[35] *Schiller*: Über Matthissons Gedichte. In: Sämtliche Werke, Bd. 5, S. 998.

[36] Ebd. S. 1000.

[37] Zit. nach *Gersdorff*, S. 213 f. Vgl. auch *Brinker-Gabler*, S. 151.

[38] S. *Mereau*: Das Blütenalter der Empfindung, S. 15. Im folgenden zitiert: BE

[39] *Schiller*: Sämtliche Werke, Bd. 5, S. 996.

[40] Ebd. S. 999.

[41] S. *Mereau*: Kalathiskos, Bd. 1, S. 227.

[42] Vgl. dazu meine Studie Philosophische Ästhetik und Popularästhetik, S. 107–26.

[43] S. *Mereau*: Kalathiskos, Bd. 2, S. 128. Zum Vergleich ein Zitat aus dem ersten Band des Memnon, 1800 erschienen, also ein Jahr vor Mereaus Kalathiskos: „[Göthe] ist seiner Zeit vorausgeeilt, und gehört erst der Zukunft ganz an: so steht der Gipfel des Berges schon im hellen Glanze der Morgensonne, wenn unten im Thale noch die Schatten kämpfen, und Licht und Finsterniß verwirrt durcheinander fliehen" (*A. Klingemann*: Briefe über Schillers Wallenstein, S. 83).

[44] Allgemeine Literatur-Zeitung, 1795, Bd. 3, S. 2. In einem Brief an Schiller vom 17. Juli 1795 weist *Wilhelm von Humboldt* darauf hin, daß Woltmann seine Kategorien Schillers Matthisson-Kritik und dem Aufsatz über naive und sentimentalische Dichtung entlehnt habe (Briefwechsel zwischen Friedrich Schiller und Wilhelm von Humboldt, Bd. 1, S. 70).

[45] S. *Mereau*: Amanda und Eduard, Bd. 1, S. 85 ff. und Bd. 2 S. 42 ff.

[46] *Schindel*, Bd. 1, S. XXI f.

[47] Ebd. Bd. 1, S. 58 f.

[48] *Gersdorff* insistiert zu Recht auf der erstaunlichen Vorurteilsfreiheit Mereaus (S. 248 ff.), ähnlich die Besprechung der Neuausgabe des ‹Blütenalters› von M. *Harmann*, S. 598. Auch *Weigel* betont, in welchem Maße Mereau „den herrschenden moralischen Konsens überschreitet" (S. 30). *Moens* in der Einleitung zu dem von ihm neu herausgegebenen ‹Blütenalter der Empfindung› hebt hervor, daß Mereau das Problem der Emanzipation der Frau im Kontext von Französischer Revolution und Amerika sehe, kritisiert aber ihr Schwanken zwischen Aufklärung, Empfindsamkeit, Romantik und Klassik (vgl. S. 7 f. und 22).

[49] S. *Mereau*: Das Blütenalter der Empfindung, S. 12.

[50] *Goethe* an Schiller, 1. Juli 1797. In: Briefwechsel zwischen Schiller und Goethe, Bd. 1, S. 355.

[51] *Hegel*, Bd. 1 S. 544.

[52] Ebd.

[53] Das Schema der Abenteuerlichkeit wird in ‹Mann von vier Weibern› bis an den Rand der Parodie durchgeführt: die Kindheit des Protagonisten ist eine Kette von Zufällen: Er findet immer wieder neue Gönner, die aber sterben, bevor sie ihr Testament haben machen können, so daß er immer wieder aus der Höhe des Glücks in die Armut gestürzt wird.

[54] *Hegel*, Bd. 1, S. 562.

[55] Ebd. S. 567 und Bd. 2, S. 452.

[56] Es ist dies eine Problemlösungsstrategie, wie sie im zeitgenössischen Roman, z. B. in Lafontaines ‹Klara du Plessis und Klairant› (1794), wo die Liebenden aber nur davon träumen können, da ihnen der Tod Klaras zuvorkommt, oder im Drama Kotzebues, z. B. in ‹La Peyrouse› oder in ‹Bruder Moritz› nicht selten ist.

[57] S. *Mereau*: Der Mann von vier Weibern, S. 221 f.

[58] *Albertsen*: Internationaler Zeitfaktor Kotzebue, S. 228.

[59] Vgl. dazu u.a. *Köpke*, 96–110; *Weigel*: Wider die romantische Mode, S. 67–82.

[60] *C. Brentano* an Achim von Arnim,

3. 10. 1804. In: C. Brentano: Briefe, Bd. 1, S. 244.

[61] Ebd. S. 244 f.

[62] *Albertsen:* Internationaler Zeitfaktor Kotzebue, S. 229.

[63] Ebd. S. 235.

[64] *Hegel*, Bd. 1, S. 568.

[65] S. *Mereau:* Kalathiskos, Bd. 1, S. 235 f.

[66] Ebd. Bd. 2, S. 97.

[67] Ebd. S. 96.

[68] Der Briefwechsel von Clemens Brentano und Sophie Mereau, S. 85 und 83.

[69] *Schiller* an Mereau, Juli 1796. Zit. nach *Gersdorff*, S. 119. Ob es sich dabei, wie Gersdorff annimmt, um ‹Die Flucht nach der Hauptstadt› handelt, ist nach deren Publikationsdatum, 1806, zumindest fraglich (vgl. ebd. S. 117 f.

[70] S. *Mereau:* Die Flucht nach der Hauptstadt, S. 139.

[71] Ebd. S. 180. Vgl. auch ‹Amanda und Eduard›, Bd. 2, S. 110 f., wo sich die flatterhafte Nanette zu folgender Maxime bekennt: „Frisch, munter hingelebt, sein Dasein nach allen Seiten hin, sorgenlos ausgebreitet, so viel Freude genossen, als möglich; gegen andre, nicht gut, sondern klug sich betragen; sich nur an die Aussenseite gehalten, um das Innere nicht bekümmert, denn dies ergründet doch keiner; [...] mit dieser Weisheit, oder Thorheit hoffe ich auszukommen."

[72] S. *Mereau:* Die Flucht nach der Hauptstadt, S. 182 f. und 184.

[73] Vgl. dazu ‹Die Indianer in England›. In: *A. Kotzebue:* Schauspiele. Auch in anderen Stücken Kotzebues herrscht eine geltenden Normen zuwiderlaufende Moralauffassung, die mit der Mereaus Ähnlichkeiten aufweist: in ‹Menschenhaß und Reue› setzt sich ein Ehemann über den Ehebruch seiner Frau hinweg und versöhnt sich mit ihr; das Erstaunliche an Mereaus ‹Amanda und Eduard› besteht darin, daß ihr heimliches Verhältnis für die Liebenden kein moralisches Problem darstellt, auch läßt Amandas Ehemann eine gewisse Toleranz erkennen. In ‹La Peyrouse› führt Kotzebue eine Ehe zu dritt vor, die anders als in Goethes ‹Stella› gelingt, freilich ist sie möglich außerhalb der bürgerlichen Gesellschaft, auf einer paradiesischen Insel. Im ‹Bruder Moritz› schließlich heiratet der Protagonist ein Mädchen mit einem unehelichen Kind; wie der erste Liebhaber in der ‹Flucht nach der Hauptstadt› kümmert er sich nicht um die Vergangenheit seiner Geliebten, sondern genießt mit ihr die Gegenwart.

[74] Vgl. *Kotzebue:* La Peyrouse; ebd. S. 322.

[75] *W. v. Humboldt:* Über die männliche und weibliche Form, S. 80 ff.

[76] S. *Mereau:* Die Flucht nach der Hauptstadt, S. 168.

[77] S *Mereau:* Der Mann von vier Weibern, S. 229.

[78] S. *Mereau:* an Brentano, 17. 11. 1804, in: Lebe der Liebe und liebe das Leben, S. 324.

[79] S. *Mereau:* Ninon de Lenclos. In: Kalathiskos, Bd. 2, S. 102, vgl. auch S. 75.

[80] Ebd. Bd. 2, S. 102.

[81] Bezeichnenderweise hat Mereau das krisenhafte Bewußtsein moderner Subjektivität, die Verzweiflung des Glaubensverlustes nur an einer Nebenfigur zugelassen, einem Künstler, Nanettes Bruder; sein Selbstmord erschüttert die aufgeklärte Selbstgewißheit des Ich-Erzählers (Das Blütenalter der Empfindung, S. 87 ff.).

[82] S. *Mereau:* Amanda und Eduard, Bd. 1, S. 138 f.

[83] Allerdings gibt es das Motiv des Inzests: von der Figur des jungen Wilhelm in ‹Amanda und Eduard› ist schon die Rede gewesen. Im Ninon-Essay geht Mereau einen Schritt weiter; sie schiebt dort eine narrative Passage ein über den Tod von Ninons Sohn, der die eigene Mutter liebt und, als er erfährt, in welcher Beziehung sie zu ihm steht, Selbstmord begeht. Es fällt nicht schwer, das Motiv autobiographisch zu interpretieren: Brentano identifiziert Mereau mit seiner Mutter.

[84] Vgl. dazu den Abschnitt ‹Zwei Briefe›. In: *F. Schlegel:* Lucinde, S. 69 f.

[85] Ebd. S. 73.

[86] *Schiller* an Goethe, 17. 8. 1797. In: Der Briefwechsel zwischen Schiller und Goethe, Bd. 1, S. 382 f.

[87] *Karoline von Günderrode:* Gesammelte Werke, Bd. 2, S. 258.

[88] Zit. nach dem Nachwort von *H. Moens.* In: Das Blütenalter der Empfindung, S. 23.

[89] Allgemeine Literatur-Zeitung, 1795, Bd. 3, S. 2.

[90] *F. Schlegel:* Gespräch über die Poesie. In: Kritische Schriften, S. 517.

[91] Vgl. *S. Mereau:* Einige kleine Gemälde (Der englische Garten – Das Feuerwerk – Die Reise – Der Frühling). In: Kalathiskos, Bd. 1, S. 5–31.

X.1. Briefkultur

[1] Einige Teile des nachfolgenden Beitrages stützen sich auf einen Aufsatz des Vfs. von 1976 (vgl. Nickisch: Die Frau als Briefschreiberin).

[2] Vgl. *Brinkler-Gabler,* S. 49.

[3] Vgl. hierzu auch *Wittmann,* S. 10f.

[4] „In allen Lebenslagen begannen die Frauen plötzlich, Briefe zu schreiben, ja der Briefwechsel wurde zu einer der wichtigsten Angelegenheiten überhaupt. Hier schien sich ein jahrhundertelang zurückgehaltenes Formulierungsbedürfnis gewaltsam Bahn brechen (...) zu wollen." (*Möhrmann,* S. 20).

[5] Vgl. *Schumann,* S. 140.

[6] Vgl. hierzu *Nickisch:* Stilprinzipien, S. 115–150.

[7] Vgl. *Becker-Cantarino:* (Sozial)Geschichte der Frauen, S. 274f.

[8] Elisabeth Charlottens Briefe, S. 143.

[9] Briefe der Herzogin Elisabeth Charlotte von Orléans, S. 289.

[10] Vgl. hierzu *Nickisch:* Stilprinzipien, S. 139f. sowie S. 144–150.

[11] Briefe von Anna Maria von Hagedorn, S. 96–102.

[12] Briefe der Frau Louise Adelgunde Victorie Gottsched. 1. Th., S. 11.

[13] Ebd. 1. Th., S. 21f.

[14] Ebd. 1. Th., Vorber., unpag.

[15] Brief an Fr. v. Runckel v. 19.9. 1753, ebd. 2. Th., S. 151f.

[16] Brief an Fr. v. Runckel v. 23. 12. 1755, ebd. 2. Th., S. 309f. – R. *Sanders* (S. 173) vermutet vielleicht nicht zu Unrecht, daß der veröffentlichte Briefwechsel Frau Gottscheds ‚zensiert' worden ist. Aber da die Originalbriefe nicht mehr existieren, läßt sich diese Vermutung nicht nachprüfen.

[17] Vgl. *Nickisch:* Stilprinzipien, S. 161f.

[18] *Trunz,* S. 963f.

[19] Geschichte der Meta Klopstock, S. 277.

[20] Brief v. 12. 12. 1752, ebd. 274f.

[21] Brief v. 12. 12. 1751, ebd. S. 44.

[22] *Wittmann,* S. 20.

[23] Brief v. 24.–26. 12. 1756. In: Geschichte d. M. Klopstock, S. 487.

[24] Ebd. S. 439.

[25] *Trunz,* S. 964.

[26] *Maurer,* S. 25. Was Maurer hier mit Bezug auf die Briefschreiberin La Roche formuliert, gilt m. E. in viel stärkerem Maße für Meta Klopstocks Briefsprache.

[27] Briefwechsel Christian Fürchtegott Gellerts mit Demoiselle Lucius, S. 1. Zu Christiane Karoline Lucius, später verheiratete Schlegel, vgl. auch den Beitrag von Ruth Dawson in diesem Band.

[28] *Horvath,* S. 186.

[29] *Blochmann,* S. 77.

[30] *Horvath,* S. 191. – Trotz ihres unbestreitbaren geistes- und literaturgeschichtlichen Ranges gibt es bislang keine Biographie der E. Reimarus; und auch eine Sammlung ihrer zahlreichen Briefe fehlt noch immer.

[31] *Gotthold Ephraim Lessings* Sämtliche Schriften, Bd. 21, S. 218f.

[32] Herder, Johann Gottfried (u.) Caroline Flachsland: Briefwechsel, Bd. 1, S. 6–8. Caroline zitiert am Schluß ihres Briefes zwei Zeilen aus Klopstocks Ode „An Fanny" von 1749.

[33] Caroline Schlegel: Briefe, Bd. 1, S. 361–363. Von Carolines Briefen sind leider nur gut 400 erhalten (verloren sind z. B. die an G. Forster und G. A. Bürger).

[34] Caroline Schlegel: Briefe, S. 439f.

[35] *Scherer,* S. 618.

[36] *Huch,* S. V.

[37] *Damm,* S. 68.

³⁸ Brief Gellerts – ohne Tages- und Monatsangabe. In: Christian Fürchtegott Gellerts Briefe, S. 115.

³⁹ Zu dieser Fähigkeit hat den Frauen vornehmlich das mit der Empfindsamkeit aufgekommene „Evangelium des befreiten und freischwebenden Gefühls" verholfen; es verschaffte ihnen „die Möglichkeit, sich über das gedrückte Dasein unter der Herrschaft des Mannes emporzuschwingen" (*Pikulik*, S. 300).

⁴⁰ *Engelsing*, S. 338.

⁴¹ *Möhrmann*, S. 20. – Schon *Krull*, S. 14 u. S. 18–20, hat unter Beibringung einschlagiger Belege darauf hingewiesen, daß die frühesten journalistischen Beiträge von Frauen im ersten Drittel des 18. Jahrhunderts in den Moralischen Wochenschriften in gelegentlicher *brieflicher* Mitarbeit bestanden. Krull bietet aber auch eine Vielzahl von Beispielen dafür, wie häufig die schriftstellernden Frauen des späteren 18. Jahrhunderts bei ihrer journalistischen und literarischen Produktion gerade die Briefform verwendeten. *Becker-Cantarino* (Leben als Text, S. 83) formuliert zugespitzt: „Briefe sind die Schule der schreibenden Frauen gewesen".

⁴² *Haberland / Pehnt / Dentler*, S. 5.

⁴³ *Jäckel*, S. 41, bemerkt hierzu treffend: Der „unmittelbar sich öffnende Ton, in dem das Persönliche alle vom Zeitstil bedingten, übergreifenden Ordnungen bricht, zeichnet besonders die Frauenbriefe

aus. Im Gegensatz zur Literatur selbst brauchten sie sich in keine Tradition zu stellen. Im Gegenteil: Sie mußten sich nicht nur den eigenen Ausdruck, sondern oft auch die eigene Sprache suchen."

⁴⁴ Vgl. hierzu *Becker-Cantarino*: (Sozial)Geschichte der Frauen, S. 275, sowie *Schlösser*, S. 627 (in: Jäckel). *Wittmann*, S. 54, konstatiert zu Recht, daß die großen Briefwechsel des 18. Jahrhunderts zwischen Frauen und ihren männlichen Partnern als Dokumente „einer differenzierten Wortkultur, eines elementaren Bedürfnisses nach sprachlicher Bewältigung aller Erlebnisse und Erfahrungen, einer unstillbaren Sehnsucht nach vertrauensvoller personaler Zuwendung" eine zeitlose wie aktuelle Gültigkeit besitzen.

⁴⁵ *Wittmann*, S. 10, ist zu der Überzeugung gelangt: „Die schönsten, lebendigsten, anrührendsten Briefe dieses Jahrhunderts haben allesamt Frauen geschrieben." Und *Becker-Cantarino* (Leben als Text, S. 98 f.) meint gar, daß das überwiegend in Briefen und brieflichen Formen sich immer reger und differenzierter artikulierende Denken und Fühlen der Frauen „die herrschenden literarischen Formen" zunehmend „unterwanderte" und die „gelehrte und belehrende Literatur zur ‚schönen Literatur'" „wandelte". So komme es nachgerade zu einer „Feminisierung der Literatur, die etwa um die Mitte des Jahrhunderts einsetzt."

X.2. Geselligkeit

¹ Vgl. Rahel-Bibliothek, 9. Bd. S. 40.

² Vgl. *Ludwig Börne*: Sämtliche Schriften, 4. Bd., S. 863. Vgl. Rahel-Bibliothek, 10. Bd., S. 379.

³ *Mendelssohn*: Bankiers, Künstler und Gelehrte, S. 314.

⁴ Vgl. *Feilchenfeldt*: Berliner Salons, S. 78.

⁵ Vgl. *Spiel*: Fanny von Arnstein.

⁶ Der erhalten gebliebene Nachlaß befindet sich nach freundlicher Auskunft von Prof. Dr. Martin Decker-Hauff (Tübingen) im Besitz der Familie.

⁷ Vgl. *Feilchenfeldt*: Berliner Salons, S. 84 f.

⁸ Vgl. *Hensel*, 1. Bd., S. 60 ff. *Anstett*, S. 73 ff. Den Hinweis auf diesen Aufsatz verdanke ich Dr. Dominique Bourel (Paris).

⁹ Vgl. *Fanny Lewald*: Meine Lebensgeschichte, 3. Bd., S. 276 f.

¹⁰ Vgl. *Bebler*, S. 117 ff., 146 ff.

¹¹ Vgl. *Assing*: Gräfin Elisa von Ahlefeldt. *Dies.*: Sophie von La Roche.

¹² *Fanny Lewald*: Römisches Tagebuch 1845/46.

[13] Vgl. *Nickisch*, S. 367.
[14] Vgl. *Gabriel Riesser:* Gesammelte Schriften, 4. Bd., S. 37–296.
[15] Vgl. *Mendelssohn:* Bankiers, Künstler und Gelehrte, S. XLVI ff.
[16] *Mendelssohn-Bartholdy:* Briefe.
[17] Vgl. Rahel-Bibliothek, 1.–8. Bd.
[17a] *Lily Braun:* Im Schatten der Titanen, S. 210.
[18] Vgl. Rahel-Bibliothek, 10. Bd. S. 128–178. – Rahel Varnhagens Korrespondenz mit ihren Geschwistern bearbeitet derzeit systematisch Consolina Vigliero (Turin).
[19] Rahel-Bibliothek, 10. Bd., S. 137 ff.
[20] Briefe von und an Friedrich und Dorothea Schlegel, S. 334 f.
[21] Vgl. *Feilchenfeldt:* Bettine, Rahel und Varnhagen, S. 239 ff.
[22] Ebd. S. 233 ff.
[23] Vgl. *Feilchenfeldt:* Berliner Salons, S. 88.
[24] Vgl. Rahel-Bibliothek, 10. Bd., S. 62, 128.
[25] Vgl. *Johanna Schopenhauer:* Gabriele, S. 418.
[26] Ebd. S. 408.
[27] Vgl. Deutsche Literatur, Reihe Romantik, 7. Bd., S. 89–244.
[28] Vgl. *Karoline Pichler,* geborene von Greiner: Denkwürdigkeiten, 1. Bd., S. XII ff.
[29] Vgl. *Haase.*
[30] Vgl. *Friedrich Schlegel:* Kritische Schriften, S. 283–339.
[31] Vgl. *Johanna Schopenhauer:* Gabriele, S. 418.
[32] Vgl. *Karoline Pichler,* geborene von Greiner: Denkwürdigkeiten, S. LXXVI.
[33] Vgl. *Henriette Herz* in Erinnerungen, S. 458.
[34] Vgl. *Olfers,* S. 245.
[35] Vgl. *Steig,* S. 21 f.
[36] Vgl. *Schulze/Ssymank,* S. 193.
[37] Vgl. *Gajek,* S. 168.
[38] Vgl. *Schlözer:* Dorothea von Schlözer.
[39] Vgl. *Sieveking,* S. 490 ff; *Schumann,* S. 172 ff.
[40] Die Bedeutung der Bäderkultur der Zeit erörtert u. a. *Branig,* S. 221 f.

[41] Vgl. *Karl August Varnhagen von Ense:* Werke, 2. Bd., S. 208 ff.
[42] Vgl. Rahel-Bibliothek, 10. Bd., S. 332.
[43] Vgl. Achim und Bettina in ihren Briefen.
[44] Vgl. *Moering,* S. 64 f.
[45] *Feilchenfeldt:* Zur Bibliographie der Zeitschrift ‚Nach der Arbeit‘, S. 34 ff.
[46] Unbekannte Briefe von Clemens Brentano, S. 306.
[47] Vgl. *Werner.* Ein Hauptteil des bildnerischen Nachlasses der Töchter Bettine von Arnims befindet sich in niederländischem Familienbesitz. Vgl. Abb. S. 41.
[48] Vgl. *Adele Schopenhauer:* Gedichte und Scherenschnitte.
[49] Vgl. *Feilchenfeldt:* Karl August Varnhagen von Ense, S. 56 f.
[50] Vgl. *Abeken,* 2. Bd., S. 15 f.
[51] Vgl. *Feilchenfeldt:* Brentano Chronik, Register unter Dorothea Schlegel und Philipp Veit.
[52] Vgl. Die Sängerfahrt, S. 196. Dazu S. (10) f.
[53] Bettina von Arnims Armenbuch.
[54] Vgl. Rahel-Bibliothek, 10. Bd., S. 330.
[55] Vgl. *Werner,* Abb. vor S. 257.
[56] Vgl. oben Anm. 8.
[57] Vgl. *Binder,* S. 220 ff. – Einen größeren Nachlaßbestand aus der Korrespondenz der Marienberger Institutsleitung archiviert unter den Namen der Leiterinnen Sophie und Therese Doll das Freie Deutsche Hochstift in Frankfurt am Main.
[58] Vgl. Die Aschaffenburger Brentanos. Register unter Emilie Brentano.
[59] Vgl. *Houben,* S. 39 ff.
[60] Vgl. *Hertling,* S. 310–319; *Binder,* S. 305 ff.
[61] Vgl. *Clemens Brentano* an Andreas Räß, S. 321 f.; *Feilchenfeldt:* Brentano-Forschung, S. 106 f.
[62] *Feilchenfeldt:* Brentano-Forschung, S. 106. Vgl. Clemens Brentano: Gesammelte Schriften, 9. Bd., S. 216.
[63] Vgl. Die Sängerfahrt, S. (10) f.
[64] Vgl. *Houben,* S. 33 ff., 126 ff., 344 ff.

X.3. Frauen und Theater

[1] *Reden-Esbeck:* Catharina Felicitas Abt.

[2] *Marianne Ehrmann:* Philosophie eines Weibs, S. 58.

[3] *Harris,* S. 177–178.

[4] Ebd. S. 183.

[5] Gotthold Ephraim Lessings Briefwechsel mit Eva König, S. 183, 187, 210.

[6] *Marianne Ehrmann* (Hrsg.): Amaliens Erholungsstunden 3 (1792). 4. Bd., 10. Heft, S. 16. Vgl. den Beitrag von H. Brandes in diesem Band.

[7] *Henriette Wallenstein:* Antwort auf die sogenannte Berichtigung, S. 29.

[8] *Elise Bürger:* Über meinen Aufenthalt, S. 5.

[9] *Wetzels,* S. 202.

[10] *Kindermann,* Bd. V, S. 19.

[11] *Kindermann,* Bd. IV, S. 652–655.

[12] *Juliana Hayn:* Der Dichterling, S. 11.

[13] Siehe *Brinker-Gabler:* Einleitung, und *Walter.*

[14] *Eichhorn,* S. 138.

[15] Verzeichniß einiger jetztlebenden Deutschen Schriftstellerinnen und ihrer Schriften. In: Journal von und für Deutschland, 1789, Th. II, S. 466; 1790, Th. I, S. 315; 1791, Th. I, S. 231.

[16] *Luise Adelgunde Gottsched:* Herr Witzling, S. 516. Luise Gottsched schrieb im Auftrag ihres Mannes, und er veröffentlichte ihre Dramen anonym. Am Ende des Jahrhunderts, als Therese Huber ein Schauspiel übersetzte, ließ deren Mann die Arbeit unter seinem Namen erscheinen: Der Trostlose (Lsp.) 1794 (nicht gesehen). Meta Klopstocks berühmter Ehemann andererseits gab ihr experimentelles Werk ,Der Tod Abels. Ein Trauerspiel' in ihren ,Hinterlaßnen Schriften' (Hamburg 1759) ausdrücklich unter ihrem Namen heraus.

[17] *Sanders,* S. 173.

[18] Ebd. S. 186.

[19] *Luise Adelgunde Gottsched:* Das Testament, S. 114.

[20] *Johann Christoph Gottsched:* Ausgewählte Werke, 3. Bd., S. 139.

[21] *Sophie Eleonore Kortzfleisch:* Lausus und Lydia, S. 10–11.

[22] Ebd. S. 49–50.

[23] Ebd. S. 42–43.

[24] Nicht alle historischen Dramen von Frauen haben selbständige Heldinnen. Vgl. *Eleonore Thon:* Adelheid von Rastenberg; *Friederike Lohmann:* Der blinde Harfner; *Karoline von Wolzogen:* Der Leukadische Fels; *Elise Bürger:* Adelheid Gräfin von Teck.

[25] *Caroline von Klencke:* Der ehrliche Schweitzer, S. 41.

[26] Um das Stück auch als Oper brauchbar zu machen, sind am Ende einige Arien beigefügt. Sophie Albrecht hat ihre dramatischen Arbeiten als Singspiele gedacht (in: ,Gedichte und Schauspiele'), wie vielleicht auch Therese von Artner am Ende des Jahrhunderts (in: ,Das Fest der Tugend').

[27] *Victoria Rupp:* Marianne, S. 23.

[28] *Sophie von La Roche:* Geschichte des Fräuleins von Sternheim, S. 263.

[29] In *Marianne Ehrmanns* Schauspiel: Leichtsinn und Gutes Herz (1785) andererseits handelt es sich um die Darstellung der Verführung zum Schlechten von Held und Heldin durch einen bösen ehemaligen Hofmeister.

[30] *Victoria Rupp:* Marianne, S. 82.

[31] *Christiane Karoline Schlegel,* geb. Lucius: Düval und Charmille, S. 51 (Vgl. zu ihr als Briefschreiberin den Beitrag von R. M. G. Nickisch in diesem Band.)

[32] Eine weitere Leistung Schlegels ist die glaubwürdige kleine Rolle, die sie in ihrem Drama für ein Kind geschaffen hat. Kinder erscheinen in den hier besprochenen Dramen äußerst selten. In Elisa von der Reckes 1794 geschriebenen ,Familien-Scenen oder Entwickelungen auf dem Masquenballe' werden Kinder oft erwähnt, aber nie gezeigt. Die Stücke, die für Kinder geschrieben waren, sind eine Ausnahme, sofern das heute noch nachzuprüfen ist. Catharina Helena Dörriens ,Steifer Besuch' wurde geschrieben, um Kindern zwischen fünf und dreizehn höfliches Verhalten beizubringen.

[33] *Elise Müller:* Die Kostgängerin im Nonnenkloster, S. 7.

[34] Eine auffallende, aber sonst nicht bemerkenswerte Ausnahme ist Wilhelmine Gersdorf, die zwischen 1792 und 1818 viele Schauspiele schrieb.
[35] Mariane Sophie Weikard: Die Kriegslist, S. 47.

[36] Ebd. 48.
[37] Ebd. 49.
[38] Ebd. 52.
[39] Ebd. 53.

X.4. Der Frauenroman

[1] Touaillon, S. 67.
[2] La Roche: Geschichte des Fräuleins von Sternheim, S. 307.
[3] Ebd. S. 6.
[4] Petriconi.
[5] La Roche: Geschichte des Fräuleins von Sternheim, S. 50.
[6] Ebd. S. 202 f.
[7] Ebd. S. 50.
[8] Mattenklott, S. 194.
[9] La Roche: Geschichte des Fräuleins von Sternheim, S. 10.
[10] Maurer.
[11] La Roche: Geschichte des Fräuleins von Sternheim, S. 121.
[12] Ebd. S. 108.
[13] Ebd. S. 22.
[14] Campe.
[15] Sauder: Empfindsamkeit, S. 204.
[16] Sennett.
[17] La Roche: Geschichte des Fräuleins von Sternheim, S. 186.
[18] Touaillon, S. 63 ff.
[19] La Roche: Geschichte des Fräuleins von Sternheim, S. 41 f.
[20] Ebd. S. 300.
[21] La Roche: Ich bin mehr Herz als Kopf.
[22] La Roche: Anecdote, Avertissement.
[23] La Roche: Anecdote Allemande, S. 32 ff.
[24] La Roche: Ich bin mehr Herz als Kopf, S. 231.
[25] La Roche: Liebe, Freundschaft und Mißverständnis.
[26] Ebd. S. 272.
[27] Ebd. S. 278.
[28] Ebd. S. 285.
[29] Ebd. S. 260.
[30] Ebd. S. 254.
[31] Ebd. S. 283.

[32] Ebd. S. 285.
[33] Ebd. S. 275.
[34] Ebd. S. 261.
[35] Hausen.
[36] La Roche: Melusinens Sommer-Abende 1806, XXVII; Meise: Die Unschuld und die Schrift, 165 ff., bes. 184 ff.
[37] Baldinger: Lebensbeschreibung.
[38] Ebd. S. 36.
[39] Cocalis, S. 41 ff.
[40] Foucault: Sexualität und Wahrheit.
[41] Touaillon, S. 295.
[42] Ebd.
[43] Unger: Julchen Grünthal, Bd. 1, S. 51.
[44] Heuser, S. 37.
[45] Unger: Julchen Grünthal, Bd. 2, S. 337 f.
[46] Grimminger, S. 687.
[47] Thon: Julie von Hirtenthal, Bd. 1, S. 36.
[48] Ebd. S. 37 ff.
[49] Liebeskind: Maria, S. 273.
[50] La Roche, Rosaliens Briefe, Bd. 2, S. 50.
[51] Sauder: Gefahren empfindsamer Vollkommenheit.
[52] Ebd. S. 86.
[53] Jäger.
[54] Blackwell, Heuser.
[55] Schlechta, S. 186 f.
[56] Schlaffer, S. 11.
[57] Ebd. S. 12.
[58] Campe.
[59] Prokop.
[60] Ebd. S. 52.
[61] Ehrmann: Antonie von Warnstein, S. 16.
[62] Rave: Mollys Bekenntnisse, S. 10.
[63] Beaujean, S. 218 f.
[64] Voßkamp.

[65] *Mandelkow; Mattenklott.*

[66] *Huber:* Die Familie Seldorf, Bd. 2, S. 95 ff.

[67] Ebd. Bd. 2, S. 324.

[68] Ebd. Bd. 2, S. 66.

[69] *Meise:* „Papierne" Mädchen.

[70] *Maurer,* S. 119.

[71] *Huber:* Die Familie Seldorf, Bd. 2, S. 70.

[72] Ebd. Bd. 2, S. 69.

[73] *Gouges; Suhr,* S. 258 ff.

[74] *Kahr; Peitsch.*

[75] *Touaillon,* S. 344 f.

[76] *Beaujean,* S. 225.

[77] *Iser,* S. 142.

[78] *La Roche:* Geschichte des Fräuleins von Sternheim, S. 321.

[79] *Naubert:* Hermann von Unna, Bd. 2, S. 224.

[80] Ebd. Bd. 2, S. 13, S. 138, S. 159.

[81] Ebd. Bd. 1, S. 108.

[82] *Porrmann.*

[83] *Prokop,* S. 55 f.

[84] *Foucault:* Was ist ein Autor?, S. 12.

[85] *La Roche:* Rosaliens Briefe; *Tresenreuter:* Lotte Wahlstein; *Wobesser:* Elisa.

[86] *Weber/Mithal,* S. 28.

X.5. Das Frauenzimmer-Journal

[1] Der vorliegende Aufsatz geht auf ein Referat zurück, das ich auf der III. Tagung von „Frauen in der Literaturwissenschaft" („Frauen – Literatur – Politik") im Mai 1986 in Hamburg hielt.

[2] Über die Gattung der Moralischen Wochenschriften s. vor allem *Martens:* Die Botschaft der Tugend.

[3] Vgl. *Engelsing:* Analphabetentum und Lektüre, S. 49.

[4] Zit. nach *Engelsing:* Der Bürger als Leser, S. 310. – Die historische Leser(innen)forschung ist noch sehr lückenhaft. Zum 18. Jahrhundert s. *Colloquium; Stützel-Prüsener.*

[5] *Discourse,* Teil IV, 12. Stück, S. 77 f.

[6] Ebd. S. 77.

[7] Ebd. Teil III, 9. Stück, S. 66.

[8] Ebd. Teil III, 9. Stück, S. 71.

[9] Einen ähnlich großen Einfluß übten die Wochenschriften bei der Herausbildung der Mädchenliteratur Ende des 18. Jahrhunderts aus. Dazu: *Brandes.*

[10] Eine Korrektur der einseitigen La Roche-Rezeption wäre an der Zeit. Über der Beschäftigung mit der Romanschriftstellerin der Empfindsamkeit („Geschichte des Fräuleins von Sternheim"), vernachlässigte man die „Journalistin". So urteilte z. B. *Goethe* über die Pomona in einem Brief an Schiller vom 24. Juli 1799: „sie hebt das Gemeine heraus und zieht das Vorzügliche herunter und richtet dann das Ganze mit ihrer Sauce zu beliebigem Genuß an" (Hamburger Ausgabe, 4/1960, Bd. 14, S. 13). In der Forschung widerfuhr ihr folgende Beurteilung: *Hugo Lachmanski* über die Pomona: „Und wie durch welke Herbstreviere schreitet man auch durch die blütenlose Öde dieser Zeitschrift" (S. 62). *Francis Ising* wird in ihrer Diss. der Pomona wesentlich gerechter.

[10a] Das letzte Heft der Iris, 1776 datiert, erschien erst 1778.

[11] Die Iris hatte eine Auflage von 800–1000 Exemplaren. – Vgl. *Wilke,* S. 119.

[12] Weitere Mitarbeiter/innen waren: Sophie Albrecht, Philippine Engelhard, G. K. Pfeffel, Elisa von der Recke, Karoline von Wolzogen u. a. Vgl. *Wilke,* S. 128. Die technische und buchhändlerische Leitung hatte ein Rektor namens Hutten.

[13] Pomona, 1783, H. 12, S. 1124.

[14] Ebd. 1783, H. 1, S. 3.

[15] Ebd. 1784, H. 1, S. 20.

[16] S. auch hier die Titel, wie z. B. „The Tatler" („Der Plauderer").

[17] Pomona 1784, H. 2, S. 167.

[18] Zur Konkretisierung des Gesagten hier einmal die Inhaltsübersicht des Dezember-Heftes von 1783: Über den Geist der Ordnung – Freundschaft – An meine Freundin Emma – An Pomona. Eine Erzählung vom 9ten Juni 1783 – Fortsetzung von der Freundschaft – Der Tempel der Freundschaft zu Hedwigsburg, beschrie-

ben von Herrn v. B. – Unterschied zwischen Verbindungen – Neue Fragen, und Antwort. Briefe an Lina. Vierzehnter Brief – Auszug von einem Brief der Lina an ihren Bruder – Allegorie oder Sinnbild. Fabel oder Apologie – Briefe und Antworten – Anzeige.

[19] Pomona 1784, H. 11, S. 917.

[20] Pomona 1784, H. 3, S. 278 ff.

[21] Ebd. ((2x)) 1784, H. 10, S. 931.

[22] Discourse, Th. I, 8. St., S. 7.

[23] Innerhalb dieser Gattung läßt sich allerdings – über ein halbes Jahrhundert betrachtet – ein ähnlicher Prozeß beobachten, der auf die Veränderungen der gesellschaftlichen und ökonomischen Bedingungen verweist.

[24] Amaliens Erholungsstunden. Unter gleichem Titel war die Zeitschrift schon vorher in Stuttgart erschienen. Feststellbar ist das 3. Bändchen, Stuttgart 1790 „im Verlag der Expedizion des Beobachters, und gedrukt bei den Gebrüdern Mäntler". Diese Angabe verdanke ich Gisela Brinker-Gabler.

[25] Vgl. *Martens:* Die Geburt des Journalisten.

[26] Vgl. die einschlägigen Artikel in verschiedenen Lexika, z. B.: Lexikon der vom Jahr 1750 bis 1800 verstorbenen teuschen Schriftsteller. Hrsg. von Johann Georg Meusel. 3. Bd. Leipzig 1804. – Oder: Allgemeine Encyklopädie der Wissenschaften und Künste. Hrsg. von J. S. Ersch und J. G. Gruber. 1. Sektion, 31. Theil. Leipzig 1838.

[27] Nouvelle Biographie Générale depuis les Temps les plus reculés jusqu' à nos jours. Publiée par Mme Firmin Didot Frères. Tome XVᵉ, Paris 1856.

[28] S. *Krull.*

[29] Vgl. *Geiger/Weigel; Schumann.* – Es bedarf m. E. jedoch einer Differenzierung, wenn etwa von einer „radikalen Position" der M. Ehrmann die Rede ist (*Schumann*, S. 156).

[30] Amaliens Erholungsstunden, 1790, H. II, S. 269–274.

[31] Ebd. 1790, H. IV, S. 180 ff.

[32] Ebd. 1790, H. IV, S. 177–180.

[33] Ebd. 1791, H. II, S. 268.

[34] Es fragt z. B. eine Leserin an, welchen von zwei Bewerbern sie ‚erhören' soll.

„Amalie" rät ‚moralisch' und ‚lebenserfahren' zum charakterlich ‚Besseren'.

[35] Ebd. 1791, H. I, S. 128.

[36] Vgl. *Hausen.*

[37] *J.-J. Rousseau*, S. 386. – In der Klassik bewirkt die Idealisierung der Frau eine weitere Reduzierung ihrer gesellschaftlichen Rolle.

[38] Amaliens Erholungsstunden, 1790, H. II, S. 125 ff.

[39] Ebd. 1792, H. II, 127 ff. et passim.

[40] Ebd. 1792, H. II, S. 36.

[41] Ebd. 1791, H. II, S. 275.

[42] Ebd. 1791, H. II, S. 275.

[43] Ebd. 1791, H. II, S. 276.

[44] Vgl. seinen Brief vom 3. 1. 1790 an Marianne Ehrmann. In: Briefe von *Gottfried August Bürger*, S. 26.

[45] Amaliens Erholungsstunden 1790², H. I, S. 1 f.

[46] Ebd. H. II, S. 125 f.

[47] Ebd. 1790, H. II, S. 189.

[48] In der Ankündigung des neuen Jahrgangs (1792) erwähnt M. Ehrmann ausdrücklich die weitere Mitarbeit ihres Mannes: „Auch mein Gatte wird wieder eigene kleine Aufsäzze, Uebersetzungen aus dem englischen, französischen, italiänischen, und Erzählungen aus der Völkerkunde liefern." Ebd. 1791, H. IV, S. 270.

[49] Ebd. 1792, H. II, S. 36.

[50] Ebd. 1792, H. II, S. 36.

[51] Ebd. 1792, H. II, S. 52.

[52] Ebd. 1790, H. III, S. 176.

[53] Ebd. 1792, H. II, S. 37.

[54] Ebd. 1792, H. II, S. 131.

[55] Ebd. 1792, H. II, S. 143.

[56] Ebd. 1790, H. I, S. 29.

[57] Ebd. 1791, H. III, S. 121.

[58] Ebd. 1790, H. I, S. 275.

[59] Ebd. 1791, H. III, S. 44.

[60] Ebd. 1791, H. III, S. 45.

[61] Ebd. 1791, H. III, S. 46.

[62] Ebd. 1791, H. III, S. 48.

[63] Ebd. 1790, H. III, S. 83.

[64] Ebd. 1790, H. I, S. 159 f.

[65] Sie wurde zeitweise von Ludwig Ferdinand Huber herausgegeben, seit 1794 verheiratet mit der Schriftstellerin Therese geb. Heyne, gesch. Forster, die seit 1807 regelmäßige Mitarbeiterin und 1816 Redakteurin des Cottaschen Morgenblatts war.

Personenregister

Bildquellennachweis

Seite 11: Städtische Galerie im Lenbachhaus, Gabriele Münter- und Johannes Eichner-Stiftung

Seite 16: Mit freundlicher Genehmigung von Silvia Quandt

Seite 50: Bayerische Staatsbibliothek München

Seite 56: Staats- und Universitätsbibliothek Hamburg

Seite 99, 101, 103: Stadtbibliothek Nürnberg

Seite 118: Stadtarchiv Nürnberg (Löffelholz-Archiv)

Seite 128: Städtische Kunstsammlungen Augsburg

Seite 173: Öffentliche Kunstsammlung Basel

Seite 178: Herzog-August-Bibliothek Wolfenbüttel

Seite 186: Staatliche Museen Preußischer Kulturbesitz Kupferstichkabinett Berlin

Seite 201, 203, 215: Bayerische Staatsbibliothek München

Seite 225: Stadtarchiv Herford, mit freundlicher Genehmigung von Dr. Rainer Pape

Seite 296: Niedersächsische Landesbibliothek Hannover

Seite 303: Niedersächsische Staats- und Universitätsbibliothek Göttingen

Seite 308: Städtisches Museum Göttingen, Photo: Universitätsbibliothek Göttingen

Seite 309: Städtisches Museum Göttingen, Photo: A. Oberdiek (Göttingen)

Seite 411: Museum für Kunsthandwerk Frankfurt

Seite 418: Nachlaß der Töchter Bettine von Arnims (Familienbesitz)

Die übrigen Aufnahmen stammen aus den Archiven der Herausgeberin und der Autorinnen.

Besonderer Dank gilt Herrn Günter Keim, Bochum, für die Anfertigung von Bildvorlagen.

Über die Autorinnen und Autoren

Becker-Cantarino, Barbara, Ph. D., Research Professor in German an der Ohio State University, Columbus, Ohio (USA). Veröffentlichungen: Die Frau von der Reformation zur Romantik. Die Situation der Frau vor dem Hintergrund der Literatur- und Sozialgeschichte (Hrsg.) (²1985); Der lange Weg zur Mündigkeit: Frauen und Literatur in Deutschland 1500–1800 (1987); Aufsätze zur Literatur- und Sozialgeschichte der Frühen Neuzeit, zu Frauenbildern und Autorinnen.

Blackwell, Jeannine, Ph. D., Assistant Professor an der Universität von Kentucky, Lexington (USA). Veröffentlichungen u. a.: „An Island of Her Own: Heroines of the German Robinsonades from 1720 to 1800 " German Quarterly 58 (1985); „Die Zunge, der Geistliche und das Weib: Überlegungen zur strukturellen Bedeutung der Hexenbekenntnisse 1500–1700." In: Der Widerspenstigen Zähmung. Studien zur bezwungenen Weiblichkeit in der Literatur vom Mittelalter bis zur Gegenwart (1986); „Weibliche Gelehrsamkeit und die Grenzen der Toleranz: Die Fälle Karsch, Naubert und Gottsched." In: Lessing und die Toleranz. Hrsg. von Peter Freimark, Franklin Kopitsch und Helga Slessarev (1986).

Brandes, Helga, Dr. phil., Akademische Oberrätin für Neuere deutsche Literaturwissenschaft an der Universität Oldenburg. Veröffentlichungen. Die ‚Gesellschaft der Mahler‘ und ihr literarischer Beitrag zur Aufklärung. Eine Untersuchung zur Publizistik des 18. Jahrhunderts; Mädchenbuch der Gründerzeit; Publizistik des Jungen Deutschland.

Brandes, Ute, Ph. D., Associate Professor am Department of German des Amherst College, Amherst (USA). Veröffentlichungen. Zitat und Montage in der neueren DDR-Prosa (1984); Aufsätze über Literatur im Barock, 18. Jahrhundert und DDR-Literatur.

Bürger, Christa, Dr. phil., Professorin für Neuere deutsche Literaturwissenschaft an der Universität Frankfurt. Veröffentlichungen u. a.: Tradition und Subjektivität (1980); Der Ursprung der bürgerlichen Institution Kunst im höfischen Weimar. Literatursoziologische Untersuchungen zum klassischen Goethe (1977); Bettina von Arnim. Ein Lesebuch (zus. mit Birgitt Diefenbach, 1987).

Dawson, Ruth P., Ph. D., Women's Studies Program, Associate Professor an der University of Hawaii at Manoa, Honolulu, Hawaii (USA). Veröffentlichungen u. a.: „Der Weihrauch, den uns die Männer streuen': Wieland and Women Writers in *Der deutsche Merkur*". In: Christoph Martin Wieland 1733–1813. North American Scholarly Contributions to the 250th Anniversary of his Birth. Ed. Hans-Jörg Schelle (Tübingen 1984); „‚And this shield is called-self-reliance'. Emerging Feminist Consciousness of the Late Eighteenth Century." In: German Women in the Eighteenth and Nineteenth Centuries. A Social and Literary History. Ed. Ruth-Ellen Boetcher-Joeres and M. J. Maynes (Bloomington 1986); „Selbstzähmung und Misogynie: Frauen schreiben Verserzählungen im 18. Jahrhundert." In: Der Widerspenstigen Zähmung. Studien zur bezwungenen Weiblichkeit in der Literatur vom Mittelalter bis zur Gegenwart. Hrsg. von Monika Jonas und Sylvia Wallinger (1986).

Feilchenfeldt, Konrad, Dr. phil., Professor für Neuere deutsche Philologie an der Universität München. Veröffentlichungen u. a.: Varnhagen von Ense als Historiker (1970); Bertolt Brecht. Trommeln in der Nacht (1976); Deutsche Exilliteratur 1933–1945. Kommentar zu einer Epoche (1976).

Freytag, Wiebke, Dr. phil., Professorin für Ältere deutsche Philologie an der Universität Hamburg. Veröffentlichungen u. a.: Das Oxymeron bei Wolfram, Gottfried und anderen Dichtern des Mittelalters (1972); „Mundus fallax. Affekt und Recht oder exemplarisches Erzählen im Prosa-Lancelot." In: Wolfram-Studien 9 (1986); „Die Fabel als Allegorie. Zur poetologischen Begriffssprache der Fabeltheorie von der Spätantike bis ins 18. Jahrhundert (I)." In: Mittellateinisches Jahrbuch 20 (1985), (II) ebd. 21 (1986).

Gnädinger, Louise, Dr. phil., Veröffentlichungen über Angelus Silesius; Herausgeberin der Bände: Angelus Silesius (Johannes Scheffler): Cherubinischer Wandersmann. Kritische Ausgabe (1984); Johannes Angelus Silesius: Cherubinischer Wandersmann. Vollständige Ausgabe. In heutiger Schreibweise (1986).

Gössmann, Elisabeth, Dr. theol., Dr. phil. habil., Dr. theol. h. c., Professorin am Department für westliche Philosophie der Seishin-Frauenuniversität in Tokyo. Veröffentlichungen u. a.: Religiöse Herkunft, profane Zukunft? Das Christentum in Japan (1965); Glaube und Gotteserkenntnis im Mittelalter. Handbuch der Dogmengeschichte Bd. I, 2 b (1971); Die streitbaren Schwestern. Was will die Feministische Theologie? (1981); Archiv für philosophie- und theologiegeschichtliche Frauenforschung, ab 1984 jährlich ein Band.

Guentherodt, Ingrid, Ph. D., Akademische Oberrätin für germanistische Linguistik an der Universität Trier. Buchveröffentlichung über hessische Dialekte und Aufsätze zur Intonation und Assimilation in Dialekten sowie zur feministischen Linguistik (Berufsbezeichnungen, Rechtsprache und Wissenschaftssprache).

Hess, Ursula, Dr. phil., freie wiss. Mitarbeiterin u. a. an der historisch-kritischen Celtis-Ausgabe. Veröffentlichungen u. a.: Heinrich Steinhöwels ‚Griseldis'. Studien zu Text- und Überlieferungsgeschichte einer frühhumanistischen Prosanovelle (1975); „Typen des Humanistenbriefes". In: Befund und Deutung. Hrsg. von Klaus Grubmüller u. a. (1979); „Oratrix humilis. Die Frau als Briefpartnerin von Humanisten". In: Der Brief im Zeitalter der Renaissance. Hrsg. von F. J. Worstbrock (1983).

Heuser, Magdalene, Dr. phil., Professorin am Fachbereich Sprach- und Literaturwissenschaft der Universität Osnabrück mit dem Schwerpunkt Frauen in der Literatur/Literatur von Frauen. Veröffentlichungen u. a.: Formen der Personenbeschreibung im Roman (1970); Frauen-Sprache-Literatur. Fachwissenschaftliche Forschungsansätze und didaktische Modelle und Erfahrungsberichte für den Deutschunterricht (Hrsg.) (1982); Aufsätze zu Tagebuchschreiben und Adoleszenz (Mädchen) und zur Literatur von Frauen des 18. Jahrhunderts.

Liebertz-Grün, Ursula, Dr. phil., Professorin für Deutsche Philologie an der Universität Köln. Veröffentlichungen u. a.: Zur Soziologie des ‚amour courtois'. Umrisse der Forschung (1977); Seifried Helbling. Satiren kontra Habsburg (1981); Das andere Mittelalter. Erzählte Geschichte und Geschichtsdenken um 1300. Studien zu Ottokar von Steiermark, Jans Enikel und Seifried Helbling (1984).

Meier, Christel, Dr. phil., Professorin für Latinistik (Lateinische Philologie des Mittelalters und der Neuzeit) an der Bergischen Universität Wuppertal. Veröffentlichungen u. a.:

Gemma spiritualis. Methode und Gebrauch der Edelsteinallegorese vom frühen Christentum bis ins 18. Jahrhundert (1977); Text und Bild. Aspekte des Zusammenwirkens zweier
Künste in Mittelalter und früher Neuzeit, zus. mit Uwe Ruberg (1980); Aufsätze zu
Hildegard von Bingen, Alan von Lille, zur Allegorie, zur Farbendeutung im Mittelalter
und zur mittelalterlichen Enzyklopädie.

Meise, Helga, Dr. phil., DAAD-Lektorin am Institut National Agronomique Paris-
Grigon. Veröffentlichungen u. a.: Die Unschuld und die Schrift. Deutsche Frauenromane
im 18. Jahrhundert (1983); „Topographien. Lektürevorschläge zu Ingeborg Bachmann".
In: Ingeborg Bachmann. text und kritik. Hrsg. von Heinz Ludwig Arnold. Gastred.:
Sigrid Weigel (1984); „Waldgänge – Der Wald bewegt sich". In: Tumult. Zeitschrift für
Verkehrswissenschaft 8 (1986).

Moore, Cornelia Niekus, Ph.D., Professor of German and Dutch an der University of
Hawaii at Manoa, Honolulu, Hawaii (USA). Veröffentlichungen u. a : The Maiden's
Mirror. Reading Material for German Girls in the Sixteenth and Seventeenth Centuries
(1987); „Books, Spindles, and the Devil's Bench or What is the Point in Needlepoint?" In:
Festschrift Blake Lee Spahr. Chloe 3 (1984); „Anna Hoyers' ,Posaunenschall'. Hymns of
an Emire at War and a Kingdom Come". In: Daphnis 13 (1984).

Nickisch, Reinhard M(artin) G(eorg), Dr. phil., Akademischer Direktor am Seminar für
deutsche Philologie der Universität Göttingen. Veröffentlichungen u. a.: Die Stilprinzipien in den deutschen Briefstellern des 17. und 18. Jahrhunderts (1969), Gutes Deutsch?
Kritische Studien (1975); Armin T. Wegner: Ein Dichter gegen die Macht (1982).

Peters, Ursula, Dr. phil., Professorin für Ältere deutsche Philologie in der RWTH
Aachen. Veröffentlichungen u. a.: Frauendienst. Untersuchungen zu Ulrich von Lichten-
stein und zum Wirklichkeitsgehalt der Minnedichtung (1971); Fürstenhof und höfische
Dichtung (1981); Literatur in der Stadt. Studien zu den sozialen Voraussetzungen und
kulturellen Organisationsformen städtischer Literatur im 13. und 14. Jahrhundert (1983).

Prokop, Ulrike, Dr. phil., Dozentin für Kultursoziologie an der Universität Frankfurt,
Fachbereich Gesellschaftswissenschaften und Mitarbeiterin am Forschungsschwerpunkt
A. Lorenzer „Tiefenhermeneutische Kulturanalyse", Universität Frankfurt. Veröffentlichungen u. a.: Sport und Kapitalismus. Soziologie der Olympischen Spiele (1972); Weiblicher Lebenszusammenhang. Von der Beschränktheit der Strategien und der Unangemessenheit der Wünsche (1976); „Liebe und Lektüre – Oder: Was bedeuten die Tränen der
Leserin?" In: Zur Idee einer psychoanalytischen Sozialforschung. Dimensionen szeni-
schen Verstehens. Hrsg. von Jürgen Belgrad u. a. (1987).

Schlaffer, Hannelore, Dr. phil., Privatdozentin für Neuere deutsche Literatur an der
Universität Freiburg. Veröffentlichungen u. a.: Wilhelm Meister. Das Ende der Kunst und
die Wiederkehr des Mythos (1980); Die Scherenschnitte der Luise Duttenhofer (1986);
Epochen der deutschen Literatur in Bildern. Klassik und Romantik. 1770–1830 (1986).

Memoiren, Briefe und Briefwechsel berühmter Frauen im Zeitalter der Aufklärung

Katharina II
Memoiren. Aus dem Französischen und Russischen von Erich Böhme. Herausgegeben und mit einem Nachwort und Anmerkungen versehen von Anneliese Graßhoff. Mit der Vorrede von Alexander Herzen zur Erstausgabe von 1859. 1987. Zwei Bände. Zusammen 771 Seiten mit 58 Abbildungen. Leinen (Bibliothek des 18. Jahrhunderts)

Meta Klopstock
Es sind wunderliche Dinger, meine Briefe
Briefwechsel mit Friedrich Gottlieb Klopstock und mit ihren Freunden 1751–1758. Herausgegeben von Franziska und Hermann Tiemann. 1988. 509 Seiten. Leinen. (Bibliothek des 18. Jahrhunderts)

Sophie von LaRoche
Ich bin mehr Herz als Kopf
Ein Lebensbild in Briefen. Herausgegeben von Michael Maurer 2., durchgesehene Auflage. 1985. 464 Seiten. Leinen (Bibliothek des 18. Jahrhunderts)

Ich war wohl klug, daß ich Dich fand
Heinrich Christian Boies Briefwechsel mit Luise Mejer 1777–1785 Herausgegeben von Ilse Schreiber. Nachdruck 1980 der 2., durchgesehenen und erweiterten Auflage 1963. 524 Seiten. Leinen (Beck'sche Sonderausgaben)

Meine liebste Madam
Gotthold Ephraim Lessings Briefwechsel mit Eva König 1770–1776 Herausgegeben von Günter und Ursula Schulz. 1979. 386 Seiten mit 7 Abbildungen. Leinen (Beck'sche Sonderausgaben)

Verlag C. H. Beck München

Deutsche Literatur
Porträts und wissenschaftliche Darstellungen
Eine Auswahl

Gert Ueding
Die anderen Klassiker
Literarische Porträts aus zwei Jahrhunderten
1986. 226 Seiten. Gebunden

Barbara Bondy
Der unversöhnliche Traum
Dichterporträts aus zwei Jahrhunderten
1986. 114 Seiten. Broschiert

Karl Bertau
Deutsche Literatur im europäischen Mittelalter
Band I: 800–1197
1972. XXI, 765 Seiten mit 22 Abbildungen. Leinen
Band II: 1195–1220
1973. XIII, 664 Seiten mit 88 Abbildungen. Leinen

Hans-Herbert S. Räkel
Der deutsche Minnesang
Eine Einführung mit Texten und Materialien
1986. 258 Seiten. Broschiert

Bengt Algot Sørensen
Herrschaft und Zärtlichkeit
Der Patriarchalismus und das Drama im 18. Jahrhundert
1984. 227 Seiten. Broschiert

York-Gothart Mix
Die deutschen Musenalmanache des 18. Jahrhunderts
1987. 281 Seiten mit 20 Abbildungen. Gebunden

Verlag C. H. Beck München

In der hier vorgelegten Darstellung wird nicht *eine* Geschichte der Literatur von Frauen, die sich entwickelt oder gar vollendet, sichtbar, sondern es werden, eingebunden in den literarhistorischen Zusammenhang, unterschiedliche und widersprüchliche Formen der literarischen Verständigung und Selbstverständigung von Frauen erkennbar. Der Band bietet Einblick in diese Entwicklungen auf den verschiedensten Gebieten und über einen weitgespannten Zeitraum. Es wird deutlich, wie unter bestimmten historischen Bedingungen und verschiedenen Normen Frauen unterschiedliche Ausdrucksformen und Schreibweisen entwickeln, in denen Anpassung und Unterwanderung, Bestätigung und phantasievolle Überschreitung sich finden. Da die Formen literarischer Verständigung unter veränderten Bedingungen abbrechen, sich modifiziert fortsetzen oder neue entstehen, läßt sich nicht von *einer* literarischen Tradition von Frauen sprechen, sondern es zeigen sich verschiedene „Traditionen“, die durch wechselnde Determinanten bestimmt sind, sich auch überschneiden, verstärken oder gegenseitig ausschließen.

Umschlagbild: Penelope schreibt an Odysseus, aus: P. Ovidius Naso: Le 21 Epistres d'Ovid (1496), Cod. 2624, fol. 2; Österreichische Nationalbibliothek

Umschlagentwurf: Bruno Schachtner, Dachau